Montpellier
1781

Albisson, Jean

Lois municipales et économiques de Languedoc

2

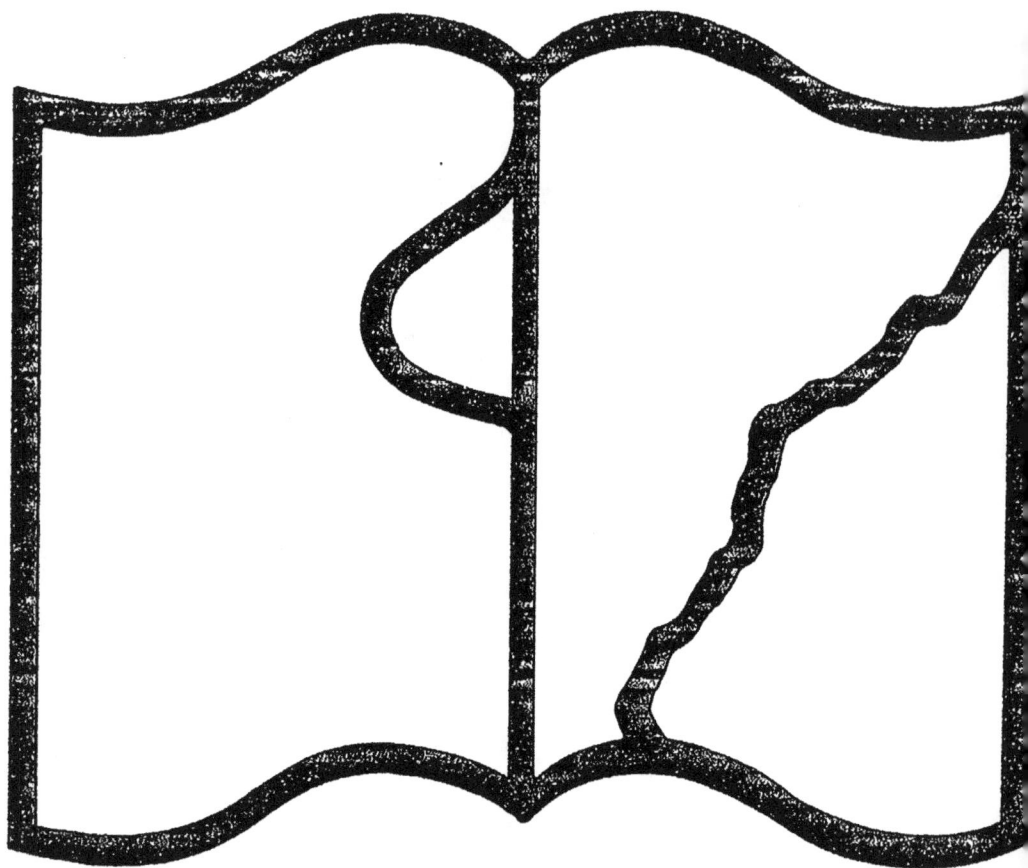

Symbole applicable
pour tout, ou partie
des documents microfilmés

Texte détérioré — reliure défectueuse

NF Z 43-120-11

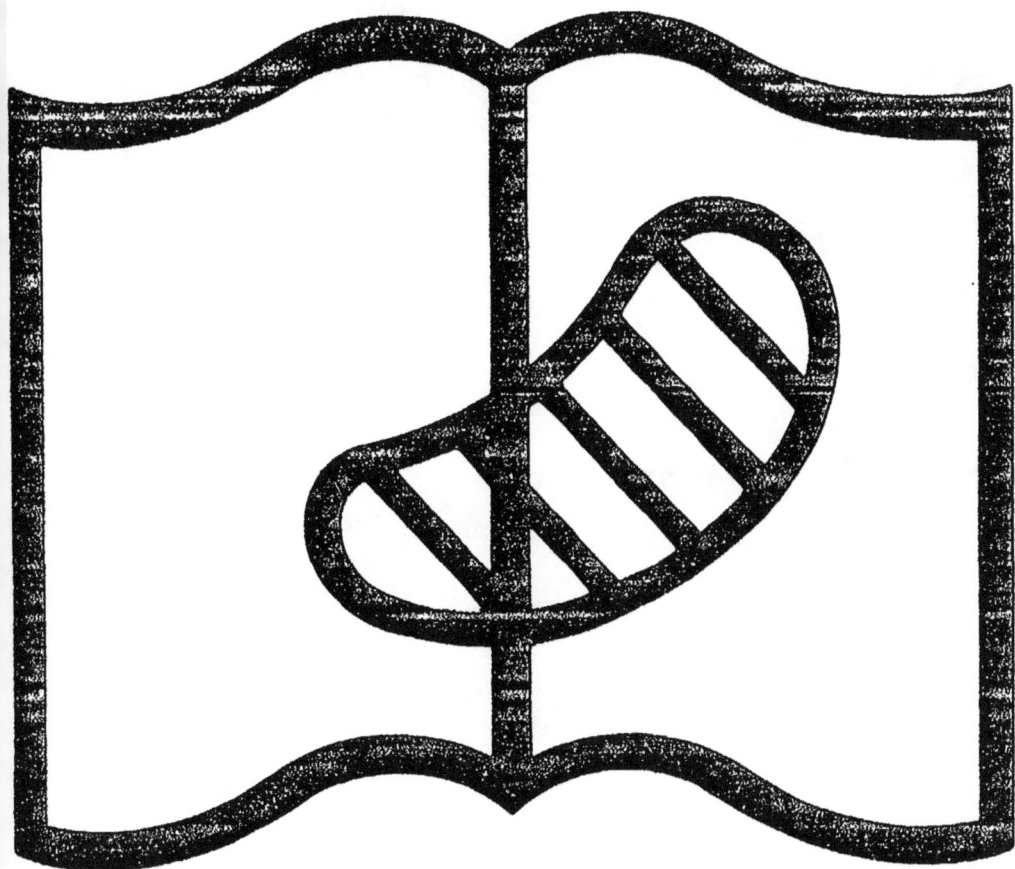

Symbole applicable
pour tout, ou partie
des documents microfilmés

Original illisible

NF Z 43-120-10

L O I X

MUNICIPALES ET ÉCONOMIQUES

DE LANGUEDOC.

TOME SECOND.

LOIX

MUNICIPALES ET ÉCONOMIQUES

DE LANGUEDOC,

OU

RECUEIL des Ordonnances, Édits, Déclarations, Lettres-Patentes, Arrêts du Conseil, du Parlement de Toulouse & de la Cour des Aides de Montpellier ; Actes, Titres & Mémoires concernant la Constitution politique de cette Province, son Administration municipale & économique, ses Priviléges, & Usages particuliers, relativement à ses Impositions, ses Ouvrages publics, son Agriculture, son Commerce, ses Manufactures, ses Loix civiles, &c. &c.

TOME SECOND.

Mens omnibus una est.
VIRGIL.

A MONTPELLIER,

Chez RIGAUD & PONS, Libraires, rue de l'Aiguillerie.

M. DCC. LXXXII.

AVEC APPROBATION ET PRIVILÉGE DU ROI.

Ut in fidibus, ac tibiis, atque cantu ipfo & vocibus, concentus eft quidam tenendus ex diftinctis fonis, ifque concentus ex diffimillimarum vocum moderatione concors tamen efficitur & congruens : fic, ex fummis, & infimis, & mediis interjectis ordinibus, ut fonis, moderata ratione civitas confenfu diffimillimorum concinit : & quae harmonia à muficis dicitur in cantu, ea eft in civitate concordia, arctiffimum atque optimum omni in republica vinculum incolumitatis; quae fine juftitia nullo pacto effe poteft. *CICER. de Repub. II. apud AUGUSTIN. de Civit. Dei, lib. II. cap.* 21.

LOIX
MUNICIPALES
ET
ÉCONOMIQUES
DE LANGUEDOC.

SUITE DE LA PREMIERE PARTIE.
DIVISION PREMIERE.

LIVRE SECOND.
Des Dettes de la Province.

L E plan & le but de cet Ouvrage nous bornent à confidérer les dettes de la province relativement aux regles établies, foit pour empêcher fes créanciers de s'en prendre à des fonds dont l'impofition & l'affignation ont un objet déterminé, & leur tracer la voie qu'ils doivent prendre pour parvenir à leur payement ; foit pour la procédure qui doit être obfervée dans les faifies , oppofitions ou empêchemens à la délivrance des deniers dus par la province , & dont l'impofition & l'affignation ont été faites.

Tome II.

A

TITRE PREMIER.

De la maniere dont ceux qui se prétendent créanciers de la province doivent se pourvoir pour faire reconnoître leurs créances & en obtenir le payement.

I.

LETTRES-PATENTES

Portant défenses à ceux qui se prétendent créanciers du pays de Languedoc, de saisir ès mains des receveurs particuliers, ou en celles du trésorier de la bourse, les deniers imposés pour les affaires dudit pays, sauf à eux de se pourvoir pardevers les Etats pour y faire délibérer sur l'imposition des sommes à eux dues.

Du 3 Février 1623.

LOUIS, PAR LA GRACE DE DIEU, ROI DE FRANCE ET DE NAVARRE: A nos amés & féaux conseillers, les gens tenant notre cour de Parlement à Toulouse, chambre des comptes & cour des aides à Montpellier, trésorier de France audit Toulouse & Montpellier, & autres nos justiciers & officiers qu'il appartiendra, SALUT. Nos chers & bien amés les gens des trois Etats de notre pays de Languedoc, nous ont très-humblement fait dire & remontrer qu'outre les sommes de deniers qui s'imposent tous les ans pour nous en ladite province, il s'y leve par notre permission pour leurs affaires particulieres diverses sommes de deniers, tant pour les frais des Etats, réparations, gratifications, qu'autres pour la sûreté & conservation de notredite province en notre obéissance ; & bien que lesdites impositions ne soient permises & introduites qu'en vertu des

arrêts de notre conseil ou nos lettres-patentes, & que nous en ayons jugé les causes justes & raisonnables, avec défenses très-expresses de divertir les deniers desdites impositions à autres effets que ceux auxquels ils sont destinés ; néanmoins les gens desdits Etats ne peuvent bien souvent empêcher le divertissement desdits deniers, à cause des saisies & arrêts qui se font sur iceux, à l'instance même des receveurs, par ceux qui se prétendent créanciers dudit pays sur lesquelles il n'est pas possible de pourvoir aussi diligemment que lesdits créanciers le desirent, pour ce que la tenue desdits Etats n'étant par nous convoquée qu'une fois en chacune année, ils ne peuvent qu'en la tenue d'icelle consentir à la levée desdits deniers adjugés auxdits créanciers contre ledit pays, sur lequel par privilége ancien dont il a toujours joui & jouit encore à présent, il ne peut être imposé aucune somme de deniers que l'imposition n'en ait été consentie en l'assemblée générale desdits Etats, lesquels, au moyen desdites saisies reçoivent un très-notable préjudice du retardement du payement desdits deniers imposés, & en souffrent de grands dommages & intérêts, d'autant qu'ils leur demeurent inutiles ès mains des receveurs particuliers. Sur quoi desirant leur pourvoir : A CES CAUSES, & autres, à ce nous mouvans, de l'avis de notre conseil, nous avons dit, déclaré & ordonné, disons, déclarons, & ordonnons par ces préfentes fignées de notre main, que les deniers impofés pour les affaires de ladite province, ne pourront être faifis ni divertis, pour quelque caufe & occafion que ce foit, par ceux qui fe prétendront créanciers dudit pays, ni autres, foit ès mains des receveurs particuliers des tailles, ou en celles du tréforier de la bourfe dudit pays; fauf à ceux qui fe prétendront créanciers dudit pays d'obtenir lettres d'affiette fur leurs arrêts & faifies, & les préfenter en la prochaine affemblée defdits Etats pour faire l'impofition des fommes portées par icelles, & à faute par lefdits Etats de faire l'impofition portée par lefdites lettres d'affiette, nous en ce cas permettons à leurfdits créanciers de faifir ès mains du tréforier de la bourfe feulement les deniers dudit pays, & non en celles des receveurs particuliers des tailles de ladite province; & afin que cet ordre foit dorénavant fuivi, & nos fujets de ladite province déchargés des frais que telles faifies leur apportent, vous mandons, & à chacun de vous en droit foi, que vous ayez à faire enregiftrer ces préfentes, & du contenu en icelles jouir & ufer les gens defdits Etats pleinement & paifiblement, fans permettre ou fouffrir qu'il y foit contrevenu, donnant main-levée pure & fimple des faifies qui auroient été ainfi faites, & faifant contraindre les receveurs particuliers des diocefes & le tréforier de la bourfe dudit pays de vuider leurs mains de tous & chacuns les deniers qu'ils ont ou auront pardevers eux impofés pour lefdits Etats, (a) & celles pour lefquelles auront été impofées & levées, & ce par toutes voies dues & raifonnables, comme pour nos propres deniers & affaires, nonobftant oppofitions ou appellations quelconques, pour lefquelles & fans préjudice d'icelles ne voulons être dif-

(a) Il manque ici quelques mots.

féré. De ce faire vous donnons pouvoir : mandons au premier huiffier ou fergent, faire pour l'exécution des préfentes tous exploits & fignifications néceffaires, fans pour ce demander placet, vifa, ni paréatis : CAR tel eft notre plaifir. DONNÉ à Paris le troifieme jour de Février l'an de grace 1623 & de notre regne le treizieme. Signé, LOUIS; par le Roi, PHELYPEAUX.

Nota. Les lettres d'affiette dont il eft parlé dans ces lettres-patentes, ne font plus d'ufage. La demande eft formée par un mémoire préfenté aux Etats qui y déliberent pendant leur féance, & déterminent l'impofition ou l'affignation fur certains fonds. Voyez plus bas fous le Nᵒ. VI, l'arrêt du confeil du 20 Septembre 1664.

II.

ARRÊT DU CONSEIL,

Qui ordonne que toutes les fommes qui s'impoferont & leveront en Languedoc feront employées à leur deflination, fans pouvoir être diverties pour quelque caufe & occafion que ce foit, ni faifies par les particuliers créanciers de la province, à peine de nullité des faifies & de tous dépens, dommages & intérêts, avec défenfes à la cour des aides de Montpellier & à tous autres juges, de fouffrir ledit divertiffement, à peine d'en répondre en leurs propres & privés noms.

Du 2 Mars 1633.

EXTRAIT *des Regiftres du Confeil d'Etat.*

SUR ce qui a été repréfenté au Roi en fon confeil par le fyndic du pays de Languedoc, qu'encores que par les édiⓒt & réglement du mois d'Octobre dernier, Sa Majefté ait réglé les impofitions qu'elle defire eftre faictes en ladite année fur le général de ladite province , & deftiné les deniers en provenans à des effects privilégiés, fans que la fomme de cinquante mille livres accordée pour les frais des Etats de ladite province peuft eftre faifie pour quelque caufe & occafion que ce foit , néantmoins le fuppliant eft adverti que les créanciers dudit pays veulent arrefter les deniers defdites impofitions , ès mains du tréforier de la bourfe pour le payement de leurs debtes & intérefts d'icelles , ce qui apporteroit un notable préjudice auxdits Eftats & aux particuliers pour lefquels lefdites impofitions ont efté ordonnées. C'eft pourquoi ils fupplient très-humblement Sa Majefté leur vouloir fur ce pourvoir. LE ROI EN SON CONSEIL , a ordonné & ordonne que toutes les fommes qui s'impoferont & leveront pour ledit pays de Languedoc , feront employées à l'effect à quoi elles font deftinées par ledit édict du mois d'Octobre dernier , & arreft du confeil intervenu en conféquence , fans qu'elles puiffent eftre diverties , pour quelque caufe & occafion que ce foit , ni faifies par les particuliers créanciers de ladite province, auxquels Sa Majefté faict deffenfes très-expreffes d'ufer d'aucunes faifies fur lefdits deniers , pour le payement de leurs debtes & intérefts d'icelles, à peine de nullité , & de tous dépens, dommages & intérefts , & à la cour des comptes , aides & finances de Montpellier , & tous autres juges, de fouffrir ledit divertiffement , à peine d'en refpondre en leurs propres & privés noms. FAICT au confeil d'eftat du Roi, tenu à Paris le deuxieme jour de Mars mil fix cent trente-trois. Collationné. CORNUEL, *Signé.*

LOUIS, PAR LA GRACE DE DIEU, ROI DE FRANCE ET DE NAVARRE: A notre huiffier ou fergent premier fur ce requis. Par l'arreft dont l'extrait eft ci-attaché fous le contrefcel de notre chancellerie ce jourd'hui donné en notre confeil d'eftat, fur ce qui nous a été repréfenté en icelui par le fyndic général de notre pays de Languedoc , nous avons ordonné que toutes les fommes qui s'impoferont & leveront pour ledit pays de Languedoc , feront employées à l'effect auquel elles font deftinées par notre édict du mois d'Octobre dernier & arreft de notre confeil donnés en conféquence , fans qu'elles puiffent être diverties pour quelque caufe & occafion que ce foit , ni faifies par les particuliers créanciers dudit pays. A CESTE CAUSE , nous te mandons & commandons de fignifier ledit arreft à tous qu'il appartiendra, à ce qu'ils n'en prétendent caufe d'ignorance , & fais de par nous très-expreffes inhibitions & deffenfes auxdits créanciers d'ufer d'aucunes faifies fur lefdits deniers , pour le payement de leurs debtes & intérefts d'icelles,à peine de nullité , & de tous dépens, dommages & intérefts , & à notre cour des comptes, aides & finances de Montpellier , & tous autres juges , de fouffrir ledit divertiffement , à peine d'en refpondre en leurs propres & privés noms. De ce faire & tous autres actes & exploits néceffaires pour l'exécution dudit arreft te donnons pouvoir , fans que tu fois tenu de demander autre permiffion : & fera adjouté foi à la copie dudit arreft & des préfentes duement collationnées par l'un de nos amés & féaux confeillers & fecrétaires , tout ainfi qu'aux originaux. CAR tel eft notre plaifir. DONNÉ à Paris le deuxieme jour de Mars , l'an de grace mil fix cent trente-trois , & de notre regne le vingt-troifieme. Par le Roi en fon confeil.

CORNUEL. , *Signé.*

III.

ARRÊT DU CONSEIL,

Qui casse une saisie & arrestation des deniers de l'équivalent faite entre les mains du fermier de ce droit, par un particulier se prétendant créancier de la Province.

Du 14 Août 1659.

EXTRAIT des Registres du Conseil d'Etat.

SUr la requête présentée au Roi en son conseil par le syndic général de la province de Languedoc, contenant qu'encore que par les arrêts & réglemens du conseil les deniers imposés sur ladite province ne puissent être divertis sous quelque prétexte que ce soit ; si est-ce que le nommé Gabourde prétendant avoir obtenu un arrêt sur défense au conseil, portant condamnation de certains dépens contre le suppliant, a pour iceux fait saisir & arrêter les deniers de l'équivalent entre les mains des fermiers particuliers dudit équivalent de la ville d'Alais qui sont particulierement affectés pour le payement du don gratuit fait à Sa Majesté la présente année. Et d'autant que telles saisies sont contraires aux réglemens, & ne peuvent qu'apporter des retardemens audit don gratuit, requéroit qu'il plût à Sa Majesté casser & annuller lesdites saisies ; ordonner que tous les détenteurs des deniers saisis seront contraints à la délivrance par toutes voies & par corps, dont ils demeureront valablement déchargés ; faire défenses audit Gabourde & à tous autres de faire de semblables saisies, à peine de 1500 livres d'amende & de tous dépens, dommages & intérêts. Vu ladite requête, copie des saisies &

bannimens faits sur les deniers de l'équivalent de la ville d'Alais, à la requête dudit Gabourde : & tout considéré ; LE ROI EN SON CONSEIL, a fait & fait pleine & entiere main-levée audit suppliant des deniers dudit équivalent saisis à la requête dudit Gabourde. Ordonne, Sa Majesté, que les détenteurs les payeront, & à ce faire seront contraints par les voies ordinaires, nonobstant ledit arrêt du conseil ; & ce faisant, en demeureront bien & valablement déchargés en vertu du présent arrêt. FAIT au conseil d'état du Roi, tenu à Paris le quatorzieme jour d'Août 1659. Collationné. CHASTELAIN, *Signé.*

LOUIS, PAR LA GRACE DE DIEU, ROI DE FRANCE ET DE NAVARRE: Au premier des huissiers de notre conseil, ou autre huissier ou sergent sur ce requis. Nous te mandons & commandons que l'arrêt dont l'extrait est ci-attaché sous le contrescel de notre chancellerie ce jourd'hui donné en notre conseil d'état, sur la requête à nous présentée par le syndic général de notre province de Languedoc, tu signifies au nommé Gabourde y dénommé & à tous autres qu'il appartiendra, à ce qu'ils n'en prétendent cause d'ignorance ; & fais pour l'exécution dudit arrêt & de la main-levée y portée tous commandemens, sommations, contraintes par les voies y déclarées & autres actes & exploits nécessaires, sans autre permission, nonobstant l'arrêt de notredit conseil y mentionné : CAR tel est notre plaisir. DONNÉ à Paris le quatorzieme jour d'Août l'an de grace 1659, & de notre regne le dix-septieme. Par le Roi en son conseil.

Signé, CHASTELAIN.

I V.

ARRÊT DU CONSEIL,

Qui accorde main-levée aux Etats des saifies faites à la requéte du fieur de Paulian, créancier de la province fur les fommes par eux impofées pour les affaires communes.

Du 14 Août 1659.

EXTRAIT des Regiſtres du Conſeil d'Etat.

SUR la requête préfentée au Roi en fon confeil par le fyndic général de la province de Languedoc, contenant que bien que par les arrêts & réglemens du confeil les deniers impofés fur ladite Province par permiſſion de Sa Majefté & confentement des Etats dudit pays, ne puiſſent être divertis à autres ufages qu'à ceux auxquels ils ont été deftinés, ni faifis fous aucun prétexte que ce foit, néanmoins le fieur Jean de Rozieres, Baron de Paulian, n'a pas laiſſé, en vertu de certain jugement qu'il a fait rendre fur défaut ès requêtes du palais à Toulouse le 16 Mars 1658, par lequel ledit fuppliant a été condamné à lui payer la fomme de cent trente mille livres à lui due en principal par ladite province & huit mille cent vingt-cinq livres pour les intérêts, de faire procéder par faifie fur les deniers qui font ès mains du fieur de Pennautier, tréforier de la bourfe dudit pays, deftinés par lefdits Etats pour le don gratuit fait à Sa Majefté, ou pour autres affaires de ladite province; ce qui eft une pure vexation, d'autant qu'outre que le terme du payement de ladite fomme n'eft pas échu, ledit fieur de Paulian fait trop mieux que ladite province ne fauroit le payer que par impofition ou par emprunt, ce qui ne fe peut faire que pendant la tenue des Etats; que même telles faifies apportent du retardement pour le payement du don gratuit & autres affaires importantes au fervice de Sa Majefté & au foulagement de fes fujets. Requéroit à ces fins ledit fuppliant qu'il plût à Sa Majefté, fans avoir égard audit jugement de fes requêtes du palais à Touloufe dudit jour 16 Mars 1658, faifies & exécutions faites en conféquence qui feront caffées & annullées avec tout ce qui s'en eft enfuivi, octroyer pleine & entiere main-levée des deniers faifis, ordonner que les détenteurs d'iceux feront contraints à la délivrance par toutes voies & par corps, dont ils demeureront valablement déchargés, pour être lefdits deniers payés fuivant la deftination faite par lefdits Etats, fauf à être pourvu au payement dudit Paulian à la prochaine affemblée defdits Etats de ce qui lui fera légitimement dû. Vu ladite requête, le jugement defdites requêtes du palais à Touloufe du 16 Mars 1658 donné fur défaut, les faifies faites fur les deniers de ladite province ès mains du tréforier de la bourfe; & tout confidéré: LE ROI EN SON CONSEIL, a fait & fait pleine & entiere main-levée audit fuppliant des deniers de ladite province faifis à la requête dudit fieur de Paulian. Ordonne Sa Majefté que les détenteurs d'iceux les payeront, à ce faire contraints par les voies ordinaires, & ce faifant en demeureront valablement déchargés, nonobftant ledit jugement des requêtes du palais à Touloufe dudit jour 16 Mars 1658, fauf à être fait droit audit fieur de Paulian aux premiers Etats de ladite Province. FAIT au confeil d'état du Roi, tenu à Paris le quatorzieme jour d'Août 1659. Collationné.

Signé, CHASTELAIN.

Part. I. Div. I. Liv. II. Tit. I.

7

V.

AUTRE SUR LE MÊME SUJET.

Du 23 Décembre 1660.

Extrait des Regiſtres du Conſeil d'Etat.

Sur ce qui a été repréſenté au Roi en ſon conſeil par le ſyndic général de la province de Languedoc qu'encore que conformément aux arrêts de réglement du conſeil, les deniers de l'équivalent appartenant à ladite province ne puiſſent être divertis, ſaiſis & arrêtés ſous quelque prétexte que ce ſoit, que par ceux à qui les Etats les ont deſtinés, & qu'il ſoit notoire qu'en la derniere aſſemblée deſdits Etats, tenus en la ville de Toulouſe au mois de Décembre 1659, leſdits deniers furent deſtinés pour le payement de partie des trois millions de livres du don gratuit fait à Sa Majeſté, néanmoins le ſieur Henri de Lauriol, conſeiller en la cour des comptes, aides & finances de Montpellier, ayant fait rendre arrêt en ladite cour le 2 Octobre dernier, & par icelui fait condamner ledit ſuppliant à lui payer certaine ſomme de deniers qu'il prétend lui être due, a fait ſaiſir & arrêter ès mains de Pierre Paſtourel, fermier dudit droit d'équivalent, le vingt-deuxieme dudit mois, tous & chacuns les deniers provenans dudit droit qu'il peut avoir en ſes mains juſques à concurrence de ſon dû, & enſuite obtenu contrainte par corps à l'encontre de lui, ce qui ne peut être pris que pour une pure entrepriſe & voie de fait, attendu que ladite cour des aides, ni ledit ſieur Lauriol qui eſt du corps d'icelle, n'ont pu ignorer que les deniers dudit équivalent ne ſoient affectés pour le payement deſdits trois millions de livres accordés à Sa Majeſté, & que leſdits deniers ne peuvent

être divertis ſous aucun prétexte, mais bien être employés ſuivant la deſtination faite par leſdits Etats. Sur quoi étant néceſſaire de pourvoir, requéroit ledit ſuppliant qu'il plût à Sa Majeſté, ſans avoir égard aux arrêts de ladite cour des aides de Montpellier, ſaiſies & arreſtations faites en conſéquence d'iceux, qui ſeront caſſés & annullés avec ce qui s'en eſt enſuivi, faire main-levée audit ſuppliant de tous les deniers dudit équivalent qui ſe trouveront avoir été ſaiſis à la requête dudit ſieur Lauriol & de tous autres, à quoi faire les détenteurs ſeront contraints par toutes voies & par corps; & au cas par violence ou autrement ledit Paſtourel eût été obligé de payer leſdits deniers, ordonner que ledit Lauriol ſera contraint par les mêmes voies à la reſtitution, avec défenſes tant à lui qu'à tous autres, conformément aux arrêts de réglement, de faire telles & ſemblables ſaiſies ſur les deniers dudit équivalent, & à ladite cour des aides de Montpellier de prendre aucune connoiſſance du fait dont eſt queſtion, & audit ſieur Lauriol & tous autres de s'y plus retirer pour raiſon de ce, à peine de nullité des procédures, dépens, dommages & intérêts. Vu les arrêts de réglement du conſeil, copie de l'arrêt de la cour des aides de Montpellier du 2 Octobre dernier, ſaiſies des deniers dudit équivalent faite le 22 dudit mois ès mains dudit Paſtourel, fermier d'iceux, ordonnance & arrêt de la cour des aides dudit jour 22 Novembre dernier, & autres pieces; LE ROI EN SON CONSEIL, ſans s'arrêter aux arrêts de ladite cour des aides de Montpellier, & à ce qui s'en eſt enſuivi, a fait pleine & entiere main-levée des deniers dudit équivalent ſaiſis ès mains dudit Paſtourel à la requête dudit Lauriol; ordonne qu'à la délivrance d'iceux ledit Paſtourel ſera contraint par toutes voies & par corps, huitaine après la signification du présent arrêt, moyennant ce valablement déchargé ; & en cas lesdits deniers se trouveroient pris par ledit Lauriol, qu'il sera contraint à la restitution par les mêmes voies, dans le même délai. Fait Sa Majesté défenses à icelui & à tous autres, conformément aux arrêts de réglement, de faire de telles & semblables saisies sur lesdits deniers, & à ladite cour des aydes de prendre connoissance du fait dont est question, & audit Lauriol & tous autres de s'y plus pourvoir, à peine de nullité, & de tous dépens, dommages & intérêts. FAIT au conseil d'état du Roi, tenu à Paris le vingt-troisième jour de Décembre mil six cent soixante. Collationné. *Signé*, BECHAMEIL.

V I.
ARRÊT DU CONSEIL,
Qui fait défenses de saisir & arrêter, sous quelque prétexte que ce puisse être, les deniers de la ferme du droit d'équivalent appartenant en propre à la province, ensemble les deniers des impositions de quelque nature qu'elles soient, sauf aux parties qui auront des demandes à faire à la province, de se retirer aux Etats pour y être pourvu par imposition ou autrement, ainsi qu'ils aviseront.

Du 20 Septembre 1664.
EXTRAIT des Registres du Conseil d'Etat.

SUR ce qui a été représenté au Roi, étant en son conseil, par les gens des trois Etats de la province de Languedoc, qu'encore que par divers arrêts du conseil, les deniers provenant de la ferme du droit d'équivalent appartenant à ladite province, ne puissent être saisis & arrêtés, sous quelque prétexte que ce soit, non plus que les deniers des autres impositions, il arrive néanmoins très-souvent que, pour des condamnations obtenues contre la province, ou pour le payement des épices & rapport des procès, lesdits deniers sont saisis & arrêtés entre les mains des trésoriers de la bourse dudit pays, ou en celles des receveurs des tailles des diocèses, & des collecteurs des communautés, ce qui donne lieu aux contraintes décernées contre les détenteurs desdits deniers, & cause un notable préjudice à la province par les dommages & intérêts que lesdits détenteurs prétendent, & avec justice, s'ils souffrent l'emprisonnement de leurs personnes, & au cas qu'ils délivrent les sommes saisies, par le dédommagement qu'ils demandent, se trouvant obligés de payer ceux qui sont assignés sur lesdits deniers. Sur quoi lesdits suppliants, conformément à la réponse faite par Sa Majesté à l'article VII des conditions du don gratuit fait pour la présente année, requéroient qu'il plût à Sa Majesté d'y pourvoir. LE ROI ETANT EN SON CONSEIL, conformément aux arrêts d'icelui, a fait itératives inhibitions & défenses à toutes personnes de saisir & arrêter, sous quelque prétexte que ce puisse être, les deniers de la ferme du droit d'équivalent appartenant en propre à ladite province, ensemble les deniers des impositions, de quelle nature qu'elles soient : Ordonne Sa Majesté qu'ils seront employés suivant la destination qui en sera faite par les Etats, sans aucun divertissement ; sauf aux parties qui auront des demandes à faire à ladite province de se retirer aux Etats, pour y être pourvu par imposition ou autrement, ainsi qu'ils aviseront. FAIT au conseil d'état du Roi, Sa Majesté y étant, tenu à Vincennes le vingtième jour de Septembre mil six cent soixante-quatre. PHELYPEAUX, *signé*.

LOUIS

LOUIS, PAR LA GRACE DE DIEU, ROI DE FRANCE ET DE NAVARRE: Au premier des huiſſiers de notre conſeil ou autre huiſſier ou ſergent ſur ce requis. Nous te mandons & commandons par ces préſentes ſignées de notre main que l'arrêt dont l'extrait eſt ci-attaché ſous le contre-ſcel de notre chancellerie, ce jourd'hui donné en notre conſeil d'état ſur ce qui nous a été repréſenté par les gens des Trois-états de notre province de Languedoc, tu ſignifies à tous qu'il appartiendra, à ce qu'ils n'en prétendent cauſe d'ignorance, & fais pour l'entiere exé-cution dudit arrêt, tous commande-mens, ſommations, défenſes ſur les peines y contenues, & autres actes & exploits néceſſaires ſans autre permiſ-ſion. Et ſera ajouté foi, comme aux originaux, aux copies dudit arrêt & des préſentes collationnées par l'un de nos amés & féaux conſeillers & ſecré-taires : CAR tel eſt notre plaiſir. DONNÉ à Vincennes le vingtieme jour de Sep-tembre, l'an de grace mil ſix cent ſoixante-quatre & de notre regne le vingt-deuxieme. Signé, LOUIS. Et plus bas : Par le Roi, PHELYPEAUX.

TITRE SECOND.

De la procédure qui doit être obſervée dans les ſai-ſies, oppoſitions, ou empêchemens à la délivrance des deniers dus par la province à ſes créanciers, & dont l'impoſition & l'aſſignation ont été faites.

I.

ARRÊT DU CONSEIL

ET LETTRES-PATENTES,

Qui reglent la forme de procéder ſur les ſaiſies & arreſtations faites entre les mains du Tréſorier de la bourſe des ſommes impoſées ou aſſignées en faveur des créanciers de la Province.

Du 2 Septembre 1685.

Regiſtrées au parlement de Toulouſe & à la Cour des Aides de Montpellier.

EXTRAIT *des Regiſtres du Conſeil d'Etat.*

VU par le Roi, en ſon conſeil, l'ar-rêt rendu en icelui le 19 Août 1684, par lequel Sa Majeſté auroit ordonné que par le ſieur d'Agueſſeau, *Tome II.*

conſeiller d'Etat, intendant de juſtice, police & finances en la province de Languedoc, il ſeroit donné avis ſur la requête préſentée par le ſyndic général de ladite province de Languedoc, au ſujet des ſaiſies qui ſont faites entre ſes mains par les créanciers de la province, parce qu'il eſt obligé de comparoir à toutes aſſignations & devant toute ſorte de juges, même d'eſſuyer des évoca-tions & des réglemens de juges, ce qui cauſe à ladite province des frais extraordinaires & fait un préjudice conſidérable aux particuliers qui ſont obligés de ſupporter les frais des pour-ſuites qui ſont faites contre le ſyndic ; & après que les arrêts & jugemens qui ſont rendus, tant aux juriſdictions or-dinaires qu'aux cours où les conteſta-tions ſont portées, ſoit par appel, évocation ou réglement de juges, la cour des aydes de Montpellier, sous prétexte qu'il s'agit de la part de la province d'imposition pour se libérer, prétend que ladite province ne peut s'acquitter valablement sans un arrêt de ladite cour des aydes qui l'ordonne, ce qui fait une multiplication de procès très-onéreuse à la province, & fort à charge aux particuliers, & conclut à ce qu'il soit ordonné que lorsqu'une somme imposée sur la province aura été saisie entre les mains du trésorier de la bourse, le saisissant & le saisi soient tenus de convenir d'un dépositaire entre les mains duquel la province puisse consigner valablement, à leurs risques, périls & fortunes, les sommes qu'elle devra, dans un mois après la sommation qui leur en aura été faite de la part dudit syndic, autrement & à faute de ce faire qu'il soit permis de consigner au greffe de la cour supérieure où l'instance de saisie sera pendante, & que les juges qui auront connu de la saisie soient aussi juges de la délivrance de la somme imposée, & puissent prononcer valablement à la décharge de ladite province, sans que ladite cour des aydes de Montpellier en puisse prendre connoissance, lorsque par la nature de la contestation, ou la qualité des parties, elle n'aura pas été saisie de la matiere : l'avis dudit sieur d'Aguesseau du 22 Août dernier par lequel il estime que Sa Majesté peut, si tel est son bon plaisir, ordonner que les greffiers de ladite province de Languedoc seront tenus de délivrer, sans aucuns droits ni frais, à la premiere réquisition qui leur en sera faite, des certificats ou extraits de ce qui peut être dû par ladite province aux particuliers, créanciers d'icelle, moyennant lesquels extraits ou certificats il sera fait défenses à tous saisissans ou opposans à la délivrance des deniers dus par la pro-

vince de faire assigner le syndic & trésorier de la bourse pardevant aucuns juges, pour affirmer ni pour assister au jugement des instances, lesquelles seront jugées & la délivrance des deniers saisis ordonnée entre les parties saisies & saisissantes par les juges à qui la connoissance en appartient, & le trésorier de la bourse contraint au payement en vertu desdits jugemens, quoi faisant il en demeurera bien & valablement quitte & déchargé envers ladite province, & ladite province envers les créanciers d'icelle, sauf au cas que le syndic de la province ou le trésorier de la bourse ne trouvent pas leurs décharges valables, à se pourvoir par opposition ou autrement pardevant les juges qui auront rendu lesdits jugemens aux dépens de qui il appartiendra, avec défenses à la cour des aydes de Montpellier d'en connoître, lorsque par la nature de la contestation, ou les qualités des parties elle n'aura pas été saisie de la matiere; ordonner pareillement qu'à faute par les parties saisies, saisissantes, ou opposantes, de faire vuider les empêchemens qui auront été faits à la délivrance des deniers imposés par la province pour le payement d'un créancier, dans le tems de ladite imposition, la province demeurera déchargée des intérêts desdites sommes imposées, après l'imposition & la remise des deniers au trésorier de la bourse qui en demeurera dépositaire sans frais ni droits, pour les délivrer à qui par justice sera ordonné, si mieux n'aiment les parties faire ordonner entre elles la consignation en d'autres mains; & pour empêcher les abus qui se pourroient commettre à l'avenir par la liberté qu'ont eu les parties de faire indifféremment saisir entre les mains des syndics de la province & du trésorier de la bourse à leurs différens domiciles ou bureaux, que les saisies,

oppofitions, ou empêchemens à la délivrance des deniers dus par la province,
ne pourront être faites qu'entre les
mains du tréforier de la bourfe en fon
bureau à Montpellier, à peine de nullité des failies qui auront été faites ailleurs, defquelles failies, oppofitions
ou empêchemens ledit tréforier de la
bourfe fera obligé de tenir bon & fidel
regiftre, & d'en délivrer des extraits
aux parties qui l'en requerront fans aucuns droits, & que fur l'arrêt qui interviendra toutes lettres néceffaires doivent être expédiées : les délibérations
prifes par les gens des Trois-états de
ladite province des 4 Novembre & 16
Décembre derniers fur le même fujet ;
& oui le rapport du fieur Lepelletier,
confeiller ordinaire au confeil royal,
contrôleur-général des finances, LE
ROI ÉTANT EN SON CONSEIL,
conformément à l'avis dudit fieur d'A-
guefleau du 22 Août dernier, a ordonné & ordonne que les greffiers des
Etats de ladite province de Languedoc
feront tenus de délivrer, fans aucuns
droits ni frais, à la première réquifition
qui leur en fera faite, des extraits ou
certificats de ce qui peut être dû par la
province aux particuliers créanciers
d'icelle, moyennant lequel extrait ou
certificat, Sa Majefté fait défenfes à
tous failiffans ou oppofans à la délivrance des deniers dus par la province
de faire affigner les fyndics & tréforiers
de la bourfe pardevant aucuns juges,
pour affirmer ni pour affifter aux jugemens des inftances, lefquelles feront
jugées, & la délivrance des deniers
failis ordonnée, entre les parties failies
& failiffantes, par les juges à qui la
connoiffance en appartiendra, & le
tréforier de la bourfe contraint au payement en vertu defdits jugemens ; quoi
faifant il en demeurera bien & valablement quitte & déchargé envers la province, & ladite province envers les

créanciers d'icelle ; fauf néanmoins,
en cas que le fyndic de ladite province,
ou le tréforier de la bourfe, ne trouvent pas leurs décharges valables, à
fe pourvoir par oppofitions ou autrement pardevant les juges qui auront
rendu lefdits jugemens, aux dépens de
qui il appartiendra. Fait Sa Majefté
très-expreffes défenfes à la cour des
aydes de Montpellier d'en connoître,
lorfque par la nature de la conteftation,
ou les qualités des parties elle n'aura
pas été faifie de la matiere : Ordonne
en outre Sa Majefté que faute par les
parties faifies, faififfantes, ou oppo-
fantes de faire vuider les empêchemens
qui auront été faits à la délivrance des
deniers impofés par la province pour
le payement d'un créancier dans le
tems de ladite impofition, ladite province demeurera déchargée des intérêts defdites fommes impofées, après
l'impofition & la remife des deniers au
tréforier de la bourfe qui en demeurera
dépofitaire fans frais ni droits, pour les
délivrer à qui par juftice fera ordonné,
fi mieux n'aiment les parties faire ordonner entre elles la confignation en
d'autres mains ; & pour empêcher les
abus qui fe pourroient commettre à
l'avenir par la liberté qu'ont eu les parties de faire indifféremment faifir entre
les mains des fyndics de la province &
du tréforier de la bourfe à leurs différens domiciles ou bureaux, ordonne
Sa Majefté que les faifies, oppofitions,
ou empêchemens à la délivrance des
deniers dus par la province ne pourront être faits qu'entre les mains du
tréforier de la bourfe en fon bureau à
Montpellier, à peine de nullité des
faifies qui auront été faites ailleurs,
defquelles faifies, oppofitions, ou empêchemens ledit tréforier de la bourfe
fera tenu de tenir bon & fidelle regiftre, & d'en délivrer des extraits aux
parties qui les requerront fans aucuns

droits : Et pour l'exécution du préfent Arrêt toutes les lettres néceffaires feront expédiées. Fait au confeil d'état du Roi, Sa Majefté y étant, tenu à Verfailles le deuzieme jour de Septembre mil fix cent quatre - vingt cinq. PHELYPEAUX , *figné.*

LOUIS, PAR LA GRACE DE DIEU, ROI DE FRANCE ET DE NAVARRE : A nos amés & féaux les gens tenant notre cour de parlement de Touloufe, cour des comptes, aydes & finances de Montpellier , & à tous autres officiers qu'il appartiendra, falut. Sur ce qui nous a été repréfenté par les fyndics généraux & le tréforier de la bourfe de Languedoc, qu'étant obligés de comparoir pour les dettes de la province devant toute forte de juges pour affirmer & affifter aux inftances qui font jugées pour la délivrance des deniers faifis entre les parties faifies & faififfantes, cela caufoit à la province des frais extraordinaires & lui faifoit un préjudice confidérable, même aux particuliers qui font obligés de fupporter les frais des pourfuites faites contre lefdits fyndics & tréforier en plufieurs cours & jurifdictions, nous avons eftimé à propos d'y pourvoir par arrêt de notre confeil d'état donné ce jourd'hui nous y étant, ci-attaché fous le contre-fcel de notre chancellerie : Et defirant que ledit arrêt forte fon plein & entier effet, A CES CAUSES, Nous vous mandons & ordonnons par ces préfentes fignées de notre main, de faire procéder à l'enregiftrement dudit arrêt pour être exécuté felon fa forme & teneur. De ce faire vous donnons pouvoir, commiffion & mandement fpécial. Commandons au premier notre huiffier ou fergent fur ce requis de faire pour l'entiere exécution dudit arrêt , tous exploits & actes de juftice que befoin fera , fans pour ce demander autre permiffion ; voulant qu'aux copies dudit arrêt & de ces préfentes duement collationnées par l'un de nos amés & féaux confeillers & fecrétaires foi foit ajoutée comme aux originaux : CAR tel eft notre plaifir. DONNÉ à Verfailles le deuzieme jour de Septembre, l'an de grace mil fix cent quatrevingt-cinq & de notre regne le quarante - troifieme. *Signé*, LOUIS. *Et plus bas* : par le Roi , PHELYPEAUX.

Ledit arrêt & commiffion ont été regiftrés ès regiftres de la cour de parlement de Touloufe, oui & ce requérant le procureur général du Roi, pour le contenu en icelui être gardé & obfervé fuivant fa forme & teneur , le 28 Janvier 1686. Signé , SEVIN.

Regiftré en la cour des comptes, aydes & finances de Montpellier ; les chambres & femeftres affemblés, oui & ce requérant le fieur procureur-général du Roi, pour le contenu en icelui être gardé & obfervé fuivant fa forme & teneur, le 14 Mars 1686.

II.

ARRÊT DU CONSEIL

QUI ordonne l'exécution du précédent.

Du 7 Juin 1689.

EXTRAIT des Regiftres du Confeil d'Etat.

SUr la requête préfentée au Roi, étant en fon confeil, par le fyndic général de la province de Languedoc, contenant qu'encore bien que par arrêt rendu au confeil le 2 Septembre 1685, il ait été expreffément ordonné que les faifies, oppofitions, ou empêchemens à la délivrance des deniers dus par ladite province ne pourroient être faites qu'entre les mains du tréforier de la bourfe dans fon bureau, à Montpellier, à peine de nullité des faisies qui auroient été faites ailleurs. Néanmoins le fieur Langlois, receveur des confignations des requêtes du palais à Paris, n'a pas laiffé de faire faifir en ladite ville, le 20 Août de l'année derniere 1688, entre les mains dudit tréforier, les deniers impofés par les Etats de ladite province de Languedoc, pour le payement de l'intérêt des fommes par elle dues au fieur marquis d'Opede, & de pourfuivre la délivrance des deniers par lui faifis auxdites requêtes du palais, pendant lefquelles pourfuites les nommés Bodequin, Beguin, Jordanis & Email qui ont ufé de pareilles faifies, pourfuivent à même tems aux requêtes de l'hôtel & au châtelet de Paris ledit tréforier pour affirmer & pour vuider fes mains fur le fondement de ces faifies nulles, & au mépris des défenfes faites par le même arrêt à tous faififfans & oppofans de faire affigner le fuppliant & ledit tréforier de la bourfe pardevant aucuns juges, pour affirmer ni pour affifter au jugement des inftances par eux formées : mais parce que l'unique motif de cet arrêt & réglement qui a été enregiftré au parlement de Touloufe, & en la cour. des comptes, aydes & finances de Montpellier, a été d'empêcher que la province ne fût pas confommée en frais par de pareilles procédures. A CES CAUSES, requéroit le fuppliant qu'il plût à Sa Majefté, conformément audit arrêt du 2 Décembre 1685, caffer tant la faifie faite par ledit Langlois qu'autres particuliers faififfans & oppofans, que toutes les procédures faites en conféquence, comme nulles; ce faifant décharger le tréforier de la bourfe de ladite province des affignations à lui données aux requêtes de l'hôtel, du palais & châtelet de Paris; ordonner que ledit arrêt & réglement du confeil fera exécuté felon fa forme & teneur;

avec défenfes d'y contrevenir avec 3000 liv. Vu ladite requête; ledit arrêt du confeil d'état du 2 Septembre 1685; la faifie faite à la requête dudit Langlois entre les mains du tréforier de la bourfe en la ville de Paris le 20 Août 1688, avec affignation aux requêtes du palais, & les faifies faites par les nommés Bodequin, avec affignation aux requêtes de l'hôtel, Beguin, Taillandis, Jordanis & Email, avec affignation au châtelet, des 14 Juillet & 23 Août 1688, 7 Janvier, 12 Février & 2 Mars de la préfente année 1689 : Oui le rapport du fieur Lepelletier, confeiller ordinaire au confeil royal, contrôleur-général des finances; LE ROI ETANT EN SON CONSEIL, ayant égard à ladite requête, a ordonné & ordonne que ledit arrêt du 2 Septembre 1685 fera exécuté; en conféquence Sa Majefté a déchargé & décharge le tréforier de la bourfe de la province de Languedoc des affignations à lui données aux requêtes de l'hôtel, du palais & châtelet de Paris, à la requête defdits Langlois, Bodequin, Beguin, Emaill & Jordanis, auxquels Sa Majefté fait défenfes de faire aucunes pourfuites contre lui, pour raifon de ce que deffus, conformément audit arrêt, à peine de tous dépens, dommages & intérêts. FAIT au confeil d'état du Roi, Sa Majefté y étant, tenu à Verfailles le feptieme jour de Juin mil fix cent quatre-vingt neuf. PHELYPEAUX, figné.

LOUIS, PAR LA GRACE DE DIEU, ROI DE FRANCE ET DE NAVARRE: Au premier notre huiffier ou fergent fur ce réquis. Nous te commandons par ces préfentes fignées de notre main que l'arrêt ci-attaché fous le contre-fcel de notre chancellerie, ce jourd'hui donné en notre confeil d'état, nous y étant, fur la requête du fyndic général de notre province de Languedoc, tu signifies aux y dénommés & tous autres qu'il appartiendra, à ce qu'ils n'en prétendent cause d'ignorance, & fais en outre pour l'entiere exécution dudit arrêt tous autres exploits & actes de justice que besoin sera, sans pour ce demander autre permission ; CAR tel est notre plaisir. DONNÉ à Versailles le septieme jour de Juin l'an de grace mil six cent quatre-vingt neuf, & de notre regne le quarante-septieme. *Signé*, LOUIS : *Et plus bas* ; Par le Roi, PHELYPEAUX.

I I I.
AUTRE SUR LE MÊME SUJET.
Du 15 Septembre 1693.

EXTRAIT des Registres du Conseil d'Etat.

SUR la requête présentée au Roi, étant en son conseil, par le syndic général de la province de Languedoc, contenant que par arrêt rendu au conseil d'état du 2 Septembre 1685 il a été expressément ordonné que les saisies, oppositions, ou empêchement à la délivrance des deniers dus par ladite province ne pourroient être faits qu'entre les mains du trésorier de la bourse dans son bureau à Montpellier, à peine de nullité des saisies qui auroient été faites ailleurs, & qu'en conséquence dudit arrêt la saisie faite entre les mains du sieur de Pennautier en son bureau à Paris le 2 Mars 1689 des sommes que ladite province pouvoit devoir au sieur marquis d'Opede, à la requête d'Honoré Email ayant droit par transport de Jacques Heron, a été cassée par autre arrêt du conseil du 7 Juin 1689 signifié audit Email le 5 Juillet de ladite année : néanmoins ledit Heron qui a droit par rétrocession dudit Email, ayant appris que Jeanne Parisot, veuve

de Barthelemi Jordanis, & Marie Jordanis, femme de Nicolas-Antoine Frison sieur de la Tournelle, seule fille & héritiere dudit défunt Jordanis, poursuivoient le sieur Pennautier sur l'assignation qui lui avoit été donnée aux requêtes du palais le 18 Mai dernier, pour faire ordonner la délivrance des sommes dues par ladite province au sieur marquis d'Opede, seroit intervenu dans ladite instance & auroit conclu à ce que sans s'arrêter à la saisie desdites Jordanis du 2 Septembre 1692, celle faite à la requête dudit Email le 2 Mars 1689 fût déclarée bonne & valable, ce faisant, que les sommes qui se trouveront dues par ledit sieur Pennautier lui seront délivrées ; sur quoi seroit intervenu sentence par défaut desdites requêtes du palais le 15 Juin dernier, de concert entre lesdites Jordanis & Heron, par laquelle ledit sieur Pennautier est condamné de payer les arrérages de la rente due audit sieur marquis d'Opede par ladite province de Languedoc, depuis le jour de la saisie faite à la requête dudit Email, bien que cette saisie ne subsiste plus en conséquence de l'arrêt du conseil du 7 Juin 1689 duquel & de la signification d'iceux au nommé Email a été donné copie auxdites Jordanis le 30 Juillet dernier à la requête dudit sieur Pennautier, pour éviter les poursuites que lesdites Jordanis prétendoient faire contre lui, en vertu de ladite sentence, & leur a été de plus déclaré que c'est mal à propos qu'elles l'ont fait assigner pour affirmer & voir ordonner la délivrance des deniers saisis en ses mains, puisqu'il est déchargé par l'arrêt du conseil d'état du 2 Septembre 1685 qui a été signifié par extrait auxdites Jordanis, ledit jour 30 Juillet dernier, afin qu'elles eussent à s'y conformer sur la conduite qu'elles devoient tenir, & qui étoit prescrite pour faire ordonner la délivrance des fommes dues par ladite province ; au préjudice de quoi lefdites Jordanis n'ont pas laiffé d'obtenir plufieurs autres fentences par défaut contre ledit fieur Pennautier les 27 Juillet, 3, 17 & 22 Août, & en dernier lieu celle du 11 du préfent mois de Septembre, nonobstant la fignification qui leur avoit été faite d'abondant le 31 d'Août dudit arrêt du confeil du 2 Septembre 1685 & des lettres-patentes obtenues fur icelui avec le regiftre d'icelles, au mépris duquel arrêt de réglement elles prétendent exécuter ladite fentence contre ledit fieur Pennautier ; & comme il n'eft pas jufte qu'il foit plus long-tems expofé aux pourfuites defdites Jordanis & que l'unique motif qui a porté Sa Majefté à accorder à ladite province le fufdit arrêt de réglement a été d'empêcher qu'elle ne fût pas confommée en frais par de pareilles procédures : A CES CAUSES, requéroit qu'il plût à Sa Majefté, conformément audit arrêt du 2 Septembre 1685, décharger ledit fieur Pennautier de l'affignation à lui donnée le 28 Mai dernier aux requêtes du palais, à la requête defdites Jordanis, & en conféquence caffer les fentences qui ont été rendues par défaut contre ledit fieur Pennautier les 15 Juin, 27 Juillet, 3, 17 & 22 Août & 11 du préfent mois de Septembre avec défenfes auxdites Jordanis & Heron de faire aucunes pourfuites contre ledit fieur Pennautier que conformément audit arrêt du 2 Septembre 1685, & pour y avoir contrevenu, les condamner en 3000 liv. d'amende. Vu ladite requête ; l'arrêt du confeil d'état du 2 Septembre 1685 ; celui du 7 Juin 1689 ; la fignification d'icelui à Honoré Email du 5 Juillet enfuivant ; l'affignation donnée audit fieur Pennautier le 18 Mai dernier ; la fentence des requêtes du palais du 15 Juin auffi der-

nier ; la dénonciation faite par le fieur Pennautier de l'arrêt du 2 Septembre 1685 & de celui du 7 Juin 1689, auxdites Jordanis le 30 Juillet ; les fentences des 27 Juillet, 3, 17 & 22 Août ; la fignification faite d'abondant à la requête du fieur Pennautier de l'arrêt de réglement du 2 Septembre 1685 & lettres-patentes obtenues fur icelui ; la fentence du 11 du préfent mois ; & autres pieces : Oui le rapport du fieur Phelypeaux de Pontchartrain, confeiller ordinaire au confeil royal, contrôleur général des finances : LE ROI ETANT EN SON CONSEIL, a ordonné & ordonne que lefdits arrêts du confeil des 2 Septembre 1685 & 2 Juin 1689 feront exécutés felon leur forme & teneur ; en conféquence Sa Majefté a caffé & annullé les fentences rendues par défaut contre ledit Pennautier, les 15 Juin, 27 Juillet, 3, 8 & 22 Août & 11 du préfent mois, lequel Sa Majefté a déchargé & décharge des affignations à lui données auxdites requêtes du palais ; fait défenfes auxdites Jordanis & Heron de faire aucunes pourfuites contre ledit fieur Pennautier que conformément audit arrêt du 2 Septembre 1685, à peine de nullité, caffation de procédures & de tous dépens, dommages & intérêts. FAIT au confeil d'état du Roi, Sa Majefté y étant, tenu à Verfailles le quinzieme jour de Septembre mil fix cent quatrevingt-treize. PHELYPEAUX, figné.

LOUIS, PAR LA GRACE DE DIEU, ROI DE FRANCE ET DE NAVARRE : Au premier notre huiffier ou fergent fur ce requis. Nous te mandons & commandons par ces préfentes fignées de notre main de fignifier auxdites Jordanis & Heron à ce qu'ils n'en ignorent, l'arrêt ci-attaché fous le contre-fcel de notre chancellerie, ce jourd'hui donné en notre confeil d'état, fur la requête du syndic général de notre province de Languedoc, & leur fais les défenses y contenues sur les peines y portées. De ce faire, & tous autres exploits & actes de justice que besoin sera pour l'entiere exécution dudit arrêt, te donnons pouvoir, commission & mandement spécial, sans pour ce demander autre permission : Car tel est notre plaisir. Donné à Versailles le quinzieme jour de Septembre l'an de grace mil six cent quatre-vingt-treize, & de notre regne le cinquante-unieme, *Signé*, LOUIS : *Et plus bas* ; Par le Roi, Phelypeaux.

I V.

ARREST DU CONSEIL,

Au sujet des saisies & oppositions qui sont faites sur les rentes dues par la province à ses créanciers.

Du 5 Novembre 1718.

Extrait *des Registres du Conseil d'Estat.*

Sur la requeste présentée au Roy étant en son conseil, par le syndic général de la province de Languedoc ; Contenant que les Etats généraux de cette province ont délibéré le sept Février dernier, de suplier Sa Majesté d'ordonner, que les saisies & oppositions qui sont faites sur les rentes dûës par la province, qui ont été stipulées par les contrats payables dans la ville de Paris, au lieu d'être signifiées au trésorier de la bourse, en son bureau à Montpellier, conformément à l'arrest du conseil, du deuxieme Septembre 1685, & lettres-patentes expédiées en conséquence, seront signifiées au trésorier de la bourse en son bureau à Paris, & que toutes les autres rentes, & les sommes qui sont dûës par contrat d'obligation, qui ne sont pas payables à Paris, ne pourront être saisies qu'entre les mains du trésorier de la

bourse en son bureau à Montpellier, conformément audit arrest : Que les huissiers qui signifieront lesdites saisies, seront tenus de faire signer sur l'original par le commis du trésorier de la bourse, établi pour cet effet à Paris & à Montpellier ; qu'il a reçû la copie desdites saisies, & qu'elles ne seront valables après un an, si elles ne sont renouvellées : Que les déclarations que les particuliers demandent qu'on insere dans les contrats de constitution de rente qu'ils passent avec la province, pourroient l'empêcher de se libérer, ou l'engager dans des formalitez qui donneroient lieu à des procez, & de payer deux fois une même somme, faute de les avoir observées : à quoy il seroit remedié, s'il étoit ordonné que ladite province sera toûjours reçûë à se libérer nonobstant ces déclarations, à moins que ceux au profit de qui elles seront faites, ne fassent signifier qu'ils s'opposent à ce remboursement ; auquel cas le créancier, qui aura esté sommé par acte de venir recevoir son remboursement, sera tenu de faire lever lesdites oppositions, & jusqu'à ce qu'il y ait satisfait, la somme qui lui est dûë demeurera consignée entre les mains du trésorier de la bourse, sans qu'il soit tenu de faire quelqu'autre formalité : Que le grand nombre de dettes que la province de Languedoc a contracté à Paris, a obligé les Etats à prendre cette délibération, pour la commodité de ceux à qui il est dû par les créanciers de la province, & que les autres précautions ne tendent qu'à assurer la validité des payemens qui sont faits par la province, sans faire tort à ses créanciers, ni à ceux qui ont intérêt de s'opposer à leur remboursement. A CES CAUSES, requéroit le suppliant qu'il plût à Sa Majesté ordonner, que les rentes dûës par la province de Languedoc, qui sont payables

bles à Paris par les contrats de conſtitution, ne pourront être ſaiſies qu'entre les mains du tréſorier de la bourſe,
en ſon bureau établi à Paris, & que
celles qui ne ſeront payables à Paris,
ne pourront être ſaiſies qu'entre les
mains dudit tréſorier en ſon bureau à
Montpellier : Que les huiſſiers qui ſi-
gnifieront leſdites ſaiſies, ſeront tenus,
à peine de nullité, de faire ſigner ſur
l'original deſdites ſaiſies, par le commis du tréſorier de la bourſe prépoſé
pour cet effet à Paris & à Montpellier, qu'il a reçu la copie de la ſaiſie,
& que leſdites ſaiſies n'auront leur effet
après l'expiration d'une année, à moins
qu'elles ne ſoient renouvellées : Que
les déclarations qui ont été faites par
les créanciers de la province dans les
contrats qu'ils ont paſſé avec elle, ne
pourront empêcher la province de ſe
libérer, ſi celui au profit de qui la
déclaration a eſté faite, n'a formé
ſon oppoſition audit rembourſement,
& ne l'a fait ſignifier en la maniere ci-
deſſus ; auquel cas, le créancier qui
devra être rembourſé, ſera tenu de
faire lever l'oppoſition, & juſqu'à ce
qu'il y ait ſatisfait, la ſomme à lui
dûë demeurera en dépôt entre les
mains du tréſorier de la bourſe à ſes
riſques, & ſans intérêts ; & que pour
l'exécution de l'Arreſt qui interviendra,
toutes lettres néceſſaires ſeront expédiées. VEU ladite requeſte, l'Arreſt du
conſeil du deuxiéme Septembre 1685.
& lettres-patentes expédiées ſur icelui,
enſemble la délibération priſe par les
gens des Trois-états de la province de
Languedoc, du ſeptiéme Février dernier, & l'avis des ſieurs Vezin, Ber-
royer & Bretonnier, Avocats au Parlement de Paris, du douziéme Octobre 1718. qui eſtiment que cette délibération eſt très-judicieuſe, & qu'il y

a lieu d'eſpérer que Sa Majeſté aura la
bonté de l'autoriſer : Oüy le raport.
LE ROY ESTANT EN SON CON-
SEIL, de l'avis de monſieur le duc
d'Orléans, Régent, interprétant, en
tant que de beſoin, l'arreſt du conſeil
du deuxiéme Septembre 1685. a ordonné & ordonne, que les ſaiſies, oppoſitions, ou empêchemens au payement & délivrance des rentes dûes par
la province de Languedoc, payables
à Paris, ſuivant les clauſes portées par
les contrats de conſtitution, pourront
être faites entre les mains du tréſorier
de la bourſe de ladite province en ſon
bureau établi à Paris ; ledit arreſt du
conſeil du deuxiéme Septembre 1685
ſortiſſant ſon plein & entier effet pour
le ſurplus ; à condition néanmoins,
que lors de la ſignification qui ſera faite
deſdites ſaiſies, oppoſitions, ou empêchemens aux commis dudit tréſorier
établis, ſoit à Paris, ſoit à Montpellier, leſdits commis ſeront tenus de
ſigner ſur l'original deſdites ſaiſies, oppoſitions, ou empêchemens, qu'ils en
auront reçu les copies ; & en cas de
refus de la part des commis dudit tréſorier, il en ſera dreſſé procez-verbal
par l'huiſſier qui aura fait leſdites ſaiſies : Veut Sa Majeſté que les oppoſitions & empêchemens formez au rembourſement des fonds dûs par ladite
province, ſoient renouvellées au bout
de l'année de la ſignification, faute de
quoy leſdites oppoſitions ſeront nulles
& de nul effet ; Et pour l'exécution du
préſent arreſt, toutes lettres néceſſaires ſeront expédiées. FAIT au conſeil
d'état du Roy, Sa Majeſté y étant,
tenu à Paris le cinquiéme jour de Novembre mil ſept cent dix-huit.

Signé, PHELYPEAUX.

V.

ARTICLE XXVIII.

De la déclaration du Roi du 20 Janvier 1736.

REGISTRÉE au parlement de Toulouse le 28 du même mois, & à la cour des aides de Montpellier, le 3 Juillet suivant.

ET pour empêcher que lesdits trésorier, receveurs ou collecteurs ne soient distraits de leurs fonctions, & exposés à des frais inutiles, défendons à toutes parties de les appeler pour affirmer sur les saisies faites entre leurs mains, ou pour assister au jugement des instances entre les parties assignées sur lesdits deniers & leurs créanciers. Voulons, pour y suppléer, que les greffiers des Etats, ceux des dioceses ou des communautés, soient tenus à la premiere réquisition desdits créanciers, de leur délivrer des extraits ou certificats de ce qui peut être dû aux parties assignées sur lesdits deniers, & ce, sans droits ni frais; au moyen de quoi lesdites instances seront jugées & la délivrance des deniers ordonnée entre lesdites parties assignées & leurs créanciers, par les juges qui se trouveront saisis de la contestation; & lesdits collecteurs, receveurs ou trésorier seront tenus de payer ce qu'ils auront déclaré être dû; & ce en vertu des jugemens qui seront intervenus; quoi faisant, ils en demeureront bien & valablement quittes & déchargés envers les communautés, les dioceses, & ladite province; & lesdites communautés, lesdits dioceses & ladite province envers leurs créanciers; le tout conformément à l'arrêt du conseil du 2 Septembre 1685 & aux lettres-patentes expédiées sur icelui.

TITRE TROISIEME.

Des Juges qui doivent connoître des causes & diffé-
rends entre les parties assignées & le syndic général
de la province, ou le trésorier des États ; & des
contestations relatives aux saisies & oppositions des
créanciers des parties assignées sur les deniers qui
sont entre les mains dudit trésorier.

EXTRAIT *de la déclaration du Roi,*
du 20 Janvier 1736.

ARTICLE XXVI.

LEs causes & différends que les parties assignées sur les deniers qui sont ès mains des receveurs des tailles des diocèses & du trésorier de la bourse de notredite province pourront avoir, soit avec lesdits receveurs & trésorier, soit avec les syndics particuliers desdits diocèses, ou le syndic général de la province, seront portées directement en notredite cour des comptes, aides & finances, à l'exclusion de tous autres juges.

ARTICLE XXVII.

Voulons néanmoins que s'il survient des saisies & oppositions de la part des créanciers des parties assignées sur les deniers de la recette desdits collecteurs, receveurs ou trésorier, les contestations qui pourront naître sur ce sujet entre lesdites parties assignées & leurs créanciers, ne puissent être portées que devant les juges ordinaires, & parappel, suivant l'ordre des degrés de jurisdiction, en notredite cour de parlement.

ARTICLE XXIX.

En cas que lesdits collecteurs, receveurs ou trésorier, refusent de payer, même après le jugement qui aura ordonné la délivrance des deniers saisis,

ils seront tenus de marquer les causes de leur refus ; & si elles sont tirées de ce qu'ils n'ont plus de fonds entre les mains, ou de ce que, suivant les réglemens qui concernent l'ordre de leur recette & maniement, ils ne sont pas en état d'acquitter valablement ladite partie, ceux qui voudront les faire contraindre, malgré leur refus, ne pourront s'adresser qu'aux juges mentionnés dans les articles XXV & XXVI de la présente déclaration ; sans néanmoins que, sous ce prétexte, lesdits juges puissent prendre connoissance d'aucune autre contestation entre les parties assignées & leurs créanciers.

ARTICLE XXX.

Et lorsque le refus desdits collecteurs, receveurs, ou trésorier, ne sera fondé que sur l'intérêt personnel qu'ils auroient dans la contestation principale, ou sur d'autres causes qui ne concerneroient que la sureté du payement, soit par rapport à celui qui le demande, soit par rapport aux autres créanciers de la partie assignée, lesdits collecteurs, receveurs & trésorier ne pourront se pourvoir pour raison de ce, s'ils jugent à propos de le faire, ni être traduits par les parties, s'il y échoit, que pardevant les juges qui ont connu de la contestation principale entre la partie assignée & ses créanciers.

C 2

LIVRE TROISIEME.

DES EMPRUNTS DE LA PROVINCE,

& de leurs rembourſemens ; de la qualité des Rentes conſtituées, de leurs ceſſions & tranſports, réconſtitutions, &c.

TITRE PREMIER.

De la forme des Emprunts.

LEs Etats empruntent pour le compte de la province, à raiſon de ſes affaires particulieres, ou pour le compte du Roi, ſur la demande que Sa Majeſté leur fait faire par ſes commiſſaires de lui prêter leur crédit, à concurrence d'une ſomme déterminée.

Au premier cas, il ſuffit d'une délibération des Etats autoriſée par un arrêt du conſeil conformément à l'édit du mois d'Octobre 1649, & à l'arrêt du conſeil du 10 Octobre 1752, qui ſe trouvent l'un & l'autre dans le premier volume de cette collection, Liv. prélim. Tit. II. Nº. XIII & XV.

Au ſecond cas, après que les Etats ont délibéré d'accorder le crédit de la Province, ils nomment des commiſſaires auxquels ils donnent pouvoir de ſigner avec MM. les commiſſaires du Roi un traité déjà projetté avec eux ; après quoi, tant la délibération des Etats, que le traité ſigné en conſéquence, ſont autoriſés par un arrêt du conſeil.

SECTION PREMIERE.

Emprunts pour le compte de la Province.

ON raſſemblera dans cette ſection tous les emprunts de cette nature, actuellement ſubſiſtans, en tout ou en partie, en les diſtinguant par les dénominations qui leur ſont données dans les

Part. I. Div. I. Liv. III. Tit. I. Sect. I.

2ɪ

états annuels d'intérêts, & en tête des mandemens expédiés en conséquence. Comme les délibérations des Etats, & les arrêts du conseil relatifs à quelques-uns de ces emprunts, contiennent quelquefois des dispositions qui ont déterminé à les placer sous d'autres titres de cette collection, où il sera plus important de les connoître, il ne faudra pas être étonné de ne pas les trouver sous quelqu'un des paragraphes suivans.

§. I.

ANCIENNES RENTES.

ON comprend sous cette dénomination générale plusieurs anciens emprunts faits par la province pour un grand nombre d'objets différens, & dont une grande partie remonte au siecle précédent, tels que le canal royal, des abonnemens de subsides, des rachats. d'offices, &c. &c.

Ces rentes, constituées originairement sur des taux différens, furent réduites en 1720 à trois pour cent, sur le refus que firent les créanciers de recevoir leur remboursement. Les Etats n'excepterent de cette réduction que les rentes dues aux couvens & communautés des filles religieuses, autres que les abbayes, qu'ils conserverent sur le pied du denier vingt-cinq; & cette faveur qu'ils leur renouvellent chaque année par une délibération particuliere, s'étend à toutes les rentes réduites dont elles jouissent, sans distinction des diverses natures d'emprunts. Nous faisons cette remarque pour ne pas la répéter dans chaque paragraphe où il sera parlé des rentes qui éprouverent la réduction de 1720.

No. I.

I.

EXTRAIT des Regiſtres des délibérations des Etats généraux de Languedoc aſſemblés par mandement du Roi en la ville de Montpellier au mois de Décembre 1719.

Du Jeudi Ier. Février 1720, préſident Mgr. l'archevêque & primat de Narbonne.

MONSEIGNEUR l'archevêque d'Alby, commiſſaire nommé avec monſeigneur l'évêque de Lodeve,

monſeigneur l'évêque de Beziers, monſieur le baron de Villeneuve, monſieur le baron de Rouveiroux, monſieur le baron de Tornac, les ſieurs capitouls de Toulouſe, & les ſieurs conſuls & députés de Montpellier, de Carcaſſonne, de Nimes, de Narbonne & du Puy, a dit: que s'étant aſſemblés par ordre des Etats pour examiner quel parti la province devoit prendre à l'égard des rentiers au ſujet de la réduction des rentes, & la conduite que l'aſſemblée devoit tenir dans

No. I.

cette occafion, monfeigneur le préfident avoit bien voulu fe rendre à la commiffion s'agiffant d'une affaire auffi importante , & qu'on y avoit expofé toutes les raifons les plus folides pour prendre un parti convenable ; que meffieurs les commiffaires avoient loué & approuvé le zele de meffieurs les députés à la cour d'avoir fait fignifier aux rentiers la réduction de leurs rentes au premier Janvier de cette année au denier vingt-cinq, & que s'agiffant de favoir fi les Etats doivent les fixer à l'avenir fur ce pied, ou fi, à l'exemple de tous les autres corps & compagnies du royaume, il ne convenoit pas de les réduire à trois pour cent ; que cette réduction à un prix auffi modique paroiffoit d'abord onéreufe pour les rentiers, qui étant la plupart habitans de cette province, perdroient par-là les deux cinquiemes d'un revenu dont ils avoient toujours joui jufqu'au premier Janvier de cette année, & qui fervoit à un grand nombre de rentiers d'un fecours pour payer les charges impofées fur les biens fonds lorfque les récoltes n'étoient pas fuffifantes : qu'une auffi jufte réflexion paroiffoit affez favorable pour laiffer les rentes fur le pied du denier vingt-cinq ; mais que, lorfque meffieurs les commiffaires avoient confidéré que les deniers de ces mêmes rentes étoient impofés fur les biens fonds, on voyoit cette nature de biens exceffivement chargée depuis plus de 30 ans : qu'ils avoient trouvé que l'objet le plus important, & auquel la province devoit le plus d'attention étoit d'en diminuer le poids, & qu'ainfi l'exemple de tous les autres corps du royaume qui ont réduit leurs rentes à trois pour cent, foutenu par la néceffité où font les Etats de foulager les biens fonds, devoit l'emporter fur les confidérations particulieres, & fur le préjudice, que les rentiers rece-

vront en particulier par cette réduction ; & qu'après avoir profondément examiné cette matiere & le parti, que les Etats pourroient prendre, la commiffion avoit été d'avis, que l'affemblée devoit remercier monfeigneur le préfident, & meffieurs les députés à la cour, de l'attention qu'ils avoient eu de faire dénoncer aux rentiers la réduction de leur rente fur le pied du denier vingt-cinq à commencer du premier Janvier dernier ; qu'ils avoient cru qu'il falloit dans la conjoncture préfente porter cette réduction jufqu'à trois pour cent pour toutes les rentes en général dues par la province, & inviter en même-tems les diocefes & les villes qui ont des créanciers à fuivre cet exemple ; qu'ayant enfuite examiné de quel jour cette derniere réduction pourroit avoir lieu, & par quelle voie on pouvoit faire connoitre aux rentiers la délibération qui feroit prife par les Etats, afin de pouvoir rembourfer ceux qui ne voudront point y acquiefcer, la commiffion avoit eftimé, qu'attendu que le plus grand nombre des contrats faits lors des emprunts portoient la claufe, que les créanciers feront avertis trois mois avant de pouvoir être rembourfés, la réduction à trois pour cent devoit être fixée au premier Juillet prochain, moyennant quoi les rentes des fix premiers mois de cette année leur feront payées fur le pied du denier vingt-cinq ; & comme la fidélité des Etats envers leurs rentiers, & l'exactitude avec laquelle les arrérages de leurs rentes ont été toujours payées a donné un grand crédit aux contrats, les faifant paffer journellement en différentes mains, & jufques chez les étrangers, il feroit difficile de découvrir le véritable domicile des propriétaires des rentes, & que les fignifications induement faites pourroient faire naître des conteftations que les Etats doivent éviter tant pour la province, pour les dioceses, que pour les communautés; messieurs les commissaires ont été d'avis que les états devoient supplier Sa Majesté d'accorder un arrêt portant qu'en publiant dans les villes de Paris, Toulouse & Montpellier la délibération qui sera prise par les Etats au sujet de cette réduction des rentes, comme étant les trois endroits, où il y a des Bureaux établis pour les payer, la province sera dispensée de faire aucune signification aux créanciers, & que le même arrêt accordera la même faculté aux dioceses & aux villes de la province, en faisant pareillement publier dans leur chef-lieu les délibérations qu'ils prendront sur ce même sujet.

SUR QUOI il a été délibéré, conformément à l'avis de messieurs les commissaires, après avoir remercié monseigneur le président & messieurs les députés à la cour de leur attention pour la réduction des rentes au denier vingt-cinq, & approuvé les significations qui ont été faites par leur ordre, que toutes les rentes dues par la province seront payées sur le pied du denier vingt-cinq à commencer du premier Janvier de cette année jusqu'au premier Juillet prochain, & qu'à commencer dudit jour elles demeureront toutes réduites sur le pied de trois pour cent ; auquel effet tous les rentiers seront tenus de rapporter leurs titres d'ici à ce tems-là ; savoir, ceux dont les contrats ont été consentis à Paris devant le sieur Durand, notaire de la province à Paris, ceux consentis dans la ville de Montpellier devant le sieur Bellonnet, notaire de la province à Montpellier, & ceux consentis dans

la ville de Toulouse devant le sieur Fontés, aussi notaire de la province à Toulouse, pour être par lesdits notaires lesdites rentes réduites sur les expéditions des contrats que les créanciers remettront, sur ledit pied de trois pour cent à commencer dudit jour premier Juillet prochain, sur lesquelles réductions ainsi faites & remises par les rentiers au trésorier de la bourse pour cette première fois seulement, ils seront payés des arrérages de leurs rentes ; & à défaut par lesdits rentiers de faire faire lesdites réductions d'ici audit jour premier Juillet, ils seront remboursés de leurs capitaux par ledit trésorier, sans qu'ils puissent prétendre aucuns arrérages depuis ledit jour que leurs rentes demeureront supprimées, & que ceux qui voudront être remboursés d'ici audit jour premier Juillet seront payés par monsieur Bonnier trésorier de la bourse à mesure qu'ils se présenteront, & qu'il sera donné pouvoir aux syndics généraux de la province par une délibération particuliere d'emprunter les sommes nécessaires à constitution de rente à trois pour cent pour rembourser audit sieur Bonnier les sommes qu'il aura avancées pour lesdits remboursemens : il a été aussi délibéré que pour éviter les inconvéniens des significations qui devoient être faites aux rentiers, Sa Majesté sera très-humblement suppliée d'accorder un arrêt portant qu'en le faisant publier avec la présente délibération par les Etats dans les villes de Paris, Toulouse & Montpellier, & par les dioceses & les villes, avec leurs délibérations dans leur chef-lieu, ils seront dispensés de faire des actes à leurs rentiers pour lesdites réductions.

I I.

EXTRAIT du regiſtre des délibérations des Etats généraux de Languedoc aſſemblés par mandement du Roi en la ville de Montpellier, au mois de Décembre 1719.

Du Jeudi premier Février 1720, préſident Monſeigneur l'archevêque & primat de Narbonne.

MONSEIGNEUR l'archevêque d'Alby a dit : que quoique l'aſſemblée vienne de délibérer la réduction générale des rentes de la province ſur le pied de trois pour cent à commencer du premier Juillet, meſſieurs les commiſſaires avoient cru, ſans donner atteinte à la délibération qui vient d'être priſe, que les couvens & communautés des filles religieuſes qui ne ſont pas abbayes étant fort pauvres, & n'ayant la plupart d'autre revenu que des rentes ſur la province ou ſur les autres corps, la réduction précipitée de leur revenu leur enleveroit preſque la moitié de leur ſubſiſtance, n'ayant

aucune ſorte d'induſtrie pour ſe procurer quelque ſecours ni d'autre nature de biens que des rentes, ces couvens pourroient plus difficilement ſubſiſter pendant le reſte de l'année, & qu'ils avoient jugé qu'à titre de charité à laquelle l'aſſemblée devoit ſe prêter, ces couvens & communautés étant preſque formés des filles tirées des familles des habitans de cette province, elle pouvoit ſuſpendre à ſon égard ſeulement la réduction de leurs rentes à trois pour cent juſqu'au premier Janvier prochain, afin de leur donner le tems de trouver quelque autre emploi de leur argent qui puiſſe lui convenir, que ce délai étant d'un petit objet, les Etats pouvoient y entrer; que la commiſſion avoit été unanimement de cet avis.

SUR QUOI il a été délibéré que les rentes des couvens & communautés des filles religieuſes, autres que les abbayes, leur ſeront payées pendant la préſente année ſur le pied du denier vingt-cinq, ſans déroger pourtant à la délibération que les Etats viennent de prendre à l'égard de toutes leurs rentes.

§. I I.

CAPITATION.

L'ETAT des dettes enregiſtrées ſous cette dénomination, eſt, comme celui des *anciennes rentes*, formé de différens emprunts ſucceſſifs, mais qui ont tous rapport à des payemens ou abonnemens de la capitation, & qui ont été faits depuis 1701 juſqu'en 1710. Les rentes conſtituées par ces emprunts furent également réduites en 1720, à trois pour cent, ſur la tête des créanciers qui préférerent cette réduction à leur rembourſement.

I.

I.

Extrait du regiſtre des délibérations des Etats généraux de Languedoc, aſſemblés par mandement du Roi en la ville de Carcaſſonne au mois d'Août 1701.

Du 14 Septembre ſuivant, préſident monſeigneur l'archevêque de Touloufe.

MONSEIGNEUR l'archevêque d'Alby nommé avec meſſeigneurs les Evêques de St. Papoul, de Nimes & de Montpellier, meſſieurs les barons de St. Point, de Lanta, de Caſtelnau d'Eſtretefons & de Rieux, les ſieurs capitouls de Touloufe & conſuls de Montpellier, les ſieurs maires & députés de Carcaſſonne & de Nimes, le ſyndic du pays de Vivarais, les maires & députés de Caſtres, d'Agde & de St. Papoul, pour examiner de quelle maniere on payera la capitation de l'année 1701, & comment elle ſera repartie, a rapporté qu'ayant été délibéré que la capitation de l'année 1701 devoit être payée dans tout le mois de Novembre prochain, il n'étoit pas poſſible que l'on pût en ſi peu de tems, & en un ſeul & actuel payement, ſe propoſer de payer une ſi grande ſomme que celle qui a été demandée par le Roi ; d'autant que les ſyndics généraux leur avoient dit qu'il étoit encore dû au tréſorier de la bourſe, pour le ſecond terme de l'impoſition ordinaire, environ 800,000 livres, & tout le dernier terme qui revenoit au moins pour les contribuables à deux millions cinq cent mille livres qui étoient payables dans le mois de Novembre prochain : que ſur cet article meſſieurs les commiſſaires croyoient que ladite capitation ne pouvant être levée dans ledit mois de Novembre, une partie devoit être payée par emprunt, & qu'en attendant le retour du

Tome II.

courrier qui a été envoyé à la cour, on devoit donner pouvoir aux ſyndics généraux d'emprunter la ſomme de 500,000 livres ; que pour faciliter ledit emprunt il ſeroit expédié quatre délibérations, une de 200,000 livres, & trois autres de 100,000 livres chacune : qu'outre ladite ſomme qui ſeroit empruntée, meſſieurs les commiſſaires eſtimoient auſſi que la province pourroit ſe ſervir, pour payer partie de la capitation de 1701, de la ſomme de 160,000 livres qui a été impoſée l'année préſente au profit de divers créanciers pour le payement de leurs capitaux, leſquels créanciers ſeroient mis dans l'état particulier des dettes qui ſeront contractées pour la capitation ; qu'à l'égard de la maniere dont la répartition de la capitation de l'année 1701 devoit être faite, meſſieurs les commiſſaires avoient été d'avis que les ſommes qui ſeroient impoſées ſous titre de capitation, même les intérêts des ſommes empruntées, ſeroient départies de la même maniere que l'avoit été celle de 1200,000 livres, lors de la derniere capitation, & que le ſurplus qui ſeroit payé par emprunt ſeroit départi ſur la ville de Touloufe & les vingt-quatre dioceſes, ſur le pied du tarif des impoſitions de la taille, pour faire enſuite la quote de ladite ville & deſdits dioceſes, ſupportée par ceux qui devoient être taxés à la capitation.

SUR QUOI il a été délibéré que la capitation de l'année 1701 ſera payée, partie par les taxes qui ſeront faites ſur les particuliers, & partie par emprunt. Et en attendant que le courrier qui a été envoyé à la cour ſoit arrivé, il eſt donné pouvoir aux ſyndics généraux d'emprunter en la forme ordinaire la ſomme de 500,000 livres, & que pour faciliter ledit emprunt, il ſera expédié quatre délibérations, dont l'une ſera

D

No. 1.

de 200,000 livres & les trois autres de 100,000 livres chacune, faifant en tout la première fomme de 500,000 livres ; qu'il fera fait un état particulier des dettes qui feront contractées pour la capitation, & que la province fe fervira, pour payer partie de ladite capitation, de la fomme de 160,000 livres qui a été impofée la préfente année 1701 pour payer les capitaux qui font dus à divers créanciers, laquelle fomme fera employée dans l'état particulier qui fera dreffé des dettes qui feront contractées pour la capitation de l'année 1701. Et l'affemblée confidérant que la ville de Touloufe, & chacun des diocefes en particulier, ont leur contingent de la capitation, foit par la qualité, foit par le nombre des perfonnes, fuivant les rôles qui ont été faits ci-devant pour les années précédentes, & que fi on apportoit quelque changement à ce qui a été pratiqué, il pourroit arriver des inconvéniens qui rendroient le recouvrement très-difficile, il a été délibéré que la capitation de ladite année 1701 fera départie fur la ville de Touloufe & les vingt-quatre diocefes, ainfi qu'il en a été ufé pour les capitations des années 1696, 1697 & 1698, & que, tant le principal des fommes qui feront empruntées, que les intérêts, feront fupportés par ceux qui feront taxés à la capitation, & non fur les fonds de terre.

I I.

EXTRAIT du regiftre des délibérations des Etats généraux de Languedoc, affemblés par mandement du Roi en la ville de Carcaffonne au mois d'Août 1701.

Du 21 Septembre fuivant, préfident monfeifeigneur l'archevêque de Touloufe.

MONSEIGNEUR l'archevêque d'Alby nommé avec meffeigneurs les évêques de St. Papoul, de Nîmes & de Montpellier, meffieurs les barons de Tour de Gevaudan, de Lanta, de Caftelnau d'Eftretefons & de Rieux, les fieurs capitouls de Touloufe, & confuls de Montpellier, les fieurs maires & députés de Carcaffonne & de Nîmes, le fyndic du pays de Vivarais, les maires & députés de Caftres, Agde, & St. Papoul, commiffaires nommés pour l'affaire de la capitation, a rapporté, que s'étant affemblés pour fe faire informer de l'état où la province fe trouve au fujet des fommes qui doivent être empruntées pour payer partie de la capitation de la préfente année 1701, dans le mois de Novembre prochain, les fyndics généraux leur avoient dit qu'ils avoient écrit en divers endroits de la province où ils peuvent efpérer de trouver de l'argent par emprunt, & qu'ils croyoient que fur la délibération qui a été prife, qui leur donne pouvoir d'emprunter pour ladite capitation la fomme de 500,000 livres, on pouvoit compter fur une fomme de deux cent & tant de mille livres, à moins que les perfonnes qui fe font préfentées n'aient changé de volonté, & que joignant à cette fomme celle de 160,000 livres qui a été impofée la préfente année pour payer des capitaux dus à divers créanciers, dont l'affemblée a délibéré de fe fervir, on pouvoit efpérer de faire en tout une fomme de 400,000 livres : qu'enfuite meffieurs les commiffaires, confidérant que cette fomme n'étoit pas fuffifante pour foulager ceux qui devront payer la capitation de cette année 1701, ils n'avoient pas fait difficulté d'écouter une propofition qui leur a été faite par le fieur Novy qui eft en cette ville, de la part des Genois aufquels il eft dû par la province une fomme de 604,000 liv.; lefquels offrent de prêter pareille fomme, pourvu toutefois que la province mette fur le pied

No. II.

de fix pour cent , tant la fomme qui leur eft due, que celle qu'ils prêteront de nouveau, à commencer le premier Janvier prochain 1702 : qu'après avoir examiné cette propofition, qui a paru à meffieurs les commiffaires fort onéreufe pour la province, ils ont été d'avis de la porter à l'affemblée, & de lui propofer de l'accepter, dans la néceffité où elle fe trouve, ou d'impofer l'entiere fomme qui eft demandée par le Roi pour la capitation de l'année préfente 1701, & qui doit être payée dans le mois de Novembre prochain en un feul & actuel payement, ou bien d'emprunter les fommes néceffaires pour en payer la plus grande partie; & que meffieurs les commiffaires n'avoient pas cru qu'il pût être d'aucune conféquence pour la province, qui a réduit toutes fes rentes fur le pied du denier vingt, de recevoir & mettre toutes les fommes des particuliers Genois fur un plus haut pied; d'autant que ledit prêt fera fait par des étrangers, & que l'emprunt ne peut être fait par la province aux fufdites conditions, qu'il ne foit autorifé par le Roi, ainfi qu'il s'eft pratiqué autrefois avec les Genois mêmes qui prêterent à la province fur le pied du denier feize; & comme la province ne peut pas encore favoir ce qu'elle impofera & ce qu'elle empruntera pour la capitation de la préfente année 1701, jufqu'au retour du courrier qui a été envoyé à la cour, ils avoient été d'avis que la province pouvoit fe propofer d'emprunter des fufdits Genois jufqu'à la fomme de 800,000 livres, ne doutant pas que ceux à qui il eft dû la fomme de 600,000 livres, & qui offrent de prêter pareille fomme, ne vouluffent bien prêter, s'il étoit néceffaire, jufqu'à 200,000 livres au delà.

Sur quoi il a été délibéré, conformément à l'avis de meffieurs les com-

miffaires, que l'offre faite par ledit fieur Novy eft acceptée; & en conféquence, il eft donné pouvoir aux fyndics généraux de canceller les obligations paffées auxdits Genois, par lefquelles il leur eft dû la fomme de fix cent quatre mille livres, & en mêmetems de leur paffer des contrats, tant pour ladite fomme que pour celles qu'ils prêteront à la province jufques & à concurrence de la fomme de 800,000 livres, pour leur en être la rente ou intérêts payés fur le pied de fix pour cent par an, à commencer du premier Janvier 1702; & attendu que la province ne fe porte à prendre la préfente délibération que par néceffité, & en confidération de ce que ce font des étrangers qui lui prêtent, Sa Majefté fera très-humblement fuppliée, à la diligence des fyndics généraux, de permettre à la province par un arrêt de fon confeil, de faire ledit emprunt aux conditions ci-deffus marquées, ainfi qu'elle a eu la bonté de lui accorder en d'autres occafions avec les Genois fur le pied du denier feize.

III.

EXTRAIT du regiftre des délibérations des Etats généraux de Languedoc, affemblés en la ville de Montpellier au mois de Décembre 1704.

Du Lundi 12 Janvier 1705 préfident monfeigneur l'archevêque & primat de Narbonne.

MONSEIGNEUR l'archevêque d'Alby continuant fon rapport pour les affaires de la capitation, a dit que le million de livres que les Etats avoient délibéré d'emprunter au denier feize, n'étant pas fuffifant pour payer au fieur de Pennautier jufqu'à la fomme de 1300,000 livres, dont il a expofé qu'il eft en avance pour les arrérages de la capitation, foit pour lui aider à faire l'avance des sommes qui pourront lui être dues de reste du dernier terme de la capitation de 1704, il plût à l'assemblée de pourvoir au remboursement de la somme de 300,000 livres qui lui étoit encore due, & que messieurs les commissaires avoient cru qu'on ne pouvoit lui refuser ce secours.

Sur quoi il a été délibéré que la somme de 300,000 livres sera empruntée au denier vingt pour parfaire l'entier remboursement de ce qui est dû au sieur de Pennautier des arrérages de la capitation, dont les intérêts seront supportés par ceux qui sont en retardement de payer leurs taxes, & que ce qui sera recouvré à l'avenir de ladite capitation sera employé au remboursement des sommes empruntées à cet effet, sans que néanmoins ledit sieur de Pennautier puisse prétendre aucunes taxations pour raison dudit emprunt.

Les Etats ayant besoin de la somme de 300,000 livres pour l'employer aux affaires de la province, ont délibéré que ladite somme sera empruntée par les syndics généraux, de telles personnes & aux meilleures conditions qu'ils trouveront, n'excédant toutefois le denier vingt, leur donnant pouvoir de passer pour raison dudit emprunt tous contrats d'obligation ou de constitution de rente, & d'obliger les biens du général de ladite province au profit de ceux qui en feront le prêt, à la charge néanmoins que les sommes qui seront empruntées, seront remises ès mains du trésorier de la bourse ou de ses commis ayant charge expresse de lui, pour les employer suivant les ordres qui lui seront donnés. Et a été arrêté que la présente délibération sera déchargée par les mêmes notaires qui recevront les contrats d'obligation ou de constitution de rente, à mesure que les emprunts seront faits.

EXTRAIT *du registre des délibérations des Etats généraux de Languedoc, assemblés par mandement du Roi en la ville de Montpellier au mois de Décembre 1705.*

Du Samedi 30 Janvier 1706, président monseigneur l'archevêque & primat de Narbonne.

MONSEIGNEUR l'archevêque d'Alby, commissaire nommé avec messeigneurs les évêques de St. Papoul, de Nîmes & de Lodeve, messieurs les barons de Murviel, de Lanta, de Rouairoux & de Rieux, les sieurs capitouls & députés de Toulouse; consuls de Montpellier, Nîmes, Alby, le syndic de Vivarais, les diocésains de Carcassonne, de Narbonne & Gignac, a rapporté que s'étant assemblés pour examiner les affaires de la capitation, & chercher les moyens les plus sûrs pour payer à Sa Majesté la somme de 1800,000 livres qui lui a été accordée pour la capitation de l'année présente 1706, & satisfaire en même-tems au payement des arrérages de la capitation des années 1702, 1703 & 1704 & premier terme de 1705 qui ont été avancées par le sieur de Pennautier, trésorier de la bourse, sur les ordres des Etats, lesquels arrérages se montent à la somme d'un million quatorze mille sept cent quarante-huit livres, sans y comprendre ce qui pourra être dû du dernier terme de l'année 1705 qui est échu au premier Janvier 1706, & le sieur de Pennautier ayant représenté à la commission qu'il lui étoit impossible de soutenir des avances aussi considérables, il supplioit l'assemblée de vouloir bien l'aider du crédit de la province pour y pouvoir satisfaire : que l'année derniere s'étant trouvé dans de pareilles avances, les

Etats avoient bien voulu lui prêter leur crédit jusqu'à un million de livres au denier seize; que même il en avoit été expédié deux délibérations pour commencer cet emprunt qui avoient été remises entre les mains des notaires de Paris, mais que ces délibérations ne s'étant point trouvées revêtues de la forme dont on a accoutumé de faire des emprunts à Paris pour les corps & compagnies, elles lui étoient devenues inutiles, & qu'il les rapportoit sans avoir pu s'en servir.

Que le clergé de France en corps, la province de Bretagne, & plusieurs communautés qui avoient fait des emprunts à Paris, avoient donné des emplois des sommes qu'ils empruntoient; que le clergé empruntoit pour payer le don gratuit qu'il avoit fait au Roi, & qu'il avoit été stipulé dans les contrats qu'il seroit fait mention dans les quittances du garde du trésor royal que les sommes y contenues provenoient des deniers fournis par les particuliers qui en avoient fait le prêt; qu'ainsi si la province vouloit que l'emprunt que le sieur de Pennautier demande eût son effet, il étoit nécessaire de se conformer à la forme des contrats du clergé de France, & de donner un emploi en la maniere ci-dessus à ceux qui prêteront leurs deniers, & qu'il étoit encore d'usage, pour faire réussir les emprunts, d'accorder une gratification aux notaires qui faisoient prêter les sommes.

Que messieurs les commissaires ayant examiné la proposition du sieur de Pennautier, & voyant qu'il est absolument nécessaire de payer au Roi la somme de 1800,000 livres accordée pour la capitation de la présente année 1706, aux termes convenus, & de rembourser ledit sieur de Pennautier des avances qu'il a faites pour les années 1702, 1703 & 1704, & partie de 1705; ont cru qu'il n'y avoit pas de meilleur moyen pour pourvoir à l'un & à l'autre, que d'emprunter la somme de 800,000 livres au denier seize dans la ville de Paris, pour être employée au payement de partie des 1800,000 livres accordées au Roi pour la capitation de la présente année, & que néanmoins la somme de 1800,000 livres sera imposée en entier aux termes ordinaires, pour être employée; savoir, un million pour parfaire au Roi le payement de la capitation de l'année présente, & les huit cent mille livres restans seront mis entre les mains du sieur de Pennautier sur & tant moins des arrérages qui lui sont dus, de laquelle somme il rendra compte aux prochains Etats.

Mais attendu qu'il y a des dioceses qui ont payé régulierement leur capitation, ils ne seront point compris dans le département qui sera fait pour les rentes de la somme de 800,000 livres, ni dans celui qui sera fait pour le payement des capitaux, lorsqu'on les remboursera, & chacun des autres dioceses y contribuera à proportion de ce qu'il devra desdits arrérages.

Sur quoi il a été délibéré qu'il sera emprunté à Paris la somme de 800,000 livres au denier seize pour être employée au payement de partie de la capitation de l'année 1706, & qu'il sera néanmoins imposé l'entiere somme de 1800,000 livres aux termes ordinaires, dont un million servira à parfaire le payement de l'entiere capitation de 1706, & les 800,000 livres restans seront levés & demeureront entre les mains du sieur de Pennautier pour servir au payement des arrérages des années 1702, 1703 & 1704, & partie de 1705, de laquelle somme il rendra compte aux prochains Etats; & que les dioceses qui ont satisfait à leur quote-part de la capitation des années dernieres, dans les termes, ne seront point compris dans le département des rentes de ladite somme de 800,000 livres, ni dans le département des capitaux, lorsqu'on voudra les rembourser, & que les autres dioceses y seront compris à proportion de ce qu'ils doivent desdits arrérages, tant pour les rentes que pour le remboursement des capitaux.

Et pour faciliter l'emprunt de 800,000 livres, il sera pris une seconde délibération qui donnera pouvoir aux syndics généraux d'emprunter ladite somme aux clauses & conditions qui y seront marquées; & d'accorder aux notaires qui passeront les contrats une gratification jusqu'à un pour cent des sommes qu'ils feront prêter, moyennant quoi lesdits notaires seront tenus de la passation des contrats, expéditions des grosses & autres frais, & à la charge que le sieur de Pennautier ne pourra prétendre aucunes taxations dudit emprunt.

V.

Extrait du registre des délibérations des Etats généraux de Languedoc, assemblés par mandement du Roi en la ville de Montpellier au mois de Novembre 1707.

Du Mercredi 28 Décembre suivant, président monseigneur l'archevêque & primat de Narbonne.

LEs Etats ayant par leur délibération du Ier. du présent mois de Décembre accordé au Roi la somme de deux millions de livres que Sa Majesté a bien voulu depuis réduire à celle de 1800,000 livres pour la capitation de l'année 1708, & pourvu déjà au payement d'un million de livres par imposition, & étant nécessaire de pourvoir au payement des 800,000 liv. restans, a été délibéré que ladite som-

me de 800,000 livres sera incessamment empruntée au nom de la province, & aux meilleures conditions qu'il se pourra, qui n'excéderont pas toutefois le denier douze, & à cet effet, les Etats ont nommé les sieurs André Joubert, Jean de Boyer, & Jean-Antoine du Vidal de Montferrier, syndics généraux de ladite province, auxquels ils donnent pouvoir & puissance tant conjointement que séparément, en cas de mort ou d'absence d'un ou de deux des trois, & même leur donnent pouvoir de substituer, pour & au nom de ladite province emprunter & prendre à constitution de rente ladite somme de 800,000 livres, & de passer tous contrats de constitution de rente à ceux qui feront le prêt de ladite somme, d'obliger tous les biens du général & du particulier de ladite province solidairement sans division ni discussion, aux renonciations requises, & de payer lesdites rentes constituées de six en six mois dans les bureaux du trésorier de la bourse desdits Etats; de déclarer dans lesdits contrats qui seront passés, que les deniers qui seront empruntés seront employés au payement de partie desdites 1800,000 livres accordées au Roi pour la capitation de la présente année, à la charge que les sommes capitales qui seront empruntées seront remises, lors de la passation des contrats, entre les mains dudit trésorier de la bourse de la province qui interviendra à cet effet dans lesdits contrats, pour être lesdites sommes par lui portées au trésor royal, à sa décharge & à celle de la province, en déduction de partie desd. 1800,000 livres accordées au Roi pour la capitation de la présente année, & que dans les quittances du trésor royal il sera fait mention que ces deniers sont provenus desdits emprunts, desquels capitaux par lui reçus, & des payemens faits au tréfor royal, il fera recette & dépenfe dans les comptes qui feront arrêtés aux Etats prochains, dont un double & lefdites quittances feront remifes au greffe defdits Etats.

Que de la préfente délibération il fera fait quatre originaux en parchemin, fignés par Mgr. l'Archevêque de Narbonne préfident, & contre-fignés par les fecrétaires defdits Etats, de 200,000 livres chacun, pour être remis ès mains des notaires, fur lefquels originaux il fera fait mention des contrats à mefure qu'ils feront paffés, avant que les groffes en puiffent être délivrées, fur lefquelles groffes le notaire dépofitaire de la délibération mettra fon certificat de ladite décharge; que l'acte de dépôt de ladite délibération fera mis au bas defdites expéditions, & figné par deux notaires; & lorfque l'emprunt porté par ladite délibération fera confommé, il fera mis au bas par le notaire qui en fera le dépofitaire, que ladite délibération eft remplie, & fera ladite mention fignée par ledit notaire & fon collègue.

Et au cas que dans la fuite il fe préfente des perfonnes qui aient befoin des fommes qu'ils auront prêtées, les Etats, pour faciliter le commerce defdites rentes, ont donné pouvoir aux fyndics généraux & à leurs fucceffeurs, tant conjointement que féparément, en cas de mort, ou d'abfence d'un ou de deux des trois, de prendre à conftitution de nouvelles rentes les mêmes fommes, pour être employées au rachat des rentes de ceux qui voudront être rembourfés jufqu'à concurrence d'icelles, aux mêmes ftipulations, claufes, conditions & obligations ci-deffus, à condition & non autrement qu'il fera porté par lefdits contrats que l'emprunt eft fait pour payer un créancier de ladite province, & que dans la quittance que le créancier fournira, il fera fait

mention que c'eft des mêmes deniers qui ont été empruntés de celui à qui on aura paffé un nouveau contrat, afin que celui qui aura prêté pour faire ledit rachat, foit fubrogé aux droits & hypothèques de celui qui aura été rembourfé.

Et pour l'exécution de la préfente délibération, Sa Majefté fera très-humblement fuppliée d'accorder fa déclaration pour l'approuver & l'autorifer, & donner le pouvoir de paffer les contrats de conftitution de rente au denier douze, & de permettre à ladite province d'emprunter des étrangers & non naturalifés, & de ceux qui demeurent hors du royaume, pays, terres & feigneuries de l'obéiffance de Sa Majefté, ainfi que fi c'étoit fes propres fujets, & auxdits étrangers de difpofer des rentes qui leur auront été conftituées par ladite province ou qu'ils acquérront fur elle entre-vifs ou par teftament, ou autrement, en quelque forte & maniere que ce foit: qu'au cas qu'ils n'en aient pas difpofé, leurs héritiers leur fuccéderont, encore que leurs donataires, légataires ou héritiers foient étrangers & non régnicoles. Renonçant à cet effet Sa Majefté au droit d'aubaine, & autres, & même à celui de confifcation, au cas qu'ils fuffent fujets de princes & états contre lefquels Sa Majefté eft ou pourroit être ci-après en güerre, & que lefdites rentes qui auront été ainfi acquifes par lefdits étrangers, foient exemptes de toutes lettres de marque & de repréfaille, pour quelque caufe & prétexte que ce foit; qu'elles ne puiffent être faifies par leurs créanciers régnicoles ou étrangers, le tout ainfi que Sa Majefté l'a permis pour les rentes qu'elle a créées.

Comme auffi fera fuppliée Sa Majefté de permettre qu'à l'avenir il puiffe être fait de nouveaux contrats au denier douze à ceux qui offriront leurs deniers pour rembourfer les créanciers ; laquelle déclaration fera vérifiée & enregistrée tant au parlement de Paris qu'au grand confeil , & partout où befoin fera.

V I.

Extrait du regiftre des délibérations des Etats généraux de Languedoc, affemblés par mandement du Roi en la ville de Montpellier au mois de Novembre 1708.

Du premier Février 1709 , préfident monfeigneur l'archevêque & primat de Narbonne.

Monseigneur l'archevêque d'Alby a dit que meffieurs les commiffaires qui avoient été nommés pour examiner l'affaire de l'affranchiffement de huit cent mille livres de capitation s'étoient affemblés chez monfeigneur l'archevêque de Narbonne, & qu'ils avoient trouvé que la capitation eft fi exceffive fur le pied de dix-huit cent mille livres, que la province ne fauroit la payer ; que c'eft ce qui a produit douze cent quatre-vingt trois mille trente-cinq livres d'arrérages, dont la province paye les intérêts , partie au denier feize, & partie au denier douze ; de forte qu'en affranchiffant huit cent mille livres de capitation , on doit efpérer que le million qui refte à payer ne produira aucuns arrérages, ni par conféquent aucuns nouveaux emprunts ; que fi pour trouver quatre millions huit cent mille livres, à quoi revient la finance de cet affranchiffement, la province eft obligée de l'emprunter au denier douze , dont les intérêts reviendront à la fomme de quatre cent mille livres, Sa Majefté qui en doit faire fonds à la province au denier vingt , en payera deux cent quarante mille livres & il ne reftera que cent foixante mille

livres fur le compte de la province ; que cette fomme n'étoit pas comparable à huit cent mille livres de capitation dont la province fe libérera ; de forte que meffieurs les commiffaires ont cru qu'en cette occafion le fervice du Roi s'accorderoit parfaitement avec le foulagement de la province.

Que Mrs. les commiffaires étoient entrés enfuite dans les conditions du traité qui pourroit être fait avec meffieurs les commiffaires préfidens pour le Roi aux Etats , & que pour affurer à la province le payement de la fomme de deux cent quarante mille livres dont le Roi doit faire le fonds pour le payement des intérêts au denier vingt de la fomme de quatre millions huit cent mille livres , on ne pouvoit demander de fonds plus certain que celui des gabelles , en attendant que les deniers de la taille & du taillon qui ont été deftinés au payement de l'emprunt qui a été fait des Genois, foient libres ; & alors , comme ce fond eft de quatre cent cinquante mille quatre cent fix livres onze fols trois deniers , le furplus de deux cent quarante mille livres pourroit fervir à acquitter tous les ans le Roi d'une partie du capital de quatre millions huit cent mille livres.

Que Mrs. les commiffaires avoient encore prévu que la province ne doit pas s'engager à fournir cette fomme , au cas qu'elle ne trouve pas à l'emprunter au denier douze en deux années ; que monfieur Defmarets demandoit que la province payât les intérêts de la feconde année , au cours de la place , de tout ce qui n'auroit pas été emprunté la première année , & que meffieurs les commiffaires avoient cru devoir le fixer à dix pour cent; qu'il peut arriver que , dans le cours de deux années , la province ne trouvera à emprunter qu'une partie de la fomme de quatre millions huit cent mille livres , & qu'alors qu'alors il faudra néceſſairement que la province ne ſoit affranchie , que de ce qui aura été emprunté , après en avoir diſtrait ce qui ſera dû de la capitation pour les années 1709 & 1710 qui n'aura pas été affranchi ; que monſieur de Baſville a fait connoître que l'intention de Sa Majeſté n'étoit pas que la cour des aydes , le parlement , & les tréſoriers de France , fuſſent compris dans le traité : que ces compagnies ne doivent pas être reçues à s'affranchir des intérêts des ſommes que la province a empruntées pour partie de la capitation de 1701 , & que les autres communautés & particuliers qui ſont compris dans ledit traité ne peuvent s'affranchir que de leur quotité d'un million de livres qui doit être payé au Roi. Que dans toutes ces vues , meſſieurs les commiſſaires ont dreſſé un projet de traité qui pourroit être paſſé avec meſſieurs les commiſſaires du Roi , au cas que l'aſſemblée l'approuve. Sur quoi lecture faite dudit projet , les Etats ont délibéré d'affranchir pour huit cent mille livres de capitation aux clauſes & conditions dudit projet de traité qui a été approuvé par l'aſſemblée ; & pour ſigner le traité qui doit être fait en conformité avec meſſieurs les commiſſaires du Roi , ont été nommés monſeigneur l'évêque d'Uzès , meſſieurs les barons de Ganges & de Murviel , les ſieurs capitouls de Toulouſe , conſuls de Montpellier , de Carcaſſonne & de Nîmes & a été délibéré qu'il ſera donné pouvoir aux ſyndics généraux d'emprunter la ſomme de quatre millions huit cent mille livres au denier douze , pour être employée au payement de la finance dudit affranchiſſement & que l'excédent des intérêts de cette ſomme du denier vingt au denier douze revenant à cent ſoixante mille livres ſera impoſé dans les rôles de la capitation de la préſente année & des ſuivantes.

Tome II.

VII.

EXTRAIT du regiſtre des délibérations des Etats généraux de Languedoc , aſſemblés par mandement du Roi en la ville de Montpellier au mois de Novembre 1708.

Du quatre Février 1709 , préſident monſeigneur l'archevêque & primat de Narbonne.

MONSEIGNEUR l'archevêque d'Alby a dit que le traité qui avoit été projetté au ſujet de l'affranchiſſement de huit cent mille livres de capitation a été ſigné par meſſieurs les commiſſaires du Roi & des Etats , lecture duquel ayant été faite , a été délibéré qu'il ſera inſéré dans le préſent procès - verbal des Etats.

TENEUR DUDIT TRAITÉ.

Traité fait entre meſſieurs les commiſſaires préſidens pour le Roi aux Etats généraux de la province de Languedoc & meſſieurs les commiſſaires des Etats de ladite province.

Sur l'affranchiſſement d'une partie de la capitation de la province de Languedoc qui a été propoſé de la part du Roi aux Etats de ladite province , il a été convenu des articles ſuivans.

ARTICLE PREMIER.

La province de Languedoc demeurera affranchie de huit cent mille livres de capitation , en payant par elle à Sa Majeſté la ſomme de quatre millions huit cent mille livres ; au moyen de quoi ladite province ne payera à l'avenir , à commencer la préſente année , qu'un million de livres pour ladite capitation.

ART. II.

Ladite ſomme de quatre millions huit cent mille livres ſera empruntée

E

au denier douze ; & , conformément à l'édit du mois de Septembre 1708 , Sa Majesté en payera à la province les intérêts au denier vingt , revenant à la somme de deux cent quarante mille livres , auquel effet la province sera employée annuellement sur l'état des gabelles de Languedoc , à commencer la présente année 1709 , pour la somme de deux cent quarante mille livres , qui sera payée par le receveur général des gabelles au trésorier de la bourse , moitié au premier Juillet , & moitié au premier Décembre , ce qui sera continué tous les ans jusqu'à ce que cette somme puisse être assignée sur les deniers de la taille & du taillon ; & à l'égard du surplus des intérêts du denier vingt au denier douze , les Etats y pourvoiront , soit par le revenu du droit du pied fourché , ou autrement , en la maniere qu'ils le jugeront à propos.

A r t. I I I.

Après que les Genois , au payement desquels les deniers de la taille & du taillon sont affectés , auront été remboursés , la somme de quatre cent cinquante mille quatre cent six livres onze sols trois deniers , à laquelle reviennent la taille & le taillon , sera portée dans le département des dettes & affaires de la province en la maniere qu'elle l'est à présent , & employée , savoir , deux cent quarante mille livres au payement des intérêts de quatre millions huit cent mille livres , & Sa Majesté sera très-humblement suppliée que le surplus soit employé tous les ans au payement d'une partie du capital de ladite somme , ensemble le revenant bon des intérêts qui accroîtront tous les ans audit capital , suivant la liquidation qui en sera faite par les commissaires du Roi & des Etats.

A r t. I V.

La province ne sera tenue de payer

ladite somme de quatre millions huit cent mille livres par imposition , ni de l'emprunter au-dessus du denier douze.

A r t. V.

Au cas que l'entiere somme de quatre millions huit cent mille livres ne puisse être empruntée au denier douze pendant le cours de la présente année , la province payera l'intérêt à dix pour cent de ce qui restera à emprunter , à compter du premier Janvier prochain jusqu'à ce que le payement sera fait.

A r t. V I.

Si à la fin de l'année prochaine la province n'a pu par tous ses soins remplir l'emprunt de quatre millions huit cent mille livres , elle ne sera affranchie qu'à proportion de la somme qu'elle aura payée au Roi , après en avoir distrait ce qui sera dû à Sa Majesté , pour ce qui n'aura pas été affranchi de la capitation desdites deux années ; en sorte que , si à la fin de l'année prochaine la province n'avoit payé que deux millions quatre cent mille livres , elle ne seroit affranchie que pour deux cent mille livres par an de capitation pour le capital de douze cent mille livres , & les douze cent mille livres restans seront retenues pour l'indue jouissance de six cent mille livres de capitation des années 1709 & 1710 qui n'auroient pas été affranchies.

A r t. V I I.

Au cas que dans le cours desdites deux années la province paye au trésor royal ladite somme de quatre millions huit cent mille livres , elle sera entierement imputée sur l'affranchissement , en payant les intérêts à dix pour cent de ce qui n'aura pas été payé la premiere année , ainsi qu'il est porté par l'article V ci-dessus.

ART. VIII.

Comme l'intention de Sa Majesté n'est pas que le parlement de Toulouse, la cour des aydes de Montpellier, & les trésoriers de France fassent partie du présent traité, ces compagnies ne pourront s'affranchir que sur le pied des taxes de leur capitation de l'année 1708, & au moyen dudit affranchissement lesdits officiers ne seront tenus de payer à la province que leur quote-part des intérêts des sommes empruntées pour partir de la capitation de l'année 1701 & la capitation de leurs domestiques dont la somme sera remise tous les ans par le payeur des gages desdites compagnies au trésorier de la bourse, & ils seront déchargés de payer les intérêts des autres dettes qui ont été ou seront contractées par la province pour raison de la capitation.

ART. IX.

Quant aux présidiaux & autres officiers de justice, dioceses, communautés & particuliers qui voudront à l'avenir affranchir ce qui leur restera de capitation, ils ne pourront comprendre dans leur affranchissement les intérêts dûs par la province depuis l'année 1701 pour la capitation, ni pour le présent affranchissement dans lequel ils sont compris ; mais ils demeureront seulement affranchis des dettes qui seront contractées après que leur affranchissement & celui de la province auront été consommés.

ART. X.

Toutes les sommes pour lesquelles le parlement, la cour des comptes, les autres compagnies de justice, & les dioceses, communautés & particuliers se seront affranchis, seront tenues en compte à la province tous les ans par le Roi sur le million que ladite province doit payer à Sa Majesté, suivant l'état qui en sera arrêté par monsieur de Basville.

ART. XI.

Afin que les particuliers qui voudront s'affranchir sachent à quelle somme reviendra leur affranchissement, & de quelle somme ils ne peuvent s'affranchir, ils seront taxés dans les rôles de la capitation de la présente année & des suivantes en deux articles séparés, dont le premier sera leur quote-part d'un million de livres, de laquelle ils pourront s'affranchir, & le second sera leur quote-part des intérêts des sommes que la province a empruntées pour la capitation des années dernieres & de celles qu'elle empruntera pour l'affranchissement de huit cent mille livres dont les particuliers ne pourront s'affranchir.

ART. XII.

Le présent traité sera homologué par Sa Majesté, & pour l'exécution d'icelui toutes lettres nécessaires seront expédiées & registrées sans frais partout où besoin sera.

FAIT & arrêté double à Montpellier pendant la tenue des Etats le 1er. Février 1709. Signés à l'original par colonnes.

Le Duc de Roquelaure.	† Nesmond, Archevêque d'Alby.
La Fare.	† Michel, Evêque & Comte d'Uzès.
De Lamoignon.	Le Marquis de Ganges.
Daumelas.	Murviel.
Salles.	Courtade Betou, Capitoul.
	Manny, premier Consul de Montpellier.
	Bousquet, Asseseur de Montpellier.
	Montlaur, Député de Carcassonne.
	Valette, Consul de Nimes.
	Blisson, Asseseur de Nimes.
	Joubert, Syndic général.
	De Boyer, Syndic général.
	Montferrier, Syndic général.

E 2

Les Etats ayant délibéré d'emprunter la somme de quatre millions huit cent mille livres qui doivent être payées à Sa Majesté pour affranchir huit cent mille livres de capitation, & étant nécessaire de donner aux syndics généraux le pouvoir de passer les contrats d'emprunt au profit des créanciers qui prêteront cette somme, a été délibéré que ladite somme de quatre millions huit cent mille livres sera incessamment empruntée au nom de ladite province & aux meilleures conditions qu'il se pourra, n'excédant pas toutefois le denier douze, & à cet effet les Etats ont nommé les sieurs André Joubert, Jean de Boyer & Jean-Antoine du Vidal de Montferrier, syndics généraux de ladite province, auxquels ils donnent pouvoir & puissance, tant conjointement que séparément, en cas de mort ou d'absence d'un ou de deux des trois, & même leur donnent pouvoir de substituer, pour & au nom de ladite province, emprunter & prendre à constitution de rente ladite somme de quatre millions huit cent mille livres & de passer tous contrats à constitution de rente à ceux qui feront le prêt de ladite somme, d'obliger tous les biens du général & particuliers de ladite province, solidairement, sans division ni discussion, aux renonciations requises, & de payer lesdites rentes constituées de six en six mois dans les bureaux du trésorier général de la bourse desdits Etats, & déclarer dans lesdits contrats qui feront passés que les deniers qui feront empruntés feront employés au payement de quatre millions huit cent mille livres de capitation, à la charge que les sommes capitales qui feront empruntées feront remises lors de la passation des contrats entre les mains du trésorier de la bourse de la province qui interviendra à cet effet dans lesdits contrats, pour être lesdites sommes

par lui portées au trésor-royal à sa décharge & à celle de la province en déduction de partie desdits quatre millions huit cent mille livres accordés au Roi pour l'affranchissement de huit cent mille livres de capitation & que dans les quittances du trésor-royal il fera fait mention que ces deniers font provenus desdits emprunts, desquels capitaux par lui reçus & des payemens faits au trésor-royal, il fera fait recette & dépense dans les comptes qui feront arrêtés aux Etats prochains dont un double & lesdites quittances feront remises au greffe des Etats.

Que de la présente délibération il fera fait seize originaux en parchemin signés par Monseigneur l'Archevêque de Narbonne & contre-signés par les secrétaires des Etats, savoir, dix de quatre-cent mille livres chacun, deux de deux-cent mille livres, & quatre de cent mille livres, pour être remis ès mains des notaires, sur lesquels originaux il fera fait mention des contrats à mesure qu'ils feront passés, avant que les grosses en puissent être délivrées ; sur lesquelles grosses le notaire dépositaire de la délibération mettra son certificat de ladite décharge ; que l'acte de dépôt de ladite délibération fera mis au bas desdites expéditions & signé par deux notaires ; & lorsque l'emprunt porté par la délibération fera consommé, il fera mis au bas par le notaire qui en fera le dépositaire que ladite délibération est remplie ; & fera ladite mention signée par ledit notaire & son collegue, & au cas que dans la suite il se présente des personnes qui aient besoin des sommes qu'ils auront prêté, les Etats, pour faciliter le commerce desdites rentes, ont donné pouvoir aux syndics-généraux & à leurs successeurs, tant conjointement que séparément, en cas de mort ou d'absence d'un ou de deux des trois, de prendre à constitution de rente les mêmes sommes pour être employées au rachat de rentes de ceux qui voudront être remboursés jusqu'à concurrence d'icelles, aux mêmes stipulations, clauses & conditions ci-dessus, à condition & non autrement, qu'il sera porté par lesdits contrats que l'emprunt est fait pour payer un créancier de ladite province, & que dans la quittance que ledit créancier fournira, il sera fait mention que c'est des mêmes deniers qui ont été empruntés de celui à qui on aura passé un nouveau contrat, afin que celui qui aura prêté pour faire ledit rachat soit subrogé aux droits & hypotheques de celui qui aura été remboursé; & pour l'exécution de la présente délibération, Sa Majesté sera très-humblement suppliée d'accorder sa déclaration pour l'approuver & autoriser & donner le pouvoir de passer les contrats de constitution de rente au denier douze, & de permettre à ladite province d'emprunter des étrangers & non naturalisés, de ceux qui demeurent hors du royaume, pays, terres & seigneuries de l'obéissance du Roi, ainsi que si c'étoient ses propres sujets, & auxdits étrangers de disposer des rentes qui leur auront été constituées par ladite province ou qu'ils acquéreront sur elle entre-vifs, ou par testament, ou autrement, en quelque sorte & maniere que ce soit; & qu'au cas qu'ils n'en aient pas disposé, leurs héritiers leur succéderont, encore que leurs donataires, légataires ou héritiers soient étrangers & non régnicoles, renonçant pour cet effet à tous droits d'aubaine & autres droits, même à celui de confiscation, au cas qu'ils fussent sujets de princes & états contre lesquels Sa Majesté est ou pourroit être ci-après en guerre, & que lesdites rentes qui auront été ainsi acquises par lesdits étrangers soient exemptes de toutes

lettres de marque & de représailles, pour quelque cause ou prétexte que ce soit, qu'elles ne puissent être saisies par leurs créanciers régnicoles ou étrangers, le tout ainsi que Sa Majesté l'a permis pour les rentes qu'elle a créé, comme aussi sera suppliée Sa Majesté de permettre qu'à l'avenir il puisse être fait de nouveaux contrats au denier douze, à ceux qui offriront leurs deniers pour rembourser les créanciers, laquelle déclaration sera vérifiée & regiſtrée tant au parlement de Paris qu'au grand conseil, & partout où besoin sera.

VIII.

ARRÊT DU CONSEIL,

CONCERNANT l'emprunt de quatre millions huit cent mille livres, pour l'affranchissement de huit cent mille livres de capitation.

Du 10 Mars 1709.

EXTRAIT des Regiſtres du Conseil d'Etat.

VU au conseil d'état du Roi l'édit du mois de Septembre 1708, par lequel Sa Majesté a créé cinq cent mille livres de rente au denier vingt, & ordonné que ceux qui en acquéreroient seroient affranchis pendant leur vie de la capitation, en payant pour l'acquisition desdites rentes six fois le montant de leur taxe de l'année 1708; la délibération prise en conséquence par les gens des Trois-états de la province de Languedoc le premier Février dernier, par laquelle ils offrent de payer à Sa Majesté la somme de quatre millions huit cent mille livres aux clauses & conditions portées par le traité fait ledit jour Ier. Février entre les sieurs commissaires & présidens pour Sa Majesté aux Etats & les commissaires desdits Etats, ensemble la copie dudit traité portant que la province de Languedoc demeurera affranchie de huit cent mille livres de capitation, en payant par elle à Sa Majesté ladite somme de quatre millions huit cent mille livres, au moyen de quoi ladite province ne payera à l'avenir, à commencer la présente année, qu'un million de livres pour la capitation; que ladite somme de quatre millions huit cent mille livres sera empruntée au denier douze; & conformément à l'édit du mois de Septembre 1708, Sa Majesté en payera à la province les intérêts au denier vingt, revenant à la somme de deux cent quarante mille livres; auquel effet la province sera employée annuellement sur l'état des gabelles de Languedoc, à commencer la présente année 1709, pour la somme de deux cent quarante mille livres qui sera payée par le receveur général des gabelles au trésorier de la bourse, moitié au Ier. Juillet & moitié au Ier. Décembre, ce qui sera continué tous les ans jusqu'à ce que cette somme puisse être assignée sur les deniers de la taille & du taillon; qu'à l'égard du surplus des intérêts du denier vingt au denier douze, les Etats y pourvoiront soit par le revenu du droit du pied fourché, ou autrement, en la maniere qu'ils le jugeront à propos : qu'après que les Genois, au payement desquels les deniers de la taille & du taillon sont affectés, auront été remboursés, la somme de quatre cent cinquante mille quatre cent six livres onze sols trois deniers, à laquelle reviennent la taille & le taillon, sera portée dans le département des dettes & affaires de la province, en la maniere qu'elle l'est à présent, & employée, savoir, deux cent quarante mille livres au payement des intérêts de quatre millions huit cent mille livres, & que Sa Majesté sera très-humblement suppliée que le surplus soit employé tous les ans au payement d'une partie du capital de ladite somme, ensemble le revenant bon des intérêts qui accroîtront tous les ans au capital suivant la liquidation qui en sera faite par les commissaires du Roi & des Etats : que la province ne sera tenue de payer la somme de quatre millions huit cent mille livres par imposition, ni de l'emprunter au dessus du denier douze : qu'au cas que ladite somme de quatre millions huit cent mille livres ne puisse être entierement empruntée au denier douze pendant le cours de la présente année, la province payera l'intérêt à dix pour cent de ce qui restera à emprunter à compter du Ier. Janvier prochain, jusqu'à ce que le payement en soit fait : que si à la fin de l'année prochaine la province n'a pu par tous ses soins remplir l'emprunt de quatre millions huit cent mille livres, elle ne sera affranchie qu'à proportion de la somme qu'elle aura payé au Roi, après en avoir distrait ce qui sera dû à Sa Majesté pour ce qui n'aura pas été affranchi de la capitation desdites deux années, en sorte que, si, à la fin de l'année prochaine, la province n'avoit payé que deux millions quatre cent mille livres, elle ne seroit affranchie que pour deux cent mille livres par an de capitation, pour le capital de douze cent mille livres, & les douze cent mille livres restantes seroient retenues pour l'indue jouissance des six cent mille livres de capitation des années 1709 & 1710, qui n'auroient pas été affranchies : qu'au cas que dans le cours des deux années la province paye au trésor royal la somme de quatre millions huit cent mille livres, elle sera entierement imputée sur l'affranchissement en payant les intérêts à dix pour cent de ce qui n'aura pas été payé la premiere année, ainsi qu'il est porté ci-dessus : que comme l'intention de Sa Majesté n'eft pas que le parlement de Touloufe, la cour des comptes de Montpellier, ni les tréforiers de France faffent partie du préfent traité, ces compagnies ne pourront s'affranchir que fur le pied des taxes de leur capitation de l'année 1708 ; & au moyen dudit affranchiffement ces officiers ne feront tenus de payer à la province que leur quote-part des intérêts des fommes empruntées pour partie de la capitation de l'année 1701, & la capitation de leurs domeftiques, dont la fomme fera remife tous les ans par le payeur des gages defdites compagnies au tréforier de la bourfe ; & ils feront déchargés de payer les intérêts des autres dettes qui ont été ou qui feront contractées par la province pour raifon de la capitation ; quant aux préfidiaux & autres officiers de juftice, dioceses, communautés, & particuliers qui voudront à l'avenir affranchir ce qui leur reftera de capitation, ils ne pourront comprendre dans leur affranchiffement les intérêts dus par la province depuis l'année 1701 pour la capitation, ni pour le préfent affranchiffement dans lequel ils font compris, mais ils demeureront feulement affranchis des dettes qui feront contractées après que leur affranchiffement particulier & celui de la province auront été confommés : que toutes les fommes pour lefquelles le parlement, la cour des comptes, les autres compagnies de juftice, & les dioceses, communautés & particuliers fe feront affranchis, feront tenues en compte à la province tous les ans par le Roi fur le million que la province devra payer à Sa Majefté, fuivant l'état qui en fera arrêté par le fieur de Bafville : qu'afin que les particuliers qui voudront s'affranchir fachent à quelle fomme reviendra leur affranchiffement, & de quelle fomme ils ne peuvent s'affranchir, ils feront taxés dans les rôles de la capitation de la préfente année & des fuivantes en deux articles féparés, dont le premier fera leur quote-part d'un million de livres de laquelle ils pourront s'affranchir, & le fecond fera leur quote-part des intérêts des fommes que la province a empruntées pour la capitation des années dernieres, & de celles qu'elle empruntera pour l'affranchiffement de huit cent mille livres dont les particuliers ne pourront s'affranchir : que ledit traité fera homologué par Sa Majefté & pour l'exécution d'icelui toutes lettres néceffaires feront expédiees & regiftrées fans frais partout où befoin fera. Et Sa Majefté ayant jugé à propos d'apporter quelques reftrictions aux claufes & conditions portées par icelui : Oui le rapport du fieur Desmaretz, confeiller ordinaire au confeil du Roi, contrôleur général des finances, LE ROI ETANT EN SON CONSEIL, a accepté & accepte les offres faites par lefdits Etats, & en conféquence ordonne qu'en payant par eux la fomme de quatre millions huit cent mille livres au tréfor royal, la province de Languedoc demeurera affranchie, à commencer du Ier. Janvier dernier de huit cent mille livres de capitation, & qu'il fera conftitué à fon profit deux cent quarante mille livres de rente, à les avoir & prendre fur la ferme des gabelles de Languedoc, en attendant qu'elles puiffent être affectées & hypothéquées fur les deniers de la taille & du taillon, les arrérages de laquelle rente feront payés par chacun an au Ier. Juillet & au Ier. Décembre fur les fimples quittances du tréforier général de la bourfe. Veut néanmoins Sa Majefté qu'au cas que ladite province fe trouvât dans l'impoffibilité d'acquitter, ainfi qu'elle s'y eft engagée, la fomme entiere de quatre millions huit cent mille livres, les premiers deniers par elle empruntés

& payés à Sa Majesté seront imputés sur les huit cent mille livres de capitation : au moyen de quoi ladite province ne sera affranchie de ladite imposition que jusqu'à concurrence de l'excédent desdites huit cent mille livres, si aucun y a, & la rente qui devra être constituée à son profit, réduite à proportion dudit excédent, le tout suivant le compte qui sera pour cet effet arrêté, à la fin de chacune desdites années, par les commissaires de Sa Majesté & les commissaires desdits Etats. Ordonne au surplus Sa Majesté que les autres clauses & conditions insérées dans ledit traité seront exécutées selon leur forme & teneur, sans toutefois que la somme de deux cent dix mille quatre cent dix livres onze sols trois deniers, faisant partie des deniers de la taille & du taillon puisse être employée au remboursement de partie des quatre millions huit cent mille livres ; & pour l'exécution du présent arrêt toutes lettres-patentes nécessaires seront expédiées. FAIT au conseil d'état du Roi, Sa Majesté y étant, tenu à Versailles le dixieme jour de Mars mil sept cent neuf.

Signé, PHELYPEAUX.

I X.

ARRÊT DU CONSEIL

Sur le même sujet.

Du 12 Mars 1709.

EXTRAIT *des Registres du Conseil d'Etat.*

LE Roi ayant fait examiner en son conseil la délibération des Etats de Languedoc du 4 Février 1709, par laquelle ils donnent pouvoir aux sieurs André de Joubert, Jean de Boyer & Jean-Antoine Duvidal Montferrier, syndics généraux de la province, d'em-

prunter en son nom à constitution de rente, conjointement ou séparément, en cas de mort ou d'absence d'un ou de deux d'entre eux, jusques à la concurrence de la somme de quatre millions huit cent mille livres en principal, aux meilleures conditions que faire se pourra, qui n'excéderont pas néanmoins le denier douze, pour être ladite somme employée conformément à l'édit du mois de Septembre 1708, au rachat de partie de la capitation de la province ; & Sa Majesté voulant faciliter ledit emprunt, Oui le rapport du sieur Desmarets, conseiller ordinaire au conseil royal, contrôleur général des finances, SA MAJESTÉ ÉTANT EN SON CONSEIL, a approuvé & approuve la délibération des Etats de Languedoc du 4 Février dernier, & conformément à icelle a ordonné & ordonne que par les syndics généraux de la province, conjointement ou séparément, en cas de mort ou d'absence d'un ou de deux d'entre eux, ou par ceux qu'ils auront substitué en leur lieu & place, il sera incessamment emprunté, au nom de ladite province la somme de quatre millions huit cent mille livres, dont il sera par eux passé contrats de constitution de rentes au denier douze, pour sureté desquelles tous les biens tant du général que des particuliers de la province seront & demeureront affectés & hypothéqués solidairement, sans division ni discussion, aux renonciations requises, les arrérages desquelles rentes seront payés aux acquéreurs de six mois en six mois par le trésorier général de la bourse, lequel interviendra dans les contrats qui en seront passés, lesquels feront mention que les capitaux desdites rentes seront employés à acquérir en faveur des habitans de la province l'affranchissement de huit cent mille livres de capitation, lesquels capitaux
seront

feront remis par ledit tréforier au garde du tréfor royal qui en délivrera fes quittances portant que les deniers feront provenus defdits emprunts, & fera ledit tréforier tenu d'employer lefdites fommes en recette & dépenfe dans les comptes qui feront par lui rendus aux prochains Etats, les doubles defquelles quittances & comptes feront dépofés au greffe defdits Etats. Ordonne pareillement Sa Majefté qu'il fera délivré feize originaux en parchemin de ladite délibération fignés par le fieur archevêque de Narbonne, préfident des Etats & contrefignés par les fecrétaires des Etats, favoir, dix de quatre cent mille livres chacun, deux de deux cent mille livres chacun, & quatre de cent mille livres chacun, pour être remis ès mains des notaires qui feront choifis par lefdits fyndics généraux, fur lefquels originaux il fera fait mention des contrats qui feront paffés, avant que les groffes en puiffent être délivrées : que le notaire dépofitaire de ladite délibération fera tenu de mettre fur lefdites groffes fon certificat de ladite décharge : que l'acte de dépôt de ladite délibération fera mis au bas defdites expéditions & figné par deux notaires ; & que lorfque l'emprunt porté par ladite délibération fera confommé, il fera mis au bas, par le notaire qui en fera dépofitaire & fon compagnon, qu'elle eft remplie ; & en cas qu'aucun de ceux qui auront acquis lefdites rentes veuillent être remboursés, permet Sa Majefté auxdits fyndics généraux, & à leurs fucceffeurs, conjointement ou féparément, ainfi qu'il eft ci-deffus exprimé, d'emprunter à conftitution de rente au denier douze, aux mêmes ftipulations, claufes & conditions ci-deffus, toutes les fommes néceffaires pour lefdits rembourfemens, à con-

dition & non autrement qu'il fera porté par les contrats qui en feront expédiés que l'emprunt aura été fait pour payer un créancier de la province, & que dans la quittance qui fera par lui fournie, il fera fait mention que ledit rembourfement aura été fait des deniers de celui au profit duquel il fera paffé un nouveau contrat aux fins de fa fubrogation aux droits & hypothéques de celui qui aura été rembourfé. Veut Sa Majefté que les étrangers non naturalifés & ceux qui demeurent hors le royaume puiffent acquérir lefdites rentes, même en difpofer entre-vifs ou par teftament en quelque forte & maniere que ce puiffe être ; & , en cas qu'ils n'en aient difpofé, que leurs héritiers leur fuccedent, encore que les donataires, légataires ou héritiers foient étrangers & non régnicoles, renonçant à cet effet au droit d'aubaine & autres droits, même à celui de confifcation, en cas qu'ils fuffent fujets de princes ou états avec lefquels Sa Majefté eft ou pourroit être en guerre ; comme auffi que lefdites rentes qui feront acquifes par lefdits étrangers foient exemptes de toutes lettres de marque & de repréfailles, pour quelque caufe, & fous quelque prétexte que ce foit, & qu'elles ne puiffent être faifies par leurs créanciers régnicoles ou étrangers. Permet en outre Sa Majefté aux Etats de Languedoc de conftituer à l'avenir de pareilles rentes au denier douze, au profit de ceux qui prêteront leurs deniers pour rembourfer les créanciers de ladite province. Et pour l'exécution du préfent arrêt toutes lettres-patentes néceffaires feront expédiées. Fait au confeil d'état du Roi, Sa Majefté y étant, tenu à Verfailles le douzieme jour de Mars mil fept cent neuf.

Signé, Phelypeaux.

X.
LETTRES-PATENTES
Sur l'Arrêt précédent.
Du 12 Mars 1709.

LOUIS, PAR LA GRACE DE DIEU, Roi DE FRANCE ET DE NAVARRE: A tous ceux qui ces préfentes lettres verront, SALUT. Ayant fait examiner en notre confeil la délibération des Etats de notre province de Languedoc du 4 Février 1709, par laquelle ils donnent pouvoir aux fieurs André de Joubert, Jean de Boyer, & Jean-Antoine du Vidal Montferrier, fyndics-généraux de ladite province, d'emprunter en fon nom à conftitution de rente, conjointement ou féparément, en cas de niort ou d'abfence d'un ou de deux d'entre eux, jufqu'à la concurrence de la fomme de quatre millions huit cent mille livres en principal, aux meilleures conditions que faire fe pourra, qui n'excéderont pas néanmoins le denier douze, pour être ladite fomme employée conformément à notre édit du mois de Septembre 1708, au rachat de partie de la capitation de ladite province; & defirant faciliter ledit emprunt, nous avons par l'arrêt ci-attaché, fous le contre-fcel de notre chancellerie, ce jourd'hui donné en notre confeil, Nous y étant, approuvé ladite délibération, & permis auxdits fyndics d'emprunter à conftitution de rente les deniers néceffaires à cet effet, ainfi qu'il eft plus au long porté par ledit arrêt, pour l'exécution duquel nous avons ordonné que toutes lettres néceffaires feroient expédiées. A CES CAUSES, de l'avis de notre confeil, & de notre certaine fcience, pleine puiffance & autorité royale, nous avons dit & ordonné, & par ces préfentes fignées de notre main, difons

& ordonnons, voulons & nous plaît que par les fyndics généraux de notre province de Languedoc, conjointement ou féparément, en cas de mort ou d'abfence d'un ou de deux d'entre eux, ou par ceux qu'ils auront fubftitué en leur lieu & place, il foit inceffamment emprunté, au nom de ladite province, la fomme de quatre millions huit cent mille livres dont il fera paffé par eux des contrats de conftitution de rente au denier douze pour fureté defquelles tous les biens tant du général que du particulier de la province feront & demeureront affectés & hypothéqués folidairement, fans divifion ni difcuffion, aux renonciations requifes, les arrérages defquelles rentes feront payés aux acquéreurs de fix mois en fix mois par le tréforier de la bourfe, lequel interviendra dans les contrats qui en feront paffés, lefquels feront mention que les capitaux defdites rentes feront employés à acquérir en faveur des habitans de la province l'affranchiffement de huit cent mille livres de capitation, lefquels capitaux feront remis par ledit tréforier au garde de notre tréfor royal qui en délivrera fes quittances portant que les deniers feront provenus defdits emprunts; que ledit tréforier foit tenu d'employer lefdites fommes en recette & dépenfe dans les comptes qui feront par lui rendus aux prochains Etats, & que les doubles defdites quittances & comptes foient dépofés au greffe defdits Etats; ordonnons qu'il fera délivré feize originaux en parchemin de ladite délibération fignés par le fieur archevêque de Narbonne, préfident des Etats, & contre-fignés par les fecrétaires defdits Etats, favoir, dix de quatre cent mille livres chacun, deux de deux cent mille livres chacun, & quatre de cent mille livres chacun, pour être remis ès mains des notaires qui feront choifis par lefdits syndics-généraux, sur lesquels originaux il sera fait mention des contrats qui seront passés, avant que les grosses en puissent être délivrées, que le notaire dépositaire de ladite délibération sera tenu de mettre sur lesdites grosses son certificat de ladite décharge, que l'acte de dépôt de ladite délibération sera mis au bas desdites expéditions & signé par deux notaires, & que lorsque l'emprunt porté par ladite délibération sera consommé, il sera mis au bas, par le notaire qui en sera dépositaire & son compagnon, qu'elle est remplie, & en cas qu'aucun de ceux qui auront acquis lesdites rentes veuille être remboursé, permettons auxdits syndics généraux & à leurs successeurs, conjointement ou séparément, ainsi qu'il est ci-dessus exprimé, d'emprunter à constitution de rente au denier douze aux mêmes stipulations, clauses & conditions ci-dessus, toutes les sommes nécessaires pour lesdits remboursemens, à condition & non autrement qu'il sera porté par les contrats qui en seront expédiés que l'emprunt aura été fait pour payer un créancier de la province, & que dans la quittance qui sera par lui fournie il sera fait mention que ledit remboursement aura été fait des deniers de celui au profit duquel il sera passé un nouveau contrat aux fins de sa subrogation aux droits & hypothéques de celui qui aura été remboursé. Voulons que les étrangers non naturalisés, & ceux qui demeurent hors de notre royaume, puissent acquérir lesdites rentes, même en disposer entre-vifs ou par testament, en quelque sorte & maniere que ce puisse être, &, en cas qu'ils n'en aient disposé, que leurs héritiers leur succedent, encore que les donataires, légataires ou héritiers soient étrangers & non régnicoles, renonçant à cet effet au droit d'aubaine & autres droits, même

à celui de confiscation, en cas qu'ils fussent sujets de princes ou états avec lesquels nous sommes ou pourrions être en guerre ; comme aussi que lesdites rentes qui seront acquises par lesdits étrangers, soient exemptes de toutes lettres de marque & de représailles, pour quelque cause & sous quelque prétexte que ce soit, & qu'elles ne puissent être saisies par leurs créanciers régnicoles ou étrangers. Permettons en outre auxdits Etats de constituer à l'avenir de pareilles rentes au denier douze au profit de ceux qui prêteront leurs deniers pour rembourser les créanciers de ladite province. Si DONNONS EN MANDEMENT à nos amés & féaux conseillers les gens tenant notre cour de parlement à Paris, que ces présentes ils aient à faire lire, publier & registrer, & le contenu en icelles garder & observer selon leur forme & teneur, nonobstant tous édits, déclarations & autres choses à ce contraires, auxquelles nous avons dérogé & dérogeons par ces présentes, aux copies desquelles duement collationnées par l'un de nos amés & féaux conseillers & secrétaires, voulons que foi soit ajoutée comme à l'original : car tel est notre plaisir ; en témoin de quoi nous avons fait mettre notre scel à cesdites présentes. DONNÉ à Versailles le douzieme jour de Mars, l'an de grace mil sept cent neuf & de notre regne le soixante-sixieme. *Signé*, LOUIS : *Et plus bas :* Par le Roi, PHELYPEAUX. Vu au conseil, DESMARETZ.

Registrées, oui & ce requérant le procureur général du Roi pour être exécutées selon leur forme & teneur, suivant l'arrêt de ce jour, à Paris en parlement le 16 Mars 1709.

Signé, DONGOIS.

§. I I I.

Chome des Moulins.

CETTE dette ne provient pas d'un Emprunt, mais bien des conftitutions de rente qui furent faites aux propriétaires des moulins dont les eaux furent diminuées ou interceptées lors de la conftruction du canal royal ; il en eft de même des dettes contractées pour l'acquifition des marais, & pour celle du pont de Beaucaire, qui font la matiere des paragraphes XI & XVIII de la fection préfente, ainfi qu'on le reconnoîtra par les pieces qui y font rapportées.

N°. I.

I.

EXTRAIT *du regiftre des délibérations de Etats généraux du pays de Languedoc, affemblés par mandement du Roi en la ville de Montpellier au mois d'Octobre* 1683.

Du 17 Novembre fuivant, préfident monfeigneur le cardinal de Bonzi.

MONSEIGNEUR l'archevêque de Tholofe a dit, &c.

Que les propriétaires des moulins qui ont reçu du préjudice par le retranchement que l'entrepreneur du canal a fait de leurs eaux, pour les jetter dans ledit canal, demandent qu'il plaife à cette affemblée de faire mettre fous leurs noms & à leur profit, fur l'état des dettes de la province, les fommes qui leur ont été accordées par les Etats pour leur indemnité, afin qu'ils en puiffent traiter & difpofer dans leurs befoins, ce qui leur fera de quelque utilité, & ne peut être néanmoins d'aucune furcharge à la province, puifqu'elle leur en paye l'intérêt.

Sur quoi a été délibéré, &c.

Et pour ce qui concerne la demande faite par les propriétaires des moulins fitués fur les rivieres dont l'entrepreneur du canal a diverti une partie des eaux, a été délibéré que les fommes qui leur ont été accordées par les Etats, pour l'indemnité du dommage qu'ils ont fouffert, feront mifes fous leurs noms & à leur profit, chacun comme le concerne, dans l'état des dettes de la province, afin qu'ils puiffent en difpofer & en traiter dans leurs befoins, felon que cela conviendra au bien de leurs affaires.

N°. I.

I I.

EXTRAIT *du regiftre des délibérations des Etats généraux de Languedoc, affemblés par mandement du Roi en la ville de Narbonne au mois de Janvier* 1722.

Du 26 Février fuivant, préfident monfeigneur l'archevêque & primat de Narbonne.

MONSEIGNEUR l'archevêque d'Alby a dit que fur la requête préfentée par meffieurs du chapitre St. Sebaftien de Narbonne, & plufieurs particuliers, pour que les rentes qui leur font annuellement accordées par la province, pour l'indemnité de la chome de leurs moulins dont les eaux ont été détournées à l'occasion de la construction du canal royal, ne soient point sujettes à une réduction proportionnée à celle des rentes des créanciers en faveur desquels il a été passé des contrats de constitution, messieurs les commissaires, en conséquence de la delibération prise le 10 Mars 1720, se sont fait rapporter les procédures d'estimation, & les anciennes délibérations des Etats, & ils ont trouvé qu'en l'année 1680, les experts ayant estimé le préjudice que plusieurs particuliers des moulins souffrent par la diminution des eaux qu'ils avoient avant la construction du canal, au quart de la rente qu'ils tiroient de leurs moulins, cette perte fut liquidée sur les contrats d'afferme, & les Etats délibérerent qu'il seroit payé auxdits propriétaires une rente pour la diminution du quart du revenu desdits moulins, suivant la liquidation qui en avoit été faite par les experts.

Qu'en 1682 il fut fait une autre estimation des dommages causés aux propriétaires des moulins, qui n'avoient point été compris dans la précédente, & les experts ayant suivi la même regle, ils estimerent lesdits dommages, par rapport au revenu dont lesdits propriétaires seroient privés, ce qui fut approuvé par délibération des Etats de l'année suivante ; & en conséquence il fut fait un état particulier des rentes que les Etats avoient accordées pour la chome des moulins.

Que messieurs les commissaires ont observé que, par les relations des experts, l'indemnité des propriétaires des moulins n'a point été estimée à une somme capitale, qu'ainsi la rente que la province leur paye ne doit pas être regardée comme celles des créanciers

en faveur de qui il a été passé des contrats ; que c'est seulement une représentation du revenu dont lesdits propriétaires ont été privés par le divertissement des eaux qui furent prises pour le canal, & que cette rente ayant été fixée par l'estimation des experts, elle n'est plus susceptible maintenant d'aucune diminution : que les Etats semblent avoir déjà préjugé cette question, puisque lorsque les rentes de la province furent réduites du denier dix-huit au denier vingt, il ne fut fait aucun changement aux rentes pour la chome des moulins.

Et que par toutes ces raisons messieurs les commissaires ont estimé, qu'il est de la justice de l'assemblée de délibérer que lesdites rentes seront payées sur le même pied qu'elles ont été fixées originairement, tant pour l'avenir, que pour ce qui peut être dû pour le passé.

Sur quoi il a été délibéré que l'indemnité de six cent livres qui avant l'année 1720 a été annuellement payée par la province au chapitre St. Sebastien de Narbonne pour la chome du moulin d'Embars sur la riviere de Cesse, ne sera sujette à aucune réduction, non plus que celles qui ont été réglées suivant les délibérations des Etats, & comprises dans l'état particulier arrêté tous les ans, & qui a été dressé sur les estimations des experts pour le dédommagement de divers particuliers qui ont souffert par la chome des moulins causée par la construction du canal royal, & qu'il sera fait raison, dans l'état qui sera dressé la présente année, de ce qui avoit été retranché des rentes desdits particuliers dans les impositions des années 1720 & 1721, à l'occasion de la réduction des rentes des créanciers.

§. I V.

Emprunt pour les diocefes de Narbonne, Alby & Lavaur.

I.

Extrait du regiftre des délibérations des Etats généraux de Languedoc, affemblés par mandement du Roi en la ville de Montpellier au mois de Décembre 1716.

Du 12 Février 1717, préfident monfeigneur l'archevêque & primat de Narbonne.

MONSEIGNEUR l'évêque de Lodeve, commiffaire nommé avec monfeigneur l'évêque d'Agde, monfieur le marquis de Caylus, baron de Rouayroux, monfieur le comte de la Fare, baron de Tornac, Nîmes, Beziers, faint Papoul & le diocéfain du Puy pour examiner l'état des reftes des diocefes, a rapporté qu'ils avoient trouvé qu'il étoit dû à la bourfe des impofitions de 1716 un million fept cent trente-deux mille livres fuivant l'état arrêté le 4 du préfent mois; qu'ils avoient examiné fi dans ces reftes il y avoit des fommes à recouvrer qu'on dût regarder comme des non-valeurs par rapport au mauvais état de quelques diocefes, & qu'il leur avoit paru qu'à l'exception de ceux de Narbonne, d'Alby & de Lavaur, ce qui étoit dû par les autres diocefes pourroit être exigé d'ici à la fin du mois d'Avril, en donnant aux receveurs les fecours dont ils auront befoin.

Qu'à l'égard des diocefes de Narbonne, d'Alby & de Lavaur, les reftes montoient à des fommes fi confidérables par rapport aux non-valeurs de ces diocefes, qu'on ne pouvoit fe flatter d'en exiger qu'une partie, ce qui

leur avoit donné occafion d'examiner à fonds & en détail l'état de ces trois diocefes.

Qu'ils avoient trouvé que celui de Narbonne devoit à la bourfe pour l'année 1715 quarante-fix mille cinq cent vingt-fix livres, fans y comprendre ce qui eft dû au receveur en exercice ladite année, qui monte à cent vingt-fix mille livres; que ce même diocefe doit encore à la bourfe pour l'année 1716 cent foixante-neuf mille fept cent quatre-vingt fept livres, mais ne doit rien au receveur, fans compter les intérêts dus aux créanciers, & autres charges ordinaires du diocefe qui font encore dues fur les recouvremens, & cent cinquante mille livres d'indemnité qui lui ont été accordées en 1716.

Que le diocefe d'Alby doit de l'année 1715, foixante feize mille huit cent vingt-huit livres, & pour l'année 1716, trois cent un mille cent cinquante-huit livres, fans compter qu'il eft dû cinquante mille livres aux receveurs des années précédentes.

Que le diocefe de Lavaur doit des impofitions de 1715 dix mille livres, & de celles de 1716 cent quarante-fix mille cinq cent foixante-trois livres.

Que meffieurs les commiffaires ayant examiné les caufes qui pouvoient produire des reftes fi confidérables, ils ont trouvé que le diocefe de Narbonne n'a eu aucune récolte en 1715 & 1716, foit par les inondations & féchereffes, & qu'il y a pour cent cinquante-cinq mille livres de biens abandonnés dont la taille ne fauroit être payée.

Que le diocefe d'Alby avoit auffi

Part. I. Div. I. Liv. III. Tit. I. Sect. I.   47

N°. I.   N°. I.

pour quatre-vingt mille livres de biens abandonnés, qu'une partie de ce diocese, qui est la montagne, étoit dans une extrême misere, parce que les bestiaux qui en font le principal revenu ayant péri, les habitans n'ont pas de quoi en acheter, & que les denrées qui ont été recueillies dans la plaine n'avoient pu être vendues à cause de la cessation du commerce, du défaut des voitures, & de la difficulté des chemins.

Qu'à l'égard du diocese de Lavaur, il y avoit aussi des denrées qui n'avoient pu être vendues par les mêmes raisons, & que quand même elles se débiteroient, on ne pouvoit pas espérer de faire le recouvrement en entier, parce que l'allivrement de ce diocese étoit si fort, que n'y ayant d'autre commerce ni d'autre récolte que celle des grains, leur prix étoit si inférieur au poids des impositions qu'il ne pouvoit pas suffire pour les acquitter entierement.

Que messieurs les commissaires ont cherché à reconnoître les autres inconvéniens qui pouvoient porter préjudice au recouvrement de ces trois dioceses; & qu'il leur avoit paru que, par dessus tous les maux qu'on vient de remarquer, il y avoit dans le diocese de Lavaur un grand nombre de particuliers qui ne payoient pas par mauvaise volonté, & que les trois offices de receveurs des tailles appartenant à des personnes qui les font exercer par un commis, il néglige de faire toutes les diligences nécessaires, parce qu'il n'a pas le même intérêt que les propriétaires à faire la levée des impositions.

Que dans le diocese d'Alby il y avoit aussi des personnes de mauvaise volonté, & que les receveurs, soit par négligence, ou par ignorance, n'étoient pas capables de faire les recouvremens, puisqu'on avoit remarqué qu'ils laissoient divertir par quelques collecteurs les deniers de la recette, & puisque

leurs diligences étoient ordinairement faites mal à propos & sans autre fruit que de grossir inutilement les frais.

Que dans celui de Narbonne, outre ces abus, il avoit encore l'inconvénient de n'avoir pas des receveurs des tailles, ce diocese ayant été obligé de faire régir par un commis la recette de 1716, & d'être vraisemblablement dans la même obligation en la présente année 1717.

Qu'après cet examen messieurs les commissaires ont cherché les moyens par lesquels on pourroit secourir ces dioceses dont la chute qui doit être regardée comme prochaine ruineroit la province s'il n'y étoit pourvu.

Qu'ils ont reconnu que le seul moyen seroit d'avoir recours au Roi pour obtenir en faveur des dioceses de Narbonne & d'Alby la taille des biens abandonnés, non-seulement en totalité d'héritages, mais même en partie, & ce pendant cinq années à commencer en 1717 ou 1718 sur le pied de cent cinquante mille livres pour Narbonne, & de quatre-vingt mille livres pour Alby, & de demander en même tems quarante mille livres par an, & pour cinq années pareillement, en faveur du diocese de Lavaur, sur le fondement que les fonds de terre lui ont été allivrés sur un pied trop fort.

Que dans ce projet qui est le seul qu'on puisse embrasser, puisque la province ne sauroit par elle-même donner aucun soulagement à ces trois dioceses, il s'étoit présenté une difficulté fort grande qui est que le Roi ne pouvant accorder cette remise des non-valeurs que pendant plusieurs années dont la première ne commencera qu'en 1717 ou 1718, il se trouvoit actuellement, par l'impuissance où étoient ces dioceses de payer, un manque de fonds au trésorier de la bourse, au défaut duquel il ne pouvoit acquitter les rentes & autres charges qui font dues, & qu'il ne paroiſſoit point d'autre parti à prendre que celui de furſeoir au payement de ces charges, ou de rendre ce fonds réel & effectif.

Que meſſieurs les commiſſaires avoient cru que le meilleur moyen pour empêcher ces dioceſes de tomber, étoit de prévenir la concurrence des receveurs & des collecteurs qui agiſſent pour différentes tailles ſur les mêmes récoltes, ce qui les conſomme en frais, ſans que la taille ſoit payée ; que ce déſordre ſe peut éviter 1º. en chargeant les dioceſes de prendre des arrangemens avec les receveurs pour les ſommes qui peuvent leur être dues en particulier, ou aux autres aſſignés ſur leurs recettes. 2º. En faiſant continuer les recouvremens dans ces dioceſes pendant les mois de Mars & Avril prochains avec toute la diligence poſſible par la voie des troupes. 3º. En faiſant un état de tous ceux qui ſont en état de payer, afin d'agir plus rigoureuſement contre ceux-là que contre les autres.

Que la plus grande partie de ce qui eſt dû par ces trois dioceſes ne pouvant être recouvré, quelque diligence qu'on faſſe, ils croyoient que les Etats devoient demander au Roi pour cinq ans la taille des biens abandonnés en tout ou en partie dans les dioceſes de Narbonne & d'Alby, & une indemnité de quarante mille livres pour celui de Lavaur pendant le même tems.

Qu'à l'égard des fonds inexigibles, & que l'on ne peut s'empêcher de rendre réels & préſens au tréſorier de la bourſe, en attendant qu'on puiſſe les reprendre ſur les indemnités qui ſeront accordées à ces trois dioceſes, il leur ſembloit que pour remplacer ce manque de fonds, la province devoit charger le ſieur Bonnier, tréſorier de la bourſe, d'emprunter pour un an la ſomme de quatre cent vingt mille livres ſur ſes billets ou lettres de change aux meilleures conditions qu'il pourra, ſans excéder pourtant le denier douze, attendu que cette ſomme doit être préſentement diſtribuée aux rentiers dont la créance eſt échue depuis le premier Janvier dernier, & que cependant la province pourroit donner pouvoir aux ſyndics-généraux d'emprunter pareille ſomme de quatre cent vingt mille livres à conſtitution de rente ſur le pied du denier vingt, quitte du dixieme, pour en remettre le fonds audit ſieur Bonnier à meſure des emprunts, lequel s'en ſerviroit à rembourſer ceux qu'il auroit faits de pareille ſomme, moyennant quoi il ſeroit tenu d'en faire ceſſer les intérêts un mois après qu'il les auroit reçus par l'emprunt des ſyndics généraux.

Que Mrs. les commiſſaires avoient eſtimé que la ſomme de quatre cent vingt mille livres devoit être employée à décharger les dioceſes de Narbonne, d'Alby & de Lavaur, de ce qu'on eſtime ne pouvoir être recouvré, & que le ſurplus de ce qu'ils doivent doit être par eux payé par la voie du recouvrement.

Que par cet emprunt de quatre cent vingt mille livres, le dioceſe de Narbonne qui doit à la bourſe pour l'année 1715 quarante-ſix mille cinq cent vingt-ſix livres payera cette ſomme au moyen dudit emprunt, & que ce qu'il pourra recouvrer des taillables ſera employé à payer ſes créanciers ; que ce même dioceſe qui doit à la bourſe pour 1716 cent ſoixante-neuf mille ſept cent quatre-vingt-ſept livres payera cette ſomme, ſavoir, cent quarante mille livres, par ledit emprunt, & vingt-neuf mille ſept cent quatre-vingt ſept livres par le recouvrement qui ſera fait de ladite ſomme.

Que le dioceſe d'Alby qui doit pour

1715 foixante-feize mille huit-cent vingt-huit livres acquittera cette fomme, favoir, quarante-mille livres par le fufdit emprunt, & le furplus qui eft trente-fix mille huit cent vingt-huit livres par le recouvrement qu'on en fera; que ce même diocefe qui doit pour 1716 trois cent un mille cent cinquante-huit livres, acquittera cette fomme, favoir, cent cinquante mille livres au moyen dudit emprunt, & les cent cinquante-un mille cent cinquante-huit livres reftantes par le moyen du recouvrement.

Que le diocefe de Lavaur qui doit à la bourfe pour 1716 cent quarante-fix mille cinq cent foixante-trois livres payera cette fomme, favoir, quarante-trois mille quatre cent foixante-quatorze livres par le fufdit emprunt, & cent trois mille quatre cent vingt-neuf livres par la voie du recouvrement.

Que par cette façon d'appliquer cet emprunt de quatre cent vingt mille livres, pour ce qui ne peut être recouvré, & par ce que l'on fe propofe de lever, ces diocefes s'acquitteront envers la province, & n'auront à payer en 1717 que les impofitions courantes.

Que cependant, comme il n'eft pas jufte que la province fupporte les intérêts de l'emprunt de quatre cent vingt mille livres, meffieurs les commiffaires font d'avis que la remife que le Roi accordera à ces trois diocefes pour cinq ans cede à leur profit pendant trois années, & que les deux dernieres années de cette indemnité qui monteront à cinq cent cinquante mille livres céderont au profit de la province pour fe rembourfer en principal & intérêts de l'emprunt de quatre cent vingt mille livres qu'elle fera préfentement, au moyen de quoi ces trois diocefes pourront s'acquitter de ce qu'ils doivent de 1715, & de 1716, après avoir joui pendant trois années

Tome II.

d'une indemnité que le Roi accordera pour cinq ans.

Sur quoi, il a été délibéré, conformément à l'avis de meffieurs les commiffaires, que Sa Majefté fera très-humblement fuppliée d'accorder au diocefe de Narbonne pendant cinq années, à commencer l'année prochaine 1718, la taille des biens abandonnés, en tout ou en partie, qui reviennent à cent cinquante-cinq mille livres par an; au diocefe d'Alby quatre-vingt mille livres pour femblables biens abandonnés; & quarante mille livres au diocefe de Lavaur, attendu que fon allivrement eft fur un fi haut pied que le prix des denrées qu'il produit ne fuffit point pour payer les charges.

Que pour remplacer le manque de fonds qui eft produit par les reftes des diocefes de Narbonne, d'Alby & de Lavaur, qui ne peuvent être exigés, le fieur Bonnier empruntera fur fes billets ou lettres de change la fomme de quatre cent vingt mille livres pour être payée aux rentiers de la province & que pareille fomme fera auffi empruntée à conftitution de rente par les fyndics généraux au denier vingt, quitte du dixième, pour la remettre audit fieur tréforier de la bourfe, à mefure des emprunts, lequel s'en fervira à rembourfer ceux qu'il aura faits, auquel effet il fera tenu d'en faire ceffer les intérêts un mois après avoir reçu les fommes empruntées par les fyndics généraux.

Que les intérêts de la fomme de quatre cent vingt mille livres feront rejettés fur la province, & qu'au moyen de la remife que le Roi accordera à ces trois diocefes pour cinq ans, ils en jouiront pendant trois années; & à l'égard des deux dernieres dont l'indemnité montera à cinq cent cinquante mille livres, elle cédera au profit de la province pour fe rembourfer tant en principal qu'en intérêts dudit emprunt de quatre cent vingt mille livres.

Que le furplus des reftes dus par lefdits diocefes fera levé par tout les mois de Mars & d'Avril par la voie des troupes, qu'il fera fait des états de tous ceux qui font en état de payer, afin qu'on puiffe agir contre eux avec toute forte de rigueur, & que pour prévenir de femblables reftes qui ont été caufés par le concours des receveurs & des collecteurs qui agiffoient fur les mêmes recoltes, lefdits diocefes prendront des ajuftemens avec lefdits receveurs pour les fommes qui peuvent leur être dues en particulier, & éviter par-là qu'ils arrêtent le recouvrement de l'année courante.

Et quant aux moyens pour corriger les abus introduits dans les diocefes de Narbonne, d'Alby & de Lavaur, il a été délibéré que les troupes qui feront inceffamment envoyées pour accélérer les recouvremens qu'on eftime pouvoir être faits agiront ainfi que les receveurs jugeront à propos, & que le fieur Michel nommé par arrêt du confeil agent dans le diocefe d'Alby, y retournera inceffamment pour y agir de concert avec le receveur & le fyndic du diocefe, & fe conformer aux inftructions qui lui ont été données.

Et comme au moyen de la préfente délibération les Etats contractent une obligation pour ces trois diocefes d'une fomme de quatre cent vingt mille livres, favoir, pour celui de Narbonne de la fomme de cent quatre-vingt fix mille cinq cent vingt-fix livres ; pour celui d'Alby de celle de dix-neuf cent mille livres, & pour celui de Lavaur quarante-trois mille, quatre cent feptante-quatre livres.

Les commiffaires defdits diocefes feront tenus de délibérer à l'affiette prochaine de relever la province en principal & intérêts de ladite fomme

empruntée chacun comme le concerne au cas que Sa Majefté refufat de leur accorder la remife des biens abandonnés qui eft cependant l'unique reffource pour empêcher ces trois diocefes de tomber, & de la payer dans les termes qui feront réglés aux Etats prochains fi le cas y échoit, laquelle délibération ils feront tenus d'envoyer au fyndic général du département.

I I.

EXTRAIT des regiftres des délibérations des Etats généraux de Languedoc, affemblés par mandement du Roi en la ville de Montpellier au mois de Décembre 1717.

Du 12 Janvier 1718, préfident monfeigneur l'archevêque de Touloufe.

MONSEIGNEUR l'évêque de Lodeve qui avoit été nommé commiffaire avec monfeigneur l'archevêque de Touloufe, monfieur le baron de Caftelnau Deftrettefons, monfieur le baron de Rouairoux, & les fieurs députés du Puy, d'Uzès, de St. Pons & le fyndic du diocefe de St. Papoul, pour examiner ce qui a été fait en exécution de la délibération prife par les Etats le 11 Février dernier qui pourvoit aux moyens d'acquitter les reftes des impofitions des années 1715 & 1716 dus par les diocefes de Narbonne, d'Alby & de Lavaur, & pour régler ce qui pourroit être délibéré fur ce fujet, a rapporté que la fomme de quatre cent vingt mille livres a été empruntée conformément à ladite délibération par le fieur Bonnier, tréforier de la bourfe, fur fes billets & lettres de change.

Que cet emprunt qui n'a été fait que pour prêter à ces trois diocefes le crédit de la province & les mettre en état, en fuppléant aux non-valeurs, de payer le courant des impositions, a eu tout le succès que les Etats ont desiré, puisque le receveur du diocese d'Alby en exercice en 1715, en se servant d'une partie dudit emprunt, se trouve avoir payé les restes dus tant de la taille que de la capitation causés par les non-valeurs de ladite année qui montoient à la somme de quarante-mille livres, & que le receveur qui est entré en exercice après lui, en appliquant une partie dudit emprunt pour remplacer les non-valeurs de l'année 1716, s'est trouvé avoir acquitté la somme de cent cinquante mille livres qu'il étoit obligé de payer pour lesdites non-valeurs.

Que le receveur du diocese de Narbonne de l'année 1715 a payé par le même moyen la somme de quarante-six mille cinq cent vingt-six livres qu'il devoit, & que les restes dus par celui de 1716, qui montoient à cent quarante mille livres, sont aussi payés par ledit emprunt.

Et que le receveur du diocese de Lavaur dont les restes des impositions dus pour l'année 1716 montoient à la somme de quarante-trois mille quatre cent soixante-quatorze livres, a satisfait, à six mille livres près, au payement des impositions de ladite année.

De sorte qu'au moyen de ladite somme de quatre cent vingt mille livres les restes dus par ces trois dioceses pour lesdites deux années se trouvent entierement remplacés.

Que sur la demande faite de la part des Etats il a plu à Sa Majesté d'accorder par arrêt du conseil du 11 Septembre dernier une indemnité sur les tailles de ces trois dioceses pendant cinq années qui a été réglée, savoir, pour le diocese de Narbonne, sur le pied de soixante dix-huit mille quatre cent vingt-huit livres; pour le diocese d'Alby, sur le pied de cinquante mille

livres; & pour le diocese de Lavaur, sur celui de trente mille livres; ce qui revient en total à la somme de cent cinquante-huit mille quatre-cent vingt-huit livres pour chacune desdites cinq années.

Qu'il n'est pas possible de retenir dès la premiere année sur ladite somme le remboursement de la province de l'emprunt qui a été fait, puisque ce seroit priver ces trois dioceses d'un secours qui leur est entierement nécessaire & les faire retomber dans le même accablement d'où les Etats ont voulu les retirer.

Que cependant le terme du payement de l'emprunt fait par le sieur Bonnier devant écheoir le 15 du mois de Février prochain, il étoit absolument nécessaire de charger ledit sieur Bonnier de renouveller ses billets pour ladite somme de quatre cent vingt mille livres dont il pourra continuer de payer les intérêts aux mêmes conditions, en chargeant les syndics généraux d'emprunter la même somme le plutôt qu'il sera possible à constitution de rente sur le pied du denier vingt, afin de rembourser le sieur Bonnier à mesure que les emprunts seront faits, lequel cesseroit de payer les intérêts un mois après que les capitaux lui seroient remis.

De sorte que messieurs les commissaires ont cru que les résolutions que les Etats pourroient prendre sur ce sujet se réduisent à quatre chefs.

1º. Que les intérêts de l'emprunt fait par le sieur Bonnier, trésorier de la bourse, seroient employés & alloués sur le pied du denier douze dans la dépense du compte qu'il rend aux présens Etats.

2º. Qu'il renouvelleroit ledit emprunt pour un an, & que cependant il seroit donné pouvoir aux syndics-généraux d'emprunter ladite somme

de quatre cent vingt mille livres à conftitution de rente au denier vingt pour
rembourfer les fommes empruntées, à
mefure que les contrats feront paffés.

3º. Que ledit tréforier de la bourfe
tiendroit compte aux receveurs des
tailles de ces trois diocefes de la fomme
de quatre cent vingt mille livres, afin
qu'ils puiffent rapporter fes quittances
comptables pour pieces juftificatives
de leurs comptes.

4º. Qu'en exécution de la délibération prife par les Etats derniers les
fyndics particuliers defdits diocefes pafferont des obligations & confentiront
pour eux que ladite fomme de quatre
cent vingt mille livres fera retenue
par ladite province en capital & intérêts, favoir, ce qui lui fera dû par
le diocefe de Lavaur, fur les deux dernieres années de l'indemnité qui lui a
accordée par l'arrêt du 11 Septembre
dernier, & ce qui fe trouvera avancé
par les diocefes de Narbonne & d'Alby, fur les trois dernieres années de
ladite indemnité.

Sur quoi, il a été délibéré, conformément à l'avis de meffieurs les commiffaires, que les intérêts au denier
douze de la fomme de quatre cent
vingt mille livres empruntée par le
fieur Bonnier, tréforier de la bourfe,
qui écherront le 15 Février prochain,
feront employés & alloués dans le
compte qu'il rend aux préfens Etats.

Que ledit emprunt fera renouvellé
pour un an fur fes billets ou lettres de
change aux meilleures conditions qu'il
pourra trouver, qui ne pourront excéder le denier douze.

Et pour foulager ces trois diocefes
defdits intérêts au denier douze, il
fera donné pouvoir aux fyndics-généraux d'emprunter au denier vingt par
contrat de conftitution de rente pareille fomme de quatre cent vingt mille
livres pour être remife au fieur Bon-

nier, lequel fera obligé de faire ceffer
les intérêts de l'emprunt qu'il a fait
un mois après, à proportion que les
fommes provenant des emprunts faits
par les fyndics-généraux, lui feront remifes.

Qu'il fournira fes quittances comptables aux receveurs defdits diocefes &
leur tiendra compte des quatre cent
vingt mille livres que la province a emprunté pour eux, favoir, de la fomme
de quarante-fix mille cinq cent vingt-
fix livres aux receveurs des tailles du
diocefe de Narbonne en exercice en
l'année 1715, de celle de cent quarante mille livres au receveur des tailles dudit diocefe en exercice en 1716;
de celle de quarante mille livres au receveur du diocefe d'Alby en exercice
en l'année 1715, de celle de cent cinquante mille livres au receveur des tailles dudit diocefe en exercice en 1716;
& de celle de quarante-trois mille quatre cent foixante-quatorze livres au receveur des tailles du diocefe de Lavaur
en exercice en 1716.

Et a été arrêté qu'attendu que la
province doit être rembourfée par les
trois diocefes de ladite fomme de quatre cent vingt mille livres, tant en capital que intérêts, il fera paffé tous actes & obligations néceffaires de la part
de leurs fyndics particuliers pour confentir que la province reprenne ledit
rembourfement, favoir, pour le diocefe de Lavaur, fur les deux dernieres
années; & pour les diocefes de Narbonne & d'Alby fur les trois dernieres
années des cinq de l'indemnité qui leur
a été accordée par arrêt du confeil du
28 Septembre dernier.

Et qu'attendu que l'indemnité accordée pour lefdites trois dernieres années
au diocefe d'Alby ne peut pas fuffire
pour rembourfer la province en capital & intérêts de la fomme de cent
quatre-vingt-dix mille livres pour la-

quelle fon crédit lui eſt prêté, il fera pourvu par ledit dioceſe d'Alby au payement de l'excédent de ladite ſomme envers la province par la voie de l'emprunt ou par impoſition.

Et que les aſſiettes deſdits trois dioceſes prendront de nouvelles délibérations pour approuver & ratifier leſdites conventions qui ont été paſſées entre les ſyndics-généraux de ladite province & les ſyndics particuliers des dioceſes de Narbonne, d'Alby, & de Lavaur, & ont été ſignées par eux, conformément à la préſente délibération.

Cet emprunt ne fut effectué par les ſyndics-généraux qu'à concurrence de 120,000 livres, ſur leſquelles il reſte dû 71996 liv. 12 ſ. 8 d. dont les intéréts ſont payés ſur le pied de trois pour cent.

---

§. V.

Rembourſement des créanciers qui n'ont pas voulu ſe réduire.

EXTRAIT *des regiſtres des délibérations des Etats généraux de Languedoc, aſſemblés par mandement du Roi en la ville de Montpellier au mois de Janvier* 1721.

Du Jeudi 6 Mars 1721, préſident monſeigneur l'archevêque d'Alby.

LE ſieur Bonnier a dit qu'il avoit pendant l'année rembourſé différens créanciers qui n'avoient pas voulu réduire leurs rentes à trois pour cent, dont il avoit fait l'avance, conformément à l'offre qu'il avoit faite aux Etats de ſe contenter des mêmes contrats à trois pour cent; & il a demandé qu'il fût donné pouvoir aux ſyndics généraux de paſſer à ſon profit, ou des perſonnes qu'il indiquera, des nouveaux contrats ſur le pied de trois pour cent à concurrence des rembourſemens qu'il aura fait à Montpellier, à Toulouſe & à Paris pour en rendre compte aux Etats prochains.

Sur quoi, il a été délibéré que les ſyndics généraux paſſeront de nouveaux contrats au ſieur Bonnier, ou autres perſonnes qu'il indiquera, pour les ſommes qu'il aura rembourſées, ſur le pied de trois pour cent, à la charge de rendre un compte de recette & dépenſe par ledit ſieur Bonnier des contrats qui lui ſeront paſſés.

§. V I.

Premier & second emprunt sur les trois millions cinquante mille livres.

I.

Extrait du regiſtre des délibérations des Etats généraux de Languedoc aſſemblés par mandement du Roi en la ville de Montpellier au mois de Janvier 1721.

Du Lundi 3 Mars 1721, préſident Monſeigneur l'archevêque d'Alby.

MONSEIGNEUR l'évêque de Lodeve, commiſſaire nommé avec meſſeigneurs les évêques d'Agde, de Beziers & d'Alet, meſſieurs les barons de Villeneuve, de Calviſſon & de Bram, les ſieurs capitouls de Toulouſe, & les ſieurs conſuls & députés de Montpellier, Carcaſſonne, Nîmes, Narbonne, le Puy, Uzès & Alby, a dit que la commiſſion des affaires extraordinaires s'étant aſſemblée chez monſeigneur l'archevêque d'Alby, préſident, pour examiner les différens moyens que les Etats pouvoient prendre pour trouver l'argent qu'ils ont délibéré d'emprunter, tant pour remplacer les billets de banque & payer les aſſignés de l'année 1720, que pour ſoutenir les manufactures, parce que les emprunts n'avoient encore rien produit, & les circonſtances des tems étoient ſi difficiles, qu'elles ne permettoient pas d'eſpérer le ſuccès qu'on auroit dû attendre du crédit de la province. Mais que s'agiſſant de payer des dettes échues dont la plupart des fonds doivent être diſtribués aux habitans de cette province qui ſont réellement dans la ſouffrance, ou donner des ſecours à

des fabricans & négocians pour ſoutenir le travail des différentes manufactures ſi utiles au public, il ne devoit être rien oublié de la part des Etats, pour ſurmonter les obſtacles qui rendent infructueuſes les délibérations d'emprunter au denier vingt, parce que, ſi la province recevoit d'un côté quelque petit dommage par les facilités dont elle pourroit ſe ſervir pour effectuer ſes emprunts, elle trouveroit de l'autre des avantages bien plus conſidérables, puiſqu'en diſtribuant, conformément aux délibérations priſes, l'argent provenant des emprunts, le commerce prendroit quelque force, les rentiers de la province qui ſont dans l'indigence ſeroient promptement ſecourus, & les autres aſſignés, comme les étapiers, entrepreneurs, & autres, ſeroient en état de continuer leur ſervice, & par la circulation des eſpeces que tous ces payemens favoriſeroient, l'argent ne ſeroit plus ſi rare : qu'en examinant les différens moyens dont on pouvoit ſe ſervir dans un tems ſi difficile, meſſieurs les commiſſaires avoient trouvé qu'il n'y en avoit pas de plus convenable, & qui fût moins à charge à la province que celui d'ajouter aux emprunts délibérés au denier vingt l'avantage que ceux qui prêteront aucunes ſommes jouiront pour autant en principal des rentes qu'ils ont ſur la province, ſur le même pied du denier vingt, ainſi qu'ils le faiſoient avant la réduction des rentes à quatre, & à trois pour cent ; en ſorte que tout particulier qui prêteroit, par exemple, trois, ſix, dix, quinze ou vingt mille livres à la province, plus ou moins, ſur le pied du denier vingt, par un nouveau contract de conſtitution, jouiroit de la rente au denier vingt pour une égale ſomme des anciens contrats qu'il aura ſur la province, nonobſtant les réductions auxquelles les Etats ont aſſujetti ſes rentiers, meſſieurs les commiſſaires ayant cru qu'avec cette facilité les emprunts ſeroient bientôt effectués.

Sur quoi l'aſſemblée conſidérant l'importance qu'il y a de trouver inceſſamment les fonds qu'elle a conſenti d'emprunter, ſavoir, deux millions cinq cent mille livres pour ſervir au remplacement de partie des billets de banque trouvés dans les caiſſes de la province, & cinq-cent ſoixante-dix mille livres pour ſecourir les manufactures, a délibéré qu'outre le denier vingt auquel ces trois millions ſoixante dix mille livres doivent être empruntés en conſéquence des délibérations des Etats, ceux qui prêteront leſdites ſommes jouiront à proportion, & pour les mêmes ſommes des nouveaux contrats qu'ils feront, de la rente au denier vingt des anciens contrats dont ils ſe trouveront propriétaires, qui ſont préſentement réduits à trois pour cent, & dont la propriété leur en appartiendra pour toujours comme s'ils avoient été originairement conſentis & conſervés ſur ledit pied du denier vingt, nonobſtant toute réduction conſentie de leur part, auquel effet il en ſera fait mention dans les nouveaux contrats d'emprunt qui ſeront paſſés, & leſdits anciens contrats employés dans le même état des dettes & ſur le même pied que ſeront mis ceux des nouveaux emprunts; l'aſſemblée donnant pour raiſon de ce les pouvoirs néceſſaires aux ſyndics généraux par la préſente délibération qui ſera jointe à celles qui leur ont donné pouvoir d'em-

prunter au denier vingt leſdits trois millions ſoixante-dix mille livres.

II.

EXTRAIT du regiſtre des délibérations des Etats généraux de Languedoc, aſſemblés par mandement du Roi en la ville de Narbonne au mois de Janvier 1722.

Du Mercredi 4 du mois de Mars, préſident monſeigneur l'archevêque & primat de Narbonne.

MONSEIGNEUR l'archevêque de Toulouſe a dit que s'étant aſſemblé avec meſſieurs les commiſſaires des affaires extraordinaires, pour examiner différentes affaires qui avoient été renvoyées à cette commiſſion, elle étoit d'abord entrée en connoiſſance de la ſituation de cette province par rapport aux billets de banque. Que par la vérification qui en avoit été faite par M. de Bernage, & par l'arrêt du conſeil du 22 Avril dernier qui l'autoriſoit, tous ces billets montoient à trois millions, neuf cent dix-huit mille deux cent trente-huit livres, ſavoir, trois millions ſoixante-quinze mille deux cent dix-huit livres provenant des receveurs de la province, & huit cent quarante-trois mille vingt livres de billets appartenans aux dioceſes, qui doivent être repris par le Roi aux termes des arrêts des 28 Janvier 1721 & 22 Avril ſuivant, ſur le pied d'un million par an, à commencer de l'année 1721.

Qu'il avoit été repréſenté que meſſieurs les députés à la Cour avoient fait tous leurs efforts pour obtenir que l'intérêt de toutes ces ſommes fût ſupporté par Sa Majeſté, à compter du Ier. Janvier 1721, ſur le même pied que la province & les dioceſes trouveroient à emprunter, puiſqu'ils étoient dans la néceſſité forcée d'avoir recours à ce moyen, pour pouvoir payer les charges en argent auxquelles ces billets de banque ne pouvoient plus être employées , mais qu'il leur avoit été impoſſible de rien obtenir pour ces intérêts au-delà de deux pour cent fixés par les arrêts du conſeil , & que tout ce qui avoit pu être fait dans cette occaſion de plus favorable pendant le ſéjour que meſſieurs les députés avoient fait à la Cour en l'année 1720 , avoit été d'obtenir un dédommagement pour l'excédent de l'intérêt qui ſeroit payé pour l'emprunt du montant deſdits billets. Que l'indemnité des oliviers ayant été refuſée pour ladite année à cauſe du payement anticipé de tous les recouvremens de 1720 , qui faiſoit ceſſer le motif de cette demande en faveur des particuliers qui avoient perdu leurs oliviers , meſſieurs les députés l'avoient demandée à titre de dédommagement pour la province , afin que l'excédent deſdits intérêts fût par ce moyen ſupporté par le Roi , de maniere qu'il ne donnât pas atteinte à la regle qu'on avoit preſcrit dans le royaume de fixer les intérêts à deux pour cent.

Que ſur ces repréſentations l'arrêt du conſeil du 28 Janvier ayant été rendu & connu à l'aſſemblée , les Etats avoient délibéré le 3 Mars 1721 d'emprunter à compte deſdits billets deux millions cinq cent mille livres ſur le pied du denier vingt , outre l'avantage , pour favoriſer ces emprunts , que les créanciers de la province qui prêteroient feroient revivre leurs anciens contrats qui étoient réduits à trois pour cent , ſur le pied du denier vingt , ainſi qu'ils étoient payés avant l'année 1720 , pour pareille ſomme qu'ils prêteroient , ce qui portoit l'intérêt de cet emprunt ſur le pied de ſept pour cent.

Que les Etats par une autre délibération du même jour avoient délibéré d'emprunter encore une ſomme de cinq cent ſoixante-dix mille livres ,

pour ſecourir les fabricans des draps pour le Levant , & pour ſoutenir le commerce dans le Velay , en Gevaudan , & dans la ville de Nîmes. Que par le compte qu'ils s'étoient fait rendre de tous ces différens emprunts , & de la ſituation de la province avec le ſieur Bonnier , tréſorier de la bourſe , par rapport à cette affaire , il avoit été vérifié , quoique ledit ſieur Bonnier eût payé les charges , qu'il n'avoit été emprunté juſqu'au premier Janvier dernier qu'environ onze cent cinquante mille livres ſur les deux millions cinq cent mille livres que les Etats avoient délibéré d'emprunter , & qu'il n'avoit été fait aucun emprunt ſur les cinq cent ſoixante dix mille livres qui devoient ſervir à ſecourir les fabricans , dont on rapportoit les cinq délibérations expédiées pour cet emprunt.

Qu'il réſultoit de cet examen différentes queſtions ſur leſquelles la commiſſion avoit formé ſon avis.

La premiere , que l'emprunt pour les billets de banque devoit être fixé à la même ſomme à laquelle ſe montoient les billets de banque liquidés par le procès verbal de M. de Bernage & l'arrêt du conſeil du 22 Avril dernier.

La ſeconde , que les délibérations pour emprunter les cinq cent ſoixante-dix mille livres , n'ayant produit aucun effet par rapport au bien du commerce , il devoit être décidé ſi elles ne devoient pas être annullées.

La troiſieme , que , ſur la totalité des billets de banque , y en ayant pour huit cent quarante-trois mille vingt livres appartenant aux dioceſes , qu'ils ont remis à la bourſe ſur les reconnoiſſances particulieres du ſieur Bonnier , il devoit être décidé du tems auquel les dioceſes en ſeroient rembourſés.

La quatrieme , que les intérêts de ces billets appartenant aux dioceſes n'étant payés par le Roi que ſur le pied de deux
pour

pour cent, il avoit été examiné s'il ne devoit pas leur être accordé quelque dédommagement pour le supplément qu'ils doivent payer, pour les emprunts auxquels ils sont tenus pour remplacer aux receveurs des tailles le montant desdits billets, à prendre de même que la province sur le fonds de deux cent cinquante mille livres accordé par Sa Majesté pour ce supplément, sous le titre de l'indemnité des oliviers de l'année 1720.

Et la cinquieme, si pour faire l'intérêt des emprunts à sept pour cent qu'il en coûte à la province, le fonds de ce supplément ne devoit pas être pris en entier, à compter du premier Janvier 1721, sur ladite somme de deux cent cinquante mille livres.

Que l'avis de messieurs les commissaires avoit été, qu'il devoit être délibéré d'emprunter au delà des deux millions cinq cent mille livres, la somme de cinq cent soixante-quinze mille deux cent dix-huit livres, faisant ensemble celle de trois millions soixante-quinze mille deux cent dix-huit livres, qui est la même somme à laquelle montent les billets appartenant à la province, conformément à la vérification & à l'arrêt du conseil du 22 Avril dernier, & qu'attendu que la délibération prise pour emprunter cinq cent soixante-dix mille livres pour secourir les manufactures, le Gevaudan, le Velay & la ville de Nîmes étoit inutile, elle devoit demeurer annullée : que messieurs les commissaires avoient été encore d'avis que les huit cent quarante-trois mille vingt livres des billets de banque appartenant aux dioceses faisant partie de la vérification qui en a été faite, devoient leur être remboursés en l'année 1724, ainsi qu'il est porté par l'arrêt du 22 du mois d'Avril, & qu'il leur avoit paru juste que l'intérêt, en attendant le remboursement, leur fût payé,

tant sur les deux pour cent accordés par Sa Majesté, que sur les deux cent cinquante mille livres donnés par Sa Majesté à la province sous le nom d'indemnité des oliviers pour tenir lieu de supplément d'intérêts sur le pied de cinq pour cent.

Et que pour servir de fonds au sieur Bonnier, trésorier de la bourse, pour les intérêts des trois millions soixante-quinze mille deux cent dix-huit livres sur le pied de sept pour cent, & pour les huit cent quarante-trois mille vingt livres sur le pied du denier vingt, à commencer du premier Janvier 1721, il retireroit du trésor royal pour ladite année les soixante-dix-huit mille trois cent soixante-quatre livres douze sols, que le Roi a ordonné lui être payés par ledit arrêt du 22 Avril dernier, & les deux cent cinquante mille livres de l'indemnité des oliviers pour ladite année 1720, accordée par l'arrêt du 22 Avril dernier, attendu que cette somme doit être employée au supplément desdits intérêts, ainsi qu'il est porté par l'arrêt du 28 Janvier précédent.

Monseigneur l'archevêque de Toulouse a ajouté qu'après que messieurs les commissaires avoient examiné ce qui concernoit les intérêts de cette somme pour l'année 1721, ils avoient encore liquidé les sommes qui étoient nécessaires pour fournir à ces intérêts pendant l'année 1722 ; qu'ils avoient trouvé que la somme dont le Roi devoit faire fonds pour lesdits intérêts pour l'année 1721, se montoit, suivant l'arrêt du conseil du 22 Avril, à soixante-dix-huit mille trois cent soixante-quatre livres douze sols, à laquelle étant jointe celle de deux cent cinquante mille livres pour l'indemnité des oliviers, ces deux sommes produisoient celle de trois cent vingt-huit mille trois cent soixante-quatre livres douze sols ; que la dépense pour les intérêts des billets appartenant à la province pour l'année 1721 sur le pied de sept pour cent, se montoit à la somme de deux cent quinze mille deux cent soixante-cinq livres six sols, & que l'intérêt des billets de banque appartenant aux diocèses sur le pied du denier vingt montoit à la somme de quarante deux mille cent cinquante-une livres, faisant ces deux sommes ensemble celle de deux cent cinquante-sept mille quatre cent seize livres six sols, ce qui faisoit un excédent d'intérêt de la somme de soixante-dix mille neuf cent quarante-huit livres six sols, qui devoit servir de fonds pour le payement desdits intérêts pour l'année 1722, à laquelle il devoit être joint celle de cinquante-huit mille trois cent soixante-quatre livres douze sols dont le Roi doit tenir compte pour les deux pour cent de ladite année 1722, ce qui faisoit un fonds de cent vingt-neuf mille trois cent douze livres dix-huit sols, ensorte que pour parfaire les deux cent cinquante-sept mille quatre cent seize livres six sols auxquels reviennent lesdits intérêts pour l'année 1722, il devoit être pourvu à ce fonds par imposition, & que l'avis de la commission avoit été d'imposer dans le département des dettes & affaires les cent vingt huit mille, cent trois livres, huit sols restans.

Sur quoi, conformément à l'avis de messieurs les commissaires, l'assemblée a délibéré qu'il sera donné pouvoir aux syndics-généraux d'emprunter, outre les deux millions cinq cent mille livres délibérés être empruntés pour le remplacement des billets de banque, la somme de cinq cent soixante-quinze mille deux cent dix-huit livres, pour parfaire les trois-millions soixante-quinze mille deux cent dix-huit livres du montant desdits billets, au même pied, clauses, & conditions que les deux millions cinq cent mille livres,

pour lequel emprunt il sera expédié cinq délibérations en original, quatre de cent mille livres chacune, & la cinquieme de cent soixante-quinze mille deux cent dix-huit livres; & que la délibération prise le même jour 3 Mars 1721 pour emprunter cinq cent soixante-dix mille livres demeurera annullée, & qu'à cet effet les cinq délibérations expédiées en original à concurrence de ladite somme seront lacérées, ce qui a été fait à l'instant. Que les huit cent quarante-trois mille vingt livres des billets de banque appartenant aux diocèses, faisant partie de ceux remis au trésor royal, seront payés auxdits diocèses chacun comme les concernera, suivant les reconnoissances particulieres qui auront été faites par ledit sieur Bonnier, avec les intérêts sur le pied du denier vingt, à commencer du premier Janvier 1721 jusqu'en ladite année 1724, & que pour servir de payement audit sieur Bonnier, aux diocèses, ou à ceux en faveur de qui il sera fait des contrats pour les intérêts à sept pour cent de trois millions soixante-quinze mille deux cent dix-huit livres, & au denier vingt des huit cent quarante-trois mille vingt livres, il retirera du trésor royal, pour ladite année 1721, les soixante-dix-huit mille trois cent soixante-quatre livres douze sols dont le Roi doit faire le fonds suivant les arrêts du conseil des 28 Janvier & 22 Avril 1721, ensemble les deux cent cinquante mille livres destinés au supplément desdits intérêts accordés par l'arrêt du 29 Avril sous le titre d'indemnité des oliviers de l'année 1720, & que pour faire le fonds pour le payement desdits intérêts pour l'année 1722, il sera employé les soixante-dix-huit mille neuf cent quarante-huit livres six sols, qui restent ou qui doivent rester en ses mains; ensemble les cinquante-huit mille trois cent soixante-

Part. I. Div. I. Liv. III. Tit. I. Sect. I.   59

Nº. II.

quatre livres douze fols dont le Roi doit faire le fonds, pour lefdits intérêts de ladite année 1722, faifant lefdites deux fommes celle de cent vingt-neuf mille trois cent douze livres dix-huit fols, & que le furplus defdits intérêts pour parfaire les deux cent cinquante-fept mille quatre cent feize livres fix fols, montant à la fomme de cent vingt-huit mille cent trois livres huit fols, feront impofés dans le département des dettes & affaires de la préfente année.

Les Etats ayant délibéré d'emprunter la fomme de cinq cent foixante-quinze mille deux cent dix-huit livres pour être employée au payement des rentes & autres charges de la province de l'année 1721, au lieu & place des billets de banque que Sa Majefté a bien voulu reprendre conformément à l'arrêt du confeil du 28 Janvier de ladite année, & étant néceffaire de donner aux fyndics-généraux le pouvoir de paffer les contrats d'emprunt au profit des créanciers qui prêteront cette fomme, a été délibéré que ladite fomme de cinq cent foixante-quinze mille deux cent dix-huit livres fera inceffamment empruntée au nom de ladite province, & aux meilleures conditions qu'il fe pourra, n'excédant pas toutefois le denier vingt; & à cet effet les Etats ont nommé les fieurs Jean-Jacques de Boyer Dodars, Jean-Antoine Duvidal de Montferrier, & Laurent-Ignace Joubert, fyndics-généraux de ladite province, auxquels ils donnent pouvoir & puiffance, tant conjointement que féparément, en cas de mort ou d'abfence d'un ou deux des trois, & même leur donnent pouvoir de fubftituer, pour & au nom de ladite province emprunter par contrat à jour ou à conftitution de rente ladite fomme de cinq cent foixante-quinze mille deux cent dix-huit livres, & de paffer tous

contrats à ceux qui feront le prêt de ladite fomme, obliger tous les biens du général & du particulier de ladite province, & de faire payer les intérêts ou rentes à chaque fin d'année dans les bureaux du tréforier de la bourfe defdits Etats dans les villes de Paris, Touloufe & Montpellier, au choix des prêteurs; comme auffi de faire jouir ceux qui prêteront lefdites fommes, à proportion & pour les mêmes fommes des nouveaux contrats qu'ils feront, de la rente au denier vingt des anciens contrats dont ils fe trouveront propriétaires, qui font préfentement réduits à trois pour cent, & dont la propriété leur appartiendra pour toujours fur ledit pied du denier vingt, nonobftant toute réduction confentie de leur part, à la charge que les fommes capitales qui feront empruntées feront remifes lors de la paffation des contrats entre les mains du tréforier de la bourfe ou du porteur de fa procuration qui interviendra à cet effet dans lefdits contrats, defquelles fommes il comptera aux Etats prochains. Que pour faciliter les emprunts il fera fait cinq originaux en parchemin de la préfente délibération fignés par monfeigneur l'archevêque de Narbonne, préfident & contre-figné par un des fecrétaires des Etats; favoir, quatre de cent mille livres chacun, & le cinquieme de cent foixante-quinze mille deux cent dix-huit livres, pour être remis aux notaires de la province, fur lefquels originaux il fera fait mention des contrats à mefure qu'ils feront paffés avant que les groffes en puiffent être délivrées, fur lefquelles groffes le notaire dépofitaire de ladite délibération mettra fon certificat de ladite décharge; que l'acte de dépôt de ladite délibération fera mis au bas defdites expéditions & figné par les notaires; & lorfque l'emprunt porté par lefdites

H 2

délibérations fera confommé, il fera mis au bas par le notaire qui en fera le dépofitaire que ladite délibération eft remplie.

***

I I I.

Extrait du regiftre des délibérations des Etats généraux de Languedoc affemblés par mandement du Roi en la ville de Narbonne, au mois de Janvier 1722.

Du Vendredi 13 du mois de Mars, préfident Monfeigneur l'archevêque & primat de Narbonne.

MONSEIGNEUR l'archevêque de Touloufe a dit : que l'examen des fommes dues au tréforier de la bourfe pour les avances qu'il a faites par ordre des Etats ayant été renvoyé à la commiffion des affaires extraordinaires, meffieurs les commiffaires s'étoient affemblés. Que le fieur Bonnier, tréforier de la bourfe, avoit juftifié qu'il lui étoit dû par l'arrêté final de fon compte de 1719, deux cent quatre-vingt-deux mille neuf cent foixante-quatorze livres deux fols, quatre deniers ; pour celui de 1720, huit cent cinquante-fix mille deux cent foixante-dix-neuf livres dix-huit fols cinq deniers ; & par celui qu'il rend aux préfens Etats & à l'affemblée, cent trente-un mille fix cent vingt-fix livres douze fols fix deniers ; qu'il lui étoit encore dû par l'état arrêté des avances qu'il a fait pour le payement des gardes-côtes de l'année dernière deux cent vingt-trois mille dix-huit livres quinze fols onze deniers ; qu'il avoit encore avancé par ordre des Etats, pour payer en efpeces toutes les charges de 1720, un million neuf cent vingt-quatre mille cinq cent foixante-cinq livres dix-huit fols onze deniers, l'emprunt qui devoit produire les trois millions foixante-quinze mille deux cent dix-huit livres

pour cette dépenfe n'ayant procuré que un million cent cinquante mille fix cent cinquante-deux livres ; outre lefquelles fommes il avançoit actuellement pour les frais d'Etats ou le comptereau deux cent mille livres ; qu'il avoit encore avancé les frais de la députation de l'année dernière montant, fuivant l'état arrêté, à treize mille quatre cent vingt-une livres cinq fols ; lefquelles fommes étant jointes à celle de quatre-vingt-dix mille livres qu'il avoit payée depuis le premier Janvier pour la garde-côte du Rhône, pour les fourrages des dragons, pour la conftruction du Lazaret de Tournon, ou pour différentes fournitures faites par les communautés, il étoit conftaté que les Etats devoient audit fieur Bonnier jufques à préfent, pour avances faites par leurs ordres, la fomme de trois millions fept cent vingt-un mille huit cent quatre-vingt-fix livres treize fols un denier dont il ne lui avoit été fait aucuns fonds ; que ledit fieur Bonnier avoit repréfenté, qu'ayant le même zele pour le fervice de cette province, & la même bonne volonté, il ne feroit point effrayé ni embarraffé pour foutenir fon crédit pour de fi fortes avances, fi les places où il avoit accoutumé d'emprunter & de faire ufage de fon crédit avoient la même confiance pour la province qu'elles avoient avant qu'elle fût attaquée de la contagion. Mais qu'il fe trouvoit dans la fituation de ne pouvoir plus faire valoir ce même crédit, par la crainte où étoient ceux qui avoient accoutumé de lui prêter leur argent ; que le difcrédit de la province devenoit commun avec le fien, parce qu'il émanoit de la même caufe, & ce qui avoit redoublé l'embarras des commiffaires, étoit qu'il falloit chercher des expédiens, non-feulement pour aider ledit fieur Bonnier à foutenir fon crédit pour les fommes qu'il a avancé jufqu'à présent, mais qu'il falloit encore le mettre en état de soutenir le service & les dépenses journalieres qu'il faut faire pendant le courant de cette année en attendant les recouvremens.

Monseigneur l'archevêque de Toulouse a ajouté, que messieurs les commissaires, après avoir concerté avec led. sieur Bonnier tous les moyens de lui procurer une partie des fonds qui lui étoient dus montant à la somme de trois millions sept cent vingt-un mille huit cent quatre-vingt-six livres treize sols un denier, afin qu'il pût soutenir son crédit & fournir aux dépenses dont il a été chargé pour le courant de cette année, ils n'avoient rien imaginé de plus convenable à l'état fâcheux où se trouve la province, que de favoriser par des nouveaux avantages le reste de l'emprunt qui doit être fait de trois millions soixante-quinze mille deux cent dix-huit livres sur lequel il restoit encore à emprunter un million neuf cent vingt-quatre mille cinq cent soixante-cinq livres dix-huit sols onze deniers, parce que si cette voie pouvoit réussir, ledit sieur Bonnier seroit par-là en état de continuer le service avec la même exactitude qu'il l'a fait jusqu'à présent, sauf à lui payer l'intérêt des autres sommes qui lui sont dues pendant cette année sur le même pied que la province le paye à ceux auxquels elle fait de nouveaux contrats; qu'examinant ensuite quels nouveaux avantages les Etats pouvoient accorder aux prêteurs afin de les exciter à remplir au plutôt l'emprunt délibéré, ils avoient trouvé qu'au lieu de s'en tenir à la délibération prise le 6 Mars de l'année derniere, par laquelle les créanciers qui prêtent à la province sur le pied du denier vingt, jouissent de la faculté de faire revivre leurs anciens contrats qui sont réduits à trois pour cent sur le pied de cinq, il falloit

porter cette faculté jusqu'à un tiers en sus, au delà de ce qui est porté par ladite délibération, c'est-à-dire, qu'un créancier qui prêtera trente mille livres en argent à la province sur le pied du denier vingt fera revivre sur le même pied pour quarante-cinq mille livres d'anciens contrats; qu'un autre qui prêtera la somme de dix mille livres en fera aussi revivre pour quinze mille livres & ainsi à proportion pour toutes les autres sommes. Que cette facilité étoit à la vérité une dépense d'un pour cent de plus pour la province par rapport à ce qui restoit à emprunter, mais qu'il étoit question de mettre en état le trésorier de la bourse de soutenir un crédit qu'il avoit employé pour le service de la province & par ordre des Etats & pour fournir aux dépenses courantes de cette année.

Sur quoi il a été délibéré, conformément à l'avis de messieurs les commissaires, que les créanciers de la province qui prêteront à l'avenir, & à compter de ce jour, le reste des trois millions soixante-quinze mille deux cent dix-huit livres qui doivent être empruntés sur le pied du denier vingt, jouiront de la faculté de faire revivre la moitié en sus, sur le même pied du denier vingt, de leurs anciens contrats, des sommes qu'ils prêteront; ensorte que celui qui prêtera trois mille livres fera revivre d'anciens contrats pour quatre mille cinq cent livres au denier vingt, & ainsi des autres sommes, à proportion, auquel effet il sera donné pouvoir aux syndics-généraux de consentir lesdits emprunts en conformité de la présente délibération; & attendu que la province n'est pas en état de rembourser au sieur Bonnier les autres sommes qu'il a avancées par ordre des Etats, à cause de l'état fâcheux où elle se trouve, il a été délibéré que l'intérêt lui en sera payé pendant la préfente année fur le même pied qu'aux créanciers de qui la province a emprunté pendant l'année derniere.

I V.

ARRÊT

Du Conseil d'État du Roi,

Qui autorife les délibérations des Etats prifes au fujet des fommes qui doivent être empruntées fur le pied du denier vingt, & pour rétablir en même-tems fur le même pied les rentes des anciens contrats, nonobftant toutes réductions.

Du 29 Juin 1722.

Extrait des Regiftres du Confeil d'Etat.

VU au confeil d'état du Roi l'arrêt rendu en icelui le 9 Mars 1721, par lequel Sa Majefté en autorifant la délibération des Etats de la province de Languedoc du 24 Février précédent, leur a permis d'emprunter fur des contrats, ou fur le crédit du tréforier de la bourfe, la fomme de deux millions cinq cent mille livres fur le pied du denier vingt, pour les caufes contenues dans l'arrêt du confeil du 28 Janvier précédent. Vu auffi la délibération des Etats de ladite province du 3 Mars 1721, par laquelle, fur la difficulté de trouver à emprunter ladite fomme, & attendu l'importance d'y pourvoir promptement, auffi bien qu'à l'emprunt de cinq cent feptante mille livres pour fecourir les manufactures, il fut délibéré qu'outre l'intérêt au denier vingt, auquel lefdites fommes feroient empruntées, ceux qui les prêteroient, jouiroient à proportion & pour les mêmes fommes des nouveaux contrats qu'ils feroient, de la rente au denier vingt des anciens contrats réduits à trois pour cent dont ils fe trou-

veroient propriétaires, & dont la propriété leur appartiendroit pour toujours, comme s'ils avoient été originairement confentis & confervés fur le pied du denier vingt, nonobftant toute réduction confentie de leur part, auquel effet il feroit fait mention dans les nouveaux contrats qu'ils feroient employés dans les états des dettes fur le même pied que ceux des nouveaux emprunts; l'affemblée donnant pour raifon de ce les pouvoirs néceffaires aux fyndics-généraux. Vu pareillement la délibération du 13 Mars dernier par laquelle, fur les mêmes difficultés expofées & les raifons preffantes de trouver à emprunter le refte des fommes dont l'emprunt avoit été réfolu, il fut délibéré que les créanciers de la province qui prêteroient à l'avenir & à commencer dudit jour le refte des trois millions feptante-cinq mille deux cent dix-huit livres qui devoient être empruntées fur le pied du denier vingt, jouiroient de la faculté de faire revivre leurs anciens contrats fur le même pied du denier vingt pour la moitié en fus des fommes qu'ils prêteroient; enforte que celui qui prêteroit trois mille livres, feroit revivre des contrats pour quatre mille cinq cent livres au denier vingt, & ainfi des autres fommes à proportion; auquel effet il feroit donné pouvoir aux fyndics-généraux de confentir lefdits emprunts en conformité. Oui le rapport du fieur Dodun, confeiller ordinaire au confeil royal & au confeil de régence, contrôleur-général des finances, SA MAJESTÉ ÉTANT EN SON CONSEIL, de l'avis de M. le duc d'Orléans régent, a autorifé & homologué lefdites délibérations des Etats de la province de Languedoc du 3 Mars 1721 & du 13 Mars dernier: ce faifant, a approuvé & approuve lefd. emprunts faits aux conditions y énoncées; & leur a permis & permet de continuer à emprunter aux mêmes conditions, & jufqu'à concurrence des fommes portées par lefdites délibérations. Fait au confeil d'état du Roi, Sa Majefté y étant, tenu à Verfailles le vingt-neuvieme jour de Juin mil fept cent vingt-deux.

Signé, Phelypeaux.

_____

LOUIS DE BERNAGE,
chevalier, *feigneur de St. Maurice,*

Vaux, Chaumont & autres lieux, confeiller d'état ordinaire, intendant de juftice, police & finances en la province de Languedoc.

Vu l'arrêt du confeil d'état du Roi ci-deffus : Nous ordonnons que ledit arrêt fera exécuté felon fa forme & teneur. Fait à Montpellier le 18 Juillet 1722. *Signé* DE BERNAGE ; *Et plus bas :* Par monfeigneur, Saget.

_____

§. VII.

Emprunt pour la conftruction du Lazaret de Cette.

I.

Extrait *du regiftre des délibérations des Etats généraux de Languedoc, affemblés par mandement du Roi en la ville de Montpellier au mois de Janvier 1721.*

Du Jeudi 20 Février fuivant, préfident monfeigneur l'archevêque d'Alby.

Monseigneur l'évêque de St. Pons a rapporté que, fuivant les ordres de l'affemblée, meffieurs les commiffaires des travaux publics avoient examiné le renvoi qui leur a été fait fur la conftruction d'un Lazaret au port de Cette, & que la commiffion étoit convenue qu'il étoit indifpenfable pour le bien du commerce de la province qu'il y eût un Lazaret audit port, où les marchandifes venant des pays fufpects de contagion puiffent être dépofées pour y faire la quarantaine; que les Etats en avoient déjà préjugé la néceffité, ayant demandé au Roi en 1710 qu'il lui plût de permettre la conftruction de ce Lazaret, ce qui avoit été accordé par arrêt du confeil du 21 Octobre 1710, & qu'il paroît par les délibérations des années fuivan-

res que la chofe auroit été exécutée, fi on n'avoit cru alors qu'il falloit commencer à conftruire un port où les vaiffeaux venant du Levant & autres pays fufpects puffent faire la quarantaine ; que cet établiffement eft indifpenfable dans la conjoncture préfente ; mais que meffieurs les commiffaires ont cru qu'il falloit réduire la dépenfe aux bâtimens abfolument néceffaires, y ayant lieu de préfumer que dès que les ports de Provence feront libres, le commerce du Levant fe fera par Marfeille comme auparavant.

Que meffieurs les commiffaires avoient d'ailleurs été informés que M. de Bernage s'étoit tranfporté au port de Cette au mois d'Octobre dernier avec Monfeigneur l'évêque d'Agde, M. le baron de Calviffon & les officiers de la province ; & que, fur une lettre de M. Lepelletier des Forts, ils avoient examiné avec M. de Niquet, directeur des fortifications, l'endroit où le Lazaret pourroit être conftruit, & la maniere de faire faire quarantaine aux vaiffeaux.

Que la commiffion ayant fait faire la lecture du procès-verbal dreffé à cette occafion, & vu le plan du port de Cette, il avoit été convenu , fous le bon plaifir de l'affemblée, qu'on feroit travailler inceffamment à la conftruction du Lazaret à l'endroit appellé le Vieux Mole, qui eft très-propre pour y décharger les marchandifes , & éloigné de tout commerce ; que ce Lazaret contiendra feulement un efpace convenable enfermé de murailles, dans lequel on conftruira deux halles ou hangars qui puiffent contenir la charge de deux petits vaiffeaux, un logement de dix ou douze chambres pour les équipages & pour les perfonnes néceffaires au Lazaret, & un autre bâtiment féparé pour fervir d'infirmerie, en cas qu'il y eût des malades, & que fur les mémoires du fieur de Févrar Pontmartin, ingénieur du Roi, prépofé aux ouvrages du port de Cette, cette dépenfe pourra monter à quarante ou cinquante mille livres, ne croyant pas qu'elle excede cette premiere fomme, y compris une petite rampe ou jettée qu'il eft indifpenfable de conftruire aux bords du terrain avançant dans la mer, où les bâtimens puiffent aborder pour décharger les marchandifes.

Qu'à l'égard des vaiffeaux marchands, ils feront la quarantaine de précaution à l'entrée du port, fans aucune communication, comme il fe pratique à Marfeille, bien entendu qu'on ne pourra recevoir audit Lazaret & port de Cette que les bâtimens qui feront porteurs de patentes nettes.

Sur quoi les Etats, ayant approuvé en tous chefs l'avis de meffieurs les commiffaires, leur ont donné pouvoir

de faire dreffer les plans & devis pour la conftruction du Lazaret de la maniere qui eft expliquée ci-deffus, & d'en faire l'adjudication en la forme ordinaire, après les publications accoutumées. Et pour fournir à cette dépenfe, il a été délibéré d'emprunter jufqu'à la fomme de cinquante mille livres, pour raifon de quoi il fera expédié une délibération particuliere qui donne pouvoir aux fyndics-généraux de faire ledit emprunt.

II.

EXTRAIT du regiftre des délibérations des Etats généraux de Languedoc, affemblés par mandement du Roi en la ville de Narbonne au mois de Janvier 1722.

Du Vendredi 13 Mars fuivant, préfident Mgr. l'archevêque & primat de Narbonne.

MONSEIGNEUR l'évêque d'Agde a dit, qu'il ne refte plus qu'à régler les fonds pour les travaux publics qui doivent être continués cette année, &c.

Et que pour la conftruction du Lazaret de Cette, meffieurs les commiffaires ont été d'avis d'emprunter la fomme de quarante mille livres fur le même pied des autres emprunts.

Sur quoi il a été délibéré, &c. Et d'emprunter pour le Lazaret quarante mille livres ; les Etats donnant pouvoir aux fyndics-généraux de paffer des contrats à ceux qui prêteront ladite fomme fur le même pied des autres délibérés par la province.

§. VIII.

Emprunt pour le remboursement des charges municipales créées par édit du mois d'Août 1722.

Extrait du registre des délibérations des Etats généraux de Languedoc, assemblés par mandement du Roi en la ville de Montpellier au mois de Décembre 1723.

Du Samedi 19 Février 1724, président monseigneur l'archevêque & primat de Narbonne.

Monseigneur l'archevêque de Toulouse a dit : que la commission des affaires extraordinaires s'étant assemblée pour examiner le parti que les Etats doivent prendre sur tout ce qui regarde l'abonnement des charges municipales avant leur séparation, ils ont commencé leur travail pour connoître d'abord quels étoient les fonds auxquels l'assemblée devoit pourvoir. Que le sieur Bonnier avoit rendu compte à la commission des mesures qu'il avoit pris, en exécution des ordres des Etats, & qu'il avoit dit, que les billets de liquidation nécessaires pour remplacer le prix de l'abonnement étoient réduits à la somme de huit millions six cent soixante-dix-huit mille cinq cent soixante-dix livres, les trois millions trois cent vingt-un mille quatre cent trente livres restans pour parfaire les douze millions, étant diminués par le Roi, parce qu'il avoit été vendu des charges dont Sa Majesté tenoit compte sur cet abonnement à concurrence de cette somme ; & que pour avoir les huit millions six cent soixante dix-huit mille cinq cent soixante-dix livres à un prix avantageux pour la province, il avoit fait un traité à Paris le 14 Décembre dernier avec

Tome II.

un particulier pour en fournir sept millions sur le pied de dix-neuf pour cent, c'est-à-dire, à dix-neuf livres d'argent pour cent de ces billets, ce qui avoit été exécuté, lesquels sept millions à ce prix coûtoient à la province, un million trois cent trente mille livres ; qu'il en avoit encore fait acheter dans la ville de Montpellier de différens particuliers ou communautés, au même prix de dix-neuf pour cent, pour la somme de cinq cent soixante-dix-huit mille quatre cent huit livres, & que le surplus pour faire l'entière somme de huit millions six cent soixante-dix-huit mille cinq cent soixante-dix livres n'étoit pas encore acheté, & qu'il ne savoit pas sur quel pied lesdits billets pourroient être vendus, parce que le prix en avoit augmenté à Paris depuis la fin du mois de Décembre dernier. Que le cours de la place à Paris de ce papier, suivant les lettres qu'il recevoit, étoit incertain ; qu'il avoit roulé sur 20, 21 & 22 livres, ce qui avoit fait suspendre lesdits achats, afin de ménager les intérêts de la province, & qu'il avoit écrit d'attendre jusqu'à la fin de ce mois, y ayant apparence que ce papier se trouvant décrié au premier de Mars, il diminueroit de valeur ; mais que ne sachant pas au juste quel en seroit le prix, il ne pouvoit en fixer le montant ; que cependant, en ajoutant par estimation ce qu'il pourroit coûter, à ce que ceux achetés sur le pied de dix-neuf pour cent ont coûté, il croyoit qu'il devoit être fait un fond pour lui être remboursé l'avance du prix desdits billets de la somme de seize cent

I

quarante mille livres , outre laquelle
fomme les Etats devoient encore pourvoir au prix de l'abonnement des jaugeurs de huit cent mille livres , ce qui
faifoit une dépenfe extraordinaire pour
ces deux affaires de deux millions quatre cent quarante mille livres : que
meffieurs les commiffaires avoient examiné de quels moyens les Etats pouvoient fe fervir pour pourvoir à ces
fonds , & leur ayant paru qu'ils ne
pouvoient pas être impofés , il falloit
avoir recours aux emprunts , & que
leur avis avoit été d'emprunter feize
cent quarante mille livres avancés par
M. Bonnier , ou dont il avoit fait le
fonds à fa caiffe à Paris depuis le mois
de Décembre paffé , dans le mois de
Mai prochain , attendu que les engagemens qu'il avoit contractés pour ladite fomme expiroient alors , & que
pour les huit cent mille livres de l'abonnement des jaugeurs , ils devoient
auffi être empruntés : mais que ne fachant pas l'échéance des payemens de
cette fomme , qui fera réglée par M.
le contrôleur-général , il falloit n'emprunter , pour éviter les diminutions ,
que relativement aux tems que la fomme de huit cent mille livres devra être
payée.

Sur quoi il a été délibéré , conformément à l'avis de meffieurs les commiffaires , que pour rembourfer le fieur
Bonnier , les feize cent quarante mille
livres auxquelles l'achat des huit millions fix cent foixante-dix-huit mille
cinq cent foixante-dix livres a été évalué , & qu'il a fourni depuis le mois
de Décembre dernier , feront empruntés & remis au fieur Bonnier , à commencer du mois de Mai prochain ,
dont il rendra compte aux prochains
Etats , de même que du montant de
l'achat des billets , & que les huit cent
mille livres auxquels le prix de l'abonnement de jaugeurs de futailles, infpecteurs

des vins & aux boucheries a été réglé ,
feront auffi empruntés relativement aux
termes qui feront réglés par M. le contrôleur-général , lefquels emprunts
montant enfemble à deux millions quatre cent quarante mille livres , feront
faits aux meilleures conditions que faire
fe pourra , pour la rente, qui ne pourra
pas toutefois excéder le denier vingt ;
& feront les pouvoirs néceffaires donnés aux fyndics-généraux pour lefdits
emprunts par une délibération particuliere.

Monfeigneur l'archevêque de Touloufe continuant fon rapport a dit ,
qu'après avoir été pourvu par l'affemblée aux fonds néceffaires pour le prix
de l'abonnement des charges municipales , il falloit pourvoir auffi au rembourfement qui doit être fait de gré à
gré aux acquéreurs de ces nouveaux
offices fupprimés. Que par l'état remis , qui diminuoit d'autant le prix de
l'abonnement , il fe montoit , y compris les lieutenans de Roi , gouverneurs
& majors , à trois millions trois cent
vingt-un mille quatre cent trente livres
payées en billets de liquidation par lefdits acquéreurs , & que les Etats ne
pouvant pas fe féparer fans pourvoir
au traitement qui doit être fait auxdits
acquéreurs , la commiffion avoit été
d'avis de donner pouvoir au fieur Bonnier de rembourfer auxdits acquéreurs
de gré à gré , conformément à la déclaration du Roi qui doit être rendue ,
le prix de leur acquifition , fuivant la
liquidation qui en fera faite par M. de
Bernage en préfence des fyndics-généraux , fur le pied du quart en argent
de ce qu'ils ont payé en papier , à ceux
qui fe préfenteront pour être rembourfés dans le délai de trois mois , à commencer du premier Mars prochain ,
enfemble les gages de la finance principale fur le pied du denier cinquante
dont ils doivent être payés par les com-

munautés jusques au jour de leur remboursement, en justifiant qu'ils ne les ont pas reçus desdites communautés depuis le jour qu'ils en ont dû jouir, cette dépense ne pouvant pas regarder les communautés en particulier ; & qu'à l'égard de ceux qui n'auront pas reçu leur remboursement dans le délai desdits trois mois, ils ne seront payés du montant de leur liquidation, que sur le pied du cinquieme, du montant desquels remboursemens le sieur Bonnier sera chargé de faire l'avance jusques aux Etats prochains, que ce traitement étoit toujours avantageux à ces acquéreurs, parce que les papiers qu'ils ont donné pour le prix de ces acquisitions n'ont jamais valu le quart en argent.

Sur quoi il a été délibéré, suivant l'avis de messieurs les commissaires, que les acquéreurs des charges municipales supprimées qui se présenteront pour être remboursés de gré à gré dans le délai de trois mois, à commencer du premier Mars prochain, seront payés du prix de leur acquisition en argent, après que la liquidation en aura été faite par M. de Bernage en présence des syndics-généraux, sur le pied du quart de leur acquisition, & que ceux qui ne se présenteront pour être remboursés qu'après ledit délai de trois mois, ne seront payés que sur le pied du cinquieme, à quoi il sera ajouté les gages qui leur seront dus sur le pied du denier cinquante depuis le jour qu'ils en ont dû jouir jusqu'à celui de leur remboursement, dont les Etats déchargent les communautés, en justifiant par lesdits acquéreurs qu'ils ne les ont pas reçus desdites communautés pour lesquels les remboursemens & gages, le sieur Bonnier fera l'avance jusques aux Etats prochains.

Monseigneur l'archevêque de Toulouse continuant son rapport a dit en-

suite, qu'il y avoit quelques charges municipales, qui avoient été acquises, par les communautés, qui avoient donné en payement de nouvelles charges le montant des liquidations qui avoient été faites des anciennes charges suivant la faculté qu'elles en avoient, & qu'après avoir bien examiné cette affaire, ils avoient trouvé, qu'elles ne devoient être remboursées sur le même pied, & au même traitement que la province fait aux particuliers, que pour les nouvelles finances qu'elles ont payées, distraction faite des anciennes finances qui faisoient partie de leur acquisition, parce que les Etats rachetant l'extinction entiere des charges municipales, les douze millions du prix de l'abonnement étoient donnés au Roi, outre & par-dessus les anciennes finances dont les communautés & la province avoient fait le remboursement dont le Roi n'étoit pas débiteur, & les communautés ne pouvant faire d'autre usage des remboursemens qu'elles avoient fait de cette nature que pour être employés seulement aux acquisitions nouvelles, d'où il s'ensuivoit, que les communautés qui ont fait ces acquisitions recevroient un remboursement pour des finances que les autres perdent, & qu'ainsi l'avis de messieurs les commissaires avoit été que dans les liquidations qui seront faites par les communautés qui ont acquis de nouvelles charges, elles ne seront remboursées, ainsi & de la même maniere que les particuliers, que pour les nouvelles finances, distraction faite du prix du montant des liquidations des anciennes charges qu'elles auront donné en payement.

Sur quoi il a été délibéré, conformément à l'avis de messieurs les commissaires, qu'il sera distrait du remboursement dû aux communautés, ce qui proviendra des finances qu'elles avoient remboursé pour les anciennes charges municipales, & que le surplus leur sera payé, de même que les gages, ainsi qu'il a été réglé pour les particuliers & aux mêmes conditions.

Monseigneur l'archevêque de Toulouse a ajouté que par l'abonnement fait des charges municipales, celles de gouverneurs, lieutenans de Roi, & majors vendues jusqu'au jour dudit abonnement avoient été exceptées pour le remboursement, & que ces charges n'étant supprimées que pour ce qui en restoit à vendre dans la province, ceux qui en sont pourvus devoient jouir des gages au denier cinquante sur les communautés ; qu'il a été examiné dans la commission si ces gages devoient être supportés par les communautés, ou s'ils ne devoient pas regarder la province : que l'avis de messieurs les commissaires avoit été que, attendu que le Roi tenoit compte de ces acquisitions sur le prix de l'abonnement, & que les communautés où ces officiers sont établis contribuent à la dépense de cette extinction, elles doivent être déchargées du payement des gages, tant que ces charges subsisteront ; mais qu'étant onéreuses à la province, & encore plus aux communautés, l'assemblée devoit charger messieurs les députés de solliciter la même faculté, que la province avoit obtenue pour les charges municipales pour pouvoir rembourser ces acquéreurs.

Sur quoi il a été délibéré que les gages sur le pied du denier cinquante, dus aux gouverneurs, lieutenans de Roi & majors, qui leur devoient être payés par les communautés seront supportés par la province, & que messieurs les députés à la cour la présente année seront chargés de solliciter la faculté de les rembourser, ainsi & de la même maniere qu'elle a été accordée pour les charges municipales.

Les Etats ayant délibéré d'emprunter la somme de seize cent quarante mille livres pour l'abonnement des charges municipales créées par édit du mois d'Août 1722, & supprimées dans la province de Languedoc par la déclaration du Roi du 25 Janvier 1724 & étant nécessaire de donner aux syndics-généraux le pouvoir de passer les contrats d'emprunts au profit des créanciers qui préteront cette somme, a été délibéré que ladite somme de seize cent quarante mille livres sera incessamment empruntée au nom de ladite province, & aux meilleures conditions qu'il se pourra, n'excédant pas toutefois le denier vingt, & à cet effet les Etats ont nommé les sieurs Jean-Antoine du Vidal de Montferrier, Laurent-Ignace Joubert, & Jacques Favier, syndics-généraux de la province, auxquels ils donnent pouvoir & puissance, tant conjointement que séparément en cas de mort ou d'absence d'un ou de deux des trois, & même leur donnent pouvoir de substituer, pour & au nom de ladite province emprunter par contrat à jour, ou à constitution de rente ladite somme de seize cent quarante mille livres, & de passer tous contrats à ceux qui feront le prêt de la somme, obliger tous les biens du général de la province, & de payer les intérêts ou rentes à chaque fin d'année dans les bureaux du trésorier-général de la bourse des Etats dans les villes de Paris, Toulouse & Montpellier, au choix des préteurs, à la charge que les sommes capitales qui seront empruntées seront remises lors de la passation du contrat entre les mains du trésorier de la bourse ou du porteur de sa procuration qui interviendra à cet effet dans ledit contrat, desquelles sommes il comptera aux Etats prochains. Que pour faciliter les emprunts il sera fait huit originaux en parchemin de la pré-

sente délibération signés par monseigneur l'archevêque de Narbonne, président, & contresignés par un des secrétaires des Etats ; savoir, trois de trois
cent mille livres chacune, deux de
deux cent mille livres chacune, deux
de cent mille livres chacune & une de
cent quarante mille livres pour être remises entre les mains du sieur Durand,
notaire à Paris, du sieur Bellonnet,
notaire à Montpellier, & du sieur
notaire à Toulouse, ainsi
que les syndics-généraux le trouveront
plus convenable pour la facilité des
emprunts, sur lesquels originaux il sera
fait mention des contrats à mesure
qu'ils seront passés avant que les grosses en puissent être délivrées, sur lesquelles grosses le notaire dépositaire de
ladite délibération mettra son certificat de ladite décharge, que l'acte de
dépôt de ladite délibération sera mis
au bas des expéditions & signé par les
notaires, & lorsque l'emprunt porté
par ladite délibération sera consommé,
il sera mis au bas par le notaire qui en
sera le dépositaire, que ladite délibération est remplie.

Les Etats ayant délibéré d'emprunter la somme de huit cent mille livres
pour être employée au payement de
l'abonnement fait par la province pour
la suppression & extinction des droits
attribués aux jaugeurs de futailles, inspecteurs aux boissons & aux boucheries, dont la levée avoit été ordonnée
au profit de Sa Majesté par arrêt du
conseil du 22 Mars 1722, ledit abonnement accepté par arrêt du conseil
du   & étant nécessaire
de donner aux syndics-généraux le pouvoir de passer des contrats d'emprunt
au profit des créanciers qui prêteront
cette somme ; a été délibéré que ladite somme de huit cent mille livres
sera incessamment empruntée au nom
de ladite province, & aux meilleures

conditions que faire se pourra, n'excédant pas toutefois le denier vingt, &
à cet effet les Etats ont nommé les
sieurs Jean-Antoine du Vidal Montferrier, Laurent-Ignace Joubert, & Jacques Favier syndics-généraux de la province, auxquels ils donnent pouvoir &
puissance, tant conjointement que séparément, en cas de mort ou d'absence d'un ou de deux des trois, &
même leur donnant pouvoir de substituer, pour & au nom de ladite province emprunter par contrat à jour,
ou à constitution de rente, ladite somme de huit cent mille livres, & de
passer tous contrats à ceux qui feront le
prêt de ladite somme, obliger tous les
biens du général de la province & de
payer les intérêts ou rentes à chaque
fin d'année dans les bureaux du trésorier de la bourse des Etats dans les
villes de Paris, Toulouse & Montpellier au choix des prêteurs, à la charge
que les sommes capitales qui seront
empruntées, seront remises lors de la
passation des contrats entre les mains
du trésorier de la bourse, ou du porteur de sa procuration, qui interviendra
à cet effet dans lesdits contrats, desquelles sommes il comptera aux Etats
prochains. Que pour faciliter les emprunts il sera fait six originaux en parchemin de la présente délibération signés par monseigneur l'archevêque de
Narbonne, président & contresignés
par un des secrétaires des Etats ; savoir,
un de deux cent mille livres, deux de
cent cinquante mille livres chacune, &
trois de cent mille livres chacune, pour
être remises entre les mains du sieur
Durand, notaire à Paris, du sieur Bellonnet, notaire à Montpellier, & du
sieur   notaire à Toulouse, ainsi
que les syndics-généraux le trouveront
plus convenable pour la facilité des
emprunts, sur lesquels originaux il sera
fait mention des contrats à mesure qu'ils

feront paffés, avant que les groffes en puiffent être délivrées, fur lefquelles groffes le notaire dépofitaire de ladite délibération mettra fon certificat de ladite décharge, que l'acte de dépôt de ladite délibération fera mis au bas des expé-

ditions, & fera figné par les notaires ; & lorfque l'emprunt porté par ladite délibération fera confommé, il fera mis au bas par le notaire qui en fera le dépofitaire, que la délibération eft remplie.

§. IX.

Emprunt pour rembourfer M. Bonnier.

EXTRAIT du regiftre des délibérations des Etats généraux de Languedoc, affemblés par mandement du Roi en la ville de Montpellier au mois de Décembre 1724.

Du 3 Février 1725, préfident monfeigneur l'archevêque & primat de Narbonne.

MONSEIGNEUR l'archevêque d'Alby a dit, que la commiffion des affaires extraordinaires s'étoit affemblée chez Mgr. le préfident, parce qu'il s'agiffoit d'examiner & de régler des affaires très-importantes ; que la premiere dont elle avoit pris connoiffance étoit l'examen des fommes dues au fieur Bonnier, tréforier de la bourfe, & des moyens de pourvoir à fon payement. Que la commiffion avoit trouvé que le fieur Bonnier avoit fait recette dans le compte qu'il rend aux préfens Etats de toutes les fommes qu'il avoit reçues & dont il étoit débiteur par les différens comptes qu'il avoit rendu, & qu'il lui étoit dû la fomme de trois millions quatre cent cinquante-trois mille cent quatre-vingt-huit livres fept fols trois deniers ; favoir, par le debet du compte de l'année 1719, deux cent quarante-un mille deux cent foixante-fix livres quinze fols trois deniers ; par celui de 1720, huit cent neuf mille fept cent quatre livres douze fols deux deniers ; par celui de 1724, fept cent

trente-trois mille huit cent huit livres dix-neuf fols ; par celui de l'achat des billets de liquidation, huit cent quarante-huit mille cent trente-huit livres dix-huit fols ; & par l'état du rembourfement des charges municipales, huit cent vingt mille deux cent foixante-neuf livres neuf fols quatre deniers, outre les fommes qu'il avoit avancé par ordre des Etats pour les diocefes de Mende & de Narbonne & pour la fénéchauffée de Carcaffonne ; qu'il étoit difficile de pouvoir payer au fieur Bonnier auffi aifément qu'il feroit à defirer des fommes auffi confidérables, pour répondre au zele qu'il a eu de fecourir la province, & pour le mettre en état de foutenir fon crédit, & les avances qu'il doit faire pendant la préfente année ; qu'après avoir cherché tous les moyens praticables, & avoir entendu le fieur Bonnier qui ne fe prévaloit point dans cette occafion de la rareté de l'argent & du cours du change, la commiffion avoit été d'avis, qu'il devoit être impofé au profit du fieur Bonnier la préfente année les fommes qui lui font dues par le debet du compte de 1724 montant à fept cent trente-trois mille huit cent huit livres dix-neuf fols fept deniers, avec l'intérêt au denier vingt, & que les deux millions fept cent dix-neuf mille trois cent foixante-dix-neuf livres feize fols huit deniers reftans feroient empruntés par des contrats, aux meilleures conditions que faire se pourroit, n'excédant toutefois le denier vingt, pour lesdits contrats être passés, après qu'il aura plu au Roi d'en accorder la permission, & qu'en attendant, le même intérêt seroit payé au sieur Bonnier.

Sur quoi il a été délibéré, conformément à l'avis de MM. les commissaires, que le debet du compte du sieur Bonnier montant à sept cent trente-trois mille huit cent huit livres dix-neuf sols sept deniers, sera imposé, avec l'intérêt au denier vingt, la présente année, dans le département des dettes & affaires, & qu'il sera emprunté pour le payement de ce qui est dû au sieur Bonnier pour les debets de ses comptes des années 1719 & 1720, & de celui de l'achat des billets de liquidation, ou des remboursemens par lui faits des charges municipales, deux millions sept cent dix-neuf mille trois cent soixante-dix-neuf livres seize sols huit deniers dont il sera fait des contrats en faveur de ceux qui prêteront, n'excédant toutefois le denier vingt, après qu'il aura plu au Roi de le permettre ; & seront les délibérations pour lesdits emprunts remises au sieur Bonnier pour les contrats être passés par les syndics-généraux, desquels emprunts ledit sieur Bonnier rendra compte aux Etats prochains ou sera tenu de reporter lesdites délibérations, si elles n'ont pas été remplies, pour être pourvu par d'autres moyens à son remboursement ; & cependant l'intérêt de ladite somme sera imposé au denier vingt dans le département des dettes & affaires à son profit, ladite somme de deux millions sept cent dix-neuf mille trois cent soixante-dix-neuf livres seize sols huit deniers lui étant due.

§. X.

Emprunt pour la levée d'un régiment de Dragons.

Nº. I.

I.

EXTRAIT *du registre des délibérations des Etats généraux de Languedoc, assemblés par mandement du Roi en la ville de Montpellier au mois de Décembre 1743.*

Du Samedi premier Février 1744, président monseigneur l'archevêque de Toulouse.

MONSEIGNEUR l'archevêque de Toulouse a dit que le courrier qui avoit été porter la délibération des Etats sur la levée du régiment de dragons étant revenu, la commission des affaires extraordinaires s'étoit assemblée chez lui avec MM. les évêques, barons & députés des villes dont elle avoit été renforcée pour examiner les réponses de la cour aux représentations que les Etats avoient jugé à propos d'insérer dans leur délibération.

Qu'il paroît par la lettre de M. le comte d'Argenson à M. l'archevêque de Narbonne que Sa Majesté a été très-satisfaite de la maniere dont les Etats ont concouru à ce qu'elle desiroit d'eux dans des circonstances aussi intéressantes, &c.

Et lecture faite de la lettre de M. le comte d'Argenson à M. l'archevêque de Narbonne, il a été délibéré :

1º. D'emprunter la somme de cinq cent soixante un mille huit cent quarante livres, savoir, 340,840 liv. pour la levée, armement, habillement, équipement, & partie du prix des cha-

Nº. I.

vaux du régiment de dragons que la province s'est obligée de fournir au Roi, & 225,000 liv. pour le montant de l'abonnement agréé par Sa Majesté de toutes les dépenses relatives à l'entretien dudit régiment pendant la premiere année, à compter du jour qui sera réglé par Sa Majesté, auquel effet les Etats ont donné pouvoir aux syndics-généraux de faire ledit emprunt à constitution de rente au denier vingt, pour être le montant desdites sommes empruntées remis incontinent par eux au trésorier de l'extraordinaire des guerres, ou autre personne qui sera nommée par Sa Majesté dans l'arrêt qui sera rendu pour l'autorisation de la présente délibération, moyennant laquelle remise lesdits syndics-généraux & la province demeureront valablement déchargés.

2°. Que Sa Majesté sera suppliée d'exempter de la retenue du dixieme les rentes constituées dans lesdits emprunts, & de décharger la province du payement des droits de contrôle pour les premiers contrats & quittances des remboursemens desdits emprunts.

I I.

ARRÊT

DU CONSEIL D'ETAT DU ROI,

QUI autorise la délibération des Etats, au sujet de la levée & entretien d'un régiment de dragons ; & permet d'emprunter les sommes nécessaires pour les frais de ladite levée, armement, habillement, équipement & partie du prix des chevaux.

Du 22 Février 1744.

EXTRAIT des Registres du Conseil d'Etat.

VU par le Roi étant en son conseil, la délibération prise par les Etats de la province de Languedoc,

le premier du présent mois de Février 1744, par laquelle, sur la demande qui leur a été faite de la part de Sa Majesté, au sujet de la levée & entretien d'un régiment de dragons, ils ont résolu, pour donner à Sa Majesté de nouvelles preuves de leur soumission & de leur zele pour son service, d'emprunter pour fournir à la dépense nécessaire à cet égard, une somme de cinq cent soixante-un mille huit cent quarante livres, dont trois cent quarante mille huit cent quarante livres, pour les frais de la levée, armement, habillement, équipement, & partie du prix des chevaux dudit régiment, & deux cent vingt-un mille livres, pour toutes les dépenses relatives à son entretien pendant la premiere année, à compter du jour qui seroit réglé par Sa Majesté, auquel effet lesdits Etats ont donné pouvoir aux syndics-généraux de la province de faire ledit emprunt à constitution de rente au denier vingt, pour en être le montant remis incontinent au trésorier de l'extraordinaire des guerres, ou autre personne qu'il plaira à Sa Majesté de nommer pour recevoir les sommes qui proviendront dudit emprunt, & les employer à leur destination ; & de supplier en même-tems Sa Majesté d'approuver que les rentes qui seront constituées dans ledit emprunt, soient exemptes de la retenue du dixieme, & que la province soit déchargée du payement des droits de contrôle, pour les premiers contrats & quittances de remboursement dudit emprunt, ainsi que Sa Majesté a bien voulu l'accorder pour les autres emprunts que la province a faits pour son service. Oui le rapport du sieur Orry, conseiller d'Etat ordinaire & au conseil royal, contrôleur général des finances : LE ROI ETANT EN SON CONSEIL, a approuvé, autorisé & confirmé, approuve,

No. II. prouve, autorife & confirme ladite délibération des Etats de Languedoc du premier Février 1744, pour le contenu en icelle être exécuté felon fa forme & teneur. Ordonne Sa Majefté, que les deniers provenant des emprunts qui feront faits en conféquence, feront reçus par le tréforier de l'extraordinaire des guerres ou fes commis en Langue-doc, lefquels interviendront à cet effet dans les contrats defdits emprunts, moyennant quoi les fyndics généraux & la province de Languedoc demeureront valablement déchargés envers Sa Majefté de toute demande pour raifon des dépenfes de la levée & entretien dudit régiment de dragons pendant la première année, fauf à être pourvu audit entretien pour les années fuivantes, tant que la guerre aura lieu, au moyen de l'impofition de la fomme de deux cent vingt-un mille livres par an-

née, qui fera faite fur ladite province, & pareillement remife au tréforier de l'extraordinaire des guerres, pour être par lui employée à fa deftination ; au moyen de quoi lefdits Etats ne pourront être recherchés pour raifon de ce, fous aucun prétexte. Ordonne en outre Sa Majefté, que les rentes conftituées pour ledit emprunt, feront exemptes de la retenue du dixieme, & que les premiers contrats qui en feront paffés, ainfi que les quittances de rembourfement qui en feront faits, feront exempts des droits de contrôle & de petit fceau; & que toutes lettres néceffaires pour l'exécution du préfent arrêt, feront expédiées & regiftrées fans frais partout où befoin fera. FAIT au confeil d'état du Roi, Sa Majefté y étant, tenu à Verfailles le vingt-deuxieme jour de Février mil fept cent quarante-quatre. *Signé*, PHELYPEAUX.

No. II.

---

§. XI.

Acquifition des Marais.

EXTRAIT du regiftre des délibérations des Etats généraux de Languedoc, affemblés par mandement du Roi en la ville de Montpellier au mois de Novembre 1746.

Du 16 Décembre fuivant, préfident monfeigneur l'archevêque & primat de Narbonne.

MONSEIGNEUR l'évêque de Viviers a dit que meffieurs les commiffaires nommés pour examiner ce qui regarde le deffèchement des marais s'étant affemblés chez lui, le fieur de Joubert, fyndic général, a rendu compte de ce qui a été fait par meffieurs les députés pendant le cours de cette année, en exécution de la délibération des Etats du 21 Février der-

nier, pour terminer cette grande affaire, & qu'il a été fait lecture à la commiffion de deux arrêts du confeil, l'un du 7 Novembre dernier rendu à la requête du fieur de Barrillon, pour recevoir le défiftement du don des marais, & l'autre du lendemain pour renouveller ce don en faveur des Etats, comme auffi des lettres-patentes expédiées fur le dernier de ces arrêts.

Que le fieur de Barrillon fe dépouillant entre les mains du Roi du don des marais a en même tems fupplié Sa Majefté de pourvoir au rembourfement des fommes par lui payées pour être fubrogé aux droits de feu monfieur le maréchal de Noailles, & à fon dédommagement, à raifon de celles qu'il avoit avancées & des frais par lui faits

pour parvenir à l'exécution du deffé-
chement des marais : que d'un autre
côté messieurs les députés, en conféquence du pouvoir a eux donné par les
États, ont demandé le don des marais
& ont offert de fournir au remboursement & dédommagement du sieur de
Barrillon suivant ce qui seroit réglé par
Sa Majesté, à concurrence toutefois
de la somme de 410,000 livres & non
au delà, payable en contrats de constitution de rente, & qu'en conféquence Sa Majesté en recevant le déssile-
ment du don des marais avoit renouvellé ce don en faveur des Etats, en
les chargeant de payer au sieur de Barrillon la somme de 410,000 livres à
laquelle elle a réglé & liquidé ce qui
lui étoit dû pour son remboursement
& dédommagement.

Que les Etats ont eu principalement
en vue en obtenant le don des marais
fait en 1702 à feu monsieur le maréchal de Noailles, & qui avoit passé
depuis au sieur de Barrillon, au moyen
de différentes cessions & subrogations,
de ne pouvoir être troublés dans la
jouissance de ce don, & que messieurs
les députés avoient été chargés nommément de prendre toutes les précautions nécessaires pour la sureté de la
province dans une affaire aussi importante ; qu'en conféquence ils n'ont rien
négligé pour remplir cet objet, sans lequel les Etats ne se feroient jamais déterminés à demander le don des marais, & offrir d'en dédommager le sieur
de Barrillon : Que le prix de ce dédommagement demeurera affecté pour
la garantie qui est acquise de droit aux
Etats à raison des différens droits &
hypothéques auxquelles les marais pouvoient avoir été assujettis tant par feu
monsieur le maréchal de Noailles &
ses ayant cause que par ceux qui ont
été subrogés à ses droits, & par le
sieur de Barrillon qui les a tous réunis,

& qu'il en sera fait mention dans les
contrats.

Que l'ordre de saint Lazare s'est déjà
désisté, par un acte passé avec le sieur
de Barrillon le 10 Septembre dernier,
de la donation qui avoit été faite en sa
faveur de 1000 arpens desséchés dans
le terroir de saint Gilles, que ledit
sieur de Barrillon doit également rapporter les mains-levées & désistemens
des oppositions qui pourroient être
formées sur les contrats qui lui seront
passés à raison des hypothéques venant
du chef de feu monsieur le maréchal
de Noailles & autres dont on a parlé
ci-dessus ; mais qu'il a paru en même
tems convenable d'indiquer & de prescrire des formalités au moyen desquelles les oppositions desdits prétendans
droits pussent être connues & jugées
dans un certain délai après lequel elles
deviendront inutiles.

Que messieurs les députés, après
avoir ainsi pourvu à la sureté des Etats
par rapport à ce premier objet, n'ont
rien oublié de ce qui peut les mettre à
l'abri de toute recherche pour les droits
des lods, centieme denier, amortissement, indemnité & autres de cette
nature, même pour le droit de confirmation ; ce qui est fondé non sur une
grace & une exemption accordée par
Sa Majesté, mais sur la nature & sur
les conditions même du don qu'elle a
bien voulu faire aux Etats ; de sorte
qu'il paroit qu'il ne reste rien à desirer
pour la sureté de la province à laquelle
on a porté la plus grande attention.

Qu'il s'agit maintenant de remplir
les engagemens qui ont été pris à l'é-
gard du sieur de Barrillon, en passant
des contrats de constitution de rente
sur la province au profit du sieur de
Barrillon, à concurrence du capital de
410,000 livres, & que pour la passation des contrats les Etats peuvent,
s'ils le jugent à propos, donner pou-

voir à monseigneur l'évêque de Commenge, député l'année derniere, & aux syndics-généraux, de les signer relativement à ce qui est porté par l'arrêt du conseil & lettres-patentes du 8 Novembre dernier, & d'y stipuler que ladite rente qui sera exempte du dixieme commencera à courir à compter du premier Octobre dernier.

Qu'il faut aussi leur donner pouvoir de retirer du sieur de Barrillon tous les titres, actes, papiers, & documens, projets, mémoires, &c. concernant le desséchement, & de lui en donner une décharge valable.

Que d'un autre côté il est indispensable de se mettre en état d'exécuter au plutôt les formalités prescrites par ledit arrêt du conseil & lettres-patentes, au sujet des oppositions qui pourroient être formées de la part de ceux qui ont des droits ou hypotheques sur lesdits marais, tant du chef de monsieur le maréchal de Noailles que de ceux qui lui ont été subrogés, & du sieur de Barrillon ; & que messieurs les commissaires qui seront nommés pour la direction des travaux publics pendant l'année peuvent être chargés de tout ce qui a rapport à l'exécution dudit arrêt & lettres-patentes quant à ce point : Qu'enfin il est nécessaire d'imposer la somme de 20,500 liv. pour les intérêts d'une année du capital de 410,000 liv. pour l'année 1747, ensemble la somme de 5125 livres pour la portion de la rente dudit capital depuis le premier Octobre jusqu'à la fin de cette année.

Que messieurs les commissaires, après avoir ainsi examiné tout ce qui a été fait pour assurer aux Etats la propriété du don des marais, & ce qu'il convient de faire pour l'exécution de l'arrêt du conseil & lettres-patentes qui ont été obtenues, auroient volontiers porté leurs vues sur les différens partis

qu'il y auroit à prendre par rapport à l'usage que les Etats pouvoient faire de ce don, mais qu'ils ont été arrêtés par plusieurs considérations dont la principale a été qu'il falloit, avant toutes choses, commencer par purger les hypotheques auxquelles lesdits marais pourroient avoir été assujettis, tant du chef de feu monsieur le maréchal de Noailles, que de ceux qui lui ont succédé dans ce don, & que les formalités prescrites à ce sujet rempliroient la plus grande partie de l'année prochaine ; que d'ailleurs la diversité des projets qu'on peut former à ce sujet demandoit un examen sérieux & suivi, & que messieurs les commissaires avoient cru ne pouvoir proposer autre chose à cet égard, que de charger messieurs les commissaires des travaux publics de prendre dans le cours de l'année les connoissances nécessaires pour former les projets les plus convenables & en être rendu compte aux Etats prochains.

Sur quoi lecture faite de l'arrêt du conseil du 7 Novembre dernier qui reçoit le désistement fait par le sieur de Barrillon entre les mains de Sa Majesté du don des marais, comme aussi de l'arrêt du conseil obtenu par les Etats le 8 dudit mois & des lettres-patentes expédiées sur icelui contenant le don à eux fait par Sa Majesté desdits marais, à la charge de payer audit sieur de Barrillon la somme de quatre cent dix mille livres pour son remboursement & dédommagement & autres clauses & conditions y exprimées.

Les Etats, en remerciant monseigneur l'archevêque de Narbonne & messieurs les députés des soins qu'ils se sont donnés dans la suite de cette affaire, & approuvant les démarches qu'ils ont faites, ont délibéré que lesdits arrêts & lettres-patentes seront en-

regiſtrés dans leur greſſe pour être exécutés ſuivant leur forme & teneur. Il
a été pareillement délibéré d'impoſer
la ſomme de vingt mille cinq cent livres
pour la rente du capital de quatre cent
dix mille livres d'une année qui commencera le premier Janvier 1747 &
la ſomme de cinq mille cent vingt-cinq
livres pour la rente du même capital
depuis le premier Octobre dernier juſqu'à la fin de la préſente année, conformément aux contrats de conſtitution de rente ſur la province qui en
ſeront paſſés au profit du ſieur de Barrillon; auquel effet il a été donné pouvoir à monſeigneur l'évêque de Commenge député, & aux ſyndics-généraux, de paſſer leſdits contrats à concurrence du capital de quatre cent dix
mille livres, relativement à ce qui eſt
porté par ledit arrêt & lettres-patentes, leſquelles rentes ſeront exemptes
de la retenue du dixieme, avec pouvoir
aux ſyndics-généraux de ſubſtituer en
cas d'abſence : comme auſſi il leur a
été donné pouvoir de retirer du ſieur
de Barrillon tous les titres, actes, projets, mémoires, plans & devis, & généralement tous les papiers concernant le don des marais, le deſſeche-
ment d'iceux, le canal de navigation
depuis Beaucaire juſques à Aigues-mortes, & généralement tout ce qui a rapport auxdits ouvrages & de lui en donner une décharge valable.

Il a été pareillement donné pouvoir
à meſſieurs les commiſſaires qui ſeront
nommés pour la direction des travaux
publics pendant l'année, & aux ſyndics-généraux, de faire toutes les démarches néceſſaires pour remplir les
formalités preſcrites par ledit arrêt &
lettres-patentes à l'effet de purger leſdits marais des hypotheques auxquelles
ils peuvent être ſujets, tant du chef de
feu monſieur le maréchal de Noailles
que de ceux qui lui ont ſuccédé dans
le don deſdits marais, ſuivant ce qui
eſt énoncé audit arrêt & lettres-patentes ; comme auſſi d'examiner les différens partis que les Etats peuvent prendre ſur la maniere de faire uſage du
don des marais pour leur en être rendu
compte dans leur prochaine aſſemblée.

§. XII.

Emprunt pour rembourſer M. Lamouroux.

EXTRAIT *du regiſtre des délibérations
des Etats généraux de Languedoc,
aſſemblés par mandement du Roi en
la ville de Montpellier au mois de
Novembre* 1747.

Du Mardi 10 Janvier 1748, préſident monſeigneur l'archevêque de Toulouſe.

MONSEIGNEUR l'archevêque
de Toulouſe a dit que la commiſſion des affaires extraordinaires s'é-
tant aſſemblée chez lui, le ſieur de
Montferrier avoit rapporté un état de
liquidation à arrêter des ſommes dont
le ſieur tréſorier de la bourſe a fait l'a-
vance pour le prix des fourrages fournis à la maiſon de ſon alteſſe royale
l'enfant don Philippe, aux officiers du
quartier général, & aux troupes, tant
d'infanterie que de cavalerie de ſon
alteſſe pendant leur ſéjour dans la province.

Que pour l'intelligence de cette affaire, les Etats doivent être informés
que peu de tems après la ſéparation de

feur précédente affemblée, les troupes d'Efpagne étant entrées dans la province, monfieur l'intendant reçut des ordres précis de la cour pour leur faire fournir le logement, fourrages, bois, huile & chandelles dont elles auroient befoin, & de faire des marchés pour lefdites fournitures, fauf à être enfuite décidé par qui la dépenfe en feroit fupportée. Qu'il fit en conféquence un marché le 16 Mars 1747 avec le fieur Vaffal pour qu'il fournit les rations de fourrage auxdites troupes, pendant le tems qu'elles refteroient dans la province au prix de neuf fols la ration.

Que peu de jours après, monfieur le comte d'Argenfon lui écrivit, auffi bien qu'à monfeigneur l'archevêque de Narbonne, que fur le compte qu'il avoit rendu au Roi de cette affaire, Sa Majefté avoit déterminé que jufqu'à ce que lefdites troupes fortiffent de la province, la dépenfe du bois qui leur avoit été fourni feroit payée des fonds de l'extraordinaire des guerres ; que les fourrages feroient à la charge de la province comme un équivalent de ce qu'il lui en coûteroit, fi les circonftances euffent permis de lui envoyer un pareil nombre des troupes du Roi; & qu'à l'égard de la chandelle ou huile, la dépenfe en feroit fupportée par les communautés.

Que monfeigneur l'archevêque de Narbonne ayant été ainfi informé des intentions du Roi, il avoit cru ne pouvoir mieux faire que de fuivre les mêmes arrangemens qu'avoit déjà pris monfieur l'intendant; & qu'il avoit autorifé en conféquence les fyndics-généraux à acquiefcer au nom de la province, au marché qu'il avoit fait avec ledit fieur Vaffal, en ordonnant en même tems au tréforier de la bourfe de payer le montant des fournitures fur les mandemens des fyndics-généraux mis au bas des états qui feroient arrêtés par mondit fieur l'intendant.

Que, fuivant cet arrangement, la fourniture a été faite, & la dépenfe des fommes payées jufques au 17 Octobre monte, fuivant la liquidation qu'en a fait la commiffion, à la fomme de 457,796 livres 15 f. 6 d. & l'intérêt liquidé, tems pour tems, depuis le jour de chaque payement, jufques au premier Janvier 1748, à raifon de cinq pour cent l'année, dont le tréforier a bien voulu fe contenter, à celle de 11,104 livres 18 f. 2 d.

Que ces deux fommes montant enfemble à celle de 468,901 liv. 13 f. 8 d. étant légitimement due au tréforier, il étoit jufte de pourvoir à fon payement ; mais que comme il n'étoit pas poffible d'augmenter, dans les circonftances préfentes, les impofitions, meffieurs les commiffaires étant informés que ledit fieur tréforier, &c.

Que pour pourvoir au payement de ce qui eft déjà dû & de ce qui fera dû encore au tréforier par la continuation de la même dépenfe depuis le dernier payement par lui fait & le mettre en état de fournir aux nouvelles dépenfes que les circonftances pourroient exiger, la commiffion avoit penfé qu'il conviendroit de donner pouvoir aux fyndics-généraux d'emprunter à concurrence de la fomme de 500,000 livres pour être remife audit fieur tréforier de la bourfe & fervir au rembourfement de ce qui lui fera dû, fuivant le compte qu'il en rendra aux Etats.

Sur quoi il a été délibéré 1°. qu'en approuvant la liquidation des avances faites par le fieur tréforier de la bourfe, à l'occafion de la dépenfe des fourrages fournis aux troupes Efpagnoles, &c.

3°. Que pour pourvoir au payement de ce refte, & de ce qui fera dû encore au tréforier pour la continuation de la même dépenfe depuis le dernier payement par lui fait, & le mettre en état.

de fournir aux nouvelles dépenses que les circonstances pourront exiger, il est donné pouvoir aux syndics-généraux d'emprunter aux mêmes conditions des derniers emprunts, & avec l'exemption du dixieme, une somme de cinq cent mille livres qui sera reçue par ledit trésorier, à la charge d'en rendre compte aux Etats prochains.

§. XIII.

Emprunts pour l'accélération & la perfection des ouvrages du canal des Etangs.

I.

EXTRAIT *du registre des délibérations des Etats généraux de Languedoc, assemblés par mandement du Roi en la ville de Montpellier au mois de Décembre* 1757.

Du 10 Janvier 1758, président monseigneur l'archevêque & primat de Narbonne, commandeur de l'Ordre du Saint Esprit.

LEs Etats ayant, par leur délibération de ce jourd'hui, déterminé, pour se conformer aux intentions de Sa Majesté, d'emprunter à concurrence de la somme de 200,000 livres, pour être employée à accélérer l'exécution & perfection des ouvrages du canal des étangs, en observant toutefois de n'emprunter ladite somme qu'à proportion des progrès desdits ouvrages qui pourront être faits, ont donné pouvoir aux syndics-généraux, ou à l'un d'eux en l'absence des autres, d'emprunter ladite somme de 200,000 livres, au nom desdits Etats, & de consentir tous contrats d'emprunt, à concurrence d'icelle, & sur le pied du denier vingt, avec exemption de retenue des deux vingtiemes & deux sols pour livre du dixieme; auquel effet il sera expédié deux originaux de la présente délibération dont l'un sera remis au notaire de la province à Toulouse, & un autre au notaire de ladite province à Montpellier.

II.
ARRÈT

DU CONSEIL D'ÉTAT DU ROI,

QUI *en autorisant les délibérations prises par les Etats de la province de Languedoc, leur permet d'emprunter jusques à concurrence de la somme de deux cent mille livres à constitution de rente, pour être ladite somme employée à continuer les ouvrages du canal des Etangs.*

Du 21 Juin 1758.

EXTRAIT *des Registres du Conseil d'Etat.*

VU par le Roi, étant en son conseil, la délibération prise le 10 Janvier dernier, par les gens des Trois-états de la province de Languedoc, convoqués par ses ordres en la ville de Montpellier; par laquelle délibération, sur ce que les sieurs commissaires de Sa Majesté leur auroient fait connoître en son nom, & conformément à leurs instructions, que le bien de la province & l'accroissement de son commerce demandant que l'on accélere, autant qu'il sera possible, l'exécution du canal des étangs, & de celui de Beaucaire à Aigues-mortes, il seroit à defirer qu'ils augmentaſſent le fonds de vingt-fix mille livres qu'ils deſtinent chaque année à continuer ledit canal des étangs, ou du moins que ladite province fît actuellement un emprunt d'une ſomme ſuffiſante pour l'exécution des ouvrages propoſés pour l'un & l'autre de ces canaux, en appliquant ledit fonds annuel de vingt-fix mille livres, tant au payement des arrérages de cet emprunt, qu'au rembourſement ſucceſſif des capitaux; leſdits Etats, pour ſe conformer aux intentions de Sa Majeſté, auroient déterminé d'impoſer en la préſente année ladite ſomme de vingt-fix mille livres, tant pour les ouvrages du canal des étangs, que pour l'enlevement journalier des herbes, & d'autoriſer les ſyndics-généraux de la province, à emprunter la ſomme de deux cent mille livres pour l'employer à la continuation & perfection des ouvrages dudit canal; lequel emprunt néanmoins ne ſeroit fait qu'à meſure de l'emploi des deniers auxdits ouvrages, & à la charge par leſdits Etats, lorſque leſdits ouvrages ſeront achevés, de continuer l'impoſition deſdites vingt-fix mille livres, juſques au parfait & entier rembourſement des capitaux dudit emprunt; & auroient en outre donné pouvoir aux commiſſaires qui ſeroient nommés pour la direction des travaux publics pendant la préſente année, & auxdits ſyndics-généraux, de prendre toutes les connoiſſances & informations qu'ils jugeroient néceſſaires concernant l'exécution des ouvrages du canal de Beaucaire à Aigues-mortes, ainſi que ſur l'objet de la dépenſe deſdits ouvrages, dont il ſeroit dreſſé un

devis, pour le tout rapporté à l'aſſemblée prochaine des Etats, être enſuite par eux déterminé ce qu'il appartiendroit : Autre délibération priſe le même jour par leſdits Etats, par laquelle ils auroient donné pouvoir auxdits ſyndics-généraux de faire ledit Emprunt de deux cent mille livres ſur le pied du denier vingt, avec exemption de retenue des deux vingtiemes & deux ſols pour livre du dixieme : Ouï le rapport du ſieur de Boullogne, conſeiller ordinaire au conſeil royal, contrôleur-général des finances; SA MAJESTÉ ÉTANT EN SON CONSEIL, a autoriſé & autoriſe leſdites délibérations des Etats de la province de Languedoc du 10 Janvier dernier; & en conſéquence, leur a permis & permet d'emprunter juſques à concurrence de la ſomme de deux cent mille livres, à conſtitution de rente au denier vingt, exemptes de la retenue des deux vingtiemes & des deux ſols pour livre du dixieme, pour être les ſommes provenant dudit emprunt, employées ſans divertiſſement à continuer les ouvrages du canal des étangs; à la charge par leſdits Etats d'impoſer annuellement, ainſi qu'ils ont fait par le paſſé, ladite ſomme de vingt-fix mille livres, même après leſdits ouvrages achevés, & juſques à l'entier rembourſement dudit emprunt, tant en capitaux qu'intérêts, le tout conformément à ladite délibération du 10 Janvier dernier. Fait au conſeil d'état du Roi, Sa Majeſté y étant, tenu à Verſailles le vingt-unieme jour de Juin mil ſept cent cinquante-huit.

Signé, Phelypeaux.

I I I.

EXTRAIT du regiſtre des délibérations des Etats généraux de Languedoc, aſſemblés par mandement du Roi en la ville de Montpellier au mois de Novembre 1760.

Du Mardi 30 Décembre ſuivant, préſident monſeigneur l'archevêque & primat de Narbonne, grand aumônier de France, commandeur de l'ordre du Saint-Eſprit.

MONSEIGNEUR l'évêque de Montpellier a dit que la commiſſion des travaux publics ayant continué de s'aſſembler chez lui, le ſieur de Joubert, ſyndic-général, a rendu compte de ce qui a rapport aux ouvrages concernant le canal des étangs, auxquels on a employé les fonds qui avoient été faits pour l'année 1760, ſavoir, 30,000 livres impoſées conformément à la demande faite par les inſtructions de Sa Majeſté, ſur leſquels il y avoit 1000 liv. deſtinées à l'enlevement des herbes du canal, & 66,600 liv. du dernier tiers des 200,000 liv. que les Etats ont été autoriſés à emprunter par arrêt du conſeil du 11 Juin 1758 pour accélérer ces mêmes ouvrages, le tout revenant à 96,600 liv.

Que, ſuivant le toiſé qui en a été fait par le ſieur Daſté, ingénieur en chef de cet ouvrage, le 6 de ce mois, & certifié par le ſieur Maréchal, directeur des fortifications le 18, tous les ouvrages reviennent à la ſomme de 800,49 liv. 18 ſ. 10 d. à quoi il faut ajouter les honoraires des notaires & frais de contrôle des contrats d'emprunts, & les intérêts qui doivent tous être payés ſur les mêmes fonds, laquelle ſomme de 800,49 liv. 18 ſ. 10 d. a été employée tant aux ouvrages faits dans l'étang des Grins, à l'embouchure du Lez, à la continuation du canal qui conduit les eaux de cette rivière juſqu'au Grau de Palavas, & à réparer les anciennes digues du canal auprès de Maguelonne, qu'à la continuation du même canal dans l'étang de Palavas, & que meſſieurs les commiſſaires n'ont autre choſe à propoſer à cet égard que d'approuver l'emploi deſdites ſommes, leſquelles ſeront allouées dans la dépenſe du compte du ſieur tréſorier de la bourſe.

Qu'on s'étoit flatté l'année derniere d'achever pendant le cours de celle-ci la partie du canal commencé dans l'étang de Grins, & celle qui eſt vis-à-vis l'embouchure du Lez juſqu'au Grau de Palavas, mais qu'il n'a pas été poſſible d'y réuſſir, & que tout ce qu'on pourra faire ſera de l'achever dans le cours de l'année prochaine.

Que, ſuivant les inſtructions de Sa Majeſté, on demande d'abord un fonds de 30,000 liv. y compris 1000 liv. pour l'enlevement des herbes qui croiſſent l'été dans le canal & retardent la navigation, laquelle ſomme eſt deſtinée à continuer le nouveau canal de Grins & le canal du bout du Lez, auſſi bien qu'à réparer les anciennes digues du côté de Maguelonne; & qu'on demande de plus un fonds de 70,000 livres pour la continuation du nouveau canal dans l'étang de Palavas depuis Areſquiés, & la réparation des anciens canaux, ce qui revient en tout à 100,000 liv.

Qu'il eſt néceſſaire de rappeller à cette occaſion que Sa Majeſté ayant deſiré en 1757, que les Etats augmentaſſent les fonds qu'ils avoient coutume de faire pour les ouvrages du canal des étangs, attendu l'utilité qui devoit en réſulter pour le commerce, acceptèrent la propoſition qui leur fut faite d'emprunter une ſomme de 200,000 l. dont l'emprunt ſeroit fait à fur & à meſure du progrès des ouvrages, ce qui

Part. I. Div. I. Liv. III. Tit. I. Sect. I.   81

No. III.

qui diminueroit d'autant les intérêts, & que, lorsque ce canal seroit achevé, l'imposition ordinaire seroit continuée jusqu'au parfait remboursement de cet emprunt, auquel effet, il fut pris une délibération conforme le 10 Janvier 1758, sur laquelle il fut expédié un arrêt du conseil le 21 Juin de la même année.

Qu'en conséquence l'emprunt a été fait dans trois années, à mesure de l'emploi qui en étoit fait ; & que Sa Majesté demandant aujourd'hui un nouveau fonds d'augmentation de 70,000 l. il a paru à messieurs les commissaires qu'il ne pouvoit y être pourvu que par la même voie de l'emprunt lequel sera remboursé en la même forme que le précédent, sur l'imposition des fonds ordinaires de 30,000 liv. laquelle sera continuée après la fin des ouvrages ; & que les mêmes motifs qui déterminerent les Etats à délibérer le 10 Janvier 1758 sur la demande qui leur fut faite par Sa Majesté d'emprunter la susdite somme de 200,000 liv. paroissent aussi devoir les déterminer à renouveller cet emprunt, puisqu'en effet il ne tend qu'à accélérer la perfection d'un ouvrage dont l'utilité ne peut être révoquée en doute, & qu'il sera remboursé par la même voie, sans que la province soit exposée à une nouvelle charge à cette occasion.

Que messieurs les commissaires ont seulement observé qu'il seroit à propos de savoir, au moins par approximation, à quoi pourra se monter la dépense des ouvrages qui restent à faire pour achever & perfectionner le canal des étangs, non-compris la partie de l'étang de Mauguio, à laquelle on ne s'est point encore proposé de travailler, parce que la navigation n'a pas besoin de ce secours dans cette partie, & qu'il y a lieu de croire que la dépense des nouveaux ouvrages à faire, & celle des anciennes digues à réparer dans les parties où elles ont été dégradées ou affaissées, reviendra environ à 400,000 liv.

De sorte que messieurs les commissaires ont été d'avis de proposer à l'assemblée de délibérer d'imposer l'année prochaine 1761, la somme de 30,000 liv. demandée par les instructions de Sa Majesté, & de pourvoir au surplus à la dépense des ouvrages au moyen d'un emprunt de la somme de 200,000 livres, lequel sera fait, comme les précédens, à fur & à mesure du progrès des ouvrages.

Que messieurs les commissaires ont ensuite examiné, &c.

De sorte qu'en résumant tout ce qu'on vient de dire, messieurs les commissaires ont été d'avis de proposer à l'assemblée de délibérer 1°., &c.

2°. Qu'il sera imposé la présente année la somme de 30,000 liv. pour servir de fonds aux ouvrages du canal des étangs, sauf à prélever sur cette somme 1000 liv. pour l'enlevement des herbes dudit canal, & les intérêts des emprunts qui ont été déjà faits, & qui pourront l'être encore, & que de plus il sera emprunté une somme de 200,000 liv. pour être employée en augmentation de fonds, à la continuation desdits ouvrages, lequel emprunt sera fait à fur & à mesure de leurs progrès.

Ce qui a été délibéré, conformément à l'avis de MM. les commissaires.

I V.

A R R Ê T

Du Conseil d'État du Roi,

Qui, en autorisant les délibérations des Etats de la province de Langue-doc, leur permet d'emprunter jus-ques à concurrence de la somme de deux cent mille livres à constitution de rente, exempte de la retenue des vingtiemes & deux sols pour livre d'iceux, pour être ladite somme em-ployée à continuer les ouvrages du canal des étangs.

Du 31 Août 1761.

Extrait des Registres du Conseil d'Etat.

VU par le Roi, étant en son con-seil, l'arrêt rendu en icelui le 21 Juin 1758, qui autorise les délibéra-tions prises le 10 Janvier précédent, par les gens des Trois-états de la pro-vince de Languedoc, convoqués par ses ordres en la ville de Montpellier ; par lesquelles délibérations, sur ce que les sieurs commissaires de Sa Majesté leur auroient fait connoître en son nom, & conformément à leurs instructions, que le bien de la province & l'accroif-sement de son commerce demandant une prompte exécution des ouvrages du canal des étangs, il seroit fait, ou-tre le fonds ordinaire de vingt-six mille livres pour l'exécution desdits ouvra-ges, un emprunt de deux cent mille livres, ce qui a été par eux exécuté, ainsi qu'ils y furent autorisés par ledit arrêt ; & attendu la nécessité qu'il y a de continuer lesdits ouvrages, & l'a-vantage qui doit en résulter pour ladite province, Sa Majesté auroit encore chargé les sieurs commissaires préfi-dens pour Elle aux Etats assemblés au

mois de Novembre dernier, de leur faire connoître combien il seroit à de-firer d'imposer annuellement la somme de trente mille livres, y compris mille livres pour l'enlevement des herbes du-dit canal, & d'employer le surplus à continuer le nouveau canal de Grins, & le canal du bout du Lez, comme aussi à réparer les anciennes digues du côté de Maguelonne, & qu'il fût fait un fonds de soixante-dix mille livres pour la continuation d'un nouveau ca-nal dans l'étang de Palavas, & pour la réparation des anciens canaux : Que lesdits Etats, pour se conformer aux intentions de Sa Majesté, auroient dé-libéré le 30 Décembre dernier, d'im-poser en 1761 ladite somme de trente mille livres, tant pour servir de fonds aux ouvrages du canal des étangs, que pour les intérêts des emprunts qui ont été déja faits & qui pourroient l'être, & qu'il sera fait un nouvel emprunt de deux cent mille livres, qui seront em-ployés en augmentation de fonds à la continuation desdits ouvrages, confor-mément à l'intention de Sa Majesté, lequel emprunt sera fait à mesure de l'emploi des deniers auxdits ouvrages : Autre délibération du même jour prise par lesdits Etats, par laquelle ils au-roient donné pouvoir aux syndics-gé-néraux de faire ledit emprunt de deux cent mille livres sur le pied du denier vingt, avec exemption de la retenue des vingtiemes & deux sols pour livre d'iceux : Oui le rapport du sieur Bertin, conseiller ordinaire au conseil royal, contrôleur général de finances ; SA MAJESTÉ ÉTANT EN SON CON-SEIL, a autorisé & autorise lesdites délibérations des Etats de la province de Languedoc du 30 Décembre der-nier ; & en conséquence, leur a per-mis & permet d'emprunter jusqu'à concurrence de la somme de deux cent mille livres à constitution de rente au denier vingt, exemptes de la retenue du vingtieme & deux sols pour livre d'iceux, pour être les sommes prôvenant dudit emprunt, employées sans divertissement à accélérer les ouvrages du canal des étangs; à la charge par lesdits Etats d'imposer annuellement, ainsi qu'ils ont fait par le passé, ladite somme de trente mille livres, même après lesdits ouvrages achevés, & jusqu'à l'entier remboursement, tant du-

dit emprunt que de celui qui a été déjà fait en vertu de l'arrêt du conseil du 21 Juin 1758, tant en capitaux qu'intérêts conformément auxdites délibérations du 10 Janvier 1758, & 30 Décembre 1760. FAIT au conseil d'état du Roi, Sa Majesté y étant, tenu à Versailles le trente-un Août mil sept cent soixante-un.

Signé, PHELYPEAUX.

§. XIV.

Emprunt de 1,800,000 livres pour l'abonnement des dons gratuits.

I.

EXTRAIT *du registre des délibérations des Etats généraux de Languedoc, assemblés par mandement du Roi en la ville de Montpellier au mois de Janvier* 1759.

Du Jeudi premier Février suivant, président Mgr. l'archevêque & primat de Narbonne, commandeur de l'Ordre du St. Esprit.

MONSEIGNEUR l'archevêque de Toulouse a dit que messieurs les commissaires des affaires extraordinaires s'étant assemblés chez lui pour examiner, suivant l'intention des Etats, les nouvelles demandes que sont chargés de leur faire messieurs les commissaires du Roi, le sieur de Montferrier leur a fait le rapport de l'article II de leurs instructions, contenant que le Roi ayant ordonné par l'édit du mois d'Août 1758, que pendant six années consécutives, à commencer de la présente, il lui seroit payé un don gratuit annuel par toutes les villes, fauxbourgs & bourgs de son royaume, messieurs les commissaires, en donnant connoissance aux Etats de cet édit, leur feront entendre que devant être exécuté dans

tout le royaume sans exception, Sa Majesté ne fait aucun doute que ses sujets du Languedoc ne se portent avec le même zele que ceux des autres provinces à lui donner dans cette occasion de nouvelles preuves de leur affection pour son service, en se conformant audit édit; mais que les conjonctures présentes exigeant de promptes ressources, Sa Majesté verroit avec beaucoup de satisfaction les Etats se déterminer à lui offrir pour tenir lieu desdits dons gratuits, comme ils firent pour ceux qui devoient être payés en exécution de l'édit du mois de Septembre 1710, une somme fixe & proportionnée aux secours qu'ils pourroient produire pendant lesdites six années, qu'elle autorise dès-à-présent lesdits sieurs commissaires à accepter en son nom, s'ils la trouvent suffisante, & au moyen de laquelle la province seroit dispensée de l'exécution de l'édit du mois d'Août dernier, Sa Majesté s'en remettant au surplus à ce que les Etats jugeront à propos de déterminer tant sur les moyens de pourvoir actuellement, & dans le plus court délai que faire se pourra, au payement de la somme qui sera convenue, que sur la maniere d'en faire la répartition, s'il y a lieu, fur les villes & communautés de la province.

Que la commiſſion a enſuite été informée des démarches que monſeigneur l'archevêque de Narbonne, toujours attentif à ce qui peut intéreſſer les privilèges & l'adminiſtration des Etats, avoit bien voulu faire à Paris d'abord qu'il eut connoiſſance de cet édit & du projet des ſommes qu'on eſtimoit pouvoir être fournies par les communautés de la province, s'il étoit exécuté, pour entrer en négociation ſur cette affaire & lui faire prendre la forme avantageuſe ſous laquelle elle eſt préſentée aux Etats.

Qu'il paroît par un mémoire qui a été remis à ce ſujet au miniſtre des finances, & dont la commiſſion a entendu la lecture, qu'on n'a rien oublié pour faire connoître la diſproportion de ce qu'on ſuppoſoit pouvoir tirer des communautés, avec ce qu'elles pouvoient réellement ſupporter, l'impoſſibilité d'y établir la levée de nouveaux droits, ni d'augmenter ou divertir à d'autres uſages que ceux auxquels ils ſont deſtinés, ceux dont l'établiſſement a été déjà permis, & la néceſſité d'en venir à un abonnement, en ſuivant l'exemple de ce qui fut fait anciennement en pareil cas, & pour une ſomme proportionnée à la fâcheuſe ſituation où ſe trouve la province.

Que les faits & les raiſons ſolides qu'a fait valoir en cette occaſion monſeigneur l'archevêque de Narbonne, & plus encore le crédit & la confiance qu'il s'eſt acquiſe auprès du Roi & de ſes miniſtres, ayant eu tout le ſuccès qu'on pouvoit en attendre, meſſieurs les commiſſaires n'ont pu qu'applaudir aux bons effets d'un zele pour lequel la province ne ſauroit trop témoigner ſa juſte reconnoiſſance, & qu'ils ont unanimement penſé que les Etats ne devoient pas héſiter d'entrer dans les vues de Sa Majeſté, & de lui donner dans les conjonctures préſentes de nouvelles marques d'un zele toujours également prompt & empreſſé, en lui offrant une ſomme une fois payée au moyen de laquelle les communautés de la province ſeront déchargées de l'exécution d'un édit qui ſeroit accablant pour celles où elle auroit lieu.

Que n'étant donc queſtion que de déterminer cette ſomme d'une maniere que l'offre des Etats puiſſe être acceptée, meſſieurs les commiſſaires ſe ſont faits rendre compte de ce qui fut fait en 1711, de ce que produiſent actuellement les droits de ſubvention déjà établis, & de ce qu'on eſtimoit pouvoir faire produire à certains nouveaux droits, ſi les Etats s'étoient contentés de conſentir à leur établiſſement & à l'exécution de l'édit du mois d'Août, conformément à leurs droits & privilèges, & qu'après avoir murement diſcuté & examiné cette importante affaire, ils ont cru pouvoir concilier les intérêts de la province avec le zele des Etats pour le ſervice du Roi, en leur propoſant d'offrir à Sa Majeſté une ſomme de dix-huit cent mille livres, au moyen de laquelle la province ſera déchargée purement & ſimplement de l'exécution de l'édit du mois d'Août 1758; qu'à l'égard du payement de cette ſomme, il étoit aiſé de ſentir que pour ſe conformer aux deſirs de Sa Majeſté il n'y avoit point de moyen plus prompt que celui de l'emprunt que Sa Majeſté doit être ſuppliée de permettre, en donnant les mêmes facilités pour l'accélérer que celles qui ont été accordées dans d'autres occaſions, telles que l'exemption de la retenue des deux vingtiemes & deux ſols pour livre du dixieme ſur les rentes, la décharge des droits de contrôle, & la liberté à toutes perſonnes, même aux

N⁰. I.

mineurs & étrangers d'y employer leurs deniers.

Qu'enfin pour ce qui concerne la manière de pourvoir au payement des intérêts de cet emprunt & au remboursement des capitaux par répartition sur les communautés, ou autrement, ainsi que les Etats le jugeront le plus à propos, l'examen du parti le plus convenable à prendre exigeant plus de tems & de réflexion, messieurs les commissaires ont pensé que cette affaire pouvoit être traitée séparément dans d'autres séances & qu'ils ont cru ne devoir s'attacher à proposer dans celle-ci que ce qui peut raisonnablement conduire à conclure avec messieurs les commissaires du Roi un abonnement qui est le point le plus essentiel, & qui demande une prompte expédition.

Sur quoi, lecture faite de l'édit du mois d'Août 1758, concernant les dons gratuits demandés à toutes les villes du Royaume, les Etats, toujours également portés à concourir avec les autres provinces du royaume au bien du service du Roi, ont délibéré d'offrir à Sa Majesté la somme de dix-huit cent mille livres une fois payée par emprunt qui leur sera permis à cet effet, au moyen de laquelle somme les communautés de la province seront & demeureront déchargées de l'exécution dudit édit, comme elles furent déchargées de l'exécution de celui du mois de Septembre 1710, se réservant de délibérer dans le cours des séances de cette assemblée sur les moyens les plus convenables de pourvoir au payement des intérêts & successivement du capital dudit emprunt. Messieurs les commissaires des affaires extraordinaires ont été priés de porter cette offre à messieurs les commissaires du Roi, en leur faisant connoître l'accablement des peuples & la nécessité des soulagemens qu'ils ont lieu d'at-

tendre de la justice & des bontés de Sa Majesté dans des tems plus heureux.

Et incontinent monseigneur l'archevêque de Toulouse, monseigneur l'évêque de Montpellier, monsieur le baron de Peyre, monsieur le baron de Merinville, & les sieurs députés de Toulouse, Montpellier, Carcassonne, & Nimes, commissaires des affaires extraordinaires, se sont transportés à cet effet chez monseigneur le maréchal de Thomond; d'où étant revenus, l'assemblée tenant, monseigneur l'archevêque de Toulouse a dit que monseigneur le maréchal lui avoit témoigné être satisfait de l'offre des Etats, & prêt à l'accepter en signant le traité dont le projet lui a été communiqué.

Sur quoi il a été donné pouvoir aux mêmes commissaires qui iront porter à messieurs les commissaires du Roi les délibérations du don gratuit & de la capitation, de signer avec eux le traité pour l'abonnement des dons gratuits dont le projet a été approuvé par les Etats.

Et pour satisfaire au payement du prix de l'abonnement des dons gratuits il a été délibéré que la somme de dix-huit cent mille livres sera incessamment empruntée au nom de la province, auquel effet les Etats ont nommé les sieurs du Vidal de Montferrier, de Joubert & de Lafage, syndics-généraux, auxquels ils donnent pouvoir & puissance, tant conjointement que séparément, en cas de mort, ou d'absence d'un ou de deux des trois, & même de substituer à leur place telle personne qu'ils jugeront à propos, pour & au nom de la province, emprunter par contrat à constitution de rente la somme de dix-huit cent mille livres, obliger pour raison de ce tous les biens du général de la province, stipuler le payement des intérêts ou rentes, n'excédant néan-

N⁰. I.

moins le denier vingt , exemptes de la retenue des deux vingtiemes & des deux sols pour livre du dixieme , à chaque fin d'année, dans les bureaux du tréforier général des Etats dans les villes de Paris, Touloufe & Montpellier, où feront faits les emprunts, & au choix des prêteurs, à la charge que les fommes capitales qui feront empruntées feront remifes lors de la paffation des contrats, entre les mains du tréforier de la bourfe ou du porteur de fa procuration, qui interviendra à cet effet dans lefdits contrats, defquelles fommes il comptera aux Etats prochains, & que pour faciliter ledit emprunt, il fera fait huit originaux en parchemin de la préfente délibération, fignés par Monfeigneur l'Archevêque de Narbonne, & contre-fignés par l'un des fecrétaires des Etats, defquels originaux, deux feront de la fomme de quatre cent mille livres, deux de trois cent mille livres, & quatre de cent mille livres chacun, compofant enfemble la totalité de l'emprunt de dix-huit cent mille livres, pour être lefdites délibérations remifes entre les mains du fieur Moriffe, notaire de la province à Paris, du fieur Péridier, notaire de Montpellier, & du fieur Montcaffin, notaire à Touloufe ; ainfi que les fyndics-généraux le trouveront plus convenable pour la facilité des emprunts, fur lefquels originaux il fera fait mention des contrats à mefure qu'ils feront paffés avant que les groffes en puiffent être délivrées, fur lefquelles groffes le notaire dépofitaire de ladite délibération mettra fon certificat de ladite décharge ; que l'acte de dépôt de ladite délibération fera mis au bas des expéditions, & figné par le notaire ; & lorfque l'emprunt porté par ladite délibération fera confommé, il fera mis au bas par le notaire qui en fera le dépofitaire que lad. délibération eft remplie.

I I.
ARRÊT

DU CONSEIL D'ETAT DU ROI,

Qui approuve le traité fait entre MM. les commiffaires de Sa Majefté & ceux des Etats, au fujet de l'abonnement à la fomme de 1,800,000 livres, des dons gratuits concernant la province ; décharge lefdits Etats de l'exécution tant de l'édit du mois d'Août 1758, que de la déclaration du 3 Janvier dernier, donnée en interprétation dudit édit, & leur permet d'emprunter ladite fomme de 1,800,000 à conftitution de rente, aux claufes & conditions dudit traité.

Du 15 Février 1759.

EXTRAIT des Regiftres du Conseil d'Etat.

VU par le Roi étant en fon confeil le traité fait entre les commiffaires de Sa Majefté, & les commiffaires députés par l'affemblée des Etats de la province de Languedoc le premier du préfent mois, dont la teneur fuit : Traité fait & arrêté entre MM. les commiffaires préfidens pour le Roi, aux Etats généraux de la province de Languedoc, & MM. les commiffaires députés par l'affemblée des Etats.

ARTICLE PREMIER.

Qu'en conféquence de la délibération du premier Février 1759, les Etats s'obligent de faire payer inceffamment, & au plus tard dans tout le courant du mois de Mars prochain, au tréforier royal, la fomme de 1,800,000 livres.

ART. II.

Qu'au moyen du payement de ladite fomme de 1,800,000 livres, les villes

& communautés du Languedoc feront déchargées de l'exécution de l'édit du mois d'Août 1758, concernant le payement d'un don gratuit à faire pendant fix années confécutives, par toutes les villes, fauxbourgs & bourgs du royaume, lequel demeurera fans effet & comme non avenu à l'égard de ladite province.

ART. III.

Qu'il fera permis aux Etats d'emprunter ladite fomme de 1,800,000 livres, à conftitution de rente au denier vingt avec exemption fur lefdites rentes de la retenue des deux vingtiemes & deux fols pour livre du dixieme, tant que lefdites impofitions auront lieu ; & que les premiers contrats qui feront paffés pour raifon dudit emprunt, ainfi que les quittances des rembourfemens du capital, lorfqu'ils auront lieu, feront exempts des droits de contrôle & de petit fceau.

ART. IV.

Qu'il fera du bon plaifir de Sa Majefté d'ordonner que les tuteurs & curateurs pourront faire dans ledit emprunt emploi des deniers des pupilles, mineurs, ou interdits, en obfervant les formalités qui font en ufage dans les lieux où les emprunts feront faits, & que les communautés féculieres & régulieres, hôpitaux, fabriques & gens de main-morte, pourront auffi employer leurs deniers dans ledit emprunt, fans être tenus de payer aucuns droits d'amortiffement des rentes qui feront conftituées à leur profit ; comme auffi que les étrangers non naturalifés, même ceux demeurans hors du royaume, pays, terres & feigneuries de fon obéiffance, pourront, ainfi que fes propres fujets, acquérir lefdites rentes, encore qu'ils foient fujets des puiffances avec lefquelles Sa Majefté eft ou pourroit être en guerre, & qu'ils en

jouiffent & puiffent difpofer entre-vifs, par teftament, ou autrement, en principaux & arrérages ; & qu'en cas ils n'en euffent pas difpofé de leur vivant, leurs héritiers, donataires, légataires, ou autres les repréfentant, leur fuccedent, encore qu'ils foient étrangers & non régnicoles, même qu'ils foient fujets de princes & états avec lefquels Sa Majefté eft ou pourroit être en guerre, & qu'en conféquence lefdites rentes foient exemptes de toutes lettres de marque & de repréfaille, droit d'aubaine, confifcation & autres qui pourroient appartenir à Sa Majefté.

ART. V.

Que les Etats pourvoiront de la maniere qu'ils aviferont être la plus convenable au payement des intérêts dudit emprunt & au rembourfement dudit capital, foit par répartition, en tout ou en partie, fur les communautés, foit autrement, & dans tels termes qu'ils jugeront à propos, & que le préfent traité fera homologué par le Roi, & toutes lettres feront expédiées & regiftrées fans frais partout où befoin fera: FAIT & figné en triple original à Montpellier, le premier Février 1759 : Oui le rapport du fieur de Boulogne, confeiller ordinaire au confeil royal, contrôleur général des finances, LE ROI ÉTANT EN SON CONSEIL a approuvé, autorifé & confirmé, approuve, autorife & confirme ledit traité ; & en conféquence a ordonné & ordonne qu'en payant par les Etats de la province de Languedoc la fomme de 1,800,000 liv., qui fera portée au tréfor royal par le tréforier defdits Etats, les villes & communautés de ladite province feront & demeureront déchargées de l'exécution tant de l'édit du mois d'Août 1758, concernant les dons gratuits à payer pendant fix années confécutives par toutes les villes, fauxbourgs & bourgs du royaume, que de la déclaration du 3 Janvier dernier, donnée en interprétation d'icelui ; lesquels édit & déclaration demeureront sans effet & comme non avenus à l'égard de ladite province : Permet Sa Majesté auxdits Etats d'emprunter ladite somme de 1,800,000 liv., à constitution de rente au denier vingt, & autres clauses & conditions dudit traité,

lequel Sa Majesté veut & entend être exécuté selon sa forme & teneur. Et sur le présent arrêt toutes lettres nécessaires seront expédiées & enregistrées sans frais partout où besoin sera. Fait au conseil d'état du Roi, Sa Majesté y étant, tenu à Versailles le quinzieme jour de Février mil sept cent cinquante-neuf.

Signé, PHELYPEAUX.

§. X V.

Emprunt fait pour rembourser M. Mazade.

EXTRAIT *du registre des délibérations des Etats généraux de Languedoc, assemblés par mandement du Roi en la ville de Montpellier, au mois d'Octobre* 1761.

Du Samedi 7 Novembre suivant, président Mgr. l'archevêque & primat de Narbonne, grand-aumônier de France, commandeur de l'ordre du St. Esprit.

MONSEIGNEUR l'archevêque de Toulouse a dit que le sieur Mazade, trésorier des Etats, ayant fait connoître à Mgr. l'archevêque de Narbonne, combien il étoit important pour le bien du service de le mettre à même de fournir aux avances qu'il est continuellement obligé de faire, en le remboursant de celles qu'il a faites pour remplir divers engagemens pris par les Etats, la commission des affaires extraordinaires est entrée dans l'examen du Bordereau remis à cet effet par ledit trésorier, dont le sieur de Montferrier, lui a fait le rapport.

Que le premier article de 275,000, regarde le quartier d'Octobre 1759, du troisieme vingtieme dont il a fait le payement au trésor royal, en conséquence de la délibération des Etats du 31 Décembre de ladite année, par la-

quelle, attendu l'impossibilité reconnue de recouvrer cette somme sur aucune nature de biens déjà chargés pour l'année 1760 du payement des trois vingtiemes, ledit sieur trésorier fut chargé d'en faire l'avance, sauf a être pourvu à son remboursement sur les fonds qui y seroient destinés dans l'assemblée suivante.

Que le second article a pour objet l'intérêt de ladite somme depuis le premier Septembre 1760, tems auquel l'avance du principal avoit été effectuée, jusques au dernier du présent mois de Novembre, montant, à raison de cinq pour cent l'année, à 17,187 livres 10 sols.

Que la seule observation que la commission a cru devoir faire sur ces deux articles, est que les Etats ayant déjà pourvu au payement des intérêts, en réglant par leur délibération du 31 Décembre 1760, que ledit sieur trésorier en seroit remboursé au moyen de la dépense qu'il en feroit dans le compte qu'il doit rendre aux Etats du recouvrement des vingtiemes de l'année 1759, il paroissoit naturel & plus régulier de s'en tenir à cette délibération, que de faire un emprunt pour s'acquitter de cet article ; mais qu'il
                                    avoit

avoit paru également juste de ne pas différer plus long-tems le remplacement de la somme principale dans la caisse du sieur trésorier, où elle fait un vuide considérable.

Que le troisieme article consiste en une somme de 48,896 livres 19 sols 10 deniers, que le sieur trésorier a été obligé de porter au trésor royal pour partie du montant de la retenue des vingtiemes faite sur les intérêts de l'emprunt de cinq millions de livres, pour lequel les Etats prêterent leur crédit au Roi en 1756, avec l'intérêt de ladite somme depuis le premier Juillet jusques au dernier du présent mois, montant 1018 livres 13 sols 9 deniers.

Que pour faire connoître à l'assemblée le fondement de cet article, il doit être observé que par l'arrêt du conseil du 23 Novembre 1756, qui autorisa le traité fait entre MM. les commissaires du Roi, & ceux des Etats au sujet du crédit que Sa Majesté leur demanda pour ledit emprunt de cinq millions de livres, il fut expressément ordonné que la retenue des vingtiemes & deux sols pour livre d'iceux, à laquelle étoient assujetties les rentes dudit emprunt par l'article troisieme du traité, seroit faite au profit de Sa Majesté, & que le trésorier de la bourse seroit tenu d'en remettre le montant, partie à la caisse des amortissemens, & partie au trésor royal.

Que les Etats, ayant vu cette disposition à laquelle ils ne s'étoient point attendus, chargerent MM. leurs députés à la cour de faire à Sa Majesté de très-humbles représentations pour qu'il lui plût les laisser jouir du montant de ladite retenue, ainsi que de celle de toutes les autres rentes constituées sur la province, qui étoient comprises dans l'abonnement des vingtiemes, & servoient à en payer partie du prix ; mais que les vives instances que firent à ce

sujet MM. les députés, n'eurent aucun succès, comme on le voit dans le rapport de la députation de l'année 1757, fait par Mgr. l'évêque de Lavaur.

Qu'on auroit dû en conséquence faire remettre chaque année le montant de la retenue en question aux caisses indiquées par l'arrêt ; mais que n'en ayant été fait aucune demande au trésorier de la bourse, il avoit cru devoir en donner compte à la province, ce qu'il a fait en portant le montant de ladite retenue en recette dans les comptes qu'il a rendus de son recouvrement des années 1756, 1757 & 1758, lesquelles recettes forment la somme de 48,896 livres 19 sols 10 deniers, suivant la liquidation présentée à la commission, laquelle comprend en même-tems la même retenue faite en 1759 & 1760, que le sieur trésorier se disposoit à faire tourner de la même maniere au profit de la province, lorsqu'il a été obligé de faire raison de la totalité desdites retenues au profit de Sa Majesté, en conséquence des ordres qu'il a reçut de Mgr. l'archevêque de Narbonne, au mois de Juin dernier, d'après une lettre écrite à mondit seigneur l'archevêque le 20 du mois de Mai, par M. le contrôleur général des finances, pour lui faire connoître de la maniere la plus forte & la plus précise, les intentions du Roi sur la remise la plus prompte de ce fonds à sa premiere destination, laquelle remise montant en total à 105,370 livres 5 sols 10 deniers, a été faite avant le premier Juillet, partie avec les sommes retenues en 1759 & 1760, qui étoient encore dans la caisse du trésorier, & le surplus, des deniers qu'il a été obligé d'avancer pour remplacer les retenues des années précédentes dont il avoit donné compte, comme il a été déjà dit, à la province, revenant à la somme énoncée ci-dessus de 48,896 livres 19 sols

M

10 deniers, dont ledit fieur tréforier supplie aujourd'hui les Etats de vouloir bien le faire rembourfer avec l'intérêt depuis le premier Juillet jufques à préfent, montant, ainfi qu'il a été obfervé précédemment, à 1018 livres 13 fols 9 deniers.

Que MM. les commiffaires, après avoir vérifié tous les faits qui viennent d'être expofés, tant fur l'arrêt du confeil du 23 Novembre 1756, que fur les délibérations des Etats, n'ont rien trouvé qui pût leur être oppofé, & que dèslors ils n'avoient pas héfité à penfer, fur ces deux derniers articles, comme fur les deux premiers, qu'il étoit également jufte d'autorifer le fieur tréforier des Etats à fe payer de l'intérêt des 48,896 livres 19 fols 10 deniers, en en faifant dépenfe dans le compte du vingtieme de 1759, & de pourvoir par emprunt au rembourfement de ladite fomme principale, laquelle étant jointe au montant du quartier d'Octobre 1759, forme un total de 323,896 livres 19 fols 10 deniers légitimement dû au fieur Mazade, tréforier des Etats, & que MM. les commiffaires ont été d'avis de propofer aux Etats de lui faire rembourfer, en donnant pouvoir aux fyndics-généraux d'en faire l'emprunt à conftitution de rente au denier vingt, en ftipulant l'exemption de la retenue des vingtiemes & deux fols pour livre, fans

laquelle il ne feroit pas poffible de trouver des prêteurs dans la circonftance préfente.

Sur quoi il a été délibéré, conformément à l'avis de MM. les commiffaires :

1°. Que la fomme de 17,187 livres 10 fols, pour l'intérêt de celle de 275,000 livres du montant du quartier d'Octobre 1759, du troifieme vingtieme depuis le premier Septembre 1760, jufques au dernier du préfent mois de Novembre, enfemble la fomme de 1018 livres 13 fols 9 deniers pour l'intérêt de celle de 48,896 livres 19 fols 10 deniers, pareillement avancée par ledit tréforier pour partie du remplacement de la retenue des vingtiemes, fur les rentes de l'emprunt de cinq millions fait pour le compte du Roi en 1756, feront alloués audit fieur tréforier dans la dépenfe du compte du recouvrement des vingtiemes de l'année 1759, au moyen de quoi il fe trouvera payé defdits intérêts.

2°. De donner pouvoir aux fyndics-généraux d'emprunter à conftitution de rente à cinq pour cent, avec l'exemption de la retenue des vingtiemes & deux fols pour livre, la fomme de 323,896 livres 19 fols 10 deniers pour être employée au rembourfement principal des avances faites par le fieur Mazade, tréforier des Etats, fuivant l'expofé de la préfente délibération.

§. X V I.

Emprunt pour le nouveau sol pour livre.

I.

Extrait du regiſtre des délibérations des Etats-généraux de Languedoc, aſſemblés par mandement du Roi en la ville de Montpellier au mois de Janvier 1764.

Du 6 Février ſuivant, préſident monſeigneur l'archevêque & primat de Narbonne.

Monseigneur l'archevêque de Toulouſe a dit, que, ſuivant l'article troiſieme des inſtructions, MM. les commiſſaires du Roi ſont chargés de demander aux Etats de pourvoir au payement pour l'année 1764, de la ſomme de 90,000 livres, à laquelle ils ont abonné par année, ſuivant les délibérations des 9 & 11 Décembre 1760, autoriſées par arrêt du 23 du même mois, le ſol pour livre de tous les droits autres que ceux compris dans les baux des fermes de Sa Majeſté pendant les dix années de la durée de cet impôt; ce qui n'étant que la ſuite de l'exécution d'un engagement déjà pris, n'a paru à la commiſſion ſuſceptible d'aucune difficulté, & qu'attendu qu'il a été déterminé de faire chaque année l'emprunt de cette ſomme, Elle n'a rien à propoſer aux Etats que de donner aux ſyndics-généraux le pouvoir accoutumé, pour faire celui de l'année courante aux mêmes conditions des précédens.

Que, par le même article, MM. les commiſſaires du Roi ſont chargés de faire entendre aux Etats que les mêmes motifs qui ont forcé Sa Majeſté à proroger le ſecond vingtieme, & l'inſuffiſance de ce ſecours l'ayant encore

obligée d'ordonner la perception juſques au dernier Décembre 1770, d'un nouveau ſol pour livre des mêmes droits, Elle attend du zele des Etats pour ſon ſervice, qu'ils lui donneront par cette voie le même ſecours, que ſes autres ſujets, & avec d'autant plus d'empreſſement, qu'Elle eſt diſpoſée à leur accorder l'abonnement de ce nouveau ſol pour livre au même prix, qu'ils ont obtenu celui du premier.

Que cette demande tendant à ajouter une nouvelle charge à tant d'autres, ſous le poids deſquelles les contribuables ſont prêts à ſuccomber, n'a pu qu'affliger MM. les commiſſaires; mais que conſidérant, qu'elle eſt fondée ſur les mêmes motifs, qui leur ont paru devoir déterminer les Etats à ſouſcrire aux volontés du Roi, par rapport à la continuation des deux vingtiemes, ils ont penſé, qu'ils devoient ſe prêter avec le même empreſſement aux deſirs de Sa Majeſté ſur cet article, en conſentant à l'établiſſement de ce nouveau ſol pour livre.

Que s'étant enſuite fait repréſenter les délibérations priſes par les Etats au ſujet de l'abonnement du premier, & y ayant reconnu la ſageſſe de leurs vues & leur attention continuelle pour éviter tout ce qui peut, en s'éloignant de la forme & des principes de leur adminiſtration, être onéreux aux peuples dans une exploitation faite par des mains étrangeres, MM. les commiſſaires n'ont pas héſité à être d'avis de leur propoſer d'accepter l'abonnement auquel Sa Majeſté veut bien ſe prêter, en lui accordant une autre ſomme de 90,000 livres pour chacune des années, pendant lesquelles doit durer la perception de ce second sol, sauf à être déterminé dans la suite des séances des Etats, de quelle maniere il conviendra le mieux de pourvoir au payement de ladite somme par emprunt ou par imposition.

Sur quoi il a été délibéré 1º. de donner pouvoir aux syndics-généraux d'emprunter la somme de 90,000 livres pour le payement de la cinquieme année du prix de l'abonnement du premier sol pour livre établi en 1760.

2º. De consentir à l'établissement du nouveau sol pour livre demandé par Sa Majesté, & de lui accorder par forme d'abonnement une autre somme de 90,000 livres, en représentation de ce sol sur tous les droits autres que ceux qui sont compris dans les fermes de Sa Majesté, au payement de laquelle somme il sera pourvu en la maniere qui sera réglée par les Etats avant leur séparation.

I I.

Extrait du regiftre des délibérations des Etats généraux de Languedoc, assemblés par mandement du Roi en la ville de Montpellier au mois de Janvier 1764.

Du Lundi 5 Mars suivant, président monseigneur l'archevêque & primat de Narbonne.

Monseigneur l'archevêque de Toulouse a dit, que les Etats ayant par leur délibération du 2 Décembre 1762, renvoyé jusques à la cessation du troisieme vingtieme, le payement de la somme de 156,205 livres due au sieur tréforier de la bourse pour la clôture du compte de recouvrement des vingtiemes de l'année 1760, en déterminant que l'intérêt lui en seroit payé par la dépense qu'il en feroit dans le compte de l'année sui-

vante; il auroit été à souhaiter qu'il fût possible de suivre présentement les vues des Etats pour la libération de la province, comme on l'auroit fait, si l'augmentation de la dépense de l'étape, & la continuation de l'imposition du contingent de la province dans les dépenses du brevet militaire, n'avoit fait évanouir l'espérance d'une diminution considérable dans l'imposition générale, pour permettre d'y comprendre celle du capital dont il s'agit.

Que cette circonstance, qu'on ne pouvoit prévoir, a paru à MM. les commissaires un motif légitime pour renvoyer à un tems plus favorable l'acquittement de cette dette, en autorisant le sieur tréforier de la bourse à continuer à porter en dépense dans son compte l'intérêt du capital.

Que les mêmes considérations ont fait sentir à MM. les commissaires la nécessité de pourvoir par emprunt, au moins pour cette année, au payement de la somme de 90,000 livres pour le prix de l'abonnement du nouveau sol pour livre consenti par la délibération des Etats du 6 du mois dernier.

Sur quoi il a été délibéré, 1º. que le sieur tréforier de la bourse continuera de porter en dépense, dans le compte particulier du recouvrement des vingtiemes, l'intérêt de la somme de 156,205 livres à lui due par la clôture du compte de l'année 1760.

2º. Qu'il sera pourvu par emprunt au payement de la somme de 90,000 livres pour le prix du payement du dernier sol pour livre consenti par la délibération des Etats du 6 du mois dernier; auquel effet les syndics-généraux sont autorisés à faire ledit emprunt en la forme ordinaire, aux mêmes conditions de ceux qui ont été déjà faits pour le même objet, pour le payement des intérêts duquel emprunt, il sera imposé dans le département des dettes.

& affaires la somme de quatre mille cinq cent livres.

I I I.

Extrait du registre des délibérations des Etats généraux de Languedoc, assemblés par mandement du Roi en la ville de Montpellier au mois de Janvier 1764.

Du 5 Mars suivant, président monseigneur l'archevêque & primat de Narbonne.

LEs Etats ayant déterminé par leur délibération de ce jourd'hui de pourvoir par emprunt au payement de la somme de 90,000 livres pour le prix de l'abonnement du dernier sol pour livre, à l'établissement duquel ils ont consenti par leur délibération du 6 Février dernier, & étant nécessaire d'autoriser les syndics-généraux à faire l'emprunt de ladite somme pour la présente année en la forme des emprunts précédemment faits par la province, il a été délibéré que ladite somme de quatre-vingt dix mille livres sera incessamment empruntée au nom de la province, auquel effet les Etats ont nommé les sieurs du Vidal de Montferrier, de Joubert & de la Fage, syndics-généraux, auxquels ils ont donné pouvoir & puissance, tant conjointement que séparément, en cas de mort ou d'absence d'un ou de deux des trois, même avec faculté de substituer à leurs places, telles personnes qu'ils jugeront à propos, d'emprunter, pour & au nom de la province, ladite somme de quatre-vingt-dix mille livres par contrat à constitution de rente, obliger pour raison de ce tous les biens du général de la province, stipuler le payement des intérêts ou rentes n'excédant néanmoins le denier vingt exempts de la retenue des vingtiemes & deux sols pour livre d'iceux, à chaque fin d'année dans les bureaux du trésorier des Etats dans les villes de Paris, Toulouse & Montpellier, au choix des prêteurs, à la charge que les sommes capitales qui seront empruntées seront remises lors de la passation des contrats, entre les mains du trésorier des Etats, ou du porteur de sa procuration qui interviendra à cet effet dans lesdits contrats, desquelles sommes ledit sieur trésorier comptera aux Etats prochains, & qu'en conséquence il sera fait un original en parchemin de la présente délibération signé par Mgr. l'archevêque de Narbonne, président & contresigné par l'un des greffiers des Etats, pour être ledit original remis entre les mains des notaires de la Province à Paris, Toulouse & Montpellier, ainsi que les syndics-généraux le trouveront plus convenable pour la facilité dudit emprunt; sur lequel original il sera fait mention des contrats à mesure qu'ils seront passés avant que les grosses en puissent être délivrées, sur lesquelles grosses le notaire dépositaire de ladite délibération mettra son certificat de ladite décharge; que l'acte de dépôt de ladite délibération sera mis au bas des expéditions & signé par le notaire, & lorsque l'emprunt porté par ladite délibération sera consommé, il sera mis au bas par le notaire qui en sera le dépositaire, que ladite délibération est remplie.

I V.

A R R Ê T

Du Conseil d'Etat du Roi,

Qui, en autorisant les délibérations prises par les Etats de la province de Languedoc, les 6 Février & 5 Mars derniers, accepte l'offre faite à Sa Majesté par lesdits Etats, de la somme de quatre-vingt-dix mille livres par année, pour l'abonnement du nouveau vingtieme, ou sol pour livre en sus de tous les droits quelconques qui se perçoivent dans ladite province sur les marchandises & denrées, autres néanmoins que ceux qui sont compris dans les baux des fermes de Sa Majesté.

Du 21 Avril 1764.

EXTRAIT des Registres du Conseil d'Etat.

VU par le Roi, étant en son conseil, les délibérations prises le 10 Février & 5 Mars derniers, par les gens des Trois-états de la province de Languedoc, assemblés par ses ordres en la ville de Montpellier, par lesquelles, sur la demande à eux faite au nom de Sa Majesté par les sieurs commissaires présidens pour elle en ladite assemblée, de la levée & perception ordonnée par la déclaration du 21 Novembre dernier, au profit de Sa Majesté, d'un nouveau vingtieme ou sol pour livre en sus des droits de ses fermes, & de tous autres généralement qui sont perçus dans la province sur les marchandises & denrées, lesdits Etats auroient accordé le nouveau sol pour livre à eux demandé, & auroient déterminé du consentement desdits sieurs commissaires, en conséquence du pouvoir qu'ils en avoient reçu de Sa Majesté, d'abonner ledit nouveau sol pour livre en sus de tous les droits qui y sont sujets, autres que ceux qui sont compris dans les baux des fermes de Sa Majesté, moyennant la somme de quatre-vingt dix mille livres pour chacune des années pendant lesquelles il doit avoir lieu, qu'ils seroient autorisés à emprunter successivement & à mesure des payemens qu'ils auroient à faire chaque année au trésor royal, à la charge par eux de pourvoir de la maniere qu'ils jugeront la plus convenable, au payement annuel des inté-

rêts desdits emprunts; à l'effet de quoi ils auroient chargé les syndics-généraux de faire ledit emprunt en la forme ordinaire, & aux mêmes conditions de ceux qui ont déjà été faits pour le même objet, & déterminé l'imposition dans le département de leurs dettes & affaires des intérêts dudit emprunt exempts de la retenue des vingtiemes & deux sols pour livre d'iceux: Et voulant favorablement traiter ses sujets de ladite province, & leur marquer sa satisfaction de leur zele pour son service. Oui le rapport du sieur de Laverdy, conseiller ordinaire au conseil royal, contrôleur-général des finances; SA MAJESTÉ ÉTANT EN SON CONSEIL, a approuvé, autorisé & confirmé, approuve, autorise & confirme les délibérations des 6 Février & 5 Mars derniers, & en conséquence a accepté & accepte l'offre faite par lesdits Etats de la somme de quatre-vingt-dix mille livres par an, pour l'abonnement du nouveau vingtieme ou sol pour livre en sus de tous les droits généralement quelconques qui se perçoivent dans ladite province sur les marchandises & denrées, autres néanmoins que ceux qui sont compris dans les baux des fermes de Sa Majesté pendant le tems que doit durer ladite perception. Permet Sa Majesté auxdits Etats, d'emprunter annuellement à constitution de rente, au denier vingt, le montant du prix dudit abonnement, à mesure du payement qu'ils auront à en faire, à la charge par eux de pourvoir annuellement aussi aux intérêts dudit emprunt, de la façon qu'ils jugeront la plus convenable. Veut Sa Majesté que les rentes qui seront constituées pour raison dudit emprunt, soient & demeurent exemptes de la retenue des vingtiemes & des deux sols pour livre, faisant à cet effet défenses au trésorier des Etats de faire ladite rete-

N°. IV.

nue, & que les premiers contrats qui seront passés pour raison dudit emprunt, soient, ainsi que les quittances de remboursement, exempts des droits de contrôle & de petit sceau. Veut pareillement Sa Majesté que les tuteurs & curateurs puissent faire dans ledit Emprunt emploi des deniers des pupilles, mineurs ou interdits, en observant les formalités qui sont en usage dans les lieux où les emprunts seront faits, & que les communautés séculieres ou régulieres, hôpitaux, fabriques & gens de main-morte puissent aussi employer leurs deniers dans ledit emprunt, sans être tenus de payer aucuns droits d'amortissement des rentes qui seront constituées à leur profit; comme aussi que les étrangers non naturalisés, même ceux demeurant hors du royaume, pays, terres & seigneuries de son obéissance, puissent, ainsi que ses propres sujets, acquérir lesdites rentes, encore qu'ils soient sujets de puissances avec lesquelles Sa Majesté

pourroit être en guerre, & qu'ils en jouissent & puissent disposer entre-vifs par testament ou autrement, en principaux ou arrérages, & qu'en cas qu'ils n'en eussent pas disposé de leur vivant, leurs héritiers, donataires, légataires & autres les représentant leur succedent, encore qu'ils soient étrangers & non régnicoles, & même qu'ils soient sujets de puissances & états avec lesquels Sa Majesté pourroit être en guerre, & qu'en conséquence lesdites rentes soient exemptes de toutes lettres de marque & de représailles, droit d'aubaine, confiscation & autres qui pourroient appartenir à Sa Majesté : & pour l'exécution du présent arrêt, toutes lettres nécessaires seront expédiées & enregistrées sans frais par-tout où besoin sera. FAIT au conseil d'état du Roi, Sa Majesté y étant, tenu à Versailles le vingt-huitieme jour d'Avril mil sept cent soixante-quatre.

N°. IV.

Signé, PHELYPEAUX.

§. XVII.

Emprunt de 1,200,000 livres pour le second abonnement des dons gratuits.

I.

EXTRAIT *du registre des délibérations des Etats généraux de Languedoc, assemblés par mandement du Roi en la ville de Montpellier au mois de Janvier 1764.*

Du Samedi 11 Février suivant, président Mgr. l'archevêque & primat de Narbonne.

MONSEIGNEUR l'archevêque de Toulouse a dit, que MM. les commissaires ont discuté, en présence de Mgr. le président, l'article quatrieme des instructions, qui porte que Sa

Majesté ayant prorogé pendant cinq années les droits établis, ou qui ont dû l'être, en vertu de l'édit d'Août 1758, & de la déclaration du 3 Janvier 1759, pour le payement des dons gratuits des villes & communautés du royaume, en remettant sur la troisieme année un sixieme, sur la quatrieme un tiers, & sur la cinquieme la moitié desdits droits, si les Etats sont dans l'intention de traiter de leur rachat en faveur des villes & communautés de la province, comme ils l'ont fait en 1759, Sa Majesté autorise MM. ses commissaires à entendre leurs propositions.

Que cette demande , quoiqu'elle renferme la continuation d'une charge extraordinaire , dont les Etats avoient cru s'être affranchis pour toujours au moyen de l'abonnement qu'ils en firent en 1759 , a semblé néanmoins susceptible de moins de difficulté que celle sur laquelle les Etats viennent de délibérer, attendu que les besoins de l'Etat exigeant absolument la continuation de ce secours, la voie de l'abonnement qui est offerte par Sa Majesté, le rend bien moins onéreux , ne s'agissant que de faire supporter aux redevables , les intérêts du capital de l'emprunt du prix du nouveau rachat, jusques à ce que la province puisse s'en libérer, dans des tems plus heureux.

Que MM. les commissaires s'étant fait rapporter la délibération prise par les Etats sur la même affaire, le premier Février 1759 & le traité fait en conséquence avec MM. les commissaires du Roi, ils y ont vu, qu'après le plus sérieux examen , les Etats , en se conformant à ce qui avoit été fait en pareil cas en 1710 , avoient préféré le don d'une somme de 1,800,000 livres à l'établissement de nouveaux droits , dont la perception auroit non-seulement été extrêmement onéreuse aux consommateurs , au commerce , & dès-lors aux propriétaires des fonds ; mais auroit encore troublé celle de l'équivalent , & des subventions ou octrois appartenant à la province , ou aux principales communautés , ce qui auroit occasionné un dérangement très-préjudiciable au bon ordre de leur administration.

Que les mêmes motifs qui n'ont point cessé , & qui ont déjà engagé les Etats à souscrire au nouvel abonnement du dernier sol pour livre , qui vient d'être établi sur toute espece de droits , ont paru à MM. les commissaires très-propres à les porter à en user de même aujourd'hui.

Qu'à l'égard de la fixation de la somme à payer, il seroit à desirer qu'elle pût être au dessous de la proportion de celle de 1,800,000 livres qu'on soutint en 1759 être trop forte; mais qu'outre l'inutilité des représentations qui furent faites alors par les Etats & le préjugé de leur acquiescement au traité qui a reçu son exécution; Mgr. l'archevêque de Narbonne ayant bien voulu faire part à la commission du peu de succès des instances qu'il a fait avec MM. les députés au sujet de la nouvelle demande , dont il s'agit, pour tâcher d'obtenir un traitement plus favorable , & MM. les commissaires considérant d'ailleurs le soulagement qui doit résulter des remises annoncées, ils ont été d'avis de proposer à l'assemblée d'offrir à MM. les commissaires du Roi la somme de douze cent mille livres une fois payée, pour que la province fût déchargée de l'exécution de la déclaration du 21 Novembre dernier qui deviendroit comme non avenue pour le Languedoc, ainsi que l'édit & déclaration de 1758 & 1759.

Qu'à l'égard du terme du payement de cette somme, & de la maniere d'y pourvoir, qui ne pouvoit être que par emprunt, quoique l'abonnement ne doive commencer qu'en 1765 ; & qu'à la rigueur le prix n'en dût être compté, qu'à raison d'un cinquieme chaque année avec les diminutions indiquées sur les trois dernieres ; savoir, 300,000 livres chacune des deux premieres , 250,000 livres la troisieme , 200,000 liv. la quatrieme, & 150,000 livres la derniere , ce qui revient en total aux 1,200,000 livres de l'offre à faire par les Etats , Mgr. l'archevêque de Narbonne ayant fait connoître à MM. commissaires que les Etats feroient
roient

rolent chofe très-agréable à Sa Majefté, s'ils faifoient porter à fon tréfor cette fomme à la fois & le plutôt qu'il feroit poffible ; la commiffion perfuadée du defir, qu'a l'affemblée de plaire au Roi, furtout dans des arrangemens qui ne font pas trop onéreux à la province, a cru qu'elle fe porteroit fans peine à s'engager de fournir ladite fomme de 1,200,000 livres dans le mois de Janvier 1765, en laquelle année commencera l'impofition des intérêts de l'emprunt, qui en fera fait à compter du premier dudit mois de Janvier.

Sur quoi il a été délibéré, conformément à l'avis de MM. les commiffaires, d'offrir à Sa Majefté une fomme de douze cent mille livres payable par emprunt dans le mois de Janvier 1765, pour que la province foit déchargée de l'exécution de la déclaration du 21 Novembre 1763 concernant la continuation des dons gratuits, laquelle demeurera nulle, & comme non avenue, à l'égard du Languedoc ; de donner pouvoir à MM. les commiffaires qui feront à cet effet députés, de faire à ce fujet avec ceux de Sa Majefté, un traité, ainfi qu'il en fut ufé en 1759, & aux fyndics-généraux de faire l'emprunt de ladite fomme, après que ledit traité aura été conclu & homologué, en ftipulant l'intérêt au profit des prêteurs, à compter du premier Janvier 1765, exempt de toutes retenues, & aux autres claufes & conditions du traité du premier Février 1759.

─────────────

II.

ARRÊT

DU CONSEIL D'ÉTAT DU ROI,

Qui autorife le traité fait entre MM. fes commiffaires & les Etats ; & en conféquence, ordonne qu'au moyen de la fomme y énoncée, la province
Tome II.

demeurera déchargée de l'exécution de la déclaration du 21 Novembre 1763, concernant les dons gratuits à payer pendant cinq années par les villes & bourgs du royaume.

Du 27 Février 1764.

EXTRAIT des Regiftres du Confeil d'Etat.

VU par le Roi, étant en fon confeil, le traité fait entre les commiffaires de Sa Majefté & les commiffaires députés par l'affemblée des Etats de la province de Languedoc, le 11 du mois de Février 1764, dont la teneur fuit.

Traité fait & arrêté entre MM. les commiffaires préfidens pour le Roi aux Etats généraux de la province de Languedoc, & MM. les commiffaires députés par l'affemblée des Etats.

ARTICLE PREMIER.

Qu'en conféquence de la délibération du 11 Février 1764, les Etats s'obligent de faire payer dans tout le courant du mois de Janvier 1765 au tréfor royal, la fomme de douze cent mille livres.

ART. II.

Qu'au moyen du payement de ladite fomme de douze cent mille livres les villes & communautés de Languedoc feront déchargées de l'exécution de la déclaration du 21 Novembre 1763, concernant la prorogation du payement pendant cinq années d'un don gratuit à faire par toutes les villes, fauxbourgs & bourgs du royaume, laquelle déclaration demeurera, quant à ce, fans effet & comme non avenue à l'égard de ladite province.

ART. III.

Qu'il fera permis aux Etats d'emprunter ladite fomme de douze cent mille

N

livres à conſtitution de rente au denier vingt, avec exemption ſur leſdites
rentes, de la retenue des deux vingtiemes & deux ſols pour livre du dixieme, tant que leſdites impoſitions auront lieu, & que les premiers contrats
qui feront paſſés pour raiſon dudit emprunt, ainſi que les quittances de rembourſement du capital, lorſqu'ils auront lieu, feront exempts du droit de
contrôle & de petit ſceau.

ART. IV.

Qu'il ſera du bon plaiſir de Sa Majeſté d'ordonner que les tuteurs & curateurs pourront faire dans ledit emprunt, emploi des deniers des pupilles,
mineurs ou interdits, en obſervant les
formalités qui font en uſage dans les
lieux où les emprunts feront faits, &
que les communautés ſéculieres & régulieres, hôpitaux, fabriques & gens
de main-morte, pourront auſſi employer leurs deniers dans ledit emprunt,
ſans être tenus de payer aucuns droits
d'amortiſſement des rentes qui feront
conſtituées à leur profit; comme auſſi,
que les étrangers non naturaliſés, même ceux demeurant hors du royaume,
pays, terres & ſeigneuries de ſon obéiſſance, pourront, ainſi que ſes propres
ſujets, acquérir leſdites rentes, encore
qu'ils ſoient ſujets des puiſſances avec
leſquelles S. M. pourroit être en guerre,
& qu'ils en jouiſſent & puiſſent diſpoſer
entre-vifs, par teſtament ou autrement, en principaux & arrérages; &
qu'en cas qu'ils n'en euſſent pas diſpoſé
de leur vivant, leurs héritiers, donataires, ou autres les repréſentant, leur
ſuccedent, encore qu'ils ſoient étrangers & non régnicoles, même qu'ils
ſoient ſujets de princes & états avec
leſquels Sa Majeſté pourroit être en
guerre, & qu'en conſéquence, leſdites rentes ſoient exemptes de toutes
Lettres de marque & de repréſailles,

droit d'Aubaine, confiſcation, & autres qui pourroient appartenir à Sa
Majeſté.

ART. V.

Que les Etats pourvoiront de la maniere qu'ils aviſeront être la plus convenable, au payement des intérêts dudit emprunt, & au rembourſement
dudit capital, & dans tels termes
qu'ils jugeront à propos, & que le préſent traité ſera homologué par le Roi,
& toutes lettres feront expédiées & regiſtrées ſans frais partout où beſoin
ſera. FAIT & ſigné en triple original à
Montpellier le 11 Février 1764: Oui
le rapport du ſieur de Laverdy, conſeiller ordinaire au conſeil royal, contrôleur-général des finances: LE ROI
ETANT EN SON CONSEIL, a approuvé, autoriſé & confirmé, approuve, autoriſe & confirme ledit
traité; & en conſéquence, a ordonné
& ordonne, qu'en payant par les
Etats de la province de Languedoc,
la ſomme de douze cent mille livres
qui ſera portée au tréſor royal par le
tréſorier deſdits Etats, les villes &
communautés de ladite province feront
& demeureront déchargées de l'exécution de la déclaration du 21 Novembre mil ſept cent ſoixante-trois, concernant les dons gratuits à payer pendant cinq années conſécutives, par
toutes les villes, fauxbourg & bourgs
du royaume, laquelle déclaration demeurera ſans effet & comme non avenue à l'égard de ladite province. Permet Sa Majeſté auxdits Etats, d'emprunter ladite ſomme de douze cent
mille livres à conſtitution de rente au
denier vingt, & aux autres clauſes &
conditions dudit traité, lequel Sa Majeſté veut & entend être exécuté ſelon
ſa forme & teneur: & ſur le préſent
arrêt feront toutes lettres néceſſaires
expédiées & enregiſtrées ſans frais par

N°. II. tout où befoin fera. FAIT au confeil d'État du Roi, Sa Majefté y étant, tenu à Verfailles le vingt-feptieme jour de Février mil fept cent foixante-quatre.

Signé, PHELYPEAUX.

N°. II.

§. XVIII.

Pont de Beaucaire.

EXTRAIT du regiſtre des délibérations des Etats-généraux de Languedoc, aſſemblés par mandement du Roi en la ville de Montpellier au mois de Novembre 1767.

Du Lundi 28 Décembre fuivant, préfident monfeigneur l'archevêque & primat de Narbonne.

MONSEIGNEUR l'archevêque de Touloufe a dit, que la délibération des Etats du 5 Janvier 1767 par laquelle Mgr. l'archevêque de Narbonne fut autorifé à terminer définitivement avec M. le Comte de Saint-Florentin, la ceffion que ce miniftre a bien voulu faire à la province de la jouiffance qui lui a été accordée par le Roi du pont de Beaucaire, avec les droits qui y font attachés, contenant la condition ef-fentielle de prendre les mefures les plus propres à affurer à la province la propriété incommutable qu'elle defire acquérir, en indemnifant mondit fieur le comte de Saint-Florentin, monfei-gneur l'archevêque auroit jugé à pro-pos de prendre fur ce point important l'avis des perfonnes les plus entendues, & notamment du fieur Doutremont, avocat de la province, dont le profond favoir eft généralement reconnu.

Que ces avis fe font réunis à établir, que pour procurer à la province l'en-tiere fureté qu'elle defire, il étoit con-venable, que M. le comte de Saint-Florentin fît d'abord au Roi l'abandon & remife de la conceffion à lui faite,

pour que Sa Majefté en difposât ainfi, & en faveur de qui elle aviferoit, & qu'enfuite il plût à Sa Majefté de faire à la province une nouvelle conceffion à titre de don pur & fimple à perpé-tuité, pour être réuni à fon adminif-tration, dudit pont de bateaux établi fur le Rhône, entre les villes de Beau-caire & de Tarafcon, avec les bacs à traille, moulins, agrès, apparaux, magafins, enfemble les droits de péage & paffage en dépendans, à l'effet par la province de jouir dudit pont de Beaucaire, & de toutes fes dépendan-ces, ainfi que M. le Comte de Saint-Florentin en auroit joui, & que Sa Majefté a le droit d'en jouir, avec la faculté, en faveur de la province, de conftruire & établir à fes frais, exclu-fivement à toute autre, fur le fleuve du Rhône, dans la demi-lune tant en deçà qu'en delà dudit pont, tel nombre de moulins, qu'elle jugera à propos, & dont elle fera faire l'exploitation à fon profit ; à la charge par la province d'entretenir à perpétuité, à fes frais & dépens, ledit pont de bateaux, ainfi que fes abords, maffifs & dépendan-ces, en bon état de fervice, & d'in-demnifer M. le comte de Saint-Floren-tin, comme elle avoit déjà offert de le faire, du produit de fa jouiffance, pendant le tems qui refteroit à expirer des vingt années de fa conceffion, & que pour dédommager la province du payement de cette indemnité réglée à trois cent mille livres payables en con-

N 2

trats au denier vingt-cinq, il feroit ordonné qu'elle percevroit, pendant le
cours du tems restant des vingt années
de fa jouissance, les droits de péage &
passage, tels qu'ils ont été établis par
les arrêts & lettres-patentes de leur
concession, suivant le bail du 29 Novembre 1765 passé au sieur Jean-
François Lambert, banquier de Paris,
pour le terme de neuf années, & ceux
qui pourront être passés pour le reste
desdites vingt années, après l'expiration desquelles les droits de péage &
passage dont il s'agit, seront éteints &
supprimés pour toujours.

Que cet arrangement ainsi jugé le
plus propre à remplir les vues des
Etats, a été exécuté sous leur bon
plaisir, & confirmé par un arrêt du
conseil revêtu de lettres-patentes du
13 Septembre 1767, dont les dispositions ne laissent plus rien à desirer,
puisqu'elles réunissent, d'un côté l'a-
vantage qui doit résulter pour le public, & pour le commerce en général
de la suppression des droits, qui sont
toujours à sa charge, & de l'autre
l'utilité & l'importance de cette communication qui ne peut mieux être as-
surée en tout tems, que par les soins
de la sage administration de la province.

Que MM. les commissaires ont con-
féquemment été d'avis que les Etats,
en applaudissant à une forme aussi bien
réfléchie, ne sauroient assez témoigner leur reconnoissance à Mgr. l'archevêque de Narbonne pour les soins
qu'il a bien voulu prendre pour terminer ainsi cette importante affaire.

Sur quoi il a été unanimement délibéré d'approuver & ratifier en tant
que de besoin tout ce qui a été fait
par Mgr. l'archevêque de Narbonne
de concert avec M. le comte de Saint-
Florentin, & après avoir remercié
Mondit Seigneur l'archevêque des peines que lui a donné cette négociation,
les Etats ont chargé les syndics-généraux de poursuivre l'enregistrement au
Parlement, & partout où besoin sera,
de l'arrêt & lettres-patentes du 13
Septembre 1767, portant le don fait
à la province du pont de Beaucaire,
& droits y attachés, & il leur a été
donné pouvoir de consentir au nom
de la province à raison de l'indemnité
convenue avec M. le comte de Saint-
Florentin, des contrats à constitution
de rente au denier vingt-cinq à concurrence du capital de ladite somme
de trois cent mille livres, soit au nom
de ce ministre, ou de telles personnes
qu'il lui plaira d'indiquer.

§. XIX.

Emprunt des trois millions pour le troisieme abonnement des quatre fols pour livre en fus de la capitation.

I.

EXTRAIT *du regiſtre des délibérations des Etats généraux de Languedoc, aſſemblés par mandement du Roi en la ville de Montpellier au mois de Novembre 1768.*

Du Jeudi 22 Décembre ſuivant, préſident monſeigneur l'archevêque & primat de Narbonne.

MONSEIGNEUR l'archevêque de Touloufe a dit, que la commiſſion des affaires extraordinaires ayant continué l'examen des demandes contenues dans l'inſtruction du Roi à MM. fes commiſſaires dont il n'a pas été encore rendu compte aux Etats ; elle n'a pu voir qu'avec douleur celles qui regardent la continuation des quatre fols pour livre de la capitation, & des dons gratuits exigés déjà à deux différentes reprifes des villes & communautés du royaume.

Que pour mettre les Etats à portée de délibérer aujourd'hui en connoiſſance de cauſe fur la premiere de ces demandes, il eſt néceſſaire de leur rappeller ce qui a été fait fur le même objet.

Qu'il paroît que l'augmentation des quatre fols pour livre en fus de la capitation, ayant été ordonnée pour la premiere fois par arrêt du 18 Décembre 1747, pour avoir lieu pendant dix années feulement, les Etats, par un effet de leur zele & de leur foumiſſion aux volontés du Roi, après avoir donné leur conſentement à cette impoſition

extraordinaire, conſidérant combien elle feroit alors onéreufe aux redevables par les raifons qui furent déduites dans les repréſentations dont fut fuivie cette premiere délibération, inſiſterent pour obtenir un abonnement qui leur fut accordé fur le pied de trois millions une fois payés, par arrêt du 30 Avril 1748, à la charge d'impofer les intérêts de cette fomme en fus du montant de la capitation, jufqu'à ce qu'elle eût été rembourfée au moyen de la remife que Sa Majeſté voulut bien s'engager de faire d'abord après la paix, d'une fomme de 300,000 livres chaque année pour la même capitation.

Que l'époque de l'exécution de cet engagement étant heureufement arrivée bientôt après, & le miniſtre des finances s'étant porté non-feulement à le tenir, mais même à augmenter confidérablement cette remife, le premier emprunt de trois millions s'eſt trouvé éteint en 1753.

Mais que Sa Majeſté ayant jugé à propos de proroger la même impoſition defdits quatre fols pour livre pendant dix autres années, par arrêt de fon confeil du 27 Septembre 1757, les mêmes motifs déterminerent les Etats, après avoir confenti à cette prorogation, à demander le même abonnement qui leur fut accordé par arrêt du 2 Mai 1758, aux mêmes conditions de pourvoir par emprunt au payement du prix réglé à trois millions, & par impoſition fur les capitables à celui des intérêts jufques à l'entier rembourfement du capital auquel fut deſtinée la continuation de la remise de 800,000 livres sur la capitation, après toutefois qu'elle auroit servi à acquitter un autre emprunt de onze millions quatre cent mille livres fait pour l'abonnement des charges municipales invendues, suivant l'arrêt du conseil du 30 Juillet 1754.

Qu'à cette surcharge a été encore ajoutée en 1760, celle du rachat des doublement & triplement des quotités de la capitation de 24 livres & au-dessus, dont les Etats crurent devoir affranchir les redevables en l'abonnant à une somme de 400,000 livres par année, payable par emprunt, & se contentant d'ajouter auxdites quotités les intérêts de ladite somme jusqu'à ce que le capital eût pu être remboursé, en y employant la même remise de 800,000 livres, ainsi qu'il est porté dans un grand détail par les arrêts des 23 Décembre 1760 & 11 Janvier 1762, qui ont réglé cet abonnement & permis les emprunts qui ont été faits en conséquence jusques à concurrence d'une somme de 1,600,000 livres pour les quatre années pendant lesquelles a subsisté cet impôt; de maniere que l'imposition actuelle de la capitation, composée de la somme de 1,600,000 livres que les Etats accordent chaque année à Sa Majesté, des intérêts des anciens emprunts faits pour payer les restes qu'on n'avoit pu recouvrer depuis 1701 jusques en 1709, & de ceux des emprunts faits en conséquence des divers abonnemens dont on vient de faire le détail, & des taxations du trésorier des Etats, monte à deux millions quatre mille quatre cent soixante-sept livres, à quoi ayant été ajouté la somme de 60,187 livres pour le supplément de l'entretien de la maréchaussée, ainsi que les Etats l'ont délibéré dans leur précédente séance avec les taxations du trésorier sur cette addition, l'imposition totale se trouve por-

tée à deux millions soixante-cinq mille cent cinquante-cinq livres onze sols deux deniers.

Que la connoissance de ces faits est sans doute bien propre à faire sentir aux Etats, comme elle l'a fait à MM. les commissaires, l'impossibilité qu'il y auroit à tenter d'augmenter, comme le porte l'instruction du Roi à MM. ses commissaires, cette imposition regardée comme la plus fâcheuse par sa nature & l'arbitraire qu'on ne peut entierement bannir dans sa répartition, malgré la sagesse des précautions qu'ont pris les Etats pour la rendre la plus égale & la plus juste qu'il seroit possible, en y ajoutant encore une somme de 320,000 livres par année, à commencer du premier Janvier de la présente année 1768, & pendant un nouveau terme de dix années que doit durer la seconde prorogation de cette augmentation, suivant l'arrêt du conseil du 10 Septembre 1767 dont MM. les commissaires du Roi sont chargés de donner connoissance aux Etats, en leur faisant en son nom la demande de pourvoir à cette imposition.

Que dans ces circonstances, la commission n'auroit pu dissimuler ses alarmes sur les suites d'un engagement évidemment au-dessus des forces des redevables, si elle n'avoit été informée des assurances données par MM. les commissaires du Roi, que ce nouveau témoignage du respect des Etats pour ses volontés sera suivi du même traitement qu'ils ont déjà obtenu, par l'acceptation d'un nouvel abonnement à la somme de trois millions une fois payés, en représentation d'une surcharge que ne pourroient supporter les capitables, par les raisons déjà déduites & répétées dans les précédens mémoires & délibérations des Etats sur la même matiere, & qui sont devenues encore plus pressantes.

Que dans cette confiance, MM. les commiſſaires s'étant fait repréſenter les délibérations ci-devant priſes ſur pareille demande ont cru devoir propoſer aux Etats de faire encore prévaloir leur zele & leur fidélité, comme ils l'ont toujours fait, à toute autre conſidération, en prenant une délibération conforme aux intentions du Roi, qui ſera très-humblement ſupplié d'accorder aux Etats un troiſieme abonnement ſur le pied de trois millions, aux mêmes conditions des traités précédemments faits ſur le même objet ; comme auſſi de permettre aux Etats, pour ne pas mettre les capitables dans l'impoſſibilité de payer leurs quotités, de prélever le montant des intérêts de cet emprunt ſur la remiſe annuelle des 800,000 livres deſtinée aux rembourſemens de ceux auxquels elle doit être employée ſuivant les précédens arrêts du conſeil ; ce qui en éloignant, à la vérité, mais d'une maniere peu ſenſible, l'acquittement deſdits capitaux, conciliera, autant qu'il eſt poſſible, les beſoins de l'état avec l'impuiſſance des redevables, ſur leſquels le recouvrement de toute augmentation d'impoſition ſeroit évidemment impoſſible.

A quoi Mgr. l'archevêque de Touloufe a ajouté qu'attendu que les Etats doivent ſe flatter que d'auſſi juſtes repréſentations feront favorablement accueillies, ils pourroient dès-à-préſent donner aux ſyndics-généraux les pouvoirs néceſſaires pour faire l'emprunt de trois millions en la forme & aux conditions accoutumées, & autoriſer le tréſorier de la bourſe à faire l'avance des intérêts qui pourront être dus aux créanciers, proportionnellement à l'époque de la remiſe de leurs deniers.

Sur quoi il a été délibéré, par les motifs expoſés dans l'avis de la commiſſion, que les Etats conſentent à la continuation de la levée des quatre ſols

pour livre en ſus de la capitation pendant le nouveau terme de cette prorogation, ſuivant l'arrêt du conſeil du 10 Septembre 1767, dans la juſte confiance où ils ſont que Sa Majeſté voudra bien accueillir favorablement la très-humble demande qu'ils prennent la liberté de lui faire, de leur accorder un abonnement ſemblable aux précédens, & aux mêmes conditions, ainſi que la liberté de prendre le montant des intérêts de l'emprunt de trois millions, qui en ſera le prix, ſur la remiſe de 800,000 livres deſtinées au rembourſement des précédens emprunts faits pour le même objet, & d'autres également onéreux aux redevables.

I I.
ARRÊT
DU CONSEIL D'ÉTAT DU ROI,

Qui autoriſe la délibération des Etats au ſujet de l'abonnement des quatre ſols pour livre en ſus de la capitation, dont la levée a été prorogée pour dix années.

Du 26 Avril 1769.

EXTRAIT des Regiſtres du Conſeil d'Etat.

VU par le Roi étant en ſon conſeil, la délibération priſe par les gens des Trois-états de la province de Languedoc, le 22 Décembre 1768, par laquelle, ſur la demande à eux faite par les ſieurs commiſſaires de Sa Majeſté de la continuation de la levée des quatre ſols pour livre de la capitation pendant le terme de dix années, ſuivant l'arrêt du conſeil du 10 Septembre 1767, dont ils ont été chargés de leur donner connoiſſance ; leſdits Etats, pour donner à Sa Majeſté de nouvelles marques de leur zele & de leur fidélité, en fe conformant à fa volonté, auroient confenti la continuation de la levée defdits quatre fols pour livre pendant le terme de leur nouvelle prorogation ; & néanmoins délibéré que Sa Majefté feroit fuppliée de leur accorder un abonnement femblable à ceux de 1748 & de 1758, & aux mêmes conditions, ainfi que de leur permettre de prendre le montant des intérêts de l'emprunt de trois millions qui en fera le prix, fur la remife de huit cent mille livres qui a été deftinée par Sa Majefté au remboursement d'un précédent emprunt fait pour un pareil rachat, fuivant l'abonnement qui fut accordé par l'arrêt du 2 Mai 1758, & qui doit fervir audit remboursement, à commencer de la préfente année ; à l'effet de quoi lefdits Etats ont donné pouvoir au fieur archevêque de Narbonne, & à leurs députés à la cour, de conclure un traité à ce fujet auxdites conditions. Vu auffi le mémoire préfenté en conféquence par les députés & le fyndic général de ladite province, par lequel ils concluoient à ce qu'il plût à Sa Majefté décharger la province de Languedoc de l'exécution dudit arrêt du confeil du 10 Septembre 1767, & de fe contenter de la fomme de trois millions que lefdits Etats de la province feroient porter au tréfor royal dans les termes les plus courts qu'il feroit poffible ; au payement de laquelle il leur feroit permis de pourvoir par la voie d'un emprunt au denier vingt-cinq; à condition toutefois, qu'il feroit du bon plaifir de Sa Majefté de leur donner le moyen de pourvoir au rembourfement de trois millions du capital dudit emprunt, & des frais d'icelui, en accordant une remife de huit cent mille livres, comme Elle a bien voulu le faire en pareille circonftance par lefdits arrêts de fon confeil des 30 Avril 1748, & 2 Mai 1758 ; comme auffi

de leur permettre de pourvoir au payement des intérêts fur le produit de la remife précédemment accordée, qui doit fervir, à commencer de la préfente année, à éteindre l'emprunt de trois millions, permis par le dernier de ces arrêts. Ordonner pareillement que pour faciliter le nouvel emprunt, les rentes qui en proviendront feront exemptes de la retenue des deux vingtiemes & des deux fols pour livre d'iceux ; & que les premiers contrats, ainfi que les quittances des rembourfemens qui en feront faits, feront pareillement exempts de tous droits de contrôle & de petit fceau ; & enfin, accorder en faveur des tuteurs & curateurs, des communautés féculieres & régulieres, hôpitaux, fabriques, gens de main-morte, & des étrangers qui voudroient employer leurs deniers dans ledit emprunt, les mêmes claufes, conditions & exemptions portées par les arrêts & lettrespatentes qui ont autorifé les précédens emprunts faits par la province, & notamment par les arrêts & lettres-patentes des 15 Décembre 1746, & 30 Avril 1748. Vu auffi lefdits arrêts ; & Sa Majefté voulant traiter favorablement fes fujets de ladite province : Oui le rapport du fieur Maynon d'Invau, confeiller ordinaire & au confeil royal, contrôleur général des finances ; SA MAJESTÉ ÉTANT EN SON CONSEIL, a ordonné & ordonne :

ARTICLE PREMIER.

Qu'en payant par les Etats de la province de Languedoc, la fomme de trois millions de livres qui fera portée au tréfor royal par le tréforier defdits Etats, pour tenir lieu des quatre fols pour livre en fus de la capitation, dont la levée a été prorogée pour dix années par l'arrêt du confeil du 10 Septembre 1767, lad. province demeurera déchargée de l'exécution dudit arrêt.

ART. II.

Art. II.

Permet Sa Majesté aux Etats de ladite province, d'emprunter à constitution de rente au denier vingt-cinq, la somme de trois millions de livres; à la charge par lesdits Etats d'imposer annuellement en sus de la capitation, les intérêts du capital dudit emprunt; & ce, jusqu'à ce que le fonds que Sa Majesté veut bien accorder, ainsi qu'il sera ci-après expliqué, tant pour le remboursement du capital, que pour acquitter par la suite les intérêts dudit emprunt, puisse être employé à cette destination.

Art. III.

Pour donner aux Etats le moyen de subvenir au remboursement du capital du nouvel emprunt de trois millions, Sa Majesté leur a accordé & accorde, à commencer immédiatement après l'extinction de l'emprunt de trois millions de livres, & de celui de 1,600,000 livres faits par ladite province, en exécution des arrêts du conseil du 2 Mai 1758, 23 Décembre 1760, & 11 Janvier 1762, la même remise de 800,000 livres par année, sur celle de 1,600,000 livres à laquelle se monte la capitation de lad. province, excepté néanmoins le cas où Sa Majesté se trouveroit alors en guerre; & ledit cas arrivant, à commencer seulement immédiatement après la paix; pour être la somme de huit cent mille livres employée annuellement & sans divertissement, tant au payement des intérêts, qu'au remboursement des capitaux du nouvel emprunt de trois millions, & jusqu'à son entiere extinction; à l'effet de quoi, ladite somme de huit cent mille livres continuera d'être retenue chaque année pendant ledit tems & durant les années de paix seulement, par le trésorier desdits Etats, auquel il en sera tenu compte par le garde du

trésor royal sur sa simple quittance, & en vertu du présent arrêt.

Art. IV.

Ordonne Sa Majesté que les rentes qui seront constituées pour raison dudit emprunt de trois millions, seront & demeureront exemptes de la retenue des deux vingtiemes & deux sols pour livre d'iceux; faisant à cet effet défenses aux trésoriers desdits Etats de faire ladite retenue, & que les premiers contrats qui seront passés pour raison dudit emprunt, ainsi que les quittances des remboursemens, seront exempts des droits de contrôle & de petit sceau.

Art. V.

Veut Sa Majesté que les tuteurs & curateurs puissent faire dans ledit emprunt, emploi des deniers des pupilles, mineurs ou interdits, en observant les formalités qui sont en usage dans les lieux où les emprunts seront faits, & que les communautés séculieres & régulieres, hôpitaux, fabriques & gens de main-morte, puissent aussi employer leurs deniers dans ledit emprunt, sans être tenus de payer aucuns droits d'amortissement des rentes qui seront constituées à leur profit. Veut aussi S. M. que les étrangers non naturalisés, même ceux demeurant hors du royaume, pays, terres & seigneuries de son obéissance, puissent, ainsi que ses propres sujets, acquérir lesdites rentes, encore qu'ils soient sujers des puissances avec lesquelles Sa Majesté pourroit être en guerre, & qu'ils en jouissent & puissent disposer entre-vifs, par testament ou autrement, en principaux ou arrérages; & qu'en cas qu'ils n'en eussent pas disposé de leur vivant, leurs héritiers, donataires, légataires ou autres les représentant, leur succedent, encore qu'ils soient étrangers & non régnicoles, même qu'ils soient sujers des

O

princes & états avec lefquels Sa Majefté pourroit être en guerre, & qu'en
conféquence lefdites rentes foient
exemptes de toutes lettres de marque
& de repréfailles, droit d'aubaine,
confifcation & autres qui pourroient
appartenir à Sa Majefté.

Art. VI.

Ordonne Sa Majefté que les rembourfemens des capitaux dudit emprunt, lorfque les fonds défignés par
l'article III du préfent arrêt pourront
y être appliqués, feront faits chaque
année par une loterie qui fera tirée
pendant la tenue des Etats, en fe conformant pour ce qui regardera ladite
loterie & la validité des rembourfemens qui feront faits, à ce qui eft prefcrit par l'arrêt de fon confeil du 6 Janvier 1755; à l'effet de quoi il fera arrêté chaque année par les fieurs commiffaires de Sa Majefté & ceux des
Etats, une liquidation des fommes qui
auront été rembourfées fur le capital
& les intérêts dudit emprunt, au moyen de ladite remife de huit cent mille
livres, dont la retenue aura été faite;
laquelle liquidation fera ainfi continuée
d'année en année jufqu'à l'entier rembourfement du capital; après lequel il
fera expédié un arrêt pour autorifer
lefdites liquidations. Et pour l'exécution du préfent arrêt, toutes lettres
néceffaires feront expédiées & enregiftrées fans frais partout où befoin
fera. Fait au confeil d'état du Roi,
Sa Majefté y étant, tenu à Verfailles
le vingt-fix Avril mil fept cent foixante-neuf.

Signé, Phelypeaux.

§. X X.

Emprunts pour la conftruction du Port, Quai, & Canal de Touloufe.

I.

*Extrait du regiftre des délibérations
des Etats généraux de Languedoc,
affemblés par mandement du Roi
en la ville de Montpellier au mois
de Novembre 1770.*

Du Samedi 5 Janvier 1771, préfident Mgr.
l'archevêque & primat de Narbonne.

Monseigneur l'évêque de Nîmes
a dit que le fieur de la Fage, fyndic-général, a rapporté à la commiffion
qu'on a élevé cette année le mur de
quai de Touloufe, jufques à la hauteur
du trottoir; qu'il ne manque, pour
achever la partie commencée de ce
quai, près de la Daurade, relative à la
confervation du pont qui eft de 70 toifes de longueur, qu'à élever un refte
de mur en retour, pofer le cordon &
le parapet, former le trottoir, niveller
& paver la voie; qu'il refte de plus à
achever la digue, depuis l'extrémité de
l'ifle de Thounis jufqu'au pont.

Que les ouvrages faits cette année fe
portent, fuivant le toifé dreffé par le
fieur de Saget, en date du 20 Novembre 1770, à dix mille huit cent quarante livres deux fols un denier; que
cette fomme jointe aux vingt-quatre
mille fept cent treize livres un fol un
denier qui formoient l'excédent des dépenfes, fuivant le compte rendu aux
Etats derniers, aux neuf cent liv. d'appointemens de l'infpecteur, & à 14,542
livres 9 fols payés en indemnités, font
une fomme totale de cinquante mille

neuf cent quatre - vingt - quinze livres
douze fols deux deniers ; que n'ayant
été fait en 1770 que 36,000 livres de
fonds pour faire face à cette dépenfe, il
refte encore à payer 14,995 livres 12
fols deux deniers, qu'on pourra prendre fur l'impofition de 1771 ; qu'il faut
prendre de plus fur cette impofition
6000 livres pour achever de payer la
maifon acquife de la veuve Beraud, &
350 livres pour le loyer d'une année de
la maifon presbytérale de la Daurade ;
qu'ainfi les prélevés à faire fur les fonds
de 1771 fe porteront au total à 21,345
livres 12 fols 2 deniers, fans à ce comprendre les 5000 livres que la province
s'eft obligée de donner annuellement
aux bénédictins en indemnité, lorfqu'ils
travailleront à leur églife, jufques à
concurrence de 30,000 livres.

Que les Etats ayant délibéré de ré ·
parer & d'entretenir le pavé de la voie
du pont & de fes avenues, le fieur de
Saget, a cherché des paveurs qui vouluffent fe charger de cet ouvrage ; mais
qu'aucun n'ayant voulu l'entreprendre,
vu le mauvais état où eft ce pavé, fans
préalablement le remanier à chantier
ouvert, il paroîtroit convenable de
faire procéder à fon adjudication eftimée, d'après le devis dreffé par ledit
fieur de Saget, à 2000 livres pour la
premiere conftruction, & à 300 livres
pour l'entretien annuel.

Qu'il eft aifé de voir par ce détail
que fur l'impofition qu'on pourra faire
cette année, il ne reftera pas beaucoup
de fonds pour ces ouvrages ; qu'il feroit
cependant avantageux qu'ont pût bientôt faire le pont de la Daurade, fans
lequel tout ce qu'on fait pour faciliter
l'entrée des barques dans le baffin de
la Garonne, entre les deux moulins
du Bafacle & du château, deviendroit
inutile pour la ville de Touloufe, puifqu'on ne pourroit point y aborder ; que
l'objet le plus confidérable pour la

conftruction de ce port eft l'acquifition des maifons qui font dans l'emplacement qu'il doit occuper ; que fuivant l'eftimation qui en a été faite par
le nommé Raymond, elles fe portent
en total à la fomme de 182,250 liv.,
fans à ce comprendre l'ancienne maifon du viguier appartenant à la ville,
qui la cédera à la province ; qu'il eft à
remarquer que le prix des maifons dans
la ville de Touloufe augmente tous les
jours, puifqu'une maifon qui n'avoit été
eftimée il y a deux ans que 5000 livres
a été portée cette année à 800 de plus
par une nouvelle eftimation qu'on n'a
pu refufer au particulier qui réclamoit
de la premiere, à raifon de l'augmentation du prix des effets.

Que d'un autre côté, quelques propriétaires de ces maifons, connoiffant
qu'elles entrent dans le plan des ouvrages, demandent qu'on en faffe de fuite
l'acquifition, parce qu'ils n'ofent ni les
réparer ni les vendre.

Que dans ces circonftances, il femble que le parti le plus avantageux que
peuvent prendre les Etats, feroit de
déterminer qu'il fût fait un emprunt
pour acquérir ces maifons, à mefure
que les particuliers voudront les vendre.

Que les bénédictins repréfentent que
pour la conftruction de l'églife de la
Daurade, ils auroient befoin de quelques petites maifons qui fe trouvent au
chevet de ladite églife ; & qu'attendu
que l'édit des mains-mortes ne leur permet pas de les acquérir en leur nom,
& que l'églife de la Daurade entre
dans l'arrangement du plan des ouvrages que fait faire la province, ils efperent que les Etats voudront bien acquérir ces maifons, & les leur céder
en repréfentation de partie du montant
de l'indemnité qu'ils ont bien voulu
leur accorder.

Que MM. les commiffaires ont été
en conféquence d'avis de propofer à

l'assemblée de délibérer 1°. d'impoſer en 1771 le fonds ordinaire de trente-ſix mille livres pour le quai de Touloſe.

2°. D'acquérir les maiſons néceſſaires pour la conſtruction du port, auquel effet le ſyndic-général ſera autoriſé à faire chaque année pendant trois ans un emprunt juſqu'à concurrence du tiers de l'eſtimation deſdites maiſons, dont les intérêts, ainſi que le rembourſement du capital, ſeront pris ſur le fonds de trente-ſix mille livres que la province fait annuellement pour la continuation du quai, & port de Touloſe, au moyen duquel emprunt tous les ouvrages, hors ceux de la digue de Thounis, & de la perfection de la partie du quai depuis le pont juſqu'à la partie commencée du mur en retour, ſeront ſuspendus.

3°. D'acquérir les maiſons néceſſaires pour la conſtruction de l'égliſe de la Daurade, & d'en céder enſuite après leur démolition, l'emplacement aux bénédictins en déduction de partie de l'indemnité qui leur a été accordée ; à la charge par eux de tenir en compte à la province tous frais quelconques qu'elle fera à cet effet, & tous droits qui pourroient être exigés.

4°. Qu'il ſera procédé dans le cours de l'année à la réparation & à l'entretien des pavés du pont dont l'adjudication ſera faite à Touloſe.

Ce qui a été délibéré, en tout point, conformément à l'avis de MM. les commiſſaires.

I I.

Extrait du regiſtre des délibérations des Etats généraux de Languedoc aſſemblés par mandement du Roi en la ville de Montpellier au mois de Novembre 1770.

Du Samedi 5 Janvier 1771, préſident monſeigneur l'archevêque & primat de Narbonne.

MONSEIGNEUR l'évêque de Nîmes a dit, que, ſuivant le rapport que le ſieur de la Fage, ſyndic-général, a fait à la commiſſion, il paroît qu'on a fondé & élevé juſqu'à quinze pouces au-deſſous de la ſurface des eaux, la demie écluſe & le pont qui doit être dans le canal de Languedoc, à ſa réunion avec le canal de Touloſe. Qu'on a auſſi fondé l'écluſe de la priſe d'eau du canal de Touloſe, & continué les excavations commencées l'année dernière.

Que les Etats furent informés que ces ouvrages furent adjugés en bloc à trois cent trente mille livres, à la charge par l'entrepreneur de les avoir achevés dans quatre ans, & d'être payé en ſept payemens égaux & en ſept ans, avec l'intérêt à cinq pour cent des ſommes dont il ſe trouveroit en avance ; que l'entrepreneur n'ayant reçu que 79,200 liv. dans le tems qu'il auroit dû recevoir, ſuivant la condition de ſon bail, cent quarante-deux mille livres, il ſe trouve en avance de 62,800 liv., qu'il ſeroit d'autant plus convenable de lui payer, qu'il fait les ouvrages avec une très-grande activité.

Qu'une des tours de la ville qui doit être démolie pour former le chemin près de l'écluſe de la priſe d'eau, a été inféodée le 21 Décembre 1745, au nommé Molinier ; que le ſieur abbé Molinier, ſon fils, prébendier de ſaint Sernin, a remis un mémoire dans lequel il repréſente que cette tour lui eſt néceſſaire pour la décharge de ſa maiſon, qu'il y a fait beaucoup de réparations & qu'il eſpere que les Etats voudront bien avoir égard aux dommages que cette deſtruction lui cauſera ; qu'on lui accordera en conſéquence, outre le prix des réparations qu'il y a faites, le bois & la tuile à canal qui s'y trouvent, dont il dit avoir besoin pour bâtir ailleurs des décharges qui puissent suppléer à celles dont il se trouvera privé. Que pour mettre les Etats à portée de se décider sur cette demande, le sieur de Saget a fait estimer les réparations de cette tour par le nommé Raymond, expert, qui les a appréciés à 400 liv.; que les matériaux en bois & tuile à canal qui proviendront de cette démolition, ne pouvant pas être un objet bien considérable, il paroît qu'on peut à raison du préjudice & du dérangement qu'on cause audit sieur abbé Molinier, les lui accorder.

Qu'il reste encore à acquérir pour l'emplacement des ouvrages dépendans dudit canal, une maison appartenant au nommé Lafont estimée 4500 liv.; qu'on ne sauroit différer cette acquisition, parce que les excavations qu'on n'a pu éviter de faire auprès pour fonder l'écluse, & qu'il faudra faire encore pour placer l'aqueduc de dégravoyement, en mettent une partie en danger de s'écrouler.

Qu'en conséquence, MM. les commissaires ont été d'avis de proposer à l'assemblée d'imposer en 1771 la somme de 25,000 liv. sur laquelle on commencera par payer celle de 4500 liv. pour l'acquisition de la maison dudit Lafont, de même que la somme de 400 liv. pour rembourser à l'abbé Molinier le montant des réparations qu'il a faites à la tour de la ville qui doit être démolie pour former l'emplacement du chemin auprès de l'écluse de la prise d'eau, & d'accorder en outre audit sieur Molinier en dédommagement du dérangement qu'on lui cause, le bois & la tuile à canal provenant de la démolition de ladite tour.

Que pour pourvoir au payement de l'entrepreneur, le syndic-général sera autorisé à emprunter jusques & à concurrence des sommes nécessaires pour lui payer le montant de ce qui lui sera dû, suivant les conditions de son bail, au delà des impositions destinées à cet objet, sur lesquelles on payera l'intérêt dudit emprunt & on remboursera même les capitaux.

Ce qui a été délibéré conformément à l'avis de MM. les commissaires; & sur les réflexions qui ont été faites dans l'assemblée au sujet de l'importance dont il seroit de ne point retarder l'exécution des ouvrages nécessaires pour faciliter les communications de la partie supérieure de la Garonne avec le bassin au-dessous du pont de Toulouse qui doit servir de port dans un tems où le mauvais état des chaussées du moulin du château occasionne maintenant à ce moulin une chome qui rendra les ouvrages moins dispendieux, il a été délibéré que le sieur de Saget fera les projets des ouvrages pour établir cette communication, & Mgr. l'archevêque de Narbonne a été prié de vouloir, si le cas le requiert, donner des ordres pour faire exécuter lesdits ouvrages, & pour pourvoir aux fonds nécessaires à cet objet.

III.

ARRÊT

DU CONSEIL D'ETAT DU ROI,

QUI permet aux Etats d'emprunter en trois années la somme de 60,750 liv. par année, pour l'acquisition des maisons nécessaires pour la construction du port de Toulouse; & qui permet aussi un autre emprunt des sommes qui doivent servir à rembourser l'entrepreneur du canal de Toulouse, à concurrence de ce qui lui sera dû à l'expiration de son bail.

Du 24 Mars 1771.

Extrait des Regiſtres du Conſeil d'Etat.

SUr la requête préſentée au Roi, étant en ſon conſeil, par le ſyndic-général de la province de Languedoc, contenant, que ladite province auroit entrepris depuis pluſieurs années des ouvrages conſidérables dans la ville de Toulouſe, & d'autant plus intéreſſans, que les uns ſont relatifs à la conſervation de ſon pont, & les autres ont pour objet un port & un quai dans ladite ville, ſur les bords de la Garonne, enſemble un canal de huit cent toiſes de longueur avec ſes écluſes, lequel prend ſon origine dans ladite riviere, & doit par ſa jonction avec le canal de communication des mers, procurer dans le nouveau port, appellé de la Daurade, l'abord des marchandiſes & denrées qui viendront de la partie inférieure de la Garonne : Qu'il n'a été juſqu'à préſent pourvu que par des fonds très-modiques auxdits ouvrages, ce qui auroit non-ſeulement retardé l'effet des avantages que la ville & le commerce, qui les ont deſirés, doivent en attendre, mais encore engagé les Etats, dans la vue de les accélérer, de charger l'entrepreneur du nouveau canal de navigation, de faire des avances, dont il ſeroit payé avec l'intérêt à cinq pour cent : Que s'agiſſant d'un côté de rembourſer cet entrepreneur, dont le bail eſt de trois cent trente mille livres, ſur le prix duquel il n'a reçu que ſoixante-dix-neuf mille deux cent livres, leſdites avances liquidées juſqu'à préſent à la ſomme de ſoixante-deux mille huit cent livres, il auroit été pris une délibération par l'aſſemblée des Etats le cinq Janvier dernier, par laquelle le ſupplicant ſeroit autoriſé à emprunter juſqu'à concurrence des ſommes néceſſaires pour payer audit entrepreneur le montant de ce qui lui ſeroit dû au-delà de l'impoſition de 25,000 livres deſtinée annuellement à l'objet dont il s'agit à l'expiration de ſept années de ſon bail ; ſur laquelle impoſition l'intérêt dudit emprunt ſeroit payé, & même le capital rembourſé : Que d'un autre côté, étant indiſpenſable d'acquérir les maiſons néceſſaires pour former le port, dont l'eſtimation a été portée à cent quatre-vingt deux mille deux cent cinquante livres, les Etats auroient pris le même jour cinq Janvier dernier, une ſeconde délibération, portant que le ſuppliant ſeroit auſſi autoriſé à faire chaque année pendant trois ans, un emprunt juſques à concurrence du tiers de l'eſtimation deſdites maiſons, & que les intérêts dudit emprunt, ainſi que le rembourſement du capital, ſeroit pris ſur l'impoſition annuelle de trente-ſix mille livres que la province fait pour la continuation du quai & port de Toulouſe. Requéroit, A CES CAUSES, qu'il plût à Sa Majeſté permettre à ladite province ledit emprunt, & au ſuppliant de ſtipuler dans les contrats qu'il eſt autoriſé de paſſer à raiſon d'iceux, l'exemption de la retenue des vingtiemes & deux ſols pour livre. Vu ladite requête, enſemble les délibérations des Etats du 5 Janvier 1771, concernant le canal, le quai & le port de Toulouſe. Oui le rapport du ſieur abbé Terray, conſeiller ordinaire & au conſeil royal, contrôleur général des finances ; LE ROI ÉTANT EN SON CONSEIL, a autoriſé & autoriſe les délibérations priſes par les Etats le cinq Janvier dernier ; en conſéquence, a permis & permet à la province de Languedoc, de faire un emprunt en trois années, juſques à concurrence de la ſomme de ſoixante mille ſept cent cinquante livres par année, dont le montant ſera employé à l'acquiſition

N°. III.

des maisons nécessaires pour la construction du port de Toulouse ; ensemble un second emprunt des sommes qui doivent servir à rembourser l'entrepreneur du canal de Toulouse, jusques à concurrence de ce qui lui sera dû à l'expiration de son bail ; desquels emprunts les intérêts & le remboursement des capitaux, seront pris sur les fonds imposés annuellement pour lesdits ouvrages. FAIT au conseil d'état du Roi, Sa Majesté y étant, tenu à Versailles le vingt-quatre Mars mil sept cent soixante-onze. *Signé*, PHELYPEAUX.

IV.
ARRÊT
DU CONSEIL D'ETAT DU ROI,

QUI permet aux Etats de Languedoc de stipuler l'exemption de la retenue des vingtiemes & quatre sols pour livre du premier, dans les contrats d'emprunts qui seront passés en vertu de l'arrêt du conseil du 24 Mars 1771, tant à raison de l'acquisition des maisons nécessaires pour la construction du port de Toulouse, que des sommes qui doivent servir à rembourser l'entrepreneur du canal de Toulouse, appellé de Saint-Pierre.

Du 18 Avril 1773.

EXTRAIT *des Registres du Conseil d'Etat.*

SUR la requête présentée au Roi, étant en son conseil, par le syndic-général de Languedoc, contenant, que par arrêt du conseil du vingt-quatre Mars mil sept cent soixante-onze, relatif aux ouvrages que ladite province fait construire d'un port & d'un quai dans la ville de Toulouse, sur les bords de la Garonne, ensemble d'un canal de huit cent toises de longueur, qui, prenant son origine dans ladite riviere,

va se joindre à celui de communication des mers, Sa Majesté auroit permis à ladite province de faire un emprunt en trois années, jusqu'à concurrence de la somme de soixante mille sept cent cinquante livres par année, dont le montant seroit employé à l'acquisition des maisons nécessaires pour la construction du port de Toulouse, de même qu'un second emprunt des sommes qui doivent servir à rembourser l'entrepreneur du canal dont il s'agit, jusqu'à concurrence de ce qui lui seroit dû à l'expiration de son bail ; mais que ces emprunts ne sauroient s'effectuer, s'ils ne sont faits en exemption de la retenue des vingtiemes & des quatre sols pour livre ; à quoi il est d'autant plus indispensable d'avoir égard, que les ouvrages s'exécutent avec beaucoup de célérité. Requéroit, A CES CAUSES, le suppliant, qu'il plût à Sa Majesté, sur ce pourvoir. Vu ladite requête, l'arrêt du conseil du vingt-quatre Mars mil sept cent soixante-onze : Oui le rapport du sieur abbé Terray, conseiller ordinaire & au conseil royal, contrôleur général des Finances, LE ROI ETANT EN SON CONSEIL, a permis & permet aux Etats de Languedoc, de stipuler l'exemption de la retenue des vingtiemes & quatre sols pour livre du premier, dans les contrats d'emprunts qui seront passés en vertu de l'arrêt du conseil du vingt-quatre Mars mil sept cent soixante-onze, tant à raison de l'acquisition des maisons nécessaires pour la construction du port de Toulouse, que des sommes qui doivent servir à rembourser l'entrepreneur du canal de Toulouse, appellé de Saint-Pierre. FAIT au conseil d'état du Roi, Sa Majesté y étant, tenu à Versailles le dix-huitieme jour d'Avril mil sept cent soixante-treize.

Signé, PHELYPEAUX.

N°. IV.

V.

EXTRAIT *du regiſtre des délibéra-*
tions des Etats généraux de Langue-
doc, aſſemblés par mandement du
Roi en la ville de Montpellier au
mois de Novembre 1776.

Du 23 Décembre ſuivant, préſident monſeigneur l'archevêque & primat de Narbonne, commandeur de l'ordre du Saint-Eſprit.

MONSEIGNEUR l'évêque de Montpellier a dit que le ſieur de la
Fage, ſyndic-général, a rappellé à la
commiſſion que les Etats par leur délibération du 27 Février 1776 concernant le quai de la Daurade à Toulouſe
déterminerent que les commiſſaires qui
ſeroient nommés pour les travaux publics du haut Languedoc prendroient
tous les moyens néceſſaires pour faire
ceſſer les différens qui s'étoient élevés, &c.

Que la commiſſion ayant pris connoiſſance du verbal des ſéances qu'ont
tenu à Toulouſe MM. les commiſſaires
des travaux publics du haut Languedoc, ainſi que du recueil des états de
recette, & de dépenſe annexé audit
verbal, a reconnu qu'on ne pouvoit rien
ajouter à l'exactitude des détails dans
leſquels leſdits ſieurs commiſſaires ſont
entrés, & que les Etats devoient adopter en tous points leurs propoſitions à
raiſon de la continuation des ouvrages
du quai & du canal de Toulouſe ; qu'en
conſéquence elle a été d'avis de propoſer à l'aſſemblée de délibérer, que
l'excédent des ſommes accordées par
Sa Majeſté ſur la derniere crue du
ſel néceſſaire pour parfaire le payement deſdites acquiſitions ſera emprunté juſques & à concurrence de
la ſomme de cent trente mille livres,
& qu'on fera comprendre dans l'arrêt
du conſeil qui autoriſera ledit emprunt,
l'autoriſation de l'emprunt de la ſomme
de cinquante-quatre mille huit cent dix-
ſept livres ſix ſols ſix déniers, dont on
a excédé celle de cent quatre-vingt deux
mille deux cent cinquante livres qu'il
étoit permis d'emprunter par l'arrêt du
conſeil du 24 Mars 1771, comme auſſi
la faculté de ſe libérer des rentes &
obits dont la province s'eſt chargée,
ou pourroit ſe charger à l'avenir, même
vis-à-vis des gens de main-morte &
celle d'acquérir des mineurs en retenant les capitaux & en payant les intérêts juſqu'à leur majorité.

Ce qui a été délibéré conformément
à l'avis de MM. les commiſſaires.

V I.

A R R Ê T

DU CONSEIL D'ETAT DU ROI,

QUI *valide l'emprunt de* 54,817 *liv.*
6 ſ. 6 d. *dont a été excédé celui de*
182,250 *liv. autoriſé par arrêt du*
conſeil du 24 *Mars* 1771, *& per-*
met d'emprunter diverſes ſommes
pour fournir au paiement des mai-
ſons néceſſaires à la conſtruction du
quai de Toulouſe.

Du 15 Juin 1777.

EXTRAIT *des Regiſtres du Conſeil*
d'Etat.

SUR la requête préſentée au Roi,
étant en ſon conſeil, par le ſyndic-
général de la province de Languedoc,
contenant, que les Etats de ladite province ayant entrepris, depuis pluſieurs
années, des ouvrages conſidérables
dans la ville de Toulouſe, dont les
uns auroient eu pour objet la conſervation de ſon pont, les autres l'accroiſſement de ſon commerce, au moyen
d'un port & d'un quai dans ladite ville,
ſur les bords de la Garonne, & d'un
canal appellé de Saint - Pierre, qui
prend

prend fon origine dans cette riviere , & va fe joindre à celui de communication des mers vers fon embouchure ; Sa Majefté auroit permis auxdits Etats , par arrêt de fon confeil du 24 Mars 1771 , de faire en trois années un emprunt jufqu'à concurrence de cent quatre-vingt-deux mille deux cent cinquante livres , dont le montant feroit employé en acquifition des maifons pour la conftruction du port : Que cet emprunt n'ayant pu être entierement effectué qu'en l'année 1774 , il ne fut pas poffible d'acquérir , immediatement après l'obtention dudit arrêt , toutes les maifons dont la démolition étoit devenue néceffaire : Que par une fuite inévitable de ce retardement , ces maifons augmenterent de valeur relativement au furhauffement général du prix des maifons de la ville , & de la cherté des loyers de celles du quartier de la Daurade , où eft le port dont il s'agit , occafionnée par la deftruction des premieres maifons déja acquifes : Que cette plus-value , conftatée par une nouvelle eftimation d'experts , auroit été payée fans délai , partie fur les impofitions faites pour le quai & port de la Daurade , & partie fur les emprunts , ce qui , & quelques autres maifons qu'il fallut auffi acquérir , & qu'on n'avoit d'abord pas cru néceffaires auxdits quai & port de la Daurade , auroit néceffité d'excéder de cinquante-quatre mille huit cent dix-fept livres fix fols fix deniers , les fonds qu'il étoit permis à la province d'emprunter , par l'arrêt du confeil du 24 Mars 1771 : Qu'étant indifpenfable , & même d'une bonne adminiftration , de confommer aujourd'hui l'acquifition de ce qui refte des maifons à démolir , pour l'enfemble jufqu'à préfent morcelé de l'entreprife fur toute la longueur des quais jufqu'au moulin du Bazacle , & d'acquitter ce qui peut être dû fur les mai-

Tome II.

fons déja acquifes , les Etats auroient pris , le 23 Décembre dernier , une délibération , portant que , pour éviter les inconvéniens éprouvés du retard des paiemens , après les eftimations , on prendroit les fommes qui font dans la caiffe du tréforier des Etats , & qui proviennent de la remife faite par Sa Majefté à la province fur la derniere crue du fel pour la navigation fupérieure de la Garonne , à la charge du remplacement defdites fommes , lorfqu'il fera poffible de travailler à cette navigation , dont l'objet important fait partie des ouvrages projettés dans la ville de Touloufe , & autorifés par Sa Majefté en vertu de l'arrêt du confeil du 25 Juin 1768 : Que l'excédent defdites fommes accordées fur cette derniere crue néceffaire pour parfaire le paiement des maifons qui reftent à acquérir , feroit emprunté jufqu'à concurrence de cent trente mille livres , dont on payeroit par impofition les intérêts , ainfi que ceux des emprunts déja faits pour le quai & le canal ; & que Sa Majefté feroit fuppliée de valider par l'arrêt qui autoriferoit ledit emprunt , celui des cinquante-quatre mille huit cent dix-fept livres fix fols fix deniers , dont on a excédé la fomme de cent quatre-vingt-deux mille deux cent cinquante livres qu'il a été permis aux Etats d'emprunter par l'arrêt du confeil du 24 Mars 1771 ; comme auffi d'accorder à la province la faculté de fe libérer des rentes & obits dont elle s'eft chargée , ou pourroit fe charger à l'avenir , à raifon de l'acquifition des maifons , même vis-à-vis des gens de main-morte , enfemble la faculté d'acquérir des mineurs , en retenant les capitaux , & en payant les intérêts jufqu'à leur majorité. Requéroit , A CES CAUSES , le fuppliant , qu'il plût à Sa Majefté fur ce pourvoir , en autorifant la délibération des Etats du 23

P

Décembre dernier. Vu ladite requête, l'arrêt du conseil du 24 Mars 1771, & la susdite délibération des Etats du 23 Décembre 1776 : Oui le rapport du sieur Taboureau, conseiller d'état & ordinaire au conseil royal, contrôleur général des Finances ; LE ROI ETANT EN SON CONSEIL, a validé & valide, en tant que de besoin, l'emprunt de cinquante - quatre mille huit cent dix-sept livres six sols six deniers, dont a été excédé celui de cent quatre-vingt deux mille deux cent cinquante livres, autorisé par l'arrêt du conseil du vingt-quatre Mars mil sept cent soixante-onze. Permet Sa Majesté auxdits Etats, de prendre, pour fournir au paiement, tant des maisons nécessaires à la construction de la totalité du quai de Touloufe & de ses dépendances, que de ce qui reste dû sur les maisons déjà acquises, les sommes qui font dans la caisse de leur tréforier, provenant de la remise que Sa Majesté a accordée à ladite province, sur la derniere crue du fel pour la navigation supérieure de la Garonne, à la charge par lesdits Etats, de remplacer lesdites sommes lorsque le cas le requerra. Permet pareillement Sa Majesté aux Etats, d'emprunter au denier vingt, la somme de cent trente mille livres pour parfaire le paiement de la totalité des maisons à acquérir pour les mêmes objets ; comme aussi d'imposer annuellement les intérêts dudit emprunt de cent trente mille livres, & des autres capitaux déjà empruntés ; & en outre une somme de quatre-vingt-cinq mille livres pour être employée à l'exécution desdits ouvrages, & après leur perfection,

au remboursement des capitaux desdits emprunts, le tout conformément à la délibération prise par lesdits Etats le 23 Décembre dernier, que Sa Majesté a autorisé & autorise ; & à la charge par eux d'arrêter définitivement, dans leur prochaine assemblée, le montant des dépenses qui reftent à faire, tant pour la construction du canal, du port & du quai dont il s'agit, que pour l'acquisition des maisons qui pourront encore être nécessaires, & d'en justifier à Sa Majesté, en lui présentant les moyens qu'ils entendent employer pour l'acquittement desdites dépenses, & la libération de la province, à l'effet d'y être pourvu par Sa Majesté, ainsi qu'elle avifera bon être. Autorise Sa Majesté lesdits Etats, à acquérir les maisons des mineurs, en en retenant les capitaux, & en en payant les intérêts jusqu'à leur majorité ; comme aussi à fe libérer des rentes & obits dont ils fe font chargés, ou pourroient fe charger par la fuite, à raison de l'acquisition desdites maisons, même vis-à-vis des gens de main-morte, lesquels feront tenus dans ce cas de fournir un emploi bon & valable des sommes qu'ils auront à recevoir : Et feront fur le préfent arrêt toutes lettres nécessaires expédiées. FAIT au conseil d'état du Roi, Sa Majesté y étant, tenu à Versailles le quinzieme jour de Juin mil sept cent soixante-dix-fept.

Signé, AMELOT.

Lettres-patentes fur ledit arrêt du 9 Juillet 1777, enregiftrées au Parlement le 30 du même mois.

§. XXI.

Emprunts pour les ouvrages du Canal de navigation de Beaucaire à Aigues-mortes, & du desséchement des Marais.

I.

ARRÊT

DU CONSEIL D'ÉTAT DU ROI,

QUI *permet aux Etats d'emprunter jusqu'à concurrence de trois millions de livres pour les ouvrages du canal de navigation de Beaucaire à Aigues-mortes, & du desséchement des marais.*

Du 28 Novembre 1772.

EXTRAIT *des Regiſtres du Conſeil d'Etat.*

VU par le Roi, étant en son conseil, la requête préſentée par les députés & le ſyndic-général des Etats de la province de Languedoc, contenant, que Sa Majeſté ayant bien voulu accorder auxdits Etats par arrêt du conseil du 7 Août dernier, une ſomme de 150,000 livres par année, à commencer de la préſente, à prendre ſur le produit de la perception dans ladite province des deux ſols pour livre en ſus du prix du ſel établi par Edit du mois de Novembre dernier, pour être ladite ſomme employée par leſdits Etats au canal de navigation de Beaucaire à Aigues-mortes, & au desſéchement des marais dans la même étendue, & non autrement; comme aussi, une ſomme de 50,000 livres par an, à prendre ſur le même produit pendant dix années, à commencer de la préſente, pour être employée par leſdits Etats aux ouvrages commencés ſur la haute & basſe Garonne, & non

autrement; auquel effet leſdites ſommes de 150,000 livres d'une part, & de 50,000 d'autre part, ſeront verſées annuellement, en vertu dudit arrêt, par les fermiers & autres prépoſés à la perception deſdits deux ſols pour livre, entre les mains du tréſorier de la bourſe; leſdits Etats ſe trouvent obligés, pour fournir à la dépenſe des ouvrages dudit canal de navigation & du desſéchement, de ſupplier Sa Majeſté de les autoriſer à emprunter une ſomme de trois millions de livres à fur & à meſure de l'avancement des travaux, & d'employer ladite ſomme de 150,000 livres au payement des intérêts dudit emprunt qui ſera fait ſur le pied du denier vingt, exempt de toute retenue des vingtiemes & autres impoſitions miſes ou à mettre, & enſuite au rembourſement des capitaux; comme aussi, de les autoriſer à employer les ſommes deſtinées aux ſuſdits ouvrages, dans la même forme des autres ouvrages publics de ladite province, dont les Etats ont la direction. Requéroient, à ces cauſes, les ſupplians, qu'il plût à Sa Majeſté ſur ce pourvoir. Vu ladite requête, enſemble l'arrêt du conseil dudit jour 7 Août 1772; Oui le rapport du ſieur abbé Terray, conseiller ordinaire & au conseil royal, contrôleur-général des finances; LE ROI ETANT EN SON CONSEIL, a permis & permet auxdits Etats d'emprunter juſqu'à concurrence de trois millions de livres pour fournir à la dépenſe des ouvrages du canal de navigation de Beaucaire à Aigues-mortes, & du desſéchement

P 2

des marais dans la même étendue , à la charge toutefois que ledit emprunt ne sera fait qu'à fur & à mesure du progrès & de l'avancement desdits ouvrages , comme aussi , que ledit fonds de 150,000 livres sera employé au payement des intérêts dudit emprunt fur le pied du denier vingt , exempt de toute retenue des vingtiemes & autres impositions mises & à mettre , & de suite au remboursement des capitaux , sans qu'il puisse être donné d'autre destination audit fonds de 150,000 livres. Veut & entend Sa Majesté que lesdits Etats ayent la direction des susdits ouvrages , & que le montant dudit emprunt , ensemble la somme de 50,000 livres destinée aux ouvrages de la haute & basse Garonne soient employés par lesdits Etats dans la même forme qui est observée à l'égard des autres ouvrages publics dont ils ont la direction. Fait au conseil d'état du Roi , Sa Majesté y étant , tenu à Versailles le vingt - huitieme Novembre mille sept cent soixante-douze.

Signé , Phelypeaux.

I I.

Extrait du registre des délibérations des Etats - généraux de Languedoc , assemblés par mandement du Roi en la ville de Montpellier au mois de Novembre 1779.

Du Jeudi 30 Décembre suivant , président Mgr. l'archevêque & primat de Narbonne, commandeur de l'ordre du St. Esprit.

MONSEIGNEUR l'évêque de Montpellier a dit, que les fonds avancés par le sieur trésorier des Etats pour les ouvrages du desséchement des marais du canal de Beaucaire & de la robine de Narbonne, se trouvoient revenir au 21 de ce mois , à la somme de deux cent six mille quatre cent soi-

xante seize livres treize sols huit deniers ; & qu'avant qu'il reçoive des fermiers-généraux le fonds de cent cinquante mille livres donné par le Roi pour les mêmes ouvrages sur le produit de la crue du sel de l'année 1779, il en sera employé , suivant l'appréciation des directeurs des travaux publics , cinquante mille livres pour le desséchement des marais , & trente mille livres pour le canal de Narbonne.

Que l'intention de Sa Majesté , déclarée dans l'arrêt du conseil du 28 Novembre 1772, est que ladite somme de cent cinquante mille livres servît plutôt à faire le fonds des intérêts & du remboursement du capital des emprunts de sommes plus considérables qu'on a toujours cru que ces ouvrages devoient consommer à la fois ; & que si jusques à cette année , les vues économiques des Etats ont été secondées par les circonstances, pour ne consommer en ouvrages que ce fonds donné annuellement par le Roi, on ne doit point être étonné que la possibilité de faire aujourd'hui des travaux plus considérables ait mis le trésorier dans des avances qui exigent les emprunts qui ont été prévus ; qu'il résulte de l'apperçu donné plus haut , qu'au tems de la rentrée du fonds de cent cinquante mille livres pour la présente année, qui sera vers le mois de Juin prochain , ledit sieur trésorier aura dépensé aux environs de trois cent mille livres ; qu'il paroît convenable de renvoyer à cette époque l'emprunt de pareille somme qui doit opérer son remboursement ; que l'intérêt de ces avances sera pris sur la remise de cent cinquante mille livres pour ladite année 1779, après la liquidation qui en sera faite tems pour tems en conséquence du susdit arrêt du conseil, qui affecte spécialement ladite remise au payement des intérêts des emprunts qui feront faits pour lefdits ouvrages ; que le furplus de ladite remife fervira au payement des travaux qui feront faits dans le refte de l'année, en prélevant néanmoins les intérêts de fept mois pour les fommes qui feront empruntées au mois de Juin, fauf dans le cas où le fieur tréforier fe trouveroit avoir fait de nouvelles avances aux Etats prochains, à y être délibéré fur un nouvel emprunt. Que la propofition de cet arrangement a l'avantage de ne point anticiper les emprunts, de les égaler à la dépenfe annuelle ; & que dans la circonftance, elle met les Etats à portée de ne point contredire par un emprunt qui leur eft propre, celui qu'ils ont délibéré fur la demande du Roi.

Sur quoi, vu le compte qui leur a été rendu dans les précédentes féances, des dépenfes faites dans le cours de cette année aux fufdits ouvrages, & des avances qui ont été faites en conféquence par le fieur tréforier de la bourfe. Vu aufîi l'arrêt du confeil du 7 Août 1772, qui accorde un fecours annuel de cent cinquante mille livres fur le produit de la crue du fel de l'année 1771, & celui du 28 Novembre de la même année, qui permet aux Etats d'emprunter trois millions de livres pour fournir à la dépenfe des fufdits ouvrages, en employant la fufdite remife annuelle de cent cinquante mille livres au payement des intérêts & des capitaux defdits emprunts, il a été délibéré d'emprunter, au premier Juin prochain, la fomme de trois cent mille livres au denier vingt, avec exemption des vingtiemes, pour fervir au rembourfement des avances faites par ledit tréforier de la bourfe, & de celle qu'il fera obligé de faire jufqu'à la date dudit emprunt, defquelles l'intérêt fera prélevé fur la fufdite remife de cent cinquante mille li-

vres, ainfi que les intérêts de fept mois de l'emprunt qui fera fait audit an, & le furplus employé aux fufdits ouvrages, dont il fera rendu compte aux Etats dans leur prochaine affemblée, à l'effet d'être délibéré, s'il y a lieu, fur un nouvel emprunt.

III.

EXTRAIT du regiftre des délibérations des Etats généraux de Languedoc, affemblés par mandement du Roi en la ville de Montpellier au mois de Novembre 1781.

Du Lundi 24 Décembre fuivant, préfident monfeigneur l'archevêque & primat de Narbonne, commandeur de l'ordre du Saint-Efprit.

MONSEIGNEUR l'évêque de Montpellier a dit, que le fieur Rome fils, fyndic-général en furvivance, a rendu compte à MM. les commiffaires des ouvrages du canal de navigation de Beaucaire à Aigues-mortes, & de tout ce qui y a rapport, &c.

MM. les commiffaires fe font enfuite occupés de la détermination des ouvrages qui pourroient être exécutés dans le cours de l'année prochaine, & il leur a paru convenable d'ouvrir la quatrieme partie du canal depuis Franquevaux jufqu'à Efpeiran, dans l'étendue d'environ une lieue, & d'avifer à l'exécution prochaine des travaux à faire à Beaucaire pour la prife d'eau, parce que ces derniers ouvrages devant exiger pour leur perfection le travail de quelques années, il feroit utile de les entreprendre inceffamment, afin qu'ils puffent être achevés à l'époque où le recreufement total fera parfait, & que le commerce pût jouir dès-lors des avantages que doit lui procurer l'ouverture de cette branche de navigation.

Mais comme il eft également néceſfaire de pourvoir aux fonds à faire en 1782 pour la fuite defdits ouvrages, & pour le remboursement des fommes dont M. le tréforier de la bourfe eft en avances, tant pour les travaux dudit canal que pour ceux du canal de Narbonne dont la dépenfe eft prife concurremment fur la remife de 150,000 livres accordée par le Roi fur le produit de la crue du fel établie en 1771, MM. les commiffaires fe font fait repréfenter l'état de fituation de la caiffe de la province à cet égard, & ils y ont reconnu:

1°. Que par le compte arrêté au mois de Décembre 1780, il étoit dû au fieur tréforier, à raifon des ouvrages de ces deux canaux, 19,582 livres 17 fols; que les payemens furvenus depuis cette époque jufques au 31 Mai 1781, avoient porté fes avances à 161,528 livres 14 fols 7 deniers; à quoi ajoutant la liquidation des intérêts exigibles pour lefdites avances, il lui étoit dû le premier Juin 1781 une fomme de 163,694 livres 9 fols 3 deniers.

2°. Qu'audit jour premier Juin, ledit fieur tréforier ayant reçu du Roi les 150,000 livres de la remife accordée, fes avances avoient été pour lors réduites à 13,694 livres 9 fols 3 deniers.

3°. Que depuis ledit jour premier Juin dernier jufques à aujourd'hui, le total des ordonnances expédiées, tant pour le canal de Beaucaire que pour celui de Narbonne, s'éleve à 218,206 livres 10 fols 6 deniers, qui étant jointe à celle de 13,694 livres 9 fols 3 deniers due de refte, comme il eft expliqué di-deffus; à celle de 15,000 livres pour les intérêts de l'emprunt de 300,000 livres payables à l'échéance du premier Janvier 1782; & à celle de 90,000 livres pour la dépenfe à faire par évaluation fur ces deux canaux, jufques au premier Juin prochain, terme de la rentrée de la remife, il en réfulte

un total de 336,900 livres 19 fols 9 deniers, à quoi fe porteront les avances de M. le tréforier à ladite époque du premier Juin prochain, fans à ce comprendre les intérêts qui lui feront également dus tems pour tems.

Il eft donc jufte de pourvoir aux moyens d'acquitter cette dette, & la voie la plus naturelle eft celle d'un fecond emprunt qu'on pourroit ouvrir le premier Juin 1782 fur les trois millions de livres que les Etats font autorifés à emprunter pour lefdits ouvrages, par l'arrêt du confeil du 28 Novembre 1772, en affectant au payement des intérêts & des capitaux la fufdite remife de 150,000 livres, & il paroît que cet emprunt pourroit être ouvert à concurrence de 350,000 livres; au moyen de laquelle fomme toutes les avances faites & à faire par M. le tréforier pour les deux canaux jufques au premier Juin 1782, feront acquittées; en forte que les 150,000 livres de la remife qui feront verfées à cette époque dans la caiffe de la province, feront face aux dépenfes fubféquentes que les ouvrages defdits deux canaux pourront exiger jufques à la tenue des Etats prochains, fauf dans le cas où ledit fieur tréforier auroit fait encore de nouvelles avances, à y être alors pourvu par les Etats, ainfi qu'ils aviferont.

D'après tout ce qui vient d'être expofé, MM. les commiffaires ont été d'avis de propofer aux Etats de délibérer, 1°. &c.

7°. Qu'en vertu de l'arrêt du confeil du 28 Novembre 1772, qui a permis aux Etats d'emprunter trois millions de livres pour les fufdits ouvrages, il fera ouvert le premier Juin 1782 un emprunt de 350,000 livres au denier vingt, exempt de toute retenue, pour fervir au remboursement des avances faites par le fieur tréforier

N°. III.

de la bourse, & de celles qu'il sera obligé de faire jusqu'à l'ouverture dudit canal de Beaucaire & de celui de Narbonne, à la continuation desquels on employera la susdite remise de 150,000 livres sur la crue du sel de 1771, dont le payement doit écheoir

ledit jour premier Juin, & que dans le cas où ledit sieur trésorier se trouveroit, lors de la tenue prochaine des Etats, avoir fait de nouvelles avances, il y sera pourvu.

Ce qui a été délibéré, conformément à l'avis de MM. les commissaires.

N°. III.

§. XXII.

Emprunt pour le rachat des charges municipales, créées par Edit du mois de Novembre 1771.

EXTRAIT *du registre des délibérations des Etats généraux de Languedoc, assemblés par mandement du Roi en la ville de Montpellier au mois de Novembre 1773.*

Du 2 Décembre suivant, président monseigneur l'archevêque & primat de Narbonne.

MONSEIGNEUR l'archevêque de Toulouse a dit, que l'offre qui fut faite aux Etats dans leur précédente assemblée par MM. les commissaires du Roi, en conséquence de l'art. VIII de leurs instructions, d'être préférés pour l'acquisition des offices municipaux créés par l'édit du mois de Novembre 1771, aux compagnies qui étoient dans le dessein de s'en charger, ayant donné lieu au plus sérieux examen du parti qu'il convenoit de prendre sur une aussi importante affaire, il fut aisé de reconnoître les inconvéniens qui se présenterent en foule, soit contre l'exécution de la loi, soit sur les moyens de s'en affranchir.

Que c'est ce qui fit la matiere des sages réflexions qu'on trouve rassemblées dans la délibération du 10 du mois de Décembre dernier, où, après avoir exposé les représentations qu'avoient déjà fait à ce sujet MM. les

députés à la cour, on releve le désordre résultant de la création de tous ces offices, la destruction qu'elle opere de la liberté & des droits des communautés sur le choix de leurs administrateurs, l'extension de l'exécution de l'édit dans toutes les communautés sans exception, contraire à celle qui avoit été prononcée en 1754 au moyen du rachat fait alors des mêmes offices de la création de 1733, & toutes les autres raisons les plus solides, qui, jointes à la triste expérience qu'ont fait les Etats des variations survenues sur le même fait, de l'instabilité des traités qui les ont suivies, & même du peu d'exactitude dans leur exécution, auroient été bien capables de les déterminer à ne prendre aucuns nouveaux engagemens, si la constance de leur zele pour le service du Roi ne leur avoit fait regarder la préférence pour l'acquisition des charges recréées qui leur étoit offerte comme la demande d'un nouveau secours qu'exigeoient les besoins de l'état de leur attachement à toute épreuve, & s'ils n'avoient eu en vue de profiter de cette occasion pour procurer aux communautés des avantages réels dans l'amélioration de leur administration.

Que ce ne fut aussi que par ces considérations qu'ils se déterminerent à traiter encore avec le Roi de cette affaire, comme on l'avoit fait en 1754 pour les offices de la création de 1733.

Qu'en conséquence les Etats arrêterent par la délibération dont on vient de faire mention, d'autorifer MM. les députés à la cour, à entendre & former avec le miniftre des finances le plan & le projet des conditions de l'acquifition defdits offices de nouvelle création, qui n'impofaffent point de nouvelles charges aux peuples & puffent avoir trait à l'amélioration de l'adminiftration des communautés de la province, pour en être rendu compte à la préfente affemblée, & y être délibéré fur leur exécution, s'il y avoit lieu ; & Mgr. l'archevêque de Narbonne fut prié de faire ufage, dans une occafion auffi intéreffante, de fes lumieres, de fon zele, & de fon crédit pour le plus grand avantage de la province.

Que c'eft ce qui a fait la matiere de plufieurs mémoires remis à M. le contrôleur-général, & des conférences qu'ont eu avec ce miniftre Mgr. l'archevêque & MM. les députés, qui ont donné lieu aux propofitions ultérieures, que font chargés de faire aujourd'hui aux Etats MM. les commiffaires du Roi par l'article III de leurs inftructions portant qu'ils déclareront aux Etats les intentions de Sa Majefté, ainfi qu'il fuit :

» 1°. Sa Majefté veut bien accepter » une fomme de deux millions cinq » cent mille livres pour le rachat par » la province de ceux defdits offices » qui font reftés vacans dans fes par- » ties cafuelles ; & comme les Etats » defirent de rembourfer les acquéreurs » de ceux defdits offices qui ont été » levés auxdites parties cafuelles & » dont le montant fe porte à un mil- » lion cinq cent trente-cinq mille cinq » cent foixante-trois livres, Sa Ma-

» jefté autorife les Etats à emprunter » à conftitution de rente au denier » vingt, la fomme de quatre millions » dont deux millions cinq cent mille » livres feront verfés au tréfor royal » pour prix dudit rachat, & les quinze » cent mille livres reftans feront employés à rembourfer les nouveaux » acquéreurs, au moyen de quoi les » Etats feront & demeureront proprié- » taires, non-feulement des offices » créés & rétablis par édit du mois » de Novembre 1771, mais encore » de ceux qui ont été par eux réunis » en 1754.

» 2°. Sa Majefté confent qu'il foit » dreffé un état ou rôle de toutes les » communautés de la province, dans » lequel ne feront portées que celles » qui y font réellement fufceptibles de » mairies, foit qu'elles ayent été réu- » nies en 1754 ou qu'elles faffent par- » tie du préfent rachat, en commen- » çant de préférence par celles qui ont » droit d'entrer aux Etats annuelle- » ment ou par tour ; lequel rôle côn- » tenant le tableau des gages des diffé- » rentes mairies fur le pied du denier » vingt de leurs finances, fera arrêté » par MM. les commiffaires du Roi & » des Etats, pour être lefdits gages » payés par préférence, fur les reve- » nus patrimoniaux & d'octroi des vil- » les, & à défaut de fonds fuffifans » fur ceux qui feront ordonnés par Sa » Majefté, le tout conformément à » l'article VIII dudit édit du mois de » Novembre 1771.

» 3°. Sa Majefté trouvera bon que » les Etats lui préfentent les difpofi- » tions qu'ils pourront defirer fur la » forme de l'élection des maires & fur » la durée de leur adminiftration ; » l'intention de Sa Majefté étant d'y » pourvoir par un nouveau réglement. » Sa Majefté autorife au furplus les » Etats à prendre toutes les délibéra-

tions

» tions qu'ils jugeront convenables
» pour l'exécution des articles ci-def-
» fus, notamment pour la fureté, &
» la forme du rembourfement des
» acquéreurs d'office en vertu de l'édit
» du mois de Novembre 1771, lef-
» quels doivent conferver leur état
» jufqu'à ce qu'ils ayent reçu leur rem-
» bourfement, le tout fauf l'approba-
» tion de Sa Majefté. »

Que la commiffion a aifément reconnu dans ces difpofitions, la difcuffion, & les détails où on a dû entrer
pour parvenir à faire réduire le prix
exigé par Sa Majefté du nouvel abonnement beaucoup au deffous du montant de la finance des offices évaluée
dans le rôle remis par M. le contrôleur
général au delà de fept millions.

Que MM. les commiffaires étant
d'ailleurs inftruits des dernieres inftances qu'ont inutilement fait Mgr. l'archevêque de Narbonne & MM. les
députés pour obtenir une plus grande
réduction, ont penfé qu'en fuivant les
mêmes vues des Etats, il ne devoit
être queftion préfentement que d'effectuer, à ce prix, l'acquifition déjà réfolue des offices dont il s'agit, fi les
autres conditions auxquelles elle leur
eft offerte, leur paroiffent convenables,
comme elles l'ont paru à la commiffion qui n'y a rien apperçu que de
conforme à leurs defirs.

Que dans cette perfuafion MM. les
commiffaires ont travaillé à former le
projet de traité qui pourra être fait avec
MM. les commiffaires du Roi pour la
conclufion de cette affaire, ainfi que
celui du rôle qui doit être arrêté conformément aux intentions de S. M.

Que la commiffion a cherché à réunir dans ledit traité toutes les conditions les plus propres à s'affurer d'une
maniere folide, durable & la plus
avantageufe aux communautés, la
propriété & l'exercice des offices.

Tome II.

Qu'elle a regardé comme le meilleur
moyen de leur en rendre les fonctions
plus utiles, la prolongation de leur
durée au delà d'une année, terme trop
court, pour qu'avec tout le zele & la
bonne volonté qu'on doit attendre des
perfonnes chargées de l'adminiftration,
elles puiffent être fuffifamment inftrui-
tes des affaires & leur donner la fuite
convenable que la plupart exigent.
Mais qu'en remédiant à cet inconvénient, on a cru devoir mettre quelque
différence entre l'exercice des divers
officiers électifs, pour que ceux dont
les fonctions font les plus importantes,
& exigent le plus de lumieres, reftaf-
fent le plus long-tems en place & n'en
fortiffent que fucceffivement, en forte
que les nouveaux euffent le tems de
s'inftruire avec les anciens, & puffent
fe mettre ainfi en état d'inftruire à leur
tour ceux qui leur fuccéderont.

Que la commiffion a penfé d'ailleurs
qu'il ne devoit être rien innové à l'é-
gard du nombre, de la qualité, & de
l'ordre des claffes defdits officiers, fuivant les ufages des lieux, & les précédens réglemens; qu'il lui a paru également convenable de maintenir l'exécution des dernieres lettres-patentes
qu'ont obtenu les Etats pour l'élection
& la durée des fonctions des procureurs du Roi aux hôtels-de-ville & des
greffiers, ainfi que de tous les autres
réglemens concernant l'adminiftration
des communautés, qui, étant obfervés avant l'édit du mois de Mai 1766,
fans qu'on en eût reconnu aucun mauvais effet, ont repris leur vigueur depuis la révocation de cette loi ordonnée
par la déclaration du 11 Mai 1772.

Qu'on a donné la même attention
au projet du rôle des communautés
qui étant fufceptibles de la création
defdits offices, doivent jouir des fruits
de l'abonnement fans en fupporter
d'autres charges que celles auxquelles

Q

les auroient affujetties les acquifitions faites par des particuliers , des offices créés.

Que pour éloigner tout arbitraire dans ce choix, & fuivre des regles déjà établies, en fe conformant à ce que porte l'inftruction du Roi, fans faire aucune diftinction entre les communautés comprifes dans l'abonnement de 1754 , ou dans le nouveau rachat , on n'a compris dans ledit rôle que les villes ou bourgs les plus confidérables de chaque diocefe , en rangeant dans cette claffe les villes épifcopales, les communautés qui ont droit d'entrée aux Etats, & celles qui ont été comprifes , foit dans l'état arrêté & autorifé par l'arrêt du confeil du 22 Mai 1719 pour régler le droit de contrôle des baux des boucheries, ou dans le rôle des vingtiemes du revenu des maifons, de même que celles qui jouiffent de biens patrimoniaux dont le revenu excede leurs dépenfes ordinaires, ou de droits de fubvention, fur le produit defquels doit être pris, fuivant l'édit, l'intérêt de la finance des offices.

Que cette finance a été portée dans le rôle fur le même pied que dans l'état de M. le contrôleur-général pour les offices acquis par des particuliers; & à l'égard des autres compris dans l'abonnement, fur la proportion qu'a donné pour chacun le total de leur évaluation, fuivant l'état du miniftre comparé avec la fomme de deux millions cinq cent mille livres à laquelle a été réduit le prix du rachat, ce qui exclut toute efpece d'arbitraire, & donne par le calcul le plus exact, le total des fommes qui doivent être prifes fur le produit net des biens patrimoniaux des communautés, déduction faite de leurs dépenfes ordinaires, ou fur les fubventions, foit pour le payement des officiers titulaires jufqu'à leur rembourfement, foit pour faire face

aux intérêts de l'emprunt auquel donnera lieu ledit rembourfement ou partie de celui des deux millions cinq cent mille livres, & de l'autre le montant de la fomme qui devant être fournie par le Roi pour le même objet, doit être retenue par le tréforier des Etats fur celles qu'il aura à porter au tréfor royal.

Que c'eft ainfi qu'on a cru remplir parfaitement les intentions de l'affemblée, & qu'on auroit fouhaité que MM. les commiffaires du Roi euffent pu foufcrire à des conditions qui ne renferment dans une plus grande étendue, que l'efprit & le fens le plus naturel des difpofitions littérales de leurs inftructions.

Mais que ce projet leur ayant été communiqué, fuivant l'ufage, pour marcher de concert & accélérer la conclufion de cette affaire, ils avoient fait, fur prefque tous les articles, diverfes obfervations dont la commiffion ayant eu connoiffance, a reconnu que certaines, ne tombant que fur des mots ou des difpofitions aifées à corriger, auroient pu être accueillies; mais que la plupart, font motivées fur le défaut d'un pouvoir affez précis de prendre au nom du Roi, des engagemens tels que l'exigent les Etats, fuivant le projet du traité.

Que ce défaut de pouvoir porte précifément fur les articles les plus effentiels, tels que l'affurance de mettre les communautés à l'abri de nouvelle création d'offices, & de l'établiffement d'aucuns droits nouveaux à raifon des intérêts de ceux qui leur feront réunis; la retenue de la part du tréforier des Etats fur les fommes qu'il aura à remettre au tréfor royal du montant de la partie defdits intérêts qui doit être à la charge du Roi; la forme & le fonds même de la liquidation à faire des fommes légitimement dues aux acquéreurs des charges qui ont été levées ; l'exemption de plusieurs droits , tels que le contrôle , marc d'or, centieme denier , & autres qu'on pourroit prétendre exiger à l'occasion du rachat actuel ; enfin , sur l'insuffisance d'une simple souscription que voudroient mettre MM. les commissaires du Roi, au projet du rôle , attendu que par cette forme, les Etats se trouveroient engagés sur tout ce qu'il contiendroit , tandis qu'on pourroit y faire les changemens & additions qu'on jugeroit à propos.

Que la commission n'ayant pas cru que les Etats dussent acquiescer à aucune de ces restrictions , & regardant conséquemment comme impossible dans ce moment la conclusion de cette affaire, a, d'après ces observations, été d'avis de proposer aux Etats de prier Mgr. l'archevêque de Narbonne en lui donnant à cet effet les pouvoirs nécessaires , ainsi qu'à ceux de MM. les députés qui se trouveront à Paris, de conclure avec M. le contrôleur-général des finances , l'affaire du rachat des charges municipales, en se conformant aux dispositions essentielles du projet qui a été examiné par la commission , & qui consistent 1°. Dans les précautions indiquées par ledit projet pour acquérir à la province & aux communautés la propriété & la jouissance des offices compris dans le rôle qui en sera arrêté au conseil, de maniere que lesdites communautés auxquelles ils seront réunis , ne soient chargées du payement des intérêts de leurs finances qu'à concurrence du produit restant libre & net de leurs biens patrimoniaux , octrois , ou subventions , déduction faite de leurs dépenses ordinaires , & que le surplus desdits intérêts soit supporté par le Roi , conformément à l'édit de création desdites charges & aux intentions de Sa Majesté exprimées dans l'article III de ses

instructions à MM. ses commissaires aux présens Etats.

2°. Dans l'exclusion entiere de tout établissement pour le même objet , d'aucuns nouveaux droits dans les communautés qui en jouissent actuellement, ni dans celles où il n'en a point été établi jusqu'à présent.

3°. Dans l'assurance du payement de cet excédent d'intérêts , à la charge de Sa Majesté , par la retenue que doit être autorisé d'en faire le trésorier des Etats sur les sommes qu'il aura à porter au trésor royal des impositions de la province.

4°. Dans les avantages à procurer aux communautés , par les arrangemens proposés dans le projet du traité sur la durée des fonctions de leurs officiers municipaux , pour l'amélioration de leur administration , ce qui a été un des principaux motifs de la détermination des Etats , sur l'acquisition des charges nouvellement créées , en laissant au surplus à mondit seigneur l'archevêque , & à MM. les députés la liberté de faire aux autres articles du traité les changemens, additions , ou modifications dont ils pourront paroître susceptibles ; les Etats ne pouvant que s'en rapporter , avec la plus grande confiance pour cette importante négociation, aux lumieres supérieures, & au crédit de Mgr. l'archevêque de Narbonne qui sera parfaitement secondé par les talens & le zele de MM. les députés.

Comme aussi dans le cas où cette affaire aura été terminée au gré de Sa Majesté , & suivant les vues des Etats, d'autoriser en la forme ordinaire , les syndics-généraux à faire tant l'emprunt de la somme de deux millions cinq cent mille livres qui devra être remise au trésor royal , pour le prix des charges invendues , que de celles qui devront être employées au remboursement des particuliers qui en ont acquis, d'après la liquidation de ce qui leur fera légitimement dû, à concurrence du montant defdites liquidations.

Ce qui a été délibéré fur tous les chefs, conformément à l'avis de MM. les commiſſaires.

On trouvera dans la troiſieme Diviſion de cette premiere Partie, l'arrêt du conſeil du 27 Octobre 1774 & les lettres-patentes qui ont conſommé cette affaire, & autoriſé l'emprunt déterminé dans cette délibération.

§. XXIII.

Emprunt de trois millions pour le quatrieme abonnement des quatre ſols pour livre en ſus de la capitation.

Nº. I.

I.

EXTRAIT du regiſtre des délibérations des Etats généraux de Languedoc, aſſemblés par mandement du Roi en la ville de Montpellier au mois de Novembre 1777.

Du Samedi 6 Décembre, préſident monſeigneur l'archevêque & primat de Narbonne, commandeur de l'ordre du St. Eſprit.

MONSEIGNEUR l'évêque de Lodeve a dit, que l'article 20 des inſtructions de MM. les commiſſaires du Roi qui a mérité le plus d'attention, a pour objet la continuation de la perception des quatre ſols pour livre en ſus du principal de la capitation qui a été ordonnée par arrêt du 23 Février dernier, pendant dix nouvelles années, à compter du premier Janvier prochain pour tout le royaume; à laquelle continuation MM. les commiſſaires du Roi ſont chargés de demander aux Etats leur conſentement, & conſéquemment l'impoſition de la ſomme de trois cent vingt mille livres du montant deſdits quatre ſols pour livre, pour l'année 1778 & les ſuivantes.

Que le ſieur de Montferrier, pour mettre MM. les commiſſaires plus en état de ſe déterminer ſur ce qu'ils ju-

geroient à propos de propoſer à ce ſujet à l'aſſemblée, leur avoit rappellé tout ce qui a été précédemment fait ſur la même affaire; qu'il en réſulte que lors du premier établiſſement de cette ſur-impoſition ordonnée par arrêt du 18 Décembre 1747, les Etats, après y avoir conſenti par un effet de leur zele & de leur obéiſſance, & avoir murement diſcuté les inconvéniens d'augmenter l'impoſition de la capitation, ſe déterminerent à mettre ſous les yeux de Sa Majeſté, les motifs les plus capables de la porter à traiter plus favorablement la province, en ſe contentant d'une ſomme une fois payée par forme d'abonnement, pour affranchir ſes habitans, accablés ſous le poids des autres impoſitions, d'une pareille ſurcharge.

Que des repréſentations auſſi bien fondées, eurent le ſuccès qu'on en avoit attendu; Sa Majeſté ayant bien voulu fixer à trois millions le prix dudit abonnement, & accorder aux Etats la permiſſion d'emprunter cette ſomme, dont le rembourſement ſeroit fait au moyen d'une remiſe annuelle de trois cent mille livres que Sa Majeſté eut la bonté d'accorder, à commencer une année après la paix, & aux autres conditions énoncées dans l'arrêt qui fut rendu à cet effet le 30 Avril 1748; la-

Nº. I.

quelle remife ayant bientôt été portée beaucoup au-delà , l'emprunt fe trouva entierement rembourfé en 1753.

Que les dix années de la durée du même impôt & de fon abonnement , étant expiré en 1757 , & le Roi en ayant ordonné la prorogation pendant dix autres années , par arrêt du 27 Septembre de la même année , les Etats, après avoir confenti à cette prorogation , fe déterminerent à fuivre le même arrangement déjà pratiqué , en fuppliant par leur délibération du 27 Janvier 1758 , Sa Majefté de leur accorder un fecond abonnement ; qu'ils donnerent pouvoir à Mgr. l'archevêque de Narbonne & à MM. les députés à la cour , de conclure, & qui fut convenu & fixé comme le premier , à la fomme de trois millions de liv. par l'arrêt du 2 Mai 1758.

Qu'il en a été ufé de même à la fin de ce fecond terme : les Etats ayant délibéré , pour la troifieme fois, le 22 Décembre 1768 , de confentir à la même fur-impofition ordonnée par l'arrêt du confeil du 10 Septembre 1767, pendant dix autres années , & de fupplier Sa Majefté d'en accepter le même abonnement qu'ils obtinrent aux mêmes conditions des précédentes , fuivant l'arrêt du 26 Avril 1769.

Que d'après ces éclairciffemens , & la leéture des délibérations prifes aux différentes époques ci-deffus rappellées, la commiffion ne doutant pas que les Etats ne fe portent avec le même empreffement, à donner dans cette occafion à Sa Majefté une nouvelle preuve de leur fidélité & de leur obéiffance , en confentant à la prorogation de la levée des quatre fols pour livre en fus de la capitation, malgré l'épuifement des redevables qui augmente chaque année , ne s'eft principalement attachée qu'à examiner fi les Etats pouvoient avoir , dans la circonftance préfente , des motifs plus raifonnables que ceux qui leur ont fait préférer l'abonnement par emprunt , à l'impofition effeétive , & d'autres reffources plus propres à foulager les capitales , & qui duffent les porter à abandonner un parti dont l'expérience a confirmé la fageffe.

Que toutes les réflexions auxquelles a donné lieu cet examen, ont conduit MM. les commiffaires à être unanimement d'avis de propofer à l'affemblée de donner encore au Roi une nouvelle preuve de fon zele & de fon obéiffance , en donnant fon confentement à la continuation de la perception des quatre fols pour livre du principal de la capitation, dans la jufte perfuafion où font les Etats que Sa Majefté voudra bien accepter l'abonnement de cette fur-impofition pour la même fomme de trois millions , une fois payée , & aux autres conditions du dernier abonnement ; ce qui fera propofé à MM. les commiffaires du Roi , à l'effet d'être arrêté avec eux un traité dans la forme ordinaire , s'ils ont les pouvoirs fur ce néceffaires, comme on a lieu de le préfumer.

Sur quoi les Etats , quoique véritablement affligés de la trifte fituation des peuples, qui gémiffent fous le poids de divers impôts dont ils attendent vainement la diminution fi fouvent annoncée , laiffant prévaloir les fentimens d'amour , de fidélité & de zele pour le fervice de Sa Majefté, dont ils font pénétrés , à toute autre confidération , ont délibéré de confentir à la prorogation , pendant dix années , à compter du premier Janvier 1778 , de la perception des quatre fols pour livre en fus de feize cent mille livres , à quoi monte la capitation de la province, en fuppliant Sa Majefté de vouloir bien en accepter l'abonnement pour la même fomme , & aux mêmes conditions de celui dont le terme finit cette année ;

auquel effet Mgr. l'archevêque de Narbonne a été prié de se joindre à MM. les commissaires des affaires extraordinaires, pour porter cette proposition à MM. les commissaires du Roi, en l'appuyant de son puissant crédit ; & dans le cas où elle seroit acceptée, comme on a lieu de l'espérer, il a été donné pouvoir à MM. les commissaires de signer en la forme ordinaire, avec ceux de Sa Majesté, un traité conforme aux dispositions de l'arrêt qui a autorisé l'abonnement dont le terme finit cette année.

I I.

ARRÊT
Du Conseil d'État du Roi,

Qui autorise le traité fait entre MM. les commissaires du Roi & ceux des États de la province, à raison d'un emprunt de trois millions de livres, pour le rachat des quatre sols pour livre en sus des taxes de la capitation.

Du 14 Mars 1778.

EXTRAIT des Registres du Conseil d'État.

VU par le Roi, étant en son conseil, la délibération prise par les gens des Trois-états de la province de Languedoc le 6 Décembre dernier, par laquelle, sur la demande à eux faite par les sieurs commissaires de Sa Majesté, de la continuation de la levée des quatre sols pour livre de la capitation pendant le terme de dix années, conformément à l'arrêt du conseil du 23 Février 1777, d'où lesdits sieurs commissaires ont été chargés de leur donner connoissance ; lesdits États pour donner à Sa Majesté une nouvelle preuve de leur zele & de leur obéissance, auroient consenti à la levée desdits

quatre sols pour livre pendant le terme de leur prorogation ; & néanmoins, nommé des députés pour aller supplier lesdits sieurs commissaires du Roi, de leur accorder l'abonnement desd. quatre sols pour livre, pour la même somme & aux mêmes conditions du dernier abonnement. La réponse faite auxdits États par les sieurs commissaires de Sa Majesté le 9 du même mois de Décembre, contenant que Sa Majesté avoit bien voulu les autoriser à accorder ledit abonnement, & à conclure à ce sujet un traité aux mêmes conditions des précédens. Vu aussi le traité fait entre les commissaires de Sa Majesté, & ceux députés par l'assemblée des États, dont la teneur suit : Traité fait & accordé entre MM. les commissaires présidens pour le Roi aux États-généraux de la province de Languedoc, & MM. les commissaires députés par les États.

ARTICLE PREMIER.

Qu'en payant par les États de Languedoc la somme de trois millions de livres qui sera portée au trésor royal par le trésorier desdits États, pour tenir lieu des quatre sols pour livre en sus de la capitation, dont la levée a été prorogée par l'arrêt du conseil du 23 Février dernier, pour dix années, ladite province demeurera déchargée de l'exécution dudit arrêt.

ART. II.

Qu'il sera permis aux États de ladite province, d'emprunter à constitution de rente au denier vingt, avec retenue des deux vingtiemes & quatre sols pour livre du premier, ladite somme de trois millions de livres à la charge par lesd. États d'imposer annuellement en sus de la capitation, les intérêts du capital dudit emprunt, & ce, jusqu'à ce que la remise de huit cent mille livres que Sa Majesté voudra bien accorder, comme elle l'a fait jusques à présent, pour servir tant au remboursement du capital, qu'à acquitter par la suite les intérêts dudit emprunt, puisse être employée à sa destination ; & que dans le cas de la suppression de ladite remise en tems de guerre, le remboursement des capitaux sera suspendu, & il sera pourvu par les Etats au payement des intérêts des capitaux alors subsistans dudit emprunt de trois millions.

Art. III.

Que les premiers contrats qui seront passés pour raison dudit emprunt, ainsi que les quittances des remboursemens, seront exempts des droits de contrôle & de petit sceau.

Art. IV.

Que les tuteurs & curateurs, pourront faire dans ledit emprunt, emploi des deniers des pupilles, mineurs ou interdits, en observant les formalités qui sont en usage dans les lieux où les emprunts seront faits, & que les communautés séculieres & régulieres, hôpitaux, fabriques & gens de mainmorte, pourront aussi employer leurs deniers dans ledit emprunt, sans être tenus de payer aucuns droits d'amortissement des rentes qui seront constituées à leur profit.

Art. V.

Que les étrangers non-naturalisés, même ceux demeurant hors du royaume, pays, terres & seigneuries de l'obéissance du Roi, pourront, ainsi que ses propres sujets, acquérir lesdites rentes, encore qu'ils soient sujets des puissances avec lesquelles Sa Majesté pourroit être en guerre, & qu'ils en jouiront & pourront disposer entre-vifs, par testament ou autrement, en principaux ou arrérages ; comme aussi, qu'en cas où ils n'en auroient pas disposé de leur vivant, leurs héritiers, donataires, légataires, ou autres les

représentant, leur succéderont, encore qu'ils soient étrangers & non régnicoles, & même qu'ils soient sujets des princes & états avec lesquels Sa Majesté pourroit être en guerre ; & qu'en conséquence, lesdites rentes seront exemptes de toutes lettres de marque & de représailles, droit d'aubaine, confiscation & autres qui pourroient appartenir à Sa Majesté.

Art. VI.

Que les remboursemens des capitaux dudit emprunt, lorsque la remise de huit cent mille livres pourra y être appliquée, seront faits chaque année par une loterie qui sera tirée pendant la tenue des Etats, en se conformant pour ce qui regarde ladite loterie & la validité des remboursemens qui seront faits, à ce qui est prescrit par l'arrêt du conseil du 6 Janvier 1755 ; à l'effet de quoi, il sera arrêté chaque année par MM. les commissaires du Roi & ceux des Etats, une liquidation des sommes qui auront été remboursées sur le capital & les intérêts dudit emprunt, au moyen de la remise de huit cent mille livres dont la retenue aura été faite ; laquelle liquidation sera ainsi continuée, d'année en année, jusqu'à l'entier remboursement dudit capital, après lequel il sera expédié un arrêt pour autoriser lesdites liquidations.

Art. VII.

Enfin, que pour plus grande sureté du présent traité, il sera homologué par le Roi, & que toutes lettres nécessaires seront expédiées & registrées partout où besoin sera. Fait & signé en triple original, à Montpellier le 9 Décembre 1777. Vu enfin la délibération prise par lesdits Etats le 11 du même mois de Décembre, & par laquelle ils ont donné aux syndics-généraux de la province les pouvoirs nécessaires de faire, tant conjointement que féparément, l'emprunt mentionné audit traité, même de fubftituer à leur place pour la paffation defdits contrats, telles perfonnes qu'ils jugeront à propos. Ouï le rapport du fieur Moreau de Beaumont, confeiller d'état ordinaire & au confeil royal des finances ; SA MAJESTÉ ÉTANT EN SON CONSEIL, a approuvé, autorifé & confirmé, approuve, autorife & confirme ledit traité pour être exécuté felon fa forme & teneur : Expliquant les articles II & III d'icelui, & y ajoutant en tant que de befoin, ordonne S. M. que les premiers contrats qui feront paffés pour raifon dudit emprunt de trois millions, ainfi que les quittances de rembourfement qui en feront faites, feront exempts des droits de contrôle & de petit fceau, même qu'il fera permis aux fondés de procuration defdits Etats, de ftipuler l'exemption de la retenue des vingtiemes & des quatre fols pour livre du premier, dans le cas où ils ne trouveroient pas à emprunter fans ladite exemption. Veut Sa Majefté que les tuteurs & curateurs, puiffent faire emploi dans ledit emprunt des deniers des pupilles, mineurs ou interdits, en obfervant les formalités qui font en ufage dans les lieux où les emprunts feront faits, & que les communautés féculieres & régulieres, hôpitaux, fabriques & gens de mainmorte, puiffent auffi employer leurs deniers dans ledit emprunt, fans être tenus de payer aucuns droits d'amortiffement des rentes qui feront conftituées à leur profit. Veut de plus Sa Majefté, que les étrangers non-naturalifés, même ceux demeurant hors du

royaume, pays, terres & feigneuries de fon obéiffance, puiffent, ainfi que fes propres fujets, acquérir lefdites rentes, encore qu'ils fuffent fujets des puiffances avec lefquelles Sa Majefté pourroit être en guerre, & qu'ils en jouiffent & puiffent difpofer entre-vifs & par teftament ou autrement, en principaux ou arrérages ; & en cas qu'ils n'en euffent pas difpofé de leur vivant, veut & entend Sa Majefté que les héritiers, donataires & légataires, ou autres les repréfentant, leur fuccedent, encore qu'ils fuffent étrangers ou non régnicoles, même qu'ils fuffent fujets des princes & états avec lefquels Sa Majefté pourroit être en guerre ; & en conféquence, que lefdites rentes foient exemptes de toutes lettres de marque & de repréfailles, droits d'aubaine, déshérence, confifcation ou autres qui pourroient appartenir à Sa Majefté. Veut & entend Sa Majefté, que ledit traité & le préfent arrêt foient exécutés felon leur forme & teneur, nonobftant tout ce qui pourroit être oppofé au contraire, & tous empêchemens quelconques, pour lefquels il ne fera différé, & dont Sa Majefté, fi aucuns arrivent, s'eft réfervé la connoiffance & à fon confeil, icelle interdifant à toutes fes cours & autres juges : Et feront toutes lettres néceffaires expédiées pour l'exécution du préfent arrêt, & regiftrées fans frais partout où befoin fera. FAIT au confeil d'état du Roi, Sa Majefté y étant, tenu à Verfailles le quatorze Mars mil fept cent foixante-dix-huit.

Signé, AMELOT.

§. XXIV.

§. XXIV.

Emprunt pour l'Epizootie.

I.

EXTRAIT *du registre des délibérations des Etats généraux de Languedoc, assemblés par mandement du Roi en la ville de Montpellier au mois de Novembre* 1777.

Du Mardi 23 Décembre suivant , président Mgr. l'archevêque & primat de Narbonne, commandeur de l'Ordre du St. Esprit.

MONSEIGNEUR l'évêque de Lodeve a dit , que sur le compte qui fut rendu aux Etats dans la derniere assemblée, tant des avances qui avoient été faites jusqu'alors par M. le tréforier de la bourse en exécution de leurs délibérations, & pour se conformer aux vues du gouvernement , pour arrêter les progrès de la maladie épizootique, & en détruire le germe dans la province , que des payemens qui restoient à faire , les Etats en approuvant par leur délibération du 21 Décembre 1776, les dépenses qui avoient été acquittées, déterminerent celles qui doivent être comprises dans la dépense de l'épizootie , & celles qui doivent être encore acquittées comme telles, & qu'ils chargerent en même tems MM. les députés à la cour , en priant Mgr. l'archevêque de Narbonne de se joindre à eux , pour obtenir du Roi, non-seulement la remise des avances faites par eux pour son compte, mais encore celle de la somme entiere à laquelle se montera la dépense de l'épizootie, les Etats offrant d'en recevoir le rembourse-ment en contrats, soit sur l'emprunt alors actuel, soit sur un nouvel emprunt

Tome II.

additionnel à celui qui étoit déjà ou-vert.

Que suivant le compte que le sieur de la Fage , syndic-général , a rendu à la commission de la suite de cette déli-bération, MM. les députés à la cour présenterent au ministre des finances deux différens mémoires , par lesquels, après avoir exposé les moyens qui avoient été employés pour seconder les vues du gouvernement , & les succès de ces moyens, ils demandoient le remboursement de l'entiere dépense qui avoit été faite pour assurer l'exécu-tion de ces moyens ; qu'ils joignirent à ces mémoires un état des avances faites par M. le tréforier de la bourse, qui montoient alors à un million cent trente-deux mille cent cinquante-six livres huit sols quatre deniers, en y comprenant les intérets dûs audit sieur tréforier , liquidés jusqu'au 31 Décem-bre de l'année derniere , à la somme de quarante-quatre mille deux cent cinquante-trois livres seize sols six de-niers, & qu'ils observerent en même tems, qu'il restoit encore à payer la plus grande partie des sommes avan-cées par quelques dioceses & quelques communautés , pour la dépense des troupes, des indemnités dont M. le comte de Perigord a donné l'état , des gratifications proposées par M. l'inten-dant pour ses préposés , de celles qu'il convient d'accorder à ses subdélégués , & la dépense de l'étape & des voitures fournies aux troupes du cordon.

Que Mgr. l'archevêque de Narbonne a appuyé de son crédit les demandes des Etats , & qu'ils sont redevables à ses représentations de la remise que le

R

Roi a bien voulu leur accorder sur les dépenses dont il s'agit.

Que suivant l'article 19 des instructions du Roi à MM. les commissaires, Sa Majesté toujours disposée à donner aux Etats des marques particulieres de sa satisfaction, de leur zele constant pour son service, en traitant favorablement ses sujets de cette province, veut bien contribuer pour une somme de huit cent mille livres au remboursement des avances que le trésorier a faites à raison de l'épizootie ; & en conséquence, elle charge MM. ses commissaires, 1º. de se faire représenter durant la présente assemblée, & d'arrêter, conjointement avec MM. les commissaires qui seront nommés par les Etats, le compte desdites avances, ainsi que des intérêts qui peuvent être dûs à leur trésorier à raison d'icelles. 2º. D'autoriser, au nom de Sa Majesté, les Etats à ouvrir un emprunt au denier vingt, sujet à la retenue des deux vingtiemes & des quatre sols pour livre du premier, de la somme à laquelle lesdites avances & les intérêts d'icelle se trouveront monter, & d'affecter & hypothéquer au remboursement dudit emprunt, la remise ordinaire en tems de paix de huit cent mille livres sur la capitation ; & attendu que cette remise a été déjà affectée, savoir, six cent cinquante mille livres à l'extinction de l'emprunt de trois millions fait en 1768 par les Etats pour le rachat des quatre sols pour livre de la capitation, & cent cinquante mille livres au payement des intérêts & à l'extinction de l'emprunt de six cent soixante-sept mille huit cent onze livres, par eux fait en 1766 pour le remboursement des officiers supprimés du parlement de Toulouse, Sa Majesté a autorisé MM. ses commissaires à stipuler dans le traité qui sera passé à ce sujet entre eux & les commissaires nommés

par les Etats, que jusqu'à ce que ladite remise soit entierement libérée des susdits deux emprunts, les intérêts de la somme de huit cent mille livres, que Sa Majesté veut bien prendre sur son compte dans l'emprunt qui sera ouvert pour le remboursement desdites avances, seront prélevés sur les impositions de la province ; desquels intérêts, sur le même pied qu'ils seront payés par les Etats dans ledit emprunt, le trésorier de la bourse fera la retenue chaque année sur les sommes qu'il aura à verser au trésor royal pour lesdites impositions ; & à l'égard des intérêts du surplus de la somme à laquelle se trouvera monter ledit emprunt, & qui restera à la charge des Etats, Sa Majesté trouvera bon qu'ils soient prélevés sur la somme de 150,000 livres destinée au payement des intérêts & au remboursement des capitaux de l'emprunt fait par les Etats pour le remboursement des offices supprimés du parlement de Toulouse, sauf à diminuer d'autant les remboursemens à faire sur ledit emprunt, &c.

Que sur cet exposé & après avoir pris connoissance de l'article 19 des instructions du Roi, MM. les commissaires ont cru devoir se borner quant à présent, à proposer aux Etats de délibérer, 1º. que le sieur de Joubert leur trésorier, rendra compte incessamment de l'entiere dépense faite à raison de l'épizootie, pour être ledit compte arrêté par MM. les commissaires du Roi & ceux des Etats conjointement, sauf après l'arrêté & clôture dudit compte, à être pris par les Etats telle délibération qu'il appartiendra, sur l'exécution du surplus des instructions de Sa Majesté.

Sur quoi les Etats, après avoir remercié Mgr. l'archevêque de Narbonne des nouvelles preuves qu'il a données dans cette occasion de son zele pour les intérêts de la province, ont délibéré, conformément à l'avis de MM. les commiſſaires ; & Mgr. le préſident a nommé pour arrêter, conjointement avec MM. les commiſſaires du Roi, le compte dont il s'agit, les mêmes commiſſaires qui ont été déjà nommés pour la vérification des dettes des dioceſes & communautés.

II.

EXTRAIT du regiſtre des délibérations des Etats généraux de Languedoc, aſſemblés par mandement du Roi en la ville de Montpellier au mois de Novembre 1777.

Du Vendredi 2 Janvier 1778, préſident Mgr. l'archevêque & primat de Narbonne, commandeur de l'Ordre du Saint-Eſprit.

MONSEIGNEUR l'évêque de Lodeve a dit, que s'étant rendu mardi dernier, 30 du précédent mois, avec MM. les autres commiſſaires des affaires extraordinaires, à l'hôtel de M. le comte de Perigord, ils ont ſigné conjointement avec MM. les commiſſaires du Roi le traité concernant l'emprunt de 1,316,012 livres 2 ſols 8 deniers pour le payement des dépenſes faites à raiſon de l'épizootie, lequel eſt de teneur.

TRAITÉ

Fait & accordé entre MM. les commiſſaires préſidens pour le Roi aux Etats généraux de la province de Languedoc, & MM. les commiſſaires députés par l'aſſemblée deſdits Etats.

ARTICLE PREMIER.

Que conformément aux intentions du Roi, exprimées dans l'article XIX des inſtructions de Sa Majeſté à MM. ſes commiſſaires, & ſuivant le réſultat de la clôture du compte par eux arrêté le 28 du préſent mois, des dé-

penſes faites ou avancées, ou reſtant à payer par le tréſorier des Etats, à raiſon des meſures priſes pour arrêter les progrès de la maladie épizootique ſurvenue en 1775, revenant toutes leſdites dépenſes à la ſomme de 1,316,012 livres 2 ſols 8 deniers, il ſera inceſſamment ouvert un emprunt au profit de la province, de ladite ſomme de 1,316,012 livres 2 ſols 8 deniers au denier vingt, ſujet à la retenue des deux vingtiemes & des quatre ſols pour livre du premier.

ART. II.

Que le produit dudit emprunt ſera employé ſans divertiſſement, tant au rembourſement des ſommes avancées juſqu'à préſent par le ſieur tréſorier des Etats, qu'au payement de celles dont, quoique compriſes dans le compte arrêté ledit jour 28 Décembre, il n'a point encore rapporté les acquits, dont il ſera tenu de rendre compte en la forme ordinaire.

ART. III.

Que la remiſe ordinaire que Sa Majeſté veut bien faire à la province en tems de paix, de 800,000 livres ſur la capitation demeurera affectée & hypothéquée au rembourſement du capital dudit emprunt, lequel n'aura toutefois lieu qu'après l'extinction de ceux faits en 1768 pour le rachat des quatre ſols pour livre en ſus de ladite capitation, & en 1776 pour le rembourſement des offices ſupprimés du parlement de Toulouſe, auxquels ladite remiſe de 800,000 livres a été deſtinée ; immédiatement après le rembourſement deſquels deux emprunts ſera fait celui mentionné au préſent traité, par préférence au nouvel emprunt de trois millions pour le nouveau rachat des quatre ſols pour livre en ſus de la capitation, que les Etats ont été autoriſés d'ouvrir, ſuivant le traité convenu à cet effet le 9 du préfent mois de Décembre.

ART. IV.

Que jufqu'à ce que ladite remife de 800,000 livres foit entierement libérée des fufdits deux emprunts faits en 1768 & en 1776, les intérêts de pareille fomme de 800,000 livres que Sa Majefté veut bien prendre pour fon compte dans l'emprunt qui fera ouvert en conféquence du préfent traité, feront prélevés fur les impofitions de la province, defquels intérêts, fur le même pied qu'ils feront payés par les Etats dans ledit emprunt, le tréforier de la bourfe fera la retenue chaque année fur les fommes qu'il aura à verfer au tréfor royal pour lefdites impofitions; & qu'à l'égard des intérêts du furplus de ladite fomme de 1,316,012 livres 2 fols 8 deniers à laquelle fe trouvera monter ledit emprunt, & qui reftera à la charge des Etats, le prélevement en fera fait chaque année fur la fomme de 150,000 livres deftinée au payement des intérêts, & au rembourfement des capitaux de l'emprunt fait pour le rembourfement des officiers fupprimés du parlement de Touloufe, fauf à diminuer d'autant les rembourfemens à faire fur ledit emprunt : comme auffi que dans le cas de la fuppreffion de ladite remife en tems de guerre, le rembourfement des capitaux fera fufpendu; & il fera pourvu par les Etats au payement des intérêts des capitaux alors fubfiftans dudit emprunt de 1,316,012 livres 2 fols 8 deniers.

ART. V.

Que les premiers contrats qui feront paffés pour raifon dudit emprunt, ainfi que les quittances des rembourfemens, feront exempts des droits de contrôle & de petit fceau.

ART. VI.

Que les tuteurs & curateurs pour-

ront faire dans ledit emprunt, emploi des deniers des pupilles, mineurs ou interdits, en obfervant les formalités qui font en ufage dans les lieux où les emprunts feront faits; & que les communautés féculieres & régulieres, hôpitaux, fabriques, & gens de mainmorte, pourront auffi employer leurs deniers dans ledit emprunt, fans être tenus de payer aucun droit d'amortiffement des rentes qui feront conftituées à leur profit.

ART. VII.

Que les étrangers non naturalifés, même ceux demeurant hors du royaume, pays, terres & feigneuries de l'obéiffance du Roi, pourront, ainfi que fes propres fujets, acquérir lefdites rentes, encore qu'ils foient fujets des puiffances avec lefquelles Sa Majefté pourroit être en guerre, & qu'ils en jouiront & pourront en difpofer entre-vifs, par teftament, ou autrement, en principaux ou arrérages, & qu'en cas qu'ils n'en auront pas difpofé de leur vivant, leurs heritiers, donataires, légataires ou autres les repréfentant, leur fuccéderont, encore qu'ils foient étrangers & non régnicoles, même qu'ils foient fujets des princes & états avec lefquels Sa Majefté pourroit être en guerre, & qu'en conféquence, lefdites rentes feront exemptes de toutes lettres de marques & de repréfailles, droit d'aubaine, confifcation & autres qui pourroient appartenir à Sa Majefté.

ART. VIII.

Que les rembourfemens des capitaux dudit emprunt, lorfque la remife de huit cent mille livres pourra y être appliquée, feront faits chaque année par une loterie qui fera tirée pendant la tenue des Etats, en fe conformant, pour ce qui regarde ladite loterie & la validité des rembourfemens qui feront faits, à ce qui est prescrit par l'arrêt du conseil du 6 Janvier 1755; à l'effet de quoi, il sera arrêté chaque année par MM. les commissaires du Roi & ceux des Etats, une liquidation des sommes qui auront été remboursées sur le capital & sur les intérêts dudit emprunt, au moyen de ladite remise de huit cent mille livres, dont la retenue aura été faite; laquelle liquidation sera ainsi continuée d'année en année, jusqu'à l'entier remboursement du capital, après lequel, il sera expédié un arrêt pour autoriser lesdites liquidations.

ART. IX.

Enfin que, pour plus grande sûreté du présent traité, il sera homologué par le Roi, & que toutes lettres nécessaires seront expédiées & registrées sans frais partout où besoin sera. Fait & signé en triple original à Montpellier le trente Décembre mille sept cent soixante dix-sept. *Signés par colonnes.*

LE COMTE DE PÉRIGORD.

DE SAINT-PRIEST. †J. F. H. Ev. de Lodeve.
DE SAINT-PRIEST. Le Bar. DE MERINVILLE.
VASSAL. TRUBELLE, anc. Capitoul.
LAJARD. Le Chevalier DE RATTE,
                Député de Montpellier.
            MONTFERRIER, Se. gal.
            JOUBERT, Syndic-général.
            LA FAGE, Syndic-général.

Par Nosseigneurs,

Signé, BONNEMAIN.

III.

ARRÊT

DU CONSEIL D'ETAT DU ROI,

Qui autorise le traité fait entre MM. les commissaires du Roi, & ceux des Etats de la province, au sujet d'un emprunt de treize cent seize mille douze livres deux sols huit deniers,

pour les dépenses de la maladie épizootique.

Du 14 Mars 1778.

EXTRAIT *des Registres du Conseil d'Etat.*

LE Roi s'étant fait représenter en son conseil, l'article XIX. des instructions données aux sieurs commissaires députés pour assister de la part de Sa Majesté à l'assemblée des Trois-états de la Province de Languedoc, par lequel Sa Majesté a donné auxdits sieurs commissaires tous les pouvoirs nécessaires, à l'effet d'arrêter, conjointement avec les commissaires qui seroient nommés par lesdits Etats, les comptes & états des avances faites par le trésorier de la bourse, pour arrêter les progrès de la maladie épizootique, d'autoriser lesdits Etats à emprunter les sommes nécessaires pour le remboursement desdites avances, & à stipuler dans ledit traité, que Sa Majesté voudra bien prendre huit cent mille livres pour son compte dans ledit emprunt; la délibération prise par lesdits Etats le 23 Décembre dernier, & par laquelle ils ont, entr'autres choses, nommé des commissaires pour procéder, conjointement avec les commissaires de Sa Majesté, à l'arrêté des comptes desdites avances; l'extrait des arrêtés desdits comptes, fait à la somme de treize cent seize mille douze livres deux sols huit deniers, & le traité passé entre les sieurs commissaires de Sa Majesté, & ceux des Etats, pour l'emprunt de ladite somme de treize cent seize mille douze livres deux sols huit deniers, & dont la teneur suit:

Traité fait & accordé entre MM. les commissaires présidens pour le Roi aux Etats généraux de la province de Languedoc, & MM. les commissaires députés par l'assemblée desdits Etats.

ARTICLE PREMIER.

Que conformément aux intentions du Roi, exprimées dans l'article XIX. des instructions de Sa Majesté à MM. ses commissaires, & suivant le résultat de la clôture du compte par eux arrêté le 28 du présent mois, des dépenses faites & avancées, ou restant à payer par le trésorier des Etats, à raison des mesures prises pour arrêter les progrès de la maladie épizootique survenue en 1775, revenant toutes lesdites dépenses à la somme de treize cent seize mille douze livres deux sols huit deniers, il sera incessamment ouvert un emprunt au profit de la province, de la somme de treize cent seize mille douze livres deux sols huit deniers au denier vingt, sujet à la retenue des deux vingtiemes & des quatre sols pour livre du premier.

ART. II.

Que le produit dudit emprunt sera employé sans divertissement, tant au remboursement des sommes avancées jusqu'à présent par le sieur trésorier des Etats, qu'au payement de celles dont, quoique comprises dans le compte arrêté ledit jour 28 Décembre, il n'a point encore rapporté les acquits, dont il sera tenu de rendre compte en la forme ordinaire.

ART. III.

Que la remise ordinaire que Sa Majesté veut bien faire à la province en tems de paix, de huit cent mille livres sur la capitation, demeurera affectée & hypothéquée au remboursement du capital dudit emprunt, lequel n'aura toutefois lieu qu'après l'extinction de ceux faits en 1768, pour le rachat des quatre sols pour livre en sus de ladite capitation, & en 1776, pour le remboursement des offices supprimés du parlement de Toulouse, auxquels la-dite remise de huit cent mille livres a été déjà destinée ; immédiatement après le remboursement desquels deux emprunts, sera fait celui mentionné au présent traité, par préférence au nouvel emprunt de trois millions pour le nouveau rachat des quatre sols pour livre en sus de la capitation, que les Etats ont été autorisés d'ouvrir, suivant le traité convenu à cet effet le 9 du présent mois de Décembre.

ART. IV.

Que jusqu'à ce que ladite remise de huit cent mille livres soit entierement libérée des susdits deux emprunts faits en 1768 & en 1776, les intérêts de pareille somme de huit cent mille livres que Sa Majesté veut bien prendre pour son compte dans l'emprunt qui sera ouvert en conséquence du présent traité, seront prélevés sur les impositions de la province ; desquels intérêts, sur le même pied qu'ils seront payés par les Etats dans ledit emprunt, le trésorier de la bourse fera la retenue chaque année sur les sommes qu'il aura à verser au trésor royal pour lesdites impositions ; & qu'à l'égard des intérêts du surplus de ladite somme de treize cent seize mille douze livres deux sols huit deniers, à laquelle se trouvera monter ledit emprunt, & qui restera à la charge des Etats, le prélevement en sera fait chaque année sur la somme de cent cinquante mille livres destinée au payement des intérêts & au remboursement des capitaux de l'emprunt fait pour le remboursement des offices supprimés du parlement de Toulouse, sauf à diminuer d'autant les remboursemens à faire sur ledit emprunt : Comme aussi, que dans le cas de la suppression de ladite remise en tems de guerre, le remboursement des capitaux sera suspendu, & il sera pourvu par les Etats au payement des intérêts des capitaux alors fubfiftans dudit emprunt de treize cent feize mille douze livres deux fols huit deniers.

Art. V.

Que les premiers contrats qui.feront paffés pour raifon dudit emprunt, ainfi que les quittances des rembourfemens, feront exempts des droits de contrôle & du petit-fceau.

Art. VI.

Que les tuteurs & curateurs pourront faire dans ledit emprunt, emploi des deniers des pupilles, mineurs ou interdits, en obfervant les formalités qui font en ufage dans les lieux où les emprunts feront faits, & que les communautés féculieres & régulieres, hôpitaux, fabriques & gens de mainmorte, pourront auffi employer leurs deniers dans ledit emprunt, fans être tenus de payer aucuns droits d'amortiffement des rentes qui feront conftituées à leur profit.

Art. VII.

Que les étrangers non-naturalifés, même ceux demeurant hors du royaume, pays, terres & feigneuries de l'obéiffance du Roi, pourront, ainfi que fes propres fujets, acquérir lefdites rentes, encore qu'ils foient fujets des puiffances avec lefquelles Sa Majefté pourroit être en guerre; & qu'ils en jouiront & pourront en difpofer entrevifs, par teftament ou autrement, en principaux ou arrérages; & qu'en cas qu'ils n'en auroient pas difpofé de leur vivant, leurs héritiers, donataires, légataires ou autres les repréfentant, leur fuccéderont, encore qu'ils foient étrangers & non régnicoles, même qu'ils foient fujets des princes & états avec lefquels Sa Majefté pourroit être en guerre; & qu'en conféquence, lefdites rentes feront exemptes de toutes lettres de marque & de repréfailles, droit

d'aubaine, confifcation & autres qui pourroient appartenir à Sa Majefté.

Art. VIII.

Que le rembourfement des capitaux dudit emprunt, lorfque la remife de huit cent mille livres pourra y être appliquée, feront faits chaque année par une loterie qui fera tirée pendant la tenue des Etats, en fe conformant pour ce qui regarde ladite loterie, & la validité des rembourfemens qui feront faits, à ce qui eft prefcrit par l'arrêt du confeil du 6 Janvier 1755; à l'effet de quoi, il fera arrêté chaque année par MM. les commiffaires du Roi & ceux des Etats, une liquidation des fommes qui auront été rembourfées fur le capital & fur les intérêts dudit emprunt, au moyen de ladite remife de huit cent mille livres, dont la retenue aura été faite; laquelle liquidation fera ainfi continuée d'année en année, jufqu'à l'entier rembourfement du capital, après lequel il fera expédié un arrêt pour autorifer lefdites liquidations.

Art. IX.

Enfin, que pour la plus grande fureté du préfent traité, il fera homologué par le Roi, & que toutes lettres néceffaires feront expédiées & regiftrées partout où befoin fera. Fait & figné en triple original à Montpellier, le 30 Décembre 1777. Oui le rapport du fieur Moreau de Beaumont, confeiller d'état ordinaire & au confeil royal des finances, SA MAJESTÉ ETANT EN SON CONSEIL, a approuvé, autorifé & confirmé, approuve, autorife & confirme ledit traité, pour être exécuté en tout fon contenu; & en l'expliquant, & y ajoutant en tant que de befoin, Sa Majefté a autorifé & autorife le tréforier defdits Etats, à retenir chaque année fur les fommes qu'il aura à verser au tréfor royal pour les impofitions de la province, les intérêts de la fomme de huit cent mille livres que Sa Majefté veut bien prendre fur fon compte dans ledit emprunt, & ce, jufqu'à ce que la remife fur la capitation foit libre. Ordonne Sa Majefté que les premiers contrats qui feront paffés pour raifon dudit emprunt de treize cent feize mille douze livres deux fols huit deniers, ainfi que les quittances de rembourfement qui en feront faits, feront exempts des droits de contrôle & petit fceau, même qu'il fera permis aux fondés des pouvoirs des Etats, de ftipuler l'exemption de la retenue des deux vingtiemes & des quatre fols pour livre du premier, dans le cas où ils ne trouveroient pas à emprunter fans ladite exemption. Veut Sa Majefté que les tuteurs & curateurs puiffent faire emploi dans ledit emprunt, des deniers des pupilles, mineurs ou interdits, en obfervant les formalités qui font en ufage dans les lieux où les emprunts feront faits, & que les communautés féculieres & régulieres, hôpitaux, fabriques & gens de main-morte puiffent auffi employer leurs deniers dans ledit emprunt, fans être tenus de payer aucuns droits d'amortiffement des rentes qui feront conftituées à leur profit. Veut de plus Sa Majefté, que les étrangers non-naturalifés, même ceux demeurant hors du royaume, pays, terres & feigneuries de fon obéiffance, puiffent, ainfi que fes propres fujets, acquérir lefdites rentes, encore qu'ils

fuffent fujets des puiffances avec lefquelles Sa Majefté pourroit être en guerre, & qu'ils en jouiffent & puiffent difpofer entre-vifs, par teftament ou autrement, en principaux ou arrérages; & en cas qu'ils n'en euffent pas difpofé de leur vivant, veut & entend Sa Majefté, que leurs héritiers, donataires, légataires, ou autres les repréfentant, leur fuccedent, encore qu'ils fuffent étrangers & non régnicoles, même qu'ils fuffent fujets des princes & états avec lefquels Sa Majefté pût être en guerre; & en conféquence, que lefdites rentes foient exemptes de toutes lettres de marque & de repréfailles, droits d'aubaine, défhérence, confifcation ou autres qui pourroient appartenir à Sa Majefté. Veut & entend Sa Majefté, que ledit traité & le préfent arrêt foient exécutés felon leur forme & teneur, nonobftant tout ce qui pourroit être oppofé au contraire, & tous empêchemens quelconques, pour lefquels il ne fera différé, & dont Sa Majefté, fi aucuns arrivent, s'eft réfervée & réferve la connoiffance, icelle interdifant à toutes fes cours & autres juges : Et feront toutes lettres néceffaires expédiées pour l'exécution du préfent arrêt, & regiftrées fans frais partout où befoin fera. FAIT au confeil d'état du Roi, Sa Majefté y étant, tenu à Verfailles le quatorze Mars mil fept cent foixante-dix-huit.

Signé, AMELOT,

§. XXV.

§. XXV.

Emprunt pour la construction d'un nouveau chemin entre Narbonne & le Pont de Courfan.

I.

EXTRAIT *du regiftre des délibérations des Etats généraux de Languedoc, affemblés par mandement du Roi en la ville de Montpellier au mois de Novembre* 1781.

Du Samedi 15 Décembre fuivant, préfident monfeigneur l'archevêque & primat de Narbonne, commandeur de l'ordre du St. Efprit.

MONSEIGNEUR l'évêque de Mont-pellier a dit, que le fieur de Montferrier fils, fyndic général en furvivance, avoit fait à la commiffion le rapport des travaux de la ligne de la pofte, dans la fénéchauffée de Carcaffonne, &c.

Que le fieur Garipuy expofe enfuite, que la partie comprife entre Narbonne & le pont de Courfan, eft fouvent fub-mergée par les inondations de l'Aude, au point que la communication des deux parties de la province & de la France & de l'Efpagne, eft abfolument interrompue ; que les crues fur-venues au mois de Janvier en four-nirent un exemple dont Mgr. l'arche-vêque de Narbonne fut témoin, lorf-que ce prélat fe rendit à Narbonne au retour des Etats ; qu'après avoir été arrêté quelque tems à Courfan, ce ne fut point fans danger qu'il en partit, malgré les eaux qui couvroient encore le chemin ; que non-feulement chaque inondation empêche, pendant fa du-rée, de paffer fur le chemin actuel, mais qu'elles en bouleverfent fi fouvent

Tome II.

les pavés, qu'il eft abfolument impra-ticable, étant d'ailleurs fi étroit en di-vers endroits, que deux voitures ne peuvent s'y croifer. Que d'après ces confidérations, Mgr. l'archevêque de Narbonne a chargé le fieur Garipuy de faire les projets eftimatifs d'un nouveau chemin, qui fût à l'abri des eaux, fans en interrompre le cours, pour ne pas intercepter le limon falu-taire qu'elles répandent fur toute la plaine ; que de tous les ouvrages que les Etats ont déterminé de faire pour la fertilifer, il ne refte à exécuter que les canaux qui doivent traverfer le che-min de Narbonne à Courfan, & qu'ils ne peuvent être faits qu'autant qu'on exécutera en même tems la chauffée du chemin, & les arches nombreufes dont elle doit être percée, pour le paffage des eaux.

Que ce directeur a préfenté en con-féquence à la commiffion les projets détaillés, dont il réfulte, 1°. Que le nouveau chemin doit être élevé de fix pieds au-deffus de la plaine, afin de le mettre à l'abri des plus hautes inon-dations. 2°. Qu'il fera fait d'une feule ligne droite, en prolongeant l'aligne-ment qui forme l'avenue de la ville de Narbonne, & qu'il fuivra enfuite une rue alignée de ce village, dont la lar-geur eft au moins de trente-fix pieds. 3°. Que fa longueur jufques au pont de Courfan, fera de 2951 toifes, ce qui abrégera la route de 225 toifes. 4°. Qu'il fera engravé fur toute fa lon-gueur. Enfin que les ponts à faire à cette chauffée feront placés ; favoir,

S

trois à cinq arches de 18 pieds, sur les canaux qui doivent recevoir les eaux limoneuses des Pas de St.-Paul de Lastours, de Blanque-Fougasse, & de l'épanchoir de Coursan; deux à trois arches de 18 pieds, sur les Launes formées dans ladite plaine; quatre à une arche de 18 pieds, sur des fossés-maires; enfin, dix-sept ponceaux d'une toise d'ouverture, sur des petits fossés d'arrosage ou de décharge, qu'il est nécessaire de ne pas intercepter.

Qu'on voit d'après les toisés détaillés que le sieur Garipuy a dressés des travaux à faire pour ce chemin, que les remblais nécessaires pour former la chaussée, monteront à environ 38,000 livres, les empierremens ou les gravelages à 39,000 livres, & les maçonneries de pierre ou de moellon pour les ponts & ponceaux à 183,000 livres. Que toutes ces sommes réunies font celle de 260,000 livres, à laquelle il faut encore ajouter 34,000 livres pour les indemnités dues à raison de l'emplacement du chemin, y compris l'achat d'une petite maison à l'entrée du village de Coursan; en sorte que la dépense totale à faire pour ce chemin est évaluée à 294,000 livres.

Que les travaux à exécuter l'année prochaine dans le troisieme département, &c.

Qu'en résumant les objets ci-dessus détaillés, la commission a cru devoir proposer aux Etats de délibérer, 1º. &c.

2º. Qu'en reconnoissant la nécessité de travailler incessamment au chemin de Narbonne à Coursan, pour remédier aux inconvéniens qu'éprouvent journellement les voyageurs, & suivre les vues de Mgr. l'archevêque de Narbonne, toujours dirigées pour le bien public, MM. les commissaires avoient pensé que ce chemin devoit être entrepris & ouvert l'année prochaine sur toute son étendue; qu'il y avoit lieu de proposer aux Etats d'y pourvoir, en empruntant au denier vingt, exempt de toute retenue, la somme de deux cent quatre-vingt-quatorze mille livres, à quoi les ouvrages ont été évalués; lequel emprunt ne sera fait qu'à fur & à mesure de leurs progrès, & les intérêts des sommes empruntées, à commencer par celle de 60,000 livres qui pourra être employée l'année prochaine, seront imposés dans les dettes & affaires, ce moyen paroissant préférable pour ne pas augmenter l'imposition dans des tems aussi difficiles, les Etats se réservant d'ailleurs de pourvoir au remboursement dans une époque plus heureuse.

Ce qui a été délibéré sur tous les points, conformément à l'avis de MM. les commissaires.

II.
ARRÊT
DU CONSEIL D'ETAT DU ROI,

Qui permet à la province de Languedoc d'emprunter au denier vingt, exempt de toute retenue, la somme de deux cent quatre-vingt-quatorze mille livres, pour être employée au payement des ouvrages à faire pour la construction de la partie du chemin de la poste comprise entre Narbonne & le pont de Coursan.

Du 21 Février 1782.

EXTRAIT des Registres du Conseil d'Etat.

VU par le Roi, étant en son conseil, la délibération prise par les gens des Trois-états de la province de Languedoc le 15 Décembre 1781, de laquelle il résulte que la partie de la ligne de la poste comprise entre la ville de Narbonne & le pont de Cour-

N°. II. ſan, eſt ſouvent ſubmergée par les inondations de la riviere d'Aude, au point que la communication des deux parties de la province, & de la France avec l'Eſpagne, eſt abſolument interrompue ; que non-ſeulement chaque inondation empêche pendant ſa durée de paſſer ſur le chemin actuel, mais qu'elles en bouleverſent ſi ſouvent les pavés, qu'il eſt impraticable, étant d'ailleurs ſi étroit en divers endroits, que deux voitures ne peuvent s'y croiſer. Que d'après ces conſidérations, il a été dreſſé des projets eſtimatifs d'un nouveau chemin qui fût à l'abri des eaux, ſans en interrompre le cours, pour ne pas intercepter le limon ſalutaire qu'elles répandent ſur toute la plaine ; que de tous les ouvrages que les Etats ont déterminé de faire pour la fertiliſer, il ne reſte à exécuter que les canaux qui doivent traverſer le chemin de Narbonne à Courſan, & qu'ils ne peuvent être faits qu'autant qu'on exécutera en même tems la chauſſée du chemin. Que ſuivant les toiſés détaillés des travaux à faire pour ce chemin, la dépenſe ſe portera à la ſomme de deux cent quatre · vingt-quatorze mille livres ; & qu'étant néceſſaire d'y faire travailler très-inceſſamment pour remédier aux inconvéniens qu'éprouvent journellement les voyageurs, les Etats avoient conſéquemment déterminé, pour ne pas augmenter les impoſitions dans des tems auſſi difficiles, de pourvoir à la dépenſe dudit chemin, en empruntant au denier vingt, exempt de toute retenue, ladite ſomme de deux

cent quatre-vingt-quatorze mille livres, pour ledit emprunt n'être fait qu'à fur & à meſure des progrès des ouvrages, & les intérêts des ſommes empruntées impoſés dans le département des dettes & affaires, les Etats ſe réſervant de pourvoir au rembourſement deſdites ſommes dans une époque plus heureuſe. Vu auſſi le mémoire préſenté par le ſyndic général, à l'effet d'obtenir la permiſſion de Sa Majeſté pour ledit emprunt : Oui le rapport du ſieur Joly de Fleury, Conſeiller d'état ordinaire & au conſeil royal des finances ; LE ROI ETANT EN SON CONSEIL, a autoriſé & autoriſe la délibération priſe par les Etats le 15 Décembre dernier. A permis & permet en conſéquence à la province de Languedoc, d'emprunter au denier vingt, exempt de toute retenue, la ſomme de deux cent quatre-vingt-quatorze mille livres, pour être employée au payement des ouvrages à faire pour la conſtruction de la partie du chemin de la poſte compriſe entre Narbonne & le pont de Courſan, les intérêts duquel emprunt ſeront impoſés dans le département des dettes & affaires, à la charge par leſdits Etats de ne faire ledit emprunt qu'à fur & à meſure de l'avancement des ouvrages, & de pourvoir à ſon rembourſement ainſi qu'ils aviſeront. FAIT au conſeil d'état du Roi, Sa Majeſté y étant, tenu à Verſailles le vingt-un Février mil ſept cent quatre-vingt-deux. N°. II.

Signé, AMELOT.

§. XXVI.

Emprunt de deux millions quatre cent mille livres.

Cet emprunt, quoique fait originairement pour le compte du Roi, doit être mis dans la classe des emprunts propres à la province, depuis que Sa Majesté en a été déclaré quitte envers les Etats par un arrêt du conseil du 5 Août 1733, qu'on trouvera sous le Nº. VII de ce paragraphe.

I.

EXTRAIT du regiſtre des délibérations des Etats généraux de Languedoc, aſſemblés par mandement du Roi en la ville de Nîmes au mois d'Octobre 1714.

Du Jeudi 6 Décembre ſuivant, préſident monſeigneur l'archevêque & primat de Narbonne.

MONSEIGNEUR l'archevêque de Toulouſe a dit, que MM. les commiſſaires des affaires extraordinaires ſe ſont aſſemblés chez Mgr. l'archevêque de Narbonne, pour examiner la demande qui eſt faite de la part de Sa Majeſté, d'une ſomme de 2,400,000 livres pour laquelle le Roi demande le crédit de la province, & pour le payement de laquelle, en capital, intérêts & frais, Sa Majeſté conſent que le tréſorier de la bourſe retienne tous les ans par ſes mains, ſur les ſommes qu'il ſera obligé de payer au tréſor royal, la ſomme de 120,000 livres pour les intérêts au denier vingt de ladite ſomme de 2,400,000, & 100,000 livres pour le payement du capital juſques au parfait rembourſement de la province, en ſorte qu'il ne lui en coûte rien.

Que l'aſſemblée avoit prêté ſon crédit à Sa Majeſté en 1672 pour la ſomme de 1,600,000 livres qui furent em-ployées à la conſtruction du canal royal, & en 1707 pour un million de livres, qui furent empruntées à Genes, à la banque de ſaint Georges; que ces deux ſommes avoient été acquittées au moyen des fonds que Sa Majeſté avoit faits à la province, ainſi qu'il avoit été ſtipulé par le traité qui avoit été fait avec MM. les commiſſaires, qui a été toujours fidellement exécuté; en ſorte que ſi l'aſſemblée juge à propos d'accorder encore à Sa Majeſté le crédit qu'elle demande pour 2,400,000 livres, les Etats pourroient faire un traité avec MM. les commiſſaires préſidens pour le Roi, en conformité du projet qui en a été dreſſé, dans lequel l'aſſemblée trouvera que toutes les ſuretés que la province peut deſirer en pareille occaſion, ont été priſes.

Sur quoi, lecture faite des traités faits par l'aſſemblée avec MM. les commiſſaires du Roi en 1672 & en 1707, & le projet du traité qui a été dreſſé par MM. les commiſſaires ſur le crédit qui eſt demandé à préſent par Sa Majeſté, les Etats, pour témoigner à Sa Majeſté le deſir qu'ils ont de lui plaire, lui ont accordé le crédit de la province pour la ſomme de 2,400,000 liv., aux clauſes & conditions du projet du traité qui a été dreſſé par MM. les commiſſaires des Etats, l'aſſemblée leur donnant pouvoir de le ſigner avec MM. les commiſſaires du Roi, lequel traité ſera inſéré dans le préſent procès-verbal à ſuite de la préſente délibération, après qu'il aura été ſigné.

II.

EXTRAIT du regiſtre des délibéra-tions des Etats généraux de Langue-doc, aſſemblés par mandement du Roi en la ville de Nîmes au mois d'Octobre 1714.

Du Lundi 10 Décembre ſuivant, préſident Mgr. l'archevêque & primat de Narbonne.

MONSEIGNEUR l'archevêque de Toulouſe a dit, que MM. les commiſſaires des affaires extraordinai-res ſe ſont rendus le Vendredi 7 de ce mois, chez Mgr. le duc de Roquelaure, où MM. les commiſſaires préſidens pour le Roi aux Etats ſe ſont trouvés, & qu'ils ont ſigné le traité qui avoit été agréé par l'aſſemblée, dont la teneur s'enſuit :

TRAITÉ

Fait & accordé entre MM. les com-miſſaires préſidens pour le Roi aux Etats généraux de la province de Languedoc, & MM. les commiſ-ſaires députés par l'aſſemblée deſdits Etats.

ARTICLE PREMIER.

Qu'en conféquence de la délibéra-tion du 6 Décembre 1714, les Etats prêteront leur crédit au Roi pour la ſomme de 2,400,000 livres, laquelle ſera remiſe par le tréſorier de la bourſe au tréſor royal, ſur la quittance du garde dudit tréſor royal.

ART. II.

Qu'il ſera retenu tous les ans par le-dit tréſorier de la bourſe, ſur les ſom-mes qu'il aura à remettre au Roi pour la province, la ſomme de 220,000 li-vres, pour ſervir au rembourſement deſdits 2,400,000 livres & intérêts ſur le pied du denier vingt, frais, taxa-tions ou droit de remiſe, de laquelle ſomme de 220,000 livres, il lui ſera tenu compte par le garde du tréſor royal ſur ſa ſimple quittance.

ART. III.

Les créanciers qui prêteront à la province la ſomme de 2,400,000 li-vres ſeront exempts du dixieme, & les premiers contrats qui ſeront paſſés pour raiſon dudit emprunt, frais d'i-ceux, droits de contrôle & du petit ſceau, ſi aucuns y en a, ſeront ſup-portés par Sa Majeſté.

ART. IV.

Il ſera fait tous les ans une liquida-tion, par MM. les commiſſaires du Roi & ceux des Etats, des ſommes qui auront été payées en principal ſur leſdits 2,400,000 liv., provenant des 220,000 liv. qui doivent être retenues tous les ans, laquelle liquidation ſera continuée juſqu'à l'entier rembourſe-ment, après lequel il ſera expédié un arrêt pour autoriſer leſdites liquida-tions, qui déchargera reſpectivement le Roi & les Etats dudit crédit, & annullera la quittance qui aura été ex-pédiée par le garde du tréſor royal deſ-dits 2,400,000. liv. Et pour plus gran-de ſûreté du préſent traité, il ſera ho-mologué par le Roi, & toutes lettres néceſſaires ſeront expédiées & regiſ-trées ſans frais partout où beſoin ſera. FAIT & ſigné en triple original, à Nîmes le ſeptieme Décembre mil ſept cent quatorze. *Signés par colonnes.*

LE DUC DE ROQUELAURE.

DESMARETZ DE MAILLEBOIS.	† R. F. archevêque de Touloufe.
DE LAMOIGNON DE BASVILLE.	† HENRY, archevêque d'Alby.
MASSAUVE. CALVET.	†PHELYPEAUX, évêque de Lodeve.
	CAYLUS, baron de Ro-vairoux.

CHAMBONAS , baron de
St. Felix.

PRADINES.

LAPEYRUSE , capitoul.

MANNY , premier conful
de Montpellier.

VAURE DE RIEUVIEL ,
maire d'Alby.

ROCHEPIERRE , fyndic du
Vivarais.

JOUBERT , fyndic général.

DODARS , fyndic général.

MONTFERRIER , Se. gal.

III.

*EXTRAIT du regiſtre des délibérations
des Etats généraux de Languedoc ,
aſſemblés par mandement du Roi
en la ville de Nîmes au mois d'Octobre* 1714.

Du Mercredi 12 Décembre ſuivant, préſident
Mgr. l'archevêque & primat de Narbonne.

LEs Etats ayant prêté leur crédit à
Sa Majeſté pour la ſomme de
2,400,000 livres, ont délibéré que
cette ſomme ſera inceſſamment empruntée dans la ville de Paris, au nom
de ladite province, ſur le pied du denier vingt ; & à cet effet les Etats ont
nommé les ſieurs André de Joubert,
Jean - Jacques de Boyer Dodars, &
Jean-Antoine du Vidal Montferrier ,
ſyndics-généraux de ladite province,
auxquels ils donnent pouvoir & puiſſance , tant conjointement que ſéparément , & en cas de mort ou d'abſence
d'un ou de deux des trois , & même
leur donnent pouvoir de ſubſtituer ,
pour & au nom de ladite province ,
emprunter. & prendre à conſtitution de
rente·ladite ſomme de 2,400,000 liv.,
& de paſſer tous contrats à ceux qui
en feront le prêt , d'obliger tous les
biens du général de la province , à la
charge que les ſommes qui ſeront empruntées ſeront remiſes entre les mains
du ſieur Bonnier, tréſorier de la bourſe,
ou de ſes commis ayant charge expreſſe

de lui , pour être ladite ſomme par lui
portée au tréſor royal : Et a été arrêté
qu'il ne ſera fait qu'un ſeul original en
parchemin de la préſente délibération,
ſigné par Mgr. l'archevêque de Narbonne , préſident , & contre-ſignée par
un des ſecrétaires deſdits Etats , pour
être remiſe ès mains du notaire que les
ſyndics-généraux jugeront à propos, ſur
lequel original il ſera fait mention des
contrats , à meſure qu'ils feront paſſés ,
avant que les groſſes puiſſent être délivrées. Et lorſque l'emprunt porté par
ladite délibération ſera conſommé , il
ſera mis au bas par le notaire qui en
ſera dépoſitaire , que ladite délibération eſt remplie.

IV.
ARRÊT
DU CONSEIL D'ÉTAT DU ROI,

*Qui autoriſe le traité fait à Nîmes ,
au ſujet du crédit que les Etats ont
prêté au Roi pour un emprunt de
2,400,000 livres.*

Du 22 Décembre 1714.

*EXTRAIT des Regiſtres du Conſeil
d'Etat.*

VU au conſeil d'état du Roi le
traité fait entre les commiſſaires
de Sa Majeſté, & les commiſſaires députés par les Etats de la province de
Languedoc le 7 Décembre 1714 dont
la teneur s'enſuit.

Traité fait & accordé entre MM. les
commiſſaires préſidens pour le Roi aux
Etats généraux de la province de Languedoc , & MM. les commiſſaires députés par l'aſſemblée deſdits Etats.

ARTICLE PREMIER.

Qu'en conſéquence de la délibération du 6 Décembre 1714, les Etats
prêteront leur crédit au Roi pour la

ſomme de 2,400,000 livres, laquelle ſera remiſe par le tréſorier de la bourſe au tréſor royal, ſur la quittance du garde dudit tréſor royal.

A r t. I I.

Qu'il ſera retenu tous les ans par ledit tréſorier de la bourſe, ſur les ſommes qu'il aura à remettre au Roi pour la province, la ſomme de 220,000 livres pour ſervir au rembourſement deſdits 2,400,000 livres & intérêts ſur le pied du denier vingt, frais, taxations ou droits de remiſe, de laquelle ſomme de 220,000 livres, il lui ſera tenu compte par le garde du tréſor royal ſur ſa ſimple quittance.

A r t. I I I.

Les créanciers qui prêteront à lad. province, ladite ſomme de 2,400,000 livres ſeront exempts du dixieme, & les premiers contrats qui ſeront paſſés pour raiſon dudit emprunt, frais d'iceux, droits de contrôle & de petit ſceau, ſi aucuns y en a, ſeront ſupportés par Sa Majeſté.

A r t. I V.

Il ſera fait tous les ans une liquidation par M.M. les commiſſaires du Roi & ceux des Etats, des ſommes qui auront été payées en principal ſur leſdits 2,400,000 liv. provenant des 220,000 livres qui doivent être retenues tous les ans, laquelle liquidation ſera continuée juſqu'à l'entier rembourſement, après lequel il ſera expédié un arrêt pour autoriſer leſdites liquidations qui déchargera reſpectivement le Roi & les Etats dudit crédit, & annullera la quittance qui aura été expédiée par le garde du tréſor royal deſdits 2,400,000 liv. Et pour plus grande ſûreté du préſent traité, il ſera homologué par le Roi, & toutes lettres néceſſaires ſeront expédiées & regiſtrées ſans frais partout

où beſoin ſera. Fait & ſigné en triple original à Nimes le ſeptieme Décembre mil ſept cent quatorze.

Signés, le duc DE ROQUELAURE ; DESMARETZ DE MAILLEBOIS ; DE LAMOIGNON DE BASVILLE ; MASSAUVE ; CALVET ; P. archevêque de Toulouſe ; HENRY, archevêque d'Alby ; PHELYPEAUX, évêque de Lodeve ; CAYLUS, baron DE ROVAIROUX ; le comte DE CHAMBONAS, baron DE ST. FELIX ; PRADINES ; LAPEYROUSE, capitoul ; MANNY, premier conſul de Montpellier ; VABRE DE RIEUVIEL, maire d'Alby ; ROCHEPIERRE, ſyndic - perpétuel du Vivarais ; JOUBERT, ſyndic-général ; DODARS, ſyndic-général ; MONTFERRIER, ſyndic-général : Par Noſſeigneurs, TOUZARD, GUILLEMINET.

Oui le rapport du ſieur Deſmaretz, conſeiller ordinaire au conſeil royal, contrôleur général des finances, LE ROI EN SON CONSEIL, a approuvé, autoriſé & confirmé, approuve, autoriſe & confirme ledit traité ; veut & entend qu'il ſoit exécuté ſelon ſa forme & teneur ; & ce faiſant que le tréſorier de la bourſe de la province de Languedoc retienne tous les ans par ſes mains la ſomme de 220,000 liv., ſur celle qu'il ſera chargé de remettre au tréſor royal, laquelle lui ſera tenue en compte ſur ſa ſimple quittance, juſqu'à ce que la province de Languedoc ait été rembourſée en capital, intérêts & frais de la ſomme de 2,400,000 livres pour laquelle elle a accordé ſon crédit à Sa Majeſté, & ſeront toutes lettres néceſſaires expédiées pour l'exécution du préſent arrêt, & regiſtrées ſans frais partout où beſoin ſera. Fait au conſeil d'état du Roi, tenu à Verſailles le vingt-deuxieme jour de Décembre mil sept cent quatorze.

Collationné. DELAISTRE, *figné.*

V.

ARRÊT

DU CONSEIL D'ETAT DU ROI,

Concernant le remboursement de l'emprunt de 2,400,000 livres.

Du 16 Décembre 1721.

EXTRAIT des Regiſtres du Conſeil d'Etat.

LE Roi s'étant fait repréſenter en ſon conſeil le traité fait le 7 Décembre 1714 entre les commiſſaires de Sa Majeſté, & les commiſſaires députés par l'aſſemblée des Etats de la province de Languedoc, par lequel il eſt entre autres choſes porté, que le tréſorier de la bourſe de ladite province retiendra tous les ans, ſur les ſommes qu'il aura à remettre au tréſor royal, celle de 220,000 livres pour ſervir au rembourſement, tant du principal que des intérêts d'une ſomme de 2,400,000 livres pour l'emprunt de laquelle la province avoit prêté ſon crédit au Roi, ledit traité autoriſé par arrêt du conſeil du 22 Décembre 1714; & Sa Majeſté étant informée, qu'au moyen de la révocation des affranchiſſemens de taille de ladite province de Languedoc; ſavoir, de celui de 100,000 livres qui avoit été ordonné par édit du mois d'Août 1693, & d'un autre de pareille ſomme de 100,000 livres par édit du mois d'Octobre 1702, deſquels affranchiſſemens le rembourſement a été fait, en conſéquence des arrêts du conſeil des 9 Février & 25 Mars de l'année derniere 1720, le fonds de 200,000 livres qui, pour raiſon de ces affranchiſſemens, étoit annuellement diſtrait de la commiſſion de la taille, & porté dans

le département des dettes & affaires de ladite province, eſt devenu libre, Elle a jugé à propos de deſtiner ce même fonds au rembourſement de ce qui reſte dû par Sa Majeſté de l'emprunt ſuſdit de 2,400,000 liv. à quoi voulant pourvoir; Vu leſdits édits des mois d'Août 1693 & Octobre 1702, enſemble leſdits arrêts du conſeil des 22 Décembre 1714, 9 Février & 25 Mars 1720. Ouï ſur ce le rapport du ſieur Lepelletier de la Houſſaye, conſeiller d'état ordinaire & au conſeil de régence pour les finances, SA MAJESTÉ ÉTANT EN SON CONSEIL, de l'avis de M. le duc d'Orléans régent, a ordonné & ordonne que la ſomme de deux mille livres qui a été ci-devant diſtraite de la commiſſion de la taille de Languedoc, pour ſervir de fonds pour les deux affranchiſſemens de tailles de lad. province, ordonnés par les édits des mois d'Août 1693 & Octobre 1702, continuera d'en être diſtraite, & qu'elle ſera portée dans le département des dettes & affaires de ladite province, pour ſervir, à commencer en la préſente année 1721, au rembourſement de ce qui reſte dû de l'emprunt des 2,400,000 livres, pour lequel les Etats de ladite province ont prêté leur crédit à Sa Majeſté, en conſéquence du traité fait entre les commiſſaires de Sa Majeſté & ceux deſdits Etats le 7 Décembre 1714 & ce, juſqu'au parfait rembourſement dudit emprunt, tant en capital qu'intérêts, ſuivant la liquidation qui en ſera faite tous les ans, aux termes dudit traité, au moyen de quoi, & à commencer en la préſente année 1721, la ſomme de 220,000 livres que le tréſorier de la bourſe de la province de Languedoc retenoit par chacune année, en conſéquence de l'arrêt du conſeil du 22 Décembre 1714, ſur les ſommes qu'il avoit à payer au tréſor royal, y ſera par lui remiſe, d'année en année, nonobſtant

tant ce qui eſt porté par ledit arrêt, auquel Sa Majeſté a dérogé & déroge, en tant que beſoin ſeroit, pour ce regard ſeulement : Et pour l'exécution du préſent arrêt ſeront toutes lettres néceſſaires expédiées. FAIT au conſeil d'état du Roi, S. M. y étant, tenu à Paris le 16 Décembre mil ſept cent vingt-un.

Signé, PHELYPEAUX.

V I.

AUTRE SUR LE MÊME SUJET.

Du 12 Avril 1723.

EXTRAIT des Regiſtres du Conſeil d'Etat.

LE Roy s'eſtant fait repréſenter en ſon conſeil l'arreſt du 16. Décembre 1721. par lequel Sa Majeſté auroit ordonné que la ſomme de deux cent mille livres, qui avoit eſté cy - devant diſtraite de la commiſſion de la taille de Languedoc, pour ſervir de fonds pour les deux affranchiſſemens des tailles de ladite province, ordonnez par les édits des mois d'Aouſt 1693. & d'Octobre 1702. continuëroit d'eſtre diſtraite, & qu'elle ſeroit portée dans le département des dettes & affaires de ladite province, pour ſervir, à commencer en l'année 1721. au rembourſement de ce qui reſtoit dû de l'emprunt des deux millions quatre cent mille livres, pour lequel les Eſtats de ladite province avoient preſté leur crédit à Sa Majeſté, en conſéquence du traité fait entre les commiſſaires de Sa Majeſté & ceux des Eſtats le 7. Décembre 1714. & ce juſqu'au parfait rembourſement dudit emprunt, tant en capital qu'intéreſts, ſuivant la liquidation qui en ſeroit faite tous les ans aux termes dudit traité ; au moyen de quoi, & à commencer en l'année 1721. la ſomme de deux cent vingt mille livres, que le tréſorier de la bourſe de

Languedoc retenoit par chacune année, en conſéquence de l'arreſt du conſeil du 22. Décembre 1714. ſur les ſommes qu'il avoit à payer au tréſor royal, y ſeroit par lui remiſe d'année en année, nonobſtant ce qui étoit porté par ledit arreſt, auquel Sa Majeſté dérogeoit pour ce regard ſeulement ; Et Sa Majeſté eſtant pareillement informée que ledit arreſt du 16. Décembre 1721. n'a pû eſtre exécuté, attendu que les commiſſions des Eſtats pour l'année 1721. ayant eſté expédiées au mois de Décembre 1720. pour l'année 1721. leſdits Eſtats avoient fait leur département en conformité, & en avoient diſtrait les deux cent mille livres des affranchiſſemens des tailles pour l'année 1721. en ſorte qu'il ne fut plus temps de faire réformer la commiſſion, qui n'eſt préſentée par les commiſſaires du Roy, que dans le temps qu'on demande aux Eſtats l'aide & octroi, & que le département fut fait ſuivant l'uſage ordinaire, les Eſtats ayant délibéré que ladite ſomme de deux cent mille livres ſeroit portée par le tréſorier de la bourſe au tréſor royal, & que les deux cent vingt mille livres que le tréſorier de la bourſe devoit retenir tous les ans, pour le rembourſement du principal & des intéreſts de l'emprunt de deux millions quatre cent mille livres, pour lequel la province avoit preſté ſon crédit à Sa Majeſté, continuëroient d'eſtre retenus pour l'année 1721. ſeulement, ſur les ſommes qu'il avoit à remettre au tréſor royal ; au moyen de quoi ledit arreſt du 16. Décembre 1721. n'a pû avoir ſon exécution pour ladite année 1721. Et Sa Majeſté voulant y pourvoir ; Oui ſur ce le rapport du ſieur Dodun, conſeiller ordinaire au conſeil royal, controlleur général des finances. SA MAJESTÉ ESTANT EN SON CONSEIL, en expliquant en tant que de beſoin l'arreſt du conſeil du ſeize

Décembre 1721. a ordonné & ordonne que la fomme de deux cent mille liv. diftraite de la commiffion de la taille de Languedoc de l'année 1721. & portée dans le département des dettes & affaires de la province, pour fervir, fuivant ledit arreft, à commencer en l'année 1721. au remboursement de ce qui reftoit dû dudit emprunt de deux millions quatre cent mille livres, fera remife au tréfor royal par le tréforier de la bourfe de Languedoc, & que l'arreft du confeil du 16. Décembre 1721. n'aura d'exécution, en ce qui regarde la deftination ordonnée par icelui de ladite fomme de deux cent mille liv., qu'à commencer en l'année 1722. au lieu de l'année 1721. Voulant au furplus que ledit arreft foit exécuté felon fa forme & teneur. FAIT au confeil d'eftat du Roy, Sa Majefté y eftant, tenu à Verfailles le douzieme jour d'Avril mil fept cent vingt-trois.

Signé, PHELYPEAUX.

VII.
ARRÊT
DU CONSEIL D'ÉTAT DU ROI,

Qui déclare Sa Majefté quitte envers les Etats de l'emprunt de deux millions quatre cent mille livres pour lequel la province avoit prêté fon crédit à Sa Majefté, & ordonne que les Etats demeureront chargés, & feront tenus en leur nom de ce qui peut être & fera dû dans la fuite, tant en principal qu'intérêts, à ceux des créanciers qui ont fait le fonds dudit emprunt.

Du 25 Août 1733.

EXTRAIT *des Regiftres du Confeil d'Etat.*

VU au confeil d'état du Roi l'arrêt rendu en icelui le 22 Décembre 1714, qui a autorifé le traité fait en-

tre les commiffaires de Sa Majefté & ceux des Etats de la province de Languedoc le 7 du même mois, par lequel lefdits Etats s'étoient engagés de prêter leur crédit au Roi pour l'emprunt de la fomme de deux millions quatre cent mille livres, qui feroit remife par le tréforier de la bourfe de la province de Languedoc au tréfor royal, & dont le remboursement feroit fait à ladite province, en retenant annuellement par fon tréforier deux cent vingt mille livres fur les fommes que la province devroit au tréfor royal, & ce jufqu'au parfait payement, tant du capital que des intérêts, frais, taxations & droits de remife : L'arrêt du confeil du 19 Novembre 1715, par lequel il a été furfis au remboursement qui devoit être fait par Sa Majefté, de cent mille livres de capital pendant chacune des années 1715 & 1716 : Autre arrêt du confeil du 16. Décembre 1721, par lequel la fomme de deux cent vingt mille livres qui devoit être annuellement retenue par le tréforier des Etats, tant pour les intérêts, qu'à compte du capital, a été réduite à celle de deux cent mille livres, qui feroit diftraite de la commiffion de la taille, & portée dans le département des dettes & affaires de la province : Les comptes de liquidation arrêtés par les commiffaires de Sa Majefté & par ceux des Etats, les 14 Février 1724, 26 Février 1732, & 2 Janvier 1733 ; par le dernier defquels il paroît, que ne reftant dû par Sa Majefté qu'une fomme de quatre-vingt dix mille trois cent quarante-deux livres dix-fept fols, pour fin & entier payement dudit emprunt, en principal, intérêts, taxations & droits de remife, les Etats s'en trouvent non feulement entierement rembourfés, au moyen de la diftraction de deux cent mille livres qui a encore été faite dans la commiſſion de la taille pour la préſente année 1733, mais même qu'il doit revenir à Sa Majeſté pour le fonds qu'Elle a remis au-delà de ladite ſomme de quatre-vingt dix mille trois cent quarante-deux livres dix-ſept ſols, celle de cent neuf mille ſix cent cinquante-ſept livres trois ſols : Le mémoire du ſyndic-général de ladite province, & l'avis du ſieur de Bernage de Saint-Maurice, intendant en ladite province: Oui le rapport du ſieur Orry, conſeiller d'état & conſeiller ordinaire au conſeil royal, contrôleur-général des finances ; LE ROI ETANT EN SON CONSEIL, a approuvé & homologué les comptes arrêtés par ſes commiſſaires & par ceux des Etats de ladite province de Languedoc les 14 Février 1724, 26 Février 1732 & 2 Janvier de la préſente année 1733 ; & en conſéquence ordonne Sa Majeſté qu'elle demeurera quitte, tant envers les Etats que tous autres, de ladite ſomme de deux millions quatre cent mille livres en principal, ainſi que des intérêts de ladite ſomme, taxations & droits de remiſe depuis le jour de l'emprunt ; au moyen de quoi les Etats demeureront chargés, & ſeront tenus en leur nom de ce qui peut être & ſera dû dans la ſuite, tant en principal qu'intérêts, à ceux des créanciers qui ont fait le fonds dudit emprunt de deux millions quatre cent mille livres. Ordonne en outre Sa Majeſté, que la ſomme de cent neuf mille ſix cent cinquante-ſept livres trois ſols, dont la diſtraction a été faite dans la commiſſion de la taille de la préſente année 1733, au-delà de celle de quatre-vingt dix mille trois cent quarante-deux livres dix-ſept ſols qui étoit due par Sa Majeſté pour reſte de l'entier & parfait rembourſement dudit emprunt, ſera portée par le tréſorier de la bourſe de Languedoc au garde du tréſor royal en exercice, qui lui en fournira ſa décharge en vertu du préſent arrêt. Fait au conſeil d'état du Roi, Sa Majeſté y étant, tenu à Verſailles le vingt-cinquieme jour du mois d'Août mil ſept cent trente-trois.

Signé, PHELYPEAUX.

Collationné.

SECTION SECONDE.

Emprunts pour le compte du Roi.

§. I.

Emprunt de sept millions.

I.

EXTRAIT *du registre des délibérations des Etats généraux de Languedoc, assemblés par mandement du Roi en la ville de Montpellier au mois de Novembre* 1770.

Du Vendredi 7 Décembre suivant, président Mgr. l'archevêque & primat de Narbonne.

MONSEIGNEUR l'archevêque de Toulouse a dit, que la commission des affaires extraordinaires s'est occupée de l'article 18 des instructions, par lequel MM. les commissaires du Roi sont chargés de demander aux Etats leur crédit pour un emprunt de sept millions.

Qu'il paroît par la maniere dont Sa Majesté explique dans cet article ses intentions, que la nécessité de pourvoir d'une maniere certaine & invariable au payement de la solde des troupes & autres dépenses sans lesquelles la police publique ne pourroit être entretenue, ainsi qu'au payement des arrérages des rentes tant perpétuelles que viageres & autres charges de l'Etat, l'ayant forcé d'ordonner que tous les revenus sur lesquels il avoit été donné des assignations par anticipation seroient versés au trésor royal, Sa Majesté touchée du préjudice que la suppression du payement de ces assignations pouvoit causer à ceux qui s'en étoient chargés

pour le bien de son service, les regardant comme des titres exigibles, avoit cru que la suspension des remboursemens de tous les emprunts faits pour son compte par les pays d'Etats, provinces, corps, villes & communautés, seroit le moyen le plus prompt & le plus efficace de venir à leur secours, en leur destinant les sommes affectées à ces remboursemens, ce qu'elle s'étoit portée d'autant plus volontiers à ordonner par sa déclaration du 25 Février dernier, que les prêteurs qui avoient aliéné leurs principaux à constitution de rente, pouvoient, en touchant exactement les arrérages qui leur étoient assignés, attendre que les remboursemens reprissent leur cours.

Que dès que cette déclaration fut connue de Mgr. l'archevêque de Narbonne, ce prélat, dont le zele pour les intérêts de la province éclate dans toutes les occasions, quoique très-convaincu qu'une pareille loi ne pouvoit prévaloir aux engagemens solemnellement contractés par les traités faits entre MM. les commissaires du Roi & ceux des Etats, avoit voulu néanmoins se procurer les assurances les plus précises de son inexécution & de la continuation des remboursemens stipulés par lesdits traités.

Que les représentations aussi justes que pressantes, que Mgr. le président a eu la bonté de faire sur un objet aussi intéreſſant, ont eu tout le ſuccès qu'on pouvoit en attendre , puiſqu'elles ont porté le Roi, ainſi qu'on le voit dans le même article de ſes inſtructions, à reconnoître que les diſpoſitions de ces traités ne ſortiroient pas leur plein & entier effet, ſi ſa déclaration avoit ſon exécution pour les emprunts faits par les Etats, ce qui ſeroit capable d'altérer le crédit dont ils ont ſi ſouvent fait uſage pour le bien de ſon ſervice, & à conſidérer que, ſans déroger aux diſpoſitions deſdits traités, elle pourroit, en faiſant uſage du zele & du même crédit des Etats, ſe procurer par un nouvel emprunt le montant des ſecours extraordinaires dont elle avoit beſoin.

Que tels ont été les motifs d'une lettre qui fut d'abord écrite à Mgr. l'archevêque de Narbonne par M. le contrôleur général, de l'arrêt rendu enſuite le 4 Avril par lequel il eſt ordonné que le tréſorier des Etats continuera à retenir & employer, comme par le paſſé, les ſommes deſtinées au rembourſement des emprunts, & de la demande que font aujourd'hui MM. les commiſſaires du Roi du crédit des Etats pour l'emprunt de ſept millions, pour la ſureté duquel, tant en capitaux qu'en intérêts, Sa Majeſté autoriſe MM. les commiſſaires à affecter & hypothéquer, par le traité qui ſera fait entre eux & leſdits Etats, une ſomme de 700,000 livres, à prendre & retenir chaque année par le tréſorier de la bourſe, ſur celles qu'il aura à payer au tréſor royal pour les impoſitions de la province, pour être ladite ſomme employée au payement des intérêts, & au rembourſement ſucceſſif des capitaux dudit emprunt, dans la même forme & maniere qu'il en a été uſé pour les précédens, & à ſtipuler encore que les intérêts dudit emprunt ſeront exempts de toute retenue, & nommément de celles des vingtiemes

& des deux ſols pour livre du dixieme.

Que MM. les commiſſaires ayant trouvé dans cette demande, non-ſeulement les mêmes aſſurances qui ont porté les Etats à ſe prêter déjà plus d'une fois au même deſir de Sa Majeſté, mais encore la confirmation de l'entiere exécution des traités ſemblables à celui que ſont autoriſés MM. les commiſſaires du Roi à faire aujourd'hui avec les Etats, étant convaincus de la néceſſité des ſecours extraordinaires qu'exigent les circonſtances préſentes, & conſidérant que celui dont il s'agit ne peut être onéreux aux habitans de la province, puiſque le Roi laiſſe entre les mains du tréſorier des Etats le fonds pour ſervir au payement des intérêts & du capital de l'emprunt, ont été unanimement d'avis de propoſer à l'aſſemblée de donner à Sa Majeſté la nouvelle preuve qu'elle exige de ſon attachement, & que MM. les commiſſaires ont fait dreſſer en conſéquence le projet d'un traité dans la même forme de ceux précédemment faits en pareille occaſion, pour être ſigné par MM. les commiſſaires que les Etats jugeront à propos de nommer à cet effet, avec MM. les commiſſaires du Roi en la maniere accoutumée.

Sur quoi, les Etats, après avoir remercié Mgr. l'archevêque de Narbonne de l'attention qu'il veut bien donner aux intérêts de la province, & des ſervices qu'il lui rend en toute occaſion, voulant témoigner à Sa Majeſté leur attachement & leur zele pour le bien de l'Etat, ont unanimement délibéré de lui accorder le crédit de la province pour un emprunt d'une ſomme de ſept millions de livres qui ſera fait aux clauſes & conditions du traité dont le projet a été lu & approuvé par l'aſſemblée, qui a donné pouvoir à MM. les commiſſaires de le ſigner avec MM. les commiſſaires du Roi pour être enſuite inſéré dans le procès-verbal des Etats.

I I.

EXTRAIT du regiſtre des délibérations des Etats généraux de Languedoc, aſſemblés par mandement du Roi en la ville de Montpellier au mois de Novembre 1770.

Du Mardi 11 Décembre ſuivant, préſident monſeigneur l'archevêque & primat de Narbonne.

MONSEIGNEUR l'archevêque de Toulouſe a dit, que MM. les commiſſaires qui avoient été nommés avec lui par la délibération du 7 de ce mois, pour ſigner avec MM. les commiſſaires du Roi le traité de l'emprunt de ſept millions de livres pour lequel les Etats ont délibéré de prêter le crédit à Sa Majeſté, s'étant rendus le même jour chez M. le prince de Beauvau, où ils ont trouvé MM. les autres commiſſaires du Roi, ledit traité, dont le projet a été approuvé par les Etats, a été ſigné, & qu'en ſe retirant, ils ont été reconduits juſqu'au bas de l'eſcalier du perron dans la cour.

TRAITÉ

Fait & accordé entre MM. les commiſſaires préſidens pour le Roi aux Etats généraux de la province de Languedoc & MM. les commiſſaires députés par l'aſſemblée des Etats.

ARTICLE PREMIER.

En conſéquence de la délibération priſe par les Etats ce jourd'hui ſur le contenu de l'article XVIII de l'inſtruction du Roi à MM. ſes commiſſaires, leur crédit au Roi pour la ſomme de ſept millions de livres au denier vingt, laquelle ſera remiſe par le tréſorier de la bourſe au tréſor royal, ſur la ſimple quittance du garde dudit tréſor royal.

ART. I I.

Il ſera retenu tous les ans par ledit tréſorier ſur les ſommes qu'il aura à remettre au Roi pour la province, la ſomme de 700,000 livres pour ſervir au rembourſement deſdits ſept millions de livres & intérêts ſur le pied du denier vingt, frais, taxations & droits de remiſe, de laquelle ſomme de ſept cent mille livres il ſera tenu compte audit ſieur tréſorier par le garde du tréſor royal ſur ſa ſimple quittance.

ART. I I I.

Les créanciers qui prêteront à la province ladite ſomme de ſept millions de livres, ſeront exempts de toute retenue, & nommément de celle des vingtiemes & deux ſols pour livre du dixieme ſur leſdites rentes ; & les frais des premiers contrats qui ſeront paſſés pour raiſon dudit emprunt, ainſi que des quittances des rembourſemens qui ſeront faits d'iceux, droits de contrôle & petit ſceau, ſi aucuns y en a, ſeront ſupportés par Sa Majeſté.

ART. I V.

Il ſera fait tous les ans, en la forme ordinaire, une liquidation par MM. les commiſſaires du Roi & ceux des Etats, des ſommes qui auront été payées en principal ſur leſdits ſept millions de livres, au moyen de la retenue deſdites 700,000 livres qui aura été faite chaque année, laquelle liquidation ſera continuée juſqu'à l'entier rembourſement, après lequel il ſera expédié un arrêt pour autoriſer leſdites liquidations, qui déchargera reſpectivement le Roi, & les Etats dudit emprunt, & annullera la quittance qui aura été expédiée par le garde du tréſor royal deſdits ſept millions de livres. Et pour plus grande ſureté du préſent traité, il ſera homologué par le Roi, & toutes lettres néceſſaires ſeront expédiées & regiftrées fans frais partout où befoin fera. Fait & figné en triple original à Montpellier, le 7 Décembre 1770. *Signés par colonnes.*

Le Prince de Beauvau.

De Saint-Priest.　† De Lomenie de
De Saint-Priest.　　Brienne, archevêque
Blavy.　　　　　　de Touloufe.
La Pierre.　　　　Le Bon. de Merinville.
　　　　　　　　　Perier.
　　　　　　　　　Cambacerés, maire de
　　　　　　　　　Montpellier.
　　　　　　　　　Montferrier, Sc. gal.
　　　　　　　　　Joubert, fyndic-général.

Par Noffeigneurs,
Pujol.

III.

Extrait du regiftre des délibérations des Etats généraux de Languedoc, affemblés par mandement du Roi en la ville de Montpellier au mois de Novembre 1770.

Du Mardi 11 Décembre fuivant, préfident Mgr. l'archevêque & primat de Narbonne.

LES Etats ayant déterminé par leur délibération du 7 de ce mois de prêter au Roi le crédit de la province pour un emprunt de fept millions de livres, au denier vingt, pour procurer à Sa Majefté les fecours extraordinaires dont elle a befoin, & étant néceffaire d'autorifer les fyndics-généraux à faire l'emprunt de ladite fomme en la forme ordinaire, il a été délibéré que, pour fatisfaire aux engagemens que les Etats ont pris par ladite délibération du 7 de ce mois, & par le traité paffé en conféquence le même jour avec MM. les commiffaires du Roi, ladite fomme de fept millions de livres fera empruntée aux claufes & conditions inférées dans la fufdite délibération & dans le fufdit traité, auquel effet les Etats ont nommé les fieurs du Vidal, Marquis de Montferrier, de Joubert & de la Fage, fyndics - généraux, auxquels ils ont donné pouvoir & puiffance, tant

conjointement que féparément, en cas de mort ou d'abfence d'un ou de deux des trois, & même de fubftituer à leurs places telles perfonnes qu'ils jugeront à propos, pour & au nom de la province, emprunter par contrat à conftitution de rente ladite fomme de fept millions de livres, obliger pour raifon de ce tout le bien du général de ladite province, ftipuler le payement des intérêts ou rentes, n'excédant néanmoins le denier vingt, exempts de toute retenue & nommément de celle des vingtiemes, & des deux fols pour livre du dixieme, à chaque fin d'année, dans les bureaux du tréforier général des Etats dans les villes de Paris, Touloufe, & Montpellier, où feront faits les emprunts, & au choix des prêteurs, à la charge que les fommes capitales qui feront empruntées feront remifes lors de la paffation des contrats entre les mains du tréforier de la bourfe ou du porteur de fa procuration, qui interviendra à cet effet dans lefdits contrats, defquelles fommes il comptera aux Etats prochains, & que pour faciliter ledit emprunt il fera fait autant d'originaux en parchemin qu'il fera jugé néceffaire de la préfente délibération fignés par Mgr. l'archevêque de Narbonne, & contrefignés par l'un des greffiers des Etats, pour être lefdits originaux remis entre les mains des notaires à Paris, Touloufe & Montpellier, ainfi que les fyndics-généraux le trouveront le plus convenable pour la facilité des emprunts, fur lefquels originaux il fera fait mention des contrats à mefure qu'ils feront paffés, avant que les groffes en puiffent être délivrées, fur lefquelles groffes le notaire dépofitaire de ladite délibération mettra fon certificat de ladite décharge, que l'acte de dépôt de ladite délibération fera mis au bas des expéditions, & figné par le notaire; & lorfque l'emprunt porté par ladite délibération fera confommé, il fera mis au bas par le notaire qui en fera le dépositaire, que la délibération eft remplie.

I V.

ARRÊT

Du Conseil d'Etat du Roi,

Qui autorife le traité fait entre MM. les commiffaires du Roi, & ceux dé-putés par les Etats, au fujet de l'emprunt de fept millions, pour lequel les Etats ont délibéré de prêter leur crédit à Sa Majefté.

Du 7 Février 1771.

Extrait des Regiftres du Confeil d'Etat.

VU par le Roi, étant en fon con-feil, le traité fait entre les com-miffaires de Sa Majefté, & les com-miffaires députés par l'affemblée des Etats de la province de Languedoc, le 7 Décembre dernier, dont la teneur fuit.

Traité fait & accordé entre MM. les commiffaires préfidens pour le Roi aux Etats-généraux de la province de Languedoc, & MM. les commiffaires députés par l'affemblée des Etats.

Article premier.

En conféquence de la délibération prife par les Etats ce jourd'hui, fur le contenu de l'article XVIII de l'inftruc-tion du Roi à MM. fes commiffaires, lefdits Etats prêteront leur crédit au Roi pour la fomme de fept millions de livres au denier vingt, laquelle fera remife par le tréforier de la bourfe au tréfor royal, fur la fimple quit-tance du garde dudit tréfor royal.

Art. II.

Il fera retenu tous les ans par ledit tréforier de la bourfe, fur les fommes

qu'il aura à remettre au Roi pour la province, la fomme de fept cent mille livres, pour fervir au rembourfement defdits fept millions de livres, & inté-rêts fur le pied du denier vingt, frais, taxations & droits de remife, de la-quelle fomme de fept cent mille liv., il fera tenu compte audit tréforier par le garde du tréfor royal fur fa fimple quittance.

Art. III.

Les créanciers qui prêteront à la pro-vince ladite fomme de fept millions de livres, feront exempts de toute retenue, & nommément de celle des vingtie-mes, & deux fols pour livre du dixie-me fur lefdites rentes; & les frais des premiers contrats qui feront paffés pour raifon dudit emprunt, ainfi que des quit-tances des rembourfemens qui feront faits d'iceux, droit de contrôle & petit fceau, fi aucuns y en a, feront fuppor-tés par Sa Majefté.

Art. IV.

Il fera fait tous les ans, en la forme ordinaire, une liquidation par MM. les commiffaires du Roi & ceux des Etats, des fommes qui auront été payées en principal fur les fept millions de livres, au moyen de la retenue defdits fept cent mille livres qui aura été faite cha-que année, laquelle liquidation fera continuée jufqu'à l'entier rembourfe-ment, après lequel il fera expédié un arrêt pour autorifer lefdites liquida-tions, qui déchargera refpectivement le Roi & les Etats dudit crédit, & annullera la quittance qui aura été ex-pédiée par le garde du tréfor royal, defdits fept millions de livres. Et pour la plus grande fureté du préfent traité, il fera homologué par le Roi, & tou-tes lettres néceffaires feront expédiées & regiftrées fans frais partout où be-foin fera. Fait & figné en triple ori-ginal,

ginal, à Montpellier le fept Décembre mil fept cent foixante-dix.

Oui le rapport du fieur abbé Terray, confeiller ordinaire & au confeil royal, contrôleur général des finances ; LE ROI ÉTANT EN SON CONSEIL, a approuvé, autorifé & confirmé, approuve, autorife & confirme ledit traité ; & en expliquant le contenu des articles deux & trois d'icelui, ordonne Sa Majefté, que la retenue qu'elle confent être faite par le tréforier de la bourfe de ladite province, de la fomme de fept cent mille livres par chaque année, fur celles qu'il eft chargé de payer au tréfor royal, afin d'affurer d'autant plus le payement des arrérages & le remboursement des capitaux dudit emprunt de fept millions de livres, aura lieu à compter du premier Janvier dernier, à l'égard de ceux qui auront prêté avant le premier Avril prochain : Ordonne Sa Majefté que les rentes dudit emprunt feront exemptes de toute retenue, & nommément de celle des vingtiemes & deux fols pour livre du dixieme, & que les premiers contrats qui feront paffés pour raifon d'icelui, ainfi que les quittances de remboursement qui en feront faits, feront exempts des droits de contrôle & petit fcel. Veut Sa Majefté, que les tuteurs & curateurs puiffent faire emploi dans ledit emprunt des deniers des pupilles, mineurs ou interdits, en obfervant les formalités qui font en ufage dans les lieux où les emprunts feront faits, & que les communautés féculieres & régulieres, hôpitaux, fabriques, & gens de main-morte, puiffent auffi employer leurs deniers dans ledit emprunt, fans être tenu de payer aucuns droits d'amortiffement des rentes qui

feront conftituées à leur profit. Veut de plus Sa Majefté, que les étrangers non-naturalifés, même ceux demeurans hors du royaume, pays, terres & feigneuries de fon obéiffance, puiffent, ainfi que fes propres fujets, acquérir lefdites rentes, encore qu'ils fuffent fujets des puiffances avec lefquelles Sa Majefté pourroit être en guerre, & qu'ils en jouiffent & puiffent difpofer entre-vifs, par teftament ou autrement, en principaux ou arrérages ; & en cas qu'ils n'en euffent pas difpofé de leur vivant, veut S. M., que leurs héritiers, donataires, légataires, ou autres les repréfentans, leur fuccedent, encore qu'ils fuffent étrangers & non régnicoles, même qu'ils fuffent fujets des princes & états avec lefquels Sa Majefté pourroit être en guerre ; & en conféquence, que lefd. rentes foient exemptes de toutes Lettres de marque & de repréfailles, droits d'aubaine, déshérence, confifcation, ou autres qui pourroient appartenir à Sa Majefté. Veut & entend Sa Majefté, que ledit traité & le préfent arrêt foient exécutés felon leur forme & teneur, nonobftant tout ce qui pourroit être oppofé au contraire, & tous empêchemens quelconques, pour lefquels il ne fera différé, & dont Sa Majefté fi aucuns arrivent, s'eft réfervé & réferve la connoiffance, icelle interdifant à toutes fes cours & autres juges ; & feront toutes lettres néceffaires expédiées pour l'exécution du préfent arrêt, & regiftrées fans frais partout où befoin fera. FAIT au confeil d'état du Roi, Sa Majefté y étant, tenu à Verfailles le 7 Février mil fept cent foixante-onze.

Signé, PHELYPEAUX.

§. II.

Emprunt de douze cent mille livres pour réparer les pertes & dommages caufés par les inondations du mois de Septembre 1772.

I.

EXTRAIT *du regiftre des délibérations des Etats-généraux de Languedoc, affemblés par mandement du Roi en la ville de Montpellier au mois de Novembre 1772.*

Du Samedi 14 dudit mois de Novembre, préfident Mgr. l'archevêque & primat de Narbonne.

MONSEIGNEUR l'archevêque de Touloufe a dit, que Sa Majefté ayant renouvellé dans l'article X de fes inftructions, l'affurance qu'elle avoit bien voulu donner à la province par fa réponfe à l'article II du cahier qui lui a été préfenté cette année, d'un fecours de 1,200,000 livres pour l'aider à réparer les pertes & dommages caufés par les inondations du mois de Septembre dernier, & être ladite fomme employée de préférence aux ouvrages néceffaires pour rétablir promptement les communications interceptées par lefdites inondations ; Sa Majefté a jugé que l'emprunt de cette fomme fur le crédit de la province elle-même, étoit le moyen le plus expédient pour procurer ledit fecours avec la célérité que la circonftance exige, fans déranger les fonds affignés aux différentes parties du fervice : Qu'en conféquence Sa Majefté a chargé MM. fes commiffaires par ledit article de demander aux Etats leur crédit pour l'emprunt de ladite fomme de 1,200,000 livres, pour la fureté duquel, tant en capitaux qu'intérêts, Sa Majefté autorife lefdits fieurs fes com-

miffaires à affecter & hypothéquer, par le traité qui fera fait entre eux & les Etats, une fomme de 1,200,000 liv. à prendre & retenir chaque année par le tréforier de la bourfe fur celles qu'il aura à payer au tréfor royal pour les impofitions de la province, pour être ladite fomme employée au payement des intérêts & au rembourfement fucceffif des capitaux dudit emprunt, dans la même forme & maniere qu'il en a été ufé pour les précédens, & à ftipuler encore que les intérêts dudit emprunt feront exempts de toute retenue, & nommément de celle des vingtiemes & quatre fols pour livre du premier.

Que MM. les commiffaires, fenfibles, comme doit l'être l'affemblée, à une marque auffi éclatante de la bienveillance de Sa Majefté, ont cru que les Etats ne pouvoient en témoigner affez leur jufte reconnoiffance en priant Mgr. l'archevêque de Narbonne de lui en faire paffer les refpectueufes affurances ; & que pour profiter le plutôt qu'il fera poffible de cette grace, il convient d'autorifer mefdits fieurs les commiffaires à figner avec MM. les commiffaires du Roi un traité femblable à ceux qui ont été faits à l'occafion des précédens emprunts, fuivant le projet qui en a été fait par la commiffion, & donner pouvoir aux fyndics-généraux de faire inceffamment l'emprunt de ladite fomme de 1,200,000 liv., pour être employée à fa deftination, ainfi qu'il fera réglé dans une autre féance.

Sur quoi il a été délibéré par acclamation de prier Mgr. l'archevêque de

Narbonne de faire parvenir aux pieds du trône le témoignage de la fenfibilité des Etats à ce bienfait de Sa Majefté, & d'autorifer MM. les commiffaires des affaires extraordinaires à faire avec ceux de Sa Majefté le traité néceffaire pour prêter le crédit de la province, à raifon de l'emprunt de la fomme de 1,200,000 liv., & en affurer le rembourfement, ainfi qu'il eft porté par l'inftruction de Sa Majefté & de donner pouvoir aux fyndics-généraux de faire ledit emprunt.

I I.

EXTRAIT du regiftre des délibérations des Etats généraux de Languedoc, affemblés par mandement du Roi en la ville de Montpellier au mois de Novembre 1772.

Du Mardi 17 dudit mois de Novembre, préfident Mgr. l'archevêque & primat de Narbonne.

MONSEIGNEUR l'archevêque de Touloufe a dit, que MM. les commiffaires qui avoient été nommés avec lui par la délibération du 14 de ce mois, pour figner avec MM. les commiffaires du Roi, le traité pour l'emprunt de 1,200,000 livres pour lequel les Etats ont délibéré de prêter le crédit à Sa Majefté, s'étant rendus le même jour chez M. le comte de Périgord, où ils ont trouvé MM. les autres commiffaires du Roi, ledit traité, dont le projet a été approuvé par les Etats, a été figné; & qu'en fe retirant ils ont été reconduits jufqu'au bas de l'efcalier du Perron dans la cour.

TRAITÉ

Fait & accordé entre MM. les commiffaires préfidens pour le Roi aux Etats généraux de la province de Languedoc, & MM. les commiffaires députés par l'affemblée defdits Etats.

ARTICLE PREMIER.

En conféquence de la délibération prife par les Etats ce jourd'hui fur le contenu de l'article X de l'inftruction du Roi à MM. fes commiffaires, les Etats prêteront leur crédit à Sa Majefté pour l'emprunt de la fomme de 1,200,000 livres au denier vingt, pour être ladite fomme de 1,200,000 livres employée à réparer les pertes & dommages caufés par les inondations du mois de Septembre dernier dans les divers cantons de la province, &, par préférence, aux ouvrages néceffaires pour rétablir promptement les communications interceptées par lefdites inondations.

ART. II.

Les créanciers qui prêteront à la province ladite fomme de 1,200,000 livres feront exempts de toute retenue, & notamment de celle des vingtiemes & quatre fols pour livre du premier fur lefdites rentes, & les frais des premiers contrats qui feront paffés pour raifon dudit emprunt, ainfi que des quittances des rembourfemens qui feront faits d'iceux, droits de contrôle & petit fceau, fi aucuns y en a, feront fupportés par Sa Majefté.

ART. III.

Il fera retenu tous les ans par le tréforier de la bourfe defdits Etats, fur les fommes qu'il aura à remettre au Roi pour la province, une fomme de 120,000 livres, pour être ladite fomme employée au payement defdits intérêts, & fubfidiairement du capital, frais, taxations & droits de remife, de laquelle fomme de 120,000 livres il fera tenu compte audit tréforier par par le garde du tréfor royal fur fa fimple quittance.

ART. IV.

Il fera fait tous les ans en la forme

ordinaire une liquidation, par MM. les commiſſaires du Roi & ceux des Etats, des ſommes qui auront été payées en principal ſur les 1,200,000 livres, au moyen de la remiſe deſdites 120,000 livres qui aura été faite chaque année, laquelle liquidation ſera continuée juſques à l'entier rembourſement, après lequel il ſera expédié un arrêt du conſeil pour autoriſer leſdites liquidations, qui déchargera reſpectivement le Roi & les Etats dudit crédit, & annullera la quittance qui aura été expédiée par le garde du tréſor royal deſd.1,200,000 livres; & pour la plus grande ſûreté du préſent traité, il ſera homologué par le Roi, & toutes lettres néceſſaires ſeront expédiées & regiſtrées ſans frais partout où beſoin ſera. FAIT en triple original à Montpellier le quatorze Novembre mil ſept cent ſeptante - deux. *Signés, par colonnes.*

LE COMTE DE PÉRIGORD.

DE SAINT-PRIEST. † DE LOMENIE DE
DE SAINT-PRIEST. BRIENNE, archevèque
BENEZET. de Touloufe.
VIGUIER. † B. évèque d'Uzès.
Le Vte. DE POLIGNAC.
Le Bon. DE MERINVILLE.
GONNON, capitoul.
CAMBACERÉS, maire de
Montpellier.
BESANCELLE, député.
ALISON, maire de Nîmes.
MONTFERRIER, Se. gal.
JOUBERT, Syndic-général.
LAFAGE, Syndic-général.

Par Noſſeigneurs.

Signé, PUJOL.

III.

EXTRAIT du regiſtre des délibérations priſes par les gens des Trois-états du pays de Languedoc, aſſemblés par mandement du Roi en la ville de Montpellier au mois de Novembre mil ſept cent ſoixante-douze.

Du Mardi 17 dudit mois de Novembre, préſident Mgr. l'archevèque & primat de Narbonne.

LES Etats ayant déterminé par leur délibération du 14 de ce mois, ſur le contenu de l'article X de l'inſtruction du Roi à MM. ſes commiſſaires, de prêter leur crédit à Sa Majeſté pour l'emprunt de la ſomme de douze cent mille livres au denier vingt, pour être ladite ſomme de douze cent mille livres, employée à réparer les pertes & dommages cauſés par les inondations du mois de Septembre dernier, dans les divers cantons de la province, & par préférence, aux ouvrages néceſſaires pour rétablir promptement les communications interceptées par les inondations, ſuivant & conformément au Traité fait & accordé le même jour entre MM. les commiſſaires préſidens pour le Roi aux Etats, & MM. les commiſſaires députés par l'aſſemblée deſdits Etats. Et étant néceſſaire d'autoriſer les ſyndics-généraux à faire l'emprunt de ladite ſomme en la forme ordinaire, il a été délibéré, que pour ſatisfaire à ce qui eſt porté par ladite délibération & par le ſuſdit traité, ladite ſomme de douze cent mille livres ſera empruntée aux clauſes & conditions mentionnées dans la ſuſdite délibération & dans le ſuſdit traité; auquel effet, les Etats ont nommé les ſieurs du Vidal, Marquis de Montferrier, de Joubert & de la Fage, ſyndics-généraux, auxquels ils ont donné pouvoir & puiſſance, tant conjointement que ſéparément, en cas de mort, ou d'abſence d'un ou de deux des trois, & même de ſubſtituer à leur place, telles perſonnes qu'ils jugeront à propos, pour & au nom de la province, emprunter par contrat à conſtitution de rente ladite ſomme de douze cent mille livres; obliger pour raiſon de ce, tous les biens du général de la province, ſtipuler le payement des intérêts ou rentes, n'excédant néanmoins le denier vingt, exempts de toute retenue, & nommément de celle des vingtiemes, & des quatre fols pour livre du premier, à chaque fin d'année, dans les bureaux du tréforier général des Etats, dans les villes de Paris, Toulouse & Montpellier, où feront faits les emprunts, & au choix des prêteurs ; à la charge que les fommes capitales qui feront empruntées, feront remifes lors de la paffation des contrats, entre les mains dudit tréforier général des Etats, ou du porteur de fa procuration, qui interviendra à cet effet dans lefdits contrats, defquelles fommes il comptera aux Etats prochains ; & que pour faciliter ledit emprunt il fera fait autant d'originaux en parchemin qu'il fera jugé néceffaire, de la préfente délibération, fignés par Mgr. l'archevêque de Narbonne, & contre-fignés par l'un des greffiers des Etats, pour être lefdits originaux remis entre les mains des notaires, à Paris, Toulouse, & Montpellier, ainfi que les fyndics généraux le trouveront plus convenable pour la facilité des emprunts ; fur lefquels originaux il fera fait mention des contrats à mefure qu'ils feront paffés, avant que les groffes en puiffent être délivrées, fur lefquelles groffes le Notaire dépofitaire de ladite délibération mettra fon certificat de ladite décharge, que l'acte de dépôt de ladite délibération fera mis au bas des expéditions, & figné par le notaire ; & lorfque l'emprunt porté par ladite délibération fera confommé, il fera mis au bas par le notaire qui en fera le dépofitaire, que la délibération eft remplie.

I V.

ARRÊT

Du Conseil d'Etat du Roi,

Qui autorife le traité fait au fujet de l'emprunt de la fomme de douze

cent mille livres, pour lequel les Etats ont prêté leur crédit au Roi, & que Sa Majefté define à réparer les pertes & dommages caufés par par les inondations.

Du 28 Novembre 1772.

Extrait des Regiftres du Confeil d'Etat.

VU par le Roi, étant en fon confeil, le traité fait entre les commiffaires de Sa Majefté & les commiffaires députés par l'affemblée des Etats de la province de Languedoc le 14 Novembre 1772, dont la teneur s'enfuit :

Traité fait & accordé entre MM. les commiffaires, préfidens pour le Roi aux Etats généraux de la province de Languedoc, & MM. les commiffaires députés par l'affemblée defdits Etats.

Article premier.

En conféquence de la délibération prife par les Etats cejourd'hui fur le contenu de l'article X de l'inftruction du Roi à MM. fes commiffaires, les Etats prêteront leur crédit à Sa Majefté pour l'emprunt de la fomme de douze cent mille livres au denier vingt, pour être ladite fomme de douze cent mille livres employée à réparer les pertes & dommages caufés par les inondations du mois de Septembre dernier dans les divers cantons de la province, & par préférence aux ouvrages néceffaires pour rétablir promptement les communications interceptées par les inondations.

Art. II.

Les créanciers qui prêteront à la province ladite fomme de douze cent mille livres, feront exempts de toute retenue, & nommément de celle des vingtiemes & quatre fols pour livre du premier fur lefdites rentes ; & les frais des premiers contrats qui feront paffés pour raifon dudit emprunt, ainfi que des quittances des rembourfemens qui feront faits d'iceux, droits de contrôle & petit fceau, fi aucuns y en a, feront fupportés par Sa Majefté.

Art. III.

Il fera retenu tous les ans par le tré-forier de la bourfe defdits Etats fur les fommes qu'il aura à remettre au Roi pour la province, une fomme de cent vingt mille livres, pour être ladite fomme employée au payement defdits intérêts, & fubfidiairement, du capital, frais, taxations & droits de re-mife, de laquelle fomme de cent vingt mille livres fera tenu compte audit tréforier par le garde du tréfor royal, fur fa fimple quittance.

Art. IV.

Il fera fait tous les ans, en la forme ordinaire, une liquidation par MM. les commiffaires du Roi & ceux des Etats des fommes qui auront été payées en principal fur les douze cent mille livres, au moyen de la remife defdites vingt mille livres qui aura été faite chaque année, laquelle liquidation fera continuée jufqu'à l'entier rembourfe-ment, après lequel il fera expédié un arrêt pour autorifer lefdites liquida-tions, qui déchargera refpectivement le Roi & les Etats dudit crédit, & an-nullera la quittance qui aura été expé-diée par le garde du tréfor-royal def-dites douze cent mille livres ; & pour la plus grande fureté du préfent traité, il fera homologué par le Roi, & tou-tes lettres néceffaires feront expédiées & regiftrées fans frais partout où be-foin fera. Fait en triple original à Montpellier, le 14 Novembre 1772. Oui le rapport du fieur abbé Terray, confeiller ordinaire & au confeil royal, contrôleur général des finances, SA

MAJESTÉ ÉTANT EN SON CON-SEIL, a approuvé, autorifé & con-firmé, approuve, autorife & confirme ledit traité ; ordonne en conféquence Sa Majefté, que les rentes dudit em-prunt feront exemptes de toute rete-nue, & nommément de celle des vingtiemes & quatre fols pour livre du premier, & que les premiers contrats qui feront paffés pour raifon d'icelui, ainfi que les quittances des rembourfe-mens qui en feront faits, feront exempts des droits de contrôle & petit fcel ; veut Sa Majefté, que les tuteurs & curateurs puiffent faire emploi dans ledit emprunt des deniers des pupilles, mineurs ou interdits, en obfervant les formalités qui font en ufage dans les lieux où les emprunts feront faits, & que les communautés féculieres ou ré-gulieres, hôpitaux, fabriques & gens de main-morte, puiffent auffi employer leurs deniers dans ledit emprunt, fans être tenus de payer aucuns droits d'a-mortiffement des rentes qui feront conf-tituées à leur profit ; veut de plus Sa Majefté, que les étrangers non-natu-ralifés, même ceux demeurant hors du royaume, pays, terres & feigneuries de fon obéiffance, puiffent, ainfi que fes propres fujets, acquérir lefdites rentes, encore qu'ils fuffent fujets des puiffances avec lefquelles Sa Majefté pourroit être en guerre, & qu'ils en jouiffent & puiffent difpofer entre-vifs par teftament ou autrement, en prin-cipaux ou arrérages ; & en cas qu'ils n'en euffent pas difpofé de leur vivant, veut & entend fa Majefté, que leurs héritiers, donataires, légataires, ou au-tres les repréfentans leur fuccedent, en-core qu'ils fuffent étrangers & non régni-coles, même qu'ils fuffent fujets des princes & états avec lefquels Sa Ma-jefté pourroit être en guerre ; & en conféquence, que lefdites rentes foient exemptes de toutes lettres de marque

& de repréſailles, droit d'aubaine, déshérence, confiſcation ou autres qui pourroient appartenir à Sa Majeſté; veut & entend Sa Majeſté, que ledit traité & le préſent arrêt ſoient exécutés ſelon leur forme & teneur, nonobſtant tout ce qui pourroit être oppoſé au contraire, & tous empêchemens quelconques, pour leſquels il ne ſera différé, & dont Sa Majeſté, ſi aucuns arrivent, s'eſt réſervé & ré-

ſerve la connoiſſance, icelle interdiſant à toutes ſes cours & autres juges; & feront toutes lettres néceſſaires expédiées pour l'exécution du préſent arrêt, & regiſtrées ſans frais partout où beſoin ſera. FAIT au conſeil d'état du Roi, Sa Majeſté y étant, tenu à Verſailles le vingt-huitieme jour du mois de Novembre mil ſept cent ſoixantedouze.

Signé, PHELYPEAUX.

§. I I I.

Emprunt de quinze millions réduits à ſix millions.

I.

EXTRAIT du regiſtre des délibérations des Etats-généraux de Languedoc, aſſemblés par mandement du Roi en la ville de Montpellier au mois de Janvier 1776.

Du Samedi 3 Février ſuivant, préſident Mgr. l'archevêque & primat de Narbonne, commandeur de l'ordre du Saint-Eſprit.

MONSEIGNEUR l'évêque de Nîmes a dit, que le Roi annonçant dans l'article IX de ſes inſtructions à MM. ſes commiſſaires, le deſir qu'il a d'accélérer le ſoulagement de ſes peuples & le bien général de ſon royaume, en ſe procurant par la voie des emprunts à quatre pour cent une partie des fonds néceſſaires pour éteindre les charges & dettes de l'Etat les plus onéreuſes, meſdits ſieurs les commiſſaires ſont chargés de propoſer aux Etats trois différens emprunts, dont deux pour le compte de Sa Majeſté, & le dernier pour celui de la province.

Que le premier pour lequel Sa Majeſté lui demande ſon crédit, eſt de quinze millions au denier vingt-cinq, leſquels ſeront portés au tréſor royal,

pour y être employés à ladite deſtination, & que Sa Majeſté autoriſe à cet effet MM. ſes commiſſaires à affecter & hypothéquer pour la ſureté dudit emprunt, tant en capitaux qu'intérêts, exempts de toute retenue, une ſomme de treize cent cinquante mille livres à prendre & retenir annuellement juſqu'à ſon entiere extinction par le ſieur tréſorier des Etats, ſur celles qu'il aura à verſer au tréſor royal pour les impoſitions de la province.

Que la commiſſion ne pouvant qu'applaudir à la ſageſſe des vues de Sa Majeſté, a cru devoir propoſer aux Etats de lui donner cette nouvelle preuve de leur zele.

Que le ſecond emprunt que Sa Majeſté deſire être auſſi fait pour ſon compte, & ſur le crédit de la province, a pour objet la réduction de l'intérêt de l'argent, que Sa Majeſté regarde comme un des moyens les plus efficaces qu'elle puiſſe employer dans les mêmes vues; & qu'en conſéquence elle charge MM. ſes commiſſaires de faire connoître aux Etats qu'elle ſouhaite, qu'auſſitôt que le premier emprunt de quinze millions ſera rempli, il en ſoit ouvert un ſecond:

pareillement pour le compte de Sa Majesté au denier vingt-cinq, avec exemption de toutes retenues, dans lequel il ne sera reçu que les sommes nécessaires pour rembourser ce qui reste dû des emprunts ci-devant faits par la province pour le compte de Sa Majesté, & dont les intérêts sont encore payés, sur le pied du denier vingt, l'intention de Sa Majesté étant néanmoins que ceux des créanciers desdits emprunts, qui préféreront de réconstituer leurs rentes au denier vingt-cinq, plutôt que de recevoir leur remboursement, soient admis à le faire ; qu'en conséquence il leur soit expédié un titre nouvel, sans aucun frais, & dans lequel on stipulera les mêmes exemptions, priviléges & hypotheques portés par leurs premiers contrats, & que s'il arrivoit même qu'aucun desdits créanciers voulût demeurer nanti de son premier contrat, l'intention de Sa Majesté est qu'il lui soit laissé, & qu'au lieu de lui expédier un titre nouvel, il soit seulement fait mention, en marge de la grosse & de la minute dudit contrat, que le porteur aura préféré de réconstituer au denier vingt-cinq, à recevoir son remboursement, à quoi Sa Majesté ajoute dans la suite de cet article que voulant au surplus accélérer l'extinction desdits emprunts par le bénéfice de la réduction de l'intérêt, le sieur trésorier des Etats continuera de retenir annuellement sur les impositions de la province, les mêmes sommes qui ont été affectées auxdits emprunts, pour être employées au payement des intérêts, & au remboursement des capitaux ; à l'effet de quoi, l'intention de Sa Majesté est qu'immédiatement après que l'emprunt de quinze millions ci-dessus aura été rempli, chacun des créanciers desdits emprunts soit sommé, à la requête des syndics-généraux, d'envoyer dans deux

mois pour tout délai, audit sieur trésorier des Etats, une déclaration claire & précise, s'il entend recevoir son remboursement, ou s'il préfere de réconstituer son capital au denier vingt-cinq ; & dans le cas où ledit créancier n'auroit pas fait connoître son option dans ledit délai, qu'il soit réputé avoir préféré son remboursement ; comme aussi qu'à l'expiration dudit délai de deux mois, il soit par lesdits syndics-généraux & le trésorier de la province, procédé, soit au remboursement de ceux qui auront desiré d'être remboursés, en commençant par les contrats les plus anciens en date, soit à la réconstitution au denier vingt-cinq des contrats, d'après le consentement libre & positif que chacun des porteurs y aura donné.

Que dès-lors les loteries établies pour les remboursemens successifs desdits emprunts, devenant inutiles au moyen du nouveau plan adopté par Sa Majesté, elles n'auront plus lieu pour les remboursemens ci-dessus ordonnés, sauf à les rétablir pour les remboursemens des contrats réconstitués.

Qu'au surplus l'intention de Sa Majesté est que les créanciers desdits emprunts continuent d'être payés de leurs rentes sur le pied du denier vingt, jusques & compris le jour auquel le remboursement ou la réconstitution au denier vingt-cinq sera effectuée, & que Sa Majesté attend du zele que les Etats ont toujours montré pour le bien de son service, qu'ils s'empresseront de concourir à l'exécution de ses vues, en prenant des délibérations conformes à ses intentions.

Que cette seconde demande de Sa Majesté ne présentant qu'un arrangement dont l'utilité ne peut être méconnue, sans être aucunement à charge à la province, & qui a même été pratiquée en 1765, la commission n'a pas
hésité

hésité à être d'avis de propoſer aux Etats d'y conſentir, en chargeant tels commiſſaires que l'aſſemblée jugera à propos de nommer, de faire à raiſon de cet emprunt & de celui de quinze millions, un traité en la forme ordinaire avec MM. les commiſſaires du Roi.

Que meſdits ſieurs les commiſſaires ſont encore chargés par le même article des inſtructions, de faire connoître aux Etats qu'ils ne pourroient rien faire de plus agréable à Sa Majeſté, que d'adopter le même plan pour la propre libération de la province & celle des dioceſes, villes & communautés qui la compoſent, & que dans le cas où les Etats s'y porteront, Sa Majeſté les autoriſe à ouvrir des emprunts pour leur compte particulier à quatre pour cent exempts de toute retenue, juſqu'à concurrence des ſommes qui leur ſeront néceſſaires, pour opérer le rembourſement de ceux des créanciers, qui préféreroient de recevoir leur rembourſement à la réconſtitution au denier vingt-cinq, & qu'attendu qu'il n'y a pas de fonds affectés au rembourſement de pluſieurs deſdits emprunts faits par la province, Sa Majeſté deſire que les Etats employent le bénéfice qui réſultera de la réduction du denier vingt au denier vingt-cinq, à former un fonds d'amortiſſement lequel ſera ſucceſſivement augmenté du montant des arrérages des capitaux qui ſeront rembourſés annuellement, & que pour en accélérer d'autant plus l'extinction ſi néceſſaire pour le ſoulagement des biens ruraux, ils joignent audit fonds d'amortiſſement, les premieres ſommes dont ils pourront diſpoſer.

Que cette derniere propoſition, étant la même que celle qui fut faite aux Etats en 1765, comme on l'a déjà obſervé, quoiqu'elle n'ait pu avoir ſon

effet par le changement des circonſtances, la commiſſion s'étant fait repréſenter les délibérations priſes alors, a été d'avis de propoſer aux Etats de les renouveller, ainſi que les pouvoirs qui ont été précédemment donnés aux ſyndics-généraux d'emprunter à quatre pour cent les ſommes néceſſaires pour rembourſer ceux des créanciers de la province qui ne voudroient pas réduire l'intérêt de leurs capitaux au denier vingt-cinq, en adoptant au ſurplus les autres arrangemens indiqués par le même article de l'inſtruction, pour accélérer le rembourſement de ceux qui préféreront de le recevoir à la réduction des intérêts qu'ils perçoivent actuellement, & en ſuppliant Sa Majeſté d'accorder pour les contrats des nouveaux emprunts, les ſommations & quittances de rembourſement, les mêmes exemptions du droit de contrôle & autres accordées pour tous les précédens emprunts à peu près de même nature.

Sur quoi il a été délibéré 1°. que les Etats conſentent à prêter à Sa Majeſté le crédit de la province pour un emprunt de quinze millions au denier vingt-cinq, aux conditions énoncées dans l'article IX des inſtructions du Roi à MM. ſes commiſſaires.

2°. Que les Etats conſentent pareillement à prêter le crédit de la province à Sa Majeſté pour un ſecond emprunt des ſommes qui ſeront néceſſaires pour rembourſer les créanciers des précédens emprunts faits pour le compte de Sa Majeſté, qui préféreront de recevoir ledit rembourſement, à la réduction de leurs rentes au denier vingt-cinq, le tout conformément à ce que porte, au ſujet dudit emprunt, le même article des inſtructions du Roi, ſuivant le traité qui ſera fait en conſéquence en la forme & autres conditions accoutumées, par MM. les commiſſaires des Etats & MM. les commiſſaires du Roi.

3°. D'autoriſer de plus fort, les ſyndics-généraux, après que tous leſdits emprunts auront été conſommés, d'en faire de nouveaux pour le compte de la province, ſur le même pied de quatre pour cent, pour le remboursement de ceux des créanciers qui refuſeront de réduire leurs rentes ſur leſdits taux du denier vingt-cinq, en ſuivant à cet égard tout ce qui eſt preſcrit dans le même article des inſtructions du Roi concernant ledit arrangement.

.II.
TRAITÉ

Fait & accordé entre MM. les commiſſaires préſidens pour le Roi aux Etats généraux de la province de Languedoc, & MM. les commiſſaires députés par l'aſſemblée deſdits Etats.

ARTICLE PREMIER.

QU'EN conſéquence de la délibération priſe ce jourd'hui par les Etats ſur la demande à eux faite par MM. les commiſſaires du Roi, ſuivant l'article IX de leurs inſtructions, les Etats prêteront leur crédit à Sa Majeſté pour la ſomme de quinze millions de livres, laquelle ſera empruntée ſur le pied de quatre pour cent, & remiſe par le tréſorier de la bourſe au tréſor royal, ſur la quittance du garde dudit tréſor royal, pour être employée à la deſtination énoncée audit article des inſtructions.

ART. II.

Que pour la ſureté dudit emprunt, tant en capital qu'intérêts exempts de toute retenue, ſera affecté & hypothéqué une ſomme de 1,350,000 livres à prendre & retenir annuellement, juſ-

ques à ſon entiere extinction, par le tréſorier des Etats ſur celles qu'il aura à verſer au tréſor royal, pour les impoſitions de la province.

ART. III.

Que les créanciers qui prêteront à la province ladite ſomme de quinze millions de livres, ſeront exempts, comme il eſt dit dans l'article ci-deſſus, de toute retenue des deux vingtiemes & quatre ſols pour livre du premier, ſur leſdites rentes, & que les frais des premiers contrats qui ſeront paſſés pour raiſon dudit emprunt, ainſi que les quittances des rembourſemens qui ſeront faits, droits de contrôle, & petit ſceau, ſi aucuns y en a, ſeront ſupportés par Sa Majeſté.

ART. IV.

Qu'il ſera fait tous les ans une liquidation, par MM. les commiſſaires du Roi & ceux des Etats, des ſommes qui auront été payées en principal, ſur leſdits quinze millions de livres, des 1,350,000 livres qui ſeront retenues chaque année, laquelle liquidation ſera continuée juſqu'à l'entier rembourſement, après lequel il ſera expédié un arrêt pour autoriſer leſdites liquidations, qui déchargera reſpectivement le Roi & les Etats dudit crédit, & annullera la quittance qui aura été expédiée par le garde du tréſor royal deſdits quinze millions.

ART. V.

Enfin, que pour plus grande ſureté du préſent traité, il ſera homologué par le Roi, & que toutes lettres néceſſaires ſeront expédiées & regiſtrées ſans frais partout où beſoin ſera.

FAIT & ſigné en triple original à Montpellier le troiſieme Février mil ſept cent ſeptante-ſix. *Signés par colonnes.*

N°. II.

Le Comte de Périgord.

De Saint-Priest.   † L'évêque de Nimes.
De Saint-Priest.   Le marquis de Caylus.
Dumas.   Brassalieres, capitoul.
Dor de Lastour.   Darailh, capitoul.
                          Cambaceres, maire de
                          Montpellier.
                          Montferrier, Sc. gal.
                          Joubert, syndic-général.
                          La Fage, syndic-général.

I I I.

Extrait du registre des délibérations des Etats généraux de Languedoc, assemblés par mandement du Roi en la ville de Montpellier au mois de Janvier 1776.

Du Samedi 3 Février suivant, président Mgr. l'archevêque & primat de Narbonne, commandeur de l'Ordre du Saint-Esprit.

LEs Etats ayant déterminé par leur délibération de ce jourd'hui de prêter leur crédit au Roi pour un emprunt de quinze millions de livres au denier vingt-cinq, lequel sera porté au trésor royal pour y être employé à accélérer le soulagement de ses peuples & le bien général de son royaume, en se procurant par la voie des emprunts à quatre pour cent une partie des fonds nécessaires pour éteindre les charges & dettes de l'Etat les plus onéreuses, le tout conformément à l'article IX des instructions de Sa Majesté & aux conditions énoncées dans le traité fait & accordé entre MM. les commissaires présidens pour le roi aux Etats de cette province, & MM. les commissaires députés par l'assemblée desdits Etats, ils ont nommé à cet effet les sieurs du Vidal, marquis de Montferrier, de Joubert, & de la Fage, syndics-généraux, auxquels ils donnent pouvoir & puissance, tant conjointement que séparé-

ment, en cas de mort ou d'absence d'un ou de deux des trois, & même de substituer à leur place telles personnes qu'ils jugeront à propos, de faire pour & au nom de la province l'emprunt mentionné en la susdite délibération, stipuler le payement des intérêts ou rentes dudit emprunt au denier vingt-cinq, à chaque fin d'année, dans les bureaux du trésorier général des Etats, dans les villes de Paris, Toulouse & Montpellier, où seront faits les emprunts, & au choix des prêteurs, à la charge que les sommes capitales qui seront empruntées seront remises lors de la passation des contrats entre les mains du trésorier général des Etats ou du porteur de sa procuration qui interviendra à cet effet dans lesdits contrats, desquelles sommes il comptera aux Etats prochains, & que pour faciliter ledit emprunt, il sera fait autant d'originaux en parchemin qu'il sera jugé nécessaire de la présente délibération, signés par Mgr. l'archevêque de Narbonne & contre-signés par l'un des greffiers des Etats, pour être lesdits originaux remis entre les mains des notaires à Paris, Toulouse & Montpellier, ainsi que les syndics-généraux le trouveront plus convenable pour la facilité des emprunts, sur lesquels originaux il sera fait mention des contrats à mesure qu'ils seront passés, avant que les grosses en puissent être délivrées, sur lesquelles grosses le notaire dépositaire de ladite délibération mettra son certificat de ladite décharge; que l'acte de dépôt de ladite délibération sera mis au bas des expéditions, & signé par le notaire; & lorsque l'emprunt porté par ladite délibération sera consommé, il sera mis au bas par le notaire qui en sera le dépositaire, que ladite délibération est remplie.

N°. III.

IV.

ARRÊT

DU CONSEIL D'ÉTAT DU ROI,

Qui autorise le traité fait entre les commissaires du Roi & les commissaires députés par l'assemblée des Etats de la province de Languedoc, le 3 Février 1776, au sujet du crédit que ladite province a prêté à Sa Majesté pour la somme de quinze millions de livres.

Du 19 Février 1776.

EXTRAIT des Registres du Conseil d'Etat.

VU par le Roi, étant en son conseil, le traité fait entre les commissaires de Sa Majesté, & les commissaires députés par l'assemblée des Etats de Languedoc, le 3 du présent mois, dont la teneur suit :

Traité fait & accordé entre MM. les commissaires présidens pour le Roi aux Etats-généraux de la province de Languedoc, & MM. les commissaires députés par l'assemblée desdits Etats.

ARTICLE PREMIER.

Qu'en conséquence de la délibération prise ce jourd'hui par les Etats, sur la demande à eux faite par MM. les commissaires du Roi, suivant l'article IX de leurs instructions, les Etats prêteront leur crédit au Roi pour la somme de quinze millions de livres, laquelle sera empruntée sur le pied de quatre pour cent, & remise par le trésorier de la bourse au trésor royal, sur la quittance du garde dudit trésor royal, pour être employée à la destination énoncée audit article des instructions.

ART. II.

Que pour la sûreté dudit emprunt, tant en capital qu'intérêts, exempts de toute retenue, sera affectée & hypothéquée une somme de treize cent cinquante mille livrres, à prendre & retenir annuellement jusqu'à son entiere extinction, par le trésorier des Etats, sur celles qu'il aura à verser au trésor royal pour les impositions de la province.

ART. III.

Que les créanciers qui prêteront à la province ladite somme de quinze millions de livres, seront exempts, comme il est dit dans l'article ci-dessus, de toute retenue des deux vingtiemes, & quatre sols pour livre du premier sur lesdites rentes ; & que les frais des premiers contrats qui seront passés pour raison dudit emprunt, ainsi que les quittances des remboursemens qui seront faites d'iceux, droits de contrôle & petit sceau, si aucuns y en a, seront supportés par Sa Majesté.

ART. IV.

Qu'il sera fait tous les ans une liquidation par MM. les commissaires du Roi & ceux des Etats, des sommes qui auront été payées en principal sur lesdits quinze millions de livres desdits treize cent cinquante mille livres qui seront retenues chaque année ; laquelle liquidation sera continuée jusqu'à l'entier remboursement ; après lequel il sera expédié un arrêt pour autoriser lesdites liquidations, qui déchargera respectivement le Roi & les Etats dudit crédit, & annullera la quittance qui aura été expédiée par le garde du trésor royal, desdits quinze millions de livres.

ART. V.

Enfin, que pour plus grande sûreté du présent traité, il sera homologué par le Roi, & que toutes lettres nécessaires seront expédiées & enregistrées sans frais, partout où besoin sera. FAIT & signé en triple original, à Montpellier le 3 Février 1776. Oui le rapport du ſieur Turgot, conſeiller ordinaire & au conſeil royal, contrôleur général des finances ; LE ROI ÉTANT EN SON CONSEIL, a approuvé, autoriſé & confirmé, approuve, autoriſe & confirme ledit traité ; & en expliquant le contenu des articles II & III, Sa Majeſté a ordonné & ordonne, que les intérêts dudit emprunt courront au profit des prêteurs, à compter du premier jour du mois auquel ils auront porté. leurs capitaux dans la caiſſe du tréſorier de la province, qu'ils ſeront exempts de toute retenue, nommément de celle des vingtiemes, & quatre ſols pour livre du premier, & que les premiers contrats qui ſeront paſſés pour raiſon d'icelui, ainſi que les quittances des rembourſemens qui en ſeront faits, ſeront exempts des droits de contrôle & petit ſcel. Veut Sa Majeſté, que les tuteurs & curateurs puiſſent faire emploi dans ledit emprunt, des deniers des pupilles, mineurs ou interdits, en obſervant les formalités qui ſont en uſage dans les lieux où les emprunts ſeront faits, & que les communautés ſéculieres & régulieres, hôpitaux, fabriques & gens de main-morte, puiſſent auſſi employer leurs deniers dans ledit emprunt, ſans être tenus de payer aucuns droits d'amortiſſement des rentes qui ſeront conſtituées à leur profit. Veut de plus Sa Majeſté, que les étrangers non-naturaliſés, même ceux demeurans hors du royaume, pays, terres & ſeigneuries de ſon obéïſſance, puiſſent, ainſi que ſes propres ſujets, acquérir leſdites rentes, encore qu'ils fuſſent ſujets des puiſſances avec leſquelles Sa Majeſté pourroit être en guerre, & qu'ils en jouiſſent & puiſſent diſpoſer entre-vifs, par teſtament ou autrement, en principaux ou arrérages ; & en cas qu'ils n'en euſſent pas diſpoſé de leur vivant, veut & entend Sa Majeſté, que les héritiers,

donataires, légataires, ou autres les repréſentans, leur ſuccedent, encore qu'ils fuſſent étrangers & non régnicoles, même qu'ils fuſſent ſujets des princes & états avec leſquels Sa Majeſté pourroit être en guerre ; & en conſéquence, que leſdites rentes ſoient exemptes de toutes lettres de marque & de repréſailles, droits d'aubaine, déshérence, confiſcation, ou autres qui pourroient appartenir à Sa Majeſté. Veut & entend, Sa Majeſté, que ledit traité & le préſent arrêt, ſoient exécutés ſelon leur forme & teneur, nonobſtant tout ce qui pourroit être oppoſé au contraire, & tous empêchemens quelconques, pour leſquels il ne ſera différé, & dont Sa Majeſté, ſi aucuns arrivent, s'eſt réſervée & réſerve la connoiſſance, icelle interdiſant à toutes ſes cours & autres juges : Et ſeront toutes lettres néceſſaires expédiées pour l'exécution du préſent arrêt, & regiſtrées ſans frais partout où beſoin ſera. FAIT au conſeil d'état du Roi, Sa Majeſté y étant, tenu à Verſailles le dix-neuvieme jour de Février mil ſept cent ſoixante-ſeize.

Signé, DE LAMOIGNON.

V.

ARRÊT

DU CONSEIL D'ÉTAT DU ROI,

Qui reduit à ſix millions l'emprunt de quinze millions au denier vingt-cinq, qui avoit eté ouvert ſur le crédit des Etats de Languedoc, en exécution de l'arrêt du 19 Février 1776.

Du 15 Décembre 1776.

EXTRAIT *des Regiſtres du Conſeil d'Etat.*

L E Roi s'étant fait repréſenter en ſon conſeil, l'arrêt rendu en icelui le 19 Février dernier, par lequel Sa

Majesté, en autorisant le traité passé le 3 du même mois, entre les sieurs commissaires présidens pour elle aux Etats-généraux de la province de Languedoc, & ceux députés par lesdits Etats, auroit ordonné qu'il seroit ouvert, conformément audit traité, un emprunt de quinze millions au denier vingt-cinq, sur le crédit de ladite province ; les ordres donnés le 31 Août dernier, au trésorier desdits Etats, de suspendre ledit emprunt, ensemble l'état de situation dudit emprunt, duquel état il résulte qu'il a été porté jusqu'à ce jour à la somme de cinq millions huit cent quatre-vingt-seize mille six cent trente-cinq livres dix-huit sols ; mais qu'il a été pris des engagemens au moyen desquels il se trouvera porté à la somme de six millions, Sa Majesté auroit jugé nécessaire pour le bien de son service, de clorre définitivement ledit emprunt à ladite somme de six millions. A quoi voulant pourvoir : Oui le rapport du sieur Taboureau des Réaux, conseiller d'état & ordinaire au conseil royal, contrôleur général des finances; LE ROI ÉTANT EN SON CON-SEIL, a ordonné & ordonne, que l'emprunt de quinze millions au denier vingt-cinq, qui a été ouvert sur le crédit des Etats de Languedoc, en exécution du traité passé entre les commissaires de Sa Majesté & ceux desdits

Etats le trois Février dernier, & de l'arrêt du conseil autorisatif d'icelui, du 19 du même mois, sera & demeurera réduit à la somme de six millions, produisant au denier vingt-cinq, deux cent quarante mille livres de rente. Veut en conséquence, & entend Sa Majesté, qu'il ne soit rien reçu dans ledit emprunt, au-delà de la somme de cent trois mille trois cent soixante-quatre livres deux sols nécessaire pour le porter à six millions. Et pour sureté, tant du payement de ladite rente, que du remboursement successif du capital dudit emprunt, Sa Majesté a autorisé & autorise le trésorier desdits Etats, à retenir annuellement la somme de cinq cent quarante mille livres, à laquelle demeurera réduite celle de treize cent cinquante mille livres, que Sa Majesté avoit affectée & hypothéquée audit emprunt de quinze millions ; dérogeant à cet effet Sa Majesté audit arrêt du 19 Février dernier, lequel sera au surplus exécuté selon sa forme & teneur. Et seront, pour l'exécution du présent arrêt, toutes lettres nécessaires expédiées, & registrées sans frais partout où besoin sera. FAIT au conseil d'état du Roi, Sa Majesté y étant, tenu à Versailles le quinze Décembre mil sept cent soixante-seize.

Signé, AMELOT.

§. IV.

Premier emprunt de douze millions.

I.

EXTRAIT *du regiſtre des délibérations des Etats généraux de Languedoc, aſſemblés par mandement du Roi en la ville de Montpellier au mois de Novembre* 1776.

Du Lundi 30 Décembre ſuivant, préſident Mgr. l'archevêque & primat de Narbonne, commandeur de l'ordre du Saint-Eſprit.

MONSEIGNEUR l'évêque de Nîmes a dit, que MM. les commiſſaires des affaires extraordinaires s'étant aſſemblés chez lui, le ſieur de Montferrier leur a fait la lecture d'un ſupplément d'inſtruction du Roi à MM. ſes commiſſaires, portant que de tous les moyens que Sa Majeſté peut employer pour diminuer les charges de l'état, & procurer à ſes peuples les ſoulagemens qui ſont l'objet de tous ſes deſirs, celui d'amortir les dettes les plus onéreuſes étant ſans doute un des plus ſûrs & des plus prompts ; c'étoit dans cette vue qu'elle s'étoit déterminée à faire demander à la derniere aſſemblée des Etats le crédit de la province pour un emprunt de quinze millions à quatre pour cent.

Que l'empreſſemnt qu'avoient d'abord montré pluſieurs perſonnes à placer leur argent dans cet emprunt, ayant donné lieu de croire qu'il ſeroit rempli aſſez promptement,& Sa Majeſté ayant jugé en conſéquence devoir accélérer les liquidations & rembourſemens de différens engagemens & dettes dont les intérêts étoient onéreux, elle a pris pour cette deſtination ſur les fonds du tréſor royal des ſommes qu'elle comp-

toit y voir remplacer des deniers provenant dudit emprunt de quinze millions : Mais que différentes circonſtances l'ayant fait languir, il a été jugé convenable, pour l'intérêt même du crédit de la province, de l'arrêter. Que le tréſor royal s'étant trouvé à découvert par-là des ſommes employées auxdits rembourſemens des dettes onéreuſes, & les beſoins, ainſi que le bien du ſervice, pouvant exiger que Sa Majeſté ſe procure la rentrée de ces ſommes, elle s'eſt déterminée, en fermant définitivement l'emprunt de quinze millions, à la ſomme de ſix millions à laquelle il ſe trouvera porté au moyen du placement que la fondation de l'école royale militaire a fait dans ledit emprunt d'une ſomme de trois millions & des différentes aſſignations que Sa Majeſté a données ſur icelui, dont une de la ſomme de douze cent ſoixante-deux mille trois cent trente-ſix livres au profit de la province pour l'acquittement de ce qui lui reſtoit dû des avances & fournitures faites pour le ſervice de Sa Majeſté par les Etats & les particuliers, à demander aux Etats le crédit de la province pour un nouvel emprunt dont l'intérêt ne ſera pas préciſément déterminé ni l'époque de l'ouverture abſolument fixée ; de maniere que Sa Majeſté puiſſe faire uſage de ce moyen lorſque le bien de ſon ſervice l'exigera, & profiter des facilités qu'elle pourroit trouver à ſe procurer les fonds dont on aura beſoin à un intérêt au-deſſous du denier vingt.

Qu'en conſéquence le Roi charge MM. ſes commiſſaires à la préſente aſſemblée de lui donner connoiſſance de l'arrêt de son conseil par lequel Sa Majesté a réduit & fixé à la somme de six millions ledit emprunt de quinze millions ouvert à quatre pour cent, conformément à la délibération des Etats du 3 Février de cette année, & à l'arrêt du conseil du 19 du même mois qui l'a approuvé, & de demander aux Etats qu'ils donnent aux syndics-généraux & au trésorier de la province les pouvoirs nécessaires, tant pour emprunter sur le crédit de la province, au nom & pour le compte de Sa Majesté, jusques à concurrence de la somme de douze millions pour être versée au trésor royal, en ne commençant ledit emprunt qu'au moment & à l'époque de l'année 1777 qui sera fixé par Sa Majesté, & dont elle fera donner connoissance aux syndics-généraux & trésorier de la province, que pour stipuler les intérêts dudit emprunt à cinq pour cent ou autre taux plus avantageux pour Sa Majesté suivant qu'il aura été fixé par ses ordres.

Que Sa Majesté ne doute pas que les Etats ne s'empressent à lui donner une nouvelle preuve de leur zele pour son service, en prenant une délibération conforme à ses intentions, & qu'à cet effet elle autorise MM. ses commissaires à affecter & hypothéquer pour la sureté dudit emprunt, tant en capitaux qu'intérêts, une somme de douze cent mille livres pour le cas où l'emprunt seroit fait à cinq pour cent, & celle seulement d'un million quatre - vingt mille livres s'il n'est fait qu'à quatre, ou autre somme, proportionnellement & à raison de la fixation plus ou moins forte desdits intérêts au-dessous de cinq pour cent; Sa Majesté autorisant pareillement MM. ses commissaires à consentir en son nom que la somme qui sera ainsi affectée & hypothéquée audit emprunt soit prise & retenue annuelle-

ment par le trésorier des Etats jusques à l'entière extinction dudit emprunt sur celles qu'il aura à verser au trésor royal pour les impositions de la province.

Que la commission s'étant fait représenter les délibérations prises dans la précédente assemblée sur le même objet, & n'ayant vu dans la nouvelle demande de Sa Majesté qu'une suite du même arrangement auquel les Etats ont déjà applaudi, n'a pas hésité à être d'avis de proposer à l'assemblée d'en user de même aujourd'hui en prenant une délibération conforme à la sagesse des vues de Sa Majesté, & de donner en conséquence pouvoir à MM. les commissaires des affaires extraordinaires de faire avec MM. les commissaires du Roi un traité relatif aux conditions portées par le supplément de leurs instructions, ainsi qu'aux syndics-généraux de faire ledit emprunt à concurrence de douze millions de livres en se conformant aux intentions de S. M.

Sur quoi il a été délibéré 1º. que les Etats consentent à prêter à Sa Majesté le crédit de la province pour l'emprunt d'une somme de douze millions aux conditions énoncées dans le supplément d'instruction de Sa Majesté à MM. ses commissaires, & rapportées dans l'exposé de la présente délibération.

2º. D'autoriser MM. les commissaires des affaires extraordinaires à faire avec MM. les commissaires de Sa Majesté un traité relatif auxdites conditions & aux autres des précédens traités en la forme accoutumée.

3º. De donner pouvoir aux syndics-généraux de faire ledit emprunt jusques à concurrence de douze millions en suivant les ordres qui leur seront donnés à cet effet, tant pour l'époque du commencement de cet emprunt, que pour le taux de l'intérêt, conformément aux intentions de Sa majesté.

I I.

EXTRAIT du regiſtre des délibéra-
tions des Etats généraux de Langue-
doc, aſſemblés par mandement du
Roi en la ville de Montpellier au
mois de Novembre 1776.

Du Mardi 31 Décembre ſuivant, préſident
Mgr. l'archevêque & primat de Narbonne,
commandeur de l'Ordre du St. Eſprit.

MONSEIGNEUR l'évêque de Nîmes
a dit, qu'ayant été nommé hier,
avec MM. les autres commiſſaires
des affaires extraordinaires, pour ſigner
avec MM. les commiſſaires du Roi, le
traité concernant l'emprunt de douze
millions, pour lequel les Etats ont délibéré de prêter leur crédit à Sa Majeſté, ils ſe rendirent à l'iſſue de la
ſéance chez M. le comte de Périgord,
où ſe trouverent MM. les autres commiſſaires du Roi, avec leſquels ils ſigne-
rent ledit traité lequel eſt de teneur.

T R A I T É

Fait & accordé entre MM. les commiſ-
ſaires préſidens pour le Roi aux
Etats généraux de la province de
Languedoc, & MM. les commiſſai-
res députés par l'aſſemblée deſdits
Etats.

ARTICLE PREMIER.

Qu'en conſéquence de la délibération priſe ce jourd'hui par les Etats, ſur
la demande à eux faite par MM. les
commiſſaires du Roi, ſuivant un ſupplément à leurs inſtructions, les Etats
prêteront leur crédit à Sa Majeſté pour
un emprunt à concurrence de douze
millions de livres, lequel eſt ſubſtitué à
celui de quinze millions, qui demeure
fermé & réduit à ſix, ſuivant l'arrêt du
conſeil du 15 du préſent mois.

ART. II.

Que ledit nouvel emprunt ne ſera
Tome II.

commencé l'année prochaine, qu'à l'é-
poque qui ſera fixée par Sa Majeſté,
dont elle fera donner connoiſſance aux
ſyndics-généraux, ainſi que du taux des
intérêts à cinq pour cent, ou autre taux
plus avantageux pour Sa Majeſté; ſuivant qu'il aura été fixé par ſes ordres,
pour qu'ils ne puiſſent être ſtipulés au-
delà dans les contrats.

ART. III.

Que pour la ſureté dudit emprunt,
tant en capital qu'intérêts, exempts ou
non exempts de toute retenue, ſuivant
ce qui ſera réglé par Sa Majeſté, il
ſera affecté & hypothéqué une ſomme
de douze cent mille livres, dans le cas
où l'emprunt ſeroit fait à cinq pour
cent, & celle ſeulement d'un million
quatre-vingt mille livres, s'il n'eſt fait
qu'à quatre, ou autre ſomme, proportionnellement, & en raiſon de la
fixation plus ou moins forte deſdits intérêts au deſſous de cinq pour cent, laquelle ſomme de douze cent mille livres, ou d'un million quatre-vingt mille
livres ainſi affectée & hypothéquée,
ſera retenue annuellement par le tréſorier des Etats, juſqu'à l'entiere extinction dudit emprunt, ſur celles qu'il
aura à verſer au tréſor royal pour les
impoſitions de la province.

ART. IV.

Que les frais des premiers contrats
qui ſeront paſſés à raiſon dudit emprunt, ainſi que les quittances des
rembourſemens, droits de contrôle &
petit ſceau, ſi aucuns y en a, ſeront
ſupportés par Sa Majeſté.

ART. V.

Qu'il ſera fait tous les ans une liquidation par MM. les commiſſaires du
Roi & ceux des Etats, des ſommes
qui, au moyen de celles ainſi retenues
par le tréſorier des Etats, auront été
payées en principal ſur ledit emprunt;

laquelle liquidation fera continuée juf-qu'à l'entier remboursement, après le-quel il fera expédié un arrêt pour auto-rifer lefdites liquidations, qui déchar-gera refpectivement le Roi & les Etats dudit crédit, & annullera la quittance qui aura été expédiée par le garde du tréfor royal, des fommes qui y auront été remifes.

ART. VI.

Enfin, que le préfent traité fera ho-mologué par le Roi, & que toutes let-tres néceffaires feront expédiées & re-giftrées fans frais partout où befoin fera. FAIT & figné en triple original, à Montpellier le trente Décembre mil fept cent foixante-feize. *Signés par colonnes.*

LE COMTE DE PÉRIGORD.

DE SAINT-PRIEST.	† C. P. évêque de Nimes.
DE SAINT-PRIEST.	Le Bar. DE MERINVILLE.
REBOUL.	BRU, capitoul.
VIGUIER.	Le Chevalier DE RATTE, député de Montpellier.
	MONTFERRIER, Sc. gal.
	JOUBERT, fyndic-général.

Par Noffeigneurs,

Signé, BONNEMAIN.

III.

EXTRAIT du regiftre des délibérations prifes par les gens des Trois-états du pays de Languedoc, affemblés par mandement du Roi en la ville de Montpellier aux mois de Novem-bre & Décembre 1776.

Du Mardi 31 dudit mois de Décembre, pré-fident Mgr. l'archevêque & primat de Narbonne, commandeur de l'ordre du St. Efprit.

LEs Etats ayant délibéré hier, de prêter au Roi le crédit de la pro-vince pour l'emprunt d'une fomme de douze millions de livres ; lequel ne de-vra être commencé qu'au moment & à l'époque de l'année 1777 qui fera fixée

par Sa Majefté, & dont elle fera donner connoiffance aux fyndics géné-raux & tréforier de la province, & dont les intérêts devront être ftipulés à cinq pour cent, ou autre taux plus avantageux pour Sa Majefté, fuivant qu'il aura été fixé par fes ordres, le tout conformément au fupplément d'inftruction du Roi à MM. fes com-miffaires, & aux conditions énoncées dans le traité fait & accordé entre lef-dits fieurs commiffaires préfidens pour Sa Majefté aux Etats de cette Province, & MM. les commiffaires députés par l'affemblée defdits Etats ; ils ont nom-mé à cet effet les fieurs du Vidal, mar-quis de Montferrier, de Joubert & de la Fage, fyndics-généraux, auxquels ils donnent pouvoir & puiffance, tant conjointement que féparément, en cas de mort ou d'abfence d'un ou de deux des trois, & même de fubftituer à leur place telle perfonne qu'ils jugeront à propos, de faire pour & au nom de la province, l'emprunt mentionné en la fufdite délibération, ftipuler le paye-ment des intérêts ou rentes dudit em-prunt à chaque fin d'année au denier vingt, ou autre taux plus avantageux pour Sa Majefté, fuivant qu'il aura été fixé par fes ordres, dans les bureaux du tréforier-général des Etats, dans les villes de Paris, Touloufe & Montpel-lier, où feront faits les emprunts, & au choix des prêteurs ; à la charge que les fommes capitales qui feront em-pruntées, feront remifes lors de la paf-fation des contrats, entre les mains du tréforier-général des Etats, ou du por-teur de fa procuration qui intervien-dra à cet effet dans lefdits contrats, defquelles fommes il comptera aux Etats prochains ; & que pour faciliter ledit emprunt, il fera fait autant d'ori-ginaux en parchemin qu'il fera jugé néceffaire de la préfente délibération, fignés par Mgr. l'archevêque de Narbonne , & contre-fignés par l'un des greffiers des Etats , pour être lefdits originaux remis entre les mains des notaires à Paris , Touloufe & Montpellier , ainfi que les fyndics-généraux le trouveront plus convenable pour la facilité des emprunts ; fur lefquels originaux il fera fait mention des contrats, à mefure qu'ils feront paffés , avant que les groffes en puiffent être délivrées ; fur lefquelles groffes , le notaire dépofitaire de ladite délibération , mettra fon certificat de ladite décharge ; que l'acte de dépôt de ladite délibération fera mis au bas des expéditions , & figné par le notaire ; & lorfque l'emprunt porté par ladite délibération fera confommé , il fera mis au bas par le notaire qui en fera le dépofitaire , que la délibération eft remplie.

I V.

EXTRAIT du regiftre des délibérations des Etats généraux de Languedoc, affemblés par mandement du Roi en la ville de Montpellier au mois de Novembre 1777.

Du Jeudi 11 Décembre fuivant , préfident Mgr. l'archevêque & primat de Narbonne, commandeur de l'ordre du Saint-Efprit.

MONSEIGNEUR l'archevêque de Narbonne préfident , a dit : que les Etats ayant donné dans leur précédente affemblée leur confentement à un emprunt de douze millions, qui leur fut demandé par MM. les commiffaires du Roi , pour être fait fur le compte de Sa Majefté , & n'être ouvert que lorfque le Miniftre des finances en feroit connoître l'époque , les fyndics généraux furent autorifés à faire ledit emprunt, ce qui n'a pas encore eu lieu ; mais que quoique leurs pouvoirs à cet égard ne foient point fujets à furannation, le directeur général des finances defirant qu'ils foient renouvellés

en tant que de befoin , il croit que l'affemblée ne trouvera aucune difficulté d'autorifer de plus fort lefdits fieurs fyndics-généraux à exécuter, lorfqu'ils en feront requis, la précédente délibération, & le traité fait en conféquence avec MM. les commiffaires du Roi, le 30 Décembre 1776.

Ce qui a été approuvé par les Etats.

V.

ARRÊT

DU CONSEIL D'ETAT DU ROI,

QUI autorife le traité fait entre MM. les commiffaires du Roi , & ceux députés par l'affemblée des Etats de la province de Languedoc, le 30 Décembre 1776, au fujet du crédit que ladite province a prêté à Sa Majefté pour un emprunt de douze millions de livres.

Du 25 Janvier 1778.

EXTRAIT des Regiftres du Confeil d'Etat.

VU par le Roi , étant en fon confeil , le traité fait entre les commiffaires de Sa Majefté , & les commiffaires députés par l'affemblée des Etats de Languedoc, le 30 Décembre 1776, dont la teneur fuit :

Traité fait & accordé entre MM. les commiffaires préfidens pour le Roi aux Etats généraux de la province de Languedoc , & MM. les commiffaires députés par l'affemblée defdits Etats.

ARTICLE PREMIER.

Qu'en conféquence de la délibération prife ce jourd'hui par les Etats, fur la demande à eux faite par MM. les commiffaires du Roi, fuivant un fupplément à leurs inftructions, les Etats prêteront leur crédit à Sa Majesté, pour un emprunt à concurrence de douze millions de livres, lequel est substitué à celui de quinze millions, qui demeure fermé & réduit à six, suivant l'arrêt du conseil du 15 du présent mois.

ART. II.

Que ledit nouvel emprunt ne sera commencé l'année prochaine, qu'à l'époque qui sera fixée par Sa Majesté, dont Elle fera donner connoissance aux syndics-généraux, ainsi que du taux des intérêts à cinq pour cent, ou autres taux plus avantageux pour Sa Majesté, suivant qu'il aura été fixé par ses ordres, pour qu'ils ne puissent être stipulés au-delà dans les contrats.

ART. III.

Que pour la sureté dudit emprunt, tant en capital, qu'intérêts, exempts ou non-exempts de toute retenue, suivant ce qui sera réglé par Sa Majesté, il sera affecté & hypothéqué une somme de douze cent mille livres, dans le cas où l'emprunt seroit fait à cinq pour cent; & celle seulement d'un million quatre-vingt mille livres, s'il n'est fait qu'à quatre, ou autre somme, proportionnellement & en raison de la fixation plus ou moins forte desdits intérêts au dessous de cinq pour cent; laquelle somme de douze cent mille livres, ou d'un million quatre-vingt mille livres, ainsi affectée & hypothéquée, sera retenue annuellement par le trésorier des Etats, jusqu'à l'entiere extinction dudit emprunt, sur celle qu'il aura à verser au trésor royal pour les impositions de la province.

ART. IV.

Que les frais des premiers contrats qui seront passés à raison dudit emprunt, ainsi que les quittances des remboursemens, droits de contrôle & petit sceau, si aucuns y en a, seront supportés par Sa Majesté.

ART. V.

Qu'il sera fait tous les ans une liquidation par MM. les commissaires du Roi & ceux des Etats, des sommes qui, au moyen de celles ainsi retenues par le trésorier des Etats, auront été payées en principal sur ledit emprunt; laquelle liquidation sera continuée jusqu'à l'entier remboursement; après lequel il sera expédié un arrêt pour autoriser lesdites liquidations, qui déchargera respectivement le Roi & les Etats dudit crédit, & annullera la quittance qui aura été expédiée par le garde du trésor royal, des sommes qui y auront été remises.

ART. VI.

Enfin, que le présent traité sera homologué par le Roi, & que toutes lettres nécessaires seront expédiées & regîtrées sans frais, partout où besoin sera. FAIT & signé en triple original, à Montpellier le 30 Décembre 1776.

Vu pareillement la délibération prise par lesdits Etats le 11 Décembre dernier, portant prorogation des pouvoirs par eux accordés aux syndics généraux de la province pour l'exécution dudit traité. Oui le rapport du sieur Moreau de Beaumont, conseiller d'état ordinaire & au conseil royal des finances, SA MAJESTÉ ÉTANT EN SON CONSEIL, a approuvé, autorisé & confirmé, approuve, autorise & confirme ledit traité; & en expliquant les articles II, III & IV d'icelui, Sa Majesté a ordonné & ordonne, que les rentes ou intérêts dudit emprunt, seront constitués au denier vingt; qu'ils seront exempts de toute retenue, nommément de celle des deux vingtiemes & quatre sols pour livre du premier; & que les premiers contrats qui seront passés à raison d'icelui, ainsi que les quittances de remboursemens qui en seront faits, seront exemps des droits

de contrôle & de petit fcel ; en conféquence, que le tréforier defdits Etats
fera autorifé à retenir annuellement,
fur les fommes qu'il aura à verfer au
tréfor royal pour les impofitions de la
province, une fomme de douze cent
mille livres que Sa Majefté a affecté &
hypothéqué, affecte & hypotheque au
payement des arrérages, & au rembourfement des capitaux dudit emprunt, jufqu'à l'entiere extinction d'i-
celui. Veut Sa Majefté, que les tuteurs
& curateurs puiffent faire emploi dans
ledit emprunt des deniers des pupilles,
mineurs ou interdits, en obfervant les
formalités qui font en ufage dans les
lieux où les emprunts feront faits ; &
que les communautés féculieres ou régulieres, hôpitaux, fabriques & gens
de main-morte puiffent auffi employer
leurs deniers dans ledit emprunt, fans
être tenus de payer aucun droit d'amortiffement des rentes qui feront conftituées à leur profit. Veut de plus Sa
Majefté, que les étrangers non-naturalifés, même ceux demeurant hors
du royaume, pays, terres & feigneuries de fon obéiffance, puiffent, ainfi
que fes fujets, acquérir lefdites rentes,
encore qu'ils fuffent fujets des puiffances avec lefquelles Sa Majefté pourroit
être en guerre, & qu'ils en jouiffent
ou puiffent difpofer entre-vifs, par teftament ou autrement, en principaux

ou arrérages ; & en cas qu'ils n'en euffent pas difpofé de leur vivant, veut
& entend Sa Majefté, que leurs héritiers, donataires, légataires, ou autres les repréfentant, leur fuccedent,
encore qu'ils fuffent étrangers & non
régnicoles, même qu'ils fuffent fujets
des princes & états avec lefquels Sa
Majefté pourroit être en guerre ; & en
conféquence, que lefdites rentes foient
exemptes de toutes lettres de marque
& de repréfailles, droits d'aubaine,
déshérence, confifcation, ou autres
qui pourroient appartenir à Sa Majefté.
Veut & entend Sa Majefté, que ledit
traité & le préfent arrêt foient exécutés felon leur forme & teneur, nonobftant tout ce qui pourroit être oppofé
au contraire, & tous empêchemens
quelconques, pour lefquels il ne fera
différé, & dont, fi aucuns arrivent,
Sa Majefté s'eft réfervée & réferve la
connoiffance, icelle interdifant à toutes fes cours & autres juges : Et feront
toutes lettres néceffaires expédiées pour
l'exécution du préfent arrêt, & regiftrées fans frais partout où befoin fera.
FAIT au confeil d'état du Roi, Sa Majefté y étant, tenu à Verfailles le vingt-
cinq Janvier mil fept cent foixante-
dix-huit.

Signé, AMELOT.

§. V.

Second Emprunt de douze millions.

Nº. I.

I.

EXTRAIT du regiſtre des délibérations des Etats-généraux de Languedoc, aſſemblés par mandement du Roi en la ville de Montpellier au mois d'Octobre 1778.

Du Samedi 7 Novembre ſuivant; préſident Mgr. l'archevêque & primat de Narbonne, commandeur de l'ordre du Saint-Eſprit.

MONSEIGNEUR l'évêque de Nîmes a dit, que le ſieur de Montferrier a fait lecture à la commiſſion d'un ſupplément d'inſtruction du Roi à MM. ſes commiſſaires, portant que les dépenſes extraordinaires que Sa Majeſté eſt obligée de faire dans les circonſtances actuelles pour l'augmentation & le ſoutien de ſa marine, exigeant des reſſources proportionnées, & Sa Majeſté voulant toujours préférer les moyens de ſe les procurer les moins onéreux pour l'état & pour ſes peuples, elle charge ſeſdits ſieurs commiſſaires de demander aux Etats de lui prêter le crédit de la province pour un nouvel emprunt de douze millions à cinq pour cent ſans retenue; leſquels ſeront portés au tréſor royal, pour y être employés à cette deſtination; & elle les autoriſe à affecter & hypothéquer pour ſureté dudit emprunt, tant en capitaux qu'en intérêts, une ſomme de douze cent mille livres à prendre & retenir annuellement juſques à ſon entiere extinction, par le tréſorier des Etats, ſur celles qu'il aura à verſer au tréſor royal pour les impoſitions de la Province, Sa Majeſté ne doutant

pas que les Etats ne lui donnent en cette occaſion une nouvelle preuve de leur zele pour ſon ſervice, en prenant une délibération conforme à ſes intentions.

Que c'eſt ce que MM. les commiſſaires ont cru qu'ils s'empreſſeroient de faire; & que dans cette juſte confiance, ils ont examiné le projet du traité qui doit être fait, comme il l'a été à l'occaſion de pluſieurs autres emprunts, avec MM. les commiſſaires du Roi.

Que ce projet ayant été trouvé conforme aux précédens, ſi l'aſſemblée l'approuve, comme l'a fait la commiſſion, elle n'aura qu'à donner pouvoir à MM. ſes commiſſaires de le ſigner avec ceux de Sa Majeſté en la forme ordinaire.

Sur quoi lecture faite dudit projet, les Etats toujours également diſpoſés à multiplier les témoignages de leur fidélité & de leur empreſſement pour tout ce qui peut être agréable à Sa Majeſté, & utile au bien de ſon ſervice, ont unanimement délibéré de lui prêter le crédit de la province pour un nouvel emprunt de douze millions de livres, aux conditions énoncées dans le ſupplément de l'inſtruction, & dans le projet de traité qui ſera ſigné par MM. les commiſſaires des affaires extraordinaires, avec MM. les commiſſaires du Roi en la forme accoutumée.

I I.

EXTRAIT du regiſtre des délibérations des Etats généraux de Languedoc, aſſemblés par mandement du Roi en la ville de Montpellier au mois d'Octobre 1778.

Du Mardi 10 Novembre suivant, président Mgr. l'archevêque & primat de Narbonne, commandeur de l'ordre du St. Esprit.

MONSEIGNEUR l'évêque de Nîmes a dit, que MM. les commissaires nommés par délibération des Etats du 7 de ce mois, pour signer avec MM. les commissaires du Roi le traité concernant l'emprunt de douze millions, se sont rendus Dimanche dernier 8 dudit mois, chez M. le comte de Périgord, où MM. les autres commissaires du Roi s'étant assemblés, il a été procédé à la signature dudit traité, dont la teneur s'ensuit.

TRAITÉ

Fait & accordé entre MM. les commissaires présidens pour le Roi aux Etats-généraux de la province de Languedoc, & MM. les commissaires députés par l'assemblée desdits Etats.

ARTICLE PREMIER.

Qu'en conséquence de la délibération prise ce jourd'hui par les Etats, sur la demande à eux faite par MM. les commissaires du Roi, suivant un supplément à leurs instructions, les Etats prêteront leur crédit à Sa Majesté pour un emprunt de douze millions de livres à cinq pour cent sans retenue ; laquelle somme sera portée au trésor royal pour y être employée à sa destination.

ART. II.

Que pour la sûreté dudit emprunt, tant en capital qu'intérêts, exempts de toute retenue, il sera affecté & hypothéqué une somme de douze cent mille livres à prendre & retenir annuellement par le trésorier des Etats, jusqu'à l'entière extinction dudit emprunt,

sur celles qu'il aura à verser au trésor royal pour les impositions de la province.

ART. III.

Que les frais des premiers contrats qui seront passés à raison dudit emprunt, ainsi que les quittances des remboursemens, droits de contrôle & petit sceau, si aucuns y en a, seront supportés par Sa Majesté.

ART. IV.

Qu'il sera fait tous les ans une liquidation par MM. les commissaires du Roi & ceux des Etats, des sommes qui, au moyen de celles ainsi retenues par le trésorier des Etats, auront été payées en principal sur ledit emprunt ; laquelle liquidation sera continuée jusqu'à l'entier remboursement, après lequel il sera expédié un arrêt pour autoriser lesdites liquidations, qui déchargera respectivement le Roi & les Etats dudit crédit, & annullera la quittance qui aura été expédiée par le garde du trésor royal, des sommes qui y auront été remises.

ART. V.

Enfin, que le présent traité sera homologué par le Roi, & que toutes lettres nécessaires seront expédiées & registrées sans frais partout où besoin sera. Fait & signé en triple original, à Montpellier le huitieme Novembre mil sept cent soixante-dix-huit. *Signés par colonnes.*

LE COMTE DE PÉRIGORD.

DE SAINT-PRIEST.   † C. P. évêque de Nîmes.
DE SAINT-PRIEST.   Le baron DE MERINVILLE.
DE HAUMONT.   GOUAZE, capitoul de
LAPIERRE.   Toulouse.
            Le chevalier DE RATTE,
            premier consul-maire de
            Montpellier.
            Le marquis DE MONTFER-
            RIER, syndic-général.
            JOUBERT, syndic-général.
            LA FAGE, Syndic-général.

Par Nosseigneurs.

Signé, BONNEMAIN.

III.

EXTRAIT du regiſtre des délibérations priſes par les gens des Trois-états du pays de Languedoc, aſſemblés par mandement du Roi en la ville de Montpellier au mois d'Octobre 1778.

Du Mardi 10 du mois de Novembre 1778, préſident Mgr. l'archevêque & primat de Narbonne, commandeur de l'ordre du Saint-Eſprit.

LEs Etats ayant déterminé par leur délibération du 7 de ce mois, de prêter au Roi le crédit de la province pour un emprunt de douze millions au denier vingt, exempt de toute retenue, afin de procurer à Sa Majeſté les ſecours extraordinaires dont elle a beſoin dans les circonſtances actuelles, pour l'augmentation & le ſoutien de ſa marine ; & étant néceſſaire d'autoriſer les ſyndics-généraux à faire l'emprunt de ladite ſomme en la forme ordinaire, il a été délibéré que pour ſatisfaire aux engagemens que les Etats ont pris par ladite délibération du 7 de ce mois, & par le traité paſſé en conſéquence le lendemain 8 dudit mois avec MM. les commiſſaires du Roi, ladite ſomme de douze millions de livres ſera empruntée aux clauſes & conditions inſérées dans la ſuſdite délibération & dans le ſuſdit traité ; auquel effet, les Etats ont nommé les ſieurs du Vidal, marquis de Montferrier, de Joubert & de la Fage, ſyndics-généraux, auxquels ils donnent pouvoir & puiſſance, tant conjointement que ſéparément, en cas de mort ou d'abſence d'un ou de deux des trois, même de ſubſtituer à leur place telle perſonne qu'ils jugeront à propos, d'emprunter, pour & au nom de la province, par contrats à conſtitution de rente, ladite ſomme de douze millions de livres, obliger pour raiſon de ce tous les biens du général de la province, ſtipuler le payement des intérêts ou rentes à chaque fin d'année, au denier vingt, exempts de toute retenue, & nommément de celles des vingtiemes & quatre ſols pour livre du premier, dans les bureaux du tréſorier général des Etats, dans les villes de Paris, Toulouſe & Montpellier, où ſeront faits les emprunts, & au choix des prêteurs, à la charge que les ſommes capitales qui ſeront empruntées, ſeront remiſes, lors de la paſſation des contrats, entre les mains du tréſorier général des Etats, ou du porteur de ſa procuration, qui interviendra à cet effet dans leſdits contrats, deſquelles ſommes il comptera aux Etats prochains ; & que pour faciliter ledit emprunt, il ſera fait autant d'originaux en parchemin qu'il ſera jugé néceſſaire de la préſente délibération, ſignés par Mgr. l'archevêque de Narbonne, & contre-ſignés par l'un des greffiers des Etats, pour être leſdits originaux remis entre les mains des notaires à Paris, Toulouſe & Montpellier, ainſi que les ſyndics-généraux le trouveront plus convenable pour la facilité des emprunts ; ſur leſquels originaux il ſera fait mention des contrats à meſure qu'ils ſeront paſſés, avant que les groſſes en puiſſent être délivrées ; ſur leſquelles groſſes, le notaire dépoſitaire de ladite délibération, mettra ſon certificat de ladite décharge ; que l'acte du dépôt de ladite délibération ſera mis au bas des expéditions, & ſigné par le notaire ; & lorſque l'emprunt porté par ladite délibération ſera conſommé, il ſera mis au bas par le notaire qui en ſera le dépoſitaire, que ladite délibération eſt remplie.

IV.

Part. I. Div. I. Liv. III. Tit. I. Sect. II. 177

N°. IV.

I V.

ARRÊT

Du Conseil d'Etat du Roi,

Qui approuve, autorise & confirme le traité fait & passé entre MM. les commissaires du Roi & ceux députés par l'assemblée des Etats de la province de Languedoc le 8 Novembre 1778, au sujet du crédit que ladite province a prêté à Sa Majesté pour un emprunt de douze millions de livres.

Du 16 Décembre 1778.

Extrait des Registres du Conseil d'Etat.

VU par le Roi, étant en son conseil, le traité fait entre les commissaires de Sa Majesté, & les commissaires députés par l'assemblée des Etats de Languedoc, le 8 Novembre 1778, dont la teneur suit :

Traité fait & accordé entre MM. les commissaires présidens pour le Roi aux Etats-généraux de la province de Languedoc, & MM. les commissaires députés par l'assemblée desdits Etats.

Article premier.

Qu'en conséquence de la délibération prise le jour d'hier par les Etats, sur la demande à eux faite par MM. les commissaires du Roi, suivant un supplément à leurs instructions, les Etats prêteront leur crédit à Sa Majesté pour un emprunt de douze millions de livres, à cinq pour cent, sans retenue ; laquelle somme sera portée au trésor royal, pour y être employée à sa destination.

Art. II.

Que pour la sûreté dudit emprunt, tant en capital qu'intérêts, exempts de toute retenue, il sera affecté & hypo-

Tome II.

théqué une somme de douze cent mille livres, à prendre & retenir annuellement par le trésorier des Etats, jusqu'à l'entiere extinction dudit emprunt, sur celle qu'il aura à verser au trésor royal pour les impositions de la province.

Art. III.

Que les frais des premiers contrats qui seront passés à raison dudit emprunt, ainsi que les quittances des remboursemens, droits de contrôle & petit sceau, si aucuns y en a, seront supportés par Sa Majesté.

Art. IV.

Qu'il sera fait tous les ans une liquidation par MM. les commissaires du Roi & ceux des Etats, des sommes qui, au moyen de celles ainsi retenues par le trésorier des Etats, auront été payées en principal sur ledit emprunt ; laquelle liquidation sera continuée jusqu'à l'entier remboursement, après lequel il sera expédié un arrêt pour autoriser lesdites liquidations, qui déchargera respectivement le Roi & les Etats dudit crédit, & annullera la quittance qui aura été expédiée par le garde du trésor royal, des sommes qui lui auront été remises.

Art. V.

Enfin, que le présent traité sera homologué par le Roi, & que toutes Lettres nécessaires seront expédiées & registrées sans frais, partout où besoin sera. Fait & signé en triple original à Montpellier le 8 Novembre 1778. Oui le rapport du sieur Moreau de Beaumont, conseiller d'état ordinaire, & au conseil royal des finances ; LE ROI ETANT EN SON CONSEIL, a approuvé, autorisé & confirmé, approuve, autorise & confirme ledit traité. Ordonne Sa Majesté que, conformément à ce qui est porté dans les articles II, III & IV d'icelui, les rentes ou intérêts dudit emprunt, feront conftitués au denier vingt ; qu'ils feront exempts de toute retenue, nommément de celle des deux vingtiemes, & quatre fols pour livre du premier ; & que les premiers contrats qui feront paſſés, à raifon d'icelui, ainfi que les quittances de rembourfement qui en feront faits, feront exempts des droits de contrôle & de petit fcel ; en conféquence, que le tréforier des Etats fera autorifé à retenir annuellement fur les fommes qu'il aura à verfer au tréfor royal pour les impofitions de la province, une fomme de douze cent mille livres, que Sa Majefté a affecté & hypothéqué au payement des arrérages, & au rembourfement des capitaux dudit emprunt, jufqu'à l'entiere extinction d'icelui. Veut Sa Majefté que les tuteurs & curateurs puiſſent faire emploi dans ledit emprunt des deniers des pupilles, mineurs ou interdits, en obfervant les formalités qui font en ufage dans les lieux où les emprunts feront faits, & que les communautés féculieres & régulieres, hôpitaux, fabriques, & gens de main-morte, puiſſent auſſi employer leurs deniers dans ledit emprunt, fans être tenus de payer aucuns droits d'amortiſſement des rentes qui feront conftituées à leur profit. Veut de plus Sa Majefté, que les étrangers non naturalifés, même ceux demeurans hors du royaume, pays, terres & feigneuries de fon obéiſſance, puiſſent, ainfi que fes propres fujets, acquérir lefdites rentes, encore qu'ils

fuſſent fujets des puiſſances avec lefquelles Sa Majefté pourroit être en guerre, & qu'ils en jouiſſent & puiſſent difpofer entre-vifs, par teftament ou autrement, en principaux ou arrérages ; & en cas qu'ils n'en euſſent pas difpofé de leur vivant, veut & entend Sa Majefté, que leurs héritiers, donataires, légataires, ou autres les repréfentans, leur fuccedent, encore qu'ils fuſſent étrangers & non régnicoles, même qu'ils fuſſent fujets des princes & états avec lefquels Sa Majefté peut être en guerre ; & en conféquence, que lefdites rentes foient exemptes de toutes lettres de marque & de repréfailles, droits d'aubaine, défhérence, confifcation, ou autres qui pourroient appartenir à Sa Majefté. Veut & entend Sa Majefté que ledit traité & le préfent arrêt foient exécutés felon leur forme & teneur, nonobftant tout ce qui pourroit être oppofé au contraire, & tous empêchemens quelconques, pour lefquels ne fera différé, & dont Sa Majefté, fi aucuns arrivent, s'eft réfervé & réferve la connoiſſance & à fon confeil, icelle interdifant à toutes fes cours & autres juges : & feront toutes lettres néceſſaires expédiées pour l'exécution du préfent arrêt, & regiftrées fans frais partout où befoin fera. FAIT au confeil d'état du Roi, Sa Majefté y étant, tenu à Verfailles le feize Décembre mil fept cent foixante-dix huit.

Signé, AMELOT.

§. VI.

Emprunt de huit millions.

I.

EXTRAIT *du regiſtre des délibérations des Etats généraux de Languedoc, aſſemblés par mandement du Roi en la ville de Montpellier au mois de Novembre 1779.*

Du Samedi 4 Décembre ſuivant, préſident monſeigneur l'archevêque & primat de Narbonne, commandeur de l'ordre du St. Eſprit.

MONSEIGNEUR l'archevêque de Touloufe a dit, que l'article XIX des inſtructions du Roi, porte que Sa Majeſté voulant toujours préférer, autant qu'il ſera poſſible, les moyens les moins onéreux à ſes ſujets pour fournir aux dépenſes extraordinaires que les circonſtances exigent, elle charge MM. ſes commiſſaires de demander aux Etats de lui prêter le crédit de la province pour un emprunt de huit millions à cinq pour cent ſans retenue, ſous l'hypothèque d'une ſomme de huit cent mille livres, que le tréſorier des Etats ſera autoriſé à retenir annuellement ſur celles qu'il aura à verſer au tréſor royal pour les impoſitions de la province, Sa Majeſté ne doutant pas que les Etats ne s'empreſſent de lui donner en cette occaſion une nouvelle preuve de leur zele pour ſon ſervice.

Que MM. les commiſſaires, perſuadés que c'eſt ce que l'aſſemblée s'empreſſera de faire en prenant une délibération conforme au deſir de Sa Majeſté, ont fait dreſſer le projet du traité qui doit être fait en pareil cas avec MM. les commiſſaires du Roi, en

ſe conformant à ceux qui ont déjà été approuvés & exécutés pour de précédens emprunts; lequel traité, ſi l'aſſemblée l'approuve, pourra être ſigné en la forme ordinaire par les commiſſaires qu'il plaira aux Etats de nommer à cet effet, avec MM. les commiſſaires du Roi.

Sur quoi, lecture faite dudit projet, les Etats, toujours également diſpoſés à multiplier les témoignages de leur fidélité & de leur attachement pour Sa Majeſté, ont délibéré de lui prêter le crédit de la province pour un nouvel emprunt de huit millions de livres, aux mêmes conditions des précédens emprunts faits pour le bien de ſon ſervice, énoncées dans le projet du traité qu'ils ont donné pouvoir à MM. les commiſſaires des affaires extraordinaires de ſigner avec MM. les commiſſaires du Roi, en la forme accoutumée.

II.

EXTRAIT *du regiſtre des délibérations des Etats généraux de Languedoc, aſſemblés par mandement du Roi en la ville de Montpellier au mois de Novembre 1779.*

Du Jeudi 9 Décembre ſuivant, préſident Mgr. l'archevêque & primat de Narbonne, commandeur de l'ordre du Saint-Eſprit.

MONSEIGNEUR l'archevêque de Touloufe a dit, que MM. les commiſſaires nommés par délibération des Etats du 4 de ce mois, pour ſigner avec MM. les commiſſaires, le traité concernant l'emprunt de huit millions, ſe ſont rendus Dimanche dernier, 5 dudit mois, chez M. le comte de Pé-

rigord, où MM. les autres commiſſaires du Roi s'étant aſſemblés, il a été
procédé à la ſignature dudit traité,
dont la teneur s'enſuit :

TRAITÉ

Fait & accordé entre MM. les commiſ-
ſaires préſidens pour le Roi aux Etats
généraux de la province de Langue-
doc, & MM. les commiſſaires députés
par l'aſſemblée deſdits Etats.

ARTICLE PREMIER.

Qu'en conféquence de la délibération priſe le jour d'hier par les Etats,
ſur la demande à eux faite par MM.
les commiſſaires du Roi, ſuivant l'article XIX de leurs inſtructions, les Etats
prêteront leur crédit à Sa Majeſté pour
un emprunt de huit millions de livres,
à cinq pour cent ſans retenue, laquelle
ſomme ſera portée au tréſor royal,
pour y être employée à ſa deſtination.

ART. II.

Que pour la ſureté dudit emprunt,
tant en capital qu'intérêts exempts de
toute retenue, il ſera affecté & hypothéqué une ſomme de huit cent mille
livres à prendre & retenir annuellement par le tréſorier des Etats, juſqu'à l'entiere extinction dudit emprunt,
ſur celles qu'il aura à verſer au tréſor
royal pour les impoſitions de la province.

ART. III.

Que les frais des premiers contrats
qui ſeront paſſés à raiſon dudit emprunt, ainſi que les quittances des rembourſemens, droits de contrôle & petit
ſceau, ſi aucuns y en a, ſeront ſupportés par Sa Majeſté.

ART. IV.

Qu'il ſera fait tous les ans une liquidation par MM. les commiſſaires du
Roi & ceux des Etats, des ſommes
qui, au moyen de celles ainſi retenues

par le tréſorier des Etats, auront été
payées en principal ſur ledit emprunt;
laquelle liquidation ſera continuée juſqu'à l'entier rembourſement, après lequel il ſera expédié un arrêt pour autoriſer leſdites liquidations, qui déchargera reſpectivement le Roi & les Etats
dudit crédit, & annullera la quittance
qui aura été expédiée par le garde du
tréſor royal, des ſommes qui y auront
été remiſes.

ART. V.

Enfin, que le préſent traité ſera homologué par le Roi, & que toutes lettres néceſſaires ſeront expédiées & regiſtrées ſans frais partout où beſoin ſera.
FAIT & ſigné en triple original à
Montpellier, le cinq Décembre mil
ſept cent ſoixante-dix-neuf. *Signés par*
colonnes.

LE COMTE DE PÉRIGORD.

DE SAINT-PRIEST.	† E. Ch. archevêque de
DE SAINT-PRIEST.	Touloufe.
BOSQUAT DE	Le Bon. DE MERINVILLE.
FERRIERE.	JOULIA, capitoul. de
VIGUIER.	Touloufe.
	Le chevalier de GIRARD,
	premier conſul-maire de
	Montpellier.
	Le Mquis. DE MONTFER-
	RIER, ſyndic-général.
	JOUBERT, Syndic-général.
	LA FAGE, Syndic-général.

Par Noſſeigneurs.

Signé, BONNEMAIN.

III.

EXTRAIT du regiſtre des délibérations
priſes par les gens des Trois-états du
pays de Languedoc, aſſemblés par
mandement du Roi en la ville de
Montpellier au mois de Novembre
mil ſept cent ſoixante-dix-neuf.

Du Jeudi 9 du mois de Décembre 1779;
préſident Mgr. l'archevêque & primat de
Narbonne, commandeur de l'ordre du St.
Eſprit.

LES Etats ayant déterminé par
leur délibération du quatre de ce
mois, de prêter au Roi le crédit de la

province pour un emprunt de huit millions de livres au denier vingt, exempt de toute retenue, afin de procurer à Sa Majesté les secours dont elle a besoin pour fournir aux dépenses extraordinaires que les circonstances exigent; & étant nécessaire d'autoriser les syndics-généraux à faire l'emprunt de ladite somme en la forme ordinaire, il a été délibéré que pour satisfaire aux engagemens que les Etats ont pris par ladite délibération du 4 de ce mois, & par le traité passé en conséquence le lendemain 5 dudit mois, ladite somme de huit millions de livres sera empruntée aux clauses & conditions insérées dans la susdite délibération & dans le susdit traité; auquel effet, les Etats ont nommé les sieurs du Vidal marquis de Montferrier, de Joubert & de la Fage, syndics-généraux, auxquels ils donnent pouvoir & puissance, tant conjointement que séparément, en cas de mort ou d'absence d'un ou de deux des trois, même de substituer à leur place telle personne qu'ils jugeront à propos, d'emprunter pour & au nom de la province, par contrat à constitution de rente, ladite somme de huit millions de livres, obliger pour raison de ce, tous les biens du général de la province, stipuler le payement des intérêts ou rentes à chaque fin d'année, au denier vingt, exempts de toute retenue, & nommément de celles des vingtiemes & des quatre sols pour livre du premier, dans les bureaux du trésorier général des Etats, dans les villes de Paris, Toulouse & Montpellier, où seront faits les emprunts, & au choix des prêteurs, à la charge que les sommes capitales qui seront empruntées seront remises, lors de la passation des contrats, entre les mains du trésorier général des Etats, ou du porteur de sa procuration, qui interviendra à cet effet dans lesdits contrats,

desquelles sommes il comptera aux Etats prochains; & que pour faciliter ledit emprunt, il sera fait autant d'originaux en parchemin qu'il sera jugé nécessaire de la présente délibération, signés par Mgr. l'archevêque de Narbonne, & contre-signés par l'un des greffiers des Etats, pour être lesdits originaux remis entre les mains des notaires à Paris, Toulouse & Montpellier, ainsi que les syndics-généraux le trouveront plus convenable pour la facilité des emprunts; sur lesquels originaux il sera fait mention des contrats à mesure qu'ils seront passés, avant que les grosses en puissent être délivrées; sur lesquelles grosses, le notaire dépositaire de ladite délibération, mettra son certificat de ladite décharge; que l'acte de dépôt de ladite délibération sera mis au bas des expéditions, & signé par le notaire; & lorsque l'emprunt porté par ladite délibération sera consommé, il sera mis au bas par le notaire qui en sera le dépositaire, que la délibération est remplie.

I V.

ARRÊT

Du Conseil d'Etat du Roi,

Qui approuve, autorise & confirme le traité fait & passé entre MM. les commissaires du Roi, & ceux députés par l'assemblée des états de la province de Languedoc le 5 Décembre 1779, au sujet du crédit que ladite province a prêté à Sa Majesté pour un emprunt de huit millions de livres.

Du 21 Décembre 1779.

Extrait des Registres du Conseil d'Etat.

VU par le Roi, étant en son conseil, le traité entre les commissaires de Sa Majesté & les commissaires députés par l'assemblée des Etats de Languedoc le 5 Décembre 1779, dont la teneur suit :

ARTICLE PREMIER.

Qu'en conséquence de la délibération prise le jour d'hier par les Etats, sur la demande à eux faite par MM. les commissaires du Roi, suivant l'article XIX de leurs instructions, les Etats prêteront leur crédit à Sa Majesté pour un emprunt de huit millions de livres à cinq pour cent sans retenue ; laquelle somme sera portée au trésor royal, pour y être employée à sa destination.

ART. II.

Que pour la sureté dudit emprunt, tant en capital qu'intérêts, exempts de toute retenue, il sera affecté & hypothéqué une somme de huit cent mille livres à prendre & retenir annuellement par le trésorier des Etats, jusqu'à l'entiere extinction dudit emprunt, sur celles qu'il aura à verser au trésor royal pour les impositions de la province.

ART. III.

Que les frais des premiers contrats qui seront passés à raison dudit emprunt, ainsi que les quittances de remboursemens, droits de contrôle & de petit-sceau, si aucuns y a, seront supportés par Sa Majesté.

ART. IV.

Qu'il sera fait tous les ans une liquidation par MM. les commissaires du Roi & ceux des Etats, des sommes qui, au moyen de celles ainsi retenues par le trésorier des Etats, auront été payées en principal sur ledit emprunt ; laquelle sera continuée jusqu'à l'entier remboursement, après lequel il sera expédié un arrêt pour autoriser lesdites liquidations, qui déchargera respectivement le Roi & les Etats dudit crédit, & annullera la quittance qui aura été

expédiée par le garde du trésor royal, des sommes qui auront été remises.

ART. V.

Enfin, que le présent traité sera homologué par le Roi, & que toutes lettres nécessaires seront expédiées & registrées sans frais partout où besoin sera. Fait & signé en triple original à Montpellier le 5 Décembre 1779. Oui le rapport du sieur Moreau de Beaumont, conseiller d'état ordinaire, & au conseil royal des finances ; LE ROI ETANT EN SON CONSEIL, a approuvé, autorisé & confirmé, approuve, autorise & confirme ledit traité. Ordonne Sa Majesté que conformément à ce qui est porté dans les articles II, III & IV d'icelui, les rentes ou intérêts dudit emprunt seront constitués au denier vingt ; qu'ils seront exempts de toute retenue, nommément de celles des deux vingtiemes, & quatre sols pour livre du premier ; & que les premiers contrats qui seront passés à raison d'icelui, ainsi que les quittances de remboursemens qui en seront faits, seront exempts des droits de contrôle & de petit-scel ; en conséquence, que le trésorier des Etats sera autorisé à retenir annuellement sur les sommes qu'il aura à verser au trésor royal pour les impositions de la province, une somme de huit cent mille livres, que Sa Majesté a affectée & hypothéquée, affecte & hypotheque au payement des arrérages, & au remboursement des capitaux dudit emprunt, jusqu'à l'entiere extinction d'icelui. Veut Sa Majesté que les tuteurs & curateurs puissent faire emploi dans ledit emprunt des deniers des pupilles, mineurs ou interdits, en observant les formalités qui sont en usage dans les lieux où les emprunts seront faits, & que les communautés séculieres & régulieres, hôpitaux, fabriques & gens de main-morte, puiſſent auſſi employer leurs deniers dans ledit emprunt, ſans être tenus de payer aucuns droits d'amortiſſement des rentes qui ſeront conſtituées à leur profit. Veut de plus Sa Majeſté, que les étrangers non-naturaliſés, même ceux demeurans hors du royaume, pays, terres & ſeigneuries de ſon obéiſſance, puiſſent, ainſi que ſes propres ſujets, acquérir leſdites rentes, encore qu'ils fuſſent ſujets des puiſſances avec leſquelles Sa Majeſté pourroit être en guerre, & qu'ils en jouiſſent & puiſſent diſpoſer entre-vifs, par teſtament ou autrement, en principaux ou arrérages ; & en cas qu'ils n'en euſſent pas diſpoſé de leur vivant, veut & entend Sa Majeſté, que leurs héritiers, donataires, légataires ou autres les repréſentans, leur ſuccedent, encore qu'ils fuſſent étrangers & non régnicoles, même qu'ils fuſſent ſujets des princes & états avec leſquels Sa Majeſté peut être en guerre ; & en con-

ſéquence, que leſdites rentes ſoient exemptes de toutes lettres de marque & de repréſailles, droits d'aubaine, déshérence, confiſcation ou autres qui pourroient appartenir à Sa Majeſté. Veut & entend Sa Majeſté que ledit traité & le préſent arrêt ſoient exécutés ſelon leur forme & teneur, non-obſtant tout ce qui pourroit être oppoſé au contraire, & tous empêchemens quelconques, pour leſquels il ne ſera différé, & dont Sa Majeſté, ſi aucuns arrivent, s'eſt réſervé & réſerve la connoiſſance & à ſon conſeil, icelle interdiſant à toutes ſes cours & autres juges : Et ſeront toutes lettres néceſſaires expédiées pour l'exécution du préſent arrêt, & regiſtrées ſans frais partout où beſoin ſera. Fait au conſeil d'état du Roi, Sa Majeſté y étant, tenu à Verſailles le vingt-unieme Décembre mil ſept cent ſoixante-dix-neuf.

Signé, Amelot.

§. VII.

Emprunt de dix millions.

I.

Extrait du regiſtre des délibérations des Etats généraux de Languedoc, aſſemblés par mandement du Roi en la ville de Montpellier au mois de Novembre 1780.

Du Samedi 9 Décembre ſuivant, préſident Mgr. l'archevêque & primat de Narbonne, commandeur de l'ordre du Saint-Eſprit.

Monseigneur l'archevêque de Toulouſe a dit, que l'article XX des inſtructions du Roi, porte que les rembourſemens faits dans la préſente année, & ceux qui ſeront effec-

tués l'année prochaine, ſur les emprunts pour leſquels la province a prêté ſon crédit au Roi, faiſant rentrer au tréſor-royal plus de deux millions par année, Sa Majeſté a jugé qu'elle pouvoit, ſans rien déranger à l'état ordinaire de ſes finances, ouvrir un emprunt ſur le crédit de la province, ſous hypotheque d'une partie deſdites ſommes ; qu'elle s'y eſt portée d'autant plus volontiers, qu'elle trouvera dans ledit emprunt, un moyen auſſi naturel que prompt, pour ſuppléer à une partie des beſoins que les circonſtances entraînent ; qu'en conſéquence, Sa Majeſté charge MM. ſes commiſſaires de demander aux Etats de lui prêter le crédit de la province pour un emprunt de dix millions à cinq pour cent fans retenue , fous l'hypotheque d'une fomme d'un million de livres que leur tréforier fera autorifé à retenir annuellement fur celles qu'il aura à verfer au trésor-royal pour les impofitions de la province , Sa Majefté ne doutant pas que les Etats ne s'empreffent à feconder fes vues pour le foulagement des pauvres contribuables , en prenant une délibération conforme à fes intentions.

Que la commiffion , convaincue par l'expérience , que ce moyen de fournir aux befoins preffans qui naiffent des circonftances actuelles , n'a jufques à préfent occafionné aucune furcharge pour les redevables , & les précédens traités de même nature ayant été très-fidellement exécutés , s'eft déterminée fans peine à propofer aux Etats d'acquiefcer à la demande de Sa Majefté ; & qu'étant perfuadée que l'affemblée n'héfiteroit pas à lui donner cette nouvelle preuve de fon zele pour le bien du fervice , Elle a fait dreffer le projet du nouveau traité qui doit être fait avec MM. les commiffaires du Roi , en fe conformant à ceux qui ont déjà été approuvés & exécutés pour de précédens emprunts ; lequel traité , fi l'affemblée l'approuve , pourra être figné en la forme ordinaire par les commiffaires qu'il plaira aux Etats de nommer à cet effet , avec MM. les commiffaires du Roi.

Sur quoi lecture faite dudit projet , les Etats , toujours également difpofés à multiplier les témoignages de leur fidélité & de leur attachement pour Sa Majefté , ont délibéré de lui prêter le crédit de la province pour un nouvel emprunt de dix millions de livres , aux mêmes conditions des précédens emprunts faits pour le bien de fon fervice , énoncées dans le projet du traité , qu'ils

ont donné pouvoir à MM. les commiffaires des affaires extraordinaires , de figner avec MM. les commiffaires du Roi en la forme accoutumée.

I I.

EXTRAIT du regiftre des délibérations des Etats généraux de Languedoc , affemblés par mandement du Roi en la ville de Montpellier au mois de Novembre 1780.

Du Mardi 12 Décembre fuivant , préfident Mgr. l'archevêque & primat de Narbonne , commandeur de l'ordre du Saint-Efprit.

MONSEIGNEUR l'archevêque de Touloufe a dit , que MM. les commiffaires nommés par délibération des Etats du 9 de ce mois , pour figner avec MM. les commiffaires du Roi le traité concernant l'emprunt de dix millions , fe font rendus Dimanche 10 dudit mois , chez M. le comte de Perigord , où MM. les autres commiffaires du Roi s'étant affemblés , il a été procédé à la fignature dudit traité dont la teneur s'enfuit :

T R A I T É

Fait & accordé entre MM. les commiffaires préfidens pour le Roi aux Etats généraux de la province de Languedoc , & MM. les commiffaires députés par l'affemblée defdits Etats.

ARTICLE PREMIER.

Qu'en conféquence de la délibération prife le jour d'hier par les Etats , fur la demande à eux faite par MM. les commiffaires du Roi , fuivant l'article XX de leurs inftructions ; les Etats prêteront leur crédit à Sa Majefté pour un emprunt de dix millions de livres à cinq pour cent , fans retenue , laquelle fomme fera portée au trésor-royal , pour y être employée à fa deftination.

ART. II.

Art. II.

Que pour la fureté dudit emprunt, tant en capital qu'intérêts, exempts de toute retenue, il fera affecté & hypothéqué une fomme d'un million de liv. à prendre & retenir annuellement par le tréforier des Etats, jufqu'à l'entiere extinction dudit emprunt, fur celles qu'il aura à verfer au tréfor-royal pour les impofitions de la province.

Art. III.

Que les frais des premiers contrats qui feront paffés à raifon dudit emprunt, ainfi que les quittances des rembourfemens, droits de contrôle & petit-fceau, fi aucuns y en a, feront fupportés par Sa Majefté.

Art. IV.

Qu'il fera fait tous les ans une liquidation par MM. les commiffaires du Roi & ceux des Etats, des fommes qui au moyen de celles ainfi retenues par le tréforier des Etats, auront été payées en principal fur ledit emprunt; laquelle liquidation fera continuée jufqu'à l'entier rembourfement, après lequel il fera expédié un arrêt pour autorifer lefdites liquidations, qui déchargera refpectivement le Roi & les Etats dudit crédit, & annullera la quittance qui aura été expédiée par le garde du tréfor-royal, des fommes qui y auront été remifes.

Art. V.

Enfin que le préfent traité fera homologué par le Roi, & que toutes lettres néceffaires feront expédiées, & regiftrées fans frais, partout où befoin fera. Fait & figné en triple original, à Montpellier le dixieme Décembre mil fept cent quatre vingt. *Signés par colonnes.*

LE COMTE DE PÉRIGORD.

DE SAINT-PRIEST. †E. Ch. arch. de Touloufe.
DE SAINT-PRIEST. LA TOURRETTE.
MAUREL DE LA GOUAZÉ, capitoul de
PUJADE. Touloufe.
BOSQUAT DE Le chevalier DE GIRARD,
FERRIERE, premier député de Montpellier.
MONTFERRIER, Sc. gal.
LA FAGE, fyndic-général.
ROME, fyndic-général.

Par Noffeigneurs,

Signé, BONNEMAIN.

III.

EXTRAIT du regiftre des délibérations prifes par les gens des Trois-états du pays de Languedoc, affemblés par mandement du Roi en la ville de Montpellier au mois de Novembre 1780.

Du 16 du mois de Décembre 1780, préfident Mgr. l'archevêque & primat de Narbonne, commandeur de l'ordre du Saint-Efprit.

LEs Etats ayant déterminé par leur délibération du 9 de ce mois, de prêter au Roi le crédit de la province pour un emprunt de dix millions de livres au denier vingt, exempt de toute retenue, afin de procurer à Sa Majefté les fecours dont elle a befoin pour fournir aux dépenfes extraordinaires que les circonftances exigent; & étant néceffaire d'autorifer les fyndics-généraux à faire l'emprunt de ladite fomme en la forme ordinaire, il a été délibéré que pour fatisfaire aux engagemens que les Etats ont pris par ladite délibération du 9 de ce mois, & par le traité paffé en conféquence le lendemain 10 dudit mois, ladite fomme de dix millions de livres fera empruntée aux claufes & conditions inférées dans la fufdite délibération & dans le fufdit traité; auquel effet, les Etats ont nommé les fieurs du Vidal marquis de Montferrier, de la Fage & Rome, fyndics-généraux, auxquels ils donnent pouvoir & puissance, tant conjointement que séparément, en cas de mort ou d'absence d'un ou de deux des trois, même de substituer à leur place telle personne qu'ils jugeront à propos, d'emprunter pour & au nom de la province, par contrat à constitution de rente, ladite somme de dix millions de livres, obliger pour raison de ce, tous les biens du général de la province, stipuler le payement des intérêts ou rentes à chaque fin d'année, au denier vingt, exempts de toute retenue, & nommément de celles des vingtiemes & des quatre sols pour livre du premier, dans les bureaux du trésorier-général des Etats, dans les villes de Paris, Toulouse & Montpellier, où seront faits les emprunts, & au choix des prêteurs, à la charge que les sommes capitales qui seront empruntées seront remises, lors de la passation des contrats, entre les mains du trésorier-général des Etats, ou du porteur de sa procuration, qui interviendra à cet effet dans lesdits contrats, desquelles sommes il comptera aux Etats prochains ; & que pour faciliter ledit emprunt, il sera fait autant d'originaux en parchemin qu'il sera jugé nécessaire de la présente délibération, signés par Mgr. l'Archevêque de Narbonne, & contre-signés par l'un des greffiers des Etats, pour être lesdits originaux remis entre les mains des notaires à Paris, Toulouse & Montpellier, ainsi que les syndics-généraux le trouveront plus convenable pour la facilité des emprunts ; sur lesquels originaux il sera fait mention des contrats à mesure qu'ils seront passés, avant que les grosses en puissent être délivrées ; sur lesquelles grosses, le notaire dépositaire de ladite délibération, mettra son certificat de ladite décharge ; que l'acte de dépôt de ladite délibération sera mis au bas des expéditions,

& signé par le notaire ; & lorsque l'emprunt porté par ladite délibération sera consommé, il sera mis au bas par le notaire qui en sera le dépositaire, que la délibération est remplie.

I V.

ARRÊT

Du Conseil d'État du Roi,

Qui approuve, autorise & confirme le traité fait & passé entre MM. les commissaires du Roi, & ceux députés par l'assemblée des Etats de la province de Languedoc le 10 Décembre 1780, au sujet du crédit que ladite province a prêté à Sa Majesté pour un emprunt de dix millions de livres.

Du 22 Décembre 1780.

Extrait des Registres du Conseil d'Etat.

VU par le Roi, étant en son conseil, le traité fait entre les commissaires de Sa Majesté & les commissaires députés par l'assemblée des Etats de Languedoc le 10 Décembre 1780, dont la teneur suit :

Article Premier.

Qu'en conséquence de la délibération prise le jour d'hier par les Etats, sur la demande à eux faite par MM. les commissaires du Roi, suivant l'article XX de leurs instructions, les Etats prêteront leur crédit à Sa Majesté pour un emprunt de dix millions de livres à cinq pour cent sans retenue ; laquelle somme sera portée au trésor royal pour y être employée à sa destination.

Art. II.

Que pour la sureté dudit emprunt, tant en capital qu'intérêts, exempts de toute retenue, il sera affecté & hypothéqué une somme de un million de livres à prendre & retenir annuellement par les tréforiers des Etats, jufqu'à l'entiere extinction dudit emprunt, fur celles qu'il aura à verfer au tréfor-royal pour les impofitions de la province.

Art. III.

Que les frais des premiers contrats qui feront paffés à raifon dudit emprunt, ainfi que les quittances de rembourfemens, droits de contrôle & de petit fceau, fi aucuns y a, feront fupportés par Sa Majefté.

Art. IV.

Qu'il fera fait tous les ans une liquidation par MM. les commiffaires du Roi & ceux des Etats, des fommes qui, au moyen de celles ainfi retenues par le tréforier des Etats, auront été payées en principal fur ledit emprunt; laquelle liquidation fera continuée jufqu'à l'entier remboursement, après lequel il fera expédié un arrêt pour autorifer lefdites liquidations, qui déchargera refpectivement le Roi & les Etats dudit crédit, & annullera la quittance qui aura été expédiée par le garde du tréfor-royal des fommes qui y auront été remifes.

Art. V.

Enfin, que le préfent traité fera homologué par le Roi, & que toutes lettres néceffaires feront expédiées & regiftrées fans frais partout où befoin fera. Fait & figné en triple original à Montpellier le 10 Décembre 1780. Oui le rapport du fieur Moreau de Beaumont, confeiller d'état ordinaire & au confeil royal des finances; LE ROI ETANT EN SON CONSEIL, a approuvé, autorifé & confirmé, approuve, autorife & confirme ledit traité. Ordonne Sa Majefté que conformément à ce qui eft porté dans les articles II, III & IV d'icelui, les rentes ou intérêts dudit emprunt feront

conftitués au denier vingt; qu'ils feront exempts de toute retenue, nommément de celles des deux vingtiemes, & quatre fols pour livre du premier; & que les premiers contrats qui feront paffés à raifon d'icelui, ainfi que les quittances de remboursement qui en feront faits, feront exempts des droits de contrôle & de petit-fcel; en conféquence, que le tréforier des Etats fera autorifé à retenir annuellement fur les fommes qu'il aura à verfer au tréfor royal pour les impofitions de la province, une fomme de un million de livres, que Sa Majefté a affectée & hypothéquée, affecte & hypotheque au payement des arrérages, & au remboursement des capitaux dudit emprunt, jufquà l'entiere extinction d'icelui. Veut Sa Majefté que les tuteurs & curateurs puiffent faire emploi dans ledit emprunt, des deniers des pupilles, mineurs ou interdits, en obfervant les formalités qui font en ufage dans les lieux où les emprunts feront faits, & que les communautés féculieres & régulieres, hôpitaux, fabriques & gens de main-morte, puiffent auffi employer leurs deniers dans ledit emprunt, fans être tenus de payer aucuns droits d'amortiffement des rentes qui feront conftituées à leur profit. Veut de plus Sa Majefté, que les étrangers non-naturalifés, même ceux demeurans hors du royaume, pays, terres & feigneuries de fon obéiffance, puiffent, ainfi que fes propres fujets, acquérir lefdites rentes, encore qu'ils fuffent fujets des puiffances avec lefquelles Sa Majefté pourroit être en guerre, & qu'ils en jouiffent & puiffent difpofer entre-vifs, par teftament ou autrement, en principaux ou arrérages; & en cas qu'ils n'en euffent pas difpofé de leur vivant, veut & entend Sa Majefté, que leurs héritiers, donataires, légataires ou autres les repréfentans, leur fuccedent, encore qu'ils fuffent étrangers & non régnicoles, même qu'ils fuffent fujets des princes & états avec lefquels Sa Majefté peut être en guerre ; & en conféquence, que lefdites rentes foient exemptes de toutes lettres de marque & de repréfailles, droits d'aubaine, déshérence, confifcation ou autres qui pourroient appartenir à Sa Majefté. Veut & entend Sa Majefté, que ledit traité & le préfent arrêt foient exécutés felon leur forme & teneur, nonobftant tout ce qui pourroit être oppofé au contraire, & tous

empêchemens quelconques, pour lefquels il ne fera différé, & dont Sa Majefté, fi aucuns arrivent, s'eft réfervé & réferve la connoiffance & à fon confeil, icelle interdifant à toutes fes cours & autres juges : Et feront toutes lettres néceffaires expédiées pour l'exécution du préfent arrêt, & regiftrées fans frais partout où befoin fera. Fait au confeil d'état du Roi, Sa Majefté y étant, tenu à Verfailles le vingt-deux Décembre mil fept cent quatre-vingt.

Signé, AMELOT.

§. VIII.

Emprunt de quinze millions.

I.

EXTRAIT *du regiftre des délibérations des Etats généraux de Languedoc, affemblés par mandement du Roi en la ville de Montpellier au mois de Novembre* 1781.

Du Vendredi 7 Décembre fuivant, préfident Mgr. l'archevêque & primat de Narbonne, commandeur de l'ordre du St. Efprit.

MONSEIGNEUR l'archevêque de Touloufe a dit, que l'article XIX des inftructions du Roi porte que Sa Majefté voulant toujours préférer les moyens les moins onéreux à fes fujets pour fubvenir aux dépenfes extraordinaires de la guerre, a déterminé d'avoir encore recours au crédit de fa province de Languedoc, pour un nouvel emprunt de quinze millions, qu'Elle ne doute point que les Etats ne s'empreffent, avec leur zele ordinaire, à lui procurer une reffource auffi effentielle pour le bien de fon fervice dans les circonftances préfentes ; & qu'en conféquence Elle charge MM. fes com-

miffaires de demander aux Etats de lui prêter le crédit de la province pour un emprunt de quinze millions fans retenue fous l'hypotheque d'une fomme de quinze cent mille livres que le tréforier fera autorifé à retenir annuellement fur celles qu'il aura à verfer au tréfor royal, ou dans les caiffes de la ferme de la régie générale.

Que la commiffion, convaincue par l'expérience, que ce moyen de fournir aux befoins preffans qui naiffent des circonftances actuelles, n'a jufqu'à préfent occafionné aucune furchargé pour les redevables ; & les précédens traités de même nature ayant été très-fidellement exécutés, s'eft déterminée fans peine, à propofer aux Etats d'acquiefcer à la demande de Sa Majefté ; & qu'étant perfuadée que l'affemblée n'héfiteroit pas à lui donner cette nouvelle preuve de fon zele pour le bien de fon fervice, elle a fait dreffer le projet du nouveau traité qui doit être fait avec MM. les commiffaires du Roi, en fe conformant à ceux qui ont déjà été approuvés & exécutés pour de précédens emprunts; lequel traité, si l'assemblée l'approuve, pourra être signé en la forme ordinaire, par les commissaires qu'il plaira aux Etats de nommer à cet effet, avec MM. les commissaires du Roi.

Sur quoi, lecture faite dudit projet, les Etats, toujours disposés à multiplier les témoignages de leur fidélité & de leur zele pour tout ce qui peut être utile au service de Sa Majesté, ont unanimement délibéré de lui prêter le crédit de la province pour un nouvel emprunt de quinze millions de livres, aux mêmes conditions des précédens emprunts énoncés dans le projet du traité qu'ils ont donné pouvoir à MM. les commissaires des affaires extraordinaires de signer avec MM. les commissaires du Roi en la forme accoutumée.

___

I I.

Extrait du registre des délibérations des Etats généraux de Languedoc, assemblés par mandement du Roi en la ville de Montpellier au mois de Novembre 1781.

Du Mardi 11 Décembre suivant, président Mgr. l'archevêque & primat de Narbonne, commandeur de l'ordre du Saint-Esprit.

MONSEIGNEUR l'archevêque de Toulouse a dit, que MM. les commissaires nommés par délibération des Etats du 7 de ce mois, pour signer avec MM. les commissaires du Roi le traité concernant l'emprunt de quinze millions, se sont rendus Dimanche 9 de ce mois, chez M. le comte de Périgord, où MM. les autres commissaires du Roi s'étant assemblés, il a été procédé à la signature dudit traité, dont la teneur s'ensuit :

TRAITÉ

Fait & accordé entre MM. les commissaires présidens pour le Roi aux

Etats généraux de la province de Languedoc, & MM. les commissaires députés par l'assemblée desdits Etats.

ARTICLE PREMIER.

Qu'en conséquence de la délibération prise le 7 Décembre 1781 par les Etats sur la demande à eux faite par MM. les commissaires du Roi, suivant l'article XIX de leurs instructions, les Etats prêteront leur crédit à Sa Majesté pour un emprunt de quinze millions de livres, à cinq pour cent, sans retenue, laquelle somme sera portée au trésor royal pour y être employée à sa destination.

ART. II.

Que pour la sureté dudit emprunt, tant en capital qu'intérêts, exempts de toute retenue, il sera affecté & hypothéqué une somme de quinze cent mille livres, à prendre & retenir annuellement par le trésorier des Etats, jusqu'à l'entiere extinction dudit emprunt, sur celles qu'il aura à verser au trésor royal, ou dans les caisses de la ferme, & de la régie générale, pour les impositions de la province.

ART. III.

Que les frais des premiers contrats qui seront passés à raison dudit emprunt, ainsi que les quittances des remboursemens, droits de contrôle & petit-sceau, si aucuns y en a, seront supportés par Sa Majesté.

ART. IV.

Qu'il sera fait tous les ans une liquidation par MM. les commissaires du Roi & ceux des Etats, des sommes qui, au moyen de celles ainsi retenues par le trésorier des Etats, auront été payées en principal sur ledit emprunt; laquelle liquidation sera continuée jusqu'à l'entier remboursement, après le-

quel il fera expédié un arrêt pour autorifer lefdites liquidations, qui déchargera refpectivement le Roi & les Etats
dudit crédit, & annullera la quittance
qui aura été expédiée par le garde du
tréfor royal des fommes qui y auront
été remifes.

ART. V.

Enfin, que le préfent traité fera homologué par le Roi, & que toutes
lettres néceffaires feront expédiées &
regiftrées fans frais partout où befoin
fera. FAIT & figné en triple original,
à Montpellier le neuvieme Décembre
mil fept cent quatre-vingt-un. *Signés
par colonnes.*

LE COMTE DE PÉRIGORD.

DE SAINT-PRIEST.	† E. Ch. archevêque de
MASSILIAN DE	Touloufe.
SANILHAC.	LEVIS MIREPOIX.
BOUTONIER.	GARY, député de Touloufe.
	Le chevalier DE GIRARD,
	député de Montpellier.
	LA FAGE, fyndic général.
	MONTFERRIER, fils,
	fyndic-général.
	ROME, fyndic-général.

Par Noffeigneurs,
Signé, BONNEMAIN.

I I I.

*EXTRAIT du regiftre des délibérations
prifes par les gens des Trois-états
du pays de Languedoc, affemblés
par mandement du Roi en la ville
de Montpellier au mois de Novembre 1781.*

Du Mardi 11 Décembre, préfident Mgr.
l'archevêque & primat de Narbonne,
commandeur de l'ordre du Saint-Efprit.

LEs Etats ayant déterminé par leur
délibération du 7 de ce mois, de
prêter au Roi le crédit de la province
pour un emprunt de quinze millions de
livres au denier vingt, exempt de toute
retenue, afin de continuer à procurer
à Sa Majefté les fecours dont elle a befoin pour fournir aux dépenfes extraordinaires que les circonftances exigent;

& étant néceffaire d'autorifer les fyndics-généraux à faire l'emprunt de ladite fomme en la forme ordinaire, il
a été délibéré que pour fatisfaire aux
engagemens que les Etats ont pris par
ladite délibération du 7 de ce mois, &
par le traité paffé en conféquence le 9
du même mois, lad. fomme de quinze
millions de livres fera empruntée aux
claufes & conditions inférées dans la
fufdite délibération & dans le fufdit
traité; auquel effet, les Etats ont nommé les fieurs du Vidal, marquis de
Montferrier, de la Fage & Rome,
fyndics-généraux, auxquels ils donnent
pouvoir & puiffance, tant conjointement que féparément, en cas de mort
ou d'abfence d'un ou de deux des trois,
même de fubftituer à leur place telle
perfonne qu'ils jugeront à propos, d'emprunter pour & au nom de la province,
par contrat à conftitution de rente, ladite fomme de quinze millions de liv.;
obliger pour raifon de ce, tous les
biens du général de la province; ftipuler le payement des intérêts ou rentes
à chaque fin d'année au denier vingt,
exempt de toute retenue, & nommément de celle des vingtiemes & des
quatre fols pour livre du premier, dans
les bureaux du tréforier général des
Etats dans les villes de Paris, Touloufe
& Montpellier, où feront faits les emprunts, & au choix des prêteurs, à la
charge que les fommes capitales qui feront empruntées, feront remifes lors
de la paffation des contrats, entre les
mains du tréforier général de la province, ou du porteur de fa procuration,
qui interviendra à cet effet dans lefdits
contrats, defquelles fommes il comptera aux Etats prochains; & que pour
faciliter ledit emprunt, il fera fait autant d'originaux en parchemin qu'il fera
jugé néceffaire de la préfente délibération, fignés par Mgr. l'archevêque
de Narbonne, & contre-fignés par

No. III.

l'un des greffiers des Etats, pour être lesdits originaux remis entre les mains des notaires à Paris, Toulouse & Montpellier, ainsi que les syndics-généraux le trouveront plus convenable pour la facilité des emprunts; sur lesquels originaux il sera fait mention des contrats à mesure qu'ils seront passés, avant que les grosses en puissent être délivrées; sur lesquelles grosses le notaire dépositaire de ladite délibération, mettra son certificat de ladite décharge; que l'acte de dépôt de ladite délibération sera mis au bas des expéditions & signé par le notaire; & lorsque l'emprunt porté par ladite délibération sera consommé, il sera mis au bas par le notaire qui en sera le dépositaire, que la délibération est remplie.

IV.

ARRÉT

Du Conseil d'État du Roi,

Qui approuve, autorise & confirme le traité fait & passé entre MM. les commissaires du Roi & ceux députés par l'assemblée des Etats de la province de Languedoc le 21 Décembre 1781, au sujet du crédit que ladite province a prêté à Sa Majesté pour un emprunt de quinze millions de livres.

Du 21 Décembre 1781.

Extrait des Registres du Conseil d'Etat.

VU par le Roi, étant en son conseil, le traité fait entre les commissaires de Sa Majesté & les commissaires députés par l'assemblée des Etats de Languedoc le 9 Décembre 1781, dont la teneur suit:

Article premier.

Qu'en conséquence de la délibération prise le 7 Décembre 1781 par les

Etats, sur la demande à eux faite par MM. les commissaires du Roi, suivant l'article XIX de leurs instructions, les Etats prêteront leur crédit à Sa Majesté pour un emprunt de quinze millions de livres à cinq pour cent sans retenue; laquelle somme sera portée au trésor royal pour y être employée à sa destination.

No. IV.

Art. II.

Que pour la sureté dudit emprunt, tant en capital qu'intérêts, exempts de toute retenue, il sera affecté & hypothéqué une somme de quinze cent mille livres à prendre & retenir annuellement par le trésorier des Etats, jusqu'à l'entière extinction dudit emprunt, sur celles qu'il aura à verser au trésor royal, ou dans les caisses de la ferme & de la régie générale pour les impositions de la province.

Art. III.

Que les frais des premiers contrats qui seront passés à raison dudit emprunt, ainsi que les quittances des remboursemens, droits de contrôle & petit-sceau, si aucuns y en a, seront supportés par Sa Majesté.

Art. IV.

Qu'il sera fait tous les ans une liquidation par MM. les commissaires du Roi & ceux des Etats, des sommes qui, au moyen de celles ainsi retenues par le trésorier des Etats, auront été payées en principal sur ledit emprunt; laquelle liquidation sera continuée jusqu'à l'entier remboursement, après lequel il sera expédié un arrêt pour autoriser lesdites liquidations, qui déchargera respectivement le Roi & les Etats dudit crédit, & annullera la quittance qui aura été expédiée par le garde du trésor royal, des sommes qui auront été remises.

Art. V.

Enfin, que le présent traité sera homologué par le Roi , & que toutes lettres nécessaires seront expédiées & regiftrées sans frais partout où besoin sera. FAIT & signé en triple original à Montpellier le 9 Décembre 1781. Oui le rapport du sieur Joly de Fleury, conseiller d'état ordinaire & au conseil royal des finances ; LE ROI ÉTANT EN SON CONSEIL , a approuvé , autorisé & confirmé, approuve, autorife & confirme ledit traité. Ordonne Sa Majesté que conformément à ce qui est porté dans les articles II , III & IV d'icelui, les rentes ou intérêts dudit emprunt feront constitués au denier vingt ; qu'ils feront exempts de toute retenue, nommément de celle des deux vingtiemes & quatre sols pour livre du premier vingtieme, & que les premiers contrats qui feront passés à raison d'icelui , ainfi que les quittances des remboursemens qui en feront faits , feront exempts des droits de contrôle & de petit-fcel ; en conféquence , que le tréforier des Etats fera autorisé à retenir annuellement fur les sommes qu'il aura à verser au tréfor royal pour les impositions de la province , une fomme de quinze cent mille livres que Sa Majesté a affectée & hypothéquée, affecte & hypotheque au payement des arrérages , & au rembourfement des capitaux dudit emprunt, jufqu'à l'entiere extinction d'icelui. Veut S. M. que les tuteurs & curateurs , puiffent faire emploi dans ledit emprunt , des deniers des pupilles , mineurs ou interdits, en obfervant les formalités qui font en usage dans les lieux où les emprunts feront faits , & que les communautés féculieres & régulieres, hôpitaux, fabriques & gens de main-morte , puiffent auffi employer leurs deniers dans ledit emprunt, fans être tenus de payer aucuns droits d'amortiffement des ren-

tes qui feront constituées à leur profit. Veut de plus Sa Majesté, que les étrangers non-naturalifés, même ceux demeurans hors du royaume, pays , terres & feigneuries de fon obéiffance, puiffent , ainfi que fes propres fujets, acquérir lefdites rentes , encore qu'ils fuffent fujets des puiffances avec lefquelles Sa Majesté pourroit être en guerre , & qu'ils en jouiffent & puiffent difpofer entre-vifs, par teftament ou autrement , en principaux ou arrérages ; & en cas qu'ils n'en euffent pas difpofé de leur vivant, veut & entend Sa Majesté que leurs héritiers, donataires & légataires , ou autres les repréfentans , leur fuccedent , encore qu'ils fuffent étrangers & non régnicoles, même qu'ils fuffent fujets des princes & états avec lefquels Sa Majesté peut être en guerre ; & en conféquence , que lefdites rentes foient exemptes de toutes lettres de marque & de repréfailles, droits d'aubaine, déshérence, confifcation ou autres qui pourroient appartenir à Sa Majesté. Veut & entend Sa Majesté , que ledit traité & le préfent arrêt foient exécutés felon leur forme & teneur, nonobftant tout ce qui pourroit être oppofé au contraire , & tous empêchemens quelconques, pour lefquels il ne fera différé , & dont Sa Majesté, fi aucuns arrivent, s'eft réfervé & réferve la connoiffance & à fon conseil, icelle interdifant à toutes fes cours & autres juges : Et feront toutes lettres néceffaires expédiées pour l'exécution du préfent arrêt , & regiftrées fans frais partout où befoin fera. FAIT au conseil d'état du Roi, Sa Majesté y étant , tenu à Verfailles le vingt-un Décembre mil fept cent quatre-vingt-un.

Signé , AMELOT.

TITRE II.

TITRE SECOND.
Des Remboursemens.

SECTION PREMIERE.
Des Remboursemens par Loterie.

LA plupart des remboursemens que les Etats de Languedoc ont fait depuis l'année 1730 , ont été faits par des loteries autorisées par des arrêts du conseil qui en ont prescrit la forme & les conditions relatives à la sûreté de leur libération.

Les dispositions de ces différens arrêts s'étant successivement étendues & perfectionnées , il parut nécessaire en 1754 de les rassembler dans un seul réglement , & d'y faire les changemens dont l'expérience avoit fait sentir la nécessité ; & c'est ce qui fut exécuté par un arrêt du conseil du 6 Janvier 1755 qui attribua en même-tems à des commissaires la connoissance des contestations qui pourroient s'élever au sujet des remboursemens , & *dans lesquelles seulement les syndics-généraux de la province ou le trésorier de la bourse seroient parties nécessaires.*

Comme le réglement de 1755 n'est que l'assemblage & le complément de ceux qui l'avoient précédé , & dont il peut être utile de comparer les dispositions , ne fût-ce que pour connoître les progrès de la législation en cette matiere , on n'a pas cru pouvoir se dispenser de les rapporter.

I.
ARRÊT
DU CONSEIL D'ETAT DU ROI,
Qui permet aux Etats de la province de Languedoc, l'établissement d'une loterie , pour le remboursement des dettes de ladite province.

Du 29 Août 1730.
EXTRAIT *des Registres du Conseil d'Etat.*

VU par le Roi étant en son conseil, la requête présentée par les députés & syndics des Etats de la province de

Languedoc ; contenant, que Sa Majesté informée de la situation fâcheuse des propriétaires des terres de ladite province, dont les fonds étant seuls affectés au payement des impositions , se trouvent surchargés par le poids des dettes considérables que les Etats en corps, & les dioceses particuliers ont été obligés de contracter pour le service de l'état , ayant bien voulu faire espérer auxdits Etats une remise annuelle de la somme de 800,000 livres sur leurs impositions ordinaires pendant le tems de dix années , pour leur procurer les moyens de pourvoir au soulagement des biens fonds , & à l'acquittement d'une partie de leurs dettes. Les Etats instruits des dispositions favorables de Sa Majesté par les sieurs commissaires présidens pour elle à la derniere assemblée , auroient délibéré le 14 Novembre 1729, d'employer ladite somme de 800,000 livres aux remboursemens de leurs dettes , & d'y joindre par accumulation chaque année , pour augmenter les fonds des remboursemens , les rentes des capitaux qui seront remboursés dans le cours de dix années , pendant lesquelles il plaira à Sa Majesté de leur accorder la même grace. Sur quoi Sa Majesté ayant fait expédier en conséquence de ladite délibération un arrêt du conseil le 26 du même mois de Novembre , par lequel voulant traiter favorablement ses sujets de ladite province, & concourir à leur soulagement, elle a accordé auxdits Etats lad. somme de 800,000 liv. , à prendre sur les impositions de la présente année 1730 , pour être employée à rembourser au mois de Janvier 1731 , une pareille somme aux créanciers de la province & des dioceses, en la forme & maniere qui sera réglée. Lesdits Etats , dans la confiance qu'ils ont que Sa Majesté voudra bien leur continuer la même remise , auroient pris une seconde délibération le 2 du mois de Décembre suivant , par laquelle ils auroient déterminé , sous le bon plaisir de Sa Majesté , de faire ce remboursement par le moyen d'une loterie qui sera tirée toutes les années, à commencer pendant le tems de l'assemblée prochaine : que ce parti leur a paru d'autant plus convenable , qu'en écartant toute idée de préférence entre les créanciers , on pourra admettre à ladite loterie tous ceux dont les contrats sont constitués sur la province & sur les dioceses particuliers à quelque denier que ce soit , & leur procurer à tous le même

avantage de parvenir à leur remboursement par la voie du sort : qu'à la vérité les Etats auroient pu trouver un avantage plus considérable , en commençant par employer uniquement les premiers fonds au payement des créanciers , dont les rentes subsistent sur le pied de cinq pour cent ; mais qu'ayant fait attention que ceux dont les rentes sont réduites à trois pour cent , ou même à un denier plus bas , & qui ont déjà souffert par cette réduction, souffriroient encore davantage de l'attente de leur remboursement , si la nécessité de leurs affaires les obligeoit à mettre leurs contrats dans le commerce , il leur a paru plus juste & plus conforme à l'avantage qu'ils desirent procurer à tous leurs créanciers, d'admettre à ladite loterie , (en se conformant pour le modele de la forme à celle qui a été établie pour l'extinction des rentes de l'hôtel - de - ville de Paris ,) tous les créanciers, tant de la province que des dioceses , soit que leurs rentes ayent été réduites à trois pour cent , ou sur un plus bas pied , ou qu'elles subsistent sur le pied de cinq pour cent , afin que tous les créanciers puissent avoir part également aux remboursemens pour le tout ou partie de leurs contrats , moyennant une mise modique , & avec la seule différence entre les créanciers à cinq pour cent , & ceux dont les rentes sont réduites à un denier plus bas , que les lots qui écherront aux premiers seront remboursés en entier , & sans aucune retenue , au lieu qu'il sera prélevé & retenu douze pour cent seulement, sur le montant des lots qui écherront aux propriétaires des rentes constituées, ou réduites au - dessous du denier vingt , le produit de laquelle retenue , ainsi que celui de la mise des billets , sera accumulé chaque année avec le montant des rentes des capitaux qui auront été remboursés pour grossir le fonds de la loterie & des lots qui feront appliqués l'année fuivante au rembourfement defdits créanciers, s'il plaît à Sa Majefté leur continuer la même remife, en obfervant néanmoins d'appliquer certaines années de la loterie aux remboursemens des feuls créanciers des diocefes, pour éviter les inconvéniens que leur confufion avec ceux de la province pourroit faire naître ; à l'effet de quoi les députés & fyndics des Etats requéroient qu'il plût à Sa Majefté d'approuver & autorifer l'établiffement de lad. loterie, & de prefcrire ce qui devra être obfervé pour fon exécution. Vu ladite requête, enfemble les délibérations defdits Etats des 14 Novembre & 2 Décembre 1729, & l'arrêt du confeil du 26 du même mois de Novembre 1729. Oui le rapport du fieur Orry, confeiller ordinaire au confeil royal, contrôleur général des finances; LE ROI ÉTANT EN SON CONSEIL, a ordonné & ordonne.

Article premier.

Que la fomme de 800,000 liv. dont Sa Majefté a bien voulu faire remife fur le don gratuit ordinaire de la province de Languedoc de la préfente année 1730, fera employée au remboursement des rentes conftituées fur ladite province ; à l'effet de quoi, Sa Majefté a permis & permet à ladite province d'établir une loterie de ladite fomme de 800,000 livres qui fera tirée chaque année, & tant que ladite loterie aura lieu dans l'affemblée defdits Etats, en la forme qui fera ci-après expliquée.

Art. II.

La loterie de lad. fomme de 800,000 liv. fera ouverte immédiatement après la publication du préfent arrêt, & tous les créanciers de la province, foit que leurs rentes ayent été réduites à trois pour cent, ou fur un plus bas pied, foit qu'elles ayent été rétablies ou créées

fur le pied de cinq pour cent, qui voudront avoir part aux remboursemens ci-deffus, feront admis indiftinctement, en fourniffant 3 livres par 1000 livres, & au-deffous à proportion des capitaux de leurs contrats, fur le pied qu'ils ont été conftitués, réduits ou rétablis.

Art. III.

Les deniers feront reçus, & les billets délivrés par les commis du tréforier de la bourfe des Etats de Languedoc à Paris, à Montpellier & à Touloufe, lefquels tiendront des regiftres qui feront cottés & paraphés pendant la préfente année; favoir, à Paris par le fieur lieutenant général de police, avec le fieur de Montferrier, fyndic des Etats ; à Montpellier, ainfi qu'à Touloufe, par le fieur intendant de la province, & celui des fyndics qui fe trouvera fur les lieux ; & pour les années fuivantes, lefdits regiftres feront paraphés par les commiffaires de Sa Majefté & ceux des Etats, dans lefquels regiftres lefdits commis écriront le numéro du billet, les noms, mots, ou devifes que chaque rentier voudra choifir, le capital du contrat, la date d'icelui, & la fomme payée pour chaque billet.

Art. IV.

Les fonds de la recette de chaque bureau de loterie feront remis en entier par lefdits commis ès mains du tréforier de la bourfe fur fes récépiffés, avec leurs regiftres de recette certifiés d'eux huitaine avant l'ouverture de ladite affemblée des Etats ; au moyen de quoi lefdits commis demeureront bien & valablement quittes & déchargés de leur recette, fans qu'ils puiffent jamais, fous quelque prétexte que ce foit, être tenus de rendre aucun compte pour raifon de ce ; & lefdits commis feront payés par les Etats de leurs frais & falaires.

ART. V.

Le tréforier de la bourfe fe chargera defdits regiftres & des fonds provenans des billets, dont il comptera chaque année par bref état devant les commiffaires de Sa Majefté & ceux des Etats, & il remettra les regiftres de recette au greffe des Etats de ladite province, dont le greffier fe chargera pour les repréfenter toutes & quantes-fois qu'il en fera requis.

ART. VI.

Les rentiers auxquels il pourra écheoir plufieurs lots à prendre fur différens contrats, pourront réunir lefdits lots fur celui defdits contrats qu'ils voudront choifir, en rapportant par lef-dits rentiers les billets fur lefquels il leur fera échu des lots, & joignant le tout à leurs quittances de rembourfe-ment, dans lefquelles il en fera expref-fément fait mention.

ART. VII.

La loterie fera tirée en la maniere accoutumée dans le lieu où les Etats feront affemblés, & dans la falle d'af-femblée defdits Etats, le quinzieme jour au plus tard après leur ouver-ture, en préfence des commiffaires de Sa Majefté auxdits Etats, de l'affem-blée defdits Etats, & des rentiers qui voudront y affifter : Et il fera tenu deux regiftres, l'un par le greffier des com-miffaires du Roi, paraphé par les fieurs commiffaires de Sa Majefté ; l'autre par le greffier des Etats, paraphé par les fieurs commiffaires defdits Etats dans lefquels lefdits greffiers enregiftre-ront chacun les numéros & fommes des billets, à mefure qu'ils feront appellés, & garderont lefdits regiftres dans leurs greffes, pour y avoir recours en cas de befoin.

ART. VIII.

Comme il pourra arriver que la fom-me du dernier billet qui fera tiré à châ-que loterie, ne quadrera pas avec ce qui reftera de fonds, ce qui manquera pour remplir le billet fera acquitté par le tréforier des Etats qui s'en rembour-fera par préférence fur le fonds de la lo-terie de l'année fuivante, dont il fera fait mention, tant fur les regiftres des deux greffiers, que dans les procès-verbaux qui feront dreffés en tirant chaque loterie par lefdits fieurs com-miffaires de Sa Majefté, & ceux des Etats qui feront nommés en ladite affemblée.

ART. IX.

Auffitôt que la loterie aura été tirée, ceux des rentiers à qui les lots feront échus, feront rembourfés comptant par le tréforier de la bourfe; favoir, les ren-tiers dont les rentes fubfiftent, à cinq pour cent, en entier & fans aucune déduction ; & les propriétaires des ren-tes dont les arrérages ont été réduits à deux & demi ou à trois pour cent, à la déduction feulement de douze pour cent, en rapportant les uns & les au-tres audit tréforier de la bourfe les con-trats de conftitution & autres titres de propriété en bonne forme, leurs quit-tances fur ce fuffifantes, & les autres décharges néceffaires & indifpenfables pour la validité des rembourfemens, avec leurs billets vifés par l'un des com-miffaires de Sa Majefté auxdits Etats, & par celui qui fera nommé par lefdits Etats.

ART. X.

Si les parties qui doivent être rem-bourfées fe trouvent faifies & arrêtées entre les mains du tréforier de la bour-fe, ou ne peuvent être payées par quel-qu'autre légitime empêchement, le principal en demeurera configné pen-dant une année entre les mains dudit tréforier, & la rente de la partie faifie ceffera & demeurera acquife à la province pour ladite année, à compter du jour que la loterie fera tirée, fans qu'il foit befoin d'autre acte, ni formalité.

Art XI.

Après l'année expirée, fi le rentier n'a pas fait lever la faifie, le principal de la partie qui devoit être rembourfée, fera joint au fonds de la loterie de l'année fuivante, & le contrat demeurera rétabli dans l'état des dettes de la province, pour la rente être payée à l'ordinaire, à compter feulement du jour du rétabliffement, dont il fera fait mention, de même que des faifies, & arrêts fur les regiftres de la loterie.

Art. XII.

Les douze pour cent qui auront été retenus par le tréforier de la bourfe fur les lots des rentiers réduits à trois ou deux & demi pour cent, ainfi que les deniers provenans des billets délivrés, & les arrérages des rentes rembourfées, qui continueront toujours d'être impofés, nonobftant les rembourfemens, feront joints au fonds de la loterie de l'année fuivante pour augmenter le nombre des lots & des rembourfemens à la décharge de la province.

Art. XIII.

Les rentiers feront informés dans le courant du mois de Mars de chaque année, par un avis qui fera rendu public, du produit de la recette, provenant des billets de la loterie précédente, de celle de la retenue de douze pour cent, qui aura été faite fur les lots échus aux rentiers, des rentes réduites à trois ou deux & demi pour cent, & du montant des rentes des parties rembourfées, dont le fonds continuera d'être impofé pour augmenter le fonds de la loterie fuivante. Fait au confeil d'état du Roi, Sa Majefté y étant, tenu à Verfailles le vingt-neuvieme jour d'Août mil fept cent trente. *Signé*, Phelypeaux.

LOUIS-BASILE DE BERNAGE, *chevalier, feigneur de Saint-Maurice, Vaux, Chaffy & autres lieux, confeiller du Roi en fes confeils, maître des requêtes ordinaire de fon hôtel, grand-croix de l'ordre royal & militaire de St. Louis, intendant de juftice, police & finances en la province de Languedoc.*

VU l'arrêt du confeil d'état du Roi ci-deffus : Nous ordonnons que ledit arrêt fera exécuté felon fa forme & teneur, lu, publié & affiché partout où befoin fera. Fait à Montpellier le vingt-deuxieme Septembre mil fept cent trente. *Signé*, DE BERNAGE : *Et plus bas* : Par Monfeigneur, GRASSET.

II.

ARRÊT

Du Conseil d'Etat du Roi,

Qui ordonne que les liftes des lots de la loterie de Languedoc établie par l'arrêt du 29 Août 1730 feront fignées par M. de Bernage de Saint-Maurice intendant de ladite province, & par l'un des fyndics-généraux ; moyennant quoi Sa Majefté déroge à l'article IX dudit arrêt du 29 Août 1730 fur le vifa des billets.

Du 13 Février 1731.

Extrait des Regiftres du Confeil d'Etat.

LE Roi s'étant fait repréfenter en fon confeil l'arrêt rendu en icelui le 29 Août 1730, portant permiffion aux Etats de la province de Languedoc, d'établir une loterie pour le rembourfement des dettes de ladite province, par lequel il eft entre autres chofes ordonné que les rentiers à qui les lots feroient échus, feroient tenus de faire vifer leurs billets par l'un des commiffaires de Sa Majefté, & par celui qui feroit nommé par les Etats ; & Sa Majefté étant informée que cette formalité pourroit caufer beaucoup d'embarras aux rentiers domiciliés à Paris, & retarder les remboursemens : que d'ailleurs les Etats ayant pris des arrangemens pour faire acquitter les lots à Paris, Touloufe & Montpellier, par les mêmes commis qui ont délivré les billets, ces commis feront en état de vérifier eux-mêmes leur fignature ; en forte qu'il paroît fuffifant que les liftes des lots échus foient vifées par le fieur intendant, & l'un des fyndics-généraux de la province, pour en affurer la vérité, & prévenir toute furprife à cet égard : Oui le rapport du Sr. Orry, confeiller d'état ordinaire, & au confeil royal, contrôleur-général des finances ; LE ROI ETANT EN SON CONSEIL, a ordonné & ordonne que les liftes des lots de la loterie établie par l'arrêt du 29 Août 1730 feront fignées par le fieur de Bernage de Saint-Maurice, intendant en Languedoc, & par l'un defdits fyndics-généraux de ladite province, & que conformément à icelles le tréforier de la bourfe, ou les commis par lui prépofés à Paris, Touloufe & Montpellier, acquitteront les lots y contenus. Difpenfe S. M. les rentiers de ladite province de faire vifer leurs billets, dérogeant pour ce regard feulement à l'article IX dudit arrêt du 29 Août 1730 qui fera au furplus exécuté fuivant fa forme & teneur. FAIT au confeil d'état du Roi, Sa Majefté y étant, tenu à Marly le treizieme jour de Février, mil fept cent trente-un.

Signé, PHELYPEAUX.

III.

ORDONNANCES

PORTANT que les créanciers de la province, auxquels il eſt échu & écherra à l'avenir des lots pour leur remboursement, ne payeront le droit de contrôle des quittances qu'ils en fourniront, que par rapport aux sommes qu'ils recevront réellement.

Des 20 Juin & 10 Juillet 1731.

LOUIS-BASILE DE BERNAGE, Chevalier, Seigneur de Saint-Maurice, Vaux, Chaſſy, & autres lieux, conſeiller du Roi en ſes conſeils, maître des requêtes ordinaire de ſon hôtel, grand'croix de l'ordre royal & militaire de St. Louis, intendant de juſtice, police & finances en la province de Languedoc.

VU la requête à nous préfentée par les créanciers de la province, auxquels il eft échu des lots pour leur remboursement par la loterie que les Etats ont fait tirer ; contenant, qu'étant obligés de fournir des quittances publiques pour le montant des fommes à eux échues, & les ayant portées à contrôler, le fermier prétend percevoir le droit de contrôle tant fur les fommes que le créancier reçoit, que fur les douze pour cent que la province fe retient en conféquence de l'article IX de l'arrêt du confeil du 29 Août 1730, qui permet l'établiffement de ladite loterie. Mais d'autant que ledit fermier n'eft pas fondé dans fa prétention ; 1°. Parce qu'un créancier auquel il eft échu un lot de 1000 liv. ne recevant que 880 livres ne doit payer le contrôle que fur le pied de la fomme qu'il reçoit, attendu même qu'il n'abandonne pas volontairement les douze pour cent, y étant au contraire forcé par l'arrêt du confeil. 2°. Que s'il payoit le contrôle de ces douze pour cent, le fermier percevroit dix fois pendant les dix années que doit se tirer la loterie, un contrôle sur une somme qui sert chaque année à augmenter le fonds de la loterie, & que la province se retient toujours. Requéroient, à ces causes, lesdits créanciers qu'il nous plût les décharger du contrôle des douze pour cent, & ordonner au commis de contrôler les quittances sur le pied de la somme que le créancier reçoit. Vu aussi la réponse du procureur du fermier, par laquelle il soutient que le contrôle doit être pris sur le pied de la quittance ; & que quoique le créancier en faisant quittance de 1000 liv. ne reçoive que 880 liv. le contrôle est dû sur les 1000 liv. parce que la province est libérée d'autant. Ensemble ledit arrêt du conseil du 29 Août 1730, & ceux des 20 Novembre 1717, & 23 Décembre 1718, qui accordent au fermier la provision pour le payement des droits sur le pied des quittances des commis, sans que les redevables puissent les différer sous prétexte de contestation, sauf à se pourvoir ensuite pour faire ordonner la restitution de ce qu'ils prétendront avoir payé au-delà de ce qui est porté par les tarifs.

NOus ordonnons que les créanciers de la province auxquels il est échu des lots pour leur remboursement, payeront par provision le droit de contrôle des quittances qu'ils en fourniront, sur le pied de la somme pour laquelle elles seront consenties, sans distraction des douze pour cent qui leur sont retenus, sauf à leur être restitué l'excédent dudit droit pour raison desdits douze pour cent, après que le conseil en aura décidé, sur le compte que nous lui en rendrons. Fait à Montpellier le vingtieme Juin mil sept cent trente-un. *Signé* DE BERNAGE : *Et plus bas*, par Monseigneur, ANGRAVE.

ET depuis, vu la décision de M. le contrôleur-général, portée par sa lettre du premier du présent mois.

Nous ordonnons que les créanciers de la province auxquels il est échu & écherra à l'avenir des lots pour leur remboursement, ne payeront le droit de contrôle des quittances qu'ils en fourniront, que par rapport aux sommes qu'ils recevront réellement, & qu'ils en demeureront déchargés à l'égard de celles qui leur sont retenues pour le douze pour cent de la loterie ; avec défenses au commis d'exiger ledit droit pour raison desdites sommes retenues, à peine de restitution. Fait à Montpellier le dixieme Juillet 1731. *Signé*, DE BERNAGE : *Et plus bas* ; par Monseigneur. ANGRAVE.

I V.

ARRÊT

DU CONSEIL D'ETAT DU ROI,

QUI accorde aux Etats de la province de Languedoc, la somme de huit cent mille livres, pour servir de fonds à deux loteries des créanciers de ladite province, dont les contrats portent intérêts à trois ou à cinq pour cent.

Du 16 Mai 1738.

EXTRAIT des Registres du Conseil d'Etat.

VU par le Roi, étant en son conseil, les instructions adressées par Sa Majesté, le 16 Octobre de l'année dernière 1737, aux sieurs commissaires présidens pour elle à l'assemblée des Etats de la province de Languedoc ; portant entr'autres choses, que Sa Majesté toujours favorablement disposée, à procurer les avantages & le soulagement de ses sujets de ladite province, voudroit bien accorder auxdits Etats, sur l'imposition de la capitation de l'année lors prochaine, une remise de la somme de huit cent mille livres, pour être employée au remboursement des dettes de ladite province, & des diocèses, portant intérêt, en la forme & maniere qu'il seroit réglé par un arrêt du conseil, qui seroit expédié pour cet effet : la délibération prise en conséquence par lesdits Etats le 12 du mois de Novembre suivant, concernant l'emploi qu'ils ont estimé pouvoir être fait de ladite somme de huit cent mille livres, & les ordres de Sa Majesté depuis envoyés pour l'emploi de ladite somme de huit cent mille livres, à la libération des dettes de la province en corps. Vu aussi les arrêts du conseil ci-après mentionnés ; savoir, celui du 26 Novembre 1729, par lequel Sa Majesté avoit accordé une pareille remise de huit cent mille livres, sur les impositions de l'année 1730, pour être employée au remboursement des dettes de la province : Autre arrêt du 29 Août 1730, par lequel il a été ordonné que lesdits remboursemens seroient faits par le moyen d'une loterie dont la forme auroit été réglée par le même arrêt : Deux arrêts des 27 Mars 1731 & 25 Mars 1732, contenant les mêmes remises de huit cent mille livres chacune, pour servir de fonds aux loteries qui ont été tirées dans lesdites années : Autre arrêt du 23 Juin 1733, par lequel il auroit été ordonné que le fonds de la loterie qui devoit être tirée en ladite année, seroit destiné au remboursement des dettes des diocèses, en observant les formalités prescrites par ledit arrêt : Autre arrêt du 29 Juin 1734, par lequel Sa Majesté a autorisé la délibération des Etats, concernant l'emploi qu'elle leur avoit permis de faire des sommes qui devoient servir de

fonds à ladite loterie ; ensemble l'avis desdits sieurs commissaires présidens pour S. M. auxdits Etats : Oui le rapport du sieur Orry, conseiller d'état & conseiller ordinaire au conseil royal, contrôleur général des finances ; LE ROI ÉTANT EN SON CONSEIL, a ordonné & ordonne ce qui suit.

ARTICLE PREMIER.

La somme de huit cent mille livres, dont Sa Majesté veut bien accorder la remise aux Etats sur l'imposition de la capitation de l'année 1738 sera destinée en entier, & employée à acquitter par une loterie qui sera tirée pendant la tenue de l'assemblée prochaine des Etats, pareille somme sur les dettes de ladite province en corps ; à l'effet de quoi ladite somme de huit cent mille livres, demeurera entre les mains du trésorier de la bourse, auquel il en sera tenu compte par le garde du trésor royal en exercice, sur le montant de la capitation de ladite année 1738, en rapportant le présent arrêt, & le certificat du sieur de Bernage de Saint-Maurice, conseiller d'état, intendant de ladite province, contenant que l'emploi en a été fait à sa destination, conformément à ce qui sera ci-après ordonné, moyennant quoi ledit trésorier en demeurera bien & valablement déchargé.

ART. II.

Veut Sa Majesté que sur ladite somme de huit cent mille livres, il n'en soit destiné que celle de deux cent mille livres au remboursement des créanciers, dont les contrats ne portent intérêt qu'à trois pour cent, & au-dessous, au profit desquels la loterie sera tirée en la forme & maniere prescrite par l'arrêt du 29 Août 1730 & aux conditions portées par ledit arrêt, & que le surplus montant à la somme de six cent mille livres, soit uniquement

uniquement deſtiné au rembourſement des créanciers dont les contrats portent intérêt au denier vingt.

Art. III.

Pour écarter toute idée de préférence entre les créanciers dont les contrats portent intérêts au denier vingt, le ſort ſera tiré pareillement entr'eux juſqu'à concurrence de ladite ſomme de ſix cent mille livres, deſtinée à leur rembourſement par le moyen d'une loterie qui ſera faite ſans aucune miſe de leur part, auquel effet il ſera mis dans une roue autant de billets qu'il y a de contrats portant intérêts au denier vingt ; chaque billet contiendra le nom du créancier, la date & le montant du capital porté par le contrat ; ladite loterie ſera tirée en la maniere preſcrite par l'article VII de l'arrêt du 29 Août 1730 ; & au cas qu'après avoir tiré des billets juſqu'à concurrence de ſix cent mille livres, le dernier billet excede ladite ſomme, le créancier auquel ledit billet ſera échu, aura la liberté d'accepter, ou de refuſer la ſomme qui reſtera à délivrer pour parfaire celle de ſix cent mille livres, & au cas de refus, le fonds reſtera entre les mains du tréſorier de la bourſe, pour ſervir d'accroiſſement à la loterie de l'année ſuivante.

Art. IV.

Ceux des rentiers auxquels il ſera échu des billets, ſeront rembourſés comptant par le tréſorier de la bourſe au premier du mois de Juin ſuivant, en payant néanmoins auxdits rentiers les arrérages de leurs rentes, juſqu'audit jour premier Juin, conformément à l'arrêt du conſeil du 27 Mars 1731, & ſeront tenus leſdits créanciers de rapporter audit tréſorier de la bourſe, les contrats de conſtitution, & autres titres de propriété en bonne forme ;

Tome II.

leurs quittances ſur ce ſuffiſantes, & les autres décharges néceſſaires & indiſpenſables pour la validité des rembourſemens ; au moyen de quoi & des liſtes des billets qui auront été tirés, leſquelles ſeront ſignées par ledit ſieur intendant, & par l'un des ſyndics-généraux de ladite province, ledit tréſorier de la bourſe, ou les commis par lui prépoſés à Paris, à Toulouſe & à Montpellier, acquitteront les ſommes contenues auxdits billets.

Art. V.

Il ſera néanmoins permis auxdits créanciers dont les contrats portent intérêt au denier vingt, de faire leurs ſoumiſſions à l'effet de recevoir leur rembourſement, auquel cas, ſuppoſé que les ſoumiſſions qui auront été faites rempliſſent ladite ſomme de ſix cent mille livres, elle ſera délivrée auxdits créanciers, ſans qu'il ſoit tiré de loterie, laquelle n'aura lieu qu'au défaut deſdites ſoumiſſions pour remplir en tout, ou en partie la ſuſdite ſomme.

Art. VI.

Leſdites ſoumiſſions ſeront reçues par les commis du tréſorier de la bourſe des Etats de Languedoc, à Paris, à Montpellier, à Toulouſe, leſquels tiendront à cet effet un regiſtre particulier, & ſeront leſdits regiſtres paraphés par les commiſſaires de Sa Majeſté, & ceux des Etats en la même forme établie par l'article III de l'arrêt du conſeil du 29 Août 1730.

Art. VII.

Leſdites ſoumiſſions ſeront ſignées par les créanciers ou par les porteurs de leurs procurations ſpéciales, & ne pourront être faites que pour la moitié au moins du capital porté par le contrat, ſur lequel ils voudront demander un rembourſement, auquel effet il fera fait mention dans les regiſtres qui feront tenus pour recevoir leſdites foumiſſions, du nom du créancier, du capital porté par le contrat dont il voudra être rembourfé en tout ou en partie, de la date dudit contrat, & de la fomme pour laquelle la foumiſſion aura été faite, & il en fera délivré un double audit créancier.

Art. VIII.

Lefdites foumiſſions feront reçues jufqu'au premier Octobre de l'année préſente, & des fuivantes, tant que la loterie aura lieu, & les créanciers qui defireront être remboursés avant la tenue des Etats fuivans, pourront en faifant lefdites foumiſſions recevoir, à commencer du premier Juillet de chaque année, leurs remboursemens avec les intérêts échus à leur profit, depuis le premier Janvier de la même année jufqu'au jour de la quittance qu'ils en fourniront au tréforier de la bourfe, auquel cas ledit tréforier fe chargera en recette dans le compte qu'il rend annuellement aux Etats du furplus defdits intérêts impofés pour l'année courante, fauf à lui faire raifon, s'il y a lieu, fur le montant defdits intérêts, de ceux des avances qu'il aura pu faire, & le furplus fervira de fonds pour accroître à la loterie de l'année fuivante, avec les intérêts des capitaux remboursés dont l'impofition fera continuée par les Etats.

Art. IX.

Les regiſtres contenant lefdites foumiſſions feront certifiés par lefdits commis de chaque bureau, & remis par eux au tréforier de la bourfe fur fes récépiſſés, quinzaine avant le jour qui fera indiqué pour l'aſſemblée des Etats; au moyen de quoi lefdits commis en demeureront bien & valablement déchargés, & feront payés par les Etats de leurs frais & falaires.

Art. X.

Le tréforier de la bourfe fe chargera defdits regiſtres, & comptera chaque année par bref état devant les commiſſaires de Sa Majeſté, & ceux des Etats, tant des fommes qu'il aura remboursées aux créanciers qui auront fait leurs foumiſſions que de celles qu'il aura payées à ceux fur lefquels le fort fera tombé par la loterie; après quoi les regiſtres contenant lefdites foumiſſions feront remis avec ceux de la loterie par ledit tréforier de la bourfe au greffe des Etats de ladite province, & le greffier fera tenu de s'en charger pour les repréfenter toutes les fois qu'il en fera requis.

Art. XI.

Ordonne au furplus Sa Majeſté que l'arrêt du confeil du 29 Août 1730, portant établiſſement d'une loterie pour le remboursement volontaire des dettes de ladite province, & la maniere en laquelle il y feroit procédé, fera exécuté felon fa forme & teneur, en toutes celles des difpofitions qu'il contient, auxquelles il n'eſt point dérogé par le préfent arrêt. Fait au confeil d'état du Roi, Sa Majeſté y étant, tenu à Verfailles le feizieme jour de Mai mil fept cent trente-huit.

Signé, PHELYPEAUX.

LOUIS-BASILE DE BERNAGE, chevalier, feigneur de Saint-Maurice, Vaux, Chaſſy & autres lieux, confeiller d'état, grand'croix de l'ordre royal & militaire de St. Louis, intendant de juſtice, police & finances en la province de Languedoc.

VU l'arrêt du confeil d'état du Roi, ci-deſſus: Nous ordonnons que ledit arrêt fera exécuté fuivant fa forme & teneur. Fait à Montpellier le 24 Juin 1738. *Signé*, DE BERNAGE: *Et plus bas*; Par Monfeigneur, GRASSET.

Part. I. Div. I. Liv. III. Tit. II. Sect. I.   203

N°. V.   N°. V.

V.
ARRÊT
Du Conseil d'Etat du Roi,

CONCERNANT *le remboursement des créanciers de la province de Languedoc, dont les contrats portant intérêt au denier vingt, ont été tirés par loterie, en conséquence de l'arrêt du conseil du 16 Mai 1738.*

Du 13 Mai 1739.

EXTRAIT *des Registres du Conseil d'Etat.*

SUr la requête présentée au Roi, étant en son conseil, par le syndic général de la province de Languedoc, Contenant, que Sa Majesté ayant accordé à cette province une remise de huit cent mille livres sur la capitation de l'année 1738, pour être employée au remboursement de ses créanciers, il fut donné arrêt du conseil du 16 Mai 1738, qui destine sur cette somme celle de six cent mille livres au remboursement des créanciers dont les contrats portent intérêt au denier vingt, & celle de deux cent mille livres au remboursement de ceux dont les contrats ne portent intérêt qu'à trois pour cent ; & qui ordonne que ces remboursemens seront faits au moyen de deux loteries, dont la première sera tirée sans aucune mise pour le remboursement forcé des créanciers à cinq pour cent, & la seconde en la forme prescrite par l'arrêt du conseil du 29 Août 1730, pour le remboursement volontaire des créanciers à trois pour cent. Qu'en conséquence dudit arrêt du 16 Mai 1738, & de celui du 16 Décembre de ladite année, par lesquels lesdits remboursemens ont été réduits à la somme de sept cent soixante mille livres, les deux loteries ont été tirées pendant la tenue des Etats, après avoir été annoncées au public par un avis imprimé qui a été affiché à Paris, & dans toutes les villes de la province, où ledit arrêt du 16 Mai a été pareillement affiché. Qu'on a fait imprimer la liste des créanciers à cinq pour cent, dont les contrats ont été tirés, & qui doivent recevoir leur remboursement, & la liste des créanciers à trois pour cent, à qui il est échu des billets, & qu'on se conformera, à l'égard du remboursement des derniers, à la disposition de l'arrêt du conseil du 29 Août 1730 ; mais qu'à l'égard des créanciers à cinq pour cent, dont le remboursement est forcé, on a prévu qu'il pourroit se présenter quelques difficultés de la part de ceux qui chercheroient peut-être à éloigner leur remboursement. Que la première de ces difficultés est prise de la clause insérée dans la plupart des contrats passés par la province, portant que les créanciers ne pourront être remboursés que dans un certain délai, après qu'ils auront été sommés de recevoir leur remboursement. Que la nécessité de faire lesdites sommations, & d'attendre l'échéance du délai, portera, à l'égard de plusieurs desdits créanciers, les remboursemens au delà du premier de Juin, qui est le tems indiqué par l'arrêt du 16 Mai 1738 ; & que d'ailleurs, comme la plupart des contrats n'appartiennent plus aux créanciers originaires, & qu'ils ont passé en d'autres mains, au moyen des cessions, transports, donations, testamens, partages, & autres actes de cette nature, il pourra arriver que ne connoissant pas le domicile de plusieurs de ces nouveaux créanciers, on ne sera pas en état de leur faire un acte de sommation. Que la seconde difficulté consiste, en ce que les créanciers pourroient prétendre qu'après l'échéance du délai porté par l'acte de sommation, il faudroit leur offrir réellement la somme qui leur est due, & la consigner, au cas qu'ils refusassent de la recevoir. Que cet ordre & ces formalités, qui peuvent être observées entre particuliers, ne peuvent point l'être à l'égard de la province, par la difficulté qu'il y auroit de faire des offres réelles à tous les créanciers qui sont dispersés dans les différentes provinces du royaume, & même dans les pays étrangers ; & que d'ailleurs, les bureaux où les payemens doivent être faits, étant toujours ouverts, les caissiers du trésorier de la bourse sont toujours prêts à payer ceux qui se présentent à ces bureaux ; ce qui produit le même effet par rapport aux créanciers, que les offres réelles des particuliers. Que la troisieme difficulté regarde la validité des remboursemens des capitaux dus aux mineurs, aux maisons religieuses, aux bénéficiers, aux femmes séparées de biens de leurs maris, comme faisant partie de leur dot, & autres auxquels les remboursemens ne peuvent être faits sans autorité de justice. Que les regles ordinaires à l'égard de ces sortes de créanciers, sont d'une part, que le débiteur peut toujours se libérer ; & de l'autre qu'il faut avoir recours à la justice pour valider le payement au défaut d'emploi, & faire ordonner que la somme due sera consignée, ou que si elle reste entre les mains du débiteur, elle ne portera aucun intérêt. Que la nécessité de se conformer à ces regles, exposera la province à un grand nombre de formalités qui seront fort onéreuses, non-seulement parce qu'elles peuvent dégénérer en litige, mais encore par l'embarras de remplir lesdites formalités d'autorité de différens juges, dans le ressort desquels les créanciers ont leur domicile. Que cet embarras seroit d'autant plus grand, qu'il s'éleveroit peut-être une nouvelle difficulté pour savoir, si dans les cas ci-dessus énoncés, & autres semblables, le débiteur, pour se libérer valablement, doit se contenter d'une sentence du premier juge, ou s'il doit obtenir un arrêt : de sorte que dans ce dernier cas les Etats se trouveroient exposés, non-seulement à poursuivre différens procès dans différens tribunaux, mais même à essuyer plusieurs degrés de jurisdiction pour une même contestation, ce qui retarderoit l'effet des remboursemens, & priveroit la province d'une partie des avantages que Sa Majesté a voulu lui procurer. Qu'enfin il pourroit encore survenir une autre difficulté à raison des sommes saisies, & arrêtées entre les mains du trésorier de la bourse, & qui ne peuvent être payées valablement au rentier à qui le contrat appartient. Qu'il ne seroit pas juste cependant qu'un pareil prétexte empêchât la province de se libérer. A ces causes, requéroit le suppliant, qu'il plût à Sa Majesté, en se réservant la connoissance de toutes les contestations qui pourront s'élever au sujet des remboursemens qui seront faits par la province, nommer tels commissaires du conseil qu'elle jugera à propos pour juger lesdites contestations, & prescrire les formalités qui doivent être observées par la province pour la validité desdits remboursemens. Vu ladite requête, ensemble l'arrêt du conseil du 29 Août 1730. Oui le rapport du sieur Orry, conseiller d'état & conseiller ordinaire au conseil royal, contrôleur général des finances ; LE ROI ETANT EN SON CONSEIL, a ordonné & ordonne ce qui suit :

ARTICLE PREMIER.

Les rentiers de la province de Languedoc, dont les contrats qui sont sur le pied du denier vingt, & qui ont été tirés à la loterie pendant la derniere assemblée des Etats, seront sommés de se présenter au premier Octobre prochain à l'un des trois bureaux du trésorier de la bourse de ladite province, établis à Paris, à Toulouse & à Montpellier, pour y recevoir le remboursement de leurs capitaux, & être payés des arrérages d'iceux, aux charges & conditions portées par l'article IV de l'arrêt du conseil du 16 Mai 1738.

ART. II.

Les sommations seront faites dans le cours des mois de Mai & de Juin, & signifiées à la personne ou au domicile desdits rentiers; savoir, à l'égard des rentiers originaires, au domicile élu dans les contrats; & à l'égard des rentiers à qui les contrats sont parvenus par cessions, testamens, partages, donations, & autres actes qui établissent la propriété desdites rentes en leur faveur, au domicile élu dans les exploits de signification desdits actes, aux syndics généraux; & à défaut d'élection de domicile dans lesdits exploits, lesdites sommations seront faites & signifiées au domicile énoncé dans lesdits contrats.

ART. III.

A l'égard des rentiers étrangers, les sommations leur seront faites au domicile par eux élu dans le royaume dans les contrats originaires, ou dans les exploits de signification des cessions, testamens, partages, donations, & autres actes établissant la propriété des rentes en leur faveur, sans que lesdits actes de sommation puissent d'ailleurs être assujettis à aucune autre formalité, de quoi Sa Majesté les dispense par exprès, tant à l'égard des rentiers étrangers, qu'à l'égard de ceux qui sont domiciliés dans le royaume.

ART. IV.

Au défaut d'élection de domicile dans le royaume, l'affiche de la liste dont il sera parlé dans l'article suivant,

tiendra lieu de sommation à l'égard des rentiers étrangers; ce qui sera aussi observé à l'égard des rentiers domiciliés dans le royaume, dans le cas où ils n'auront point fait élection de domicile dans les actes qui établissent la propriété des contrats en leur faveur, ni dans les exploits de significations d'iceux aux syndics généraux de ladite province, & où leur domicile ne se trouvera point énoncé dans lesdits actes ou contrats.

ART. V.

La liste desdits rentiers à cinq pour cent, dont les contrats ont été tirés, sera affichée dans le cours des mois de Mai & de Juin; savoir, à Paris aux portes des églises paroissiales de ladite ville, & fauxbourgs, de l'hôtel-deville, du palais & du châtelet; à Toulouse, Montpellier, & autres villes chefs des diocèses de ladite province, aux portes des églises paroissiales desdites villes & fauxbourgs, & à celles des hôtels-de-ville, & jurisdictions royales; de laquelle affiche il sera dressé des procès-verbaux par un huissier des jurisdictions desdites villes.

ART. VI.

Faute par lesdits rentiers de se présenter à l'un des trois bureaux du trésorier de la bourse, au premier Octobre prochain, pour recevoir leur remboursement, ou de satisfaire aux conditions portées par l'article IV dudit arrêt du conseil du 16 Mai 1738., la province demeurera entierement libérée à leur égard, & les sommes à eux dues, tant en capitaux qu'arrérages., demeureront consignées, à leurs périls & risques, entre les mains du trésorier de la bourse, d'où il leur sera permis de les retirer quand bon leur semblera, sans aucuns frais, ni droits, en fournissant audit trésorier leurs quittances & décharges valables.

Art. VII.

La disposition de l'article ci-dessus aura lieu à l'égard des pupilles, & même des mineurs en pays coutumier, des interdits, des hôpitaux, & autres communautés, dont les tuteurs, curateurs, ou administrateurs peuvent fournir des quittances & décharges valables ; le tout sans préjudice du recours tel que de droit, contre lesdits tuteurs, curateurs, ou administrateurs, & sans qu'en aucun cas, & sous quelque prétexte que ce puisse être, la province puisse être recherchée à ce sujet.

Art. VIII.

Veut Sa Majesté que toutes les contestations qui pourront naître au sujet desdits remboursemens, & même de ceux qui doivent être faits aux rentiers, dont les intérêts sont réduits au-dessous du denier vingt, soient portés pardevant les sieurs commissaires du bureau établi pour juger les appellations des sentences des juges-consuls du royaume, concernant les payemens en écritures & comptes en banque, lesquels Sa Majesté a commis & commet, pour, au rapport du sieur Lescalopier, conseiller du Roi en ses conseils, maître des requêtes ordinaire de son hôtel, l'un desdits sieurs commissaires, juger au nombre de cinq au moins lesdites contestations définitivement & en dernier ressort, Sa Majesté leur attribuant à cet effet toute cour, jurisdiction, & connoissance, & icelle interdisant à toutes ses cours, & autres juges. Fait Sa Majesté défenses aux parties de se pourvoir, sur lesdites contestations, ailleurs que pardevant lesdits sieurs commissaires, à peine de nullité, cassation des procédures, & de tous dépens, dommages & intérêts.

Art. IX.

Les mineurs en pays de droit écrit, qui auront atteint l'âge où ils sortent de tutelle, les femmes séparées de biens de leurs maris, auxquelles les rentes appartiennent, comme faisant partie de leur dot, les maisons religieuses, & les bénéficiers auxquels les rentes appartiennent, comme faisant partie de leurs bénéfices, seront assignés devant lesdits sieurs commissaires, à la requête des syndics généraux de la province, à l'effet de voir ordonner qu'ils seront tenus d'indiquer un emploi des capitaux qui doivent leur être remboursés, & d'obtenir avant le premier Janvier prochain un jugement desdits sieurs commissaires qui autorise ledit emploi, en vertu duquel jugement duement signifié aux syndics généraux de la province, lesdits capitaux leur seront payés en la forme & maniere qui sera prescrite par ledit jugement, au moyen de quoi la province sera valablement libérée.

Art. X.

Les jugemens seront rendus contre les mineurs des pays de droit écrit, qui seront hors de tutelle, avec l'assistance du curateur qui sera nommé à cet effet par lesdits commissaires ; & contre les mineurs émancipés dans les pays de coutume, avec l'assistance d'un tuteur *ad'hoc*, que lesdits commissaires nommeront aussi.

Art. XI.

Faute par lesdits mineurs, bénéficiers, & maisons religieuses, d'avoir indiqué l'emploi des capitaux qui doivent leur être remboursés, & d'avoir obtenu un jugement qui autorise ledit emploi, avant ledit jour premier Janvier de l'année prochaine, il sera ordonné par lesdits sieurs commissaires, à la requête des syndics généraux, que la province sera entierement libérée à leur égard, & que les sommes à eux dues en capital, demeureront consi-

No. V.

gnées, à leurs périls & rifques, entre les mains du tréforier de la bourfe, fans qu'en aucun cas la province puiffe être recherchée à raifon des pertes & dommages qu'ils pourront fouffrir à cette occafion.

Art. XII.

Pourront toutefois lefdits rentiers retirer dudit tréforier de la bourfe les arrérages des rentes à eux dus, & qui auront cours jufqu'audit jour premier Janvier prochain, en fourniffant leur quittance, & fans y être autorifés par un jugement ; mais à l'égard des capitaux, ils ne pourront leur être délivrés qu'il n'ait été ainfi ordonné par un jugement defdits fieurs commiffaires.

Art. XIII.

Si les contrats qui doivent être rembourfés, fe trouvent faifis, & arrêtés entre les mains du tréforier de la bourfe, foit que la faifie foit antérieure à ladite loterie, foit qu'elle n'ait été faite que depuis qu'elle a été tirée, le capital & les intérêts ne pourront être délivrés qu'en rapportant la main-levée de ceux qui auront fait ladite faifie ; & faute par les rentiers à qui lefdits contrats appartiennent, de rapporter ladite main-levée avant le premier Octobre, le capital & les interêts qui auront couru jufqu'audit jour premier Octobre feulement, demeureront confignés en vertu du préfent arrêt, entre les mains du tréforier de la bourfe, aux périls & rifques defdits rentiers, jufqu'à ce qu'ils rapportent la main-levée defdites faifies, fur la validité de laquelle, en cas de conteftation de la part des fyndics généraux, les parties ne pourront fe pourvoir que devant lefdits fieurs commiffaires, fans préjudice toutefois aufdits rentiers de pouvoir exercer leur recours, s'il y échoit, contre le faififfant, pour leurs dommages & intérêts, ainfi qu'ils aviferont. Fait au confeil d'état du Roi, Sa Majefté y étant, tenu à Marly le treizieme jour de Mai mil fept cent trente-neuf.

Signé, Phelypeaux.

L OUIS, par la grace de Dieu, Roi de France et de Navarre : Au premier des huiffiers de nos confeils, ou autre notre huiffier ou fergent fur ce requis. Nous te mandons & commandons par ces préfentes fignées de notre main, que l'arrêt ci-attaché fous le contre-fcel de notre chancellerie, ce jourd'hui donné en notre confeil d'état, Nous y étant, pour les caufes y contenues, tu fignifies à tous qu'il appartiendra, à ce que perfonne n'en ignore ; & fais en outre pour fon entiere exécution, tous exploits, commandemens, fommations, & autres actes requis & néceffaires, fans autre permiffion ; car tel eft notre plaifir. Donné à Marly le treizieme jour de Mai, l'an de grace mil fept cent trente-neuf, & de notre regne le vingt-quatrieme. *Signé*, LOUIS, *Et plus bas* ; par le Roi. *Signé*, Phelypeaux. Et fcellé.

No. V.

VI.

ARRÊT

Du Conseit d'Etat du Roi,

Qui accorde aux Etats de la province de Languedoc, la fomme de huit cent mille livres, pour fervir de fonds à deux loteries des créanciers de ladite province, dont les contrats portent intérêt à trois & à cinq pour cent.

Du 2 Août 1740.

Extrait *des Regiftres du Confeil d'Etat.*

V U par le Roi étant en fon confeil, les inftructions adreffées par Sa Majefté, au mois de Novembre de l'année 1739, aux sieurs commissaires présidens pour Elle à l'assemblée des États de la province de Languedoc ; portant entr'autres choses , que sur la somme de seize cent mille livres qui doit être demandée de sa part pour la capitation de 1740 , & qui doit être imposée en ladite année , Sa Majesté veut bien destiner celle de 800,000 livres à rembourser pareille somme de capitaux des dettes de la province , portant intérêt, en la forme & maniere qui sera réglée par l'arrêt qui sera expédié à cet effet : L'arrêt du 9 Août 1739, qui , sur la somme imposée pour la capitation de l'année 1739 , destine pareille somme de 800,000 livres au remboursement des créanciers de ladite province ; savoir, 200,000 livres pour les contrats qui ne portent intérêt qu'à trois pour cent & au-dessous, & le surplus , pour les contrats qui portent intérêt au denier vingt ; & qui ordonne de plus, que les sommes provenant , tant de la mise des billets qui ont été pris pour le remboursement des contrats à trois pour cent & au-dessous , & de la retenue de douze pour cent sur le remboursement desdits contrats , que des intérêts des contrats remboursés , serviront d'accroissement à la susdite somme de 800,000 livres, suivant ce qui est expliqué par ledit arrêt : auquel effet il sera tiré deux loteries pendant la tenue des Etats lors prochaine , le tout conformément à l'arrêt du 16 Mai 1738 : Autre arrêt du 10 Novembre 1739 , par lequel Sa Majesté , en accordant une diminution de 80,000 livres sur l'imposition de la capitation de ladite année , réduit la susdite somme de 800,000 livres à celle de 760,000 liv. en la maniere portée par ledit arrêt : Autre arrêt du 13 Mai 1739, qui prescrit les formalités qui doivent être observées pour la validité des remboursemens desdits contrats , portant

intérêt au denier vingt , & qui nomme des commissaires pour juger les contestations auxquelles lesdits remboursemens peuvent donner lieu. Oui le rapport du sieur Orry, conseiller d'état & conseiller ordinaire & au conseil royal, contrôleur général des finances ; LE ROI ETANT EN SON CONSEIL , a ordonné & ordonne ce qui suit.

ARTICLE PREMIER.

La somme de huit cent mille livres , dont Sa Majesté veut bien accorder la remise sur l'imposition de la capitation de la présente année 1740 , sera destinée & employée en entier à acquitter pareille somme sur les dettes de ladite province en corps , au moyen de deux loteries qui seront tirées pendant la tenue de l'assemblée prochaine des Etats ; à l'effet de quoi, lad. somme de huit cent mille livres, demeurera entre les mains du trésorier de la bourse, auquel il en sera rendu compte par le garde du trésor royal en exercice, sur le montant de la capitation de ladite année 1740 , en rapportant le présent arrêt & le certificat du sieur de Bernage, conseiller d'état, intendant de ladite province, contenant que l'emploi en a été fait à sa destination, moyennant quoi ledit trésorier en demeurera bien & valablement déchargé.

ART. II.

Veut Sa Majesté que sur ladite somme de huit cent mille livres , il n'en soit destiné que celle de deux cent mille livres, au remboursement des créanciers, dont les contrats portent intérêt à trois pour cent & au-dessous, au profit desquels la loterie sera tirée, en la forme & maniere prescrite par l'arrêt du 29 Août 1730 , & aux conditions portées par ledit arrêt ; & que le surplus, montant à la somme de six cent mille livres , soit uniquement destiné au remboursement des créanciers

dont

dont les contrats portent intérêt au denier vingt, conformément aux articles III & XI de l'arrêt du 16 Mai mil sept cent trente-huit.

ART. III.

Et attendu que les intérêts des capitaux remboursés en vertu des arrêts du conseil des 16 Mai 1738 & 9 Août 1739, ainsi que la retenue de douze pour cent sur les contrats à trois pour cent, qui ont été tirés par loterie le 16 Janvier dernier, & le montant de la mise des billets de ladite loterie, doivent servir d'accroissement au susdit fonds de huit cent mille livres : Ordonne Sa Majesté, que les sommes provenant, tant du montant de la mise des billets qui ont été pris pour le remboursement des contrats portant intérêt à trois pour cent & au-dessous, & des douze pour cent retenus sur le remboursement de ces contrats, que des intérêts des capitaux remboursés en exécution desdits arrêts, seront ajoutés au fonds de deux cent mille livres destiné à acquitter lesdits contrats ; & le produit des intérêts des contrats constitués au denier vingt, qui auront été pareillement remboursés en conséquence desdits arrêts, sera aussi ajouté au fonds destiné à acquitter les contrats portant intérêt sur ce pied, le tout suivant la liquidation qui en sera faite par les sieurs commissaires de Sa Majesté & ceux des Etats, huit jours après l'ouverture de leur assemblée, déduction faite des frais de quittance & autres frais de remboursement.

ART. IV.

Il sera néanmoins permis auxdits rentiers, dont les contrats portent intérêt au denier vingt, de faire leurs soumissions, à l'effet de recevoir leurs remboursemens, conformément à ce qui est porté par les articles V, VI, VII, VIII, IX & X de l'arrêt du 16

Tome II.

Mai 1738, lesquels seront exécutés selon leur forme & teneur.

ART. V.

Au cas qu'il survienne quelques contestations, au sujet des remboursemens qui seront faits en conséquence des deux loteries qui doivent être tirées en exécution du premier arrêt, elles seront portées devant les commissaires nommés par l'arrêt du 13 Mai 1739 ; Sa Majesté leur attribuant à cet effet toute jurisdiction & connoissance, icelle interdisant à toutes ses cours & juges : Et sera ledit arrêt du 13 Mai 1739, exécuté selon sa forme & teneur, en ce qui concerne la forme desd. remboursemens. Fait au conseil d'état du Roi, Sa Majesté y étant, tenu à Compiegne le deuxieme jour d'Août mil sept cent quarante.

Signé, PHELYPEAUX.

LOUIS-BASILE DE BERNAGE, *chevalier, seigneur de Saint-Maurice, Vaux, Chassy & autres lieux, conseiller d'état, grand'croix de l'ordre royal & militaire de St. Louis, intendant de justice, police & finances en la province de Languedoc.*

VU l'arrêt du conseil d'état ci-dessus, & la réquisition du syndic-général de la province : Nous ordonnons que led. arrêt sera exécuté selon sa forme & teneur. Fait à Montpellier le premier Septembre 1740. *Signé*, DE BERNAGE : *Et plus bas*; Par Monseigneur, GRASSET.

VII.

ARRÊT

DU CONSEIL D'ÉTAT DU ROI,

Qui accorde aux Etats de la province de Languedoc, la somme de huit cent mille livres, pour servir de fonds à deux loteries des créanciers de la-

D d

dite province , dont les contrats portent intérêt à trois & à cinq pour cent.

Du premier Août 1741.

EXTRAIT *des Regiſtres du Conſeil d'Etat.*

VU par le Roi étant en ſon conſeil, les inſtructions adreſſées par Sa Majeſté au mois de Novembre de l'année 1740, aux ſieurs commiſſaires préſidens pour Elle à l'aſſemblée des Etats de la province de Languedoc ; portant entr'autres choſes, que ſur la ſomme de ſeize cent mille livres, qui doit être demandée de ſa part pour la capitation de l'année 1741 , & qui doit être impoſée en ladite année, Sa Majeſté veut bien deſtiner celle de huit cent mille livres, à rembourſer pareille ſomme de capitaux des dettes de la province portant intérêts, en la forme & maniere qui ſera réglée par l'arrêt qui ſera expédié à cet effet, & la délibération des Etats du 22 du mois de Décembre de l'année 1740. Oui le rapport du ſieur Orry, conſeiller d'état, & conſeiller ordinaire au conſeil royal, contrôleur - général des finances : SA MAJESTÉ ETANT EN SON CONSEIL, a ordonné & ordonne ce qui ſuit :

ARTICLE PREMIER.

La ſomme de huit cent mille livres, dont Sa Majeſté veut bien accorder la remiſe ſur l'impoſition de la capitation de la préſente année 1741 , ſera deſtinée & employée en entier à acquitter pareille ſomme ſur les dettes de ladite province en corps, au moyen de deux loteries qui ſeront tirées pendant la tenue de l'aſſemblée prochaine des Etats, à l'effet de quoi ladite ſomme de huit cent mille livres demeurera entre les mains du tréſorier de la bourſe , auquel il en ſera tenu compte par le

garde du tréſor royal en exercice , ſur le montant de la capitation de ladite année 1741 , en rapportant le préſent arrêt & le certificat du ſieur de Bernage , conſeiller d'état , intendant en Languedoc , contenant que l'emploi a été fait à ſa deſtination, moyennant quoi ledit tréſorier en demeurera bien & valablement déchargé.

ART. II.

Veut Sa Majeſté que ſur ladite ſomme de huit cent mille livres, il ne ſoit employé que celle de deux cent mille livres au rembourſement des créanciers dont les contrats portent intérêt à trois pour cent & au deſſous, au profit deſquels la loterie ſera tirée, en la forme & maniere preſcrite par l'arrêt du 29 Août 1730 , & aux conditions portées par ledit arrêt ; & que le ſurplus, montant à la ſomme de ſix cent mille livres, ſoit uniquement deſtiné & employé au rembourſement des créanciers dont les contrats portent intérêt au denier vingt, conformément à ce qui eſt ordonné par les articles III & XI de l'arrêt du conſeil du 16 Mai 1738.

ART. III.

Et attendu que les intérêts des capitaux rembourſés en vertu des arrêts du 16 Mai 1738 , 9 Août 1739 , & 2 Août 1740 , ainſi que la retenue de douze pour cent ſur les contrats à trois pour cent qui ont été tirés par loterie le 21 Janvier dernier , & le montant de la miſe des billets de ladite loterie , doit ſervir d'accroiſſement au ſuſdit fonds de huit cent mille livres : Ordonne Sa Majeſté que les ſommes provenant, tant du montant de la miſe des billets qui ont été pris l'année derniere pour le rembourſement des contrats portant intérêt à trois pour cent & au-deſſous, & des douze pour cent retenus ſur le rembourſement de ces

No. VII. contrats, que des intérêts des capitaux remboursés en exécution desdits arrêts, seront ajoutés au fonds de deux cent mille livres destiné à acquitter lesdits contrats : Et ce produit des intérêts des contrats constitués au denier vingt, qui auront été pareillement remboursés en conséquence des susdits arrêts, sera aussi ajouté au fonds de six cent mille livres destiné à acquitter les contrats portant intérêt sur ce pied, le tout suivant la liquidation qui en sera faite par les sieurs commissaires de Sa Majesté, & ceux des Etats, huit jours après l'ouverture de leur assemblée, déduction faite des frais de quittances, & autres frais de remboursement.

Art. IV.

Il sera néanmoins permis auxdits rentiers dont les contrats portent intérêt au denier vingt, de faire leurs soumissions, à l'effet de recevoir leurs remboursemens, conformément à ce qui est porté par les articles V, VI, VII, VIII, IX & X de l'arrêt du conseil du 16 de Mai 1738, lesquels seront exécutés selon leur forme & teneur.

Art. V.

Au cas qu'il survienne quelques contestations au sujet des remboursemens qui seront faits en conséquence des deux loteries qui seront tirées en exécution du présent arrêt, elles seront portées devant les commissaires nommés par l'arrêt du conseil du 13 de Mai 1736, Sa Majesté leur attribuant à cet effet toute jurisdiction & connoissance, icelle interdisant à toutes ses cours & autres juges. FAIT au conseil d'état du Roi, Sa Majesté y étant, tenu à Versailles le premier jour d'Août mil sept cent quarante-un.

Signé, PHELYPEAUX.

No. VII. *LOUIS-BASILE DE BERNAGE, chevalier, seigneur de Saint-Maurice, Vaux, Chassy & autres lieux, conseiller d'état, grand'croix de l'ordre royal & militaire de St. Louis, intendant de justice, police & finances en la province de Languedoc.*

VU l'arrêt du conseil d'état ci-dessus, & la réquisition du syndic général de la Province : Nous ordonnons que ledit arrêt sera exécuté suivant sa forme & teneur. FAIT à Bram, le huit Septembre mil sept cent quarante-un. *Signé*, DE BERNAGE : *Et plus bas*; Par Monseigneur, GRASSET.

VIII.
ARRÊT
Du Conseil d'Etat du Roi,

Qui permet aux Etats de la province de Languedoc, de faire tirer deux loteries pour le remboursement des créanciers de ladite province, sur le premier & le second emprunt de trois millions de livres, pour lesquels lesdits Etats ont prêté leur crédit à Sa Majesté, & regle la maniere en laquelle lesdits remboursemens doivent être faits.

Du 23 Décembre 1744.

EXTRAIT des Registres du Conseil d'Etat.

SUR la requête présentée au Roi, étant en son conseil, par le syndic-général de la province de Languedoc; contenant que les Etats ayant prêté leur crédit à Sa Majesté, pour la somme de trois millions de livres, par délibération du 31 Décembre 1742, aux conditions énoncées dans le traité passé le même jour entre les commissaires de Sa Majesté & ceux desdits Etats, autorisé par arrêt du conseil du 7 Janvier 1743, il a été convenu par l'article II dudit traité, qu'il seroit retenu tous les ans par le tréforier de la bourse, fur les fommes qu'il aura à remettre au Roi pour ladite province, la fomme de deux cent cinquante mille livres, pour fervir au remboursement defdits trois millions de livres, & intérêts, fur le pied du denier vingt, frais, taxations, ou droits de remise; & par l'article IV qu'il feroit fait tous les ans une liquidation par les fieurs commiffaires du Roi & ceux des Etats, des fommes qui auroient été remboursées fur le principal defdits trois millions de livres, au moyen des deux cent cinquante mille livres qui doivent être retenues tous les ans, laquelle liquidation fera continuée jufqu'à l'entier remboursement defdits trois millions : que les Etats ont auffi prêté leur crédit à Sa Majesté pour une pareille fomme de trois millions de livres, par une autre délibération du 31 Décembre 1743, aux claufes & conditions du traité paffé le même jour entre les commiffaires préfidens pour le Roi aux Etats de ladite province, & les commiffaires defdits Etats ; lequel traité a été également autorifé par arrêt du confeil du 10 Janvier de la préfente année 1744, & contient les mêmes claufes & conditions que celles du précédent traité, notamment pour la retenue de deux cent cinquante mille livres, & pour la liquidation énoncée ci-deffus : qu'en exécution dudit traité du 31 Décembre 1742, il fut procédé par les commiffaires de Sa Majesté & ceux des Etats, à la liquidation des fommes dues à la province fur le premier emprunt de trois millions de livres, pour les intérêts, frais des contrats, taxations & remifes, & qu'ils arrêterent l'état des fommes à rem-

bourfer, fur le capital de foixante-neuf mille huit cent livres, dix-huit fols quatre deniers ; laquelle fomme a été remboursée à plufieurs créanciers qui ont reçu volontairement leur remboursement, par la facilité de placer les mêmes fommes fur les nouveaux Emprunts ; mais que comme on ne pouvoit pas compter que les autres créanciers dudit emprunt puffent être remboursés volontairement, il fut délibéré le 4 Février 1744, de procéder auxdits remboursemens par loterie, au défaut des foumiffions des créanciers de les recevoir, à l'exception toutefois des maifons religieufes & hôpitaux, lefquels ne feront remboursés qu'après tous les autres créanciers : que le défaut de foumiffion defdits créanciers, tant pour le premier emprunt de trois millions de livres, que pour le fecond emprunt de la même fomme, met les Etats dans la néceffité d'exécuter ladite délibération. Requéroit, A CES CAUSES, le fuppliant, qu'il plût à Sa Majesté ordonner que les remboursemens à faire, tant fur le premier emprunt de trois millions, que fur le fecond, feront faits par une loterie qui fera tirée pour chacun defdits emprunts, & que les difpofitions des arrêts du confeil des 29 Août 1730, 16 Mai 1738, & 13 Mai 1739, rendus au fujet des loteries ci-devant tirées pour le remboursement des créanciers de ladite province, feront exécutés dans tout ce qui regarde la forme defdites loteries, & la validité des remboursemens qui doivent être faits en conféquence. Vu ladite requête, l'arrêt du confeil du 7 Janvier 1743, qui autorife le traité fait par les commiffaires préfidens pour Sa Majesté aux Etats de ladite province, & ceux defdits Etats, pour raifon de l'emprunt de trois millions de livres, pour lequel ladite province a prêté fon crédit à Sa Majesté :

Autre arrêt du conseil du 10 Janvier 1744, qui autorise le traité fait entre les commissaires de Sa Majesté & ceux des Etats au sujet du crédit que ladite province a prêté au Roi pour une autre somme de trois millions de livres ; la délibération desdits Etats du 4 Février de la présente année 1744 ; & les arrêts du conseil des 29 Août 1730, 16 Mai 1738, & 13 Mai 1739, au sujet des loteries ci-devant tirées pour le remboursement des créanciers de ladite province, ensemble l'avis du sieur Lenain, conseiller du Roi en ses conseil, maître des requêtes ordinaire de son hôtel, intendant en ladite province : Oui le rapport du sieur Orry, conseiller d'état ordinaire, & au conseil royal, contrôleur-général des finances ; LE ROI ETANT EN SON CONSEIL, a ordonné & ordonne ce qui suit.

ARTICLE PREMIER.

Il sera fait chaque année, par les commissaires de Sa Majesté & ceux des Etats, une liquidation sur chacun desdits emprunts, des sommes à rembourser en principal sur la retenue des deux cent cinquante mille livres, déduction faite des intérêts, taxations, remises, & autres frais ; & le montant de ladite liquidation sera destiné en entier & employé à acquitter par une loterie qui sera tirée, pour chacun desdits emprunts, pendant la tenue des Etats, pareille somme sur le montant de ces emprunts ; auquel effet, il sera mis dans une roue, à chacune desdites loteries, autant de billets qu'il y a de contrats dans chaque emprunt, portant intérêt au denier vingt, à l'exception seulement de ceux qui appartiennent aux maisons religieuses & aux hôpitaux, qui ne seront remboursés qu'après tous les autres créanciers, lesquels billets contiendront le nom du créancier, la date, & le montant du capital porté par le contrat.

ART. II.

Ladite loterie sera tirée en la manière prescrite par l'article VII de l'arrêt du conseil du 29 Août 1730, dans le lieu où les Etats seront assemblés & dans la salle d'assemblée desdits Etats, en présence des commissaires de Sa Majesté, de ceux desdits Etats, & des rentiers qui voudront y assister ; & il sera tenu deux registres, l'un par le greffier des commissaires du Roi, paraphé par lesdits sieurs commissaires, & l'autre par le greffier des Etats, aussi paraphé par les commissaires desdits Etats, dans lesquels registres lesdits greffiers enregistreront, chacun à leur égard, les numéros, noms des créanciers, & sommes des billets, à mesure qu'ils seront appellés, & garderont lesdits registres dans leurs greffes, pour y avoir recours en cas de besoin ; & au cas qu'après avoir tiré des billets jusqu'à concurrence de la somme à rembourser, le montant du dernier billet excede ladite somme, le créancier auquel ce billet sera échu, aura la liberté d'accepter ou de refuser la somme qui restera à délivrer pour parfaire le montant de celle qui doit être remboursée ; & au cas de refus, le fonds restera entre les mains du trésorier de la bourse desdits Etats, pour servir d'accroissement à la loterie de l'année suivante.

ART. III.

Ceux des rentiers auxquels il sera échu des billets, seront remboursés comptant par le trésorier de la bourse, au premier du mois de Juin suivant, en payant néanmoins auxdits rentiers, les arrérages de leurs rentes, jusqu'audit jour premier Juin, conformément à l'arrêt du conseil du 27 Mars 1731 ; & seront tenus lesdits créanciers de rapporter au tréforier de la bourfe, les contrats de conftitution & autres titres de propriété en bonne forme, leurs quittances fur ce fuffifantes , & les autres décharges néceffaires pour la validité des rembourfemens : au moyen de quoi , & des liftes des billets qui auront été tirés, lefquelles liftes feront fignées par le fieur intendant , & par l'un des fyndics-généraux de la provin-ce , ledit tréforier de la bourfe , ou les commis par lui prépofés à Paris, à Touloufe, & à Montpellier, acquitte-ront les fommes contenues auxd. billets.

Art. IV.

Il fera néanmoins permis auxdits créanciers , de faire leurs foumiffions , à l'effet de recevoir leurs rembourfe-mens; auquel cas , fuppofé que les foumiffions qui auront été faites , rem-pliffent le montant de la fomme à rem-bourfer , elle fera délivrée auxdits créanciers , fans qu'il foit tiré de lote-rie , laquelle n'aura lieu qu'à défaut defdites foumiffions pour remplir en tout ou en partie la fufdite fomme : & pour ce qui concerne la forme defdites foumiffions, les articles VI , VII, VIII, IX & X de l'arrêt du confeil du 16 Mai 1738, feront obfervés felon leur forme & teneur.

Art. V.

Les créanciers dont les contrats fe-ront tirés auxdites loteries , feront fom-més de fe préfenter au premier Juillet prochain , à l'un des trois bureaux du tréforier de ladite province, établis à Paris, à Touloufe , & à Montpellier, pour y recevoir le rembourfement de leurs capitaux , & être payés des ar-rérages d'iceux , aux charges & condi-tions portées par l'article IV de l'arrêt du confeil du 16 Mai 1738.

Art. VI.

Les fommations feront faites dans le cours des mois de Mars & d'Avril ,

& fignifiées à la perfonne ou au domi-cile defdits créanciers ; favoir, à l'égard des créanciers originaires, au domicile élu dans les contrats ; & à l'égard de ceux à qui les contrats font parvenus par ceffions , teftamens , partages , donations & autres actes, qui établif-fent la propriété des rentes en leur fa-veur, au domicile élu dans les exploits de fignification defdits actes aux fyn-dics généraux de la province ; à défaut d'élection de domicile dans lefdits ex-ploits, lefdites fommations feront faites & fignifiées au domicile énoncé dans lefdits contrats.

Art. VII.

A l'égard des créanciers étrangers , les fommations leur feront faites au domicile par eux élu dans le royaume, par les contrats originaires , ou dans les exploits de fignification des ceffions, teftamens , partages , donations , & autres actes établiffant la propriété des rentes en leur faveur, fans que lefdits actes de fommation puiffent d'ailleurs être affujettis à aucune autre formalité, de quoi Sa Majefté les difpenfe par ex-près , tant à l'égard des créanciers étrangers , qu'à l'égard de ceux qui font domiciliés dans le royaume.

Art. VIII.

Au défaut d'élection de domicile dans le royaume , l'affiche de la lifte dont il fera parlé dans l'article fuivant, tiendra lieu de fommation à l'égard des rentiers étrangers ; ce qui fera auffi obfervé à l'égard des créanciers domi-ciliés dans le royaume , dans le cas où ils n'auront point fait élection de do-micile dans les actes qui établiffent la propriété des contrats en leur faveur, ni dans les exploits de fignification d'i-ceux aux fyndics généraux de ladite province, & où leur domicile ne fe trouvera point énoncé dans lefdits ac-tes ou contrats.

ART. IX.

La lifte defdits créanciers, dont les contrats auront été tirés, fera affichée dans le cours des mois de Mars & d'Avril; favoir, à Paris, aux portes des églifes paroiffiales de ladite ville & fauxbourgs, de l'hôtel-de-ville, du palais, & du châtelet; à Touloufe, Montpellier, & autres villes chefs des diocefes de ladite provîce, aux portes des églifes paroiffiales defdites villes & fauxbourgs, & à celles des hôtels-de-ville & jurifdiétions royales; defquelles affiches il fera dreffé des procès-verbaux, par un huiffier des jurifdictions defdites villes.

ART. X.

Faute par lefdits créanciers de fe préfenter à l'un des trois bureaux du tréforier de la bourfe, au premier Juillet prochain, pour recevoir leur rembourfement, ou de fatisfaire aux conditions portées par l'article IV dudit arrêt du confeil du 16 Mai 1738, la province demeurera entierement libérée à leur égard; & les fommes à eux dues, tant en capitaux, qu'arrérages, demeureront confignées, à leurs périls & rifques, entre les mains du tréforier de la bourfe, d'où il leur fera permis de les retirer quand bon leur femblera, fans aucuns frais ni droits, en fournif-fant audit tréforier leurs quittances & décharges valables.

ART. XI.

La difpofition de l'article ci-deffus aura lieu à l'égard des pupilles & même des mineurs au pays coutumier, des interdits & autres, dont les tuteurs ou curateurs peuvent fournir des quittan-ces & décharges valables; le tout fans préjudice du recours contre lefdits tu-teurs ou curateurs, & fans qu'en au-cun cas, & fous quelque prétexte que ce foit, la province puiffe être recher-chée à ce fujet.

ART. XII.

Veut Sa Majefté que toutes les con-teftations qui pourront naître au fujet defdits rembourfemens, & qui regar-deront des créanciers ayant leur domi-cile dans la province de Languedoc, foient portées pardevant le fieur Le-nain, intendant en ladite province, pour, conjointement avec les commif-faires nommés par arrêt du confeil du 18 Août dernier, concernant les affai-res de la fucceffion du fieur Bonnier de la Moffon, être par ledit fieur Lenain & lefdits commiffaires (au nombre de cinq au moins) jugées définitivement & en dernier reffort; Sa Majefté leur attribuant à cet effet, toute cour, ju-rifdiétion & connoiffance, & icelle interdifant à toutes fes cours & autres juges. Ordonne Sa Majefté que celles defdites conteftations qui regarderont d'autres créanciers domiciliés hors de ladite province, feront portées parde-vant les fieurs commiffaires du bureau établi pour juger les appellations des fentences des juges-confuls du royau-me, concernant les payemens en écri-tures & comptes en banque, à l'effet d'être par lefdits fieurs commiffaires, au rapport du fieur de Bercy, maître des requêtes, l'un d'eux, & au nombre de cinq au moins, lefdites contefta-tions jugées définitivement & en der-nier reffort; Sa Majefté les commet-tant pareillement, & leur attribuant à cet effet, toute cour, jurifdiétion & connoiffance, & icelle interdifant à toutes fes cours & autres juges. Fait Sa Majefté défenfes aux parties, de fe pourvoir fur lefdites conteftations, ail-leurs que pardevant lefdits fieurs com-miffaires, à peine de nullité, caffation de procédures, & de tous dépens, dommages & intérêts.

ART. XIII.

Les mineurs en pays de droit écrit,

qui auront atteint l'âge où ils fortent de tutelle, les femmes féparées de biens de leurs maris, auxquelles les rentes appartiennent, comme faifant partie de leur dot, & les bénéficiers auxquels les rentes appartiennent, comme faifant partie de leurs bénéfices, feront affignés devant lefdits fieurs commiffaires, à la requête des fyndics généraux de la province, à l'effet de voir ordonner qu'ils feront tenus d'indiquer un emploi des capitaux qui doivent leur être remboursés, & d'obtenir, avant le premier Janvier 1746, un jugement defdits fieurs commiffaires qui autorife ledit emploi; en vertu duquel jugement, duement fignifié aux fyndics généraux de ladite province, lefdits capitaux leur feront payés en la forme & maniere qui fera preferite par ledit jugement : au moyen de quoi la province fera valablement libérée.

ART. XIV.

Les jugemens feront rendus contre les mineurs des pays de droit écrit qui feront hors de tutelle, avec l'affiftance du curateur qui fera nommé à cet effet par lefdits commiffaires; & contre les mineurs émancipés, dans les pays de coutume, avec l'affiftance d'un tuteur *ad hoc*, que lefdits commiffaires nommeront auffi.

ART. XV.

Faute par lefdits mineurs & bénéficiers, d'avoir indiqué l'emploi des capitaux qui doivent leur être remboursés, & d'avoir obtenu un jugement qui autorife ledit emploi, avant ledit jour premier Janvier 1746, il fera ordonné par lefdits fieurs commiffaires, à la requête des fyndics généraux, que la province fera entierement libérée à leur égard, & que les fommes à eux dues en capital, demeureront confignées, à leurs périls & rifques, entre les mains du tréforier de la bourfe, fans qu'en aucun

cas la province puiffe être recherchée à raifon des pertes & dommages qu'ils pourront fouffrir à cette occafion.

ART. XVI.

Pourront toutefois lefdits créanciers retirer dudit tréforier de la bourfe, les arrérages des rentes à eux dus, & qui auront cours jufqu'audit jour premier Janvier 1746, en fourniffant leur quittance, & fans y être autorifés par un jugement ; mais à l'égard des capitaux, ils ne pourront leur être délivrés, qu'il n'en ait été ainfi ordonné par un jugement defdits fieurs commiffaires.

ART. XVII.

Si les contrats qui doivent être remboursés, fe trouvent faifis entre les mains du tréforier de la bourfe, foit que la faifie foit antérieure à ladite loterie, foit qu'elle n'ait été faite que depuis qu'elle aura été tirée, le capital & les intérêts ne pourront être délivrés qu'en rapportant la main-levée de ceux qui auront fait lad. faifie, & faute par les créanciers à qui lefdits contrats appartiennent, de rapporter ladite main-levée avant le premier de Juillet prochain, le capital, & les intérêts qui auront couru jufqu'audit jour premier Juillet feulement, demeureront confignés, en vertu du préfent arrêt, entre les mains du tréforier de la bourfe, aux périls & rifques defdits créanciers, jufqu'à ce qu'ils rapportent la main-levée defdites faifies; fur la validité de laquelle, en cas de conteftation de la part des fyndics généraux, les parties ne pourront fe pourvoir que devant lefdits fieurs commiffaires; fans préjudice toutefois auxdits créanciers, de pouvoir exercer leur recours, s'il y échoit, contre le faififfant, pour leurs dommages & intérêts, ainfi qu'ils aviferont. FAIT au confeil d'état du Roi, Sa Majefté y étant, tenu à Verfailles le vingt-troifieme troisieme jour de Décembre mil sept cent quarante-quatre.

Signé, PHELYPEAUX.

LOUIS, PAR LA GRACE DE DIEU, ROI DE FRANCE ET DE NAVARRE: A notre amé & féal conseiller en nos conseils, le sieur intendant & commissaire départi pour l'exécution de nos ordres en notre province de Languedoc, & aux sieurs commissaires nommés par arrêt de notre conseil du 18 Août dernier, concernant les affaires de la succession du sieur Bonnier de la Mosson, SALUT. Par l'arrêt ci-attaché sous le contre-scel de notre chancellerie, ce jourd'hui donné en notre conseil d'état, nous y étant, nous vous avons commis, & par ces présentes, signées de notre main, commettons pour juger définitivement & en dernier ressort, les contestations qui pourront naître au sujet des remboursemens des créanciers de notre province de Languedoc, domiciliés en ladite province, vous en attribuant toute cour, jurisdiction & connoissance, & icelle interdisant à toutes nos cours & autres juges. Commandons au premier notre huissier ou sergent sur ce requis, de signifier ledit arrêt à tous qu'il appartiendra, à ce que personne n'en ignore, & de faire pour son entiere exécution, tous actes & exploits nécessaires, sans autre permission; CAR tel est notre plaisir. DONNÉ à Versailles le vingt-troisieme jour de Décembre, l'an de grace mil sept cent quarante-quatre, & de notre regne le trentieme. *Signé*, LOUIS : *Et plus bas* ; Par le Roi, PHELYPEAUX.

LES COMMISSAIRES NOMMÉS *par l'arrêt du conseil du 18 Août 1744, pour juger en dernier ressort les affaires concernant la succession du sieur Bonnier de la Mosson, & par*

Tome II.

celui du 23 Décembre suivant, toutes les contestations qui pourront naître au sujet des remboursemens qui doivent être faits par la province de Languedoc, & qui regarderont des créanciers ayant leur domicile dans ladite province.

VU ledit arrêt du conseil du 23 Décembre dernier; ensemble, la commission expédiée en conséquence le même jour : Nous ordonnons que led. arrêt du conseil sera enregistré au greffe de la commission, pour être exécuté selon sa forme & teneur, & signifié à qui il appartiendra. FAIT à Montpellier le 7 Mars mil sept cent quarante-cinq. *Signés*, LENAIN, DE MASSILIAN, FERMAUD, LAGARDE, BAUDOUIN, ASSIER, NADAL.

Collationné. DHEUR.

IX.

ARRÊT

DU CONSEIL D'ETAT DU ROI,

Qui accorde à la province de Languedoc, la somme de huit cent mille livres sur l'imposition de la capitation de l'année présente 1753, & celle de deux cent trente mille livres à prendre sur le produit de la ferme de l'équivalent de la même année, pour être lesdites deux sommes employées en entier à rembourser des capitaux des dettes de ladite province, portant intérêt au denier vingt.

Du 29 Décembre 1753.

EXTRAIT *des Registres du Conseil d'Etat.*

VU par le Roi, étant en son conseil, l'arrêt rendu en icelui le 2 Janvier dernier, par lequel S. M., en approuvant & autorisant l'imposition à faire par capitation dans la province de Languedoc, pour la présente année 1753, conformément à la délibération des Etats de ladite province du 30 Octobre 1752, auroit, entr'autres choses, ordonné, que sur la somme de seize cent mille livres accordée par lesdits Etats pour la capitation de la présente année, il ne seroit porté au trésor royal par le trésorier de la bourse de lad. province, que celle de huit cent mille livres, dans les termes ordinaires, & que le surplus, montant à pareille somme de huit cent mille livres, seroit par lui retenu, pour être employé & remboursé des capitaux des dettes de ladite province, portant intérêt au denier vingt, en la forme & maniere qui seroient prescrites ; & voulant pourvoir à ce que lad. somme de huit cent mille liv., ensemble celle de deux cent trente mille liv. à prendre sur le produit de la ferme de l'équivalent de la présente année, conformément à l'arrêt du conseil du 27 Janvier 1750, soient employées de la maniere la plus convenable, à la libération de la province, & au soulagement des contribuables : Oui le rapport ; SA MAJESTÉ ÉTANT EN SON CONSEIL, a ordonné & ordonne, que ladite somme de huit cent mille livres, dont elle a bien voulu accorder la remise à ladite province, sur l'imposition de la capitation de la présente année 1753, & celle de deux cent trente mille livres à prendre sur le produit de la ferme de l'équivalent de la même année, faisant ensemble lesdites deux sommes celle d'un million trente mille livres, seront destinées & employées en entier à rembourser pareille somme de capitaux des dettes de la province portant intérêt au denier vingt, au choix des Etats ; en observant d'éteindre en même-tems & par préférence, toutes les rentes d'un même emprunt, à l'exception néanmoins de

celles appartenant à des communautés religieuses, hôpitaux, & autres gens de main-morte, que Sa Majesté permet auxd. Etats de ne point comprendre dans lesdits remboursemens, & ce, au moyen d'une loterie qui sera tirée en la forme ordinaire, & dans le cas seulement où la totalité d'un emprunt qu'il seroit question de rembourser, excederoit la somme destinée auxdits remboursemens, pour être ceux des rentiers auxquels il sera échu des remboursemens, soit par la loterie, si elle a lieu, ou autrement, remboursés comptant par le trésorier de la bourse desdits Etats, & en se conformant, tant pour ladite loterie, que pour les termes & la validité desdits remboursemens, aux arrêts & réglemens rendus sur cette matiere, & notamment à ceux des 23 Décembre 1744, & 12 Août 1747, lesquels seront exécutés selon leur forme & teneur, en ce qui n'est point contraire au présent arrêt. Ordonne en outre Sa Majesté, que conformément à l'article XII dudit arrêt du 23 Décembre 1744, toutes les contestations qui pourront naître au sujet desdits remboursemens, & qui regarderont des créanciers ayant leur domicile dans la province de Languedoc, continueront d'être portées par devant le sieur de Saint-Priest, intendant en lad. province, pour être par lui, conjointement avec les commissaires y désignés, au nombre de cinq au moins, jugées définitivement & en dernier ressort ; & que celles desdites contestations qui regarderont d'autres créanciers domiciliés hors de lad. province, continueront pareillement d'être portées par devant les sieurs commissaires du bureau établi pour juger les appellations des sentences des juges-consuls du royaume, concernant les payemens en écritures & comptes en banque, à l'effet d'être par lesdits sieurs commisfaires, au rapport du sieur de Bercy, maître des requêtes, l'un d'eux, & au nombre de cinq au moins, lesd. contestations jugées définitivement & en dernier ressort ; Sa Majesté attribuant à cet effet, de nouveau & en tant que de besoin, auxdits sieurs commissaires, tant à Paris qu'en Languedoc, toute cour, jurisdiction & connoissance, & icelles interdisant à toutes ses cours & autres juges. Fait Sa Majesté défenses aux parties de se pourvoir sur lesdites contestations, ailleurs que par devant lesdits sieurs commissaires, à peine de nullité, cassation de procédures, & de tous dépens & intérêts. FAIT au conseil d'état du Roi, Sa Majesté y étant, tenu pour les finances, à Versailles le vingt-neuvieme Décembre mil sept cent cinquante-trois.

Signé, PHELYPEAUX.

X.

ARRÊT

DU CONSEIL D'ETAT DU ROI,

CONCERNANT le remboursement des créanciers de la province de Languedoc, dont les contrats sont & seront tirés par loterie : Et qui regle la maniere en laquelle lesdits remboursemens seront faits.

Du 6 Janvier 1755.

EXTRAIT des Regiſtres du Conseil d'Etat.

SUR la requête présentée au Roi, étant en son conseil, par le syndic-général de la province de Languedoc ; Contenant, que les Etats de ladite province ayant fait depuis l'année 1730, un grand nombre de remboursemens, dont la plus grande partie a été faite par loterie, il a été rendu par Sa Majesté différens arrêts en son conseil,

pour régler tout ce qui pouvoit y avoir rapport, & assurer la validité desdits remboursemens ; mais que la multiplicité des dispositions contenues en ces arrêts, feroit desirer qu'elles pussent être rassemblées dans un seul & même réglement, & que d'ailleurs, l'expérience a fait connoître qu'il pouvoit y être fait quelques changemens utiles par rapport aux remboursemens à faire aux mineurs, aux bénéficiers, aux hôpitaux, aux communautés religieuses, aux corps & communautés qui jouissent des priviléges des mineurs, aux femmes séparées de biens de leurs maris, ou à celles qui ont des biens paraphernaux, la province n'ayant en effet d'autre intérêt, par rapport auxdits remboursemens, que celui de se procurer une prompte libération & une entiere décharge, sans être tenue en aucun cas, de discuter le remploi des deniers remboursés, & celui d'éviter, en cas de contestation, de plaider en différens tribunaux. Requéroit, A CES CAUSES, qu'il plût à Sa Majesté de faire connoître ses intentions sur cette matiere, en réglant ce qui sera observé à l'avenir, tant à l'égard des remboursemens déjà commencés, que pour ceux qui pourront être faits dans la suite par ladite province. Vu ladite requête, ensemble les arrêts du conseil des 29 Août 1730, 13 Février & 27 Mars 1731, 25 Mars 1732, 23 Juin 1733, 16 Mai 1738, 13 Mai 1739, 2 Août 1740, premier Août 1741, 23 Décembre 1744, 15 Décembre 1746, 12 Août 1747, 30 Avril 1748, 17 Mars 1750, 24 Mars 1751, 16 Février & 10 Novembre 1752, & 29 Décembre 1753, rendus au sujet des emprunts & remboursemens à faire par les Etats de ladite province : Oui le rapport du sieur Moreau de Sechelles, conseiller d'état, & ordinaire au conseil royal, contrôleur général des finances ; Le ROI ÉTANT EN SON CONSEIL , a ordonné & ordonne ce qui ſuit :

ARTICLE PREMIER.

Lorſque les rembourſemens ſeront faits par loteries, elles ſeront tirées en la maniere accoutumée , dans la ville où les Etats ſeront aſſemblés , & dans la ſalle deſdits Etats, en préſence des ſieurs commiſſaires de Sa Majeſté , de l'aſſemblée deſdits Etats , & des rentiers qui voudront y aſſiſter ; & il ſera tenu deux regiſtres , l'un par le greffier deſdits ſieurs commiſſaires de Sa Majeſté , paraphé par leſdits ſieurs commiſſaires ; l'autre par le greffier des Etats, paraphé par les ſieurs commiſſaires deſdits Etats ; dans leſquels regiſtres , leſdits greffiers enregiſtreront chacun le nom du créancier, le numéro & la date du contrat , & le montant du capital porté par ledit contrat ; le tout ainſi qu'il ſera énoncé aux billets, à meſure qu'ils ſeront tirés ; & leſdits greffiers garderont leſdits regiſtres dans leurs greffes , pour y avoir recours en cas de beſoin.

ART. II.

Il ſera tiré des billets juſqu'à concurrence de la ſomme deſtinée à faire des rembourſemens ; & au cas que le capital du contrat énoncé au dernier billet qui aura été tiré, ſe trouve excéder la ſomme qui reſtera à délivrer , le créancier auquel ledit billet ſera échu , aura la liberté d'accepter ou de refuſer ladite ſomme , laquelle, en cas de refus, demeurera entre les mains du tréſorier de la bourſe, pour ſervir d'accroiſſement à la loterie de l'année ſuivante. Pourront néanmoins leſdits Etats , s'ils le jugent à propos , charger ledit tréſorier d'acquitter ce qui manquera au fonds de la loterie pour parfaire le rembourſement dudit contrat , ſous la condition de s'en rembourſer par préférence ſur le fonds de la loterie ſuivante ; & dans l'un ou l'autre cas il en ſera fait mention , tant ſur les regiſtres des deux greffiers , que dans les procès - verbaux qui ſeront dreſſés du tirage de chaque loterie.

ART. III.

Il ſera permis aux créanciers dont les contrats feront partie des emprunts qui devront être rembourſés par loterie , & qui deſireront s'aſſurer leur rembourſement, de faire avant l'aſſemblée des Etats, leurs ſoumiſſions de le recevoir ; leſquelles ſoumiſſions , ſignées deſdits créanciers ou des porteurs de leurs procurations ſpéciales , feront mention , tant du capital porté par le contrat dont ils demanderont le rembourſement, que de la date d'icelui , & ſeront reçues par les commis du tréſorier de la bourſe des Etats , à Paris , à Touloufe & à Montpellier ; & ſeront leſdites ſoumiſſions remiſes par ledit tréſorier aux ſyndics généraux , pour , ſur le rapport qu'ils en feront auxdits ſieurs commiſſaires de Sa Majeſté & à ceux des Etats , lors de la liquidation des ſommes qui devront être employées aux loteries, être prélevé ſur le fonds d'icelles , s'il y a lieu , le montant des capitaux portés par leſdites ſoumiſſions, leſquels ſeront rembourſés par préférence ; & il en ſera fait mention , tant dans les procèsverbaux du tirage deſdites loteries, que dans les regiſtres tenus par chacun deſdits greffiers , & dans les liſtes deſdites loteries.

ART. IV.

Lorſqu'il aura été tiré une loterie , la liſte en ſera ſignée par le ſieur intendant & commiſſaire départi en ladite province , & par l'un deſdits ſyndics généraux d'icelle ; & ſera la liſte imprimée & affichée, dans un mois pour tout délai, aux portes des hôtels-de-ville, places publiques, & autres lieux accoutumés des villes de Paris, Touloufe & Montpellier, & autres villes chefs des diocefes de ladite province de Languedoc, defquelles affiches il fera dreffé des procès-verbaux en la maniere ordinaire.

ART. V.

Soit que les rembourfemens fe faffent par loteries, foit qu'ils foient faits en vertu d'arrêts du confeil ou de délibérations des Etats, autorifées par Sa Majefté, qui auront déterminé les emprunts qui devront être rembourfés en tout ou en partie, les rentiers qui devront recevoir leurs rembourfemens, feront fommés de fe préfenter à l'un des trois bureaux du tréforier de la bourfe, établis à Paris, à Touloufe & à Montpellier, pour y recevoir le rembourfement de leurs capitaux, & être payés des arrérages des rentes d'iceux, en rapportant les contrats de conftitution & autres titres de propriétés en bonne forme, leurs quittances fur ce fuffifantes, & les autres décharges néceffaires pour la validité defdits rembourfemens.

ART. VI.

Lefdites fommations feront faites dans le cours des mois de Mars & Avril au plus tard, après le tirage de la loterie, & fignifiées à la perfonne ou au domicile defdits rentiers ; favoir, à l'égard des rentiers originaires, au domicile élu dans les contrats ; & à l'égard des rentiers auxquels les contrats feront parvenus par ceffion, teftament, partage, donation, ou autres actes qui établiffent la propriété defdites rentes en leur faveur, au domicile qui aura été élu dans les exploits des fignifications qui auront été faites defdits actes aux fyndics-généraux ; & à défaut d'élection de domicile dans lefd. exploits, les fommations feront faites &

fignifiées au domicile énoncé dans lefdits contrats.

ART. VII.

A l'égard des rentiers étrangers, les fommations leur feront faites au domicile par eux élu dans le royaume par les contrats originaires, ou par les exploits de fignification des ceffions, teftamens, partages, donations, & autres actes établiffant la propriété defdites rentes en leur faveur ; & au défaut de domicile élu dans le royaume, indépendamment de l'affiche de la lifte, ordonné par l'article IV du préfent arrêt, lefdites fommations leur feront faites en l'hôtel du procureur-général de Sa Majefté au parlement de Touloufe, lorfque les contrats auront été paffés à Touloufe ou à Montpellier, & en l'hôtel du procureur-général de Sa Majefté au parlement de Paris, lorfque les contrats auront été paffés à Paris.

ART. VIII.

En fe conformant à ce qui eft prefcrit par les trois articles précédens, notamment au fujet du domicile où les fommations doivent être fignifiées, lefdits actes de fommation ne feront fujets à aucune autre formalité.

ART. IX.

Tous lefdits rentiers feront tenus de fatisfaire auxdites fommations au premier Juin lors prochain, à l'exception néanmoins des mineurs, pupilles & interdits, des bénéficiers, hôpitaux, communautés religieufes, & autres jouiffant du privilége des mineurs, des femmes féparées de biens de leurs maris, & de celles qui ont des contrats à elles appartenant à titre de biens paraphernaux, lefquels auront pour fe préfenter jufqu'au premier Janvier fuivant.

ART. X.

Et à l'égard des rentiers qui auront fait leurs foumiffions, conformément à l'article III du préfent arrêt, ils feront tenus de fe préfenter audit jour premier Juin à l'un defdits bureaux, à l'effet d'y recevoir leur rembourfement, en rapportant par eux les contrats de conftitution, & autres actes ci-deffus énoncés, fans qu'il foit néceffaire de leur faire aucune fommation.

ART. XI.

Les arrérages des rentes dont le rembourfement devra être fait, foit en conféquence defdites loteries ou autrement, cefferont de courir aux jours marqués par les deux articles précédens.

ART. XII.

Faute par ceux defdits rentiers qui font tenus de fe préfenter le premier Juin à l'un des trois bureaux du tréforier de la bourfe, conformément à l'article IX du préfent arrêt, d'y avoir fatisfait ledit jour, ou faute par eux de rapporter les contrats de conftitution de leurs rentes, & autres actes énoncés en l'article V, lefdits Etats demeureront libérés à leur égard, & les fommes à eux dues, tant en capitaux, qu'arrérages échus jufqu'audit jour premier Juin, demeureront confignées, à leurs périls & rifques, entre les mains dudit tréforier, d'où ils pourront les retirer, fans aucuns droits ni frais, en rapportant lefd. actes, & en lui fourniffant leurs quittances & décharges valables.

ART. XIII.

A l'égard des pupilles, mineurs & interdits, bénéficiers & autres qui jouiffent du privilége des mineurs, & à l'égard des femmes féparées de biens de leurs maris, & de celles qui ont des contrats à elles appartenant à titre de biens paraphernaux, tous lefquels rentiers ont jufqu'au premier Janvier fuivant pour fe préfenter auxdits bureaux, faute par eux ou par ceux qui

doivent recevoir les rembourfemens en leur nom, de fe préfenter audit jour, ou faute de fatisfaire à ce qui eft prefcrit par les articles XV, XVI, XVII, XVIII & XIX, ci-après; les fommes dues auxdits rentiers, tant en capitaux qu'arrérages, jufques audit jour premier Janvier, demeureront pareillement confignées, à leurs périls & rifques, entre les mains du tréforier de la bourfe, ainfi qu'il eft porté par l'article précédent.

ART. XIV.

Si les contrats qui doivent être rembourfés, fe trouvent faifis & arrêtés entre les mains du tréforier de la bourfe, foit que la faifie foit antérieure à la loterie, foit qu'elle n'ait été faite que depuis qu'elle aura été tirée, le capital ni les arrérages n'en pourront être délivrés qu'en rapportant la main-levée de ladite faifie; & faute par les rentiers à qui lefdits contrats appartiennent, de rapporter main-levée avant lefdits jours premier Juin & premier Janvier fuivans, ce qui eft prefcrit par les articles IX & X du préfent arrêt, le capital & les arrérages qui auront couru jufques auxdits jours, demeureront confignés, en vertu d'icelui, entre les mains du tréforier de la bourfe, aux périls & rifques defdits rentiers, jufques à ce qu'ils rapportent les mains-levées des faifies; fur la validité de laquelle main-levée, en cas de conteftation de la part des fyndics-généraux, les parties ne pourront fe pourvoir que pardevant les fieurs commiffaires ci-après nommés, fans préjudice néanmoins des conteftations qui pourront s'élever entre lefdits rentiers & les faififfans, lefquelles feront portées devant les Juges à qui la connoiffance en appartient.

ART. XV.

Les rembourfemens des contrats appartenant aux pupilles & aux mineurs même émancipés, en pays coutumiers, & aux interdits, feront valablement faits à leurs tuteurs ou curateurs, à la charge par eux de fournir au tréforier de la bourfe, outre les titres de propriété, & autres actes énoncés en l'article V du préfent arrêt, les groffes des contrats, & les expéditions en forme des actes de nomination defdits tuteurs & curateurs, qui leur donnent le droit de recevoir lefdits rembourfemens, le tout fans préjudice du recours, tel que de droit, defdits pupilles, mineurs & interdits, contre leurs tuteurs & curateurs, & fans qu'en aucun cas & fous quelque prétexte que ce puiffe être, les Etats de ladite province puiffent être recherchés à ce fujet.

ART. XVI.

Les contrats appartenant aux mineurs, en pays de droit écrit, qui auront atteint l'âge où ils fortent de pupillarité, feront valablement rembourfés auxdits mineurs affiftés de leurs curateurs, à la charge par eux de rapporter, outre les titres de propriété, & autres actes énoncés en l'article V du préfent arrêt, les expéditions en forme, des fentences de nomination defdits curateurs, à l'effet dudit rembourfement.

ART. XVII.

A l'égard des contrats appartenant aux bénéficiers, à des hôpitaux & des communautés religieufes, & à d'autres corps & communautés qui jouiffent du privilége des mineurs, ordonne S. M. qu'indépendamment du rapport des titres néceffaires pour juftifier de la propriété des contrats, & de la qualité de celui ou de ceux qui en recevront le rembourfement, la quittance de rembourfement contiendra foumiffion de faire le remploi des deniers rembourfés, en acquifitions de rentes de la nature de celles portées par l'édit du mois d'Août 1749, concernant les acquifitions qui peuvent être faites par les gens de main-morte, ou de rapporter une expédition en bonne forme, des lettres - patentes, arrêts ou jugemens qui auroient autorifé lefdits bénéficiers, hôpitaux, corps ou communautés, à faire un autre emploi de leurs deniers, & des expéditions en forme, des actes dudit remploi; dans lefquels actes mention fera faite que les deniers proviennent dudit rembourfement; & jufqu'à la remife defdites expéditions, veut Sa Majefté que les deniers demeurent dépofés, à leurs périls & rifques, ès mains du notaire defdits Etats, qui fera ledit rembourfement. (a)

ART. XVIII.

Les contrats qui appartiendront aux femmes féparées de biens de leurs maris, ne pourront être rembourfés qu'en remettant une expédition en forme, d'une fentence rendue par le juge du lieu de leur domicile, fur les conclufions du miniftere public, à l'effet d'autorifer celui qui fe préfentera, à recevoir ledit rembourfement, & à en donner quittance, & même de l'obliger, s'il y échoit, à en faire le remploi, de la maniere qui fera réglée par led. juge; auquel cas, les regles & formalités prefcrites par l'article précédent pour les remplois, feront obfervées.

ART. XIX.

Dans le reffort du parlement de Touloufe, les contrats qui appartien-

---

(a) La contexture de cet article préfente quelques difficultés qui ont attiré l'attention des Etats, & qui pourroient donner lieu à un nouveau règlement que nous ne manquerons pas de faire connoître dès qu'il fera rendu.

nent aux femmes mariées, à titre de biens paraphernaux, pourront leur être remboursés valablement, sans qu'elles ayent été autorisées par leurs maris ; & à l'égard des ressorts des autres cours, lesdits contrats ne pourront leur être remboursés qu'en rapportant par elles une attestation des procureurs & avocats généraux de Sa Majesté au parlement, ou conseil supérieur dans le ressort duquel elles seront domiciliées, portant qu'elles ont droit, suivant les loix & les jurisprudences qui y sont observées, de recevoir le remboursement de leurs biens paraphernaux, sans y être autorisées par leurs maris ; faute de quoi, les deniers ne pourront leur être délivrés qu'en se faisant autoriser par leurs maris, ou à leur défaut par justice ; & dans ce dernier cas, les regles prescrites par l'article précédent, tant au sujet de ladite autorisation, que du remploi des deniers remboursés, seront observées.

ART. XX.

Pourront toutefois les mineurs, en pays de droit écrit, qui auront atteint l'âge où ils sortent de pupillarité, les mineurs émancipés en pays coutumiers, les bénéficiers, les hôpitaux, communautés religieuses, & autres qui jouissent du privilége des mineurs, les femmes séparées de biens de leurs maris, & celles qui ont des contrats à titre de biens paraphernaux, recevoir dudit trésorier, sur leurs simples quittances, & & sans autres formalités, les arrérages échus desdits contrats, dont le remboursement leur sera fait.

ART. XXI.

En se conformant aux dispositions du présent arrêt, lesdits Etats demeureront quittes & valablement déchargés desdits remboursemens, sans qu'ils puissent être recherchés à ce sujet, ni être garans, en aucun cas & sous aucun pré-

texte, des remplois mentionnés aux articles XVII, XVIII & XIX d'icelui.

ART. XXII.

Veut Sa Majesté que les contestations nées & à naître au sujet des remboursemens faits ou à faire par les Etats de la province de Languedoc, & dans lesquelles seulement les syndics généraux de ladite province ou le trésorier de la bourse seront parties nécessaires, continuent d'être portées, conformément aux arrêts du conseil rendus sur cette matiere ; savoir, à l'égard des créanciers ayant leurs domiciles dans la province de Languedoc, par devant le sieur intendant & commissaire départi dans ladite province, & les commissaires nommés par les arrêts du conseil des 18 Août 1744 & 28 Octobre 1749, pour la discussion des biens de la succession du feu sieur Bonnier de la Mosson, pour être par eux, au nombre de cinq au moins, jugées définitivement & en dernier ressort, & sur les conclusions du procureur de Sa Majesté en lad. commission, lorsque son ministere pourra être nécessaire : Et à l'égard des créanciers domiciliés hors ladite province, par devant les sieurs commissaires du bureau établi pour la reddition des comptes des traités & affaires extraordinaires, pour, au rapport de celui desdits sieurs commissaires, qui sera nommé en la maniere accoutumée, & sur les conclusions du procureur général de Sa Majesté en lad. commission, dans les cas où elles pourront être nécessaires, être par eux, au nombre de cinq au moins, jugées définitivement & en dernier ressort ; Sa Majesté attribuant à cet effet auxdits sieurs commissaires, tant en Languedoc qu'à la suite du conseil, toute cour, jurisdiction & connoissance, & icelle interdisant à toutes ses cours & autres juges : Et sera le présent arrêt lu, publié & affiché partout

tout où befoin fera, & exécuté nonobftant tous arrêts contraires, auxquels Sa Majefté a dérogé, & nonobftant toutes oppofitions & empêchemens quelconques, dont, fi aucuns interviennent, elle s'eft réfervée & à fon
confeil la connoiffance. FAIT au confeil d'état du Roi, Sa Majefté y étant,
tenu à Verfailles le fixieme jour de Janvier mil fept cent cinquante-cinq.

Signé, PHELYPEAUX.

LOUIS, PAR LA GRACE DE DIEU,
ROI DE FRANCE ET DE NAVARRE:
A notre amé & féal confeiller en nos
confeils, le fieur intendant & commiffaire départi pour l'exécution de nos
ordres dans notre province de Languedoc, & aux fieurs commiffaires du bureau établi pour la reddition des comptes des traites & affaires extraordinaires, SALUT. Nous vous mandons & ordonnons, par ces préfentes fignées de
notre main, de procéder, chacun en
droit foi, à l'exécution de l'arrêt dont
extrait eft ci-attaché fous le contre-fcel
de notre chancellerie, ce jourd'hui rendu en notre confeil d'état, nous y étant,
pour les caufes y contenues : Commandons au premier notre huiffier ou fergent fur ce requis, de fignifier ledit arrêt à tous qu'il appartiendra, à ce qu'aucun n'en ignore, & de faire pour l'entiere exécution d'icelui, tous actes &
exploits néceffaires, fans pour ce demander autre congé ni permiffion; CAR
tel eft notre plaifir. DONNÉ à Verfailles le fixieme jour de Janvier, l'an de
grace mil fept cent cinquante-cinq, &
de notre regne le quarantieme. *Signé*,
LOUIS : *Et plus bas*; Par le Roi,
PHELYPEAUX.

*JEAN-EMANUEL DE GUI-
GNARD, chevalier, vicomte de
Saint - Prieft, confeiller du Roi en*
Tome II.

fes confeils, maître des requêtes ordinaire de fon hôtel, intendant de juftice, police & finances en la province
de Languedoc.

VU l'arrêt du confeil d'état du Roi
ci-deffus, en date du 6 Janvier
dernier, & la commiffion expédiée en
conféquence à nous adreffée, du même
jour : Nous ordonnons que ledit arrêt
fera exécuté felon fa forme & teneur,
& fignifié à qui il appartiendra, lu, publié & affiché partout où befoin fera,
afin que perfonne n'en prétende caufe
d'ignorance. FAIT à Montpellier le huit
Mars mil fept cent cinquante-cinq.
Signé, DE SAINT - PRIEST : *Et plus
bas*; Par Monfeigneur, SOEFVE.

*LES COMMISSAIRES GÉNÉRAUX
du confeil, établis pour la reddition
des comptes, traites & affaires extraordinaires, députés par Sa Majefté par arrêt de fon confeil du 6
Janvier 1755, à l'effet de juger définitivement & en dernier reffort, les
conteftations nées & à naître, au
fujet des rembourfemens faits ou à
faire par les Etats de la province de
Languedoc, dans lefquelles les fyndics généraux de ladite province ou
le tréforier de la bourfe feront parties néceffaires, & ce, quand les
créanciers à qui appartiendront lefdits rembourfemens, feront domiciliés hors ladite province.*

VU la requête à nous préfentée par
le fyndic général de la province
de Languedoc, tendante à ce qu'il
nous plût ordonner que ledit arrêt du
confeil du 6 Janvier 1755, fera enregiftré au greffe de notre commiffion, pour être exécuté felon fa forme & teneur ; ladite requête fignée
Bocquet de Chanterenne, Avocat du
fuppliant ; enfemble l'arrêt du confeil
du 6 Janvier 1755. Vu auffi les con-

clusions du procureur général de la commission : Oui le rapport du sieur Maboul, chevalier, conseiller du Roi en ses conseils, maître des requêtes ordinaire de son hôtel, l'un de nous commissaires à ce député.

NOUS Commissaires généraux susdits, en vertu du pouvoir à nous donné par Sa Majesté, avons ordonné & ordonnons, que ledit arrêt du conseil du 6 Janvier dernier, sera enregistré au greffe de notre commission pour être exécuté. FAIT en l'assemblée desdits sieurs commissaires, tenue à Paris le vingt-un Juin mil sept cent cinquante-cinq. *Signé*, FILLEUL.

Ce réglement ne parle en aucune maniere du remboursement des rentes comprises dans une substitution. Il faut donc suivre dans ce cas particulier les regles prescrites par l'ordonnance du mois d'Août 1747, dont nous allons placer ici les articles qui y ont rapport.

EXTRAIT de l'ordonnance du mois d'Août 1747, concernant les Substitutions.

TITRE PREMIER.

Article III.

LES offices & les rentes constituées à prix d'argent ou autrement, pourront être chargés de substitution, soit dans les pays où les biens de ladite qualité sont réputés immeubles, soit dans ceux où ils sont regardés comme meubles : & en cas de vente, suppression ou réunion desdits offices, ou de rachat desdites rentes, il sera fait emploi du prix desdits offices, porté par le contrat de vente, ou qui aura été par nous fixé, ou du principal desdites rentes, en cas de remboursement ; le tout suivant les regles qui seront prescrites dans le titre second de la présente ordonnance.

TITRE SECOND.

Article IV.

L'inventaire sera fait par un notaire royal, en présence du premier substitué, s'il est majeur, ou de son tuteur, ou curateur, s'il est pupille, mineur, ou interdit, ou du syndic ou autre administrateur, si la substitution est faite au profit de l'église, ou d'un hôpital, corps ou communauté ecclésiastique ou laïque.

Article V.

En cas que le premier substitué soit sous la puissance paternelle, dans les pays où elle a lieu, & que le pere soit chargé de substitution envers lui, il lui sera nommé un tuteur ou curateur à l'effet dudit inventaire ; & si le premier substitué n'est pas encore né, il sera nommé un curateur à la substitution, qui assistera audit inventaire.

Article XI.

En cas que l'auteur de la substitution n'ait pas expliqué ses intentions sur ledit emploi (des deniers provenans du prix des meubles & effets qui auront été vendus, ou de l'argent comptant, ou de ce qui aura été reçu des effets actifs, *art. X.*) lesdits deniers seront employés, d'abord au remboursement des rentes ou autres charges dont les biens substitués seront tenus, si ce n'est qu'il fût plus avantageux à la substitution de continuer de payer les arrérages desdites rentes & charges, que d'en rembourser les capitaux, ce que nous laissons à la prudence des juges ; & le surplus, ou le total, s'il n'y a pas de dettes, rentes, ou charges que l'on puisse acquitter, ne pourra être employé qu'en acquisitions de fonds de terres, ou maisons, ou en rentes foncieres ou constituées.

Part. I. Div. I. Liv. III. Tit. II. Sect. I. 227

Nº. X.

Nº. X.

Article XIII.

Le grevé de subſtitution ſera pareillement tenu de faire emploi des deniers qu'il pourra recevoir, ſoit du recouvrement des effets actifs, ſoit de la vente des offices, ou en conſéquence de la liquidation qui en aura été faite, en cas de ſuppreſſion ou de réunion, ſuivant ce qui eſt porté par l'article III du titre premier, ſoit du rembourſement des rentes compriſes dans la ſubſtitution, & ce, dans trois mois au plus tard après qu'il aura reçu leſdits deniers, lequel emploi ſera fait ainſi qu'il a été réglé ci-deſſus, & en préſence des perſonnes mentionnées auxdits articles IV & V, leſquelles pourront faire à cet effet toutes les diligences néceſſaires.

Article XIV.

La diſpoſition de l'article précédent ſera pareillement obſervée, en cas que l'emploi ait été fait en rentes rachetables, & qu'elles ſoient rembourſées.

Article XV.

Faute par celui qui ſera chargé de ſubſtitution d'avoir fait l'emploi ou le remploi, ou d'avoir obſervé les regles ci-deſſus preſcrites, il en demeurera reſponſable ſur tous ſes biens libres, enſemble de tous dépens, dommages & intérêts envers ceux qui ſont appellés après lui à la ſubſtitution, *ſans néanmoins que les débiteurs des rentes qui auront été rembourſées puiſſent être reſponſables du défaut d'emploi, lorſqu'il n'y aura point eu d'oppoſition formée entre leurs mains.*

Article XVI.

Tout ce qui a été réglé ci-deſſus au ſujet dudit emploi ou remploi ſera obſervé par chacun de ceux qui recueilleront ſucceſſivement les biens ſubſtitués, ſans aucune diſtinction entre les ſubſtitutions faites par une diſpoſition à cauſe de mort, & celles qui ſeront contenues dans un acte entre-vifs.

SECTION SECONDE.

Des Remboursemens faits par voie de Réconstitution.

LEs négociations des contrats sur la province par forme de réconstitution, peuvent offrir aux propriétaires des contrats & à ceux qui veulent les acquérir, des avantages qu'il importe aux Etats de leur procurer pour la facilité & l'augmentation du commerce de ces effets. Dans cette vue les Etats prennent chaque année une délibération qui donne pouvoir aux syndics généraux d'emprunter les sommes nécessaires pour le payement des créanciers qui voudront être remboursés par forme de réconstitution.

Il suffira de faire connoître ici la forme de cette délibération, & d'y joindre deux arrêts du conseil dont le premier autorise les réconstitutions sur le pied des contrats remboursés, quoique le taux actuel des intérêts soit moindre, & le second charge le créancier remboursé de tous les frais de la réconstitution.

N°. I.

I.

EXTRAIT du registre des délibérations des Etats généraux de Languedoc, assemblés par mandement du Roi en la ville de Montpellier au mois de Novembre 1781.

Du 20 Décembre suivant, président Mgr. l'archevêque & primat de Narbonne, commandeur de l'ordre du Saint-Esprit.

LE sieur de la Fage, syndic général, a dit, que divers créanciers désirant de pouvoir négocier les contrats qu'ils ont sur la province par forme de réconstitution, ainsi qu'il a toujours été pratiqué, & les Etats étant dans l'usage de renouveller chaque année le pouvoir qu'il donne aux syndics généraux pour emprunter de ceux qui veulent placer leur argent, les mêmes sommes dont les autres doivent être remboursés, il est nécessaire qu'ils veuillent bien prendre une délibération pareille à celle de l'année dernière.

Sur quoi il a été délibéré que les Etats donnent pouvoir aux syndics généraux d'emprunter les sommes nécessaires pour le payement des créanciers qui voudront être remboursés par forme de réconstitution, & de passer pour raison desdits emprunts tous contrats, en stipulant les rentes ou intérêts sur le même pied des contrats qui seront ainsi remboursés, & aux autres clauses & conditions qui seront insérées dans lesdits contrats, en prenant d'ailleurs les suretés qui seront nécessaires pour la validité des payemens qui seront faits ; les Etats leur donnant pouvoir en outre de substituer, en cas d'absence ou de légitime empêchement, un des officiers de la province, en lui fournissant les procurations nécessaires.

N°. I.

II.

ARRÊT

DU CONSEIL D'ETAT DU ROI,

Du 29 Décembre 1722.

Qui permet aux Etats de Languedoc de passer des contrats de réconstitution pour le remboursement de leurs créanciers sur le pied des rentes des anciens contrats, nonobstant l'édit du mois de Mars 1720, arrêts & réglemens à ce contraires.

EXTRAIT *des Registres du Conseil d'Etat.*

SUR la requête présentée au Roi étant en son conseil par le syndic général de la province de Languedoc, contenant que les Etats de ladite province sont dans l'usage, pour la commodité de leurs créanciers, de passer des contrats de réconstitution pour satisfaire ceux de leurs créanciers qui veulent être remboursés des capitaux de leurs rentes : mais comme les notaires font difficulté de passer ces contrats de réconstitution sur un plus haut pied que le denier cinquante, sur le fondement de l'édit du mois de Mars 1720, qui le leur défend, parce que les réconstitutions n'ont point été comprises dans les arrêts du conseil qui ont permis à la province d'emprunter à cinq pour cent ; requéroit, à ces causes, le suppliant qu'il plût à Sa Majesté, en dérogeant, en tant que de besoin, audit édit du mois de Mars 1720, permettre aux Etats de Languedoc de passer des contrats de réconstitution pour le remboursement de leurs créanciers sur le même pied des contrats qui seront remboursés. Vu ladite requête, ensemble l'édit du mois de Mars 1720, ouï le rapport du sieur Dodun, conseiller ordinaire au

conseil royal, & au conseil de régence, contrôleur des finances, SA MAJESTÉ ÉTANT EN SON CONSEIL, de l'avis de M. le duc d'Orléans, ayant égard à ladite requête, & voulant traiter favorablement les Etats de la province de Languedoc, a permis & permet auxdits Etats de passer des contrats de réconstitution pour le remboursement de leurs créanciers, avec l'intérêt sur le même pied des contrats qui seront remboursés, & ce nonobstant l'édit du mois de Mars 1720, arrêts, réglemens, & autres choses à ce contraires. Et pour l'exécution du présent arrêt seront toutes lettres nécessaires expédiées. Fait au conseil d'état du Roi, Sa Majesté y étant, tenu à Versailles le vingt-neuvieme jour de Décembre mil sept cent vingt-deux.

Signé, PHELYPEAUX.

III.

ARRÊT

DU CONSEIL D'ETAT DU ROI,

Qui ordonne que les créanciers de la province qui voudront être remboursés, payeront les frais des contrats & le contrôle des actes qui seront passés pour leur remboursement.

Du 6 Novembre 1706.

EXTRAIT *des Registres du Conseil d'Etat.*

SUR la requête présentée au Roi en son conseil par le syndic général de la province de Languedoc, contenant que les Etats de ladite province ont accoutumé de prendre tous les ans une délibération qui donne pouvoir aux syndics généraux d'emprunter les sommes nécessaires pour le remboursement des créanciers de la province qui desirent d'être payés de leurs capitaux ; ce qui a conservé jusqu'à présent le crédit de la province ; mais parce qu'on remarqua dans la suite que ces fréquens changemens de mains seroient à charge à la province, si elle étoit obligée de payer les frais des contrats, il fut délibéré le 18 Décembre 1684 que les frais de la minute & expédition des contrats & quittances qui seront passés pour le remboursement des créanciers de la province seront payés par ceux qui reçoivent leur remboursement, depuis lequel tems ces sortes d'actes ayant été assujettis aux droits du contrôle & des petits sceaux, les fermiers desdits droits font assigner indifféremment le créancier qui prête, comme le créancier qui est remboursé ; ce qui donne lieu à des procès entre eux, & pourroit causer quelque préjudice au crédit de la province, si Sa Majesté n'avoit la bonté de décharger le créancier prêteur de toute sorte de droits. A ces causes, il requéroit qu'il plût à Sa Majesté autoriser la délibération des Etats du 18 Décembre 1684, & ce faisant, que les frais de la minute & expédition des actes qui seront passés pour le remboursement des créanciers de la province de Languedoc, droits de contrôle & de petits sceaux, seront payés par ceux qui seront remboursés, & que les créanciers qui prêteront pour faire ledit remboursement, & ladite province en seront déchargés. Vu ladite requête, & la délibération des Etats du 18 Décembre 1684, Oui le rapport du sieur Fleuriau d'Armenonville, conseiller ordinaire au conseil royal, directeur des finances, LE ROI EN SON CONSEIL, a ordonné & ordonne que conformément à la délibération des Etats de ladite province de Languedoc du 18 Décem-

bre 1684, les frais des minutes & expéditions des actes de remboursement qui seront faits à des créanciers de ladite province qui auront demandé leur remboursement, ensemble le droit du contrôle desdits actes, seront payés par lesdits créanciers, desquels frais ceux qui prêteront leurs deniers pour faire lesdits remboursemens, & ladite province seront déchargés. Fait au conseil d'état du Roi, tenu à Versailles le sixieme jour de Novembre mil sept cent six. Collationné.

Signé, DELAISTRE.

LOUIS, PAR LA GRACE DE DIEU, ROI DE FRANCE ET DE NAVARRE : au premier notre huissier ou sergent sur ce requis ; Nous te mandons & commandons que l'arrêt dont l'extrait est ci-attaché sous le contre-scel de notre chancellerie, ce jourd'hui donné en notre conseil d'état, sur la requête à nous présentée en icelui par le syndic général de la province de Languedoc, tu signifies à tous qu'il appartiendra, à ce qu'aucun n'en ignore, & fais en outre pour son entiere exécution, à la requête dudit syndic, tous commandemens, sommations & autres actes & exploits nécessaires, sans autre permission. Voulons qu'aux copies dudit arrêt & des présentes, collationnées par l'un de nos amés & féaux conseillers secrétaires, foi soit ajoutée comme aux originaux : car tel est notre plaisir. Donné à Versailles le sixieme jour de Novembre, l'an de grace mil sept cent six, & de notre regne le soixante-quatrieme. Par le Roi en son conseil.

Signé, DELAISTRE.

TITRE TROISIEME.

Des Cessions & Transports des Rentes constituées sur la Province.

I.
ARRÊT
DE LA COUR DES COMPTES, AYDES & Finances de Montpellier.

Qui ordonne que les sommes dues par la province qui ont été cédées & transportées, ne peuvent être saisies de la part des créanciers de ceux qui ont fait les cessions & transports, après que lesdites cessions auront été signifiées à la province :

Du 3 Avril 1706.

EXTRAIT des Registres de la Cour des Comptes, Aydes & Finances.

ENTRE le syndic-général de la province de Languedoc demandeur par requête du 28 du présent mois, à ce que la cour veuille déclarer que les rentes constituées par la province, & les sommes qu'elle doit par obligation, qui auront été cédées ou transportées, ne pourront être saisies par les créanciers de ceux qui auront fait les cessions & transports, après qu'ils auront été signifiés à ladite province, sauf à ceux qui prétendront avoir droit sur ladite somme de le dénoncer à la province auparavant la signification desdites cessions & transports, & ordonner que l'arrêt qui interviendra sera envoyé dans tous les bailliages & sénéchaussées de la province, à la diligence du procureur général du Roi, pour y être lu, publié & enregistré d'une part;

& le procureur-général du Roi défendeur d'autre. Vu la requête du syndic de ladite province du 28 du présent mois ; conclusions du procureur-général &, oui le rapport du sieur de la Farge, commissaire ; LA COUR, les semestres des aydes assemblés, ayant égard à la requête du syndic général de la province & conclusions du procureur général du Roi, a ordonné & ordonne que les sommes dues par la province, soit par contrat de constitution de rente, ou par obligation, qui auront été cédées ou transportées, ne pourront être saisies par les créanciers de ceux qui auront fait lesdites cessions & transports, après qu'ils auront été signifiés à ladite province, sauf à ceux qui pourront avoir droit sur lesdites sommes de dénoncer à la province les hypotheques & autres droits qu'ils peuvent avoir, auparavant la signification desdites cessions & transports. Et sera le présent arrêt envoyé dans tous les bailliages & sénéchaussées de la province, à la diligence du procureur-général du Roi, pour y être lu, publié & registré. Fait & donné à Montpellier en ladite cour le trente Avril mil sept cent six.

Signé, MILHAU.

M. de Catelan, livre 4, chapitre 47, où il traite en général de la cession des obligations, dit que suivant la derniere jurisprudence du parlement de Toulouse, la signification ne suffit pas, & qu'il faut de plus que la cession ait été acceptée par le débiteur ; & il en rapporte un arrêt rendu en 1674 après partage.

Il paroît que la juriſprudence a changé depuis, & s'eſt conformée à la diſpoſition du droit, en la loi 3 au code de novationibus, qui n'exige que la ſignification, vel debitori tuo denuntiaverit : *& on cite deux arrêts qui l'ont ainſi jugé ; le premier, rendu le 7 Mars 1708, au rapport de M. de Comere, dans un procès entre M. de Riquet & le nommé Gaze ; le ſecond rendu le 25 Juin 1709, au rapport de M. de Charlary, entre les nommés Paraire & Fraiſſe. On lit même dans les mémoires où ces deux arrêts ſont rapportés, & qui ſont attribués à M. de Comere, que le dernier paſſa tout d'une voix, quoique le cédant fût ſoupçonné de mauvaiſe foi.*

I I.

ARRÊT

Du Conseil d'État du Roi,

Qui ordonne qu'il ne ſera payé pour le contrôle des actes de ceſſion des rentes conſtituées ſur la province, que les mêmes droits qui ſont payés pour les contrats de conſtitution des mêmes rentes.

Du 20 Mars 1713.

Extrait des Regiſtres du Conſeil d'Etat.

Sur la requête préſentée au Roi en ſon conſeil par le ſyndic général de la province de Languedoc : contenant, que bien que le commis à la perception des droits de contrôle des actes des notaires en Languedoc, ait été juſqu'à préſent dans l'uſage de n'exiger que dix-ſept livres pour le droit de contrôle de chaque contrat, portant ceſſion & tranſport de rentes conſ-

tituées de la ſomme de huit mille liv. & au-deſſus, conformément à la diſpoſition de l'article XXXVIII du tarif du contrôle des actes du 20 Mars 1708, qui fixe à dix-ſept livres le droit de contrôle des contrats de conſtitution de rente de la ſomme de huit mille livres & au-deſſus ; cependant ce commis prétend depuis peu exiger le droit de contrôle des actes portant ceſſion, tranſport, & ſubrogation deſdites rentes de 8000 livres & au-deſſus, ſur le pied de cinquante livres, & ce, ſous prétexte que les rentes étant réputées effets mobiliaires en Languedoc, l'article XXXVII du même tarif porte que les droits de contrôle des ceſſions, tranſports, & ſubrogations des choſes mobiliaires, ſeront payés ſur le pied réglé par les articles IV, V, & VI du même tarif ; & que, comme aux termes de l'article IV qui comprend les acquiſitions des meubles & choſes mobiliaires, & qui renvoie pour le payement des droits à l'article XI du même tarif, le droit le plus fort du contrôle eſt fixé à cinquante livres, ce commis prétend que l'on doit payer cinquante livres pour le droit de contrôle deſdits actes portant ceſſion & tranſport des rentes conſtituées : ce qui oblige le ſuppliant de repréſenter très-humblement à Sa Majeſté, que la prétention de ce commis à cet égard doit paroître d'autant plus extraordinaire, qu'il n'eſt pas à préſumer que Sa Majeſté ait entendu que le droit de contrôle d'un acte portant ceſſion & tranſport d'une rente conſtituée, fût payé ſur un pied plus fort que celui du contrat de conſtitution de la même rente ; & que d'ailleurs, bien que les rentes conſtituées ſoient réputées en Languedoc effets mobiliaires, cette raiſon ne peut autoriſer le commis à percevoir, pour le tranſport des rentes, des droits plus forts que pour les conſtitutions, *puiſque* puifque l'article XLIX du même tarif ne fixe le droit de contrôle des obligations de la fomme de 8000 livres & au-deffus, à quelques fommes qu'elles montent, qu'à dix-fept livres, quoique ces obligations foient auffi réputées effets mobiliaires en Languedoc. A CES CAUSES, le fuppliant requéroit qu'il plût à Sa Majefté ordonner, qu'il ne fera payé pour le droit de contrôle des actes portant ceffion & tranfport des rentes conftituées, que les mêmes droits de contrôle qui font dus pour lefdits contrats de conftitution des mêmes rentes, Vu le tarif defdits droits du 20 Mars 1708, & la réponfe de l'adjudicataire defdits droits, contenant que fes commis font bien fondés à percevoir plus de dix-fept livres pour le droit de contrôle des actes portant ceffion & tranfport des rentes conftituées au-deffus de huit mille livres, quoique le plus fort droit de contrôle des contrats de conftitution de rente à quelques fommes qu'elles puiffent monter, ne foit fixé qu'à dix-fept livres, les commis s'étant conformés à cet égard à la difpofition de l'article IV du tarif du 20 Mars 1708, qui comprend les ceffions & tranfports d'effets mobiliaires, du nombre defquels font les rentes en Languedoc : que fi le fyndic a lieu de fe plaindre, ce ne peut être que du tarif, & non pas des commis de l'adjudicataire, lefquels font conftamment en regle : qu'il convient néanmoins, que bien que les rentes conftituées foient mobiliaires en Languedoc, Sa Majefté a cependant jugé à propos de les excepter du nombre des effets mobiliaires qui doivent être compris dans l'eftimation des inventaires ; au moyen de quoi il s'en rapporte à Sa Majefté d'ordonner ce qu'elle jugera à propos, fur la perception des droits de contrôle des actes portant ceffion, tranfport & fubro-

Tome II.

gation defdites rentes. Oui le rapport du fieur Defmarets, confeiller ordinaire au confeil royal, contrôleur général des finances ; LE ROI EN SON CONSEIL a ordonné & ordonne, qu'il ne fera payé, dans la province de Languedoc, pour le droit de contrôle des actes portant ceffion & tranfport des rentes conftituées, que les mêmes droits de contrôle qui font dus pour les contrats de conftitution des mêmes rentes. Fait Sa Majefté, défenfes à l'adjudicataire defdits droits, fes procureurs, & commis d'exiger de plus grands droits, à peine de concuffion, & de tous depens, dommages & intérêts. Enjoint Sa Majefté au fieur de Baville, intendant & commiffaire départi pour l'exécution de fes ordres dans ladite province, de tenir la main à l'exécution du préfent arrêt. Fait au confeil d'état du Roi tenu à Verfailles le vingt Mars mil fept cent treize. Collationné.

Signé, GOUJON.

III.

AUTRE SUR LE MÊME SUJET.

Du 6 Septembre 1767.

EXTRAIT des Regiftres du Confeil d'Etat.

LE Roi s'étant fait repréfenter en fon confeil l'édit du mois de Juin 1766, par lequel le denier de la conftitution a été fixé à raifon du denier vingt-cinq du capital, avec défenfes de paffer à l'avenir aucuns actes ou contrats portant intérêt fur un denier plus fort que le denier vingt-cinq ; enfemble l'arrêt du confeil du 9 Novembre 1700, par l'article VII duquel il a été ordonné que les actes portant réduction de rentes d'un denier à un autre, qui feront purs & fimples, feront contrôlés comme actes fimples : &

Sa Majeſté étant informée que pluſieurs provinces , villes & communautés du royaume s'occupent des moyens propres à opérer la réduction au denier vingt-cinq de l'intérêt des ſommes qu'elles ont empruntées à raiſon du denier vingt ; & que pour parvenir à cette réduction il ſera paſſé , entre elles & leurs créanciers , différens actes , ſur la quotité des droits de contrôle deſquels il pourroit s'élever des difficultés qu'il eſt néceſſaire de prévenir , ſurtout par rapport aux actes qui étant faits au moment où la preſcription auroit lieu de particulier à particulier , pourroient être conſidérés comme des titres nouvels , quoique les adminiſtrations publiques ne ſoient pas dans l'uſage d'en fournir à leurs créanciers ; en ſorte que les actes paſſés avec elles ne peuvent dans aucun cas être regardés comme de nouvelles reconnoiſſances , dont l'effet ſoit de garantir la preſcription. A quoi Sa Majeſté deſirant pourvoir , & voulant faciliter en même-tems les opérations relatives à la réduction projettée ; oui le rapport du ſieur de Laverdy , conſeiller ordinaire & au conſeil royal , contrôleur général des finances , LE ROI ETANT EN SON CONSEIL , a ordonné & ordonne ce qui ſuit.

ARTICLE PREMIER.

Les actes de réduction ou de réconſtitution des rentes qui ſeront faits avec les provinces, les villes & communautés du royaume , ſeront contrôlés ſur le pied de dix ſols ſeulement de droit principal , à quelque époque qu'ils ſoient paſſés , pourvu que les réconſtitutions ne ſoient pas faites au profit d'autres perſonnes que les créanciers originaires des rentes ou leurs ayant cauſe , & à la charge par les ayant cauſe qui jouiront des

rentes , autrement qu'à titre ſucceſſif *ab inteſtat* , de juſtifier que la propriété leur en aura été tranſmiſe par des actes qui auront été contrôlés ; ſinon les droits réſultans de ces actes ſeront payés ſur le pied des capitaux des rentes , en même-tems que le droit ſimple dû pour ceux de réduction ou de réconſtitution.

ART. II.

A l'égard des actes qui ſeront paſſés avec d'autres perſonnes que les propriétaires originaires des rentes , ou leurs ayant cauſe , & qui contiendront de nouvelles réconſtitutions en faveur de ces tierces perſonnes , les droits continueront à en être perçus ſur le pied des capitaux des rentes réconſtituées.

ART. III.

Dans les provinces où les obligations produiſent intérêt , il ne ſera perçu encore que dix ſols , à compter du jour de la publication du préſent arrêt juſqu'au premier Octobre 1768 , pour le contrôle des actes qui ſeront paſſés avec les provinces , les villes & communautés , à l'effet de convertir des contrats de conſtitution de rente en obligations , ou des obligations en contrat de conſtitution , pourvu que leſdits actes primitifs ayent été contrôlés , & que ceux de converſion contiennent la clauſe de réduction de l'intérêt du denier vingt au denier vingt-cinq.

ART. IV.

Lorſque les provinces , les villes & communautés prendront à conſtitution au denier vingt - cinq , des ſommes qu'elles employeront à rembourſer celles par elles empruntées au denier vingt , les droits de contrôle des conſtitutions ſeront payés ſur le pied des ſommes qui en ſeront l'objet ; mais ceux des quittances de rembourſement ne feront perçus, par grace & fans tirer à conféquence, pendant le délai porté par l'article précédent, que fur le pied de dix fols, foit que les conftitutions & les quittances foient faites & fournies par des actes diffé-rens, foit qu'elles le foient par les mêmes actes ; dérogeant à cet égard à l'article XCVI du tarif du 29 Septembre 1722 ; à condition néanmoins, fi les rembourfemens font faits par des actes féparés, que ces actes feront paffés trois mois au plus tard après les contrats de conftitution, à la charge encore d'y faire mention que les fom-mes rembourfées proviennent des nou-velles conftitutions, & même d'en juf-tifier.

ART. V.

Permet Sa Majefté aux étrangers qui confentiront à la réduction des ren-tes fur le Roi, le clergé de France, les états des provinces, ou fur les vil-les du royaume, de juftifier que la propriété defdites rentes leur appar-tient en vertu de fucceffions échues, de teftamens, donations, partages, tranfports, ceffions, ou autres actes paffés dans les pays étrangers, ou dans ceux où le contrôle n'a pas lieu, fans être obligés de faire contrôler lefdits actes, pourvu qu'ils ayent été paffés entre perfonnes domiciliées, dans lef-dits pays feulement, & qu'ils ne foient produits qu'à l'effet de confentir à la réduction des rentes dans le délai fixé par les articles III & IV, après lequel les droits feront payés en conformité des réglemens.

ART. VI.

Ordonne en outre que les actes por-tant réduction des rentes du denier vingt au denier vingt-cinq, qui feront faits entre particuliers, en conféquence de l'édit du mois de Juin 1766, & qui feront purs & fimples, continueront

d'être contrôlés fur le pied de dix fols du droit principal. Enjoint Sa Majefté aux fieurs intendans & commiffaires départis dans les provinces & généra-lités du royaume, de tenir la main à l'exécution du préfent arrêt, qui fera imprimé, lu, publié & affiché par-tout où befoin fera. FAIT au confeil d'état du Roi, Sa Majefté y étant, tenu à Verfailles le fixieme jour de Septem-bre mil fept cent foixante-fept.

Signé, PHELYPEAUX.

JEAN-EMANUEL DE GUI-GNARD, chevalier, vicomte de Saint-Prieft, confeiller d'état, in-tendant de juftice, police & finan-ces en la province de Languedoc.

VU l'arrêt du confeil ci-deffus du 6 Septembre 1767 : Nous ordon-nons, que ledit arrêt fera exécuté fe-lon fa forme & teneur, imprimé, lu, publié & affiché partout où befoin fera. Fait à Montpellier le 17 Octobre 1767. *Signé*, DE SAINT-PRIEST. *Et plus bas*: par Monfeigneur, SOEFVE.

I V.

EXTRAIT du regiftre des délibérations des états de Languedoc, affemblés par mandement du Roi en la ville de Nîmes au mois de Janvier 1727.

Du Vendredi 14 Février fuivant, préfident Mgr. l'archevêque & primat de Narbonne.

LES Etats ayant été informés qu'il y a un procès pendant devant MM. les commiffaires du confeil, dans lequel il a été queftion de juftifier quel eft l'ufage fur le payement des mande-mens expédiés au profit des rentiers de la province, & que les fyndics géné-raux avoient donné un certificat dont la teneur s'enfuit :

Nous ſouſſignés ſyndics généraux de la province de Languedoc, certifions à tous qu'il appartiendra, qu'il a été toujours d'uſage de négocier les mandemens qui s'expédient au profit des créanciers de la province de Languedoc pour le payement des arrérages de leurs rentes, & de les payer à ceux qui en ſont porteurs, lorſqu'ils ſont endoſſés pour acquit par les rentiers ; que c'eſt en vue de cette facilité qu'ils s'expédient & ſe délivrent au commencement de chaque année pour n'être payés qu'au premier Janvier ſuivant ; & qu'il eſt certain & conſtant que la plus grande partie de ces créanciers cedent & remettent leurs mandemens endoſſés pour acquit à d'autres perſonnes, à qui on les paye ſans difficulté : en foi de quoi nous avons fait le préſent.

L'aſſemblée a unanimement approuvé ledit certificat comme conforme à l'uſage de tout tems obſervé, & qu'il eſt néceſſaire de maintenir pour conſerver le crédit de la province & donner moyen aux rentiers de ſe ſervir de leurs mandemens, dans les occaſions, avant l'échéance du payement.

TITRE QUATRIEME.

De la qualité des Rentes conſtituées ſur la Province de Languedoc.

I.

ARRÊT DU PARLEMENT,

Qui confirme la ceſſion faite par un mari d'une rente due par la province, conſtituée en dot à ſon épouſe.

Du 24 Avril 1703.

EXTRAIT *des Regiſtres du Parlement.*

ENTRE le ſyndic de la province de Languedoc, appellant de la ſentence rendue par le ſénéchal de Montpellier le 30 Juillet 1702 & ſuppliant par requête du 13 Décembre audit an, diſant droit audit appel, réformant ladite ſentence, ſans avoir égard en tant que de beſoin à la ceſſion & tranſport fait par Mre. Jean Cabot, chevalier, conſeiller du Roi, tréſorier général de France en la généralité de Montpellier, en faveur du ſieur Abbes,

de la rente conſtituée & pied principal de 3000 livres en queſtion, il plaiſe à la cour relaxer ledit ſyndic des fins & concluſions contre lui priſes par ledit Cabot ; ce faiſant que tant lui que la dame de la Croix de Candilhargues ſon épouſe, demeureront créanciers de ladite province, aux termes de leur contrat de mariage, ſans pouvoir pendant leur mariage aliéner ni tranſporter lad. rente & pied capital, avec dépens d'une part ; & ledit ſieur Cabot appellé, défendeur & ſuppliant par requête jointe au procès par ordonnance de la cour du 16 Février dernier, à ce que, ſans avoir égard audit appel, il plaiſe à la cour ordonner l'exécution de ladite ſentence : & attendu que la ſomme de 3000 livres dudit pied principal de ladite rente conſtituée établie ſur ladite province, en faveur de dame Iſabeau Delort par le contrat du premier Octobre 1697, fait partie de la conſtitution de ladite dame de la Croix dans son contrat de mariage du 22 Juin 1691 avec ledit Cabot, qui a été par conséquent en droit de céder & transporter ladite rente constituée, il soit du bon plaisir de la cour d'ordonner que ledit syndic reconnoîtra incessamment ledit sieur Abbes, créancier de ladite rente constituée, & qu'il sera mis sur le tableau des créanciers de la province & payé de la rente ou du capital, avec condamnation de tous dépens, dommages & intérêts, & autres fins de ladite requête d'une part, & ledit syndic de ladite province de Languedoc défendeur d'autre. Vu le procès, plaidé, lesdites requêtes en jugement & de joint des 13, 14 Décembre 1702 & 16 Février dernier; la susdite sentence dont est appel; les productions faites devant ledit sénéchal, sur lesquelles ladite sentence a été rendue, & dires par écrit contenant griefs & contredits, inventaires & autres productions des parties. LA COUR faisant, quant à ce, droit sur les lettres & requêtes des parties, a mis & met l'appellation & ce dont a été appellé au néant, & réformant, disant droit définitivement auxdites parties, attendu que la rente dont s'agit est une rente constituée à prix d'argent sur la province de Languedoc, pour le pied capital de 3000 livres, a condamné & condamne le syndic de ladite province à reconnoître ledit Abbes pour créancier de ladite somme de 3000 livres, ordonne que ledit Abbes sera mis sur le tableau des créanciers de ladite province, & payé à l'avenir de la rente d'icelle, sur le pied du denier vingt, si mieux ledit syndic n'aime rendre audit Abbes le sort principal, auquel cas il en sera valablement déchargé, à la charge néanmoins par ledit Abbes de justifier qu'il a le droit du sieur Sartre, cessionnaire dudit Cabot, ou de rapporter

déclaration dudit Sartre; comme il n'a fait qu'accommoder de son nom ledit Abbes dans l'acte dudit jour 19 Décembre 1701, les dépens de l'instance demeurant compensés, & sera l'amende restituée. Prononcé à Toulouse en parlement le 24 Avril 1703. Collationné. *Signé*, MUZARD, greffier. M. DUPUY, rapporteur.

II.

AUTRE

Qui déclare que les capitaux des rentes constituées sur la province, peuvent être remboursés aux maris, quoique constitués en dot à leurs femmes, & aux héritiers grevés de substitution.

Du 22 Avril 1705.

EXTRAIT des Registres du Parlement.

SUR la requête de soit montré au procureur général du Roi, présentée à la cour le 8 du présent mois d'Avril par le syndic général de la province de Languedoc, à ce qu'il lui plaise pour les causes y contenues, déclarer que les capitaux des rentes de la province peuvent être remboursés aux maris, quoiqu'ils aient été constitués en dot à leurs femmes, & aux héritiers dont les biens sont substitués, ou qui sont chargés de rendre l'hérédité pendant leur vie, ou après leur mort, & que le suppliant ni la province ne pourront être recherchés pour raison desdits remboursemens, tant pour le passé que pour l'avenir; & vu ladite requête & ordonnance de soit montré y répondue, au pied de laquelle sont les conclusions du procureur général du Roi, LA COUR, ayant égard à ladite requête, a déclaré & déclare que les capitaux des rentes de la province peuvent être remboursés aux maris, quoiqu'ils aient été constitués en dot à leurs femmes, & aux héritiers dont les biens font fubftitués, ou qui font chargés de rendre l'hérédité pendant leur vie ou après leur mort, & que ledit fyndic ni la province de Languedoc ne pourront être recherchés pour raifon defdits rembourfemens, tant pour le paffé que pour l'avenir. Prononcé à Touloufe en Parlement, le 22 Avril 1705. Collationné, MUZARD. Contrôlé, DALBAITS. M. DE MADRON, rapporteur.

III.
AUTRE

Qui ordonne la publication & l'envoi du précédent dans les Sénéchauffées & Bailliages.

Du 14 Juillet 1705.

EXTRAIT *des Regiftres du Parlement.*

SUR les réquifitions verbales faites par le procureur général du Roi, contenant que le public fe trouvant intéreffé dans l'arrêt que la cour a rendu le 22 Avril dernier, portant que les capitaux des rentes dues par la province peuvent être rembourfés aux maris, quoique conftitués en dot à leurs femmes, de même qu'aux héritiers dont les biens font fubftitués, ou qui font chargés de rendre des hérédités après leur mort ou pendant leur vie, fans que le fyndic ni la province puiffent être recherchés pour raifon defdits rembourfemens, tant pour le paffé que pour l'avenir; il eft néceffaire que cet arrêt ne puiffe être ignoré de perfonne, puifqu'il doit fervir également de regle ou de fureté pour les familles des particuliers & pour la province : à caufe de quoi requéroit qu'il plaife à la cour ordonner que ledit arrêt fera affiché partout où befoin fera, enregiftré & publié dans les fénéchauffées & bailliages du reffort de la cour. LA COUR ayant égard auxdites réqui-

fitions, ordonne que ledit arrêt fera affiché tant dans les places publiques de la préfente ville, que dans les autres du reffort de la cour, & que des copies d'icelui duement collationnées feront envoyées à la diligence du procureur général, dans les fénéchauffées & bailliages, pour être procédé à l'enregiftrement & publication dudit arrêt, enjoignant à fes fubftituts d'en certifier la cour dans le mois. Prononcé à Touloufe en parlement, le 14 Juillet 1705. Collationné, MUZARD. Contrôlé, DALBAITS. M. DE MUA, rapporteur.

IV.
REMONTRANCES
DE LA COUR DES COMPTES, AYDES & finances de Montpellier.

Du 20 Avril 1706.

Au fujet de la mobilité des rentes conftituées à prix d'argent.

SIRE,

VOs très-humbles, très-obéiffans, & très-fidelles fujets, les officiers de votre cour des comptes, aydes & finances, féant en votre ville de Montpellier, vous remontrent très-humblement, & avec une très-refpectueufe foumiffion, qu'ayant reçu la déclaration de Votre Majefté, du 9 Mars 1706, qui modere le droit d'amortiffement des rentes conftituées à prix d'argent à deux années de revenu defdites rentes, elle a procédé au regiftre pur & fimple de ladite déclaration, pour témoigner la parfaite foumiffion qu'elle a pour toutes fes volontés.

Mais, comme Votre Majefté permet par fa déclaration du 24 Février 1673, aux compagnies fupérieures de lui faire des remontrances en pareille occafion; la cour des comptes fe croit obligée de lui repréfenter, que par un ufage conftant, qui a été inviolablement obfervé dans cette province, les rentes conftituées à prix d'argent ont été confidérées comme rentes volantes, courantes & perfonnelles : qu'elles n'ont aucune fuite par hypotheque : qu'elles font dénaturées par la fimple fignification du tranfport ; & qu'elles ne different en rien du fimple prêt & des intérêts & ufures qui avoient été établies par le droit civil, fuivant lequel cette province eft régie, qu'en ce que le fort principal de la rente ne peut être exigé ; & c'eft le fondement, fur lequel ladite cour, & toutes les autres compagnies de juftice de la province, les ont toujours mifes au rang des meubles.

Si dans les autres provinces, il importe que les rentes conftituées foient réputées immeubles ; il importe, au contraire, qu'en Languedoc elles foient réputées meubles ; non-feulement pour les particuliers, mais encore pour les intérêts de Votre Majefté. C'eft à préfent la maniere la plus ordinaire de placer de l'argent fur les compagnies de juftice, fur la province, les diocefes, & les communautés ; & perfonne ne fait difficulté d'aliéner ainfi pour toujours fon capital, par la facilité qu'on a trouvé jufqu'à préfent d'en difpofer ou d'en être rembourfé : c'eft ce qui a fait trouver de fi grandes fommes ; & cette facilité cefferoit, d'abord que les rentes feroient traitées comme les immeubles : c'eft alors, que les fubftitutions, qui s'étendent jufqu'à la quatrieme génération ; les dots des femmes, qui font préférées à toutes les autres dettes des maris, & les hypotheques des créanciers, fuivroient perpétuellement ces rentes ; & perfonne ne voudroit s'en charger, dans le rifque d'en être évincé. Votre Majefté a encore intérêt, que les particuliers puiffent retirer facilement les capitaux de leurs rentes, pour payer des

taxes, acquérir des offices, & entretenir leurs enfans dans fes armées.

Pour conferver chaque province dans fon ufage, Votre Majefté avoit ordonné par une premiere déclaration du 4 Octobre 1704, que les rentes conftituées ne feroient fujettes à l'amortiffement, que dans les provinces où elles font déclarées ou réputées immeubles. Si par une feconde déclaration elle a réduit le droit d'amortiffement à deux années de revenu, elle n'a pas dérogé par-là, à l'ufage des provinces où les rentes font réputées meubles ; & elle n'a pas, non plus, affujetti ce qui eft réputé meuble au droit d'amortiffement ; c'eft ce qui fait efpérer, que Votre Majefté ne voudra pas permettre, que la déclaration du 9 Mars dernier foit exécutée dans une province où les rentes font réputées meubles : & qu'en conféquence de la déclaration du 4 Octobre 1704, elle voudra bien décharger les gens de main-morte du droit d'amortiffement, pour les rentes conftituées qu'ils poffedent en Languedoc.

Ce font les très-humbles remontrances, que la cour des comptes, aydes & finances de Montpellier, prend la liberté de faire à Votre Majefté par le feul motif du bien de fon fervice. Fait à Montpellier, le 20 Avril 1706. Signés, BON, premier préfident. LAURIQL, VISSEC, doyen.

V.

ARRÊT

DU PARLEMENT DE TOULOUSE
Sur le même fujet.
Du 26 Avril 1706.
EXTRAIT des Regiftres du Parlement.

ENTRE Pierre Rouquette, habitant de Pezenas, appellant par lettres du 8 Août 1705, des appointemens rendus par le sénéchal de Montpellier le 21 Juillet 1705 avec dépens , d'une part ; & le syndic général de la province de Languedoc appellé, qui a consigné l'amende , suivant le certificat signé Bonnemain, d'autre. Oui judiciellement *Bournet* avec *Cordé* , pour Pierre Rouquette , habitant de la ville de Pezenas , appellant du sénéchal de Montpellier, DIT que Jean Rouquette, pere de sa partie , acquit une rente de 250 livres, du syndic de la province de Languedoc, pour la somme capitale de 5000 livres , & par son testament institua héritiere Dlle. Louise Jaquette , sa femme , à la charge de rendre au tems de son décès à l'un de leurs enfans. Ladite Dlle. Jaquette , exigea dudit syndic payement de la somme capitale de 5000 livres , suivant la quittance publique du 5 Novembre 1698 , & étant ensuite décédée , sadite partie, en qualité d'héritier substitué de son pere, fit assigner ledit syndic , à ce qu'en rejettant la quittance publique fournie par l'héritiere grevée , le syndic fût condamné à lui payer la somme capitale de 5000 liv. , ou à continuer de payer la rente annuelle de 250 liv. Et quoique sa demande fût très-juste , le sénéchal de Montpellier a néanmoins relaxé ledit syndic , par appointement du 21 Juillet 1705, duquel sadite partie est justement appellante. Son grief est pris de ce que le sénéchal a confirmé la quittance fournie par l'héritiere grevée d'une somme de 5000 liv. , servant de pied capital à une rente constituée annuelle & perpétuelle de 250 livres établie sur tous les biens de la province de Languedoc : car il est certain que l'héritier grevé ne peut point aliéner les biens fidéicommissaires , parce qu'ils ne sont pas à lui , mais au substitué , suivant la loi 3 *cod. comm. de leg.* & autres textes de droit ; & si bien l'on a prétendu que l'héritier grevé pouvoit,

en certains cas , exiger payement des dettes à jour, on ne trouvera pas qu'il y ait de loi qui permette d'exiger payement des sommes servant de pied capital aux rentes constituées, qui sont ou doivent être considérées comme des immeubles. Elles sont réputées telles en plusieurs coutumes du royaume : la déclaration de Sa Majesté du 4 Octobre 1704 les considere comme telles , puisque Sa Majesté prend un droit d'amortissement sur les rentes constituées. Elles sont tout-à-fait différentes des dettes à jour , puisque le débiteur peut être contraint de payer la dette à jour à l'échéance du terme ; au lieu que le débiteur de la rente constituée ne peut jamais être contraint à payer le capital, que tant lui que ses successeurs sont en droit de garder à perpétuité en payant la rente. Ainsi on ne peut pas considérer comme meuble une somme capitale que le créancier ne peut jamais exiger ; il n'a droit que d'exiger la rente à perpétuité , & ce droit ne peut pas être considéré comme un meuble , parce que les meubles ne sont que des choses corporelles , qui peuvent être transportées, en un moment, d'un lieu à un autre, & par cette raison n'ont point d'assiette ni de territoire , ce qui ne convient point aux droits & aux actions qui sont incorporelles , & ont néanmoins leur hypotheque sur tous les biens meubles & immeubles du débiteur : il faut les réputer plutôt immeubles que meubles ; d'autant que la plus grande partie desdits biens consiste aujourd'hui en rentes constituées à prix d'argent , & c'est le bien le plus assuré, étant permis à toute sorte de personnes d'user des rentes constituées *ad tuendam mortalium societatem. Ext. regimini de empt. & vend.* joint que les rentes constituées sont *annonæ civiles quæ inter immobilia numerantur* , Novelle 7. & *Godefroy* , sur la loi *jubemus ,*

mus, *cod. de jure dot.* CONCLUT à ce que réformant l'appointement dont est appel, le fyndic foit condamné à lui payer la fomme capitale de 5000 liv., avec dépens.

Bafard avec *Granier* pour le fyndic général de la province de Languedoc, DIT que l'appointement qui a confirmé le payement fait par ledit fyndic de la province à l'héritiere grevée eft très-juridique, d'autant que fuivant la loi *ante reftitutam*, *ff. de folut.*, les payemens faits à l'héritier grevé avant la reftitution du fidéicommis, font valables, *ante reftitutam hæreditatem folutiones & liberationes ab hærede factæ ratæ habentur.* A quoi eft conforme la décifion rapportée par M. *Dolive*, liv. 4, ch. 17, que, quoique l'héritier grevé ne puiffe pas aliéner les immeubles, *l. 3. cod. comm. de legat.* Il en eft autrement des dettes actives, foit parce qu'il y va de l'intérêt d'un débiteur qu'il puiffe fe libérer valablement quand bon lui femble, avant l'échéance du fidéicommis, foit parce qu'il y va de l'intérêt du créancier & de fa fucceffion, de pouvoir libérer valablement le débiteur, pour prévenir les infolvabilités & les prefcriptions qui pourroient furvenir, foit encore parce que les dettes actives font confidérées comme des meubles; & il n'y a point pour cet égard de différence à faire, dans le reffort de la cour, entre les dettes à jour & les rentes conftituées à prix d'argent fur la province de Languedoc; car la cour a décidé la queftion par trois arrêts des 24 Avril 1703, 22 Avril & 14 Juillet 1705; par le premier defquels la cour décida que le fieur Cabot, tréforier de France en la généralité de Montpellier, avoit valablement aliéné & tranfporté au fieur Abbes, une rente du pied capital de 3000 livres, faifant partie de la dot de la dame fon époufe, attendu que c'étoit

Tome II.

une rente conftituée à prix d'argent; ce que la cour n'auroit pas jugé, fi les rentes conftituées étoient réputées immeubles dans le reffort, vu que les fonds & immeubles dotaux font mal aliénés. Et par le fecond du 22 Avril 1705, la cour déclara les capitaux des rentes de la province de Languedoc, pouvoir être rembourfés aux maris, quoiqu'ils ayent été conftitués en dot à leurs femmes, & pouvoir être rembourfés aux héritiers dont les biens font fubftitués, ou qui font chargés de rendre l'hérédité pendant leur vie ou après leur mort, & que le fyndic ni la province de Languedoc, ne pourront être recherchés pour raifon defdits rembourfemens tant pour le paffé que pour l'avenir. Et par le troifieme arrêt du 14 Juillet 1705, la cour ordonna que le précédent feroit affiché, & que copies collationnées en feroient envoyées dans les fénéchauffées & bailliages de fon reffort, pour y être publié & enregiftré.

En quoi la cour conforma fes arrêts à la jurifprudence obfervée dans fon reffort, & au fentiment des docteurs qui ont traité la matiere. M. *Philippi* dans fon recueil d'arrêts de conféquence de la cour des aydes de Montpellier, dit que les rentes rachetables, appellées *volantes*, ne font pas cotifables, fuivant l'arrêt du 17 Mai 1565, parce que *immobilium loco non funt*, & cite *Chaffanée*, rubrique 5, des rentes vendues à rachat §. 1, n°. 8, où il eft dit que *reditus annui perpetui inter mobilia computantur, quando funt venditi, aut empti cum pacto de retrovendendo.* Et M. *Philippi* ajoute que les rentes conftituées ne font comprifes dans le compoix cabalifte qu'ès lieux où les fommes placées à l'intérêt y font comprifes, fuivant la loi *filii* 22 §. 7, *ff. ad municip.* Et la loi *munerum* 18. §. *fed & eos* 23, *ff. de muner. & honor.* Et alors elles font cotifées au lieu du domicile du créancier propriétaire & acquéreur de la rente constituée, parce que les meubles suivent le domicile du propriétaire, au lieu que les rentes foncieres sont cotisées au lieu où est situé l'héritage sur lequel elles sont dues.

M. le président *Faber*, liv. 6, tit 19, défin. 11, dit précisément que les rentes foncieres sont mises parmi les immeubles, mais non pas les rentes constituées, *vulgò* appellées rentes volantes *reditus fundiarii bonorum immobilium appellatione continentur, non etiam cæteri non fundiarii.*

Lhommeau cité par l'appellant, liv. 3, art. 22, pag. 193, dit que la rente constituée est considérée comme dette mobiliaire & personnelle, & non pas comme une charge réelle & fonciere.

Coquille dans ses institutes au droit françois, en expliquant quelles choses sont meubles, rapporte plusieurs coutumes où elles sont réputées meubles, & ajoute que l'opinion contraire n'est fondée sur aucune raison solide, mais sur l'autorité de ceux qui se trouverent intéressés à les faire passer pour immeubles, & remarque ce que *Dumoulin* a dit en divers endroits, & notamment au §. 94 des fiefs, n°. 11, que *reditus necessariò & semper redimibiles sunt semper inter mobilia* : Et ajoute qu'il y a neuf coutumes dans lesquelles les rentes constituées sont réputées meubles, & qu'il n'y en a que cinq dans lesquelles les rentes constituées sont réputées immeubles ; & si bien parmi les cinq coutumes est celle de Paris, ce n'est que depuis la réformation avant laquelle les rentes constituées étoient réputées meubles dans la coutume de Paris.

Mais indépendamment de toutes ces décisions, les rentes constituées seront trouvées meubles, soit que la cour en considere l'origine, soit qu'elle en considere le produit, la nature, ou le droit de les exiger par rapport au droit civil.

Car à considérer leur origine, elle provient de l'argent fourni par le créancier ou acquéreur de la rente constituée; & il est évident que l'argent comptant est un meuble & *merum mobile*.

A considérer leur produit, le revenu des rentes constituées n'est autre que d'argent comptant qui est meuble : Et *Cujas* sur la Novelle 160, dit que l'argent produit par les rentes constituées. n'est que *usura*, nonobstant l'aliénation du pied capital.

A considérer leur nature, elle est si opposée à l'immeuble, qu'elles sont appellées rentes *volantes*, parce que *non habent situm, nulli rei affixæ sunt* : & c'est pour cela qu'elles ne sont pas sujettes à lods ni à retrait lignager, qu'il n'est pas besoin de décret, & qu'il suffit d'une simple saisie pour se les faire adjuger. Elles n'ont point d'être fixe ni permanent, puisque chaque jour elles peuvent être éteintes & anéanties par la liberté que le débiteur a de les racheter, & le créancier même peut contraindre le débiteur à ce rachat & à cette extinction, s'il cesse deux ou trois années consécutives de payer la rente promise, suivant la clause ordinaire mise dans tous les contrats de constitution de rentes.

Et enfin à considérer le droit d'exiger lesdites rentes, il est aussi mobiliaire suivant le droit civil : car quoique les rentes constituées ayent été inconnues dans le droit ancien, n'ayant été introduites que par Justinien en la novelle 7 & 160, tant en faveur des communautés que des particuliers, *eò quòd privati homines rarò volebant sortem perpetuò alienare*, l'Empereur a mis les rentes constituées & le droit de les percevoir parmi les meubles : car, suivant la décision du droit qui divise toutes choses en corporelles & incorporelles, il a mis les droits & les actions qui sont choses incorporelles parmi les meubles en la loi unique, §. *sin autem cod. de rei uxor. act. sin autem super-sederit res mobiles vel se moventes, vel incorporales, post annale tempus restituere.* Et la loi 2. *cod. quando & quibus quarta pars*, dit aussi, *mobiles autem res vel se moventes, vel instrumenta debitorum, & si quod aliud etiam in ejusmodi jure consistat.* Sur quoi *Loiseau*, liv. 3, ch. 4, n°. 12 & 13 des offices, a dit que sans difficulté les droits symbolisent aux meubles plus qu'aux immeubles; & *Dumoulin*, §. 94, des fiefs, n°. 19, *benè verum est quod jura incorporalia mobilibus magis quàm immobilibus adaptantur & conveniunt.* Et les rentes constituées sont bien différentes de celles qui sont appellées dans le droit *annonæ civiles*, qui, suivant l'explication du docte *Cujas* sur la loi *hac edictali, §. his illud, cod. de secund. nupt. sunt panes civiles, qui in dies erogantur quibus competunt de publico. Munera principis pro extructis ædibus in urbe, quæ transferebantur in quemcumque possessorem earum ædium.* Et c'est pour cela que *annonæ civiles annumerantur immobilibus, quia ædibus debebantur potiùs quàm personis, & venditis ædibus, sequebantur emptorem.* Partant CONCLUT au demis de l'appel, avec amende & dépens.

Le procureur général du Roi, après avoir employé les dires du syndic de la province & de Rouquette, dit que cet appel doit être jugé sur deux principes également véritables. Le premier, que les rentes constituées ne sont point réputées immeubles dans la province de Languedoc, & qu'elles y sont considérées comme de simples dettes, nonobstant les coutumes de plusieurs autres provinces ou villes, où les rentes constituées sont réputées immeubles. Le second principe est que les héritiers chargés de substitutions ou fidéicommis, peuvent valablement recevoir payement de toutes sortes de dettes, & que le débiteur qui leur paye se libere valablement, ce qui n'a pas lieu pour les possesseurs des biens fonds, mais bien pour les autres débiteurs, parce que la libération est toujours favorable : que puisque le débiteur peut prescrire avec l'héritier chargé du fidéicommis, celui-ci peut sans doute recevoir : que l'arrêt de la cour du 22 Avril 1705 ne laisse aucun doute à cette cause, puisqu'il porte que le syndic de la province pourra se libérer valablement des sommes dues par la province, en payant aux héritiers fiduciaires les sommes dues à l'hérédité, aux maris les sommes dotales, & aux peres les sommes dues à leurs enfans. Et partant CONCLUT que la cour, mettant l'appellation au néant, doit ordonner que ce dont a été appellé sortira son plein & entier effet, & condamner l'appellant en l'amende envers le Roi.

LA COUR, eue délibération, a mis & met l'appellation au néant, ordonne que ce dont a été appellé sortira son plein & entier effet, condamne l'appellant en l'amende du fol appel envers le Roi, & aux dépens envers la partie. FAIT & dit à Toulouse en parlement le vingt-six Avril mil sept cent six. Délivré le 28 Mai suivant. Collationné, LACOMBE, *signé.*

V I.
AUTRE SUR LE MÊME SUJET.
Du 15 Mai 1706.

SUr la requête de soit montré au procureur général du Roi, présentée à la cour par le syndic général de la province de Languedoc le 23 Décembre 1705, à ce que, pour les causes y contenues, il plaise à ladite cour déclarer les rentes constituées à prix d'argent dans le ressort de la cour , régi par le droit écrit, être meubles , & non immeubles , soit qu'elles appartiennent à des particuliers , ou des communautés, & gens de main-morte : Et vu ladite requête, & ordonnance de soit montré audit procureur général , arrêt du 24 Avril 1703 , ensemble le dire , & conclusions dudit procureur général mis au bas de ladite requête. La Cour , ayant égard à la requête dudit syndic de la province de Languedoc ; a déclaré , & déclare les rentes constituées à prix d'argent dans le ressort de la cour être meubles , & non immeubles , soit qu'elles appartiennent à des particuliers , ou à des communautés, & gens de main - morte. Prononcé à Toulouse en parlement le quinze de Mai mil sept cent six. Collationné, Dussaut, *signé*, M. de Gach, rapporteur. Contrôlé , R O U J O U X , *signé*.

VII.

Extrait du registre des délibérations des Etats-généraux de Languedoc , assemblés par mandement du Roi en la ville de Montpellier au mois de Novembre 1706.

Du Samedi 22 Janvier 1707 , président Mgr. l'archevêque & primat de Narbonne.

LE sieur de Montferrier , syndic général a dit , que bien qu'il ait déjà rendu compte à l'assemblée des affaires que MM. les députés ont traité à la cour l'année derniere , il croit encore devoir l'informer plus particulierement de ce qui s'est passé au sujet de l'amortissement des rentes constituées à prix d'argent au profit des ecclésiastiques ou gens de main-morte , & de ce que le conseil a décidé sur cette affaire.

Sa Majesté ayant ordonné par sa dé-

claration du mois d'Octobre 1704 que les rentes constituées à prix d'argent feront sujettes au droit d'amortissement , dans les provinces où lesd. rentes sont déclarées ou réputées immeubles , le traitant avoit poursuivi les gens de main-morte à remettre une déclaration des rentes constituées qu'ils possèdent , prétendant qu'elles étoient réputées immeubles en Languedoc , ce qui auroit obligé MM. les députés à la cour en l'année 1705 de présenter requête pour demander qu'en exécution de la déclaration de Sa Majesté , les rentes constituées en cette province soient déchargées du droit d'amortissement ; faisant voir qu'elles étoient réputées meubles , & qu'on alloit détruire le crédit de la province & le commerce des rentes constituées en altérant la qualité de meubles qu'elles ont eu jusqu'à présent par la jurisprudence des compagnies supérieures de cette province , & par un usage de tout tems observé ; que le traitant avoit prétendu faire voir par sa contraire requête que les rentes constituées étoient immeubles aussi-bien dans la province de Languedoc que dans les autres provinces du royaume , par la disposition du droit écrit , par les constitutions des Papes , & par les ordonnances de nos Rois , & que la province du Lyonnois qui est régie par le droit écrit , comme le Languedoc , avoit été condamnée au payement du droit d'amortissement : Que le syndic général a répondu à tout ce qui lui étoit opposé de la part du traitant par une requête qui a été imprimée ; & pour justifier que par l'usage constant de toutes les compagnies de la province , les rentes constituées avoient toujours été réputées meubles en Languedoc , il a produit deux certificats de MM. les gens du Roi du parlement de Toulouse, des 26 Mai 1699 & 3 Avril 1705 , un arrêt du parlement de Toulouse du 24

Avril 1703, qui permet à un mari de disposer d'une rente constituée qui faisoit partie de la dot de sa femme, un autre arrêt du 22 Avril 1705, qui déclare que les capitaux des rentes constituées sur la province peuvent être remboursés aux maris & aux héritiers dont les biens sont chargés de substitution ou de fidéicommis, un troisieme arrêt du 14 Juillet 1705, qui ordonne la publication du précédent dans tous les bailliages & sénéchaussées ; que par autre arrêt du 26 Avril 1706, le parlement a confirmé le remboursement du capital d'une rente fait à Louise Jacquet, veuve & héritiere de Jean Rouquette, quoiqu'elle fût chargée de rendre l'hérédité à un de ses enfans ; & que par un dernier arrêt du 15 Mai 1706, le parlement a déclaré les rentes constituées à prix d'argent dans l'étendue de son ressort meubles & non immeubles : Que la cour des comptes, aydes & finances de Montpellier s'est expliquée encore sur ce sujet, non-seulement par un certificat de MM. les gens du Roi du 30 Juin 1705, mais encore par un arrêt du 30 Avril 1706, qui déclare que les rentes constituées, non plus que les sommes dues par contrat d'obligation qui ont été cédées, ne peuvent être saisies de la part des créanciers du cédant, après que les cessions ont été signifiées. Et Sa Majesté ayant par sa déclaration du 9 Mars 1706, réduit le droit d'amortissement des rentes constituées à prix d'argent à deux années de revenu, sans faire mention des provinces où les rentes ne sont pas réputées immeubles, ladite cour a fait ses très humbles remontrances fondées sur les maximes que lesdites rentes sont réputées meubles en Languedoc ; il a été encore justifié que par un usage de tout tems observé dans cette province les rentes constituées à prix d'argent ont été toujours comprises dans les com-

poix cabalistes comme les autres effets mobiliaires, au lieu que les rentes foncieres ont toujours été comprises dans le compoix terrien avec les immeubles : Que le conseil de Sa Majesté, touché de ces raisons & de ces actes, n'avoit pas cru pouvoir condamner la province, & qu'il avoit fait dire à MM. les députés par M. Desforts, rapporteur de cette affaire, qu'il ne sera fait aucune poursuite contre la province, & qu'elle ne doit pas se mettre en peine d'un arrêt de décharge, parce que la déclaration de Sa Majesté n'a été rendue que pour les provinces où les rentes sont réputées immeubles ; que MM. les députés pouvoient en assurer l'assemblée des Etats, & le faire savoir à tous les gens de main-morte.

Sur quoi a été délibéré que les arrêts ci-dessus mentionnés seront registrés ès registres des Etats ; que la requête imprimée sera envoyée dans les dioceses, & qu'ils seront informés par les syndics généraux de la décision de cette affaire. Et MM. les députés à la cour ont été chargés de remercier M. Lepelletier Desforts, des bons offices qu'il a rendus à la province en cette occasion.

VIII.
ORDONNANCE
Du 15 Mars 1708.

Qui décharge de la taxe du sixieme denier, une rente constituée à prix d'argent sur les bénédictins de Saint Guilhen.

A Mgr. de Lamoignon, chevalier, conseiller d'état ordinaire, intendant en la province de Languedoc.

SUPPLIE humblement Fulerand Roux, conseiller du Roi, maire du lieu de Saint - Martin de Londres ; & vous remontre que par contrat du 5

Septembre 1690, il fit prêt aux religieux bénédictins de Saint-Guilhen-le-Déſert de la ſomme de mille liv. pour payer la taxe de l'amortiſſement ou nouvel acquêt, pour laquelle ils lui conſentirent obligation avec aſſignation d'une penſion de quarante-cinq livres ſur leurs revenus pour la rente de lad. ſomme; & quoique ce prêt fait à rente conſtituée étant rachetable aux termes de ladite obligation, ne puiſſe être regardé que comme un meuble, & par conſéquent nullement au cas de la taxe du ſixieme denier, il a été pourtant compris dans un rôle arrêté au conſeil le 13 Octobre 1703, art. 52 & 406, pour la ſomme de 166 livres 13 ſols 4 deniers. Mais comme il a été décidé par le conſeil au rapport de M. Lepelletier Desforts, ainſi qu'il vous eſt connu, Mgr., que les emprunts faits à rente conſtituée à prix d'argent, ſont réputés meubles en Languedoc: Et que s'agiſſant de rendre une ordonnance qui ſerve de réglement, il n'y a que vous, Mgr., qui ſoyez compétent pour le faire, le ſuppliant a recours à vous.

Pour qu'il vous plaiſe, Mgr., vu les pieces ci-attachées juſtificatives de ce deſſus, décharger le ſuppliant de la taxe à lui demandée par Me. Favier, traitant du ſixieme denier, avec défenſes à ſes procureurs, commis ou prépoſés, de faire aucune pourſuite contre le ſuppliant pour raiſon de ce, ſous telles peines que de droit, & ferez juſtice. VOIGNY, *ſigné*.

PREMIERE ORDONNANCE.

NOUS ordonnons que la requête ſera communiquée au traitant pour y répondre au pied, & ſa réponſe vue être ordonné ce qu'il appartiendra. FAIT à Montpellier le cinq Février mil ſept cent huit. *Signé*, DE LAMOIGNON : *Et plus bas*, par Monſeigneur, CAROUGE.

RÉPONSE DU TRAITANT.

LE procureur de Me. Jacques Favier, qui a vu le contrat du 5 Septembre 1690, qui a donné lieu à la taxe de l'article 406, rôle du 13 Octobre 1703, étant un établiſſement de penſion à prix d'argent faite ſur les bénédictins de Saint Guilhen, ce qui n'eſt pas ſujet au ſixieme denier, il n'empêche la décharge. A Montpellier ce quatorze Mars mil ſept cent huit.

MILHAU, *Signé*.

SECONDE ORDONNANCE.

VU la requête, le contrat du 5 Septembre 1690, notre ordonnance de ſoit communiqué, & le conſentement du ſieur Milhau, procureur du traitant : Nous eſtimons qu'il y a lieu de décharger le ſuppliant de la taxe du ſixieme denier à lui demandée par ledit Favier, ſes procureurs & commis, auxquels nous faiſons défenſes de faire aucune pourſuite pour raiſon de ce. FAIT à Montpellier le quinze Mars mil ſept cent huit. *Signé*, DE LAMOIGNON; *Et plus bas*, par Monſeigneur, CAROUGE.

TITRE CINQUIEME.

Du Taux des Rentes conſtituées ſur la Province, & des opérations relatives aux projets de réduction de 1766 & 1776.

I.

ÉDIT DU ROI,

Qui fixe les conſtitutions de rente ſur le pied du denier vingt du capital.

Donné à Verſailles au mois de Juin 1725.

LOUIS, PAR LA GRACE DE DIEU, ROI DE FRANCE ET DE NAVARRE: A tous préſens & à venir, SALUT. Les principaux motifs qui nous avoient portés à fixer par notre édit du mois de Juin 1724 la conſtitution des rentes ſur le pied du denier trente du capital, avoient été la néceſſité de ſoutenir les prix des immeubles, dans la même proportion de valeur à laquelle nous avions fixé les eſpeces, de conſerver aux débiteurs une plus grande facilité de ſe libérer des engagemens qu'ils pouvoient avoir contracté ſur le pied d'un prix plus fort des biens-fonds & des eſpeces ; d'aſſurer même par-là le payement de leurs créanciers, & de conſerver aux capitaux des rentes ſur la ville & ſur les tailles, une valeur plus conſidérable, en faveur de ceux que l'état de leurs affaires pourroit obliger à s'en défaire : mais l'éloignement général du public, pour un denier fort différent à la vérité de celui auquel il avoit contracté pendant une longue ſuite d'années, nous a privé juſqu'à préſent de toute l'utilité d'une opération où ſon concours étoit né-

ceſſaire, & a rendu à charge aux débiteurs & à leurs créanciers ce qui avoit été établi pour leur avantage ; & la perſévérance des particuliers à garder leur argent, plutôt que de le donner à un denier qui ne leur paroiſ-ſoit pas aſſez avantageux, a forcé ceux dont les beſoins étoient les plus preſ-ſans, à donner leurs effets à des prix fort au-deſſous de leur valeur, ou à s'engager à des uſures encore plus ruineuſes. Nous aurions pu, en continuant de tenir la main à l'exécution de cet édit, amener enfin le public à s'y prê-ter de ſa part, & à en ſentir même tous les avantages ; mais comme nous ne nous étions propoſé d'autre vue dans cette occaſion que l'utilité générale de nos ſujets, ſans aucun avantage par-ticulier pour nos finances, nous avons cru devoir en cette occaſion céder con-tre nos propres lumieres, au deſir gé-néral de nos peuples, en rétabliſſant le denier de la conſtitution ſur le pied du vingtieme du capital ; & nous ſom-mes perſuadés en même-tems, que l'augmentation ſucceſſive de la circu-lation, qui ſera la ſuite de l'exactitude des payemens & des rembourſemens conſidérables que nous ferons d'année en année, ramenera inſenſiblement & ſans contrainte le denier de la conſtitu-tion au même pied auquel l'utilité de l'état & l'avantage du commerce nous avoit précédemment déterminé de le fi-xer. A CES CAUSES & autres à ce nous mouvant, de l'avis de notre conſeil,

& de notre certaine ſcience, pleine puiſſance & autorité royale, nous avons par le préſent édit perpétuel & irrévocable, dit, ordonné & ſtatué, diſons, ordonnons & ſtatuons.

ARTICLE PREMIER.

Qu'à compter du jour de la publication du préſent édit, le denier de la conſtitution ſera & demeurera fixé dans toute l'étendue de notre royaume, pays, terres & ſeigneuries de notre obéiſſance, à raiſon du denier vingt du capital, nonobſtant tous édits, déclarations ou autres réglemens à ce contraires, auxquels nous avons dérogé & dérogeons par notre préſent édit.

ART. II.

Permettons en conſéquence à tous notaires, tabellions & autres perſonnes publiques ayant droit de paſſer & recevoir des contrats, de les paſſer à l'avenir ſur ledit pied du denier vingt; ſans néanmoins qu'ils puiſſent en paſſer ſur un pied plus fort, à peine de privation de leurs offices, d'être leſdits contrats déclarés uſuraires, & d'être procédé extraordinairement contre les prêteurs.

ART. III.

Ordonnons en conſéquence à tous juges, dans les jugemens qu'ils auront à prononcer portant condamnation d'intérêts, de les prononcer à l'avenir ſur le pied du denier vingt.

ART. IV.

Nous n'entendons néanmoins rien innover aux contrats de conſtitutions, billets portant promeſſe de paſſer contrats de conſtitution, & autres actes faits juſqu'au jour de la publication du préſent édit, leſquels ſeront exécutés comme ils l'auroient pu être auparavant. SI DONNONS EN MANDEMENT à nos amés & féaux les gens tenans notre cour de parlement de Touloule, que notre préſent édit ils aient à faire lire, publier & regiſtrer, & le contenu en icelui garder, obſerver & exécuter ſelon ſa forme & teneur : CAR tel eſt notre plaiſir ; & afin que ce ſoit choſe ferme & ſtable à toujours, nous y avons fait mettre notre ſcel. Donné à Verſailles au mois de Juin, l'an de grace mil ſept cent vingt-cinq, & de notre regne le dixieme. *Signé*, LOUIS: *Et plus bas* ; Par le Roi, PHELYPEAUX. *Viſa*, FLEURIAU. Vu au conſeil, DODUN. Et ſcellé du grand ſceau de cire verte.

Regiſtré au Parlement de Toulouſe, le 9 Juillet 1725.

II.

ARRÊT
DU CONSEIL D'ETAT DU ROI,

Portant qu'il ſera pourvu inceſſamment au rembourſement de ceux des créanciers qui ont placé leurs deniers dans les divers emprunts pour leſquels les Etats ont prêté le crédit de la province à Sa Majeſté ; ſi mieux n'aiment leſdits créanciers réduire l'intérêt de leur créance au denier vingt-cinq, au moyen des titres nouvels de réconſtitution qui leur ſeront délivrés à cet effet, & détermine la forme en laquelle il ſera procédé à cette opération.

Du 6 Décembre 1765.

EXTRAIT des Regiſtres du Conſeil d'Etat.

VU par le Roi, étant en ſon conſeil, les inſtructions données aux ſieurs commiſſaires préſidens pour Sa Majeſté en l'aſſemblée des gens des trois-états de la province de Languedoc, convoqués au 19 du préſent mois en la ville de Montpellier, par leſquelles

quelles inſtructions leſdits ſieurs commiſſaires ſont, entr'autres choſes, chargés de faire connoître auxdits Etats, que
l'intention de Sa Majeſté eſt, de pourvoir inceſſamment au rembourſement
de ceux des créanciers qui ont placé
leurs deniers dans les divers emprunts
pour leſquels les Etats ont prêté le
crédit de la province à Sa Majeſté, ſi
mieux n'aiment leſdits créanciers réduire l'intérêt de leurs créances au denier vingt-cinq, au moyen des titres
nouvels de réconſtitution qui leur ſeront délivrés à cet effet : & Sa Majeſté voulant déterminer la forme en
laquelle il ſera procédé à ladite opération, en dérogeant, en tant que de beſoin, à ce qui avoit été preſcrit par
les arrêts de ſon conſeil, & notamment
par celui du 6 Janvier 1755, au ſujet des rembourſemens à faire annuellement des mêmes emprunts par la
voie d'une loterie, qui ne ſauroit plus
avoir lieu pour remplir les vues de
Sa Majeſté. Vu auſſi ledit arrêt du 6
Janvier 1755, & tous ceux qui y ſont
viſés. Oui le rapport du ſieur de Laverdy, conſeiller ordinaire au conſeil
royal, contrôleur général des finances ; LE ROI ETANT EN SON
CONSEIL, a ordonné & ordonne ce
qui ſuit.

ARTICLE PREMIER.

Les diſpoſitions de l'arrêt du 6 Janvier 1755, & autres antérieurs, ayant
rapport au tirage des loteries ordonnées pour le rembourſement des emprunts pour leſquels la province de
Languedoc a prêté ſon crédit à Sa Majeſté, n'auront plus lieu, à commencer par le tirage qui auroit dû être fait
pour le rembourſement du mois de
Juin prochain & à l'avenir, juſqu'à ce
qu'il en ſoit autrement ordonné.

ART. II.

Les ſommes précédemment deſti-
Tome II.

nées au rembourſement annuel de chacun des emprunts faits pour le compte
du Roi, conformément aux traités faits
pour chaque emprunt, & aux arrêts
qui les ont autoriſés, continueront
d'être retenues par le tréſorier des
Etats, pour être employées avec les
autres fonds que Sa Majeſté fera remettre audit tréſorier, au rembourſement en capital & intérêts de ceux
des créanciers de chaque emprunt,
qui ne voudront pas réduire l'intérêt
de leurs créances par réconſtitution au
denier vingt-cinq.

ART. III.

Pour parvenir auxdits rembourſemens, il ſera arrêté par les ſieurs
commiſſaires de Sa Majeſté & ceux
deſdits Etats, pendant leur prochaine aſſemblée, & au commencement d'icelles, une liquidation exacte
de ce qui reſtera dû ſur chacun deſdits emprunts ; enſemble un état des
créanciers actuels, contenant leur nom,
le montant de leur contrat & ſon numéro par ordre de date, dont il ſera
dépoſé un double au Greffe deſdits
ſieurs commiſſaires de Sa Majeſté, &
un autre à celui des Etats, pour ſervir
juſqu'à l'entier rembourſement deſdits
emprunts, faute de réduction volontaire des intérêts de la part des créanciers.

ART. IV.

En conſéquence de ladite liquidation, & dudit état général des créanciers, les ſyndics généraux de la province feront ſommer au moment qui
ſera fixé par Sa Majeſté, tous les
créanciers y compris & dénommés,
d'avoir à déclarer dans un mois au bureau du tréſorier des Etats où ſeront
immatriculés leurs contrats, s'ils entendent en réduire par une nouvelle
réconſtitution, la rente à quatre pour
cent, ou ſi mieux ils aiment recevoir

leur remboursement ; & faute par les créanciers d'avoir fait dans ledit délai d'un mois, à compter du jour de la sommation ladite option, leur silence sera pris pour un acquiescement de leur part à la réduction ; laquelle aura lieu du jour de l'expiration du mois, à l'égard des créanciers résidens dans le royaume, & de six semaines pour ceux qui n'y résideront pas ; & seront au surplus observées pour lesdites sommations, les formalités prescrites par l'arrêt du 6 Janvier 1755.

ART. V.

Il sera pourvu, après l'expiration du terme fixé par le contrat pour l'avertissement préalable en cas de remboursement, à compter du jour de la sommation, au remboursement effectif de ceux qui auront déclaré vouloir le recevoir, & ce, en observant les mêmes formalités prescrites par ledit arrêt du 6 Janvier 1755 ; comme aussi à l'expédition des titres nouvels au denier vingt-cinq, en faveur de ceux desdits créanciers qui auront opté pour la réconstitution sur ce pied ; à l'effet de quoi il sera dressé jour par jour par le Trésorier de ladite province, un relevé des déclarations qui auront été faites, soit pour recevoir le remboursement, soit pour réconstituer au denier vingt-cinq, au sieur contrôleur général des finances, pour par lui en être rendu compte à Sa Majesté.

ART. VI.

Entend Sa Majesté que la forme & les termes ordinaires des payemens pour les arrérages & le remboursement des capitaux, tels qu'ils ont été fixés par les traités desdits emprunts, & autres conditions portées auxdits traités, seront exécutés pour les capitaux qui auront été réconstitués au denier vingt-cinq ; lesquels continueront d'être remboursés en la forme ci-devant

prescrite, suivant ce qui sera plus particulierement ordonné à cet égard par Sa Majesté. Et seront au surplus exécutées les dispositions de l'arrêt du 6 Janvier 1755, en tout ce qui n'est pas contraire à ce qui est porté par le présent arrêt, lequel sera exécuté selon sa forme & teneur, nonobstant toutes oppositions & empêchemens quelconques, dont, si aucuns interviennent, Sa Majesté s'est réservée & à son conseil la connoissance. FAIT au conseil d'état du Roi, Sa Majesté y étant, tenu à Fontainebleau le sixieme jour de Décembre mil sept cent soixante-cinq. *Signé*, PHELYPEAUX.

III.
ARRÊT
DU CONSEIL D'ETAT DU ROI,

Qui ordonne le remboursement ou la réduction au denier vingt-cinq, des rentes constituées aux créanciers des emprunts pour lesquels les Etats de Languedoc ont prêté leur crédit au Roi ; le susdit remboursement ou la réduction au choix des créanciers.

Du 5 Mars 1766.

EXTRAIT des Registres du Conseil d'Etat.

VU par le Roi étant en son conseil, l'arrêt donné en icelui le 6 Décembre 1765, par lequel, en conséquence des instructions données par Sa Majesté aux sieurs commissaires présidens pour elle à l'assemblée des gens des trois-états de la province de Languedoc, Elle a fait connoître que son intention étoit de pourvoir incessamment au remboursement des créanciers des divers emprunts pour lesquels les Etats ont prêté leur crédit à S. M., si mieux n'aiment lesdits créanciers réduire l'intérêt de leurs créances au denier vingt-cinq, au moyen de nouveaux contrats de conftitution qui leur feront délivrés ; par lequel arrêt Sa Majefté détermine auffi la forme en laquelle il fera procédé à ladite opération, dérogeant, en tant que de befoin, à ce qui avoit été prefcrit par les arrêts de fon confeil au fujet des rembourfemens à faire annuellement des mêmes emprunts, par la voie des loteries qui ne fauroient avoir lieu quant à préfent pour remplir les vues de Sa Majefté. Et attendu qu'il eft néceffaire de faire connoître plus particulierement fes intentions, fur ce qui eft porté dans les articles IV & V du fufdit arrêt du confeil, tant par rapport au délai dans lequel lefdits créanciers doivent être fommés de recevoir leur rembourfement ou de prendre un nouveau contrat de conftitution au denier vingt-cinq, que par rapport au tems où les rembourfemens doivent être faits, & où les nouveaux contrats doivent être expédiés, foit à Paris, foit dans ladite province, où les fommations n'auront pu être faites dans le même-tems, comme auffi à l'égard de l'exemption des vingtiemes & deux fols pour livre du dixieme des rentes portées par les nouveaux contrats : Oui le rapport du fieur de Laverdy, confeiller ordinaire au confeil royal, contrôleur général des finances; LE ROI ÉTANT EN SON CONSEIL, a ordonné & ordonne ce qui fuit.

ARTICLE PREMIER.

Les créanciers des emprunts pour lefquels les Etats ont prêté leur crédit à Sa Majefté feront fommés par les fyndics généraux de ladite province, d'avoir à déclarer dans fix femaines, à compter du jour de la fommation, s'ils veulent recevoir le rembourfement des capitaux à eux dus, ou s'ils aiment mieux recevoir de nouveaux contrats

de conftitution au denier vingt-cinq ; & faute par eux d'avoir fait ladite option dans le fufdit délai, leur filence fera pris pour un acquiefcement de leur part à la réduction, laquelle aura lieu du jour de l'expiration du délai de fix femaines, tant pour ceux qui réfident dans le royaume que pour ceux qui n'y réfideroient pas.

ART. II.

Ordonne Sa Majefté, qu'à l'égard des créanciers defdits emprunts qui font immatriculés au bureau du tréforier général defdits Etats à Paris, il fera pourvu audit bureau, le premier du mois de Mai prochain, au rembourfement effectif de ceux qui auront déclaré vouloir le recevoir ; auquel jour premier Mai, il fera auffi procédé à l'expédition des nouveaux contrats de conftitution au denier vingt-cinq, en faveur de ceux defdits créanciers qui auront opté pour recevoir lefdits contrats.

ART. III.

A l'égard des créanciers des fufdits emprunts qui auront été immatriculés dans ladite province, veut Sa Majefté qu'il foit pourvu aux bureaux du tréforier des Etats à Touloufe & à Montpellier le 15 Mai prochain, au rembourfement effectif de ceux qui auront déclaré vouloir le recevoir : auquel jour 15 Mai, il fera auffi remis une expédition des nouveaux contrats de conftitution, à ceux defdits créanciers qui auront opté de les recevoir.

ART. IV.

Veut pareillement Sa Majefté, que ceux defdits créanciers qui auront opté de recevoir les nouveaux contrats de conftitution de rente au denier vingt-cinq, jouiffent de la rente portée en iceux, avec exemption des vingtiemes & deux fols pour livre du dixieme, &

généralement de toutes impositions royales, sans aucune espece de retenue. Et sera le susdit arrêt du conseil, du 6 Décembre 1765, exécuté pour tout le surplus en tout ce qui n'est pas contraire à ce qui est porté par le présent arrêt, lequel sera exécuté selon sa forme & teneur, nonobstant toutes oppositions & empêchemens quelconques, dont, si aucuns interviennent, Sa Majesté s'est réservée à Elle & à son conseil la connoissance, & icelle interdit à toutes ses cours & autres juges. FAIT au conseil d'état du Roi, Sa Majesté y étant, tenu à Versailles le cinquieme jour de Mars mil sept cent soixante-six.

Signé, PHELYPEAUX.

I V.

ÉDIT DU ROI,

Qui fixe pour l'avenir les constitutions de rente, sur le pied du denier vingt-cinq.

Donné à Versailles au mois de Juin 1766.

LOUIS, PAR LA GRACE DE DIEU, ROI DE FRANCE ET DE NAVARRE: A tous présens & à venir, SALUT. Nous avons estimé que rien ne seroit plus utile à l'agriculture & au commerce de notre royaume, que de fixer pour l'avenir l'intérêt de l'argent sur le pied du denier vingt-cinq du capital; Nous y avons été déterminé par l'exemple des Rois nos prédécesseurs, & par la nécessité de rétablir plus de proportion entre l'argent & les différens objets qui tombent dans le commerce. A CES CAUSES, de l'avis de notre conseil & de notre certaine science, pleine puissance & autorité royale, nous avons par le présent édit perpétuel & irrévocable, dit, statué, &

ordonné, disons, statuons, & ordonnons, voulons, & nous plaît ce qui suit.

ARTICLE PREMIER.

A compter du jour de l'enregistrement de notre présent édit, le denier de la constitution sera & demeurera fixé dans toute l'étendue de notre royaume, pays, terres & seigneuries de notre obéissance, à raison du denier vingt-cinq du capital, nonobstant tous édits, déclarations ou autres réglemens à ce contraires, auxquels nous avons dérogé & dérogeons par notre présent édit.

ART. II.

Défendons en conséquence très-expressément à tous notaires, tabellions, & autres personnes publiques ayant droit de passer & recevoir des actes & contrats, d'en passer à l'avenir aucuns portant intérêts sur un pied plus fort que le denier vingt-cinq, à peine de privation de leurs offices, d'être lesdits actes & contrats déclarés usuraires, & d'être procédé extraordinairement contre les prêteurs. Comme aussi défendons à tous juges de rendre aucuns jugemens ou sentences de condamnation d'intérêts à un denier plus fort que celui fixé par notre présent édit.

ART. III.

Déclarons nulles & de nul effet les promesses qui pourroient être ci-après passées sous signature privée avec un intérêt plus fort que le denier vingt-cinq.

ART. IV.

Les réconstitutions des rentes dues à un denier plus fort que le denier vingt-cinq ne pourront se faire, sous les peines ci-dessus prononcées, que sur le pied du denier vingt-cinq.

ART. V.

N'entendons néanmoins rien innover

aux contrats de conftitution , billets portant promeffes de paffer contrats de conftitution, & autres actes faits , ou jugemens rendus, jufqu'au jour de la publication de notre préfent édit, lefquels feront exécutés comme ils l'auroient pu être auparavant. Si donnons en mandement à nos amés & féaux les gens tenant notre cour de parlement à Touloufe, que notre préfent édit ils aient à faire lire, publier & regiftrer, & le contenu en icelui garder, obferver & exécuter felon fa forme & teneur, nonobftant toutes chofes à ce contraires. Voulons qu'aux copies du préfent édit, collationnées par l'un de nos amés & féaux confeillers fecrétaires, foi foit ajoutée comme à l'original : car tel eft notre plaifir; & afin que ce foit chofe ferme & ftable à toujours, nous y avons fait mettre notre fcel. Donné à Verfailles, au mois de Juin, l'an de grace mil fept cent foixante-fix , & de notre regne le cinquante-unieme. Signé, LOUIS : Et plus bas; par le Roi, PHELYPEAUX. Vifa, LOUIS. Vu au confeil. DE LAVERDY.

EXTRAIT des Regiftres du Parlement.

VU par la cour, toutes les chambres affemblées, l'édit du Roi, donné à Verfailles au mois de Juin dernier, Signé, LOUIS. Et plus bas; par le Roi, PHELYPEAUX. Vu au confeil, DE LAVERDY; Vifa, LOUIS, fcellé du grand fceau de cire verte, qui fixe pour l'avenir au denier vingt-cinq les conftitutions de rentes; l'ordonnance de foit-montré au procureur général du Roi, délibérée aux affemblées des chambres le 9 de ce mois; enfemble les dire & conclufions du procureur général du Roi :

LA COUR, toutes les chambres affemblées, a ordonné & ordonne que

ledit édit fera enregiftré dans fes regiftres pour être exécuté felon fa forme & teneur, & que copies duement collationnées d'icelui feront imprimées & envoyées dans tous les bailliages, fénéchauffées, & autres juftices royales du reffort pour y être pareillement lues, publiées, & enregiftrées à la diligence des fubftituts du procureur général du Roi, qui en certifieront la cour dans le mois. Prononcé à Touloufe en parlement, le quatorze Juillet mil fept cent foixante-fix. Collationné, LEBÉ. M. DE BASTARD, rapporteur. Contrôlé, VERLHAC.

V.

LETTRES-PATENTES DU ROI,
sur Arrêt.

Données à Verfailles le 17 Juillet 1766.

Qui permet de ftipuler dans les contrats de conftitution au denier vingt-cinq l'exemption de la retenue des impofitions royales.

Avec l'arrêt de Regiftre du 10 Septembre 1766.

LOUIS, PAR LA GRACE DE DIEU, ROI DE FRANCE ET DE NAVARRE: A nos amés & féaux les gens tenant notre cour de parlement à Touloufe, SALUT. Ayant été inftruits que plufieurs de nos fujets, difpofés à placer leur argent au denier vingt-cinq, conformément à ce qui eft prefcrit par notre édit du mois de Juin dernier, mais avec ftipulation d'exemption de la retenue des impofitions royales, fe trouvoient dans l'incertitude de favoir fi cette claufe leur étoit permife, au moyen de ce que notre édit du mois de Juin dernier ne contient aucune difpofition à ce fujet : Et ayant été fuppliés de faire connoître nos intentions à cet égard, nous avons jugé à propos d'autorifer ladite stipulation volontaire d'exemption de la retenue des impositions royales dans les contrats qni seront passés à l'avenir au denier vingt-cinq, à quoi nous avons pourvu par l'arrêt rendu en notre conseil ce jourd'hui, sur lequel nous avons ordonné que toutes lettres nécessaires seroient expédiées. A CES CAUSES, de l'avis de notre conseil qui a vu ledit arrêt ci-attaché sous le contre-scel de notre chancellerie, nous avons permis, & par ces présentes signées de notre main, permettons, tant qu'il n'en sera pas par nous autrement ordonné, à ceux de nos sujets qui, en exécution de notre édit du mois de Juin dernier, portant fixation de l'intérêt de l'argent au denier vingt-cinq, placeront à l'avenir leur argent audit denier, par des contrats de constitution, ou par des billets portant promesse de passer contrats & autres actes portant convention dudit intérêt, de stipuler volontairement l'exemption de la retenue des impositions royales : Voulons & entendons en conséquence que lesdites stipulations soient admises en justice, & que quand elles auront été faites, ceux qui s'y seront soumis soient condamnés à les exécuter. SI VOUS MANDONS que ces présentes vous ayez à faire lire, publier & registrer, même en tems de vacations, & le contenu en icelles garder & observer selon leur forme & teneur : CAR tel est notre plaisir. DONNÉ à Versailles le dix-septieme jour du mois de Juillet, l'an de grace mil sept cent soixante-six, & de notre regne le cinquante-unieme. *Signé*, LOUIS : *Et plus bas*; Par le Roi, PHELYPEAUX.

EXTRAIT des Registres du Conseil d'Etat.

LE Roi étant informé que plusieurs de ses sujets, disposés à placer leur argent au denier vingt-cinq, conformément à ce qui est prescrit par son édit du mois de Juin dernier; mais avec stipulation d'exemption de la retenue des impositions royales, se trouvoient dans l'incertitude de savoir si cette clause leur étoit permise au moyen de ce que l'édit du mois de Juin dernier ne contient aucune disposition à ce sujet : Et Sa Majesté ayant été suppliée de faire connoître ses intentions à cet égard, elle a jugé à propos d'autoriser ladite stipulation volontaire d'exemption de la retenue desdites impositions royales, dans les contrats qui seront passés à l'avenir au denier vingt-cinq, à quoi voulant pourvoir ; Oui le rapport du sieur de Laverdy, conseiller ordinaire & au conseil royal, contrôleur général des finances, LE ROI ÉTANT EN SON CONSEIL, a permis & permet, tant qu'il n'en sera pas par lui autrement ordonné, à ceux de ses sujets, qui, en exécution de l'édit du mois de Juin dernier, portant fixation de l'intérêt de l'argent au denier vingt-cinq, placeront leur argent à l'avenir audit denier par des contrats de constitutions, ou par des billets portant promesse de passer contrat, & autres actes portant convention dudit intérêt, de stipuler volontairement l'exemption de la retenue des impositions royales : Veut & entend S. M. que lesdites stipulations soient admises en justice, & que quand elles auront été faites, ceux qui s'y seront soumis soient condamnés à les exécuter; & seront pour l'exécution du présent arrêt toutes lettres nécessaires expédiées. FAIT au conseil d'état du Roi, Sa Majesté y étant, tenu à Versailles le dix-sept Juillet mil sept cent soixante-six. *Signé*, PHELYPEAUX.

EXTRAIT des Registres du Parlement.

VU par la cour, toutes les chambres assemblées, les lettres-patentes sur arrêt données à Versailles le dix-feptieme jour du mois de Juillet dernier, *fignées*, LOUIS: *Et plus bas*; Par le Roi, PHELYPEAUX, qui permet de ftipuler dans les contrats de conftitution au denier vingt-cinq l'exemption de la retenue des impofitions royales ; l'arrêt du confeil du même jour, *figné*, PHELYPEAUX, le tout fcellé du grand fceau de cire jaune ; l'ordonnance de foit montré au procureur général du Roi , délibérée aux affemblées des chambres , enfemble les dire & conclufions du procureur général du Roi :

LA COUR, toutes les chambres affemblées, a ordonné & ordonne que tant lefdites lettres-patentes, que arrêt du confeil, feront regiftrés dans les regiftres de la cour, pour être exécutés felon leur forme & teneur, & que copies duement collationnées d'iceux feront imprimées & envoyées dans tous les bailliages, fénéchauffées, & autres juftices royales du reffort, pour y être pareillement lues, publiées & enregiftrées à la diligence des fubftituts du procureur général du Roi, qui en certifieront la cour dans le mois. PRONONCÉ à Toulouse en parlement le dix Septembre mil fept cent foixante-fix. Collationné , LEBÉ , M. DE BASTARD , rapporteur. Contrôlé , VERLHAC.

VI.

ARRÊT

DU CONSEIL D'ETAT DU ROI,

Qui ordonne le remboursement ou la réduction au denier vingt - cinq , au choix des créanciers , du reflant des rentes à eux conftituées fur les emprunts de neuf millions & de fix millions de livres faits en 1759 & 1762 ,

pour lefquels les Etats de Languedoc ont prêté leur crédit au Roi.

Du 21 Juillet 1766.

EXTRAIT des Regiftres du Confeil d'Etat.

VU par le Roi , étant en fon confeil , les arrêts rendus en icelui le 6 Décembre 1765 , 5 Mars & 6 Mai 1766 , qui ordonnent en la forme y énoncée , le remboursement ou la réduction au denier vingt - cinq , avec exemption des vingtiemes & deux fols pour livre du dixieme des rentes conftituées aux créanciers des emprunts pour lefquels les Etats de Languedoc ont prêté leur crédit à Sa Majefté. En conféquence defquels arrêts , il a été fait des fommations à la requête des fyndics généraux de ladite province , aux créanciers des emprunts des années 1747 , 1754 , 1756 & 1758 , pour déclarer dans le délai de fix femaines , à compter du jour defdites fommations , s'ils entendent recevoir leur remboursement des capitaux à eux dus , ou de nouveaux contrats de conftitution au denier vingt - cinq , dans les délais y énoncés : Et Sa Majefté defirant continuer la même opération du remboursement ou de la réduction au denier vingt-cinq , à l'égard des créanciers qui reftent à rembourfer fur les emprunts de neuf millions & de fix millions de livres , pour lefquels lefdits Etats ont prêté leur crédit à Sa Majefté en 1759 & en 1762 : OUI le rapport du fieur de Laverdy , confeiller ordinaire & au confeil royal , contrôleur général des finances; LE ROI ÉTANT EN SON CONSEIL , a ordonné & ordonne ce qui fuit.

ARTICLE PREMIER.

Les créanciers qui reftent à rembourfer fur les emprunts de neuf millions & de fix millions de livres , pour lesquels lesdits Etats ont prêté leur crédit au Roi en 1759 & 1762, seront obligés de se présenter en personne ou par procureur duement fondé, au bureau du sieur trésorier général desdits Etats, où le contrat a été immatriculé, dans le délai de six semaines, à compter du jour que la sommation leur sera faite, à l'effet de déclarer s'ils entendent recevoir le remboursement des capitaux à eux dus, ou s'ils aiment mieux recevoir de nouveaux contrats de constitution de rente au denier vingt-cinq; & faute par eux d'avoir fait ladite déclaration contenant leur option, dans le susdit délai de six semaines, leur silence sera pris pour un acquiescement de leur part à ladite réduction, laquelle aura lieu, à compter du jour de l'expiration dudit délai, tant pour ceux qui résident dans le royaume que pour ceux qui n'y résideroient pas.

Art. II.

Ordonne Sa Majesté qu'à l'égard des créanciers dudit emprunt qui auront opté pour leur remboursement dans ledit délai de six semaines, il sera pourvu audit remboursement effectif; savoir, à l'égard des créanciers qui sont immatriculés au bureau du trésorier général desdits Etats à Paris, le premier d'Octobre prochain, auquel jour premier Octobre, il sera aussi procédé à l'expédition de nouveaux contrats de constitution au denier vingt-cinq, en faveur de ceux desdits créanciers qui auroient opté pour recevoir lesdits contrats.

Art. III.

Et à l'égard des créanciers du même emprunt, qui auront été immatriculés dans la province, veut Sa Majesté qu'il soit pourvu au bureau dudit trésorier des Etats à Toulouse & à Montpellier, le quinze Octobre prochain, au remboursement effectif de ceux qui auront déclaré dans ledit délai de six semaines

vouloir le recevoir; auquel jour quinze Octobre, il sera remis une expédition de nouveaux contrats de constitution au denier vingt-cinq, à ceux desdits créanciers qui auront opté de les recevoir.

Art. IV.

Veut pareillement Sa Majesté que ceux desdits créanciers qui auront opté de recevoir lesdits nouveaux contrats de constitution au denier vingt-cinq, jouissent des rentes portées en iceux, avec exemption des vingtiemes & deux sols pour livre du dixieme, & généralement de toutes impositions royales, sans aucune espece de retenue.

Art. V.

Et seront les susdits arrêts des 6 Décembre 1765, 5 Mars & 6 Mai 1766 exécutés au surplus en tout ce qui n'est pas contraire à ce qui est porté par le présent arrêt, lequel sera exécuté selon sa forme & teneur, nonobstant toutes oppositions & empêchemens quelconques, dont si aucuns interviennent, Sa Majesté s'est réservée à elle & à son conseil la connoissance, & icelle interdit à toutes ses cours & autres juges. FAIT au conseil d'état du Roi, Sa Majesté y étant, tenu à Versailles le vingt-unieme Juillet mil sept cent soixante-six.

Signé, PHELYPEAUX.

VII.

ARRÊT

DU CONSEIL D'ÉTAT DU ROI,

Qui leve la surséance ordonnée par l'arrêt du 6 Décembre 1765, au sujet du tirage des loteries pour le remboursement des emprunts pour lesquels la province a prêté son crédit au Roi, & ordonne que l'arrêt du 6 Janvier 1755 & autres antérieurs,

rieurs, concernant lesdits remboursemens à faire par loterie, seront exécutés suivant leur forme & teneur.

Du 7 Novembre 1766.

EXTRAIT des Regiftres du Conseil
d'Etat.

VU par le Roi, étant en son conseil, l'arrêt rendu en icelui le 6
Décembre 1765, par lequel Sa Majefté ayant déterminé de pourvoir au
remboursement de ceux des créanciers
qui avoient placé leurs fonds dans les
divers emprunts pour lefquels les Etats
de Languedoc ont prêté le crédit de la
province à Sa Majefté, fi mieux n'ai-
moient lesdits créanciers réduire l'intérêt de leurs créances au denier vingt-
cinq, elle auroit ordonné, entr'autres
chofes, que les difpofitions de l'arrêt
du 6 Janvier 1755, & autres antérieurs ayant rapport au tirage des loteries ordonnées pour le rembourfement defdits emprunts, n'auront plus
lieu à l'avenir, jufqu'à ce qu'il fût autrement ordonné : Et Sa Majefté ayant
confidéré que les motifs fur lefquels
elle s'étoit portée à ordonner ladite
fuppreffion ne fubfiftoient plus au moyen du rembourfement qui a été effectué de ceux defdits créanciers qui
n'ont pas réconftitué, & de la réconftitution des autres au denier vingt-cinq,
& qu'il étoit même néceffaire de lever
ladite fufpenfion, à commencer à la
fin de l'année 1767 pour les rentes qui
ont été réconftituées, pour continuer,
fuivant les ufages & formes établis anciennement, le remboursement, tant
des créanciers anciens qui ont réconftitué, que de ceux qui ont porté ou
pourront porter leurs fonds dans les
nouveaux emprunts ouverts au denier
vingt-cinq pour le compte de Sa Majefté fur le crédit de ladite province ;
à quoi voulant pourvoir : Oui le rapport du fieur de Laverdy, confeiller

Tome II.

ordinaire & au conseil royal, contrôleur général des finances ; LE ROI
ÉTANT EN SON CONSEIL, a ordonné & ordonne, que l'arrêt de fon
conseil du 6 Janvier 1755 & autres
antérieurs, au fujet des rembourfemens à faire annuellement par la voie
d'une loterie, des emprunts pour lefquels la province de Languedoc a prêté
fon crédit à Sa Majefté, feront exécutés fuivant leur forme & teneur. FAIT
au conseil d'état du Roi, Sa Majefté
y étant, tenu à Verfailles le fept Novembre mil fept cent foixante-fix.

Signé, PHELYPEAUX.

VIII.
ARRÊT
DU CONSEIL D'ETAT DU ROI,

*Qui fixe les droits de contrôle des dif-
férens actes que les provinces, les
villes & les communautés du royaume, pafferont avec leurs créanciers,
en conféquence de l'édit du mois de
Juin 1766, relativement à la réduction de l'intérêt portée par ledit
édit.*

Du 6 Septembre 1767.

EXTRAIT des Regiftres du Confeil
d'Etat.

LE Roi s'étant fait repréfenter en
fon conseil, l'édit du mois de Juin
1766, par lequel le denier de la conftitution a été fixé à raifon du denier
vingt-cinq du capital, avec défenfes de
paffer à l'avenir aucuns actes ou contrats portant intérêt fur un denier plus
fort que le denier vingt-cinq ; enfemble l'arrêt du conseil du 9 Novembre
1700, par l'article VII duquel il a été
ordonné que les actes portant réduction
de rentes d'un denier à un autre, qui
feront purs & fimples, feront contrôlés

K k

comme actes simples : Et Sa Majesté étant informée que plusieurs provinces, villes & communautés du royaume s'occupent des moyens propres à opérer la réduction au denier vingt-cinq de l'intérêt des sommes qu'elles ont empruntées à raison du denier vingt ; & que pour parvenir à cette réduction , il sera passé entr'elles & leurs créanciers, différens actes , sur la quotité des droits de contrôle desquels il pourroit s'élever des difficultés qu'il est nécessaire de prévenir , surtout par rapport aux actes qui étant faits au moment où la prescription auroit lieu de particulier à particulier , pourroient être considérés comme des titres nouvels, quoique les administrations publiques ne soient pas dans l'usage d'en fournir à leurs créanciers ; en sorte que les actes passés avec elles ne peuvent dans aucuns cas être regardés comme de nouvelles reconnoissances , dont l'effet soit de garantir la prescription. A quoi Sa Majesté desirant pourvoir , & voulant faciliter en même-tems les opérations relatives à la réduction projettée : Oui le rapport du sieur de Laverdy , conseiller ordinaire & au conseil royal , contrôleur général des finances ; LE ROI ÉTANT EN SON CONSEIL , a ordonné & ordonne ce qui suit :

ARTICLE PREMIER.

Les actes de réduction ou de réconstitution de rentes, qui seront faits avec les provinces, les villes & communautés du royaume , seront contrôlés sur le pied de dix sols seulement de droit principal, à quelqu'époque qu'ils soient passés, pourvu que les réconstitutions ne soient pas faites au profit d'autres personnes que les créanciers originaires des rentes ou leurs ayant cause , & à la charge par les ayant cause qui jouiront des rentes , autrement qu'à titre successif *ab intestat* , de justifier que la

propriété leur en aura été transmise par des actes qui auront été contrôlés, sinon les droits résultans de ces actes seront payés sur le pied des capitaux des rentes , en même-tems que le droit simple dû pour ceux de réduction ou de réconstitution.

ART. II.

A l'égard des actes qui seront passés avec d'autres personnes que les propriétaires originaires des rentes ou leurs ayant cause , & qui contiendront de nouvelles réconstitutions en faveur de ces tierces personnes, les droits continueront à en être perçus sur le pied des capitaux des rentes réconstituées.

ART. III.

Dans les provinces où les obligations produisent intérêt, il ne sera perçu encore que dix sols , à compter du jour de la publication du présent arrêt , jusqu'au premier Octobre 1768 , pour le contrôle des actes qui seront passés avec les provinces , les villes & communautés , à l'effet de convertir des contrats de constitutions de rentes en obligations, ou des obligations en contrats de constitution , pourvu que lesd. actes primitifs aient été contrôlés , & que ceux de conversion contiennent la clause de réduction de l'intérêt du denier vingt au denier vingt-cinq.

ART. IV.

Lorsque les provinces, les villes & communautés prendront à constitution au denier vingt-cinq, des sommes qu'elles employeront à rembourser celles par elles empruntées au denier vingt , les droits de contrôle des constitutions seront payés sur le pied des sommes qui en feront l'objet ; mais ceux des quittances de remboursement , ne seront perçus , par grace & sans tirer à conséquence , pendant le délai porté par l'article précédent , que sur le pied de dix fols , foit que les conftitutions & les quittances foient faites & fournies par des actes différens , foit qu'elles le foient par les mêmes actes ; dérogeant à cet égard à l'article XCVI , du tarif du 29 Septembre 1722 ; à condition néanmoins , fi les rembourfemens font faits par des actes féparés , que ces actes feront paffés trois mois au plus tard après les contrats de conftitution , à la charge encore d'y faire mention que les fommes rembourfées proviennent des nouvelles conftitutions, & même d'en juftifier.

ART. V.

Permet Sa Majefté aux étrangers qui confentiront à la réduction des rentes fur le Roi , le clergé de France , les Etats des provinces , ou fur les villes du royaume , de juftifier que la propriété defdites rentes leur appartient en vertu de fucceffions échues , de teftamens, donations, partages , tranfports, ceffions , ou autres actes paffés dans les pays étrangers ou dans ceux où le contrôle n'a pas lieu , fans être obligés de faire contrôler lefdits actes, pourvu qu'ils aient été paffés entre perfonnes domiciliées , dans lefdits pays feulement , & qu'ils ne foient produits qu'à l'effet de confentir à la réduction des rentes, dans le délai fixé par les articles III & IV , après lequel les droits feront payés en conformité des Réglemens.

ART VI.

Ordonne en outre, que les actes portant réduction de rentes du denier vingt au denier vingt-cinq , qui feront faits entre particuliers , en conféquence de l'édit du mois de Juin 1766 , & qui feront purs & fimples , continueront d'être contrôlés fur le pied de dix fols du droit principal. Enjoint Sa Majefté aux fieurs intendans & commiffaires départis dans les provinces & généralités du royaume , de tenir la main à l'exécu-

tion du préfent arrêt, qui fera imprimé, lu , publié & affiché partout où befoin fera. FAIT au confeil d'état du Roi, Sa Majefté y étant, tenu à Verfailles le fixieme jour de Septembre mil fept cent foixante-fept.

Signé , PHELYPEAUX.

JEAN - EMMANUEL DE GUIGNARD , *chevalier* , *vicomte de Saint-Prieft* , *confeiller d'état* , *intendant de juftice* , *police & finances en la province de Languedoc.*

VU l'arrêt du confeil ci-deffus du 6 Septembre 1767 : Nous ordonnons que ledit arrêt fera exécuté felon fa forme & teneur , imprimé , lu , publié & affiché partout où befoin fera. FAIT à Montpellier le dix - fept Octobre mil fept cent foixante-fept. *Signé* , DE SAINT-PRIEST : *Et plus bas* ; Par Monfeigneur , SOEFVE.

IX.

ÉDIT DU ROI,

PORTANT que le denier de la conftitution fera & demeurera fixé à raifon du denier vingt dû capital.

Donné à Verfailles au mois de Février 1770.

LOUIS, PAR LA GRACE DE DIEU, ROI DE FRANCE ET DE NAVARRE: A tous préfens & à venir, SALUT. Pour établir une proportion entre le revenu de l'argent & les différens objets de commerce de notre état , nous avons par notre édit du mois de Juin 1766 , fixé le denier des conftitutions de rente dans toute l'étendue de notre royaume au denier vingt-cinq du capital. Nous devions nous attendre qu'une opération auffi avantageufe pour nos fujets , ne gêneroit point la circulation de l'efpece, qui eft fi néceffaire entre les particuliers ; mais le public depuis ce tems a préféré de garder ſon argent , plutôt que de le donner à un denier qui ne lui paroiſſoit pas aſſez avantageux; en ſorte que ceux dont les beſoins étoient les plus preſſans , ont été forcés de vendre leurs effets à des prix fort au-deſſous de leur valeur , ou à s'engager à des uſures encore plus ruineuſes ; & voulant lever toutes les difficultés qui pourroient s'oppoſer à la liberté du commerce de l'argent dans notre royaume , & en faciliter de plus en plus la circulation , nous nous ſerions déterminés à rétablir le denier de la conſtitution , ſur le pied du denier vingt du capital , tel qu'il exiſtoit avant notre édit du mois de Juin 1766. A ces cauſes , de l'avis de notre conſeil , & de notre certaine ſcience , pleine puiſſance & autorité royale , nous avons par le préſent édit perpétuel & irrévocable , dit , ſtatué & ordonné , diſons , ſtatuons & ordonnons , voulons & nous plaît ce qui ſuit :

ARTICLE PREMIER.

Qu'à compter du jour de la publication du préſent édit , le denier de la conſtitution ſera & demeurera fixé dans toute l'étendue de notre royaume , pays , terres & ſeigneuries de notre obéïſſance , à raiſon du denier vingt du capital , tel qu'il exiſtoit avant notre édit du mois de Juin 1766 , auquel , ainſi qu'à tous édits , déclarations ou autres réglemens à ce contraires , nous avons dérogé & dérogeons par notre préſent édit.

ART. II.

Permettons en conſéquence à tous notaires , tabellions & autres perſonnes publiques , ayant droit de paſſer & de recevoir des contrats , de les paſſer à l'avenir ſur le pied du denier vingt , ſans néanmoins qu'ils puiſſent en paſſer ſur un pied plus fort , à peine de pri-

vation de leurs offices , d'être leſdits contrats déclarés uſuraires , & d'être procédé extraordinairement contre les prêteurs.

ART. III.

Ordonnons à tous nos juges , de prononcer à l'avenir la condamnation des intérêts ſur le pied du denier vingt, dans tous les jugemens qu'ils rendront , & qui en ſeront ſuſceptibles.

ART. IV.

N'entendons néanmoins rien innover aux contrats de conſtitutions , billets portant promeſſe de paſſer contrats de conſtitutions , & autres actes faits juſqu'au jour de la publication du préſent édit , leſquels ſeront exécutés comme ils l'auroient pu être avant. Si donnons en mandement à nos amés & féaux les gens tenant notre cour de parlement à Toulouſe , que notre préſent édit ils ayent à faire lire , publier & regiſtrer , & le contenu en icelui , garder , obſerver & exécuter ſelon ſa forme & teneur , nonobſtant toutes choſes à ce contraires. Voulons qu'aux copies collationnées par l'un de nos amés & féaux conſeillers-ſecrétaires , foi ſoit ajoutée comme à l'original ; car tel eſt notre plaiſir : & afin que ce ſoit choſe ferme & ſtable à toujours , nous y avons fait mettre notre ſcel. DONNÉ à Verſailles au mois de Février , l'an de grace mil ſept cent ſoixante-dix , & de notre regne le cinquante-cinquieme. *Signé* , L O U I S ; *Et plus bas* , par le Roi, PHELYPEAUX. Viſa DE MAUPEOU, Vu au conſeil , TERRAY *ſigné*.

___

EXTRAIT des Regiſtres du Parlement.

VU par la cour, toutes les chambres aſſemblées , l'édit du Roi, donné à Verſailles au mois de Février mil ſept cent ſoixante-dix, ſigné , *LOUIS: Et plus bas* ; par le Roi, *PHELYPEAUX.*

Vu au conseil, *TERRAY* ; Visa *DE MAUPEOU* : scellé du grand sceau de cire verte, portant que le denier de la constitution sera & demeurera fixé à raison du denier vingt du capital ; l'ordonnance de soit-montré au procureur général du Roi, délibérée à l'assemblée des chambres, le 31 Mars dernier ; ensemble les dire & conclusions du procureur général du Roi :

LA COUR, toutes les chambres assemblées, a ordonné & ordonne que le présent arrêt sera registré ès registres d'icelle pour être exécuté selon sa forme & teneur, à la charge que les contrats de constitution, billets portant promesses de consentir de tels contrats, & autres actes passés jusqu'au jour de l'enregistrement du présent édit, depuis & en vertu de celui du mois de Juin 1766, mentionnés en l'article IV, demeureront irrévocablement fixés sur le pied du denier vingt-cinq, sans que sous aucun prétexte les intérêts en puissent être exigés à un denier plus fort, quelques clauses & stipulations qui s'y trouvent insérées ; & cependant fait inhibitions & défenses ladite cour à tous notaires, tabellions & autres personnes publiques, ayant droit de passer & de recevoir des contrats, & ce sous les peines portées par l'article II du présent édit, d'y insérer en faveur des prêteurs aucune clause portant exemption des retenues des impositions royales créées ou à créer, sous quelque dénomination qu'elles puissent être, à moins qu'on ne leur fît apparoir d'édit ou lettres-patentes duement vérifiées en la cour, portant faculté de stipuler ladite exemption ; & sera ledit Seigneur Roi très-humblement supplié de ne pas accorder telles & semblables lettres, advenant le cas où elles lui seroient demandées : Et seront en outre faites audit Seigneur Roi de très-humbles &

très-respectueuses représentations, conformément à l'arrêté de ce jour. Ordonne ladite cour, qu'à la diligence du procureur général du Roi, ledit édit & présent arrêt seront imprimés, lus & publiés, & que copies duement collationnées d'icelui, seront envoyées dans tous les bailliages, sénéchaussées & autres justices royales du ressort, pour y être pareillement lues, publiées & enregistrées à la diligence des substituts du procureur général du Roi, qui en certifieront la cour dans le mois. Prononcé à Toulouse, en parlement, le 31 Mars 1770. Collationné, LEBÉ. M. DE BASTARD, rapporteur. Contrôlé, VERLHAC.

EXTRAIT des Registres de la Cour des Comptes, Aydes & Finances.

REgistré ès registres de la cour des comptes, aydes & finances de Montpellier : oui & ce requérant le procureur général du Roi, pour être le contenu en icelui exécuté selon sa forme & teneur & volonté de Sa Majesté. Ordonne ladite cour, qu'à la diligence du procureur général du Roi, copies duement collationnées dudit édit & du présent arrêt, seront envoyées aux bailliages, sénéchaussées & autres juges du ressort de la cour, pour y être lues & publiées les audiences tenant, & registrées. Enjoint aux substituts du procureur général du Roi d'y tenir la main, & d'en certifier la cour dans le mois. Ordonne aussi ladite cour, que le susdit édit & le présent arrêt seront lus, publiés & affichés partout où besoin sera, le tout suivant l'arrêt rendu, les chambres & semestres assemblés le trente Mai mil sept cent soixante-dix. DEVÈS Greffier, *signé.* M. FARGEON, S. D. rapporteur.

X.

ARRÊT

DU CONSEIL D'ÉTAT DU ROI,

Par lequel Sa Majesté autorise la délibération prise le 3 Février 1776 par les Etats de Languedoc , d'emprunter au denier vingt-cinq les sommes nécessaires au remboursement de ce qui reste dû des emprunts au denier vingt , faits par cette province pour le compte du Roi.

Du 19 Février 1776.

EXTRAIT *des Registres du Conseil d'Etat.*

VU par le Roi, étant en son conseil, le traité fait entre les commissaires de Sa Majesté & les commissaires députés par l'assemblée des Etats de Languedoc, le 3 du présent mois, dont la teneur suit :

Traité fait & accordé entre messieurs les commissaires présidens pour le Roi aux Etats généraux de la province de Languedoc, & messieurs les commissaires députés par l'assemblée desdits Etats.

ARTICLE PREMIER.

Qu'en conséquence de la délibération prise ce jourd'hui sur la demande faite aux Etats par messieurs les commissaires du Roi, suivant la seconde disposition de l'article IX de leurs instructions ; aussitôt que l'emprunt de quinze millions pour lequel les Etats ont prêté leur crédit à Sa Majesté, sera rempli, il en sera ouvert un pareillement pour le compte de Sa Majesté, au denier vingt-cinq, dans lequel ne seront reçues que les sommes nécessaires pour rembourser ce qui reste dû des emprunts ci-devant faits par la province pour le compte de Sa Majesté,

& dont les intérêts seront encore payés sur le pied du denier vingt.

ART. II.

Qu'à cet effet chacun des créanciers des emprunts, sera sommé à la requête des syndics généraux, d'envoyer dans deux mois pour tout délai, au trésorier des Etats, une déclaration claire & précise qui fera connoître s'il entend recevoir son remboursement, ou s'il préfère de réconstituer son capital au denier vingt-cinq ; & que dans le cas où ledit créancier n'aura pas fait connoître dans ledit délai son option, il sera réputé avoir préféré son remboursement ; comme aussi, qu'à l'expiration dudit délai de deux mois, il sera par les syndics généraux & le trésorier de la province, procédé, soit au remboursement de ceux qui auront désiré d'être remboursés, en commençant par les contrats les plus anciens en date, soit à la réconstitution au denier vingt-cinq desdits contrats d'après le consentement libre & positif que chacun des porteurs y aura donné.

ART. III.

Que ceux desdits créanciers qui préféreront de réconstituer leurs rentes au denier vingt-cinq plutôt que de recevoir leur remboursement , seront admis à le faire ; qu'en conséquence il leur sera expédié un titre nouvel sans aucuns frais, & dans lequel on stipulera les mêmes exemptions, priviléges & hypotheques portés par leurs premiers contrats.

ART. IV.

Que s'il arrivoit qu'aucun desdits créanciers voulût demeurer nanti de son premier contrat, il lui sera laissé, & qu'au lieu de lui expédier un titre nouvel, il sera seulement fait mention en marge de la grosse & de la minute dudit contrat, *que le porteur a préféré de réconftituer au denier vingt-cinq, à recevoir fon rembourfement.*

Art. V.

Que les loteries établies pour les rembourfemens fucceffifs defdits emprunts à cinq pour cent, devenant dèslors inutiles, elles n'auront pas lieu, même durant l'affemblée actuelle des Etats, pour les rembourfemens defdits emprunts à cinq pour cent, dont les créanciers continueront d'être payés de leurs rentes fur le pied du denier vingt, jufques & compris le jour auquel le rembourfement ou la réconftitution au denier vingt-cinq fera effectué, & que le fonds deftiné à être rembourfé la préfente année d'après le tirage de ladite loterie, qui n'aura pas lieu, demeurera entre les mains du tréforier des Etats, pour être employé aux premiers rembourfemens qui devront être faits aux créanciers qui n'auront pas voulu réduire leurs rentes; les autres rembourfemens continuant d'être faits au moyen des fommes qui feront empruntées, ainfi qu'il eft dit dans l'article I.

Art. VI.

Que les créanciers qui prêteront à la province les fommes néceffaires pour effectuer les emprunts, feront exempts de la retenue des deux vingtiemes & quatre fols pour livre du premier, fur lefdites rentes, & que les frais des premiers contrats qui feront paffés pour raifon defdits emprunts, ainfi que des quittances des rembourfemens qui feront faits d'iceux, droits de contrôle & petit fceau, fi aucuns y en a, feront fupportés par Sa Majefté.

Art. VII.

Que les loteries pour le rembourfement des nouveaux contrats, feront rétablies d'abord après qu'aura été confommée l'opération des rembourfe-

mens ou réduction des intérêts, & qu'il fera alors fait tous les ans une liquidation par MM. les commiffaires du Roi & ceux des Etats, des fommes qui auront été payées en principal fur les deux nouveaux emprunts, en conféquence des loteries, au moyen des fommes qui feront alors retenues chaque année par le tréforier des Etats, dans la même proportion de celles qu'il retient actuellement pour le rembourfement des anciens emprunts, qui continuera d'avoir lieu, laquelle liquidation fera continuée jufqu'à l'entier rembourfement, tant defdits anciens emprunts, que de celui qui fera préfentement fait; après lequel rembourfement il fera expédié un arrêt pour autorifer lefdites liquidations, qui déchargera refpectivement le Roi & les Etats dudit crédit.

Art. VIII.

Enfin, que pour plus grande fureté du préfent traité, il fera homologué par le Roi, & que toutes lettres néceffaires feront expédiées & regiftrées partout où befoin fera. FAIT & figné en triple original, à Montpellier le troifieme Février mil fept cent foixante-feize.

Oui le rapport du fieur Turgot, confeiller ordinaire au confeil royal, contrôleur général des finances: LE ROI ETANT EN SON CONSEIL, a approuvé, autorifé & confirmé, approuve, autorife & confirme ledit traité; en conféquence, Sa Majefté a ordonné & ordonne, que les créanciers des emprunts au denier vingt, qui auront préféré d'être rembourfés, feront tenus de retirer leurs capitaux dans le délai fixé, & que faute par eux de le faire, les arrérages cefferont de courir à compter du jour auquel ledit rembourfement aura été indiqué.

Ordonne Sa Majefté, que ceux qui

porteront leurs fonds dans ledit emprunt, feront exempts des retenues des vingtiemes & quatre fols pour livre du premier, & jouiront des mêmes privilèges & hypotheques, qui avoient été accordés aux créanciers defdits emprunts à cinq pour cent ; en conféquence, Sa Majefté a autorifé & autorife le tréforier de ladite province, à retenir chaque année fur les impofitions, les mêmes fommes qui avoient été affectées au payement des intérêts & au rembourfement des capitaux defdits emprunts.

Et en expliquant l'article VI dudit traité, Sa Majefté a ordonné & ordonne, que les premiers contrats qui feront paffés pour raifon dudit emprunt, ainfi que les quittances des rembourfemens qui en feront faits, feront exempts des droits de contrôle & de petit fceau.

Veut Sa Majefté que les tuteurs & curateurs puiffent faire emploi dans ledit emprunt, des deniers des pupilles, mineurs ou interdits, en obfervant les formalités qui font en ufage dans les lieux où les emprunts feront faits, & que les communautés féculieres & régulieres, hôpitaux, fabriques & gens de main-morte, puiffent auffi employer leurs deniers dans ledit emprunt, fans être tenus de payer aucuns droits d'amortiffement des rentes qui feront conftituées à leur profit.

Veut de plus Sa Majefté, que les étrangers non naturalifés, même ceux demeurans hors du royaume, pays, terres & feigneuries de fon obéïffance, puiffent, ainfi que fes propres fujets, acquérir lefdites rentes, encore qu'ils fuffent fujets des puiffances avec lefquelles Sa Majefté pourroit être en guerre, & qu'ils en jouiffent & puiffent difpofer entre-vifs par teftamens on autrement, en principaux ou arrérages. Et en cas qu'ils n'en euffent pas

difpofé de leur vivant, veut & entend Sa Majefté, que leurs héritiers, donataires, légataires, ou autres les repréfentans, leur fuccedent, encore qu'ils fuffent étrangers & non régnicoles, même qu'ils fuffent fujets des princes & états avec lefquels Sa Majefté pourroit être en guerre ; & en conféquence, que lefdites rentes foient exemptes de toutes lettres de marque & de repréfailles, droits d'aubaine, déshérence, confifcation ou autres qui pourroient appartenir à Sa Majefté.

Veut & entend Sa Majefté, que ledit traité & le préfent arrêt, foient exécutés felon leur forme & teneur, nonobftant tout ce qui pourroit être oppofé au contraire & tous empêchemens quelconques, pour lefquels il ne fera différé, & dont Sa Majefté, fi aucuns arrivent, s'eft réfervée & réferve la connoiffance, icelle interdifant à toutes fes cours & autres juges. Et feront toutes lettres néceffaires expédiées pour l'exécution du préfent arrêt, & regiftrées fans frais partout où befoin fera. FAIT au confeil d'état du Roi, Sa Majefté y étant, tenu à Verfailles le dix-neuf Février mil fept cent foixante-feize.

Signé, DE LAMOIGNON.

X I.
A R R È T
DU CONSEIL D'ETAT DU ROI,

Qui rétablit le tirage des loteries établies pour les remboursemens des emprunts à cinq pour cent, dont la fuspenfion avoit été ordonnée par l'article V. de l'arrêt du 19 Février 1776.

Du 21 Décembre 1776.

EXTRAIT *des Regiftres du Confeil d'Etat.*

LE Roi s'étant fait repréfenter en fon confeil, les arrêts rendus en icelui les 19 Février dernier, & 15 de
ce

ce mois ; le premier, par lequel Sa Majesté en autorisant le traité passé entre les sieurs ses commissaires présidens pour Elle aux Etats généraux de la province de Languedoc, & ceux députés par lesdits Etats, auroit ordonné, conformément à icelui, qu'aussitôt que l'emprunt de quinze millions, pour lequel lesdits Etats avoient prêté leur crédit à Sa Majesté seroit rempli, il en seroit ouvert un second, pareillement pour le compte de Sa Majesté ; au moyen duquel, & des sommes destinées par Sa Majesté à l'extinction des emprunts précédemment faits au denier vingt, il seroit pourvu au remboursement de tous ceux des créanciers desdits emprunts qui préféreroient de le recevoir à réconstituer leurs rentes au denier vingt-cinq, en commençant par les contrats les plus anciens en date ; en conséquence, que les loteries établies pour les remboursemens successifs des emprunts à cinq pour cent, cesseroient d'avoir lieu ; le second, par lequel Sa Majesté a réduit & fixé à six millions ledit emprunt de quinze millions. Et Sa Majesté étant informée que les créanciers des emprunts à cinq pour cent, souffriroient avec peine un plus long retardement des remboursemens successifs qui leur ont été promis lors de la passation de leurs contrats, tandis que les fonds y destinés sont faits par Sa Majesté, entre les mains du trésorier de la province ; Sa Majesté a jugé que ce motif & ceux qui l'avoient portée à réduire à six millions l'emprunt de quinze millions ouvert à quatre pour cent, s'opposoient à l'exécution de l'arrangement projetté, & qu'il

étoit en conséquence de sa justice d'ordonner le rétablissement de l'ordre ordinaire dans les remboursemens successifs desdits emprunts. A quoi voulant pourvoir : Oui le rapport du sieur Taboureau des Réaux, conseiller d'état, & ordinaire au conseil royal, contrôleur général des finances ; SA MAJESTÉ ÉTANT EN SON CONSEIL, a ordonné & ordonne, que l'emprunt qui devoit être fait en exécution du traité passé entre ses commissaires & ceux desdits Etats, le 3 Février dernier, & de l'arrêt du conseil autorisatif d'icelui, du 19 du même mois, sera & demeurera suspendu : ordonne en conséquence Sa Majesté, que le tirage des loteries établies pour les remboursemens successifs desdits emprunts à cinq pour cent, & dont la suspension a été ordonnée par l'article V dudit arrêt, auquel Sa Majesté a dérogé & déroge, sera rétabli ; en conséquence, qu'il sera fait à la présente assemblée, en la forme ordinaire, par les sieurs commissaires du Roi & ceux des Etats, une liquidation des sommes qui pourront être payées en extinction des capitaux restant desdits emprunts à cinq pour cent, au moyen des fonds qui sont actuellement dans la caisse du trésorier de ladite province, pour servir au remboursement desdits capitaux & des sommes qu'il a été autorisé à retenir sur les impositions de la présente année. FAIT au conseil d'état du Roi, Sa Majesté y étant, tenu à Versailles le vingt-un Décembre mil sept cent soixante-seize.

Signé, AMELOT.

TITRE SIXIEME.

Recueil des Pieces servant de Mémoires pour la révolution de 1720, relativement aux dettes de la Province.

I.

ARRÊT

Du Conseil d'État du Roi,

Portant qu'à défaut par les rentiers de la province de Languedoc, auxquels il a été fait des sommations de recevoir leur remboursement, d'avoir retiré le montant des sommes qui leur sont dues, elles demeureront consignées entre les mains du trésorier de la bourse en billets de banque.

Du 3 Septembre 1720.

Extrait *des Registres du Conseil d'Etat.*

Sur ce qui a été représenté au Roi étant en son conseil, par les députés des Etats de la province de Languedoc ; que lesdits Etats ayant reçu plusieurs sommes pour des remboursemens ordonnés à leur profit, ou qui leur étoient dues par différens diocèses de ladite province, ils ont cru qu'ils devoient les employer pour le soulagement des habitans de cette même province, à rembourser des sommes que différens particuliers avoient prêtées auxdits Etats à constitution de rentes, afin de libérer la province des rentes consenties au profit de ces créanciers ; & que pour parvenir auxdits remboursemens, ils ont fait signifier des actes, tant à ceux desdits créanciers qui demeurent à Gênes & dans le Comtat

d'Avignon, qu'à plusieurs autres domiciliés à Paris & ailleurs, & ils leur ont déclaré par lesdits actes, que, faute par eux de recevoir lesdits remboursemens, de même que les arrérages à eux dus jusqu'au jour de ces significations, lesdits arrérages cesseroient de courir, & les fonds d'iceux, de même que les principaux desdites rentes, demeureroient consignés à leurs risques & périls, entre les mains du trésorier de la bourse : mais que la plupart desdits créanciers ne s'étant pas présentés pour recevoir ces remboursemens, ce qui pourroit dans la suite faire naître des contestations sous différens prétextes ; Requéroient qu'il plût à Sa Majesté d'ordonner, que, faute par lesdits créanciers, tant Génois & habitans du Comtat d'Avignon, que tous autres auxquels il a été fait des sommations de la part desdits Etats, de recevoir leurs remboursemens, d'y avoir satisfait, & d'avoir reçu lesdits remboursemens, tant en principaux qu'arrérages échus jusqu'au jour des significations, la rente des sommes principales à eux dues, demeurera éteinte à compter dudit jour, & les sommes destinées auxdits remboursemens, demeureront consignées en billets de banque entre les mains du trésorier de la bourse de la province, aux risques & périls desdits créanciers : Vu ladite requéte, Ouï le rapport, LE ROI ÉTANT EN SON CONSEIL, de l'avis de Monsieur le Duc d'Orléans Régent, a ordonné &

ordonne que, faute par les créanciers de la province de Languedoc, tant Génois & habitans du Comtat, que tous autres, auxquels il a été fait des sommations de recevoir le remboursement des sommes à eux dues par les Etats de ladite province, d'y avoir satisfait, & d'avoir reçu ledit remboursement, la rente des sommes principales de leurs créances cessera du jour que lesdites sommations leur auront été signifiées, & les sommes dues auxdits créanciers, tant en principal qu'arrérages échus au jour desdites significations, demeureront consignés en billets de banque entre les mains du trésorier de la bourse, aux risques & périls desdits créanciers, tant étrangers que domiciliés dans le Royaume, sans que lesdits Etats soient tenus de leur faire signifier aucune autre sommation en vertu du présent arrêt, qui sera lu, publié & affiché dans la ville de Paris, Toulouse & Montpellier. FAIT au conseil d'état du Roi, Sa Majesté y étant, tenu à Paris le troisieme jour de Septembre mil sept cent vingt.

Signé, PHELYPEAUX.

LOUIS DE BERNAGE, chevalier, seigneur de Saint-Maurice, Vaux, Chaumont & autres lieux, conseiller d'état, intendant de justice, police & finances en la province de Languedoc.

VU l'arrêt du conseil d'état du Roi, ci-dessus : Nous ordonnons que ledit arrêt sera exécuté suivant sa forme & teneur ; & à cet effet, lu, publié & affiché dans les villes de Toulouse, & Montpellier. Fait à Montpellier, le 16 Septembre 1720. *Signé*, DE BERNAGE. *Et plus bas* : Par Monseigneur, JOURDAN.

I I.
ARRÊT
DU CONSEIL D'ETAT DU ROI,

Qui ordonne que, faute par les créanciers de la province de Languedoc, auxquels il a été fait des significations pour le remboursement de leurs contrats, & par les particuliers qui ont affranchi leurs biens, d'avoir retiré les sommes à eux dues, tant en principal qu'arrérages, des mains du trésorier de la bourse, en billets de banque, dans le mois de Février pour tout délai, lesdits billets seront portés en rentes provinciales.

Du 28 Janvier 1721.

EXTRAIT des Registres du Conseil d'Etat.

SUR ce qui a été représenté au Roi étant en son conseil, par les députés des Etats de la province de Languedoc ; que la province ayant fait rembourser les particuliers qui ont affranchi leurs biens, en exécution des édits du mois d'Août 1693 & Octobre 1702, par le trésorier de la bourse, ainsi qu'il est porté par l'arrêt du conseil du 25 Mars dernier, plusieurs particuliers sont en demeure de retirer leurs remboursemens par négligence, ou faute par eux de pouvoir justifier des titres valables de leur propriété ; & que les Etats ayant encore fait signifier à différens créanciers, de recevoir le remboursement des sommes à eux dues, tant en principal qu'arrérages, jusqu'au jour des significations faites, partie desdits créanciers ne se seroient pas présentés ; ce qui auroit donné lieu à l'arrêt du 3 Septembre dernier, rendu sur la requête desdits députés, par lequel il a été ordonné que les sommes dues auxdits créanciers, demeureroient consignées entre les mains du tréforier de la bourfe, en billets de banque, aux périls & rifques defdits créanciers : mais que lefdits particuliers qui ont affranchi leurs biens, & les créanciers auxquels les rembourfemens ont été fignifiés, ne s'étant pas encore tous préfentés pour recevoir leur rembourfement, les fommes qui leur font dues demeureront toujours entre les mains dudit tréforier de la bourfe. Et d'autant que les billets de banque doivent être retirés par Sa Majefté, lefdits députés l'auroient fuppliée d'ordonner l'ufage & l'emploi qui en doit être fait au profit defdits particuliers qui font en demeure de les retirer : Oui le rapport du fieur Lepelletier de la Houffaye, confeiller d'état ordinaire & au confeil royal de régence pour les finances, contrôleur général des finances, LE ROI ÉTANT EN SON CONSEIL, de l'avis de Monfieur le Duc d'Orléans Régent, a ordonné & ordonne que, faute par les particuliers qui ont affranchi leurs biens en Languedoc, ou par ceux qui font à leurs droits, d'avoir retiré du tréforier de la bourfe de ladite province les fommes qui leur font dues pour lefdits affranchiffemens, & par les créanciers auxquels il a été fignifié de recevoir leur rembourfement, d'avoir auffi retiré les fommes à eux dues en principal & arrérages, pendant le cours du mois de Février prochain pour tout délai, les billets de banque, jufqu'à concurrence des fommes qui leur font dues, feront portés par ledit tréforier, au propofé en la ville de Montpellier à la recette des fommes pour l'acquifition des rentes provinciales ; defquelles fommes il fera expédié, au nom defdits créan-

ciers, & des particuliers qui ont affranchi leurs biens, des quittances de finance pour jouir defdites rentes ; & feront lefdites quittances données en payement par led. tréforier de la bourfe auxdits créanciers & particuliers, fans qu'ils puiffent inquiéter ni rechercher ladite province, ni ledit tréforier : Et attendu que lefdits créanciers & ceux qui ont affranchi lefdits biens, peuvent avoir cédé leurs contrats & les titres de propriété defdits affranchiffemens, Ordonne Sa Majefté, qu'en déclarant par ledit tréforier de la bourfe au pied defdites quittances qu'elles appartiennent aux particuliers qui lui remettront fes décharges, lefdits particuliers jouiront defdites rentes, comme fi lefdites quittances étoient expédiées en leur nom, fans autre formalité. FAIT au confeil d'état du Roi, Sa Majefté y étant, tenu à Paris le vingt-huitieme jour de Janvier mil fept cent vingt-un.

Signé, PHELYPEAUX.

LOUIS DE BERNAGE, chevalier, feigneur de Saint-Maurice, Vaux, Chaumont & autres lieux, confeiller d'état, intendant de juftice, police & finances en la province de Languedoc.

VU l'arrêt du confeil d'état du Roi, ci-deffus : Nous ordonnons que ledit arrêt fera exécuté felon fa forme & teneur, lu, publié & affiché partout où befoin fera. Fait à Montpellier le 4 Février 1721. *Signé*, DE BERNAGE. *Et plus bas*; Par Monfeigneur, SAGET.

III.

ARRÊT

DU CONSEIL D'ETAT DU ROI,

Portant réglement sur le payement des sommes dues par la province à ses créanciers, & autres assignés.

Du 28 Janvier 1721.

EXTRAIT *des Registres du Conseil d'Etat.*

SUR ce qui a été représenté au Roi, étant en son conseil, par les députés des Etats de la province de Languedoc; qu'en exécution de différens arrêts, qui ont ordonné que les impositions seroient payées, tantôt en especes, en tout ou partie, & tantôt en billets de banque, les especes provenantes des impositions de ladite province, ont été portées aux bureaux de la banque, ou employées pendant le tems qu'il a été ainsi ordonné, à acquitter dans les recettes de la province les billets de banque; en sorte que les restes des recouvremens des années antérieures à l'année 1720 dont les fonds appartiennent à différens créanciers & assignés sur ladite province, se trouvent en nature en billets de banque, de même que les recouvremens dont le fonds doit servir à payer les rentiers & autres assignés pour la même année 1720, & que les Etats de ladite province n'ayant pu faire encore d'autres fonds à leur trésorier, pour le payement de leurs assignés, ni les dioceses aux receveurs des tailles, pour leurs charges particulieres, il est impossible que celles de l'année 1720 puissent être acquittées en especes, ainsi qu'il est porté par l'arrêt du 10 Octobre dernier, qu'après que l'assemblée prochaine des Etats, & les assiettes des dioceses y auront pourvu par les moyens les plus

convenables : que cependant les rentes & autres charges dues par ladite province pour l'année derniere 1720 ayant différentes échéances, suivant lesquelles partie de ces charges devoit être acquittée dans le courant de l'année 1720, d'autres à mesure qu'il a été expédié des mandemens par les Etats, ou des ordonnances par leurs commissaires, & les autres suivant lesdits mandemens & les usages à la fin de la même année 1720, tous ces assignés prétendroient également de recevoir en especes le payement des sommes à eux dues pour ladite année, quoique ceux dont les payemens étoient échus avant le 10 Octobre dernier, eussent dû les recevoir en billets de banque; & ces mêmes assignés ne manqueroient pas aujourd'hui de se présenter pour recevoir leur payement en especes, tant au trésorier de la bourse, qu'aux receveurs particuliers des tailles, sur le fondement de l'arrêt du 10 Octobre dernier, sans considérer que la plus grande partie des fonds qui se trouvent en billets de banque, ne peuvent être remplacés, comme il vient d'être observé, que par les moyens qui seront délibérés à la prochaine assemblée des Etats, pour ce qui regarde la province; & dans celles des assiettes, pour chaque diocese particulier : que lesdits assignés pourroient même se porter à faire des poursuites & des frais, tant contre la province & ses officiers, que contre les dioceses, les receveurs & les syndics particuliers, ce qu'il est nécessaire de prévenir. Et Sa Majesté voulant y pourvoir, Oui le rapport du sieur Lepelletier de la Houssaye, conseiller d'état ordinaire & au conseil de régence pour les finances, contrôleur général des finances, LE ROI ÉTANT EN SON CONSEIL, de l'avis de Monsieur le Duc d'Orléans Régent, a ordonné & ordonne.

ARTICLE PREMIER.

Que les rentiers & autres affignés fur les impofitions faites par les États de la province de Languedoc & par les diocefes de ladite province, pour les années antérieures à l'année 1720, feront payés en billets de banque, de cent livres, de cinquante livres & de dix livres, conformément à l'arrêt du 10 Octobre dernier ; & que faute par lefdits rentiers & autres affignés d'avoir retiré en billets de banque, un mois après la publication du préfent arrêt, les fommes à eux dues, ces mêmes billets feront portés par le tréforier de la bourfe & par les receveurs des tailles à la caiffe des rentes provinciales, au nom des particuliers qui feront en demeure de les retirer, & qu'il fera expédié des quittances de finance au profit defdits particuliers ; au moyen duquel emploi ladite province & lefdits diocefes, ainfi que le tréforier de la bourfe & les receveurs demeureront bien & valablement déchargés.

ART. II.

Que les fommes dues à différens particuliers fur l'année 1720, dont les mandemens font affignés fur le premier & le fecond terme des impofitions, ou qui doivent être acquittés en vertu d'ordonnances des commiffaires defdits Etats, expédiées avant le 10 Octobre de l'année derniere, feront auffi payés en billets de banque.

ART. III.

Que toutes les autres fommes impofées pendant ladite année 1720, & qui doivent être payées au premier Janvier de la préfente année 1721, aux différens particuliers, rentiers ou affignés fur ladite province ou fur lefdits diocefes, feront acquittées en efpeces, au fur & à mefure que les moyens dont fe ferviront les Etats &

les affiettes des diocefes produiront de l'argent, & au plus tard dans le premier Juillet de la préfente année. Fait cependant Sa Majefté défenfes auxdits particuliers affignés de faire aucune pourfuite, tant contre ladite province & lefdits diocefes, que leurs tréforiers & receveurs, pour raifon defdits payemens, & à toutes cours & juges d'en connoître.

ART. IV.

Veut Sa Majefté qu'après que lefdits Etats & les diocefes auront remplacé les billets de banque qui fe trouveront entre les mains du tréforier de la bourfe & des receveurs, & qu'à mefure que les deniers en feront remis auxdits tréforier & receveurs, en vertu des délibérations qui feront prifes à la prochaine affemblée des Etats & aux affemblées des diocefes, ils payent lefdits affignés à bureau ouvert ; Sa Majefté n'ayant entendu accorder le délai mentionné au précédent article, que jufqu'à ce que lefdits Etats & lefdits diocefes ayent fuppléé au montant defdits billets de banque. Enjoint Sa Majefté au fieur de Bernage, confeiller d'Etat, intendant en ladite province de Languedoc, de tenir la main à l'exécution du préfent arrêt. FAIT au confeil d'état du Roi, Sa Majefté y étant, tenu à Paris le vingt-huitieme jour de Janvier mil fept cent vingt-un.

Signé, PHELYPEAUX.

LOUIS, PAR LA GRACE DE DIEU, ROI DE FRANCE ET DE NAVARRE : A notre amé & féal confeiller en notre confeil d'état, le fieur de Bernage, intendant de juftice, police & finances en notre province de Languedoc, SALUT. Nous vous mandons & enjoignons par ces préfentes fignées de Nous, de tenir la main à l'exécution de l'arrêt ci-attaché fous le contre-fcel de notre chancellerie, ce jourd'hui donné en notre conseil d'état, Nous y étant, pour les causes y contenues. Commandons au premier notre huissier ou sergent sur ce requis, de signifier ledit arrêt à tous qu'il appartiendra, à ce que personne n'en ignore, & de faire pour son entiere exécution tous actes & exploits néceffaires, sans autre permission : CAR tel est notre plaisir. DONNÉ à Paris le vingt-huitieme jour de Janvier, l'an de grace mil sept cent vingt-un, & de notre regne le sixieme. *Signé*, LOUIS. *Et plus bas :* Par le Roi, le Duc d'Orléans Régent présent, PHELYPEAUX.

LOUIS DE BERNAGE, Chevalier, Seigneur de Saint-Maurice, Vaux, Chaumont, & autres lieux, conseiller d'état, intendant de justice, police & finances en la province de Languedoc.

VU l'arrêt du conseil d'état du Roi ci-dessus : Nous ordonnons que ledit arrêt sera exécuté selon sa forme & teneur, lu, publié & affiché partout où besoin sera. FAIT à Montpellier le quatre Février mil sept cent vingt-un. *Signé*, DE BERNAGE. *Et plus bas :* Par Monseigneur, SAGET.

I V.
A R R Ê T
DU CONSEIL D'ETAT DU ROI,

Qui ordonne qu'à faute par les créanciers des villes & communautés de la province de Languedoc, auxquels il a été fait des sommations, de recevoir leur rembourſement, les billets de banque, à concurrence des sommes qui leur font dues, feront portés par les dépoſitaires d'iceux en rentes provinciales.

Du 4 Mars 1721.

EXTRAIT des Regiſtres du Conſeil d'Etat.

SUR ce qui a été repréſenté au Roi étant en ſon conſeil, par les députés des Etats de la province de Lan-

guedoc, que par arrêt du conseil du 3 Septembre 1720, Sa Majesté, pour les causes & considérations y contenues, a ordonné que faute par les créanciers de ladite province, tant Génois & habitans du Comtat d'Avignon, que tous autres auxquels il a été fait des sommations, de recevoir le rembourſement des ſommes à eux dues par les Etats de ladite province, d'y avoir ſatisfait, & d'avoir reçu ledit rembourſement, la rente des ſommes principales de leurs créances ceſſera du jour que leſdites ſommations leur auront été ſignifiées, & les ſommes dues auxdits créanciers, tant en principal qu'arrérages échus au jour deſdites ſignifications demeureront conſignées en billets de banque entre les mains du tréſorier de la bourſe de ladite province, aux riſques & périls deſdits créanciers tant étrangers que domiciliés dans le Royaume, ſans que leſdits Etats ſoient tenus de leur faire ſignifier aucune autre ſommation ; & que par autre arrêt du 28 Janvier dernier, Sa Majeſté a, entre autres choſes, ordonné que faute par les créanciers de ladite province auxquels il a été ſignifié de recevoir leur rembourſement, d'avoir retiré les ſommes à eux dues en principal & arrérages, pendant le cours du mois de Février lors prochain, pour tout délai, les billets de banque, juſqu'à concurrence des ſommes qui leur ſeront dues, ſeront portés par ledit tréſorier au prépoſé de la ville de Montpellier à la recette des ſommes pour l'acquiſition des rentes provinciales ; deſquelles ſommes il ſera expédié, au nom deſdits créanciers, des quittances de finance pour jouir deſdites rentes, & que ces quittances ſeront données en payement par ledit tréſorier de la bourſe auxdits créanciers, ſans que ces derniers puiſſent inquiéter ni rechercher ladite province, ni ledit tréforier. Et d'autant que la plupart des diocefes, villes & communautés de la province de Languedoc fe trouvent dans le même cas; que leurs créanciers, tant étrangers que ceux domiciliés dans le royaume, ne fe font pas encore tous préfentés pour recevoir leur remboursement, & que les fommes dues demeurent toujours entre les mains des receveurs des diocefes, des collecteurs, ou des autres perfonnes entre les mains defquelles elles ont été confignées; que la plupart même defdits créanciers ont fait affigner lefdits diocefes, villes & communautés en différentes jurifdictions, afin d'éluder leur remboursement, ce qui conftitueroit ces mêmes diocefes, villes & communautés en de grands frais, s'ils étoient obligés de foutenir tous ces procès; Requéroient à ces caufes lefdits députés qu'il plût à Sa Majefté fur ce leur pourvoir. Vu ladite requête, lefdits arrêts du confeil des 3 Septembre 1720 & 28 Janvier 1721 : Oui le rapport du fieur Lepelletier de la Houffaye, confeiller d'état ordinaire & au confeil de régence pour les finances, contrôleur général des finances; LE ROI ÉTANT EN SON CONSEIL, de l'avis de Monfieur le Duc d'Orléans Régent, a déclaré & déclare lefdits arrêts du confeil des 3 Septembre 1720 & 28 Janvier 1721, communs avec tous les diocefes, villes & communautés de la province de Languedoc; ce faifant, a ordonné & ordonne que, faute par les créanciers defdits diocefes, villes & communautés, tant étrangers que domiciliés dans le royaume, auxquels il a été fait des fommations de recevoir leur remboursement, d'avoir retiré les fommes à eux dues en principal & arrérages pendant le cours du mois d'Avril prochain pour tout délai, les billets de banque jufqu'à concurrence des fommes qui

leur font dues tant en principal qu'arrérages échus au jour defdites fommations, feront portés par les dépofitaires d'iceux au prépofé de Touloufe ou de Montpellier à la recette des fommes pour l'acquifition des rentes provinciales; defquelles fommes il fera expédié au nom defdits créanciers des quittances de finance pour jouir defdites rentes; & feront lefdites quittances données en payement auxdits créanciers, fans qu'ils puiffent inquiéter ni rechercher lefdits diocefes, villes & communautés, ni leurs receveurs, tréforiers, collecteurs & dépofitaires; moyennant quoi lefdits diocefes, villes & communautés feront & demeureront valablement déchargés. Enjoint Sa Majefté au fieur de Bernage, confeiller d'état, intendant en Languedoc, de tenir la main à l'exécution du préfent arrêt, qui fera exécuté felon fa forme & teneur, nonobftant oppofitions ou autres empêchemens quelconques, pour lefquels ne fera différé, & dont, fi aucuns interviennent, Sa Majefté s'eft réfervé & à fon confeil la connoiffance, icelle interdifant à toutes fes cours & autres Juges. FAIT au confeil d'état du Roi, Sa Majefté y étant, tenu à Paris le quatrieme jour de Mars mil fept cent vingt-un.

Signé, PHELYPEAUX.

LOUIS, PAR LA GRACE DE DIEU, ROI DE FRANCE ET DE NAVARRE: A notre amé & féal confeiller en notre confeil d'état, le fieur de Bernage, intendant de juftice, police & finances en notre province de Languedoc, SALUT. Nous vous mandons & enjoignons par ces préfentes fignées de nous, de tenir la main à l'exécution de l'arrêt ci-attaché fous le contre-fcel de notre chancellerie, ce jourd'hui donné en notre confeil d'état, nous y étant, pour les caufes y contenues. Commandons au premier

premier notre huissier ou sergent sur ce requis de signifier ledit arrêt à tous qu'il appartiendra, à ce que personne n'en ignore, & de faire, pour son entiere exécution, tous actes & exploits nécessaires sans autre permission ; car tel est notre plaisir. DONNÉ à Paris le quatrieme jour de Mars l'an de grace 1721, & de notre regne le sixieme. *Signé*, LOUIS. *Et plus bas*; par le Roi, le Duc d'Orléans Régent, présent, *signé*, PHELYPEAUX.

LOUIS DE BERNAGE, chevalier, seigneur de Saint-Maurice, Vaux, Chaumont & autres lieux, conseiller d'état ordinaire, intendant de justice, police & finances en la province de Languedoc.

VU l'arrêt du conseil d'état du Roi ci-dessus & commission sur icelui : Nous ordonnons qu'il sera exécuté selon sa forme & teneur, à la diligence des syndics des dioceses, & des maires & consuls des communautés, chacun comme les concerne. FAIT à Montpellier le dix-neuvieme Mars mil sept cent vingt-un. *Signé*, DE BERNAGE. *Et plus bas*: Par Monseigneur, SAGET.

V.

EXTRAIT du registre des délibérations des Etats généraux de Languedoc, assemblés par mandement du Roi en la ville de Narbonne au mois de Janvier 1722.

Du Samedi 31 dudit mois de Janvier, préfident Mgr. l'archevêque & primat de Narbonne.

LE sieur de Montferrier, syndic général, a informé l'assemblée que M. François Novy, conseiller au sénéchal de Nîmes, procureur duement fondé de messieurs de la ville de Genes, créan-

Tome II.

ciers de la province, lui avoit fait une sommation, par acte signifié à M. le tréforier de la bourse, & à M. de Joubert par exploit du 23 de ce mois de Janvier, par lequel acte il demande le payement des rentes & pensions arréragées, qu'il prétend être dues à MM. les Génois, non-seulement pour l'année derniere 1721, mais encore pour celle de 1720. A quoi le sieur de Montferrier a ajouté que pour l'intelligence de cette affaire, il doit rappeler aux Etats que suivant leur délibération du premier Février 1720, les habitans de la ville de Genes furent sommés, comme tous les autres créanciers de la province, de faire leurs soumissions pour la réduction de leurs rentes, à compter du premier Juillet ; que dans l'intervalle de ce délai, le Roi ayant remboursé à la province environ un million de livres en billets de banque, qui ne pouvoient être employés qu'au payement des dettes de la province, Mgr. l'archevêque de Narbonne arrêta un état de l'emploi desdits billets, dans lequel les habitans de Genes furent compris, & le 3 Juillet ils furent sommés par un second acte signifié au sieur Novy de retirer le payement des sommes principales à eux dues, lui déclarant que puisqu'il ne s'étoit pas présenté au premier Juillet, les rentes avoient cessé dès ce jour-là, que ces actes ont été autorisés par arrêt du conseil du 3 Septembre 1720, qui ordonne de plus fort qu'à faute par les créanciers de la province résidens à Genes & à Avignon d'avoir reçu leur remboursement, suivant les sommations à eux faites, les sommes à eux dues en principal & arrérages de rentes demeureront consignées entre les mains de M. le tréforier de la bourse, & que cet arrêt a été publié & affiché, dans les villes de Paris, Toulouse & Montpellier, conformément au contenu en icelui.

Qu'alors mesdits sieurs les Génois avoient présenté un mémoire au conseil des finances prétendant n'être pas dans le cas du remboursement ; mais que sur la réponse que MM. les députés des Etats firent à ce mémoire, il fut rejetté par M. Desforts. Qu'au mois de Septembre dernier ces mêmes créanciers ont présenté un second mémoire à M. le contrôleur général auquel le sieur de Montferrier ayant défendu & fait observer à M. le contrôleur général, que depuis l'arrêt du 3 Septembre 1720, il en avoit été rendu un autre le 28 Janvier 1721, qui ordonne qu'à faute par les créanciers de la province d'avoir reçu leur remboursement, les billets de banque qui leur ont été offerts feront portés en rentes provinciales, ce qui a été exécuté ; en sorte que les Génois ne peuvent se défendre d'exécuter le susdit arrêt du conseil, à moins que Sa Majesté ne veuille reprendre tous les susdits billets, puisqu'ils proviennent des remboursemens faits à la province ; que M. le contrôleur général avoit paru touché de ces raisons, sans vouloir néanmoins décider l'affaire par un arrêt, ne croyant pas que les Génois fissent aucune poursuite ; mais que l'acte qu'ils venoient de faire signifier fourniffoit une occasion aux Etats de demander à M. le contrôleur général un arrêt favorable, qui en ordonnant l'exécution des précédens décchargeât la province de la demande des Génois & de toutes les autres de pareille nature, qui pourront être faites par ses créanciers.

Sur quoi, lecture faite dudit acte, & des arrêts du conseil ci-dessus énoncés, les syndics généraux ont été chargés de suivre cette affaire, & Monseigneur l'archevêque de Narbonne président, a été prié d'en écrire à M. le contrôleur général.

VI.

ARRÊT

Du Conseil d'État du Roi,

Qui déboute les créanciers Génois de leurs prétentions, & ordonne l'exécution des arrêts des 3 Septembre 1720 & 28 Janvier 1721.

Du 10 Février 1722.

Extrait des Registres du Conseil d'Etat.

VU au conseil d'état du Roi, Sa Majesté y étant, le mémoire à elle présenté par les Génois, par lequel ils auroient demandé que, sans avoir égard aux sommations à eux faites aux mois de Mai & de Juillet 1720, en la personne du sieur Novy, leur procureur à Nîmes, de la part des Etats de Languedoc, de recevoir le remboursement en billets de banque des sommes à eux dues par ladite province, en principal & intérêts, ils ne pourront être remboursés qu'en monnoie de cours, & en les avertissant six mois auparavant ; la réponse du syndic général de la province de Languedoc, & les arrêts du conseil rendus au sujet du remboursement des créanciers de ladite province, le 3 Septembre 1720, 28 Janvier & 4 Mars 1721, Oui le rapport du sieur Lepelletier. de la Houssaye, conseiller d'état ordinaire & au conseil de régence pour les finances, contrôleur général des finances; LE ROI ETANT EN SON CONSEIL, de l'avis de M. le Duc d'Orléans Régent, sans avoir égard à la demande des Génois, créanciers de la province de Languedoc, a ordonné & ordonne que les arrêts du conseil des 3 Septembre 1720, 28 Janvier & 4 Mars 1721, seront exécutés selon leur forme & teneuf ; ce faisant , que ceux desdits créanciers qui n'ont pas reçu leur remboursement , seront tenus de retirer des mains du trésorier de la bourse de ladite province les récépissés du préposé à la recette des rentes provinciales pour le montant de leurdit remboursement en principal & intérêts échus jusqu'au jour des sommations à eux faites de le recevoir : Fait Sa Majesté défenses tant aux créanciers Génois qu'à tous autres créanciers de ladite province de Languedoc , soit étrangers ou domiciliés dans le royaume , de faire pour raison de ce aucunes poursuites contre ladite province & ledit trésorier de la bourse , à peine de nullité , cassation des procédures , & de tous dépens, dommages & intérêts. Fait au conseil d'état du Roi tenu à Paris le dixieme jour de Février mil sept cent vingt-deux. *Signé*, Phelypeaux.

Louis, par la grace de Dieu, Roi de France et de Navarre: Au premier des huissiers de nos conseils , & autre notre huissier ou sergent sur ce requis , de l'avis de notre trèscher & très-amé oncle , le Duc d'Orléans Régent ; Nous te mandons & commandons par ces présentes signées de notre main , que l'arrêt ci-attaché sous le contre-scel de notre chancellerie , ce jourd'hui donné en notre conseil d'état , nous y étant , pour les causes y contenues , tu signifies à tous qu'il appartiendra , à ce que personne n'en ignore , & fasses pour son exécution tous actes & exploits nécessaires , sans autre permission. Car tel est notre plaisir. Donné à Paris le dixieme jour de Février , l'an de grace mil sept cent vingt deux , & de notre regne le septieme. *Signé*, LOUIS: *Et plus bas* ; par le Roi , le Duc d'Orléans Régent , présent. *Signé*, Phelypeaux. Et scellé.

VII.
ARRÊT
Du Conseil d'État du Roi,

Qui ordonne que les sommes qui n'ont pas été retirées des mains du sieur trésorier de la bourse de la province de Languedoc , concernant l'affranchissement des tailles , seront converties en quittances de finance au denier cinquante sur les tailles , au profit des particuliers , &c.

Du 13 Septembre 1723.

Extrait des Registres du Conseil d'Etat.

Sur la requête présentée au Roi étant en son conseil , par le syndic général de la province de Languedoc ; contenant , que par arrêt du conseil du 25 Mars 1720 , Sa Majesté a ordonné le remboursement au profit des états de ladite province , de la somme de trois millions quatre cent quarante mille livres , payée par lesdits Etats , en exécution des édits des mois d'Août 1693 , Octobre 1701 , & Mai 1713 , pour l'affranchissement des tailles de ladite province , à la charge par lesdits Etats , de rembourser les particuliers qui s'étoient affranchis ; que par autre arrêt du conseil du 28 Janvier 1721 , Sa Majesté a ordonné que faute par les particuliers qui avoient affranchi leurs biens en Languedoc , ou par ceux qui étoient à leurs droits , d'avoir retiré du trésorier de la bourse de ladite province , les sommes qui leur étoient dues pour ces affranchissemens , & par les créanciers auxquels il auroit été fait des sommations de recevoir le remboursement , d'avoir aussi retiré les sommes à eux dues en principal & arrérages , pendant le cours du mois de Février lors prochain , pour tout délai , les billets de banque jusqu'à con-

M m 2

currence des sommes qui leur étoient dues, seroient portés par le trésorier des Etats de ladite province, au préposé de la ville de Montpellier, à la recette des sommes, pour l'acquisition des rentes provinciales, dont il seroit expédié au nom desdits créanciers & particuliers, des quittances de finance, à l'effet de jouir de ces rentes; qu'en conséquence de ce dernier arrêt, il a été arrêté un état le 15 Mars 1721, par le sieur de Bernage, conseiller d'état, intendant en ladite province, des sommes restantes à rembourser aux particuliers qui s'étoient affranchis; ledit état montant à la somme de trois cent trente-un mille quatre cent trente-huit livres neuf sols quatre deniers, qui a été remise en billets de banque à la caisse des rentes provinciales, dont a été fourni des récépissés par le préposé à la recette desdites rentes, qui ont été représentés aux commissaires du conseil pour être liquidés, pour valeur desquels a été fourni ensuite des billets de liquidation, conformément à l'arrêt du conseil du 4 Janvier 1722, lesquels billets de liquidation doivent être convertis en quittances de finance, pour rentes sur les tailles, au profit des particuliers restant à rembourser, compris audit état arrêté par ledit sieur de Bernage le 15 Mars 1721; mais qu'ayant voulu faire expédier lesdites quittances de finance, il s'est présenté deux difficultés; la première, à cause de la jouissance de ces rentes que le garde du trésor royal a refusé de donner, à commencer du jour que les billets de banque ont été portés à la caisse des rentes provinciales, conformément à ce qui est ordonné par l'arrêt du conseil du 29 Septembre dernier; & l'autre, que ledit garde du trésor royal refuse d'expédier ses quittances pour des sommes au-dessous de mille livres, ce qui jetteroit la pro-

vince de Languedoc, dans des contestations avec les particuliers qui doivent jouir de ces rentes, & qui prétendroient avoir leur recours contre ladite province, pour cette jouissance, depuis le jour que lesdits billets ont été portés à la caisse des rentes provinciales, jusqu'à celui de l'expédition de ces quittances de finance; & que d'ailleurs, cette province se trouveroit aussi dans l'impuissance de consommer le remboursement desdits affranchissemens, parce que la plupart des particuliers compris audit état, n'ont à recevoir que des sommes au-dessous de mille livres. Requiert à ces causes, le syndic général de ladite province de Languedoc, qu'il plaise à Sa Majesté ordonner que les particuliers & créanciers, seront payés des arrérages des rentes provinciales qui seront constituées à leur profit, en exécution dudit arrêt du conseil du 28 Janvier 1721, suivant l'état ci-dessus énoncé, à compter du jour que les fonds en billets de banque ont été remis à la caisse des rentes provinciales; & que le garde du trésor royal expédiera ses quittances de finances sur lesdites rentes, pour chaque partie desdits affranchissemens qui restent à rembourser, suivant ledit état arrêté par le sieur de Bernage, & pour les sommes y mentionnées, quoiqu'aucunes soient au-dessous de mille livres. Vu ladite requête, lesdits arrêts, & ledit état: Oui le rapport du sieur Dodun, conseiller ordinaire au conseil royal, contrôleur général des finances; SA MAJESTÉ ÉTANT EN SON CONSEIL, a ordonné & ordonne que le sieur Marandon, chargé du recouvrement des rentes provinciales, créées par édit du mois d'Août 1720, ou son commis à Montpellier, recevra du trésorier de la bourse des Etats de Languedoc, ladite somme de trois cent trente-

Part, I. Div. I. Liv. III. Tit. VI.

un mille quatre cent trente-huit livres neuf fols quatre deniers en billets de liquidations , dont il lui fournira fon récépiffé , portant promeffe de lui remettre les quittances de finance du garde du tréfor royal , au profit des particuliers de la province de Languedoc qui s'étoient affranchis de la taille, & qui n'ont point reçu leur rembourfement , conformément à l'état arrêté par le fieur de Bernage le 15 Mars 1721 ; Veut Sa Majefté que le garde de fon tréfor royal , expédie fes quittances de finance pour rentes au denier cinquante fur les tailles, de l'édit d'Août 1720 , au profit de chacun defdits particuliers compris audit état , & pour les fommes y mentionnées, quoiqu'aucuns foient au-deffous de mille livres ; la jouiffance defquelles rentes fera fixée , conformément à l'arrêt du confeil du 29 Septembre de l'année derniere : décharge Sa Majefté les Etats de ladite province , des demandes qui pourroient être intentées contr'eux , pour raifon des arrérages defdites rentes. Ordonne en outre Sa Majefté que dans trois mois, du jour de la publication du préfent arrêt , pour toute préfixion & délai , les particuliers de ladite province qui s'étoient affranchis, & qui n'ont pas reçu leur rembourfement , feront tenus de retirer les quittances qui auront été expédiées à leur profit , en remettant par eux leurs titres ès mains du tréforier de la bourfe de ladite province , faute de quoi & ledit tems paffé , ils feront déchus de tout rembourfement , & les quittances qui auront été expédiées en leur nom , feront remifes comme nulles par ledit tréforier au garde du tréfor royal qui les aura expédiées , pour en faire recette au profit du Roi. Enjoint Sa Majefté audit fieur de Bernage , confeiller d'état , intendant en ladite province de Languedoc , de tenir la main à l'exé-

cution du préfent arrêt , qui fera exécuté nonobftant toutes oppofitions & autres empêchemens quelconques , dont , fi aucuns interviennent , Sa Majefté s'eft réfervé & à fon confeil la connoiffance , icelle interdifant à toutes fes cours & autres juges. FAIT au confeil d'état du Roi , Sa Majefté y étant , tenu à Verfailles le treizieme jour de Septembre mil fept cent vingt-trois. *Signé* , PHELYPEAUX.

LOUIS , PAR LA GRACE DE DIEU, ROI DE FRANCE ET DE NAVARRE : A notre amé & féal confeiller en notre confeil d'état , le fieur de Bernage , intendant de juftice , police & finances en notre province de Languedoc , SALUT. Nous vous mandons & enjoignons par ces préfentes fignées de nous, de tenir la main à l'exécution de l'arrêt ci-attaché fous le contre-fcel de notre chancellerie , ce jourd'hui donné en notre confeil d'état , Nous y étant , pour les caufes y contenues : Commandons au premier notre huiffier ou fergent fur ce requis , de fignifier ledit arrêt à tous qu'il appartiendra , à ce que perfonne n'en ignore , & de faire pour fon entiere exécution , tous actes & exploits néceffaires , fans autre permiffion ; car tel eft notre plaifir. Donné à Verfailles le treizieme jour de Septembre , l'an de grace mil fept cent vingt-trois , & de notre regne le neuvieme. *Signé* , LOUIS : *Et plus bas* ; par le Roi , PHELYPEAUX.

LOUIS DE BERNAGE ,
chevalier , feigneur de Saint-Maurice,
Vaux , Chaumont & autres lieux ,
confeiller d'état , intendant de juf-
tice , police & finances en la pro-
vince de Languedoc.

VU l'arrêt du confeil d'état du Roi ci-deffus , & commiffion fur icelui : Nous ordonnons que ledit arrêt fera exécuté selon sa forme & teneur. Fait à Montpellier le huitieme Octobre mil sept cent vingt-trois. *Signé*, DE BERNAGE : *Et plus bas* ; par Monseigneur, JOURDAN.

VIII.
ARRÊT
DU CONSEIL D'ETAT DU ROI,

Par lequel Sa Majesté évoque une contestation concernant les remboursemens ordonnés par les arrêts des 3 Septembre 1720 & 28 Janvier 1721.

Du 4 Avril 1724.

EXTRAIT *des Registres du Conseil d'Etat.*

SUr la requête présentée au Roi, étant en son conseil, par le syndic général de la province de Languedoc, Contenant, entre autres choses, que Jacques Gauret, secrétaire du Roi, l'a fait assigner au chatêlet de Paris, par exploit du 20 du mois de Mars dernier, pour voir dire & ordonner qu'attendu qu'il a un cinquieme dans le contrat de constitution passé le 8 Juin 1709, par les Etats de la province de Languedoc, au profit de feu sieur Le Camus, lieutenant civil, lesdits Etats soient tenus de lui payer & continuer les arrérages de ladite rente au principal de 4800 livres à raison de trois pour cent, & en outre la somme de 2000 liv. en deniers ou quittances valables pour cinq années d'arrérages de ladite rente, à raison de 400 livres sur le pied du denier douze, & 1680 livres pour sept années d'arrérages sur le pied de 240 livres par an, à compter du premier Juillet 1713 jusqu'au premier Juillet 1720, & 576 livres pour quatre années d'arrérages de 144 liv. chacune, sur le pied de la réduction à trois pour cent, à compter du premier Juillet 1720, jusqu'au premier Juillet 1724, re-

venant lesd. sommes à celle de 4256 liv.; sur quoi ledit syndic général de la province de Languedoc représente que c'est mal-à-propos que ledit sieur Gauret l'a fait assigner au chatêlet, attendu qu'il n'a aucun domicile fixe à Paris, ni aucun autre juge que ceux de la province; d'autant plus qu'il s'agit en cette occasion entre le sieur Gauret & le suppliant, de l'exécution des arrêts du conseil des 3 Septembre 1720 & 28 Janvier 1721, qui ont fixé la maniere dont les remboursemens de ladite province devoient être faits à ses créanciers ; & comme dans ces remboursemens le suppliant prétend n'avoir tenu d'autre conduite que celle prescrite par les arrêts du conseil ; qu'il s'ensuit nécessairement que Sa Majesté peut seule connoître de l'exécution de ces arrêts ; que c'est par cette raison qu'elle a évoqué toutes les contestations qui ont été formées par les créanciers de la province, concernant le remboursement de leurs capitaux & les arrérages de leurs rentes ; ce que le sieur Gauret peut d'autant moins ignorer que le sieur Nicolay de Goussainville, héritier dudit sieur Le Camus & propriétaire des quatre portions du même contrat du 8 Juin 1709 dans lequel le sieur Gauret prétend avoir un cinquieme, ayant fait assigner le suppliant aux requêtes du palais à Paris, Sa Majesté auroit évoqué au conseil la contestation d'entre le sieur Nicolay & le suppliant, & l'auroit jugée ; qu'il est vrai que le sieur Gauret prétend tirer avantage de l'arrêt du conseil qui a conservé le sieur de Goussainville pour créancier de la province : mais que sans approuver ledit arrêt, le suppliant fera connoître qu'il a été rendu dans des circonstances particulieres, & qu'il n'est point applicable à la contestation d'entre le suppliant & ledit sieur Gauret, qui n'a d'autre voie que celle d'accepter son rembourſement qui lui a été offert après avoir obſervé toutes les formalités preſcrites par les arrêts du conſeil. Requéroit à ces cauſes ledit ſyndic-général de Languedoc, qu'il plût à Sa Majeſté, ſans s'arrêter à l'aſſignation à lui donnée au chatêlet de Paris, par exploit du 20 du mois de Mars de la préſente année, évoquer à elle & à ſon conſeil la demande contenue dans ledit exploit ; ce faiſant, ordonner que les parties conteſteront au conſeil ſur ladite demande, avec défenſes à tous autres juges d'en connoître ; & faiſant droit ſur le fonds, décharger le ſuppliant & les Etats de la province de Languedoc de la demande contre eux formée, tant en principal qu'intérêts, attendu le rembourſement qui lui a été fait par le tréſorier de la bourſe deſd. Etats, conformément auxdits arrêts du conſeil & en exécution d'iceux, & condamner ledit ſieur Gauret aux dépens. Vu ladite requête, enſemble l'aſſignation donnée au chatêlet au ſuppliant à la requête du ſieur Gauret : Oui le rapport du ſieur Dodun, conſeiller ordinaire au conſeil royal & contrôleur général des finances ; SA MAJESTÉ ÉTANT EN SON CONSEIL, a évoqué & évoque à ſoi & à ſondit conſeil les conteſtations d'entre les parties, pour raiſon de l'aſſignation donnée au chatêlet de Paris, par exploit du 20 Mars de la préſente année, au ſyndic général de la province de Languedoc, à la requête dudit Gauret, circonſtances & dépendances ; & avant faire droit ſur la demande dudit ſyndic général de la province de Languedoc, a ordonné & ordonne que ſa requête ſera communiquée au ſieur Gauret, pour ſa réponſe vue & rapportée au conſeil, être par Sa Majeſté fait & ordonné ce qu'il appartiendra. FAIT au conſeil d'Etat du Roi, Sa Majeſté y étant, tenu à Verſailles le

quatrieme jour d'Avril mil ſept cent vingt-quatre.

Signé, PHELYPEAUX.

I X.
A R R Ê T
Du Conseil d'Etat du Roi,

Qui nomme des commiſſaires pour connoître des conteſtations d'entre les Etats de la province de Languedoc, les dioceſes, villes & communautés de ladite province & leurs créanciers, au ſujet des offres & dépôts des billets de banque deſtinés à leur rembourſement, & convertis en rentes provinciales en exécution des arrêts du conſeil.

Du 27 Juillet 1724.

Extrait des Regiſtres du Conſeil d'Etat.

LE Roi étant informé qu'à l'occaſion des rembourſemens qui ont été ſignifiés tant par les Etats de la province de Languedoc, que par les dioceſes, villes & communautés de ladite province à leurs créanciers, & des dépôts des billets de banque deſtinés à partie de ces rembourſemens & convertis en rentes provinciales, en exécution des arrêts du conſeil des 3 Septembre 1720, 28 Janvier 1721 & autres rendus en conſéquence, il s'eſt mu diverſes conteſtations dont quelques-unes ont été portées en ſon conſeil, & pluſieurs autres en différentes juriſdictions. Et Sa Majeſté voulant qu'elles ſoient toutes également inſtruites ſommairement & ſans frais, & jugées ſans retardement ; vu d'ailleurs qu'il s'agit de l'exécution deſdits arrêts : Oui le rapport du ſieur Dodun, conſeiller ordinaire au conſeil royal, contrôleur général des finances, SA MAJESTÉ ÉTANT EN SON CONSEIL, a évoqué & évoque, en tant que besoin seroit, à soi & à sondit conseil toutes les contestations mues & à mouvoir, tant entre les Etats de la province de Languedoc, que les diocéses, villes & communautés de ladite province, & leurs créanciers, en quelques jurisdictions qu'elles puissent avoir été ou être portées, au sujet des offres, consignations, & dépôts des billets de banque destinés au remboursement desdits créanciers, & a lesdites contestations, circonstances & dépendances, même celles de même nature qui pourroient être actuellement pendantes au conseil d'état & privé entre les mêmes parties, renvoyé & renvoye pardevant les sieurs Lepelletier-Desforts, conseiller d'état ordinaire au conseil royal, de Saint-Contest, Ferrand & de Machault, conseillers d'état, & les sieurs de Baussan, Angran, Bertin de Blagny, Lallemand de Levignan, Pontcarré & de Vanolles, maîtres des requêtes, que Sa Majesté a commis & commet, pour, sur les requêtes & mémoires desdites parties & sur le rapport du sieur de Pontcarré, maître des requêtes, l'un desdits sieurs commissaires, y être par eux statué définitivement & en dernier ressort, au nombre de cinq au moins, Sa Majesté leur attribuant à cet effet toute cour, jurisdiction & connoissance, icelle interdisant à toutes ses cours & autres juges. Fait Sa Majesté défenses aux parties de se pourvoir sur lesdites contestations ailleurs que par devant lesdits sieurs commissaires, à peine de nullité, cassation de procédures & de tous dépens, dommages & intérêts, & pour greffier de ladite commission a pareillement commis & commet le sieur Passelaigue. FAIT au conseil d'état du Roi, Sa Majesté y étant, tenu à Chantilly le vingt-septieme jour de Juillet mil sept cent vingt-quatre. *Signé*, PHELYPEAUX.

LOUIS, PAR LA GRACE DE DIEU, ROI DE FRANCE ET DE NAVARRE: Au premier des huissiers de nos conseils, ou autre notre huissier ou sergent sur ce requis: Nous te mandons & commandons par ces présentes signées de notre main, que l'arrêt ci-attaché sous le contre-scel de notre chancellerie, ce jourd'hui donné en notre conseil d'état, nous y étant, pour les causes y contenues, tu signifies à tous qu'il appartiendra, à ce que personne n'en ignore, & fasses pour son entiere exécution tous actes & exploits nécessaires, sans autre permission: CAR tel est notre plaisir. DONNÉ à Chantilly le vingt-septieme jour de Juillet, l'an de grace mil sept cent vingt-quatre, & de notre regne le neuvieme. *Signé*, LOUIS: *Et plus bas*; Par le Roi, PHELYPEAUX, & scellé.

X.

EXTRAIT du registre des délibérations des Etats généraux de Languedoc, assemblés par mandement du Roi en la ville de Narbonne au mois de Décembre 1724.

Du Mardi 16 Janvier 1725, présidant Mgr. l'archevêque & primat de Narbonne.

LE sieur de Montferrier, syndic général a dit: Que M. François Novy, conseiller au sénéchal de Nîmes, faisant pour M. Jean-Marie Cambiazo & autres citoyens de la ville de Genes, ci-devant créanciers de la province, lui avoit fait signifier un acte de sommation le 15 de ce mois, contenant qu'il eût à faire payer auxdits sieurs Génois, les arrérages qu'ils prétendent leur être dus par la province, nonobstant les consignations faites en billets de banque pour le remboursement des
principaux

principaux defdites rentes, lors defquelles lefdits fieurs Génois difent n'avoir
été ouis ni appellés, à quoi le fieur de
Montferrier a ajouté que par arrêt contradictoire rendu le 10 Février 1722,
fur le mémoire préfenté à Sa Majefté
par les Génois, lors duquel les fommations faites à la requête du fyndic général, & toute la procédure au fujet du
remboursement a été examinée, lefd.
fieurs Génois ont été déboutés de leurs
demandes, avec défenfes de faire pour
raifon de ce aucunes pourfuites contre
la province, Sa Majefté ayant en même-tems ordonné que ceux des créanciers qui n'ont pas reçu les remboursê-
mens feront tenus de retirer des mains
du tréforier de la bourfe, les récépiffés
du prépofé à la recette des rentes provinciales, & qu'après une décifion auffi
formelle, il y a lieu d'être furpris que
ces MM. reviennent encore contre la
province. Que depuis cet arrêt M. le
tréforier de la bourfe a fait convertir
les fufdits récépiffés en quittances de finances pour rentes au denier cinquante,
tant par rapport aux Génois que pour
les autres créanciers de la province qui
n'ont pas retiré leurs billets, & qu'ainfi
les Génois n'ont qu'à retirer leurs quittances de finance conformément aux
arrêts du confeil.

Sur quoi, lecture faite dudit acte
& de l'arrêt du confeil du 10 Février
1722, a été délibéré qu'il n'y a lieu
d'avoir aucun égard audit acte, & les
fyndics généraux ont été chargés de
faire fignifier de nouveau aux Génois
en la perfonne du fieur Novy, ledit arrêt du 10 Février, avec fommation de
retirer des mains du fieur tréforier de la
bourfe les quittances de finance pour
rentes au denier cinquante, expédiées
en faveur des Génois qui n'ont pas reçu
leur payement, & qu'à défaut elles demeureront dépofées au greffe des Etats
à Montpellier.

Tome II.

X I.
A R R Ê T
Du Conseil d'Etat du Roi,
& Lettres-patentes fur icelui.

Portant que les quittances pour rentes
fur les tailles, expédiées en faveur
de divers particuliers créanciers de
la province de Languedoc, feront
déchargées du contrôle, & remifes
au garde du tréfor royal, qui en ex-
pédiera une autre au nom des Etats
de ladite province, de la fomme de
1,350,342 livres 10 fols, à laquelle
monte le total des fufdites quittan-
ces, &c.

Du 11 Septembre 1729.

Extrait des Regiftres du Confeil
d'Etat.

Sur la requête préfentée au Roi,
étant en fon confeil, par les députés & fyndic général de la province de
Languedoc; contenant, qu'en l'année
1720, les Etats de ladite Province,
pour employer le fonds en billets de
banque, provenant des rembourfemens
que Sa Majefté leur avoit fait, ayant
offert à partie de fes créanciers ce même fonds pour leur rembourfement, il
fut ordonné par un premier arrêt du
confeil du 3 Septembre 1720, que faute
par lefdits créanciers de recevoir leur
rembourfement, les fommes à eux dues
demeureroient confignées entre les
mains du tréforier de la bourfe des
Etats de ladite province; & par autre
arrêt du 28 Janvier 1721, que, faute
par lefdits créanciers d'avoir retiré leur
rembourfement des mains dudit tréforier de la bourfe, les billets de banque
deftinés pour leur rembourfement feroient portés par le tréforier des Etats
au prépofé à la recette des fommes
pour l'acquifition des rentes provincia-

les pour en être expédié des quittances de finances au nom desdits créanciers, lesquelles seroient données auxdits créanciers envers lesquels la province, moyennant ce, demeureroit déchargée. En conséquence de cet arrêt, les billets de banque ont été portés en rentes sur les tailles créées par édit du mois d'Août 1720, dont il a été expédié au profit desdits créanciers par le sieur Gruyn, garde du trésor royal, cinquante-cinq quittances de finances, toutes datées du 30 Octobre 1723, & contrôlées par le sieur Perrotin, garde des registres du contrôle général, le 3 Avril 1724, pour jouir des rentes au denier cinquante, à commencer du premier Octobre 1723. La premiere, au profit de Dlle. Marie Menager, fille majeure, au principal de la somme de trente-huit mille quatre cent vingt-deux livres dix sols. La seconde, des héritiers de la dame de Louvois, au principal de la somme de cent vingt-trois mille huit cent cinquante-deux livres dix sols. La troisieme, de messire Antoine-Nicolas de Nicolay, seigneur de Goussainville, premier président en survivance de la chambre des comptes de Paris, seul héritier de messire Jean Le Camus, lieutenant civil, son aïeul maternel, au principal de 19,837 livres 10 sols. La quatrieme de Jacques Gauret, secrétaire du Roi, au principal de 4960 livres. La cinquieme, de l'hôtel-Dieu de Paris, au principal de 46,500 liv. La sixieme, de Pierre-Charles Glot, avocat au parlement, exécuteur testamentaire de défunte Dlle. Boismier, suivant la déclaration du sieur Gallet, du premier Janvier 1715, devant Navarre, au principal de 4132 liv. 10 sols. La septieme, de Jean-Baptiste Stemple, avocat en parlement, au principal de 10,332 livres 10 sols. La huitieme, de Pierre Renault, contrôleur des gardes-Françoises, au principal de 8175 liv.

La neuvieme, d'Armand-François Perrin, écuyer, sieur du Tilleul, au principal de 9195 livres. La dixieme, de Jean-Baptiste Dussault, au principal de 12,262 livres 10 sols. La onzieme, d'Anne-Charles Goislard, seigneur de Monsabert du Toureil, & autres lieux, conseiller au parlement, au principal de 20,440 livres. La douzieme, d'Angélique de Morin, veuve du sieur Duhans de Merville, ou aux héritiers & prétendans droit dans la succession dudit défunt sieur Duhans, au principal de 12,262 livres 10 sols. La treizieme, de Me. Arnold de Ville-Sibre, baron du St. Empire Romain, au principal de 18,395 liv. La quatorzieme, de Françoise de Halus, veuve du sieur Jacques Galant, conseiller du Roi en ses conseils, secrétaire ordinaire de cabinet de Sa Majesté, tant en son nom, que comme tutrice de leurs enfans mineurs, au principal de 36,790 livres. La quinzieme, de Nicolas de Riobourg, ou ceux qui sont à ses droits, au principal de 10,275 liv. La seizieme, de Claude-Antoine Barracy, au principal de 18,490 livres. La dix-septieme, des héritiers du sieur Gervais, chirurgien ordinaire du Roi, au principal de 32,552 livres 10 sols. La dix-huitieme, de Jean-Jacques, marquis de Ranty, au principal de 10,305 livres. La dix-neuvieme, des héritiers de M. de Marillac, conseiller d'état, au principal de 97,090 liv. La vingtieme, de Jean-Baptiste & Joseph Porrata, au principal de 40,812 livres 10 sols. La vingt-unieme, de Marie Durazza Brignolles, au principal de 8160 livres. La vingt-deuxieme, de Jean-Baptiste & Jean Porrata, freres, au principal de 40,812 livres 10 sols. La vingt-troisieme, de Jean-Baptiste Cambiazo, au principal de 306,100 livres. La vingt-quatrieme, de Livie-Marie-Centuriona Doria, ayant droit de Marie Palaviciny, au principal de

8160 livres. La vingt-cinquieme, de dame Louise-Marie Monclia, épouse de M. Fresquy, au principal de 12,000 liv. La vingt-sixieme, d'Hipolite Mary, au principal de 12,242 liv. 10 sols. La vingt-septieme, d'Etienne Mary, au principal de 12,242 livres 10 sols. La vingt-huitieme, de Marie-Jeanne Sarly, épouse de M. Grimaldy, au principal de 12,242 liv. 10 sols. La vingt-neuvieme, de Marie-Livie Sarly Grimaldy, au principal de 6120 liv. La trentieme, de Jean-Antoine-Philippe Dongo, au principal de 12,242 livres 10 sols. La trente-unieme, de Jean-Baptiste Marchezzo, au principal de 9182 liv. 10 sols. La trente-deuxieme, de Jean-Baptiste Mary, au principal de 12,242 liv. 10 sols. La trente-troisieme, d'Anne-Livie Sarly Grimaldy, au principal de 6120 livres. La trente-quatrieme, de Jean-Antoine Carquery, fils de feu Etienne, au principal de 6120 livres. La trente-cinquieme, de Charles Spinola, fils d'Etienne, au principal de 19,497 liv. 10 sols. La trente-sixieme, d'Angélique de Morin Des-Issars, veuve de Jacques Duhans, au principal de 12,295 livres. La trente-septieme, de Marguerite de Conseil de St. Roman, veuve du sieur Des-Issars, au principal de 12,295 livres. La trente-huitieme, de Gabriel Cohorne sieur de Limon, au principal de 8670 livres. La trente-neuvieme, de Marie de Lepis, veuve du sieur Plantade, au principal de 3380 livres. La quarantieme, de Joseph Brun, médecin, au principal de 40,990 liv. La quarante-unieme, de Dlle. Anne Perier, au principal de 3072 liv. 10 sols. La quarante-deuxieme, d'Anne-Bernard, veuve Bouffredy, au principal de 1227 liv. 10 sols. La quarante-troisieme, d'Antoine-Vincent Buyon, bourgeois, au principal de 4302 liv. 10 sols. La quarante-quatrieme, du chapitre de St. Agricol, au principal de 13,260

livres. La quarante-cinquieme, d'Elizabeth Dessars de Saragosse, au principal de 2047 livres 10 sols. La quarante-sixieme, d'Ange Guyon, bourgeois, au principal de 4332 livres 10 sols. La quarante-septieme, de M. Joseph Bonnier, trésorier général des Etats de Languedoc, au nom & comme dépositaire pour le sieur Golier, au principal de 10,245 livres. La quarante-huitieme, dudit Bonnier, comme dépositaire pour ledit Guyon, chirurgien, au principal de 1022 liv. 10 sols. La quarante-neuvieme, dudit Bonnier, comme dépositaire pour le sieur marquis de Brantes, au principal de 73,782 liv. 10 sols. La cinquantieme, dudit Bonnier, comme dépositaire pour le sieur Lafont, médecin, au principal de 6865 liv. La cinquante-unieme, dudit Bonnier, comme dépositaire pour la dame Violante, veuve de Nicolas Mary, au principal de 12,242 livres 10 sols. La cinquante-deuxieme, dudit Bonnier, comme dépositaire pour le sieur de Matignon, ancien évêque de Condom, au principal de 36,790 liv. La cinquante-troisieme, dudit Bonnier, comme dépositaire pour le sieur Despalangue de Labadie, au principal de 12,260 liv. La cinquante-quatrieme, dudit Bonnier, comme dépositaire pour le sieur Hocard de Renneville & son épouse, au principal de 20,435 livres. Et la cinquante-cinquieme, dudit Bonnier, comme dépositaire pour dame Duyon, veuve Chendret, au principal de 12,260 liv. Toutes lesquelles sommes principales montent à la somme de 1,350,342 livres 10 sols. Et quoiqu'au moyen desd. arrêts, les Etats eussent raison de croire la province valablement & définitivement libérée, cependant ses créanciers n'ayant point voulu recevoir ces quittances de finance, & ayant au contraire demandé, que sans s'y arrêter, leurs créances fussent rétablies sur la province, & les Etats condamnés à leur en payer les rentes avec les arrérages depuis l'année 1720, sauf à eux à disposer ainsi qu'ils aviseroient des quittances de finance, qu'ils avoient fait expédier en leur nom : Sa Majesté par arrêt du conseil du 27 Juillet 1724, nomma des commissaires devant lesquels ces créanciers ayant soutenu leurs demandes, la plupart parvinrent malgré la défense & les efforts des Etats de Languedoc, à les faire autoriser par différens jugemens ; ce qui détermina les Etats, après avoir éprouvé ce mauvais succès à l'égard de plus de vingt créanciers, de passer des transactions avec les autres, pour éviter les frais & les dépens, & en conséquence, tant de ces jugemens que desdites transactions passées avec ces autres créanciers, les Etats ayant rétabli leurs créances sur l'état des dettes de la province, & pourvu au payement des rentes qui en avoient couru depuis l'année 1720, les capitaux qui avoient été placés par les Etats en rentes sur les tailles & employées dans les Etats des finances de la généralité de Montpellier, pour le payement de ces créanciers, leur sont revenus, les quittances qu'ils en avoient fait expédier au nom de ces créanciers, appartiennent aux Etats, & les rentes qui en ont couru depuis le premier Octobre 1723, suivant lesdites quittances, leur doivent être payées, ayant été obligés de les acquitter sur un pied bien plus haut & plus onéreux auxdits Etats ; mais comme ils ne peuvent parvenir à toucher à l'avenir lesdites rentes, ni les arrérages qui en sont dus depuis ledit jour premier Octobre 1723, sans l'autorité de Sa Majesté, & que les payeurs de ces rentes refusent même de délivrer au trésorier desdits Etats les rentes qui ont couru depuis leur établissement, & dont le fonds a déjà été fait dans lesd. Etats des finances de lad. généralité de Mont-

pellier, sous prétexte qu'elles sont sous le nom des créanciers de la province, quoique les Etats soient rentrés dans leurs droits ; Requéroient à ces causes les supplians qu'il plût à Sa Majesté ordonner que les quittances pour rentes sur les tailles en date du 30 Octobre 1723, signées dudit feu sieur Gruyn, au profit desdits créanciers, seront déchargées du contrôle & remises au sieur Gruyn son fils à présent garde du trésor royal, au lieu desquelles, il en expédiera une autre au nom des Etats de la province de Languedoc, de la somme de 1,350,342 livres 10 sols, à laquelle monte le total des sommes mentionnées dans lesdites quittances pour jouir par lesdits Etats des arrérages desdites rentes, à commencer du premier Octobre 1723, & en conséquence ordonner, que les arrérages des rentes constituées par lesdites quittances de finance, tant au nom des créanciers des Etats de la province de Languedoc, que du trésorier de la bourse desdits Etats, en qualité de dépositaire pour & au profit de plusieurs autres créanciers desdits Etats, dont les noms sont employés dans lesd. quittances de finance, seront payées audit trésorier, sur ses quittances, encore que l'emploi en ait été fait dans l'état des finances de la généralité de Montpellier, sous le nom dudit trésorier comme dépositaire, ou desd. créanciers ; savoir, ceux échus depuis le premier Octobre 1723, jusqu'au dernier Décembre 1724, à raison du denier cinquante, & ceux échus depuis, à raison du denier cent, quoi faisant les payeurs desdites rentes en demeureront bien & valablement déchargés envers lesdits créanciers & tous autres ; ordonner que pour l'exécution de l'arrêt qui interviendra, toutes lettres nécessaires seront expédiées & registrées sans frais, ainsi que la nouvelle quittance de finance, partout où besoin sera, conformément à l'édit du mois d'Août 1720. Vu ladite requête, lesdits arrêts du conseil des troisieme Septembre 1720, & vingt-huitieme Janvier 1721, les quittances de finance expédiées en conséquence au nom desdits créanciers, les arrêts & les jugemens desd. sieurs commissaires qui ont cassé les consignations, & rétabli les capitaux, & les rentes de plusieurs créanciers sur ladite province, & les transactions que les Etats ont passé aux mêmes conditions avec plusieurs autres créanciers : Oui le rapport du sieur Lepelletier, conseiller d'état ordinaire & au conseil royal, contrôleur général des finances ; LE ROI ÉTANT EN SON CONSEIL, ayant égard à ladite requête, a ordonné & ordonne, que les quittances pour rentes sur les tailles en date du 30 Octobre 1723, signées du feu sieur Gruyn, au profit desd. Marie Menager, fille majeure, héritiers de la dame de Louvois, le sieur Antoine-Nicolas de Nicolay, Gauret, l'hôtel-Dieu de Paris, Glot audit nom, Stemple, Renault, Perrin, Dussault, Goislard, Demorin, veuve Duhans, esdits noms, de Ville-Sibre, de Haius, esdits noms, Riobourg, Barracy, héritiers Gervais, marquis de Ranty, héritiers du sieur Marillac, Jean-Baptiste & Joseph Porrata, Durazza, Brignolles, Jean-Baptiste & Jean Porrata, Cambiazo, Centuriona Doria, Monentia épouse du sieur Fresquy, Mary, Etienne Mary, Sarly épouse du sieur Grimaldy, Livie-Sarly Grimaldy, Philippe Dongo, Marchezzo, Jean-Baptiste Mary, Livie-Sarly Grimaldy, Carquery, esdits noms, Spinola, esdit nom, de Morin, Des-Issars, veuve Duhans, de Conseil, de St. Romans, veuve Des-Issars, Cohornes sieur de Limon, de Lepis, veuve Plantade, Brun, Perier, Bernard, veuve Boussredy, Buyon, chapitre St. Agricol, Dessars de Saragosse, Guyon

& Bonnier, au nom & comme dépositaire pour les sieurs Golier, Guyon, marquis de Brantes, Lafont, Violante, veuve Mary, Matignon, Despalangue de Labadie, Hocard de Renneville & son épouse, & Duyon, veuve Chendret, tous créanciers desdits Etats, seront déchargées du contrôle & remises au sieur Gruyn son fils à présent garde du trésor royal ; au lieu desquelles il en signera une autre au nom des Etats de la province de Languedoc, de la somme de 1,350,342 livres 10 sols, à laquelle monte le total des sommes mentionnées dans lesdites quittances, pour jouir par lesdits Etats des arrérages desdites rentes à commencer du premier Octobre 1723, & en conséquence ordonne Sa Majesté que les arrérages des rentes constituées par lesdites quittances de finances, tant au nom des créanciers des Etats de la province de Languedoc, que du trésorier de la bourse desd. Etats, en qualité de dépositaire, pour & au profit de plusieurs autres créanciers desdits Etats, dont les noms sont employés dans lesdites quittances de finances, seront payées audit trésorier sur ses quittances, encore que l'emploi en ait été fait dans l'état des finances de la généralité de Montpellier, sous le nom dud. trésorier, comme dépositaire desdits. créanciers ; savoir, ceux échus depuis le premier Octobre 1723, jusqu'au dernier Décembre 1724, à raison du denier cinquante, & ceux échus depuis, à raison du denier cent, même pour les parties des rentes employées sur le pied du denier cinquante, sous le nom de l'hôtel-Dieu de Paris, & du chapitre de St. Agricol, les arrérages desquelles deux parties ne seront payées audit trésorier, que sur le pied du denier cent, suivant & conformément à l'arrêt du 19 Novembre 1726, quoique l'emploi en ait été fait dans les Etats sur le pied du denier cinquante. Et en comséquence ordonne Sa Majesté , que le surplus des arrérages desdites deux parties sera porté au trésor royal , par les payeurs desdites rentes : Veut Sa Majesté qu'en rapportant par les payeurs desdites rentes les quittances dud. trésorier & copie collationnée du présent arrêt pour les arrérages , ils en soient & demeurent bien & valablement quittes & déchargés , & feront pour l'exécution du présent arrêt toutes lettres nécessaires expédiées & registrées, ainsi que la nouvelle quittance de finance , sans frais , partout où besoin sera , conformément à l'édit du mois d'Août 1720. FAIT au conseil d'état du Roi , Sa Majesté y étant , tenu à Versailles le onzieme jour de Septembre mil sept cent vingt-neuf. *Signé* , PHELYPEAUX.

LETTRES-PATENTES.

LOUIS, PAR LA GRACE DE DIEU, ROI DE FRANCE ET DE NAVARRE: A nos amés & féaux conseillers, les gens tenant notre cour des comptes, aydes & finances de Montpellier , présidens , tréforiers de France , généraux de nos finances audit lieu, intendans des gabelles du Languedoc , SALUT. Nos très-chers & bien-amés les députés & syndic général de notre province de Languedoc , nous ont fait remontrer , qu'en l'année 1720 , les Etats de ladite province , pour employer les fonds en billets de banque provenant des remboursemens que nous leur avons fait , ayant offert à partie de leurs créanciers, ce même fonds pour leur remboursement , il fut ordonné par un premier arrêt de notre conseil du 3 Septembre 1720 , que , faute par lesdits créanciers de recevoir leur remboursement , les sommes à eux dues demeureroient consignées entre les mains du trésorier de la bourse des Etats de ladite province , & par autre arrêt du 28 Jan-

vier 1721, que , faute par lesdits créanciers d'avoir retiré leur remboursement des mains dudit trésorier de la bourse , les billets de banque destinés pour leur remboursement , seroient portés par le tréforier des Etats , au préposé à la recette des sommes pour l'acquisition des rentes provinciales, pour en être expédié des quittances de finance au nom desdits créanciers , lesquelles seroient données auxdits créanciers envers lesquels la province , moyennant ce , demeureroit déchargée. En conséquence de cet arrêt , les billets de banque ont été portés en rentes sur les tailles créées par notre édit du mois d'Août 1720 , dont il a été expédié au profit desdits créanciers par le sieur Gruyn , garde du trésor royal , cinquante-cinq quittances de finances , toutes datées du 30 Octobre 1723 , & contrôlées par le sieur Perrotin , garde des registres du contrôle général , le 3 Avril 1724 , pour jouir des rentes au denier cinquante , à commencer du premier Octobre 1723. La premiere , au profit de Marie Menager , fille majeure , au principal de la somme de 38,422 liv. 10 f. La deuxieme , des héritiers de la dame de Louvois , au principal de la somme de 123,852 liv. 10 f. La troisieme , d'Antoine Nicolas de Nicolay de Goussainville , au principal de 19,837 liv. La quatrieme , de Jacques Gauret , au principal de 4960 liv. La cinquieme , de l'Hôtel-Dieu de Paris , au principal de 46,600 liv. La sixieme , de Pierre-Charles Glot , au principal de 4132 liv. 10 f. La septieme , de Jean-Baptiste Stemple , au principal de 10,332 liv. 10 f. La huitieme , de Pierre Renault , au principal de 8175 liv. La neuvieme , d'Arnaud-François Perrin du Tilleul , au principal de 9195 liv. La dixieme , de Jean-Baptiste Dussault , au principal de 12,262 liv. 10 f. La onzieme , dame

Charles de Goilard de Monfabert, au principal de 20,440 liv. La douzieme, d'Angélique de Morin, veuve du fieur Duhans de Merville, au principal de 12,262 liv. 10 f. La treizieme, d'Arnauld de Ville-Sibre, au principal de 18,395 liv. La quatorzieme, de Françoife de Halus, veuve du fieur Jacques Galant, au principal de 36,790 liv. La quinzieme, de Nicolas Riobourg, au principal de 10,275 liv. La feizieme, de Claude-Antoine Barracy, au principal de 18,490 liv. La dix-feptieme, des héritiers du fieur Gervais, au principal de 32,552 liv. 10 f. La dix-huitieme, de Jean-Jacques marquis de Ranty, au principal de 10,305 liv. La dix-neuvieme, des héritiers du fieur de Marillac, au principal de 97,090 liv. La vingtieme, de Jean-Baptifte & Jofeph Porrata, au principal de 40,812 liv. 10 f. La vingt-unieme, de Marie Durazza Brignolles, au principal de 8160 liv. La vingt-deuzieme, de Jean-Baptifte & Jean Porrata freres, au principal de 40,812 liv. 10 f. La vingt-troifieme, de Jean Baptifte Cambiazo, au principal de 306,100 liv. La vingt-quatrieme, de Livie-Marie Centuriona Dorina, ayant droit de Marie Palaviciny, au principal de 8160 liv. La vingt-cinquieme, de Louife-Marie Monclia, époufe du fieur Frefquy, au principal de 12,000 liv. La vingt-fixieme, d'Hipolite Mary, au principal de 12,242 liv. 10 f. La vingt-feptieme, d'Etienne Mary, au principal de 12,242 liv. 10 f. La vingt-huitieme, de Marie-Jeanne Sarly, époufe dudit Grimaldy, au principal de 12,242 liv. 10 f. La vingt-neuvieme, de Marie-Livie Sarly Grimaldy, au principal de 6120 liv. La trentieme, de Jean-Antoine-Philippe Dongo, au principal de 12,242 liv. 10 f. La trente-unieme, de Jean-Baptifte Marchezzo, au principal de 9182 liv. 10 f. La trente-deuxieme,

de Jean-Baptifte Mary, au principal de 12,242 liv. 10 f. La trente-troifieme, d'Anne-Livie Sarly Grimaldy, au principal de 6120 liv. La trente-quatrieme, de fieur Jean-Antoine Carquery, fils de feu Etienne, au principal de 6120 liv. La trente-cinquieme, de Charles Spinola, fils d'Etienne, au principal de 19,497 liv. 10 f. La trente-fixieme, d'Angélique de Morin Des-Iffars, veuve de Jacques Duhans, au principal de 12,295 liv. La trente-feptieme, de Marguerite de Confeil de Saint-Romans, veuve du fieur Des-Iffars, au principal de 12,295 liv. La trente-huitieme, de Gabriel Cohorne fieur du Limon, au principal de 8670 liv. La trente-neuvieme, de Marie de Lepis, veuve du fieur Plantade, au principal de 3380 liv. La quarantieme, de Jofeph Brun, au principal de 40,990 liv. La quarante-unieme, d'Anne Perier, au principal de 3072 liv. 10 f. La 42me., d'Anne de Bernard, veuve Bouffredy, au principal de 1227 liv. 10 f. La quarante-troifieme, d'Antoine-Vincent Bujon, au principal de 4302 liv. 10 f. La quarante-quatrieme, du chapitre de Saint-Agricol, au principal de 13,260 liv. La quarante-cinquieme, d'Elifabeth Deffars de Sarragoffe, au principal de 2047 liv. 10 f. La quarante-fixieme, d'Ange Guyon, au principal de 4332 liv. 10 f. La quarante-feptieme, de Jofeph Bonnier, au nom & comme dépofitaire pour le fieur Golier, au principal de 10,245 liv. La 48me., dudit fieur Bonnier, comme dépofitaire pour le fieur Guyon, au principal de 1022 liv. 10 f. La 49me., dudit fieur Bonnier, comme dépofitaire pour le fieur Marquis de Brantes, au principal de 73,782 liv. 10 f. La cinquantieme, dudit fieur Bonnier, comme dépofitaire pour le fieur Lafont, au principal de 6865 liv. La cinquante-unieme, dudit fieur Bonnier, comme dépositaire pour la dame Violante, veuve de Nicolas Mary, au principal de 12,242 liv. 10 s. La cinquante-deuxieme, dudit sieur Bonnier, comme dépositaire pour le sieur de Matignon, ancien évêque de Condom, au principal de 36,790 liv. La cinquante-troisieme, dudit sieur Bonnier, comme dépositaire pour le sieur Despalangue de Labadie, au principal de 12,260 liv. La cinquante-quatrieme, dudit sieur Bonnier, comme dépositaire pour le sieur Hocquart de Renneville & son épouse, au principal de 20,435 liv. Et la cinquante-cinquieme, dudit sieur Bonnier, comme dépositaire pour la dame Duyon, veuve Chendret, au principal de 12,260 liv. Toutes lesquelles sommes principales montent à la somme de 1,350,342 liv. 10 s. Et quoiqu'au moyen desdits arrêts les Etats eussent raison de croire la province valablement & définitivement libérée, cependant ces créanciers n'ayant point voulu recevoir ces quittances de finance, & ayant au contraire demandé, que, sans s'y arrêter, leurs créances fussent rétablies sur la province, & les Etats condamnés à leur en payer les rentes avec les arrérages depuis l'année 1720, sauf à eux à disposer ainsi qu'ils aviseroient, des quittances de finances qu'ils avoient fait expédier en leur nom; nous aurions, par arrêt de notre conseil du 25 Juillet 1724, nommé des commissaires, devant lesquels ces créanciers ayant soutenu leurs demandes, la plupart sont parvenus, malgré la défense & les efforts des Etats, à les faire autoriser par différens jugemens; ce qui auroit déterminé les Etats, après avoir éprouvé ce mauvais succès à l'égard de plus de vingt créanciers, de passer des transactions avec les autres pour éviter les frais & les dépens; & en conséquence, tant de ces Jugemens que desdites

transactions passées avec ces autres créanciers, les Etats ayant rétabli leurs créances sur l'état des dettes de la province, & pourvu au payement des rentes qui en avoient couru depuis l'année 1720, les capitaux qui avoient été placés par les Etats en rentes sur les tailles, & employés dans les états des finances de la généralité de Montpellier, pour le payement de ces créanciers, leur sont revenus, les quittances qu'ils en avoient fait expédier au nom de ces créanciers appartiennent aux Etats, & les rentes qui en ont couru depuis le premier Octobre 1723, suivant lesdites quittances, leur doivent être payées, ayant été obligés de les acquitter sur un pied bien plus haut & plus onéreux auxdits Etats : mais, comme ils ne peuvent parvenir à toucher à l'avenir lesdites rentes ni les arrérages qui en sont dus depuis ledit jour premier Octobre 1723, sans notre autorité, & que les payeurs de ces rentes refusent même de délivrer audit trésorier desdits Etats, les rentes qui ont couru depuis leur établissement, & dont le fonds a déjà été fait dans lesdits états des finances de la généralité de Montpellier, sous prétexte qu'elles sont sous le nom des créanciers de la province, quoique les Etats soient rentrés dans leurs droits; les exposans se seroient pourvus par devant nous, & nous auroient supplié d'ordonner, que lesdites quittances pour rentes sur les tailles signées du feu sieur Gruyn au profit desdits créanciers, seront déchargées du contrôle & remises au sieur Gruyn son fils, à présent garde du trésor royal; au lieu desquelles il en expédiera une autre, au nom des Etats de la province de Languedoc, de la somme de 1,350,342 liv. 10 s. à laquelle monte le total des sommes mentionnées dans lesdites quittances, pour jouir par lesdits Etats des arrérages

des

des rentes, à commencer du premier Octobre 1723 ; & en conséquence ordonner, que les arrérages des rentes constituées par lesdites quittances de finances, tant au nom des créanciers des Etats de ladite province, que du trésorier·de la bourse desdits Etats en qualité de dépositaire pour & au profit de plusieurs autres créanciers desdits Etats, dont les noms sont employés dans lesdites quittances de finance, seroient payés au trésorier sur ses quittances, encore que l'emploi en ait été fait dans les états des finances de la généralité de Montpellier, sous le nom du trésorier comme dépositaire ou desdits créanciers ; savoir, ceux échus depuis le premier Octobre 1723, jusqu'au dernier Décembre 1724, à raison du denier cinquante, & ceux échus depuis à raison du denier cent ; quoi faisant, les payeurs desdites rentes en demeureront bien & valablement déchargés envers lesdits créanciers & tous autres ; à quoi nous avons pourvu par arrêt rendu en notre conseil d'état, ce jourd'hui nous y étant, pour l'exécution duquel nous avons ordonné que toutes lettres nécessaires seront expédiées & registrées, ainsi que la nouvelle quittance de finance sans frais, partout où besoin sera, conformément à notre édit du mois d'Août 1720. A ces Causes, nous avons, conformément audit arrêt de notre conseil de ce jour, ci-attaché sous le contre-scel de notre chancellerie, de notre grace spéciale, pleine puissance & autorité royale, ordonné, & par ces présentes signées de notre main, ordonnons que les quittances pour rentes sur les tailles, en date du 30 Octobre 1723, signées du feu sieur Gruyn, au profit desdits Marie Menager, fille majeure, héritiers de la dame de Louvois, le sieur Antoine-Nicolas de Nicolay, Gauret, l'Hôtel-Dieu de Paris, Glot audit

Tome II.

nom, Stemple, Renault, Perrin, Dussaut, Goislard, Demorin, veuve Duhans, esdits noms, de Ville-Sibre, de Halus, esdits noms, Riobourg, Barracy, héritiers de Gervais, marquis de Ranty, héritiers du sieur Marillac, Jean-Baptiste & Joseph Porrata, Durazza, Brignolles, Jean-Baptiste & Jean Porrata, Cambiazo, Centuriona Doria, Monclia épouse du sieur Fresquy, Mary, Etienne Mary, Sarly épouse du sieur Grimaldy, Livie-Sarly Grimaldy, Philippe Dongo, Marchezzo, Jean-Baptiste Mary, Livie-Sarly Grimaldy, Carquery, esdits noms, Spinola esdit nom, de Morin, Des-Issars, veuve Duhans, de Conseil, de Saint-Romans, veuve Des-Issars, Cohorne sieur de Limon, de Lepis, veuve Plantade, Brun, Perier, Bernard, veuve Bouffredy, Buyon, chapitre Saint-Agricol, Dessars de Saragosse, Guyon, & Bonnier, au nom & comme dépositaire pour les sieurs Golier, Guyon, marquis de Brantes, Lafont, Violante, veuve Mary, Matignon, Despalangue de Labadie, Hocard de Renneville & son épouse, & Duyon, veuve Chendret, tous créanciers desdits Etats, seront déchargées du contrôle & remises au sieur Gruyn son fils à présent garde du trésor royal ; au lieu desquelles il en signera une autre au nom desdits Etats de la province de Languedoc de la somme de 1,350,342 livres 10 sols, à laquelle monte le total des sommes mentionnées dans lesdites quittances, pour jouir par lesdits Etats des arrérages desdites rentes à commencer du premier Octobre 1723, & en conséquence ordonnons que les arrérages des rentes constituées par lesdites quittances de finances, tant au nom des créanciers desdits Etats de la province de Languedoc, que du trésorier de la bourse desdits Etats en qualité de dépositaire pour & au profit

de plusieurs autres créanciers desdits
Etats , dont les noms sont employés
dans lesdites quittances de finances ,
seront payées audit trésorier sur ses quittances , encore que l'emploi en ait été
fait dans l'état des finances de la généralité de Montpellier sous le nom dudit trésorier , comme dépositaire ou
desdits créanciers ; savoir , ceux échus
depuis le premier Octobre 1723 , jusqu'au dernier Décembre 1724, à raison
du denier cinquante , & ceux échus
depuis , à raison du denier cent , même pour les parties des rentes employées sur le pied du denier cinquante , sous le nom de l'Hôtel-Dieu de
Paris , & du chapitre Saint-Agricol ,
les arrérages desquelles deux parties ne
seront payées audit trésorier , que sur le
pied du denier cent , suivant & conformément à l'arrêt du 19 Novembre
1726 , quoique l'emploi en ait été fait
dans les Etats sur le pied du denier
cinquante : & en conséquence ordonnons , que le surplus des arrérages desdites deux parties sera porté au trésor
royal , par les payeurs desdites rentes.
Voulons qu'en rapportant par les payeurs desdites rentes les quittances dudit
trésorier , & copie collationnée dudit
arrêt & des présentes pour les arrérages , ils en soient & demeurent bien
& valablement quittes & déchargés.
Si vous mandons que ces présentes ,
ensemble ledit arrêt de notre conseil ,
vous ayez à enrégistrer pour être exécuté selon leur forme & teneur ; & de
leur contenu faire jouir les exposans ,
pleinement & paisiblement , cessant &
faisant cesser tous troubles & empêchemens contraires ; CAR tel est notre
plaisir. DONNÉ à Versailles le onzieme
jour de Septembre , l'an de grace mil
sept cent vingt-neuf & de notre regne le quinzieme. *Signé* , LOUIS:
Et plus bas ;

Par le Roi , PHELYPEAUX.

XII.

ARRÊT

DU CONSEIL D'ETAT DU ROI,

*Qui commet le bureau des comptes en
banque , pour connoître de ce qui
reste des contestations concernant les
offres & consignations des billets de
banque , pour le remboursement des
créanciers de la province , des dioceses , & des villes & communautés
du Languedoc.*

Du 8 Novembre 1732.

*EXTRAIT des Registres du Conseil
d'Etat.*

LE Roi s'étant fait représenter l'arrêt de son conseil du 27 Juillet
1724 , par lequel Sa Majesté a évoqué,
en tant que besoin seroit , à soi & à
sondit conseil , toutes les contestations
mues & à mouvoir , tant entre les
Etats de la province de Languedoc ,
que les dioceses , villes & communautés de ladite province , & leurs
créanciers , en quelques jurisdictions
qu'elles pussent avoir été ou être portées , au sujet des offres , consignations
& dépôts de billets de banque , destinés au remboursement desdits créanciers , & renvoyé lesdites contestations,
circonstances & dépendances , même
celles de même nature qui pourroient
être actuellement pendantes au conseil
d'état & privé , entre les mêmes parties , pardevant les sieurs Lepelletier-
Desforts , conseiller d'état ordinaire &
au conseil royal , de St. Contest , Ferrand , & de Machault , conseillers d'é-
tat , & les sieurs de Baussan , Angran ,
Bertin de Blagny , Lallemant de
Levignen , de Pontcarré , & de Vanolles , maîtres des requêtes , que
Sa Majesté auroit commis ; pour ,
sur les requêtes & mémoires desdites
parties , & au rapport du sieur de

Pontcarré, maître des requêtes, l'un desdits sieurs commissaires, y être par eux statué définitivement & en dernier ressort, au nombre de cinq au moins : Sa Majesté leur attribuant à cet effet toute cour, jurisdiction & connoissance, icelle interdisant à toutes ses cours & autres juges, avec défenses aux parties, de se pourvoir sur lesdites contestations, ailleurs que pardevant lesdits sieurs commissaires, à peine de nullité, cassation de procédures, & de tous dépens, dommages & intérêts : l'arrêt du conseil du 27 Septembre 1730, par lequel le sieur de Pontcarré de Viarmes, maître des requêtes, a été subrogé au sieur Camus de Pontcarré, pour rapporteur desdites contestations : & Sa Majesté étant informée que du nombre desdits sieurs commissaires, quelques-uns sont décédés, & plusieurs autres ayant été nommés à différens emplois, ne peuvent plus vaquer aux affaires de ladite commission ; à quoi voulant pourvoir. Oui le rapport du sieur Orry, conseiller d'état & conseiller ordinaire au conseil royal, contrôleur général des finances : LE ROI ÉTANT EN SON CONSEIL, a commis & subrogé, commet & subroge, les sieurs commissaires du bureau établi pour juger les appellations des sentences des juges-consuls du royaume, concernant les payemens en écritures & comptes en banque, pour, au lieu desdits sieurs commissaires nommés par l'arrêt du conseil du 27 Juillet 1724, & au rapport du sieur de Pontcarré de Viarmes, l'un des commissaires dudit bureau des comptes en banque, procéder, au nombre de cinq au moins, au jugement définitif & en dernier ressort, de toutes les contestations mues & à mouvoir, tant entre les Etats de la province de Languedoc, que les dioceses, villes & communautés de ladite province, & leurs créanciers, conformément audit arrêt du 27 Juillet 1724 : Sa Majesté attribuant à cet effet, aux commissaires dudit bureau des comptes en banque, toute cour, jurisdiction & connoissance, & icelle interdisant à toutes ses cours & autres juges. Fait Sa Majesté défenses aux parties, de se pourvoir sur lesdites contestations, ailleurs que pardevant les commissaires dudit bureau, à peine de nullité, cassation de procédures, & de tous dépens, dommages & intérêts. FAIT au conseil d'état du Roi, Sa Majesté y étant, tenu à Fontainebleau le huitieme jour de Novembre mil sept cent trente-deux.

Signé, PHELYPEAUX.

LIVRE QUATRIEME.

DES OUVRAGES PUBLICS DE LA PROVINCE.

IL s'agit ici des ouvrages dont la province fait la dépense en tout ou en partie. Ces ouvrages forment une partie essentielle de l'administration des Etats. Ils se divisent naturellement en deux classes. La premiere comprend ceux dont le but est d'augmenter la prospérité du pays, en augmentant & facilitant les communications & les débouchés. La seconde renferme les ouvrages de fortification qui intéressent sa sureté & sa conservation. La premiere classe se subdivise en trois autres. On y distingue 1°. les ouvrages dont la province fait la dépense en entier. 2°. Les ouvrages auxquels elle contribue avec les sénéchaussées, dioceses, villes & communautés du pays. 3°. Les ouvrages auxquels elle contribue avec les provinces voisines, ou dont le Roi fait une partie de la dépense.

Dans tous les tems les Etats ont eu seuls l'entiére direction & administration des ouvrages dont la province fait la dépense en corps & en entier, ou par contribution avec les municipalités qui leur sont subordonnées. Les ouvrages dont la province fait la dépense en corps étoient autrefois peu considérables. Les communautés, villes, dioceses, & sénéchaussées étoient chargées respectivement de la dépense des communications dont elles pouvoient espérer quelque utilité ; & l'on sent qu'elles ne pouvoient suffire à ces grandes entreprises qui ont depuis donné un si grand essor à l'agriculture, au commerce & à l'industrie.

Ce n'est gueres que depuis le milieu de ce siecle que la province a contribué par une imposition générale ordinaire à la dépense des chemins ; car on ne sauroit mettre au nombre des contributions utiles l'imposition générale de 40,000 liv. établie par l'édit de Beziers, dont les deniers versés dans une caisse étrangere à la province furent si mal employés à leur destination, ainsi qu'on le verra dans plusieurs pieces du titre suivant, & qui fut enfin abolie par les édits de 1649 & 1659.

C'est aussi depuis la même époque que s'est formée la distinction des chemins qui font refpectivement à la charge de la province, des fénéchauffées, des dioceses, & des villes & communautés; & que s'eft perfectionnée par degrés la proportion fur laquelle ces différens corps doivent contribuer à la conftruction des ponts.

Cette diftinction & cette proportion font fondées fur le principe que, s'il eft naturel que la dépenfe des ponts & des chemins foit fupportée par les diftricts refpectifs dans lefquels ces ouvrages font fitués, il n'eft pas moins certain que dans un pays d'Etats où tout eft folidaire, les membres de ce pays doivent s'entr'aider les uns les autres, & que toute dépenfe qui peut produire un bien général doit être fupportée en commun, quand même ce bien ne s'étendroit pas auffi immédiatement fur quelques-uns des membres du corps politique que fur les autres.

Nous nous contenterons ici d'énoncer ce principe dont on trouvera le développement & l'application dans un mémoire compofé en 1754 par ordre des Etats, que nous mettrons à la tête du Livre fuivant. Et pour ne laiffer rien à defirer de ce qui peut contribuer à l'augmentation des lumieres dans une matiere auffi importante, nous placerons à la fin du même Livre l'extrait d'un mémoire préfenté au Roi par les Etats en 1780, qui reunit aux détails les plus intéreffans les plus grandes vues d'adminiftration.

Ce mémoire dont un des principaux objets étoit de préfenter le tableau des dépenfes faites pour les ouvrages publics, prouve fupérieurement que ces dépenfes bien dirigées ne font rien en comparaifon de l'utilité des communications bien entendues; & comme on ne peut nier que la profpérité d'un pays ne foit en raifon des avantages qu'on peut retirer de fon fol, il n'y aura perfonne qui ne convienne que le grand ouvrage des communications ne fera à fa perfection en Languedoc, que lorfqu'il n'y aura aucun lieu de la province qui ne puiffe fe procurer, dans tous les tems, commodément, furement, & aux moindres frais poffibles, le débouché le plus avantageux de fes productions.

TITRE PREMIER.

De la direction & administration des Ouvrages publics, intéressant le commerce & les communications, dont la province fait la dépense en entier ou par contribution avec les sénéchaussées, diocèses, villes, & communautés.

I.

MÉMOIRE

Pour satisfaire aux délibérations par lesquelles les Etats ont chargé les syndics généraux de faire le projet d'un nouveau réglement sur la contribution aux réparations des ponts & chemins.

LEs Etats ayant toujours donné grande attention aux ouvrages publics, qu'ils ont regardé, avec raison, comme une partie essentielle de leur administration, il convient, avant de leur rien proposer de nouveau, de remettre sous leurs yeux ce qui a été fait sur cette matiere anciennement & jusques à présent, pour qu'ils puissent se déterminer avec plus de connoissance de cause, sur les nouvelles regles que semblent exiger le changement des tems & des circonstances. C'est ce qu'on va faire voir, aussi brievement qu'il sera possible, dans la premiere partie de ce mémoire.

Il paroît par les lettres-patentes du Roi Charles VIII du 8 Mars 1483, données à la poursuite des députés des Etats, que les ponts & les chemins devoient être réparés par les propriétaires des droits de leude & péages : c'est ainsi que Louis XII l'ordonna le 9 Octobre 1501, non-seulement à l'égard des leudes & péages appartenant aux seigneurs particuliers, mais encore de ceux qui appartiennent au Roi. Henri II renouvella les mêmes dispositions par ses lettres-patentes du 28 Juin 1548, & il fut délibéré par les Etats le 11 Novembre de la même année, qu'au défaut de fonds provenant du revenu des leudes & péages, les fossés seroient réparés par les propriétaires des terres aboutissant aux chemins, & que les petits ponts seroient construits & réparés par les lieux dans le consulat desquels ils seront situés, jusques & à concurrence de la somme de quarante livres ; par les grandes villes jusqu'à quatre-vingt ; par les diocèses jusques à quatre cent livres, & par les sénéchaussées jusques à deux mille livres.

C'est-là l'époque & l'origine de ce qu'on appelle préciputs, & il est à remarquer, qu'on n'entendoit point dans ces premiers tems, qu'au-delà des 2000 livres qui étoient le contingent des sénéchaussées, ce fût à toute la province à supporter l'excédent des réparations ; mais on bornoit seulement à cette somme, le fonds que chaque sénéchaussée pourroit y employer chaque année, en renvoyant à faire dans plusieurs ce qu'on ne pourroit faire en une seule.

On trouve dans les procès-verbaux

des années depuis 1550 jusques en 1582, que les réparations de tous les ponts & chemins étoient supportées par les seules sénéchaussées, qui y faisoient contribuer les villes, quelquefois jusques au tiers de la dépense.

Depuis 1582 jusques en 1589, la province & les Etats étant divisés en deux partis, & toujours dans le trouble, on ne pensa guere à faire réparer les chemins; & ce ne fut qu'en 1599 que les Etats se trouvant réunis en un seul corps délibérerent le 7 Mai de renouveller les anciens réglemens dont on vient de parler, & d'augmenter les préciputs des petits lieux, pour les réparations des ponts, jusques à 120 livres; celui des villes maîtresses à 240 livres; & celui des dioceses à 1200 livres, en déterminant que le surplus seroit supporté par chacune des sénéchaussées pour ce qui les concerneroit.

Il fut encore délibéré le 16 Décembre de la même année, que chaque diocese pourvoiroit à ses réparations; & qu'au cas que la dépense excédât le préciput du diocese, & des villes & lieux, les sénéchaussées de Toulouse & Carcassonne pourvoiroient au payement du surplus, vérification préalablement faite des réparations, le syndic général appellé, pour y être pourvu aux Etats lors prochains, & que les dioceses de la sénéchaussée de Nîmes supporteroient, chacun en droit soi, les mêmes dépenses, ainsi qu'ils l'avoient toujours fait.

Le 4 Décembre 1600, ces deux délibérations furent confirmées; & parce qu'on y avoit dit que la vérification des réparations seroit rapportée aux Etats, ce qui pouvoit avoir trait à les engager à y faire contribuer la province, ils déclarerent que ce n'étoit qu'afin d'ordonner qu'il y fût pourvu par chaque sénéchaussée.

Toutes ces délibérations font voir

assez clairement, qu'on ne faisoit anciennement que peu ou point de dépense pour les chemins, & que la province en corps n'y entroit jamais pour rien, ce qui n'est pas surprenant, attendu que dans ces tems reculés, le commerce n'étoit point étendu & florissant comme il l'est devenu depuis; que l'usage des grandes voitures à roue étoit presqu'inconnu, ou du moins très-rare, & que les postes n'étoient point encore établies.

Il est pourtant vrai que la province a toujours contribué à la construction du pont de Toulouse, & aux réparations du pont St. Esprit; mais ces exceptions à la regle générale, constamment suivie d'ailleurs, étoient fondées sur ce que les provinces voisines ayant été condamnées à contribuer auxdites réparations, le Languedoc, qui y avoit le plus grand intérêt, ne pouvoit pas raisonnablement se dispenser d'y contribuer aussi.

Les Etats ne sont donc réellement sortis de cette regle qu'en 1686, à l'occasion du pont de Coursan & de la chaussée de Montagnac, & il paroît qu'ils le firent sur des motifs qui ont servi depuis à leur faire entreprendre toutes sortes d'ouvrages en s'écartant de leurs anciens réglemens.

Comme cette interversion de l'ordre ordinaire devint sans doute abusive, on voulut y remédier en 1709; les Etats ayant délibéré le 4 Février de lad. année, par forme de réglement général, que les chemins, tant de la poste que de traverse seroient faits, réparés & entretenus par les sénéchaussées ou par les dioceses, ainsi qu'il avoit été pratiqué auparavant, sans que la province fût tenue d'y contribuer, sous quelque prétexte que ce pût être; que les ponts & les chaussées servant à contenir les rivieres sous lesdits ponts, seroient faits, réparés & entretenus par les villes &

lieux, & par les diocefes où ils feroient fitués, jufques au montant de leurs préciputs; & en cas d'infuffifance, par la fénéchauffée, à concurrence de la fomme de dix mille livres; & qu'au cas la dépenfe excédât cette fomme, la province feroit tenue d'y contribuer pour le furplus; le tout fans préjudice néanmoins de l'exécution des ordonnances des Rois, fur l'emploi du revenu des leudes & péages aux mêmes réparations.

Ce réglement, qui fut autorifé par arrêt du confeil du 22 Août 1713, contenoit, 1°. La confirmation· des précédens, par rapport aux réparations des chemins, dans lefquelles il eft dit, que la province n'entrera jamais. 2°. Une extenfion du contingent des fénéchauffées pour les réparations des ponts & chauffées, qui y eft porté à dix mille livres, au lieu de deux; & enfin, une innovation, par l'obligation impofée à la province, de contribuer au furplus du montant defdites réparations.

Cet arrangement, qui paroiffoit bien concerté, n'a pourtant point été exécuté littéralement : on s'en écarta bientôt fous divers prétextes, principalement à l'occafion des réparations des chemins paffans aux lieux d'étape; de maniere que les exceptions trop multipliées à la regle, ayant été regardées par les Etats comme la véritable caufe des demandes qui étoient formées chaque année, & dont la multiplication feroit devenue trop à charge, en augmentant confidérablement les impofitions, ils délibérerent par forme de nouveau réglement, le 21 Janvier 1737, 1°. Qu'on fe conformeroit à l'avenir à la délibération du 4 Février 1709, & à l'arrêt du confeil du 22 Août 1713, fans aucune exception. 2°. Que les ouvrages commencés aux dépens de la province pour des répara-

tions qui, fuivant ledit réglement, n'auroient pas dû la regarder, feroient continués jufques à leur entiere perfection, fuivant ce qui étoit porté par les délibérations prifes pour chacun en particulier, fans pouvoir leur donner aucune extenfion; après quoi on obferveroit à leur égard, tant pour l'entretien que pour les nouvelles réparations, ce qui étoit prefcrit par les réglemens. 3°. Que pour parvenir à faire employer le revenu des péages & leudes poffédés par les feigneurs ou autres particuliers, fuivant les difpofitions des anciennes ordonnances, & de l'arrêt du 22 Août 1713, MM. les commiffaires des diocefes feroient priés de faire dreffer pendant le cours de l'année, des mémoires contenant le détail defdits droits, des lieux où on les percevoit, & des perfonnes à qui ils appartenoient, avec leur produit, en indiquant en mêmetems l'ufage qu'on en pourroit faire pour les réparations & entretien des ponts & chemins.

Enfin, que MM. les commiffaires des diocefes envoyeroient auffi pendant le cours de l'année aux fyndics généraux, des mémoires contenant l'état où étoient alors tous les chemins de leur diocefe, & la maniere dont on avoit pourvu jufqu'à ce tems à leur entretien, les réparations qu'il conviendroit d'y faire pour les rendre praticables, & les moyens qu'on pourroit employer pour les faire réparer & entretenir, pour que fur tous ces éclairciffemens, les Etats puffent prendre dans leur prochaine affemblée, les mefures convenables pour achever de mettre en regle cette partie de leur adminiftration.

Il eft bon de remarquer, avant de faire aucune refléxion fur cette délibération, qu'on en fit part dans le tems à tous les diocefes, en les invitant à envoyer leurs obfervations fur les deux derniers articles; mais le peu d'éclairciffemens ciſſemens qu'on a pu avoir, n'ont ſervi qu'à faire connoître, d'un côté, qu'on ne pouvoit tirer aucune reſſource des péages, dont la plupart ont été ſupprimés, ou ne produiſent preſque rien; & de l'autre, que preſque tous les chemins de traverſe avoient beſoin d'être refaits à neuf, & que cette dépenſe monteroit à plus de quinze cent mille livres.

On doit encore remarquer, que depuis cette délibération, pluſieurs dioceſes ont déterminé des impoſitions ou emprunts pour commencer de travailler à leurs chemins, & qu'il y a lieu de croire que cet exemple ſera ſuivi par les autres.

Telle eſt donc la loi vivante, & l'état actuel de cette importante partie de l'adminiſtration des Etats, qu'il n'eſt queſtion que de perfectionner par des changemens raiſonnables, dont l'expérience ſemble avoir démontré la néceſſité, ainſi qu'on pourra en juger par les refléxions ſuivantes.

Il eſt certain qu'un eſprit d'économie a été le fondement de toutes les délibérations priſes ſur la matiere dont il s'agit, puiſqu'on y a toujours cherché à éviter toute dépenſe qui rejailliroit ſur le général de la province; mais ce motif, quoique bon en lui-même, s'écartoit du principe fondamental de la conſtitution d'un pays d'Etats, & des maximes qui y ſont le plus relatives, ſuivant leſquelles tout y doit être eſſentiellement ſolidaire; le corps doit toujours venir au ſecours des membres, & toute dépenſe qui peut produire un bien général, doit être ſupportée en commun, quand même ce bien ne s'étendroit pas auſſi immédiatement ſur quelques-uns des membres du corps politique que ſur les autres; ſans quoi, en voulant épargner le corps, on en appauvrit inévitablement les membres.

C'eſt auſſi ce qui eſt arrivé malgré

Tome II.

les fréquentes exceptions qu'ont ſouffert les réglemens dont on a fait ci-deſſus l'analiſe; car les ſénéchauſſées de Toulouſe & de Carcaſſonne, à l'égard deſquelles ces exceptions ont été moins fréquentes & d'un moindre objet, ont contracté en leur propre pour la conſtruction d'une partie de la grande route ſituée dans leur étendue, des dettes accablantes, tandis qu'elles ont contribué en même-tems, pour la conſtruction de l'autre partie, aux dépenſes que la province a ſupporté néceſſairement, comme étant beaucoup au deſſus des forces des dioceſes de la ſénéchauſſée de Beaucaire & Nîmes, qu'elles auroient dû regarder en particulier.

Mais il ne faut plus s'occuper du paſſé. Le grand chemin juſques au St. Eſprit eſt achevé, & les autres ouvrages les plus importans, tels que les ponts ſur le Gardon, la Berre & l'Orbieu, ont été mis à leur perfection, ſans occaſionner aucune ſurcharge ſenſible; d'autres, non moins intéreſſans, ſeront conſtruits ſur les rivieres d'Ardeche & de Rieu par les mêmes moyens. Il ne s'agit donc que d'établir pour l'avenir un ordre, qui, en renfermant plus d'égalité dans les dépenſes qui doivent être regardées comme générales, ne donne plus lieu à des exceptions odieuſes pour ceux qui n'en profitent pas, & qui ne ſont propres qu'à ſuſciter de nouvelles demandes, ce qu'on a voulu préciſément éviter dans la délibération de ¯1737, en reprenant l'exécution littérale des anciens réglemens; moyen toutefois qu'on a en même-tems reconnu défectueux, puiſqu'on a déterminé d'en chercher d'autres dont le projet fait le ſujet de la ſuite de ce mémoire.

Il faut d'abord établir quelles ſont les dépenſes qu'on doit regarder comme générales: or, il eſt inconteſtable que ce font celles dont l'objet tourne, comme nous l'avons déjà infinué, à l'avantage du corps, quand même cet avantage feroit plus grand & plus immédiat pour quelques-uns des membres que pour les autres. Tels ont été dans la province, les ouvrages des ports de Cette, Agde, la Nouvelle, ceux du canal des étangs & même du canal de jonction des mers, au moins lors de fa conftruction, car l'entretien en regarde aujourd'hui des particuliers, comme le fera dans les fuites celui du canal des étangs, par la ceffion qu'en ont fait les Etats; c'eft la province en corps qui a toujours fupporté les frais de ces grandes entreprifes, par le motif du bien public & général qu'elles devoient procurer en facilitant le commerce; avantage ineftimable, & qui rejaillit de près ou de loin fur tous les habitans d'un pays : mais, le même motif ne fe préfente-t-il point dans la conftruction & entretien des routes principales, qui, formant une communication libre & aifée avec les provinces limitrophes de la nôtre, ne font pas moins utiles pour le commerce, non-feulement en fourniffant le moyen de voiturer par terre d'un lieu à un autre les denrées & marchandifes, mais encore en facilitant l'accès des ports ou des canaux, à celles defdites denrées ou marchandifes, qu'on veut y faire parvenir pour fortir par ces débouchés, ou qu'on en veut tirer pour les faire aller dans l'intérieur de la province & même du royaume ? Pourquoi donc les grandes routes de cette efpece, n'ont-elles pas été à la charge de la province en corps ? On ne fauroit en donner d'autres motifs raifonnables, que ceux qui ont été déjà relevés ; le défaut de commerce auffi étendu & floriffant qu'il l'eft devenu, & le changement des circonftances, qui a rendu préjudiciable par fes fuites,

une économie fage & louable dans ces premiers tems ; mais on peut dire encore, que fi la lettre des réglemens a été véritablement contraire à ce principe, la pratique s'en eft infiniment rapprochée, comme on l'a vu dans le commencement de ce mémoire. Qu'on fuive donc dans fa jufte étendue le principe qui a été pofé, & les vues des Etats feront parfaitement remplies. C'eft ce que renferme uniquement le nouveau plan qu'on va développer.

Il confifte, 1ᵒ. A faire conftruire, réparer & entretenir à l'avenir, aux dépens de toute la province, les principales routes, telles que font actuellement le grand chemin depuis le pont St. Efprit jufques à l'autre extrémité de la province au delà de Touloufe, ceux qui communiquent depuis le lieu de Gigean jufques au port de Cette, depuis Nîmes jufques à Beaucaire ou Avignon, de Narbonne au Rouffillon, de Carcaffonne au Mont-Louis ; & que feront à l'avenir les nouvelles routes projettées pour communiquer avec le Rouergue & l'Auvergne, fans préjudice, à l'égard de la conftruction de ces dernieres, des arrangemens particuliers qu'on a déjà pris ou qu'on pourra prendre pour diminuer l'objet de la dépenfe.

2ᵒ. A charger les fénéchauffées de Touloufe, Carcaffonne, & même celle de Beaucaire & Nîmes, de faire conftruire, réparer & entretenir en corps de fénéchauffée, les routes du fecond genre, c'eft-à-dire, les chemins qui communiquent actuellement, ou qu'on pourra faire communiquer depuis les villes épifcopales ou autres principales de chaque diocefe, jufques aux grandes routes mentionnées dans l'article précédent.

3ᵒ. A obliger chaque diocefe en particulier, de faire conftruire, réparer & entretenir tous les chemins de la troifieme claffe , c'eft-à-dire , qui conduifent, dans l'intérieur du diocefe, des principaux lieux aux villes capitales dudit diocefe.

Enfin , à laiffer à la charge de chaque communauté , les réparations des chemins du dernier ordre , qui font ceux qui fervent à aller d'un village à l'autre , ou à joindre les chemins de la troifieme claffe, dont il eft parlé dans l'article-ci-deffus.

Par cet arrangement , auffi naturel & fimple qu'il eft facile à exécuter, il eft évident que chacun contribuera au fardeau commun , d'où doit réfulter le bien général , & fupportera en particulier , d'une maniere non arbitraire, les dépenfes dont l'utilité lui eft propre & immédiate. Chacun occupé de l'objet qui lui fera propre , y veillera plus attentivement , & le remplira avec plus d'exactitude & fans envie , & la bonne harmonie dans les parties , produira néceffairement dans le tout la plus grande perfection poffible.

Les avantages de cet arrangement font affez fenfibles , & fon exécution n'eft pas moins aifée , en obfervant les regles fuivantes.

1°. Les réparations des grandes routes à la charge de la province, feront délibérées , comme elles l'ont toujours été , par l'affemblée des Etats; les adjudications en feront faites par MM. leurs commiffaires , fur les devis des directeurs des travaux publics , établis dans chaque département ; & le montant de la dépenfe , foit pour la conftruction ou pour l'entretien , fera impofé dans le département des dettes & affaires , au chapitre des travaux publics , pour être payé aux entrepreneurs fur les certificats des directeur & infpecteur , à fur & à mefure du travail par eux fait , jufques à concurrence des deux tiers feulement de la totalité de la dépenfe qui devra être faite pendant le cours de l'année , le dernier tiers demeurant réfervé , pour n'être payé qu'après la réception & vifite générale des ouvrages , qui fera faite chaque année par le directeur du département , en préfence des commiffaires que les Etats nommeront à cet effet, ou au moins d'un des fyndics généraux.

2°. Les ouvrages des chemins de la feconde claffe , qui doivent être à la charge de chaque fénéchauffée en corps, feront pareillement déterminés dans l'affemblée de chacune defdites fénéchauffées , qui fera tenue à cet effet pendant celle des Etats généraux ; les adjudications en feront faites par les commiffaires que lefdites fénéchauffées nommeront , & fur les devis de telles perfonnes qu'elles jugeront à propos de commettre , & le montant de la dépenfe fera impofé fur tous les diocefes qui compofent ladite fénéchauffée, au fol la livre , fuivant leur tarif particulier , & les départemens qui en feront faits par les greffiers des Etats, ajoutés aux mandes des affiettes defdits diocefes , chacun pour la quotité les concernant ; & le payement fera fait dans chaque fénéchauffée , en la forme prefcrite à l'égard des ouvrages concernant la province.

3°. Les réparations des routes de la troifieme claffe , qui regardent chaque diocefe en particulier , feront délibérées par l'affemblee de l'affiette ; les adjudications en feront faites fur les devis des perfonnes que chaque diocefe jugera à propos de nommer à cet effet, par MM. les commiffaires du diocefe ; & il fera pourvu aux frais de la dépenfe , par impofition ou emprunt fur chaque diocefe en particulier , après qu'on aura obtenu le confentement des Etats & l'autorifation de Sa Majefté , & les payemens feront faits en la même forme que ceux des ouvrages concernant la province ou les fénéchauffées en corps ; avec cette différence toutefois, qu'au lieu que la vérification & réception des ouvrages doit être faite, à l'égard de ceux des deux premieres especes, en préfence des commiffaires des Etats ou des fénéchauffées, & du fyndic général, il y fera procédé dans chaque diocefe, en préfence de MM. les commiffaires dudit diocefe, ou du fyndic particulier.

Enfin, les travaux des petits chemins de la derniere claffe, dont la dépenfe doit être fupportée par chaque communauté, pour la partie fituée dans l'étendue de fon terroir, feront faits comme par le paffé, en obfervant les formalités prefcrites par les anciens réglemens, pour les dépenfes qui font à la charge defdites communautés.

Telles font les idées qu'on a cru propres à concilier les vues, tant anciennes que modernes des Etats, en établiffant plus d'uniformité & de juftice dans des opérations d'un grand détail, & néceffairement très-coûteufes ; on les foumet fans peine aux lumieres fupérieures de MM. les commiffaires des diocefes : leurs obfervations & la connoiffance qu'on aura des détails dans lefquels les Etats les ont prié d'entrer, ne peuvent que répandre un très-grand jour fur la matiere dont il s'agit, & influer effentiellement dans la détermination définitive qu'ils ont renvoyé à leur prochaine affemblée.

On doit obferver au furplus, qu'il n'eft pas queftion préfentement d'entrer dans aucun examen de ce qui concerne la police des chemins & les matieres de litige, parce qu'il y a été fuffifamment pourvu par divers réglemens, qu'on doit fe contenter de faire exécuter plus fcrupuleufement qu'ils ne l'ont été ; & les précautions à prendre pour y parvenir, pourront faire le fujet d'un autre mémoire.

I I.

LETTRES-PATENTES
DE CHARLES VII,

Portant que les chemins feront réparés par les propriétaires des droits de leude & de péage.

Du 8 Mars 1483.

CHARLES, PAR LA GRACE DE DIEU, ROI DE FRANCE : A noftre très-chier & très-amé oncle & coufin le duc de Bourbonnois & d'Auvergne, conneftable de France & gouverneur de noftre pays de Languedoc, ou à fon lieuftenant, aux fenefchaulx de Beaucaire, Carcaffonne, & Thouloufe, Baillis de Viverois, Velay, & Gevauldan, aux maiftres des ports & paffaiges dudit pays, & à tous nos aultres jufticiers & officiers ou à leurs lieuftenans, SALUT & dilection. Nos très-chiers & bien amés les délégués des Trois-eftats de noftredit pays de Languedoc, Nous ont dit & remonftré que depuis aucun tems en ça & mefmement du vivant de feu noftre très-cher feigneur & pere que Dieu pardoint, foubs colleur des leudes, barraiges, peaiges & & aurres trains extraordinaires qui ont efté induement & de nouvel mis fus & impofés tant par terre que fur les rivieres du Rofne, Garonne, Tarn, Aude, Giroude, & aultres fleuves & rivieres de noftredit pays de Languedoc, & auffi de ce que les formes de prendre & exiger lefdits peaiges, barraiges, leudes & aultres trains deffus dits que font augmentés & efcreus oultre & contre l'ancienne fondation d'iceulx, la marchandife & marchands dudit pays & femblablement la chofe publique d'icelluy ont efté & font encores de jour en jour grieffement opreffés & moleftés, & auffi à caufe de ce que nos officiers, fermiers anciens, seigneurs particuliers & aultres qui lievent lesdits trains & peaiges ne font faire les repparations & aultres choses que pour ce ils sont tenus de faire ainsi que lesdits délégués Nous ont dit & remonstré, & pour ce Nous ont très-humblement supplié & requis nostredite provision sur ce. POURQUOY, Nous, ce considéré que voulons & desirons remettre les choses en bon ordre, & soullagier lesdits marchands & aultres de telles oppressions comme de raison, vous mandons, commandons, & expressément enjoignons en commettant où mestier sera, & à chacun de vous premier sur ce requis & comme à lui appartiendra, que, appellé nostre procureur & nos officiers & aultres qui pour ce seront à appeller, vous informés & faictes informer le plus diligemment de & sur ce que aulcuns leudes, barraiges, peaiges & aultres trains extraordinaires ayent esté indeuement & si nouvellement mis sus & imposés, comme dit est en nostredit pays de Languedoc, soit par terre ou par eau sur lesdites rivieres & aultres fleuves d'icelluy pays depuis le trépas de nostredit feu seigneur & pere, & semblablement quelles exactions indeues & aultres abus ont esté faits & commis en levant les deniers desdits barraiges & aultres choses dessus dites, & si vous treuvés par information ou aultrement deuement que aulcuns desdits peaiges, barraiges, leudes & aultres trains extraordinaires ayent esté indeuement & de nouvel mis sus & & imposés du vivant de nostredit feu seigneur & pere, & soubs ombre d'iceulx avoir esté prinses & exigées aucunes sommes de deniers sans cause raisonnable, & que par avant n'avoit accoustumé d'estre levées, vous en ce cas adnullés, & mectés au néant lesdits peaiges, barraiges, leudes & aultres trains extraordinaires que treuverés

avoir esté ainsi indeuement mis sus & imposés, en faisant ou faisant faire telle pugnition de ceulx qui en auroient abusé que verrés au cas appartenir, & au surplus garder & observer, & faire garder & observer les ordonnances sur ce faictes par le Roi Charles VII nostre ayeul, que Dieu absoille, & à ce faire & souffrir contraindre & faire contraindre tous ceulx qu'il appartiendra, & aussi les seigneurs & aultres que mestier sera, à repparer & mectre sus les chemins & aultres choses qu'ils sont tenus de faire par raison desdits peaiges, barraiges & aultres trains dessus dits reanment & de faict, en y procédant sommairement & de plain & sans grande involution de procès : CAR ainsi nous plaist-il estre faict, nonobstant oppositions & appellations quelsconques, & lettres sur ce impétrées ou à impétrer à ce contraires; & que au *vidimus* de ces présentes faict soubs scel royal foy soit adjoustée comme à ce présent original. DONNÉ à Tours, le huictiesme jour de Mars l'an mil quatre cens quatre vingts & trois, & de notre regne le premier. *Ainsi signé*; Par le Roi en son conseil; Monsieur le Duc D'ORLÉANS, les Comtes DE CLERMONT & DE DUNOIS, vous les Evesques d'Alby & de Périgueux, sieurs DE TORCY & DEGRÉ, les premier & tiers Présidens de Thoulouse, & aultres présens, ROBERTET.

Registrata in registris curiæ dominè senescalli Tholosæ, die nonâ Julii, anno Domini 1484. DE HOSPITALI, *not.*

Lecta, publicata & registrata in registris curiæ domini senescalli Bellicadri & Nemausi, die vicesimâ mensis Julii, anno Domini 1484. MARTINI, *not.*

Lecta & publicata in audientiâ sive

confistorio curiæ præsidialis palatii Regii Montispessulani, & in illius regiftris regiftrata, die vicefimâ primâ menfis Julii, anno Domini 1484. CABIRONIS, not.

Regiftrata, in regiftris curiæ dominorum viguerii & judicis regiorum Biterris, die vicefimâ tertiâ menfis Julii, anno Domini 1484. YSARNI, not.

III.

AUTRES DE LOUIS XII,
SUR LE MÊME SUJET.

Du 9 Octobre 1501.

LOYS, PAR LA GRACE DE DIEU, ROI DE FRANCE : A tous ceulx qui ces préfentes lettres verront, SALUT. Sçavoir faifons Nous avoir receu l'humble fupplication & requefte de nos chers & bien amés les gens des Trois-eftats de notre pays de Languedoc, contenant que combien que les peaiges & leudes, tant de droit efcript par lequel notredit pays eft régi & gouverné, que par l'ancienne inftitution & fondation d'yceulx, foient eftablis & doivent eftre convertis à la réparation & entretenement des chemins, ponts & paffaiges des terres & limites où ils font affis, cueillis & levés ; & à cefte caufe les barons, feigneurs, nos officiers & autres dudit pays prenans lefdits peaiges & leudes ne deuffent vexer, travailler ni molefter nos pauvres fujets dudit pays au fait & defpence defdites réparations, finon que les deniers & efmolumens defdits peaiges & leudes n'y puiffent fuppeter & fournir : ce néantmoings lefdits fupplians, tant par nofdits officiers que par lefdits barons, feigneurs & autres font contraints & moleftés fouventesfois à faire lefdites réparations, fans y vouloir employer aucungs defdits deniers d'iceulx peaiges, comme la raifon le veult & requiert,

en venant directement contre ledit droit, inftitution & fondation defdits peaiges & leudes qui pour cefte caufe ont efté érigés & ordonnés, comme dict eft, & au très-grand grief, préjudice & dommage defdits fupplians, & plus pourroit eftre à l'avenir, fi par Nous n'eftoit fur ce faicte aucune déclaration, humblement requérans, en en fuivant la forme du droit & raifon efcripte, leur eftre fur ce pourvu de remede convenable. POURQUOI, Nous les chofes deffus dites confidérées, voulans & defirans fubvenir à nos fubjects & yceux préferver de vexations indeues, & les inftitutions & fondations, enfemble la forme & difpofition de droit efcript eftre entretenues, gardées, & obfervées de point en point, pour le bien de la chofe publique, eux fur ce advis & délibération de confeil, Avons ftatué, déclairé & ordonné, ftatuons, déclairons & ordonnons que dorefavant lefdites réparations néceffaires des chemins, ponts & paffaiges des terres & limites où font affis, cueillis & levés lefdits peaiges & leudes, feront faictes des deniers & efmolumens provenans des revenus d'yceulx peaiges & leudes, tant que ledit revenu y pourra fournir & fuppeter, & à ce faire & fouffrir feront & voulons eftre contraints nos receveurs, officiers, & les barons, feigneurs, & autres prenans & percevans lefdits peaiges & leudes, par prinfe & faifiment defdits deniers & efmolumens & aultres voyes deues & raifonnables, nonobftant oppofitions ou appellations quelconques rellevées ou à rellever, par lefquelles ne voulons lefdites réparations néceffaires eftre aucunement différées ou retardées, fans ce que nofdits fubjects foient contraints à faire lefdites réparations defdits chemins, ponts & paffaiges où font affis & levés lefdits peaiges & leudes, fi n'eft au cas que ledit revenu & efmolument n'y peut fournir & fuppeter, comme deffus eft dict. SI DONNONS EN MANDEMENT par cefdites préfentes à nos amés & féaulx confeillers les gens tenans ou qui tiendront notre cour de parlement de Tholofe, à nos féneſchaulx dudit Tholofe, Carcaffonne, Beaucaire, & gouverneur de Montpellier, viguiers, juges & baillifs & autres nos juſticiers dudit pays ou à leurs lieutenans & à chacun d'eulx comme à lui appartiendra, que de nos préfent ſtatut, édit, déclaration, & ordonnance facent jouir & uſer leſdits fupplians plainement & paiſiblement, & yceulx gardent & entretiennent, & facent garder & entretenir de poinct en poinct ſans enfreindre, en faiſant publier & enregiſtrer cefdites préfentes ès lieux & ainſin qu'il appartiendra, en maniere que aucun ne puiſſe prendre cauſe d'ignorance; Nous voulons que au *vidimus* d'ycelles faict ſoubs ſcel royal foy ſoit adjoutée comme à ce préfent original. En teſmoing de ce Nous avons faict mectre notre ſcel à cefdites préfentes. DONNÉ à Lyon, le neuvieſme jour du mois d'Octobre, l'an de grace mil cinq cens un, & de notre regne le quatrieſme. Par le Roi. *L'EVESQUE D'ALBY*, *JACQUES DE BEAUNE*, général des finances & autres préfens; *ainſin ſigné*, *ROBERTET.*

Lecta, publicata & regiſtrata Tholoſæ in parlamento, XIIIa. die Junii, anno Domini milleſimo quingenteſimo ſecundo. MICHAELIS.

I V.

AUTRES DE FRANÇOIS I, SUR LE MÊME SUJET.

Du 10 Septembre 1520.

FRANÇOIS, PAR LA GRACE DE DIEU, ROI DE FRANCE, à tous ceulx qui ces préfentes lettres verront,

SALUT. Savoir faiſons Nous avoir receue l'humble ſupplication de nos chers & bien amez les gens des Trois-eſtats de noſtre pays de Languedoc, contenant que combien que les peaiges & leudes qui ſe levent ſur les entrées, ports, & paſſaiges de noſtre Royaume, meſmement de noſtredit pays de Languedoc ſoient ou doivent avoir eſté eſtablis & ordonnez pour les deniers eſtre convertis à la repparation & entretenement des chemins, ponts, chauſſées & paſſaiges des lieux & limites où ils ſont aſſis, cueillis & levez, & par ce ne doivent eſtre nos pauvres ſubjects contraincts ne travaillez par les ſeigneurs, communautés, égliſes, ne par nos officiers dudit pays prenant leſdits peaiges & leudes, de faire ne contribuer aux deſpenſes & frais qu'il fault faire pour ledit entretenement & repparations deſdits chemins, ponts, chauſſées & paſſaiges, ſinon que les deniers & eſmolument deſdits peaiges & leudes n'y peuſſent fournir & ſattisfaire: ce néantmoins noſdits ſubjects en ſont ſouvent exécutez, moleſtez & travaillez par leſdits ſeigneurs, communautez, égliſes, & noſdits officiers qui les contraignent à faire leſdites repparations, ſans y vouloir employer aucuns deſdits deniers d'yceulx peaiges & leudes au trez grant grief, préjudice & dommaige deſdits fuppliants & choſe publicque de noſtredit pays de Languedoc, en nous humblement requérant leur pourveoir de noſtre remede & proviſion convenable. POUR CE EST-IL que Nous, les choſes deſſus dites conſidérées, qui voulons & deſirons ſubvenir à nos ſubjects & les préſerver de vexations indeues, pour ces cauſes & autres bonnes conſidérations à ce Nous mouvans, AVONS, par l'advis & délibération de noſtre conſeil, & en ſuivant certains autres édits & déclarations ſur ce faits par nos preddécesseurs, voulu & déclairé, voulons, déclairons & nous plaist, de nostre plaine puissance & auctorité royal, que lesdites repparations & entretenements nécessaires desdits chemins, ponts & passaiges qui sont esdites limites où sont levez & cueillis lesdits peaiges & leudes seront faits des deniers & émolumens provenans du revenu d'yceulx peaiges & leudes, d'autant que ledit revenu le pourra porter & y fournir, sinon toutefois que icelles leudes & peaiges eussent esté mis sus, octroyés & concédés pour autres causes & affaires que pour lesdites repparations & entretenemens desdits chemins, ponts & passaiges, & à ce faire & souffrir seront & voulons estre contraincts nos receveurs & officiers & les barons, seigneurs, communautés, églises, & autres prenans & percevans lesdits peaiges & leudes, par prinse, arrest, & saisissement desdits deniers & émolumens d'icelles, & autres voyes deues & raisonnables, nonobstant oppositions ou appellations rellevées & à rellever, pour lesquelles ne voulons estre différé, sans ce que nosdits subjects soient contraincts à faire lesdites repparations desdits chemins, ponts & passaiges où sont assis & levés lesdits peaiges & leudes, si ce n'est au cas dessus dit. SI DONNONS EN MANDEMENT par cesdites présentes, à nos amez & féaulx conseillers les gens tenans ou qui tiendront nostre court de parlement à Thoulouse, trésoriers de France, séneschaulx de Thoulouse, Carcassonne, Beaucaire, & gouverneur de Montpellier, viguiers, juges & baillifz & autres nos justiciers dudit pays de Languedoc, ou à leurs lieuctenans & à chacun d'eulx comme à luy appartiendra, que de nos présents déclaration & vouloir ils facent joir & user lesdits Suppliants plainement & paisiblement, & iceulx gardent & en-

tretiennent & facent garder & entretenir de poinct en poinct sans enfraindre, en faisant publier & enregistrer cesdites présentes ès lieux & ainsi qu'il appartiendra, en maniere que aucun ne puisse prendre cause d'ignorance. Et pour ce que d'ycelles on pourra avoir affaire en plusieurs lieux, Nous voulons que au *vidimus* faict soubs scel royal foy soit adjoustée comme au présent original, auquel en témoing de ce Nous avons faict mectre nostre scel. DONNÉ à Saint-Germain-en-Laye le dixieme jour de Septembre, l'an de grace mil cinq cens & vingt, & de nostre regne le sixieme. Par le Roy en son conseil; *Signé*, GEDOYN.

Lecta, publicata & registrata Tholosæ in parlamento, ultimâ die mensis Februarii, anno Domini millesimo quingentesimo vicesimo.

DE BORRASSOL.

V.

AUTRES DE HENRI II,

SUR LE MÊME SUJET.

Du 28 Juin 1548.

HENRI, PAR LA GRACE DE DIEU, ROI DE FRANCE : A tous ceulx qui ces présentes lettres verront, SALUT. Nos chers & bien-amés les délégués des gens des Trois-états de notre païs de Languedoc, nous ont faict dire & remonstrer que entre toutes aultres chouses requises & nécessaires pour le bien & proufit de la république de notredit païs, soit besoing tenir & garder en seurté les habitans & aultres passans & repassans par icellui païs, ensemble leurs denrées & marchandises & aultres chouses; ce que on ne peult faire sans réparer & entretenir les ponts, chemins, & passages dudit païs, à quoi nos recepveurs & aultres qui parçoivent les

les efmolumens des péages & leudes ne veulent fournir ne entendre, dont lefdits ponts, chemins & paffages, que demeurent ruynés ou empirés, plufieurs marchands & aultres, paffans & repaffans, & auffi leur beftaills mis ou affoullés leurs denrées, marchandifes & choufes perduës ou gaftées, combien que nos recepveurs & aultres recepvant lefd. efmolumens defdits péages & leudes, foient tenus de faire lefdites réparations, tant par difpofition de droit efcript par lequel notredit païs eft régi & gouverné, que par l'ancienneté, inftitution & fondation defdits péages & leudes, cueillis & levés fur les entrées, ports & paffages de notre royaume, memement de notredit païs, d'aultant que iceulx péages & leudes ont efté eftablis & ordonnés, pour les deniers provenans d'iceulx eftre convertis aux réparations & entretenemens defdits chemins, chauffées, ponts & paffages, finon que les deniers & efmolumens defdits péages & leudes n'y peuffent fouffire; toutesfois lefd. feigneurs, communaultés, gens d'églife & nofdits officiers foy efforfent de conftraindre & conftraignent fouvent nofdits fubjets en notredit païs de frayer, fournir ou contribuer auxdites réparations & entretenemens, fans y voulloir employer aulcuns des deniers defdits péages & leudes: A caufe de quoi lefdits gens de notredit païs auroient obtenu de noftre très-honoré feigneur & pere, & de nos aultres prédéceffeurs que Dieu abfeulle, plufieurs ordonnances, déclairations & provifions, lefquelles auroient efté duement publiées. Néanmoins encore ils en font femblablement vexés & moleftés à leur très-grand dommaige & de notre républicque. Sur quoi ils nous auroient très-humblement faict fupplier par leurfdits dellégués leur provoir. Sçavoir faisons que nous, les choufes deffus dictes confidérées, voul-

Tome II.

lans garder & préferver que nofd. fubjets des vexations & exactions indeues, & faire obferver & entretenir les inftitutions & fondations defdits péages & leudes, & pareillement les difpofitions du droict efcript en notred. païs, Avons par l'advis & délibération de notre privé confeil, DIT ET DÉCLAIRÉ, difons & déclairons que notre voulloir & intencion eft que les dictes ordonnances, déclairations & provifions obtenues de nofdicts prédéceffeurs fur ce que dict eft, foient gardées & entretenuës de poinct en poinct, fans les enfraindre en aulcune maniere, tout ainfi que fi elles avoient efté de nous obtenuës; & de nouveau en tant que befoing eft, Avons estatué & ordonné, eftatuons & ordonnons de notre certaine fcience, plaine puiffance & auctorité royal, que lefd. réparations & entretenemens defd. chemins, ponts & paffages des terres & limites où font ftablis, cullis & levés lefd. péages & leudes en notred. païs, feront faictes des revenus & deniers d'iceulx péages & leudes, tant que iceulx deniers & revenus y pourront fouffire & fournir. A CESTE CAUSE, voullons & nous plaict que lefdits feigneurs, communaultés, gens d'églife & nos recepveurs & aultres prenans lefd. deniers & revenus defdits péages & leudes foient conftraints par prinfe & faififfement defdits deniers & revenus, & par aultres voyes deues & raifonnables, de réparer & entretenir lefd. chemins, ponts & paffages, tant que lefd. deniers & revenus y pourront fouffire & fournir, nonobftant appellations & oppofitions quelfconques, pour lefquelles ne voullons lefd. réparations néceffaires eftre aulcunement empêchées ou retardées, fans ce que nofd. fubjets foient ou puiffent eftre conftraints de fournir ou contribuer auxdictes réparations, finon au cas que lefd. efmolumens n'y puiffent supporter & souffrir, comme dict est. SI DONNONS EN MANDEMENT à nos amés & féaux conseilliers tenans notre court de parlement de Tholose, tréso-riers de France, seneschaulx de Tho-lose, Carcassonne & Beaucaire & leurs lieutenans, & à tous nos aultres justi-ciers & officiers & à chascun d'eulx, si comme à lui appartiendra en son en-droict que nos présens ordonnance, dé-clairation, statut & voulloir ils facent lire, publier & enregistrer ès lieux où besoing sera, gardent & entretiennent, facent garder & entretenir de poinct en poinct sans y contrevenir en aulcune maniere, en contraignant à ce faire & souffrir tous ceulx que pour ce seront à constraindre, par toutes voyes deues & raisonnables. Et pour ce que de ces présentes l'on pourra avoir affaire en divers lieux, voullons que au *vidimus* d'icelle fait soubs scel royal foi soit ad-joustée tout ainsi que à ces mêmes pré-sentes, auxquelles en témoing des chou-ses susd. nous avons faict mectre notre scel. DONNÉ à Ys-sur-Tille le vingt-huitieme jour de Juin, l'an de grace mille cinq cent quarante-huit, & de notre regne le deuxiesme. Par le Roi en son conseil. CLAUSSE, *Signé*.

VI.

EXTRAIT du registre des délibérations des états généraux de Languedoc, assemblés par mandement du Roi en la ville de Montpellier au mois de Novembre 1548.

Du 11 dudit mois de Novembre, président Mgr. l'évêque de Montpellier.

SUR la repparation des ponts & pas-sages, la provision sur ce obtenue sera publiée & enregistrée en la cour de parlement de Toulouse & sénes-chaussées dudit païs, & néanmoins poursuivi déclaration du Roi pour faire renvoyer toutes les matieres concer-

nant la repparation desdits ponts & passages, leudes & péages en ladite cour de parlement; & seront tenus les scindics dudit païs, chacun en sa senes-chaussée faire faire ladite publication & obtenir l'attache & vérification d'i-celles lettres de MM. les trésoriers gé-néraux de France. Et pour ce qu'il est très-nécessaire cependant, suivant les précédentes délibérations dudit païs, réparer lesdits chemins & mauvais pas-sages, & y faire les pontils, chaussées & levées nécessaires, conclud & arrêté que les fossés contigus & prochains aux grands & publiques chemins, de quelque grandeur & profondeur que soyent tant pour recevoir les eaux desdits chemins que des terres joignantes seront redressés, & s'il en est besoin faits de nouveau aux dépens des propriétaires, seigneurs, & possesseurs des terres prochaines & joignantes auxdits fossés, & néanmoins les chaussées levées & petits pontils se-ront faits & repparés aux dépens du vil-lage & consulat dans lequel seront trou-vés jusques à la somme de 40 liv. pour une fois; & si lesdits pontils, chaussées ou mauvais passages sont trouvés en con-sulat & jurisdiction des villes maîtres-ses des dioceses d'icellui païs, seront repparés aux dépens dudit consulat jus-ques à la somme de 80 liv. tournois.

Et quant aux ponts n'étant sur fleu-ves navigables, seront repparés & re-dressés ou faits de nouveau, si besoin est, aux dépens desdits dioceses esquels seront trouvés jusques à la somme de 400 livres; & au cas que icelle reppa-ration excédât ladite somme de 400 livres, seront iceulx repparés & entre-tenus aux dépens de tous les dioceses de la seneschaussée en laquelle sera le-dit point que conviendra repparer, pourvu que pour une année ne monte plus haut que la somme de 2000 liv. tournois, au préalable toutefois l'avoir communiqué aux Etats en l'assemblée

No. VI.

Part. I. Div. I. Liv. IV. Tit. I. 307 No. VIII.

générale d'lceulx quant à la repparation de ladite séneschaussée.

V I I.

EXTRAIT *du regiſtre des délibérations des Etats généraux de Languedoc, aſſemblés par mandement du Roi en la ville de Peʒenas au mois d'Avril* 1599.

Du 27 Mai ſuivant, préſident Mgr. l'évêque de Lodeve.

LEs ſieurs qui furent depputés ces jours paſſés pour traicter avec le ſieur maiſtre des ports & paſſages de la séneschauſſée de Thoulouſe ſur la repparation des ponts, ont rapporté avoir arreſté que les anciens réglemens faicts par les Eſtats ſur la repparation deſdits ponts, chauſſées & paſſages ſeront gardés & entretenus ; pour la repparation deſquels, attendu le rencheriſſement de touttes choſes, les villages où leſdits ponts ſeront contribueront de la ſomme de quarante eſcus ; les villes maiſtreſſes & cappitales de quatre-vingts eſcus ; & les dioceſes de quatre cens eſcus : Et où leſdites repparations monteroient d'avantaige, y ſera pourveu par les Eſtats de la séneschauſſée, ainſi que par eux ſera adviſé ; à quoy ſeront auſſi employés tous les deniers de leudes & peaiges deſtinés auſdites repparations.

V I I I.

EXTRAIT *du regiſtre des délibérations des Etats-généraux de Languedoc, aſſemblés par mandement du Roi en la ville de Carcaſſonne au mois de Novembre* 1599.

Du Lundi 16 Décembre ſuivant, préſident Mgr. l'évêque de Viviers.

A Eſté préſanté requeſte, &c. Et quant à la repparation des ponts & chemins, la délibération prin-ſe ès Eſtats derniers ſortira eſfaict. Et enjoint aux depputés des dioceſes à la prochaine aſſiette de prouvoir à la repparation des ponts & paſſaiges, chacun en ſon endroit, & y faire contribuer les villes & villaiges par préciput pour les ſommes contenues en ladite délibération, & aux dioceſes de prouvoir à ce qui excédera. Et où la dépenſe néceſſaire auſdites repparations excéderoit les ſommes que les villaiges, villes & dioceſes où la repparation ſe fait, ſont tenus contribuer par préciput, en ce cas, les séneschauſſées fourniront au ſurplus, verification préalablement faicte deſdites repparations néceſſaires, appellé le ſcindic général d'icelle pour y eſtre prouveu aux prochains Eſtats, ſi mieux le dioceſe ou ville n'ayment en faire les advances pour en eſtre rembourſés auſdits prochains Eſtats.

I X.

EXTRAIT *du regiſtre des délibérations des Etats généraux de Languedoc, aſſemblés par mandement du Roi en la ville de Beaucaire au mois d'Octobre* 1600.

Du 4 Décembre ſuivant, préſident Mgr. l'évêque de Viviers.

LEs ſieurs Bardichon & de Lamotte, ſcindics généraux du pays ont remonſtré le danger éminent que adviendra audit pays s'il n'eſt promptement pourveu à la reparation des ponts dudit pays, meſme à ceux d'Autherive, Caſtelnau, Baſiege, Mont-vert, en la séneschauſſée de Thoulouſe ; & de ceux d'Eſparaza & de Trebes en la séneschauſſée de Carcaſſonne, de Baignols & autres, en la séneschauſſée de Beaucaire, dont ils ont bien voullu advertir l'aſſemblée pour y prouvoir & eſviter une plus grande ruyne & deſpenſe. A eſté arreſté que les réglemens cy-devant faits sur la repparation desdits ponts seront observés, en enjoignant aux scindics des diocèses particuliers de prendre garde ausdites repparations ; & néanmoins ont déclairé que les derniers mots de la délibération prinse à Carcassonne sur la repparation desdits ponts, par laquelle est dit que les vérifications faictes seront rapportées aux Estats, ne doivent estre entendus pour obliger le corps & génesral dudit pays, ains seulement qu'estant ausdits Estats chacune séneschaussée se chargera des repparations qui la concernent.

Suivant laquelle délibération, la vérifisication faicte des ponts de Baignols, a esté renvoyé aus commissaires qui tiendront la prochaine assiette du diocèse d'Uzès pour y pourvoir comme il appartiendra.

X.

ARRÊT DU CONSEIL,

Concernant le droit réclamé par les Etats, de faire, selon leur ancienne possession, les baux des ouvrages dont ils font la dépense, de procéder à la réception d'iceux, & ordonner des deniers qui y sont destinés.

Du 19 Septembre 1619.

Extrait des Registres du Conseil d'Etat.

SUR la requête présentée au Roi en son conseil par les députés & syndic général de Languedoc, contenant qu'encore que les trésoriers de France des généralités de Toulouse & Montpellier ayent voulu prendre connoissance des réparations & entretenement des ponts de ladite province, ils ont enfin délaissé la poursuite du procès intenté au conseil à raison de ce, reconnoissant que puisque lesdits ouvra-

ges se font des deniers de ladite province, sans que les finances de Sa Majesté en soient chargées, il n'est raisonnable qu'autres que les suppliants s'en entremettent ou en prennent connoissance ; ce néanmoins le maître des ports en la sénéchaussée de Toulouse auroit depuis peu voulu troubler les Etats de ladite province en la possession en laquelle ils sont de tout tems de faire les baux desdits ouvrages, procéder à la réception d'iceux, & ordonner des deniers qui y sont destinés, ayant fait assigner lesdits suppliants au parlement de Toulouse, Requérant, attendu qu'ils ne doivent être poursuivis pour un même fait au conseil par lesdits trésoriers de France, & par ledit maître des ports audit parlement, il plaise à Sa Majesté évoquer l'instance pendante en icelui & la joindre à celle pendante audit conseil entre lesdits trésoriers de France & lesdits suppliants. LE ROI EN SON CONSEIL a ordonné & ordonne, que ledit maître des ports sera assigné à deux mois au conseil, aux fins de ladite requête, & cependant Sa Majesté a fait inhibitions & défenses de poursuivre ledits suppliants pour raison de ce en ladite cour de parlement de Toulouse, & audit parlement d'en connoître. FAIT au conseil d'état du Roi tenu à Tours le dix-neuvieme jour de Septembre mil six cent dix-neuf. BOUER signé.

LOUIS, PAR LA GRACE DE DIEU, ROI DE FRANCE ET DE NAVARRE: au premier notre huissier ou sergent sur ce requis, SALUT. Nous te mandons & commandons que l'arrêt dont l'extrait est ci-attaché, ce jourd'hui donné en notre conseil d'état, sur la requête à nous présentée en icelui par les députés & syndic général de Languedoc, tu signifies au maître des ports en la fénéchauffée de Touloufe, à ce qu'il n'en prétende caufe d'ignorance, & l'affignes en notredit confeil à deux mois aux fins de ladite requête, pour parties ouies, être ordonné ce que de raifon, lui faifant cependant de par nous très - expreffes inhibitions & défenfes de faire aucunes pourfuites à l'encontre defdits fupplians pour raifon de ce différend, par devant notre cour de parlement de Touloufe ; & à icelle, d'en connoître, à peine de nullité, caffation des procédures, dépens, dommages & intérêts. De ce faire & tous autres exploits requis & néceffaires, te donnons pouvoir, fans pour ce demander vifa ni paréatis : Car tel eft notre plaifir. DONNÉ à Tours le dixneuvieme jour de Septembre l'an de grace mil fix cent dix-neuf & de notre-regne le dixieme. Par le Roi en fon confeil. Signé, BOUER. Scellées de cire jaune fur fimple queue.

X I.

ARRÊT DU CONSEIL,

Portant qu'une fomme de 16,502 liv. 19 fols 9 deniers impofée fur les dioce-fes de la fénéchauffée de carcaffonne pour les réparations de plufieurs ponts, & autres affaires de ladite fénéchauffée, fera remife, par les receveurs particuliers defdits dioce-fes, au tréforier de la bourfe du pays de Languedoc, pour être employée à fa deftination.

Du 21 Septembre 1619.

EXTRAIT *des Regiftres du Confeil d'Etat.*

SUR la requête préfentée au Roi en fon confeil par les gens des Trois-états de la fénéchauffée de Carcaffon-ne, à ce qu'il plaife à Sa Majefté permettre de lever fur les contribuables

des diocefes de ladite fénéchauffée la fomme de 16,502 liv. 19 fols 5 deniers à laquelle fe font trouvées monter les réparations de plufieurs ponts étant en l'étendue de ladite fénéchauffée & quelques petites dettes, fuivant la vérification qui en a été faite par les commiffaires préfidens pour Sa Majefté aux Etats généraux de Languedoc. Vu l'état defdites réparations & dettes, arrêté par lefdits commiffaires le 20 Décembre dernier, & leur avis fur ladite levée, LE ROI EN SON CONSEIL, conformément à icelui, a ordonné & ordonne que ladite fomme de 16,502 livres 19 fols 5 deniers fera impofée & levée l'année préfente en la maniere accoutumée fur tous les contribuables des diocefes de ladite fénéchauffée de Carcaffonne, pour icelle reçue par les receveurs particuliers defdits diocefes, être par eux mifes ès mains de M. Bernard Reich, tréforier & receveur de la bourfe dudit pays, pour l'employer au payement des dénommés audit état & non ailleurs, à peine de payer deux fois, & à la charge d'en rendre par lui compte en la maniere accoutumée. FAIT au confeil d'état du Roi, tenu à Amboife le vingt-unieme jour de Septembre mil fix cent dix-neuf. Collationné, BOUER, *Signé.*

LOUIS, PAR LA GRACE DE DIEU, ROI DE FRANCE ET DE NAVARRE: A nos amés & féaux les commiffaires préfidens pour nous en l'affemblée des Etats de notre pays de Languedoc, SALUT. Nous vous mandons que fuivant l'arrêt dont l'extrait eft ci-attaché fous le contre-fcel de notre chancellerie, ce jourd'hui donné en notre confeil d'état, fur la requête à nous préfentée en icelui par les gens des Trois-états de la fénéchauffée de Carcaffonne, vous ayez à faire affeoir, impofer

& lever par ceux qu'il appartiendra en l'année présente sur tous les contribuables de ladite sénéchauffée de Carcassonne, la somme de 16,502 livres 19 sols 5 deniers avec les frais ordinaires, outre ceux de l'expédition des présentes que nous avons modérés à la somme de 550 liv., pour être les deniers qui proviendront de ladite imposition & levée reçus par les receveurs particuliers desdits dioceses, & par eux mis ès mains de M. Bernard Reich, trésorier & receveur de la bourse dudit pays, pour l'employer au payement des dénommés en l'état mentionné en notredit arrêt, à peine de payer deux fois, à la charge qu'il sera tenu d'en compter ainsi qu'il est accoutumé. Voulons les refusans ou dilayans être contraints au payement de leur taxe & quotité, nonobstant oppositions ou appellations quelconques, par le premier Notre huissier ou sergent premier sur ce requis, auquel mandons ainsi le faire, sans demander aucun congé ni paréatis : Car tel est notre plaisir, pourvu que nos deniers n'en soient retardés. DONNÉ à Amboise le vingt-unieme jour de Septembre l'an de grace mil six cent dix neuf & de notre regne le dixieme. Par le Roi en son conseil. *Signé*, BOUER. Et scellées du grand sceau en cire jaune sur simple queue.

XII.

ARRÊT DU CONSEIL,

Qui ordonne que les trésoriers provinciaux des ponts & chauffées des généralités de Toulouse & Montpellier remettront aux syndics généraux de la province, la somme de 30,000 livres, pour être employée aux réparations des ponts & chemins de ladite province.

Du 14 Octobre 1648.

EXTRAIT *des Registres du Conseil d'État.*

SUR la requête présentée au Roi en son conseil par le syndic général de la province de Languedoc, contenant qu'encore que par arrêt d'icelui du 22 Janvier dernier, Sa Majesté, conformément à la réponse faite sur le VIe, article du cahier des gens des Trois-états de ladite province, aye accordé la somme de 30,000 livres, pour employer aux réparations des ponts & chauffées de ladite province, à prendre sur les 40,000 livres qui s'imposent à cet effet, & ordonné que la dépense en seroit faite par les syndics de ladite province : ce néanmoins le nommé Jean Roux, commis par les trésoriers de France à la charge de trésorier des ponts & chauffées dudit pays, en vertu de leur ordonnance du 4 Septembre dernier, a fait emprisonner les receveurs des tailles de plusieurs dioceses, pour le payement de leurs quotes des sommes imposées pour les réparations desdits ponts. Et d'autant que ce seroit éluder la volonté de Sa Majesté & priver ladite province de faire réparer lesdits ponts par ses ordres, REQUÉROIT qu'il plût à Sa Majesté, sans s'arrêter à ladite ordonnance desdits trésoriers de France dudit jour 4 Septembre dernier & tout ce qui aura été fait en conséquence d'icelle, ordonner qu'au premier commandement qui sera fait auxdits receveurs des tailles étant en exercice, ils payeront chacun leur portion des deniers imposés pour la réparation desdits ponts, à ceux qui ont été nommés par les dioceses de ladite province pour être employés à l'effet desdites réparations ; & en cas de refus, que tant lesdits receveurs que tous autres détempteurs y seront contraints en vertu du présent arrêt, par toutes voyes &

par corps, comme pour les propres affaires de Sa Majefté, même ledit Roux, pour la reftitution de toutes & chacunes les fommes de deniers qu'il pourra avoir levées & exigées defdits receveurs ; faire inhibitions & défenfes auxdits tréforiers de France de prendre aucune connoiffance pour raifon du fait dont eft queftion, circonftances & dépendances, laquelle Sadite Majefté fe réfervera en fondit confeil. Vu ladite requête ; l'arrêt du confeil dudit jour 22 Janvier 1648, LE ROI EN SON CONSEIL, ayant égard à la fufdite requête, a ordonné & ordonne que par les tréforiers provinciaux des ponts & chauffées des généralités de Touloufe & Montpellier ou commis à l'exercice defdits offices & des deniers provenans de la levée des 40,000 livres qui s'eft faite l'année préfente, pour les ponts & chauffées de ladite province, ladite fomme de 30,000 livres fera mife ès mains des fyndics de ladite province, pour être employée aux réparations des ponts & chauffées de ladite pro-vince, conformément au fufdit arrêt du 22 Janvier dernier ; moyennant lequel payement, lefdits tréforiers ou commis en demeureront bien & valablement déchargés, en vertu du préfent ar-rêt, nonobftant que le fonds n'en foit laiffé dans l'état général des ponts & chauffées expédié pour la préfente an-née. FAIT au confeil d'état du Roi, tenu à Saint-Germain-en-Laye le qua-torzieme jour d'Octobre mil fix cent quarante-huit. Collationné, GALLAND, figné.

L OUIS, PAR LA GRACE DE DIEU, ROI DE FRANCE ET DE NAVARRE: Au premier notre huiffier ou fergent fur ce requis. Nous te mandons & commandons que l'arrêt dont l'extrait eft ci-attaché fous le contre-fcel de notre chancellerie, ce jourd'hui donné

en notre confeil d'état, fur la requête du fyndic général de notre province de Languedoc, tu fignifies aux tréforiers des ponts & chauffées des généralités de Touloufe & Montpellier, & à tous autres qu'il appartiendra, à ce qu'ils n'en prétendent caufe d'ignorance ; & fais pour le payement de la fomme de trente mille livres y mentionnée, & l'entiere exécution d'icelui, tous com-mandemens, fommations, défenfes & autres actes & exploits néceffaires, fans autre permiffion. Et fera ajouté foi, comme aux originaux, aux copies dudit arrêt & des préfentes, collation-nées par l'un de nos amés & féaux confeillers & fecrétaires ; CAR tel eft notre plaifir. DONNÉ à Saint-Germain-en-Laye le quatorzieme jour d'Octobre, l'an de grace mil fix cent quarante-huit, & de notre regne, le fixieme. Par le Roi en fon confeil. Signé, GALLAND.

XIII.

ARREST DU CONSEIL,

Qui ordonne que fur la fomme de 40,000 livres qui s'impofe toutes les années en la province de Languedoc pour les réparations des ponts & chauffées, les receveurs des tailles en payeront annuellement les trois quarts, par l'ordre des Etats, pour être employés auxdites réparations.

Du 23 Décembre 1648.

EXTRAIT des Regiftres du Confeil d'Etat.

S UR ce qui a été repréfenté au Roi, étant en fon confeil, par les dépu-tés des gens des Trois-états de la pro-vince de Languedoc, que la fomme de 40,000 livres qui s'impofe tous les ans en ladite province pour la répara-tion des ponts, la plus grande partie en a été divertie, & celle qui a été laiffée à ladite province, il a été impoſſible de la pouvoir retirer des tréſoriers des ponts qui en veulent faire le maniement & l'employer, ou plutôt divertir par les ordres des tréſoriers de France ; ce qui retarde la réparation deſdits ponts, incommode le paſſage des troupes & ruine entierement le commerce : Requérant leſdits députés vouloir décharger ladite province de l'impoſition deſd. 40,000 livres, & ordonner qu'elle ne ſera plus compriſe dans les commiſſions deſdits Etats. LE ROI ÉTANT EN SON CONSEIL, la Reine Régente ſa mere préſente, conformément à la réponſe faite ſur le V°. article du cahier préſenté par leſdits députés, A Sadite Majeſté, ordonné & ordonne qu'à commencer l'année prochaine 1649, ſur ladite ſomme de 40,000 livres qui ſe leve tous les ans en ladite province pour les réparations des ponts & chauſſées d'icelle, les receveurs des tailles de ladite province en payeront annuellement les trois quarts revenans à 30,000 livres, par l'ordre deſdits Etats, pour être employés auxdites réparations, nonobſtant que par les commiſſions de Sa Majeſté pour l'impoſition deſdites 40,000 livres, il ſoit porté qu'ils ſeront mis en la recette générale des finances dudit pays, dans laquelle recette générale les 10,000 livres reſtantes ſeront portées par leſdits receveurs, pour être par eux employées ainſi qu'il ſera ordonné par Sa Majeſté. FAIT au conſeil d'état du Roi, Sa Majeſté y étant, la Reine Régente ſa mere préſente, tenu à Paris le vingt-troiſieme jour de Décembre mil ſix cent quarante-huit.

PHELYPEAUX *ſigné*.

LOUIS, PAR LA GRACE DE DIEU, ROI DE FRANCE ET DE NAVARRE: A nos amés & féaux les commiſſaires préſidens pour Nous en l'aſſemblée des Trois-états de notre province de Languedoc, SALUT. Par l'arrêt de notre conſeil d'état, dont l'extrait eſt ci-attaché ſous le contre-ſcel de notre chancellerie, Nous avons ordonné qu'à commencer l'année prochaine 1649, ſur la ſomme de 40,000 livres qui ſe leve tous les ans en ladite province pour les réparations des ponts & chauſſées, les receveurs des tailles d'icelle en payeront annuellement les trois quarts revenans à 30,000 livres, par l'ordre deſdits Etats, pour être employés auxdites réparations : ce que voulant être exécuté, A CETTE CAUSE, de l'avis de la Reine Régente notre très-honorée dame & mere, Nous vous mandons & ordonnons par ces préſentes ſignées de notre main, que ledit arrêt vous ayez à faire enregiſtrer purement & ſimplement, & icelui exécuter ſelon ſa forme & teneur. Commandons au premier notre huiſſier ou ſergent ſur ce requis faire, pour l'entiere exécution dudit arrêt, toutes ſignifications, contraintes, & autres exploits requis & néceſſaires, ſans demander autre permiſſion. Et d'autant que dudit arrêt & de ceſdites préſentes on pourra avoir à faire en divers lieux, Nous voulons qu'aux copies duement collationnées foi ſoit ajoutée comme au préſent original ; CAR tel eſt notre plaiſir. DONNÉ à Paris le vingt-troiſieme jour de Décembre, l'an de grace mil ſix cent quarante-huit ; & de notre regne, le ſixieme. *Signé*, LOUIS. *Et plus bas* : Par le Roi, la Reine Régente ſa mere préſente, PHELYPEAUX.

XIV.

ARRÊT DU CONSEIL,

Qui permet à la province d'imposer annuellement 30,000 livres pour les réparations des ponts & chauffées, suivant les états qui en feront dreffés annuellement par les députés des affemblées de chaque fénéchauffée, & qui feront arrêtés par les commiffaires qui préfideront pour Sa Majefté aux Etats.

Du 4 Septembre 1651.

EXTRAIT des Regiftres du Confeil d'Etat.

SUR ce qui a été repréfenté au Roi, étant en fon confeil par les gens des Trois-états de la province de Languedoc, par le IX article du cahier des doléances préfenté à Sa Majefté, que la réparation des ponts de ladite province qui font en grand nombre eft fi publique & néceffaire au bien du fervice de Sadite Majefté qu'elle en devroit fupporter les frais ; néanmoins comme ladite province a eu toujours un zele fingulier au bien des affaires de Sadite Majefté, elle y a pourvu jufqu'à l'impofition faite à raifon de ce annuellement de 40,000 livres, par l'édit de Beziers 1632, dont il y a été fort peu employé, tellement qu'icelui ceffant, ladite province defire continuer cette dépenfe, suivant fes anciennes formes & réglemens qui font que chaque lieu où les ponts font fitués y contribue, fix vingt livres ; chaque ville maîtreffe & capitale, 250 livres ; le diocefe, 1200 livres ; & fi la dépenfe va à plus, il y eft pourvu par les Etats de chaque fénéchauffée, ce qui a toujours été fait par les ordres des commiffaires préfidens pour Sa Majefté auxd. Etats, qui ont permis l'impofition & fait les départemens des fommes néceffaires

Tome II.

pour cette dépenfe : & d'autant que le droit de fceau des affiettes qu'il en faudroit avoir, & les voyages qu'il faudroit faire pour les obtenir, coûteroient extraordinairement au peuple, Requéroit qu'il plût à Sa Majefté leur accorder une permiffion générale & perpétuelle pour toutes les impofitions qu'il faudra faire pour le bâtiment & réparation defdits ponts & chauffées adreffante aux commiffaires préfidens pour Sa Majefté en leurs affemblées, afin que fur les Etats qui leur feront préfentés defdites réparations arrêtés par les députés de chaque fénéchauffée, ils en accordent l'impofition & faffent le département fur les diocefes en dépendans, suivant les avis que les commiffaires préfidens pour Sa Majefté lui en donneront ; LE ROI ÉTANT EN SON CONSEIL, LA REINE RÉGENTE fa mere préfente, suivant la réponfe faite fur ledit article IX du cahier des gens defdits Trois-états de Languedoc, bien informé qu'il s'impofoit par chacun an en lad. province une fomme confidérable pour la réparation des ponts & chauffées, & ladite province defirant continuer cette levée & dépenfe, suivant les anciennes formes & réglemens, Sa Majefté accorde audit pays la permiffion de faire impofer à l'avenir par chacun an jufques à la fomme de 30,000 livres, fi befoin eft, pour la conftruction & réparation defdits ponts & chauffées, suivant les Etats qui en feront dreffés annuellement par les députés des affemblées de chaque fénéchauffée, & qui feront arrêtés par les fieurs commiffaires qui préfideront auxdits Etats pour Sadite Majefté, lefquels en feront les départemens fur les diocefes dépendans defdites fénéchauffées, suivant l'ufage qui a été pratiqué ci-devant, lefquels Etats ils envoyeront audit confeil. Permet Sadite Majefté

R r

audit pays de faire impofer lefdites 30,000 livres par chacun an , & pour cet effet feront toutes lettres néceſſaires expédiées , fans qu'il foit befoin d'en obtenir d'autres ci-après. F A I T au confeil d'état du Roi, Sa Majefté y étant, la Reine régente , fa mere , préſente, tenu à Paris le quatrieme jour de Septembre mil fix cent cinquante-un. *Signé* , PHELYPEAUX.

X V.
ARRÊT DU CONSEIL,

Qui décharge le fyndic de la province des demandes des tréforiers & contrôleurs généraux & provinciaux des ponts & chauffées.

Du 24 Décembre 1668.

EXTRAIT *des Regiſtres du Confeil d'Etat.*

ENTRE Me. Pierre Carcavy, ci-devant conſeiller du Roi en ſon grand conſeil , héritier fous benéfice d'inventaire de feu Me. Jean Carcavy, conſeiller du Roi, tréſorier provincial des ponts & chauffées de la généralité de Montpellier, & propriétaire de trois offices de contrôleurs des ponts & chauffées de ladite généralité, Mes. Bernard & Guillaume Legier , freres, pourvus de pareils trois offices de tréforiers provinciaux des ponts & chauf-fées de la généralité de Toulouſe , & Me. Paul le Gendre , ſecrétaire du cabinet du Roi , propriétaire de trois offices de contrôleurs provinciaux des ponts & chauffées de ladite généralité, demandeurs en requête inférée en l'arrêt du 8 Août 1662 d'une part ; & Me. Pierre-Baptifte Joubert , députté & fyndic général de la province de Languedoc & défendeur d'autre. Et entre Me. Martin Mazel , Etienne Guerin & Gabriel Choard , tréforiers généraux ,

Jean Midorge , Jean Amelin & Salomon Lebert , contrôleurs généraux des ponts & chauffées de France , demandeurs en requête d'intervention du 8 Septembre 1667 d'une part , fans que les qualités puiſſent préjudicier aux parties. Vu au confeil du Roi l'arrêt d'icelui intervenu fur la requête defdits demandeurs ledit jour 8 Août 1662 y inférée , tendante à ce qu'il plût à Sa Majefté condamner ladite province de Languedoc & gens des Trois-états d'icelle préſens & à venir payer auxdits demandeurs les fonds d'épices , façons des comptes , gages & droits defdits offices , tant ceux dus & échus depuis le premier Janvier 1649 qu'ils ont ceſſé de les recevoir que pour l'avenir, à quoi faire ils feront contraints comme pour les propres deniers & affaires de Sa Majefté , en tous les dépens , dommages & intérêts defdits demandeurs foufferts & à fouffrir , fi mieux n'aiment les gens des Trois-états leur payer ce qui leur eſt dû depuis ledit jour premier Janvier 1649 , & les rembourfer de la finance payée à proportion de ce que chacun a droit pour ce qui lui revient dans ladite impofition , & la finance entiere du corps des offices créés pour réfider & exercer dans lefdites deux généralités , enfemble ce qui a été par eux payé pour les taxes faites fur lefdits offices , avec tous les frais & loyaux coûts ; par lequel arrêt auroit été ordonné qu'aux fins de ladite requête ledit fyndic général de ladite province de Languedoc & autres qu'il appartiendroit feroient affignés au confeil , pour, parties ouies être ordonné ce que de raifon : Exploit de fignification dudit arrêt & affignation donnée en conféquence audit confeil audit défendeur : Appointement de réglement de l'inftance pris entre lefdites parties à communiquer & écrire & produire, du 17 Octobre 1668, par lequel eſt auffi ordonné qu'il feroit préalablement fait droit fur les dépens du défaut obtenu par lefdits demandeurs contre lefdits défendeurs réfervés en définitive par icelui : Édit du Roi fait à Beziers au mois d'Octobre 1632, portant réglement pour l'affiette des vingt-deux diocefes de Languedoc pour les impofitions annuelles, par lequel, entre autres chofes, il eft ordonné que la fomme de 40,000 livres fera impofée pour les réparations des ponts, chauffées & chemins dudit pays : Édit de création de trois offices de receveurs & trois contrôleurs généraux des ponts & chauffées, pour faire la recette & dépenfe des deniers qui s'impoferont pour lefdits ouvrages en toutes les généralités du royaume, ainfi qu'il s'eft pratiqué avant la fuppreffion defdits offices, & pour faire par lefdits contrôleurs le contrôle de ladite recette & dépenfe qui feroit faite par lefdits receveurs, ledit édit portant pareillement création & établiffement des trois offices de contrôleurs provinciaux defdits ponts & chauffées ez refforts des chambres des comptes de Paris, Rouen, Montpellier & Grenoble, avec attribution de 6000 livres de gages aux tréforiers généraux & fix deniers pour livre de taxation ; aux contrôleurs, 4000 livres de gages & deux deniers pour livre l'année d'exercice ; aux tréforiers généraux de Montpellier 1000 liv., aux contrôleurs provinciaux de la généralité de Touloufe 700 livres ; aux tréforiers provinciaux de ladite généralité 700 livres ; ledit édit daté du mois de Juin 1633 : Quittance de finance de la fomme de 13,666 liv. payée par Me. Durand Serres, pour l'office de tréforier provincial defdits ponts & chauffées, & 40 liv. pour le marc d'or, datée du premier Septembre 1633 : Quittance de finance de pareille fomme pour l'office triennal : Autre pareille quittance pour l'office alternatif datée

du même jour, à laquelle auroit été taxé l'office de tréforier provincial ancien : Appointement audit Serres pour être déchargé, & fon réfignataire du prêt & avance du cinquieme denier de l'évaluation dudit office pour avoir faculté d'entrer au droit annuel, en conféquence de la déclaration du 6 Octobre 1638 : Autre quittance de la fomme de 150 livres, à laquelle avoit été taxé ledit office pour être la dame Serre, fa veuve, & heritiers déchargés du payement du droit annuel royal porté par la déclaration de 1642 ou du 2 Juillet 1644 : Autre quittance du tréforier des parties cafuelles de la fomme de 2100 livres, payée par ledit Bernard Legier, pourvu dudit office de tréforier général provincial, pour jouir de 131 livres d'augmentation de gages du 10 Mars 1644 : Copie d'arrêt du confeil rendu fur la requête de la veuve dudit Serres, portant que la nomination qui feroit taxée modérément les provifions defd. offices de tréforiers des ponts & chauffées feroient expédiées, daté du 15 Octobre 1644 : Copie des provifions de Bernard Legier, de tréforier ancien fur la procuration de ladite veuve de Serres : Quittances d'annuel & marc d'or du 8 Mars 1646 : Provifions de l'office de tréforier alternatif en faveur dudit Bernard Legier, & les quittances dudit jour 8 Mars 1646 : Ordonnance des tréforiers de France à Touloufe, portant réception dudit Legier efdits offices, à la charge de réfider l'année de fon exercice, du 25 Mai 1646 : Provifions de l'office de tréforier triennal dudit jour 8 Mars 1646 : Trois lettres de provifions defdits offices & les quittances de la fomme de 8915 livres, du 13 Septembre 1633 : Autre quittance de finance, le nom en blanc, de la fomme de 13,666 liv. pour l'office ancien : lettres de provifions en blanc expédiées en conféquence, du premier Juillet

R r 2

1653 : Autre quittance de finance & lettres de provilions defdits offices de contrôleurs ancien, alternatif & triennal du premier Juillet & 13 Septembre 1633 : Autre quittance de finance & lettres de provifions de l'office de contrôleur alternatif, le nom en blanc, des mêmes jours premier Juillet & 13 Septembre 1633 : Extrait du cahier des Etats de ladite province préfenté au Roi en l'année 1648, par le Ve. article defquels il fe voit que les Etats ont demandé que la fomme de 40,000 livres qui s'impofoit pour les réparations des ponts ne fût plus comprife dans les commiffions du Roi, que la province en fût déchargée, laiffant la liberté aux Etats de faire réparer lefdits ponts par les formes anciennes, & qu'il leur a été accordé que fur ladite fomme de 40,000 livres, il en foit payé annuellement la fomme de 30,000 livres par l'ordre defdits Etats, pour être par eux employée aux réparations les plus néceffaires de ladite province, & les 10,000 liv. reftantes portées à la recette générale & delà à l'épargne, du 21 Novembre 1648 : Copie de déclaration de Sa Majefté portant révocation de l'édit de Beziers de l'année 1632, & fuppreffion des offices de tréforiers de la bourfe dudit pays, à la charge de rembourfer par lad. province la finance qui fe trouveroit leur être légitimement due, dans laquelle déclaration il n'eft point fait mention des tréforiers des ponts & chauffées, ladite déclaration datée du mois d'Octobre 1649 : Actes de fommation faits à la requête dudit Legier au fyndic de ladite province, à ce qu'il eût à les faire jouir de leurs gages, leur payer les arrérages qui en font dus depuis l'année 1649, des 6 Janvier 1660 & 10 Mars 1661 : Ecritures & productions defdits demandeurs : Requête employée pour production par ledit fyndic défendeur à ce que lefdits

demandeurs fuffent déboutés de leur requête & condamnés aux dépens, avec les pieces y jointes ; favoir, l'arrêt du confeil obtenu par lefdits Etats le 8 Octobre 1663 portant furféance des procès qu'ils auront tant audit confeil que pardevant les juges dudit pays : Copie de l'arrêt du confeil du 6 Novembre 1666, rendu fur la requête de Me. Jean le Vacher, tendante à ce qu'il foit reçu partie intervenante en ladite inftance, & qu'acte lui foit donné de l'emploi par lui fait de ce qui a été écrit & produit en icelle par lefdits Carcavy & autres contre lefdits Etats de ladite province ; & au principal, faifant droit fur fon intervention, lui adjuger les fins & conclufions par lui prifes en fa requête du 7 Octobre 1665 énoncée audit arrêt, auffi tendante à ce que les arrêts du confeil par lui obtenus contre ledit défunt Carcavy, foient déclarés exécutoires contre fon fils; ce faifant que les fommes adjugées audit Carcavy fils, par l'arrêt du 22 Février 1664 lui feroient baillées & délivrées, & jufques à ce que lefdites fommes euffent été impofées, qu'elles demeureroient faifies entre les mains des fyndics & tréforiers de la bourfe & autres officiers d'icelle province, par lequel arrêt ledit Vacher eft reçu partie intervenante en l'inftance, & acte lui eft donné de fon emploi, & au furplus en jugeant fans retardation de ladite inftance, ledit arrêt fignifié le 13 dudit mois de Novembre à Me. Quary, avocat dudit fyndic de Languedoc : Requête préfentée au confeil par lefdits demandeurs pour ajouter à leurs productions copie d'arrêt du confeil du 8 Janvier 1632, portant que les deniers ci-devant impofés ès provinces de Languedoc & Guienne pour la conftruction des ponts de la riviere de Garonne, feroient remis ès mains de Me. Hector Munier, commis par Sa Majefté à la recette générale defdits ponts & chauf-fées, pour être lefdits deniers employés à l'avenir aux ouvrages defdits ponts, fur laquelle requête eft l'ordonnance portant la piece reçue ; enfuite eft la fignification : Autre requête préfentée au confeil par ledit défendeur pour ajouter à fa production un édit du mois de Décembre 1659, portant révoca-tion de celui de 1649, nonobftant qu'il eût été fait pendant la minorité ; fur la-quelle requête eft l'ordonnance portant la piece reçue, & fignification d'icelle : Autre requête defdits Legier, le Gen-dre & Carcavy, par eux employée pour réponfe à la requête dudit fyndic de Languedoc du 31 Mars 1667, icelle préfentée audit confeil fur laquelle eft l'ordonnance d'icelui du 27 Septembre 1667 fignifiée le 29 dudit mois : Re-quête defdits demandeurs préfentée au confeil le 24 Août 1667, à fin de récep-tion des pieces & ajouter à leur pro-duction les pieces y jointes ; favoir, Edits des années 1615 & 1617, por-tant création des anciens tréforiers des ponts & chauffées vérifiés ès chambres des comptes de Paris & Montpellier : Un édit du mois de Juin 1633 : Extrait du compte de l'année 1636, rendu par la veuve Choard vivant, tréforier géné-ral des réparations des ponts & chauf-fées de France, de l'adminiftration par lui faite defdites réparations ès généra-lités de Touloufe & Montpellier, ledit extrait tiré du greffe de la cour des ay-des de Montpellier : Requête préfentée audit confeil par lefdits intervenans le 7 Septembre 1667, employée pour moyens d'intervention & production, au pied de laquelle eft l'ordonnance du-dit confeil dud. jour 7 Septembre 1667, ladite requête tendante à ce qu'ils fuffent reçus parties intervenantes en lad. inf-tance ; ce faifant, qu'il plût à Sa Ma-jefté que le dédommagement qui devoit être adjugé auxdits le Gendre, Legier

& Carcavy, pour ce qui leur revient à caufe defdits offices & de la décharge de lad. province de ladite levée, tienne lieu de chofe jugée en faveur des fup-plians, à l'égard defquels pareille or-donnance fera prononcée en leur faveur contre lefdits Etats, comme étant te-nus du dédommagement defdits inter-venans ; favoir, de la fomme de 18,000 livres en principal, à raifon du denier 18 de la taxation annuelle de 1000 li-vres pour les tréforiers ; de la fomme de 6000 livres de la taxation annuelle de 333 liv. 6 fols 8 deniers defdits con-trôleurs, & même du payement des arrérages defdites taxations, à compter du jour de la décharge donnée aux Etats, & donner acte auxdits interve-nans de ce que pour moyens d'inter-vention, écritures & productions, ils employent le contenu en lad. requête, avec ce que lefdits Carcavy, le Gendre & Legier ont déjà écrit & produit : Autre requête préfentée au confeil par ledit Carcavy & conforts, pour ajou-ter à leurs productions les pieces y join-tes ; favoir, un extrait de l'état du Roi expédié au confeil en l'année 1639, dans lequel eft employée la fomme de 20,000 liv. pour être impofée & levée fur la généralité de Touloufe, pour être reçue par ledit Choard, & em-ployée aux réparations des ponts & autres ouvrages publics ; Extrait du compte rendu par ledit Choard, en la chambre des comptes de Montpellier, de fon exercice de l'année 1636, dans lequel il s'eft chargé en recette des de-niers impofés & levés ladite année pour lefdits ponts & chauffées, montant à la fomme de 25,000 liv. & reçue de Me. Pierre Arnaud, receveur général des finances de Montpellier, & pareille fomme de Me. Raymond Aymeric, receveur de la généralité de Touloufe : Certification expédiée par le greffier du bureau des finances de Montpellier, qu'ès années 1649 & 1650, il a été imposé dans lad. province la somme de 40,000 livres pour les réparations des ponts & chaussées daté du 8 Février 1650, sur laquelle requête est l'ordonnance portant les pieces reçues du 27 Novembre 1666, signifiée : Autre requête aussi présentée au conseil par ledit syndic de Languedoc, servant de réponse & contredit aux deux productions nouvelles ci-dessus, sur laquelle est l'ordonnance portant acte de l'emploi du dernier Août 1667, signifiée : Requête desdits Legier, le Gendre, Carcavy & consorts employée pour réponse & salvation à celle dudit syndic, sur laquelle est l'ordonnance portant acte du 27 Septembre audit an 1667 : Autre requête desdits Legier, le Gendre & Carcavy pour ajouter à leur production la piece y jointe ; savoir, le compte rendu par Me. Hector de Munier, commis à la recette générale des deniers imposés ès généralités du royaume, pour les réparations des ponts & chaussées, dans lequel sont employés les deniers imposés pour ladite dépense esdites généralités ès années 1630 & 1631 ; ledit compte rendu à ladite chambre des comptes de Montpellier le 28 Avril 1648, sur laquelle requête est l'ordonnance portant les pieces reçues du 12 Juin 1668 : Extrait des Etats du Roi pour les ponts & chaussées de Toulouse & Montpellier, pour l'année 1637, par lequel est fait fonds de la somme de 40,000 livres pour les réparations des ponts & chaussées de Toulouse & Montpellier ; savoir, 20,000 livres pour Toulouse, & 20,000 liv. pour Montpellier, dans lequel état sont aussi employés les gages & taxations des tresoriers & contrôleurs provinciaux, du 24 Janvier 1637 : Autre requête présentée au conseil par ledit syndic de Languedoc, pour ajouter à sa production les pieces

y jointes ; savoir, un arrêt du conseil du 23 Août 1661, pour imposer par chacun an la somme de 30,000 livres pour lesdits ponts & chaussées, ensemble l'édit de Sa Majesté du mois de Décembre 1659 confirmatif de celui de 1649, portant révocation de l'édit de Beziers, sur laquelle requête est l'ordonnance portant les pieces reçues du 23 Août 1668 : Autre requête dudit sieur le Gendre & consorts, pour ajouter à sa production la piece y jointe ; savoir, une certification du tresorier général des ponts & chaussées de France, portant qu'en l'année 1636, les gages & taxations des trois tresoriers & contrôleurs desdits ponts & chaussées ont été employés jusques à la fin de l'année 1647, ledit certificat daté du 28 Août 1668, icelle requête aussi employée pour contredit contre la production nouvelle dudit syndic du 23 Août, sur laquelle est l'ordonnance portant acte de l'emploi & la piece reçue, du 3 Septembre 1668 ; & tout ce qu'a été mis & produit pardevers les sieurs le Jeay & Paget, conseillers ordinaires du Roi en ses conseils, maîtres des requêtes ordinaires de son hôtel, conjointement rapporteurs, qui en ont communiqué avec les sieurs d'Aligre & de Seve, directeurs des finances, commissaires à ce députés : Oui leur rapport, & tout considéré, LE ROI EN SON CONSEIL, faisant droit sur l'instance, a mis & met, tant sur la demande inférée en l'arrêt du conseil du 8 Août 1661, que sur les interventions, les parties hors de cour & de procès, dépens compensés. FAIT au conseil d'état du Roi, tenu à Paris le vingt-quatrieme jour de Décembre mil six cent soixante-huit. Collationné, BECHAMEIL, *signé.*

LOUIS, PAR LA GRACE DE DIEU, ROI DE FRANCE ET DE NAVARRE: Au premier des huissiers de nos conseils,

N°. XV. ou autre notre huiſſier ou ſergent ſur ce requis. Nous te mandons & commandons que l'arrêt dont l'extrait eſt ci-attaché ſous le contre-ſcel de notre chancellerie, ce jourd'hui donné en notre conſeil d'état, entre Me. Pierre Carcavy, ci-devant notre conſeiller en notre grand conſeil, héritier par bénéfice d'inventaire de feu Me. Carcavy, notre conſeiller tréſorier provincial des ponts & chauſſées de la généralité de Montpellier, & autres tréſoriers & contrôleurs des ponts & chauſſées, demandeurs, d'une part; Me. Pierre-Baptiſte Joubert député & ſyndic général de notre province de Languedoc, défendeur, d'autre; & Mes. Martin Mazel, Etienne Guerin, Gabriel Choard, & autres tréſoriers & contrôleurs généraux des ponts & chauſſées de France, intervenans en ladite inſtance, tu ſignifies à tous qu'il appartiendra, à ce qu'ils n'en prétendent cauſe d'ignorance, & fais pour l'entiere exécution dudit arrêt à la requête de tous commandemens, ſommations, défenſes & autres actes & exploits néceſſaires ſans autre permiſſion : Car tel eſt notre plaiſir. Donné à Paris le vingt-quatrieme jour de Décembre, l'an de grace mil ſix cent ſoixante-huit, & de notre regne le vingt-ſixieme, par le Roi en ſon conſeil. Signé, Bechameil, ſcellées du grand ſceau de cire jaune ſur ſimple queue.

XVI.

Extrait du regiſtre des délibérations des Etats généraux de Languedoc, aſſemblés par mandement du Roi en la ville de Montpellier au mois d'Octobre 1685.

Du Samedi premier Décembre ſuivant, préſident Mgr. le cardinal de Bonzy, archevêque de Narbonne.

Le ſieur de Montbel, ſyndic général, a dit, qu'il n'y a perſonne qui ne ſache les inconvéniens qui ſont

N°. XVI. arrivés fréquemment par le défaut d'un pont ſur la riviere d'Aude au lieu de Courſan ſur le grand chemin de la ville de Beziers en celle de Narbonne, & des chauſſées qui ſont néceſſaires à l'entrée & à la ſortie du pont de Montagnac, ſitué ſur la riviere d'Herauc près de Pezenas, pour y pouvoir paſſer dans le grand chemin, lorſqu'il ſurvient quelque inondation, ce qui intéreſſe ſi fort le ſervice du Roi par le retardement de ſes troupes, que Sa Majeſté a chargé ſouvent MM. les députés des Etats d'y pourvoir; qu'à cette conſidération qui touchera ſans doute la compagnie, on doit encore ajouter celle-ci, que par le retardement des troupes & le ſéjour qu'elles font, la dépenſe de l'étape en a été ſouvent augmentée de cinq ou ſix mille livres en un an; joint à cela que les foires de Pezenas & Montagnac qui ſont les plus conſidérables de la province, après celle de Beaucaire, ont ſouffert un ſi grand préjudice par le retardement des marchandiſes & des perſonnes qui fréquentent les foires, qu'il y auroit du danger de voir transférer le commerce en d'autres endroits, ſi on ne rendoit leſdites villes acceſſibles en tout tems; que la dépenſe de ces deux ouvrages devant aller à plus de 100,000 livres, elle excede les forces de la ſénéchauſſée de Carcaſſonne qui d'ailleurs a déjà fait de ſi grandes dépenſes pour réparer le chemin de la poſte, que les intérêts des dettes qu'elle a contractées comblent la meſure de ſes impoſitions; que toutes les fois qu'il a été néceſſaire de faire des ouvrages de cette importance, comme la conſtruction du pont de Montagnac, la réparation du pont Saint-Eſprit, le chemin de Mont-Louis, la conſtruction du canal & autres de cette nature, la province en a fait la dépenſe, les anciens réglemens étant qu'une ſénéchauſſée n'en doit point faire qui excede la somme de 2000 livres, & que le pont de Coursan & les chaussées qui sont nécessaires au pont de Montagnac, devant coûter plus de 100,000 livres, il n'y avoit point d'apparence que cette dépense pût être faite autrement que par la province ; & que si l'assemblée trouvoit à propos de l'ordonner de cette maniere, on pourroit imposer en plusieurs années la somme qu'elle accordera, afin de soulager la province.

Sur quoi, a été délibéré que par toutes les considérations qui viennent d'être alléguées, il sera fait fonds par imposition dans le département des dettes & affaires du pays de la somme de 20,000 livres par an, pendant cinq années consécutives, à commencer la prochaine 1686, pour être employée à la construction d'un pont sur la riviere d'Aude à Coursan, & des chaussées qui sont nécessaires à l'entrée & à la sortie du pont de Montagnac, conformément au devis qui en sera fait, & aux baux qui seront sur ce passés par les officiers de la province, suivant les ordres qu'ils recevront de S. E., laquelle est priée d'y pourvoir en la maniere qu'elle le jugera à propos.

XVII.
ARRÊT DU CONSEIL,

Concernant le droit réclamé par les Etats d'ordonner les réparations des chemins faits aux dépens de la province, à l'exclusion des maîtres des ports & des officiers de la table de marbre.

Du 12 Juin 1700.

Extrait des Registres du Conseil d'Etat.

Sur la requête présentée au Roi étant en son conseil, par le syndic général de la province de Languedoc, conte-

nant que par arrêt du conseil du 4 Mai 1651 Sa Majesté auroit confirmé les Etats de ladite province dans la possession où ils étoient d'ordonner les réparations des chemins qu'ils jugeront être nécessaires, & leur auroit permis d'imposer annuellement jusqu'à la somme de 30,000 livres pour fournir à cette dépense ; que les maîtres des ports de ladite province ayant prétendu faire la visite desdits chemins & condamner les consuls en des amendes, sous prétexte qu'ils n'avoient pas satisfait à leurs ordonnances, par arrêt du conseil d'état du 24 Septembre 1663 il auroit été ordonné que lesdits maîtres des ports seroient ouis ; & cependant par provision il auroit été ordonné que les Etats continueroient à faire faire lesdites réparations, ponts & chaussées en la maniere ordinaire ; & Sa Majesté auroit fait défenses auxdits maîtres des ports de faire aucunes visites desdits ponts, chemins & chaussées, ni d'ordonner aucunes condamnations d'amende ou autrement contre les consuls & particuliers habitans pour raison de ce : que depuis la signification de cet arrêt lesdits maîtres des ports reconnoissant n'être pas fondés en leurs prétentions, auroient cessé de faire lesdites visites des chemins ; & quoique les officiers de la table de marbre de Toulouse ne soient pas mieux fondés que lesdits maîtres des ports à prendre connoissance des réparations des chemins qui doivent être faits, ils auroient par sentence du 12 Septembre 1698 rendue entre le procureur du Roi audit siége & les consuls de Saint-Hilaire au diocese de Carcassonne, condamné ladite communauté de Saint-Hilaire à faire la réparation du chemin depuis ledit lieu de Saint-Hilaire jusqu'à la ville de Carcassonne, & les maire & consuls en 50 livres d'amende, faute par eux d'avoir satisfait à un précédent jugement

jugement du 16 Juillet 1698, à quoi ils feroient de plus fort contraints par double peine, & ils auroient été condamnés aux dépens ; en exécution duquel jugement ils ont été obligés de payer par forme de confignation 57 livres 16 fols pour le rapport & expédition de ladite fentence. Mais d'autant que les officiers dudit fiége ne font pas en droit d'ordonner les réparations des chemins ; que celles auxquelles la communauté de Saint-Hilaire a été condamnée excedent de beaucoup fon pouvoir, & que s'il y a néceffité de faire cette réparation, elle doit être réfolue par la fénéchauffée de Carcaffonne qui réglera la portion pour laquelle cette communauté & le diocefe de Carcaffonne y devront entrer ; A CES CAUSES, il requéroit qu'il plût à Sa Majefté caffer la fentence du fiége de la table de marbre de Touloufe dudit jour 12 Septembre 1698 & tout ce qui a été fait en conféquence ; Ordonner que les fommes qui ont été payées en exécution dudit jugement par les maires & confuls de Saint-Hilaire leur feront reftituées ; à quoi faire ceux qui les ont reçues feront contraints par toutes voies & par corps, & faire défenfes aux officiers de la table de marbre de Touloufe de prendre à l'avenir aucune connoiffance des réparations des chemins dans l'étendue de ladite province, à peine de nullité & de tous dépens, dommages & intérêts. Vu ladite requête, les arrêts du confeil des 4 Mai 1651 & 24 Septembre 1663 ; la fentence des officiers de la table de marbre de Touloufe du 12 Septembre 1698, & la quittance de 57 livres 16 fols, pour le rapport & expédition de ladite fentence du 24 Novembre 1699 : Oui le rapport du fieur Chamillard,

confeiller ordinaire au confeil royal, contrôleur général des finances ; LE ROI ETANT EN SON CONSEIL, a renvoyé & renvoie ladite requête au fieur de Bafville, confeiller d'état ordinaire, intendant de juftice, police & finances en la province de Languedoc, pour entendre les parties, dreffer procès verbal de leurs dires & conteftations, pour icelui envoyé, vu & rapporté au confeil avec fon avis, être ordonné ce qu'il appartiendra, cependant toutes chofes demeurant en état. FAIT au confeil d'état du Roi, Sa Majefté y étant, tenu à Verfailles le douxieme jour de Juin mil fept cent.

PHELYPEAUX *figné.*

LOUIS, PAR LA GRACE DE DIEU, ROI DE FRANCE ET DE NAVARRE : A notre amé & féal confeiller ordinaire en notre confeil d'état le fieur de Bafville, intendant de juftice, police & finances en notre province de Languedoc, SALUT. Nous vous mandons & ordonnons par ces préfentes fignées de notre main, de procéder à l'exécution de l'arrêt ci-attaché fous le contre-fcel de notre chancellerie, ce jourd'hui donné en notre confeil d'état, nous y étant, lequel nous commandons au premier notre huiffier ou fergent fur ce requis de fignifier aux officiers de la table de marbre de Touloufe & à tous autres qu'il appartiendra, à ce qu'ils n'en ignorent, & de faire pour fon entiere exécution tous actes & exploits néceffaires, fans autre permiffion : CAR tel eft notre plaifir. DONNÉ à Verfailles le douxieme jour de Juin, l'an de grace mil fept cent, & de notre regne le huitieme. *Signé,* LOUIS. *Et plus bas :* Par le Roi, PHELYPEAUX.

XVIII.

ARRÊT

DU CONSEIL D'ÉTAT DU ROI,

Qui fait défenses d'exécuter le juge-
ment des officiers de la maîtrise des
eaux & forêts de l'Isle-en-Jourdain,
au sujet des réparations des chemins
pour ce qui regarde le Languedoc,
& renvoie les parties par devant
M. de Basville, pour donner leur
avis sur la prétention desdits officiers.

Du 3 Octobre 1711.

EXTRAIT des Registres du Conseil d'Etat.

SUR la requête présentée au Roi en
son conseil par le syndic général de
la province de Languedoc, contenant
que les officiers de la maîtrise des eaux
& forêts de l'Isle-en-Jourdain qui est
en Guienne, ont rendu un appointement par défaut le 31 Mai 1710, sur
la requête d'Antoine Ferrier, adjudicataire de la coupe des bois de la forêt
de Bouconne, par lequel il est enjoint
aux consuls des communautés de Cor-
nebarrieu, Colomés, Pibrac, & autres du haut Languedoc, de faire réparer les chemins qui sont dans leurs
jurisdictions, afin de faciliter le transport des bois de ladite forêt jusqu'à
Toulouse, le tout à peine de 100 liv.
d'amende, & de tous dépens, dommages & intérêts : que les consuls de
Colomés par exploit du 17 juin 1710,
ayant demandé aux officiers de ladite
maîtrise que ledit appointement fût
rétracté comme contraire aux réglemens de la province de Languedoc,
qui défendent aux communautés de
ladite province de Languedoc de rien
imposer sans le consentement des Etats,
& de faire aucune réparation des che-

mins qu'elle n'ait été ordonnée par lesdits Etats ; néanmoins ledit jugement
avoit été confirmé par autre du 7
Septembre 1710 ; que les consuls desdites communautés n'ayant pas exécuté ce qui avoit été ordonné par lesdits appointemens, il en a été rendu
un troisieme le 13 Juin 1711, qui condamne lesdits consuls en 5852 liv. de
dommages & intérêts en faveur dudit
Antoine Ferrier, & à tous les dépens :
qu'en vertu des condamnations obtenues par ledit Ferrier il a fait saisir les
biens desdits consuls ; ce qui va exposer lesdites communautés à des procès
qu'il seroit juste de leur éviter, puisque lesdits officiers de la maîtrise des
eaux & forêts de l'Isle-en-Jourdain
n'ont eu aucun droit d'ordonner la réparation des chemins du Languedoc,
par la raison que dans ladite province
il n'y a que les Etats & les assiettes
des dioceses qui aient l'autorité de les
faire réparer, & que les consuls des
communautés ne peuvent imposer aucunes sommes à cet effet, à moins
qu'il n'y ait un ordre desdits Etats ou
des assiettes, sans quoi les communautés
en la personne de leurs consuls seroient contraintes à restituer les sommes qui auroient été imposées sans
permission pour des semblables réparations ; que les appointemens des 31
Mai, 6 Septembre 1710 & 13 Juin
1711, sont une entreprise sur la jurisdiction des Etats de ladite province,
devant lesquels on devoit se pourvoir
pour faire ordonner la réparation des
chemins desdites communautés de Cornebarieu, Colomés & Pibrac, &
sont contraires aux réglemens & priviléges de la province de Languedoc ;
que d'ailleurs aucuns juges autres que
le conseil de Sa Majesté ne peuvent
connoître de ce qui émane de l'autorité desdits Etats, ainsi qu'il est porté
par plusieurs arrets du conseil. A CES

No. XVIII. CAUSES, requéroit le suppliant qu'il plût à Sa Majesté casser les assignations, appointemens, ordonnances & procédures faites par les officiers de la maîtrise des eaux & forêts de l'Isle-en-Jourdain, contre les consuls des communautés de Cornebarieu, Colomés, Pibrac & autres, donner en tant que de besoin la main levée des saisies qui auront été faites sur les biens des consuls desdites communautés, & faire défenses aux officiers de ladite maîtrise de prendre à l'avenir connoissance de la réparation des chemins qui regardent la province de Languedoc, à peine de 4000 livres, de nullité & de cassation. Vu ladite requête, les appointemens des 31 Mai, 6 Septembre 1710 & 13 Juin 1711, rendus par les officiers de la maîtrise des eaux & forêts de l'Isle-en-Jourdain : Oui le rapport du sieur Desmarets, conseiller ordinaire au conseil royal, contrôleur général des finances ; LE ROI EN SON CONSEIL, avant faire droit sur ladite requête a ordonné & ordonne que les parties seront entendues pardevant le sieur de Basville, conseiller d'état ordinaire, intendant en Languedoc, qui donnera son avis au conseil sur leurs prétentions respectives, pour icelui vu, être ordonné ce qu'il appartiendra. Et cependant fait Sa Majesté défenses d'exécuter les jugemens des officiers de la maîtrise particuliere des eaux & forêts de l'Isle-en-Jourdain, des 31 Mai, 6 Septembre 1710 & 13 Juin 1711, & de faire aucunes poursuites en vertu desdits jugemens, contre les consuls & habitans desdites communautés de Cornebarieu, Colomés, Pibrac & autres communautés de ladite province de Languedoc. FAIT au conseil d'état du Roi tenu à Versailles le troisieme jour d'Octobre mil sept cent onze. Collationné. BERTHELOT signé.

No. XVIII. LOUIS, PAR LA GRACE DE DIEU, ROI DE FRANCE ET DE NAVARRE: A notre amé & féal conseiller d'état ordinaire, intendant de justice, police & finances en notre province de Languedoc, SALUT. Suivant l'arrêt dont l'extrait est ci-attaché sous le contre-scel de notre chancellerie ce jourd'hui donné en notre conseil d'état, sur la requête à nous présentée en icelui par le syndic général de la province de Languedoc, Nous vous mandons & ordonnons d'entendre les parties & de donner votre avis en notre conseil sur leurs prétentions respectives, pour icelui vu être ordonné ce qu'il appartiendra. Commandons au premier notre huissier ou sergent sur ce requis de signifier ledit arrêt aux officiers de la maîtrise des eaux & forêts de l'Isle-en-Jourdain, à Antoine Ferrier y dénommé, & à tous autres qu'il appartiendra à ce qu'aucun n'en ignore ; & fais en outre pour son entiere exécution, à la requête du syndic général de la province de Languedoc, tous commandemens, sommations, défenses y contenues & tous autres actes & exploits nécessaires, sans autre permission ; Car tel est notre plaisir. DONNÉ à Versailles le troisieme jour d'Octobre l'an de grace mil sept cent onze, & de notre regne le soixante-neuvieme. Par le Roi en son conseil. Signé, BERTHELOT, & scellé.

XIX.

EXTRAIT du registre des délibérations des Etats généraux de Languedoc, assemblés par mandement du Roi en la ville de Montpellier, au mois de Novembre 1708.

Du Lundi 4 Février 1709, président Mgr. l'archevêque de Narbonne.

MONSEIGNEUR l'archevêque d'Alby, commissaire nommé avec messeigneurs les évêques d'Uzès & de

Lodeve, MM. les barons de Castelnau d'Estrettefons, de Rouvairoux & de Ganges, les capitouls de Toulouse, consuls de Montpellier, Nîmes, Carcassonne, Narbonne, Beziers & Lavaur, a rapporté qu'ils s'étoient fait représenter tous les réglemens qui ont été faits sur les réparations des ponts & chemins, & qu'ils ont trouvé que depuis Charles VII jusqu'à présent, les revenus des leudes & péages ont été destinés à ces sortes de réparations, comme on peut voir par les ordonnances de Charles VIII du 8 Mars 1483, & de Louis XII du 9 Octobre 1501, de François I du 10 Septembre 1620, d'Henri II du 28 Juin & dernier Janvier 1548 : qu'à défaut de ces fonds il fut délibéré aux Etats du 11 Novembre 1548, que les ponts seroient réparés par les lieux dans les consulats desquels ils sont situés, jusqu'à concurrence de la somme de 40 livres; par les grandes villes, jusqu'à concurrence de 80 livres; par les dioceses, jusqu'à 400 livres, & par les sénéchaussées jusqu'à 2000 livres; & que depuis ce tems-là, chaque sénéchaussée a pourvu à ses réparations; que le 27 Mai 1599, les Etats, en renouvellant ce réglement, augmenterent le préciput des petits lieux à 120 livres, celui des villes maîtresses à 240 livres, & celui des dioceses à 1200 livres; que ce réglement fut renouvellé en 1651, & lorsque la dépense des réparations a excédé ce préciput, elle a été supportée par les sénéchaussées de Toulouse & de Carcassonne; qu'à l'égard de la sénéchaussée de Beaucaire & Nîmes, les dioceses qui la composent, sont convenus de faire chacun en droit soi leurs réparations; que cependant les Etats ont fait faire plusieurs réparations aux dépens de la province, lorsqu'ils ont vu qu'une seule sénéchaussée ne pouvoit pas en suppor-

ter la dépense, mais qu'il n'a été fait encore aucun réglement là-dessus; & que si l'assemblée juge à propos de régler les cas auxquels elle accordera son secours aux sénéchaussées, MM. les commissaires ont estimé qu'en aucun cas la province ne doit pas entrer dans la dépense des réparations des chemins, soit de la poste ou de la traverse, soit pour les réparer, ou pour en faire de nouveaux; parce que ces sortes de réparations peuvent être faites par parties & en plusieurs années, mais qu'il n'en est pas de même à l'égard des ponts & des chaussées qui servent à contenir les rivieres sous les ponts, parce que ce sont des ouvrages qui ne peuvent être faits à demi, & que cependant la dépense en est quelquefois si considérable qu'une sénéchaussée ne pourroit pas la supporter. C'est pourquoi MM. les commissaires ont estimé que lorsque la réparation des ponts & des chaussées excédera la somme de 10,000 livres, & le préciput du diocese des villes & lieux dans les terroirs desquels lesdits ponts & chaussées sont situés, la province doit entrer pour le surplus.

Sur quoi a été délibéré, conformément à l'avis de MM. les commissaires, que les chemins, tant de la poste que de la traverse, seront faits, réparés & entretenus par les sénéchaussées ou par les dioceses, chacun en droit soi, ainsi qu'il a été pratiqué jusqu'à présent, sans que la province soit tenue d'y contribuer sous quelque prétexte que ce soit : que les ponts & chaussées qui servent à contenir les rivieres sous les ponts seront faits, réparés & entretenus par les villes & lieux, & par les dioceses où ils sont situés, jusqu'à concurrence de la somme de 10,000 livres; & au cas que la dépense excede cette somme, la province ne sera tenue d'y contribuer que pour le surplus; auquel cas les réparations seront adjugées par les commissaires des Etats, & la province ne fera aucun payement aux entrepreneurs, jusqu'à ce que le préciput desdites villes & lieux, du diocese & de la sénéchaussée dans laquelle les réparations seront faites ait été employé, sans préjudice néanmoins aux dioceses de la sénéchaussée de Beaucaire & Nîmes de pourvoir, chacun en droit soi, aux réparations de leurs chemins, à quelque somme que la dépense puisse monter, & aux réparations des ponts & des chaussées dont la dépense n'excédera pas la somme de 10,000 livres; & au cas qu'elle excede cette somme, toute la sénéchaussée sera tenue d'y contribuer de ladite somme de 10,000 livres, & la province du surplus. Et a été délibéré que la présente délibération sera insérée dans le registre des réglemens des Etats.

X X.
A R R Ê T
DU CONSEIL D'ETAT DU ROI,

Qui autorise le réglement fait par les Etats de la province pour les réparations des chemins, ponts & chaussées.

Du 22 Août 1713.

EXTRAIT des Registres du Conseil d'Etat.

VU au conseil d'Etat du Roi la délibération prise par les gens des Trois-états de la province de Languedoc le 4 Février 1709, au sujet des réparations des chemins, ponts & chaussées de ladite province, contenant que depuis Charles VII jusqu'à présent, les revenus des leudes & péages ont été destinés à ces sortes de réparations, ainsi qu'il est porté par les ordonnances de Charles VIII du 8 Mars 1483, de Louis XII du 9 Oc-

tobre 1501, de François I du premier Septembre 1520, d'Henri II des 28 Juin & 31 Janvier 1548; qu'à défaut de ce fonds il fut délibéré par les Etats de ladite province le 11 Novembre 1548 que les ponts seroient réparés par les lieux dans le consulat desquels ils font situés jusqu'à concurrence de 40 livres; par les grandes villes jusqu'à 80 livres; par les dioceses jusqu'à 400 livres, & par les sénéchaussées jusqu'à 2000 livres; que le 7 Mai 1599 les Etats, en renouvellant ce réglement, augmenterent le préciput des petits lieux à 120 livres, celui des villes maîtresses à 240 livres & celui des dioceses à 1200 livres; ce qui fut confirmé en 1651; que lorsque la dépense de ces réparations a excédé la somme de 1200 livres du préciput du diocese, elle a été supportée par la sénéchaussée, lorsqu'elles se sont trouvées dans les sénéchaussées de Toulouse & de Carcassonne; & à l'égard de la sénéchaussée de Beaucaire & Nîmes, la dépense en a été faite par les dioceses où elles étoient situées; que cependant la province a fait faire plusieurs réparations, lorsque les Etats ont jugé que la dépense étoit trop considérable pour être supportée par une seule sénéchaussée : mais comme il n'avoit été fait aucun réglement pour régler la qualité des réparations dans lesquelles la province ne doit pas entrer, & le préciput pour lequel les sénéchaussées doivent contribuer aux réparations qui peuvent regarder toute la province, il a été délibéré que les chemins tant de la poste que de traverse, seroient faits, réparés & entretenus par les sénéchaussées ou par les dioceses, ainsi qu'il a été pratiqué jusqu'à présent, sans que la province soit tenue d'y contribuer sous quelque prétexte que ce soit; que les ponts & les chaussées qui servent à contenir les rivieres fous les ponts , feront faits , réparés & entretenus par les villes & lieux & par les diocefes où ils font fitués jufqu'à concurrence de leur préciput , & en cas d'infuffifance , par la fénéchauffée jufqu'à concurrence de la fomme de 10,000 livres , & au cas que la dépenfe excede cette fomme , la province ne fera tenue d'y contribuer que pour le furplus ; auquel cas les réparations feront adjugées par les commiffaires des Etats ; & la province ne fera tenue de faire aucun payement aux entrepreneurs , jufqu'à ce que les préciputs des villes & lieux du diocefe & de la fénéchauffée dans laquelle lefdites réparations feront faites , ayent été entierement employés ; & qu'à l'égard des diocefes de la fénéchauffée de Beaucaire & Nîmes , ils continueront de pourvoir chacun en droit foi , aux réparations de leurs chemins , à quelque fomme que la dépenfe puiffe monter ; & à l'égard des ponts & chauffées , ils en fupporteront la dépenfe lorfqu'elle n'excédera pas la fomme de 10,000 livres , & lorfqu'elle excédera cette fomme , toute la fénéchauffée y contribuera pour 10,000 livres & la province pour le furplus ; la requête du fyndic général de Languedoc tendante à ce qu'il plaife à Sa Majefté autorifer ladite délibération , fans préjudice néanmoins de l'exécution des ordonnances de nos Rois , qui ont déclaré les revenus des leudes & péages affectés aux réparations des chemins , ponts & chauffées des lieux où ils font levés : Oui le rapport du fieur Defmarets , confeiller ordinaire au confeil royal , contrôleur général des finances ; LE ROI EN SON CONSEIL , a autorifé & homologué la délibération prife par les gens des Trois-états de la province de Languedoc le 4 Février 1709 , au fujet des réparations des chemins , des ponts &

des chauffées de ladite province , & en conféquence , ordonne Sa Majefté qu'elle fera exécutée felon fa forme & teneur , fans préjudice néanmoins à ladite province de faire employer les revenus des leudes & péages auxdites réparations. Enjoint Sa Majefté au fieur de Bafville , confeiller d'état ordinaire , intendant en la province de Languedoc , de tenir la main à l'exécution du préfent arrêt. FAIT au confeil d'état du Roi tenu à Marly le vingtdeuxieme jour d'Août mil fept cent treize. Collationné. RANCHIN *figné*.

XXI.
ARRÊT
DU CONSEIL D'ETAT DU ROI,

Qui caffe plufieurs ordonnances des tréforiers de France de la généralité de Touloufe , & maintient les Etats dans la direction des ouvrages concernant les conftructions , réparations , & entretien des chemins , ponts , & chauffées de la province.

Du 10 Décembre 1726.

EXTRAIT des Regiftres du Confeil d'Etat.

SUR la requête préfentée au Roi , étant en fon confeil , par le fyndic général de la province de Languedoc , contenant que les Etats de ladite province étant chargés de pourvoir à la dépenfe de la conftruction , réparation & entretien des chemins , ils en ont toujours eu auffi la direction ; que c'eft pour cette raifon que les commiffaires préfidens pour Sa Majefté aux Etats , leur recommandent tous les ans , fuivant un article de leurs inftructions , de faire réparer les chemins & de les faire entretenir en bon état ; que pour obéir aux ordres de Sa Majefté & pour l'utilité publique , les

Etats reglent par leurs délibérations les réparations à faire dans les grands chemins & les fonds qui y doivent être employés ; qu'ils nomment des commiſſaires pour diriger pendant l'année les ouvrages qui ont été délibérés , & pour en faire les adjudications au rabais , conjointement avec les ſyndics généraux de la province , & qu'ils ont auſſi établi des inſpeéteurs pour faire les viſites néceſſaires & veiller à la conſervation des chemins , qui ont toujours fait partie de l'adminiſtration des Etats & de l'économie intérieure des affaires de la province ; que les diocéſes dans leurs aſſemblées reglent encore les réparations à faire dans les chemins de traverſe , & les fonds qui y doivent être employés ; que le ſoin de faire obſerver les réglemens faits par les Etats concernant les chemins regarde le ſieur intendant de la province qui eſt dans l'uſage de rendre pour cet effet toutes les ordonnances néceſſaires , & qu'il a encore été maintenu par un arrêt du conſeil du 16 Oétobre 1724 , qui lui attribue de nouveau la connoiſſance de toutes les conteſtations concernant la conſtruétion & entretien des chemins ; que cet uſage eſt fondé ſur la juſtice , étant naturel que la province étant chargée de prendre ſur elle-même toutes les dépenſes néceſſaires pour les conſtruétions , entretiens & réparations des chemins , les Etats aient la direétion des ouvrages dont ils ordonnent les fonds , & qu'ils veillent eux-mêmes à l'utilité de l'emploi des deniers qui ſe prennent ſuivant les différens cas ou ſur la province en corps , ou ſur les diocéſes , ou ſur les communautés particulieres ; que cet ancien uſage ſe trouve autoriſé & confirmé par des arrêts du conſeil des 2 Janvier 1648 , 4 Septembre 1651 , 24 Septembre 1663 , 3 Oétobre 1711 & 22 Août 1713 , qui , en

maintenant les Etats en la direétion de ces ouvrages , ont caſſé les ordonnances que les maîtres des ports , ponts, chemins & paſſages , & les officiers des eaux & forêts avoient entrepris de donner là-deſſus , & par les ordonnances rendues en conſéquence par les ſieurs de Bezons , Dagueſſeau & de Baſville , ſucceſſivement intendans de ladite province , en 1673 , 1678 & 1711 ; qu'au préjudice d'un droit auſſi bien établi & ſoutenu d'une poſſeſſion auſſi ancienne que conſtante , les tréſoriers de France de la généralité de Touloufe ont entrepris depuis quelque tems de les y troubler , & rendu une ordonnance le 9 Août 1723 contenant diverſes diſpoſitions pour l'élargiſſement des chemins , le creuſement des foſſés , & autres réglemens ſemblables , qui n'eut alors aucune exécution ; que depuis ils ont rendu une autre ordonnance le 26 Mars 1725 , portant qu'il ſera commis dans les villes & lieux de l'étendue de leur généralité des perſonnes capables pour tenir la main à l'exécution des réglemens concernant la voirie , leſquels ſe tranſporteront par-tout où beſoin ſera pour viſiter les grands chemins & dreſſer procès verbal de l'état d'iceux & des contraventions aux ordonnances ; qu'en conſéquence ils ont expédié une commiſſion le 18 Juillet ſuivant en faveur du ſieur Pruet , procureur du Roi aux ordinaires de Villemur , pour viſiter les chemins royaux & de traverſe du diocéſe bas-Montauban ; & ils ont pareillement commis par autre ordonnance du 31 Août 1725 , le ſieur Baſſet de Lartuſier , viguier de la ville de Soreze , pour faire les fonctions d'inſpeéteur des chemins dans les diocéſes de Lavaur , Saint-Papoul , Caſtres & Alby , & ont enfin rendu une nouvelle ordonnance le 27 Juillet 1726 contre quelques habitans de la communauté de Puybufque diocefe de Touloufe ; que le fuppliant ne peut fe difpenfer de porter fes plaintes à Sa Majefté contre ces ordonnances, qui attaquent l'adminiftration & les priviléges des Etats, l'attribution de plus fort accordée au fieur intendant par l'arrêt du confeil du 16 Octobre 1724, conformément aux précédens, & qui, loin d'apporter aucune utilité, font un fujet de trouble & de vexation pour les communautés & particuliers de la province ; que les titres généraux qui attribuent aux bureaux des finances la grande & petite voirie n'ont pas été exécutés au Languedoc, comme dans les pays d'élection, qui font régis d'une maniere bien différente, ainfi que les tréforiers de France l'ont reconnu eux-mêmes, s'étant contentés jufqu'à préfent dans la province de Languedoc d'exercer leur jurifdiction fur la petite voirie, c'eft-à-dire, fur les alignemens des rues dans l'enceinte des villes, fans fe mêler en aucune maniere de ce qui regarde les chemins ; qu'ils voudroient aujourd'hui faire revivre un droit dont ils n'ont pas joui, & établir infenfiblement une poffeffion par des actes de jurifdiction ; que cette prétention ne peut convenir avec l'attribution accordée au fieur intendant de la province qui juge fommairement & fans frais, & produiroit continuellement entre eux des conflicts de jurifdiction ; que les commiffions expédiées par les tréforiers de France n'aboutiffent qu'à inquiéter les communautés & les particuliers, & à faire des frais confidérables par les taxes arbitraires que font ces commiffaires pour le payement de leurs journées & de leurs procès verbaux, ce qui a déjà excité plufieurs plaintes ; outre qu'en Languedoc les communautés ne pouvant pourvoir aux dépenfes qu'au moyen des impofitions, elles

n'en peuvent cependant faire aucune, fuivant les réglemens de la province, fans le confentement des Etats & des fieurs commiffaires du Roi qui ne l'accordent qu'avec connoiffance de caufe, & par rapport à l'état des chofes & à celui des autres impofitions, au payement defquelles les communautés doivent pourvoir par préférence ; & qu'enfin le droit & poffeffion des Etats d'avoir la direction des ouvrages dont ils ordonnent ou permettent les fonds, ne leur font pas même particuliers, étant également acquis aux autres provinces du royaume qui font dans le même cas, notamment à celle de Provence, laquelle a été maintenue dans ce droit & dans cette poffeffion par une déclaration du 20 Novembre 1714, qui porte que les procureurs fyndics continueront d'avoir la direction de tout ce qui regarde les ponts & chemins dans toute l'étendue de la province, à l'effet de quoi les devis & baux qui feront par eux paffés feront exécutés fuivant leur forme & teneur. A CES CAUSES, requéroit le fuppliant qu'il plût à Sa Majefté, fans s'arrêter aux ordonnances des tréforiers de France de la généralité de Touloufe des 9 Août 1723, 26 Mars, 18 Juillet, 31 Août 1725 & 27 Juillet 1726, & les caffant, avec très-expreffes inhibitions & défenfes auxdits tréforiers d'en rendre à l'avenir de femblables, maintenir les Etats de la province de Languedoc dans la direction des ouvrages pour la conftruction, réparations & entretien des chemins, ponts & chauffées qui leur eft acquife, & en poffeffion de laquelle ils font depuis long-tems, avec défenfes à toutes perfonnes de les y troubler ; & ordonner que les conteftations qui pourroient naître à l'occafion defdites conftructions, réparations & entretien des chemins, ponts & chauffées, feront portées

N°. XXI.

tées devant le sieur intendant pour être par lui jugées sommairement & sans frais, conformément à l'arrêt du 16 Octobre 1724 & aux précédens, & qu'à cet effet toutes lettres à ce nécessaires seront expédiées. Vu ladite requête ; les ordonnances des trésoriers de France de la généralité de Toulouse des 9 Août 1723, 26 Mars & 31 Août 1725 & 27 Juillet 1726 ; l'arrêt du conseil du 16 Octobre 1724 & autres pieces jointes, ensemble l'avis du sieur de Bernage de Saint-Maurice, conseiller du Roi en ses conseils, maître des requêtes ordinaire de son hôtel, intendant en Languedoc : Oui le rapport du sieur Lepelletier, conseiller d'état ordinaire & au conseil royal, contrôleur général des finances ; LE ROI ÉTANT EN SON CONSEIL, sans s'arrêter audites ordonnances des trésoriers de France de la généralité de Toulouse, auxquels Sa Majesté fait défenses d'en rendre à l'avenir aucunes sur le fait des chemins, A ORDONNÉ ET ORDONNE que les Etats de la province de Languedoc seront maintenus dans la direction des ouvrages concernant les constructions, réparations & entretien des chemins, ponts & chaussées de la province, ainsi & de la maniere qu'il en a été usé par le passé, en se conformant par lesdits Etats aux ordonnances, arrêts & réglemens, tant généraux que particuliers rendus pour la province de Languedoc, & à l'exécution desquels Sa Majesté enjoint au sieur intendant de justice, police & finances en ladite province, de tenir la main. ORDONNE en outre Sa Majesté que l'arrêt de son conseil du 16 Octobre 1724, sera exécuté selon sa forme & teneur, & en conséquence que tous les différends & contestations qui pourront naître à l'occasion des constructions, réparations & entretien

Tome II.

des chemins, ponts & chaussées de ladite province, seront portées devant ledit sieur intendant, pour être par lui jugées définitivement, sauf l'appel au conseil, conformément audit arrêt ; & sur le présent arrêt toutes lettres nécessaires seront expédiées. FAIT au conseil d'état du Roi, Sa Majesté y étant, tenu à Versailles le dixieme jour de Décembre mil sept cent vingt-six.

PHELYPEAUX signé.

LOUIS, PAR LA GRACE DE DIEU, ROI DE FRANCE ET DE NAVARRE : A notre amé & féal conseiller en nos conseils, maître des requêtes ordinaire de notre hôtel, le sieur de Bernage de Saint-Maurice, intendant de justice, police & finances en notre province de Languedoc, SALUT. Nous vous mandons & enjoignons par ces présentes signées de nous, de tenir la main à l'exécution de l'arrêt ci-attaché sous le contre-scel de notre chancellerie, ce jourd'hui donné en notre conseil d'état, nous y étant, pour les causes y contenues. Commandons au premier notre huissier ou sergent sur ce requis de signifier ledit arrêt à tous qu'il appartiendra, à ce que personne n'en ignore, & de faire pour son entiere exécution tous actes & exploits nécessaires, sans autre permission : CAR tel est notre plaisir. DONNÉ à Versailles le dixieme jour de Décembre l'an de grace mil sept cent vingt-six & de notre regne le douzieme. Signé, LOUIS, Et plus bas, Par le Roi, PHELYPEAUX. Et scellé.

LOUIS DE BERNAGE, chevalier, seigneur de Saint-Maurice, Vaux, Chassy & autres lieux, conseiller du Roi en ses conseils, maître des requêtes ordinaire de son hôtel, grand-croix de l'ordre royal & militaire de

T t

St. Louis, *intendant de justice, police & finances en la province de Languedoc.*

VU l'arrêt du conseil d'état ci-dessus: Nous ordonnons que ledit arrêt du conseil sera exécuté suivant sa forme & teneur. Fait à Montpellier, le 31 Décembre 1726. *Signé,* DE BERNAGE. *Et plus bas :* Par Monseigneur, SAGET.

XXII.
LETTRES-PATENTES
SUR L'ARRÊT PRÉCÉDENT.

Du 19 Septembre 1727.

LOUIS, PAR LA GRACE DE DIEU, ROI DE FRANCE ET DE NAVARRE: A tous ceux qui ces présentes lettres verront ; SALUT. Nos très-chers & bien-amés, les gens des Trois-états de notre province de Languedoc, nous ont fait représenter, que les Etats de ladite province, étant chargés de pourvoir à la dépense de la construction, réparation & entretien des chemins, ils en ont toujours eu aussi la direction ; que c'est pour cette raison, que les commissaires présidens pour nous auxdits Etats, leur recommandent tous les ans, suivant un article de leurs instructions, de faire réparer les chemins, & de les faire entretenir en bon état ; que pour obéir à nos ordres, & pour l'utilité publique, les Etats reglent par leurs délibérations, les réparations à faire dans les grands chemins, & les fonds qui y doivent être employés; qu'ils nomment des commissaires pour diriger pendant l'année, les ouvrages qui ont été délibérés, & pour en faire les adjudications au rabais, conjointement avec les syndics généraux de la province, & qu'ils ont aussi établi des inspecteurs pour faire toutes les visites nécessaires, & veiller à la conservation

des chemins, qui ont toujours fait une partie de l'administration des Etats, & de l'économie intérieure des affaires de la province ; que les dioceses dans leurs assemblées, reglent encore les réparations à faire dans les chemins de traverse, & les fonds qui y doivent être employés; que le soin de faire observer les réglemens faits par les Etats concernant les chemins, regarde le sieur intendant de la province, qui est dans l'usage de rendre pour cet effet, toutes les ordonnances nécessaires, & qu'il y a été encore maintenu par un arrêt de notre conseil du 16 Octobre 1724, qui lui attribue de nouveau, la connoissance de toutes les contestations concernant la construction & entretien des chemins ; que cet usage est fondé sur la justice, étant naturel que la province étant chargée de prendre sur elle-même, toutes les dépenses nécessaires pour les constructions, entretiens & réparations des chemins, les Etats ayent la direction des ouvrages dont ils ordonnent les fonds, & qu'ils veillent eux-mêmes à l'utilité de l'emploi des deniers, qui se prennent, suivant les différens cas, ou sur la province en corps, ou sur les dioceses, ou sur les communautés particulieres ; que cet ancien usage se trouve autorisé & confirmé par des arrêts de notre conseil des 2 Janvier 1648, 4 Septembre 1651, 24 Septembre 1663, 3 Octobre 1711 & 22 Août 1713, qui, en maintenant les Etats en la direction de ces ouvrages, ont cassé les ordonnances que les maîtres des ports, ponts, chemins & passages, & les officiers des eaux & forêts, avoient entrepris de donner là-dessus, & par les ordonnances rendues en conséquence par les sieurs de Besons, Daguesseau & de Basville, successivement intendans de ladite province, en 1673, 1678 & 1711 ; qu'au préjudice d'un droit aussi-bien établi,

N°. XXII.

& soutenu d'une possession aussi ancienne que constante, les trésoriers de France de la généralité de Toulouse, ont entrepris, depuis quelque tems, de les y troubler, & rendu une ordonnance le 9 Août 1723, contenant diverses dispositions pour l'élargissement des chemins, le creusement des fossés & autres réglemens semblables, qui n'eut alors aucune exécution ; que depuis ils ont rendu une autre ordonnance le 26 Mars 1725, portant qu'il sera commis dans les villes & lieux de l'étendue de la généralité, des personnes capables, pour tenir la main à l'exécution des réglemens concernant la voirie, lesquelles se transporteront partout où besoin sera, pour visiter les grands chemins & dresser procès verbal de l'état d'iceux, & des contraventions aux ordonnances ; qu'en conséquence, ils ont expédié une commission le 18 Juillet suivant, en faveur du sieur Pruet, substitut de notre procureur aux ordinaires de Villemur, pour visiter les chemins royaux & de traverse du diocèse bas-Montauban ; & ils ont pareillement commis, par autre ordonnance du 31 Août 1725, le sieur Basset de Lartusier, viguier de la ville de Soreze, pour faire les fonctions d'inspecteur des chemins dans les diocèses de Lavaur, St. Papoul, Castres & Alby, & ont enfin rendu une nouvelle ordonnance le 27 Juillet 1726, contre quelques habitans de la communauté de Puybusque, diocèse de Toulouse ; que les Etats de ladite province nous ayant porté leurs plaintes contre ces ordonnances, & nous ayant représenté qu'elles attaquent l'administration & les priviléges desdits Etats, l'attribution de plus fort accordée au sieur intendant par l'arrêt du conseil du 16 Octobre 1724, confirmatif des précédens, & qui, loin d'apporter aucune utilité, sont un sujet de trouble

& de vexation pour les communautés & particuliers de la province ; que les titres généraux qui attribuent aux bureaux des finances, la grande & petite voirie, n'ont pas été exécutés en Languedoc, comme dans les pays d'élection, qui sont régis d'une manière bien différente ; ainsi que les trésoriers de France l'ont reconnu eux-mêmes, s'étant contentés jusqu'à présent dans la province de Languedoc, d'exercer leur jurisdiction sur la petite voirie, c'est-à-dire, sur les alignemens des rues dans l'enceinte des villes, sans se mêler en aucune maniere de ce qui regarde les chemins ; qu'ils voudroient aujourd'hui faire revivre un droit dont ils n'ont pas joui, & établir insensiblement une possession par des actes de jurisdiction ; que cette prétention ne peut convenir avec l'attribution accordée au sieur intendant de la province, qui juge sommairement & sans frais, & produiroit continuellement entr'eux des conflits de jurisdictions ; que les commissions expédiées par les trésoriers de France, n'aboutissent qu'à inquiéter les communautés & les particuliers, & à faire des frais considérables, par les taxes arbitraires que font ces commissaires, pour le payement de leurs journées & de leurs procès verbaux, ce qui a déjà excité plusieurs plaintes ; outre qu'en Languedoc, les communautés ne pouvant pourvoir aux dépenses qu'au moyen des impositions, elles n'en peuvent cependant faire aucune, suivant les réglemens de la province, sans le consentement des Etats & des sieurs commissaires présidens pour nous en iceux, qui ne l'accordent qu'avec connoissance de cause, & par rapport à l'état des choses, & à celui des autres impositions, au payement desquelles les communautés doivent pourvoir par préférence ; & qu'enfin, le droit & la possession des Etats,

N°. XXII.

d'avoir la direction des ouvrages, dont ils ordonnent ou permettent les fonds, ne leur font pas même particuliers, étant également acquis aux autres provinces du royaume, qui font dans le même cas, notamment à celle de Provence, laquelle a été maintenue dans ce droit & dans cette possession, par une déclaration du 20 Novembre 1714, qui porte que les procureurs syndics du pays, continueront d'avoir la direction de tout ce qui regarde les ponts & chemins dans toute l'étendue de la Provence, à l'effet de quoi les devis & baux qui seront par eux passés, seront exécutés suivant leur forme & teneur : Pourquoi ils nous auroient très-humblement supplié, qu'il nous plût, sans nous arrêter aux ordonnances des trésoriers de France de la généralité de Toulouse, des 9 Août 1723, 26 Mars, 18 Juillet, 31 Août 1725 & 27 Juillet 1726 & les cassant, avec très-expresses inhibitions & défenses auxdits trésoriers d'en rendre à l'avenir de semblables, maintenir lesdits Etats dans la direction des ouvrages, pour la construction, réparation & entretien des chemins, ponts & chaussées, qui leur est acquise, & en possession de laquelle ils font depuis long-tems, avec défenses à toutes personnes de les y troubler ; & ordonner que les contestations qui pourroient naître à l'occasion desdites constructions, réparations & entretien des chemins, ponts & chaussées, seront portées devant le sieur intendant, pour être par lui jugées sommairement & sans frais, conformément à l'arrêt du 16 Octobre 1724 & aux précédens ; Sur quoi, par arrêt rendu en notre conseil d'état, nous y étant, le 10 Décembre dernier, sans nous arrêter auxdites ordonnances des trésoriers de France de la généralité de Toulouse, auxquels nous avons fait défenses d'en rendre à l'ave-

nir aucune sur le fait des chemins, nous avons maintenu les Etats de la province de Languedoc, dans la direction des ouvrages concernant les constructions, réparations & entretien des chemins, ponts & chaussées de la province, ainsi & de la manière qu'il en a été usé par le passé, en se conformant par lesd. Etats, aux ordonnances, arrêts & réglemens, tant généraux que particuliers, rendus pour la province de Languedoc, & à l'exécution desquels nous avons enjoint au sieur intendant de justice, police & finances de ladite province, de tenir la main : Nous avons. en outre ordonné, que l'arrêt de notre conseil du 16 Octobre 1724, sera exécuté selon sa forme & teneur ; & en conséquence, que tous les différends & contestations qui pourront naître à l'occasion des constructions, réparations. & entretien des chemins, ponts & chaussées de ladite province, seront portées devant ledit sieur intendant, pour être par lui jugées définitivement, sauf l'appel au conseil, conformément audit arrêt, & pour l'exécution d'icelui, nous avons ordonné que toutes. lettres nécessaires seront expédiées ; Et voulant que ledit arrêt soit pleinement exécuté : A CES CAUSES, de l'avis de notre conseil, qui a vu ledit arrêt, rendu en notre conseil d'état, nous y étant, le 10 Décembre 1726, ci-attaché sous le contre-scel de notre chancellerie, de notre grace spéciale, pleine puissance & autorité royale, nous avons, conformément à icelui, sans nous arrêter aux ordonnances des trésoriers de France de la généralité de Toulouse, auxquels nous faisons défenses d'en rendre à l'avenir aucune sur le fait des chemins, ordonné, & par ces présentes signées de notre main, ordonnons, voulons & nous plaît, que les Etats de notre province de Languedoc, soient maintenus, comme nous les maintenons, dans la direction des ouvrages concernant les constructions, réparations & entretien des chemins, ponts & chauffées de la province, ainsi & de la même maniere qu'il en a été usé par le passé, en se conformant par lesdits Etats, aux ordonnances, arrêts & réglemens, tant généraux que particuliers, rendus pour la province de Languedoc, & à l'exécution desquels nous enjoignons au sieur intendant de justice, police & finances en lad. province, de tenir la main : Ordonnons en outre, que l'arrêt de notre conseil du 16 Octobre 1724, sera exécuté selon sa forme & teneur ; & en conséquence, que tous les différends & contestations qui pourront naître à l'occasion des constructions, réparations & entretien des chemins, ponts & chauffées de ladite province, seront portées devant ledit sieur intendant, pour être par lui jugées définitivement, sauf l'appel en notre conseil conformément audit arrêt. Si DONNONS EN MANDEMENT, à nos amés & féaux conseillers, les gens tenant notre cour de parlement à Toulouse, que ces présentes, ensemble ledit arrêt de notre conseil, ils ayent à faire lire, publier & registrer, & le contenu en icelles, garder & observer selon leur forme & teneur, nonobstant tous édits, déclarations, arrêts, réglemens & autres choses à ce contraires, auxquelles nous avons dérogé & dérogeons par ces présentes, aux copies desquelles, collationnées par l'un de nos amés & féaux conseillers secrétaires, voulons que foi soit ajoutée comme à l'original : CAR tel est notre plaisir ; En témoin de quoi nous avons fait mettre notre scel à cesdites présentes. DONNÉ à Fontainebleau le dix-neuvieme jour du mois de Septembre, l'an de grace mil sept cent vingt-sept, & de notre regne le treizieme. Signé, LOUIS :

Et plus bas ; Par le Roi, PHELY-PEAUX. Et scellé.

Ces lettres-patentes ont été enregistrées au parlement de Toulouse le 7 Novembre suivant.

XXIII.
EXTRAIT de la déclaration du Roi du 20 Janvier 1736.
ARTICLE LVIII.

N'ENTENDONS rien innover en ce qui concerne les ouvrages nécessaires pour la construction, entretien, & réparation des grands chemins, ponts & chauffées de notredite province ; voulant que les Etats de ladite province continuent d'avoir la direction & l'administration desdits ouvrages, ainsi qu'elle leur a été ci-devant attribuée, sauf à nous, s'il y échoit, d'y pourvoir ainsi qu'il appartiendra.

XXIV.
EXTRAIT du registre des délibérations des Etats généraux de Languedoc, assemblés par mandement du Roi en la ville de Montpellier au mois de Novembre 1736.

Du Lundi 21 Janvier 1737, président Mgr. l'archevêque & primat de Narbonne.

MONSEIGNEUR l'évêque d'Alais, commissaire nommé avec Mgr. l'évêque de St. Papoul, M. le baron de Calvisson, M. le baron de Lanta, & les sieurs maires & députés de Montpellier, Beziers, & les diocésains de Toulouse & du Puy, pour la direction des travaux publics ; a dit, que dans le cours des différentes affaires dont MM. les commissaires ont rendu compte à l'assemblée par rapport aux travaux publics, ils se sont apperçus que la dépense en devient toutes les années plus considérable ; ce qui les a engagés à examiner plus particuliere-ment la caufe de cette augmentation, & à chercher les moyens de la réduire. Que s'étant fait rapporter les ancien-nes délibérations des Etats fur le mê-me fujet, ils avoient vu qu'il avoit été fait plufieurs réglemens en 1548, 1551 & 1599, qui déterminoient d'une ma-niere précife les différentes natures d'ouvrages publics, & la quotité pour laquelle les communautés, les dioce-fes, les fénéchauffées, & enfin la pro-vince en corps, devoient contribuer à leur dépenfe. Qu'ils avoient auffi re-connu, que fuivant les anciennes or-donnances des Rois, notamment par celles de Charles VIII du 8 Mars 1483, de Louis XII du 9 Octobre 1501, de François I du 10 Septembre 1520, & de Henry II des 28 Juin & 31 Janvier 1548, les revenus des leudes & péages devoient être employés aux réparations des chemins, ponts & chauffées de la province. Que les dif-pofitions de ces fages réglemens furent renouvellées en dernier lieu par une délibération du 14 Février 1709, par laquelle il fut déterminé que les che-mins, tant de la pofte que de traverfe, feroient réparés & entretenus par les fénéchauffées, ou par les diocefes, chacun en droit foi, ainfi qu'il avoit été anciennement pratiqué, fans que la province fût tenue d'y contribuer. Qu'à l'égard des ponts & chauffées qui fervent à contenir les rivieres, ils feroient faits, réparés & entretenus par les villes & lieux, ou par les dio-cefes où ils font fitués, jufqu'à con-currence de leur préciput, qui fut ré-glé pour les petits lieux à 120 livres, pour les villes maîtreffes à 240 livres, & pour les diocefes à 1200 livres, & en cas que lefdites fommes ne fuffent pas fuffifantes, le furplus jufqu'à con-currence de 10,000 livres devoit être fupporté par la fénéchauffée; & que

la province ne pouvoit être obligée de contribuer auxdits ouvrages que lorf-qu'ils iroient au-delà de ladite fomme. Que pour rendre ce réglement plus authentique & plus ftable, il avoit été rendu un arrêt au confeil le 22 Août 1713, qui autorifa & homologua la-dite délibération, & ordonna qu'elle feroit exécutée felon fa forme & te-neur, fans préjudice néanmoins à la province de faire employer les revenus des leudes & péages auxdites répara-tions.

Que quoiqu'on eût dû fuivre un ar-rangement fi bien concerté, il paroif-foit que, fans y déroger précifément, & en connoiffance de caufe, on s'en étoit fouvent écarté fous divers prétex-tes, principalement à l'occafion des réparations des chemins qui menent aux lieux d'étape, qu'on a cru fans fondement devoir regarder le général de la province, quoique les réglemens n'ayent jamais fait aucune exception à cet égard. Que MM. les commiffaires ont regardé la bonté que les Etats ont eu de fe prêter à ces exceptions, com-me la véritable caufe des demandes qui font formées chaque année de toute part, & dont la multiplication devien-droit extrêmement à charge, en aug-mentant confidérablement les impofi-tions, fi on n'en arrêtoit les progrès.

Qu'on n'imagine pas de moyen plus efficace pour y parvenir, que celui de reprendre rigoureufement l'exécution du réglement de 1713 : Qu'on doit ef-pérer que lorfque chacun fe verra obli-gé de s'y conformer, on aura plus d'at-tention à faire de petites réparations qui en épargnent fouvent de très-gran-des, & à n'entreprendre que des ou-vrages abfolument utiles & indifpen-fables.

Qu'ayant déjà été pourvu au réta-bliffement à neuf des plus grandes rou-tes, & à leur entretien, il ne reftoit plus que les chemins de traverse qui méritassent quelque attention ; mais que pour prescrire à chaque diocese la maniere dont ils devoient pourvoir à leurs réparations, on avoit besoin de plusieurs éclaircissemens, qu'on pourroit demander à MM. les commissaires des dioceses : Qu'il étoit aussi très - important de prendre des mesures pour faire exécuter les anciennes ordonnances sur le fait des péages & leudes ; ce qui demandoit un travail qu'il n'étoit pas possible de faire pendant les Etats : mais qu'en différant jusqu'à l'année prochaine de mettre la derniere main à cet ouvrage, il convenoit du moins de s'astreindre dès-à-présent au réglement déjà fait : Et que par toutes ces raisons, MM. les commissaires ont cru devoir proposer à l'assemblée de délibérer,

1º. Qu'on se conformera à l'avenir à la délibération du 4 Février 1709, & à l'arrêt du conseil du 22 Août 1713, qui a autorisé le réglement fait par ladite délibération, pour les réparations des chemins, ponts & chaussées, tant des grandes routes, que de celles de l'étape & de traverse.

2º. Qu'à l'égard des ouvrages commencés pour les mêmes réparations, en conséquence des délibérations antérieures à celle qui sera prise présentement, ils seront continués jusqu'à leur entiere perfection, suivant ce qui est porté par les délibérations prises pour chacun en particulier, sans pouvoir leur donner aucune extension ; après quoi on observera à leur égard, tant pour l'entretien que pour les nouvelles réparations, ce qui est prescrit par les réglemens.

3º. Que pour parvenir à faire employer le revenu des péages & leudes possedés par des seigneurs ou autres particuliers, suivant les dispositions des anciennes ordonnances, & de l'arrêt

du 22 Août 1713, MM. les commissaires des dioceses seront priés de faire dresser pendant le cours de l'année des mémoires, contenant le détail desdits droits, des lieux où on les perçoit, & des personnes à qui ils appartiennent, avec leur produit, en indiquant en même - tems l'usage qu'on en pourroit faire, pour les réparations & entretien des ponts & chemins.

Et enfin, que MM. les commissaires des dioceses envoyeront aussi pendant le cours de l'année aux syndics généraux des mémoires, contenant l'état où sont actuellement tous les chemins de leur diocese, la maniere dont on a pourvu jusqu'à présent à leur entretien, les réparations qu'il conviendroit d'y faire pour les rendre praticables, & les moyens qu'on pourroit employer pour les faire réparer & entretenir, soit par corvées ou autrement ; pour que sur tous ces éclaircissemens, les Etats puissent prendre dans leur prochaine assemblée les mesures convenables pour achever de mettre en regle cette partie de leur administration.

Tous lesquels arrêtés ont été approuvés & délibérés, conformément à l'avis de MM. les commissaires.

X X V.

EXTRAIT du registre des délibérations des Etats généraux de Languedoc, assemblés par mandement du Roi en la ville de Montpellier, au mois de Décembre 1738.

Du Jeudi 29 Janvier 1739, président Mgr. l'archevêque & primat de Narbonne.

MONSEIGNEUR l'Evêque d'Alais a dit, que les Etats ayant délibéré le 21 Janvier 1737 de se conformer exactement à l'avenir, au sujet des réparations & entretien des chemins dans la province, aux dispositions du réglement fait en 1709, délibererent en même-tems que MM. les commissaires des diocefes enverroient pendant le cours de l'année aux syndics généraux des mémoires contenant l'état où sont actuellement tous les chemins de leurs diocefes, la maniere dont on a pourvu jusqu'à présent à leur entretien, les réparations qu'il conviendroit d'y faire pour les rendre praticables, & les moyens qu'on pourroit employer pour les faire réparer & entretenir, afin de prendre sur tous ces éclairciffemens les mefures convenables pour achever de mettre en regle cette partie de leur administration; & que la même délibération charge auffi MM. les commiffaires des diocefes d'envoyer pareillement un état en détail des péages & leudes qui fe levent dans l'étendue defdits diocefes.

Qu'en conféquence de cette délibération il a été envoyé des mémoires de tous les diocefes, à la réferve de deux feulement; mais que, comme le plus grand nombre n'a été remis que fort tard, & quelques-uns même depuis le commencement des Etats, le fieur de Joubert, fyndic général, à qui ces mémoires ont été adreffés, a été obligé de fe contenter d'en faire l'extrait, fans qu'il ait été poffible de faire aucun projet de réglement au fujet des réparations & entretien defdits chemins.

Qu'il a été fait lecture à la commiffion d'une partie de l'extrait ou précis de plufieurs de ces mémoires, & qu'elle a été convaincue qu'à la réferve des diocefes de la fénéchauffée de Nîmes, qui font depuis long-tems dans l'ufage de faire des dépenses confidérables pour les chemins, tous les autres n'en ont fait aucune, de forte que les chemins ayant été extrêmement négligés, il ne s'agit pas feulement de prendre des mefures pour les entretenir dans ces diocefes, mais plutôt pour les

conftruire à neuf, ce qui préfente d'abord un objet de dépenfe fort confidérable.

Que d'ailleurs, à la réferve de quelques diocefes, tels que celui de Caftres, qui ont déterminé le nombre des chemins qui étoient néceffaires, & l'objet de la dépenfe defdits chemins, les autres ne font pas entrés dans ce détail, & fe font contentés de faire connoître d'une maniere générale la néceffité de faire de nouveaux chemins.

Enfin, quant à la maniere de pourvoir à cette dépenfe, les uns ont infifté fur la néceffité d'avoir recours aux corvées, & les autres ont combattu ce projet auquel ils ont fubftitué d'autres arrangemens.

Que dans cette fituation, la commiffion a cru ne pouvoir délibérer autre chofe, fi ce n'eft, 1º. Qu'en conformité du réglement de 1709, le grand chemin de la pofte fera réparé & entretenu dans la fénéchauffée de Carcaffonne & de Touloufe par lefdites fénéchauffées en corps, & dans la fénéchauffée de Nîmes, (par les diocefes de ladite fénéchauffée) chacun dans leur étendue.

2º. Qu'en conformité du même réglement, les chemins de la ligne de l'étape & de traverfe, c'eft-à-dire, les chemins qui fervent à la communication d'un diocefe à un autre, ou d'une ville confidérable à une autre femblable dans le même diocefe, feront réparés & entretenus par les diocefes chacun pour ce qui les concerne.

3º. Que les chemins qui ne fervent qu'à la communication d'un village à un autre, ou d'un village à un chemin de traverfe, feront réparés & entretenus par les communautés.

4º. Que les fyndics généraux feront chargés de dreffer un projet de réglement fur la maniere de réparer & entretenir lefdits chemins de l'étape, de
traverfe

traverfe & autres, à l'ufage des communautés, foit par corvées, foit de quelqu'autre maniere.

5°. Que dans le cours de l'année, MM. les commiffaires des dioceses détermineront quels font lefdits chemins de traverfe, & qu'ils en feront dreffer un état contenant le nom defdits chemins, leur étendue dans le diocefe, & les lieux par où ils paffent, ce qu'ils feront pareillement à l'égard des chemins de l'étape, s'il y en a dans le diocefe.

6°. Que lefdits fieurs commiffaires feront auffi procéder au devis eftimatif des réparations & nouveaux ouvrages à faire auxdits chemins de l'étape & de traverfe, afin de déterminer, par rapport à chaque diocefe, l'objet de la dépenfe.

7°. Que les états des chemins de l'étape & de traverfe, & les devis defdits chemins feront envoyés aux fyndics généraux dans le cours de l'année, & au plus tard dans tout le mois de Septembre prochain, pour en être rendu compte aux Etats.

8°. Que cependant, afin de pourvoir, au moins par provifion, à l'entretien defdits chemins, les fyndics généraux doivent être chargés de pourfuivre une ordonnance devant M. l'intendant, à l'effet d'obliger les particuliers dont les poffeffions aboutiffent aux chemins, de faire recreufer & entretenir les foffés dans les endroits où ils feront jugés néceffaires, & à leur défaut d'autorifer les fyndics des diocefes à les faire recreufer à leurs dépens, avec pouvoir de contraindre lefdits particuliers au payement des fommes qui auront été avancées, même par établiffement de garnifon.

9°. Qu'enfin pour ce qui concerne les ponts, dont l'objet n'eft pas moins néceffaire que celui du recreufement des foffés, ils doivent être faits, réparés & entretenus conformément au réglement fait en l'année 1709.

Ce qui a été délibéré conformément à l'avis de MM. les commiffaires.

XXVI.

EXTRAIT du regiftre des délibérations des Etats généraux de Languedoc, affemblés par mandement du Roi en la ville de Montpellier, au mois de Janvier 1756.

Du Samedi 14 Février fuivant, préfident Mgr. l'archevêque & primat de Narbonne, commandeur de l'Ordre du Saint-Efprit.

MONSEIGNEUR l'évêque de Montpellier a dit, que MM. les commiffaires des travaux publics fe font affemblés plufieurs fois pour reprendre l'examen du nouveau projet de réglement fur la contribution aux réparations des ponts & chemins, déjà préfenté aux Etats, & fur lequel ils délibérerent dans leur derniere affemblée de prendre de plus grands éclairciffemens de la part des diocefes auxquels les fyndics généraux furent chargés d'envoyer le mémoire fait par le fieur de Montferrier, contenant ledit projet qui feroit imprimé à cet effet. (a)

Que le fieur de Montferrier a rapporté à la commiffion toutes les délibérations prifes en conféquence par les affiettes, ou par MM. les commiffaires des diocefes, dont il a été fait lecture de même que des anciens réglemens faits fur cette matiere en 1709, en 1737, & en 1739, dont les difpofitions font rappellées dans le mémoire qui contient auffi un abrégé hiftorique des différentes réfolutions prifes par les

(a) C'eft le mémoire qui a été placé à la tête de ce titre N°. I.

Etats fur le même objet depuis l'année 1483.

Qu'il réfulte en général de cette analyfe, qu'on ne faifoit anciennement prefque point de dépenfe pour les chemins, & que les fommes très-médiocres qu'on employoit aux réparations abfolument indifpenfables pour les rendre paffans étoient à la charge, tantôt des fénéchauffées, tantôt des diocefes, & tantôt des villes particulieres ; que ce n'eft que depuis que le commerce eft devenu plus étendu & plus floriffant, que l'ufage des grandes voitures à roue, autrefois prefque inconnu, a été introduit, & que les poftes ont été établies, qu'on a commencé à donner plus d'attention à la conftruction des chemins & à y employer des fommes confidérables. Qu'il a fallu néceffairement alors fe rapprocher ou s'écarter, fuivant les circonftances, des difpofitions des anciens réglemens fur la contribution auxdites dépenfes, dont la plupart étant bien au-deffus des forces de ceux qui avoient dû les fupporter fuivant la rigueur de la loi, auroient accablé certains cantons de la province fans leur être plus utiles qu'au refte du corps.

Que ces interverfions de l'ordre ordinaire & les exceptions multipliées aux regles générales, les ayant, pour ainfi dire, fait perdre de vue, & donnant lieu à de nouvelles demandes formées chaque année, foit aux Etats en corps, foit aux affemblées particulieres des fénéchauffées, firent fentir en 1737 la néceffité de prendre de nouvelles mefures, relativement au changement des tems & des circonftances, pour rendre plus uniforme cette partie importante de l'adminiftration des Etats, & établir une plus grande égalité dans la contribution aux dépenfes ; à quoi on crut parvenir par les réfolutions que contient la délibération du 21 Janvier de

ladite année 1737, qui ne tendoit proprement qu'à faire exécuter plus rigoureufement les réglemens faits en 1709, & n'étoit pas fuffifante pour remplir l'objet qu'on avoit en vue.

Que la délibération prife le 29 Janvier 1739, ne contenant à-peu-près que les mêmes moyens, ayant paru également infuffifante, il avoit paru indifpenfable de chercher d'autres voies de parvenir au but defiré par les Etats. Que tel a été l'objet du travail fait par leurs ordres par le fieur de Monferrier, dont tout le plan confifte à charger la province en corps des dépenfes relatives aux réparations des principales routes, qu'il appelle de la premiere claffe ; les fénéchauffées en corps, de la dépenfe des routes moins confidérables rangées dans une feconde claffe ; chaque diocefe en particulier, de celle des réparations des chemins du troifieme ordre qui ne fervent qu'à des petites communications ; & chaque communauté, de ce qui concerne les plus petits chemins qui ne fervent gueres qu'à leur ufage.

Que ce fyfteme eft appuyé fur un principe fondamental de la conftitution des pays d'Etats, fuivant lequel tout y doit être effentiellement folidaire, & le corps politique doit naturellement fupporter toute dépenfe qui tend à produire un bien général, quand même quelqu'un des membres de ce corps en tireroit moins d'avantage qu'un autre, maxime inconteftable qui reçoit fon application au projet dont il s'agit, en rejettant d'abord fur le général de la province les dépenfes qui tournent médiatement ou immédiatement à l'utilité commune, & puis fur les fénéchauffées, fur les diocefes, & fur les communautés, ce qui contribue le plus à l'avantage de chacun de ces corps particuliers.

Que cette théorie, qui fe préfente

véritablement fous un coup d'œil avantageux, a été regardée de même par
prefque tous les diocefes, du moins
pour ce qui concerne les chemins qu'on
peut ranger dans la premiere claffe,
ainfi qu'il réfulte de leurs délibérations,
tendant à ce que le projet foit accueilli
fur ce premier point; mais qu'il n'y a
pas eu la même unanimité de fuffrages
par rapport à ce qui regarde les chemins de la deuxieme claffe, tous les
diocefes de la fénéchauffée de Beaucaire & Nimes s'étant oppofés à l'exécution du projet, en ce qu'il tend à les
affocier en corps de Sénéchauffée, pour
fupporter en commun la dépenfe des
chemins de cette feconde efpece qui
ont été de tous les tems à la charge de
chacun defdits diocefes en particulier.
Que les raifons de cette oppofition,
prifes de certains motifs propres à ces
diocefes ont paru à la commiffion mé-
riter d'autant plus d'attention qu'il eft
aifé de concilier les intérêts & les ufages particuliers de ces diocefes avec les
vues du nouveau projet, en laiffant fimplement à la charge de chacun defdits
diocefes les chemins de la feconde &
troifieme claffe.

Que le refte du projet concernant
les autres chemins ne contenant aucun
changement à ce qui a été réglé par la
délibération du 4 Février 1709, & à
l'arrêt du 22 Août 1713, qui l'a autorifée, il ne doit être queftion que de
laiffer les chofes dans le même état.

Que quoique cette affaire eût été
murement examinée dans diverfes féances de la commiffion, Mgr. l'archevêque de Narbonne a bien voulu la faire
difcuter encore dans une affemblée renforcée qui a été tenue chez lui, où,
après avoir pefé avec la plus grande attention les inconvéniens des précédens
réglemens, les avantages que femble
préfenter le nouveau projet, & les obfervations contenues dans les délibéra-

tions des diocefes, il a été unanimement déterminé de propofer aux Etats
de délibérer:

1º. Que toutes les grandes routes où
la pofte eft actuellement établie, & où
elle pourra l'être dans les fuites, feront
à l'avenir à la charge de la province en
corps, tant pour l'entretien & réparations, que pour la nouvelle conftruction, defquels ouvrages les adjudications feront faites par MM. les commiffaires des travaux publics fur les
devis des directeurs de chaque fénéchauffée qui feront rapportés aux Etats,
à l'effet d'être par eux déterminé les
nouveaux ouvrages qui devront être
faits dans l'étendue des trois fénéchauffées, auxquels il fera travaillé chaque
année dans chacune defdites fénéchauffées, indépendamment de l'entretien
ordinaire, au moyen des fonds qui y
feront deftinés par les Etats, & fur lefquels les entrepreneurs feront payés à
fur & à mefure de l'ouvrage fait, en
vertu des ordonnances qui feront expédiées par MM. les commiffaires des
travaux publics, en conféquence des
certificats de chacun des directeurs.

2º. Que les chemins de la feconde
claffe, tels que ceux qui communiquent
actuellement, ou qu'on pourra faire
communiquer, depuis les villes épifcopales jufqu'aux routes de la pofte mentionnées dans l'article précédent, fitués
dans l'étendue des fénéchauffées de
Carcaffonne & de Touloufe feront à la
charge defdites fénéchauffées en corps,
tant pour l'entretien & réparation que
pour la nouvelle conftruction, defquels
ouvrages l'adjudication fera faite par
MM. les commiffaires defdites fénéchauffées fur les devis de leurs directeurs qui feront rapportés à l'affemblée
defdites fénéchauffées, à l'effet d'y être
déterminé ceux des ouvrages auxquels
il devra être travaillé pendant l'année,
indépendamment de ceux d'entretien,

& les fonds qui y seront employés; sur lesquels fonds les entrepreneurs seront payés en vertu des mandemens expédiés par MM. les présidens desdites sénéchaussées, chacun pour ce qui les concerne, en conséquence des certificats des directeurs.

Et qu'à l'égard des dioceses de la sénéchaussée de Beaucaire & Nîmes, ils demeureront chargés de toutes les dépenses relatives à l'entretien & construction desdits chemins de la seconde classe, en la même forme qu'ils le sont à présent, chacun en droit soi.

3°. Que tous autres chemins continueront à être faits, réparés & entretenus, tant dans les sénéchaussées de Carcassonne & de Toulouse, que dans celle de Beaucaire & Nîmes en la même forme qu'ils l'ont été jusqu'à présent, conformément aux dispositions de la délibération du 4 Février 1709, & arrêt du conseil du 22 Août 1713, lesquels seront aussi exécutés pour ce qui concerne la contribution à la dépense des ponts situés sur les chemins de la seconde & troisieme classes & pour tout ce qui n'est point contraire à ce qui sera présentement délibéré.

4°. Que conformément à la délibération du 21 Janvier 1737, les chemins de Meze, de Carcassonne au Mont-Louis, & de Puy-Laurens à Revel, seront continués aux dépens de la province en corps jusqu'à leur entiere perfection, après quoi ils seront réparés & entretenus aux dépens des sénéchaussées des dioceses, conformément au présent réglement.

5°. Que ledit nouveau réglement ne commencera d'avoir lieu qu'en l'année 1757; & que cependant les sénéchaussées & dioceses feront la présente année les mêmes impositions que la précédente, pour être employées en la même forme & aux mêmes objets, suivant les baux ci-devant passés, lesquels auront leur exécution, sans pouvoir être renouvellée dans le cas où quelqu'un desdits baux prendroit fin dans le cours de la présente année.

6°. Que tous les baux pour entretien ou nouvelles réparations des chemins de la poste, faits par les sénéchaussées ou dioceses, seront remis pendant le cours de cette année aux syndics généraux, à l'effet d'être par eux rapportés à la prochaine assemblée des Etats, ainsi que les mémoires & devis qui seront dressés par chacun des directeurs des travaux des trois sénéchaussées, contenant les projets & évaluations des ouvrages à faire sur lesdites routes de la poste, pour être sur le tout délibéré par les Etats ce qu'il appartiendra relativement à ce qui est porté par l'article premier de la présente délibération.

7°. Que les assemblées particulieres des sénéchaussées de Carcassonne & de Toulouse détermineront & désigneront d'une maniere plus précise, les chemins qui devant être regardés comme de la seconde classe, seront à la charge desdites sénéchaussées en corps, après avoir pris de la part des dioceses qui les composent tels éclaircissemens qui seront jugés nécessaires, & leur seront demandés par lesdites sénéchaussées dans leurs prochaines assemblées, pour être sur lesdits éclaircissemens délibéré par chacune desdites sénéchaussées de Carcassonne & de Toulouse pendant l'assemblée des Etats prochains, ce qu'elles aviseront relativement aux dispositions de l'article second ci-dessus.

Enfin, que les syndics généraux seront chargés de poursuivre un arrêt qui autorise la présente délibération, & de travailler à un autre projet de réglement sur les différens objets qui ont rapport à la police des chemins de toute espece, dont il sera par eux rendu compte aux Etats prochains.

Ce qui a été délibéré en tous points, conformément à l'avis de MM. les commissaires.

XXVII.

ARRÊT

DU CONSEIL D'ETAT DU ROI,

Qui autorise la délibération des Etats de la province de Languedoc du 14 Février 1756, servant de réglement au sujet des réparations des chemins, ponts & chaussées de ladite province; & ordonne en conséquence, qu'elle sera exécutée selon sa forme & teneur.

Du 10 Août 1756.

Extrait des Registres du Conseil d'Etat.

VU par le Roi, étant en son conseil, la délibération prise par les gens des Trois-états de la province de Languedoc le 14 Février 1756, sur le projet d'un nouveau réglement concernant la maniere dont il pourroit être pourvu à la contribution aux dépenses nécessaires pour la construction & entretien des ponts & chemins situés dans l'étendue de ladite province ; par laquelle délibération, après le plus mur examen du mémoire contenant le projet dressé par le sieur de Montferrier, un des syndics généraux de ladite province, & des délibérations particulieres prises par chacun des dioceses auxquels ledit mémoire avoit été communiqué, il a été unanimement déterminé ; 1º. Que toutes les grandes routes où la poste est actuellement établie, & où elle pourra l'être dans les suites, seront à l'avenir à la charge de la province en corps, tant pour l'entretien & réparations, que pour la nouvelle construction, desquels ouvrages les adjudications seront faites par les sieurs commissaires des travaux publics, sur

le devis des directeurs de chaque sénéchaussée qui seront rapportés aux Etats, à l'effet d'être par eux déterminé les nouveaux ouvrages qui devront être faits dans l'étendue des trois sénéchaussées, auxquels il sera travaillé chaque année dans chacune desdites sénéchaussées, indépendamment de l'entretien ordinaire au moyen des fonds qui y sont destinés par les Etats, & sur lesquels les entrepreneurs seront payés à fur & à mesure de l'ouvrage fait en vertu des ordonnances qui seront expédiées par les sieurs commissaires des travaux publics, en conséquence des certificats de chacun desdits directeurs : 2º. Que les chemins de la seconde classe, tels que ceux qui communiquent actuellement, ou qu'on pourra faire communiquer depuis les villes épiscopales jusques aux routes de la poste, mentionnées dans l'article précédent, situés dans l'étendue des sénéchaussées de Carcassonne & de Toulouse, seront à la charge desdites sénéchaussées en corps, tant pour l'entretien & réparations, que pour la nouvelle construction, desquels ouvrages l'adjudication sera faite par les sieurs commissaires desdites sénéchaussées, sur les devis de leurs directeurs qui seront rapportés à l'assemblée desdites sénéchaussées, à l'effet d'y être déterminé ceux des ouvrages auxquels il devra être travaillé pendant l'année, indépendamment de ceux d'entretien, & les fonds qui y sont employés, sur lesquels fonds les entrepreneurs seront payés en vertu des mandemens expédiés par les sieurs présidens desdites sénéchaussées, chacun pour ce qui les concerne, en conséquence des certificats desdits directeurs; & qu'à l'égard des dioceses de la sénéchaussée de Beaucaire & Nîmes, ils demeureront chargés de toutes les dépenses relatives à l'entretien & construction desdits chemins de la seconde claſſe , en la même forme qu'ils le ſont à préſent, chacun en droit ſoi : 3°. Que tous autres chemins continueront à être faits , réparés & entretenus , tant dans les ſénéchauſſées de Carcaſſonne & de Touloſe , que dans celle de Beaucaire & Nîmes , en la même forme qu'ils l'ont été juſqu'à préſent , conformément aux diſpoſitions de la délibération du 4 Février 1709 , & de l'arrêt du conſeil du 22 Août 1713 , leſquels ſeront auſſi exécutés pour ce qui concerne la contribution à la dépenſe des ponts, ſitués dans les chemins de la ſeconde & troiſieme claſſes , & pour tout ce qui n'eſt pas contraire à ce qui eſt porté par la préſente délibération : 4°. Que conformément à la délibération du 21 Janvier 1737 , les chemins de Meze , de Carcaſſonne au Mont-Louis, & de Puy-Laurens à Revel, ſeront continués aux dépens de la province en corps , juſques à leur entiere perfection ; après quoi ils ſeront réparés & entretenus aux dépens des ſénéchauſſées ou dioceſes , conformément au préſent réglement : 5°. Que ledit nouveau réglement ne commencera d'avoir lieu qu'en l'année 1757 ; & que cependant les ſénéchauſſées & dioceſes feront la préſente année les mêmes impoſitions que la précédente , pour être employées en la même forme , & aux mêmes objets , ſuivant les baux ci-devant paſſés , leſquels auront leur exécution , ſans pouvoir être renouvellés dans le cas où quelqu'un deſdits baux prendroit fin dans le cours de la préſente année : 6°. Que tous les baux pour entretien ou nouvelles réparations des chemins de la poſte , faits par les ſénéchauſſées ou dioceſes , ſeront remis pendant le cours de cette année aux ſyndics généraux , à l'effet d'être par eux rapportés à la prochaine aſſemblée des Etats , ainſi que les mémoires & devis qui ſeront dreſſés par chacun

des directeurs des travaux de trois ſénéchauſſées , contenant les projets & évaluations des ouvrages à faire ſur leſdites routes de la poſte , pour être ſur le tout délibéré par les Etats , ce qu'il appartiendra : 7°. Que les aſſemblées particulieres des ſénéchauſſées de Carcaſſonne & de Touloſe , détermineront & déſigneront d'une maniere plus préciſe , les chemins qui devant être regardés comme de la ſeconde claſſe , ſeront à la charge deſdites ſénéchauſſées en corps , après avoir pris de la part des dioceſes qui les compoſent , tels éclairciſſemens qui ſeront jugés néceſſaires , & leur ſeront demandés par leſdites ſénéchauſſées dans leur prochaine aſſemblée , pour être ſur leſdits éclairciſſemens délibéré par chacune deſdites ſénéchauſſées de Carcaſſonne & de Touloſe , pendant l'aſſemblée des Etats prochains , ce qu'elles aviſeront , relativement aux diſpoſitions de l'article ſecond ci-deſſus : Enfin , que les ſyndics généraux ſeront chargés de pourſuivre un arrêt qui autoriſe la préſente délibération , & de travailler à un autre projet de réglement , ſur les différens objets qui ont rapport à la police des chemins de toute eſpece, dont il ſera par eux rendu compte aux Etats prochains. La requête du ſyndic général de la province , tendante à ce qu'il plaiſe à Sa Majeſté d'autoriſer ladite délibération , pour être exécutée ſelon ſa forme & teneur , & l'arrêt du conſeil du 22 Août 1713 , dont il eſt fait mention dans ladite délibération : Ouï le rapport du ſieur Peyrenc de Moras , conſeiller d'état & ordinaire au conſeil royal, contrôleur général des finances ; LE ROI ÉTANT EN SON CONSEIL, a autoriſé & homologué ladite délibération priſe par les gens des Trois-états de ſa province de Languedoc le 14 Février 1756 , au ſujet des réparations des chemins , ponts & chauſſées de ladite province : Ordonne en conféquence Sa Majefté, qu'elle fera exécutée felon fa forme & teneur. Enjoint Sa Majefté au fieur de Guignard de Saint-Prieft, intendant & commiffaire départi en ladite province, de tenir la main à l'exécution du préfent arrêt. FAIT au confeil d'Etat du Roi, Sa Majefté y étant, tenu à Verfailles le dixieme Août mil fept cent cinquante-fix.

Signé, PHELYPEAUX.

XXVIII.

EXTRAIT du regiftre des délibérations des Etats généraux de Languedoc, affemblés par mandement du Roi en la ville de Montpellier au mois de Novembre 1769.

Du Jeudi 21 Décembre fuivant, préfident Mgr. l'archevêque de Touloufe.

MONSEIGNEUR l'évêque de Nîmes a dit, que MM. les commiffaires des travaux publics s'étant affemblés chez lùi, il leur a été donné connoiffance par le fieur de Joubert, fyndic général, du fupplément de l'inftruction de Sa Majefté à MM. fes commiffaires concernant les ouvrages de la grande route de communication du Languedoc avec l'Auvergne.

Qu'il y eft expofé que Sa Majefté ayant déterminé d'ouvrir cette route de maniere qu'elle pût être pratiquée par les charrois de toute efpece, attendu l'utilité qui en doit réfulter, en abrégeant de trente lieues le tranfport des marchandifes & denrées qui font portées de Languedoc & même de la Provence à Paris, elle chargea MM. fes commiffaires aux Etats affemblés en cette ville pour l'année 1749 de leur donner connoiffance de fes intentions, tant fùr la fomme pour laquelle les Etats devoient y contribuer, que

fur la forme en laquelle les ouvrages devoient être exécutés : fur laquelle propofition les Etats auroient délibéré l'exécution defdits ouvrages aux conditions qui furent convenues & enfuite autorifées par un arrêt du confeil. Qu'en conféquence les fonds pour lefquels les Etats s'étoient obligés de contribuer à la dépenfe des ouvrages de cette route jufqu'à concurrence de la fomme de 500,000 livres avoient été faits par eux, & que Sa Majefté y auroit auffi contribué pour la même fomme, dont le dernier payement de 50,000 livres doit être effectué en l'année 1770.

Que l'utilité que la province de Languedoc doit retirer de la perfection de cette route ne permettant pas d'en interrompre les ouvrages, Sa Majefté charge MM. fes commiffaires de faire connoître aux Etats combien elle defire qu'ils pourvoyent à l'entiere exécution defdits ouvrages, & que pour accélérer le moment où la province pourra jouir des avantages qu'elle doit en retirer, ils y deftinent annuellement, à commencer de l'année prochaine, une fomme de 100,000 livres dont la moitié feulement fera impofée, Sa Majefté autorifant les Etats à prendre l'autre moitié annuellement fur le prix de la ferme de l'équivalent, de maniere que les deftinations données par Sa Majefté au prix de ladite ferme ne laiffant pas de quoi remplir lad. moitié pour l'année 1770, le furplus fera pris fur le produit de ladite ferme pendant l'année 1771, indépendamment de la moitié en entier pour la même année.

Et que Sa Majefté étant bien perfuadée que les Etats, reconnoiffant de plus en plus l'utilité des ouvrages de cette route, doivent en defirer la perfection, elle charge MM. fes commiffaires de déclarer à l'affemblée que fon intention eft qu'à commencer de ladite année 1770 les Etats reprennent la direction desdits ouvrages, tant de ceux qui ayant été déjà adjugés, ne sont pas encore finis, que de ceux dont l'adjudication n'a pas encore été faite, pour être les uns & les autres exécutés en la même forme & maniere que les autres ouvrages dont les Etats font la dépense en entier, & dont ils ont aussi l'entiere direction, auquel effet tous les projets, plans & devis dressés par ordre de S. M. pour différentes parties de cette route, auxquelles il n'a pas encore été travaillé, feront remis auxdits Etats & exécutés fans qu'il puisse y être fait aucun changement que de l'agrément de Sa Majesté.

Que le supplément d'instructions dont on vient de faire le rapport, rappellant les principaux faits qui se font passés au sujet des ouvrages de cette route, il ne reste autre chose à ajouter si ce n'est que les fonds faits par le Roi & par la province ont été employés à la construction des trois ponts principaux, qui ont paru les ouvrages les plus pressans, & ensuite à ceux de la côte de Mayres au dessus d'Aubenas, & que ces derniers ouvrages ne font pas achevés ; que les entrepreneurs étoient dès l'année derniere 1768 en avance de plusieurs sommes, suivant le compte qui en fut rendu aux Etats, attendu le défaut de fonds, ceux que la province devoit faire étant entierement conformés, ce qui donna lieu aux Etats de délibérer le 29 Décembre 1768 de supplier Sa Majesté de vouloir bien y pourvoir pour le présent & pour l'avenir.

Que sans entrer dans un plus grand détail, qui seroit superflu, MM. les commissaires ont cru devoir remarquer, en se renfermant dans l'objet principal de l'instruction, que si les Etats ont l'avantage de rentrer dans le libre exercice de leur administration, par rapport à un ouvrage important, ils se trouvent aussi chargés en entier d'une dépense qui, suivant les premiers arrangemens, ne devoit regarder que Sa Majesté, pour tout ce qui excédoit le fonds que les Etats ont fourni, ou qu'elle devoit du moins partager avec la province, suivant les lettres postérieures du ministre des finances ; & que dans le concours de ces différentes réflexions, MM. les commissaires n'avoient pas douté que la possession où font les Etats de se conformer aux intentions de Sa Majesté les détermineroit à accepter la proposition que MM. ses commissaires ont été chargés de leur faire, quoiqu'elle tende à augmenter les impositions dont les redevables font déjà surchargés, soit au moyen de la somme de 50,000 livres que Sa Majesté desire être imposée annuellement jusqu'à la perfection des ouvrages, soit par la destination d'une pareille somme sur le produit de la ferme de l'équivalent.

Que MM. les commissaires ont en même-tems observé, sur ce qui est énoncé dans le supplément d'instruction de l'insuffisance du produit de cette ferme en l'année 1770, attendu la destination qui a été faite sur ce produit par Sa Majesté pour cette même année, de la somme de 91,000 livres, & du remplacement qui doit en être fait sur celui de l'année suivante 1771, que cette espece de dérangement n'aura lieu que pour l'année prochaine, en supposant même que le ministre des finances ne jugeât pas à propos d'avoir égard aux représentations qui lui ont été faites à ce sujet.

De sorte que, dans ces circonstances MM. les commissaires ont cru devoir proposer à l'assemblée de délibérer, 1°. De se conformer aux intentions de Sa Majesté en paroissant fermer les yeux sur les besoins des peuples que
les

les Etats se réservent de concilier toujours dans des tems plus heureux, avec la continuation des ouvrages de la route de communication avec l'Auvergne par le Vivarais dont ils se chargeront en entier.

2°. Que les ouvrages de ladite route, sans exception, même ceux qui ayant été déjà adjugés, ne sont pas encore finis, seront exécutés d'autorité des Etats, sous la direction de MM. les commissaires des travaux publics en la même forme & maniere que les autres ouvrages dont les Etats font la dépense en entier, & dont ils ont aussi l'entiere direction.

3°. Que les plans & devis des ouvrages dont les projets ont été dressés par ordre de Sa Majesté & approuvés par elle, seront remis aux Etats, & par eux au sieur Grangent, directeur des travaux publics de la province dans ledit département, à l'effet d'être exécutés, sauf l'agrément de Sa Majesté pour les changemens qui pourroient être devenus nécessaires depuis la levée desd. plans & la dresse desd. devis, par le laps du tems & la position des lieux.

4°. Enfin qu'il sera imposé l'année prochaine en conséquence, pour se conformer aux intentions de Sa Majesté, un fonds de 50,000 livres, & qu'il sera réservé sur le prix de la ferme de l'équivalent de l'année 1770, une pareille somme de 50,000 livres pour être lesdites sommes employées aux ouvrages de cette route.

Ce qui a été ainsi délibéré, conformément à l'avis de MM. les commissaires.

XXIX.
ARRÊT
Du Conseil d'Etat du Roi,

Qui autorise la délibération des Etats du 21 Décembre 1769, par laquelle

Tome II.

ils consentent à se charger de l'entiere exécution des ouvrages de la route de communication du Languedoc avec l'Auvergne, desquels ils auront la direction, dans la même forme & maniere que celle des autres ouvrages publics dont ils sont chargés en seuls.

Du 9 Avril 1770.

EXTRAIT des Registres du Conseil d'Etat.

VU par le Roi, étant en son conseil, le supplément d'instructions de Sa Majesté aux sieurs commissaires qui ont présidé pour elle aux Etats de Languedoc, assemblés par son mandement en la ville de Montpellier au mois de Novembre 1769; Contenant, que Sa Majesté ayant déterminé d'ordonner d'ouvrir la route de communication du Languedoc avec l'Auvergne, de maniere qu'elle pût être pratiquée par les chariots de toute espece, attendu l'utilité qui en doit résulter, en abrégeant de trente lieues le transport des marchandises & denrées qui sont portées du Languedoc & même de la Provence à Paris, elle chargea ses commissaires aux Etats assemblés à Montpellier pour l'année 1749, de leur donner connoissance de ses intentions, tant sur la somme pour laquelle les Etats devoient y contribuer, que sur la forme en laquelle les ouvrages doivent être exécutés; sur laquelle proposition les Etats auroient délibéré l'exécution desdits ouvrages, aux conditions qui furent convenues, & ensuite autorisées par arrêt du conseil; qu'en conséquence, les fonds pour lesquels les Etats s'étoient obligés de contribuer à la dépense des ouvrages de cette route jusqu'à concurrence de la somme de cinq cent mille livres, avoient été faits par eux, & que Sa Majesté y auroit aussi contribué pour la même somme, dont le dernier payement de cinquante mille livres doit être effectué en la présente année 1770 ; que l'utilité que ladite province de Languedoc doit retirer de la perfection de cette route, ne permettant pas d'en interrompre les ouvrages, Sa Majesté charge sesdits commissaires de faire connoître auxdits Etats combien elle desire qu'ils pourvoyent à l'entiere exécution desdits ouvrages ; & que pour accélérer le moment où le commerce de la province pourra jouir des avantages qu'elle doit en retirer, ils y destinent annuellement, à commencer de la présente année 1770, une somme de 100,000 livres dont la moitié seulement sera imposée, Sa Majesté autorisant lesdits Etats à prendre l'autre moitié annuellement sur le prix de la ferme de l'équivalent ; de maniere que les destinations données par Sa Majesté au prix de ladite ferme, ne laissant pas de quoi remplir ladite moitié pour ladite année 1770, le surplus sera pris sur le produit de ladite ferme pendant l'année 1771, indépendamment de la moitié en entier pour la même année ; & que Sa Majesté étant bien persuadée que les Etats reconnoissant de plus en plus l'utilité des ouvrages de cette route, devoient en desirer la perfection, elle charge ses commissaires de déclarer à l'assemblée desdits Etats, que son intention est qu'à commencer de ladite présente année 1770, les Etats reprennent la direction desdits ouvrages, tant de ceux qui ayant déjà été adjugés, ne sont pas encore finis, que de ceux dont l'adjudication n'a pas encore été faite, pour être les uns & les autres exécutés en la même forme & maniere que les autres ouvrages dont les Etats font la dépense en entier, & dont ils ont aussi l'entiere direction ; auquel effet, tous les projets, plans & devis dressés par ordre de Sa

Majesté pour différentes parties de ladite route, auxquelles il n'a pas encore été travaillé, seront remis auxdits Etats, & exécutés, sans qu'il puisse y être fait aucun changement, que de l'agrément de Sa Majesté. Vu aussi la délibération prise en conséquence le 21 Décembre 1769, par laquelle lesdits Etats ont déterminé, 1º. De se conformer aux intentions de Sa Majesté, en paroissant fermer les yeux sur les besoins des peuples, que les Etats se réservent de concilier toujours dans des tems plus heureux, avec la continuation des ouvrages de la route de communication avec l'Auvergne par le Vivarais, dont ils se chargent en entier. 2º. Que les ouvrages de ladite route sans exception, même ceux qui ayant été déjà adjugés, ne sont pas encore finis, seront exécutés d'autorité des Etats sous la direction de leurs commissaires pour les travaux publics, en la même forme & maniere que les autres ouvrages dont les Etats font la dépense en entier, & dont ils ont aussi l'entiere direction. 3º. Que les plans & devis des ouvrages dont les projets ont été dressés par ordre de Sa Majesté & approuvés par elle, seront remis aux Etats, & par eux au sieur Grangent, directeur des travaux publics de ladite province dans ledit département, à l'effet d'être exécutés, sauf l'agrément de Sa Majesté pour les changemens qui pourroient être devenus nécessaires depuis la levée desdits plans & la dresse desdits devis, par le laps de tems & la position des lieux. 4º. Enfin, qu'il sera imposé en conséquence, pour se conformer aux intentions de Sa Majesté, un fonds de cinquante mille livres, & qu'il sera réservé sur le prix de la ferme de l'équivalent de l'année 1770, une pareille somme de cinquante mille livres, pour être lesdites sommes employées aux ou-

N°. XXIX. vrages de ladite route. Vu auſſi le mémoire des repréſentations des Etats ſur les motifs qui les ont déterminés à délibérer la retenue, ſur le produit de la ferme de l'équivalent de l'année 1770, de la ſeconde moitié du fonds de cent mille livres qui doit être fait annuellement pour les travaux de ladite route; nonobſtant ce qui eſt porté par le ſupplément d'inſtructions, que ladite retenue n'aura lieu que ſur le produit de ladite ferme de l'année 1771. Oui le rapport du ſieur abbé Terray, conſeiller ordinaire & au conſeil royal, contrôleur général des finances; LE ROI ÉTANT EN SON CONSEIL, ayant égard aux repréſentations des Etats en ce qui concerne la retenue à faire ſur le produit de la ferme de l'équivalent de l'année 1770, de la ſomme de cinquante mille livres pour la ſeconde moitié du fonds de cent mille livres ordonné annuellement pour la route de communication du Languedoc, a permis & permet ladite retenue en 1770, nonobſtant toute deſtination contraire faite antérieurement, à laquelle Sa Majeſté a dérogé & déroge en tant que de beſoin; a autoriſé & autoriſe la délibération des Etats de ladite province, priſe le 21 Décembre dernier; veut & entend Sa Majeſté qu'elle ſoit exécutée en tout ſon contenu; dérogeant également à tous arrêts & arrangemens qui pourroient y être contraires, leſquels demeureront comme non avenus; Ordonne au ſurplus Sa Majeſté, qu'il ſera remis inceſſamment entre les mains du tréſorier de la province la ſomme de cinquante mille livres pour le reſtant de la contribution volontaire de Sa Majeſté à la dépenſe de ladite route, & pour l'égaler aux cinq cent mille livres fournies par la province en exécution de leur délibération du 19 Décembre 1748; moyennant lequel payement

Sa Majeſté ſera entièrement déchargée de toute répétition ou demandes de la part des états, ſoit pour ouvrages faits, indemnités, appointemens d'inſpecteurs généraux & particuliers, & ingénieurs, & de toutes autres dépenſes concernant ladite route, juſqu'au premier Janvier dernier, que ladite province ſera tenue perſonnellement de faire acquitter. FAIT au conſeil d'état du Roi, Sa Majeſté y étant, tenu à Verſailles le neuf Avril mil ſept cent ſoixante-dix.

N°. XXX.

Signé, PHELYPEAUX.

X X X.

EXTRAIT du regiſtre des délibérations des Etats généraux de Languedoc, aſſemblés par mandement du Roi en la ville de Montpellier au mois d'Octobre 1771.

Du Mardi 26 Novembre ſuivant, préſident Mgr. l'archevêque & primat de Narbonne.

LE ſieur de Montferrier, ſyndic général, a dit, que les recherches qui avoient été faites, ſuivant les intentions des Etats, ſur l'origine des préciputs que les communautés, les dioceſes & les ſénéchauſſées, ſont obligés de fournir pour la conſtruction des ponts & chauſſées ſervant à contenir les rivieres dans leur lit, ont fait voir qu'au défaut du revenu des droits de leude & péage qui avoient été deſtinés à cet uſage depuis le regne de Charles VII, les Etats délibérerent le 11 Novembre 1548 que les ponts ſeroient réparés par les lieux dans le conſulat deſquels ils ſont ſitués juſques à concurrence de 40 livres; par les grandes villes, juſques à 80 livres; par les dioceſes, juſques à 400 livres; & par les ſénéchauſſées juſques à 2000 livres.

Que le 27 Mai 1599, les Etats, en renouvellant ce réglement, augmen-

terent le préciput des petits lieux jufques à 120 livres, celui des villes maîtreffes à 240 livres, & celui des diocefes à 1200 livres ; ce qui fut confirmé
en 1651.

Que lorfque la dépenfe de ces réparations a excédé la fomme de 1200
livres, elle a été fupportée par la fénéchauffée, dans l'étendue de celles de
Touloufe & Carcaffonne, & par les
diocefes, dans celle de Beaucaire &
Nîmes.

Que la province avoit fait faire enfuite de grandes réparations, fans qu'il
eût été fait aucun réglement pour fixer
la qualité de celles dans lefquelles elles
ne devoient point entrer, & le préciput pour lequel les fénéchauffées devoient contribuer à d'autres, jufques
à ce qu'en 1709 il fut déterminé en
forme de réglement autorifé par un
arrêt du confeil du 22 Août 1713, que
les fénéchauffées contribueroient à la
dépenfe des ponts & chauffées fervant
à contenir les eaux fous lefdits ponts,
jufques à concurrence de 10,000 livres
au-delà des préciputs, & la province
pour tout le furplus.

Enfin, que les derniers réglemens
faits depuis en 1756, autorifés par
arrêt du 10 Août de ladite année, n'a
fait aucun changement à l'égard des
préciputs ; d'où il réfulte que ceux des
diocefes & communautés fubfiftent fur
le même pied depuis plus de cent cinquante ans ; quoique la valeur de toutes
chofes aye plus que triplé depuis ce
tems reculé.

Que dans ces circonftances, il ne
paroît pas néceffaire d'avoir de plus
grandes connoiffances pour fe déterminer fur une augmentation dont les
Etats ont déjà fenti la néceffité, &
qu'elle ne fera pas même proportionnée au changement de tems, en la portant au moins au double de ce qui fub-
fifte actuellement, de maniere que les
petites communautés foient tenues de
concourir à la dépenfe des ponts &
chauffées fervant à contenir les eaux
dans leur lit pour une fomme de 240
livres, les villes & gros bourgs pour
celle de 480 livres, & les diocefes
pour 2400 livres, ce qui pourroit avoir
lieu pour les nouveaux ouvrages non
commencés à faire en l'année prochaine 1772, fi les Etats jugent à propos de l'ordonner.

Sur quoi il a été délibéré, 'par
forme de réglement, qu'à l'avenir, &
pour les ouvrages qui n'ont pas été
déjà entrepris, le préciput des dépenfes de la conftruction ou réparation
des ponts & chauffées fervant à contenir les eaux dans leurs lits, fera,
pour les petites communautés de 240
livres ; pour les villes ou gros bourgs,
de 480 livres, & pour les diocefes,
de 2400 livres ; les préciputs des fénéchauffées demeurant fixés, comme ils
l'ont été, à 10,000 livres.

X X X I.
A R R Ê T
Du Conseil d'Etat du Roi,

Qui autorife & homologue la délibé-
ration des Etats de Languedoc du
26 Novembre 1771, & ordonne en
conféquence qu'à l'avenir, & pour
les ouvrages qui n'ont pas encore été
entrepris, ou qui l'ont été feulement
depuis ladite délibération, le préci-
put des dépenfes de la conftruction
ou réparations des ponts & chauffées
fervant à contenir les eaux dans leurs
lits, fera pour les petites commu-
nautés de 240 livres, pour les villes
& gros bourgs de 480 livres, & pour
les diocefes de 2400 livres.

Du 5 Avril 1772.

EXTRAIT des Regiſtres du Conſeil d'Etat.

SUR la requête préſentée au Roi, étant en ſon conſeil, par le ſyndic général de la province de Languedoc ; Contenant que les gens des Trois-états de ladite province s'étant fait rendre compte des éclairciſſemens qu'ils avoient chargé les ſyndics généraux de prendre au ſujet de l'origine de la fixation des ſommes que les communautés, les dioceſes, & les ſénéchauſſées ſont obligés de fournir, ſous la dénomination de leurs préciputs, pour la conſtruction des ponts & chauſſées ſervant à contenir les rivieres dans leurs lits, & des différens réglemens faits depuis ſur le même objet, ils auroient reconnu qu'au défaut du produit des droits de leude & péage qui avoient été deſtinés auxdites dépenſes depuis le regne du Roi Charles VII, il fut par eux délibéré le 11 Novembre 1548, que les lieux dans les conſulats deſquels ſeroient ſitués leſdits ponts ou chauſſées, fourniroient, pour la dépenſe de leur conſtruction & réparations, juſqu'à concurrence de 40 livres ; les grandes villes, 80 livres ; les dioceſes, 400 livres, & les ſénéchauſſées, 2000 livres : Que le 7 Mai 1559 leſdits Etats, en renouvellant ce réglement, porterent leſdites contributions juſqu'à 120 livres pour les petits lieux, à 240 livres pour les villes, & à 1200 livres pour les dioceſes ; ce qui fut confirmé en 1651 ; qu'enfin en 1709 il fut déterminé que les ſénéchauſſées ſupporteroient leſdites dépenſes juſqu'à concurrence de 10,000 livres, au-delà des préciputs ci-devant réglés, & la province tout le ſurplus ; ce qui fut autoriſé par arrêt du conſeil du 22 Août 1713 ; que le dernier réglement fait en 1756, autoriſé par arrêt du conſeil du

10 Août de la même année, n'ayant fait aucun changement à l'égard des préciputs, il en réſulte que les préciputs des dioceſes & communautés ſubſiſtant ſur le même pied depuis plus de cent cinquante ans, quoique la valeur de toutes choſes ait preſque triplé depuis un tems auſſi reculé, il étoit auſſi juſte que régulier de déterminer une augmentation qui ne ſeroit pas même proportionnée au changement des tems, en la portant au moins au double de ce qui ſubſiſte actuellement ; que par cette conſidération leſdits Etats auroient délibéré, par forme de réglement, le 26 Novembre 1771, qu'à l'avenir, & pour les ouvrages qui n'ont pas encore été entrepris, le préciput des dépenſes de la conſtruction ou réparations des ponts & chauſſées ſervant à contenir les rivieres & ruiſſeaux dans leurs lits, ſera, pour les petites communautés, de 240 livres ; pour les villes ou gros bourgs, de 480 livres, & pour les dioceſes de 2400 livres ; les préciputs des ſénéchauſſées demeurant fixés, comme ils l'ont déjà été, à 10,000 livres ; mais que pour que cette délibération puiſſe avoir ſon plein & entier effet, il doit être du bon plaiſir de Sa Majeſté, en l'autoriſant & homologuant, d'en ordonner l'exécution, & de permettre en conſéquence l'impoſition des ſommes qui y ſont déterminées à raiſon de chacun des ouvrages y mentionnés. Requéroit, A CES CAUSES le ſuppliant, qu'il plût à Sa Majeſté ſur ce pourvoir. Vu ladite requête, & la délibération y énoncée : Ouï le rapport du ſieur abbé Terray, conſeiller ordinaire & au conſeil royal, contrôleur général des finances ; LE ROI ETANT EN SON CONSEIL, a autoriſé & homologué, autoriſe & homologue la délibération priſe par les gens des Trois-états de ſa province de Languedoc le 26 Novembre dernier,

pour être exécutée selon sa forme & teneur : Ordonne en conséquence Sa Majesté, qu'à l'avenir & pour les ouvrages qui n'ont pas encore été entrepris, ou qui ont été seulement entrepris depuis ladite délibération, le préciput des dépenses de la construction ou réparations des ponts & chaussées servant à contenir les eaux dans leurs lits, fera, pour les petites communautés, de 240 livres ; pour les villes & gros bourgs, de 480 livres ; & pour les dioceses, de 2400 livres ; lesquelles dites sommes, les dioceses, villes, bourgs & communautés, seront tenus d'imposer, chacun en droit soi, le cas y échéant. Enjoint Sa Majesté au sieur intendant & commissaire départi en Languedoc, de tenir la main à l'exécution du présent arrêt. FAIT au conseil d'état du Roi, Sa Majesté y étant, tenu à Versailles le cinq Avril mil sept cent soixante-douze. *Signé*, PHELYPEAUX.

XXXII.

EXTRAIT du registre des délibérations des Etats généraux de Languedoc, assemblés par mandement du Roi en la ville de Montpellier, au mois d'Octobre 1778.

Du Samedi 5 Décembre suivant, président Mgr. l'archevêque & primat de Narbonne, commandeur de l'ordre du St. Esprit.

MONSEIGNEUR l'archevêque de Narbonne a dit, que l'assemblée particuliere de la sénéchaussée de Carcassonne ayant reconnu dans le compte qui lui a été rendu du grand nombre de ponts qui exigent des réparations, ou une nouvelle construction, que la dépense qu'elles occasionnent au-delà

des sommes que doivent fournir les communautés & les dioceses pour leur préciput, suivant le dernier réglement fait à ce sujet, seroit une trop grande surcharge pour la sénéchaussée, & même pour la province, par l'obligation où elles sont de fournir à tout l'excédent desdits préciputs ; & considérant que les dioceses profitent essentiellement & plus particulierement de l'utilité résultante desdits ponts, on avoit regardé comme également juste & nécessaire, d'augmenter le préciput des dioceses pour la dépense de chaque pont, qui n'est que de deux mille quatre cent livres, en le portant à quatre mille livres ; mais que cette nouvelle fixation ne pouvant être ordonnée que par le Roi, d'après le consentement des Etats, la sénéchaussée s'est flattée qu'ils voudroient bien approuver la proposition qu'il a été prié de lui faire à ce sujet, & que la sénéchaussée de Toulouse a pris une semblable délibération.

SUR QUOI il a été délibéré, que les Etats consentent à ce que le préciput des dioceses de la sénéchaussée de Toulouse & de celle de Carcassonne pour les dépenses des réparations & entretien de chaque pont situé dans ce département, soit augmenté à concurrence de la somme de quatre mille livres ; ce qui sera également observé pour les dioceses de la sénéchaussée de Beaucaire & Nîmes ; auquel effet le syndic général poursuivra un arrêt du conseil qui autorise l'imposition de ladite somme ; ce qui n'aura lieu toutefois qu'à l'égard des ponts dont il sera question à l'avenir, & non pour ceux auxquels on travaille actuellement.

XXXIII.

ARRÊT

DU CONSEIL D'ETAT DU ROI,

Qui ordonne qu'à l'avenir, & pour les ouvrages qui n'ont point encore été entrepris, le préciput des dioceses, à raison des dépenses de la construction ou réparations des ponts situés sur les rivieres ou ruisseaux dans l'étendue desdits dioceses, sera porté à quatre mille livres pour chacun desdits ouvrages.

Du 15 Avril 1779.

EXTRAIT des Regiſtres du Conseil d'Etat.

VU par le Roi, étant en son conseil, l'arrêt rendu en icelui le 5 Avril 1772, par lequel, & pour les causes y contenues, Sa Majesté, en autorisant & homologuant la délibération prise par les gens des Trois-états de la province de Languedoc le 26 Novembre 1771, sur l'augmentation du contingent des villes, communautés & dioceses de la province, dans les dépenses des réparations & nouvelles constructions des ponts ou des chaussées servant à contenir les rivieres dans leur lit, auroit ordonné qu'à l'avenir ledit contingent ou préciput des petites communautés, seroit porté à la somme de deux cent quarante livres pour chaque pont ou chaussée ; celui des villes ou gros bourgs, à quatre cent quatre-vingt livres, & celui des dioceses, à deux mille quatre cent livres ; & la nouvelle délibération desdits Etats du 5 Décembre de l'année derniere 1778, contenant que les assemblées particulieres des sénéchaussées de Touloufe & de Carcassonne ayant reconnu, dans le compte qui leur a été rendu du grand nombre des ponts qui exigent des ré-

parations ou une nouvelle construction, que la dépense qu'elles occasionnent au-delà des sommes que doivent fournir les communautés & les dioceses pour leur préciput, suivant le dernier réglement fait à ce sujet, seroit une trop grande surcharge pour les sénéchaussées, & même pour la province, par l'obligation où elles sont de fournir à tout l'excédent desdits préciputs ; & considérant que les dioceses profitent essentiellement & plus particulierement de l'utilité résultante desdits ponts, on avoit regardé comme également juste & nécessaire d'augmenter le préciput desdits dioceses seulement pour la dépense de chaque pont, en le portant à quatre mille livres ; mais que cette nouvelle fixation ne pouvant être ordonnée que par le Roi, ces Sénéchaussées s'étoient flattées que les Etats voudroient bien approuver lesdites résolutions ; sur quoi il auroit été déterminé que les Etats consentant à ce que le préciput des dioceses, tant de la sénéchauffée de Touloufe, que de celle de Carcassonne, pour les dépenses des réparations & entretien de chaque pont situé dans leur département, soit augmenté à concurrence de la somme de quatre mille livres ; ce qui seroit également observé par les dioceses de la sénéchauffée de Beaucaire & Nîmes, le syndic général se pourvoiroit au conseil à l'effet d'obtenir l'autorisation desdites délibérations, & l'imposition de ladite somme de quatre mille livres, le cas y échéant, à l'égard seulement des ponts dont il seroit question à l'avenir, & non pour ceux auxquels on travaille actuellement. Vu ladite délibération des Etats, en date du 5 Décembre dernier, celles des sénéchaussées de Touloufe & de Carcassonne du 2 dudit mois de Décembre, & le mémoire présenté en conséquence par le syndic général ; OUI le rapport du sieur Moreau de Beaumont, conseiller d'état ordinaire, & au conseil royal des finances; LE ROI ÉTANT EN SON CONSEIL, a autorisé & homologué, tant les délibérations prises par les assemblées particulieres des sénéchaussées de Toulouse & Carcassonne, que celle de l'assemblée générale des Etats du 5 Décembre dernier, pour être exécutées selon leur forme & teneur: Ordonne en conséquence Sa Majesté, qu'à l'avenir & pour les ouvrages qui n'ont point encore été entrepris, le préciput des dioceses à raison des dépenses de la construction ou réparation des ponts situés sur les rivieres ou ruisseaux dans l'étendue des dioceses de ladite province, sera porté à la somme de quatre mille livres, à raison de chacun desdits ouvrages, & imposé en conséquence, le cas y échéant; le préciput des villes & communautés, pour les mêmes ouvrages, demeurant fixé, quant à présent, sur le pied porté par l'arrêt du conseil du 5 Avril 1772. Enjoint Sa Majesté au sieur intendant & commissaire départi en Languedoc, de tenir la main à l'exécution du présent arrêt. FAIT au conseil d'état du Roi, Sa Majesté y étant, tenu à Versailles le quinzieme Avril mil sept cent soixante-dix-neuf. *Signé*, AMELOT.

X X X I V.

EXTRAIT d'un mémoire présenté au Roi en 1780 par les Etats généraux de Languedoc, sur l'article vingtieme des instructions de Sa Majesté à MM. ses commissaires auxdits Etats.

OUVRAGES PUBLICS.

C'EST peut-être dans les travaux publics qu'éclate le plus ce qu'on aime à appeller la magnificence du Languedoc; & effectivement lorsque

des chemis durs, raboteux, & mal entretenus du Dauphiné, du Quercy, & de la généralité de Bordeaux, on passe sur les routes unies, faciles & praticables en tout tems du Languedoc; lorsqu'on pense que ces utiles communications commencent à s'étendre dans les parties les plus reculées; lorsqu'on voit les mêmes soins se porter sur les ports, sur les canaux & les rivieres, & sur toute espece d'ouvrages publics; lorsqu'on sait que les sommes employées pour ces divers objets, montent à près de deux millions chaque année, on est tenté de croire que le Languedoc est la province la plus opulente du royaume, & la moins ménagere sur ses dépenses.

Mais si on vouloit considérer l'étendue d'une province qui a deux mille huit cent communautés, & dix-huit cent mille habitans; si on vouloit penser que tout travail contraint y est proscrit, & que tout s'y fait à prix d'argent; si on vouloit mettre à part les ports & les canaux dont aucune autre province n'a, comme le Languedoc, à supporter les frais; & si ensuite on vouloit mettre en balance le montant des diverses impositions de chaque généralité, & ce que la caisse des ponts & chaussées leur fournit, tandis que le Languedoc ne reçoit des secours que de lui-même; si on y ajoutoit le prix des corvées, qui, pour n'être pas soldées en argent, ne sont pas moins une dépense réelle, & celui des terreins, qui, payés en Languedoc, sont ailleurs gratuitement enlevés aux propriétaires; si on pouvoit calculer la dépense inestimable qui résulte pour le cultivateur & le manouvrier de ces mêmes corvées, souvent exigées dans un tems où leur travail leur est le plus précieux; enfin, si on vouloit réfléchir que dans la plupart des généralités, les communications se bornent aux lignes des postes, tandis que
les

les chemins intérieurs y sont impraticables, les Etats osent croire que non-seulement la préférence seroit pour leur administration, mais même que la dépense y est moindre en proportion des ouvrages (a). Quant à la maniere dont les ouvrages se font dans la province, les Etats prennent la liberté de joindre à ce mémoire leur réglement qu'ils ont tâché de perfectionner, & que le conseil a autorisé.

On y verra, ainsi que dans les diverses délibérations consignées dans les procès verbaux, que nul ouvrage n'est entrepris qu'après avoir été préparé presque toujours pendant plusieurs années, par un long & pénible examen, par des discussions & des vérifications sans nombre, & tous les moyens qui doivent faire espérer qu'on ne peut être trompé ni sur l'utilité, ni sur la dépense.

On y verra que tout se fait par adjudication & à la moinsdite, & que si la nécessité oblige quelquefois, & pour des objets de peu d'importance de s'écarter de cette marche, le réglement & la pratique y rappellent toujours, parce qu'il n'y en a pas de plus sûre & de plus exacte pour les grandes administrations.

On y verra que la forme de ces adjudications ne permet jamais aux entrepreneurs de demander à compter de clerc à maître, ou de réclamer des

indemnités. Les Etats savent qu'une forme contraire est usitée dans les ponts & chaussées; mais si ce qu'on assure est vrai que le pont de Marssac a été adjugé pour cent quatre-vingt-sept mille livres, & que les entrepreneurs en demandent cent trente mille de plus, ils oseront croire que leur méthode est préférable, & que des marchés précis, sont le principe d'économie le plus certain.

On y verra que les plus petits ouvrages ne peuvent être entrepris sans être autorisés par les Etats : que dans l'intervalle des assemblées, des commissions composées des membres des trois ordres, veillent tellement à l'exécution des projets arrêtés, que le plus léger changement ne peut être fait par les directeurs, sans leur être communiqué.

On y verra que chaque ouvrage a son fonds qui lui est affecté, & dont la destination ne peut être intervertie, qu'au cas où les Etats ayant jugé qu'il ne pourroit avoir lieu pendant le cours de l'année, il conviendroit de l'appliquer à un autre plus pressé, avec l'assurance d'être remplacé l'année suivante.

On y verra surtout, que l'entretien qui, quelque cher qu'il soit, est la plus grande économie des ouvrages publics, a dans ces derniers tems tellement attiré l'attention des Etats, qu'ils ont mieux aimé suspendre des ouvrages né-

---

(a) Un simple calcul peut le démontrer en ne sortant pas du Languedoc. Si sur dix-huit habitans on en suppose un corvéable, on en auroit cent mille en Languedoc, ce qui ne seroit pas quarante par communauté; si on employoit ces corvéables comme dans les autres généralités, on exigeroit d'eux au moins six journées par chaque saison, ce qui seroit par an douze cent mille journées de corvéables; si on estimoit ces journées à vingt sols, comme elles se payent, l'une portant l'autre, en Languedoc, le prix de ces journées seroit de douze cent mille livres; & si on y joignoit celui des voitures, on sent combien cette somme de douze cent mille livres seroit accrue alors, on n'imposeroit pas deux millions, mais on en dépenseroit davantage, & les chemins seroient moins multipliés, & surtout moins entretenus; l'entretien exige un soin continuel; le travail des corvées ne se fait que deux fois par an, elles réparent, mais elles n'entretiennent pas, & l'économie consiste à rendre par l'entretien les réparations inutiles. (Note du Mémoire.)

cellaires , que de ne pas mettre ceux qui exiſtoient , en état de neuf , pour être donnés à l'entretien , & n'avoir plus beſoin d'autre dépenſe.

Les Etats ne prétendent pas que toutes les parties de ce réglement ſoient exécutées auſſi ponctuellement qu'ils le voudroient ; ils tâchent au moins de ne s'en pas écarter en ce qui les concerne : & ſi malgré leurs ſoins , quelques parties paroiſſent négligées , ils prient le particulier qui ſeroit tenté de leur en faire un reproche , de réfléchir combien dans ſa propre maiſon , dans les travaux qu'il entreprend , ou dans les bâtimens qu'il conſtruit , il éprouve des contradictions & même d'infidélité ; & alors il n'a qu'à ſe demander à lui-même s'il eſt juſte de reprocher à une grande adminiſtration , qui a tant d'objets à ſoigner & à conduire , des inconvéniens dont ſon propre intérêt ne peut le mettre à l'abri.

Mais il ne ſuffiroit pas aux Etats d'avoir mis ainſi ſous les yeux de Sa Majeſté l'enſemble de leurs travaux , & de la dépenſe qu'ils occaſionnent ; un plus grand détail eſt néceſſaire , & il convient de conſidérer en particulier les chemins , les ponts & canaux , & enfin tous les autres ouvrages qui ne ſont pas compris dans ces trois premiers.

CHEMINS.

On ne reprochera pas aux Etats la manicre dont les chemins ſe ſubdiviſent en chemins de la province , chemins de ſénéchauſſées , & chemins de dioceſes. Toutes ces adminiſtrations ſont ſubordonnées aux Etats , mais chacune délibere ſur ce qui l'intéreſſe perſonnellement ; & des dépenſes ſont plus difficilement exagérées , lorſqu'elles ſont demandées par ceux qui en profitent & les ſupportent.

On ne leur reprochera pas la largeur des chemins , & la profuſion du terrein

qui en ſeroit une ſuite. Les chemins de province ou de poſte ont trente - ſix pieds entre les foſſés , ceux des ſénéchauſſées trente , ceux des dioceſes vingt-quatre. Le réglement preſcrit ces dimenſions ; & l'obligation de payer au propriétaire le terrein qu'on lui enleve , en aſſure l'exécution.

On ne reprochera pas non-plus aux Etats cette fureur des longs alignemens , dont le même uſage de payer ſuffiroit pour les garantir. Quand le terrein devient une nouvelle dépenſe , on ſe tient au ſimple néceſſaire.

Enfin , on ne ſera pas un crime aux Etats , du ſoin qu'ils prennent pour que les chemins faits ſoient bien entretenus. Cet entretien eſt , comme on l'a dit , la premiere de toutes les économies ; & s'il eût toujours eu lieu , les Etats ne ſeroient pas obligés de reconſtruire des chemins faits autrefois , & détruits parce qu'ils ont été négligés. Si cet entretien n'eſt pas encore parvenu à la perfection qu'ils deſirent , ils y tentent tous les jours ; & plus ils en approcheront , moins le prix ſera conſidérable.

On ne pourroit donc reprocher aux Etats que la multitude même de ces chemins , à l'ouverture deſquels il faut convenir que toutes les parties de la province ſe portent avec la plus grande ardeur.

Pendant vingt ans & plus , le gouvernement n'a ceſſé d'exciter les Etats à s'occuper de cette partie d'adminiſtration , & particulierement des communications du ſecond ordre , qui effectivement avoient été négligées.

Tout d'un coup , & ſans qu'on pût en deviner la cauſe , une invitation contraire a ſuccédé. Ce n'étoit pas pourtant un tort aux Etats d'avoir fait avec zele ce qui leur étoit recommandé avec inſtance & continuité ; mais ce changement d'inſtruction avoit été dicté par un miniftre peu foucieux du bien public, qui croyoit que la dépenfe la plus néceffaire devoit être facrifiée au plus léger accroiffement du tréfor royal.

Des tems plus heureux ont fuccédé à cette époque déplorable, & les Etats font bien perfuadés que la modération qui leur eft recommandée aujourd'hui, n'a en vue que le foulagement des peuples ; mais ils ofent affurer Sa Majefté, que ce feroit une économie meurtriere que de vouloir en cette partie, arrêter le zele des diverfes adminiftrations de la province. Ce zele eft d'abord lui-même une preuve de l'utilité des communications qu'il multiplie ; & fi les adminiftrateurs écoutoient toutes les demandes qui leur font faites par les contribuables, la dépenfe feroit bientôt doublée & fupportée fans regret.

Et il ne faut pas croire que les peuples en demandant ces communications, foient aveugles fur leurs intérêts. Les grandes lignes font fans doute la reffource du commerce & le bonheur de celui qui voyage ; mais ce font les communications particulieres qui rendent les grandes routes utiles.

C'eft par leur moyen que les denrées tranfportables dans tous les tems acquierent leur vraie valeur, & mettent à portée d'acquitter l'impôt.

C'eft par elles que le commerce perçant toutes les parties d'une province, la vivifie, & établit entre les habitans le feul niveau dont la providence a permis qu'ils fuffent fufceptibles.

C'eft auffi par les travaux qu'elles exigent, que la main-d'œuvre eft foutenue ; le manouvrier fouftrait à l'empire du riche propriétaire, & la pauvreté plus puiffamment fecourue, que par ces atteliers de charité établis depuis peu dans quelques provinces, & qui ne peuvent entrer en comparaifon avec ces atteliers conftans & perpé-

tuels que des travaux divers & non interrompus, offrent de toutes parts dans le Languedoc.

C'eft en partie par cette derniere raifon, qu'au lieu de porter de fortes fommes fur un objet particulier, on préfere de les divifer, pour divifer auffi les travaux. Le bienfait eft alors fenfible dans un plus grand nombre de lieux ; l'égalité fe foutient partout dans le prix des falaires ; & fi on jouit moins promptement, cette économie de tems eft auffi une économie de dépenfe. Plus on preffe un ouvrage, plus il eft cher, & fi on veut qu'il coûte moins, il faut en prenant du tems pour le finir, attendre l'ouvrier & non l'enhardir, par trop d'empreffement, à faire la loi.

C'eft ainfi que les Etats cherchent à concilier les divers intérêts dont ils font chargés ; & ces principes font encore plus connus en les appliquant aux différentes efpeces de chemins.

On a dit qu'ils fe fubdivifoient en chemins de province, de fénéchauffée & de diocefe.

Ceux qui font à la charge de la province font la grande ligne, depuis le pont Saint-Efprit jufqu'à Montauban ; elle parcourt quatre-vingt-dix-fept lieues de pofte, & eft divifée en trois parties fuivant les fénéchauffées ; foixante mille livres font affectées à celle de la fénéchauffée de Nîmes, autant à celle de Carcaffonne, & foixante-dix mille livres à celle de la fénéchauffée de Touloufe.

Ces fommes font employées à entretenir les parties mifes en état de neuf fuivant le nouveau réglement, & à y mettre les autres. Cette grande ligne qui, faute d'entretien, fe réparoit fans s'améliorer, fera en dix ans, à-peuprès, & plutôt même pour quelques parties, portée à fa perfection, & la dépenfe fera réduite alors au feul entretien & à la réconstruction des ponts qui viendront à s'écrouler.

A cette grande ligne, il faut ajouter dans la sénéchauffée de Carcaffonne le chemin de Narbonne en Rouffillon, auquel on affecte. . . . . 18,000 livres.

Celui de Belefta, auquel on affecte . . . . 15,000 livres.

Celui de Mont - Louis, auquel on affecte. . . . . 15,000 livres.

Dans la sénéchauffée de Nîmes, celui de Nîmes à Avignon, auquel on affecte. . . . . 15,000 livres.

Celui de Montpellier à Cette, auquel la province contribue pour 20,000 liv.

Celui de Beaucaire à Nîmes, & celui de Montpellier à la Verune, qui font compris dans la ligne de la pofte.

Et enfin, le chemin de l'Auvergne pour lequel on impofe annuellement cinquante mille liv., indépendamment des cinquante mille livres qui font pris fur l'équivalent.

Si on compare l'importance & la néceffité de plufieurs de ces chemins, dont quelques-uns ont été fucceffivement recommandés aux Etats par le gouvernement, avec le peu d'argent qui y eft employé chaque année, on fera tenté d'accufer les Etats de n'y pas appliquer des fonds affez confidérables; mais on a vu ci-deffus l'avantage qui réfulte de la divifion des entreprifes; il a paru convenable de finir la ligne de la pofte pour reporter enfuite fur les autres les fonds qu'elle laifferoit de libres.

On voit que de plus grandes fommes font employées au chemin d'Auvergne; mais c'eft uniquement par déférence pour le gouvernement, que les Etats fe font chargés de cette route; les inftructions leur recommandent d'y deftiner cent mille livres chaque année; de forte que fi parmi tous ces chemins il y en avoit un dont la dépenfe pût être fujette à modération, les Etats font obligés de dire que c'eft celui qui leur

eft expreffément recommandé, & qui, quoiqu'utile en lui - même, eft moins preffé & doit coûter infiniment plus que tous les autres.

Les Etats peuvent mettre à la fuite du chemin d'Auvergne, ceux d'Alby & de Lodeve. Ces deux chemins, par une inconféquence extraordinaire, font conduits par les ingénieurs des ponts & chauffées, comme l'a été pendant longtems celui d'Auvergne; mais quoique conduits par ces ingénieurs, ils font fupportés par la province, puifqu'on n'y emploie que le produit d'une crue de fel confentie par les Etats pour cette conftruction.

Cette crue fut établie en 1728, & on a lieu de croire qu'elle rapporte en Languedoc cinquante à cinquante-deux mille livres au moins.

Les chemins qui doivent fe faire fur cette crue, doivent avoir vingt lieues en Albigeois, & cinq environ du côté de Lodeve.

De ces vingt-cinq lieues, dix - huit font feulement paffables; & fur ces dix - huit, une des premieres parties, refaite plufieurs fois, manque encore de plufieurs ponts néceffaires, & eft dans un véritable état d'imperfection.

On a cependant employé à ces chemins le produit de cinquante mille liv. pendant cinquante ans, & peut-être davantage, fi les parties de Rouergue & d'Auvergne n'ont pas abforbé la portion de la crue impofée en même tems fur ces généralités.

Les Etats ne chercheront point à critiquer ce que font les autres adminiftrations; mais comme c'eft une économie que de n'avoir pas dans la même province deux claffes de directeurs, comme il n'y a rien de moins conforme aux vrais principes & au bon ordre, que cette double adminiftration dans un pays d'états; comme il eft naturel que le Languedoc jouiffe de ce

Part. I. Div. I. Liv. IV. Tit. I.

357

N°.
XXXIV.

N°.
XXXIV.

qui lui appartient , & veille à ce qui l'intéreffe , les Etats ofent prier Sa Majefté de vouloir bien leur faire remettre le produit de cette crue pour ce qui les concerne , & de les charger auffi de la portion de chemin auquel elle eft deftinée ; ils ne perdront pas de tems pour la mettre à portée d'être donnée à l'entretien , & pour diminuer ainfi la dépenfe qu'elle exige.

Les chemins de fénéchauffée font ceux qui conduifent d'une ville épifcopale à la ligne de pofte. Quelques-uns avoient été ouverts autrefois ; des dettes confidérables avoient même été contractées pour les entreprendre , mais faute d'entretien , ils étoient devenus impraticables. Si on avoit voulu fuivre cette méthode d'emprunts , & enfuite négliger l'entretien , l'impofition eût été moindre. Les Etats ont penfé que ce feroit une économie condamnable , que celle qui laifferoit aux générations fuivantes , le foin d'acquitter les dettes de la génération actuelle , ou d'en renouveller les entreprifes. Les chemins néceffaires ont été ouverts , & de plus , une partie des dettes a été éteinte ; & on efpere que par ce moyen on pourra parvenir à libérer les fénéchauffées , & mettre à l'entretien tous les chemins dont elles doivent être chargées.

Il n'eft pas poffible de prévoir auffi prochainement la fin des chemins de diocefe ; les parties qui y contribuent étant moins étendues , elles y deftinent moins de fonds ; d'ailleurs , l'attention qu'on porte à ne pas furcharger aucune

adminiftration , oblige à borner la dépenfe. Il faudra donc aller fucceffivement de l'un à l'autre chemin ; & comme cette claffe comprend tous ceux qui vont d'une ville particuliere à une ville épifcopale ou à une grande ligne , il eft évident que le tems auquel ils feront tous achevés , ne peut qu'être encore éloigné.

Ce qui eft exactement obfervé , c'eft que chaque chemin fini eft mis à l'entretien ; & les Etats ne croient pas pouvoir trop répéter que cette claffe de chemins eft la plus intéreffante : l'argent qu'on y deftine eft placé au plus haut intérêt , & la véritable économie eft fans doute celle qui multiplie à l'infini les fources de la richeffe & de l'abondance.

Les Etats conviendront qu'il manque encore à leur adminiftration de s'occuper des chemins de communautés , qui ne font pas moins intéreffans : car fi la denrée ne peut fortir du grenier du propriétaire , il eft inutile qu'ailleurs elle puiffe être tranfportée ; fi elle en fort à dos de mulet ou de cheval , il eft prefque inutile qu'ailleurs elle foit voiturée ; mais les Etats ont dû commencer par les premieres communications , & ils efperent que Sa Majefté approuvera les vues qu'ils auront l'honneur de lui propofer fur cette quatrieme & derniere claffe de chemins (a). Ce fera alors que le Languedoc pourra véritablement fe flatter d'avoir des communications faciles ; & l'effet n'en fera pas moins fenfible fur les mœurs que fur les productions.

(a) Il ne faut pas juger de nos provinces comme de l'Ifle de France , de la Champagne , de la Brie , qui entourent la capitale : quand les chemins y font mauvais , ils font au moins ouverts & praticables dans les belles faifons ; en Languedoc , toute communication eft fermée aux voitures , & en tout tems , fi elle n'a été rendue aifée ; le commerce s'y fait à dos de mulet , s'il ne trouve pas un chemin ouvert & facile ; il faut donc que l'attention fe porte à toutes les parties ; & les extrémités d'un chemin deviendroient inutiles , fi tout ce qui y conduit n'étoit également ouvert & praticable. (*Note du Mémoire.*)

Quand Louis XIV voulut foumettre les Cévenes, il ordonna que des chemins y fuffent établis; & l'époque de leur foumiffion fut auffi celle de leur richeffe. Les mœurs ne font plus féroces dans les pays des montagnes, que parce qu'il eft plus difficile d'y pénétrer; & fi on parcouroit les parties du Languedoc qui ne font pas ouvertes, fi on comparoit les routes impraticables du Velay (a) avec les routes plus faciles du Vivarais; celles de ce pays montueux avec les Cévenes encore plus ouvertes & plus cultivées; enfin, ces Cévenes mêmes avec les parties de la province où les communications font plus faciles, on verroit combien ces communications influent fur les mœurs, fur la foumiffion aux loix, fur le refpect pour le Prince : la culture de l'efprit & celle des terres, femblent marcher de niveau; & dans l'ordre moral, comme dans l'ordre phyfique, la plus fatale politique feroit celle qui, ifolant les hommes faute de communications, aimeroit mieux ne pas les impofer, que de les policer & de les enrichir.

Les Ponts.

La néceffité fait conftruire les ponts; le défaut de moyens fuffifans empêche de les conftruire tous à la fois. L'économie confifte à choifir les plus néceffaires, & à ne les pas faire trop difpendieux.

Les Etats fuivent pour la dépenfe des ponts, une méthode qui proportionne l'entreprife à l'intérêt. Quand un pont ne paffe pas quatre cent quatre-vingt livres, il eft à la charge de la communauté qui le demande; s'il paffe cette fomme, il devient à la charge du

diocefe jufqu'à la fomme de quatre mille livres; à celle de la fénéchauffée jufqu'à dix mille livres; & au-delà, à celle de la province. Mais dans ces diverfes gradations, chaque portion paye toujours fon contingent, qu'on appelle préciput; & par ce moyen, les adminiftrations inférieures ne font point intéreffées à augmenter les frais, & l'adminiftration fupérieure l'eft à les diminuer.

Quant à la magnificence dans les ponts, les Etats n'en connoiffent que deux fur lefquels ils peuvent convenir que le defir naturel aux directeurs de faire valoir leurs talens a pu les porter au-delà du néceffaire; celui de Lavaur, bientôt fini, & celui de Gignac, qu'on commence à conftruire.

Celui-ci fufpendu pendant cinquante ans, & dont la néceffité a été démontrée par une multitude de malheurs, offroit des difficultés que l'art feul pouvoit vaincre; & les efforts de l'art amenent toujours une forte d'appareil & de magnificence dont il eft difficile de fe défendre.

L'autre, placé fur une riviere rapide, où trois arches pouvoient être conftruites, la traverfe par une feule de cent cinquante pieds de largeur.

Il en réfultera peut-être un furcroît de dépenfe; mais l'art des ponts ne peut être trop perfectionné; & il ne peut l'être que par de grands exemples. Ce font ceux qui ont été donnés par les ingénieurs des ponts & chauffées qui ont excité le zele des directeurs du Languedoc; il en coûte plus pour l'ouvrage qu'on entreprend, mais il en coûte moins pour ceux qui fuivent. On fait d'ailleurs combien les ponts furbaiffés ont d'avantages par le libre

---

(b) On a vu ci-deffus qu'en Velay la collecte coûtoit communément quatorze deniers, & voilà une preuve de ce que produit le défaut de communication. (*Note du Mémoire.*)

cours des eaux & la facilité du paſſage des voitures ; & ſi on comparoît
les frais d'une ſeule arche, & ceux
que pluſieurs arches entraînent, on
trouveroit peut-être que la dépenſe
n'augmente pas à proportion de la
grace & de la ſolidité.

Les Etats pourront reſtreindre les
ingénieurs ſur l'eſſor qu'ils voudroient
ſe donner ; mais ils ne peuvent prévoir
de modération ſur la dépenſe que les
ponts exigent. Le Languedoc eſt tra-
verſé de torrens qui ſe trouvent tout
d'un coup impraticables. De grandes
rivieres, telles que la Garonne, le Tarn
& pluſieurs autres, manquent encore
des ponts indiſpenſables. Il en faut dans
des lieux où il y en avoit autrefois, &
qui ont été renverſés par des inondations, ou que la vétuſté a détruit : il les
faut conſtruire en pierre parce que les
bois deviennent rares, & que l'exemple de celui qui, ſept ans après ſa conftruction à Valentine, a été entraîné par
une crue de la Garonne, a fait voir
que l'épargne dans la conſtruction, eſt
une mauvaiſe économie.

L'attention des Etats ne peut donc
ſe borner qu'à commencer par les plus
néceſſaires, à ſuſpendre les autres juſqu'à ce que les premiers ſoient finis, à
ménager ſur ce qui concerne l'ornement, ſans rien épargner pour la ſolidité, & à prévenir toute incertitude
dans les adjudications, de maniere que
le prix ſoit auſſi certain qu'il peut être,
avant l'entrepriſe, & ne puiſſe augmenter lorſqu'elle eſt commencée.

CANAUX ET RIVIERES.

L'attention que les Etats donnent à
tirer parti des eaux, à les empêcher
de nuire & à les rendre praticables,
eſt un des objets principaux de leur adminiſtration.

Ils ne parlent pas ſeulement du grand
canal de communication des deux mers ;

ce canal eſt la poſſeſſion de la famille
qui l'a fait conſtruire, & on ne peut
qu'applaudir à la vigilance avec laquelle il eſt entretenu.

Ce canal n'en exige pas moins cependant de tems en tems des dépenſes de la part de la province. Tantôt
ce ſont des ponts qu'il faut établir ; &
comme tous ont été faits à la même époque & trop légerement, c'eſt auſſi à la
même époque qu'il faut travailler à leur
réconſtruction ; tantôt ce ſont des aqueducs que demandent les riverains, ou
d'autres ouvrages du même genre ; la
maniere dont ils doivent être faits par
la province & les propriétaires du canal, eſt déterminée par des conventions faites en 1739, & il ne peut y avoir
ni luxe ni excès dans cette dépenſe.

Mais, quelque beau que ſoit en lui-
même le projet du canal de communication des deux mers, il ne rempliſſoit
qu'imparfaitement ce que le bien de la
province & celui du royaume ſembloit
exiger. Il falloit étendre l'embouchure
de ce canal, & le joindre au port de
Cette, le plus conſidérable de la province.

Il falloit aller encore plus loin, &
paſſant au travers des étangs & des
marais, joindre Agde, Cette, Aigues-
mortes & Beaucaire, & donner par-là
la main aux canaux qui doivent traverſer tout le royaume.

Il falloit ne pas négliger les branches
intérieures, & ſurtout celle du Sommail à Narbonne, tant de fois reculée
par de petits intérêts mal-entendus, &
à la fin heureuſement conciliés pour
l'avantage commun des deux naviga-
tions.

Il falloit, en s'occupant de ces objets intéreſſans, & de ceux qui en ſont
une ſuite, ne pas négliger la navigation
des grands fleuves qui arroſent le Languedoc, & ſurtout celle de la Garonne ; la perfectionner de Toulouſe à

Bordeaux, l'ouvrir dans la partie supérieure , & amener ainsi du fond des Pyrénées , toutes les richesses & les productions que ces précieuses montagnes recelent, & dont le besoin se fait plus sentir que jamais.

L'ensemble de ces projets peut sans doute en imposer à l'imagination, mais ce n'est pas par leur grandeur qu'ils doivent être jugés , c'est par leur utilité : s'ils ne produisent pas de bons effets, leur majesté apparente n'est qu'une illusion ; mais s'ils font sortir du néant des parties presque inconnues , s'ils répandent par-tout la richesse & l'abondance , s'ils rendent à la société, par le commerce qu'ils animent, & les productions qu'ils font naître, le centuple des sommes qu'on peut employer, leur grandeur alors ne peut être un titre pour les rejetter , & il n'y a plus pour les entreprendre d'autre économie que celle du tems & des moyens.

C'est à quoi s'est porté toute l'attention des Etats. Ils n'ont pas tout entrepris à la fois , & ce qui est entrepris l'est par divers moyens.

Une partie de la crue du Sel , consentie à cette condition , est affectée au canal de Beaucaire & à celui de Narbonne , une autre partie aux ouvrages de la Garonne ; & les impositions ordinaires fournissent au surplus , ainsi qu'au canal de Cette & des étangs.

On ne peut séparer d'un grand projet, toute idée de magnificence ; l'étendue des ouvrages, leur solidité , la grace des formes qui naissent de cette solidité même suffisent pour exciter cette impression ; mais à la réserve de ces qualités essentielles, les Etats ne se sont permis ni ornemens ni recherches qui appartinssent uniquement à la décoration. A Aigues-mortes & au Sommail , ce sont de grands bassins & des éclufes construites avec toute la sureté qu'elles demandent. A Cette , ce n'est

qu'un creusement au milieu des sables & des eaux. A Toulouse , l'entreprise totale paroît avoir besoin d'un plus grand éclaircissement.

Cette ville , la capitale de la province , a l'avantage d'être baignée par un grand fleuve qui passe au pied de ses murs , & la sépare d'un fauxbourg considérable , appellé le fauxbourg Saint-Cyprien.

Mais ce fleuve étoit rendu inutile par deux moulins, l'un supérieur appellé du château, l'autre inférieur appellé le Bafacle, qui barroient par deux grandes chaussées, & interdisoient tout passage aux bâtimens qui vouloient ou le remonter ou le descendre.

Sur ce même fleuve se trouve un pont magnifique, construit dans le dernier siecle , qu'on ne referoit pas pour plusieurs millions , & dont la conservation est infiniment précieuse.

La seconde pile de ce pont étoit menacée par les eaux qui s'y portoient avec force , & cet effet étoit causé par un atterrissement inférieur qui empêchoit les mêmes eaux de passer sous la première arche.

Il falloit donc pour l'intérêt du pont & pour celui du commerce , détruire cet atterrissement, & vaincre les obstacles qu'offroient les deux moulins.

Cette idée simple est le principe de tous les ouvrages qui se sont faits à Toulouse , & qui en ont été une suite nécessaire.

Pour détruire cet atterrissement , il a fallu y substituer un quai, dont les eaux puissent baigner les bords : pour vaincre un des moulins il a fallu faire un canal qui le tournant, communiquât la Garonne avec elle-même ; & pour rendre ce canal facile , il a fallu étendre les parapets & les quais jusqu'à celui qui devoit remplacer l'atterrissement, & y faire deux ports pour la commodité du commerce.

On

On ne peut nier que la dépenfe de ces ouvrages n'ait été confidérable, parce qu'un canal de huit cent toifes, des ponts qui le traverfent, une grande éclufe, des quais, des parapets, des maifons à détruire pour leur emplacement; enfin, l'enfemble d'un pareil projet ne peut être fait à vil prix; mais on y a travaillé long-tems: depuis dix ans & plus, l'ouvrage eft commencé & n'eft pas fini; pour aider la province, le Roi a permis que les fonds deftinés pour la navigation fupérieure de la Garonne, y fuffent employés; les ouvrages font grands & folides; mais rien n'y eft magnifique; & à la réferve d'un bas-relief en marbre de cinquante pieds, qui a coûté quinze mille livres, il n'y a pas un feul ornement de fculpture ou d'architecture au-delà de ceux que la folidité affigne.

Déjà la ville de Touloufe jouit d'une partie des avantages de ce vafte projet, & déjà l'économie des Etats commence à rembourfer des fommes qu'il a fallu dans certains tems emprunter pour fon exécution; mais l'obftacle fupérieur refte encore à furmonter; & les Etats font fi convaincus de l'importance & de la néceffité de completter ce grand ouvrage, qu'ils ne craindront pas cette année même, d'en mettre les moyens fous les yeux de Sa Majefté; & ils efperent qu'elle voudra bien y applaudir, & leur continuer le même fecours.

On demandera peut-être pourquoi cet ouvrage, qui paroît finguliérement utile à une ville particuliere, ne fe fait pas à fes dépens & eft fupporté par la province?

Si le pont qu'il s'agiffoit de préferver fe fût écroulé, il n'eût pas été reconftruit aux frais de la ville, mais à ceux des Etats; le commerce à qui il s'agiffoit d'ouvrir une route, ne regardoit pas la ville feule qui pouvoit lui fervir

Tome II.

de paffage, mais encore les parties fupérieures & inférieures. On feroit plutôt en droit de demander pourquoi de tels ouvrages ne fe font pas aux dépens de tout le royaume, que d'imaginer qu'ils duffent être faits par la ville qui leur prête fon territoire.

Il eft vrai qu'elle profite des quais qui fe font le long de fon enceinte; mais ces quais ne font que pour la confervation du pont & les abords du commerce; ce ne font pas les maifons & les façades que la province conftruit, ce font les murailles qui foutiennent ces quais, & les défendent de la riviere. Si elle aide les particuliers dans la conftruction de leurs nouvelles habitations, c'eft en dédommagement de celles que l'établiffement des quais oblige de leur enlever; fon objet eft de donner une iffue aux eaux & au commerce, & la décoration de la ville n'en eft qu'un effet acceffoire.

Ce n'eft pas que s'il y eût du doute pour favoir qui de la province ou de la ville eût dû fupporter quelque partie de la dépenfe, les Etats n'euffent par une fuite de leurs principes, prononcé contre eux-mêmes; ils croient que l'intérêt direct doit décider des frais de tout ouvrage; mais lorfque cet intérêt eft douteux ou partagé, ils penfent auffi que c'eft à la partie la plus puiffante à foulager celle qui eft la moins riche. Ils fe regardent comme les peres & les tuteurs des adminiftrations fubordonnées; ils s'empreffent de venir à leur fecours; les communautés, dont la province n'eft que la réunion, excitent particuliérement leur attention; c'eft pour les ménager qu'ils fe font chargés en corps de plufieurs impofitions qui auroient été leur ruine. On ne peut trop, dans une adminiftration bien entendue, conferver la force des communautés. Si elles font trop accablées des charges directes, elles ne peuvent plus suffire aux charges générales ; & il faut que tout s'écrase si les parties s'affoiblissent.

Ce n'est pas seulement la navigation des canaux & des rivieres qui occupe les Etats , ils cherchent encore à prévenir ou à réparer le désastre des eaux stagnantes ou des inondations causées par les torrens.

C'est par une suite de cette attention qu'on les voit travailler sans relâche à reconquérir sur les marais d'Aiguesmortes , des terreins cédés par le domaine à l'avidité des particuliers , & qu'il a fallu retirer à prix d'argent de leurs mains , pour les rendre à la culture , & y ramener la salubrité.

C'est par une suite de la même attention , que des ouvrages ingénieux auxquels Sa Majesté veut bien contribuer sur le fonds des indemnités , disposeront , pour ainsi dire , à volonté , des inondations d'un torrent (la riviere d'Aude) , & doivent les écarter ou les placer , en quelque sorte , avec la main , suivant qu'elles pourront être avantageuses ou nuisibles.

C'est enfin dans cette vue , que presque tous les dioceses sont occupés de prévenir les crues des rivieres , d'en aligner le cours , & de détruire les moulins qui l'interceptent. Dans les pays méridionaux , presque toutes les rivieres sont des torrens , les ouvrages qu'elles exigent sont donc fréquens & dispendieux ; dans les autres provinces , ces ouvrages sont souvent inutiles , quelquefois négligés ; quand ils ont lieu , ils sont supportés par des fonds étrangers à l'imposition générale & presque ignorés du gouvernement. En Languedoc , tout est évident & connu ; pour tout supporter , il n'y a qu'un seul fonds , celui de l'imposition. Les communautés même qui ont des biens patrimoniaux , sont obligées d'en mettre le produit en moins-imposé , ce qui leur

en rend la gestion plus intéressante , & les dépenses sont imposées ; ce qui doit rendre sobre à les demander & attentif à les éviter.

Sa Majesté ne doit donc pas être étonnée , si l'imposition supportant tout , monte à des sommes considérables ; elle ne doit pas l'être non plus , si les Etats lui demandent de si grands secours sur les indemnités pour le redressement des rivieres & autres ouvrages semblables. C'est principalement à conserver & à recouvrer les biens que supportent l'impôt , que l'indemnité doit être consacrée ; & ne vaut-il pas mieux dédommager celui qui perd son fonds , que celui qui n'en perd que la récolte ? La modique somme que celui-ci reçoit , ne peut compenser la perte qu'il a supportée , & celle que l'autre recevroit , ou la communauté plaignante , leur rendroit ou conserveroit des terreins qui ont été enlevés ou qui sont prêts à leur échapper.

Avant de terminer ce qui regarde les eaux , il est juste de ne pas omettre l'entretien des ports , qui est à la charge des Etats.

Dans les autres provinces , cette dépense est supportée par tout le royaume. Le Languedoc supporte seul celle qui le concerne & ne s'en plaint pas ; mais cette partie de dépense accroît nécessairement l'imposition faite pour les ouvrages publics.

Le port de Cette , le principal des ports du Languedoc , a été déterminé par le gouvernement ; & c'est lui qui a excité en divers tems les Etats à y faire tous les ouvrages qu'on peut y approuver ou y critiquer. C'est sans doute un malheur pour la province , que ce port , saisi à chaque instant par les sables amoncelés du Golfe de Lyon , ne puisse être entretenu qu'avec des frais excessifs , & répétés chaque année ; mais ces frais ne peuvent être évités, fans rendre inutile la dépenfe qui a été faite , & qui ne pourroit peut-être pas être mieux placée ; & en les fupportant , les Etats ne font que fe conformer à une fuite d'inftructions que le gouvernement eft trop éclairé pour vouloir révoquer.

Les mêmes inftructions ont recommandé les ports d'Agde & de la Nouvelle , intéreffans par leur pofition. Le Languedoc eft bien loin de fe glorifier de ces ports, il en fent l'infuffifance ; mais obligé de fe contenter de ce que fa pofition lui permet, il s'efforce de fuppléer à la médiocrité par l'exactitude de l'entretien ; & c'eft à cette exactitude que les Etats bornent leur dépenfe : heureux encore , fi une liberté entiere pouvoit animer leur commerce, & fi une ville voifine , contente de fon évidente fupériorité , ne cherchoit pas à enlever au Languedoc le foible avantage des ports difficiles , imparfaits , & qui ne peuvent jamais être fes rivaux.

Ouvrages de toute efpece non-compris dans les paragraphes précédens.

Il refte peu d'ouvrages qui ne foient compris dans ceux qu'on vient d'expofer. Les Etats ne parlent pas de l'entretien des places fortes , pour lequel ils contribuent d'une fomme de trentequatre mille livres : cette fomme a été augmentée depuis trois ans de quatorze mille livres. Les Etats ont réclamé contre cette augmentation , & ils avouent qu'ils ne peuvent concevoir à quoi fervent ces places fortes , qui n'en ont que le nom & la dépenfe, qu'on n'entretiendroit fûrement pas avec trentequatre mille livres , pour lefquelles trente-quatre mille livres font fuperflus s'il n'eft pas befoin de les entretenir , & dont l'abandon feroit une grande épargne , comme la deftruction une véritable économie. Les Etats ne peu-

vent que s'en rapporter à la fageffe de Sa Majefté ; mais ils ont cru entrer dans fes vues , en lui indiquant un retranchement utile, & dont il ne peut réfulter aucun inconvénient.

Il eft deux ouvrages dont les Etats doivent rendre un compte particulier à Sa Majefté , parce qu'ils en impofent au voyageur , & que fûrement on y fait allufion , toutes les fois qu'on parle de la magnificence du Languedoc.

Ces ouvrages font la place du Peyrou à Montpellier , & l'entrée de Touloufe , du côté de la Guienne.

La place du Peyrou eft fans doute un ouvrage de luxe , fi on applique cette dénomination à tout ce qui n'eft pas de premiere néceffité. En ce fens , toute place publique eft un ouvrage de luxe , & par fon emplacement qui eft ftérile & fans produit , & par fa décoration qui ne peut s'établir fans dépenfe.

Pour juger de celle que la place du Peyrou a occafionné , il faut favoir que les Etats avoient délibéré du vivant de Louis XIV de lui élever une ftatue fur une éminence fituée à Montpellier, & qu'on appelle le Peyrou ; d'acheter les terreins qui entouroient cette éminence , & d'y former une place , où cette Statue feroit pofée.

La mort de Louis XIV n'empêcha pas l'exécution du vœu des Etats ; la ftatue fut élevée en 1717, & on y voit cette infcription :

INCOLUMI VOVERE:

EX OCULIS SUBLATO POSUERE.

Les Etats firent plus , ils acquirent fucceffivement les terreins néceffaires pour la formation de la place ; mais ils retarderent la décoration , tant par une fuite de cette attention qu'ils ont à méditer long-tems leurs projets avant de les exécuter , que par les difficultés que la position offre pour en former un convenable.

L'occasion de se déterminer se présenta en 1764. L'administration de Montpellier , autorisée & dirigée par M. l'intendant, venoit de construire un aqueduc immense , qui pouvoit apporter plus de quatre-vingt pouces d'une eau saine & limpide , dans une ville qui , dévorée par l'ardeur du climat , n'avoit pour fournir aux besoins de ses habitans, qu'une chétive fontaine d'une eau fade & peu salubre , & prête à tarir à tous les instans.

Cet utile, quoique magnifique & dispendieux ouvrage , devoit être suivi de belles fontaines , qui répandissent cette eau salutaire dans les différens quartiers de la ville ; mais l'arrivée même de l'eau manquoit de la décoration nécessaire. L'aqueduc aboutissoit à cette même place du Peyrou , qui , dénuée de tout ornement , ne répondoit pas au monument majestueux dont elle devoit être le terme.

La ville de Montpellier demanda alors aux Etats de reprendre l'engagement que leurs peres avoient contracté. Il étoit honteux de ne le pas accomplir, & de laisser la statue d'un grand Roi isolée , pour ainsi dire , au milieu des champs.

Il étoit convenable d'aider une ville qui venoit de subvenir à une dépense dont les Etats chaque année pourroient recueillir le fruit ; l'exécution de l'ancien engagement fut donc de nouveau délibéré ; & ayant été autorisé par le Roi , les Etats firent dresser divers plans & projets qui furent mis sous leurs yeux.

Ils se déterminerent pour le plus économique ; en l'adoptant il fallut exclure celui d'une colonnade que la position sembloit exiger ; on la rejeta à cause de la cherté ; mais il fallut y suppléer en partie , & la grandeur de l'idée

fut substituée à la grandeur de la dépense.

Louis XIV avoit donné son nom à son siecle, & réciproquement les grands-hommes de ce siecle avoient contribué à sa gloire. Il fut résolu d'entourer cette place des statues de ces grands-hommes , & de mettre ainsi Louis XIV au milieu de ceux qui avoient illustré son regne. Cette suite de statues au nombre de douze groupes , sera coûteuse sans doute , mais elle l'est bien-moins que ces colonnes qu'on auroit été obligé d'adopter ; & la dépense se faisant successivement , sera moins sensible.

Si on demande maintenant pourquoi élever un tel monument dans une ville particuliere & si éloignée de la capitale , les Etats croient qu'il ne leur sera pas difficile de répondre ; c'est que l'engagement avoit été pris autrefois par le Languedoc , & que les Rois y sont respectés après leur mort, quand ils y ont été honorés pendant leur vie ; c'est qu'une ville où se tiennent les Etats , & où les étrangers abordent de toute part , mérite une attention particuliere ; c'est qu'il étoit juste que le public, en y concourant , mît pour ainsi dire sa sanction à la dépense de l'aqueduc dont il profitoit avec tant d'avantage ; c'est enfin parce que les Etats osent croire que ce n'est pas dans la capitale seule que les arts doivent être soutenus & encouragés.

Les progrès qu'ils y font sont, comme on l'a dit, perdus pour nos provinces. Trop éloignées du centre, l'industrie languit si elle n'est encouragée ; & si le talent n'y est pas occupé , il faut qu'il s'en éloigne. Ce n'est pas qu'on ait l'intention d'y entretenir beaucoup de statuaires , de peintres , &c., mais on ne peut trop répéter que c'est en protégeant les classes supérieures , que les classes inférieures se forment : il n'y a pas de bons artiſans, où il n'y a pas d'artiſtes, & ceux-ci dans nos contrées ne peuvent être fixés ni formés que par les ouvrages publics.

Ainſi, des objets qui paroiſſent de luxe, deviennent par leurs effets des objets de premiere néceſſité, & lorſqu'à cette conſidération, ſe joint l'avantage de maintenir le reſpect dû aux Rois, en décorant dignement la place où eſt élevée la ſtatue d'un des plus grands d'entr'eux, les Etats eſperent que la dépenſe n'en ſera regrettée ni des peuples ni du gouvernement.

Il ne leur ſera pas plus difficile d'expliquer les ouvrages qui ſe font auprès de Toulouſe pour l'entrée de cette ville.

Les chemins néceſſaires d'Auch & de Lombés étoient près d'être finis ; mais à l'iſſue de ces chemins étoit la porte qu'on appelle Saint-Cyprien, & qui offroit, de l'aveu de tout le monde, les plus grandes incommodités dans ſon paſſage.

Les Etats demanderent donc à la ville d'y remédier ; & celle-ci prenant alors en conſidération divers projets, ſe détermina pour une nouvelle rue qui enfiloit le pont ſur la Garonne plus directement que celle qu'on étoit obligé de ſuivre.

Cette délibération fut autoriſée par M. l'intendant ; & la ville en conſéquence demanda aux Etats de conformer les avenues extérieures au projet qu'elle avoit adopté.

Les Etats ont acquieſcé à cette demande, & euſſent été repréhenſibles s'ils ne l'euſſent pas fait ; ils ne diront pas que cette nouvelle rue fût de premiere néceſſité ; mais ils diront qu'une belle entrée convient à une grande ville, la capitale d'une grande province ; ils diront que la porte du côté d'Auch eſt une de ſes principales iſſues, & par laquelle il abonde le plus grand

nombre de voitures ; ils diront que le vœu de la ville a dû déterminer celui des Etats ; & qu'en exécutant, comme ils font, l'ouvrage avec lenteur, ils y ont obſervé la ſeule économie dont il eſt ſuſceptible.

Ils ajouteront qu'on peut remarquer dans cette dépenſe, le ſoin qu'ils ont de laiſſer à chaque adminiſtration la dépenſe qu'elle doit ſupporter.

Juſqu'à l'entrée, tout eſt à la charge de la province ; la porte, & tout ce qui eſt intérieur, ſont ſupportés par la ville. C'eſt par cette harmonie & cet accord des diverſes adminiſtrations, qu'elles parviennent à faire de grandes choſes ſans être ſurchargées : il n'eſt preſque rien que les provinces ne puiſſent exécuter, lorſque l'argent ne ſort pas de leur enceinte, & que leurs forces ſont ménagées.

Il réſulte de cet expoſé ſur les ouvrages publics, qu'il y a très-peu de dépenſes qui ne ſoient de premiere néceſſité ; que celles qu'on pourroit accuſer de luxe, ſont juſtifiées par leur influence ſur les arts, dont il eſt de l'intérêt public de favoriſer la perfection ; & qu'à l'égard des autres, elles ſont toutes néceſſaires & indiſpenſables ; que ſans elles le commerce & l'agriculture auroient langui dans la province ; qu'elles ſeules ont mis le peuple à portée de ſuffire à l'impôt ; qu'elles ſont la reſſource du pauvre, & le principe de l'aiſance du riche ; que ce ſeroit réduire l'un à la mendicité, & l'autre à la détreſſe, que de vouloir les retrancher ou diminuer ; & que la ſeule économie que les Etats ne doivent jamais perdre de vue, eſt de faire ces dépenſes avec ordre, ſans excéder le prix des ouvrages, & ſans les ménager aux dépens de la ſolidité.

Ce n'eſt pas que s'il ſurvenoit quelque impoſition extraordinaire occaſionnée par la guerre ou par quelqu'autre circonſtance imprévue , les Etats ne cruſſent pouvoir faire quelques retranchemens ; & c'eſt-là encore un des avantages de leur adminiſtration. C'eſt pendant la paix qu'il faut ſe livrer à des travaux utiles ; l'argent du riche paſſe alors ſans qu'il s'en apperçoive , & avec profit pour lui-même dans la poche du pauvre. Lorſque la guerre vient, une partie de ces dépenſes ſuſpendue , rend moins ſenſible l'impoſition à laquelle elle oblige d'avoir recours ; mais ce retranchement même ne doit être que paſſager ; il n'eſt pas ſuffiſant pour le ſoulagement des peuples que l'impoſition ſoit la même ; la différence eſt extrême lorſqu'elle eſt remiſe au tréſor-royal , ou lorſqu'elle eſt dépenſée dans la province ; ici la dépenſe rapporte plus qu'elle ne coûte ; là tout eſt en perte pour la province , & la guerre diminue encore ces richeſſes ; on

peut même dire que c'eſt lorſqu'on établit un nouvel impôt ; qu'il faut ouvrir une nouvelle ſource de productions , & voilà ce que font de nouvelles communications , qui donnent une plus grande valeur aux denrées , & quelquefois font naître dans une province des richeſſes qu'on n'y ſoupçonnoit pas.

Si les Etats ſe trompent dans la maniere dont ces communications ſont pratiquées en Languedoc , ſur la conſtruction des ouvrages publics , ſur la forme des adjudications ; ſi d'autres réglemens & d'autres méthodes peuvent procurer plus d'ordre & plus d'économie , ils ſeront empreſſés de recevoir les inſtructions qu'on voudra leur donner. Cette partie d'adminiſtration eſt délicate , difficile , quelquefois minutieuſe , & elle ne peut être trop ſcrupuleuſement étudiée & réfléchie.

TITRE SECOND.

De la direction & administration des Ouvrages publics intéressant le commerce & les communications, dont la province fait la dépense en partie avec le Roi, ou avec les provinces voisines.

Nº. I.

I.

ARRÊT

DU CONSEIL D'ETAT DU ROI,

Qui ordonne que la dépense de la construction du pont de Cazeres, & des réparations à faire au pont de Toulouse, sera supportée, moitié par la province de Languedoc, & l'autre moitié par les généralités de Montauban & d'Auch, & que les baux en seront passés par les commissaires présidens pour Sa Majesté aux Etats de Languedoc, & par ceux qui seront nommés par lesdits Etats.

Du premier Décembre 1716.

EXTRAIT *des Registres du Conseil d'Etat.*

VU par le Roi, étant en son conseil, l'article XIV du cahier présenté à Sa Majesté par les députés de la province de Languedoc; contenant, qu'il y a déjà quelque tems qu'on a découvert une concavité dans une des piles du pont de la ville de Toulouse, qui en pourroit causer la ruine, si elle n'étoit promptement réparée : Que ce pont est à une extrêmité de ladite ville, du côté que le Languedoc avoisine la Guyenne, & que son plus grand usage consiste à fournir un passage aux habitans de la généralité de Montauban, pour venir

plaider au parlement, dont elle fait une partie du ressort ; qu'il sert encore à la voiture des denrées de cette généralité qui sont apportées à Toulouse pour y être vendues ; & que c'est aussi pour cette considération que lorsque ce pont fut bâti, cette généralité contribua à la plus grande partie de cette dépense : Que quoique ce pont ne soit pas de la même utilité au Languedoc, parce que ses habitans ne passent pas sur ce pont pour avoir communication avec la ville de Toulouse, ni même pour aller à Bordeaux, les Etats de cette province n'ont pas hésité d'entrer dans cette dépense pour ce qu'il plaira à Sa Majesté de régler, & pour se rendre justice sur une affaire qui ne souffre pas de retardement, ils offrent d'en supporter la moitié : Que Sa Majesté a encore souhaité que le pont de Cazeres qui est aussi sur la riviere de Garonne, & qui fait la communication des diocéses voisins de la Guyenne & du Languedoc soit rétabli ; à quoi le Languedoc a aussi consenti de contribuer pour la moitié de la dépense. A CES CAUSES, ils requéroient, qu'il plût à Sa Majesté ordonner qu'il sera incessamment procédé à l'adjudication des réparations à faire au pont de Toulouse, & à la construction de celui de Cazeres par les commissaires de Sa Majesté, & par ceux qui seront nommés par les Etats ; & que la dépense en sera supportée „

moitié par la province de Languedoc, & moitié par la généralité de Montauban. La réponse faite audit article, contenant que Sa Majesté donnera les ordres nécessaires, afin que la dépense du rétablissement du pont de Cazeres & des réparations du pont de Toulouse, soit payée par moitié par les habitans des généralités de Montauban & d'Auch, en même-tems que le Languedoc en fournira l'autre moitié ; & que les baux au rabais en soient passés par ses commissaires & par ceux des Etats : Oui le rapport ; L E R O I É T A N T E N S O N C O N S E I L, de l'avis de M. le Duc d'Orléans Régent, a ordonné & ordonné, que la dépense du rétablissement du pont de Gazeres & des réparations du pont de Toulouse, sera supportée, moitié par la province de Languedoc, & moitié par les généralités de Montauban & d'Auch ; & que les baux en seront passés par les commissaires présidens pour Sa Majesté aux Etats de Languedoc, & par ceux qui seront nommés par lesdits Etats. F A I T au conseil d'état du Roi, Sa Majesté y étant, tenu à Paris le premier jour de Décembre mil sept cent seize. *Signé*, PHELYPEAUX.

L OUIS, PAR LA GRACE DE DIEU, ROI DE FRANCE ET DE NAVARRE: A nos très-chers & bien-amés les sieurs commissaires présidens pour nous aux Etats de notre province de Languedoc, SALUT. Nous vous mandons & ordonnons par ces présentes signées de nous, de tenir la main à l'exécution de l'arrêt ci-attaché, sous le contre-scel de notre chancellerie, ce jour-d'hui donné en notre conseil d'état, nous y étant, de l'avis de notre très-cher & très-amé oncle le Duc d'Orléans Régent, par lequel nous avons ordonné que la dépense du rétablisse-

ment du pont de Cazeres & des réparations du pont de Toulouse, sera supportée, moitié par notredite province, & moitié par les généralités de Montauban & d'Auch ; & que les baux en seront passés, tant par vous que par les commissaires qui seront nommés à cet effet par lesdits Etats ; de ce faire, vous donnons & à eux tout pouvoir, autorité, commission & mandement spécial. Commandons au premier notre huissier ou sergent sur ce requis, de faire pour l'entiere exécution dudit arrêt, & de ce que vous ordonnerez en conséquence, tous exploits de significations & autres actes de justice que besoin sera, sans pour ce demander autre permission : CAR tel est notre plaisir. DONNÉ à Paris le premier jour de Décembre, l'an de grace mil sept cent seize ; & de notre regne le deuxieme. *Signé*, LOUIS : *Et plus bas* ; Par le Roi, le Duc D'ORLÉANS Régent, présent. *Signé*, PHELYPEAUX.
Collationné.

I I.
A R R Ê T
DU CONSEIL D'ETAT DU ROI, & Lettres-patentes.

Des 14 Février & 25 Juillet 1719.

Portant autorisation de l'adjudication faite par les commissaires du Roi & des Etats, des réparations à faire aux ponts de Toulouse & de Cazeres.

EXTRAIT *des Registres du Conseil d'Etat.*

L E Roi s'étant fait représenter en son conseil l'arrêt rendu en icelui le premier Décembre 1716, par lequel Sa Majesté a ordonné que la dépense du rétablissement du pont de Cazeres & des réparations du pont de Toulouse, sera supportée, moitié par

la

la province de Languedoc , & moitié par les généralités de Montauban & d'Auch , & que les baux en feront paffés par les commiffaires préfidens pour Sa Majefté aux Etats de Languedoc , & par ceux qui feront nommés par lefdits Etats ; en conféquence duquel arrêt , il a été procédé par lefdits commiffaires aux adjudications defdits ouvrages & réparations ; favoir , le 13 Janvier 1717 pour les réparations du pont de Touloufe, moyennant la fomme de 38,000 livres, & le 11 Novembre fuivant pour la conftruction du pont de Cazeres , moyennant la fomme de 28,312 livres , faifant lefdites deux fommes enfemble celle de 66,312 liv. dont la province de Languedoc doit fupporter pour la moitié 33,156 livres, & les généralités de Montauban & d'Auch pareille fomme pour l'autre moitié , faifant pour chacune defdites deux généralités la fomme de 16,578 livres ; Et Sa Majefté étant informée que la province de Languedoc a fait les fonds de cette dépenfe pour ce qui la concerne ; que la fomme de 16,578 livres que la généralité d'Auch en doit fupporter a été impofée fur les contribuables de ladite généralité , en conféquence des arrêts du confeil expédiés à cet effet, de maniere qu'il eft néceffaire , pour parfaire les fonds de ladite dépenfe , d'impofer fur la généralité de Montauban pareille fomme de 16,578 livres , & d'ordonner en même tems de quelle maniere le montant de ces impofitions doit être payé , pour être enfuite remis aux adjudicataires defdits ouvrages & réparations , conformément aux adjudications qui leur en ont été faites. Vu ledit arrêt du premier Décembre 1716 , & les adjudications des 13 Janvier & 11 Novembre 1717: Oui le rapport; SA MAJESTÉ ÉTANT EN SON CONSEIL , de l'avis de M. le Duc d'Orléans Régent, a autorifé &

autorife en tant que befoin eft ou feroit , les adjudications faites par les commiffaires de Sa Majefté & ceux des Etats de Languedoc , les 13 Janvier & 11 Novembre 1717 , des ouvrages & réparations des ponts de Touloufe & Cazeres, lefquelles feront exécutées felon leur forme & teneur. Ordonne Sa Majefté que par le fieur Laugeois d'Imbercourt , maître des requêtes , intendant & commiffaire départi en la généralité de Montauban , il fera impofé en deux années confécutives , à commencer en la préfente 1719 , fur les habitans contribuables de ladite généralité au marc la livre de la taille, la fomme de 16,578 livres que ladite généralité doit fupporter pour lefdits ouvrages & réparations des ponts de Touloufe & de Cazeres, laquelle fomme fera levée par les collecteurs qui remettront le montant de ladite impofition aux receveurs des tailles, & ceuxci aux receveurs généraux des finances de ladite généralité en exercice , nonobftant les défenfes portées par les commiffaires de Sa Majefté d'impofer d'autres fommes que celles y contenues. Ordonne en outre Sa Majefté que ladite fomme de 16,578 livres & pareille fomme de 16,578 livres provenant de l'impofition qui a été faite fur la généralité d'Auch pour le même fujet , feront remifes par les receveurs généraux des finances defdites généralités de Montauban & d'Auch , entre les mains du tréforier de la bourfe de la province de Languedoc , fur fes fimples quittances, pour être avec celle de 33,156 livres , que cette province doit fupporter de ladite dépenfe, employées au payement defdits ouvrages & réparations , fuivant & conformément aux adjudications qui en ont été faites , & en rapportant par lefdits receveurs généraux lefdites quittances, lefdites fommes leur feront paffées &

allouées par-tout où il appartiendra en vertu du préfent arrêt, fur lequel toutes lettres néceſſaires feront expédiées. FAIT au conſeil d'état du Roi, Sa Majeſté y étant, tenu à Paris le quatorzieme jour de Février mil ſix cent dixneuf. PHELYPEAUX *ſigné.*

LOUIS, PAR LA GRACE DE DIEU, ROI DE FRANCE ET DE NAVARRE : A nos amés & féaux conſeillers les gens tenant notre chambre des comptes à Paris, SALUT. Nos très-chers & bien-amés les gens des Trois-états de notre province de Languedoc, nous ont fait repréſenter que par arrêt de notre conſeil du premier Décembre 1716, nous avons ordonné que la dépenſe du rétabliſſement du pont de Cazeres & des réparations du pont de Touloufe, feroit fupportée, moitié par la province de Languedoc, & moitié par les généralités de Montauban & d'Auch, & que les baux en feroient paſſés par les commiſſaires préſidens pour nous aux Etats de Languedoc & par ceux qui feroient nommés par leſdits Etats ; en conféquence duquel arrêt il a été procédé par leſdits commiſſaires aux adjudications deſdits ouvrages & réparations ; favoir, le 13 Janvier 1717 pour les réparations du pont de Touloufe, moyennant la fomme de 38,000 livres, & le 11 Novembre fuivant pour la conſtruction du pont de Cazeres, moyennant la fomme de 28,312 livres, faiſant leſdites fommes enſemble celle de 66,312 livres dont la province de Languedoc doit fupporter pour fa moitié 33,156 livres, & les généralités de Montauban & d'Auch pareille fomme pour l'autre moitié, faiſant pour chacune deſdites généralités la fomme de 16,578 livres. Et comme nous avons été informés que la province de Languedoc a fait les fonds de cette dépenfe pour ce qui la

concerne ; que la fomme de 16,578 livres que la généralité d'Auch doit fupporter a été impofée fur les contribuables de ladite généralité, en conféquence des arrêts du conſeil expédiés à cet effet, de maniere qu'il étoit néceſſaire, pour parfaire le fonds de ladite dépenſe, d'impoſer fur la généralité de Montauban pareille fomme de 16,578 liv., & d'ordonner en même tems de quelle maniere le montant de ces impofitions doit être payé, pour être enfuite remis aux adjudicataires deſdits ouvrages & réparations, conformément aux adjudications qui leur en ont été faites, nous y avons pourvu par arrêt de notre conſeil du 14 Février dernier, pour l'exécution duquel nous avons ordonné que toutes lettres néceſſaires feront expédiées, leſquelles les expoſans nous ont très-humblement fait fupplier de leur vouloir accorder. A CES CAUSES, defirant favorablement traiter les expoſans, après avoir fait voir en notre conſeil ledit arrêt du 14 Février dernier ci-attaché fous le contre-fcel de notre chancellerie, de l'avis de notre très-cher & très-amé oncle le Duc d'Orléans, petit-fils de France, Régent, de notre très-cher & très-amé oncle le Duc de Chartres, premier prince de notre fang, de notre très-cher & très-amé couſin le Duc de Bourbon, de notre très-cher & très-amé couſin le Prince de Conty, Princes de notre fang, de notre très-cher & très-amé oncle le Comte de Touloufe, Prince légitimé, & autres Pairs de France, grands & notables Perſonnages de notre royaume, & de notre grace fpéciale, pleine puiſſance & autorité royale, nous avons par ces préſentes fignées de notre main, conformément audit arrêt de notre conſeil, autoriſé & autoriſons, en tant que befoin eſt ou feroit, les adjudications faites par nos commiſſaires & ceux des Etats de Languedoc les 13 Janvier

& 11 Novembre 1717, des ouvrages & réparations des ponts de Toulouse & de Cazeres, lesquelles seront exécutées selon leur forme & teneur. Ordonnons que par le sieur Langeois d'Imbercourt, conseiller en nos conseils, maître des requêtes, commissaire départi pour l'exécution de nos ordres en la généralité de Montauban, il sera imposé en deux années consécutives, à commencer de la présente 1719, sur tous les habitans contribuables de ladite généralité, au marc la livre de la taille, la somme de 16,578 livres que ladite généralité doit supporter pour lesdits ouvrages & réparations des ponts de Toulouse & de Cazeres, laquelle somme sera levée par les collecteurs, qui remettront le montant de ladite imposition aux receveurs des tailles, & ceux-ci aux receveurs généraux des finances de ladite généralité en exercice, nonobstant les défenses portées par nos commissions d'imposer d'autres sommes que celles y contenues. Ordonnons en outre que ladite somme de 16,578 livres, & pareille somme de 16,578 livres provenant de l'imposition qui a été faite sur la généralité d'Auch pour le même sujet, seront remises par les receveurs généraux des finances desdites généralités de Montauban & d'Auch, entre les mains du trésorier de la bourse de la province de Languedoc, sur ses simples quittances, pour être, avec celle de 33,150 livres que cette province doit supporter de ladite dépense, employés au payement desdits ouvrages & réparations, suivant & conformément aux adjudications qui en ont été faites ; & en rapportant par lesdits receveurs généraux lesdites quittances, lesdites sommes leur seront passées & allouées par-tout où il appartiendra en vertu dudit arrêt & des présentes. SI VOUS MANDONS que ces présentes avec ledit arrêt du conseil, vous ayez à enregistrer pour être exécutés selon leur forme & teneur, & de leur contenu faire jouir les exposans pleinement & paisiblement, cessant & faisant cesser tous troubles & empêchemens contraires : Car tel est notre plaisir. DONNÉ à Paris le vingt-cinquieme jour de Juillet l'an de grace mil sept cent dix-neuf, & de notre regne le quatrieme. *Signé*, LOUIS. *Et plus bas*, par le Roi, le Duc d'Orléans Régent, présent ; PHELYPEAUX.

Registrées en la chambre des comptes, oui & ce requérant le procureur général du Roi, pour être exécutées selon leur forme & teneur, le 19 Août 1719. Signé, RICHER.

III.

ARRÊT

DU CONSEIL D'ÉTAT DU ROI,

Qui ordonne que la moitié des augmentations des réparations du pont de Toulouse sera imposée l'année 1723 sur les généralités d'Auch & de Montauban.

Du 15 Décembre 1722.

EXTRAIT des Registres du Conseil d'Etat.

VU au conseil d'état du Roi l'article VI du cahier présenté cette année à Sa Majesté par les députés des Etats de la province de Languedoc, contenant que par arrêt du conseil du premier Décembre 1716, Sa Majesté auroit ordonné que la dépense des réparations du pont de Toulouse seroit supportée moitié par le Languedoc, & moitié par les généralités de Montauban & d'Auch, & que le bail en seroit passé par les commissaires présidens pour S. M. aux Etats de Languedoc & par ceux qui seroient nommés par lefdits Etats : qu'en conféquence de cet arrêt, il fut procédé à l'adjudication defdites réparations le 13 Janvier 1717, moyennant la fomme de 38,000 livres ; & par autre arrêt du 14 Février 1719, ladite adjudication fut autorifée, & il fut ordonné qu'il feroit impofé fur la généralité de Montauban, en deux années confécutives, fa portion de la moitié de ladite fomme de 38,000 livres, la généralité d'Auch ayant déjà impofé fon contingent de ladite fomme : que depuis ce tems-là il a été fait des augmentations au devis defdites réparations pour les rendre plus folides & plus durables, lefquelles augmentations ont été approuvées par les commiffaires de Sa Majefté & ceux des Etats ; en forte que lefdites réparations ayant été mifes à leur perfection, elles ont été vérifiées & reçues en 1720 par les commiffaires des Etats & par le fieur de Pontmartin, ingénieur nommé à cet effet par les commiffaires de Sa Majefté, lequel, par fon procès verbal de réception, a eftimé que lefdites augmentations montoient à la fomme de 20,009 livres 6 fols 3 deniers ; fur quoi les députés defdits Etats auroient requis qu'il plût à Sa Majefté ordonner que la fomme de 10,004 livres 13 fols pour la moitié du montant des augmentations defdites réparations feroit impofée l'année prochaine fur les généralités de Montauban & d'Auch, & remife par les receveurs généraux des finances defdites généralités, entre les mains du tréforier de la bourfe de Languedoc, avec ce qui refteroit à payer fur les fommes dont le fonds a été ci-devant impofé par ordre de Sa Majefté fur lefdites généralités pour lefdites réparations. Vu auffi la réponfe du Roi-audit article, contenant que Sa Majefté donneroit les ordres néceffaires pour que la moitié de ladite fomme de 20,009 livres 6 fols 3 deniers, à quoi

monte l'augmentation de la dépenfe du rétabliffement du pont de Touloufe, fût payée par les habitans des généralités de Montauban & d'Auch : Oui le rapport du fieur Dodun, confeiller ordinaire au confeil royal & au confeil de régence, contrôleur général des finances, SA MAJESTÉ ÉTANT EN SON CONSEIL, de l'avis de Monfieur le Duc d'Orléans Régent, & conformément à la réponfe faite audit article, a ordonné & ordonne que la fomme de 10,004 livres 13 fols, pour la moitié du montant des augmentations des réparations du pont de Touloufe, fera impofée l'année prochaine 1723, fur les contribuables aux tailles des généralités de Montauban & d'Auch, favoir, 5002 livres 6 fols 6 deniers fur ceux de la généralité de Montauban, & pareille fomme fur ceux de la généralité d'Auch, lefquelles fommes feront remifes par les receveurs généraux des finances defdites généralités entre les mains du tréforier de la bourfe de la province de Languedoc fur fes fimples quittances ; & en rapportant par lefdits receveurs généraux lefdites quittances, lefdites fommes leur feront paffées & allouées partout où il appartiendra, en vertu du préfent arrêt fur lequel toutes lettres néceffaires feront expédiées. FAIT au confeil d'état du Roi, Sa Majefté y étant, tenu à Verfailles le quinzieme Décembre 1722. *Signé*, PHELYPEAUX.

I V.

ARRÊT

DU CONSEIL D'ETAT DU ROI,

Qui ordonne que les réparations néceffaires au pont de Touloufe fur la riviere de Garonne , feront faites inceffamment , & qu'il fera conftruit un nouveau pont pour l'abord de la ville de Cazeres sur la même riviere; à l'effet de quoi, les baux à rabais desdits ouvrages seront passés par les commissaires de Sa Majesté & ceux des Etats de la province de Languedoc: ordonne en outre que la généralité d'Auch contribuera à cette dépense pour la somme de 40,000 liv. & que le surplus sera payé par ladite province.

Du 12 Août 1755.

EXTRAIT des Registres du Conseil d'Etat.

SUR la requête présentée au Roi, étant en son conseil, par les députés & le syndic général de la province de Languedoc; CONTENANT que les Etats de ladite province, toujours attentifs à veiller à la conservation & à l'entretien des ouvrages publics, auroient chargé le sieur de Saget, directeur desdits ouvrages dans la sénéchaussée de Toulouse, de visiter & constater l'état du pont de la ville de Toulouse sur la riviere de la Garonne, que les différentes crues de ladite riviere avoient successivement endommagés, & de dresser un devis des ouvrages à faire pour y remédier; qu'en conséquence ledit sieur de Saget auroit fait ladite vérification, & auroit trouvé que les culées, les piles, les arches, les œils-de-bœuf, les corniches, les avenues & les parapets dudit pont avoient besoin d'une prompte réparation, pour éviter les progrès desdites crues d'eau qui en occasionneroient infailliblement la perte. Suivant le devis qui en a été dressé, la dépense de ces réparations montera à environ soixante-huit mille livres. Que le pont de bois de la ville de Cazeres, diocese de Rieux, qui est aussi construit sur la riviere de Garonne, est dégradé au point qu'on ne peut plus s'en servir, & qu'il ne peut être réparé à cause de sa situation, de sa mauvaise

construction & de son étendue, le lit de ladite riviere se trouvant audit endroit dans sa plus grande largeur, ce qui auroit déterminé les Etats de Languedoc de proposer d'en construire un nouveau à environ deux cent soixante-quatre toises au dessous de l'ancien, auprès de la porte de la Baze, & vis-à-vis le chemin qui fait le tour de ladite ville de Cazeres, dans lequel endroit le lit de ladite riviere est plus étroit, le local plus solide, & où le pont sera mieux placé pour les voyageurs; Que les piles & les culées de ce pont devant être en maçonnerie, il exigera un moindre entretien, & que l'objet de la dépense montera à plus de cinquante mille livres; & attendu que ce pont, ainsi que celui de la ville de Toulouse, se trouvent situés au voisinage de la Guienne, & servent tant au passage des habitans de ladite généralité, qui fait partie du ressort du parlement de Toulouse, qu'à la voiture des denrées qu'on apporte de ladite généralité, pour être vendues à Toulouse & dans ses environs, ainsi que les autres marchandises qui viennent de la généralité d'Auch, pour le commerce réciproque des deux provinces, il seroit juste que la Guienne contribuât pour la moitié de la dépense à faire pour les réparations & constructions de ces deux ponts, qui dans tous les tems ont été construits & réparés par les généralités d'Auch & de Montauban pour la moitié, ainsi qu'il est porté par les arrêts du conseil des premier Décembre 1716, 14 Février 1719, & 15 Décembre 1722; mais que le sieur intendant & commissaire départi dans la généralité de Montauban, a représenté au conseil qu'une grande partie de ladite généralité, à raison de laquelle elle a ci-devant contribué aux réparations & constructions des ponts dont il s'agit, en ayant été démembrée pour composer celle d'Auch, il ne feroit pas jufte que celle de Montauban, qui, en l'état où elle fe trouve aujourd'hui, ne retire aucun avantage defdits ponts, contribuât à cette dépenfe : fur quoi les députés & le fyndic général de la province de Languedoc, obfervent, que puifque la généralité d'Auch fe trouve compofée d'une partie confidérable de celle de Montauban qui auroit contribué avant la défunion à la réparation & conftruction defdits ponts, celle d'Auch doit fupporter dans la même proportion l'impofition qui auroit été faite fur la généralité de Montauban fi elle n'eût point été démembrée, puifqu'elle feule en retirera prefque toute l'utilité. Requéroient, A CES CAUSES, les fupplians, qu'il plût à Sa Majefté ordonner, que la fomme qu'il lui plaira fixer pour la contribution de la généralité d'Auch feulement à la dépenfe dont il s'agit, fera impofée fur ladite généralité en deux années confécutives, à commencer en la prochaine 1756, pour ladite fomme être remife entre les mains du tréforier des Etats de Languedoc fur fes fimples quittances, & être enfuite payée aux entrepreneurs defdits ouvrages, conformément aux conditions qui feront portées dans les adjudications qui en feront faites par les commiffaires de Sa Majefté, & des Etats de ladite province de Languedoc. Vu la délibération defdits Etats du 19 Février 1754; les plans & devis des ouvrages à faire, tant au pont de la ville de Touloufe, que pour la conftruction de celui de Cazeres; les arrêts du confeil des premier Décembre 1716, 14 Février 1719, & 16 Décembre 1722, & les avis des fieurs intendans & commiffaires départis dans les généralités d'Auch & de Montauban : Oui le rapport du fieur Moreau de Sechelles, confeiller d'état & ordinaire au confeil royal, contrôleur général des

finances; LE ROI ÉTANT EN SON CONSEIL, a ordonné & ordonne que les réparations néceffaires au pont de la ville de Touloufe fur la riviere de Garonne, feront inceffamment faites, & qu'il fera conftruit un nouveau pont pour l'abord de la ville de Cazeres fur la même riviere, à environ 264 toifes au-deffous de l'ancien pont, auprès de la porte de la Baze, & vis-à-vis le chemin qui fait le tour de ladite ville; à l'effet de quoi les baux ou rabais defdits ouvrages feront paffés par les commiffaires de Sa Majefté & ceux des Etats de ladite province de Languedoc : Ordonne Sa Majefté, que la généralité d'Auch fera tenue de contribuer à cette dépenfe pour la fomme de quarante mille livres, & que tout le furplus, à quelque fomme qu'il puiffe monter par l'effet de l'adjudication ou par les accidens qui pourroient furvenir lors de la confection defdits ouvrages, fera payé par la province de Languedoc : Ordonne à cet effet Sa Majefté, que par le fieur intendant & commiffaire départi en la généralité d'Auch, & nonobftant les défenfes portées par les commiffions des tailles, d'impofer aucunes autres fommes que celles y contenues, ladite fomme de quarante mille livres, enfemble le fol pour livre d'icelle pour frais de recouvrement, dont quatre deniers appartiendront aux collecteurs, quatre deniers aux receveurs des tailles, & les quatre deniers reftans aux receveurs généraux des finances, chacun dans l'année de leur exercice, feront impofés par égales portions en deux années confécutives, à commencer en la prochaine 1756, fur tous les contribuables aux tailles de ladite généralité, au marc la livre d'icelles; le montant de laquelle fomme principale de quarante mille livres fera remis par les collecteurs aux receveurs des tailles, ceux-ci aux receveurs généraux des finances de ladite généralité, chacun dans l'année de leur exercice, & ces derniers au tréforier de la bourfe de la province de Languedoc, fur fes fimples quittances, pour être ladite fomme de quarante mille livres, avec celle que cette province impofera de fon côté, employée au payement defdits ouvrages, fuivant & conformément aux conditions qui feront portées par les adjudications qui en feront faites; quoi faifant, & en rapportant par lefdits receveurs généraux des finances les quittances dudit tréforier de la bourfe, ladite fomme de quarante mille livres leur fera paffée & allouée dans le compte qu'ils en rendront, conformément à ce qui eft prefcrit par la déclaration de Sa Majefté du 16 Février 1720, & autres fubféquentes, concernant les comptes qui doivent être rendus des impofitions extraordinaires. Fait au confeil d'état du Roi, Sa Majefté y étant, tenu à Compiegne le douzieme jour d'Août mil fept cent cinquante-cinq. Signé, Phelypeaux.

Enregiftré au contrôle général des finances par Nous confeiller d'Etat, & ordinaire au confeil royal, contrôleur général des finances. À Paris, le vingt Août mil fept cent cinquante-cinq. Signé, Moreau de Sechelles.

Louis, par la grace de Dieu, Roi de France et de Navarre: A nos très-chers & bien-amés les fieurs commiffaires préfidens pour Nous aux Etats de notre province de Languedoc, Salut. Nous vous mandons & ordonnons par ces préfentes fignées de Nous, de tenir la main à l'exécution de l'arrêt dont extrait eft ci-attaché fous le contre-fcel de notre chancellerie, ce jourd'hui rendu en notre confeil d'état, Nous y étant, par lequel Nous avons ordonné que la généralité d'Auch fera tenue de contribuer à cette dépenfe pour la

fomme de quarante mille livres, & le furplus, à quelque fomme qu'il puiffe monter, par la province de Languedoc, & que les baux en feront paffés, tant par vous, que par les commiffaires qui feront nommés à cet effet par lefdits Etats: De ce faire vous donnons & à eux, tout pouvoir, autorité, commiffion & mandement fpécial. Commandons au premier notre huiffier ou fergent fur ce requis, de faire pour l'entiere exécution dudit arrêt, & de ce que vous ordonnerez en conféquence, tous exploits de fignification, & autres actes de juftice que befoin fera, fans pour ce demander autre permiffion; Car, tel eft notre plaifir. Donné à Compiegne le douzieme jour du mois d'Août, l'an de grace mil fept cent cinquante-cinq, & de notre regne le quarantieme. *Signé*, LOUIS: *Et plus bas*; Par le Roi. *Signé*, Phelypeaux. Et fcellé en queue du fceau de cire jaune.

V.

ARRÊT

Du Conseil d'Etat du Roi,

Portant, entre autres difpofitions, que les ouvrages à faire pour la conftruction du chemin de communication du Languedoc avec l'Auvergne & auxquels le Languedoc devoit contribuer pour une fomme de 500,000 livres, Sa Majefté s'étant chargée de pourvoir au furplus, feront adjugés par le fieur intendant de ladite province, & par les commiffaires des Etats nommés pour la direction des travaux publics, en la maniere accoutumée, lefquels commiffaires de Sa Majefté & des Etats auront la direction defdits ouvrages, & figneront les ordonnances qui feront expédiées, tant pour le paye-

ment des entrepreneurs & inspecteurs, que pour les indemnités & tous autres frais quelconques ayant rapport aux ouvrages dudit chemin (*a*).

Du 2 Septembre 1749.

EXTRAIT *des Registres du Conseil d'Etat.*

VU par le Roi, étant en son conseil, la délibération prise par les Etats de la province de Languedoc le 19 Décembre 1748, par laquelle, sur les demandes & propositions qui leur ont été faites de la part de Sa Majesté, au sujet de la construction du chemin de communication du Languedoc avec l'Auvergne, ils ont résolu, pour se conformer aux intentions de Sa Majesté, 1º. De contribuer de la somme de cinq cent mille liv. à la dépense de la construction dudit chemin de communication du Languedoc avec l'Auvergne ; auquel effet, à commencer de l'année 1749, il sera fait un fonds de 62,500 liv. pendant huit années consécutives ; moyennant laquelle somme de cinq cent mille livres, il ne sera rien demandé à la province, à quelque somme que la dépense dudit chemin puisse monter, tant à raison des ouvrages dudit chemin, que des indemnités qui seroient dues à ces occasions, lesquelles indemnités, suivant les regles constamment observées dans la province, seront payées aux particuliers dont on aura pris les terres, maisons ou autres possessions, & abattu les arbres, soit pour l'emplacement dudit chemin, soit pour les autres ouvrages qui seront jugés nécessaires, & généralement à raison de tous frais quelconques ayant rapport

audit chemin, Sa Majesté s'étant chargée d'y pourvoir ; cependant, que les députés desdits Etats à la cour, feront les représentations les plus pressantes pour obtenir, s'il est possible, modération sur ladite somme de cinq cent mille livres. 2º. Que sous le bon plaisir de Sa Majesté, & conformément aux usages constamment observés à l'égard des ouvrages publics dont la province fait le fonds en tout, ou partie avec Sa Majesté, ou même dont elle fait seulement l'avance, l'adjudication des ouvrages à faire pour la construction dudit chemin, sera faite par les sieurs commissaires de Sa Majesté, & par ceux qui seront nommés par les Etats pour la direction des travaux publics, lesquels commissaires de Sa Majesté & des Etats, auront la direction desdits ouvrages : Que suivant le même usage, il ne sera point travaillé par corvée auxdits ouvrages, & que nul payement ne sera fait aux entrepreneurs & inspecteurs, pour les indemnités & autres frais ayant rapport audit chemin, que sur les ordonnances qui seront signées par lesdits sieurs commissaires de Sa Majesté & des Etats. 3º. Qu'il sera fait un nouveau devis & une nouvelle estimation de tous les ouvrages nécessaires pour l'exécution dudit chemin, par tel ingénieur des ponts & chaussées que Sa Majesté jugera à propos de commettre, lequel, sous le bon plaisir de Sa Majesté, sera assisté par le sieur Pitot, directeur des ouvrages publics de la province dans la sénéchaussée de Beaucaire & Nimes, & qu'il ne sera entrepris aucun ouvrage concernant cette route, que sur les plans, alignemens & devis que Sa Majesté

___

(*a*) Les Etats s'étant chargés depuis de l'entiere dépense de ces ouvrages, il a été rendu un arrêt au conseil du Roi le 9 Avril 1770, portant qu'ils en auront seuls la direction ; cet arrêt est rapporté sous le Nº. XXIX, du Titre précédent.

aura

aura approuvé. 4°. Que Sa Majesté ayant bien voulu promettre auxdits Etats la modération des droits de la douane de Gannat sur le même pied que ceux de la douane de Lyon, Elle sera très-humblement suppliée de donner un édit ou déclaration à cet effet, sans qu'il puisse être formé, à raison de cette modération, aucune demande en indemnité contre les Etats. 5°. Que Sa Majesté sera également suppliée de vouloir bien donner les ordres les plus précis & en la forme la plus solemnelle, pour que les fabricans & négocians des villes & lieux de la province, puissent continuer de faire passer librement les soies étrangeres & originaires par cette nouvelle route, sans que le fermier des droits établis au profit de la ville de Lyon, ni les prévôt des marchands & échevins de ladite ville, puissent y apporter aucun trouble ou empêchement, à la charge par lesdits marchands & négocians de payer les droits établis sur les soies, au profit de ladite ville de Lyon, pendant le tems pour lequel la perception en a été permise. 6°. Que Sa Majesté sera encore suppliée de vouloir bien supprimer lesdits droits, après que le délai qui reste à courir, & qui doit finir le mois de Février 1754, sera expiré. 7°. Que Sa Majesté sera enfin suppliée de vouloir bien donner ses ordres, pour qu'il soit fait un pont sur l'Allier, avant d'arriver à Brioude, attendu que sans la construction de ce pont, la communication du Languedoc avec l'Auvergne par le Puy, seroit souvent interrompue. Vu aussi les mémoires présentés en conséquence par les sieurs députés & le syndic général de la province, tendans, 1°. A obtenir une modération sur la somme de cinq cent mille livres, demandée par Sa Majesté. 2°. A faire jouir le commerce de l'effet de la modération que Sa

Majesté a bien voulu promettre des droits de la douane de Gannat, sur le pied de celle de Lyon. 3°. A obtenir la liberté du passage des soies originaires de la province par la nouvelle route ; & 4°. La suppression des droits établis sur les soies au profit de la ville de Lyon, après le terme porté pour la levée desdits droits, les sieurs députés & le syndic-général ayant déclaré dans lesdits mémoires, qu'ils ont eu connoissance des ordres que Sa Majesté a bien voulu donner pour la construction d'un pont sur l'Allier avant d'arriver à Brioude : Vu pareillement l'avis du sieur le Nain, conseiller d'état, intendant en Languedoc : Oui le rapport du sieur de Machault, conseiller ordinaire au conseil royal, contrôleur général des finances ; LE ROI ÉTANT EN SON CONSEIL, a approuvé & confirmé, approuve & confirme la délibération des Etats de la province de Languedoc du 19 Décembre 1748, au sujet de la construction du chemin de communication du Languedoc avec l'Auvergne, pour le contenu en icelle être exécuté en conformité de l'acceptation qui en a été faite par les commissaires présidens pour Sa Majesté auxdits Etats, & les apostilles par eux mises aux articles de ladite délibération : Veut en conséquence Sa Majesté, que moyennant la somme de cinq cent mille livres, dont il sera fait fonds en huit années consécutives, à commencer la présente année 1749, il ne soit rien demandé à ladite province, tant à raison des ouvrages dudit chemin que des indemnités qui seront dues à cette occasion, lesquelles indemnités seront payées aux particuliers dont on aura pris les terres, maisons ou autres possessions & abattu les arbres, soit pour l'emplacement dudit chemin, soit pour les autres ouvrages qui seront jugés nécessaires, & généralement à raison de tous autres frais quelconques , auxquels Sa Majesté veut bien se charger de pourvoir : Ordonne Sa Majesté que les ouvrages à faire pour la construction dudit chemin , seront adjugés par le sieur le Nain , conseiller d'état , intendant en ladite province , & par les sieurs commissaires des Etats , nommés pour la direction des travaux publics en la maniere accoutumée , & au rabais , & ce en une ou plusieurs adjudications , ainsi que lesdits sieurs commissaires estimeront convenable ; sans néanmoins qu'aucuns entrepreneurs puissent être admis à faire leurs offres au rabais , qu'ils n'ayent préalablement justifié pardevant ledit sieur intendant & lesdits sieurs commissaires , de leur capacité & de leur faculté , ainsi que de celles de leurs cautions , lesquels commissaires de Sa Majesté & des Etats auront la direction desdits ouvrages , & signeront les ordonnances qui seront expédiées , tant pour le payement des entrepreneurs & inspecteurs , que pour les indemnités , & tous autres frais quelconques ayant rapport aux ouvrages dudit chemin : Ordonne en outre Sa Majesté , qu'à l'effet de parvenir à l'adjudication desdits ouvrages , il en sera fait un ou plusieurs devis & estimation par le sieur Pollart inspecteur général des ponts & chaussées , que Sa Majesté a commis à cet effet , en présence du sieur Pitot , directeur desdits ouvrages publics de ladite province dans la sénéchaussée de Beaucaire & Nîmes , sans qu'il puisse être entrepris aucun ouvrage concernant ledit chemin , que sur les plans & alignemens & devis qui auront été approuvés par Sa Majesté ; se réservant au surplus Sa Majesté de statuer ainsi qu'il appartiendra , pour le plus grand bien du commerce , tant sur la liberté demandée par lesdits Etats , de faire passer par la nouvelle route toutes les soies , tant étrangeres qu'originaires , qui ne seront point destinées pour la ville de Lyon , que sur la suppression aussi par eux demandée des droits établis sur lesdites soies au profit de ladite ville , après toutefois l'échéance du terme pour lequel la perception desdits droits a été permise , & qui doit expirer au mois de Février 1754 , & sur le tarif des droits qui doivent être perçus aux bureaux de Gannat & de Vichy : Enjoint Sa Majesté audit sieur intendant en Languedoc , de tenir la main à l'exécution du présent arrêt , lui attribuant à cet effet toute cour , jurisdiction & connoissance , tant pour les contestations qui pourroient survenir au sujet des adjudications & réceptions des ouvrages dudit chemin , ou des défauts qui pourroient s'y trouver , que pour celles qui pourroient naître au sujet des indemnités dues aux particuliers , ou pour autres clauses ayant rapport auxdits ouvrages , conformément à l'arrêt du conseil du 16 Octobre 1724 : Faisant défenses à toutes ses cours & juges d'en connoître , à peine de nullité & de cassation de poursuites , & de tous dépens , dommages & intérêts. FAIT au conseil d'état du Roi, Sa Majesté y étant , tenu à Versailles le deux Septembre mil sept cent quarante-neuf.

Signé , PHELYPEAUX.

JEAN LE NAIN , CHEVALIER , Baron d'Asfeld , conseiller d'état , intendant en la province de Languedoc.

VU le présent arrêt : Nous ordonnons qu'il sera exécuté selon sa forme & teneur. FAIT ce quatrieme octobre mil sept cent quarante-neuf.

Signé , LE NAIN.

TITRE TROISIEME.

De l'adjudication, direction & administration des Ouvrages publics, intéressant la défense & la sûreté de la province, & dont elle supporte la dépense en tout ou en partie.

I.

ARRÊT

Du Conseil d'État du Roi,

Concernant le payement du prix des adjudications faites par le sieur intendant de la province & les commissaires des Etats, des ouvrages nécessaires pour la fortification des côtes de ladite province.

Du 14 Août 1742.

Extrait des Registres du Conseil d'Etat.

VU par le Roi, étant en son conseil, les instructions adressées par Sa Majesté aux sieurs commissaires présidens pour elle en l'assemblée des Etats de la province de Languedoc, convoquée au mois de Décembre de l'année 1740, par un article desquelles, Sa Majesté les auroit chargés de demander auxdits Etats, de pourvoir à la dépense des batteries, signaux, & autres ouvrages nécessaires pour la sûreté des côtes de ladite province : La délibération prise en conséquence par lesdits Etats, le 3 Février de l'année derniere 1741, à l'effet d'employer à la construction desdits ouvrages, une somme de soixante mille livres, à laquelle la dépense en avoit été évaluée par estimation, & d'en imposer trente mille livres, en suppliant Sa Majesté

de leur permettre de prendre le surplus sur le montant des fonds destinés à la loterie établie pour le remboursement des dettes de la province : L'extrait des *adjudications desdits ouvrages*, *faites en la forme ordinaire par le sieur intendant en ladite province*, *avec les sieurs commissaires des Etats*, à différens entrepreneurs, le 17 du mois de Mars suivant, montant lesdites adjudications en total, à la somme de quatre-vingt-quinze mille sept cent livres : Le mémoire des députés & syndic général de ladite province : L'arrêt du conseil du 14 Novembre 1741, portant, entr'autres choses, que la somme de six cent vingt mille livres, à laquelle a été réduit par ledit arrêt le fonds de huit cent mille livres précédemment destiné sur l'imposition de la capitation de Languedoc de l'année 1741, au remboursement des créanciers de ladite province, resteroit entre les mains du trésorier desdits Etats, pendant la durée de la levée du dixieme, pour être employée, après la cessation de cette imposition, audit remboursement : Oui le rapport du sieur Orry, conseiller d'état, & conseiller ordinaire au conseil royal, contrôleur général des finances : SA MAJESTÉ ÉTANT EN SON CONSEIL, a permis & permet aux Etats de la province de Languedoc, de prendre sur la somme de six cent vingt mille livres, réservée par ledit arrêt du 14

Bbb 2

Novembre 1741 , pour le rembourſement des créanciers de ladite province, celle de ſoixante-cinq mille ſept cent livres , pour , avec la ſomme de trente mille livres , impoſée en conſéquence de la délibération des Etats du 13 Février de l'année derniere 1741 , faire celle de quatre-vingt-quinze mille ſept cent livres , à laquelle montent les adjudications des ouvrages néceſſaires pour la fortification des côtes de ladite province , à l'effet d'être ladite ſomme employée , ſans divertiſſement , au payement des entrepreneurs deſdits ouvrages. Veut Sa Majeſté , qu'au moyen du payement qui aura été fait auxdits entrepreneurs par le tréſorier des Etats, en conſéquence du préſent arrêt , il demeure valablement déchargé de ladite ſomme de ſoixante-cinq mille ſept cent livres , à laquelle monte le prix des adjudications , au delà de trente mille livres impoſés , comme il eſt dit ci-deſſus , & que le fonds réſervé pour la loterie , demeure par-là réduit à la ſomme de cinq cent cinquante-quatre mille trois cent livres ; Sa Majeſté dérogeant à cet égard , en tant que de beſoin , aux diſpoſitions dudit arrêt du 14 Novembre 1741 , lequel ſera au ſurplus exécuté ſelon ſa forme & teneur. FAIT au conſeil d'état du Roi , Sa Majeſté y étant , tenu à Verſailles le quatorzieme jour d'Août mil ſept cent quarante-deux. *Signé* , PHELYPEAUX.

I I.

AUTRE SUR LE MÊME SUJET ,

Du 13 Mai 1744.

EXTRAIT des Regiſtres du Conſeil d'Etat.

VU par le Roi , étant en ſon conſeil , l'arrêt rendu en icelui , le 14 Août 1742 , par lequel , & pour les cauſes y contenues , Sa Majeſté auroit

permis aux Etats de la province de Languedoc , de prendre ſur la ſomme de ſix cent vingt mille livres réſervée par autre arrêt du 14 Novembre 1741 , pour le rembourſement des créanciers de ladite province , celle de ſoixante-cinq mille ſept cent livres , pour , avec la ſomme de trente mille livres impoſée en conſéquence de la délibération des Etats du 3 Février 1741 , faire celle de quatre-vingt-quinze mille ſept cent livres , à laquelle montoient les premieres adjudications faites le 17 Mars ſuivant , des ouvrages néceſſaires pour la fortification des côtes de la province : Le mémoire du ſyndic général de ladite province , dans lequel , après avoir expoſé les variations ſurvenues depuis leſdites premieres adjudications , & les motifs qui ont donné lieu d'en faire une ſeconde au mois de Janvier 1743 , & enfin une troiſieme à un nouvel entrepreneur le 6 Février de la préſente année 1744 , moyennant le prix de cent ſoixante-onze mille quatre cent trente livres , il conclud à ce qu'il plaiſe à Sa Majeſté de permettre aux Etats de continuer à prendre ſur les fonds réſervés par l'arrêt du 14 Novembre 1741 , les ſommes néceſſaires pour fournir à la totalité de la dépenſe des ouvrages dont il s'agit. Vu auſſi l'arrêt du conſeil du 7 Décembre 1743 , par lequel ledit fonds réſervé par celui de 1741 , ſe trouve réduit à la ſomme de quatre cent trente-quatre mille trois cent livres ; l'extrait de la derniere adjudication des ouvrages dont il s'agit , du 6 Février dernier ; enſemble l'avis du ſieur le Nain , Maître des requêtes , intendant en ladite province : Oui le rapport du ſieur Orry , conſeiller d'état ordinaire , & au conſeil royal , contrôleur général des finances ; SA MAJESTÉ ÉTANT EN SON CONSEIL , a permis & permet aux Etats de la province de Languedoc, de prendre fur les quatre cent trente-quatre mille trois-cent livres reftant, fuivant l'arrêt de fon confeil du 7 Décembre 1743, du fonds ci-devant réfervé pour le rembourfement des dettes de ladite province, la fomme de foixante-quinze mille fept cent trente livres, pour être employée, fans divertiffement, au payement des ouvrages néceffaires pour la fortification des côtes de ladite province ; laquelle fomme de foixante-quinze mille fept cent trente livres, & celles précédemment deftinées à cette dépenfe ; favoir, foixante-cinq mille fept cent livres que Sa Majefté auroit permis auxdits Etats, par arrêt de fon confeil du 14 Août 1742, de prendre fur ledit fonds réfervé, & trente mille livres par eux impofées en conféquence de leur délibération du 3 Février de l'année 1741, font enfemble la fomme de cent foixante-onze mille quatre cent trente livres, à laquelle monte le prix de la derniere *adjudication defdits ouvrages, faite le 6 Février de la préfente année 1744, par les commiffaires préfidens pour le Roi aux Etats, & ceux defdits Etats,* aux conditions y énoncées. Veut Sa Majefté qu'au moyen du payement qui aura été fait par le tréforier defdits Etats, en conféquence du préfent arrêt, & en la forme & maniere ordinaire, fur la dépenfe defdits ouvrages, de la fomme fufdite de foixante-quinze mille fept cent trente livres, il en demeure bien & valablement déchargé, & que ledit fonds de quatre cent trente-quatre mille trois cent livres réfervé par ledit arrêt du 7 Décembre 1743, demeure réduit à la fomme de trois cent cinquante-huit mille cinq cent foixante-dix livres, laquelle reftera entre les mains dudit tréforier, jufqu'à ce qu'il en ait été par Sa Majefté autrement ordonné. Fait au confeil d'état du Roi, Sa Majefté y étant,

tenu à Lille le treizieme jour de Mai mil fept cent quarante-quatre.

Signé, Phelypeaux.

III.

AUTRE SUR LE MÊME SUJET,

Du 28 Octobre 1748.

Extrait des Regiftres du Confeil d'Etat.

VU par le Roi étant en fon confeil, l'arrêt rendu en icelui le 15 Août 1742, par lequel Sa Majefté auroit permis aux Etats de la province de Languedoc, de prendre fur la fomme de fix cent vingt mille livres, réfervée par autre arrêt du 14 Novembre 1741, pour le rembourfement des créanciers de ladite province, celle de foixante-cinq mille fept cent livres, pour, avec la fomme de trente mille livres, impofée en conféquence de la délibération defdits Etats du 3 Février 1741, faire celle de quatre-vingt quinze mille fept cent livres, à laquelle montoient les premieres adjudications faites le 17 Mars fuivant, des ouvrages néceffaires pour la fortification des côtes de la province : Autre arrêt du 13 Mai 1744, par lequel, & pour les caufes y contenues, Sa Majefté a permis auxdits Etats de Languedoc, de prendre encore fur la fomme de quatre cent trente-quatre mille trois cent livres, reftant, fuivant un autre arrêt du confeil du 7 Décembre 1743, dudit fonds ci-devant réfervé pour le rembourfement des dettes de ladite province, celle de foixante-quinze mille fept cent trente livres, pour être employée au payement des mêmes ouvrages, & faire, avec les fommes ci-deffus énoncées, celle de cent foixante-onze mille quatre cent trente livres, à laquelle montoit alors le prix de la derniere adjudication defdits ouvrages faite le 6 Février de la même année : Le mémoire du fyndic général de ladite province, par lequel, après avoir expofé les difficultés & les inconvéniens furvenus dans l'exécution de cette derniere adjudication, ainfi qu'il étoit arrivé pour les précédentes, & les motifs qui ont donné lieu d'en faire une autre le 21 Juin 1745, de l'autorité du fieur intendant de la province, & à la folle-enchere des précédens entrepreneurs, au nommé Defouy, moyennant une nouvelle augmentation de prix, & qui a été enfin exécutée, ce dernier entrepreneur ayant achevé de perfectionner tous les ouvrages, & ayant été payé du prix convenu, fur les certificats de réception du fieur Marefchal, directeur des fortifications de la province, & fur les ordonnances dudit fieur intendant & des commiffaires des Etats, il conclud à ce qu'il plaife à Sa Majefté, permettre aux Etats, comme elle a déjà fait par différens arrêts rendus à ce fujet, de prendre encore fur le même fonds reftant de celui ci-devant deftiné au rembourfement des dettes de ladite province, la fomme de quarante-deux mille huit cent quatre-vingt cinq livres, à laquelle montent celles qui ont été payées audit entrepreneur, pour l'entier & parfait payement defdits ouvrages, au-delà des fonds précédemment faits, & dont le tréforier des Etats a fait l'avance. Vu auffi l'extrait de l'adjudication définitive defdits ouvrages, faite le 21 Juin 1745 ; l'arrêt du confeil du 5 Décembre 1747, par lequel, le fonds réfervé par celui de 1741, pour le rembourfement des dettes de la province, fe trouve réduit à la fomme de cent dix-

huit mille cinq cent foixante-dix livres ; enfemble, l'avis du fieur le Nain, confeiller d'état, intendant en ladite province : Oui le rapport du fieur de Machault, confeiller ordinaire au confeil royal, contrôleur général des finances ; SA MAJESTÉ ÉTANT EN SON CONSEIL, a permis & permet aux Etats de ladite province de Languedoc, de prendre fur les cent dix-huit mille cinq cent foixante-dix livres reftant, fuivant l'arrêt de fon confeil du 5 Décembre 1747, du fonds ci-devant réfervé pour le rembourfement des dettes de ladite province, la fomme de quarante-deux mille huit cent quatre-vingt cinq livres, pour remplacer l'avance de la même fomme faite par le tréforier defdits Etats, pour le payement du refte de la dépenfe des ouvrages de la fortification des côtes de ladite province, fuivant ladite adjudication du 21 Juin 1745. Veut Sa Majefté, qu'au moyen du payement que le tréforier defdits Etats juftifiera avoir fait, en la forme & maniere ordinaires, fur la dépenfe defdits ouvrages, de la fomme fufdite de quarante-deux mille huit cent quatre-vingt cinq livres, il en demeurera bien & valablement déchargé en vertu du préfent arrêt, & que ledit fonds de cent dix-huit mille cinq cent foixante-dix livres, réfervé par ledit arrêt du 5 Décembre 1747, demeure réduit à la fomme de foixante-quinze mille fix cent quatre-vingt cinq livres, laquelle reftera entre les mains du tréforier, jufqu'à ce qu'il en ait été par Sa Majefté autrement ordonné. FAIT au confeil d'état du Roi, Sa Majefté y étant, tenu à Fontainebleau le vingt-huitieme jour d'Octobre mil fept cent quarante-huit.

Signé, PHELYPEAUX.

I V.

A R R Ê T

DU CONSEIL D'ETAT DU ROI,

Concernant la dépense de la construc-
tion d'un magasin pour l'artillerie
dans le fort de Brescou, dont l'ad-
judication avoit été faite par le sieur
intendant de la province & les com-
missaires des Etats.

Du 7 Décembre 1743.

EXTRAIT des Registres du Conseil d'Etat.

VU par le Roi, étant en son conseil,
la délibération prise par les gens
des Trois-états de la province de Languedoc le 3 Février 1741; CONTENANT
entr'autres choses, qu'étant nécessaire
de faire construire un magasin pour
l'artillerie dans le fort de Brescou ; &
que Sa Majesté voulant bien, ainsi qu'il
paroissoit par une lettre du sieur de
Breteuil, alors ministre & secrétaire
d'état, ayant le département de la guerre, supporter la moitié de la dépense
de cette construction, qui avoit été
estimée en total à la somme de six
mille six cent livres, il convenoit que
les Etats pourvussent à la moitié de ladite
dépense ; à l'effet de quoi, il seroit imposé
une somme de trois mille trois cent livres
pour la moitié de ladite construction,
dont l'adjudication seroit faite en la
forme ordinaire : Autre délibération
desdits Etats du 4 Janvier de l'année
1743, portant, que *l'adjudication de*
la construction dudit magasin, ayant
été faite par les commissaires desdits
Etats, conjointement avec le sieur in-

tendant de la province le 3 du mois
d'Octobre 1742, au nommé Brisson,
architecte, moyennant la somme de six
mille quatre cent livres , les syndics
généraux de la province poursuivroient
un arrêt du conseil, pour faire tenir
compte aux Etats de la province de
Languedoc, sur les sommes que le trésorier de la bourse de ladite province
devoit porter au trésor royal, de celle
de trois mille deux cent livres, pour
la moitié du prix de l'adjudication de
la construction dudit magasin dans le
fort de Brescou. Oui le rapport du
sieur Orry, conseiller d'état ordinaire
& au conseil royal, contrôleur général des finances ; LE ROI ÉTANT
EN SON CONSEIL, a ordonné & ordonne, que la somme de trois mille
trois cent livres à laquelle revient la
moitié de la dépense de la construction d'un magasin pour l'artillerie dans
le fort de Brescou, *suivant l'adjudica-*
tion qui en a été faite le 3 Octobre
1742, par les sieurs commissaires de
Sa Majesté & des Etats, sera tenue
en compte au trésorier de la province,
sur le don gratuit de la présente année
1743, par le garde du trésor royal en
exercice, en rapportant le certificat
des syndics généraux de ladite province, & du sieur Mareschal, directeur
des fortifications ; contenant, que lesdits ouvrages ont été mis en leur perfection & reçus, & que le payement
du prix a été fait audit entrepreneur.
FAIT au conseil d'état du Roi, Sa Majesté y étant, tenu à Versailles le septieme jour du mois de Décembre mil
sept cent quarante · trois.

Signé, PHELYPEAUX.

V.

JUGEMENT

Qui, sans avoir égard aux lettres-royaux impétrées par Jacques Nogaret, ni à ses requêtes, ordonne l'exécution du bail à lui passé le 6 Février 1744, par MM. les commissaires du Roi & des Etats, aussi-bien que de sa soumission & celle de ses cautions, pour achever la construction des redoutes & signaux servant à la défense de la côte; & faute par eux d'avoir satisfait à leurs engagemens, ordonne qu'il sera procédé à l'adjudication des ouvrages qui restent à faire, à la folle-enchere dudit Nogaret & de ses cautions, & permet au syndic général de faire procéder à la saisie de leurs biens & effets, & à l'emprisonnement de leurs personnes.

Du 15 Mars 1745.

JEAN LE NAIN, CHEVALIER, Baron d'Asfeld, conseiller d'état, intendant de justice, police & finances en la province de Languedoc.

VU les requêtes respectivement présentées par Jacques Nogaret, entrepreneur des ouvrages servant à la défense de la côte de la province de Languedoc, & par le syndic général de ladite province; TENDANTES, savoir, celle dudit Nogaret, à ce qu'il nous plût, faisant droit aux lettres-royaux par lui impétrées en la chancellerie près le parlement de Toulouse, pour être relevé de ses engagemens, déclarer le bail d'adjudication desdits ouvrages, du 6 Février 1744, ensemble sa soumission du 4 du même mois, nuls & de nul effet, par la lésion qu'ils renferment; & en conséquence, le décharger & ses cautions, des engage-

mens qu'ils ont contracté à ce sujet, sauf à la province à faire parachever les ouvrages qui restent à faire, à ses dépens, en exécution d'un nouveau bail qui sera passé; ce faisant, le recevoir à compter de clerc à maître, des dépenses qu'il a faites à raison des ouvrages par lui faits jusques au jour de la vérification qui en a été faite par MM. les commissaires de la province, & par M. de Carney; auquel effet, que la province lui remboursera les sommes qui se trouveront lui être dues au-delà de celles qu'il a reçues, sans préjudice de pouvoir prendre telles autres conclusions que de droit contre qui il appartiendra; & celle du syndic général de la province, tendante, à ce que sans avoir égard aux lettres-royaux impétrées par ledit Nogaret, ni à sa demande à ce que le bail à lui passé, & sa soumission du 4 & 6 Février 1744, soient déclarés nuls, non plus qu'aux autres fins & conclusions par lui prises, il nous plût ordonner, qu'il sera procédé pardevant nous à l'adjudication des ouvrages énoncés dans ladite soumission & bail, à la folle-enchere dudit Nogaret & de ses cautions, sans préjudice des dommages & intérêts à raison du retardement & dépérissement des ouvrages; desquels dommages & intérêts il se réserve de demander la condamnation, suivant la liquidation qui en sera faite; & en conséquence, indiquer le jour auquel ladite adjudication sera faite, pour être, à sa diligence, posé des affiches dans les villes qu'il nous plaira d'indiquer; & que l'adjudication sera de plus précédée de la publication qui en sera faite à son de trompe dans la présente ville, à trois jours différens, avec l'intervalle de trois jours entre chaque publication; comme aussi, qu'il nous plût ordonner, qu'à l'effet de ladite adjudication, les plans &
profils

profils defdits ouvrages, qui ont été approuvés & fignés par M. le duc de Richelieu, feront repréfentés par le fieur Marefchal, directeur des fortifications, & par lui dépofés en notre greffe, où le fuppliant reméttra auffi le devis des mêmes ouvrages, dreffé par ledit fieur Marefchal, & le mémoire, à la fuite duquel eft l'avis du fieur Marefchal, contenant addition audit devis, afin que les prétendans auxdits ouvrages puiffent en avoir communication à l'effet de faire leurs offres, lefquelles pourront être faites en bloc ou en particulier pour chacune des trois grandes redoutes à batterie des graux d'Agde, la Nouvelle, & Aiguesmortes, fans néanmoins que les fignaux déjà commencés puiffent être divifés ; & que cependant, fans attendre ladite adjudication, il lui foit permis, conformément aux foumiffions portées par le bail dudit Nogaret, & acceptées par fes cautions, de faire procéder à la faifie de leurs biens & effets, & à l'emprifonnement de leurs perfonnes, pour la fureté des fommes dues à la province, à raifon de ladite folle-enchere & dommages & intérêts ; auquel effet ; que l'ordonnance qui interviendra leur fera fignifiée : Autre requête dudit Nogaret, en réponfe à celle du fyndic de la province, communiquée au procureur de ladite province le 5 du préfent mois, & les pieces produites par les parties ; favoir, un extrait de l'offre faite par ledit Nogaret du 4 Février 1744, pour les ouvrages en queftion, au prix de 171,430 livres aux conditions y énoncées, & avec renonciation de fa part au bénéfice de la reftitution en entier, fous quelque prétexte que ce foit, même de léfion énorme & d'outre moitié du jufte prix, enfemble le cautionnement des fieurs Abauzit, Nogaret & Boffe, pour l'exécution de ladite of-

fre, avec foumiffion à la contrainte par corps, du 5 du même mois, & *le Bail paffé le 6 par MM. les commiffaires du Roi & des Etats*, audit Nogaret, fur le pied & aux conditions de fon offre, & fous ledit cautionnement : Notre ordonnance du 16 Janvier, portant que dans huitaine, au commandement qui fera fait audit Nogaret & à fes cautions, ils feront tenus d'exécuter leurs engagemens, à quoi faire contraints par les voies de droit, même par corps ; & faute par eux d'y fatisfaire dans ledit délai, qu'il fera procédé par nous à l'adjudication de ce qui refte à faire defdits ouvrages, à leur folle-enchere ; les exploits de fignification de ladite ordonnance faite audit Nogaret & à fes cautions, le 18 du mois de Janvier & 4 Février fuivant ; les lettres-royaux impétrées par ledit Nogaret, en la chancellerie près le parlement de Touloufe, à l'effet d'être relevé de fes engagemens, par la léfion qu'ils renferment, lefdites lettres datées du 30 dudit mois de Janvier, & communiquées avec la premiere requête dudit Nogaret, au procureur de la province, le 11 Février : Trois certificats des infpecteurs auxdits ouvrages, des 30 Janvier, premier & 6 Février dernier, contenant que les entrepreneurs ont ceffé d'y faire travailler depuis le mois de Décembre, & le certificat de la remife faite en notre greffe par le fyndic général de la province, des devis des redoutes & fignaux, pour fervir à l'adjudication des ouvrages qui reftent à faire, à la folle-enchere dudit Nogaret & de fes cautions, en date du 12 du préfent mois ; tout confidéré :

Nous, fans avoir égard aux lettres-royaux impétrées par ledit Nogaret en la chancellerie près le parlement de Touloufe le 30 Janvier dernier, ni aux fins & conclufions par lui prifes dans lefdites lettres & fes requêtes, dont nous l'avons débouté, ordonnons que le bail à lui paffé le 6 Février 1744, enfemble fa foumiffion & celle de fes cautions, des 4 & 5 du même mois, feront exécutées felon leur forme & teneur; & en conféquence, faute par eux de s'être mis en état de fatisfaire à leurs engagemens, en conformité de notre ordonnance du 26 Janvier dernier, qu'il fera procédé pardevant nous, en notre hôtel à Montpellier, le 22 du mois d'Avril prochain, trois heures de relevée, à l'adjudication de ce qui refte à faire des ouvrages dont il s'agit, fur l'état qui en fera remis par les foins du fyndic général de la province à notre greffe, par le fieur Marefchal, directeur des fortifications en Languedoc, duement certifié par lui, lequel état fera arrêté par nous, & annexé à l'adjudication qui en fera faite à ceux qui feront la condition la plus avantageufe, à l'extinction des feux & à la folle-enchere dudit Nogaret & de fes cautions; auquel effet, il fera, à la diligence dudit fyndic général de la province, fait trois publications & affiches, de huitaine en huitaine dans les villes de Montpellier, Narbonne, Beziers, Agde, Pezenas, Cette, Nimes, Beaucaire & Aigues mortes, & en outre, trois autres publications de trois en trois jours dans la ville de Montpellier à fon de trompe, dans lefquelles publications & affiches il fera fait mention, des jour, lieu & heure ci-deffus indiqués pour l'adjudication; que les offres feront reçues en bloc pour chacune des trois grandes redoutes à batterie des graux d'Agde, la Nouvelle & Aigues-mortes, fans que les fignaux déjà commencés, puiffent être divifés; & qu'il fera donné communication en notre greffe du fufdit état des ouvrages à adjuger & des plans & profils qui y feront remis par

ledit fieur Marefchal à la diligence du fyndic de la province, comme auffi des devis defdits ouvrages qui y ont été déjà remis par ledit fieur fyndic général; lequel fera en outre tenu de faire fignifier ladite ordonnance, tant audit Nogaret qu'à fes cautions, fans préjudice audit fyndic de former enfuite fes demandes à raifon des dommages & intérêts qui peuvent réfulter de l'inexécution de leurs engagemens & du dépériffement des ouvrages, pour y être fait droit ainfi qu'il appartiendra; & cependant, lui permettons par provifion, trois jours après ladite fignification, de faire procéder à la faifie des biens & effets dudit Nogaret & de fes cautions, & à l'emprifonnement de leurs perfonnes, pour la fureté des fommes qui fe trouveront dues à la province tant à raifon de la folle-enchere, que des dommages & intérêts réfultans de l'inexécution de leurs engagemens. FAIT le quinze Mars mil fept cent quarante-cinq. *Signé*, LE NAIN. Par Monfeigneur, DHEUR *figné*.

VI.

JUGEMENT

Qui déboute les fieurs Sibille, Marquis & Peliffier, de leurs requêtes, en ce qu'elles tendent à être reçus à compter de clerc-à-maître, ou à être payés des ouvrages par eux faits pour la conftruction des redoutes & fignaux fervans à la défenfe de la côte; les condamne à reftituer à la province, les fommes qu'ils ont reçues au-delà du prix defdits ouvrages, & au payement de celles qui fe trouveront excéder le montant des adjudications à eux faites, relativement au bail paffé à Jacques Nogaret.

Du 4 Novembre 1745.

JEAN LE NAIN, CHEVALIER,
BARON D'ASFELD , Conseil-
ler du Roi en ses conseils , maître
des requêtes ordinaire de son hôtel ,
intendant de justice, police & finan-
ces en la province de Languedoc.

VU la requête du syndic général
de la Province, tendante , à ce
que les nommés Pelissier & Marquis ,
entrepreneurs des ouvrages & fortifications de la côte , suivant l'adjudication à eux faite le trente-unieme Décembre 1743 , & le sieur Sibille, caution du nommé Vier, qui a pris la
place du nommé Brisson, l'un desdits
entrepreneurs , soient condamnés à restituer à la province , les sommes qu'ils
ont reçues au-delà du montant desdits
ouvrages par eux faits , relativement
au prix de leur adjudication & au devis sur lequel elle a été faite; comme
aussi , à payer à la province la somme
à laquelle revient l'excédant du prix
de ladite adjudication pour servir de
dommages & intérêts envers la province , à raison de l'inexécution de
leurs engagemens ; au payement desquelles sommes lesdits entrepreneurs
& caution seront contraints par toutes
voies , même par corps ; ladite requête répondue de notre ordonnance
du 24 Janvier 1745, portant qu'elle sera
communiquée auxdits sieurs Pelissier,
Marquis & Sibille , pour y répondre
dans huitaine , & être ensuite ordonné
ce qu'il appartiendra, avec les exploits
de signification au dos , des vingt-huit
& trente-unieme du même mois : Copie de la requête dudit Pelissier, architecte & entrepreneur des redoutes
du premier département ; tendante ,
à ce que, sans avoir égard à la requête
du syndic général , & disant droit aux
fins de non-recevoir dudit Pelissier, il
Nous plaise l'admettre à compter de
clerc-à-maître , si mieux n'aime le
syndic général , que les ouvrages que
le suppliant a fait faire , & les matériaux qu'il a laissé en provision sur les
carrieres , & portés à pied d'œuvre ,
& ailleurs , ainsi que les agrès , outils , cabanes , bois , & autres choses
dont la vérification a été faite par les
directeurs des ouvrages de la province,
& dont les nouveaux entrepreneurs se
sont servis sans les payer , seront payés
au suppliant sur le pied de leur juste
valeur , eu égard au pays , au tems
qu'ils ont été faits & achetés , & aux
difficultés des transports des matériaux,
tant par terre que par eau, réparations
& construction des chemins & canaux,
au dire & jugement d'experts , ensemble les dépenses extraordinaires des
voyages & vérifications , salaires &
vacations des inspecteurs, contrôleurs,
ports de lettres , & autres généralement quelconques ; & en outre , condamner la province en tous dépens ,
dommages & intérêts , & au payement des intérêts des fonds dont le
suppliant se trouve en avance , soit par
la clôture du compte de clerc-à-maître , soit par le jugement des experts ,
& ce sur le pied que la province a coutume de payer l'intérêt des avances aux
entrepreneurs des ouvrages publics ;
offrant d'imputer les sommes qu'ils ont
reçues de la province , avec dépens ;
La requête desdits Sibille & Marquis ,
adjudicataire & caution du sieur Vier,
ci-devant entrepreneur des redoutes &
fortifications des quatre derniers départemens de la côte de ladite province , tendante , aux mêmes fins de
la précédente , en faveur desdits Sibille & Marquis , à raison des ouvrages desdits quatre départemens , & en
outre en ce qui concerne certains matériaux que les nouveaux entrepreneurs
ont enlevé sans appeller les supplians ,
& avant qu'ils aient été vérifiés & es-

timés, ordonner qu'ils feront payés fuivant les comptes & quittances, des chaufourniers, traceurs, charretiers, patrons & autres marchands fourniffeurs, déduction faite de ceux qui auroient été employés ; lefdites requêtes communiquées au fyndic général de la province le 10 Février de la même année : Autre requête du fyndic général de la province, à ce que, fans avoir égard aux fins de non-recevoir propofées par lefdits Sibille, Marquis & Peliffier, defquelles il y a lieu de les débouter auffi bien que des autres fins & conclufions de leurs requêtes, il Nous plaife lui adjuger celles qu'il a déjà prifes contr'eux dans lefquelles il perfifte, avec notre ordonnance fur ladite requête, & fur la copie de celles defdits Sibille, Marquis & Peliffier, portant, que fans avoir égard aux fins de non-recevoir par eux propofées, dont Nous les avons déboutés, ils défendront au fonds dans huitaine pour tout délai, finon fera fait droit ; ladite ordonnance du 16 Juin de la même année, avec les exploits de fignification d'icelle : Autre requête dudit fyndic, à ce qu'il Nous plaife lui adjuger les fins prifes dans fes précédentes requêtes ; ce faifant, ordonner que lefdits Peliffier & Marquis, entrepreneurs des ouvrages & fortifications des côtes, fuivant l'adjudication à eux faite le 31 Décembre 1743, & ledit fieur Sibile, caution du nommé Víer, qui a pris la place du nommé Briffon, l'un des entrepreneurs par acte, feront condamnés à reftituer, à la province les fommes qu'ils ont reçues au delà du montant des ouvrages par eux faits, relativement au prix de leur adjudication &; au devis fur lequel elle a été faite ; comme auffi, à payer à la province l'excédant du prix de l'adjudication faite à Nogaret, au-delà de celui de leur adjudication, pour fervir de dom-

mages & intérêts envers la Province, à raifon de l'inexécution de leurs engagemens ; au payement defquelles fommes lefdits entrepreneurs & cautions feront contraints par toutes voies & par corps, avec dépens, avec notre ordonnance au pied, portant que lefdits Sibille, Peliffier & Marquis, feront tenus de fatisfaire à celle du 16 Juin 1745, dans huitaine pour tout délai, finon fera fait droit, ladite ordonnance du 18 Septembre de ladite année ; enfemble les exploits des fignifications d'icelle des 20 & 24 dudit mois : Autre requête du fyndic général, pour demander l'adjudication des fins par lui prifes dans les précédentes, avec dépens : L'extrait de la délibération des Etats de la province de Languedoc du 6 Février 1744, portant, qu'attendu le refus defdits entrepreneurs ou cautions, de continuer les ouvrages, leur demande du cinquieme du même mois, en réfiliement de leurs engagemens, la néceffité de faire travailler inceffamment à la conftruction defdits ouvrages, ils acceptent l'offre & foumiffion qui a été faite par le nommé Nogaret, aux conditions y énoncées ; & bien loin de reconnoître qu'il foit dû aucune indemnité aux entrepreneurs, les Etats fe réfervent les exceptions & moyens de droit qu'ils peuvent faire valoir contr'eux, foit par la folle-enchere, foit par la reftitution des fommes qu'ils auront induement perçu à compte de l'entreprife qu'ils abandonnent, & au-delà du prix des ouvrages par eux faits relativement à celui de l'adjudication, & au devis fur lequel elle lui avoit été faite, qu'il eft donné pouvoir *à MM. les commiffaires des travaux publics, de terminer conjointement avec MM. les commiffaires du Roi cette affaire,* conformément à la délibération, en prenant d'ailleurs toutes les furetés qu'ils jugeront convenables pour l'avantage de la province, & qu'il fera délivré un extrait de ladite délibération aux entrepreneurs, pour fervir de réponfe à leur demande en réfiliement & indemnité : Un acte fignifié le premier Mars 1744, aux Etats de ladite province, en la perfonne du fieur de Montferrier, fyndic général, à la requête defdits Sibille & Marquis, portant nomination du fieur Louis Peliffier, pour être préfent à leur place & en leur nom, à la vérification & eftimation qui doit être faite des ouvrages déjà faits, des matériaux qui font en provifionnement, & des outils, cabanes, & autres effets dont les nouveaux entrepreneurs doivent fe charger, & pour requérir pour l'intérêt des requérans tout ce que ledit Peliffier jugera à propos, le tout néanmoins fans acquiefcer à la délibération du 6 Février, en ce qui concerne les réferves qui y font faites contre les requérans pour la folle-enchere & reftitution des fommes par eux reçues, ne prétendant pas nuire aux autres demandes qu'ils ont faites à la province pour le payement des ouvrages, matériaux, outils & frais ordinaires & extraordinaires, tant defdits ouvrages que des matériaux, à raifon de quoi les requérans fe réfervent par exprès toutes leurs actions & moyens, tant de fait que de droit ; déclarant qu'ils ne prétendent, à raifon de leur demande, avoir rièn à démêler avec les nouveaux entrepreneurs, comme n'ayant pas contracté avec eux ni acquiefcé aux claufes qu'ils pourroient avoir inférées dans leurs foumiffions, contraires aux intérêts des requérans, qui ont lieu d'efpérer que Noffeigneurs des Etats auront égard à la juftice de leurs plaintes, lorfqu'ils en auront une parfaite connoiffance : L'extrait d'une autre délibération du 21 Décembre 1745, portant, 1°. Que les fyndics

généraux feront de notre autorité toutes les pourfuites néceffaires pour obliger Nogaret & fes cautions, d'exécuter les ouvrages qui reftent à faire pour la fortification de la côte, relativement au bail qui leur en a été paffé ; & que faute par lui d'y fatisfaire, ils pourfuivront l'adjudication defdits ouvrages, à la folle-enchere dudit Nogaret & fes cautions. 2°. Que la délibération du 6 Février dernier fera exécutée, & que les fyndics généraux feront chargés en conféquence de pourfuivre les précédens entrepreneurs devant Nous ; comme auffi de faire valoir tant contre ledit Nogaret & fes cautions, que contre les précédens entrepreneurs, tous les moyens de droit que les états peuvent mettre en ufage, & défendre aux prétentions des uns & des autres, jufqu'au jugement defdites conteftations devant Nous, & au confeil, s'il eft jugé néceffaire. Vu auffi un mémoire donné à la requête defdits entrepreneurs & cautions ; La Réponfe du fyndic général de la province, & la Réplique defdits entrepreneurs ; le tout duement communiqué.

Nous, faifant droit aux parties, avons débouté lefdits Sibille, Marquis & Peliffier, de leurs requêtes, en ce qu'elles tendent à être reçus à compter de clerc-à-maître, & fubfidiairement à être payés des ouvrages qu'ils ont fait faire, fuivant la valeur d'iceux, eu égard aux tems qu'ils ont été faits ; & en conféquence, les avons condamnés à reftituer à la province les fommes que le fyndic général juftifiera qu'ils ont reçues au-delà du montant defdits ouvrages, relativement au prix de leur adjudication & au devis fur lefquels elles ont été faites ; comme auffi, à payer à la province, pour lui tenir lieu de dommages & intérêts, les fommes qui fe trouveront excéder le prix defdites adjudications, dans celle faite

audit Nogaret ; à quoi faire lesdits Sibille , Marquis & Pelissier , contraints
par toutes voies & par corps , le tout
suivant la liquidation qui en sera faite
pardevant Nous ; & avant dire droit
sur les demandes desdits Sibille , Marquis & Pelissier , concernant les matériaux qu'ils ont laissés en provision sur
les carrieres & portés à pied d'œuvre
& ailleurs , les agrès , outils , cabanes
& autres choses nécessaires pour leur
entreprise , & certains matériaux dont
lesdits Sibille & Marquis prétendent
que ledit Nogaret s'est emparé sans vérification préalable , avons ordonné
que les parties seront plus amplement
ouies dans quinzaine ; dans lequel délai , ledit Nogaret, à la diligence desdits Sibille & Marquis , sera mis en
cause ; & sur les autres fins & demandes des parties , les avons mis hors de
cour & de procès ; condamnons lesdits
Sibille , Marquis & Pelissier , aux dépens. Fait à Montpellier le quatre Novembre mil sept cent quarante-cinq.
Signé , Le Nain. Par Monseigneur,
Dheur.

VII.
RÉGLEMENT
ARRÊTÉ PAR LE ROI,
*Concernant l'administration des
ouvrages de fortification & autres
ouvrages publics dans la province
de Languedoc.*

Du 22 Juillet 1778.

DE PAR LE ROI.

SA Majesté s'étant fait rendre
compte du mémoire qui lui a été
présenté par les députés & syndics
généraux de la Province de Languedoc , à l'occasion des difficultés qui s'y
sont élevées sur l'exécution de certains
articles de son ordonnance du 31 Dé-

cembre 1776 , concernant le corps du
génie ; & desirant faire cesser lesdites
difficultés & en prévenir par la suite de
nouvelles , Elle a jugé nécessaire de
fixer , d'une maniere distincte & invariable , quels sont les ouvrages qui , à
raison de leur utilité pour le commerce
général & particulier de la province
de Languedoc , devront être administrés par les Etats de ladite province ,
& quels sont ceux qui , étant dépendans de la fortification , pourroient intéresser la défense & conservation du
pays , & devront en conséquence être
dirigés & administrés uniquement par
les officiers du corps royal du génie ; à
quoi voulant pourvoir, Sa Majesté a
ordonné & ordonne ce qui suit :

ARTICLE PREMIER.

Le port de Cette , ses quais, jettées &
autres dépendances , les graux d'Agde
& de la Nouvelle, le canal des étangs ,
& généralement tous les ports & canaux marchands , avec les ouvrages
qui en dépendent , autres que ceux
qui , étant destinés à défendre & pro-
téger lesdits ports , graux & canaux ,
appartiennent à la fortification , seront
à l'avenir administrés & entretenus par
les soins des seuls Etats de ladite province , sans l'intervention d'aucuns officiers du corps royal du génie , ainsi
& dans la même forme que les chemins , ponts & chaussées , & autres
ouvrages publics de ladite province ,
l'ont été jusqu'à présent.

ART. II.

Comme il importe néanmoins à Sa
Majesté , que dans l'exécution des ouvrages de même nature qui pourroient
être entrepris par la suite , il ne puisse
être rien fait de contraire à la sureté
& à la défense de ladite province , Elle
ordonne que dans tous les cas où lesdits
ouvrages avoisinéront la côte à une

No. VII.

lieue près, ou les citadelles & places fortes, à la distance de cinq cent toises, les projets en seront remis par les états au secrétaire d'état ayant le département de la guerre, pour en être par lui rendu compte à Sa Majesté, avant qu'ils puissent être exécutés.

ART. III.

Tous les ouvrages pour l'entretien ordinaire & réparations des places, citadelles, forts ou châteaux, ainsi que des redoutes, batteries, tours & signaux de la côte maritime de ladite province, actuellement existans, à raison desquels entretiens & réparations les États font chaque année un fonds en bloc, par forme d'abonnement, suivant la demande qui leur en est faite par les commissaires de Sa Majesté, en conséquence d'un article de leurs instructions, seront administrés immédiatement par les officiers du corps royal du génie, sans que pour raison des fonds fournis en bloc par ladite province, pour la dépense annuelle desdits travaux, les Etats puissent s'immiscer directement ni indirectement dans l'administration ou régie desdits fonds ou travaux.

ART. IV.

A l'égard de tous les autres ouvrages concernant la fortification & la défense de la province, qui pourroient être extraordinairement ordonnés par Sa Majesté, d'après le compte qui lui aura été rendu de leur nécessité par le secrétaire d'état ayant le département de la guerre, il sera dressé par les officiers du génie, des devis estimatifs des dépenses auxquelles lesdits ouvrages pourront donner lieu. La demande du

montant desdites dépenses, ou de portion d'icelles, sera faite aux Etats par les commissaires de Sa Majesté, en l'assemblée desdits Etats, en conséquence d'un article qui sera inséré à cet effet dans leurs instructions; & les fonds délibérés par les Etats pour être employés auxdits ouvrages, seront réunis à ceux des entretiens ordinaires, & administrés de la même maniere.

ART. V.

Dans tous les cas où aucuns ouvrages déterminés par les Etats intéresseroient la fortification de quelques places, tels que ceux à faire à la citadelle du Saint-Esprit, relativement au projet du redressement ou d'adoucissement de la rampe du pont sur le Rhône, approuvé par Sa Majesté, les ouvrages concernant la fortification seront régis & administrés par les officiers du corps royal du génie, de la même maniere & ainsi qu'il est expliqué par l'article ci-dessus, & les ouvrages étrangers à la fortification, après toutefois qu'à raison de leur voisinage de la citadelle du Saint-Esprit, il aura été satisfait à la communication prescrite par l'article II du présent réglement, seront régis & administrés par les préposés des Etats, comme les travaux publics de la province.

Mande & ordonne Sa Majesté à ses commissaires aux Etats de Languedoc, aux Etats de ladite Province, à ses officiers du corps royal du génie, & à tous autres qu'il appartiendra, de se conformer en tous points au présent réglement. FAIT à Versailles le vingt-deux Juillet mil sept cent soixante & dix-huit. *Signé*, LOUIS: *Et plus bas*, LE PRINCE DE MONTBARREY.

TITRE QUATRIEME.

De la jurisdiction à raison des Ouvrages publics faits en Languedoc, soit aux dépens du Roi, soit aux dépens de la province en corps, des sénéchaussées, dioceses, villes & communautés, relativement aux différentes especes de contestations auxquelles ils peuvent donner lieu.

I.

ARRÊT DU CONSEIL,

Qui ordonne l'exécution d'une ordonnance du sieur intendant de Languedoc, au sujet d'une réparation à faire au pont de Beziers, & renvoie à ce Magistrat la connoissance d'une demande en dommages & intérêts formée par un riverain.

Du 26 Septembre 1676.

EXTRAIT des Registres du Conseil d'Etat.

SUR la requête présentée au Roi en son conseil par le syndic général de la province de Languedoc, CONTENANT que les trois sénéchaussées qui composent ladite province étant obligées, chacune en droit soi, de pourvoir aux réparations qu'il convient faire aux grands chemins, celle de Carcassonne ayant eu connoissance que le pont de la ville de Beziers sur la riviere d'Orb menaçoit ruine, il fut, à la diligence du suppliant, fait procès verbal de visite de l'état dudit pont, en présence des commissaires à ce députés par ladite sénéchaussée par les experts à ce nommés, lesquels dans leur rapport ont remarqué que les réparations à faire

demeureroient inutiles, si on ne remédioit à élargir le canal de la riviere pour la remettre dans son ancien lit, en sorte que les eaux puissent passer sous toutes les arches dudit pont ; auquel effet il étoit indispensable d'ouvrir un canal dans le gravier qui s'est assemblé sous ledit pont joignant les terres du sieur de Villespassan, conseiller au parlement de Toulouse, tellement que pour l'intérêt du public, & afin qu'il fût incessamment pourvu auxdites réparations, sans lesquelles l'on ne sauroit conserver le pont de Beziers, le suppliant s'est pourvu au sieur d'Aguesseau, intendant en Languedoc, lequel par son ordonnance du 17 Avril 1676, a ordonné qu'à la diligence du suppliant il seroit procédé aux réparations qu'il convient faire au canal de ladite riviere d'Orb, sous le pont de ladite ville de Beziers, en la forme & maniere portée par le rapport des experts, avec défenses aux propriétaires des terres voisines dudit canal d'y donner aucun trouble ni empêchement, à peine de 500 livres d'amende & de tous dépens, dommages & intérêts, & en cas de contravention à ladite ordonnance, il en seroit informé pardevant le premier juge royal sur ce requis, pour les informations faites & envoyées audit sieur d'Aguesseau,

seau, être par lui ordonné ce que de raison; laquelle ordonnance ayant été signifiée le 10 du mois d'Août audit sieur de Villespassan, lequel a usurpé une certaine contenance de terre dans laquelle il a planté des arbres qui détournent le cours de la riviere & étrécissent si fort son canal, que l'eau est renfermée dans un lit fort étroit & ne peut plus passer que sous quelques arches du pont, il a fait signifier un acte le même jour 10 Août, par lequel à la vérité il n'a pas osé s'opposer à un ouvrage si utile à la province & si avantageux au commerce; mais comme il n'a consenti à l'exécution de ladite ordonnance qu'à la charge d'être remboursé par la sénéchaussée de Carcassonne & Beziers de la légitime valeur des dommages & intérêts qu'il prétend qu'il souffrira, ce qui fait craindre au suppliant que cette exécution qui ne peut être faite à présent avec trop de promptitude, parce que le danger augmente tous les jours, ne soit retardée à cause des prétentions dudit sieur de Villespassan que le suppliant est en droit de contester, & que pendant ce retardement l'ouvrage demeurant abandonné, le public ne vienne à en souffrir un grand préjudice; A CES CAUSES, requéroit ledit suppliant, attendu la nécessité pressante desdites réparations, qu'il plût à Sa Majesté sur ce lui pourvoir; ce faisant ordonner que l'ordonnance dudit sieur d'Aguesseau dudit jour 17 Avril dernier sera incessamment exécutée selon sa forme & teneur, & que pour contester sur les prétendus dommages & intérêts que ledit sieur de Villespassan prétend souffrir en cela, il sera tenu de se pourvoir pardevant ledit sieur d'Aguesseau, pour être par lui, parties ouies, & avec connoissance de cause, ordonné ce que de raison. Vu ladite requête signée Barbot, avocat du suppliant; ladite ordonnance, &

ledit acte du 10 Août dernier: Oui le rapport du sieur Courtin, commissaire à ce député, & tout considéré, LE ROI EN SON CONSEIL, ayant égard à ladite requête, a ordonné & ordonne que ladite ordonnance dudit sieur d'Aguesseau sera incessamment exécutée selon sa forme & teneur, sans préjudice des prétentions dudit sieur de Villespassan, lesquelles Sa Majesté a renvoyées pardevant ledit sieur d'Aguesseau, pour, parties ouies en connoissance de cause, être par lui pourvu ainsi qu'il appartiendra. Fait Sa Majesté défenses audit de Villespassan & tous autres de se pourvoir ailleurs que devant ledit sieur d'Aguesseau, pour raison de ce, à peine de nullité, cassation de procédures, 500 livres d'amende & de tous dépens, dommages & intérêts. FAIT au conseil d'état du Roi, tenu à Versailles le vingt-sixieme jour de Septembre mil six cent soixante-seize. *Collationné.* RANCHIN, *signé.*

LOUIS, PAR LA GRACE DE DIEU, ROI DE FRANCE ET DE NAVARRE: A notre amé & féal conseiller ordinaire en nos conseils, le sieur d'Aguesseau, intendant de justice, police, & finances en la province de Languedoc, SALUT. Suivant l'arrêt dont l'extrait est ci-attaché sous le contre-scel de notre chancellerie ce jourd'hui rendu en notre conseil d'état sur la requête à Nous présentée en icelui par le syndic général de la province de Languedoc, Nous vous renvoyons les parties, pour leur être pourvu, ainsi que de raison. Commandons au premier notre huissier ou sergent sur ce requis de signifier ledit arrêt au sieur de Villespassan & à tous autres qu'il appartiendra, à ce qu'ils n'en prétendent cause d'ignorance, & faire pour son entiere exécution & de l'ordonnance y mentionnée à la réquisition dudit syndic, tous commandemens, fommations, défenfes, fur les peines y contenues, & autres actes & exploits requis & néceffaires, fans autre permiffion : C A R tel eft notre plaifir. DONNÉ à Verfailles, le vingt-fixieme jour de Septembre, l'an de grace mil fix cent foixante-feize, & de notre regne, le trente-quatrieme. Par le Roi en fon confeil. *Signé*, RANCHIN.

I I.

A R R Ê T

DU CONSEIL D'ETAT DU ROI,

Qui attribue à M. l'intendant la connoiffance des conteftations concernant la conftruction & entretien des grands chemins dans l'étendue de la province de Languedoc.

Du 16 Octobre 1724.

EXTRAIT des Regiftres du Confeil d'Etat.

V U par le Roi, étant en fon confeil, l'article V du cahier préfenté à Sa Majefté par les députés de la province de Languedoc, CONTENANT que les Etats de ladite province ont toujours eu une attention particuliere à la conftruction & entretien des grands chemins dont ils font chargés, qu'ils font actuellement une dépenfe de plus d'un million de livres, pour refaire à neuf le chemin depuis le pont Saint-Efprit jufqu'à la ville de Lunel qui avoit été rompu par le tranfport & voitures des fels que la contagion avoit obligé de faire faire par terre ; qu'on travaille auffi du côté de Pezenas, Beziers & Narbonne ; & qu'on eft fouvent forcé de paffer à travers les terres des particuliers & d'en prendre une partie, foit pour l'alignement des chemins, foit pour les terres, graviers, & autres matériaux néceffaires à la conftruction ; que lorfque les chemins font faits, la

province a foin de les faire entretenir ; qu'il y a divers réglemens autorifés par les fieurs intendans qui obligent les particuliers de tenir les foffés le long de leurs terres en état pour l'écoulement des eaux, & qui défendent aux voituriers d'atteler plus de trois mules à leurs charrettes, afin qu'ils ne portent pas au-delà de trois milliers, fuivant les ordonnances de Sa Majefté, l'exceffive pefanteur des voitures, & le manque d'entretien des foffés étant les principales caufes de la dégradation des chemins & de l'éboulement des ponts ; qu'il arrive journellement des conteftations de la part des particuliers qui s'oppofent à la conftruction des chemins, lorfqu'ils doivent paffer à travers leurs terres, ou qu'on veut en tirer des matériaux, quoiqu'on paye régulierement à l'eftimation les prix des terres ou les dommages caufés ; que ces conteftations & tout ce qui regarde l'entretien des chemins font d'une nature à devoir être jugés fommairement, pour ne pas retarder les ouvrages publics ; & il eft aifé de voir les inconvéniens qui en arriveroient, fi les entrepreneurs ou le fyndic de la province étoient obligés de fuivre le cours de la juftice ordinaire en demandant ou en défendant, & de foutenir des procès dans les différentes jurifdictions du Languedoc, lorfque des particuliers ne veulent pas reconnoître celle du fieur intendant, prétendant qu'il n'a aucune attribution formelle. A CES CAUSES, ils auroient très-humblement fupplié Sa Majefté de vouloir attribuer au fieur commiffaire départi en la province de Languedoc, la connoiffance de tous les différends & conteftations mus & à mouvoir au fujet de la conftruction & entretien des grands chemins dans l'étendue de ladite province, pour être par lui jugés fommairement en dernier reffort, ou fauf l'appel au confeil de

Sa Majeflé; & cependant ordonner que par provifion les plans & alignemens dreffés par les ingénieurs, pour la conftruction defdits chemins, feront exécutés; & qu'il fera permis de prendre des terres & autres matériaux néceffaires, en payant aux particuliers le prix des terres & les dommages caufés, fur l'eftimation des experts commis par la province, ainfi qu'il s'eft toujours pratiqué: La Réponfe faite audit article par laquelle Sa Majeflé a accordé le contenu en icelui; Oui le rapport, LE ROI ÉTANT EN SON CONSEIL, conformément à la réponfe faite audit article, a attribué & attribue au fieur intendant de juftice, police, & finances en la province de Languedoc, la connoiffance de tous les différends & conteftations mus & à mouvoir au fujet de la conftruction & entretien des grands chemins dans l'étendue de ladite province, pour être par lui jugés définitivement, fauf l'appel au confeil. FAIT au confeil d'état du Roi, Sa Majeflé y étant, tenu à Fontainebleau le feizieme jour d'Octobre mil fept cent vingtquatre. PHELYPEAUX figné.

LOUIS, PAR LA GRACE DE DIEU, ROI DE FRANCE ET DE NAVARRE: A notre amé & féal le fieur intendant de juftice, police & finances en Languedoc, SALUT. Nous vous mandons & ordonnons par ces préfentes fignées de Nous, de tenir la main à l'exécution de l'arrêt ci-attaché fous le contrefcel de notre chancellerie, ce jourd'hui donné en notre confeil d'état, Nous y étant, pour les caufes y mentionnées; de ce faire vous donnons pouvoir, commiffion, autorité & mandement fpécial. Commandons au premier notre huiffier ou fergent fur ce requis de faire pour l'entiere exécution dudit arrêt, &

de ce que vous ordonnerez en conféquence, tous exploits, fignifications & autres actes de juftice que befoin fera, fans pour ce demander autre permiffion: CAR tel eft notre plaifir. DONNÉ à Fontainebleau le feizieme jour d'Octobre, l'an de grace mil fept cent vingtquatre; & de notre regne, le dixieme. Signé, LOUIS. Et plus bas: Par le Roi, PHELYPEAUX. Et fcellé.

LOUIS DE BERNAGE, chevalier, feigneur de Saint-Maurice, Vaux, Chaumont & autres lieux, confeiller d'état, intendant de juftice, police & finances en la province de Languedoc.

VU l'arrêt du confeil d'état & commiffion fur icelui ci-deffus: Nous ordonnons que ledit arrêt du confeil fera exécuté, felon fa forme & teneur, lu, publié & affiché partout où befoin fera. FAIT à Montpellier le dix-feptieme Novembre mil fept cent vingtquatre. Signé, DE BERNAGE. Et plus bas: Par Monfeigneur, JOURDAN.

L'arrêt du confeil du 10 Décembre 1726 & lettres-patentes du 19 Septembre 1727, enregiftrées au parlement de Touloufe le 7 Novembre fuivant, & qui font rapportées fous le Nº. XXII du premier titre de ce livre, ordonnent que l'arrêt du confeil du 16 Octobre 1724 fera exécuté felon fa forme & teneur, & en conféquence que tous les différends & conteftations qui pourront naître à l'occafion des conftructions, réparations & entretien des chemins, ponts & chauffées de la province, feront portées devant le fieur intendant, pour être par lui jugées définitivement, fauf l'appel au confeil du Roi, conformément audit arrêt.

ARRÊT

Du Conseil d'Etat du Roi,

Qui caffe une ordonnance & deux arrêts de la cour des aydes de Montpellier, concernant les conteftations entre les confuls de ladite ville & l'entrepreneur des ouvrages de la porte de Lattes ; & ordonne que les parties continueront de procéder devant le fieur de Bernage de Saint-Maurice, pour être par lui ftatué fur lefdites conteftations.

Du 25 Septembre 1732.

Extrait des Regiftres du Confeil d'Etat.

SUR la requête préfentée au Roi, étant en fon confeil, par le fyndic général de la province de Languedoc ; CONTENANT, que les confuls de Montpellier, ayant reconnu qu'il convenoit de démolir la porte de Lattes de ladite ville, & les vieilles tours attenantes qui menaçoient ruine, & de conftruire une nouvelle porte pour rendre plus facile l'entrée de la promenade de l'efplanade qui en eft voifine, obtinrent de Sa Majefté la permiffion de démolir la porte & les tours, & les confuls en charge en 1729, propoferent ce projet au confeil de ville, où il fut approuvé, & délibéré le 30 Juin de la même année, de faire exécuter cette réparation, conformément au plan & devis qui en avoit été dreffé par le fieur de Lablotiere directeur des fortifications : Les confuls préfenterent enfuite une requête au fieur de Bernage de Saint-Maurice, intendant de la province, en permiffion de faire procéder aux publications defdits ouvrages, ce qui fut ordonné, & l'adjudication fut indiquée au 18 Août de ladite année ; en conféquence, le fieur de Bernage fit cette adjudication avec toutes les formalités

accoutumées, & le bail en fut paffé le 22 dudit mois au nommé Nogaret dernier moins-difant, au prix de trois mille trois cent livres, payables, mille livres au commencement de l'ouvrage, mille livres, à la moitié, & les treize cent livres reftantes après la réception : Ledit entrepreneur, ayant reçu le premier payement de mille livres, conformément à fon bail, fe mit en état de l'exécuter ; mais, après qu'il eut commencé à travailler aux fondemens de la nouvelle porte, à l'endroit marqué par le plan & devis, on s'apperçut que l'emplacement de cette porte ne convenoit pas à la rue qui y aboutit, ni même à l'entrée de l'efplanade & aux dehors de la ville ; & les confuls s'étant tranfportés fur les lieux, avec quelques-uns des principaux habitans qui étoient du confeil de ville, & le fieur de Lablotiere, pour vérifier les changemens qui pourroient être néceffaires, il fut ordonné à l'entrepreneur de placer la porte plus fur la droite qu'elle n'étoit marquée fur le plan, & les confuls lui promirent de lui faire payer l'augmentation de dépenfe à laquelle ce changement pouvoit donner lieu : il a travaillé en conféquence fous les ordres du fieur de Lablotiere, & après avoir employé les fonds qu'il avoit reçus pour le payement des deux premiers termes de fon adjudication, il demanda par requête au fieur de Bernage, qui étoit alors à Paris, le payement de douze cent livres, à compte du prix des augmentations qui avoient été ordonnées, laquelle requête fut renvoyée par fon fubdélégué aux confuls ; & le fieur Durand premier conful, fans en avoir informé la communauté, donna fon confentement au payement de ladite fomme de douze cent livres ; en conféquence duquel, & du certificat du fieur de Lablotiere, le fubdélégué du fieur de Bernage ordonna, le 24 Mars 1730, le payement de ladite somme, & le mandement fut expédié au profit de l'entrepreneur le 8 dudit mois : Les consuls qui succederent à ceux de 1729, supposant que leurs prédécesseurs avoient agi dans les regles, suivirent ce qu'ils avoient commencé, & à leur exemple, ils firent faire aussi plusieurs payemens à l'entrepreneur, à mesure que l'ouvrage avançoit, & suivant les certificats du sieur de Lablotiere, qui reviennent à la somme de 4847 livres 10 sols, toujours à compte des mêmes augmentations, au moyen de quoi il a déjà reçu 8147 liv. 10 sols, à compte d'un ouvrage dont il n'y a d'adjudication que sur le pied de 3300 livres : outre cette somme, l'entrepreneur a demandé par requête au sieur de Bernage, d'être payé du reste du prix des ouvrages, qu'il fait monter à une somme plus considérable que celle qu'il a déjà reçue, & qu'il soit procédé à cet effet par experts, à l'estimation des augmentations : cette requête a été répondue par le sieur de Bernage, d'une ordonnance de communiqué aux consuls ; &, sur le compte qu'ils en rendirent au conseil de ville, il fut délibéré de la renvoyer à des commissaires, pour examiner la défense que la ville devoit opposer à la demande de l'entrepreneur ; ces commissaires s'étant assemblés, furent d'avis que cette demande ne devoit pas regarder la communauté, que les augmentations dont il s'agissoit, ayant été faites de l'ordre des consuls de 1729, sans la participation du conseil de ville, & sans avoir observé aucune des formalités prescrites en pareil cas, l'entrepreneur n'avoit qu'à se faire payer par ceux qui avoient ordonné les ouvrages, & qu'ayant reçu une somme considérable au-delà du prix de son bail, la communauté devoit en demander la restitution, sauf à lui son recours con-

tre ceux qui lui avoient donné les ordres. Le sieur de Bernage, ayant été informé par les consuls de l'avis des commissaires de l'hôtel-de-ville, a commencé par défendre aux consuls d'expédier aucun nouveau mandement, & les a chargés de s'informer exactement de ce qui pouvoit avoir donné lieu à des augmentations si considérables, & d'attendre au surplus le retour du sieur de Lablotiere pour être mieux éclairci de tous les faits, après quoi il seroit pourvu au payement des ouvrages faits sans permission, qui ne devoient pas tomber sur la ville, & à la restitution des sommes reçues par l'entrepreneur au-delà du prix de l'adjudication ; & quoique cette contestation se trouvât ainsi engagée devant le sieur intendant de la province, & qu'il n'eût différé de rendre son ordonnance que parce que l'affaire n'étoit & ne pouvoit pas être encore suffisamment éclaircie, la cour des aydes de Montpellier, voulant s'attribuer la connoissance de ce procès, a rendu une ordonnance le 11 Août 1732, sur la requête du procureur général de ladite cour, qui fait défenses aux consuls & auditeurs de la communauté de Montpellier, d'allouer dans le compte du Clavaire, & de tous autres administrateurs de ladite ville, aucune somme, pour raison de la construction de la nouvelle porte de Lattes, au-delà du prix porté par l'adjudication ; & sur le surplus de la requête du procureur général, tendante à ce que Nogaret entrepreneur, restitueroit les sommes par lui reçues au-delà du prix de son bail, renvoye en jugement : enjoignant auxdits consuls d'assembler dans trois jours le conseil ordinaire de ladite communauté, pour y être fait lecture de lad. ordonnance, & délibéré sur les faits dont s'agit ; cette ordonnance a été signifiée aux consuls le même jour 11

Août , & par autre exploit dudit jour , ils ont été affignés à la cour des aydes, à la requête dudit procureur général, auffi-bien que Nogaret entrepreneur, le 14 du même mois : Les confuls ayant fait affembler le confeil de la communauté , il a été délibéré qu'ils préfenteroient requête au fieur intendant, & lui expoferoient, que le bail de la conftruction de la nouvelle porte de Lattes, avoit été paffé de fon autorité pour la fomme de 3300 liv. ; que la ville n'a point eu connoiffance des augmentations faites à ladite porte, n'y ayant, ni délibération, ni bail, ni ordonnance du fieur intendant qui les autorife, & que fur ces motifs ils demanderont que la ville foit déchargée de ladite demande faite par ledit Nogaret, & la reftitution des fommes qui lui ont été induement payées au - delà du prix du bail : il a été auffi donné pouvoir aux confuls de fe préfenter à la cour des aydes pour y défendre à l'affignation, d'y expofer l'inftance qui eft déjà pendante devant l'intendant, & attendu que la ville ne peut plaider pour le même fait devant deux tribunaux différens , d'infifter aux fins de non-procéder, & de demander le renvoi devant ledit fieur intendant : En conféquence de ladite délibération, les confuls ont défendu à la demande de Nogaret devant le fieur intendant, & propofé à la cour des aydes leurs fins déclinatoires, de même que ledit Nogaret, defquelles ils ont été déboutés par arrêt du 29 Août, par lequel il a été en outre ordonné, que par le commiffaire nommé par icelui, il feroit procédé au compulfoire des regiftres & papiers du Clavaire, ce qui a été exécuté le même jour : cependant, ledit fieur intendant, fur la nouvelle requête préfentée par ledit Nogaret, a rendu le premier Septembre une ordonnance, portant que les confuls de l'année 1729 feroient

mis en caufe à la diligence dudit Nogaret : mais, le même jour, la cour des aydes a rendu un fecond arrêt, par lequel, quoique les parties ayent perfifté dans leur déclinatoire, elle a ordonné qu'elles contefteroient au fonds ; & de fuite, procédant au jugement, a condamné ledit Nogaret à reftituer dans trois jours à la communauté, la fomme de 4847 livres 10 fols, par lui reçue au-delà du prix de fon bail, à quoi faire même contraint par corps, avec injonction aux confuls d'y tenir la main, & d'en certifier le procureur général dans quinzaine ; lequel arrêt a été fignifié à l'inftant aux confuls & audit Nogaret, à la requête du procureur général, avec commandement d'y fatisfaire : D'un autre côté, le fuppliant eft informé que les officiers du fénéchal de Montpellier, ont porté leurs plaintes au procureur général du parlement de Touloufe, de l'ordonnance & des arrêts rendus par la cour des aydes, comme d'une entreprife fur la jurifdiction ordinaire ; ce qui va former un nouveau conflit de jurifdiction, des caffations d'arrêts réciproques, qu'il eft important pour la communauté de Montpellier de prévenir, afin que les confuls ne foient pas affignés & obligés de plaider, pour le même fait, dans trois tribunaux différens : Il eft vrai que la conduite des confuls de Montpellier de l'année 1729 , & des confeillers de ville de la même année, qui ont arrêté & ordonné le changement des ouvrages de la porte de Lattes, ne fauroit être plus irréguliere : ils ont engagé la ville, de leur autorité, à des augmentations d'ouvrages, dont la dépenfe, fuivant la prétention de l'entrepreneur, fi elle avoit lieu, excéderoit cinq ou fix fois le prix de l'adjudication ; & en fuppofant même que ces changemens & augmentations étoient indifpenfables, ils devoient les propofer au confeil de ville, paſſer de nouvelles conventions avec l'entrepreneur, & faire autoriſer le tout par le ſieur de Bernage ; ce ſont des regles ſi triviales qu'elles ſont connues & obſervées dans les plus petites communautés de la province par des conſuls illitérés , & dont l'inobſervation devient beaucoup plus inexcuſable dans les conſuls d'une grande ville comme celle de Montpellier , qui doivent être mieux inſtruits de leurs devoirs , & plus attentifs à ſe conformer aux regles : Le ſuppliant ne manquera pas d'employer ſon miniſtere quand il en ſera beſoin , pour demander que ces conſuls ſoient condamnés aux peines portées par les réglemens ; mais un autre objet mérite quant à préſent ſon attention , & il eſt obligé d'avoir recours à l'autorité du conſeil , pour terminer les conflits de juriſdiction qui ſe ſont formés , ou qui ſe formeront infailliblement , entre le parlement , la cour des aydes , & le ſieur intendant de la province ; qu'il paroît par toutes les démarches de la cour des aydes , & la vivacité de ſes procédures , qu'elle ne tend qu'à s'attribuer une juriſdiction qui expoſeroit les communautés à des procès longs , capables d'entraîner leur ruine , & dont la compétence lui a même toujours été conteſtée par les ſénéchaux & le parlement. On voit que la cour des aydes , dans le fait dont il s'agit , a voulu connoître de la conteſtation au ſujet de la conſtruction de la porte de Lattes , parce qu'elle ſe prétend compétente pour juger tous les procès concernant l'adminiſtration des affaires des communautés , ſous prétexte qu'elles ſe terminent par l'impoſition qui appartient à ſa juriſdiction: Le parlement & les ſénéchaux ſoutiennent au contraire , que la juriſdiction de la cour des aydes ſe réduit , pour ce qui regarde les affaires des com-

munautés , à connoître des conteſtations qui arrivent à l'occaſion de la levée des impoſitions , après qu'elles ont été permiſes par Sa Majeſté , & que la demande d'un entrepreneur contre la communauté , pour le payement d'un ouvrage public , ou les payemens qui lui ont été faits par les conſuls , ſans obſerver les formalités , qui eſt le cas dont il s'agit aujourd'hui , ſont un fait qui n'a point de rapport à la juriſdiction de la cour des aydes , & qui a toujours appartenu à la juſtice ordinaire. Ce n'eſt pas ici le lieu d'examiner juſqu'où doit s'étendre la juriſdiction du parlement & de la cour des aydes ſur les affaires des communautés , & de diſtinguer parmi les procès de cette nature , ceux qui appartiennent à chacune de ces compagnies ; cette diſcuſſion , qui eſt d'une grande étendue , demanderoit , pour être bien éclaircie , un trop long détail ; & elle fait d'ailleurs , en partie , le ſujet d'une inſtance qui eſt pendante depuis longtems au conſeil , entre les officiers du parlement de Toulouſe , de la cour des aydes de Montpellier , & des ſénéchaux de la province , & le ſuppliant , ſur l'exécution de l'édit du mois de Novembre 1690 , qui a donné une grande extenſion à la juriſdiction de la cour des aydes , au préjudice des autres compagnies de juſtice de la province : Mais , quoi qu'il en ſoit du droit de ces compagnies , le ſuppliant eſt obligé de repréſenter , que les ſieurs commiſſaires préſidens pour Sa Majeſté aux Etats de la province de Languedoc , ont fait en différens tems , pluſieurs réglemens , qui ont été autoriſés par le conſeil , au ſujet des impoſitions & dépenſes des communautés , de la vérification de leurs dettes , & de tout ce qui regarde l'économie intérieure de leurs affaires : ſuivant ces réglemens , les conſuls ne peuvent entreprendre aucun ouvrage public, fans une délibération de la communauté qui leur en donne le pouvoir ; & comme les communautés pourroient s'engager mal-à-propos dans des dépenfes inutiles ou exceffives, leurs délibérations doivent être autorifées par le fieur intendant de la province, qui accorde, avec connoiffance de caufe, la permiffion de faire travailler aux ouvrages délibérés, lorfqu'ils font utiles ou néceffaires: auquel cas, on ordonne qu'il en fera dreffé un devis, fur lequel il fera procédé aux adjudications & à la réception, & que le bail en fera paffé par les députés de la communauté, à celui qui fera la condition meilleure ; & après avoir obfervé ces formalités, les confuls font obligés d'avoir encore recours au fieur intendant, & de lui rapporter l'adjudication qui a été faite, pour la confirmer, fuppofé qu'elle foit dans les regles, & pour être pourvu au payement de l'entrepreneur par emprunt : & lorfque les ouvrages font finis & reçus, les confuls font tenus de pourfuivre devant les fieurs commiffaires de Sa Majefté, la vérification des fommes empruntées, en juftifiant de l'emploi defdites fommes; après quoi, les fieurs commiffaires en permettent, fous le bon plaifir de Sa Majefté, l'impofition au profit du créancier, en une ou plufieurs années, fuivant que la fomme eft confidérable. On ne peut difconvenir que tous ces réglemens ne foient avantageux aux communautés, & que l'exécution n'en foit principalement confiée aux fieurs commiffaires préfidens pour Sa Majefté aux Etats, & au fieur intendant de la province, qui, pendant le cours de l'année, lorfque les Etats font féparés, réunit en fa perfonne le pouvoir defdits commiffaires : c'eft pour cette raifon que toutes les délibérations des communautés, qui les engagent dans une dépenfe, quelque

modique qu'elle foit, doivent être par lui autorifées ; & quoiqu'il n'ait point une attribution fpéciale & particuliere pour connoître nommément des conteftations concernant les ouvrages publics, cependant fa jurifdiction à cet égard, qui a toujours été foutenue par le confeil, eft une fuite néceffaire de la difpofition des réglemens : en effet, puifque ces ouvrages ne peuvent être entrepris fans fa permiffion, qu'il doit autorifer les baux, & pourvoir au payement de l'entrepreneur, il paroît jufte & néceffaire qu'il connoiffe de l'exécution de ces baux, & que les conteftations entre les entrepreneurs & les communautés pour le payement des ouvrages, ne foient pas portées devant d'autres juges ; ce feroit interrompre l'ordre & la fuite naturelle de ces fortes d'affaires, dans lefquelles les communautés n'agiffent depuis le commencement de l'ouvrage jufqu'à fa perfection, & à la permiffion d'impofer, que fous l'autorité des fieurs commiffaires du Roi aux Etats, & dudit fieur intendant : il paroît donc très-important de le maintenir dans la connoiffance des conteftations concernant les baux paffés pour les réparations & ouvrages publics, de quelle efpece qu'ils foient, & que les communautés, qui font obligées de s'adreffer d'abord au fieur intendant, tant pour obtenir fa permiffion que pour emprunter les fommes néceffaires, & qui reviennent enfuite devant les commiffaires du Roi, pour faire vérifier l'emprunt, & obtenir la permiffion d'impofer, ne foient pas expofées à plaider avec un entrepreneur, devant les juges ordinaires, ou la cour des aydes, qui fe difputent réciproquement leur jurifdiction ; ce qui ne pourroit que caufer des frais & des embarras très-préjudiciables aux communautés. Dans le fait particulier dont il s'agit, le bail de la conftruction

de

de la nouvelle porte de Lattes a été passé, en conséquence de la permission du Roi, par le sieur de Bernage, à l'exemple de ses prédécesseurs, qui ont toujours adjugé ces sortes de baux dans la ville de Montpellier, où ils font leur résidence ; l'adjudication par lui faite suffit, pour établir sa compétence, & les difficultés qui se sont élevées entre la ville & l'entrepreneur, sont un incident & un accessoire dont la connoissance ne paroît pas devoir lui être ôtée. A CES CAUSES, Requéroit le suppliant, qu'il plût à Sa Majesté, sans s'arrêter à l'ordonnance de la cour des aydes du 11 Août 1732, à l'assignation donnée en conséquence, tant aux consuls qu'audit Nogaret, ni aux arrêts pareillement rendus par ladite cour des aydes le 29 dudit mois & premier Septembre suivant, qui seront cassés & annullés, & tout ce qui pourra s'en être ensuivi, ordonner que les parties continueront de procéder devant le sieur de Bernage, suivant les derniers erremens, pour être par lui statué sur leurs contestations, sauf l'appel au conseil ; & en outre, faire défenses aux parties de se pourvoir ailleurs que pardevant le sieur de Bernage, & que l'arrêt qui interviendra sur la présente requête, sera exécuté, nonobstant oppositions ou autres empêchemens quelconques, dont si aucuns interviennent, Sa Majesté s'en réserve & à son conseil la connoissance. Vu ladite requête ; la délibération de la ville de Montpellier du 30 Juin 1729 ; l'adjudication faite par le sieur de Bernage le 18 Août suivant ; la requête présentée par Nogaret audit sieur de Bernage ; l'ordonnance par lui rendue le 23 Juillet, portant que ladite requête seroit communiquée aux consuls, pour y répondre ; la réponse desdits consuls ; autre requête dudit Nogaret, sur laquelle est l'ordonnance du sieur de Bernage du premier Septembre der-

nier ; l'ordonnance de la cour des aydes du 11 Août de la présente année ; la délibération prise par la ville de Montpellier, du 14 du même mois ; l'arrêt de ladite cour des aydes du premier Septembre, & autres pieces : Oui le rapport, & tout considéré ; LE ROI ÉTANT EN SON CONSEIL, ayant égard à ladite requête, sans s'arrêter à l'ordonnance de ladite cour des aydes de Montpellier du 11 Août dernier, ni aux arrêts de ladite cour des 29 dudit mois d'Août & premier du présent mois de Septembre, que Sa Majesté a cassés & annullés, aussi-bien que tout ce qui peut s'en être ensuivi, a ordonné & ordonne, que lesdites parties continueront de procéder devant ledit sieur de Bernage de Saint-Maurice, suivant les derniers erremens, pour être par lui statué sur leurs contestations, sauf l'appel au conseil : Fait Sa Majesté défenses auxdites parties, de se pourvoir ailleurs que pardevant ledit sieur de Bernage ; & à tous juges, de connoître desdites contestations, à peine de nullité, cassation de procédures, & de tous dépens, dommages & intérêts : & sera le présent arrêt exécuté, nonobstant oppositions ou autres empêchemens quelconques, pour lesquels ne sera différé, & dont si aucuns interviennent, Sa Majesté s'en réserve la connoissance. FAIT au conseil d'état du Roi, Sa Majesté y étant, tenu à Fontainebleau le vingt-cinquieme jour de Septembre, mil sept cent trente-deux.

Signé, PHELYPEAUX.

LOUIS, PAR LA GRACE DE DIEU, ROI DE FRANCE ET DE NAVARRE: A notre amé & féal conseiller en nos conseils, le sieur de Bernage de Saint-Maurice, maître des requêtes ordinaire de notre hôtel, & intendant de justice en notre province de Languedoc ; SALUT. Nous vous mandons & ordonnons par ces présentes signées de notre main, d'exécuter l'arrêt ci-attaché sous le contre-scel de notre chancellerie, ce jour-d'hui donné en notre conseil d'état, nous y étant, sur la requête du syndic général de notre province de Languedoc : de ce faire vous donnons pouvoir, autorité, commission & mandement spécial. Commandons au premier notre huissier ou sergent sur ce requis, de faire pour l'entière exécution dudit arrêt, & de ce que vous ordonnerez en conséquence, tous exploits, significations & autres actes de justice que besoin sera, sans pour ce demander autre permission ; CAR tel est notre plaisir. Donné à Fontainebleau le vingt-cinquieme jour de Septembre, l'an de grace mil sept cent trente-deux, & de notre regne le dix-huitieme. *Signé*, LOUIS : *Et plus bas*, Par le Roi, PHELYPEAUX.

LOUIS-BASILE DE BERNAGE,
chevalier, seigneur de Saint-Maurice, Vaux, Chassy & autres lieux, conseiller du Roi en ses conseils ; maître des requêtes ordinaire de son hôtel, grand-croix de l'ordre royal & militaire de Saint-Louis, intendant de justice, police & finances en la province de Languedoc.

VU l'arrêt du conseil d'état ci-dessus, & la commission expédiée sur icelui : Nous ordonnons que ledit arrêt sera exécuté suivant sa forme & teneur, & signifié à tous qu'il appartiendra : Faisons défenses aux parties, de procéder sur le fait dont il s'agit, ailleurs que pardevant nous, sous les peines portées par ledit arrêt. FAIT à Montpellier le neuvieme Octobre mil sept cent trente-deux. *Signé*, DE BERNAGE : *Et plus bas* ; Par Monseigneur, GRASSET.

IV.

EXTRAIT de la déclaration du Roi du 20 Janvier 1736.

ARTICLE LVI.

LORSQU'A l'occasion des ouvrages qui sont à la charge des villes & communautés, & dont le fonds aura été fait par imposition ou par emprunt, ou du produit des deniers d'octroi, il surviendra des contestations entre lesdites villes & communautés & les entrepreneurs, soit au sujet de l'adjudication & réception desdits ouvrages, ou sur les défauts qui pourroient s'y trouver, Voulons qu'il ne puisse y être pourvu que par nous, en la forme que nous jugerons à propos ; sans que les parties puissent faire ailleurs aucunes poursuites à cet égard, jusqu'à ce que par nous il en ait été autrement ordonné.

ART. LVII.

Voulons au surplus que les contestations, autres que celles dont il est fait mention en l'article précédent, qui pourront survenir à l'occasion des marchés, contrats ou autres actes passés à raison desdits ouvrages entre les entrepreneurs, ouvriers, fournisseurs, voituriers ou autres, soient portées devant les juges ordinaires & par appel, suivant l'ordre des degrés de jurisdiction, en notredite cour de parlement.

ART. LVIII.

N'entendons rien innover en ce qui concerne les ouvrages nécessaires pour la construction, entretien & réparation des grands chemins, ponts & chaussées de notredite province, voulant que les Etats de ladite province continuent d'avoir la direction & l'administration desdits ouvrages, ainsi qu'elle leur a été ci-devant attribuée, sauf à nous, s'il y échoit, d'y pourvoir ainsi qu'il appartiendra.

ART. LIX.

Ne pourront néanmoins lefdits Etats, fous prétexte de la difpofition de l'article précédent, prendre connoiffance des conteftations qui naîtront à l'occafion des marchés, contrats ou autres actes paffés pour raifon defdits ouvrages entre les entrepreneurs, ouvriers, fourniffeurs, voituriers & autres ; & lefdites conteftations feront portées en premiere inftance devant les juges ordinaires, & par appel, fuivant l'ordre des degrés de jurifdiction, en notredite cour de parlement.

ART. LX.

Lorfqu'à l'occafion des fortifications des villes & lieux de notredite province, dont le fonds eft fait annuellement par les Etats, ou qui auront été par nous ordonnées extraordinairement, il furviendra des conteftations fur l'adjudication & réception des ouvrages, ou fur les défauts qu'on prétendra s'y trouver, il ne pourra y être pourvu que par nous, en la forme que nous jugerons à propos ; fans que les parties puiffent faire ailleurs aucunes pourfuites, jufqu'à ce que par nous il en ait été autrement ordonné.

ART. LXI.

Et à l'égard des différends qui furviendront au fujet des marchés ou autres actes paffés pour raifon defdits ouvrages, ils feront portés devant les juges ordinaires, & par appel en notre cour des comptes, aydes & finances, dans les cas feulement où lefdits marchés ou actes auront été paffés devant notaire, avec mention expreffe que le marché ou l'entreprife font faits pour raifon defdits ouvrages, ou que le payement fera fait du fonds des impofitions ou autres deniers deftinés à la

confection defdites fortifications. Voulons que dans tous les cas où lefdits actes & marchés auroient été paffés fous fignature privée, ou même pardevant notaire, fans y faire ladite mention, la connoiffance en appartienne aux juges ordinaires, & par appel, fuivant l'ordre des degrés de jurifdiction, à notredite cour de parlement.

V.

ORDONNANCE

DE M. L'INTENDANT,

Du 23 Septembre 1736.

QUI, fans s'arrêter à l'appointement du lieutenant au fiége de l'amirauté d'Agde, ordonne l'exécution des ordonnances de M. de Bafville & de M. de Bernage, des 8 Août 1715 & 21 Juillet 1723, & en conféquence fait itératives défenfes à toutes perfonnes de pêcher aux moules auprès de la jettée que la province a fait conftruire au grau d'Agde.

Voy. plus bas Tit. VIII, Nº. XXXIV.

VI.

ARRÊT

DU CONSEIL D'ETAT DU ROI,

Qui ordonne qu'il fera procédé pardevant M. l'intendant fur une demande en dommages & intéréts, & autres qui pourroient être formées, au fujet des ouvrages faits pour la confervation de la plaine du plan dans le terroir du Saint-Efprit.

Du 16 Juin 1764.

EXTRAIT *des Regiftres du Confeil d'Etat.*

SUr la requête préfentée au Roi étant en fon confeil, par le fyndic général de la province de Languedoc,

Contenant, que l'intérêt public de conserver des ouvrages exécutés à grands frais pour éviter la destruction tant d'une plaine considérable voisine du Rhône, dans le terroir du Saint-Esprit, que du port des Thuilleries qui appartient à cette ville, l'oblige de représenter à Sa Majesté que ces mêmes ouvrages furent commencés en l'année 1748, après des délibérations de ladite ville, & une adjudication faite d'autorité du feu sieur le Nain, lors intendant en Languedoc : Que ces premiers ouvrages, ayant été détruits par des inondations arrivées en 1754 & 1756, il en a été fait de nouveaux en conséquence d'autres devis dressés par les sieurs Pitot & Grangent, directeurs des ouvrages de la province, & de l'adjudication qui en a été faite d'autorité du sieur de Saint-Priest, intendant en ladite province, desquels ouvrages le prix a été payé en partie par les propriétaires des fonds de la plaine, suivant la soumission qu'ils en avoient faite, & partie par la communauté du Saint Esprit, au moyen des sommes qu'il a plu à Sa Majesté de lui accorder pour ce sujet sur le fonds des indemnités, en conséquence de la demande que les Etats en ont faite ; que le nommé Bencou, qui possède une terre sur le bord opposé, & le sieur Thibou qui jouit aussi d'une isle ou gravier dans le Rhône, s'étant opposés à l'exécution des premiers ouvrages par des assignations données pardevant le maître particulier des eaux & forêts de Villeneuve-de-Berg, ils abandonnerent leurs oppositions après deux ordonnances dudit sieur de Saint-Priest des 2 Février 1752 & 4 Mars 1753, portant que ces particuliers contesteroient devant lui : Que le sieur Rigaud & la dame Valos son épouse, qui jouissent d'une isle au-dessous des ouvrages en question, ont assigné également devant

ladite maîtrise, les possesseurs de la plaine de Plan, à la diligence desquels ces ouvrages ont été exécutés, pour en voir ordonner la démolition, avec condamnation en la somme de trente mille livres, pour les dommages qu'ils prétendent avoir été occasionnés à leur isle : Que ledit sieur de Saint-Priest leur ayant également interdit ce recours par une ordonnance du 26 Février 1761, qui porte qu'ils contesteront devant lui, le sieur & dame Rigaud ont pris alors le parti de déclarer dans une requête qu'ils lui ont présentée, que pour écarter l'idée d'intérêt public dont lesdits possesseurs veulent s'étayer pour la conservation des ouvrages dont il s'agit, ils déclarent ne vouloir poursuivre quant à présent en la maîtrise des eaux & forêts, la démolition de ces mêmes ouvrages, mais seulement la condamnation des dommages & intérêts qu'ils leur ont causé, ou pourront leur occasionner dans la suite ; d'où ils prennent prétexte de se rendre opposans envers l'ordonnance dudit sieur de Saint-Priest, à l'effet d'être par lui délaissés à continuer l'instance en ladite maîtrise ; ce qui ayant donné lieu à une ordonnance de communiqué à la ville du Saint-Esprit, elle a délibéré le 31 Janvier 1762, d'insister de plus fort à la conservation de son port & de la plaine du plan, dont la destruction seroit ruineuse pour un grand nombre d'habitans, & fort à charge aux autres par le rejet qui s'ensuivroit de la taille qu'ils supportent : Que l'affaire étant dans ces termes, le suppliant a cru être obligé de représenter à Sa Majesté que la demande en dommages & intérêts prétendus par le sieur & la dame Rigaud, est inséparable de celle en démolition des ouvrages qu'ils ont formée en même-tems devant la maîtrise, & qu'ils n'ont laissé en surlis dans ce moment, que pour en prendre prétexte de décliner la jurifdiction dudit fieur intendant, fans faire attention que s'il a eu le droit de permettre les ouvrages en queftion pour être exécutés de fon autorité, & s'il a celui d'en affurer la confervation, comme le fieur & dame Rigaud le reconnoiffent, il eft également en droit, par une fuite néceffaire, de juger, fur l'avis des directeurs des ouvrages, s'ils caufent des dommages aux poffeffions voifines, & s'il peut en être prétendu dans le cas où ils n'ont rien de contraire au droit commun ; comme auffi par qui ils doivent être fupportés, dans le cas où il en feroit dû, la communauté & les poffeffeurs des fonds ayant chacun un intérêt propre dans l'exécution & la confervation de ces mêmes ouvrages ; à quoi le fuppliant ajoute que s'il y avoit quelque doute que ledit fieur intendant dût connoître privativement à tous autres juges, des demandes defdits fieur & dame Rigaud, il efpere que Sa Majefté voudroit bien en ce cas lui en accorder une attribution plus fpéciale, foit comme une fuite de la jurifdiction naturelle qu'il a exercée jufqu'à ce jour relativement auxdits ouvrages que l'intérêt public a fait exécuter, foit par la confidération de leur utilité, dont l'examen ne doit pas être foumis au jugement & à l'autorité des juges qui n'y ont eu ni dû avoir aucun rapport. Requéroit, A CES CAUSES, le fuppliant, qu'il plût à Sa Majefté, fans s'arrêter à l'affignation donnée à la requête defdits fieur & dame Rigaud, devant le maître particulier des eaux & forêts de Villeneuve-de-Berg, aux propriétaires des fonds de la plaine du Plan, les renvoyer devant ledit fieur de Saint-Prieft, intendant en Languedoc, pour être par lui ftatué fur les demandes par eux formées, ou

qui pourront l'être relativement aux ouvrages dont il s'agit, avec défenfes à aux & à tous autres de fe pourvoir ailleurs, à peine de nullité des procédures, & de tous dépens, dommages & intérêts ; auquel effet il plaira à Sa Majefté, attribuer en tant que de befoin, audit fieur intendant, toute jurifdiction & connoiffance defdites demandes, & icelles interdire à toutes autres cours & juges. Vu les ordonnances mentionnées en ladite requête, & la copie d'affignation donnée devant le maître particulier des eaux & forêts de Villeneuve-de-Berg, à la requête defdits fieur & dame Rigaud, aux propriétaires des fonds de la plaine du Plan. Oui le rapport du fieur de Laverdy, confeiller ordinaire au confeil royal, contrôleur général des finances ; LE ROI ÉTANT EN SON CONSEIL, fans s'arrêter à l'affignation donnée à la requête des fieur & dame Rigaud devant la maîtrife particuliere des eaux & forêts de Villeneuve-de-Berg, aux propriétaires des fonds de la plaine du Plan, a ordonné & ordonne que les parties procéderont pardevant le fieur intendant & commiffaire départi en la province de Languedoc, pour être par lui ftatué fur les demandes formées ou à former, relativement aux ouvrages dont il s'agit, fauf l'appel au confeil ; Fait Sa Majefté défenfes auxdites parties de fe pourvoir ailleurs, à peine de nullité de procédures, & de tous dépens, dommages & intérêts, à l'effet de quoi Sa Majefté a attribué & attribue audit fieur intendant & commiffaire départi, toute jurifdiction, & connoiffance, & icelles interdit à toutes fes cours : FAIT au confeil d'état du Roi, Sa Majefté y étant, tenu à Verfailles le feizieme jour de Juin mil fept cent foixantequatre. Signé, PHELYPEAUX.

LOUIS, PAR LA GRACE DE DIEU, ROI DE FRANCE ET DE NAVARRE: A notre amé & féal confeiller en nos confeils, le fieur intendant & commiffaire départi pour l'exécution de nos ordres en la province de Languedoc, SALUT. Par arrêt de ce jourd'hui rendu en notre confeil d'état, Nous y étant, fur la requête du fyndic général de Languedoc, fans avoir égard à l'affignation donnée à la requête des fieur & dame Rigaud, devant la maîtrife particuliere des eaux & forêts de Villeneuve-de-Berg, aux propriétaires des fonds de la plaine du Plan, Nous aurions ordonné que les parties procéderoient pardevant vous en ladite qualité, pour être par vous ftatué fur les demandes formées, ou à former, relativement aux ouvrages mentionnés en notredit arrêt, fauf l'appel en notre confeil, avec défenfes auxdites parties de fe pourvoir ailleurs, à peine de nullité des procédures, & de tous dépens, dommages & intérêts : Et voulant que ledit arrêt dont expédition eft ci-attachée fous le contre-fcel de notre chancellerie, forte fon plein & entier effet ; Nous vous mandons & ordonnons par ces préfentes fignées de notre main, de vous employer à l'entiere exécution d'icelui ; vous attribuons à l'effet de tout ce que deffus, toutes jurifdiction & connoiffance, & icelles interdifons à toutes nos cours : Commandons au premier notre huiffier, ou fergent fur ce requis, de fignifier ledit arrêt à tous qu'il appartiendra, à ce que perfonne n'en ignore, & de faire en outre pour l'entiere exécution d'icelui, & de ce que vous ordonnerez en conféquence, tous commandemens, fommations, fignifications, & autres actes, & exploits requis & néceffaires : CAR tel eft notre plaifir. DONNÉ à Verfailles le feizieme jour de Juin, l'an de grace mil fept cent foixante-quatre, &

de notre regne le quarante-neuvieme. *Signé*, LOUIS. *Et plus bas :* Par le Roi, PHELYPEAUX *figné.*

MARIE-JOSEPH-EMMANUEL DE GUIGNARD DE SAINT-PRIEST, chevalier, feigneur d'Alivet, Renage, Beaucroiffant & autres lieux, confeiller du Roi en fes confeils, maître des requêtes ordinaire de fon hôtel, intendant adjoint de juftice, police & finances en la province de Languedoc.

VU le préfent arrêt, enfemble la commiffion expédiée fur icelui : Nous ordonnons qu'il fera exécuté felon fa forme & teneur, & fignifié à qui il appartiendra : Faifons défenfes en conféquence aux parties, de procéder ailleurs que devant Nous, à peine de nullité de procédures, & de tous dépens, dommages & intérêts, conformément audit arrêt. FAIT à Montpellier le 8 Août 1764. *Signé* DE SAINT-PRIEST ; *Et plus bas ;* Par Monfeigneur, SOEFVE.

VII.
ARRÈT
DU CONSEIL D'ETAT DU ROI,

Qui attribue à M. l'intendant de Languedoc la connoiffance, tant au civil qu'au criminel, des conteftations nées & à naître à raifon des ouvrages publics qui font faits aux dépens du Roi dans la province.

Du 19 Juillet 1774.

EXTRAIT des Regiftres du Confeil d'Etat.

LE Roi étant informé que le 21 Mars dernier il fe feroit élevé en la ville de de l'Ifle en Albigeois, province de Languedoc, une rixe entre les sieurs Jean Dauzit & Etienne Miquel, premier & troisieme consuls de ladite ville, les sieurs Bourdes, Fassieu, & autres leurs adhérans, d'une part; & le sieur Joseph Esteve, entrepreneur de l'entretien de la grande route d'Alby à Toulouse pour le compte de Sa Majesté, le nommé Chartot, commis dudit Esteve, les sieurs Dumas & Doumerc, d'autre part, à raison de l'exécution des ouvrages dudit entretien, &c. Oui le rapport du sieur abbé Terray, conseiller ordinaire au conseil royal, contrôleur général des finances; LE ROI ÉTANT EN SON CONSEIL, a évoqué à soi & à son conseil, les procédures respectivement faites devant les juges ordinaires de Lisle, pour le fait dont il s'agit, ensemble les appellations qui pourroient en avoir été interjettées en son parlement de Toulouse, circonstances & dépendances, & icelles renvoyées au sieur intendant & commissaire départi dans la province, pour les juger souverainement & en dernier ressort, avec le nombre des gradués requis par les ordonnances, avec pouvoir de commettre aux fonctions de procureur du Roi, même de subdéléguer, pour l'instruction, tant sur les lieux qu'à Montpellier; Ordonne que les minutes desdites procédures seront envoyées au greffe de l'intendance, à quoi faire tous dépositaires contraints par corps; quoi faisant, valablement déchargés; comme aussi a ordonné & ordonne, qu'à l'avenir les contestations à raison de la construction des ponts, chaussées, chemins, & autres ouvrages qui s'exécutent dans ladite province aux dépens de Sa Majesté, qui pourront s'élever entre les entrepreneurs & les particuliers, seront portées devant le sieur intendant, commissaire départi dans ladite province, pour les juger; savoir, les contestations à fins civiles en seul & à la charge de l'appel au conseil; & celles à fins criminelles avec le nombre des gradués requis par les ordonnances, souverainement & en dernier ressort, lui attribuant à cet effet toute cour, jurisdiction & connoissance, icelle interdisant à toutes ses cours & juges, nonobstant toutes oppositions quelconques, dont si aucunes interviennent, Sa Majesté en a réservé la connoissance à Elle & à son conseil. FAIT au conseil d'état du Roi, Sa Majesté y étant, tenu à Marly le dix-neuf Juillet mil sept cent soixante-quatorze.

Signé, Phelypeaux.

VIII.

ARRÊT

Du Conseil d'Etat du Roi,

Qui évoque & renvoie devant M. l'intendant du Languedoc, les contestations entre le sieur de Coetlogon & les consuls de la ville de Beaucaire, pour être par lui jugées définitivement & en dernier ressort.

Du 13 Juin 1777.

Extrait des Registres du Conseil d'Etat.

Sur la requête présentée au Roi étant en son conseil, par le syndic général de la province de Languedoc; Contenant, que les Etats de ladite province ont toujours eu la direction & conduite des ouvrages concernant les constructions, réparations & entretien des chemins, ponts & chaussées de la province, & qu'ils font veiller continuellement à leur conservation par des inspecteurs qui sont chargés de faire observer les réglemens faits par les Etats, & autorisés par Sa Majesté: Que les dioceses ont aussi, sous l'autorité des Etats, la direction & la conduite des chemins qui font à leur charge, & que les communautés ne peuvent en faire conftruire dans l'étendue de leurs territoires, qu'après avoir été autorifées par le fieur intendant de la province à en faire la dépenfe : Que par une fuite néceffaire de cet ordre, ledit fieur intendant a toujours pris connoiffance de tous les différends & conteftations qui ont pu s'élever à l'occafion des conftructions, réparations & entretiens des chemins, ponts & chauffées de ladite province, & qu'il y a été encore maintenu par un arrêt du confeil du 16 Octobre 1724 : Que les tréforiers de France de la généralité de Touloufe ayant entrepris dans les années 1723 & 1725 de faire des réglemens pour l'entretien des chemins dans les villes & lieux de leur généralité, & de commettre des infpecteurs pour en faire la vifite dans les diocefes Bas-Montauban, de Lavaur, Saint-Papoul, Caftres & Alby; & ayant encore rendu une ordonnance le 27 Juillet 1726, contre quelques habitans de la communauté de Puibufque, diocefe de Touloufe, les Etats portèrent leurs plaintes contre ces entreprifes, & repréfentèrent nonfeulement qu'elles attaquoient leur adminiftration & leurs priviléges, & l'attribution accordée audit fieur intendant, mais encore qu'elles étoient un fujet de trouble & de vexation pour les communautés & particuliers, par les frais confidérables auxquels ils étoient expofés, au lieu que les conteftations qui s'élevoient à ce fujet, étoient jugées fommairement & fans frais par le fieur intendant : Que fur ces repréfentations, Sa Majefté par arrêt de fon confeil du 10 Décembre 1726, fur lequel il fut expédié des lettres-patentes le 19 Septembre 1727, enregiftrées au parlement de Tou-

loufe le 7 Novembre fuivant, fans s'arrêter aux ordonnances des tréforiers de France de la généralité de Touloufe, auxquels il fut fait défenfes d'en rendre à l'avenir aucune fur le fait des chemins, maintint les Etats dans la direction des ouvrages concernant les conftructions, réparations & entretien des chemins, ponts & chauffées de la province, ainfi & de la même manière qu'il en avoit été ufé par le paffé, ordonna que l'arrêt du confeil du 16 Octobre 1724, feroit exécuté felon fa forme & teneur ; & en conféquence que tous les différends & conteftations qui pourroient naître à l'occafion des conftructions, réparations & entretien des chemins, ponts & chauffées de la province, feroient portées devant ledit fieur intendant, pour être par lui jugées définitivement, fauf l'appel au confeil : Que cette dernière loi a été conftamment exécutée dans la province, fans aucune forte de réclamation, & avec le plus grand fuccès, puifque c'eft par les ordonnances rendues par les fieurs intendans de la province, fur les réquifitions du fyndic général, ou à la requête des fyndics particuliers des diocefes, qu'il a été pourvu à l'entretien & à la confervation des chemins & de leurs foffés, qu'on a empêché les ufurpations des riverains, & que s'il a été caufé quelques dégradations, elles ont été prefqu'auffitôt réparées que commifes : Qu'il eft cependant venu depuis peu à la connoiffance du fuppliant, que le fieur de Coetlogon, demeurant à Arles, ayant entrepris de faire quelques changemens à un chemin qui traverfe le terroir de la ville de Beaucaire, & qui conduit de cette dernière ville à celle d'Arles, les confuls de la ville de Beaucaire fe feroient pourvus à raifon de ce, devant les tréforiers de France de la généralité de Montpellier, lefquels,

quels, par un jugement contradictoire du 20 Juillet 1774, auroient condamné ledit sieur de Coetlogon à remettre le chemin dont il s'agit, ensemble les fossés qui le bordoient, dans le même état où ils étoient avant son entreprise, & ce, dans le délai d'un mois, à une amende de dix livres, & aux dépens; duquel jugement ledit sieur de Coetlogon auroit relevé appel au parlement de Toulouse, où l'instance est encore pendante & indécise : Que le suppliant, obligé de veiller au maintien des droits & usages de la province & de son administration, ne peut point se dispenser de réclamer contre les poursuites incompétemment faites devant les trésoriers de France, & contre le jugement auquel elles ont donné lieu, & de représenter que ces poursuites ont entraîné les consuls de la ville de Beaucaire, & ledit sieur de Coetlogon dans les inconvéniens que les réglemens rendus pour la province ont prévus, & qu'ils ont voulu éviter; Qu'en effet, quoique les consuls de Beaucaire poursuivent depuis plus de deux ans le rétablissement des changemens faits par ledit sieur de Coetlogon à un chemin dans le terroir de ladite ville, la contestation est cependant encore indécise, & les frais des poursuites deviennent tous les jours plus considérables; au lieu que si cette contestation avoit été portée, comme elle auroit dû l'être, devant le sieur intendant de la province, elle auroit été jugée promptement & sans frais : Qu'il est par conséquent du plus grand avantage de la province, des diocèses, des communautés & des particuliers, que l'attribution accordée audit sieur intendant continue d'avoir son effet, & que les contestations de cette nature ne puissent être portées que devant lui : Qu'on opposeroit en vain que les consuls de Beaucaire & le sieur de

Tome II.

Coetlogon, ont contesté volontairement devant les trésoriers de France, parce que l'acquiescement des particuliers ne sauroit déroger à l'ordre public, & que le suppliant, chargé d'y veiller, est toujours en droit d'en demander l'observation. Requéroit, A CES CAUSES, qu'il plût à Sa Majesté ordonner que l'arrêt du conseil du 16 Octobre 1724, celui du 10 Décembre 1726, & les lettres-patentes du 19 Septembre 1727, seront exécutés selon leur forme & teneur, casser & annuller en conséquence les poursuites faites par les consuls de Beaucaire, contre le sieur de Coetlogon, devant les trésoriers de France de la généralité de Montpellier, le jugement par eux rendu le 30 Juillet 1774, & tout ce qui s'en est ensuivi; & faire défenses, tant aux consuls de Beaucaire, qu'audit sieur de Coetlogon, de se pourvoir, à raison du fait dont il s'agit, ailleurs que devant le sieur intendant de la province, à peine de nullité, cassation, & de tous dépens, dommages & intérêts. Vu ladite requête; l'arrêt du conseil du 16 Octobre 1724; la copie collationnée de l'arrêt du conseil du 17 Décembre 1726, des lettres-patentes expédiées sur icelui le 9 Septembre 1727, & de l'arrêt du parlement de Toulouse du 7 Novembre suivant, qui en ordonne l'enregistrement; ensemble la copie signifiée du Jugement rendu par les trésoriers de France le 30 Juillet 1774 : Ouï le rapport, & tout considéré; LE ROI ÉTANT EN SON CONSEIL, sans avoir égard au Jugement rendu le 30 Juillet 1774, par les trésoriers de France de la généralité de Montpellier, a évoqué & évoque à soi & à sondit conseil, toutes les contestations nées & à naître entre le sieur de Coetlogon & les consuls de la ville de Beaucaire, au sujet des changemens que ledit fieur de Coetlogon a faits au chemin qui traverfe le territoire de ladite ville, & qui conduit à celle d'Arles; & icelles conteftations, circonftances & dépendances, A Sa Majefté renvoyé & renvoie pardevant ledit fieur intendant de Languedoc, pour être par lui jugées définitivement & en dernier reffort. Faifant Sa Majefté défenfes audit fieur de Coetlogon, & auxdits confuls de Beaucaire, de fe pourvoir, pour raifon defdites conteftations, ailleurs que devant ledit fieur intendant, auquel elle attribue à cet effet toute cour, jurifdiction & connoiffance, qu'elle interdit à toutes fes cours & juges. FAIT au confeil d'état du Roi, Sa Majefté y étant, tenu à Verfailles le treizieme jour de Juin mil fept cent foixante-dix-fept.

Signé, AMELOT.

LOUIS, PAR LA GRACE DE DIEU, ROI DE FRANCE ET DE NAVARRE: A notre amé & féal confeiller en nos confeils, maître des requêtes ordinaire de notre hôtel, le fieur de Saint-Prieft, intendant & commiffaire départi pour l'exécution de nos ordres, en la généralité de Languedoc, SALUT. Nous vous mandons & ordonnons par ces préfentes fignées de notre main, de procéder à l'exécution de l'arrêt ci-attaché fous le contre-fcel de notre chancellerie, ce jourd'hui rendu en notre confeil d'état, nous y étant, pour les caufes y contenues. Commandons au premier notre huiffier ou fergent fur ce requis, de fignifier ledit arrêt à tous qu'il appartiendra, à ce que perfonne n'en ignore; & de faire pour fon entiere exécution, & de ce que vous ordonnerez en conféquence, tous actes & exploits néceffaires, nonobftant toutes chofes à ce contraires; CAR tel eft notre plaifir. DONNÉ à Verfailles le treizieme jour du mois

de Juin, l'an de grace mil fept cent foixante-dix-fept, & de notre regne le quatrieme. *Signé*, LOUIS. *Et plus bas*; Par le Roi. *Signé*, AMELOT.

MARIE-JOSEPH-EMMANUEL DE GUIGNARD DE SAINT-PRIEST, chevalier, feigneur d'Alivet, Renage, Beaucroiffant, & autres lieux, confeiller du Roi en fes confeils, maître des requêtes ordinaire de fon hôtel, intendant de juftice, police & finances en la province de Languedoc.

VU le préfent arrêt, enfemble la commiffion à nous adreffée fur icelui; & fur la réquifition à nous faite par le fyndic général, de rendre notre ordonnance d'attache fur icelui: Nous ordonnons qu'il fera exécuté felon fa forme & teneur. FAIT à Montpellier le trois Août mil fept cent foixante-dix-fept. *Signé*, DE SAINT-PRIEST: *Et plus bas*; Par monfeigneur, SOEFVE *figné.*

IX.

ARRÊT

DU CONSEIL D'ETAT DU ROI,

Qui caffe deux fentences du fénéchal de Touloufe du 12 Mai 1777, & l'arrêt du parlement de ladite ville du 31 Janvier 1778; ordonne que les ordonnances de M. l'intendant des 11 Avril 1777 & 14 Janvier 1778, feront exécutées en tout leur contenu; fait défenfes au fieur Cabalby, feigneur du lieu de la Trape, de continuer fes pourfuites contre les fieurs Roques & Reftes, à raifon des prétendues ufurpations de terreins du chemin dudit lieu.

Du 27 Juin 1780.

EXTRAIT des Regiſtres du Conſeil d'Etat.

SUR la requête préſentée au Roi en ſon conſeil, par le ſyndic du dioceſe de Rieux en Languedoc: CONTENANT, que le 21 Avril 1777, la communauté de la Trape, dépendante du dioceſe de Rieux, s'étant aſſemblée à l'occaſion des chemins de ladite communauté, & ayant reconnu qu'ils étoient dans l'état le plus déplorable, non ſeulement par les dégradations que le tems y avoit cauſées, mais principalement par les uſurpations & les voies de fait que les riverains y avoient commiſes, ſoit en dénaturant & retréciſſant la voie publique, ſoit en comblant les foſſés, ſoit en changeant les alignemens, & tranſportant les chemins d'un lieu à un autre, il fut arrêté que les conſuls ſe retireroient devant le ſieur intendant & commiſſaire départi en la province de Languedoc, pour faire ordonner qu'il ſeroit inceſſamment pourvu aux réparations les plus urgentes, & que les uſurpateurs ſeroient tenus de reſtituer les portions de terrein dont ils s'étoient emparés. Le 8 Juin ſuivant, le ſieur intendant rendit une ordonnance par laquelle il renvoya la requête des habitans au ſuppliant en ſa qualité de ſyndic du dioceſe de Rieux, à l'effet de s'aſſurer de la vérité des faits, & faire délibérer les ſieurs commiſſaires dudit dioceſe, pour, ſur le procès-verbal du ſuppliant, enſemble la délibération deſdits commiſſaires rapportés, être enſuite ſtatué ce qu'il appartiendroit. Déjà l'objet de cette ordonnance étoit rempli, lorſque les conſuls de la Trape en donnerent connoiſſance au ſuppliant, d'un côté, le procureur juriſdictionnel de la baronnie de Montfaucon, appartenante au ſieur de Cabalby, ſeigneur de la

Trape, avoit imploré le ſecours du ſuppliant, tant pour faire vérifier l'état des chemins de cette baronnie, que pour faire reconſtruire à neuf celui qui de Montfaucon conduit à celui de Carbonne; & le ſuppliant après s'être tranſporté ſur les lieux, conjointement avec l'inſpecteur du dioceſe, avoit reconnu à l'égard des dégradations opérées, ſoit par le laps de tems, ſoit par le fait & la négligence des riverains, que les chemins dans cette partie étoient dans un auſſi mauvais état que dans toutes les autres communautés, & qu'il y avoit lieu de croire que les ſieurs commiſſaires des Etats de la province, ne tarderoient pas à y pourvoir par un nouveau réglement; d'un autre côté, la communauté de la Trape n'avoit pas laiſſé ignorer au ſuppliant, que l'emplacement de pluſieurs chemins de cette communauté, avoit été changé & dénaturé au préjudice du public, & qu'il étoit de la plus grande importance de prévenir, ou plutôt d'arrêter de ſemblables contraventions. Sur le compte que le ſuppliant avoit rendu de ces deux objets à l'aſſemblée de l'aſſiette, tenue le 26 Mai 1777, il avoit été pris par les ſieurs commiſſaires du dioceſe une délibération, dans laquelle il eſt dit qu'en attendant qu'il plaiſe aux ſieurs commiſſaires des Etats de faire un réglement pour la conſtruction ou réparation des chemins qui traverſent les communautés, il ſera ſurſis à la demande du procureur juriſdictionnel de Montfaucon; & néanmoins le ſuppliant fut chargé, conjointement avec l'inſpecteur du dioceſe, de vérifier les contraventions qui lui avoient été dénoncées par la communauté de la Trape, deſquelles ils dreſſeroient l'un & l'autre procès-verbal, qu'ils remettroient enſuite auxdits ſieurs commiſſaires du dioceſe. C'eſt en exécution de cette délibération, que le ſuppliant &

l'infecteur des travaux publics s'é-
toient transportés sur les lieux , &
avoient dressé dès le 6 Juin , le procès-
verbal que le sieur intendant a exigé
par son ordonnance du 8 du même
mois. Il résulte de ce procès-verbal ,
1°. Que le chemin public de la Trape
à Saint-Ibards , a été entierement détruit & défriché , depuis la métairie de
Teneze jusqu'au ruisseau du Launat ,
en sorte qu'il est absolument impraticable , même aux gens de pied , & que
ces détériorations & destructions sont
le propre fait du sieur de Cabalby ,
seigneur du lieu. 2°. Que l'emplacement du chemin dit de Berger , a pareillement été changé il y a environ
six mois , par ledit seigneur de la communauté de la Trape ; qu'à l'ancienne
voie , qui avoit trois toises & demie
de largeur , on a substitué une voie
d'une toise & demie seulement ; qu'elle
est en si mauvais état , qu'on ne peut
y entrer sans danger ; que le charroi
se trouve par la même voie intercepté ,
& qu'on est forcé de passer sur les bleds
que le sieur Cabalby a fait ensemencer
sur le sol de l'ancien chemin. 3°. Que
le sieur Cabalby a encore changé la
direction du chemin de Saint-Jean , au
préjudice d'un habitant auquel l'ancien
chemin étoit absolument nécessaire
pour arriver à des bois & pacages qui
lui appartiennent. 4°. Que le sieur Cabalby a considérablement retréci le
chemin de la Trape à Lezat , près le
moulin de Filou , & qu'il a réuni à ses
possessions le terrein qu'il en a retranché. 5°. Qu'au moyen du déblai d'un
tertre dominant sur une partie du chemin dit Richard , un nommé le Cocq ,
habitant de la Trape , a élargi le chemin , ce qui détermina le suppliant , à
l'instant même du procès-verbal , à
obliger ce particulier d'abattre en entier le tertre en question sur le même
alignement , en observant d'y faire un

petit fossé pour faciliter l'écoulement
des eaux. 6°. Enfin , il résulte encore
du procès-verbal dont il s'agit , que
les nommés Bousaquet & Antoine Restes , ont fait de leur chef , & sans y
être autorisés par l'administration , quelques changemens à plusieurs chemins ;
mais que si à cet égard ils pouvoient
être repréhensibles , néanmoins leur
conduite se trouvoit justifiée par le
bien même qui en doit résulter , &
singulierement par l'attention qu'ils ont
eue de ne nuire ni aux particuliers , ni
aux droits du seigneur. Ce procès-verbal contenant ainsi tous les éclaircissemens que le sieur intendant avoit exigé
avant de statuer sur la réclamation de
ladite communauté de la Trape , le
suppliant se seroit borné à le faire passer à ce magistrat ; mais dans ce tems
même , il fut informé que le sieur Cabalby , dans la vue sans doute de couvrir toutes les dégradations & toutes
les usurpations qu'il s'étoit permises
sur les divers chemins de la communauté , & d'en charger d'autres particuliers , s'étoit pourvu devant le sénéchal de Toulouse , contre les sieurs
Roques dit le Cocq , & Antoine Restes , pour les faire condamner à restituer les portions de terrein qu'il prétendoit avoir été usurpées par eux au
chemin de la Trape à Lezat , quartier
de Richard & de Serny , & à remettre ces chemins en leur premier état ;
que même il étoit déjà parvenu à obtenir le même jour 12 Mai 1777 deux
sentences , qui , sans avoir égard au
déclinatoire proposé par lesdits Roques
& Restes , & les ayant au contraire
déboutés de leur demande en renvoi
devant le sieur intendant , avoient ordonné que les parties procéderoient devant ledit Sénéchal ; à l'effet de quoi
elles avoient été renvoyées en jugement. Dans cet état , & après avoir
rendu compte à l'assemblée des sieurs

commiſſaires du dioceſe de tous ces faits, le ſuppliant fut autoriſé par délibération du 6 Août, à ſe pourvoir devant ledit ſieur intendant de la province. Il lui préſenta donc une requête dans laquelle il demanda, 1ᵒ. Que les pourſuites faites par le ſieur Cabalby devant le ſénéchal de Toulouſe, contre les ſieurs Roques & Reſtes, fuſſent caſſées & annullées, comme incompétentes, & qu'il fût fait défenſes aux parties de ſe pourvoir ailleurs que devant ledit ſieur intendant, pour raiſon du fait dont il s'agiſſoit. 2ᵒ. Qu'il fût ordonné que le ſieur Cabalby ſeroit tenu de réintégrer & rétablir, tant le chemin public de la Trape à Saint-Ibards, qu'il avoit fait défricher depuis la métairie de Teneze juſques au ruiſſeau de Launat, que les autres chemins qu'il avoit pareillement détruits, ſuivant qu'il étoit conſtaté par le procès-verbal du 6 juin 1777. Sur cette requête, le ſieur intendant rendit le 11 Août de la même année, une ordonnance qui eſt ainſi conçue : » Nous » ordonnons que dans quinzaine pour » tout délai, le ſieur Cabalby ſera tenu » de réintégrer & rétablir les chemins » dont il s'agit, au même état où ils » étoient avant ſon entrepriſe & nou- » velles œuvres; & faute de ce faire » dans ledit délai, permettons au ſup- » pliant d'y faire travailler aux frais & » dépens du ſieur de Cabalby, qui » ſera tenu de payer le montant de la » dépenſe, ſur l'état du contrôle due- » ment arrêté par le ſuppliant, à quoi » faire il ſera contraint par les voies » de droit; comme auſſi, faiſons dé- » fenſes audit ſieur de Cabalby de con- » tinuer ſes pourſuites devant le ſéné- » chal de Toulouſe contre les ſieurs » Roques & Reſtes, pour raiſon du » fait dont il s'agit, à peine de nullité, » caſſation, perte des frais, & de tous » dépens, dommages & intérêts, ſauf

» à lui à former devant Nous toutes » demandes qu'il aviſera ». Le 20 du même mois, cette ordonnance fut ſignifiée au ſieur Cabalby, qui répondit dans l'exploit même de ſignification, qu'il entendoit y former oppoſition : mais au lieu de remettre ſa requête à cet effet, il ſe retira devant le parlement de Toulouſe, ainſi qu'on le verra bientôt. Le ſuppliant informé de cet acte d'oppoſition, motivée de la maniere la plus indécente, & appuyée ſur les prétextes les plus faux, informé d'ailleurs, qu'au lieu de travailler à remettre les chemins dans leur ancien état, le ſieur Cabalby s'étoit livré à de nouvelles entrepriſes, en rendit compte aux commiſſaires du dioceſe, qui, par leur délibération du 25 Novembre de la même année, le chargerent de recourir de nouveau à l'autorité du ſieur intendant, pour qu'il fût ordonné que, ſans avoir égard à la réponſe & oppoſition dudit ſieur de Cabalby, l'ordonnance du 11 Août précédent ſeroit exécutée, ſi mieux le ſieur intendant n'eſtimoit convenable, avant de ſtatuer définitivement ſur cet objet, ordonner qu'aux frais & dépens du ſieur Cabalby, & par experts, il ſeroit procédé à la vérification des faits rapportés dans le procès-verbal du 6 Juin. En conformité de cette délibération, le ſuppliant préſenta requête audit ſieur intendant; & le 4 Janvier 1778, il fut rendu une ordonnance portant qu'elle ſeroit communiquée au ſieur Cabalby, pour y répondre dans huitaine devant le ſieur Vigier, qui entendra les parties intéreſſées à telle vérification qu'il eſtimera néceſſaire pour donner ſon avis : cette ordonnance fait encore défenſes au ſieur Cabalby, de rien entreprendre ſur les chemins publics, & de continuer ſes pourſuites devant le ſénéchal, contre les ſieurs Roques & Reſtes, à peine de nullité, caffation de fes pourfuites, & de tous dépens, dommages & intérêts. Le fuppliant fit fignifier cette ordonnance le 17 de Février 1778 au fieur Cabalby, avec affignation à comparoître en conféquence le 24 du même mois de Février devant le fieur Vigier, fubdélégué de Rieux. Mais pendant que le fuppliant s'étoit pourvu devant le fieur intendant, le fieur Cabalby s'étoit retiré devant le parlement de Touloufe, où, dès le 31 Janvier 1778, il avoit furpris un arrêt qui, fans s'arrêter à l'ordonnance rendue le 11 Août 1777 par le fieur intendant, en ce qu'elle défendoit au fieur Cabalby de continuer les pourfuites de l'inftance pendante entre lui & les fieurs Roques & Reftes devant le fénéchal de Touloufe, permettoit audit Cabalby de continuer lefdites pourfuites, & audit fénéchal de paffer outre jufqu'à fentence définitive, fauf l'appel audit parlement, & condamnoit ledit fuppliant aux dépens, liquidés à la fomme de treize livres un fol huit deniers. Cet arrêt fut fignifié, tant aux fieurs Roques & Reftes, qu'audit fuppliant le 18 Février fuivant, c'eft-à-dire, le lendemain même que l'ordonnance du 4 Janvier avoit été fignifiée au fieur Cabalby, & que celui-ci avoit été affigné à comparoître devant le fubdélégué de Rieux. Le jour défigné par cette affignation, le fuppliant comparut devant le fubdélégué, & le requit de recevoir fes dires; le fieur Cabalby fe préfenta auffi au moment où la féance alloit finir; il déclara qu'il reconnoiffoit la compétence du fieur intendant de Languedoc fur une partie de la caufe, c'eft-à-dire, fur les plaintes & réclamations relatives à fes entreprifes fur les chemins; mais qu'à l'égard des demandes par lui formées contre les fieurs Roques & Reftes devant le fénéchal de Touloufe, il déclinoit for-

mellement la jurifdiction du fieur commiffaire départi, attendu qu'il les avoit fait affigner pour fe voir condamner à remettre en culture certains terreins fur lefquels ils avoient tranfporté les chemins, & qui étoient fujets envers lui à de fortes cenfives, tandis que le fol des vieux chemins étoit exempt de pareilles redevances; & il ajouta, que c'étoit à l'égard de cela feulement, qu'il avoit fait caffer l'ordonnance rendue par ledit fieur intendant le 11 Août 1777, par l'arrêt du 31 Janvier 1778. Le fuppliant obferva de fon côté, que dès l'inftant que le fieur Cabalby reconnoiffoit la jurifdiction du fieur intendant fur un chef, il ne pouvoit la décliner fur l'autre, attendu qu'il s'agiffoit, dans l'un & l'autre cas, de dégradations de chemins & de contraventions aux réglemens de la province fur cette partie de fon adminiftration : qu'il fuffifoit, pour fe convaincre de cette vérité, de fe rappeller les exploits d'affignations données auxdits Roques & Reftes, vifés dans les deux jugemens rendus par le fénéchal de Touloufe; puifqu'en effet, par ces exploits les fieurs Roques & Reftes ont été affignés pour fe voir condamner à rendre & reftituer les terreins par eux ufurpés dans les chemins de la Trape, & à remettre lefdits chemins en leur premier état. Au furplus, le fuppliant termina fes réquifitions par demander, qu'attendu l'arrêt obtenu par le fieur Cabalby au parlement de Touloufe, au préjudice de l'adminiftration de la province, le procès-verbal en queftion fût envoyé au fieur intendant, ce qui fut en effet ordonné. Telle étoit la pofition des chofes, lorfque le fuppliant, qui avoit donné connoiffance de tout ce qui s'étoit paffé aux fieurs commiffaires du diocefe, fut chargé, par une délibération du 2 Mars, de dénoncer, tant au fieur intendant, qu'au fyndic général de la province, l'arrêt du parlement de Toulouse, & en même tems autorisé à en poursuivre la cassation au conseil de Sa Majesté, parce qu'en effet, cet arrêt empêche nécessairement que le sieur intendant ne puisse faire les réglemens convenables sur le fait dont il s'agit, & ne puisse ordonner d'une maniere efficace les réparations, & même les rétablissemens de divers chemins qui ont été, ou dénaturés, ou transportés, ou entierement détruits. Dans ces circonstances, le suppliant ne peut se dispenser de se pourvoir. Si d'un côté sa démarche a pour objet le bien public, en faisant rétablir l'ordre, si elle a pour but l'avantage de plusieurs communautés qui se trouvent, pour ainsi dire, privées de toutes correspondances & communications ; d'autre part, elle est fondée sur les principes de l'administration de la province de Languedoc, & sur les divers réglemens, qui ne permettent pas aux particuliers de changer à leur gré les chemins publics ; en un mot, elle est appuyée sur l'autorité accordée en cette matiere au sieur commissaire départi, en vertu de laquelle ce magistrat a seul droit, & à l'exclusion de toutes autres cours & juges, de connoître & juger les diverses contestations qui s'élevent à l'occasion de l'emplacement, de la construction, ou des réparations des chemins qui traversent le Languedoc. Parmi les arrêts du conseil qui fixent à cet égard la compétence du sieur intendant, il en est un principal qui, rendu sur les représentations des Etats de la province, ne permet pas d'élever le moindre doute sur cette compétence exclusive ; c'est celui du 16 Octobre 1724. Sa Majesté y attribue au sieur intendant la connoissance de tous les différends & contestations mus & à mouvoir au sujet de la construction &

entretien des grands chemins dans l'étendue de la province, pour être jugés par lui définitivement, sauf l'appel au conseil. Entr'autres motifs qui ont déterminé cette attribution, on doit remarquer que les Etats ont fait valoir celui qui résulte de la nature même des contestations relatives aux constructions & entretiens des chemins, lesquelles doivent toujours être jugées sommairement, pour ne pas retarder les ouvrages publics, & pour prévenir la multitude d'inconvéniens auxquels les administrateurs généraux ou particuliers de la province seroient exposés, s'ils pouvoient à cet égard être tenus de suivre le cours de la justice ordinaire ; aussi cet arrêt, très-essentiel pour l'administration, est-il devenu une loi générale & fondamentale : il a été confirmé depuis par un autre arrêt du 2 Septembre 1749 ; il a reçu constamment son application jusqu'à ce jour ; & c'est toujours inutilement que quelques parties ont voulu se soustraire à son exécution. On ne peut en donner une preuve plus frappante que l'arrêt rendu le 17 Février 1778 en faveur du sieur Girouard, au sujet d'une contestation relative à la construction du chemin de Lodeve à la Peyrade. Par cet arrêt, Sa Majesté a cassé & annullé les assignations qui avoient été données en la cour des aydes de Montpellier, à la requête des sieurs Giral freres, tant au sieur Girouard qu'aux sieurs Sans oncle & neveu, ses cautions, ensemble tout ce qui s'en étoit ensuivi. A fait défenses auxdits sieurs Giral de continuer leurs poursuites devant ladite cour des aydes, à peine de mille livres d'amende, & de tous dépens, dommages & intérêts ; sauf à eux à se pourvoir, si bon leur sembloit, devant le sieur intendant de Languedoc, pour leur être fait droit ainsi qu'il appartiendroit. D'après cela, le fuppliant a lieu de croire que Sa Majefté ne fera aucune difficulté d'accueillir favorablement fa démarche ; & que même Elle héfitera d'autant moins à prononcer la caffation de l'arrêt du parlement de Touloufe du 31 Janvier 1778 , & des appointemens du fénéchal de la même ville du 12 Mai 1777 , que c'eft le feul moyen de mettre le diocefe de Rieux en état de faire aux chemins qui traverfent cette partie de la province , les réparations urgentes que toutes les communautés follicitent vivement. Et pour juftifier du contenu en la préfente requête, le fuppliant y joindra les pieces qui fuivent. La premiere eft la délibération de la communauté de la Trape du 21 Avril 1777 : La feconde eft un extrait en forme de la délibération prife en l'affemblée du diocefe de Rieux le 26 Mai fuivant: La troifieme eft un pareil extrait du procès-verbal rédigé par le fuppliant & l'infpecteur des travaux publics du diocefe le 6 Juin : La quatrieme eft l'ordonnance du fieur intendant de Languedoc du 8 dudit mois de Juin : La cinquieme eft l'ordonnance dudit fieur intendant du 11 Août, au pied de laquelle eft l'exploit de fignification qui en a été faite le 20 dudit mois au fieur Cabalby, avec la réponfe de celui-ci : La fixieme eft un extrait en forme de la délibération prife par l'affemblée du diocefe de Rieux le 25 Novembre : La feptieme eft l'ordonnance du fieur intendant du 4 Janvier 1778 : Les huitieme & neuvieme des 17 & 18 Février fuivant, font les copies fignifiées tant au fuppliant qu'aux fieurs Roques & Reftes , de l'arrêt du parlement de Touloufe du 31 Janvier précédent , auxquelles copies font annexées celles des appointemens du fénéchal de Touloufe du 12 Mai 1777 : La dixieme eft le procès-verbal dreffé

par le fieur fubdélégué de Rieux le 24 dudit mois de Février : La onzieme eft la délibération des fieurs commiffaires du diocefe de Rieux du 2 Mars 1778 : La douzieme eft une copie de l'arrêt du confeil du 16 Octobre 1724 : La treizieme eft une pareille copie de l'arrêt du confeil du 2 Septembre 1749 : La quatorzieme & derniere , eft auffi une copie de l'arrêt du confeil du 17 Février 1778. Requéroit , A CES CAUSES , le fuppliant , qu'il plût à Sa Majefté caffer & annuller tant les affignations données à la requête du fieur Cabalby, aux fieurs Roques & Reftes le 8 Avril 1777 , devant le fénéchal de Touloufe , & les deux appointemens de ce juge du 12 Mai fuivant, que l'arrêt obtenu par ledit fieur Cabalby au parlement de Touloufe le 31 Janvier 1778 , enfemble tout ce qui s'en eft enfuivi & pourroit s'enfuivre ; ce faifant , faire défenfes au fieur Cabalby de continuer fes pourfuites contre lefdits fieurs Roques & Reftes pour le fait dont s'agit , devant le fénéchal de Touloufe , à peine de mille livres d'amende , de caffation de procédures , & de tous dépens , dommages & intérêts ; fauf audit fieur Cabalby de fe pourvoir , fi bon lui femble , devant le fieur intendant de Languedoc , pour lui être fait droit ainfi qu'il appartiendra ; ordonner de plus , que les ordonnances dudit fieur intendant des 11 Août 1777 & 4 Janvier 1778 , feront exécutées felon leur forme & teneur , & condamner tout conteftant aux dépens. Vu ladite requête , fignée Bocquet de Chanterenne , avocat du fuppliant : Ouï le rapport du fieur Moreau de Beaumont , confeiller d'état ordinaire , & au confeil royal des finances ; LE ROI EN SON CONSEIL, fans s'arrêter aux fentences du fénéchal de Touloufe du 12 Mai 1777, ni à l'arrêt l'arrêt du parlement de ladite ville du 31 Janvier 1778, que Sa Majesté a cassé & annullé, ensemble tout ce qui a précédé & suivi, Ordonne que les ordonnances du sieur intendant & commissaire départi en Languedoc, des 11 Août 1777 & 4 Janvier 1778, seront exécutées en tout leur contenu : Fait en conséquence Sa Majesté, très-expresses inhibitions & défenses au sieur Cabalby, de continuer ses poursuites contre les sieurs Roques & Restes, pour le fait dont il s'agit, devant le sénéchal de Toulouse, à peine de mille livres d'amende, cassation de procédures, & de tous dépens, dommages & intérêts; sauf au sieur Cabalby de se pourvoir, si bon lui semble, devant ledit sieur intendant, pour lui être fait droit ainsi qu'il appartiendra. FAIT au conseil d'état du Roi, tenu à Versailles le vingt-sept Juin mil sept cent quatre-vingt. *Signé*, LE MAITRE.

LOUIS, PAR LA GRACE DE DIEU, ROI DE FRANCE ET DE NAVARRE: Au premier notre huissier ou sergent sur ce requis. Nous te mandons & commandons que l'arrêt dont l'extrait est ci-attaché sous le contre-scel de notre chancellerie, ce jourd'hui rendu en notre conseil d'état, sur la requête du syndic du diocese de Rieux, tu signifies à tous qu'il appartiendra, à ce qu'aucun n'en ignore; & fais en outre, pour son entiere exécution, à la requête dudit syndic, tous commandemens, sommations, & autres actes sur ce requis & nécessaires, sans demander autre permission, visa ni paréatis; CAR tel est notre plaisir. DONNÉ à Versailles le vingt-septieme jour du mois de Juin, l'an de grace mil sept cent quatre-vingt, & de notre regne le septieme. Par le Roi, en son conseil, BOCQUET *signé*. Duement scellé.

TITRE CINQUIEME.

Réglemens généraux sur la construction, réparations & entretien des chemins, ponts & chaussées.

I.

DEVIS GÉNÉRAL

Pour la construction des nouveaux chemins.

Du 20 Juin 1742.

ARTICLE PREMIER.

Formes des Chemins.

MANIERE DE TRA-CER LES CHEMINS.
1. POUR tracer un chemin, suivant l'alignement marqué par des piquets plantés, il faut avoir deux cordeaux, que l'on tendra tour à tour, prenant bien garde qu'aucun hauffement de terrein ou autre embarras, ne détourne le cordeau couché de sa direction; ce qu'on évitera en l'élevant doucement de terre, bien tendu, & dans une situation perpendiculaire, & le rabaissant de la même maniere & dans la même disposition. Ayant formé une trace le long du premier cordeau avec un piquet, on couchera le second cordeau, en reprenant une partie de la trace du premier, afin d'éviter les coudes; ce qu'on pratiquera toujours d'un cordeau à l'autre.

TOUR-NANS.
2. Les tournans d'un alignement à l'autre, doivent être formés en circulant, & pris de loin; en telle sorte que les voitures tournent d'une maniere insensible. Cette regle doit surtout s'observer dans les montées : il seroit même mieux d'y faire les tournans de niveau ; du moins faut-il en diminuer beaucoup la pente.

Les chemins doivent être élargis dans les tournans, de telle sorte qu'ils ayent au milieu de leurs circuits une largeur double du reste du chemin dans les montées, & seulement deux toises de plus dans un terrein plein ; leur largeur totale ne devant néanmoins jamais passer dix toises : Ainsi, les chemins qui auront dix toises entre deux fossés, ne seront susceptibles d'aucun élargissement.

MONTÉES.
3. On comblera les montées par le pied, & on en abattra la crête pour les adoucir d'autant. Les pentes ne seront pas distribuées par ressauts, mais elles doivent par déblais ou ramblais être conduites uniformement.

MANIERE DE DÉTER-MINER LA LARGEUR D'UN CHE-MIN.
4. Les deux bords d'un chemin doivent être d'égale hauteur à l'opposé de l'un à l'autre ; & s'ils ne se trouvent pas ainsi dans l'emplacement destiné au chemin, il ne faut pas prendre la largeur qu'on doit lui donner sur l'inclinaison du terrein, mais horisontalement avec des toises bout à bout, disposées de niveau par le moyen de repaires, & en équerre avec les bords. Cette opération nécessaire en soi, pour déterminer avec justesse la largeur du chemin, servira aussi au toisé des terres qu'on remblayera pour le surhaussement du côté le plus bas, lorsque celles des fossés ne pourront pas suffire. La largeur du chemin prise de cette sorte, sera marquée sur le terrein bas par un piquet planté à plomb, c'est-à-dire, en équerre avec les toises couchées de niveau. Si l'on ne doit pas faire un mur

pour soutenir les terres qui doivent être mises vers le côté le plus bas, il faudra, en marquant la largeur du chemin, avoir égard au talus de ces terres, & ajouter pour cela à cette largeur une longueur égale à la hauteur qu'un des côtés a par dessus l'autre.

FOSSÉS. 5. Partout où le chemin ne se trouve pas plus haut que les terres adjacentes, il doit être fait sur les bords de part & d'autre, un fossé de six pieds d'ouverture, deux pieds de hauteur & autant de base, avec un talus coupé uniment, & égal de chaque côté. Les fossés qui pourroient être déterminés avec plus ou moins d'ouverture, auront les mêmes proportions ; savoir, une hauteur qui soit le tiers de l'ouverture, & égale à la base ; car il faut toujours que les fossés soient faits de façon à donner aux terres leur talus naturel de un sur un de hauteur. Les fossés contre les murs de soutenement, auront cinq pieds d'ouverture & trois de base ; & ceux qui seront faits entre deux murs, auront quatre pieds de largeur égale ; tous ayant deux pieds de profondeur.

Dans la construction d'un nouveau chemin, les terres des fossés doivent être jettées sur son emplacement, pour servir à le former : & si les fossés ne fournissent pas assez de terres, il faudra y suppléer. Ces terres doivent être disposées de façon à donner au chemin une forme légerement bombée, qui ait du milieu vers les bords une pente d'un pouce par toise ; & elles seront battues jusqu'au refus de la dame.

Si l'on est obligé de rehausser une des banquettes du chemin, elle sera auparavant écorchée superficiellement, pour que les terres qu'on y remblayera dessus se lient mieux avec le sol naturel.

Lorsqu'il devra y avoir un empierrement au chemin, on réservera envi-

ron un quart des terres des fossés, pour mettre sur cet empierrement, & remplir les interstices des pierres, de telle sorte qu'elles en soient encore recouvertes par une couche d'un pouce de hauteur au plus.

ARTICLE II.
Des Ponts à voûte.

CULÉES. 1. Les culées d'un pont doivent être fondées sur le ferme, & avoir pour épaisseur le quart du diametre de l'arche ou de l'arceau dont elles soutiendront la poussée. On observera néanmoins que les culées des arceaux qui auront moins de douze pieds d'ouverture, ne laisseront pas d'avoir trois pieds d'épaisseur ; & cela, par rapport à la charge des voitures.

Les premieres pierres mises aux fondations des culées, seront de grands quartiers de quatre ou cinq pieds de longueur sur trois de large, & dix huit pouces d'épaisseur au moins.

PILES. 2. Une pile aura son épaisseur égale à la cinquieme partie du diametre de l'arche ou arceau dont elle doit soutenir la poussée ; n'ayant cependant jamais moins de deux pieds & demi d'épaisseur, quoiqu'elle soutienne un arceau d'une ouverture au dessous de douze pieds. Ce qu'on établit ici sur l'épaisseur des piles, aura lieu dans toutes les occasions où elle ne sera pas déterminée autrement dans le détail des ouvrages, ou par un devis particulier. Chaque pile doit être fortifiée de deux avant-becs, dont la saillie soit égale à l'épaisseur de la pile. L'avant-bec sera construit jusqu'aux deux tiers de la hauteur du plus grand des deux arceaux que la pile supporte, & couronné par-dessus cette hauteur d'un chaperon fait en demi-pyramide quadrangulaire, dont les triangles qui en forment les faces aient une hauteur égale à leur base.

Du reste, les piles seront fondées de

la même manière , & avec les mêmes précautions que les culées.

3. Les vouſſoirs des arceaux de deux toiſes d'ouverture & au-deſſous , auront un pied de queue , & ceux de deux toiſes juſqu'à ſix , un pied & demi. Ils auront autant de longueur que de queue , obſervant de les faire alternativement plus longs de ſix pouces , pour qu'ils répondent partout plein ſur joint. Quant à l'épaiſſeur de l'extrados , elle doit être au moins de huit à neuf pouces aux vouſſoirs d'un pied de queue , & d'un pied à ceux de dix-huit pouces... Les vouſſoirs des plus grandes arches auront leurs dimenſions particulierement déterminées.

Les voûtes faites en moellon , dont l'ouverture ne ſurpaſſera pas deux toiſes , auront un pied ſix pouces d'épaiſſeur , & celles d'une plus grande ouverture juſqu'à ſix toiſes , auront deux pieds. Les bandeaux & les impoſtes des voutes en moellon , doivent être de pierres de taille , diſpoſées alternativement en carreaux & boutiſſes... Les voûtes en brique , auront l'épaiſſeur de celles de moellon.

Les arches ou arceaux faits en pierre de taille , en moellon ou en brique , formeront à leur naiſſance ſur les piles & les culées , une retraite de ſix pouces , tant par-deſſous la voute qu'aux faces du pont ou des avant-becs.

4. La garniture des reins d'une arche ou arceau de pont , aura ſa hauteur bornée par une ligne de pente de ſix pouces par toiſe , tirée depuis le deſſus de la clef juſqu'à l'aplomb du derriere de la culée. Quant à la garniture des reins d'une arche ou arceau , du côté qui eſt ſupporté par une pile , elle doit être continue avec celle de l'arceau correſpondant , en rempliſſant tout l'eſpace d'entre deux ; & n'être bornée ſur ſa hauteur que par la ligne de pente tirée du deſſus d'une clef à l'autre.

Les reins des voûtes étant garnis , il ſera mis ſur toute l'étendue du pont , un couchis de bon mortier de trois pouces d'épaiſſeur.

5. Les rampes d'un pont doivent avoir le moins de pente qu'il eſt poſſible : & cette pente aux ponts les plus élevés par-deſſus le terrein , ne doit jamais aller au-delà de ſix pouces par toiſe. Elles doivent être faites avec des terres miſes entre deux murs , & répandues ſur tout le pont en pente égale.

Il ſera fait , avant que de terraſſer un pont & ſes rampes , un parapet de chaque côté , de la hauteur de trois pieds au-deſſus des arches & des piles , & ſuivant la pente du pont. Ces parapets appellés garde-foux , auront quinze pouces d'épaiſſeur , & ſeront couronnés par des tablettes de pierres de taille, dont les bouts taillés en arcs , concaves & convexes , s'emboîtent & s'entretiennent enſemble. La hauteur de ces tablettes doit être de ſix pouces , chaque pierre ayant au moins deux pieds de longueur.

Les terres employées aux rampes continuées après les culées , ſeront encaiſſées entre deux murs de ſoutenement , dont la hauteur ne ſurpaſſera pas celle que doivent avoir les graviers ſur les côtés : ainſi , ces murs ſuivront la pente du pont. Chacun aura un talus en dehors de la ſixieme partie de ſa hauteur , conduit juſqu'au bas de la fondation , & une épaiſſeur au couronnement telle qu'elle eſt preſcrite (art. 3. nº. 1.) pour les murs de ſoutenement des chauſſées. Ces murs ſeront recouverts au couronnement , d'une couche de deux pouces de hauteur d'excellent mortier. Les murs bâtis en brique , ſont dans ces occaſions couronnés en ratelier , c'eſt-à-dire , avec des briques poſées de champ. On obſervera , en remblayant les terres des rampes , de laiſſer les vuides nécessaires pour placer l'empierrement & le gravier par dessus.

Les ponts seront pavés sur toute leur largeur, & sur leur longueur, prise d'une culée à l'autre inclusivement, en prolongeant le pavé de trois pieds à chaque bout. Les pavés faits, comme il sera dit plus bas, auront une forme bombée, qui donne deux pouces de pente par toise du milieu vers les bords. Il y aura de chaque côté un revers de dix-huit pouces de largeur, qui, en formant une rigole avec le reste du pavé, garantira les garde-foux des eaux.

Lorsque la voie du pont ne sera point en pente, on fera dans l'épaisseur des garde-foux, des gargouilles espacées de trois en trois toises. Chaque gargouille sera faite d'une seule pierre creusée en canal, traversant tout le mur, & sortant de six pouces au-dehors, pour jetter les eaux loin : elle communiquera à la rigole de pavé, par une ouverture pratiquée avec une pente brusque, que l'on aura soin de donner aussi à la gargouille.

Il sera placé aux deux côtés d'un pont, & à deux ou trois pouces des gardes-foux & des murs de soutenement des rampes, des bouteroues de trois en trois toises de distance de l'un à l'autre, éloigné de trois pouces du milieu de la rigole : les plus petits ponts en auront au moins quatre ; savoir, deux à chaque avenue. Ces bouteroues seront faits conformément à ce qui sera dit (art. 4. nº. 5.)

ARTICLE III.

Des chaussées.

1. Pour élever une chaussée soutenue par des murs, on construit d'abord les murs de la hauteur & à la distance l'un de l'autre déterminée par les dimensions de la chaussée, pratiquant le long desdits murs, sous le milieu de leur hauteur, & de cinq en cinq toises,

des ventouses de deux pieds de hauteur sur trois ou quatre pouces de largeur. Ces ventouses dans les murs de moellon brut, seront soutenues par du moellon équarri & piqué, tant aux côtés qu'au-dessus & au-dessous : & ce moellon ne sera compté que sur le pied de l'autre, en mesurant néanmoins tout comme plein. La pierre qui servira de base à chaque ventouse, sera évasée en gargouille, avec pente en-dehors, & sera parpin, pour ne pas donner lieu à l'eau de pénétrer dans l'épaisseur du mur. Chaque mur doit avoir un sixieme de sa hauteur pour talus en-dehors, l'intérieur étant à plomb. Quant à l'épaisseur desdits murs au couronnement, elle sera d'un pied six pouces à ceux qui auront moins de six pieds de hauteur (fondement non compris) deux pieds pour ceux de six jusqu'à neuf pieds exclusivement, augmentant ainsi l'épaisseur de six pouces de trois en trois pieds de hauteur. Les murs à pierre seche auront au couronnement, suivant leurs hauteurs, six pouces de plus d'épaisseur que les murs maçonnés, & un quart de talus.

Les terres employées au remplissage des chaussées, seront régalées lit par lit de six pouces de hauteur chacun. Le dernier lit doit être légerement bombé, de la maniere qu'il est prescrit plus haut pour les formes de chemin. Si la chaussée doit être pavée, ou couverte de pierres & de gravier, il faudra laisser contre les murs un vuide suffisant, pour que le pavé ou les pierres & le gravier puissent être retenus sur les côtés.

Si les terres employées au comblement d'une chaussée, sont prises au pied des murs, il faut qu'on n'ait compté pour rien dans la fouille des fondations, la hauteur du déblai à faire pour ledit comblement : & si ces terres ne sont pas prises au pied desdits

Nº. I.

CHAUS-
SÉES DE
TERRE.

CHAUS-
SÉES DE
PIERRES,
OU EM-
PIERRE-
MENS.

murs, il faut qu'elles le soient à la distance au moins d'une toise, donnant
aux bords des excavations, du côté de
la chaussée, un talus de un sur un, pour
les empêcher de se dégrader.

2. Les chaussées en terre sans murs
de soutenement, doivent avoir sur les
bords leur talus naturel de un sur un de
hauteur, qui sera continué jusqu'au
fonds du fossé fait pour fournir au remblai des terres.

Les terres employées auxdites chaussées, seront battues lit par lit de six
pouces de hauteur, jusqu'au renvoi de
la dame. Elles doivent être bombées
au milieu du chemin, avec la pente
d'un pouce par toise de part & d'autre.

3. La forme d'un chemin étant faite
en terre, si elle n'est pas destinée à
être pavée, on y met, avant que de
la couvrir de gravier, une chaussée de
pierre, appellée *Empierrement*, qui
doit être faite avec des pierres dures
& vives, pour pouvoir résister au poids
des voitures, & qui ne passent pas la
grosseur d'une orange, celles qui seront plus grosses étant rompues avec
la masse.

Les empierremens occuperont, comme il a été dit, le milieu de la voie
où ils seront faits sur vingt pieds de
largeur, de la hauteur d'un pied au
milieu, allant se réduire à six pouces
de chaque côté.

Les chaussées de pierre n'étant faites que pour soutenir les graviers qu'on
y doit mettre dessus, il faut, après
avoir fait un empierrement, le couvrir
des terres réservées pour cela, (art. 1.
nº. 5.) tant pour remplir les interstices
des pierres, & les entretenir ensemble,
que pour lier avec le gravier l'empierrement, qui pour cela doit être couvert d'une couche de ces terres d'un
pouce d'épaisseur au plus, (évitant
avec grand soin d'y en mettre davantage.)

4. Les chaussées de gravier que l'on
fait sur les chemins, (& que les ouvriers en Languedoc appellent *Engravemens*) doivent occuper le milieu de
la voie, & être bombées, ayant sur
vingt pieds de largeur, un pied de hauteur au milieu, & six pouces de chaque côté; allant ensuite finir à rien au-
delà de vingt pieds, suivant le talus de
deux sur un, ce qui leur donnera la
largeur totale de vingt-deux pieds, &
de vingt-quatre lorsque les graviers
seront mis sur des empierremens préalablement faits, ainsi qu'on le pratique sur les chemins neufs où il y a
des terres remuées, qui se mêleroient
autrement avec le gravier, & le sur-
monteroient, comme étant plus légeres.

Le gravier, pour être bon, doit
avoir un grain dur, poli, & de la grosseur au moins d'un grain de blé : il faut
qu'il soit net, c'est-à-dire, dégagé de
sable, de terre, surtout d'argile, &
de toute matiere étrangere, n'y souf-
frant aucun mélange de pierres qui seroient plus grosses qu'une noix.

On emploie avantageusement, au
lieu de gravier, des décombres de carriere, des gravois ou décombres de
vieux bâtimens, & de la pierraille :
mais ces matieres n'étant pas toujours
également de bonne qualité, ne seront
employées, au lieu de gravier, que
sur une approbation expresse & par
écrit de l'ingénieur, ou de l'inspecteur
sur les lieux ; observant alors, à l'égard
de la pierraille, qu'il n'y ait pas des
pierres plus grosses qu'une amande,
excepté que ce ne soient des éclats de
rocher minces & plats, de l'épaisseur
au plus d'un demi-pouce, qui ne pourront néanmoins être aussi grands que
la main. Les décombres & la pierraille doivent être dégagées de terre,
& de tout ce qui se réduit en pous-
siere.

5. Les chauſſées de pavé ſe font comme celles de gravier, d'une forme bombée au milieu de la voie, & ſur vingt pieds de largeur. Les pavés doivent être de cailloux de ſix pouces de queue, & trois pouces d'épaiſſeur au plus. On les doit poſer de bout, ſur un lit de ſable de ſix pouces de hauteur. Il faut que la plus haute partie du pavé ſoit au milieu de ſa largeur, y ayant une pente d'un pouce & demi par toiſe du milieu vers les bords.

Les pavés, qui doivent être à-peu-près égaux entr'eux, ſeront diſpoſés par rangs alignés & paralleles au travers de la voie, en telle ſorte que le milieu de chaque pavé correſponde aux joints des pavés de leurs rangs voiſins, afin que les voitures roulantes forment plus difficilement des ornieres. Il faut que les pavés ſoient tous fortement ſerrés les uns contre les autres, battus par-tout juſqu'au renvoi de la dame, & ayant la pointe la plus émouſſée en bas. Ils doivent former une ſuperficie unie, en ſorte qu'un pavé ne releve pas plus que l'autre hors de la forme bombée ou circulaire que la chauſſée de pavé doit avoir ſur ſa largeur, ſuivant parfaitement la ligne droite dans les alignemens paralleles tirés ſur ſa longueur. Les pavés doivent être retenus au milieu & ſur les côtés de la voie, par des chaînes de groſſes pierres, ayant neuf ou dix pouces de queue, ſerrées, battues & alignées, ainſi que les autres pavés: il doit être fait en équerre au travers de la voie, de pareilles chaînes de trois en trois toiſes de diſtance. Du reſte, tous les joints des pavés doivent être garnis de bon ſable; & leur ſuperficie ſur un pouce de hauteur, de gravier fin, dont le grain ne paſſe pas la groſſeur d'un petit poix.

Le ſable employé aux pavés, doit être bien grainé & bien net; & il faut éviter de ſe ſervir de petit ſable ou ſa-blon. Le grain de ſable ne doit pas être d'une moindre groſſeur que la moitié d'un grain de millet.

Les chauſſées de pavé faites dans les rues où paſſe le grand chemin, ou bien entre des murailles où les eaux ne peuvent s'écouler qu'avec lenteur, doivent avoir du milieu vers les côtés, une pente de trois pouces par toiſe; & on doit faire de part & d'autre un revers de pavé de la largeur de dix-huit pouces au moins: ces revers étant plus larges dans les cas où en les faiſant tels il reſtera vingt pieds à la voie qui ait dans ce court eſpace une pente de trois pouces à contre-ſens de la chauſſée, laquelle ſe trouve par ce moyen avoir une rigole de chaque côté qui lui tient lieu de foſſé.

ARTICLE IV.

Divers ouvrages en uſage dans la conſ-truction des chemins.

1. Les pavés ſe feront dans tous les cas comme dans les chauſſées, excepté qu'ils formeront par-tout ailleurs une ſurface plate, quand il ne ſera pas preſcrit autrement.

Les calades, utiles quelquefois pour garantir les bords d'un chemin d'un torrent ou d'un ruiſſeau voiſin, ſe font avec du gros moellon dur, ou des quartiers de rocher qui ayent une ſurface plate: on les ſerre, ainſi que les pavés, les uns contre les autres, en ſorte que leurs joints ne correſpondent pas dans un même alignement, & qu'ils forment une ſuperficie bien dreſſée. Les calades doivent être battus juſqu'au refus de la dame: mais on n'y met point de ſable au-deſſous ni dans les joints, qu'on ſe contente de garnir avec de petits éclats de pierre.

Lorſqu'on emploie les calades pour garantir un terrein contre les eaux d'une riviere, ce terrein doit être coupé préalablement en talus de deux ſur un de hauteur, & les caladas doivent être retenus de tous côtés par des chaînes de pierre plus grosses que les autres ; ces chaînes étant faites à la tête & au pied des talus, & ensuite à angles droits au travers du caladas, de cinq en cinq toises de distance ; les pierres qui forment toutes ces chaînes étant battues, ainsi que celles dont le reste du caladas est formé.

PONTS PLATS ET GONDO-LES.

2. Pour que les chemins de traverse ne coupent pas les fossés des grands chemins, on fait sur lesdits fossés des ponts plats, sous lesquels les eaux peuvent librement s'écouler. Ces ponts doivent avoir sous leurs couvertures la même hauteur que les fossés, & la même largeur réduite, afin de ne pas faire refluer les eaux. Les pieds-droits auront seulement un pied d'épaisseur, avec un talus d'un sixieme de leur hauteur du côté des terres : les pierres de la couverture auront dix-huit pouces au moins de largeur, sur un pied d'épaisseur, & sur une longueur telle qu'elles puissent recouvrir chaque pied-droit de six pouces au moins, pour que les couvertures soient plus solidement appuyées. On doit observer de les faire porter sur des pierres de taille, qui pour cela seront mises aux couronnemens des pieds-droits.

On fait quelquefois au travers des chemins même, de pareils ponts, au lieu desquels il vaut mieux de simples gondoles : & même au travers des fossés, il vaut mieux de petits ponts ronds, dont la voûte ne soit qu'une petite portion de cercle, c'est-à-dire, qu'elle soit extrêmement surbaissée.

Les gondoles faites au travers du chemin, pour l'écoulement des eaux d'un côté à l'autre, doivent être recreusées un pied plus bas que les ruisseaux ou fossés dont elles ont les eaux à recevoir, afin de laisser la hauteur nécessaire pour le pavé. Elles doivent

avoir deux revers égaux, chacun formé à une pente unie de six pouces par toise. Ces revers seront pavés sur huit toises de longueur ensemble ; savoir, quatre toises chaque revers, & sur toute la largeur du chemin ; ces pavés étant faits d'ailleurs comme ceux des chaussées, excepté qu'au lieu de chaînes sur les côtés du chemin, ils doivent être retenus par des murs fondus dans le terrein, ayant chacun dix-huit pouces d'épaisseur égale. Les rigoles des gondoles doivent avoir une pente vers le fuyant des eaux ; & on observera de les faire en équerre avec les bords du chemin, pour qu'elles ne donnent pas aux voitures des secousses alternatives, qui les mettent en danger de verser. Lorsqu'on sera obligé de faire des gondoles biaises, on ne donnera à leurs revers que quatre pouces de pente par toise au plus.

DÉBLAIS ET REM-BLAIS.

3. On a déjà dit de quelle façon les terres doivent être déblayées dans l'excavation des fossés. Il faut remarquer de plus, que les tertres qu'on déblaye au bord des chemins, doivent être coupés uniment, pour ne pas s'ébouler, & avec un talus de un sur un de hauteur, à moins qu'à raison de la ténacité du terrein, l'inspecteur ne juge qu'on peut faire le talus moindre.

Quant aux remblais faits, tant aux chaussées, qu'aux rampes des ponts & ailleurs, ils doivent être régalés sur toute leur étendue lit par lit, de six pouces de hauteur chaque lit, qui sera battu jusqu'au renvoi de la dame. Les remblais seront tous toisés dans l'atelier du déblai, qu'on fera pour cette raison en figure de quarré, ou de quarré long, en y laissant des dames à distances égales, (ce qu'on pratiquera aussi aux autres déblais.)

FOSSÉS DE FUITE.

4. Lorsque la situation sera telle que les eaux des fossés n'auront aucun débouché, il faudra leur en donner un par

No. I.

par un foſſé de fuite, fait dans la partie la plus baſſe du terrein, afin de les porter par le plus court chemin dans un lieu, d'où elles puiſſent enſuite s'écouler d'elles-mêmes.

Ces foſſés de fuite feront faits dans les mêmes proportions que les autres, & du reſte, de la capacité néceſſaire pour contenir les eaux qu'elles auront à recevoir. Pour déterminer cette capacité, il n'y aura qu'à prendre celle de tous les foſſés communiquans enſemble : ainſi, ſuppoſant que les deux foſſés d'un chemin doivent porter leurs eaux dans le foſſé de fuite, & que chaque foſſé en porte des deux côtés, cela fait quatre foſſés, dont chacun ayant deux pieds de hauteur, ſur quatre de largeur réduite, (ce qui fait huit pieds de capacité) ils auront enſemble trente-deux pieds quarrés dans leurs quatre ſections ; de ſorte qu'il faudra, pour contenir les eaux de ces foſſés, un foſſé de fuite qui ait douze pieds d'ouverture, & (dans les proportions preſcrites) quatre pieds de hauteur ſur autant de baſe, ce qui donne huit pieds de largeur réduite, leſquels multipliés par les quatre de hauteur, font trente-deux pieds.

On remarquera, que lorſque les foſſés de fuite auront moins de pente que ceux qui leur donnent les eaux, il faudra leur donner une capacité plus grande que celles de ces foſſés enſemble ; & qu'on peut au contraire leur en donner une moindre quand ils ont plus de pente, ce qui ſera réglé dans chaque cas par la prudence de l'inſpecteur.

BOUTE-
ROUES.

5. Les bouteroues employés dans les chemins, feront choiſis d'une pierre dure, qui ait jetté ſon eau de carriere, laquelle il faudra équarrir après en avoir ôté le bouſin. Chaque bouteroue aura trois pieds de longueur ſur dix-huit pouces de largeur, & un pied d'épaiſ-

Tome II.

feur ; & il ſera planté dans la terre à un pied & demi de profondeur.

No. I.

Quant à ce qui regarde les bouteroues marqués pour être taillés, ils ſe feront, ou en cylindre, ou en priſme octogonal, & couronnés en calote : on obſervera ſeulement de n'en pas employer de deux différens deſſeins dans le même alignement.

ARTICLE V.

Conditions des entrepreneurs.

1. Moyennant les prix convenus, les FOURNI-
entrepreneurs feront obligés de fournir TURES.
toutes les choſes néceſſaires pour la conſtruction des ouvrages, comme journées d'ouvriers, matériaux, outils, échafauds, voitures pour les tranſports, cordages, engins & autres machines, & même les ceintres des voûtes, (à moins qu'il n'en ſoit fait mention dans un article particulier de l'appréciation ou du bail.)

Ils ne feront point tenus de payer le terrein qui ſervira d'emplacement aux ouvrages qu'ils conſtruiront ; mais ils payeront aux particuliers les matériaux qu'ils prendront ou feront prendre dans leurs poſſeſſions, ſuivant les réglemens faits à cet égard. Ils payeront de même tous les dommages qu'ils feront, tant à l'occaſion du travail, qu'à celle du tranſport & de l'enlevement des matériaux ; & indemniſeront les particuliers, dans les héritages de qui ils prendront des pierres, graviers, ſables, terres, ou autres matériaux quelconques, nonobſtant tout uſage contraire.

2. Les entrepreneurs feront tous les REGLES
ouvrages dont ils ſont chargés, ſuivant A OBSER-
les regles de l'art, *& conformément,* VER.
dans la conduite des travaux, aux inſtructions ſur les ouvrages publics, concernant le choix & l'emploi des matériaux ; à quoi l'inſpecteur ſera tenu de veiller de ſon côté, avec toute l'attention poſſible. On ne pourra commen-

cer aucun ouvrage , qu'il n'ait été aligné & tracé en préfence de l'ingénieur ou de l'infpecteur, à moins que fon emplacement & fes dimenfions ne foient précifément déterminés par le devis particulier : & les entrepreneurs feront enfuite obligés de faire faire aux ouvriers des calibres pour régler la forme des chauffées de gravier , des foffés & des murs talutés.

Les fufdits entrepreneurs ne pourront faire tranfporter les matériaux à portée de l'ouvrage, qu'ils n'ayent été préalablement vifités par l'infpecteur ; ni faire des déblais ou remblais de terres, fondations de ponts , & autres ouvrages qui ne pourront être toifés facilement après coup, fans que l'infpecteur y foit préfent , & n'ait pris les attaches néceffaires ; faute de quoi lefdits ouvrages ne pourront être paffés aux entrepreneurs.

Lefdits entrepreneurs ne feront point faire autour des grands chemins, ou autres ouvrages publics, des excavations pour prendre du gravier, des terres ou autres matériaux, fans donner à ces excavations des débouchés, qui empêchent les eaux d'y croupir dedans.

Si , après avoir bien laiffé affaiffer & fait battre les terres de la forme d'un nouveau chemin , on juge à propos de les faire couvrir de gravier, fans empierrement préalable , les graviers régalés fur le chemin auront la hauteur de quinze pouces au milieu , & les deux tiers aux côtés à dix pieds du milieu , allant enfuite fe terminer à rien. On obfervera de ne point mettre les graviers fur un chemin non empierré, avant le premier Avril, ni plus tard que le 15 Septembre.

3. Lorfque les entrepreneurs prendront les ouvrages à la toife, & non en bloc, ils feront obligés d'exécuter toutes les augmentations , diminutions,

& autres changemens quelconques que l'ingénieur pourra faire , fans que pour cette raifon ils puiffent prétendre aucune indemnité ; à moins qu'un ouvrage , en changeant d'emplacement, ne devienne plus cher par un plus grand éloignement de matériaux ; ce qui même fera compenfé avec le plus de proximité où l'on pourra trouver d'autres matériaux employés au même ouvrage , où à des ouvrages compris dans le même bail.

Le prix qui fera fait pour la toife courante des chauffées de gravier (ou engravemens) fuppofe les dimenfions prefcrites ci - deffus (art. 3. n. 4.) Il fera loifible à l'ingénieur de les augmenter & de les diminuer, & alors les prix changeront proportionnellement.

Si l'on fait faire aux entrepreneurs des ouvrages qui ne foient point appréciés par le bail, le prix en fera réglé fur l'état des dépenfes qui pour cela feront faites fous les yeux de l'infpecteur. Les entrepreneurs feront tenus d'en porter les pieces juftificatives à la réception des ouvrages : & il leur fera donné pour leurs peines & foins, un dixieme de profit, fous le bon plaifir de MM. les commiffaires.

On pourra faire furfeoir, & même interrompre totalement les ouvrages , fans que les entrepreneurs puiffent exiger d'être payés que pour ceux qui feront déjà faits, & en état de réception; étant néanmoins rembourfés des matériaux affemblés, ou autres dépenfes faites pour le refte des ouvrages adjugés.

Les entrepreneurs ne pourront, fur un ordre verbal , faire aucun ouvrage , ni aucune augmentation ou diminution au devis, ou à ce qui aura été une fois prefcrit : mais ils feront tenus de porter à la réception , l'ordre par écrit de l'ingénieur, qui prefcrive expreffément les changemens qu'on aura fait.

Il ne sera permis auxdits entrepreneurs de donner à forfait, ni à la toise, ni en bloc, aucune espece d'ouvrage ; ce qui doit s'entendre non-seulement de leur construction, mais aussi du choix & de la préparation des matériaux. Si les entrepreneurs enfreignent cette condition, on pourra donner tous les ouvrages à leur folle-enchere, & ils seront de plus tenus de payer l'amende qui sera fixée par le bail.

PAYE-MENS DES ENTRE-PRENEURS. 4. Les entrepreneurs ne pourront recevoir des mandemens qu'à fur & à mesure de leur travail ; & on ne sera tenu de leur faire des avances qu'autant qu'on s'y sera expressément engagé ; lesdits entrepreneurs étant obligés d'être eux-mêmes en avance de trois mille livres au moins ; sans que dans ladite somme on comprenne rien pour les matériaux assemblés & préparés, qu'autant qu'ils seront mis en œuvre.

RÉCEP-TION DES OUVRA-GES. 5. Les ouvrages seront remis faits & parfaits par les entrepreneurs, au terme porté par le bail, sous peine d'être responsables de tous les événemens & dommages arrivés à l'occasion du retardement desdits ouvrages, pendant la construction & après l'achevement, desquels s'il s'y trouve quelque mal-façon, ils seront obligés de la réparer, & de refaire les ouvrages à leurs frais, sans pouvoir prétendre d'être dédommagés en aucune maniere, ni payés autrement qu'aux prix du bail, & pour la quantité d'ouvrages prescrits, qui seront existans lors de leur entiere perfection.

On ne pourra, sous quelque prétexte que ce soit, compter deux fois le même travail ; savoir, par exemple, le déblai & le remblai des terres, le déblai d'un rocher avec la maçonnerie à laquelle ce rocher seroit employé, des remblais de gravier sur un chemin,

avec les déblais du même gravier dans le fossé, &c.

Les ouvrages seront toisés annuellement ; mais ils ne seront définitivement reçus, quant à la qualité des matériaux & à la bonté de la construction, qu'après la perfection de tous les ouvrages compris dans le bail. Les entrepreneurs ne seront pas, après leur construction, responsables des cas fortuits qui pourroient les dégrader ou les détruire, mais bien de toute mal-façon, pendant l'espace de dix années après le jour de leur réception pour les ouvrages de maçonnerie : ainsi, pourvu que les entrepreneurs ayent une déclaration de l'inspecteur, portant qu'ils ont fondé les murs de la façon qui leur a été prescrite, ils ne seront, après la réception, responsables de leur chute, qu'autant que cette chute feroit découvrir des défauts de construction, soit dans lesdits murs, soit dans le comblement des terres mal battues, ou autres ouvrages, dont les défectuosités auroient pu occasionner la destruction de la maçonnerie.

Tous les ouvrages de maçonnerie prescrits, seront faits à chaux & sable, à moins qu'il ne soit précisément dit le contraire : & quand il ne sera pas expressément prescrit de les crépir, ils seront toujours faits à pierre vue : ils seront fondés sur le ferme, que l'entrepreneur sera obligé de trouver, faisant pour cela tous les épuisemens & autres travaux préalables, à ses frais & dépens, à moins qu'on ne se soit engagé d'y avoir égard, par une condition particuliere du bail ; auquel cas l'entrepreneur sera, à cet égard seulement, obligé (les épuisemens faits) de ne faire travailler aux fondations qu'en présence de l'inspecteur, & après en avoir donné avis à l'ingénieur.

Les entrepreneurs seront tenus de faire par-dessus le prix de tous les autres ouvrages, & sans être payés à part, les excavations nécessaires pour fonder les murs, d'ôter toutes les ruines & décombres, & de faire entierement place-nette. Ils seront obligés enfin de faire faire à leurs frais des ouvertures aux endroits & aux parties des ouvrages que l'ingénieur chargé de leur réception, indiquera, & de les faire refermer avec propreté & solidement, dès que lesdits ouvrages auront été reçus ; ce qui sera certifié par l'inspecteur, avant la clôture du procès-verbal de réception. A Montpellier ce vingt Juin mil sept cent quarante - deux. *Ne varietur.* DE CARNEY *signé.*

I I.
DEVIS GÉNÉRAL
De l'entretien des chemins de la sénéchaussée de Carcassonne.

Du 20 Janvier 1744.

TROIS choses sont nécessaires, pour que les chemins soient toujours entretenus en bon état, & aussi praticables que lors de leur premiere construction.

La premiere, est de combler les creux, les ravines & les ornieres ; & de faire toutes autres pareilles réparations nécessaires pour entretenir la voie d'un chemin passante.

La seconde, consiste à pourvoir au renouvellement des pavés & des graviers, qui s'usent & disparoissent au bout d'un certain nombre d'années, & à faire recreuser les fossés qui se comblent.

La troisieme, est de réparer ou de rétablir au besoin, les ouvrages de maçonnerie, comme sont les ponts & les murs de soutenement des chaussées ; à quoi on peut ajouter d'autres réparations imprévues & extraordinaires, qui sont néanmoins nécessaires à la

conservation & à la sureté des chemins.

Les trois premiers articles de ce devis, indiquent en détail, en quoi consistent ces trois especes de réparations, & la maniere de les faire. Le quatrieme article concerne le choix des matériaux : Et le cinquieme ou dernier, les engagemens des entrepreneurs.

ARTICLE PREMIER.
De l'entretien ordinaire des chemins.

Les entrepreneurs chargés de l'entretien des chemins, doivent en combler les ornieres & les creux, de façon que les eaux ne puissent séjourner nulle part ; réparer les ravines & autres écorchures ; entretenir en bon état les pavés des ponts & des gondoles, ou autres qui se trouvent en diverses parties de chemin, & nommément dans les faubourgs ou villages que traverse la grande route ; remplacer les bouteroues qui viendront à manquer ; rétablir les pieds droits & les couvertes des ponts plats ; entretenir la voie du chemin unie, c'est-à-dire, sans ressaut, ayant sa forme légerement bombée ; enfin rendre les chemins libres, & les tenir dégagés de toute sorte d'embarras (décombres ou autres,) observant de ranger les matériaux destinés aux réparations desdits chemins, de maniere à ne pas gêner le passage des voitures, & les mettant même hors de la voie, quand cela se pourra sans inconvénient.

Il doit être donné à chaque entrepreneur, une somme spécifiée par le bail, pour faire dans la partie de chemin dont il se trouvera chargé, les réparations d'entretien ci-dessus énoncées, conformément à ce qui est prescrit dans le présent devis.

Les ravines, les creux & les ornieres seront comblés assez souvent, pour qu'il ne se forme jamais dans les chemins aucun bourbier, ni des ornieres assez profondes pour embarrasser les pieds des chevaux & autres bêtes de tirage. C'est à quoi les entrepreneurs doivent être particulierement attentifs, aux parties de chemin où il aura été nouvellement mis de gravier, afin qu'il fasse une plus prompte prise, & que la terre ne le surmonte pas. Ils seront pour cela tenus de régaler les nouveaux graviers qui se trouveront du côté moins fréquenté par les voitures, sur le côté plus fréquenté, pour entretenir la forme, & faire battre également tout le chemin.

La façon dont il faut s'y prendre pour combler lesdits creux, les ravines & les ornieres, est d'en ôter toute la boue & de la jetter hors du chemin, d'y mettre ensuite du gravier (avec des pierres par-dessous, si les creux sont profonds) de telle sorte que le chemin ne releve pas plus aux endroits ainsi comblés qu'aux autres, ce qui occasionneroit autrement des nouveaux bourbiers à côté des anciens. On se conformera pour la qualité des graviers, à ce qui en sera dit dans la suite.

Les parties de chemin pavées seront entretenues sans restaut; remplaçant les cailloux qui manqueront, & tenant lesdits pavés recouverts d'un demi-pouce de gravier au moins, hors des villages & des fauxbourgs.

Les entrepreneurs remplaceront sur le prix de l'entretien ordinaire, tant les bouteroues des ponts des chaussées, & des autres parties de chemin où il s'en trouve, que ceux qui sont numérotés & plantés de cent en cent toises le long du chemin. Les nouveaux bouteroues seront faits de bonne pierre, taillés comme ceux qui auront été rompus ou enlevés, & numérotés s'ils doivent l'être.

Lesdits entrepreneurs seront obligés,

sur les peines portées par les ordonnances, de tenir toujours les chemins libres. Ils ne les laisseront point embarrassés par les matériaux employés à leur réparation, & par des terres ou décombres; & ils feront couper toutes les branches des arbres qui tomberont sur le chemin à moins de neuf pieds au-dessus. Ils observeront aussi, de ne point embarrasser les fossés de la droite & de la gauche du chemin, de même que les fossés & les lits des ruisseaux ou torrens qui le traversent, par lesdits matériaux ou décombres : Et faute par eux d'être attentifs là-dessus, non-seulement ils encourront l'amende décernée par les ordonnances, mais aussi l'inspecteur fera débarrasser les chemins, fossés ou ruisseaux, à leurs frais & dépens; sans autre formalité que de tirer un mandement sur lesdits entrepreneurs, au pied de l'état de la dépense faite à cet égard, lequel mandement ils seront tenus de payer sans délai.

Les entrepreneurs étant exacts à faire avec promptitude, toutes les réparations énoncées dans cet article, conformément à ce qui y est prescrit, il leur sera payé la somme convenue pour l'entretien de la partie de chemin dont ils se trouveront chargés.

Article II.

Renouvellement des pavés & des graviers, & recreusement des fossés.

Comme les chaussées de pavé & de gravier, quoique réparées quand elles se dégradent, ne laissent pas de s'user au bout d'un certain nombre d'années, & que les fossés se comblent de même, si on ne les recreuse de tems en tems, il faut, pour qu'un chemin puisse toujours subsister en bon état, qu'outre les réparations indiquées dans le précédent article, on refasse tous les ans la dixieme partie desdites chauffées de pavé ou de gravier, & desdits foffés, fur l'indication qui en fera annuellement donnée par l'ingénieur : & ces ouvrages feront payés à la toife aux entrepreneurs, fuivant le prix de leur bail.

On obfervera ici , que les pavés des ponts & des gondoles, n'étant point mis au nombre de ceux dont il doit être refait une partie chaque année , il faudra les entretenir avec plus d'attention que les autres , & on recouvrira tous les ans de gravier, la dixieme partie des pavés des ponts, tout ainfi que les parties de chemin non-pavées.

Les chauffées de pavé fe font d'une forme bombée, la plus haute partie étant au milieu , tant de la chauffée que de la voie , & y ayant une pente d'un pouce & demi par toife du milieu vers les côtés. On leur donnera partout vingt pieds de largeur, quand il ne fera pas autrement prefcrit , ou qu'on ne fera pas contraint.

Dans les rues où paffe le grand chemin , ou bien entre des murailles où les eaux ne peuvent s'écouler qu'avec lenteur, les chauffées de pavé doivent avoir du milieu vers les côtés, une pente de trois pouces par toife ; & on doit faire de part & d'autre , un revers de pavé de la largeur de dix-huit pouces , qui ait dans ce court efpace, une pente de trois pouces à contre-fens de la chauffée , laquelle fe trouve par ce moyen avoir une rigole de chaque côté qui lui tient lieu de foffé. On remarquera que ces revers ne doivent avoir aucun bombement ; qu'ils doivent être parfaitement plats , c'eft-à-dire , alignés en tout fens : On doit leur donner plus de dix-huit pouces , lorfque cela n'empêchera pas la chauffée d'avoir la largeur de vingt pieds ; mais il faut diminuer ces revers, s'ils doivent retrancher de la largeur de la voie , remarquant toutefois, qu'on ne peut leur

donner moins d'un pied de largeur. En général , les pavés feront faits & dreffés , comme il fera dit dans la fuite.

Les chauffées de gravier (ou engravemens) que l'on fait fur les chemins, doivent occuper le milieu de la voie , & être bombées comme celles de pavé, ayant fur vingt pieds de largeur un pied de hauteur au milieu , & fix pouces de chaque côté, allant enfuite finir à rien au-delà de vingt pieds. Lorfqu'on voudra mettre fur une partie de chemin une moindre hauteur de gravier, ce fera toujours dans les mêmes proportions ; de forte que les chauffées qui auront huit pouces de hauteur au milieu, doivent en avoir quatre de chaque côté fur la même largeur prefcrite , & celles auxquelles on ne donnera au milieu que la hauteur de fix pouces, en auront trois fur les côtés ; cette hauteur de quatre & de trois pouces des côtés, s'allant toujours réduire à rien au-delà de vingt pieds avec le talus mentionné ci deffus.

Les chauffées de gravier feront payées à proportion de leur largeur & de leurs hauteurs. Elles auront toujours ladite largeur de vingt pieds, avec la hauteur d'un pied au milieu , & de fix pouces fur les côtés, lorfqu'il ne fera pas prefcrit autrement ; & c'eft fur ces dimenfions que le prix doit être fait. La largeur de vingt pieds fera néanmoins diminuée , fi le chemin eft trop étroit, & elle fera réduite de telle forte, qu'il refte toujours de chaque côté huit pouces de diftance de l'extrémité des graviers au bord du foffé... On doit obferver que l'ingénieur pourra bien réduire les dimenfions ici déterminées ; pour couvrir de gravier de plus longues parties de chemin ; mais il doit toujours chaque année être mis fur les chemins la même quantité de gravier.

On ne commencera de régaler les graviers fur les chemins , qu'après le dernier Mars. Il faut, avant que de les y répandre, enlever la boue qui pourroit s'y trouver ; & quand même les chemins seroient secs, il faudroit préalablement ôter, quoique seche, la boue qui se forme aux côtés des ornieres qu'on doit combler de pierres. On ne pourra couvrir de gravier les parties de chemin indiquées par l'ingénieur, que l'inspecteur n'ait, au plus un mois d'avance, visité ces parties, & donné aux entrepreneurs un certificat, qu'elles sont dans l'état où ils sont tenus de les mettre sur le prix de l'entretien ordinaire.

Les pavés employés, tant en forme de chaussée qu'autrement, seront posés debout sur un lit de sable de six pouces de hauteur, le bout le plus émoussé d'un pavé devant être mis en bas.

Les pavés qui doivent être à-peu-près égaux entr'eux, seront disposés au travers de la voie, par rangs alignés & paralleles, de façon que le milieu de chaque pavé corresponde aux joints des pavés de leurs rangs voisins, afin que les voitures roulantes forment plus difficilement des ornieres. Il faut que les pavés soient fortement serrés les uns contre les autres, & battus jusqu'au renvoi de la Dame. Ils doivent former une superficie unie, en sorte qu'un pavé ne releve pas plus l'un que l'autre hors de la forme prescrite sur la largeur de la voie, & suivant parfaitement la ligne droite dans les alignemens paralleles tirés sur la longueur.

Quand les côtés des pavés ne se trouveront pas retenus par des murs, ils le feront, ainsi que le milieu, par des chaînes de grosses pierres posées debout, ayant autour de dix pouces de queue, étant serrées, battues & alignées comme les autres pavés. Il doit être fait au travers de la voie, & de cinq en cinq toises, de pareilles chaînes en équerre avec les premieres.

Les pavés étant faits, comme nous l'avons dit, sur une couche de sable dont on garnit aussi les joints, on observera de les couvrir légerement sur environ un demi-pouce de hauteur de gravier fin, dont le grain ne passe pas la grosseur d'un petit pois.

Quant aux fossés de la droite & de la gauche du chemin, ils doivent, quand on les recreusera, être mis à la profondeur de deux pieds, avec une couverture de six pieds, & une base de deux, chaque fossé formant sur les côtés un talus uni, de un sur un de hauteur. Afin de conserver ce talus du côté des terres, suivant toujours le même alignement, on donnera aux fossés contre les murs du soutenement avec la même profondeur de deux pieds, une ouverture de cinq & une base de trois. Pour que la voie ne soit jamais retrécie, les entrepreneurs feront toujours laisser le gazon sur le talus du côté du chemin, ne donnant l'élargissement nécessaire aux fossés que du côté des terres.

Lorsque par l'opposition d'une terre ou d'un mur, l'on ne pourra pas donner à un fossé la largeur de six pieds par le haut, sans couper le gazon du talus vers le chemin, on ne le coupera néanmoins pas ; mais, en laissant dans ces parties le fossé plus étroit, on lui donnera la largeur & la profondeur proportionnées, en sorte que la base soit le tiers de l'ouverture & égale à la hauteur. Il faut observer de ne point tenir les fossés ainsi étroits, dans les endroits où la voie sera trouvée assez large, pour pouvoir en employer une partie à l'élargissement des fossés ; ce qui ne se pourra faire néanmoins nulle part, que sur l'approbation expresse de l'ingénieur, qui remettra aux entrepreneurs un état de ces parties, dans lequel la largeur qu'il faut conserver à la voie sera déterminée.

Pour ce qui est des fossés de fuite, appellés *mairals*, on les recreusera avec l'ouverture qui sera prescrite, ayant leurs dimensions proportionnées; savoir, la profondeur égale à la base, & le tiers de l'ouverture; les deux talus égaux étant bien dressés.

Les terres tirées des fossés, soit de fuite, soit de la droite & de la gauche du chemin, seront jettées sur les possessions des particuliers, & assez avant pour être éloignées d'un pied & demi au moins du bord desdits fossés, & régalées de façon à ne pouvoir être entraînées derechef par les pluyes dans les fossés : Du reste, on observera toujours de ne pas les entreposer un seul moment sur le chemin, conformément à ce qui est prescrit par les ordonnances.

ARTICLE III.

Des réparations extraordinaires.

Les entrepreneurs ne pouvant sur le prix d'un simple entretien, se charger à leurs risques de réparer & de rétablir les ouvrages de maçonnerie, bâtis à chaux & sable, comme sont les piles, culées, voûtes, murs de rampe, & garde fous des ponts, & les murs de soutenement des chaussées; il y sera pourvu par extraordinaire, aussi bien qu'à tous les ouvrages un peu considérables, faits, ou pour donner sous les ponts un débouché convenable aux eaux des rivieres & des torrens, ou pour les contenir dans leurs lits, ou bien à d'autres fins. Et lesdits entrepreneurs seront tenus à cet égard, de faire les ouvrages qui leur seront prescrits, bien & duement conditionnés, pour en être payés à la toise suivant le prix de leur bail.

Les ouvrages de maçonnerie dégradés ou détruits, doivent être rétablis selon leurs premieres mesures, & avec des matériaux semblables; mais, on ne suivra point dans ces réparations, les mal-façons qui pourroient avoir été faites dans l'ancien ouvrage : C'est pourquoi on se conformera entierement au devis général de construction des nouveaux chemins, aux meilleures regles de l'art, & nommément aux instructions sur les ouvrages publics.

L'inspecteur une fois chaque année, visitera exactement tous les ponts grands ou petits, & les murs de soutenement des chaussées, & dressera un verbal de leur bon ou mauvais état : Ledit verbal étant communiqué à l'ingénieur, les réparations seront évaluées; & il y sera pourvu par extraordinaire sur les ordres de l'assemblée de la sénéchaussée, ou de Mgr. l'archevêque de Narbonne président, ensuite de quoi les entrepreneurs feront sans délai les réparations.

ARTICLE IV.

Choix des matériaux.

Les cailloux employés pour les pavés seront choisis des plus durs, ayant six pouces de queue & trois d'épaisseur au plus, tant ceux qui seront employés à la réparation des pavés, que ceux qu'on employera à leur réfection. Les anciens qui se trouveront trop gros, seront rebutés, ou pourront servir aux chaînes. Quant au sable sur lequel les pavés seront posés, & avec lequel ils seront garnis, il sera choisi bien grainé & bien net, évitant de se servir pour cet usage de petit sable ou sablon. On remarquera qu'on ne doit jamais paver sur un sol qui ne soit pas ferme; & si l'on est obligé de le faire sur des terres remuées, dont on ait besoin pour former ou pour unir le chemin, il ne faut pas manquer de les battre lit par lit de six pouces de hauteur jusqu'au refus de la dame.

Quant au gravier dont on couvrira annuellement

annuellement une partie des chemins & les pavés, & dont on comblera les creux & les ornieres, il doit être dégagé de toute matiere étrangere, fable, terre ou autre, & furtout d'argile.

On emploie avantageufement, au lieu de gravier, des décombres des carrieres, des gravois ou décombres de vieux bâtimens, & de la pierraille ; mais, ces matieres n'étant pas toujours également de bonne qualité, ne feront employées au lieu de gravier, que fur une approbation expreffe & par écrit de l'ingénieur ou de l'infpecteur, obfervant alors, à l'égard de la pierraille, qu'il n'y ait pas des pierres plus groffes qu'une noix, excepté qu'il n'y ait des éclats de rocher qui pourront être auffi grands que la main, pourvu qu'ils foient minces & plats, & de l'épaiffeur au plus d'un demi pouce. Les décombres & la pierraille feront dégagées de terre, & de tout ce qui fe réduit en pouffiere.

Si dans les endroits qui fe trouveront boueux, il fe fait des empierremens avant que de mettre le gravier fur le chemin, ils fe feront fur la hauteur & de la largeur prefcrites, avec des cailloux qui foient durs & d'une furface raboteufe, pour ne pas rompre & gliffer fous la roue ; obfervant de n'en pas fouffrir de plus gros qu'une orange.

Quand on réparera les pavés dégradés, les creux & les ornieres qui fe trouveront fur les chemins, on fe conformera, pour le choix des matériaux, à tout ce qui vient d'être dit dans le préfent article.

ARTICLE V.

Engagemens des entrepreneurs.

Moyennant les prix convenus, tant pour les ouvrages d'entretien, que pour

Tome II.

ceux qui fe font à la toife, les entrepreneurs feront obligés de fournir toutes les chofes néceffaires pour leur perfection, comme matériaux, main-d'œuvre, machines, inftrumens, outils & voitures. Ils payeront tous les dommages qui fe feront à l'occafion du tranfport des matériaux, ou de quelqu'autre maniere que ce foit ; indemnifant les particuliers dans les héritages de qui ils prendront des pierres, graviers, fables, terres, ou autres matériaux quelconques, nonobftant tout ufage contraire, auquel il eft dérogé par ce devis autant que de befoin.

Les entrepreneurs feront tous les ouvrages & toutes les réparations dont ils font chargés, fuivant les regles de l'art, & conformément aux inftructions fur les ouvrages publics, datées du

C'eft à quoi les infpecteurs font tenus de veiller de leur côté avec toute l'attention poffible, comme auffi que le préfent devis foit ponctuellement & fidellement exécuté. Il faut entr'autres chofes qu'ils ne laiffent pas travailler les ouvriers, fans être pourvus par les entrepreneurs de bons calibres pour régler la forme des chauffées de gravier, des foffés & des murs talutés. On doit conftruire tous les murs à pierre vue, à moins qu'il ne foit expreffément prefcrit de les crépir.

On ne pourra faire fur un ordre verbal aucun ouvrage, ni aucune augmentation, diminution, ou autre changement quelconque aux ouvrages une fois prefcrits ; mais les entrepreneurs feront tenus de porter à la réception, l'ordre par écrit de l'ingénieur, lequel prefcrive expreffément les changemens qu'on aura faits.

Les graviers dont on doit annuellement couvrir une partie des chemins, feront tous régalés avant le premier

Septembre, & avant le premier Août aux endroits où l'on ne leur donnera que la moitié de la hauteur ci-dessus prescrite, sur laquelle le prix doit être fait. Les fossés & les pavés seront aussi perfectionnés avant ledit premier Septembre, & les ouvrages de maçonnerie au 15 Octobre.

Afin que les entrepreneurs ayent le tems nécessaire pour disposer & faire leurs travaux, les ouvrages d'une année seront prescrits à la fin de la précédente au tems de la réception, excepté ceux qu'on n'aura pu prevoir & qui seront déterminés, lorsque la nécessité le demandera.

Les entrepreneurs ne pourront recevoir des mandemens, qu'à fur & à mesure de leur travail. Ils recevront en trois payemens le prix des graviers répandus sur le chemin, & du recreusement des fossés, & le prix total de l'entretien ordinaire après la réception; en sorte qu'ils se trouveront dans le cours de l'année, en avance du tiers du prix desdits graviers & fossés, & de tout le prix de l'entretien.

Les ouvrages seront chaque année faits & parfaits au terme prescrit, sous peine aux entrepreneurs d'être responsables de tous les événemens, & des dommages occasionnés par le retardement. Pendant la construction & après l'achevement desdits ouvrages, s'il s'y trouve quelque mal-façon, ils seront obligés de la réparer, & même de refaire tout le travail à leurs frais, sans pouvoir prétendre d'être dédommagés en aucune maniere, ni payés autrement qu'au prix du bail, & pour la quantité d'ouvrages prescrits qui se trouveront perfectionnés. Tous les ouvrages en état de réception qui doivent être payés à la toise, seront annuellement toisés après le 15 Octobre : ce qui n'empêche pas que les entrepreneurs ne restent garans de la qualité des matériaux & de la bonté de la construction, autant que la nature de chaque ouvrage peut le permettre. Quant à la maçonnerie, ils ne seront pas responsables des cas-fortuits qui pourroient par une force majeure les dégrader ou les détruire ; mais bien de toute mal-façon pendant l'espace de dix années après le jour de leur réception. Ainsi, pourvu qu'ils ayent une déclaration de l'inspecteur, portant qu'ils ont fondé lesdits ouvrages de la maniere qui leur a été prescrite, ils ne seront, après leur réception, garans de leur chute, qu'autant qu'elle feroit découvrir des défauts de construction, tant à ladite maçonnerie qu'aux remblais des terres mal-battues, ou autres ouvrages dont les défectuosités auroient pu occasionner la destruction ou les dégradations de la maçonnerie.

Enfin, lesdits entrepreneurs seront tenus de faire sur le prix de tous les autres ouvrages, & sans être payés à part, les excavations & autres déblais nécessaires, pour fonder & rétablir les murs qu'ils construiront de nouveau, pour en être payé à la toise par extraordinaire. Ils sont de même tenus, sans payement particulier, de débarrasser les chemins & les fossés de toutes décombres & ruines, & de faire entierement place nette dans toutes les réparations & nouvelles constructions. Ils seront obligés aussi, de faire faire à leurs frais des ouvertures aux endroits & aux parties des ouvrages que l'ingénieur indiquera lors de leur réception, & de les faire refermer avec propreté & solidement, dès que lesdits ouvrages auront été reçus, laquelle réparation sera certifiée par l'inspecteur, avant la clôture du procès-verbal de réception. A Montpellier le vingtieme Janvier mil sept cent quarante-quatre. *Ne varietur.* DE CARNEY, *signé.*

SUPPLÉMENT AU DEVIS
de l'entretien des chemins de la séné-
chauffée de Carcaffonne, pour le bail
qui doit être paffé en 1744.

I.

LEs entrepreneurs de l'entretien defdits chemins, feront tenus de conftruire les parties neuves que la fénéchauffée voudra faire faire pendant le
cours de leur bail, dans les différentes
parties de chemin dont ils fe trouvent
chargés; & cela conformément au devis
général de conftruction des nouveaux
chemins, & fur les prix de leur adjudication, pour la toife de chaque nature d'ouvrage, laquelle eft réglée partout à ce deffein; fans que néanmoins
la fénéchauffée s'engage à l'égard defdits entrepreneurs, de faire conftruire
aucune nouvelle partie, qu'autant qu'elle le jugera à propos.

I I.

Les parties de chemin fait qu'il n'eft
queftion que d'entretenir, feront exactement entretenues fuivant le préfent
devis, fans qu'on foit obligé à l'égard
des nouveaux entrepreneurs, de les
leur remettre en bon état; perfonne
n'ayant été chargé de leur entretien
dans le bail précédent.

I I I.

Les bouteroues numérotés, feront
entretenus par les entrepreneurs, quand
ils feront plantés de cent en cent toifes
de diftance, dans les endroits où il n'y
en a pas encore.
A Montpellier, lefdits jour & an.
DE CARNEY *figné.*

I I I.

ORDONNANCE

Concernant l'entretien des foffés des
grands chemins & chemins de traverfe.

Du 28 Avril 1739.

LOUIS-BASILE DE BERNAGE,
chevalier, feigneur de Saint-Maurice,
Vaux, Chaffy & autres lieux, con-
feiller d'état, grand'croix de l'ordre
royal & militaire de Saint Louis,
intendant de juftice, police & finan-
ces en la province de Languedoc.

SUr la requête à nous préfentée par
le fyndic général de la province de
Languedoc; CONTENANT, que les Etats
s'étant propofés de pourvoir aux réparations & à l'entretien des chemins de
traverfe fur les éclairciffemens qu'ils
doivent recevoir de la part des diocefes, en conféquence de leur délibération du 29 Janvier dernier; ils ont déterminé en même-tems, qu'afin de
pourvoir, au moins par provifion, à
l'entretien defdits chemins, le fupliant
pourfuivroit pardevant nous, une ordonnance, à l'effet d'obliger les particuliers dont les poffeffions aboutiffent
auxdits chemins, de faire recreufer
& entretenir les foffés, & à leur défaut, qu'il fera permis aux fyndics des
diocefes, de les faire recreufer à leurs
dépens, avec pouvoir de contraindre
lefdits particuliers, au payement des
fommes qui auront été avancées, même par établiffement de garnifon : A
CES CAUSES, Requéroit qu'il nous plût
ordonner, que dans le délai de quinzaine, à compter du jour de la publication de l'ordonnance qui fera rendue fur fa requête, & fans qu'il foit
befoin d'autre notification, les propriétaires des terres aboutiffantes aux
grands chemins & chemins de traverfe,
feront tenus de faire relever les murailles & les haies de leurs terres, &
de faire recreufer & entretenir les foffés : Qu'ils feront auffi tenus d'en faire de
nouveaux dans les lieux où ils feront jugés
néceffaires par les fyndics des diocefes,
infpecteurs des chemins, ou autres qui

feront chargés par lefdits dioceses , de l'exécution de l'ordonnance qui interviendra , & ce dans le délai de quinzaine , à compter du jour de la publication du procès-verbal qu'ils en auront dreffé , fans qu'il foit befoin d'autre notification ; & que les terres qui auront été tirées defdits foffés , feront jettées fur les fonds defdits particuliers , à moins qu'elles ne puiffent être employées utilement pour l'entretien ou réparation defdits chemins.

Que lefdits foffés , tant ceux qui exiftent déjà , que ceux qui feront faits dans la fuite , auront la largueur, profondeur , talus & pente qui feront jugées néceffaires & ordonnées pour recevoir & porter les eaux dans les ruiffeaux & foffés appellés Mairals ; auquel effet lefdits foffés feront élargis fi befoin eft , & les arbres & brouffailles qui peuvent arrêter le cours des eaux , feront arrachés , afin qu'elles ne puiffent , en aucun cas , regonfler dans lefdits chemins.

Que faute par lefdits particuliers de fatisfaire aux difpofitions ci-deffus dans le fufdit délai de quinzaine , les fyndics des dioceses , infpecteurs des chemins, ou autres prépofés , feront fuffifamment autorifés , fans attendre aucun autre délai , à prendre dans les lieux les plus prochains , le nombre de charrettes & d'ouvriers néceffaires pour travailler aux endroits qui leur feront par eux indiqués , moyennant le falaire qui fera payé à raifon des prix courans. Que les ouvriers & ceux à qui appartiennent lefdites charrettes, feront obligés de fe conformer aux ordres defdits fyndics des dioceses , infpecteurs & autres prépofés , à peine d'être condamnés en trois livres d'amende qui ne pourra être remife ni modérée ; & que les propriétaires des fonds dont les foffés auront été ainfi creufés ou élargis , feront tenus de rembourfer aux fyndics

des dioceses , infpecteurs ou autres , au premier commandement qui leur en fera fait, le montant des journées qui y auront été employées, fuivant l'état qui leur en fera communiqué, à peine d'y être contraint par toutes voies dues & raifonnables , & même par établiffement de garnifon.

Que lefdits particuliers ne pourront , fous aucun prétexte , ufurper fur la largeur des chemins & des foffés , foit au moyen des plantations qu'ils y pourroient faire , foit de quelqu'autre maniere que ce puiffe être , à peine de vingt-cinq livres d'amende , & d'être obligés de remettre lefdits chemins & foffés dans l'état où ils étoient.

Qu'il leur fera pareillement fait défenfes , fous la même peine , de combler aucune partie des foffés fous prétexte d'aller à leurs terres, fauf à eux d'y conftruire des ponts plats , plus élevés que la fuperficie defdits foffés , de maniere que les eaux ayent un libre cours , & ne puiffent regonfler dans les chemins.

Qu'il leur fera auffi fait défenfes , fous pareilles peines , d'amaffer de la paille dans lefdits foffés , ni fur les chemins , & que pour prévenir l'éboulement des terres qui pourroient combler lefdits foffés , il fera pareillement défendu auxdits propriétaires & gardiens des beftiaux , de les y faire entrer , ni dépaître fur les haies qui font au-deffus.

Qu'en cas de contravention aux difpofitions fufdites , il en fera fommairement dreffé procès-verbal par les fyndics des dioceses , ou par l'infpecteur des chemins , pour , fur lefdits procès-verbaux à nous rapportés , & communiqués au fuppliant , être prononcé contre chacun des contrevenans , la condamnation d'amende de vingt-cinq livres , applicables à l'hôpital du dioce fe , & autres peines énoncées ci-

Part. I. Div. I. Liv. IV. Tit. V.   437

Nᵒ. III.

Nᵒ. III.

deſſus ; au payement deſquelles amendes , ils feront contraints par toutes voies dues & raifonnables , même par établiſſement de garnifon ; & que l'ordonnance qui interviendra fera exécutée , nonobſtant toutes oppoſitions & appellations quelconques , & fans y préjudicier ; auquel effet , elle fera lue , publiée & affichée dans toutes les villes & lieux où befoin fera , afin que perfonne n'en puiſſe prétendre caufe d'ignorance.

VU ladite requête , & la délibération des Etats du 29 Janvier dernier : Nous , ayant égard à la requête dudit fyndic général , avons ordonné ce qui fuit.

ARTICLE PREMIER.

Les propriétaires des terres aboutiſſantes aux grands chemins & chemins de traverſe , feront tenus , dans le délai de quinzaine , à compter du jour de la publication de la préſente ordonnance , & fans qu'il foit befoin d'autre notification , de faire enlever les pierres & autres matériaux des murs de clôtures de leurs poſſeſſions , dont les parties éboulées font tombées dans les foſſés des chemins , & de réparer leſdits foſſés ; ils feront pareillement tenus d'en faire de nouveaux dans les lieux où ils feront jugés néceſſaires , dans le délai de quinzaine , à compter du jour de la notification des procès-verbaux qui en auront été dreſſés par les fyndics des dioceſes , inſpecteurs des chemins , ou autres perfonnes qui feront chargées par leſdits dioceſes , de l'exécution de notre préfente ordonnance ; & feront leſdites terres & pierres qui auront été tirées deſdits foſſés , jettées fur les fonds des particuliers , à moins qu'il ne foit jugé par les fufdits fyndics , inſpecteurs , ou autres prépofés , que leſdites terres & pierres puiſſent être employées uti-

lement pour l'entretien ou réparation defdits chemins.

ART. II.

Les foſſés qui exiſtent déjà , & ceux qui pourront être faits dans la fuite , auront la largeur , profondeur , talus & pente qui feront ordonnées , fuivant qu'elles feront jugées néceſſaires pour recevoir & porter les eaux dans les ruiſſeaux & foſſés appellés Mairals ; auquel effet , leſdits foſſés feront élargis s'il en eſt befoin ; & les arbres & brouſſailles qui peuvent arrêter le cours des eaux , feront arrachés & enlevés , de manicre que leſdites eaux ne puiſſent en aucun cas , regonfler dans les chemins.

ART. III.

Faute par leſdits particuliers de fatisfaire dans leſdits délais de quinzaine , aux difpofitions des articles précédens , il fera permis aux fyndics des dioceſes , inſpecteurs des chemins ou autres perfonnes prépofées , de prendre , dans les lieux les plus prochains , le nombre de charrettes & d'ouvriers néceſſaires , pour travailler aux endroits qui leur feront par eux indiqués , moyennant le payement qui leur fera fait de leurs falaires fur le pied des prix courans ; à l'effet de quoi , enjoignons aux travailleurs de terre , & autres ouvriers & conducteurs des charrettes , d'obéir au premier ordre qui leur en fera donné , & de fe conformer , pour ledit travail , à ce qui leur fera prefcrit par leſdits fyndics , inſpecteurs , ou autres prépofés , à peine de trois livres d'amende qui ne pourra être remiſe ni modérée ; & feront les propriétaires des fonds fur les bords deſquels les foſſés auront été ainſi réparés ou élargis , ou même faits de nouveau , tenus de rembourfer aux fyndics des dioceſes , fur le premier commandement qui leur en fera fait , le montant des journées qui auront été employées, suivant l'état qui leur sera notifié ; faute de quoi ils y feront contraints en vertu de notre présente ordonnance , par toutes voies dues & raisonnables , même par établissement de garnison.

A R T. I V.

Faisons défenses auxdits particuliers, d'usurper sur la largeur des chemins & des fossés , soit au moyen des plantations qu'ils pourroient y faire , soit de quelqu'autre maniere que ce puisse être, sous peine de vingt-cinq livres d'amende , & d'être obligés de remettre les lieux en état.

A R T. V.

Leur faisons défenses , sous les mêmes peines, de combler aucune partie des fossés, sous prétexte d'aller à leurs terres , sauf à eux d'y construire des ponts plats plus élevés que la superficie desdits fossés, de maniere que les eaux ayent un libre cours, & ne puissent regonfler dans les chemins.

A R T. V I.

Leur défendons pareillement d'amasser de la paille dans lesdits fossés , ni sur les chemins ; & aux propriétaires & gardiens des bestiaux, de les faire entrer dans les fossés, ni dépaître sur les haies qui sont au-dessus , le tout sous les mêmes peines.

A R T. V I I.

Ordonnons qu'en cas de contravention aux dispositions des articles 4 , 5 & 6 de la présente ordonnance, il en sera sommairement dressé procès-verbal par lesdits syndics des dioceses , inspecteurs ou autres préposés; sur lesquels procès-verbaux & réquisitions du suppliant , les contrevenans seront par nous condamnés aux amendes portées par lesdits articles , lesquelles seront applicables à l'hôpital du diocese , &

lesdits contrevenans contraints au payement d'icelles par toutes voies dues & & raisonnables , même par établissement de garnison.

Enjoignons à nos subdélégués de tenir , chacun en droit soi, la main à l'exécution de la présente ordonnance, laquelle sera exécutée nonobstant toutes oppositions, appellations , ou autres empêchemens quelconques , & sans y préjudicier , lue , publiée & affichée par-tout où besoin sera , à ce que personne n'en puisse prétendre cause d'ignorance. FAIT à Montpellier le vingt-huitieme Avril mil sept cent trente-neuf. *Signé* DE BERNAGE : *Et plus bas,* Par Monseigneur , GRASSET. Collationné.

I V.

MÉMOIRE INSTRUCTIF

Sur l'exécution de l'ordonnance précédente.

CETTE ordonnance , qui a pour unique objet la conservation & le bon état des chemins , oblige les propriétaires des terres qui y aboutissent , d'en entretenir les fossés qui servent à l'écoulement des eaux , & d'en faire même de nouveaux dans les lieux où ils seront jugés nécessaires , en la maniere qui est expliquée par les articles II & III de cette ordonnance.

Elle défend aussi auxdits propriétaires d'usurper sur les chemins ou sur les fossés, d'y planter des arbres, d'y amasser de la paille, & d'y causer aucun dommage, de quelque maniere que ce puisse être, suivant ce qui est expliqué par les articles IV , V & VI.

Quant à ce qui concerne l'exécution de cette ordonnance, il est à remarquer d'abord qu'elle ne doit point être signifiée aux propriétaires des terres ; & il leur en doit être donné connoissance au moyen de la publication & affiche qui en fera faite dans toutes les communautés où elle fera jugée néceffaire.

Mais attendu qu'il eft enjoint auxdits propriétaires de donner aux foffés la largeur, profondeur, talus & pente qui feront ordonnées, il eft indifpenfable de commencer par déterminer lefdites dimenfions ; & à cet effet, MM. les commiffaires des diocefes doivent les régler fur l'avis de l'infpecteur des chemins.

MM. les fyndics des diocefes doivent enfuite faire imprimer dans un même placard l'ordonnance du 28 Avril 1739, & l'extrait de la délibération de MM. les commiffaires, qui détermine les dimenfions des foffés ; après quoi ils doivent envoyer cinq ou fix exemplaires de ces plaçards aux confuls des communautés, & les charger en même tems de leur adreffer fans délai leur certificat, contenant le jour de la publication & affiche qui en aura été faite.

Après le délai de quinzaine qui a été accordé aux propriétaires des terres, à compter du jour de la publication de l'ordonnance, les fyndics des diocefes, infpecteurs des chemins, ou autre perfonne prépofée pour cela, par MM. les commiffaires ordinaires des diocefes, feront la vérification des chemins, en préfence des confuls des communautés dont le terroir eft traverfé par lefdits chemins ; & ils en drefferont leurs procès-verbaux qui feront fignés par lefdits confuls.

Ces procès-verbaux contiendront 1º. Si les propriétaires ont fait réparer & recreufer les foffés déjà exiftans, ou s'ils ont négligé de le faire ; auquel cas il fera fait mention de l'état où ils auront été trouvés ; & 2º. dans un autre article, on défignera en détail les endroits où il n'y a point eu de foffés jufqu'alors, & où il fera jugé néceffaire d'en faire ; & on obfervera d'exprimer la

largeur, profondeur, talus & pente qu'ils doivent avoir.

En dreffant ces procès-verbaux, il fera fait une copie de ce qui concerne chaque communauté, & cette copie fera publiée & affichée fur le champ, de quoi il fera fait mention dans les mêmes procès-verbaux.

Au moyen de cette publication, les propriétaires des fonds contigus auxdits chemins, fur les bords defquels il n'y a jamais eu de foffés, feront obligés d'en faire au plus tard dans le délai de quinzaine, fans qu'il foit befoin d'aucune autre notification ou fommation.

Si les propriétaires des fonds négligent de faire réparer & recreufer les foffés, ou d'en faire de nouveaux dans les délais ci-deffus, les fyndics des diocefes, infpecteurs des chemins, ou autres perfonnes prépofées, pour le fait dont il s'agit, prendront dans les lieux les plus prochains le nombre de charrettes & d'ouvriers néceffaires pour y travailler ; & fi lefdits ouvriers ou conducteurs de charrettes, refufent de fe rendre aux ordres qui leur feront donnés, il en fera dreffé un état qui fera certifié par le fyndic du diocefe, infpecteur des chemins, ou autre prépofé ; lequel état fera enfuite adreffé au fyndic général du département, qui les fera condamner chacun en l'amende de trois livres. Cette amende a été réglée fur un pied modique pour en faciliter le payement, & rejetter toute demande en remife ou modération.

Les travailleurs, ouvriers & charrettes feront payés par journées fur le pied des prix courans ; & les états qui en feront arrêtés par les fyndics des diocefes, infpecteurs des chemins, ou autres prépofés, feront communiqués aux propriétaires des terres, chacun en droit foi, en leur donnant avis d'en rembourfer le montant aux fyndics des diocefes qui en auront fait l'avance ;

finon ils pourront y être contraints par faifie de leurs biens, & même par établiffement de garnifon.

Les fyndics des diocefes abrefferont enfin au fyndic général du département les procès-verbaux qui auront été dreffés au fujet des contraventions aux difpofitions des articles IV, V & VI de l'ordonnance du 28 Avril 1739 ; & fur ces procès-verbaux le fyndic général requerra la condamnation d'amende en la maniere marquée par la fufdite ordonnance.

V.

ORDONNANCE

Concernant l'entretien des foffés des grands chemins & chemins de traverfe.

Du 22 Août 1744.

JEAN LE NAIN, CHEVALIER, BARON D'ASFELD, confeiller du Roi en fes confeils, maître des requêtes ordinaire de fon hôtel, intendant de juftice, police & finances en la province de Languedoc.

Sur la requête à nous préfentée par le fyndic général de Languedoc ; Contenant que M. de Bernage, cidevant intendant de cette province, ayant réglé par fon ordonnance du 28 Avril 1739, la maniere en laquelle il devoit être pourvu à la conftruction & entretien des grands chemins & chemins de traverfe ; il a ordonné en même tems que faute par les propriétaires des terres aboutiffantes auxdits chemins, de fatisfaire à ce qui leur eft prefcrit à ce fujet, il y feroit pourvu, à la diligence des fyndics des diocefes, infpecteurs des chemins, ou autres perfonnes à ce prépofées, à l'effet de quoi il leur eft permis de prendre dans les lieux les plus prochains, le nombre d'ouvriers & charrettes néceffaires pour

travailler aux endroits qu'ils leur indiqueront, moyennant le payement qui leur fera fait de leur falaire fur le pied des prix courans ; & en conféquence, il eft enjoint auxdits travailleurs, ouvriers & conducteurs, d'obéir au premier ordre qui leur fera donné, & de fe conformer pour le travail à ce qui leur fera prefcrit, fous peine de trois livres d'amende ; ce faifant, les propriétaires des fonds fur les bords defquels lefdits foffés auront été conftruits, élargis ou réparés, feront tenus de rembourfer le montant des journées qui y auront été employées, fuivant l'état qui leur fera notifié, faute de quoi ils y feront contraints par les voies dues & raifonnables, même par établiffement de garnifon ; que la même ordonnance fait défenfes à toutes perfonnes d'amaffer de la paille dans lefdits foffés, ni fur lefdits chemins, fous peine de vingt-cinq livres d'amende ; mais que l'amende de trois livres, prononcée contre les ouvriers qui refuferoient de travailler, n'eft pas affez forte pour les y obliger ; & que d'ailleurs, s'il n'eft pas permis d'ufer de garnifon militaire pour le payement defdites amendes, on ne pourroit pas les y obliger par les voies ordinaires, fans donner lieu à de grands frais, & fans s'expofer à des procédures, que les fyndics des diocefes, infpecteurs & autres prépofés, ne peuvent pas fuivre. Requéroit, A ces causes, qu'il y foit par nous pourvu.

Vu ladite ordonnance : Nous ordonnons qu'elle fera exécutée felon fa forme & teneur ; & en conféquence, enjoignons de plus fort à tous travailleurs de terre, ouvriers, & conducteurs de tombereaux & charrettes, de vaquer aux travaux qui leur feront indiqués par les fyndics des diocefes, infpecteurs des chemins, & autres à

ce

N°. V. ce préposés, moyennant le payement de leur salaire, qui leur sera fait sans retardement sur le pied des prix courans, à peine de cinq livres d'amende : Comme aussi, faisons défenses à toutes personnes d'amasser de la paille, fumier & autres matieres, dans lesdits fossés ni sur les chemins ; & leur enjoignons en conséquence, de faire enlever dans trois jours toutes celles qui peuvent s'y trouver actuellement, à peine de trente livres d'amende : Ordonnons, qu'en cas de contravention aux dispositions de la présente ordonnance, il en sera sommairement dressé procès-verbal par les syndics des dioceses, inspecteurs ou autres préposés, sur lesquels procès-verbaux & réquisitions du suppliant, les contrevenans seront par nous condamnés auxdites amendes, au payement desquelles ils seront contraints par établissement de garnison militaire ; desquelles garnisons lesdits ouvriers & propriétaires des fonds seront tenus d'acquitter les frais, ainsi & de la même maniere qu'il en est usé dans le recouvrement des impositions. FAIT à Montpellier le vingt-deux Août mil sept cent quarante-quatre. *Signé*, LE NAIN. *Et plus bas :* Par Monseigneur, DHEUR.

VI.

Extrait du registre des délibérations prises par les gens des Trois-états de la sénéchaussée de Carcassonne, assemblés par mandement du Roi en la ville de Montpellier, au mois de Février 1746.

Du Lundi 28 Février 1746, président Mgr. l'archevêque & primat de Narbonne.

LE sieur de Montferrier, syndic général, a dit, que la sénéchaussée de Toulouse ayant adopté l'année derniere un projet de réglement au sujet des chemins, qui n'avoit d'abord été proposé que pour les dioceses de Tou-

Tome II.

N°. VI. louse & de Montpellier, & à l'exécution duquel, dans le diocese de Castres, les Etats avoient aussi consenti ; tous les dioceses de la sénéchaussée de Carcassonne paroissent desirer aujourd'hui que ce réglement leur soit rendu commun, ce qui ne sauroit produire que le bon effet que l'on a éprouvé dans les dioceses où ce réglement a déjà été mis en usage.

SUR QUOI, lecture faite des articles dudit réglement, il a été délibéré qu'il sera exécuté dans tous les dioceses de la sénéchaussée, sans préjudice des autres réglemens précédemment faits, & qui lui sont propres ; Et le sieur de Montferrier a été chargé de le faire imprimer, à l'effet d'être envoyé dans tous les dioceses.

RÉGLEMENT

Au sujet de l'entretien des fossés, & de la largeur des chemins dans l'étendue des sénéchaussées de Toulouse & Carcassonne.

ARTICLE PREMIER.

IL sera fait dans chaque communauté, par les consuls des lieux, des verbaux contenant le nom des possesseurs des terres qui bordent les chemins, ou les fossés de décharge appellés fossés mairals ; & attendu qu'il arrive souvent que les consuls des lieux négligent dans leurs procès-verbaux certains particuliers, les syndics des dioceses, & les directeurs des travaux publics de la sénéchaussée, pourront ajouter à cet état, ceux qui auront été omis, après qu'ils en auront reconnu la nécessité par une vérification qu'ils en auront faite, ou qui aura été faite par les inspecteur des chemins, ou autres personnes préposées à cet effet.

ART. II.

Faute par lesdits propriétaires de

Kkk

faire recreufer leurs foffés , quinzaine après l'avertiffement qu'ils en auront reçu, il fera permis aux fyndics des diocefes, directeurs des travaux de la fénéchauffée, infpecteurs des chemins, ou autres perfonnes prépofées , de prendre dans les lieux les plus prochains , le nombre des charrettes & ouvriers néceffaires pour travailler aux endroits qui leur feront par eux indiqués , moyennant le payement qui leur fera fait de leurs falaires fur le pied des prix courans : à l'effet de quoi , il eft enjoint aux travailleurs de terre , aux autres ouvriers, & aux conducteurs des charrettes , d'obéir au premier ordre qui leur en fera donné , & de fe conformer pour ledit travail à ce qui leur fera prefcrit par lefdits.fyndics , directeurs , infpecteurs ou autres prépofés , à peine de cinq livres d'amende, qui ne pourra être remife ni modérée, ainfi qu'il eft porté par les ordonnances de M. l'intendant , des 28 Avril 1739 & 22 Août 1744 , rendues à la requête du fyndic général de la province.

ART. III.

Lorfque les recreufemens auront été faits dans une communauté, il en fera fait par lefdits fyndics , directeurs, infpecteurs , ou autres perfonnes prépofées, une réception, contenant le montant dudit recreufement pour chaque particulier, dont il fera donné copie aux confuls des lieux, afin qu'ils la communiquent aux particuliers intéreffés de leurs communautés, auxquels il fera libre , après ce premier avis, de rembourfer les avances qui auront été faites pour leur compte.

ART. IV.

Faute par lefdits propriétaires d'avoir fait ce rembourfement avant le tems des impofitions, il fera envoyé aux confuls des lieux, avec la mande, un nouvel état de ceux qui n'auront point

satisfait audit rembourfement, dont le montant fera ajouté à leur parcelle de la taille, avec les droits dus par cette augmentation, au collecteur & au receveur ; ce qui doit être obfervé de même pour les foffés fitués dans le gardiage de la ville de Touloufe, qui fe conformera à tous les articles de ce réglement , de même que les autres diocefes compris dans la fénéchauffée.

ART. V.

Les foffés qui bordent les chemins & qui font à la charge des communautés, feront faits de la même maniere , & le montant des avances fera impofé fur le général des communautés.

ART. VI.

Les foffés qui bordent les terres qui ne font pas comprifes dans les compoix, de quelque nature qu'ils foient, feront faits de même , & le rembourfement fera exigé des propriétaires des fonds, fur le premier commandement qui leur en fera fait ; & faute d'y fatisfaire , ils y feront contraints par toutes voies dues & raifonnables, même par établiffement de garnifon, ainfi qu'il eft porté par la fufdite ordonnance de M. l'intendant du 28 Avril 1739.

ART. VII.

Et attendu que les propriétaires des terres , en faifant recreufer & élargir les foffés , ufurpent fur la largeur des chemins, qu'ils ne donnent pas aux foffés la capacité néceffaire, & qu'ils gâtent les chemins en jettant la terre fur le bord, il doit être ordonné que tous les foffés qui bordent les chemins auront au moins quatre pieds d'ouverture, deux pieds de bafe, & deux pieds de profondeur, même davantage, s'il eft néceffaire pour l'écoulement des eaux ; que la terre provenant du recreufement des foffés fera jettée dans les champs, à moins qu'elle ne foit nécessaire pour réparer les chemins, auquel cas elle sera jettée dans le milieu, pour lui donner une forme convexe.

ART. VIII.

Les fossés de décharge, appellés fossés mairals, servant à conduire les eaux des chemins dans les rivieres voisines, auront au moins une toise d'ouverture, trois pieds de base & la profondeur nécessaire pour l'écoulement des eaux, même une plus grande, lorsqu'il en sera nécessaire : Les terres provenant de leur recreusement, seront jettées à trois pieds de distance du bord, & talutées, en sorte qu'elles ne puissent pas retomber dans lesdits fossés, & on enlevera tous les arbres, broussailles, & autres obstacles qui peuvent arrêter le cours des eaux.

ART. IX.

Les propriétaires des terres, ainsi qu'il est porté par les articles V & VI de la susdite ordonnance du 28 Avril 1739, ne pourront combler aucune partie des fossés, sous prétexte d'aller à leurs terres, sauf à eux d'y construire des ponts plats plus élevés que la superficie desdits fossés, de maniere que les eaux ayent un libre cours & ne puissent regonfler dans les chemins. Ne pourront pareillement ramasser de la paille dans lesdits fossés ni sur les chemins ; & il est défendu par exprès aux propriétaires & gardiens des bestiaux, de les faire entrer dans les fossés, ni dépaître sur les haies qui sont au-dessus, sous peine de vingt-cinq livres d'amende.

ART. X.

Comme les propriétaires des terres ont usurpé en plusieurs endroits sur les chemins, & ne leur ont pas laissé une largeur suffisante ; pour remédier à cet inconvénient, il doit être ordonné que les chemins auront partout de largeur

au moins ; savoir, le grand chemin de la poste six toises, sans y comprendre les fossés ; les chemins d'étape & ceux qui servent à la communication des dioceses quatre toises ; & ceux qui communiquent les villages trois toises ; & dans les endroits où les susdits chemins auront une moindre largeur, ils seront élargis aux dépens des terres voisines, soit des deux côtés ou d'un seul, suivant ce qui sera jugé le plus convenable pour la commodité & pour la bonté du chemin, sans qu'à raison de ce il soit dû aucun dédommagement aux propriétaires desdites terres ; & comme en plusieurs endroits les susdits chemins ont une plus grande largeur, afin qu'à l'avenir on puisse reconnoître si on fait des usurpations, il sera dressé, à la diligence des syndics des dioceses ou du directeur des travaux de la sénéchaussée, un état contenant les différentes largeurs des principaux chemins.

V I.

ORDONNANCE

De Nosseigneurs les Commissaires du Roi & des Etats,

Qui enjoint aux consuls, greffiers & départeurs des impositions des villes & communautés des dioceses de la sénéchaussée de Carcassonne, d'ajouter aux parcelles des tailles des particuliers, le montant des avances faites par les syndics desdits dioceses, pour le recreusement & entretien des fossés des terres qui bordent les chemins.

Du 13 Mai 1746.

LES COMMISSAIRES NOMMÉS par lettres-patentes de Sa Majesté, du 30 Janvier 1734, & autres données en conséquence, pour régler tout ce qui concerne l'administration des affaires des villes & communautés de la province de Languedoc.

VU la délibération prise par les gens des Trois-états de la sénéchaussée de Carcassonne, le 28 Février dernier, portant que le réglement fait au sujet de l'entretien des fossés, & de la largeur des chemins, dans l'étendue des dioceses de la sénéchaussée de Toulouse, sera exécuté dans ceux dépendans de ladite sénéchaussée de Carcassonne, sans préjudice des autres réglemens précédemment faits, & qui sont propres auxdits dioceses. Vu aussi ledit Réglement, contenant dix articles; l'ordonnance de MM. les commissaires présidens pour le Roi aux Etats de cette province, & ceux députés par ladite assemblée, du 28 Décembre 1744, qui enjoint aux consuls, greffiers & départeurs des impositions des villes & communautés des dioceses de la sénéchaussée de Toulouse, d'ajouter aux parcelles des tailles des particuliers, le montant des avances faites par les syndics desdits dioceses, pour le recreusement & entretien des fossés des terres qui bordent les chemins; Et Oui sur ce le syndic général de la province.

Nous avons autorisé la délibération prise par les gens des Trois-états de la sénéchaussée de Carcassonne, dudit jour 28 Janvier dernier, pour être exécutée selon sa forme & teneur; & en conséquence, ordonnons qu'avec les mandes qui seront envoyées par les syndics des dioceses de ladite sénéchaussée, aux consuls des villes & communautés en dépendans, il sera dressé un état des particuliers qui n'auront point payé les frais du recreusement & entretien des fossés des terres & possessions qui aboutissent aux chemins desdits dioceses, pour être les frais ajoutés par les consuls, greffiers & départeurs des impo-

sitions des villes & communautés desdits dioceses, aux quotes ou parcelles des tailles desdits particuliers, avec les taxations ou droits de levures dues aux receveurs des tailles & aux collecteurs; à l'effet d'être lesdits frais & taxations levés par les collecteurs, conjointement avec les deniers royaux, & les deniers en provenant employés à leur destination, sans aucun divertissement. Mandons au premier huissier ou sergent requis, faire tous exploits & actes nécessaires. FAIT à Montpellier, au bureau de la commission, le treize Mai mil sept cent quarante-six. *Signés par colonnes.*

MARTIN.

Le Marquis DE
VILLENEUVE.
SAINT-ROME,
Maire de Mende.
Par Nosseigneurs.
TOUZART.

VIII.

EXTRAIT du registre des délibérations prises par les gens des Trois-états du pays de Languedoc, assemblés par mandement du Roi en la ville de Montpellier au mois de Novembre 1764.

Du Jeudi 3 du mois de Janvier 1765, président Mgr. l'archevêque & primat de Narbonne.

MONSEIGNEUR l'évêque de Montpellier a dit, que la commission des travaux publics s'étant assemblée chez Mgr. l'archevêque de Narbonne, avec ceux des membres des Etats dont elle a été renforcée, MM. les commissaires ont entendu la lecture d'un projet de réglement qui a été dressé suivant les intentions des Etats, sur les mesures à prendre pour assurer l'entretien des chemins, tant dans les parties faites à neuf, que dans celles qui restent à faire.

No. VIII. Que les différens articles de ce projet, dont il feroit trop long de rendre compte en détail à l'affemblée, ont paru affez conformes à fes vues. Mais que cette importante matiere exigeant de plus mures réflexions, qui pourront donner lieu à faire quelques changemens aux difpofitions defdits articles, & même à y en ajouter d'autres, la commiffion a cru devoir fe contenter de propofer aux Etats, fans adopter définitivement ledit projet, de prier MM. les commiffaires des travaux publics, d'inférer provifoirement dans les adjudications qu'ils feront pour le renouvellement des baux d'entretien d'aucunes parties de chemins, celles des difpofitions dudit projet qui paroiffent les plus propres à obliger les entrepreneurs de faire des ouvrages folides & exactement conformes aux engagemens qu'ils auront contracté, relativement à ce qui eft prefcrit à cet égard dans le projet du nouveau réglement.

Ce qui a été approuvé par l'affemblée ; & il a été délibéré de charger les fyndics généraux de prendre de plus grands éclairciffemens pendant le cours de l'année, pour perfectionner le projet dont il s'agit, & de le communiquer à MM. les commiffaires des diocefes, par rapport aux ouvrages qui font à leur charge ; pour, fur leurs obfervations, & le nouvel examen qui fera fait du tout dans la prochaine affemblée des Etats, y être pris telle détermination qu'il appartiendra.

I X.

EXTRAIT du regiftre des délibérations des Etats généraux de Languedoc, affemblés par mandement du Roi en la ville de Montpellier, au mois de Décembre 1765.

Du Mercredi 29 Janvier 1766, préfident No. VIII. Mgr. l'archevêque & primat de Narbonne.

MONSEIGNEUR l'évêque de Nîmes a dit, que MM. les commiffaires des travaux publics s'étant affemblés chez Mgr. l'archevêque de Narbonne, avec ceux qui avoient été nommés pour le renforcement de la commiffion, le fieur de Joubert, fyndic général, leur a rappellé que fur le rapport, qui fut fait aux Etats dans leur derniere affemblée d'un projet de réglement concernant les ouvrages publics de la province, des fénéchauffées, & des diocefes, il fut délibéré le 3 Janvier 1765 d'en donner connoiffance dans les diocefes, pour, fur les obfervations qui feroient faites à l'égard des ouvrages qui les concernent, & dont il feroit rendu compte dans la préfente affemblée, être délibéré ce qu'il appartiendroit.

Que ce réglement ayant été communiqué dans tous les diocefes, ils ont prefque tous envoyé des obfervations qui, en approuvant les difpofitions principales du projet, tendent à faire quelques additions ou changemens à certains articles.

Que les uns propofent des précautions à prendre pour la formation des devis des ouvrages neufs, de maniere qu'on ne foit point expofé à y faire des changemens, & qu'il ne puiffe en être fait qu'en vertu d'une délibération des Etats ; auquel effet les directeurs doivent être obligés de confulter MM. les commiffaires des diocefes, comme ayant des connoiffances locales, fur ce qui peut intéreffer le bien public par rapport auxdits ouvrages.

Que les autres infiftent pour diminuer la largeur des chemins fitués dans les montagnes & pour difpenfer d'y faire des foffés ; l'un & l'autre donnant lieu à des dépenfes très-confidérables qui font au·deſſus de la force des dioceſes.

Que d'autres obſervent à l'égard de la réception des ouvrages, que leurs commiſſaires devroient y être appellés, & que les toiſés devroient leur être communiqués.

Qu'il y en a qui inſiſtent ſur l'obligation qui doit être impoſée aux inſpecteurs d'être aſſidus ſur les ouvrages neufs, & de viſiter fréquemment ceux qui ſont donnés à entretien.

Que quelques-uns enfin témoignent quelque peine dans le cas où les ouvrages des dioceſes ſeroient ſoumis aux directeurs des travaux publics, par rapport à la formation des devis & à leur réception.

Qu'on a eu égard autant qu'il a été poſſible à ces différentes obſervations dans la nouvelle rédaction qui a été faite du projet de réglement, & que la commiſſion après avoir pris connoiſſance des obſervations des dioceſes, & du projet du nouveau réglement, dont tous les articles ont été diſcutés dans pluſieurs ſéances, a été d'avis de propoſer à l'aſſemblée de l'approuver, & d'en pourſuivre l'autoriſation par arrêt du conſeil.

Sur quoi lecture faite dudit projet de réglement il a été délibéré de l'approuver, & de charger les ſyndics généraux de pourſuivre un arrêt du conſeil pour l'autoriſer.

X.

ARRÊT

Du Conseil d'État du Roi,

Contenant réglement pour les ouvrages publics qui ſont à la charge de la province en corps, des ſénéchauſſées, ou des dioceſes.

Du 27 Août 1766.

EXTRAIT des Regiſtres du Conſeil d'Etat.

SUR la requête préſentée au Roi, étant en ſon conſeil, par le ſyndic général de la province de Languedoc; CONTENANT, que les Etats de ladite province ayant reconnu, par une ſuite de l'attention qu'ils donnent à la conſtruction des ouvrages publics qui ſont à la charge de la province en corps, des ſénéchauſſées, & des dioceſes, la néceſſité de déterminer par un réglement ce qui doit être obſervé, tant par rapport à la formation des devis des chemins, ponts, & chauſſées, à conſtruire à neuf, ou à réparer, que par rapport à l'adjudication deſdits ouvrages & aux baux d'entretien; le projet de réglement qui leur avoit été préſenté ſur ces différens objets, fut communiqué par les ſyndics généraux aux dioceſes de la province, en conſéquence de la délibération priſe à ce ſujet le 3 Janvier 1765, pour, ſur les obſervations qui ſeroient faites par eux, & dont il ſeroit rendu compte auxdits Etats, être délibéré ce qu'il appartiendroit : Que les obſervations faites par les dioceſes, en approuvant les diſpoſitions principales du projet de réglement, ont propoſé de faire quelques additions ou changemens à certains articles : Que ſur l'examen que les Etats ont fait, ils y ont eu égard, autant qu'il a été poſſible, dans la nouvelle rédaction des articles qui ont tous été diſcutés; & qu'après un mur examen ils ont délibéré d'approuver le projet de réglement dont la lecture a été faite dans l'aſſemblée, & de charger les ſyndics généraux d'en pourſuivre l'autoriſation au conſeil : Requéroit, A CES CAUSES, le ſyndic général, qu'il plût à Sa Majeſté autoriſer ledit réglement, & ordonner qu'il ſera exécuté ſelon ſa forme & teneur. Vu ladite requête, la délibération defdits Etats du 29 Janvier 1766, & les articles dudit réglement, dont la teneur fuit :

ARTICLE PREMIER.

CONS-
TRUCTION
DES OU-
VRAGES
NEUFS.

Lorfqu'il s'agira de conftruire à neuf un pont, chemin, chauffée, ou quelqu'autre ouvrage à la charge de la province, le directeur des travaux publics, dans le département duquel il fe trouvera, en rapportera le projet aux Etats, avec fon appréciation & fes réflexions fur les avantages & les inconvéniens qui peuvent en réfulter, pour qu'ils puiffent fe déterminer fur ledit ouvrage avec connoiffance de caufe ; & lorfque ledit pont, chemin, chauffée, ou autre ouvrage, feront jugés être de plus grande conféquence, cet examen fera fait par les trois directeurs, fuivant ce qui fera déterminé par délibération des Etats.

ART. II.

Pour parvenir à faire ce projet & cette appréciation, le directeur prendra toutes les connoiffances néceffaires de la nature du terrein où le pont, chemin, chauffée, ou autre ouvrage à faire à neuf, doivent être conftruits, de la nature & de la qualité des matériaux, de leur éloignement, de leur prix y compris le charroi, du prix de la main-d'œuvre relative aux différentes natures d'ouvrages, de maniere que l'appréciation détaillée qui en fera faite, approche le plus qu'il fera poffible de la dépenfe effective qu'il y aura à faire ; auquel effet le directeur prendra par lui-même fur les lieux, les renfeignemens néceffaires fur ces différens chefs fur lefquels il prendra auffi l'avis de MM. les commiffaires du diocefe où le pont, chemin ou chauffée devront être conftruits, & nommément fur les avantages & les inconvéniens qui en peuvent réfulter.

ART. III.

Afin d'être en état de donner une idée plus jufte & plus exacte du pont, chemin, chauffée, ou autre ouvrage à conftruire à neuf, le directeur qui en dreffera le projet, y joindra un plan de l'ouvrage, avec le profil de fes différentes parties ; & s'il s'agit d'un chemin, les plans & le profil de fa fituation & emplacement dans toute fon étendue, en faifant mention des niveaux de pente dans les endroits où il y en aura ; & les frais de ces plans, ainfi que des copies, dont l'une reftera au greffe des Etats annexée à l'adjudition, l'autre fera remife au directeur qui la communiquera à l'infpecteur chargé de la conduite de l'ouvrage, & la troifieme fera remife à l'entrepreneur, feront payés fur les fonds qui auront été faits pour les ouvrages, fauf dans le cas où l'exécution en feroit fufpendue, à y être pourvu d'ailleurs par les Etats.

ART. IV.

Il en fera ufé de même à l'égard des ouvrages neufs que les fénéchauffées de Touloufe & de Carcaffonne font dans le cas d'entreprendre, en obfervant toutefois que dans le cas où l'ouvrage dont il s'agit excéderoit leur préciput, & qu'il feroit de nature à autorifer leur recours à la province, elles feront obligées, avant de prendre une derniere délibération, de communiquer aux Etats les projets, appréciations, & plans qui auront été faits par le directeur, afin qu'ils déterminent s'il convient d'exécuter l'ouvrage propofé, & en quelle forme il convient de le faire.

ART. V.

Lorfqu'un diocefe voudra entreprendre la conftruction d'un nouveau che-

* Suppl. les Etats ; ces deux mots manquent dans l'expédition originale ; mais on les trouve dans le projet signé par M. l'archevêque de Narbonne , lequel, dans les archives, est joint à la dite expédition.

min, il en préviendra, * à l'effet que , dans le cas où ils l'estimeroient nécessaire, par rapport à l'importance de l'ouvrage & à l'objet de la dépense, ils puissent charger le directeur des travaux publics du département d'en faire le projet ou d'examiner celui qui aura été fait, & de le rapporter aux Etats avec les plans, les profils & les devis estimatifs auxquels il joindra ses observations sur l'utilité du chemin, afin que les Etats puissent, d'après ces renseignemens, consentir, s'il y a lieu, à l'emprunt des sommes nécessaires pour fournir à la dépense dans le nombre d'années qui sera déterminé, relativement au montant de l'ouvrage & à la situation du diocese, & à la charge de faire vérifier l'emploi des sommes empruntées en la forme prescrite par les réglemens, dans un délai qui ne pourra être de plus de deux ans. Dans le cas où les projets desdits chemins auront été dressés ou vérifiés par le directeur des travaux publics du département, il sera aussi procédé en sa présence à leur réception ; & les frais qui auront été faits pour la confection desdits projets, plans, profils & devis, ou pour leur examen & réception, seront payés sur les fonds qui seront faits pour ledit chemin, supposé qu'il s'exécute ; ou, s'il ne s'exécute pas, sur le fonds des dépenses imprévues, ou, en cas d'insuffisance, par imposition, après en avoir obtenu le consentement des Etats & la permission en tel cas requise.

Art. VI.

Lorsque les dioceses situés dans les sénéchaussées de Toulouse & de Car-

cassonne, voudront entreprendre la construction d'un pont ou d'une chaussée servant à contenir une riviere, duquel ouvrage la dépense n'excédera point la somme de douze cent livres du préciput du diocese, & celle de cent vingt livres du préciput de la communauté dans le terroir de laquelle ledit pont ou chaussée seront situés, ou la somme de deux cent quarante livres, si c'est une ville maîtresse (a), lesdits dioceses pourront délibérer l'imposition de leur préciput & de celui de la communauté, & les employer à leur destination en passant les baux en la forme ordinaire, à la charge de faire autoriser aux Etats suivans l'imposition qui en aura été faite.

Mais si ledit pont ou chaussée qu'ils se proposeront de faire, excedent le montant des préciputs énoncés ci-dessus, ils ne pourront les entreprendre sans avoir obtenu le consentement de la sénéchaussée où ils sont situés, laquelle doit y contribuer à concurrence de son préciput revenant à dix mille livres : & si l'ouvrage excede le préciput de la sénéchaussée, il ne pourra être entrepris sans le consentement des Etats, en observant, dans le cas où la dépense regarderoit la sénéchaussée ou la province, de se conformer à ce qui est prescrit par les quatre premiers articles du présent réglement.

A l'égard des dioceses situés dans la sénéchaussée de Beaucaire & de Nîmes, dont le préciput, pour les ponts & les chaussées servant à contenir les rivieres sous les ponts, est de dix mille livres, indépendamment de celui des communautés dans le terroir desquelles

---

(a) C'est aujourd'hui 4000 livres pour les dioceses , 480 livres pour les villes & gros bourgs, & 240 livres pour les petites communautés. *Voyez* ci-dessus, Tit. I. Nºs. 30, 31, 32 & 33 ; les délibérations des Etats & les arrêts du conseil des 26 Novembre 1771, 5 Avril 1772, 5 Décembre 1778, & 15 Avril 1779.

les ouvrages font fitués, il en fera ufé pour lefdits ouvrages, dans le cas où ils n'excéderoient pas lefdits préciputs, conformément à ce qui eft porté par l'article V du préfent réglement pour les chemins des diocefes.

Mais fi les ouvrages defdits ponts ou chauffées, alloient au-delà, & qu'il fallût avoir recours à la fénéchauffée pour fon préciput de dix mille livres, ou même aux Etats dans le cas où la dépenfe excéderoit les fufdites fommes, il en fera ufé à l'égard defdits diocefes, de la même maniere qu'à l'égard de ceux des deux autres fénéchauffées.

ART. VII.

La largeur des chemins devant être proportionnée à leur deftination, celle des chemins qui font à la charge de la province fera de fix toifes; celle des chemins des fénéchauffées, de cinq toifes; celle des chemins des diocefes, de quatre toifes; & celle des chemins des communautés, de trois toifes & demie; & ce, en mefurant les largeurs de la crête des chemins & au haut * des talus des foffés qui les borderont. Ces largeurs feront uniformes par-tout, à moins que, pour quelque raifon particuliere, on ne jugeât convenable de les augmenter en certains endroits, tels qu'aux avenues des grandes villes, ou de les diminuer dans d'autres, comme fur le penchant des montagnes où ils exigeroient des efcarpemens dans le rocher ou des murs de foutenement trop difpendieux, en donnant toutefois en ce cas auxdits chemins la largeur néceffaire pour la fureté des voyageurs & des voitures, de maniere que deux voitures au moins puiffent y paffer; & feront lefdites augmentations ou diminutions de la largeur des chemins, déterminées par le devis, lequel en aura été dreffé en la forme expliquée ci-deffus.

*Il y a au bas dans l'expédition originale, mais c'eft une faute, ainfi qu'il paroît par le projet figné par Mgr. l'archevêque de Narbonne.

Tome II.

ART. VIII.

Les foffés qui borderont les chemins, auront par-tout un pied & demi de bafe avec la couche d'un fur un pour le talus du côté du chemin, & celui d'un demi fur un pour le côté oppofé; leur profondeur ordinaire fera de trois pieds, mais elle changera fuivant l'inégalité du terrein, en forte que la bafe du foffé ait une pente uniforme depuis fon origine jufqu'à l'endroit où il fe vuidera. On augmentera les dimenfions de ces foffés fuivant l'exigence des cas, & autant qu'il fera néceffaire pour empêcher les eaux d'en furmonter les bords.

ART. IX.

La conftruction des chemins variera fuivant la nature des terreins fur lefquels ils feront établis, & fuivant la qualité des matériaux que le pays fournira : on fera en forte que leur forme foit plus élevée que les poffeffions voifines, pour que les eaux ne les furmontent pas, & qu'elles s'écoulent avec plus de facilité. Lorfque le terrein fera d'une confiftance ferme, on fe contentera d'y mettre un engravement ou gravelage dont la hauteur, pour les chemins à la charge de la province, fera au milieu de dix-huit pouces, & à chaque bord de douze pouces, en laiffant une banquette de terre de trois pieds de largeur de chaque côté pour fervir d'accôtement au gravier, & en obfervant que tout le chemin, tant dans la partie engravée, que dans celle qui ne l'eft pas, ait un bombement uniforme & régulier : la hauteur des graviers dans les autres chemins fuivra la proportion de leur largeur.

ART. X.

Dans les endroits où le fond ne fera point folide, on l'affermira en y faisant sur la forme & au-dessous des engravemens un empierrement d'un pied de hauteur au moins , & au défaut de pierres, on fera un pavé de gros cailloux. On fera aussi de semblables empierremens & de semblables pavés dans les parties où les graviers sont rares ; & , dans ce cas, on pourra diminuer la hauteur de l'engravement ou gravelage. Dans les endroits ou il n'y aura point de gravier & où l'on pourra se procurer de la pierre, on emploiera, à la place de gravier , de la recoupe de pierre que l'on bourrera sur le chemin autant qu'il sera nécessaire pour la réduire à la grosseur du même gravier & pour rendre la surface du chemin unie. Dans les endroits où il n'y aura ni pierres ni graviers, on y construira du pavé qui sera disposé de maniere à être solide , & le plus doux qu'il sera possible.

Art. XI.

Les matériaux que les entrepreneurs se proposent d'employer dans la construction à neuf des ponts , chaussées , chemins , ou autres ouvrages , soit en pierre de taille , moilon , brique pour la maçonnerie , soit en pierre ou cailloux pour les empierremens , gravier pour les engravemens ou autres matériaux , ne pourront être employés par eux qu'après avoir été approuvés par l'ingénieur ou par le directeur de l'ouvrage ; & au cas que les entrepreneurs en eussent employé qui auroient été rejettés , ou qui ne pourroient pas être approuvés , ils seront obligés , sur le premier avis qui leur en sera donné par l'inspecteur & le directeur, de démolir ce qu'ils auront bâti en pierre de taille , moilon , brique , ou autres matériaux , & d'enlever les cailloux & gravier de l'empierrement ou engravement , & autres mauvais matériaux , sans en pouvoir rien prétendre ,

& sans que l'emploi desdits matériaux puisse être compensé par quelque diminution du prix.

Art. XII.

Tous les chemins qu'on construira à neuf , seront commencés à l'une des extrémités , & continués , sans interruption , jusqu'à l'extrémité opposée, ou commencés par les deux extrémités , s'il y a des fonds suffisans pour y pourvoir , sans préjudice , dans les circonstances particulieres où la nécessité l'exigeroit , d'entreprendre des parties intermédiaires , lesquelles , en ce cas , ne seront point interrompues ; ce qui ne pourra être fait toutefois qu'en vertu d'une délibération des Etats , des sénéchaussées , & des dioceses , chacun pour les chemins qui les concernent ; & lorsqu'il y aura une partie entierement achevée sur une lieue de longueur , il en sera dressé un procès-verbal de réception par le directeur du département , pour les chemins concernant la province & les sénéchaussées ; & , pour ceux concernant les dioceses , par celui qui est chargé de l'ouvrage , conformément à ce qui a été dit à l'article V , lequel procès-verbal contiendra dans le détail l'état de ladite partie de chemin , & ladite lieue sera donnée à l'entretien sur ledit procès-verbal , conformément à ce qui sera expliqué ci après.

Art. XIII.

Les obligations des entrepreneurs chargés de l'entretien des chemins neufs , consisteront à maintenir tous les fossés qui en dépendent , dans les mêmes dimensions qu'ils avoient lors de la réception du chemin , soit qu'ils soient paralleles au chemin ou qu'ils servent à en conduire les eaux dans les ruisseaux ou les rivieres voisines : & dans le cas où l'expérience feroit connoître que les fossés déjà ouverts ne suf-

ENTRETIEN DES OUVRAGES NEUFS

firoient pas pour donner aux eaux un écoulement affez prompt, l'entrepreneur chargé de l'entretien en augmentera les dimenfions, & même en ouvrira de nouveaux, fuivant l'exigence des cas, ce qui fera déterminé par un ordre par écrit de MM. les commiffaires des travaux publics du département. S'il arrivoit que les riverains comblaffent les foffés du chemin, en tout ou en partie, qu'ils y dépofaffent du fumier, qu'ils gênaffent le cours des eaux, ou qu'en élargiffant les foffés ils retréciffent le chemin, les entrepreneurs feront obligés d'en avertir fur le champ par écrit l'infpecteur & le directeur; & faute par eux d'avoir donné cet avis, ils feront tenus de remettre à leurs frais les chofes dans leur premier état.

ART. XIV.

Les entrepreneurs combleront avec du bon gravier tous les trous & toutes les ornieres du chemin à mefure qu'elles fe formeront : ils feront tous les engravemens néceffaires pour que les chemins aient toujours la même régularité, uniformité, & le même bombage, en forte que les eaux n'y féjournent jamais, & que les graviers aient toujours la même hauteur qu'ils avoient lors de la réception du chemin, dont le procès-verbal fervira de regle à l'entrepreneur de l'entretien du chemin.

ART. XV.

Les entrepreneurs ôteront ou écraferont à la maffe tous les cailloux & toutes les pierres mouvantes qui fe trouveront fur le chemin & qui pourroient caufer du cahot, foit qu'elles faffent partie des engravemens & des empierremens, foit qu'elles aient été jettées fur le chemin par les paffans ou par les propriétaires riverains; ils feront enlever auffi tous les matériaux, décombres, fumier, arbres, brouffailles, bois & autres chofes quelconques qui

pourroient embarraffer la voie, par qui qu'elles aient été mifes.

ART. XVI.

L'entrepreneur chargé de l'entretien, aura foin également de fermer les trous & toutes les ornieres qui pourront fe former au pavé ; de faire chaque année tous les relevés-à-bouts néceffaires, & de couvrir les pavés de fablon & de même gravier, pour qu'ils foient toujours doux, bien dreffés, & dans le même état où ils auront été trouvés lors de la réception du chemin.

ART. XVII.

L'entrepreneur entretiendra auffi en bon état les murs de foutenement des chauffées, les parapets de tous les ponts, & même les pontceaux en entier, lorfqu'ils n'excéderont pas deux toifes d'ouverture : il fera à cet effet tous les renformis & toutes les reprifes fous œuvre & réconftructions néceffaires, avec des matériaux approuvés par l'infpecteur & le directeur des travaux publics du département, tant en moilon qu'en brique, en pierre de taille, & autres matériaux.

ART. XVIII.

Pour que le défaut d'entretien n'occafionne pas la ruine des ponts & des chauffées qui fervent à contenir les rivieres ou autres ouvrages qui en défendent les bords, les directeurs des travaux publics de la province feront tenus de vérifier chaque année l'état de tous ceux qui font dans leur département, tant fur la ligne de la pofte que fur les chemins des fénéchauffées : & les infpecteurs des diocefes feront tenus pareillement de vérifier tous ceux qui fe trouveront dans l'étendue de leur département, & d'en dreffer un état qu'ils remettront au directeur des travaux publics du département, avant la tenue des Etats, pour qu'ils puiffent le remettre aux fyndics généraux avec leurs obfervations & leur avis ; & les Etats, fur le compte qui leur en fera par eux rendu, ordonneront les réparations qu'il pourra y avoir à faire.

ART. XIX.

L'état où font les anciens chemins ne permettant pas de les entretenir comme les nouveaux, fans s'expofer à une dépenfe dont il n'eft pas poffible de fixer les bornes, parce que les dimenfions des engravemens & empierremens dont ils font compofés, font indéterminées, & que dans bien des endroits ces chemins font à peine formés, on bornera jufqu'à une nouvelle conftruction leur entretien, à faire, & à entretenir toutes les rigoles & foffés néceffaires pour en écouler les eaux, & les porter dans les ruiffeaux ou rivieres voifines ; à combler tous les trous, flaches & ornieres des endroits engravés ; le tout avec du bon gravier ; en forte que le chemin foit toujours uni, ferme & paffant, & que les eaux n'y féjournent point ; à fermer les trous, flaches & ornieres des pavés ; à réparer les ouvrages de maçonnerie qui fe dégraderont, pour qu'ils foient toujours en bon état ; & en outre, il fera fait, fuivant l'exigence des cas, fur ces chemins, des engravemens ou gravelages pour rehauffer & affermir les parties les plus baffes, lefquels engravemens feront payés à la toife cube.

ART. XX.

Perfonne ne pourra fe préfenter pour les ouvrages énoncés dans les articles ci-deffus, ni être reçu à faire des offres qu'il ne foit reconnu capable de bien exécuter ceux dont il voudra fe charger, foit par les ouvrages qu'il aura faits ci-devant, ce qui aura lieu pour les grands ponts & autres ouvrages d'une grande conféquence, foit à l'égard des autres entreprifes, par les

certificats de MM. les commiffaires du diocefe où ils demeurent, ou des directeurs des travaux publics ; & à l'effet de prévenir l'inconvénient du refus de fournir des cautions, ou d'en fournir de fuffifantes, nul ne fera reçu à faire des offres, s'il ne remet à MM. les commiffaires qui devront faire l'adjudication, un état en bonne forme de fes cautions, dûment figné de ceux qui doivent s'engager en cette qualité, ou accompagné, en cas d'abfence, de leur procuration, & fi lefdites cautions ne font acceptées par les mêmes commiffaires, lefquels commiffaires régleront auffi l'avance qui devra être faite à l'entrepreneur, eu égard à la qualité & au montant du prix de fon entreprife.

ART. XXI.

L'adjudication fera faite au jour, à l'heure, & au lieu qui feront indiqués par l'affiche, à celui qui fera la condition meilleure ; & elle fera définitive, fauf le tiercement, ou le triplement du tiercement qui ne fera reçu que dans le délai de vingt-quatre heures, à compter de celle de l'adjudication, & il en fera fait mention dans l'affiche, ainfi que de la néceffité de donner un état des cautions avant d'être admis à faire des offres, fans préjudice toutefois à MM. les commiffaires qui doivent faire l'adjudication, d'en proroger les délais, ainfi qu'ils le jugeront plus convenable, eu égard à la nature de l'ouvrage & aux autres circonftances.

ART. XXII.

Afin d'éviter toutes difcuffions de la part des entrepreneurs qui prétendroient demander une augmentation de prix ou indemnité, fous prétexte de léfion fur le prix de l'adjudication ou de cas fortuits, ils feront avertis par l'affiche que l'adjudication fera faite fous la condition expreffe de renoncer à toute indemnité, fous quelque prétexte que ce puiffe être, même de léfion d'outre moitié de jufte prix, comme auffi fous prétexte de cas fortuits ; laquelle renonciation fera partie des conditions du prix du bail. (a)

ART. XXIII.

Les adjudications des ponts & autres ouvrages neufs, dont il a été parlé ci-deffus, feront faites ou en bloc, fur l'eftimation détaillée du directeur, ou à tant la toife de chaque nature d'ouvrage, fuivant ce qui fera jugé plus convenable par MM. les commiffaires qui devront faire l'adjudication, après avoir pris l'avis du directeur ; mais l'entretien des chemins neufs fera toujours adjugé en bloc, à tant par lieue de trois mille toifes.

ART. XXIV.

Les difpofitions énoncées dans les articles ci-deffus, concernant la forme des devis & les adjudications des ouvrages publics qui feront à la charge de la province, feront également obfervées dans celle des ouvrages qui font à la charge des fénéchauffées ou des diocefes.

ART. XXV.

Ceux à qui l'adjudication des ouvra-

ges aura été faite, ne pourront, fous quelque prétexte que ce foit, fous-traiter de leur entreprife ni d'aucune partie d'icelle, fauf à faire leurs marchés feulement pour la fourniture & le tranfport des matériaux, tels que pierre de taille, moilon, brique pour la maçonnerie, cailloux & graviers pour les empierremens & engravemens, fans que l'emploi defdits matériaux & aucune main-d'œuvre puiffent y être compris ; & en cas de contravention de la part des entrepreneurs, il leur fera retranché fur le prix de l'adjudication, telle fomme qui fera réglée fur l'avis du directeur de l'ouvrage, par MM. les commiffaires des travaux publics, nommés par les Etats ou par les fénéchauffées, & par les commiffaires ordinaires des diocefes, chacun pour les ouvrages qui les concernent.

ART. XXVI.

L'entrepreneur fe tiendra lui-même fur les travaux, autant qu'il fera poffible ; & dans le cas où il ne s'y tiendra pas lui-même, il ne pourra y mettre, par rapport aux grands ponts & autres ouvrages de grande conféquence, que des ouvriers reconnus capables, nommément pour ce qui concerne le maître charpentier, l'appareilleur, & le premier pofeur.

(a) Cet article décide que la renonciation au remede introduit par la loi dans le cas de la léfion d'outre moitié du jufte prix, peut être oppofée à celui qui a renoncé, & vuide par-là le conflit qui s'étoit élevé à ce fujet entre les jurifconfultes & plufieurs tribunaux. Mais il n'en faudroit pas conclure qu'il décide auffi que la léfion d'outre moitié peut être utilement employée contre les adjudications des ouvrages publics faites à la moins-dite. Son objet n'eft que d'*éviter toutes difcuffions de la part des entrepreneurs* ; &, il ne faut pas douter que dans le cas où la claufe de la renonciation auroit été oubliée dans le bail, la queftion ne fût entiere, & ne dût être jugée fuivant la jurifprudence conftante du parlement de Touloufe, qui, en admettant la plainte de la léfion d'outre moitié, lorfqu'il s'agit d'ouvrages faits pour des particuliers, & que l'entrepreneur doit fournir, non-feulement fon travail & fon induftrie, mais encore les matériaux néceffaires, *d'Olive*, liv. 4. chap. 12., *Catelan*, liv. 5, chap. 6, la rejette au contraire conftamment, lorfqu'il s'agit d'ouvrages publics dont l'adjudication a été faite à la moins dite. *Cambolas* liv. 3, chap. 18, *Albert* fur le mot *léfion*, chap. 14, *Boutaric* fur le §. 4 des Inftitutes, *de locatione & conductione*.

Art. XXVII.

Ceux qui se chargeront de la construction des ponts & des chemins, ou de leur entretien, demeureront pendant la durée de l'ouvrage sur les lieux où se fait le travail, ou qui en sont le plus à portée, afin de recevoir plus promptement les ordres qu'il y aura lieu de leur donner.

Art. XXVIII.

Les devis sur lesquels les adjudications seront faites, seront exécutés exactement par les entrepreneurs, sans qu'ils puissent s'en écarter sous quelque prétexte que ce soit; & il ne pourra y être fait aucun changement, si ce n'est en vertu des ordres par écrit de MM. les commissaires des travaux publics, commis par les Etats; de ceux nommés par les sénéchauffées, & de MM. les commissaires ordinaires des diocèses, chacun pour les chemins qui les concernent; lesquels ordres seront donnés sur l'avis du directeur chargé de la conduite des ouvrages.

Art. XXIX.

Les entrepreneurs ne pourront être payés que sur les certificats des inspecteurs & sur ceux des directeurs qui seront mis à la suite; ce qui aura lieu, tant pour les ouvrages qui sont à la charge de la province & des sénéchauffées, que pour ceux qui sont à la charge des diocèses.

Art. XXX.

Les entrepreneurs ou adjudicataires seront tenus de se soumettre à l'exécution du contenu au présent réglement, de laquelle soumission il sera fait une mention expresse dans les baux qui leur seront passés, contenant l'adjudication des ouvrages dont ils se sont chargés.

Art. XXXI.

Les inspecteurs aux ouvrages d'un chemin neuf ou d'un pont, se tiendront assidûment sur les ouvrages, nommément lorsqu'il s'agira des fondations d'un pont, & ils avertiront le directeur du tems où il sera travaillé à celle de chaque pile ou culée, de maniere que la premiere assise ne puisse être mise sur les fondations qu'après que le directeur les aura vues & approuvées; les inspecteurs auront soin aussi d'examiner les matériaux qui seront employés aux ponts & aux chemins, à l'effet de rejetter ceux dont la qualité n'aura pas été approuvée; & ils veilleront à ce que tous les ouvrages énoncés au devis, soient exécutés conformément aux regles de l'article XXVIII; & en cas qu'ils reconnoissent quelques mal-façons dans les parties nouvellement faites, provenant, tant du défaut des matériaux, que de la main-d'œuvre, ils en dresseront procès-verbal qu'ils communiqueront à l'entrepreneur, & qu'ils remettront au directeur, à l'effet de faire ensuite démolir & reconstruire lesdits ouvrages aux dépens de l'entrepreneur.

Art. XXXII.

A l'égard des chemins qui seront donnés à l'entretien, l'intention des Etats étant qu'ils soient toujours dans l'état de perfection où ils étoient lorsqu'ils auront été reçus, les inspecteurs seront obligés d'en faire la visite tous les mois pour les chemins à la charge de la province, tous les deux mois pour ceux des sénéchauffées, & tous les trois mois pour ceux des diocèses, & de dresser un procès-verbal contenant en détail l'état des réparations à faire pour mettre le chemin au même état où il étoit lors de la réception; duquel procès-verbal ils remettront une copie à l'entrepreneur & une autre au directeur; & ils feront mention dans le procès-verbal suivant, de ce qui aura été fait en conséquence ; desquels procès-verbaux, ils donneront connoissance au syndic général du département, pour ce qui regarde les chemins à la charge de la province ou des sénéchaussées, & à MM. les commissaires des diocèses, pour les chemins qui concernent les diocèses.

ART. XXXIII.

Les directeurs feront deux fois l'année, & plus souvent, si la nature de l'ouvrage le requiert, la visite des ouvrages de leur département, à l'effet de déterminer, dans l'une, les ouvrages à faire, & dans l'autre, de les recevoir, s'ils sont en état de réception ; laquelle ne pourra être faite que par eux-mêmes sur les toisés qu'ils en auront faits & dressés, après avoir vérifié ceux qui leur auront été remis par les inspecteurs, & après avoir fait faire en leur présence & aux frais des entrepreneurs, les sondes qu'ils auront jugé nécessaires pour être assuré de la bonne construction & de la qualité des matériaux, conformément aux devis ; & le procès-verbal détaillé de ladite réception, sera remis au syndic général du département, pour ce qui regarde les ouvrages de la province ou des sénéchaussées, à l'effet d'être communiqué à MM. les commissaires qui doivent ordonner le payement de l'entrepreneur : & pour ce qui concerne les ouvrages à la charge des diocèses, le procès-verbal de réception dressé par celui qui en a la conduite, en présence du directeur des travaux publics, qui aura dressé ou vérifié le devis, conformément à l'article V ci-dessus, sera remis au syndic du diocèse, à l'effet d'être pourvu audit payement en la forme accoutumée.

ART. XXXIV.

Il sera procédé, conformément à l'usage ci-devant observé, à l'estimation des terres qui auront été prises pour les chemins, chaussées, & avenues des ponts, dans l'année en laquelle les particuliers qui en sont propriétaires, auront été privés de leurs fonds ; & les entrepreneurs ne pourront toucher aux fruits pendans, qu'autant qu'ils travailleront de suite aux ouvrages.

S'il y a des arbres dans lesdites terres, les entrepreneurs auront soin de les couper de maniere que ceux qui sont susceptibles d'être replantés puissent l'être ; & s'ils portent du fruit, ils ne seront coupés qu'après qu'il aura été recueilli, à peine d'y être pourvu aux dépens de l'entrepreneur, par retenue sur le premier payement qui lui sera fait, à quoi l'inspecteur & le directeur tiendront la main : les procès-verbaux desdites estimations seront certifiés par le directeur du département, à l'égard des ouvrages qui sont à la charge de la province ou des sénéchaussées, & remis par lui au syndic général, à l'effet d'être pourvu au payement ; & il en sera usé de la même maniere à l'égard des ouvrages à la charge des diocèses, de la part des inspecteurs & de ceux qui ont la conduite des ouvrages, lesquels remettront au syndic du diocèse les procès-verbaux d'estimation qui auront été dressés.

ART. XXXV.

Lorsque les diocèses auront passé les baux d'entretien des chemins qui sont à leur charge, ils seront obligés de les rapporter aux Etats, à l'effet d'obtenir leur consentement à l'imposition du prix, & ensuite la permission de l'imposer en la forme ordinaire : OUI le rapport du sieur de l'Averdy, conseiller ordinaire au conseil royal, contrôleur général des finances ; LE ROI ÉTANT EN SON CONSEIL, ayant égard à ladite requête, a autorisé le réglement fait par les gens des Trois-états de la province de Languedoc, pour les ouvrages publics qui font à la charge de la province en corps, des fénéchauffées, ou des dioceses ; Ordonne en conféquence qu'il fera exécuté felon fa forme & teneur. FAIT au confeil d'état du Roi, Sa Majefté y étant, tenu à Compiegne le vingt-feptieme jour d'Août mil fept cent foixante-fix. *Signé*, PHELYPEAUX.

X I.

EXTRAIT du regiftre des délibérations des états généraux de Languedoc, affemblés par mandement du Roi en la ville de Montpellier au mois de Novembre 1766.

Du Samedi 13 Décembre fuivant, préfident Mgr. l'archevêque & primat de Narbonne.

MONSEIGNEUR l'évêque de Nimes a dit, que MM. les commiffaires des travaux publics ayant continué de s'affembler chez lui, le fieur de Montferrier leur avoit fait part de l'arrêt du confeil du 27 Août dernier qui autorife le nouveau réglement fait par les Etats dans leur derniere affemblée fur les travaux publics, & que les Etats ne peuvent qu'être fatisfaits de l'applaudiffement, qu'a eu au confeil cet ouvrage, qui a été imprimé à l'imprimerie royale, & propofé pour exemple dans d'autres provinces ; que quoiqu'il ait été auffi imprimé dans le recueil que font diftribuer chaque année les Etats, & qu'on en ait même déjà envoyé plufieurs exemplaires dans les dioceses, l'affemblée jugera fans doute à propos de le faire inférer dans le procès-verbal de fes féances & d'ordonner que l'expédition originale fera dépofée aux archives, en exhortant MM. les commiffaires des dioceses à s'y conformer fcrupuleufement pour

ce qui les concerne, & enjoignant aux directeurs & infpecteurs des ouvrages, de ne s'en point écarter fous aucun prétexte, & de tenir exactement la main à fon exécution.

Ce qui a été délibéré conformément.

X I I.

EXTRAIT du regiftre des délibérations des Etats généraux de Languedoc, affemblés par mandement du Roi en la ville de Montpellier au mois de Novembre 1766.

Du Mardi 16 Décembre fuivant, préfident Mgr. l'archevêque & primat de Narbonne.

MONSEIGNEUR l'évêque de Nimes a dit, que la commiffion s'eft occupée des difficultés qu'ont faites divers prétendans aux entreprifes des travaux publics de fe charger de l'entretien des parties de chemin qui venant d'être conftruites nouvellement, ou réparées au point de pouvoir être regardées comme neuves, leur feroient remifes pour les rendre au même état où ils les auroient prifes, d'après le procès-verbal de leur réception, moyennant tant par lieue, à moins qu'on ne leur payât une fomme qui, fuivant leurs offres, auroit fait monter cette dépenfe à prefque autant que celle de la conftruction du chemin.

Que ce refus obftiné paroiffoit d'autant plus déplacé à l'égard des parties depuis Lunel jufques à la Pyramide d'Alzonne, pour lefquelles on n'a pu trouver des entrepreneurs, que celles depuis le St. Efprit jufques à Lunel ont été adjugées aux mêmes conditions à des prix raifonnables ; qu'il en a été ufé de même dans la fénéchauffée de Toulouse, & qu'on ne conçoit pas comment l'entretien d'un ouvrage tout neuf pourroit exiger une dépenfe auffi confidérable.

Qu'on

Qu'on ne peut attribuer cet éloigne-ment des entrepreneurs, qu'à l'intérêt qu'ils ont de voir les chemins bientôt dégradés, pour en entreprendre la re-conſtruction, ou à la crainte d'être ex-poſés à de trop grands frais, ſoit en s'en chargeant comme exactement faits conformément au devis, quoiqu'il puiſſe y avoir des défauts eſſentiels, & ca-chés, dans leur premiere conſtruction, ſoit par des dégradations extraordinai-res cauſées par des cas fortuits, à raiſon deſquels ils ne ſauroient préten-dre aucune indemnité, attendu la re-nonciation à toute demande formée ſur ce moyen, qu'on eſt dans l'uſage d'inſérer dans les adjudications, & qui eſt de plus fort ordonnée par l'art. XXII du nouveau réglement autoriſé par l'ar-rêt du 27 Août 1766 ; crainte que les malheurs qu'on vient d'éprouver par les dernieres inondations, n'a que trop fortifié.

Que la premiere conſidération n'é-tant qu'une réſiſtance blâmable a paru à MM. les commiſſaires fournir un nouveau motif de s'attacher encore plus ſcrupuleuſement à l'exécution du réglement qui tend au plus grand avan-tage de la province ; mais qu'ils ont cru en même-tems qu'il étoit auſſi poſſible que raiſonnable de remédier aux autres obſtacles, ſans s'écarter des vues des Etats ni du véritable eſprit du ré-glement.

Qu'il n'étoit queſtion pour parer à l'inconvénient de la défectuoſité des chemins faits ci-devant, & conſidérés comme neufs, que de déterminer qu'ils ſeront encore réparés le plutôt qu'il ſera poſſible, en y employant ſur diverſes parties, le plus qu'on pourra, les fonds deſtinés chaque année à ces ouvrages, en obſervant que les répa-rations ſoient faites de maniere à ſup-pléer à tous les défauts de la premiere conſtruction, en ſorte que la partie

ainſi réparée ſoit en effet miſe dans un véritable état de neuf, lequel ſera conſtaté, non-ſeulement par le procès-verbal de la réception, mais encore par une vérification faite par le direc-teur, en préſence de l'inſpecteur, de l'entrepreneur qui aura fait les répara-tions, & de celui qui voudra ſe charger de l'entretien; lequel dès-lors ne pourra plus douter de l'état de ce qu'il prend, & des obligations qu'il contracte.

Qu'à l'égard des cas fortuits, quoi-qu'on ne puiſſe ſe diſpenſer de l'obſer-vation de l'uſage actuel & preſcrit par le nouveau réglement, il ne s'agiroit que de développer ce qu'on a eu véri-tablement en vue par cette diſpoſition, qui priſe dans un ſens trop littéral peut être véritablement un motif légitime d'éloignement de la part des entre-preneurs.

Qu'il eſt bien certain, comme l'ont reconnu MM. les commiſſaires, que ſi les entrepreneurs étoient expoſés au riſque d'être obligés au moyen d'une modique ſomme, à réparer les dom-mages cauſés par l'irruption ſubite des rivieres, ou torrens qui, ſortant de leur lit, auroient renverſé les murs, comblé les foſſés, & enlevé entiere-ment les graviers, ainſi qu'on vient de l'éprouver dans pluſieurs endroits, ils ne ſauroient contracter un engagement auſſi ruineux, & que l'intention des Etats n'a pu être de les y aſſujettir ; la ſage précaution qu'ils ont cru devoir prendre, d'exiger une renonciation à toute indemnité de la part des entre-preneurs, devant varier, & être plus ou moins étendue, ſuivant la nature des ouvrages, & les cas fortuits aux-quels on peut s'attendre, ſans pouſſer trop loin la prévoyance, qu'ils ſeront expoſés, & dont le dédommagement pouvant entrer en conſidération dans le prix de l'adjudication eſt cenſé en faire partie.

Qu'en partant de ce principe général, & en faisant une juste application à l'inconvénient auquel on croit devoir remédier, par une explication très-naturelle de l'article XXII du nouveau réglement, il n'y auroit qu'à excepter par une disposition expresse dans la renonciation aux cas fortuits insérée dans les adjudications des entretiens des chemins, celui des dégradations occasionnées tout-à-coup par le débordement des rivieres ou ruisseaux survenus à la suite de quelque orage extraordinaire, & dont la réparation ne sauroit évidemment être faite qu'avec des dépenses beaucoup au dessus du prix de l'entretien, & du gain même que pourroit faire l'entrepreneur dans un tems ordinaire.

Mais que la commission en proposant ce tempérament, a jugé qu'on ne sauroit prendre assez de précautions pour éviter qu'il ne devînt abusif.

Que celle qu'on a regardé comme la plus propre à remplir cet objet, consiste à limiter l'effet de l'exception aux dégradations survenues dans l'intervalle d'une des visites dont sont chargés les inspecteurs par l'art. XXXII du réglement, à l'autre, en obligeant l'entrepreneur de les avoir dénoncées à l'inspecteur dans les vingt-quatre heures, pour que leur nature, leur étendue, & leur cause puissent être constatées, dans le moment où elles peuvent le mieux être reconnues, par un procès-verbal dudit inspecteur fait en présence de l'entrepreneur, & des consuls du lieu le plus prochain de la partie dégradée ; lequel procès-verbal sera envoyé tout de suite au syndic général du département & par celui-ci au directeur, pour, sur son avis rapporté à MM. les commissaires chargés de la direction des travaux publics pendant l'année, être pourvu aux moyens de réparer le dommage, en remettant,

aux dépens de la province, les choses au même état où elles étoient lors de la visite faite immédiatement avant la dégradation.

Que cette exception en donnant plus de facilité pour trouver des entrepreneurs, peut aussi devenir un moyen de les obliger à mieux remplir leurs engagemens, en ajoutant dans la clause du traité où elle sera insérée, qu'elle n'aura pas lieu, si, lors de la visite de l'inspecteur précédant immédiatement le cas fortuit excepté, la partie du chemin dégradé n'avoit pas été trouvée dans le bon état où elle doit être.

Que telles ont été les réflexions, d'après lesquelles la commission a cru devoir proposer à l'assemblée de délibérer.

1º. Que les directeurs des travaux publics feront employer par préférence les fonds destinés aux ouvrages de la grande route, à mettre en état de neuf le plus qu'il sera possible les différentes parties de ces chemins qui ont été faites jusqu'à présent, pour qu'elles puissent être ensuite données à l'entretien à mesure qu'elles auront été reçues en la forme proposée par MM. les commissaires.

2º. Qu'en attendant qu'il puisse y avoir des parties prêtes à être données ainsi à entretenir, lesdits sieurs directeurs des travaux publics seront autorisés à chercher des entrepreneurs qui veuillent s'en charger de gré à gré, dès qu'elles auront été finies & reçues, avec l'exception des cas fortuits extraordinaires, suivant ce qui a été expliqué dans le rapport ci-dessus ; même à recevoir les soumissions qui pourroient être faites à raison desdits entretiens pour une, ou deux lieues, pendant une ou plusieurs années, soit par les maîtres de poste, soit par les fermiers ou habitans des villes & lieux situés sur lesdits chemins, ou aux environs ; lesquelles soumissions seront envoyées par lesdits directeurs, avec leur estimation & avis, aux syndics généraux, à l'effet d'en être par eux rendu compte à MM. les commissaires des travaux publics, qui seront pareillement autorisés à les accepter, ou à mettre les prétendans, s'il s'en présente plusieurs, au concours, ainsi qu'ils aviseront le plus expédient pour le bien de la chose & l'accomplissement du desir qu'ont les Etats de mettre dans le meilleur ordre possible cette partie de leur administration, en tenant rigoureusement la main à l'exécution du dernier réglement, qu'ils ont regardé comme le seul moyen d'y parvenir.

Ce qui a été ainsi délibéré, conformément à l'avis de MM. les commissaires.

XIII.

Extrait du registre des délibérations des Etats généraux de Languedoc, assemblés par mandement du Roi en la ville de Montpellier, au mois de Novembre 1767.

Du Lundi 4 Janvier 1768, président Mgr. l'archevêque & primat de Narbonne.

Monseigneur l'évêque de Nîmes a dit que MM. les commissaires ont reconnu un très-grand inconvénient dans l'usage où on a été jusques ici de laisser travailler indifféremment en tout tems les entrepreneurs des chemins à leurs réparations, parce que celles qu'ils y font dans l'été, ou en automne, aux approches de l'assemblée des Etats, ne sauroient produire un bon effet, attendu que, s'il n'a pas plû alors, les graviers qui n'ont pu faire aucune prise, rendent la voie très-diffi-

cile pour rouler, & que si au contraire il est survenu, comme il arrive fréquemment, des pluyes abondantes, ces mêmes graviers détrempés, avant qu'ils ayent fait corps, ne forment que des bourbiers qui rendent les chemins encore plus difficiles ; que d'ailleurs le retardement de la fin des travaux achevés dans une époque aussi prochaine de l'assemblée des Etats, ne permettant pas aux directeurs des travaux publics d'en pouvoir faire les toisés & réception assez tôt pour pouvoir leur en rendre compte dans les premieres séances, ils se trouvent surchargés dans les derniers jours par ce détail, qui devient chaque année plus long & plus compliqué.

Que ces considérations ont porté MM. les commissaires à proposer aux Etats de délibérer par forme de réglement, qu'à commencer de cette année, & à l'avenir, les fonds destinés aux réparations & constructions à neuf des chemins qui sont à la charge de la province seront employés par les entrepreneurs sur l'indication des directeurs des travaux publics, depuis le mois de Février jusqu'au premier Juillet, après laquelle époque les directeurs ne pourront comprendre dans les toisés & réceptions auxquels ils procéderont alors, que ceux qui se trouveront faits, dont ils remettront leurs procès-verbaux aux syndics généraux avant l'ouverture des Etats pour leur en être par eux fait rapport, d'abord après la délibération du don gratuit.

Ce qui a été délibéré conformément à l'avis de MM. les commissaires, les Etats enjoignant aux directeurs des travaux publics de tenir la main à l'exécution de cet arrangement, & de s'y conformer exactement.

X I V.

EXTRAIT du regiſtre des délibérations des Etats généraux de Languedoc, aſſemblés par mandement du Roi en la ville de Montpellier au mois de Novembre 1776.

Du Mardi 17 Décembre ſuivant, préſident Mgr. l'archevêque & primat de Narbonne, commandeur de l'Ordre du St. Eſprit.

MONSEIGNEUR l'évêque de Montpellier a dit, que le ſieur de Montferrier ſyndic général a fait le rapport à la commiſſion, des ouvrages qui ont été faits cette année ſur les diverſes branches de chemins qui ſont entretenues par la province, &c.

Que d'après cet expoſé la commiſſion a cru devoir propoſer aux Etats de délibérer, &c.

Ce qui a été délibéré, conformément à l'avis de MM. les commiſſaires; comme auſſi que les ſyndics généraux tiendront exactement la main à ce que les entrepreneurs rempliſſent chaque année leurs obligations pour les entretiens; & que faute par eux de l'avoir fait lors de chaque viſite que doivent faire les inſpecteurs, que leſdits inſpecteurs ſeront autoriſés par MM. les commiſſaires des travaux publics à faire travailler par économie, & à la charge des entrepreneurs, aux parties qu'ils auront négligées; laquelle clauſe ſera inſérée, ſi fait n'a été, dans toutes les adjudications qui ſeront faites à l'avenir.

TITRE SIXIEME.

De la garantie des Ouvrages publics.

I.

E COD. JUSTINIAN.

Lib. VIII, Tit. XII, *de operibus publicis.*

LEX VIII.

Impp. GRATIANUS, VALENTINIANUS *&* THEODOSIUS *Cynegio P.P.*

OMNES quibus, vel cura mandata fuerit operum publicorum, vel pecunia ad exſtructionem ſolito more credita, uſque ad annos quindecim ab opere perfecto cum ſuis hæredibus teneantur obnoxii : ita ut, ſi quid vitii in ædificatione intra præſtitutum tempus pervenerit, de eorum patrimonio (exceptis tamen his caſibus qui ſunt fortuiti) reformetur. Dat. 3. non. Februar. Conſtantinop. ARCADIO A. I & BAUTONE COSS. (385).

L'uſage a modifié cette loi, en bornant à dix ans, au lieu de quinze, la durée de la garantie à laquelle elle déclare aſſujettir les conſtructeurs & entrepreneurs des ouvrages publics, à raiſon des vices de conſtruction.

Ces dix ans courent du jour de la réception, époque plus certaine que celle de l'achevement des ouvrages indiquée par la loi Romaine.

On peut voir ſur cela le devis du 20 Juin 1742, article V, nomb. 5, & celui du 20 Janvier 1744, article V, dans le titre V précédent, n°ˢ 1 & 2.

TITRE SEPTIEME.

Des Directeurs & Inspecteurs des Ouvrages publics de la province.

LEs fonctions & les devoirs des directeurs & inspecteurs des ouvrages publics de la province font expliqués en grande partie dans les réglemens généraux qui font la matiere du Titre V, tels que les devis généraux des 20 Juin 1742 & 20 Janvier 1744, le réglement autorifé par l'arrêt du conseil du 27 Août 1766, &c. Ce Titre eft deftiné à raffembler quelques réglemens particuliers qui s'appliquent fpécialement à leur miniftere.

I.

EXTRAIT du regiftre des délibérations des Etats généraux de Languedoc, affemblés par mandement du Roi en la ville de Montpellier, au mois de Décembre 1740.

Du Mercredi 18 Janvier 1741, préfident Mgr. l'archevêque & primat de Narbonne.

MONSEIGNEUR l'archevêque de Narbonne préfident a dit, que le fieur de Clapiers, qui étoit chargé de la direction des travaux publics de la province, & en particulier de ceux de la fénéchauffée de Carcaffonne, étant mort pendant le cours de l'année derniere, & s'agiffant de le remplacer, il croyoit devoir propofer à l'affemblée un arrangement qu'il avoit projetté, par lequel, en divifant l'emploi dudit fieur de Clapiers, & fans augmenter les fommes qu'il retiroit de la province ou de la fénéchauffée, on feroit affuré d'un fervice plus exact, & plus utile, & on pourvoiroit en même tems aux appointemens d'un infpecteur particulier des ouvrages du canal de communication des mers auxquels l'intention de Sa

Majefté eft que les Etats donnent à l'avenir une attention finguliere, en s'en faifant rendre compte chaque année par une perfonne entendue, prépofée à cet effet, fuivant la lettre qu'a écrite à ce fujet M. le contrôleur général à mondit feigneur l'archevêque.

Que le nouvel arrangement confifte à donner au fieur de Carney qui a actuellement la direction des ouvrages particuliers de la fénéchauffée de Carcaffonne, celle des ouvrages que la province fera faire en corps dans ce département, avec quinze cent livres d'appointemens, outre & par-deffus la même fomme qu'il retire de la fénéchauffée.

A donner au fieur Garipuy la même direction dans le département de la fénéchauffée de Touloufe, avec 1500 livres d'appointemens payables auffi par la province.

Et à charger le fieur Pitot, membre de l'académie royale des fciences de Paris, qui veut bien s'établir dans la province, de la direction des mêmes ouvrages publics dans le département de la fénéchauffée de Beaucaire & Nîmes, aux appointemens de 1500 livres, auffi bien que de l'infpection particuliere de tous les ouvrages du canal royal, aux appointemens de 2500 livres, lefdites deux fommes payables par la province.

A quoi mondit feigneur l'archevêque a ajouté que le fieur de Clapiers retirant annuellement de la province, ou de la fénéchauffée au moins 9000 livres, & tous les appointemens qu'il vient de propofer n'allant qu'à 8500 livres, la province épargne au moins 500 livres, & a lieu d'efpérer d'être mieux fervie par trois perfonnes que par un feul, la multiplicité des ouvrages exigeant fouvent la préfence d'un directeur dans différens endroits, à quoi un feul ne pouvoit fuffire; qu'au furplus le choix des fujets propofés pour remplir les nouvelles places ne fauroit qu'être agréable à l'affemblée, puifque leur capacité & leur probité font généralement reconnues, & qu'ils en ont déjà donné des preuves dans les différens ouvrages auxquels ils ont été employés depuis la mort du fieur de Clapiers, & dont il a été rendu compte aux Etats.

Sur quoi, lecture faite de la lettre de M. le contrôleur général à Mgr. l'archevêque de Narbonne, l'affemblée a délibéré qu'elle fera tranfcrite dans les regiftres des Etats; &, après avoir remercié mondit feigneur l'archevêque de l'attention qu'il veut bien donner à tout ce qui peut procurer quelque avantage à la province, a unanimement approuvé le choix par lui fait du fieur de Carney pour directeur des travaux publics dans la fénéchauffée de Carcaffonne, du fieur Pitot pour la direction des ouvrages de la fénéchauffée de Beaucaire & Nîmes, & l'infpection de ceux du canal royal, & du fieur Garipuy pour la direction des ouvrages dans la fénéchauffée de Touloufe: & il a été délibéré que leurs appointemens

feront impofés annuellement dans le département des dettes & affaires; favoir, en faveur du fieur de Carney quinze cent livres, outre la même fomme qu'il retire de la fénéchauffée de Carcaffonne, en faveur du fieur Pitot quatre mille livres, & en faveur du fieur Garipuy quinze cent livres; au moyen defquelles fommes ils feront tenus de faire tous les voyages & autres dépenfes qu'exigeront les fonctions de leur emploi.

I I.

Extrait du regiftre des délibérations des Etats généraux de Languedoc, affemblés par mandement du Roi en la ville de Montpellier, au mois de Décembre 1743.

Du Jeudi 16 Janvier 1744, préfident Mgr. l'archevêque & primat de Narbonne.

Monseigneur l'archevêque de Narbonne a dit, que les affaires ne peuvent être fuivies & difcutées dans le commencement des féances de cette affemblée, faute par les ingénieurs, les directeurs des travaux publics, ou les autres perfonnes qui ont des mémoires à donner, de les remettre aux fyndics généraux pour en faire le rapport de bonne heure; ce qui occafionne fur la fin une augmentation de travail qui ne permet pas fouvent de donner à la difcuffion defdites affaires tout le tems néceffaire; à quoi il importe de remédier, en fixant un délai pour ladite remife.

Sur quoi, l'affemblée approuvant la propofition de Mgr. le préfident, il a été délibéré que les ingénieurs, directeurs des travaux publics, infpecteurs, & autres perfonnes qui auront des mémoires à donner fur les différentes affaires qui devront être traitées aux Etats feront tenus de les remettre aux syndics généraux, quinze jours au moins avant l'ouverture des Etats.

Par une délibération du 4 Janvier 1768, rapportée dans le premier volume de cette collection, part. I, divis. I, liv. I, tit. V, n°. II, pag. 611, le terme fixé en général, avant la délibération du don gratuit, pour la remise des mémoires, requêtes & pieces sur lesquelles il doit être délibéré par les Etats, avoit été étendu aux directeurs des travaux publics pour la remise de leurs projets, procès-verbaux de vérification, & autres pieces concernant leurs fonctions. Mais par une délibération postérieure du 8 Janvier 1731, qu'on trouvera à la fin du présent titre n°. VII, il a été ordonné, conformément à celle du 16 Janvier 1744, que les directeurs feront cette remise quinze jours avant l'ouverture des Etats.

I I I.

Extrait du registre des délibérations des Etats généraux de Languedoc, assemblés par mandement du Roi en la ville de Montpellier, au mois de Novembre 1747.

Du Mardi 19 Décembre suivant, présidant Mgr. l'archevêque de Toulouse.

Monseigneur l'Evêque de Viviers a dit, que le fonds de 6000 liv. que la province fait depuis quelques années pour la construction du chemin de Meze à la croix neuve ne pouvant suffire pour faire des parties un peu considérables d'une longue chaussée percée de plusieurs arceaux, qui doit être construite pour assurer le passage des troupes dans le tems des hautes mers, on avoit jugé à propos de ne point y travailler pendant le cours de cette année, afin d'avoir à employer pendant la prochaine tout à la fois les fonds déjà faits & celui qui sera pré-

sentement déterminé de 6000 livres comme à l'ordinaire, ce qui a paru très-convenable à la commission, y ayant toujours à gagner à faire les ouvrages avec le moins d'interruption qu'il est possible.

Que MM. les commissaires ont remarqué à cette occasion que la plupart des ouvrages, surtout pour la construction des ponts ou chemins, étant souvent suspendus ou interrompus une partie de l'année, il n'étoit pas naturel que les inspecteurs & contrôleurs desdits ouvrages fussent également payés de leurs appointemens dans le tems qu'ils chôment, comme lorsqu'on y travaille, & qu'il seroit convenable que les Etats déterminassent qu'à la réserve des employés au port de Cette, aux graux d'Agde, de la Nouvelle, au canal des étangs, & les inspecteurs des sénéchaussées dont les appointemens sont fixes pour toute l'année, tous les autres employés aux ouvrages publics ne seront payés à l'avenir que pour le tems pendant lequel on aura réellement travaillé, & qu'ils auront été présens aux ouvrages; ce qu'ils seront tenus de justifier par un certificat de MM. les commissaires des dioceses où les ouvrages seront faits, au bas duquel seront expédiés les mandemens pour le payement desdits appointemens; comme aussi que lesdits employés ne pourront avoir plus d'un emploi à la fois, n'étant pas possible qu'ils puissent remplir exactement les mêmes fonctions sur différens ouvrages souvent éloignés les uns des autres de plusieurs lieues.

Ce qui a été aussi délibéré, conformément à l'avis de MM. les commissaires, & que ce nouvel arrangement, qui commencera d'avoir lieu à compter du premier Janvier 1748, sera déclaré auxdits employés, pour qu'ils ne l'ignorent, & ayent à s'y conformer.

I V.

EXTRAIT du regiſtre des délibérations des Etats généraux de Languedoc, aſſemblés par mandement du Roi en la ville de Montpellier, au mois de Janvier 1759.

Du Samedi 17 Février ſuivant, préſident monſeigneur l'archevêque & primat de Narbonne, commandeur de l'ordre du St. Eſprit.

MONSEIGNEUR l'évêque de Montpellier a dit, que ſur ce qui a été remarqué par le ſieur de Joubert, que certains entrepreneurs n'employent pas la totalité des fonds qui ont été faits pour les ouvrages dont ils ſont chargés, & que d'autres au contraire les excedent, il a paru néceſſaire de remédier à ces inconvéniens ; comme auſſi d'obliger les entrepreneurs à exécuter leurs engagemens par rapport aux menus entretiens, qui conſiſtent à rabattre les ornieres, à les combler, & autres menues réparations ſemblables.

Et qu'en conſéquence, MM. les commiſſaires ont cru devoir propoſer à l'aſſemblée d'ordonner par forme de réglement, 1°. Qu'il ſera fait défenſes d'excéder les fonds faits pour les réparations des chemins, ſans une néceſſité abſolue, & ſans une délibération expreſſe de MM. les commiſſaires des travaux publics, priſe ſur l'avis des directeurs des ouvrages, chacun dans ſon département.

2°. Que les directeurs rapporteront chaque année aux Etats les toiſés des ouvrages faits pendant l'année par chaque entrepreneur, & que lorſque les fonds deſtinés auxdits ouvrages n'auront pas été entierement employés, celui ou ceux des entrepreneurs qui y auront

manqué, ſeront punis par une retenue ſur ce qui leur ſera dû, ſuivant ce qui ſera réglé par les Etats ; à moins que le défaut d'emploi de la totalité deſdits fonds n'eût été approuvé dans le cours de l'année par une délibération de MM. les commiſſaires des travaux publics.

3°. Que l'article des menues réparations d'entretien ſera exécuté avec la plus grande exactitude, à la diligence des inſpecteurs & des directeurs ; que les inſpecteurs ſeront tenus de remettre tous les deux mois aux ſyndics généraux leurs certificats, que les entrepreneurs ont ſatisfait auxdites menues réparations d'entretien, & que ſur les procès-verbaux qui ſeront dreſſés par leſdits directeurs ou inſpecteurs dans le cas où les entrepreneurs auroient négligé de le faire, ils ſeront condamnés en l'amende, ſuivant l'exigence des cas, à la diligence des ſyndics généraux auxquels leſdits procès-verbaux ſeront remis.

4°. Que les directeurs des travaux publics veilleront, chacun en droit ſoi, à ce que les entrepreneurs rempliſſent leurs engagemens & ſatisfaſſent à tout ce deſſus, & que les inſpecteurs vaqueront à leurs fonctions, ſans ſe divertir à autre choſe, à l'effet de prévenir toutes mal-façons de la part des entrepreneurs, deſquelles ils donneront avis aux directeurs & aux ſyndics généraux, à peine d'en répondre en leur propre.

Ce qui a été délibéré, conformément à l'avis de MM. les commiſſaires, & les ſyndics généraux ont été chargés de donner connoiſſance de la préſente délibération aux directeurs des travaux publics, aux inſpecteurs des ouvrages, & aux entrepreneurs.

V.

V.

*EXTRAIT du regiſtre des délibérations
des Etats généraux de Languedoc ,
aſſemblés par mandement du Roi
en la ville de Montpellier au mois
de Novembre* 1777.

Du Lundi 29 Décembre ſuivant , préſident
Mgr. l'archevêque & primat de Narbonne,
commandeur de l'ordre du Saint-Eſprit.

MONSEIGNEUR l'évêque de
Lodeve a dit , &c.

Il a été auſſi délibéré par forme de
réglement , d'enjoindre aux directeurs des travaux publics de la province, de ne plus laiſſer excéder à l'a-
venir les fonds deſtinés par les Etats
auxdits ouvrages , ſans un ordre précis
& par écrit de Mgr. l'archevêque de
Narbonne , préſident , ou de MM. les
commiſſaires des travaux publics , ſuivant l'exigence des cas ; & de charger
expreſſément les ſyndics généraux , de
tenir la main à ce qu'il ne ſoit expédié
aucune ordonnance pour le payement
d'aucunes ſommes au delà des fonds
faits par les Etats pour chaque nature de
dépenſes , ſauf lorſqu'il en aura été autrement ordonné par Mgr. le préſident
des Etats , ou par leurs commiſſaires.

VI.

*EXTRAIT du regiſtre des délibérations
des Etats généraux de Languedoc ,
aſſemblés par mandement du Roi
en la ville de Montpellier au mois
de Novembre* 1779.

Du Mardi 14 du mois de Décembre ſuivant ,
préſident Mgr. l'archevêque & primat de
Narbonne , commandeur de l'ordre du
Saint-Eſprit.

MONSEIGNEUR l'évêque de
Montpellier a dit , &c.
Que d'après cet expoſé , MM. les
Tome II.

commiſſaires ont cru devoir propoſer
à l'aſſemblée de délibérer.

1°. &c.

7°. De renouveller la diſpoſition du
réglement déjà fait le 29 Décembre
1777, par lequel il eſt enjoint aux directeurs des travaux publics de la province , de ne plus laiſſer excéder à l'a-
venir les fonds deſtinés par les Etats
aux ouvrages , ſans un ordre précis &
par écrit de Mgr. l'archevêque de Narbonne , préſident , ou de MM. les
commiſſaires des travaux publics , ſuivant l'exigence des cas , & de charger
expreſſément les ſyndics généraux , de
tenir la main à ce qu'il ne ſoit expédié
aucune ordonnance pour le payement
d'aucunes ſommes au delà des fonds
faits par les Etats pour chacune nature
de dépenſes , ſauf lorſqu'il en aura été
autrement ordonné par Mgr. le préſident des Etats , ou par leurs commiſſaires.

8°. Enfin, que les fonds deſtinés aux
parties à conſtruire à neuf , ſeront employés ſucceſſivement dans chaque partie pour accélérer leſdits ouvrages neufs,
de maniere que ces fonds ne ſoient pas
employés en même tems ſur différentes parties.

VII.

*EXTRAIT du regiſtre des délibérations
des Etats généraux de Languedoc ,
aſſemblés par mandement du Roi en
la ville de Montpellier au mois de
Novembre* 1780.

Du Lundi 8 Janvier 1781 , préſident Mgr.
l'archevêque & primat de Narbonne , commandeur de l'Ordre du Saint-Eſprit.

MONSEIGNEUR l'évêque de Montpellier a dit , que les diverſes obſervations qu'ont fait MM. les commiſſaires dans l'examen des différens travaux dont il a été rendu compte à cette
aſſemblée , leur ont fait connoître la

Nnn

nécessité de lui proposer de délibérer de plus fort, 1°. Que conformément aux délibérations des 17 Février 1759, 4 Janvier 1768, 29 Décembre 1777, & 14 Décembre 1779, les fonds destinés aux travaux publics ne pourront être excédés que dans des cas urgens, & sur un ordre exprès de Mgr. l'archevêque de Narbonne, ou de MM. les commissaires des travaux publics.

2°. Que lesdits fonds seront employés par les entrepreneurs, jusqu'au premier Octobre de chaque année, au plus tard ; après lequel terme, il sera procédé par les directeurs aux toisés généraux des ouvrages qui auront été faits pendant l'année jusqu'à cette époque, pour être lesdits toisés remis par lesdits directeurs avec leurs procès-verbaux, aux syndics généraux, quinze jours avant l'ouverture des Etats.

3°. Que lesdits directeurs seront tenus de remettre, dans la même époque, auxdits officiers de la province, tous les rapports, devis, plans & mémoires des travaux dont ils auront à rendre compte, ou qu'ils auront à proposer aux Etats, faute de quoi, ils seront privés de telle portion de leurs appointemens que jugera à propos Mgr. l'archevêque de Narbonne.

4°. Que les inspecteurs particuliers seront tenus de faire à la fin de chaque mois, un toisé provisionnel des travaux faits par les entrepreneurs, & de ce à quoi ils montent suivant les prix des baux, lesquels toisés seront par eux adressés aux syndics généraux, en les informant de l'état & du progrès des ouvrages.

5°. Que les certificats que fourniront les directeurs pour faire payer des à-comptes aux entrepreneurs, feront expressément mention de la nature & quantité des divers travaux par eux faits jusqu'à la date du certificat, & de leur montant, relativement aux prix de leurs baux, & de charger les syndics généraux de tenir rigoureusement la main à l'exécution de ce réglement.

Ce qui a été délibéré, conformément à l'avis de MM. les commissaires.

V I I I.

Extrait du registre des délibérations des Etats généraux de Languedoc, assemblés par mandement du Roi en la ville de Montpellier au mois d'Octobre 1778.

Du Lundi 7 Décembre suivant, président Mgr. l'archevêque & primat de Narbonne, commandeur de l'ordre du Saint-Esprit.

MONSEIGNEUR l'évêque de Montpellier a dit, que la commission, pour remplir les vues des Etats, d'après les observations faites dans leurs précédentes séances à l'occasion des travaux publics, dont il leur a été rendu compte, a cru devoir proposer à l'assemblée de délibérer par forme de réglement, qu'à l'avenir les directeurs des travaux publics, lui rapporteront les projets détaillés des parties des chemins où ils estimeront qu'il doit être travaillé, & des ouvrages neufs qu'ils croiront devoir y être faits, pour l'emploi des sommes que l'assemblée jugera convenable d'y faire employer pendant l'année, indépendamment de celles qui seront destinées aux entretiens, tant des parties déjà construites à neuf, que de celles qu'on se contentera de rendre passantes.

Ce qui a été ainsi délibéré, avec injonction aux directeurs de s'y conformer exactement.

TITRE HUITIEME.

De la conservation des Chemins, Ponts, Canaux & Chaussées, & des peines encourues par ceux qui les dégradent.

§. I.

CHEMINS.

I.

ORDONNANCE

De M. l'intendant, concernant la conservation des grands chemins, & pour en empêcher la dégradation.

Du 18 Juillet 1678.

HENRI D'AGUESSEAU, conseiller du Roi en ses conseils, maître des requêtes ordinaire de son hôtel, & président au grand-conseil, intendant de justice, police & finances en la province de Languedoc.

SUR la requête à nous présentée par le syndic général de la province de Languedoc ; CONTENANT, que quoique les trois sénéchaussées qui composent ladite province ayent pris soin depuis long-tems de faire réparer les grands chemins pour la commodité du public, & employé en divers tems des sommes considérables pour ce sujet ; néanmoins la plupart des dépenses qui ont été faites deviennent inutiles par la négligence ou malice des particuliers propriétaires des terres voisines desdits grands chemins, dont les uns, pour bonifier leurs terres, en ôtent quantité de pierres mouvantes qu'ils jettent dans le grand chemin, d'autres négligent de relever les murailles & les haies de leurs terres lorsqu'elles s'éboulent, & qu'il n'y en a point qui prennent soin de curer les fossés, & au contraire entreprennent de les combler, sous prétexte de se faire un chemin pour aller à leurs terres, & donnent lieu par ce moyen aux eaux pluviales de croupir dans le chemin & de le gâter ; & enfin qu'il y en a plusieurs qui plantent des arbres sur les bords de leursdites terres, dont les branches s'étendent dans le grand chemin & incommodent les passans : à quoi étant nécessaire de remédier, NOUS ORDONNONS que dans huit jours après la publication de notre présente ordonnance, tous les propriétaires des terres voisines du grand chemin de la poste seront tenus, chacun en droit soi, d'ôter toutes les pierres mouvantes qui se trouvent dans le chemin & de relever les murailles ou haies de leursdites terres, lorsqu'elles s'ébouleront ; comme aussi de curer tous les ans tous les fossés ; leur faisant défenses de les combler, sous prétexte de faire aucun chemin pour aller à leurs terres, sauf à eux de mettre de petits ponts plats sur lesdits fossés, pour leur servir de chemin, ni de planter aucuns

Nnn 2

arbres fur le bord defdites terres , dont les branches puiffent incommoder les paffans. Et afin que les particuliers propriétaires. des terres. n'en puiffent prétendre caufe d'ignorance , Nous ORDONNONS que notre préfente ordonnance fera publiée par toutes les villes & lieux où befoin fera, un jour de Dimanche , à la fortie de la meffe de paroiffe , & affichée à la porte de l'églife paroiffiale ; & que les confuls defdites villes & lieux tiendront la main à l'exécution d'icelle , & en demeureront refponfables en leur propre & privé nom. FAIT à Montpellier le dixhuitieme jour de Juillet mil fix cent foixante-dix-huit. *Signé*, D'AGUESSEAU. *Et plus bas* ; Par Monfeigneur. D. CHARLOT.

I I.

AUTRE SUR LE MÊME SUJET.

Du 17 Décembre 1686.

NICOLAS DE LAMOIGNON , chevalier, comte de Launay-Courfon , feigneur de Bris , Vaugrigneufe , Chavague , Lamothe-Chandenier , Beuxe , & autres lieux , confeiller d'état , intendant en la province de Languedoc.

SUr ce qui nous a été repréfenté qu'au préjudice des ordonnances par nous ci-devant rendues pour empêcher le dépériffement des réparations que la fénéchauffée de Touloufe a fait faire dans le grand chemin de la pofte , les particuliers qui font voifins des chemins n'ont pas difcontinué d'y jetter des immondices & d'y entretenir même des fumiers pour leurs ufages ; que bien loin d'avoir fait des foffés , comme ils y font obligés , pour recevoir les eaux de leurs terres qui corrompoient lefdites réparations , ils ont comblé dans la plupart des endroits

ceux que la fénéchauffée a fait conftruire , pour faire paffer leurs beftiaux & charrettes dans les champs , ce qui rendroit les dépenfes que la fénéchauffée a fait inutiles , s'il n'y étoit remédié : Et étant néceffaire auffi d'empêcher les vols que les entrepreneurs fe plaignent leur être faits des matériaux , & les empêchemens que les propriétaires des terres leur donnent à ramaffer les cailloux qui y font , pour fervir à paver les chemins , quoiqu'il n'y ait point de récoltes pendantes qui en puiffent être endommagées , & qu'au contraire ce foit un avantage pour eux que leurs terres labourables foient purgées & nettoyées des cailloux qui en rendent la culture plus difficile.

NOUS ORDONNONS que les propriétaires des terres voifines du grand chemin tiendront les foffés creufés & nettoyés jufqu'à fix pas de profondeur , avec le talus néceffaire pour recevoir & contenir les eaux , en forte qu'elles ne puiffent pas croupir dans le chemin , & que ceux qui font voifins des foffés mairals qui fervent à conduire lefdites eaux dans les ruiffeaux plus prochains , tiendront pareillement lefdits foffés nettoyés , faifant inhibitions & défenfes auxdits propriétaires & autres de jetter des immondices dans les foffés ni de les combler fous prétexte de paffer dans leurs champs , fauf à eux de faire des ponts plats pour le paffage de leurs beftiaux & voitures pendant le tems de la culture des terres & des récoltes : Leur défendons pareillement de faire des fumiers dans les chemins & d'emporter les matériaux , à peine de l'amende & de punition exemplaire , & à toutes perfonnes de quelle qualité & condition qu'elles foient d'empêcher les entrepreneurs des réparations de prendre dans les rivieres , & dans les terres qui ne feront pas enfemencées , des cailloux pour paver les chemins. Mandons aux conſuls des villes & lieux auxquels notre préſente ordonnance ſera adreſſée de la faire lire & publier à l'iſſue de la meſſe paroiſſiale & de tenir la main à l'exécution, à peine d'en demeurer reſponſables en leur propre & privé nom. Ordonnons que les procès-verbaux des contraventions nous ſeront envoyés par les officiers de la province, pour être ſur iceux décerné par nous contre les contrevenans telles peines que de raiſon. FAIT à Montpellier le dix-ſeptieme Décembre mil ſix cent quatre-vingt-ſix. *Signé* DE LAMOIGNON. *Et plus bas*; Par Monſeigneur. LE SELLIER.

III.

AUTRE SUR LE MÊME SUJET.

Du 19 Juin 1687.

NICOLAS DE LAMOIGNON, chevalier, comte de Launay-Courſon, ſeigneur de Bris, Vaugrigneuſe, Chavague, Lamothe-Chandenier, Beuxe, & autres lieux, conſeiller d'état, intendant de la province de Languedoc.

SUR la requête à nous préſentée par le ſyndic général de la province de Languedoc; CONTENANT, que quoique les trois ſénéchauſſées qui compoſent ladite province, ayent pris ſoin depuis long-tems de faire réparer *les grands chemins pour la commodité du commerce & du public*, & employé pour cela en divers tems des ſommes conſidérables, néanmoins toutes les dépenſes qui ont été faites deviennent inutiles par la négligence ou malice des particuliers propriétaires des terres voiſines deſdits grands chemins, dont les uns, pour bonifier leurs terres, en ôtent quantité de pierres mouvantes qu'ils jettent dans le grand chemin & le rendont impraticable, d'autres négligent

de relever les murailles & les haies de leurs terres lorſqu'elles s'éboulent dans les foſſés, & empêchent par ce moyen le cours des eaux pluviales, & qu'il n'y a preſque aucun deſdits propriétaires qui prennent ſoin de recurer les foſſés deſdites terres; & au contraire pluſieurs entreprennent de les combler pour y faire pourrir du fumier, ou pour ſe faire un chemin pour aller à leurs terres, empêchant par ce moyen le cours des eaux dans leſdits foſſés, qui regorgent ſur le chemin & le gâtent entierement : à quoi étant néceſſaire de remédier, NOUS ORDONNONS que, dans huit jours après la publication de notre préſente ordonnance, tous les propriétaires des terres voiſines du grand chemin de la poſte, ſeront tenus chacun en droit ſoi d'ôter toutes les pierres mouvantes qui ſe trouvent dans ledit chemin, & de relever les murailles & haies de leurſdites terres, lorſqu'elles s'ébouleront dans les foſſés: Comme auſſi de recurer tous les ans leſdits foſſés, leur faiſant défenſes de les combler ſous prétexte de faire de petits chemins pour aller à leurs terres, ſauf à eux de faire de petits ponts plats ſur leſdits foſſés pour leur ſervir de chemin, laiſſant toujours, la liberté du cours aux eaux pluviales, le tout à peine de cent livres d'amende contre chacun des contrevenans, & de tous dépens, dommages & intérêts. Et afin qu'aucun deſdits particuliers ne puiſſe prétendre cauſe d'ignorance, NOUS ORDONNONS que notre préſente ordonnance ſera lue & publiée par toutes les villes & lieux où beſoin ſera, un jour de Dimanche, à la ſortie de la meſſe de paroiſſe, & affichée à la porte de l'égliſe paroiſſiale, moyennant laquelle publication elle ſera tenue bien & duement ſignifiée à chacun deſdits particuliers; Enjoignant aux conſuls des villes & lieux de tenir la main à l'exécution d'icelle, de laquelle ils demeureront responsables en leur propre & privé nom. FAIT à Montpellier le dix-neuvieme jour de Juin mil six cent quatre-vingt-sept. *Signé,* DE LAMOIGNON : *Et plus bas* ; Par Monseigneur, LE SELLIER.

I V.
AUTRE SUR LE MÊME SUJET.
Du 20 Mai 1768.

MARIE - JOSEPH - EMMANUEL DE GUIGNARD DE SAINT-PRIEST, chevalier, seigneur d'A-livet, Renages, Beaucroissant & autres lieux, conseiller du Roi en ses conseils, maître des requêtes ordinaire de son hôtel, intendant de justice, police & finances en la province de Languedoc.

SUR ce qui nous a été représenté par le syndic général de ladite province, que le bon état & la conservation du grand chemin auquel les Etats font actuellement travailler dans la plaine de la Motte, qui doit servir d'avenue au pont Saint-Esprit du côté du Comtat, exigent que les fossés qui ont été ou seront pratiqués pour l'écoulement des eaux, soient exactement recreusés & que les riverains qui en sont tenus, ne puissent usurper sur leur largeur, ni planter des arbres sur leurs bords : Vu sur ce les réglemens généraux concernant l'entretien des fossés des grands chemins & chemins de traverse de ladite province, notamment l'ordonnance de feu M. de Bernage de Saint-Maurice, lors intendant en Languedoc, du 28 Avril 1739 ; La délibération prise par les Etats de ladite province sur le même sujet, le 29 Janvier 1744 ; ensemble les arrêts du conseil des 6 Novembre 1714 & 19 Février 1744, concernant le recreusement & entretien du lit de la riviere du Lauzon, & la conservation des chaussées de ladite riviere, qui sont sur les terres de la domination du Roi, dans lesquels arrêts sont insérées les ordonnances de M. le Vice-Légat d'Avignon, données sur le même sujet, à raison des terres qui dépendent du Comtat ; celle par lui rendue le 22 Décembre 1719, portant défenses de laisser dépaître aucuns bestiaux sur lesdites chaussées du Comtat, & celle de M. de Bernage de Saint-Maurice du 5 Juin 1723, qui renouvelle lesdites défenses, Nous avons ordonné & ordonnons ce qui suit :

ARTICLE PREMIER.

Les réglemens faits sur l'entretien des fossés, & les obligations dont sont tenus les possesseurs des terres qui bordent les grands chemins & chemins de traverse de la province, seront exécutés à l'égard du chemin auquel les Etats de ladite province font actuellement travailler dans la plaine de la Motte, & qui doit servir d'avenue au pont du Saint-Esprit du côté du Comtat ; ce faisant, les propriétaires des terres de la domination de Sa Majesté qui aboutissent audit chemin, seront tenus dans quinzaine pour tout délai, à compter du jour de la publication de notre présente ordonnance, & sans qu'il soit besoin d'autre notification, de faire enlever les pierres & autres matériaux des murs de clôture de leurs possessions, dont les parties éboulées ou qui pourront s'ébouler, se trouveront dans les fossés dudit chemin ; comme aussi de réparer & entretenir lesdits fossés ; même d'en faire de nouveaux dans les parties où ils seront jugés nécessaires par les procès-verbaux qui seront sur ce dressés par le directeur des ouvrages dudit chemin ; & seront les terres & pierres qui seront tirées desdits fossés, jettées sur les fonds des particuliers, à moins qu'il ne soit jugé par lesdits directeur & inspecteur, que lesdites terres & pierres puissent être employées utilement pour l'entretien ou réparation dudit chemin.

Art. II.

Les fossés déjà faits ou qui pourront l'être dans la suite, auront la largeur, profondeur, talus & pente qui ont été ou seront ordonnées pour recevoir ou porter les eaux dans les ruisseaux & fossés appellés mairals ; & les arbres & broussailles qui peuvent en arrêter le cours, ou causer des éboulemens dans lesdits fossés, même ceux qui sont sur les bords desdites terres, dont les branches s'étendent dans ledit chemin, seront arrachés & enlevés ; de maniere que les passans ne puissent être incommodés, & que les eaux ne puissent en aucun cas regonfler dans ledit chemin.

Art. III.

Faute par les possesseurs desdites terres de satisfaire dans le susdit délai, aux dispositions des articles précédens, il sera permis auxdits directeur & inspecteur, de prendre, dans les lieux les plus prochains, le nombre de voitures & d'ouvriers nécessaires, pour travailler aux endroits qui leur seront par eux indiqués, moyennant le payement qui leur sera fait de leurs salaires, sur le pied des prix courans : A l'effet de quoi, enjoignons aux travailleurs de terres & autres ouvriers & conducteurs des charrettes, d'obéir au premier ordre qui leur en sera donné, & de se conformer pour le travail, à ce qui leur sera prescrit par lesdits directeur & inspecteur, à peine de trois livres d'amende, qui ne pourra être remise ni modérée, & seront tenus lesdits possesseurs des fonds, chacun en droit soi, de rembourser auxdits pré-

posés, sur le premier commandement qui leur en sera fait, le montant des journées qui auront été employées, suivant l'état qui leur en sera notifié ; faute de quoi ils seront contraints, en vertu de la présente ordonnance, par toutes voies dues & raisonnables, même par établissement de garnison, si besoin est.

Art. IV.

Faisons défenses auxdits possesseurs d'usurper sur la largeur dudit chemin, & des fossés, sous quelque prétexte que ce puisse être, à peine de cent livres d'amende, & du payement de la dépense nécessaire pour remettre les lieux en état.

Art. V.

Comme aussi leur défendons, sous les mêmes peines, de combler aucune partie des fossés, sous prétexte d'aller à leurs terres, sauf à eux à y construire des ponts plats plus élevés que la superficie desdits fossés, de maniere que les eaux aient un libre cours & ne puissent regonfler dans le chemin.

Art. VI.

Leur faisons pareillement défenses d'amasser de la paille dans lesdits fossés ni sur les chemins, & aux propriétaires & gardiens des bestiaux, de les faire entrer dans les fossés ni dépaître sur les haies qui sont au-dessus, le tout sous les mêmes peines.

Art. VII.

Ordonnons que des contraventions à notre présente ordonnance, il en sera sommairement dressé procès-verbal par le directeur ou inspecteur des ouvrages dudit chemin, ou autre préposé à cet effet ; sur lequel procès-verbal & les réquisitions dudit syndic général, les contrevenans seront par nous condamnés aux peines & amendes ci-dessus prononcées, lesquelles amendes seront applicables à l'hôpital dudit dioceſe , & les contrevenans contraints au paye-ment d'icelles par toutes voies dues & raiſonnables, même par l'établiſſement de garniſon. Enjoignons à notre ſubdé-légué dans ledit département , de tenir la main à l'exécution de notre préſente ordonnance, laquelle ſera exécutée non-obſtant toutes oppoſitions, appellations ou autres empêchemens quelconques , & ſans y préjudicier ; lue , publiée & affichée partout où beſoin ſera , à ce que perſonne n'en puiſſe prétendre cauſe d'ignorance. FAIT à Montpellier le vingt Mai mil ſept cent ſoixante-huit. *Signé* , DE SAINT - PRIEST : *Et plus bas* ; Par Monſeigneur, SOEFVE.

V.

ORDONNANCE

Qui condamne divers particuliers qui avoient cauſé des dégradations ſur le chemin de Caſtres à Saint-Pons , en une amende de cinquante liv., & à ré-parer leſdites dégradations dans hui-taine, ſuivant l'état qui en ſera dreſſé par le ſieur Gleizes, inſpecteur dudit chemin.

Du 22 Juillet 1770.

JEAN - EMMANUEL DE GUI-GNARD , chevalier , vicomte de Saint-Prieſt , conſeiller d'état , in-tendant de juſtice , police & finances en la province de Languedoc.

SUr le procès - verbal dreſſé par le ſieur Gleizes , inſpecteur du che-min de Caſtres , des dégradations cau-ſées audit chemin , par le fait des pro-priétaires riverains , & ſur la requête à nous préſentée par le ſyndic général , a été rendue l'ordonnance qui ſuit.

VU ladite requête ; le procès-ver-bal du ſieur Gleizes , inſpecteur du chemin de Caſtres à Saint-Pons ,

en date du 28 Mai dernier , & attendu ce qui en réſulte : NOUS ORDONNONS que par ledit ſieur Gleizes , il ſera dreſſé un état des ouvrages à faire ſur le che-mins de Caſtres à Saint - Pons , pour réparer les dégradations qui ont été cauſées par le fait des métayers ou propriétaires des métairies mention-nées audit Procès-verbal , & que dans la huitaine du commandement qui ſera fait auxdits métayers & propriétaires , il ſeront tenus d'exécuter les ouvrages mentionnés en l'état qui doit être dreſſé par ledit ſieur Gleizes , chacun pour la partie qui les concernera ; ſi-non , & le délai paſſé , autoriſons ledit ſieur Gleizes à les faire exécuter à leurs frais par les ouvriers qu'il choiſira , & leſdits propriétaires & métayers tenus de payer leurs journées , ſuivant l'état ou contrôle qu'il en tiendra , à peine d'y être contraints par les voies ordi-naires ; & attendu les entrepriſes faites par leſdits propriétaires & métayers , les condamnons en une amende de cin-quante livres , applicable à l'hôpital de Caſtres , dont moitié ſera payée par les métayers & propriétaires de la métai-rie baſſe dite de Campan , & l'autre moitié par les métayers ou propriétai-res de celle de la Lande. Ordonnons au ſurplus , que le nommé Bonnafoux , & les autres propriétaires des fonds , à qui la ſénéchauſſée a accordé des ponts d'arroſage , ſeront tenus , chacun en droit ſoi , d'entretenir en bon état leſ-dits ponts & leurs conduits , de ma-niere à leur conſerver les mêmes di-menſions de largeur & profondeur qu'ils avoient lors de leur conſtruc-tion , à peine de cinquante livres d'a-mende , & de tous dépens , domma-ges & intérêts , comme auſſi d'être l'entretien deſdits ponts & leurs con-duits , exécutés à leurs frais , à la di-ligence de l'inſpecteur , ſur l'état du-quel ils ſeront tenus d'en rembourſer.

la

la dépenſe, à peine d'y être contraints par les voies ordinaires. FAIT à Montpellier le vingt-deuxieme Juillet mil ſept cent ſoixante-dix. *Signé*, DE SAINT-PRIEST : *Et plus bas*, Par Monſeigneur, SOEFVE.

VI.
ORDONNANCE
Concernant les dégradations commiſes par divers particuliers ſur le chemin de la poſte, depuis Montagnac juſqu'à la Croix-neuve.

Du 22 Mars 1777.

A MONSEIGNEUR LE VICOMTE DE SAINT-PRIEST, intendant en la province de Languedoc.

SUPPLIE humblement le ſyndic général de la province; Vous remontre, que pluſieurs particuliers de Montagnac & de Meze, ne ceſſent d'embarraſſer la voie publique, ou de combler les foſſés, malgré qu'ils aient été ſollicités pluſieurs fois par l'inſpecteur, & même par le directeur des travaux publics, de diſcontinuer leurs entreprises & leurs contraventions aux réglemens.

Les dégradations qui en réſultent ſur la voie publique, exigeant que de pareilles entreprises ſoient réprimées, & que les particuliers qui en ſont les auteurs, ſoient punis de leurs contraventions aux réglemens, il a été dreſſé par le ſieur Ducros, inſpecteur des travaux publics, un procès-verbal en date du 15 Mars courant, dans lequel il rappelle les différentes contraventions que les particuliers y dénommés ont cauſées ſur le chemin, & les dégradations de toute nature qui en ont été la ſuite; & c'eſt aux fins de les faire réprimer, que le ſuppliant a recours à Vous.

A CES CAUSES, vu le procès-verbal
Tome II.

dudit ſieur Ducros, il vous plaira, MONSEIGNEUR, condamner tous les particuliers y dénommés, en l'amende de vingt-cinq livres chacun, applicable aux pauvres de l'hôpital diocéſain, à raiſon de leurs contraventions aux réglemens; ordonner en outre que par le jour ils ſeront tenus de réparer, chacun en droit-ſoi, toutes les dégradations qu'ils ont commiſes, tant au chemin public qu'aux foſſés, & de rétablir leſdits chemins & foſſés, au même état qu'ils étoient avant leurs entrepriſes & nouvelles œuvres; & faute de ce faire dans le ſuſdit délai, ordonner que le tout ſera fait à leurs frais & dépens, & qu'ils ſeront tenus de payer le montant de la dépenſe les concernant chacun en particulier, ſur l'état ou contrôle qui en aura été tenu par un commis à ce prépoſé, & duement arrêté par l'inſpecteur des travaux publics; à quoi faire, qu'ils ſeront contraints, chacun en droit-ſoi, par toutes voies de droit, même par établiſſement de garniſon; & en outre, leur faire défenſes de récidiver ſous plus grieve peine; & ferez juſtice. FIERARD *ſigné*.

VU la préſente requête, enſemble le procès-verbal du ſieur Ducros, inſpecteur des travaux publics. Nous, attendu les contraventions commiſes aux réglemens par différens particuliers de Montagnac & de Mezé, dénommés dans le procès-verbal de l'inſpecteur des travaux publics, les avons condamnés chacun en l'amende de vingt-cinq livres, que nous avons appliquée aux pauvres de l'hôpital diocéſain; & en outre, que par le jour ils ſeront tenus de réparer, chacun en droit-ſoi, toutes les dégradations qu'ils ont commis, tant aux chemins publics qu'aux foſſés, & de rétablir leſdits chemins & foſſés, au même état qu'ils étoient avant leurs entreprises & nouvelles œuvres ; & faute de ce faire dans le susdit délai, ordonnons que le tout sera fait à leurs frais & dépens, & qu'ils seront tenus de payer le montant de la dépense les concernant chacun en particulier, sur l'état ou contrôle qui en aura été tenu par un commis à ce préposé, & duement arrêté par l'inspecteur des travaux publics ; à quoi faire ils seront contraints, chacun en droit-soi, par les voies de droit, même par établissement de garnison ; leur faisons au surplus défenses de récidiver, sous plus grande peine.

FAIT à Montpellier le vingt-deux Mars mil sept cent soixante-dix-sept. *Signé*, DE SAINT-PRIEST : *Et plus bas* ; Par Monseigneur, SOEFVE.

VII.

ORDONNANCE

Qui défend d'atteler plus de trois mules à une charrette.

Du 4 Avril 1715.

NICOLAS DE LAMOIGNON, chevalier, comte de Launay-Courson, seigneur de Bris, Vaugrigneuse, marquis de la Mothe-Chandenier, Beuxe & autres lieux, conseiller d'état ordinaire, intendant de justice, police & finances en la province de Languedoc.

ÉTANT informé que la pesanteur excessive des voitures qui passent dans les grands chemins de cette province, qui ont été réparés & qui sont entretenus avec une dépense très-grande, ébranlent les ponts, renversent le pavé, creusent les endroits engravés, & font partout des ornières si profondes que les travaux que l'on y fait sont presque aussitôt détruits qu'ils sont achevés : à quoi voulant remédier,

NOUS ORDONNONS qu'aucune charrette chargée de marchandises ou de quelque autre chose que ce puisse être, ne pourra être attelée ni tirée par plus grand nombre de bêtes servant au tirage, que de trois chevaux, mules, ou mulets, à peine de confiscation de toutes les bêtes de tirage qui s'y trouveront attelées, & de cent livres d'amende, dont moitié appartiendra à ceux qui arrêteront les charrettes attelées d'un plus grand nombre que de trois bêtes, & l'autre moitié à l'hôpital du lieu ou à l'hôpital le plus prochain. Enjoignons à nos subdélégués, & aux maires & consuls des villes & lieux de la route, de tenir la main à l'exécution de la présente ordonnance, & de faire arrêter les voitures qui se trouveront attelées d'un plus grand nombre que de trois bêtes de tirage, de les retenir & d'en dresser des procès-verbaux qui nous seront envoyés, sur lesquels nous donnerons sur le champ toutes les ordonnances nécessaires, soit pour la confiscation des bêtes de tirage, ou pour le payement de la somme ci-dessus marquée. Et sera la présente ordonnance, lue, publiée & affichée partout où besoin sera. FAIT à Montpellier le quatrieme Avril mil sept cent quinze. *Signé*, DE LAMOIGNON : *Et plus bas* ; Par Monseigneur, SIRIÉ.

VIII.

ORDONNANCE

Qui déclare bonne & valable, la saisie qui a été faite par les cavaliers de la maréchaussée de Nîmes, d'une quatrieme mule qu'ils ont trouvé attelée à la charrette du nommé Pascal voiturier, sur le grand chemin de Nîmes ; & ordonne la vente de ladite mule, pour le prix être distribué

entre le brigadier & le cavalier qui ont fait la faifie.

Du 11 Août 1744.

JEAN LE NAIN, CHEVALIER, BARON D'ASFELD, confeiller du Roi en fes confeils, maître des requêtes ordinaire de fon hôtel, intendant de juftice, police & finances en la province de Languedoc.

VU le procès-verbal dreffé le 6 du préfent mois, par le fieur Bilieu, brigadier de la maréchauffée à la réfidence de Nîmes, & le nommé Gibrat, cavalier à ladite réfidence ; CONTENANT la faifie d'une quatrieme mule, trouvée attelée à la charrette du nommé Pafcal voiturier, fur le grand chemin de Nîmes, laquelle auroit été mife en fourriere chez le nommé Bofe, aubergifte des trois Pigeons de ladite ville ; enfemble les ordonnances de nos prédéceffeurs, qui ont fixé à trois mules l'attelage de chaque voiture : NOUS ORDONNONS que lefdites ordonnances feront exécutées felon leur forme & teneur ; en conféquence avons déclaré bonne & valable la faifie faite par les cavaliers de Nîmes, de la quatrieme mule trouvée attelée à la charrette dudit Pafcal, en contravention des ordonnances ; ordonné en conféquence qu'elle fera vendue au plus prochain jour de marché, pour le prix en provenant être diftribué entre le brigadier & le cavalier qui ont fait ladite faifie, à la déduction cependant des frais de garde & de nourriture qui font dus à l'aubergifte des trois Pigeons de Nîmes, lequel fera tenu d'en faire la remife en vertu de la préfente ; & pour la contravention commife par ledit Pafcal, l'avons condamné en l'amende de cent livres, portée par lefdites ordonnances, dont la moitié applicable auxdits cavaliers, & l'autre moitié à l'hôpital de Nîmes, au payement de laquelle il fera contraint par les voies ordinaires & accoutumées. FAIT à Montpellier le onze Août mil fept cent quarante-quatre. *Signé*, LE NAIN : *Et plus bas* ; Par Monfeigneur, DHEUR.

IX.

ORDONNANCE

Qui confirme la faifie faite d'une voiture déclarée appartenir au nommé Courlac.

Du 27 Septembre 1746.

JEAN LE NAIN, CHEVALIER, BARON D'ASFELD, confeiller du Roi en fes confeils, maître des requêtes ordinaire de fon hôtel, intendant de juftice, police & finances en la province de Languedoc.

VU le procès-verbal dreffé le 26 du préfent mois par le fieur Berger, cinquieme conful de la ville de Montpellier, dont il réfulte que paffant par la rue de l'Eguillerie, il auroit rencontré une charrette à deux roues, attelée de cinq mules, qu'on lui auroit déclaré appartenir au nommé Courlac, dont il auroit fait faire la faifie à la place de l'hôtel-de-ville, mais que les charretiers profitant de l'obfcurité de la nuit, auroient des-attelé & emmené lefdites cinq mules, en laiffant la charrette & le bois dont elle étoit chargée, à la garde de l'hôtel-de-ville ; La requête à Nous préfentée par le corps de l'hôtel-de-ville, tendante à la confifcation des effets faifis, & à la vente, pour éviter les frais & dépériffement ; notre ordonnance rendue le 24 Février 1745, duement publiée dans la ville de Montpellier, qui défend à tous charretiers de charger leurs voitures au-delà de trente quintaux, & de les atteler au-delà de trois mules, à peine de con-

N°. IX.

fiſcation des voitures, de la charge, & de toutes les bêtes de tirage & équipages, en quelque nombre qu'elles ſe puiſſent trouver, & de cent livres d'amende; enſemble les réglemens de la province, & les ordonnances rendues par nos prédéceſſeurs, qui fixent au même nombre l'attelage des voitures ſur les chemins de la province: Nous ordonnons que les réglemens de la province, enſemble les ordonnances rendues par nos prédéceſſeurs, & notamment celle par Nous rendue le 24 Février 1745, pour la ville de Montpellier, ſeront exécutées ſelon leur forme & teneur; en conſéquence, avons déclaré la ſaiſie faite de la voiture déclarée appartenir au nommé Courlac, & de la charge d'icelle, bonne & valable; avons déclaré pareillement les cinq mules d'attelage ſujettes à ladite ſaiſie, & le tout confiſqué au profit de l'hôtel-de-ville; ordonné que ladite voiture, la charge & leſdites cinq mules ſeront vendues au prochain jour de marché, en la maniere ordinaire; qu'à cet effet, ledit Courlac ſera tenu de repréſenter leſdites cinq mules, à peine d'y être contraint par corps; condamnons en outre ledit Courlac en l'amende de cent livres pour la contravention par lui commiſe, au payement de laquelle il ſera contraint par les mêmes voies. Fait à Montpellier le 27 ſeptembre 1746. *Signé*, Le Nain: *Et plus bas*; Par Monſeigneur, Dheur.

X.

ORDONNANCE

Qui condamne l'entrepreneur de l'entretien du grand chemin de la poſte, dans la partie de Lunel à Nîmes, en l'amende de 50 livres applicable aux pauvres de l'hôpital de Nîmes, pour le punir de ſa négligence à exécuter les conditions ſous leſquelles le

N°. X.

bail de l'entretien lui a été paſſé, & d'avoir intercepté la voie publique, en la rendant dangereuſe pour les voyageurs; & renouvelle les défenſes précédemment faites à tous voituriers, charretiers & autres, d'atteler à leurs voitures à deux roues au-delà de trois mules ou chevaux, à peine de confiſcation de la voiture, de toutes les bêtes d'attelage, & de 100 liv. d'amende, dont la moitié appartiendra à ceux qui auront arrêté les charrettes attelées au-delà de trois mules.

Du 18 Janvier 1759.

A Monseigneur le Vicomte de Saint-Priest, intendant en Languedoc.

Supplie humblement le ſyndic général de la province de Languedoc, & Vous repréſente; qu'il réſulte du procès-verbal dreſſé le 7 de ce mois par le ſieur Pitot, directeur des travaux publics dans cette province, ſur la vérification par lui faite du chemin de la poſte de Montpellier au Saint-Eſprit, que dans la partie de ce chemin, depuis Montpellier au pont de Lunel, il y a en divers endroits déſignés par ledit ſieur Pitot, des trous & ornieres que l'entrepreneur de l'entretien a négligé de faire combler dans le tems convenable, & qui, en occaſionnant des bourbiers, rendent le paſſage difficile.

Qu'il réſulte auſſi du même procès-verbal, que la partie depuis le pont de Lunel juſqu'à Nîmes, eſt encore en beaucoup plus mauvais état, à cauſe d'un plus grand nombre de bourbiers qui s'y rencontrent, & qui ſont occaſionnés également par la négligence des entrepreneurs de l'entretien de cette partie, à combler dans le tems, & en la maniere qui leur eſt preſcrite par l'article VIII du devis général, les trous & ornieres qui s'y sont formés.

peu dégradé, suivant ce qui est énoncé dans le même procès-verbal, duquel il résulte que l'entrepreneur de la partie depuis Montpellier jusques au pont de Lunel, est en actuelle diligence pour faire exécuter les ouvrages & réparations dont il est tenu par son bail ; & que l'entrepreneur de l'autre partie, lequel ledit sieur Pitot estime être dans un plus grand tort, a seulement envoyé des ouvriers pour abattre les ornieres qui se trouvent dans l'espace du pont de Lunel à la Barraque de Coudougnan : & que comme il importe de réprimer la négligence de cet entrepreneur, de faire réparer ledit chemin avec plus de diligence, pour éviter les inconvéniens auxquels les voitures & les chevaux se trouvent exposés, comme on l'a vu depuis peu ;

Requéroit, A ces causes, ledit syndic général, qu'il Nous plaise, vu ce qui résulte dudit procès-verbal, condamner l'entrepreneur de la partie du chemin depuis le pont de Lunel jusques à Nîmes, en une amende de cinquante livres, payable au profit des pauvres de l'hôpital de Nîmes.

Ordonner que l'un & l'autre desdits entrepreneurs seront tenus d'employer tous les ouvriers nécessaires pour réparer diligemment les défectuosités desdites parties de chemin, en abattant les ornieres, & comblant les bourbiers avec de la pierraille, suivant ce qui leur a été marqué par le devis de l'entretien, & indiqué par ledit sieur Pitot dans le cours de sa visite ; & ce, à peine d'une plus forte amende, & d'être lesdites réparations exécutées à leurs frais & dépens, sur les ordres du suppliant.

Et d'autant qu'il convient d'assurer de plus en plus la conservation desdits chemins, dont les plus grandes dégradations sont causées par le poids énormes on attele jusqu'à quatre mules, il vous plaira aussi ordonner l'exécution de l'ordonnance de feu M. de Basville, intendant de cette province, du 4 Avril 1715, & autres qui ont été rendues depuis ; & en conséquence, qu'aucune charrette chargée de marchandises, ou de quelqu'autre chose que ce puisse être, ne pourra être attelée ni tirée par plus grand nombre de bêtes servant au tirage, que de trois chevaux, mules, ou mulets, à peine de confiscation de toutes les bêtes de tirage qui s'y trouveront attelées, & de cent livres d'amende, dont moitié appartiendra à ceux qui arrêteront les charrettes attelées de plus grand nombre que de trois bêtes, & l'autre moitié à l'hôpital du lieu, ou à l'hôpital le plus prochain ; enjoindre à vos subdélégués, aux maires & consuls des villes & lieux de la route, & aux cavaliers de la maréchaussée fréquentant lesdits chemins, de tenir la main à l'exécution de l'ordonnance qui interviendra, & de faire arrêter les voitures qui se trouveront attelées d'un plus grand nombre que de trois bêtes de tirage, de les retenir, & d'en dresser des procès-verbaux qui vous seront envoyés, & sur lesquels il sera par vous sur le champ, & sur les réquisitions du Syndic-général, rendu toutes les ordonnances nécessaires, soit pour la confiscation des bêtes de tirage, soit pour le payement de l'amende : Et sera à cet effet votre ordonnance, lue, publiée & affichée dans toutes les villes & lieux qui sont sur la grande route, & partout où besoin sera.

VU ladite requête, le procès-verbal du sieur Pitot, sur la visite & vérification des chemins depuis Montpellier jusques au Saint-Esprit ; ledit procès-verbal en date du 7 Janvier du chemin de la province dans la partie de Lunel à Nîmes , en une amende de cinquante livres , applicable aux pauvres de l'hôpital général de Nîmes , pour le punir de fa négligence , & d'avoir intercepté la voie publique , en la rendant dangereuse pour les voyageurs ; au payement de laquelle amende il fera contraint par toutes voies , même par corps , & tenu de justifier dudit payement , en représentant la quittance des administrateurs au fieur Tempié notre subdélégué : Ordonnons, que tant ledit entrepreneur , que celui de la partie de chemin de Montpellier au pont de Lunel , feront tenus d'employer tous les ouvriers néceffaires pour réparer fans retard les défectuofités defdites parties de chemin , en abattant les ornieres , & comblant les bourbiers avec de la pierraille , fuivant qu'ils y font obligés par le devis fur lequel le bail d'entretien leur a été paffé , & qui leur a été indiqué par le fieur Pitot dans le cours de fa vifite ; & ce , à peine d'une plus forte amende contre l'un & l'autre defdits entrepreneurs , & d'être les réparations exécutées à leurs frais & dépens , fur les ordres du fyndic général de la province : Et étant néceffaire d'affurer de plus en plus la confervation defdits chemins , dont les plus grandes dégradations font caufées par le poids énorme des voitures à deux roues , auxquelles , au préjudice des défenfes , on attele jufqu'à quatre mules au lieu de trois , Nous ordonnons que l'ordonnance de M. de Bafville du 4 Avril 1715 , & celles poftérieurement rendues par nos prédéceffeurs , feront exécutées felon leur forme & teneur : Faifons défenfes en conféquence à tous voituriers , charretiers & autres paffant fur les grands ohemins de cette pro-

vince , d'atteler à leurs voitures à deux vaux , ou atteler à ranger mules ou che poids que celui de trente quintaux , à peine de confifcation de la voiture , de toutes les bêtes d'attelage , & de cent livres d'amende , dont moitié appartiendra à ceux qui arrêteront les charrettes attelées au-delà de trois mules ou chevaux : Enjoignons à nos subdélégués , aux maires & confuls des villes & lieux fur la route , & aux cavaliers de maréchauffée fréquentant lefdits chemins , de tenir la main à l'exécution de notre préfente ordonnance , & d'arrêter les voitures qui fe trouveront attelées d'un plus grand nombre que de trois bêtes de tirage , de les retenir , & d'en dreffer des procès-verbaux qui Nous feront envoyés , & fur lefquels il fera par Nous fur le champ , & fur les réquifitions du fyndic général , rendu toutes les ordonnances néceffaires , foit pour la confifcation des bêtes de tirage, foit pour le payement de l'amende : Et fera à cet effet notre préfente ordonnance lue , publiée & affichée dans toutes les villes & lieux qui font fur la grande route , & partout où befoin fera. FAIT à Montpellier le dix-huit Janvier mil fept cent cinquante-neuf. *Signé* , DE SAINT-PRIEST : *Et plus bas* ; Par Monfeigneur. SOEFVE.

X I.

ORDONNANCE

Qui confirme la faifie faite d'une charrette & harnois , attelée de trois mules & d'un cheval de trait , appartenant à Jean Ratier , cabaretier du lieu de Quiffac ; & en conféquence , déclare ladite charrette & harnois fujets à la confifcation , auffi bien que la marchandife dont elle étoit chargée , conformément aux ordonnances & réglemens , qui fixent le poids defdites voitures à trente quintaux; modere par grace ladite confifcation à la quatrieme bête d'attelage défignée au procès-verbal de faifie; fait défenfes audit Ratier, & à tous autres voituriers, d'exceder ledit poids, & d'atteler leurs voitures au-delà de trois mules; le condamne & fon domeftique en cent livres d'amende, & aux dépens.

Du 25 Octobre 1762.

JEAN - EMMANUEL DE GUI-GNARD, chevalier, vicomte de Saint-Prieft, confeiller du Roi en fes confeils, maitre des requêtes honoraire de fon hôtel, intendant de juftice, police & finances en la province de Languedoc.

VU le procès-verbal dreffé le 9 Septembre dernier par le fieur Seguret, avocat & premier conful de la ville de Sauve; CONTENANT, que le même jour s'étant trouvé au-deffus du pont de Sauve, au lieu appellé Lavalre, fur le chemin royal des Cévennes, qui conduit d'un côté à Montpellier, & de l'autre à St. Hypolite, il auroit apperçu deux charrettes montées chacune fur deux roues prêtes à paffer le pont nouvellement réparé, & prenant le chemin de St. Hypolite, dont l'une étoit attelée de trois mules & d'un cheval de haute taille fous poil roux : Que comme ce nombre excede celui déterminé par les ordonnances & réglemens, qui eft fixé à trois bêtes de trait pour les voitures montées fur deux roues, il auroit demandé à qui appartenoit cette voiture, & que le conducteur lui auroit répondu qu'elle appartenoit à Jean Ratier, cabaretier du lieu de Quiffac, ce qui l'auroit engagé à déclarer la faifie de la voiture, des harnois, & des quatre bêtes d'attelage, lefquels auroient été féqueftrés

chez le nommé Sallier, aubergifte de ladite ville; à l'enfeigne du Cheval vert : Que de fuite voulant s'affurer du poids que portoit ladite voiture, il auroit fait venir le pefeur public, & fommé le conducteur d'être préfent à la pefée qu'il entendoit faire faire defdites marchandifes, à laquelle il n'auroit pas voulu fe trouver; & en fon abfence ladite pefée ayant été faite, le poids defdites marchandifes auroit été conftaté fe porter à quatre mille fix cent vingt livres, ou à quarante-fix quintaux vingt livres, outre l'excédent de la balle de laine cotée Nº. 118 qu'on n'a pu pefer, le poids des romaines, qui eft de huit cent dix fept livres, n'ayant pu être affez fort pour pefer ladite bale, qui le furpaffe de beaucoup; Les conclufions du fyndic général au bas dudit procès-verbal; La requête à Nous préfentée par Ratier, fur laquelle eft intervenue notre ordonnance du 12 du même mois de renvoi du tout au fieur Tempié, notre fubdélégué à Nîmes, à l'effet d'en approfondir les faits; enfemble ceux du procès-verbal, fans préjudice de la foi qui lui eft due jufqu'à l'infcription de faux, pour, fur le compte qu'il nous en rendra, & fon avis, y être pourvu définitivement; & cependant, pour éviter les frais & dépériffement des objets faifis, Ordonne qu'ils feront remis au fuppliant, pour les tenir comme dépofitaire de juftice, & les repréfenter toutes les fois & quand il en fera requis, de même que le fieur Caylus fa caution; La fignification faite defdites requête & ordonnance, à la diligence de Ratier au fieur Seguret, premier conful, par exploit de Fadel, huiffier aux ordinaires de Sauve, en date du 15 du même mois, duement contrôlé; La réponfe dudit Seguret, enfemble la nouvelle requête de Ratier; L'avis du fieur Tempié; Les éclairciffemens particuliers que nous nous fommes procuré ; & les ordonnances & réglemens rendus fur cette matiere, & notamment celle que nous avons rendue le 18 Janvier 1759 : Nous avons déclaré la faifie faite par le procès-verbal du fieur Seguret, premier conful de Sauve, du 9 Septembre dernier, de la voiture, harnois, & des quatre bêtes d'attelage, déclarés appartenir à Ratier, bonne & valable, & lefdits effets dans le cas de confifcation ; conformément aux réglemens & ordonnances rendues fur cette matiere, & notamment à celle que nous avons rendue le 18 Janvier 1759 ; déclarons également la marchandife fujette à la confifcation : Et cependant avons, par grace, & fans tirer à conféquence, réduit la confifcation à la quatrieme bête d'attelage défignée audit procès-verbal, à la repréfentation de laquelle Ratier & le fieur Caylus fa caution, feront folidairement contraints par les voies de droit, même par corps, pour icelle être vendue, en obfervant les formes de droit, à l'encan public de Sauve, & le prix en provenant être remis audit fieur Seguret, pour être délivré moitié à l'hôpital dudit lieu, & l'autre moitié être remife aux confuls qui ont fait la faifie, pour en faire l'application qu'ils jugeront à propos. Condamnons en outre ledit Ratier & fon domeftique, en cent livres d'amende applicable de la même maniere, avec la même contrainte pour le payement, enfemble aux dépens liquidés à dix livres, & aux frais de l'impreffion qui doit être faite de la préfente ordonnance, à la diligence du fyndic général de la province. Faifons défenfes à Ratier, & à tous autres voituriers, d'excéder le poids de leurs voitures montées fur deux roues, au-delà de trente quintaux, & de les atteler au-delà de trois mules ou autres bêtes de trait, fous les

peines portées par notre ordonnance du 18 Janvier 1759, laquelle continuera d'être exécutée, nonobftant celles précédemment rendues qui peuvent déterminer des peines plus légeres pour les contraventions, & fans que lefdits voituriers puiffent efpérer aucune modération. Et fera la préfente ordonnance lue, publiée & affichée, tant dans le lieu de Sauve, que dans les autres villes & paroiffes de la province. FAIT à Montpellier le vingt-cinquieme Octobre mil fept cent foixante - deux. *Signé*, DE SAINT PRIEST : *Et plus bas* ; Par Monfeigneur, SOEFVE.

X I I.

ORDONNANCE

DE M. L'INTENDANT,

Qui condamne le fieur Maffé, ancien maire de Paulhan, en vingt-cinq livres d'amende, pour avoir embarraffé le chemin de Pezenas à Lodeve.

Du premier Mars 1778.

NOus infpecteur des travaux publics de la province & de la fénéchauffée de Carcaffonne, faifant notre vifite du chemin de Pezenas à Lodeve le 14 du courant, avons trouvé que le fieur Maffé, ancien maire de Paulhan, ne ceffe d'embarraffer ledit chemin devant fa maifon audit Paulhan ; qu'inutilement nous l'avons averti, & verbalement fommé depuis plufieurs années de fe mettre en regle, puifqu'il n'a fait encore aucun cas des avis que nous n'avons ceffé de lui donner ; Avis qui lui ont été réitérés par les entrepreneurs dudit chemin ou par leurs prépofés : Que les dépôts que ledit fieur Maffé a fait devant fadite maifon, & qui exiftent aujourd'hui, confiftent ; 1°. En un tas de marc ou grappes de raifin, placé fur le bord du chemin & au même
niveau

niveau de la voie, qui, s'imbibant des eaux pluviales, donnent enfuite fur ledit chemin une tranfpiration qui ramollit les graviers, & forme un bourbier qui rend, pour ainfi dire, la voie impraticable. 2º. En un tas de pierres ou moilons qui font placés fur une grande partie de la largeur de la voie, qui d'ailleurs eft étroite en cet endroit, & rendent le paffage gêné : Que ces entreprifes, foutenues avec opiniâtreté de la part dudit fieur Maffé, nous mettent dans le cas de verbalifer contre lui, & de prier & requérir Monfieur le fyndic général de la province, de vouloir bien faire ordonner ce qu'il appartiendra contre ledit fieur Maffé, avec défenfes en outre de récidiver, fous telle peine que de droit. FAIT à Pezenas le quatorze Février mil fept cent foixante-dix-huit.

Signé, BILLOIN.

VU par Nous confeiller d'état ordinaire & intendant en la province de Languedoc, le préfent procès-verbal, & fur la réquifition qui Nous a été faite par le fyndic général d'y pourvoir : Nous enjoignons au fieur Maffé, ancien maire de Paulhan, de débarraffer la voie publique des marcs de raifin qu'il a fait placer fur le bord du chemin, enfemble du tas de pierres ou moilons qui font placés fur une grande partie de la voie publique, & de les faire enlever dans le jour de la fignification qui lui fera faite de la préfente ordonnance, avec commandement d'y fatisfaire ; faute de quoi, permettons à l'infpecteur de le faire faire à fes frais & dépens, fur le contrôle qu'il tiendra de la dépenfe ; le condamnons en outre en vingt-cinq livres d'amende par forme de dommages & intérêts, qui feront employées aux menues réparations de la route. Et fera la préfente ordonnance imprimée, lue, publiée & affichée partout où befoin fera.

Tome II.

FAIT à Montpellier le premier Mars mil fept cent foixante-dix-huit. *Signé*, DE SAINT-PRIEST : *Et plus bas*; Par Monfeigneur, SOEFVE.

XIII.
ORDONNANCE
DE M. L'INTENDANT,

Qui condamne le fieur Thevenot, négociant d'Agde, en vingt-cinq livres d'amende, pour avoir embarraffé le chemin d'Agde à Pezenas.

Du premier Mars 1778.

NOus infpecteur des travaux publics de la province & de la fénéchauffée de Carcaffonne, faifant notre vifite du chemin d'Agde à Pezenas le 12 du courant, nous avons trouvé que l'avenue du pont des bateaux d'Agde avoit befoin de réparations d'entretien, & que nous avons indiquées au fieur Boyer, entrepreneur, dans notre verbal dudit jour douzieme ; & attendu que ces réparations ne peuvent être faites, à caufe des bois que le fieur Thevenot, négociant d'Agde, a fait dépofer fur ladite avenue, & qu'il ne ceffe d'embarraffer de la même maniere journellement : Que d'autre côté, nous fommes inftruits que l'entrepreneur a fommé verbalement ledit fieur Thevenot de fe mettre en regle, pour qu'on puiffe travailler auxdites réparations, & que celui-ci ne fe donne aucun mouvement, nous ne pouvons nous difpenfer de prier & requérir par le préfent verbal, Monfieur le fyndic général de la province, de faire févir contre ledit fieur Thevenot, ainfi qu'il appartiendra, pour l'obliger à faire place nette ; avec défenfes en outre audit fieur Thevenot, de récidiver, fous telle peine que de droit, fauf à lui à fe pourvoir de magafins pour remifer fes bois, la voie publique ni le quai d'Agde, sur le bord duquel est ledit chemin, n'étant point faite pour recevoir les bois dont s'agit, ni aucun autre embarras semblable. FAIT à Gignac le vingt Février mil sept cent soixante-dix-huit. *Signé*, BILLOIN.

VU par Nous conseiller d'état ordinaire, intendant de Languedoc, le présent procès-verbal, & sur la réquisition à Nous faite par le syndic général d'y pourvoir : Nous enjoignons au sieur Thevenot, négociant d'Agde, de débarrasser la voie publique des bois qu'il y a déposés, ainsi que sur le quai qui borne le chemin, & de les faire enlever dans le jour du commandement qui lui en sera fait, en vertu de la présente ordonnance qui lui sera signifiée ; faute de quoi, Permettons à l'inspecteur de le faire faire à ses frais & dépens sur le contrôle qu'il tiendra de la dépense ; le condamnons en outre en vingt-cinq livres d'amende en forme de dommages & intérêts, applicables aux menues réparations du chemin. Et sera la présente ordonnance imprimée, lue, publiée & affichée partout où besoin sera. FAIT à Montpellier le premier Mars mil sept cent soixante-dix-huit. *Signé*, DE SAINT-PRIEST : *Et plus bas*, Par Monseigneur, SOEFVE.

XIV.
ORDONNANCE
DE M. L'INTENDANT,

Qui condamne divers particuliers à réparer les dommages par eux causés sur le chemin de la poste.

Du 5 Mars 1778.

A MONSEIGNEUR LE VICOMTE DE SAINT-PRIEST, intendant en ladite province.

SUPPLIE humblement le syndic général de la province de Languedoc ; DISANT, que le sieur Dufourc,

inspecteur des travaux publics de ladite province au département de Carcassonne, en faisant son cours de visite sur le grand chemin de la ligne de la poste, le 24 Février dernier, auroit trouvé un grand tas de fumier sur ledit chemin, vis-à-vis les carrieres de pierre de Pezens, & au-dessous d'un champ appartenant au sieur Duchamp, marchand de couvertures, habitant au faubourg de Carcassonne, ou à son épouse ; que l'on avoit abattu le tertre dudit champ, & comblé le fossé du chemin pour pratiquer un passage pour y transporter ledit fumier.

Le même inspecteur auroit trouvé encore, que le nommé Jean Castel, dit Nap, du lieu d'Alzonne, avoit déposé une quantité considérable de fumier dans le fossé du grand chemin, entre le village d'Alzonne & l'allée du Puget, pour le transporter dans ses possessions riveraines du même chemin, ce qui arrête les eaux du fossé & les fait monter sur le bord dudit chemin ; ce qui est d'autant plus essentiel de réprimer, que toutes les défenses que ledit inspecteur a fait aux riverains dudit chemin d'y rien faire qui y fût nuisible, n'ont opéré aucun effet ; c'est pourquoi Requiert ledit syndic général qu'il Vous plaise, MONSEIGNEUR, vu le procès-verbal dressé par ledit sieur Dufourc, le 25 Février dernier, constatant les faits ci-dessus, ordonner que dans trois jours lesdits Duchamp où son épouse, & ledit Castel, dit Nap, ainsi que tous autres qui auront déposé du fumier sur ledit chemin, seront tenus, chacun en droit soi, de les faire retirer, réparer les dommages ou dégradations que le dépôt dudit fumier aura fait, soit au chemin, soit aux fossés, & remettre le tout en bon état ; autrement, & faute par eux de ce faire, permettre audit inspecteur de faire ledit enlevement à leurs frais & dépens ; de faire réparer auffi à leurs frais les dégradations que le dépôt dudit fumier aura faites, au payement defquels frais lefdits Duchamp, Caftel Nap & tous autres, feront contraints par les voies de droit ; leur faire défenfes de récidiver fous les peines de droit, & à tous les particuliers de faire de femblables dépôts, fous les mêmes peines : Et ferez juftice. Signé, DAUMAS.

VU la préfente requête, enfemble le procès-verbal dreffé par le fieur Dufourc, infpecteur des travaux publics, le 25 Février dernier, conftatant les faits énoncés en ladite requête : NOUS ORDONNONS, que dans trois jours pour tout délai, le fieur Duchamp ou fon époufe, & le fieur Caftel, dit Nap, ainfi que tous autres particuliers qui auront dépofé du fumier fur le chemin dont il s'agit, feront tenus, chacun en droit-foi, de les faire retirer, réparer les dommages & dégradations que ce dépôt aura fait, foit au chemin, foit aux foffés, & de remettre le tout en bon état ; autrement & faute par eux de faire faire ledit enlevement, Permettons à l'infpecteur des travaux publics, de le faire faire à leurs frais & dépens ; comme auffi, de faire réparer à leurs frais les dégradations que le dépôt du fumier aura faites ; au payement defquels frais lefdits Duchamp, Caftel & autres, feront contraints par les voies de droit ; leur faifons en outre défenfes de récidiver fous les mêmes peines, & à tous particuliers fans diftinction, de faire de femblables dépôts. FAIT à Montpellier le cinquieme Mars mil fept cent foixante-dix-huit. Signé, DE SAINT-PRIEST : Et plus bas ; Par Monfeigneur, SOEFVE.

XV.
ORDONNANCE
DE M. L'INTENDANT,
Qui condamne le nommé Boufquet,

patron de canal à Marfeillan, au payement de la fomme de vingt-cinq livres pour fervir à réparer le dommage par lui caufé au chemin d'Agde à Pezenas, devant le port de Beffan.

Du 30 Décembre 1778.

A MONSEIGNEUR LE VICOMTE DE SAINT-PRIEST, intendant en Languedoc.

SUPPLIE humblement le fyndic général de la province de Languedoc ; DISANT, que le nommé Boufquet, dit lou Gabach, patron de canal à Marfeillan, ayant dégradé le chemin auquel la fénéchauffée de Carcaffonne fait travailler d'Agde à Pezenas, devant le port de Beffan, en coupant le 18 Novembre dernier, les gazons du bord dudit chemin formant la berge de la riviere d'Hérault, l'entrepreneur de ce chemin auroit repréfenté à ce particulier, le tort qu'il avoit eu d'enlever le gazon qui défendoit le bord de la riviere, furtout dans un endroit où il eft attaqué par les eaux ; mais que ledit Boufquet auroit répondu qu'il l'avoit fait pour charger plus commodément fa barque, & parce qu'il avoit bien voulu le faire. Que cette entreprife eft conftatée par le procès-verbal du fieur Billoin, infpecteur dudit chemin, en date du 26 du même mois, & mérite d'autant plus d'être réprimée que la fénéchauffée fait annuellement des réparations confidérables à ce bord de riviere fur lequel ledit chemin eft établi, foit en jetées ou en plantations, & que de pareilles dégradations ne peuvent occafionner que de grands dommages lors des crues de l'Hérault.

A CES CAUSES, vu le procès-verbal du fieur Billoin, il vous plaira, MONSEIGNEUR, ordonner que ledit Boufquet fera tenu de réparer le dommage par lui caufé au chemin d'Agde à Pezenas devant le port de Beſſan; le condamner à cet effet au payement de telle ſomme qu'il vous plaira arbitrer, & qui ſera remiſe à l'entrepreneur dudit chemin, pour être par lui employée à cette deſtination ſous les yeux de l'inſpecteur, avec défenſes à ce particulier & à tous autres, de plus contrevenir aux réglemens, ſous plus grieve peine, & que votre ordonnance ſera publiée & affichée partout où beſoin ſera : Et ferez juſtice. DAUMAS, *ſigné.*

VU la préſente requête, le procès-verbal y joint, enſemble les réglemens concernant les grandes routes : NOUS ORDONNONS qu'à l'inſtant du commandement qui ſera fait au ſieur Bouſquet, il ſera tenu de réparer le dommage par lui cauſé au chemin d'Agde à Pezenas devant le port de Beſſan; le condamnons à cet effet, au payement de la ſomme de vingt-cinq livres qui ſera remiſe à l'entrepreneur dudit chemin, pour par lui être employée à cette réparation ſous les yeux de l'inſpecteur. Faiſons défenſes à ce particulier & à tous autres, de plus contrevenir aux réglemens, ſous de plus grandes peines : Et ſera notre préſente ordonnance, publiée & affichée partout où beſoin ſera. FAIT à Montpellier le trente Décembre mil ſept cent ſoixante-dix-huit. *Signé*, DE SAINT-PRIEST : *Et plus bas*; Par Monſeigneur, SOEFVE.

XVI.

ORDONNANCE

DE M. L'INTENDANT,

Qui enjoint au ſieur Glorios d'enlever les décombres, pierres, bois & autres matériaux qu'il pourroit avoir dépoſé ſur le chemin de Caſtres à Saint-Amans, & le condamne au payement de la ſomme de vingt-cinq

livres à titre de dommages & intéréts.

Du 30 Décembre 1778.

A MONSEIGNEUR LE VICOMTE DE SAINT - PRIEST, intendant en Languedoc.

SUPPLIE humblement le ſyndic général de la province de Languedoc; DISANT, que le ſieur Glorios, habitant de Saint-Amans, faiſant conſtruire une maiſon qui longe le chemin auquel la ſénéchauſſée de Carcaſſonne fait travailler de Caſtres à Saint-Amans, dans la partie neuve qui contourne le bourg de Saint-Amans de Lavaur; ce particulier, depuis environ trois années, no ceſſe de couvrir ledit chemin ſur environ trente toiſes de longueur, de décombres, pierres & bois; de ſorte que plus de deux tiers de la voie ſe trouvent embarraſſés ſur ladite longueur, ce qui a occaſionné des dégradations conſidérables à cette partie de chemin, parce que les voitures ont été obligées de paſſer toujours ſur la même voie. Que l'inſpecteur des travaux dudit chemin, n'a ceſſé de preſſer le ſieur Glorios d'enlever tous ces matériaux, qu'il a même pluſieurs fois chargé le conſul de Saint-Amans, d'obliger ce réfractaire à ſe mettre en regle; mais que toutes repréſentations & tous les ordres ont été inutiles, puiſque le 4 Octobre dernier, les matériaux dont il s'agit étoient encore ſur le chemin, comme il conſte par le procès-verbal du ſieur Gleizes, inſpecteur, en date du 25 du même mois, viſé par le ſieur Garipuy, directeur des travaux publics de la province dans ce département.

Que de tels dépôts ſur les routes étant contraires aux réglemens, & ne pouvant que produire des dégradations au chemin, il vous plaira, MONSEIGNEUR, vu ledit procès-verbal, or-

N°. XVI. donner qu'à l'instant du commande-ment qui en sera fait audit Glorios, il sera tenu d'enlever les décombres, pierres, bois & autres matériaux qu'il pourroit avoir déposé sur ledit chemin de Castres à Saint-Amans; & attendu les détériorations qu'il a causé à la partie dudit chemin, le condamner au payement de telle somme qu'il vous plaira arbitrer, à titre de dommages & intérêts applicable aux réparations de ladite partie; laquelle somme sera remise à cet effet à l'entrepreneur, pour être par lui employée à cette destination sous les yeux de l'inspecteur; avec défenses à ce particulier, & à tous autres, de plus contrevenir aux réglemens, sous plus grieve peine; & que votre ordonnance sera publiée & affichée partout où besoin sera : Et serez justice. DAUMAS, signé.

VU la présente requête, le procès-verbal y joint, ensemble les réglemens concernant les grandes routes : NOUS ORDONNONS qu'à l'instant du commandement qui sera fait au sieur Glorios, il sera tenu d'enlever les décombres, pierres, bois & autres matériaux qu'il pourroit avoir déposé sur ledit chemin de Castres à Saint-Amans ; & attendu les détériorations qu'il a causé à la partie dudit chemin, le condamnons au payement de la somme de vingt-cinq livres, à titre de dommages & intérêts applicable aux réparations de ladite partie; laquelle somme sera remise à cet effet à l'entrepreneur, pour être par lui employée à cette destination sous les yeux de l'inspecteur. Faisons défenses à ce particulier & à tous autres, de plus contrevenir aux réglemens, sous de plus grandes peines : Et sera notre présente ordonnance, publiée & affichée partout où besoin sera. FAIT à Montpellier le trente Décembre mil sept cent soixante-dix-huit.

Signé, DE SAINT-PRIEST : Et plus bas ; Par Monseigneur, SOEFVE.

XVII.
ORDONNANCE
DE M. L'INTENDANT,

Qui condamne le nommé Meut à réparer les dégradations par lui causées au chemin d'Alby à Réalmont, & à une amende de cent livres.

Du 10 Août 1781.

A MONSEIGNEUR LE VICOMTE DE SAINT-PRIEST, intendant de la province de Languedoc.

SUPPLIE humblement le syndic général de la province de Languedoc; & vous représente, que l'inspecteur des travaux publics de ladite province dans la sénéchaussée de Carcassonne, ayant été requis par le sieur Ressié, entrepreneur de l'entretien du chemin d'Alby à Réalmont, de vérifier les dégradations faites audit chemin par le nommé Meut, habitant à Lamillarié, au lieu nommé le Chaudel, paroisse de Lejon, diocese d'Alby, il se rendit sur les lieux dudit chemin qui lui furent indiqués par ledit entrepreneur, & vérifia, 1°. Qu'au-dessous du Capet, ledit Meut avoit fait construire sur le fossé du chemin un ponceau à pierre seche, & qu'il avoit laissé sur la banquette les terres qui étoient provenues de la fondation ou de l'ouverture qu'il a faite dans le tertre pour venir à ce Ponceau ; ce qui fait que les eaux qui viennent de cette ouverture, ne peuvent plus couler dans le fossé, & qu'elles ont sillonné & raviné la banquette & l'engravement sur environ vingt toises de longueur.

2°. Que ce même particulier avoit fait à côté du chemin, en remontant vers le hameau de Lafont, une marre pour rouir le chanvre, & que pour cela il avoit pris une partie du fossé dudit chemin ; & non content de cette usurpation, il avoit jeté sur la banquette les terres qui étoient provenues du recreusement de cette marre.

3°. Qu'au-dessus de cette même marre il avoit comblé le fossé pour faire un passage, de maniere que le fossé supérieur étoit aussi comblé, & que les eaux des côteaux coulant sur la banquette, l'ont ravinée sur la longueur de plus de quarante toises, & emporté le gravier sur le bord.

Et d'autant qu'il importe non-seulement de faire réparer ces dégradations, mais encore de faire infliger une punition contre celui qui en est l'auteur, afin de mettre les ouvrages que la province fait faire hors de toute insulte, & que l'entretien n'en soit pas inutile ; que les faits ci-dessus exposés sont constatés par le procès-verbal dressé par l'inspecteur des travaux publics, du premier Août 1781, le suppliant a recours à votre justice pour lui être sur ce pourvu.

A CES CAUSES, vu le susdit procès-verbal, il vous plaira, MONSEIGNEUR, ordonner que dans trois jours du commandement, ledit Meut sera tenu de détruire le pontceau qu'il a construit sur le chemin en question, ainsi que la marre à rouir le chanvre, à décombler les fossés, faire engraver les terres, & remettre les parties du chemin au même état où elles étoient avant ses entreprises ; sinon & en refus, permettre à l'inspecteur des travaux publics, ou à l'entrepreneur de l'entretien dudit chemin, de le faire faire à ses frais & dépens ; & néanmoins pour les voies de fait résultant de ses entreprises, le condamner en cent livres d'amende à aumôner, avec défenses de récidiver, sous plus grande peine ; & ferez justice. DAUMAS, *signé*.

VU la présente requête, ensemble le procès-verbal joint de l'inspecteur des travaux publics de la province en la sénéchaussée de Carcassonne : Nous ORDONNONS que dans trois jours du commandement, le nommé Meut sera tenu de détruire le pontceau qu'il a construit sur le chemin dont il s'agit, ainsi que de combler la marre à rouir le chanvre, & de combler les fossés, faire engraver les terres, & remettre les parties du chemin au même état où elles étoient avant ses entreprises, sinon, & en cas de refus, Permettons à l'inspecteur des travaux publics, ou à l'entrepreneur de l'entretien dudit chemin, de le faire faire à ses frais & dépens ; condamnons en outre ledit Meut, pour les voies de fait résultant de ses entreprises, en cent livres d'amende à aumôner en faveur des pauvres de l'hôpital le plus prochain ; au payement de laquelle il sera contraint par les voies de droit. FAIT ce dix Août mil sept cent quatre-vingt-un. *Signé*, DE SAINT-PRIEST : *Et plus bas* ; Par Monseigneur, SOEFVE.

XVIII.

ORDONNANCE
DE M. L'INTENDANT,

Qui condamne le nommé Lagasse, charron de Moux, en l'amende de 25 livres pour avoir déposé sur le chemin de la poste, des roues, bois & arbres.

Du 23 Août 1781.

A MONSEIGNEUR LE VICOMTE DE SAINT-PRIEST, intendant en la province de Languedoc.

SUPPLIE humblement le syndic général de la province de Languedoc ; DISANT, que le nommé Lagasse, charron du lieu de Moux, ne cesse,

N°. XVIII. malgré les avis multipliés qui lui ont été donnés, d'embarrasser devant sa porte, la voie du chemin de la poste, en y déposant des roues & des bois : comme aussi à l'entrée dudit village en venant de Carcassonne où il dépose de gros bois qui retrécissent beaucoup la voie déjà étroite par elle-même, ce qui ne peut qu'être très-dangereux pour les voitures ; que la preuve de ce danger se justifie par l'accident arrivé le 9 du présent mois d'Août au courrier de Toulouse à Montpellier, qui ayant voulu éviter la rencontre d'une charrette qui le croisoit, heurta contre un des arbres dudit Lagasse & versa, de maniere qu'il fut obligé de s'arrêter plus d'une heure pour faire faire à sa brouette les réparations les plus indispensables ; que malgré cet accident, & les nouveaux ordres donnés audit charron d'enfermer chez lui tous ses bois, il n'a pas jugé à propos d'obéir ; mais tous ces faits étant constatés par le procès-verbal dressé par le sieur Ducros, inspecteur des travaux publics de la province ; & étant défendu par les réglemens à tous particuliers d'embarrasser la voie publique, il vous plaira, MONSEIGNEUR, vû le procès-verbal, ordonner que le nommé Lagasse, charron de Moux, sera tenu d'enlever sans délai les roues, bois & arbres qu'il a déposés sur le chemin de la poste ; & attendu sa contravention ; le condamner en l'amende de vingt-cinq livres applicables aux pauvres du lieu, avec défenses d'y en remettre, sous plus grieve peine ; & ferez justice.

VU la présente requête, ensemble le procès-verbal y énoncé : Nous ORDONNONS que le nommé Lagasse, charron au lieu de Moux, sera tenu d'enlever sans délai les roues, bois & arbres qu'il a déposés sur le chemin de la poste ; & attendu sa contravention, le condamnons en l'amende de vingt-cinq livres applicable aux pauvres dudit lieu ; lui faisons défenses d'embarrasser de nouveau ladite route, sous plus grieve peine. FAIT à Montpellier le vingt-trois Août mil sept cent quatre-vingt-un. Signé, DE SAINT-PRIEST : Et plus bas ; Par Monseigneur, SOEFVE.

§. II.

PONTS.

XIX.

ORDONNANCE
DU BUREAU DES FINANCES de Montpellier.

Concernant la conservation du pont du Saint-Esprit.

Du 2 Septembre 1699.

LES présidens trésoriers, grands voyers de France en la généralité de Montpellier, intendans des gabelles
Tome II.

de Languedoc, chevaliers, conseillers du Roi. Sur la requête à nous présentée par le syndic général de la province de Languedoc, tendante à ce qu'il nous plût ordonner que l'ordonnance du Roi du 12 Juin 1685 & celle par nous rendue le 6 Juillet audit an, seront exécutées selon leur forme & teneur ; & ce faisant qu'aucunes charrettes, chariots ni fourgons chargés de marchandises ou non chargés, ne pourront passer sur le pont du Saint-Esprit, autrement que démontés & fur des traîneaux, à peine de confiscation des marchandifes & des voitures & équipages ; qu'aucun carroffe & chaifes roulantes ne pourront paffer que fur des traîneaux , avec défenfes aux portiers du pont de les laiffer paffer autrement , fous quelque prétexte que ce foit , ni de recevoir aucun falaire ni gratification de ceux qui paffent fur ledit pont, quand même il leur feroit volontairement offert, à peine de concuffion ; ordonner que les poteaux qui étoient aux deux entrées du pont , feront rétablis & fermés à clef, ainfi qu'il a été pratiqué par le paffé ; défendre l'ufage des brouettes ferrées ; ordonner que le pont fera nettoyé une fois la femaine, & les aqueducs ouverts à la diligence des recteurs du petit-blanc, par celui qui fera par eux commis ; & qu'à la diligence defdits recteurs il fera informé des contraventions pardevant le fieur Calameau, lieutenant des gabelles au fiége du Saint-Efprit, & qu'ils feront faifir & arrêter les charrettes & fourgons qui auront paffé fur ledit pont, & que les procès-verbaux des faifies feront envoyées au bureau, pour être par nous prononcé fur les confifcations. Vu ladite requête ; le procès-verbal fait par le fieur de Mafclary, l'un de nous, commiffaire à ce par nous députe & oui fon rapport ; Nous avons ordonné et ordonnons que ladite ordonnance du Roi du 12 Juin 1685, & celle par nous rendue en conféquence le 6 Juillet audit an , feront exécutées felon leur forme & teneur ; & ce faifant , ordonnons qu'aucunes charrettes , chariots ni fourgons, chargés de marchandifes ou non chargés , ne pourront paffer fur ledit pont du Saint-Efprit, au-

trement que démontés & fur des traîneaux, à peine de confifcation des marchandifes & des voitures & équipages : comme auffi qu'aucuns carroffes & chaifes roulantes ne pourront paffer que fur des traîneaux. Faifons très-expreffes inhibitions & défenfes aux portiers dudit pont de les laiffer paffer autrement , fous quelque prétexte que ce foit , ni de recevoir aucun falaire ni gratification de ceux qui paffent fur ledit pont , à peine de concuffion. Ordonnons que les poteaux qui étoient aux deux bouts dudit pont feront rétablis & fermés à clef, ainfi qu'il a été pratiqué par le paffé , avec défenfes qu'aucunes brouettes ferrées ne paffent fur ledit pont ; & cependant ordonnons que ledit pont fera nettoyé une fois la femaine, & les aqueducs ouverts à la diligence des recteurs du petit-blanc , par celui qui fera par nous commis, & qu'à leur diligence il fera informé des contraventions à notre préfente ordonnance pardevant le fieur Calameau , lieutenant au fiége des gabelles du Saint-Efprit qu'à ce nous commettons. Ordonnons qu'ils feront faifir & arrêter les charrettes , chariots & fourgons qui auront paffé fur ledit pont, au préjudice de notredite ordonnance , & que les procès-verbaux de faifie nous feront renvoyés , pour être par nous prononcé fur les confifcations ; & afin que notre préfente ordonnance ne foit ignorée , ordonnons qu'elle fera affichée aux deux bouts dudit pont. Mandons au premier huiffier ou fergent de faire fur ce tous exploits néceffaires. Donné au bureau des finances à Montpellier le deuxieme Septembre mil fix cent quatre-vingt-dix-neuf.

Signé, Unal.

XX.

X X.

ARRÊT

DU CONSEIL D'ETAT DU ROI,

Sur le même sujet.

Du 26 Septembre 1699.

EXTRAIT des Registres du Conseil
d'Etat.

SUR ce qui a été représenté au Roi
étant en son conseil, par le syndic
général de la province de Languedoc ;
CONTENANT que le pont du Saint-
Esprit qui est bâti depuis près de 400
ans, est le seul qui soit sur la rivière du
Rhône depuis Lyon jusqu'à la mer, &
dont la conservation est si nécessaire
pour le passage des troupes de Sa Majesté, pour la communication des provinces, & pour les sommes considérables qu'il coûteroit à rétablir, qu'on
a veillé de tous les tems à sa conservation & défendu à toutes personnes de
faire passer sur ledit pont aucunes charrettes, chariots ni fourgons, chargés
de marchandises ou à vuide, si lesdites charrettes, chariots & fourgons ne
sont démontés & ne sont sur des trai-
neaux, à peine de confiscation, tant à
l'égard des voitures & équipages que
des marchandises. Il est aussi pareillement défendu sur les mêmes peines
d'y laisser passer aucuns carrosses, chaises roulantes & brouettes ferrées, si
elles ne sont sur des traîneaux, avec
défenses aux portiers dudit pont de les
laisser passer ni de recevoir aucun salaire ni gratification de ceux qui tra-
verseront ledit pont, à peine de concussion ; Que les ordonnances qui ont
été rendues sur ce sujet ont été renouvellées de tems en tems, & par celles
des 10 Mai & 12 Juin 1685, & en
dernier lieu le 2 du présent mois de
Septembre, & que pour éviter que
l'on ne se relâche de l'exécution de ces
ordonnances, Requéroit ledit syndic
qu'il plût à Sa Majesté ordonner qu'elles seront exécutées selon leur forme
& teneur. Vu les susdites ordonnances
des 10 Mai & 12 Juin 1685 & 2 du
présent mois : Ouï le rapport du sieur
de Chamillart, conseiller ordinaire au
conseil royal, contrôleur général des
finances ; LE ROI ÉTANT EN SON
CONSEL, a ordonné & ordonne
que lesdites ordonnances des 10 Mai
& 12 Juin 1685, & 2 du présent
mois, seront exécutées selon leur forme & teneur ; en conséquence Sa Majesté a fait très-expresses défenses à
toutes personnes de faire passer sur le
pont Saint-Esprit aucunes charrettes,
chariots ni fourgons ou autres voitures semblables, chargées ou non
chargées, même les carrosses, chaises roulantes & brouettes ferrées &
autres voitures, qu'elles ne soient sur
des traîneaux, à peine de confiscation des équipages & marchandises
& de 500 livres d'amende ; & aux
portiers dudit pont de recevoir sous
quelque prétexte que ce soit, aucun
salaire pour le passage, à peine de
concussion. Et sera le présent arrêt affiché aux deux extrémités dudit pont
& partout où besoin sera à ce qu'aucun n'en ignore. FAIT au conseil d'état
du Roi, Sa Majesté y étant, tenu à
Fontainebleau le vingt-sixieme jour de
Septembre mil six cent quatre-vingt-
dix-neuf. PHELYPEAUX, *signé.*

XXI.

AUTRE

*Portant que les carrosses, chaises rou-
lantes, & caleches, pourront passer
à l'avenir sur le pont du Saint-Esprit
sans traîneaux, & que les charrettes,
chariots, fourgons, & autres voitures semblables, n'y pourront passer que sur des traîneaux, après
avoir été entierement déchargées.*

Du 17 Juillet 1702.

*EXTRAIT des Registres du Conseil
d'Etat.*

VU par le Roi, étant en son conseil, l'ordonnance de Sa Majesté
du 12 Juin 1585 qui ordonne au gouverneur, lieutenant & major de la
ville du Saint-Esprit, de tenir exactement la main qu'il ne passe sur le pont
aucune charrette, chariot, fourgon &
autres semblables voitures, chargées
de marchandises ou non chargées, &
que les carrosses, caleches ou chaises
roulantes y passent autrement que sur
des traîneaux : L'arrêt du conseil du 27
Septembre 1699, qui défend à toutes
personnes de faire passer sur ledit pont
aucunes charrettes, chariots, carrosses,
chaises roulantes, brouettes ferrées &
autres voitures, qu'elles ne soient sur
des traîneaux, à peine de confiscation
des équipages & marchandises, & de
500 livres d'amende, & aux portiers
dudit pont de recevoir sous quelque
prétexte que ce soit aucun salaire
pour le passage, à peine de concussion : Les ordonnances des trésoriers
de France de Montpellier, des 6 Juillet 1685 & 2 Septembre 1699 : Les
procès-verbaux & informations faites
à la requête des receveurs des églises,
maisons, ponts & hôpitaux de ladite
ville, sur les droits qu'exigeoient les
portiers du pont sur les carrosses & les

chaises roulantes, pour les laisser passer sans traîneaux, & sur les charrettes
qui ne pouvoient y passer en quelque
maniere que ce fût : Les plaintes qui
ont été portées à Sa Majesté que les
contraventions à ladite ordonnance &
arrêt causeroient la ruine du pont, s'il
n'y étoit remédié : Le renvoi qui a été
fait desdites plaintes au sieur de Basville,
conseiller d'état ordinaire & intendant
en la province de Languedoc, pour
entendre le commandant de la ville &
citadelle du Saint-Esprit, & le syndic
général de la province ; & l'avis dudit
sieur de Basville. Et Sa Majesté voulant
pourvoir à la conservation dudit pont
Saint-Esprit, à la commodité du commerce, & empêcher qu'aucun droit
ne soit levé sur les voitures qui y passeront : Oui le rapport & tout considéré ;
LE ROI ÉTANT EN SON CONSEIL,
a ordonné & ordonne que les carrosses,
chaises roulantes & caleches pourront
passer à l'avenir sur ledit pont Saint-
Esprit sans traîneaux, & que les charrettes, chariots, fourgons & autres voitures semblables n'y pourront passer
que sur des traîneaux, après avoir été
entierement déchargées, & pour empêcher qu'elles n'y puissent passer d'une
autre maniere, qu'il sera établi par les
trésoriers de France de la généralité de
Montpellier, deux gardes aux deux extrémités dudit pont, pour faire décharger lesdites voitures & les faire mettre
sur des traîneaux ; auxquels gardes il
sera accordé par lesdits trésoriers cent
livres de gages sur le fonds dudit petit-
blanc, avec pouvoir auxdits trésoriers
d'augmenter lesdits gages, s'il est nécessaire, & de destituer lesdits gardes,
lorsqu'ils le trouveront à propos ; &
pour ôter tout prétexte à l'avenir aux
portiers qui sont établis sur ledit pont
d'exiger aucune chose de ceux qui passent avec quelque voiture que ce soit,
& sous aucun prétexte, Sa Majesté

veut & ordonne qu'il soit payé annuellement par la ville du Saint-Esprit, la somme de cent livres à chacun des deux portiers dudit pont, qui est la même qu'elle accorde aux portiers de ladite ville ; & moyennant ce, Sa Majesté fait très-expresses défenses, tant auxdits portiers que gardes, d'exiger aucune chose de ceux qui passeront sur ledit pont, quand même elle leur seroit volontairement offerte, à peine de punition corporelle. Veut Sa Majesté que le procès soit fait & parfait à la diligence du syndic général de la province de Languedoc, pardevant les juges ordinaires du Saint-Esprit, & par appel au parlement de Toulouse. Et sera le présent arrêt publié & affiché aux portes dudit pont & partout où besoin sera. Enjoint Sa Majesté aux trésoriers de France de la généralité de Montpellier, & aux recteurs de l'hôpital du Saint-Esprit, de tenir la main qu'il soit exécuté selon sa forme & teneur, & de s'informer des contraventions qui y seront faites. FAIT au conseil d'état du Roi, Sa Majesté y étant, tenu à Versailles le dix-septieme jour de Juillet mil sept cent deux. Collationné. PHELYPEAUX, signé.

LOUIS, PAR LA GRACE DE DIEU, ROI DE FRANCE ET DE NAVARRE: A nos amés & féaux les présidens trésoriers généraux de nos finances au bureau établi en notre ville de Montpellier, SALUT. Nous vous mandons & ordonnons par ces présentes signées de notre main de tenir la main à l'exécution de l'arrêt ci-attaché sous le contre-scel de notre chancellerie ce jourd'hui donné en notre conseil d'état, nous y étant, touchant ce qui doit être observé à l'égard des voitures qui passeront sur le pont Saint-Esprit, & de

le faire enregistrer, publier & afficher avec les présentes aux deux extrémités dudit pont, & partout ailleurs où besoin sera, à ce que personne n'en ignore. Commandons au premier notre huissier ou sergent sur ce requis, de faire pour l'entiere exécution dudit arrêt tous exploits de signification & autres actes de justice que besoin sera, sans pour ce demander autre permission : CAR tel est notre plaisir. DONNÉ à Versailles le dix-septieme jour de Juillet, l'an de grace mil sept cent deux, & de notre regne le soixantieme. Signé, LOUIS : Et plus bas ; Par le Roi, PHELYPEAUX. Duement scellées en cire jaune sur simple queue.

Les présidens trésoriers, grands voyers de France, généraux des finances en la généralité de Montpellier, intendans des gabelles de Languedoc, chevaliers, conseillers du Roi. Vu ledit arrêt du conseil du 17 Juillet dernier & lettres patentes expédiées en conséquence ledit jour à nous adressées pour l'exécution dudit arrêt ; NOUS AVONS ORDONNÉ ET ORDONNONS que ledit arrêt du conseil & lettres patentes seront registrées ès registres de notre charge, pour être exécutés selon leur forme, teneur & volonté de Sa Majesté & qu'à cet effet à la diligence du syndic général de la province de Languedoc, ils seront publiés & affichés aux portes du pont Saint-Esprit, & partout ailleurs où besoin sera, à ce que personne n'en ignore. Mandons au premier huissier ou sergent requis faire sur ce tous exploits nécessaires. DONNÉ au bureau des finances, à Montpellier le septieme Août 1702.

Extrait des registres du bureau des finances de la généralité de Montpellier, collationné par nous greffier en chef en icelui, soussigné. UNAL, signé.

XXII.

ORDONNANCE

Qui fait défenses à tous les possesseurs des terres sur la riviere du Gardon, & autres de la province, de boucher les arches des ponts, ni de faire aucun plantement sur les bords desdites rivieres, à peine de 500 livres d'amende.

Du 24 Octobre 1731.

LOUIS-BASILE DE BERNAGE, chevalier, seigneur de Saint-Maurice, Vaux, Chassy & autres lieux, conseiller du Roi en ses conseils, maître des requêtes ordinaire de son hôtel, grand-croix de l'ordre royal & militaire de Saint-Louis, intendant de justice, police & finances en la province de Languedoc.

SUR ce qui nous a été représenté par le syndic général de la province, que les particuliers qui ont des possessions sur les bords de la riviere du Gardon, & proche les ponts de Sauve, Mialet, & autres situés tant sur ladite riviere que sur les autres rivieres & ruisseaux du Languedoc, pour profiter de quelques lopins de terre, & agrandir leurs possessions, entreprennent de boucher les arches des extrémités desdits ponts, & resserrer le lit des rivieres par des plantemens ; ce qui met les ponts en danger d'être emportés à la premiere inondation, & cause la ruine des terres voisines ; parce que les eaux se trouvant par ce moyen resserrées, agissent avec plus de violence : A quoi étant nécessaire de remédier.

Nous faisons très-expresses inhibitions & défenses à tous particuliers possesseurs des terres sur les bords de la riviere du Gardon, & autres de la province, particulierement à ceux qui sont proche les ponts, & à toutes autres personnes, de quelque qualité & condition qu'elles soient, de boucher à l'avenir aucunes des arches desdits ponts, ni de faire aucuns plantemens sur les bords desdites rivieres pour en resserrer le lit, sous quelque prétexte que ce soit, à peine de 500 livres d'amende, & de tous dépens, dommages & intérêts : Ordonnons que celles desdites arches qui se trouvent actuellement bouchées, seront ouvertes & mises en leur premier état par les particuliers qui les ont bouchées, à la diligence de l'inspecteur des chemins, auquel, en cas de refus de la part desdits particuliers, nous permettons de faire faire lesdites ouvertures à leurs frais & dépens, & de les contraindre au payement de ce qu'il en coûtera par toutes voies de droit : Ordonnons auxdits inspecteurs de dresser procès-verbal des plantemens qu'ils estimeront avoir été faits contre les réglemens pour resserrer les lits des rivieres, pour leur procès-verbal à nous rapporté, être ordonné ce qu'il appartiendra : Leur enjoignons de tenir la main à l'exécution de notre présente ordonnance, qui sera lue, publiée & affichée par-tout où besoin sera, afin que personne n'en prétende cause d'ignorance. FAIT à Montpellier le vingt-quatre Octobre mil sept cent trente-un. *Signé* DE BERNAGE : *Et plus bas ;* Par Monseigneur, ANGRAVE.

XXIII.

ORDONNANCE

Pour prévenir les dégradations du pont de Beaucaire.

Du 26 Juin 1772.

JEAN-EMMANUEL DE GUIGNARD, chevalier, vicomte de Saint-Priest, conseiller d'état ordi-

naire, *intendant de juſtice, police & finances en la province de Languedoc.*

VU la requête à nous préſentée par le fermier du pont de bateaux de Beaucaire, appartenant à la province, expoſitive que ce pont intéreſſant autant le public que le commerce, par l'utilité dont il eſt pour la communication entre les provinces voiſines, & même pour l'abord des marchandiſes, on ne peut trop s'attacher à le maintenir en bon état, & éviter tout ce qui peut l'endommager. Qu'il arrive ſouvent que les conducteurs de bateaux, radeaux & autres voitures d'eau, tant de montée que de deſcente, ſoit par négligence ou impéritie, même quelquefois par affectation, attachent contre le pont & ſes dépendances, des bateaux étrangers pour faire leur manœuvre, & même viennent avec rapidité ſe jetter ſur le pont, faute d'avoir le nombre ſuffiſant de matelots pour gagner les bords du fleuve, de maniere à expoſer le pont, ce qui lui cauſe des dommages conſidérables, & même en intercepte le ſervice, au grand préjudice du commerce & du public : Qu'en Décembre dernier, un radeau conduit ſeulement par ſix hommes, quoique le pont fût ouvert, vint ſe jetter avec violence ſur la ſeconde barque du côté de la digue, & par ſon poids fit chaſſer deux amarrages d'environ deux toiſes : Que dans le mois de Mars ſuivant, tems auquel le pont étoit replié, & où l'on avoit placé ſeulement les deux premieres barques de la digue pour accélérer le remontage du pont, deux grands bateaux de conſerve, montés de ſix ou huit hommes, ſeroient également venus ſe jetter avec violence à travers ces deux barques, & auroient chaſſé à la diſtance de quinze toiſes les amarrages voiſins ; Qu'enfin le Mardi

28 Avril, ſur les quatre à cinq heures du matin, un bateau chargé de fagots de ſaule, monté de ſix hommes, ſe ſeroit jetté avec violence au milieu du pont, dont il détacha par ſon poids environ quatre barques qui furent entraînées par le courant ; ce qui auroit cauſé la ruine du pont, ſi le moulin qui en dépend avoit été placé à ſa place ordinaire. Requérant, A CES CAUSES, le ſuppliant, qu'il nous plût faire inhibitions & défenſes à tous patrons, mariniers, conducteurs de bateaux, radeaux & autres voitures d'eau, tant de montée que de deſcente, d'endommager le pont, ſoit en y attachant leurs bateaux, ſoit en dirigeant deſſus le pont leurs chevaux de tirages, ſoit en y faiſant d'autres manœuvres préjudiciables à la manutention dudit pont, à peine de punition exemplaire, & de tous dépens, dommages & intérêts ; comme auſſi condamner les patrons, mariniers, conducteurs de bateaux, radeaux & autres, qui par une fauſſe manœuvre viendront à choquer le pont avec violence, à être perſonnellement reſponſables des dommages réſultans de ladite irruption, même par corps. Vu également l'avis du ſyndic général qui, pour l'intérêt de la province, a cru devoir ſe joindre au ſuppliant, & requérir de ſon chef l'adjudication de ſes concluſions.

NOUS, ayant égard aux repréſentations du ſuppliant, & au réquiſitoire du ſyndic général de la province, faiſons très-expreſſes inhibitions & défenſes à tous patrons, mariniers, conducteurs de bateaux, radeaux, & autres voitures d'eau, tant de montée que de deſcente, ſur le Rhône, d'endommager le pont de bateaux entre Beaucaire & Taraſcon, ſoit en y attachant leurs bateaux en dirigeant deſſus le tirage de leurs chevaux, ou en faiſant d'autres manœuvres qui puiſſent lui être préjudiciables. Comme auſſi leur enjoignons en outre de monter leurs bateaux ou trains , d'un nombre ſuffiſant d'hommes d'équipage , pour pouvoir réſiſter à la violence des vents & au torrent des eaux , de maniere à reſter maitres de leur manœuvre pour pouvoir gagner les bords du fleuve , & empêcher qu'ils ne viennent heurter avec violence les bateaux du pont , à peine de punition , & d'être perſonnellement reſponſables de tous dommages & in-

térêts , frais & dépens , & par les voies de contrainte ordinaire , même par corps. Et ſera la préſente ordonnance exécutée nonobſtant oppoſitions & appellations quelconques , & ſans y préjudicier , lue , publiée & affichée partout où beſoin ſera. FAIT à Montpellier le vingt-ſix Juin mil ſept cent ſoixante - douze. *Signé* , DE SAINT-PRIEST : *Et plus bas* ; Par Monſeigneur , SOEFVE.

---

§. III.

CANAUX, DIGUES, ET CHAUSSÉES.

Canal des Etangs & de Cette.

XXIV.
ARRÊT
DU CONSEIL D'ETAT DU ROI,

Par lequel Sa Majeſté déclare qu'elle n'accordera aucune permiſſion de faire des bourdigues dans les canaux qui ſeront faits par la province de Languedoc , & fait défenſes à toutes perſonnes d'y en établir.

Du 3 Octobre 1701.

EXTRAIT des Regiſtres du Conſeil d'Etat.

SUR ce qui a été repréſenté au Roi étant en ſon conſeil par l'article XIII du cahier préſenté à Sa Majeſté par les gens des Trois-états de la province de Languedoc ; que la bourdigue qui a été faite au milieu du canal de Cette pour l'avantage de quelques particuliers , eſt ſi fort à charge aux habitans de ladite province , qu'appré-

hendant qu'il ſe trouve encore quelques perſonnes qui ayent des vues d'en établir aux embouchures des canaux qui ſe font dans les étangs pour former le canal de communication du haut au bas Languedoc , ils ſont obligés de faire connoître à Sa Majeſté que ces ſortes d'ouvrages ſont très-nuiſibles à la navigation & ſablent les endroits où ils ſont conſtruits , & c'eſt un des motifs qui a donné lieu à l'article premier du titre IV (*a*) , de l'ordonnance de la marine pour les madragues & bourdigues , qui fait défenſes à toute ſorte de perſonnes de poſer en mer des madragues & d'y conſtruire des bourdigues ; la grande dépenſe que les Etats font pour rendre les étangs navigables leur donne lieu de prévoir tout ce qui peut conſerver le canal de ces étangs , dans la perfection où le mettront les ouvrages que la province y fait faire. A CES CAUSES , ils auroient très-humblement ſupplié Sa Majeſté de vouloir leur accorder qu'il ne ſera fait aucune

---

(*a*) Livre V.

bourdigue dans les canaux que ladite province fait ou fera faire dans les étangs, ni à leur embouchure ; Oui le rapport & tout considéré, LE ROI ÉTANT EN SON CONSEIL, conformément à la réponse faite à l'article XIII dudit cahier, a déclaré & déclare qu'il n'accordera aucune permission de faire des bourdigues dans les canaux qui sont ou seront faits pour la navigation par ladite province de Languedoc, & fait défenses à toutes personnes de quelque qualité & condition qu'elles soient, d'y en établir, à peine de tous dépens, dommages & intérêts. FAIT au conseil d'état du Roi, Sa Majesté y étant, tenu à Fontainebleau le troisieme jour d'Octobre mil sept cent deux. Collationné. PHELYPEAUX, *signé.*

LOUIS, PAR LA GRACE DE DIEU, ROI DE FRANCE ET DE NAVARRE: Au premier notre huissier ou sergent sur ce requis. Nous te commandons par ces présentes signées de notre main de signifier à tous ceux qu'il appartiendra à ce qu'ils n'en ignorent, l'arrêt ci-attaché sous le contre-scel de notre chancellerie ce jourd'hui donné en notre conseil d'état, Nous y étant, sur le XIIIe. article du cahier des Etats de notre province de Languedoc, portant que nous n'accorderons point de permission de faire des bourdigues dans les canaux qui seront faits pour la navigation dans ladite province, & faire en outre pour l'entiere exécution dudit arrêt tous autres exploits & actes de justice que le besoin sera, sans pour ce demander autre permission : Car tel est notre plaisir. DONNÉ à Fontainebleau le troisieme jour d'Octobre l'an de grace mil sept cent deux & de notre regne le soixantieme. *Signé,*

X X V.

A R R Ê T

DU CONSEIL D'ETAT DU ROI,

Qui ordonne que la bourdigue qui est dans le canal qui communique le port de Cette à l'étang de Thau, sera détruite, au cas qu'elle préjudicie à la Navigation.

Du 9 Octobre 1703.

EXTRAIT des Registres du Conseil d'Etat.

SUR ce qui a été représenté au Roi étant en son conseil par l'article III du cahier présenté à Sa Majesté par les députés des Etats de la province de Languedoc, que par l'article premier du titre IV (a) de l'ordonnance de la marine touchant les madragues & bourdigues, défenses ont été faites à toutes personnes d'en placer aucune dans les ports ou autres lieux où elles pourroient nuire à la navigation, parce que ces sortes d'ouvrages sablent les endroits où ils sont construits ; ce qui a été si bien reconnu que Sa Majesté, par sa reponse à l'article XIII du cahier de ladite province de l'année derniere, a fait défenses à toute sorte de personnes de faire aucune bourdigue dans les canaux & à l'embouchure de ceux que ladite province fait faire dans les étangs, afin de les rendre navigables suivant la volonté de Sa Majesté & communiquer par là le haut & bas Languedoc : mais comme il a été construit une bourdigue par quelques particuliers dans le canal qui communique le port de Cette à l'étang de Thau qui est un ouvrage important & d'une très grande dépense

(a) LIVRE V.

pour la province , laquelle bourdigue préjudicie beaucoup à la navigation , & qu'il ne feroit pas jufte que l'intérêt de ces particuliers qui l'ont fait conftruire fans avoir appellé la province , prévalût fur celui du public ; lefdits Etats auroient très-humblement fupplié Sa Majefté qu'il lui plût ordonner que par le fieur de Bafville , confeiller d'état ordinaire & intendant de juftice en ladite province & les fieurs commiffaires de l'affemblée des Etats prochains, qui font commis pour les travaux publics, il fera fait defcente fur les lieux, afin d'examiner conjointement fi ladite bourdigue nuit à la navigation , les particuliers qui l'ont fait conftruire & ceux qui peuvent y avoir intérêt préfens ou duement appellés , pour , en ce cas , par lefdits fieurs commiffaires être ordonné qu'elle fera détruite. Vu la réponfe faite audit article III dudit cahier : Oui le rapport & tout confidéré, LE ROI ÉTANT EN SON CONSEIL, conformément à la réponfe à l'article III dudit cahier , A ORDONNÉ ET ORDONNE que ledit fieur de Bafville & les fieurs commiffaires qui feront choifis par les Etats de ladite province fe tranfporteront fur le canal qui communique le port de Cette à l'étang de Thau , pour , en préfence des particuliers intéreffés , ou eux duement appellés , examiner fi la bourdigue qui y eft conftruite préjudicie à la navigation ; & s'il eft ainfi reconnu , être par eux ordonné qu'elle fera détruite. FAIT au confeil d'état du Roi , Sa Majefté y étant , tenu à Fontainebleau le neuvieme jour d'Octobre mil fept cent trois.

PHELYPEAUX , *figné.*

LOUIS, PAR LA GRACE DE DIEU, ROI DE FRANCE ET DE NAVARRE : A notre amé & féal confeiller ordinaire en notre confeil d'état , le fieur de

Bafville , intendant de juftice en notre province de Languedoc , & aux commiffaires qui feront choifis , SALUT. Nous vous mandons & ordonnons par ces préfentes fignées de notre main d'exécuter l'arrêt ci-attaché fous le contre-fcel de notre chancellerie ce jourd'hui donné en notre confeil d'état, Nous y étant , touchant une bourdigue qui a été conftruite dans le canal qui communique le port de Cette à l'étang de Thau. De ce faire vous donnons pouvoir , commiffion & mandement fpécial. Commandons au premier notre huiffier ou fergent fur ce réquis de faire pour l'exécution dudit arrêt , & de ce que vous ordonnerez en conféquence , tous exploits de fignification & autres actes de juftice que befoin fera , fans pour ce demander autre permiffion : Car tel eft notre plaifir. DONNÉ à Fontainebleau le neuvieme jour d'Octobre , l'an de grace mil fept cent trois & de notre regne le foixante-unieme. *Signé*, LOUIS. *Et plus bas* ; Par le Roi. PHELYPEAUX.

XXVI.
ARRÊT
DU CONSEIL D'ETAT DU ROI,

Par lequel Sa Majefté déclare qu'elle n'accordera aucune permiffion de faire des bourdigues ni madragues fur les côtes de la mer de Languedoc.

Du 20 Octobre 1705.

EXTRAIT *des Regiftres du Confeil d'Etat.*

SUR ce qui a été repréfenté au Roi, étant en fon confeil , par l'article XV du cahier des gens des Trois-états de la province de Languedoc, que la bourdigue qui a été faite au milieu du canal de Cette étant fort à charge aux habitans de la province , & appréhendant

N°. XXVI. dant que quelques perfonnes n'obtien-
nent permiffion d'en établir aux embouchures des canaux qui fe font dans
les étangs, pour former celui de communication du haut & bas Languedoc,
ils fupplierent Sa Majefté par l'article
XIII de leur cahier de l'année 1702,
de vouloir n'en donner aucune, ce qui
leur fut accordé : & comme il pourroit
s'en rencontrer qui ayant eu en vue d'en
faire, & s'en voyant par-là fruftrés,
pourroient demander qu'il leur fût permis de conftruire des bourdigues &
madragues dans la mer fur les côtes de
ladite province, quoique, par l'ordonnance pour la marine, il ait été fait
défenfes d'en établir, par la connoiffance qu'on a qu'elles étoient nuifibles
à la navigation & à la pêche, lefdits
Etats ayant grand intérêt que ladite
ordonnance foit ponctuellement exécutée ; A CES CAUSES, ils auroient très-
humblement fupplié Sa Majefté de ne
faire aucun don pour pofer des madragues & conftruire des bourdigues
en mer le long de la côte de la province de Languedoc. Vu la réponfe
faite à l'article XV dudit cahier des
Etats de ladite province, de la préfente
année 1705 : Oui le rapport, & tout
confidéré ; LE ROI ÉTANT EN
SON CONSEIL, conformément à la
réponfe faite audit article XV dudit
cahier, a déclaré & déclare qu'il n'accordera aucune permiffion de faire des
bourdigues, ni pofer des madragues en
mer, le long des côtes de la province
de Languedoc, Voulant Sa Majefté que
fon ordonnance fur le fait de la marine
foit exécutée felon fa forme & teneur.
FAIT au confeil d'Etat du Roi, Sa Majefté y étant, tenu à Fontainebleau le
vingtieme jour d'Octobre 1705.

PHELYPEAUX, *figné.*

LOUIS, PAR LA GRACE DE DIEU,
Roi DE FRANCE ET DE NAVARRE:
Au premier notre huiffier ou fergent fur
Tome II.

ce requis. Nous te commandons par
ces préfentes fignées de notre main, de N°. XXVI.
fignifier à tous qu'il appartiendra, à ce
qu'ils n'en ignorent, l'arrêt ci-attaché
fous le contre-fcel de notre chancellerie
ce jourd'hui donné en notre confeil
d'état, nous y étant, fur la réponfe à
l'article XV du cahier des Etats de notre province de Languedoc, portant
que nous n'accorderons aucune permiffion de faire des bourdigues & pofer
des madragues en mer, le long des
côtes de ladite province. De ce faire,
& tous autres exploits & actes de juftice que befoin fera pour l'entiere exécution dudit arrêt, te donnons pouvoir,
commiffion & mandement fpécial :
CAR tel eft notre plaifir. DONNÉ à
Fontainebleau le vingtieme jour d'Octobre, l'an de grace 1705, & de notre
regne, le foixante-troifieme. *Signé,*
LOUIS. *Et plus bas :* Par le Roi,
PHELYPEAUX.

XXVII.

ORDONNANCE

*Qui défend aux confuls de Villeneuve-
les-Maguelonne & à tous autres,
d'établir des maniguieres ou pêcheries dans les canaux des étangs, ni
à leurs embouchures.*

Du 10 Décembre 1723.

*LOUIS DE BERNAGE, Chevalier,
feigneur de Saint-Maurice, Vaux,
Chaumont & autres lieux, confeiller
d'état, intendant de juftice, police,
& finances en la province de Languedoc.*

VU l'arrêt du confeil du 3 Octobre
1702, par lequel Sa Majefté a
fait défenfes à toutes perfonnes de quelque qualité & condition qu'elles foient,

d'établir aucune bourdigue ou pêcherie dans les canaux que la province a fait ou fera faire dans les étangs ni à leurs embouchures, à peine de tous dépens, dommages & intérêts : Et étant informé que les consuls de Villeneuve-les-Maguelonne, prétendent établir une maniguiere ou pêcherie dans l'étang de Palavas, entre Maguelonne & Aresquiés ; qu'il a été fait un marché pour la construction de cette maniguiere, & qu'on a ramassé pour cela les bois nécessaires ; Et comme cette maniguiere se trouvant très-voisine de l'embouchure du canal que la province a fait faire, causeroit un grand embarras par rapport à la navigation, & en particulier pour le passage de la barque des entrepreneurs du canal des étangs, qui tirent les pierres pour les digues dudit canal de la carriere d'Aresquiés :

Nous ordonnons que l'arrêt du conseil du 3 Octobre 1702 sera exécuté ; Et en conséquence, faisons très-expresses inhibitions & défenses aux consuls de Villeneuve-les-Maguelonne, & à tous autres, de faire construire aucune pêcherie, dans la partie des étangs marquée ci-dessus ni ailleurs, sans en avoir obtenu préalablement la permission, à peine contre lesdits consuls & autres, de répondre en leur propre, de tous dépens, dommages & intérêts. Enjoignons à l'ingénieur du Roi préposé aux ouvrages du canal des étangs, & à l'inspecteur de la province, de tenir la main à l'exécution de la présente ordonnance, laquelle sera publiée partout où besoin sera ; Et au cas qu'on ait déjà commencé à construire ladite maniguiere, ordonnons auxdits ingénieur & inspecteur, de faire détruire lesdits ouvrages & arracher les bois. Fait à Montpellier le dix Décembre mil sept cent vingt-trois. *Signé*, de Bernage. *Et plus bas :* Par Monseigneur, Jourdan.

XXVIII.
ORDONNANCE

Qui défend à toutes personnes d'appuyer aucunes pêcheries au dehors des digues du canal des étangs, & d'en construire qu'à une certaine distance.

Du 21 Août 1737.

LOUIS-BASILE DE BERNAGE, chevalier, seigneur de Saint-Maurice, Vaux, Chassy, & autres lieux, conseiller d'état, grand'croix de l'ordre royal & militaire de St. Louis, intendant de justice, police & finances en la province de Languedoc.

SUR ce qui nous a été représenté par le syndic général de la province de Languedoc, que, malgré toutes les précautions prises par les Etats pour la conservation des digues construites dans les étangs, pour former un canal de communication de Cette au Rhône ; & les défenses faites & publiées plusieurs fois de les détruire ; néanmoins les matelots, pêcheurs, & autres personnes entreprennent de les dégrader journellement : A quoi étant nécessaire de remédier, pour conserver un ouvrage fait avec tant de dépense, & si utile au public. Nous faisons défenses à tous pêcheurs, matelots, & autres personnes, d'enlever aucunes pierres des digues dudit canal, d'arracher les tamarins qui y sont plantés, & d'amarrer auxdits tamarins les barques & bateaux, d'arracher ou faucher les herbes qui croissent dans lesdites digues, & d'y faire dépaître aucun bétail gros ni menu, à peine de cent livres d'amende, & de plus grande, s'il y échoit. Faisons pareillement défenses à toutes personnes d'appuyer aucunes pêcheries au-dehors desdites digues, & d'en construire qu'à une certaine distance, en sorte qu'on puisse avoir la liberté de vifiter lefdites digues , & d'y faire paffer des barques & bateaux , lorfqu'il s'agira de les fortifier ou réparer , fous les mêmes peines que deffus. Ordonnons que des contraventions il en fera dreffé procès-verbal par l'infpecteur commis par la province auxdits ouvrages , pour , fur fon contenu , & à la requête du fyndic général , être ordonné par nous ce qu'il appartiendra. Enjoignons audit infpecteur d'être attentif à la confervation des digues , & de veiller à l'exécution de la préfente ordonnance , qui fera lue , publiée & affichée par-tout où befoin fera. FAIT à Montpellier le vingt - unième jour d'Août mil fept cent trente-fept. *Signé*, DE BERNAGE : *Et plus bas* ; par Monfeigneur , ANGRAVE.

XXIX.

AUTRE SUR LE MÊME SUJET.

Du 27 Novembre 1738.

LOUIS-BASILE DE BERNAGE , chevalier , feigneur de Saint - Maurice , Vaux , Chaffy & autres lieux , confeiller d'état , grand-croix de l'ordre royal & militaire de St. Louis , intendant de juftice , police & finances en la province de Languedoc.

SUR ce qui nous a été repréfenté par le fyndic général de la province de Languedoc ; que quoique par notre ordonnance du 21 Août de l'année derniere , il foit fait défenfes à toutes perfonnes , d'appuyer aucunes pêcheries au dehors des digues conftruites dans les étangs pour former un canal de communication de Cette au Rhône , & d'en conftruire qu'à une certaine diftance , en forte qu'on puiffe avoir la liberté de vifiter lefdites digues , & d'y paffer avec des barques & bateaux lorfqu'il s'agira de les fortifier ou réparer , fous peine de cent livres d'amende ; néanmoins il réfulte du

procès-verbal dreffé le 10 du préfent mois de Novembre , par l'infpecteur commis par la province , qu'Antoine Guets , & le nommé Cros du lieu de Perols , n'ont pas laiffé , depuis quelques jours , d'établir & appuyer deux pêcheries contre les digues , & le long d'une partie du canal qu'on conftruit actuellement dans l'étang appelé Mejan limitrophe du Bout - du - Lez ; lefquelles pêcheries font , ainfi qu'il eft porté par ledit verbal , préjudiciables au bien & à l'avancement des ouvrages du canal , en ce qu'elles empêchent les barques qui portent les pierres néceffaires à la conftruction des ouvrages, d'approcher autant & auffi facilement qu'il feroit néceffaire pour les pofer auxdites digues : Et comme l'entreprife defdits Guets & Cros , eft une contravention formelle à notredite ordonnance , laquelle ayant été publiée & affichée audit lieu de Perols , ainfi qu'il eft porté par ledit procès-verbal , n'a pû être ignorée ; que d'ailleurs lefdites pêcheries font encore nuifibles au commerce , par l'obftacle qu'elles font au paffage des barques: Requéroit, A CES CAUSES , qu'il nous plût ordonner , que par le jour du commandement qui fera fait auxdits Guets & Cros , ils feront tenus de détruire les pêcheries qu'ils ont conftruites & adoffées aux digues du canal , finon qu'elles foient détruites & démolies à leurs frais & dépens , à la diligence de l'infpecteur ; & cependant , que lefdits Guets & Cros foient condamnés chacun pour leur entreprife , en l'amende de cent livres , portée par ladite ordonnance ; avec défenfes à eux & à tous autres , d'y contrevenir , fous plus grande peine.

VU notredite ordonnance, & le procès-verbal de l'infpecteur du 10 du préfent mois : NOUS , ayant égard aux réquifitions du fyndic général , ORDONNONS que dans le jour de la fignifica-

tion qui fera faite de notre préfente ordonnance auxdits Guets & Cros, ils
feront tenus de détruire & démolir
les pêcheries par eux conftruites &
adoffées aux digues du canal de la
province dans l'étang de Mejan, finon qu'elles feront détruites & démolies à leurs frais & dépens, à la diligence de l'infpecteur : Condamnons
lefdits Guets & Cros en l'amende de
cent livres chacun, applicable aux
pauvres de l'hôpital général de cette
ville, au payement de laquelle ils feront contraints par toutes voies dues
& raifonnables, & fera au furplus
notre ordonnance dudit jour 21 Août
1737 exécutée felon fa forme & teneur. FAIT à Montpellier le vingt-fept
Novembre mil fept cent trente - huit.
Signé, DE BERNAGE : *Et plus bas* ;
Par Monfeigneur, GRASSET.

X X X.

AUTRE SUR LE MÊME SUJET,

*Et qui, en renouvellant les défenfes
portées par celle du 21 Août 1737,
prefcrit la diftance dans laquelle il
eft défendu de conftruire les pêcheries ou maniguieres au - dehors des
digues dudit canal.*

Du 23 Octobre 1762.

*JEAN - EMMANUEL DE GUI-
GNARD, chevalier, vicomte de
Saint - Prieft, confeiller du Roi en
fes confeils, maître des requêtes honoraire de fon hôtel, intendant de
juftice, police & finances en la province de Languedoc.*

SUR ce qui nous a été repréfenté par
le fyndic général de la province ;
Que les ingénieurs & infpecteurs du
canal des étangs, fe plaignent des dégradations que les matelots & pêcheurs
caufent aux digues de ce canal ; en
forte que la province va être obligée

de réparer à grands frais une partie
des ouvrages qu'elle a fait faire ; Requérant qu'il nous plaife renouveller les
défenfes portées par l'ordonnance de
M. de Bernage, l'un de nos prédéceffeurs, du 21 Août 1737, & fixer la
diftance à laquelle les pêcheurs peuvent conftruire leurs pêcheries.

VU ladite ordonnance : NOUS OR-
DONNONS qu'elle fera exécutée felon fa forme & teneur : En conféquence,
faifons défenfes à tous pêcheurs, matelots & autres perfonnes, d'enlever
aucunes pierres des digues du canal
des étangs, d'arracher les tamarins
qui y font plantés, & d'amarrer auxdits tamarins leurs barques ou bateaux;
comme auffi, d'arracher ou faucher
les herbes qui croiffent dans lefdites
digues, & d'y faire dépaître aucun
bétail, gros ni menu, à peine de cent
livres d'amende, & de plus grande,
fi le cas y échoit. Faifons pareillement défenfes à toutes perfonnes,
d'appuyer aucunes pêcheries au-dehors
defdites digues. Et en ajoutant à ladite
ordonnance, qui ne déterminoit pas
d'une manière précife la diftance à laquelle il feroit permis de conftruire
lefdites pêcheries, nous l'avons réglée
à cinq toifes, à compter du pied des
jettées des digues, de manière qu'on
puiffe vifiter facilement lefdites digues,
& y faire paffer des barques & bateaux lorfqu'il s'agira de les fortifier
& réparer ; & que d'un autre côté,
on ne puiffe planter aucun tamarin entre lefdites pêcheries ou filets, le tout
fous les mêmes peines. ORDONNONS
que des contraventions qui pourroient
être commifes à la préfente ordonnance, il fera dreffé procès - verbal par
l'infpecteur commis auxdits ouvrages
par la province, pour, fur le contenu
aux procès - verbaux, & à la requête
du fyndic général de la province, être
par nous ordonné ce qu'il appartien-

N°. XXX. dra. Enjoignons audit infpecteur, de veiller à la confervation des digues, & à l'exécution de la préfente ordonnance, qui fera lue, publiée & affichée partout où befoin fera. FAIT à Montpellier le vingt-troifieme Octobre mil fept cent foixante - deux. *Signé*, DE SAINT-PRIEST; *Et plus bas*; Par Monfeigneur, SOEFVE.

XXXI.
ORDONNANCE
Pour empêcher la dégradation des digues des canaux de Cette & des étangs.

Du 9 Août 1712.

NICOLAS DE LAMOIGNON, *chevalier, comte de Launay-Courfon, feigneur de Bris, Vaugrigneufe, marquis de Lamothe-Chandenier, Beuxe & autres lieux, confeiller d'état ordinaire, intendant de juftice, police & finances en la province de Languedoc.*

VU le procès - verbal du fieur Frelon, infpecteur des ouvrages du canal des étangs, par nous commis pour faire perquifition dans les villes & lieux qui font au voifinage des étangs, des pierres qui ont été volées aux digues des canaux de Cette & des étangs, commencé le 29 Juillet dernier, & fini le 6 du préfent mois d'Août, duquel il réfulte qu'étant .allé à la barque du paffage de Beffau fur la riviere d'Heraut, il a trouvé au bord de l'eau environ deux charretées defdites pierres, & qu'il y en a une plus grande quantité qui ont été noyées dans le même endroit; qu'à l'éclufe du canal royal appellée de Bagnas, il a trouvé environ quarante des mêmes pierres; qu'à Marfeillan il a trouvé, dans plufieurs bateaux de pê-

cheurs de fardines, des mêmes pierres; qu'au port de Cette il en a pareillement trouvé dans plufieurs bateaux de pêcheurs de fardines; & qu'à Meze il en a trouvé quatre aux environs du port; qu'il n'a pu découvrir tous les coupables, mais qu'il eft connu dans ces endroits que tous les patrons forment leur left defdites pierres: A quoi étant néceffaire de pourvoir pour empêcher la deftruction defd. digues, en puniffant tous les coupables:

NOUS ORDONNONS que par le fieur de Montaigu, ingénieur du Roi en chef à Cette, & par le fieur Frelon, infpecteur de la province, il fera procédé à la vérification & eftimation des dégradations qui ont été faites aufdites digues, & que les fommes à quoi lefdites dégradations fe trouveront monter, feront payées par les patrons, matelots & autres qui font la navigation des étangs & canaux, fuivant la répartition qui en fera par nous faite: auquel effet nous enjoignons aux maires & confuls des villes & lieux d'Aigues-mortes, Frontignan, Boufigues, Meze, Marfeillan & Cette, de nous remettre un état par eux certifié des noms des patrons, pêcheurs & autres qui font ladite navigation, & des fommes auxquelles ils font cotifés à l'induftrie dans lefdits lieux. Et afin que les coupables puiffent être punis à l'avenir corporellement, nous enjoignons aux maires & confuls defdites villes & lieux de vifiter les barques qui arriveront dans leur port, & de dreffer procèsverbal contre ceux qui fe trouveront chargés defdites pierres; & en cas de négligence de la part defdits maires & confuls de faire ladite vifite, nous les avons déclaré fujets aux mêmes peines que les patrons & mariniers. Faifons défenfes aux patrons & autres d'amarrer leurs bateaux aux tamarins & arbriffeaux qui font plantés fur les digues du canal des étangs, à peine de 25 livres d'amende pour cha-que contravention, applicable moitié au dénonciateur, & l'autre moitié aux pauvres du lieu le plus prochain, & outre ce de punition corporelle en cas de récidive. Et fera la préfente ordon-nance lue, publiée & affichée à la di-ligence des maires & confuls, partout où befoin fera. FAIT à Montpellier le neuf Août mil fept cent douze. *Signé*, DE LAMOIGNON : *Et plus bas* ; Par Monfeigneur, SIRIÉ.

XXXII.
ORDONNANCE

Qui condamne les matelots, patrons & pêcheurs, à contribuer aux répa-rations des digues des canaux des étangs & du port de Cette.

Du 8 Octobre 1712.

NICOLAS DE LAMOIGNON, chevalier, comte de Launay-Cour-fon, feigneur de Bris, Vaugri-gneufe, marquis de Lamothe-Chan-denier, Beuxe & autres lieux, con-feiller d'état ordinaire, intendant de juftice, police & finances en la province de Languedoc.

VU l'ordonnance par nous rendue le 9 Août dernier, portant que par le fieur de Montaigu, ingénieur du Roi, au port de Cette, & par le fieur Fre-lon, infpecteur de la province, il fera procédé à la vérification & eftimation des dégradations faites aux canaux de Cette & des étangs, & que les fom-mes à quoi elles fe trouveront monter, feront payées par les patrons, mate-lots & autres qui font la navigation des étangs & canaux ; auquel effet les maires & confuls d'Aigues-mortes, Frontignan, Boufigues, Meze, Mar-feillan & Cette, remettront un état

des noms des patrons, pêcheurs & autres qui font ladite navigation ; Le procès-verbal defdits fieurs de Mon-taigu & Frelon du 6 Septembre der-nier, par lequel les dégradations faites aux digues des canaux du port de Cette & des étangs, font eftimées 4468 li-vres 10 fols ; Les états des patrons & matelots des villes d'Aigues-mortes, Frontignan, Meze & Cette : Et con-fidérant que lefdits patrons & mate-lots, quoique coupables defdites dé-gradations ne font pas en état de four-nir en entier la fomme à laquelle elles ont été eftimées :

NOUS ORDONNONS que les pa-trons, matelots & pêcheurs qui fré-quentent les canaux des étangs & du port de Cette payeront dans un mois la fomme de mille livres ; fa-voir, ceux d'Aigues-mortes 250 livres ; ceux de Frontignan 100 livres ; ceux de Boufigues, 100 livres ; ceux de Meze 200 livres ; ceux de Marfeillan 200 livres, & ceux de Cette 150 li-vres, fuivant la répartition qui en fera faite par les maires & confuls defdites villes & lieux, à proportion des fa-cultés d'un chacun ; toutes lefquelles fommes feront remifes par lefdits mai-res & confuls, quinzaine après ledit délai, entre les mains du fieur Frelon, infpecteur de la province, que nous avons commis à cet effet ; à peine par lefdits maires & confuls d'y être con-traints en leurs biens propres, en vertu de la préfente ordonnance. Faifons dé-fenfes auxdits patrons, matelots, pê-cheurs & autres, d'enlever les pierres qui forment les digues defdits canaux, à peine de punition corporelle ; & de tous dépens, dommages & intérêts. Et fera la préfente ordonnance figni-fiée auxdits maires & confuls ; lue, publiée & affichée à leur diligence, partout où befoin fera. FAIT à Mont-pellier le huitième jour d'Octobre mil

sept cent douze. *Signé*, DE LAMOIGNON:
Et plus bas; Par Monseigneur, SIRIÉ.

XXXIII.

ORDONNANCE

*Qui fait défenses de dégrader les di-
gues de l'étang de Thau, ni d'en
prendre les pierres pour lester les
bâtimens, à peine de 300 livres
d'amende, & de punition corporelle, en cas de récidive.*

Du 20 Juillet 1741.

'A MONSEIGNEUR DE BERNAGE,
*conseiller d'état, intendant en la
province de Languedoc.*

SUPPLIE humblement le syndic général de la province de Languedoc;
DISANT, que le sieur Dasté, ingénieur
en chef au port & département de la
ville de Cette, ayant fait la visite des
digues du canal de ladite ville, il auroit trouvé celles qui sont situées à
l'embouchure de l'étang de Thau, totalement dégradées, par les entreprises des pêcheurs au Bouliech, qui attachent leurs filets à cette digue, & en
les retirant ensuite sur la même digue,
arrachent les pierres, & les amonce-
lent pour s'en faire des abris contre le
vent pendant l'hiver; & alors ces pierres ainsi arrachées, sont volées aisé-
ment par les patrons des bateaux,
qui s'en servent pour lester: En sorte
que cette digue se trouve présentement
presque entièrement détruite, ce qui
occasionnera des réparations, dont la
dépense sera extrêmement considérable pour la province; de quoi ledit
sieur Dasté auroit dressé procès-verbal le 6 de ce mois, qu'il a envoyé au
suppliant: & comme il doit veiller à
empêcher ou prévenir pareilles entreprises, qui ont été souvent réprimées
par les ordonnances de MM. les inten-

dans, ainsi qu'il paroît par celle de
M. de Basville du 8 Août 1715, renouvellée par autre de M. de Bernage
du 26 Juillet 1723, qui font défenses
aux pêcheurs des moules, d'en pêcher auprès des jettées que la province a fait faire dans la mer, à l'embouchure de la rivière d'Heraud, à
peine de 100 livres d'amende, applicable, moitié au dénonciateur, &
moitié aux pauvres de la ville d'Agde,
& de punition corporelle en cas de
récidive, & par trois autres des 7
Septembre 1724, 3 Septembre 1732,
& 25 Mars 1735, par lesquelles vous
avez fait défenses à tous mariniers,
patrons François ou étrangers, d'attacher leurs barques aux pierres des jettées, digues & ouvrages publics du
grau de la Nouvelle, & à toutes personnes, de tout sexe & de quelle condition qu'elles soient, de les dégrader
de jour ni de nuit, à peine de 50 livres d'amende: Que le cas dont il s'a-
git présentement, n'est pas moins gra-
ve, à cause de la nécessité & de l'importance de la navigation du canal de la
ville de Cette: ce qui oblige le suppliant
d'avoir recours à votre autorité.

A CES CAUSES, Requiert qu'il vous
plaise, MONSEIGNEUR, faire défenses
à tous pêcheurs au Bouliech, & à tous
autres, d'attacher leurs filets aux digues du canal, depuis la mer jusqu'à
leur extrémité, & de toucher aux
pierres des digues dans l'étang de
Thau, avec leurs cordes ou filets,
soit en les tirant ou autrement, ni
d'arracher aucune des pierres, à peine
de 300 livres d'amende pour la premiere fois, qui ne pourra être remise
ni modérée, *applicable*, moitié au dénonciateur, & moitié à l'hôpital de
la ville de Cette, & de punition corporelle en cas de récidive, & de défendre, sous les mêmes peines, à tous
patrons ou matelots, de se servir des-

dites pierres pour leſter leurs bâtimens; auquel effet, l'ordonnance qui ſera rendue, ſera lue, publiée & affichée partout où beſoin ſera, pour qu'on n'en prétende cauſe d'ignorance.

VU la préſente requête, & le procès-verbal du ſieur Daſté, ingénieur du Roi, du 6 du préſent mois de Juillet, y énoncé : Nous faiſons défenſes à tous pêcheurs au Bouliech, & à tous autres, d'attacher leurs filets aux digues du canal de Cette, depuis la mer juſqu'à leur extrémité, & de toucher aux pierres deſdites digues, dans l'étang de Thau, avec leurs cordes ou filets, ſoit en les tirant ou autrement, ni d'arracher aucunes deſdites pierres, ſous peine de trois cent livres d'amende pour la première fois, laquelle ne pourra être remiſe ni modérée, & de punition corporelle, en cas de récidive, laquelle amende applicable, moitié au dénonciateur, & moitié à l'hôpital de la ville de Cette : Faiſons pareillement défenſes, ſous les mêmes peines, à tous patrons, matelots, de ſe ſervir des pierres deſdites digues pour leſter leurs bâtimens ; à l'effet de quoi la préſente ordonnance ſera lue, publiée & affichée partout où beſoin ſera, à ce qu'on n'en prétende cauſe d'ignorance. FAIT à Montpellier le vingt Juillet mil ſept cent quarante-un. *Signé*, DE BERNAGE : *Et plus bas*; Par Monſeigneur, GRASSET.

X X X I V.

ORDONNANCE

Qui fait défenſes à tous pêcheurs au bouliech, & à tous autres, d'attacher leurs filets aux digues du canal de Cette, depuis la mer juſqu'à leur extrémité, & de toucher aux pierres deſdites digues dans l'étang de Thau, avec leurs cordes ou filets, ſoit en

les tirant, ou autrement, ni d'arracher aucune deſdites pierres, ſous peine de trois cent livres d'amende pour la première fois, & de punition corporelle en cas de récidive.

Du 20 Mars 1746.

JEAN LE NAIN, CHEVALIER, BARON D'ASFELD, Conſeiller du Roi en ſes conſeils, Maître des requêtes ordinaire de ſon hôtel, intendant de juſtice, police & finances en la province de Languedoc.

LE ſyndic général de Languedoc nous ayant repréſenté que le ſieur Daſté, ingénieur au département de Cette, ayant rapporté dans ſon procès-verbal du 6 Juillet 1741, que les pêcheurs au bouliech ſont les auteurs des dégradations qui ſe commettent aux digues du canal des étangs, ſoit en y attachant le bout de leurs filets, qu'ils tirent enſuite ſur la digue, ſoit en en arrachant les pierres, dont ils forment un mur ſur la digue même, pour leur ſervir d'abri contre le vent, leſquelles pierres ſont bientôt après enlevées par les patrons des bateaux qui s'en ſervent pour leſt, ledit ſyndic auroit, pour arrêter des entrepriſes auſſi pernicieuſes, pourſuivi une ordonnance de M. de Bernage le 20 du même mois de Juillet, par laquelle il eſt fait défenſes à tous pêcheurs au bouliech, & à tous autres, d'attacher leurs filets aux digues du canal de Cette, depuis la mer juſqu'à leur extrémité, & de toucher aux pierres deſdites digues, avec leurs cordes ou filets, ſoit en les tirant, ou autrement, ni d'arracher aucunes deſdites pierres; & pareillement il eſt fait défenſes à tous patrons & matelots de ſe ſervir des pierres deſdites digues pour leſter leurs bâtimens, le tout ſous les peines portées par ladite ordonnance, laquelle ayant produit ſon effet dans le commencement,

commencement, il a été informé depuis que les mêmes entreprises se renouvellent ; A quoi étant nécessaire de pourvoir , il requéroit qu'il nous plût ordonner de plus fort l'exécution de ladite ordonnance , & d'en renouveller les dispositions par une nouvelle qu'il puisse faire publier & afficher. Vu ladite ordonnance :

Nous ORDONNONS qu'elle sera exécutée ; & en conséquence , faisons très-expresses inhibitions & défenses à tous pêcheurs au bouliech , & à tous autres, d'attacher leur filets aux digues du canal de Cette , depuis la mer jusqu'à leur extrémité , & de toucher aux pierres desdites digues dans l'étang de Thau , avec leurs cordes ou filets , soit en les tirant , ou autrement , ni d'arracher aucunes desdites pierres , sous peine de trois cent livres d'amende pour la premiere fois , laquelle ne pourra être remise ni modérée , & de punition corporelle en cas de récidive , ladite amende applicable moitié au dénonciateur , & moitié à l'hôpital de la ville de Cette : Faisons pareillement défenses , sous les mêmes peines , à tous patrons & matelots d'arracher aucune pierre desdites digues , ou d'enlever celles qui peuvent en être détachées : Enjoignons en conséquence à tous inspecteurs & employés par la province à la construction & conservation des ouvrages publics , de tenir la main à l'exécution de notre présente ordonnance , & de dresser des procès-verbaux des contraventions qui pourront y être commises , sur lesquels il sera par nous statué sur les peines y mentionnées ; & sera , à cet effet , notredite ordonnance, lue , publiée & affichée partout où besoin sera , à ce qu'on n'en prétende cause d'ignorance. FAIT à Montpellier le vingtieme Mars mil sept cent quarante-six. Signé, LE NAIN. Et plus bas: Par Monseigneur , DHEUR.

Tome II.

XXXV.

ORDONNANCE

Portant que dans trois jours , à compter de la publication qui sera faite de ladite ordonnance , les particuliers qui y sont dénommés , & tous autres possesseurs des terres situées le long du chemin qui va de la chaussée construite au travers les étangs , à la ville de Cette , seront tenus d'arracher les bois & arbustes qu'ils peuvent avoir planté autour de leurs possessions , & de combler les creux & fossés qui les entourent , sous les peines y contenues.

Du 8 Juillet 1761.

A MONSEIGNEUR LE VICOMTE DE SAINT-PRIEST , intendant en Languedoc.

SUPPLIE humblement le syndic général de la province de Languedoc; & Vous représente: Que les possesseurs des terres situées le long du chemin qui va de la chaussée construite sur les étangs , à la ville de Cette , ont entrepris, malgré les défenses qui leur en ont été faites , & les ordonnances rendues à ce sujet , d'y ouvrir des fossés , qui étant remplis d'eaux qui s'y amassent & y croupissent, exhalent une infection insupportable à ceux qui fréquentent ledit chemin , & pernicieuse à la santé des habitans de ladite ville.

Que lorsque les Etats firent construire ledit chemin , ils eurent soin de faire combler les atteliers qui avoient été formés pour sa construction , & quelques flaques d'eau du côté de la ville; & que le suppliant obtint en même-tems de feu M. Le Nain , votre prédécesseur , le 21 Août 1744, une ordonnance pour obliger les particuliers qui avoient fait des fossés autour

Sss

de leurs poſſeſſions, & qui en ſoutenoient les terres au moyen des tamaris & autres arbuſtes qu'ils y avoient plantés, d'arracher leſdits tamaris & autres arbuſtes, & de combler leſdits foſſés ; avec injonction aux maire & conſuls de Cette, de le faire à leur défaut, & aux frais & dépens deſdits particuliers : Que cette ordonnance ayant eu alors ſon exécution, les poſſeſſeurs deſdites terres ont entrepris depuis quelque tems de rouvrir leſdits foſſés ; & que ſur les plaintes qui en furent portées au ſuppliant par pluſieurs principaux habitans de ladite ville, il chargea le ſieur Lenfant, inſpecteur des chemins dans cette partie, de ſommer les poſſeſſeurs deſdits fonds, de combler leſdits foſſés, ce qu'ils promirent de faire ; mais que ne l'ayant pas fait, & les mêmes plaintes ayant été renouvellées depuis peu, il a chargé de nouveau le même inſpecteur de s'y transporter, à l'effet de prendre le nom des poſſeſſeurs deſdites terres, & de leur dénoncer, que faute par eux de combler leſdits foſſés dans le délai de huit jours, le ſuppliant ſe pourvoiroit devant vous pour les y faire contraindre : Que ledit inſpecteur a eu recours à cette occaſion aux maire & conſuls de Cette ; & que toutes ces diligences ayant été inutiles, ſuivant ce qui réſulte du procès-verbal dudit inſpecteur, en date du 30 Mai dernier, le ſuppliant ſe trouve dans la néceſſité de recourir à vous, à ce qu'il ſoit pourvu à un objet auſſi intéreſſant pour une ville qui mérite toute la faveur & l'attention de la province, par rapport au commerce qui y eſt établi, & aux progrès dont il eſt ſuſceptible.

Requéroit, A ces Causes le ſuppliant, qu'il vous plût ordonner que dans trois jours, à compter de la publication de l'ordonnance qui ſera rendue, les particuliers dénommés dans le procès-verbal dudit inſpecteur, & tous autres poſſeſſeurs des terres ſituées le long du chemin qui va de la chauſſée conſtruite au travers des étangs, à la ville de Cette, ſeront tenus d'arracher les bois & arbuſtes qu'ils peuvent avoir planté autour de leurs poſſeſſions, & de combler les creux & foſſés qui les entourent, de manière que les eaux ne puiſſent s'y amaſſer, & qu'on ne puiſſe y former aucun fumier ; en obſervant que la terre qui ſera employée audit comblement, ſoit priſe dans leſdites poſſeſſions, ſans y pratiquer néanmoins aucun nouveau creux, mais d'une manière égale, & en niveau de pente du côté de l'étang ; & ce ſous peine de cinquante livres d'amende au profit de l'hôpital de la ville de Cette ; laquelle amende ne pourra être réputée comminatoire, & ſera encourue ledit délai paſſé, ſans qu'il ſoit beſoin d'autre ordonnance, & ſans préjudice d'y être contraints par établiſſement de garniſon militaire, à la diligence des maire & conſuls de Cette, auxquels il ſera enjoint de tenir la main à l'exécution de l'ordonnance qui interviendra ; & même de faire travailler audit comblement, & à l'arrachement des tamaris & autres arbuſtes, s'il y en a, aux frais & dépens deſdits poſſeſſeurs, leſquels ſeront tenus d'en rembourſer le montant, ſur l'état qui en ſera tenu par l'un des inſpecteurs de la province ; auquel rembourſement ils ſeront contraints par la même voie ; auquel effet, l'ordonnance qui interviendra ſera publiée dans la ville de Cette, & affichée aux endroits accoutumés, & aux dernieres maiſons de ladite ville du côté dudit chemin ; Et ferez juſtice.

Signé, DAUMAS.

N°.
XXXV. *JEAN-EMMANUEL DE GUI-GNARD, chevalier, vicomte de Saint-Priest, conseiller du Roi en ses conseils, maître des requêtes honoraire de son hôtel, intendant de justice, police & finances en la province de Languedoc.*

VU la présente requête ; l'ordonnance y énoncée, rendue par M. Le Nain le 21 Août 1744; le procès-verbal du sieur Lenfant, en date du 30 Mai dernier, dressé en présence des députés de la communauté, & d'un indicateur par elle choisi, duquel il résulte que les nommés Ferrier, Cabot, Vabre boulanger, Vesselle, la veuve Cossat, Vabre cordonnier, Seguin, Marin, Cournier, Olive, Barthelemi Bousson, David Mangonnier, Pierre Mestre, Barlezonne, François Renard, Chairam, Dauphiné, Edouard, & le sieur Espagnac, ont fait ouvrir les fosses ou fossés qui avoient été comblés le long de leurs possessions, ce qui est autant préjudiciable à la salubrité de l'air, qu'à la communication publique : Et attendu que lesdits particuliers ont été avertis par un son de trompe, à la diligence des maire & consuls, de reboucher lesdits fossés, sans avoir obéi ;

Nous ordonnons que dans trois jours, à compter de la publication qui sera faite de la présente ordonnance, les particuliers ci-dessus dénommés, & tous autres possesseurs des terres situées le long du chemin qui va de la chaussée construite au travers des étangs, à la ville de Cette, seront tenus d'arracher les bois & arbustes qu'ils peuvent avoir planté autour de leurs possessions, & de combler les creux & fossés qui les entourent, de maniere que les eaux ne puissent s'y amasser & y séjourner, & qu'on ne puisse y former aucun fumier,

en observant que la terre qui sera employée audit comblement, soit prise dans lesdites possessions, sans y pratiquer néanmoins aucuns nouveaux creux, mais d'une maniere égale & en niveau de pente du côté de l'étang; & ce, sous peine de 50 livres d'amende au profit de l'hôpital de la ville de Cette, laquelle amende ne pourra être réputée comminatoire, & sera encourue ledit délai expiré, sans qu'il soit besoin de nouvelle ordonnance, & les contrevenans contraints au payement d'icelle par les voies accoutumées en pareil cas, & sans préjudice de l'établissement de garnison militaire, à la diligence des maire & consuls de Cette, auxquels nous enjoignons de tenir la main à l'exécution de la présente ordonnance, & même de faire travailler audit comblement, & à l'arrachement des tamaris & autres arbustes, s'il y en a, aux frais & dépens des possesseurs, lesquels seront tenus d'en rembourser le montant, sur l'état qui en sera tenu par l'un des inspecteurs de la province, visé de notre subdélégué, auquel remboursement ils seront contraints par la même voie : Et sera la présente ordonnance publiée & affichée, tant dans la ville de Cette, dans les lieux & carrefours accoutumés, qu'affichée aux dernieres maisons de ladite ville du côté qui aboutit audit chemin. Fait à Montpellier le huitieme Juillet mil sept cent soixante-un. *Signé,* DE SAINT-PRIEST. *Et plus bas* : Par Monseigneur, SOEFVE.

XXXVI.

ORDONNANCE

Qui renouvelle les défenses portées par celles des 21 Août 1737, & 23 Octobre 1762, concernant la conservation des digues du canal de communication de Cette au Rhône par les étangs ; & enjoint à toutes perſonnes qui fréquenteront ledit canal, de reconnoître les gardes établis par les Etats, pour veiller à la conſervation deſdites digues.

Du 15 Mars 1765.

MARIE - JOSEPH - EMMANUEL DE GUIGNARD DE SAINT-PRIEST, *chevalier, ſeigneur d'A-livet, Renage, Beaucroiſſant, & autres lieux, conſeiller du Roi en ſes conſeils, maître des requêtes ordinaire de ſon hôtel, intendant de juſtice, police & finances en la province de Languedoc.*

Sur ce qui nous a été expoſé par le ſyndic général de la province, que, depuis l'ordonnance du 23 Octobre 1762; par laquelle mon Pere a renouvellé les diſpoſitions de celle du 21 Août 1737, rendue par M. de Bernage, lors intendant en cette province, pour la conſervation des digues du canal de communication de Cette au Rhône par les étangs, il a été repréſenté aux Etats, qu'entre les cauſes de dégradations énoncées en notredite ordonnance, il y en avoit d'autres, procédant du fait des patrons de barque qui naviguent dans le canal, & des chaſſeurs d'eau, & que comme elles étoient les plus fréquentes, il ne pouvoit qu'être avantageux d'établir deux gardes à la livrée de la province, qui fuſſent chargés de veiller à la conſervation deſdites digues, dont ils feroient obligés de réparer promptement les brèches, en dreſſant procès-verbal deſdites dégradations contre les patrons, pêcheurs & tous autres qui entreprendroient de les endommager, nonobſtant les défenſes qui ont été ou qui pourront être faites ; lequel projet ayant été adopté par délibération des Etats du 18 Décembre 1764, l'établiſſement deſdits gardes a été fait en conſéquence ; & comme il importe qu'il ſoit rendu public, & que leſdits gardes ſoient autoriſés à dreſſer procès-verbal, à l'effet d'être par nous ſtatué ſur les peines encourues par ceux qui auront entrepris de dégrader les digues dudit canal, Requéroit qu'il nous plût ſur ce pourvoir.

VU l'ordonnance dudit jour 23 Octobre 1762 & la délibération des Etats du 18 Décembre mil ſept cent ſoixante-quatre : Nous ordonnons, que ladite ordonnance ſera exécutée ſelon ſa forme & teneur ; & y ajoutant faiſons défenſes à tous pêcheurs, matelots, chaſſeurs d'eau, & à toutes autres perſonnes, d'enlever, ni ébranler aucunes pierres des digues du canal des étangs, pour quelque cauſe & ſous quelque prétexte que ce puiſſe être, & ſauf auxdits patrons, dans le cas où ils feroient dans la néceſſité de faire monter des chevaux ſur les digues pour tirer ſa maille, de porter ſur leurs barques des ponts capables de les faire paſſer ſur leſdites digues ; comme auſſi, leur faiſons défenſes d'en arracher les tamarins, & d'amarrer leurs barques auxdits tamarins ; enſemble d'arracher ou faucher les herbes qui croiſſent ſur leſdites digues, d'y faire dépaître aucun bétail gros ni menu, & de pêcher des moules au pied deſdites digues. Défendons en outre à toutes perſonnes d'appuyer aucunes pêcheries au dehors deſdites digues, & d'en établir aucune qui ne ſoit au moins à la diſtance de cinq toiſes de leur pied, de maniere qu'on puiſſe les viſiter facilement & y faire paſſer des barques & bateaux lorſqu'il s'agira de les fortifier & réparer ; dans lequel eſpace de cinq toiſes, il ne pourra être planté de tamarins, le tout à peine de cent livres d'amende pour chaque contravention aux défenſes ci-deſſus. Enjoignons à toutes perſonnes qui fréquenteront ledit canal, de reconnoître les gardes établis par les Etats pour veiller à la conſervation deſdites digues, & de ne rien entreprendre contre leurs perſonnes, ſous telles peines qu'il appartiendra. Autoriſons leſdits gardes, & leur enjoignons de dreſſer, conjointement ou ſéparément, des procès-verbaux de toutes les contraventions qui pourront être commiſes aux diſpoſitions de notre préſente ordonnance ; Auquel effet ils ſeront tenus de ſe préſenter devant notre ſubdélégué à Montpellier, pour y prêter le ſerment en tel cas requis ; ſur leſquels procès-verbaux, & les réquiſitions du ſyndic général, il ſera par nous ſtatué ſur les peines & amendes qui auront été encourues, le tiers deſquelles appartiendra auxdits gardes, & le reſtant à l'hôpital général du dioceſe. Ordonnons que notre préſente ordonnance ſera affichée dans tous les lieux voiſins du canal des étangs, & publiée à la requête dudit ſyndic général, partout où il appartiendra, à ce que perſonne n'en ignore. FAIT à Montpellier le quinze Mars mil ſept cent ſoixante-cinq. *Signé*, DE SAINT-PRIEST : *Et plus bas* ; Par Monſeigneur, SOEFVE.

X X X V I I.
ORDONNANCE
Portant défenſes de mener paître les beſtiaux ſur les francs-bords du canal de Cette au pont de la Peyrade, à peine de vingt-cinq livres d'amende.

Du 9 Avril 1778.

A MONSEIGNEUR LE VICOMTE DE SAINT-PRIEST, conſeiller d'état, intendant en ladite province.

SUPPLIE humblement le ſyndic général de la province de Languedoc ; DISANT, que les Etats ayant entrepris

l'ouverture d'une nouvelle branche de canal ſur la plage de Cette du côté de la Peyrade, & le directeur de ces ouvrages s'étant apperçu que les vents de terre y entraînoient une partie des ſables qu'ils ſoulevoient, il fut déterminé, à la derniere aſſemblée, de remédier à cet inconvénient par une plantation de tamarins, ſur la diviſion des francs-bords du canal avec les terres voiſines.

Que cette plantation vient d'être perfectionnée ; mais qu'on ne ſauroit en retirer les avantages qu'on s'en eſt promis, s'il n'étoit prohibé aux conducteurs des troupeaux de toute eſpece, de les mener paître ſur les francs-bords dudit canal, pour éviter qu'ils ne rongent les plantes deſdits tamarins.

A CES CAUSES, il vous plaira, MONSEIGNEUR, faire défenſes, ſous telles peines que vous jugerez à propos d'arbitrer, aux conducteurs des troupeaux de toute eſpece, de les mener paître ſur les francs-bords du canal de Cette à la Peyrade, & d'ordonner que votre ordonnance ſera imprimée, lue, publiée & affichée partout où beſoin ſera, afin que perſonne n'en ignore ; & ferez juſtice. DAUMAS, *ſigné.*

VU la préſente requête : Nous faiſons défenſes à tous conducteurs de troupeaux, de les mener paître ſur les francs-bords du canal de Cette à la Peyrade, à peine de vingt-cinq livres livres d'amende. Et ſera la préſente ordonnance imprimée, lue, publiée & affichée partout où beſoin ſera, afin que perſonne n'en ignore. FAIT à Montpellier le neuf Avril mil ſept cent ſoixante-dix-huit. *Signé*, DE SAINT-PRIEST : *Et plus bas* ; Par Monſeigneur, SOEFVE.

XXXVIII.

ORDONNANCE

DE M. L'INTENDANT,

Qui enjoint au nommé Martin, de payer les dommages causés par son troupeau de vaches aux tamarins & terres des francs-bords du canal de Cette au pont de la Peyrade ; & le condamne en l'amende de vingt-cinq livres en faveur des pauvres de Cette.

Du 18 Mars 1779.

A MONSEIGNEUR LE VICOMTE DE SAINT-PRIEST, intendant en la province de Languedoc.

SUPPLIE humblement le syndic général de la province de Languedoc; DISANT, que quoique par votre ordonnance du 9 Avril 1778, vous ayez fait défenses à tous conducteurs des troupeaux, de les mener dépaître sur les francs-bords du canal de Cette à la Peyrade, à peine de vingt-cinq livres d'amende, & que cette ordonnance ait été imprimée, lue, publiée & affichée en son tems à Cette; néanmoins, le nommé Martin de ladite ville, au mépris de ces défenses, a envoyé dépaître le 11 du présent mois de Mars 1779, un troupeau de vaches qui ont brouté les tamarins plantés sur les francs-bords dudit canal, éboulé les terres dans le canal même, ce qui occasionne le dépérissement desdits arbrisseaux, & nuit aux ouvrages du canal qui s'en trouvent endommagés ; de laquelle voie de fait l'inspecteur des travaux publics des susdits ouvrages ayant été averti, & s'étant rendu dans l'instant même sur les lieux avec deux témoins a dressé son procès-verbal le même jour, justifiant ce dessus ; &

d'autant que c'est une contravention formelle envers votre ordonnance, dont ledit Martin ne peut prétendre cause d'ignorance par la publication & affiche qui en fut faite à Cette ; que le dommage causé aux tamarins plantés sur les francs-bords du canal par la dépaissance de son troupeau de vaches, & les éboulemens de terre doivent être par lui réparés ou payés, & qu'il importe d'arrêter & empêcher de semblables dégradations.

A CES CAUSES, Vu votre ordonnance, & le procès-verbal dont s'agit, il vous plaira, MONSEIGNEUR, ordonner que par le jour du commandement qui sera fait audit Martin, il sera tenu de payer le dommage causé par son troupeau de vaches aux tamarins & terres des francs-bords du canal de Cette au pont de la Peyrade, suivant l'estimation qui en sera fixée par l'inspecteur des travaux publics de la province, établi pour les ouvrages dudit canal; le condamner pour sa désobéissance à votre ordonnance, en l'amende de vingt-cinq livres qu'elle porte en faveur des pauvres du lieu, à quoi faire contraint par les voies de droit ; lui faire défenses de récidiver, sous plus grande peine, & d'être poursuivi extraordinairement ; Ordonner que votre ordonnance sera lue, publiée & affichée à Cette, & où besoin sera, & exécutée nonobstant oppositions ou appellations quelconques, & sans y préjudicier ; & ferez justice. DAUMAS, *signé.*

VU la présente requête ; notre ordonnance du 9 Avril 1778, qui fait défenses à tous conducteurs des troupeaux de les mener dépaître sur les francs-bords du canal de Cette à la Peyrade, ensemble le procès-verbal dressé par l'inspecteur des travaux publics, portant qu'au préjudice des défenfes contenues en notredite ordonnance, le nommé Martin, de la ville de Cette, avoit envoyé dépaître fur les francs-bords dudit canal un troupeau de vaches lui appartenant, qui avoient caufé des dommages ; & attendu qu'il importe d'arrêter de pareilles entreprifes : NOUS ORDONNONS que par le jour du commandement qui fera fait audit Martin, il fera tenu de payer les dommages caufés par fon troupeau de vaches aux tamarins & terres des francs-bords du canal de Cette au pont de la Peyrade, fuivant l'eftimation qui en fera fixée par l'infpecteur des travaux publics de la province, établi pour les ouvrages dudit canal ; Condamnons ledit Martin pour fa défobéiffance à notre ordonnance du 9 Avril 1778, en l'amende de vingt-cinq livres en faveur des pauvres de Cette, à quoi faire contraint par les voies de droit ; Lui faifons en outre défenfes de récidiver fous plus grande peine, & d'être pourfuivi extraordinairement : Et fera notre préfente ordonnance, lue, publiée & affichée partout où befoin fera, & exécutée nonobftant oppofition ou appellation quelconques, & fans y préjudicier. FAIT à Montpellier le dix-huitieme Mars mil fept cent foixante-dix-neuf. *Signé*, DE SAINT-PRIEST : *Et plus bas*; Par Monfeigneur, SOEFVE.

XXXIX.

ORDONNANCE

Portant que les confuls de Perols, Villeneuve & Frontignan, feront tenus de procurer le nombre d'hommes, bateaux, & outils néceffaires pour le curage & nettoyement des herbes du canal des étangs, en payant les journées de gré à gré.

Du 19 Juin 1733.

JACQUES ROSSET, confeiller du Roi en la fénéchauffée & fiége préfidial de Montpellier, fubdélégué de l'intendance de Languedoc.

SUR ce qui nous a été repréfenté par le fyndic général de la province de Languedoc, qu'étant néceffaire de faire faire par économie le curage des herbes flottantes qui croiffent dans le canal des étangs, & dans les étangs de Grins & de Palavas où ledit canal n'eft pas encore conftruit, & qui empêchent le paffage des barques marchandes & chargées de fel ; on a de la peine à trouver des ouvriers, des bateaux, & des outils pour y faire travailler : Et comme M. l'intendant a ordonné en pareille occafion, que les confuls des communautés voifines feroient tenus de procurer le nombre d'hommes, bateaux, & outils qui feroient néceffaires pour ledit curage, en payant de gré à gré à l'ordinaire, à peine de vingt-cinq livres d'amende, & de répondre en leur propre de tous dépens, dommages & intérêts.

VU par nous fubdélégué, en l'abfence de M. de Bernage de St. Maurice, intendant de Languedoc, les ordonnances par lui rendues les 20 Juin 1725, & 10 Avril 1726 : NOUS ORDONNONS aux confuls de Perols, Villeneuve, & Frontignan, de procurer le nombre d'hommes, de bateaux & d'outils qui feront néceffaires pour le curage & nettoyement des herbes du canal de communication de Cette au Rhône, & des étangs de Grins & de Palavas, qui empêchent la navigation, en payant les journées de gré à gré fuivant l'ufage, à peine de vingt-cinq livres d'amende contre lefdits confuls, & de répondre en leur propre des dommages & intérêts qui pourroient être caufés par le retardement de la navigation. FAIT à Montpellier le dix-neuvieme Juin mil fept cent trente-trois. ROSSET fubdélégué, *figné.*

Jettées du Grau d'Agde & de la Nouvelle.

X L.

ORDONNANCE

Qui défend de pêcher aux moules au-près de la jettée d'Agde.

Du 8 Août 1715.

NICOLAS DE LAMOIGNON, *chevalier comte de Launay - Cour-fon, feigneur de Brix, Vaugri-gneufe, marquis de Lamothe-Chan-denier, Beuxe, & autres lieux, confeiller d'état ordinaire, intendant de juftice, police & finances en la province de Languedoc.*

SUr les avis qui nous ont été donnés que les pêcheurs des moules de la riviere d'herault démoliffent la jettée que la province a fait faire à l'embou-chure de ladite riviere dans la mer, & que les pierres de ladite jettée tom-bent par ce moyen dans le canal, & enpêchent l'entrée & la fortie des barques ; A quoi étant néceffaire de pourvoir.

Nous faifons très-expreffes défenfes à toutes perfonnes de pêcher aux mou-les auprès de ladite jettée, à peine de 100 livres d'amende, dont la moi-tié appartiendra au dénonciateur, & l'autre moitié aux pauvres de la ville d'Agde, & ce pour la premiere con-travention , & à peine de punition corporelle en cas de récidive. Enjoi-gnons aux commis & gardes prépofés à l'entrée de ladite riviere, de veiller qu'il ne foit contrevenu à la préfente ordonnance , de nous envoyer leurs procès - verbaux contre les contreve-

nans, & de les arrêter pour être con-damnés aux peines ci-deffus. Et fera la préfente ordonnance lue, publiée & affichée partout où befoin fera, à la diligence des maires & confuls de la ville d'Agde. FAIT à Montpellier le huitieme Août mil fept cent quinze. *Signé*, DE LAMOIGNON. *Et plus bas:* Par Monfeigneur, SIRIÉ.

X L I.

AUTRE SUR LE MÊME SUJET.

Du 21 Juillet 1723.

LOUIS DE BERNAGE, *chevalier, feigneur de Saint-Maurice, Vaux, Chaumont & autres lieux, confeiller d'état, intendant de juftice, police & finances en la province de Lan-guedoc.*

VU l'ordonnance rendue par M. de Bafville le 8 Août 1715 ; Portant défenfes à toutes perfonnes de pêcher aux moules, auprès de la jettée que la province a fait faire au grau d'Agde, à peine de cent livres d'amende pour la premiere contravention , & de pu-nition corporelle en cas de récidive : Et étant informé que diverfes perfon-nes contreviennent journellement à la-dite ordonnance, & continuent de pê-cher des moules, auprès de ladite jet-tée ; ce qui l'a confidérablement dégra-dée, & rendroit tous les foins & les dépenfes qu'on fait pour l'entretenir, inutiles , s'il n'y étoit de nouveau pourvu.

NOUS ORDONNONS que ladite or-donnance du 8 Août 1715 fera exécu-tée felon fa forme & teneur ; Ce fai-fant, défendons à toutes perfonnes de pêcher aux moules, auprès de ladite jettée, à peine de cent livres d'amen-de, dont la moitié appartiendra au dé-nonciateur, & l'autre moitié aux pau-vres de la ville d'Agde, & ce pour la

premiere

premiere contravention , & à peine de punition corporelle en cas de récidive. Enjoignons à l'inspecteur préposé par la province, pour les ouvrages du grau d'Agde , de veiller qu'il ne soit contrevenu à la présente ordonnance , & de nous envoyer son procès-verbal contre les contrevenans ; & aux commis, gardes & préposés à l'entrée dudit grau , d'arrêter & conduire à la ville d'Agde , les hommes , femmes & enfans , qu'ils trouveront dans la contravention , moyennant quoi la moitié des amendes sera appliquée à leur profit : Et sera la présente ordonnance lue , publiée & affichée partout où besoin sera , à la diligence des maires & consuls de la ville d'Agde. FAIT à Montpellier le vingt-un Juillet mil sept cent vingt-trois. Signé, DE BERNAGE : Et plus bas ; Par Monseigneur, JOURDAN.

XLII.

ORDONNANCE

Qui , sans s'arrêter à l'appointement du lieutenant au siége de l'amirauté d'Agde , ordonne l'exécution des ordonnances de M. de Basville & de M. de Bernage , des 8 Août 1715 & 21 Juillet 1723 ; Et en conséquence , fait itératives défenses à toutes personnes , de pêcher aux moules auprès de la jettée que la province a fait construire au grau d'Agde , à peine de cent livres d'amende pour la premiere contravention , & de punition corporelle en cas de récidive.

Du 23 Septembre 1736.

LOUIS-BASILE DE BERNAGE , *chevalier, seigneur de Saint-Maurice, Vaux , Chassy & autres lieux , conseiller d'état , grand'croix de l'ordre royal & militaire de Saint Louis,*
Tome II.

SUR ce qui nous a été représenté par le syndic général de la province de Languedoc , que quoiqu'il ait été rendu plusieurs ordonnances par MM. de Basville & de Bernage , ci-devant intendans de ladite province , les 8 Avril 1715 & 21 Juillet 1723 , qui font défenses à toutes personnes , de pêcher aux moules auprès de la jettée que la province a fait construire au grau d'Agde , à peine de cent livres d'amende pour la premiere contravention , & de punition corporelle en cas de récidive , avec injonction à l'inspecteur préposé par la province pour ces mêmes ouvrages , de tenir la main à leur exécution , & que nous ayons réiteré les mêmes défenses , par les ordonnances que nous avons rendues le 7 Septembre 1724 , 3 Septembre 1732 , 25 Mars 1735 & 24 Avril dernier , lesquelles ont pour objet la conservation des jettées du grau de la Nouvelle , & autres ouvrages que la province a fait construire , & établissent d'ailleurs notre compétence , pour tout ce qui concerne la construction , l'entretien & la conservation des ouvrages dont la province est chargée ; néanmoins , le lieutenant au siége de l'amirauté d'Agde , n'a pas laissé , sur les réquisitions du procureur du Roi au même siége , de rendre un appointement le 7 Août dernier , portant défenses à tous pêcheurs , de pêcher des moules aux jettées qui ont été construites dans la riviere de ladite ville , & à celles qui le seront à l'avenir , ensemble à la jettée du grau d'Agde , sous peine de cent livres d'amende ; & par le même appointement , il est encore fait défenses à toutes personnes , de faire pêcher en aucun desdits lieux , & notamment au sieur Filhol , inspecteur de la province, auquel il est ordonné parexprès, que ledit appointement sera signifié : Mais, comme il paroît, d'une manière sensible, que le lieutenant de l'amirauté a prétendu s'attribuer le droit de veiller à la conservation desdits ouvrages, au préjudice de nos ordonnances, & de celles de nos prédécesseurs, lesquelles n'ont eu d'autre objet que les ouvrages de la province, auxquels elles ont seulement rapport ; que d'ailleurs, les arrêts du conseil & lettres-patentes, des 16 Octobre 1724, 10 Décembre 1726 & 19 Novembre 1727, ordonnent que tous les différends & contestations qui pourront naître à l'occasion des constructions, réparations & entretien des chemins, ponts & chaussées de la province, seront portées devant nous, pour y être jugées définitivement ; ce qui comprend sans difficulté les jettées du grau d'Agde & de la Nouvelle, aussi bien que les autres ouvrages du port de Cette, auxquels la province ne cesse de faire travailler ; qu'enfin, les adjudications desdits ouvrages ayant été faites par MM. les commissaires du Roi & des Etats, qui en ordonnent le payement, il doit paroître surprenant que le lieutenant de l'amirauté d'Agde, veuille exercer sa jurisdiction sur ce qui peut intéresser la conservation & entretien de ces mêmes ouvrages. Requéroit, A CES CAUSES, le syndic général, qu'il nous plût, sans nous arrêter à l'appointement du lieutenant de l'amirauté d'Agde, du 7 Août dernier, ordonner l'exécution des ordonnances de MM. de Basville & de Bernage, desdits jours 8 Août 1715 & 21 Juillet 1723, faire de nouveau défenses à toutes personnes, de pêcher aux moules auprès de la jettée de la province, à peine de cent livres d'amende, dont la moitié appartiendra au Dénonciateur, & l'autre moitié aux pauvres de la ville d'Agde ; & ce, pour la première contravention, & à peine de punition corporelle, en cas de récidive : auquel effet, enjoindre au sieur Filhol, inspecteur préposé par la province, de veiller à ce qu'il n'y soit contrevenu, & d'envoyer ses procès-verbaux devers notre greffe ; & aux commis, gardes & préposés à l'entrée du grau, d'arrêter & conduire à ladite ville, les hommes, femmes & enfans qu'ils trouveront dans la contravention ; au moyen de quoi, la moitié des amendes sera appliquée à leur profit : comme aussi, faire défenses à toutes personnes, de troubler le sieur Filhol dans ses fonctions, ou de se pourvoir, pour raison du fait dont il s'agit, ailleurs que pardevant nous ; & à tous juges d'en connoître, à peine de nullité, & de tous dépens, dommages & intérêts ; & que l'ordonnance que nous rendrons sera lue, publiée & affichée partout où besoin sera, à la diligence des maires & consuls de la ville d'Agde.

VU les arrêts du conseil & lettres-patentes du 16 Octobre 1724, 10 Décembre 1726 & 19 Septembre 1727, ensemble l'ordonnance de M. de Basville du 8 Août 1715, celles de M. de Bernage du 21 Juillet 1723 & 7 Septembre 1724, & celles par nous rendues le 3 Septembre 1732, 15 Mars 1735 & 24 Avril 1736. Vu aussi l'appointement du lieutenant au siége de l'amirauté d'Agde, du 7 du mois passé, signifié le 14 du même mois au sieur Filhol, inspecteur des travaux de la province.

Nous, sans nous arrêter audit appointement du lieutenant au siége de l'amirauté d'Agde, ordonnons que les ordonnances de M. de Basville & de M. de Bernage, desdits jours 8 Août 1715 & 21 Juillet 1723, seront exécutées suivant leur forme & teneur ;

No. XLII. & en conséquence, faisons itératives défenses à toutes personnes, de pêcher aux moules auprès de la jettée de la province, à peine, pour la premiere fois, de cent livres d'amende, dont la moitié appartiendra au dénonciateur, & l'autre moitié aux pauvres de la ville d'Agde, & de punition-corporelle, en cas de récidive : Enjoignons audit sieur Filhol, de veiller à ce qu'il ne soit contrevenu à la présente ordonnance, & de nous envoyer les procès-verbaux de contravention qu'il dressera : Enjoignons pareillement aux commis, gardes & préposés à l'entrée du grau, d'arrêter & conduire dans ladite ville d'Agde, les hommes, femmes & enfans qu'ils trouveront en contravention ; auquel cas, la moitié des amendes sera appliquée au profit desdits commis, gardes & préposés : Faisons défenses à toutes personnes, de troubler ledit sieur Filhol dans ses fonctions, ou de se pourvoir, pour raison du fait dont il s'agit, ailleurs que pardevant nous ; & à tous juges d'en connoître, sous peine de nullité, cassation des procédures, & de tous dépens, dommages & intérêts ; & sera notre présente ordonnance lue, publiée & affichée partout où besoin sera, à la diligence des maire & consuls de la ville d'Agde, lesquels seront tenus d'en certifier le syndic général dans le délai de huitaine. FAIT à Montpellier le vingt-trois Septembre mil sept cent trente-six. *Signé* DE BERNAGE : *Et plus bas*, Par Monseigneur, GRASSET.

XLIII.
ORDONNANCE
Qui défend de pêcher aux moules près des jettées du grau de la Nouvelle.

Du 7 Septembre 1724.

LOUIS DE BERNAGE, chevalier, seigneur de Saint-Maurice, Vaux,

Chaumont & autres lieux, conseiller d'état, intendant de justice, police & finances en la province de Languedoc.

No. XLIII.

SUR ce qui nous a été représenté par le syndic général de la province de Languedoc, que les patrons & mariniers attachent les cables de leurs barques aux pierres des jettées que la province fait construire au port de la Nouvelle, ce qui les dégrade par le dérangement des pierres qui tombent en partie dans le canal ; que diverses personnes ruinent aussi ces ouvrages en pêchant aux moules près desdites jettées : A quoi étant nécessaire de pourvoir :

Nous faisons très-expresses inhibitions & défenses à tous patrons & mariniers d'attacher les cables de leurs barques aux pierres des jettées du port de la Nouvelle, comme aussi de décharger le lest de leurs batimens & d'en prendre pour charger ailleurs qu'aux endroits qui leur seront indiqués par le sieur Lafont, inspecteur desdits ouvrages, à peine de 20 livres d'amende pour la premiere contravention, & de plus grande en cas de récidive. Faisons aussi très-expresses défenses à toutes personnes, de quelque état & condition qu'elles soient, tant de Narbonne, Sijean, Gruissan, Bages, la Nouvelle, & autres lieux voisins, de dégrader par la pêche des moules les jettées du port de la Nouvelle, de Goule-Taillade, du Caragol, & des autres lieux qui sont sur l'étang, à peine de 50 livres d'amende & de punition corporelle en cas de récidive, lesdites amendes applicables, moitié au dénonciateur, & moitié aux pauvres des lieux. Enjoignons audit sieur Lafont, inspecteur & aux brigadiers & archers de la maréchaussée de Sijean de tenir la main à l'exécution de la préfente ordonnance qui fera lue , publiée & affichée partout où befoin fera. FAIT à Montpellier le feptieme Septembre mil fept cent vingt-quatre. *Signé* , DE BERNAGE : *Et plus bas* ; Par Monfeigneur , JOURDAN.

XLIV.

ORDONNANCE

Qui fait défenfes à tous patrons & ma-
riniers d'attacher les cables de leurs
barques aux pierres des jettées , di-
gues , & autres ouvrages publics du
grau & port de la Nouvelle : Comme
auffi de décharger le left de leurs bâ-
timens fans l'aplanir , & d'en pren-
dre pour les charger ailleurs qu'aux
endroits indiqués par l'infpecteur
defdits ouvrages.

Fait pareillement défenfes à toutes per-
fonnes , tant de Narbonne , Sijean ,
Gruiffan , Bages , la Nouvelle , &
autres lieux voifins , de dégrader de
jour & de nuit lefdites jettées & di-
gues , pour chercher des moules &
des cancres , &c.

Du 25 Mars 1735.

LOUIS-BASILE DE BERNAGE ,
chevalier , feigneur de Saint-Mau-
rice , Vaux , Chaffy & autres lieux ,
confeiller d'état , grand - croix de
l'ordre royal & militaire de St.
Louis , intendant de juftice , police ,
& finances en la province de Lan-
guedoc.

SUR ce qui Nous a été repréfenté par le fyndic général de la province de Languedoc , que nonobftant les or- donnances rendues par M. de Bernage & par Nous , en date du 7 Septembre 1724 , & 3 Septembre 1732 , les pa- trons & mariniers continuent d'atta- cher les cables de leurs barques aux pierres des jettées , digues & ouvra- ges publics que la province fait conf-

truire au grau & port de la Nouvelle , qu'ils dégradent par le dérangement des pierres qu'ils font tomber dans le canal ; & que la plupart de ces patrons & mariniers refufent de décharger le left de leurs bâtimens , & d'en pren- dre pour les charger aux endroits or- donnés par MM. les ingénieurs du Roi pour la confervation de ces ouvrages , & empêcher que ce left ne coule point dans le canal par les pluies & les inon- dations. Que diverfes perfonnes , de de tout fexe , état & condition , de Narbonne , Sijean , Gruiffan , Bages , la Nouvelle & autres lieux voifins & éloignés , continuent auffi de jour & de nuit de ruiner ces mêmes ouvrages , & ceux qui font fur l'étang de Bages & de Sijean , pour chercher des mou- les & des cancres , en remuant & for- tant les pierres rangées de leurs places , & les faifant auffi rouler dans ce canal ; ce qui caufe tous les ans une nouvelle dépenfe , pour réparer les breches & dégradations , & un grand préjudice au paffage des barques chargées. A quoi étant néceffaire de pourvoir , pour la confervation de tous ces ouvrages :

Nous faifons de nouveau très-ex- preffes inhibitions & défenfes à tous patrons , mariniers françois & étran- gers , & de quelle nation qu'ils puiffent être , d'attacher les cables de leurs barques aux pierres des jettées , digues, & ouvrages publics du grau & port de la Nouvelle ; comme auffi de déchar- ger le left de leurs bâtimens fans l'apla- nir , & d'en prendre pour les charger ailleurs qu'aux endroits qui leur feront indiqués par le fieur Hiriart chargé du leftement du port de la Nouvelle , & en fon abfence , par le fieur Lafont , infpecteur des ouvrages du même port , à peine de vingt-cinq livres d'amende pour la première contravention , & de cinquante livres en cas de récidive. Faifons auffi de nouveau très-expreffes

N°. XLIV. inhibitions & défenses à toutes perſonnes, de quelque ſexe, état & condition qu'elles ſoient, tant de Narbonne, Sijean, Gruiſſan, Bages, la Nouvelle, & autres lieux voiſins & éloignés, de dégrader de jour & de nuit, pour chercher des moules & des cancres, les jettées, digues & ouvrages publics du grau & port de la Nouvelle, que la province fait conſtruire, & les autres de Goule-Taillade & du Caragol, qui ſont ſur l'étang de Sijean & de Bages, & que la ville de Narbonne fait faire, à peine de cinquante livres d'amende, de punition corporelle en cas de récidive, & de confiſcation de ces moules & cancres; au payement de laquelle amende ils ſeront contraints, nonobſtant appel, par toutes voies, ſaiſies de leurs barques, & empriſonnement de leurs perſonnes; pour être ladite amende appliquée la moitié aux dénonciateurs, & l'autre moitié à l'hôpital des pauvres malades du lieu de Sijean. Enjoignons au ſieur Rome notre ſubdélégué au département de Narbonne, aux ſieurs Hiriart & Lafont inſpecteurs, & aux brigadiers & cavaliers de la maréchauſſée de Sijean, de tenir la main à l'exécution de la préſente ordonnance, laquelle ſera lue, publiée & affichée partout où beſoin ſera. FAIT à Montpellier le vingt-cinquieme jour du mois de Mars mil ſept cent trente-cinq. *Signé,* DE BERNAGE: *Et plus bas;* par Monſeigneur, GRASSET.

XLV.
ORDONNANCE
Pour empêcher les dégradations des jettées des graux d'Agde, & de la Nouvelle, & des canaux à la charge de la province.

Du 29 Juillet 1757.

JEAN - EMMANUEL DE GUIGNARD, *chevalier, vicomte de*

N°. XLV. *Saint-Prieſt, conſeiller du Roi en ſes conſeils, maître des requétes ordinaire de ſon hôtel, intendant de juſtice, police & finances en la province de Languedoc.*

SUR ce qui nous a été repréſenté par le ſyndic général de la province de Languedoc, qu'au préjudice des différentes ordonnances rendues par nos prédéceſſeurs pour empêcher les dégradations des jettées des graux d'Agde & de la Nouvelle, qui défendent d'en arracher aucunes pierres, d'y attacher les barques, & d'y chercher des moules ou cancres, ſous peine d'amende, & même de punition corporelle en cas de récidive, il eſt venu à ſa connoiſſance que pluſieurs perſonnes qui pêchent aux moules dans l'embouchure de la riviere d'Agde, portent un préjudice conſidérable, non-ſeulement aux jettées, mais même à la navigation, en arrachant, pour chercher les moules dans l'intérieur deſdites jettées, les petites pierres & le ciment qui ſervent de liaiſon aux groſſes pierres; en ſorte que celles-ci ſe détachent facilement au moindre mouvement de la mer: que fait vient d'être conſtaté par un procès-verbal dreſſé par le ſieur Solier notre ſubdélégué à Agde, le 29 du mois de Juin dernier; A quoi étant important de remédier. Requéroit ledit ſyndic général, qu'il nous plût ordonner l'exécution des précédentes ordonnances, en renouvellant les défenſes & les peines y contenues. Vu le procès-verbal dreſſé par le ſieur Solier notre ſubdélégué à Agde, le 29 Juin dernier; enſemble les ordonnances rendues par M. de Baſville le 8 Avril 1715, & par MM. de Bernage les 21 Juillet 1723, 7 Septembre 1724, 3 Septembre 1732, 15 Mars 1735, & 24 Avril 1736. NOUS ORDONNONS que leſdites ordonnances ſeront exécutées ſuivant leur forme & teneur ; en conféquence, faifons itératives défenfes à tous patrons & pêcheurs, d'attacher les cables de leurs barques aux pierres des jettées, digues & autres ouvrages publics des graux d'Agde & de la Nouvelle, d'en arracher aucunes pierres, & de chercher aucuns moules auprès defdites jettées, à peine pour la premiere fois de cent livres d'amende, dont la moitié appartiendra au dénonciateur, & l'autre moitié aux pauvres du lieu, & de punition corporelle en cas de récidive. Enjoignons aux infpecteurs commis par la province pour la confervation defdits ouvrages, de veiller à ce qu'il ne foit point contrevenu à la préfente ordonnance, & de nous envoyer les procès-verbaux qu'ils drefferont des contraventions. Enjoignons pareillement aux commis, gardes & prépofés à l'entrée defdits graux, d'arrêter & conduire dans la ville la plus prochaine, les hommes, femmes & enfans qu'ils trouveront en contravention ; & dans ce cas, la moitié des amendes leur appartiendra. Faifons défenfes à toutes perfonnes, de leur donner aucun trouble ni empêchement : Et fera notre préfente ordonnance lue, publiée & affichée partout où befoin fera, à la diligence des maire & confuls, lefquels feront tenus d'en certifier le fyndic général dans le délai de huitaine. FAIT à Montpellier le 29 Juillet mil fept cent cinquante-fept. *Signé*, DE SAINT-PRIEST : *Et plus bas* ; Par Monfeigneur, SOEFVE.

Ouvrages du Canal de Beaucaire à Aigues-mortes.

XLVI.

ᴊORDONNANCE
DE M. L'INTENDANT,
Portant défenfes à tous propriétaires

des troupeaux de gros & menu bétail, & à tous autres particuliers, de faire paffer ou dépaître leurs troupeaux fur les levées, chauffées & plantations de tamaris, fur le nouveau lit du Viftre, & de les dégrader en aucune maniere, fous les peines y énoncées.

Du 27 Juin 1778.

A MONSEIGNEUR LE VICOMTE DE SAINT-PRIEST, intendant en ladite province de Languedoc.

SUPPLIE humblement le fyndic général de la province de Languedoc, & Vous repréfente ; qu'à raifon des ouvrages que ladite province fait faire pour le canal de navigation depuis Beaucaire jufques à Aigues-mortes, il a été formé plufieurs levées de terre ou chauffées plantées de tamaris pour les foutenir & conferver, & les contrôleurs & prépofés à la conftruction & confervation de ces ouvrages, ont eu l'attention d'avertir plufieurs fois les propriétaires & conducteurs des troupeaux de gros & menu bétail, d'empêcher que leurs beftiaux y occafionnent aucun dommage ni dégradation ; cependant, malgré ces avertiffemens, le contrôleur des fufdits ouvrages ayant reçu des plaintes de la part des entrepreneurs de la plantation des tamaris, fur les dégradations fréquentes que l'on y faifoit, fe rendit fur les lieux le 9 Juin 1778 ; & après les avoir vérifiées, en paffant fur la chauffée du nouveau lit du Viftre, il vit le troupeau de roffes du fieur Mathieu, du lieu du Caila, conduites par le nommé Florentin, qui en eft le gardien, qui paffoient & repaffoient fur les talus de ladite chauffée & les dégradoit, quoique ledit Mathieu eût été averti plufieurs fois de ne pas faire paffer fon bétail fur ladite chauffée, ce qu'il continue pourtant de faire, & d'y caufer un préjudice con-

fidérable. Le mépris de ces avertiffemens, & le mal qui en réfulte, obligea
le contrôleur defdits travaux de dreffer
fon procès-verbal le 16 dudit mois,
qui conftate les faits ci-deffus, qu'il a
d'ailleurs attefté avec des témoins, devant le fieur Grangent, directeur des
travaux publics de la province, fuivant
fon certificat mis au pied le 18, dans
lequel il eftime qu'il doit être prononcé
une amende contre ledit Mathieu, pour
le punir de fa contravention : Et d'autant que la confervation defdits ouvrages & des plantations que l'on y a faites doit être foigneufement faite, &
que l'on ne pourra y parvenir que par
des punitions exemplaires, capables
de retenir ceux qui auroient envie de
les dégrader :

A CES CAUSES, Requiert le fuppliant,
qu'il vous plaife, MONSEIGNEUR, vu ce
qui réfulte du fufdit procès-verbal,
condamner ledit Mathieu, du Caila,
en l'amende de cent livres en faveur
des pauvres, pour punition de fon entreprife des dégradations dont s'agit ;
lui faire défenfes de récidiver fous plus
grande peine, & tant à lui qu'à tous
propriétaires des troupeaux de gros &
menu bétail, & à tous autres particuliers, de faire paffer ou dépaître leurs
troupeaux fur lefdites levées, chauffées,
talus, plantations de tamaris, & de
les dégrader en aucune maniere, fous
peine, en cas de défobéiffance, d'être
pourfuivis extraordinairement, de pareille amende pour chaque contravention, & de tous les dépens, dommages & intérêts réfultant de leurs voies
de fait & de défobéiffance ; & ferez
juftice. Signé, DAUMAS.

VU la préfente requête ; le procès-
verbal y joint duement certifié par
le directeur des travaux publics de la
province : NOUS ORDONNONS que ladite requête fera communiquée au

fieur Mathieu, pour y répondre dans
huitaine ; & ce fait, ou faute de ce
faire, être ordonné ce qu'il appartiendra ; & cependant, faifons défenfes,
tant audit Mathieu qu'à tous autres propriétaires des troupeaux de gros &
menu bétail, & à tous autres particuliers, de faire paffer ou dépaître leurs
troupeaux fur les levées, chauffées &
plantations de tamaris, & de les dégrader en aucune maniere, fous peine,
en cas de défobéiffance, d'être pourfuivis extraordinairement, & être condamnés en l'amende de cent livres pour
chaque contravention, & aux dépens,
dommages & intérêts. FAIT à Montpellier le vingt-fept Juin mil fept cent
foixante-dix-huit. Signé, DE SAINT-
PRIEST : Et plus bas ; Par Monfeigneur, SOEFVE.

XLVII.

ORDONNANCE

DE M. L'INTENDANT ;

*Qui condamne David, gardien, & Gui-
raud, folidairement en l'amende de
cent livres par eux encourue par contravention à l'ordonnance du 27
Juin dernier ; avec défenfes auxdits
David & Guiraud de récidiver, fous
plus grande peine : permet au garde
de faifir & mettre en fourriere les
beftiaux qu'il trouvera fur les chauffées, pour en pourfuivre la confifcation & la vente, indépendamment
de l'amende.*

Du 31 Août 1778.

*A MONSEIGNEUR LE VICOMTE
DE SAINT-PRIEST, confeiller
d'état, intendant en ladite Province.*

SUPPLIE humblement le fyndic général de la province de Languedoc ;
Vous remontre, que malgré les défenfes portées par votre ordonnance du

vingt-ſept Juin dernier , aux propriétaires des troupeaux du gros & menu
bétail , & à tous autres , de faire paſſer ou dépaître leurs troupeaux ſur les
levées , chauſſées & plantations de tamaris faites aux ouvrages que la province a fait faire pour le canal de navigation , & pour le nouveau lit du Viſtre , à peine de déſobéiſſance , d'être
pourſuivis extraordinairement , & de
cent livres d'amende pour chaque contravention , le gardien du bétail de la
communauté du Caylar ayant mené
dépaître & paſſer trois vaches & un
bœuf , qu'il a dit appartenir au nommé
Guiraud , dudit lieu du Caylar , ſur leſdites levées & chauſſées , le 25 du préſent mois d'Août , les ſieurs Domergue
& Fournier , gardes deſdites chauſſées ,
l'ayant trouvé ils ſe ſaiſirent deſdites
vaches & bœuf , qu'ils lui rendirent
enſuite ; de laquelle contravention ils
dreſſerent procès-verbal le même jour ;
Et comme il n'eſt pas juſte qu'elle demeure impunie :

A CES CAUSES , vu ledit procès-verbal , il vous plaira , MONSEIGNEUR ,
attendu la contravention à votre ordonnance dudit jour 27 Juin dernier ,
établie par le ſuſdit procès-verbal , condamner le nommé Guiraud , propriétaire deſdites trois vaches & un bœuf ,
& Pierre David , gardien dudit bétail ,
ſolidairement en l'amende de cent livres , au payement de laquelle ils ſeront contraints par les voies de droit
& par corps ; leur faire défenſes de récidiver ſous plus grande peine ; permettre en outre au ſuppliant , de faire
pignorer les beſtiaux qui ſeront trouvés
en contravention , & d'en pourſuivre
la confiſcation devant vous , avec dépens ; & ferez juſtice. PALAT , *ſigné.*

VU la préſente requête ; notre ordonnance du 27 Juin dernier ,
duement imprimée , lue , publiée &

affichée , portant , entr'autres diſpoſitions , défenſe à tous propriétaires de
troupeaux de gros & menu bétail , &
à tous autres particuliers de faire paſſer
ou dépaître leurs troupeaux ſur les levées , chauſſées & plantations de tamaris , & de les dégrader en aucune
maniere , ſous peine , en cas de déſobéiſſance , d'être pourſuivis extraordinairement , & être condamnés en
l'amende de cent livres pour chaque
contravention , & aux dépens , dommages & intérêts ; le procès-verbal
dreſſé le 25 Août dernier , par les ſieurs
Fournier & Domergue , commis à la
garde & conſervation des levées ,
chauſſées , banquettes & bornes du
canal du Viſtre complantés , duquel il
réſulte , que faiſant leurs fonctions de
gardes , ils ont trouvé ſur la chauſſée
du Viſtre complantée de tamaris , trois
vaches & un bœuf qui y dépaiſſoient
& cauſoient des dégradations conſidérables auxdites chauſſées & aux tamaris nouvellement plantés , conduits
par un vacher , qu'ils ont conduit à
la métairie de Pſalmody , en préſence
de Roques , berger , & du nommé Dau-
nas , leſquels bœuf & vaches ont été
réclamés par le ſieur David , gardien
du bétail de la communauté du Caylar,
qu'il leur a dit appartenir au nommé
Guiraud , habitant du Caylar , & qu'ils
ont rendus audit David ; ledit procès-
verbal certifié par le ſieur Deliſle , inſpecteur.

NOUS avons condamné ledit David ,
gardien , & Guiraud ſolidairement en
l'amende de cent livres par eux encourue par contravention à notre ordonnance du 27 Juin dernier , au payement
de laquelle ils ſeront contraints par toutes voies de droit , entre les mains du
ſieur Deliſle , inſpecteur , pour être
employée à la réparation des dégradations cauſées par leur troupeau , & le
ſurplus remis au garde ; avec défenſes
auxdits

auxdits David & Guiraud de récidiver, sous plus grande peine. Permettons par la suite audit garde, dans les cas de contravention, de saisir & mettre en fourriere les bestiaux qu'il trouvera sur lesdites chauffées, pour en poursuivre la confiscation & la vente, indépendamment de l'amende prononcée par notre ordonnance du 27 Juin dernier. Et sera la présente ordonnance imprimée, lue, publiée & affichée, afin que personne n'en ignore. FAIT à Montpellier le trente-unieme jour du mois d'Août mil sept cent soixante-dix-huit. *Signé*, DE SAINT-PRIEST : *Et plus bas*; Par Monseigneur, SOEFVE.

XLVIII.

ORDONNANCE

DE M. L'INTENDANT,

Portant défenses à tous les riverains du canal de navigation de Beaucaire à Aigues-mortes, d'y causer aucun dommage, ni au nouveau lit du Vistre, sous les peines y énoncées; & qui condamne divers particuliers chacun en l'amende de cent livres, encourue par contravention aux ordonnances des 27 Juin & 31 Août 1778.

Du 20 Juillet 1781.

A MONSEIGNEUR LE VICOMTE DE SAINT-PRIEST, intendant en la province de Languedoc.

SUPPLIE humblement le syndic général de la province de Languedoc, Vous remontre; que quelques soins qu'il fasse prendre pour la conservation des ouvrages du canal de navigation commencé à Aigues-mortes, & qui doit aller jusques à Beaucaire, ainsi que des chauffées faites sur le nouveau lit du Vistre; malgré les ordonnances par vous rendues les 27 Juin & 31 Août

1778; la premiere faisant défenses à tous propriétaires des troupeaux de gros & menu bétail, & à tous autres particuliers, de faire passer ou dépaître leurs troupeaux sur les levées & chauffées, & de les dégrader en aucune maniere, à peine d'être poursuivis extraordinairement, condamnés en l'amende de cent livres pour chaque contravention, & aux dommages & intérêts qu'ils auront occasionné; la seconde, qui condamne David, gardien, & Guiraud, en l'amende de cent livres pour la contravention par eux commise, leur fait défenses de récidiver sous plus grande peine; laquelle ordonnance permet encore, en cas de contravention, de saisir & mettre en fourriere les bestiaux qui seront trouvés sur lesdites chauffées, pour en poursuivre la confiscation & la vente, indépendamment de l'amende de cent livres.

Quoique ces ordonnances aient été publiées & affichées, les propriétaires des bestiaux, leurs valets ou gardiens desdits bestiaux, ne cessent point de les y faire passer, de traverser les deux lits desdits canaux, soit par lesdits bestiaux, soit par des charrettes; les pêcheurs s'introduisant encore dans les deux canaux pour y pêcher, y font également des dommages, ce qui cause des dégradations qui mettront les Etats dans le cas de faire refaire à gros frais les différens ouvrages auxquels ils ont fait procéder.

Les contraventions & les entreprises réitérées, sont constatées par deux procès-verbaux dressés les 28 Avril dernier, & 8 du présent mois de Juillet, par le sieur de Lisle, inspecteur desdits ouvrages.

Il résulte du premier de ces procès-verbaux, que les dégradations faites aux susdits deux canaux, proviennent des pêcheurs qui entrent pour y prendre du poisson. 2ᵒ. Par les charrettes qui paſſent continuellement deſſus les bermes & banquettes, les détruiſent, & font crouler les déblais dans les lits deſdits canaux ; que les bœufs, les vaches & les chevaux paſſent & repaſſent continuellement ſur leſdits ouvrages, & y dépaiſſent jour & nuit.

Que les nommés Brochet, Biron, Laſſerre, & autres habitans d'Aigues-mortes, ont détruit & enlevé pluſieurs parties des chauſſées du canal de navigation, attenantes à leurs poſſeſſions, qu'ils en ont régalé les terres dans leurs fonds, même dans les emplacemens que la province leur a payés, au point que dans cette partie du canal, il n'y a plus de chauſſées, par l'effet de ces entrepriſes.

Que les troupeaux de bœufs, de vaches & de chevaux, que l'on va abreuver dans ledit canal, le comblent, & que certains particuliers du Caylar, qui ont entrepris d'enlever les mauvaiſes herbes qui croiſſent dans le lit du Viſtre, & qu'ils doivent retirer à bord, ſuivant leur bail, les abandonnent au courant de l'eau ; que ces herbes paſſent par ce moyen dans les ouvrages de la province & y occaſionnent des comblemens, ce qui fait dépérir leſdits ouvrages.

Le ſecond de ces procès-verbaux établit, que l'inſpecteur deſdits ouvrages du canal de navigation trouve, malgré les défenſes portées par vos ſuſdites ordonnances, des particuliers qui menent leurs troupeaux ſur les chauſſées dudit canal, & qui les dégradent ; que le 29 Juin dernier, Louis Granier, domeſtique de Jacques Mathieu, fermier du mas d'Anglas, paſſa avec une charrette attelée de quatre chevaux, le long dudit canal, pour aller charger des herbes ; que Jeanot Maurand, domeſtique du ſieur Piſſart, de Vauvert, paſſa également le 3 du préſent mois le long dudit canal avec une charrette attelée

de trois mules ; que Debos appellé Fanfeluche, Jean Debos, autre Debos cadet, la veuve Debris, la nommée Durette, & ledit Mathieu, fermier d'Anglas, faiſoient dépaître le long dudit canal de navigation ; ſavoir, leſdits Debos, veuve Debris, & Durette, leurs bœufs & vaches, & ledit Mathieu ſes chevaux ou roſſes ; qu'ils faiſoient traverſer ledit canal par leſdits beſtiaux, pour ſe rendre ſur la rive oppoſée : & comme ces différentes entrepriſes méritent d'être réprimées, qu'il eſt du très-grand intérêt des Etats de Languedoc de les faire ceſſer pour conſerver des ouvrages dont l'utilité eſt reconnue, le ſuppliant a recours :

A ce qu'il vous plaiſe, Monseigneur, vu vos ordonnances deſdits jours 27 Juin & 31 Août 1778, enſemble les procès-verbaux dudit ſieur de Liſle, deſdits jours 28 Avril dernier, & 8 du préſent mois, ordonner que vos ſuſdites ordonnances ſeront exécutées ſuivant leur forme & teneur, ſous les peines y contenues ; en conſéquence, faire défenſes à tous propriétaires de beſtiaux gros & menu, & à leurs domeſtiques gardiens deſdits beſtiaux, même aux propriétaires & aux conducteurs des charrettes, de paſſer ſur les chauſſées & le long du canal de navigation, ni ſur les chauſſées du nouveau lit du Viſtre, d'y envoyer dépaître les beſtiaux, & de les faire abreuver dans les eaux deſdits deux canaux, de faire traverſer leſdits canaux par les beſtiaux, pour aller d'un bord à l'autre, & d'y cauſer en aucune maniere aucune eſpece de dommages, à peine d'être pourſuivis extraordinairement, de tous dépens, dommages & intérêts, & d'une amende de cent livres pour chaque contravention ; deſquels dommages, intérêts & amendes, les propriétaires deſdits beſtiaux & charrettes ſeront reſponſables ſolidairement avec leurs valets ou gardiens defdits beſtiaux ; permettre au ſuppliant, dans le cas de contravention, de faire ſaiſir & mettre en fourriere les beſtiaux & charrettes qui ſeront trouvés ſur leſdits ouvrages & chauſſées , ou dans les eaux deſdits canaux , pour en pourſuivre la confiſcation & la vente, indépendamment de l'amende ; faire auſſi défenſes aux pêcheurs & à toutes autres perſonnes d'entrer avec leurs barques dans ledit canal de navigation , & dans le nouveau lit du Viſtre, pour y prendre du poiſſon , à peine de ſaiſie des barques , & de la même amende de cent livres ; au payement de laquelle chacun des contrevenans , ſoit valets conduiſant les beſtiaux ou les charrettes , & les propriétaires deſdits beſtiaux & charrettes, ſeront contraints par toutes voies de droit & par corps ; faire encore défenſes aux particuliers du Caylar , qui ont entrepris d'arracher les mauvaiſes herbes qui croiſſent dans la riviere du Viſtre, d'abandonner au courant des eaux leſdites herbes ; leur enjoindre de les retirer à bord, conformément à leurs obligations , ſous la même peine de cent livres d'amende , avec la même contrainte au corps pour le payement : Et attendu les contraventions commiſes par leſdits Louis Granier , domeſtique dudit Mathieu, fermier de la métairie d'Anglas , & par Jean Maurand , domeſtique du ſieur Piſſart , de Vauvert, par Debos dit Fanfeluche, Debos cadet , la veuve Debris, la nommée Durette , & le garçon dudit Mathieu, conſtatées par le procès-verbal du 8 du préſent mois, condamner chacun de ces particuliers, ſolidairement avec leurs maîtres, propriétaires des charrettes & des beſtiaux, en l'amende de cent livres, au payement de laquelle ils ſeront contraints par toutes voies & par corps ; leur faire défenſes de récidiver ſous

plus grande peine : Et afin que perſonne ne l'ignore, ordonner que l'ordonnance qui interviendra ſera imprimée, lue, publiée & affichée aux villes & lieux circonvoiſins deſdits deux canaux , & partout où beſoin ſera ; & ferez bien. PALAT , ſigné.

VU la préſente requête ; nos ordonnances des 27 Juin & 31 Août 1778 , duement imprimées , lues, publiées & affichées ; les procès-verbaux dès 28 Avril dernier , & 8 du préſent mois, duement certifiés par le ſieur de Liſle , inſpecteur des ouvrages du deſſéchement des marais & du canal de navigation de Beaucaire à Aigues-mortes : NOUS ORDONNONS que nos ordonnances deſdits jours 27 Juin & 31 Août 1778, ſeront exécutées ſuivant leur forme & teneur, ſous les peines y mentionnées ; en conſéquence, faiſons défenſes à tous propriétaires de troupeaux de gros & menu bétail, & à leurs domeſtiques, gardiens deſdits troupeaux, même aux propriétaires & conducteurs des charrettes, de paſſer ſur les chauſſées & le long du canal de navigation, ni ſur les chauſſées du nouveau lit du Viſtre ; d'y envoyer dépaître les beſtiaux ; de les faire abreuver dans les eaux deſdits canaux; de les faire traverſer par les beſtiaux pour aller d'un bord à l'autre , & d'y cauſer en aucune maniere aucune eſpece de dommage, à peine d'être pourſuivis extraordinairement, de tous dépens, dommages & intérêts, & de cent livres d'amende pour chaque contravention ; deſquels dommages , intérêts & amende , les propriétaires deſdits beſtiaux & charrettes ſeront reſponſables ſolidairement avec leurs valets ou gardiens deſdits beſtiaux. Permettons au ſuppliant, dans les cas de contravention, de faire ſaiſir & mettre en fourriere les beſtiaux & charrettes qui ſeront trouvés ſur leſdits ouvrages & chauſſées, ou dans les eaux deſdits canaux, pour en pourſuivre la confiſcation & la vente, indépendamment de l'amende. Faiſons pareillement défenſes aux pêcheurs & à toutes autres perſonnes d'entrer avec leurs barques dans ledit canal de navigation, & dans le nouveau lit du Viſtre, pour y prendre du poiſſon, à peine de ſaiſie des barques, & de pareille amende de cent livres; au payement de laquelle chacun des contrevenans, ſoit valets conduiſant les beſtiaux & charrettes, feront contraints par toutes voies de droit & par corps. Faiſons auſſi défenſes aux particuliers du Caylar, qui ont entrepris d'arracher les mauvaiſes herbes qui croiſſent dans la riviere du Viſtre, d'abandonner du courant des eaux leſdites herbes; leur enjoignons de les retirer à bord, conformément à leurs obligations, ſous la même peine de cent livres d'amende, avec la même contrainte au corps pour le payement : Et attendu les contraventions commiſes par Louis Granier, domeſtique du ſieur Jacques Mathieu, fermier de la métairie d'Anglas, par Jean Maurand, domeſtique du ſieur Piſſart, de Vauvert, par Debos dit Fanfeluche, Debos cadet, la veuve Debris, la nommée Durette & le garçon dudit ſieur Mathieu, conſtatées par le procès-verbal du huit du préſent mois; AVONS condamné chacun deſdits particuliers, ſolidairement avec leurs maîtres, propriétaires des charrettes & des beſtiaux, en l'amende de cent livres, au payement de laquelle ils feront contraints par toutes voies & par corps; leur faiſons défenſes de récidiver ſous plus grande peine. Et fera la préſente ordonnance imprimée, lue, publiée & affichée aux villes & lieux circonvoiſins deſdits deux canaux, & partout où beſoin ſera, afin que perſonne n'en

ignore. FAIT le 20 Juillet 1781. *Signé,* DE SAINT-PRIEST : *Et plus bas;* Par Monſeigneur, SOEFVE.

XLIX.

ORDONNANCE
DE M. L'INTENDANT,

Qui fait itératives défenſes à tous propriétaires, bergers, & conducteurs de gros & menu bétail, enſemble à tous autres particuliers, de faire paſſer & repaſſer des beſtiaux ſur les levées & chauſſées du canal de navigation conſtruit par la province, depuis Beaucaire juſques à Aiguesmortes, & ſur les contre-canaux dudit canal, à peine de cent livres d'amende, & de confiſcation des beſtiaux.

Du 29 Avril 1782.

A MONSEIGNEUR LE VICOMTE DE SAINT-PRIEST, intendant en la province de Languedoc.

SUPPLIE humblement le ſyndic général de la province de Languedoc, & Vous remontre; Que malgré les diſpoſitions de l'ordonnance par vous rendue le 27 Juin 1778, & les défenſes qu'elle renferme contre tous propriétaires des troupeaux, de les faire paſſer ſur les levées, chauſſées & plantations des tamaris du canal de navigation & des contre-canaux auxquels les Etats font travailler depuis Aiguesmortes juſques à Beaucaire, ni de les dégrader en aucune maniere, à peine de 100 livres d'amende & de tous dépens, dommages & intérêts, il arrive journellement que pluſieurs particuliers font paſſer leurs beſtiaux gros & menus ſur leſdites levées & chauſſées, & qu'ils font même traverſer leſdits beſtiaux d'un bord à l'autre deſdits canal & contre-canaux, ce qui y cauſe des dégradations confidérables. Que pour veiller plus efficacement à la confervation defdits ouvrages, les Etats ont déterminé d'y établir des gardes à la livrée de la province, lefquels feront chargés de dreffer procès-verbal des dégradations & des contraventions à vos ordonnances; & comme vous avez feul jurifdiction pour la confervation des ouvrages publics de la province, & qu'il importe aux Etats que ceux dont il s'agit foient mis à l'abri de toute atteinte :

A CES CAUSES, Requiert le fuppliant qu'il vous plaife, MONSEIGNEUR, ordonner que vottre ordonnance du fufdit jour 27 Juin 1778, fortira à effet, & fera exécutée fuivant fa forme & teneur; en conféquence, faire défenfes à toutes perfonnes de faire paffer & repaffer des beftiaux fur les levées & chauffées du canal de navigation & des contre-canaux, de les traverfer d'un bord à l'autre, d'y paffer elles-mêmes, & d'y caufer aucun dommage, à peine de 100 livres d'amende payable par corps par ceux qui feront trouvés en délit, & de faifie & confifcation des beftiaux, qui feront pignorés & mis en fourriere par les gardes commis & à commettre par les Etats fur lefdits ouvrages, aux dépens des contrevenans, jufques à ce qu'il ait été par vous prononcé fur lefdites confifcations & amendes, dont les propriétaires defdits beftiaux feront civilement refponfables, & folidairement avec leurs valets & domeftiques, ainfi que des dommages caufés auxdites levées & chauffées; ordonner que des contraventions il en fera dreffé procès-verbal par lefdits gardes, lefquels feront duement affermentés pardevant vous ou votre fubdélégué, & porteront la bandouliere aux armes de la province; faire défenfes à toutes perfonnes de troubler & inquiéter lefdits gardes

dans l'exercice de leurs fonctions, à peine de 1000 livres d'amende, au payement de laquelle ceux qui auront donné le trouble feront contraints par corps; ordonner que les procès-verbaux qui feront dreffés par lefdits gardes, & qui auront été fignifiés aux contrevenans dans les trois jours de leur rédaction, feront foi jufques à infcription de faux, & que le jugement qui interviendra fera imprimé, lu, publié & affiché partout où befoin fera, afin que perfonne n'en prétende caufe d'ignorance, & qu'il ait à ne pas y contrevenir fous les peines qui y feront infligées; & ferez bien. *Signé*, PALAT.

V U la préfente requête; notre ordonnance du 27 Juin 1778 y énoncée, portant entre autres difpofitions, défenfes à tous propriétaires, bergers & conducteurs de gros & menu bétail, de faire paffer ou dépaître leurs troupeaux fur les levées, chauffées & plantations de tamaris que la province a fait faire pour la conftruction du nouveau canal de navigation depuis Beaucaire jufqu'à Aigues-mortes : Nous, en renouvellant les difpofitions portées par notre ordonnance du 27 Juin 1778, ordonnons qu'elle fera exécutée felon fa forme & teneur; en conféquence faifons défenfes à tous propriétaires, bergers & conducteurs de gros & menu bétail, enfemble à tous autres particuliers, de faire paffer & repaffer des beftiaux fur les levées & chauffées du canal de navigation conftruit par la province depuis Beaucaire jufqu'à Aigues-mortes, & fur les contre-canaux dudit canal; comme auffi, de les traverfer d'un bord à l'autre, d'y paffer elles-mêmes, & d'y caufer aucun dommage, à peine de cent livres d'amende payable par corps par ceux qui feront trouvés en délit, & de fai-

N°. XLIX. fie & confiscation des bestiaux qui se-ront pignorés & mis en fourriere par les gardes commis à cet effet sur les-dits ouvrages, aux dépens des contre-venans, jusqu'à ce qu'il ait été par nous prononcé sur lesdites confiscations & amendes, dont les propriétaires des-dits bestiaux seront civilement respon-sables, & solidairement avec leurs va-lets & domestiques, ainsi que des dom-mages causés auxdites levées & chaus-sées : Ordonnons que des contraven-tions il en sera dressé procès-verbal par lesdits gardes, lesquels seront due-ment assermentés pardevant notre sub-délégué du département, lesquels se-ront revêtus d'une bandouliere aux ar-mes de la province : Faisons défenses à toutes personnes de les troubler & in-quiéter dans l'exercice de leurs fonc-tions, à peine de 1000 livres d'amende, au payement de laquelle ceux qui au-ront donné le trouble seront contraints par corps : Ordonnons en outre que les procès-verbaux qui seront dressés par lesdits gardes, & qui auront été signi-fiés aux contrevenans dans les trois jours de leur rédaction, & qui seront duement affirmés dans la huitaine par-devant les juges des lieux les plus prochains, feront foi jusques à ins-cription de faux, & que notre pré-sente ordonnance sera imprimée, lue, publiée & affichée partout où besoin sera, afin que personne n'en prétende cause d'ignorance. FAIT à Montpellier le vingt-neuf Avril mil sept cent quatre-vingt-deux. *Signé*, DE SAINT-PRIEST: *Et plus bas* ; Par Monseigneur, SOEFVE.

L.

JUGEMENT SOUVERAIN,

Rendu par MM. les commissaires ju-ges d'attribution des contestations sur le desséchement des palus & ma-rais du bas-Languedoc.

N°. L.

Qui fait défenses à tous propriétaires, bergers, & conducteurs de gros & menu bétail, ensemble à tous autres particuliers, de faire dépaître des bestiaux sur les levées & chaussées du canal de navigation construit par la province, depuis Beaucaire jusqu'à Aigues-mortes, & sur les contre-ca-naux dudit canal ; fait pareillement défenses à tous particuliers de pê-cher ou faire pêcher dans ledit canal & contre-canaux, & de troubler dans leurs fonctions les gardes éta-blis par les Etats de ladite province, sous les peines y portées.

Du 20 Mai 1782.

LES COMMISSAIRES NOMMÉS par arrêts du conseil des 15 Novem-bre 1746, 11 Avril 1761, 19 No-vembre 1767, & 4 Juillet 1771, pour juger souverainement & en der-nier ressort les contestations nées & à naître à raison de la concession des marais du bas-Languedoc, depuis Beaucaire jusqu'à Aigues-mortes & à Pérols, desséchement desdits ma-rais, construction du canal de navi-gation, leurs circonstances & dépen-dances.

VU la requête à nous présentée par le syndic général de la province de Languedoc ; tendante à ce qu'il nous plaise faire défenses à tous bergers, conducteurs, gardiens, & propriétai-res des troupeaux de gros & menu bé-tail, d'envoyer ou faire dépaître lesdits troupeaux, ni aucune sorte de bétail, sur les levées, chaussées, & plantations de tamaris du canal de navigation au-quel les Etats font travailler, depuis Aigues-mortes jusqu'à Beaucaire, ni sur les contre-canaux ; leur faire aussi défenses de pêcher ni faire pêcher en aucune maniere dans ledit canal & contre-canaux, à peine de cent livres d'amende pour chaque contravention, & de confiscation tant des bestiaux qui seront trouvés y dépaître, que des barques, filets & engins qui y seront trouvés pour pêcher ; lesquels bestiaux seront pignorés & mis en fourriere par les gardes commis ou à commettre par les Etats, jusqu'à ce que la commission aura statué sur les demandes en confiscation que le suppliant formera devant elle ; au payement desquelles amendes, les bergers, pêcheurs & autres personnes trouvées en délit, seront condamnés par corps, & les propriétaires des troupeaux, bêtes, barques, filets & engins, par toutes voies & moyens de droit, & solidairement avec lesdits bergers ; ordonner que des contraventions il en sera dressé procès-verbal par les susdits gardes - canal, préalablement assermentés pardevant tels des seigneurs de la commission qu'il lui plaira de commettre, dont il dressera procès - verbal ; permettre auxdits gardes de porter la bandouliere aux armes de la province ; faire défenses à toutes personnes de troubler & inquiéter lesdits gardes dans l'exercice de leurs fonctions, à peine de mille livres d'amende, au payement de laquelle ceux qui auront donné le trouble, seront contraints par corps ; ordonner que les procès-verbaux qui seront dressés par lesdits gardes, qui auront été signifiés aux contrevenans dans les trois jours de leur rédaction, feront foi jusqu'à inscription de faux ; & que le jugement qui interviendra, sera imprimé, lu, publié & affiché partout où besoin sera, afin que personne n'en prétende cause d'ignorance, & qu'il ait à ne pas y contrevenir, sous les peines qui y seront infligées : L'ordonnance rendue sur ladite requête le 3 Mai 1782, de soit-communiqué au pro-

cureur du Roi en la commission, & les conclusions du sieur Favier, procureur du Roi ; Ouï le rapport du sieur Adam de Monclar, l'un de nous, & tout considéré :

NOUS COMMISSAIRES susdits, juges en dernier ressort, faisant quant à ce droit à la requête du syndic général, faisons défenses à tous bergers, conducteurs, gardiens & propriétaires des troupeaux de gros & menu bétail, d'envoyer ou de faire dépaître lesdits troupeaux ni aucune sorte de bête, sur les levées, chaussées & plantations de tamaris le long du canal de navigation auquel les Etats de Languedoc font travailler depuis Aigues-mortes jusques à Beaucaire, non-plus que sur les contre-canaux ; faisons aussi défenses à toutes personnes, de quelque état & condition qu'elles soient, de pêcher ou faire pêcher en quelque maniere que ce soit dans ledit canal & contre - canaux ; le tout à peine de cent livres d'amende pour chaque contravention, & de confiscation tant desdits bestiaux que des barques, filets & engins servant à la pêche ; Permettons aux gardes de canal qui seront établis par lesdits Etats, de pignorer & mettre ledit bétail en fourriere jusques à ce que par la commission il ait été statué sur les demandes en confiscation & condamnation d'amende que le syndic général formera devant elle ; au payement de laquelle amende, les bergers, ceux qui feront la pêche, & autres personnes trouvées en délit, seront condamnés même par corps : Pourront aussi les propriétaires desdits troupeaux, barques, filets & engins, être contraints au payement de ladite amende, le cas y échéant, en vertu des jugemens qui interviendront sur les demandes qui seront contre eux formées, & ce, solidairement avec lesdits bergers, conducteurs, pêcheurs

& autres : Ordonnons que des contraventions il en sera dressé procès-verbal par les susdits gardes de canal, lesquels seront assermentés pardevant le sieur Adam de Monclar, l'un de nous, qui dressera procès-verbal de leur prestation de serment en justice sur l'exhibition qu'ils feront de la commission contenant leur nomination ; lequel procès-verbal sera déposé devers le greffe de la commission, pour y avoir recours le cas y échéant. Permettons aussi aux susdits gardes de porter une bandoulière aux armes de la province, avec défenses à toutes personnes de les troubler dans l'exercice de leurs fonctions, à peine de mille livres d'amende, & plus grande s'il y échoit ; au payement de laquelle, ceux qui auront donné le trouble, seront contraints par toutes voies & par corps : Ordonnons que les procès-verbaux des contraventions dressés par les susdits gardes, seront signifiés aux contrevenans dans les trois jours de leur date pour tout délai, qu'ils seront affirmés dans la huitaine pardevant le premier juge royal à ce requis sur les lieux ; moyennant ce, que lesdits procès-verbaux feront foi jusques à inscription de faux, sans préjudice au syndic général de constater les contraventions & les troubles donnés aux gardes, par la voie de l'enquis, sur la permission qui en sera par nous accordée : Et sera le présent jugement imprimé, lu, publié & affiché partout où besoin sera, à la diligence du syndic général, afin que personne n'en prétende cause d'ignorance, & qu'il ait à ne pas y contrevenir sous les peines y portées. FAIT à Montpellier le dix Mai mil sept cent quatre-vingt-deux. *Signés*, DE SAINT-PRIEST, GROS, ADAM DE MONCLAR, VASSAL, PERDRIX, NADAL, DE GRASSET. *Collationné.* SOEFVE, *signé.*

L I.

ORDONNANCE

Portant qu'il sera informé contre les particuliers qui enlevent le sable, bois & gravier qui sont auprès des chaussées du pont du Saint-Esprit.

Du 7 Février 1715.

NICOLAS DE LAMOIGNON, *chevalier, comte de Launay-Courson, seigneur de Bris, Vaugrigneuse, marquis de Lamothe-Chandenier, Beuxe & autres lieux, conseiller d'état ordinaire, intendant de justice, police & finances en la province de Languedoc.*

SUR les plaintes qui nous ont été portées que plusieurs particuliers viennent journellement prendre du sable & emportent les bois que le Rhône emmene devant les clayonnages que la province a fait faire, pour fermer la brassiere du grand Malatras, celle de Saint-Just, & autres ; ce qui, en affoiblissant ces ouvrages, les met en danger d'être emportés par la riviere du Rhône.

NOUS ORDONNONS que par le sieur Restaurand, visiteur des gabelles au Saint-Esprit, il sera informé contre les particuliers qui ont enlevé les sables & les bois qui ont été emmenés devant lesdits clayonnages ; pour, ladite information à nous rapportée, être ordonné ce qu'il appartiendra : & cependant faisons défenses à toutes personnes de prendre aucune terre, sable, gravier & bois, soit au devant ou au derriere desdits clayonnages, à peine de punition corporelle & de tous dépens, dommages & intérêts. Permettons à toutes personnes de saisir & arrêter sur le champ ceux qui se trouveront

en

en contravention, enfemble leurs beftiaux & charrettes. Enjoignons au lieutenant de Roi de la ville du Saint-Efprit de donner aide & main-forte pour l'exécution de la préfente ordonnance, laquelle fera lue, publiée & affichée en la ville du Saint-Efprit, & partout ailleurs où befoin fera. FAIT à Montpellier le feptieme Février mil fept cent quinze. *Signé*, DE LAMOIGNON : *Et plus bas* ; Par Monfeigneur, SIRIÉ.

L I I.

ORDONNANCE

Pour la confervation des chauffées du pont du Saint-Efprit.

Du 3 Mars 1715.

LE DUC DE ROQUELAURE, lieutenant général des armées du Roi, commandant en chef dans la province de Languedoc.

SUR ce qui nous a été repréfenté par le fieur Joubert, fyndic général, que la province ayant fait conftruire des chauffées depuis le pont Saint-Efprit jufqu'au pont de la Pierre, pour mettre le grand chemin à couvert de l'inondation, & faciliter, moyennant cela, le commerce & le paffage des troupes du Roi, qui vont du Saint-Efprit à Pierrelatte ou à Saint-Paul-trois-Châteaux ; il eft arrivé néanmoins que quelques perfonnes, n'ayant en vue que leurs intérêts particuliers, ont rompu lefdites chauffées en plufieurs endroits, dans le tems de la derniere inondation. Et étant néceffaire de remédier à cet abus & de prévenir les inconvéniens qui en arriveroient :

NOUS AVONS fait & faifons très-expreffes défenfes à toutes perfonnes de rompre, démolir, ni faire à l'ave-

Tome II.

nir aucunes ouvertures, dégradations & entreprifes fur lefdites chauffées, fous quelque prétexte que ce puiffe être, à peine de défobéiffance & de punition corporelle. ORDONNONS aux maires & confuls de la ville du Saint-Efprit de veiller avec toute l'attention poffible à la confervation defdites chauffées ; leur permettons d'y faire marcher, particulierement dans le tems des inondations, le nombre d'habitans de ladite communauté que lefdits maire & confuls jugeront néceffaires ; à l'effet par lefdits habitans d'obferver les entreprifes qui pourroient être faites fur lefdites chauffées, & d'exécuter fur cela ce qui leur fera prefcrit par lefdits maire & confuls, conformément aux inftructions qui leur feront données là-deffus par ledit fyndic général. Et comme la confervation defdites chauffées intéreffe également le public & le fervice de Sa Majefté, NOUS ENJOIGNONS au fieur commandant de ladite ville & citadelle du Saint-Efprit de faire donner auxdits maire & confuls un détachement de huit ou dix foldats & même jufqu'à quinze, lorfqu'il en fera par eux requis, pour marcher de nuit & de jour, s'il eft néceffaire, & s'oppofer aux entreprifes qu'on pourroit faire contre lefdites chauffées. Ordonnons en conféquence auxdits maire & confuls d'informer ledit fieur fyndic général de tout ce qui fe paffera à l'occafion de la préfente défenfe, pour fur le rapport qui nous en fera par lui fait, y être par nous pourvu, & les contrevenans punis ainfi qu'il appartiendra. Et fera notre préfente ordonnance lue, publiée & affichée partout où befoin fera, à ce qu'aucun n'en prétende caufe d'ignorance, & exécutée fuivant fa forme & teneur. ENJOIGNONS à cet effet audit fieur commandant de tenir la main à l'exécution. FAIT à Montpellier le troiſieme Mars mil ſept cent quinze. *Signé* , LE DUC DE ROQUELAURE : *Et plus bas* ; Par Monſeigneur , DLESAGE.

L I I I.

ORDONNANCE

Portant défenſes à toutes perſonnes de faire dépaître aucuns beſtiaux ſur les chauſſées du Rhône, au-deſſus du Pont Saint-Eſprit, à peine d'amende & de punition corporelle.

Du 5 Juin 1723.

LOUIS DE BERNAGE, chevalier , ſeigneur de Saint - Maurice , Vaux , Chaumont & autres lieux , conſeiller d'Etat , intendant de juſtice , police & finances en la province de Languedoc.

SUR les plaintes qui Nous ont été faites , que divers particuliers font dépaître leurs beſtiaux ſur les chauſſées qui ont été conſtruites le long du Rhône , & de la riviere du Lauzon , depuis le pont Saint-Eſprit , juſqu'au pont de la Pierre ; ce qui endommage & dégrade conſidérablement leſdites chauſſées.

NOUS faiſons très-expreſſes défenſes à toutes perſonnes , de faire dépaître aucuns beſtiaux , gros ni menus , ſur leſdites chauſſées , à peine de cinquante livres d'amende pour la premiere contravention , & de punition corporelle en cas de récidive ; ladite amende applicable moitié au dénonciateur , & l'autre moitié aux pauvres de la ville du Saint-Eſprit. Permettons à l'entrepreneur chargé de l'entretien deſdites chauſſées , & à tous autres , de ſaiſir & arrêter ſur le champ , les beſtiaux qu'ils trouveront dépaiſſans ſur leſdites chauſſées , & ceux qui les garderont. ORDONNONS que des contraventions à

la préſente ordonnance , il ſera informé par le ſieur Reſtaurand , viſiteur des gabelles du Saint-Eſprit, pour, les informations à nous rapportées , être ordonné ce qu'il appartiendra : Et ſera la préſente ordonnance lue , publiée & affichée dans la ville du Saint-Eſprit, & partout ailleurs où beſoin ſera , à la diligence des maire & conſuls de la ville du Saint-Eſprit , & des entrepreneurs chargés de l'entretien des chauſſées. FAIT à Montpellier le cinquieme Juin mil ſept cent vingt-trois. *Signé*, DE BERNAGE : *Et plus bas* ; Par Monſeigneur , SAGET.

L I V.

ORDONNANCE

Qui fait défenſes à tous patrons & autres , de couper ni arracher aucuns arbres plantés le long des chauſſées du Rhône , juſques & compris la Palliere du Roi , à peine de tous dépens, dommages & intérêts, & même de priſon , attendu qu'il s'agit d'un ouvrage appartenant au Roi , & qui intéreſſe le public.

Du 3 Octobre 1758.

JEAN-EMMANUEL DE GUIGNARD , chevalier , vicomte de Saint-Prieſt , conſeiller du Roi en ſes conſeils , maître des requétes honoraire de ſon hôtel , intendant de juſtice , police & finances en la province de Languedoc.

ETANT informé que le Rhône s'eſt ouvert un paſſage juſqu'à la palliere du Roi , qui eſt la ſeule barriere que les eaux de ce fleuve aient à vaincre pour s'étendre & s'ouvrir un nouveau lit dans le Dauphiné & dans le Comtat ; & comme il eſt néceſſaire de prévenir aucune entrepriſe de la part des patrons , qui , pour favoriſer

N°. LIV. leur paſſage dans la nouvelle lône que les eaux du Rhône ont formé près de ladite palliere, pourroient s'ingérer de couper les arbres que les propriétaires des terres riveraines ont fait planter d'eſpace en eſpace pour former un rempart contre les eaux, & qui en effet, par le laps du tems, ſoit par les troncs ou par les racines qui ſe ſont étendues, & qui forment corps aujourd'hui avec les pierres, ont rempli l'objet qu'on s'étoit propoſé, en défendant ce paſſage contre les atteintes des eaux, & en empêchant que les chevaux de tirage ne puiſſent paſſer deſſus la chauſſée :

Nous, ſans préjudice des repréſentations qui pourroient nous être faites, & ſur leſquelles nous nous réſervons de pourvoir, s'il y a lieu, FAISONS défenſes proviſoirement à tous patrons & autres, de couper ni arracher aucuns deſdits arbres, à peine de tous dépens, dommages & intérêts, & même de priſon, attendu qu'il s'agit d'un ouvrage appartenant au Roi, & qui intéreſſe le bien public. FAIT à Montpellier le trois Octobre mil ſept cent cinquante-huit. Signé, DE SAINT-PRIEST. Et plus bas : Par Monſeigneur, SOEFVE.

L V.
ARRÊT
DU CONSEIL D'ETAT DU ROI,
Et commiſſion expédiée ſur icelui.

Qui autoriſe la délibération des Etats du premier Décembre 1778, & fait défenſes Sa Majeſté, tant au ſieur Lacour qu'à tous autres propriétaires des terreins ſitués entre le Rhône & le quai, que les Etats ont fait conſtruire au lieu de la Voute en Vivarais, d'élever ſur ſon terrein des maiſons & bâtimens dont la conſ-

truction puiſſe nuire aux ouvrages dudit quai, & intercepter la vue dudit fleuve.

N°. LV.

Du 31 Mars 1780.

EXTRAIT des Regiſtres du Conſeil d'Etat.

SUR la requête préſentée au Roi, étant en ſon conſeil, par le ſyndic général de la province de Languedoc ; CONTENANT, que le ſieur Lacour, acquéreur d'un terrein dans le lieu de la Voute en Vivarais, ſitué entre le quai de ce nom & le Rhône, ayant raſſemblé des matériaux dans l'intention d'y conſtruire une maiſon qui eût maſqué la vue du fleuve, & ôté au nouveau quai, qui eſt en même-tems la grande route, l'un de ſes principaux agrémens, il auroit été ſignifié, à la diligence du ſuppliant, des actes à ce particulier, à l'effet de ſuſpendre cette conſtruction : Que les Etats auroient néanmoins reconnu par leur délibération du premier Décembre 1778, la juſtice de dédommager le ſieur Lacour de la liberté dont on le privoit d'édifier une maiſon ſur un ſol qui lui appartient, & en eſtimant le dédommagement dont il s'agit, comme devant être une ſuite des ouvrages entrepris par la province pour la conſtruction du quai, qui ne permettent pas d'y laiſſer élever des bâtimens, toujours préjudiciables à ces mêmes ouvrages, indépendamment des avantages de la vue du Rhône ; ils auroient jugé que ce dédommagement ne devoit pas ſe porter à une ſomme conſidérable, attendu le non-emploi des matériaux deſtinés à la conſtruction dudit bâtiment ; qu'en conſéquence le ſieur Grangent, l'un des directeurs des travaux publics de la province, avoit été autoriſé de procéder à la vérification & eſtimation de l'indemnité qui peut être due au ſieur Lacour, pour, ſur le rapport de ce directeur, être statué par les commissaires nommés pour la direction des travaux publics pendant l'année, ainsi qu'il appartiendroit, sur le payement de la somme à laquelle l'indemnité auroit été évaluée; mais que par la même délibération, le suppliant étant chargé de poursuivre au conseil un réglement portant défenses de construire des maisons attenant le quai de la Voute, préjudiciables aux ouvrages de ce quai & à la vue du Rhône. Requéroit A CES CAUSES, le suppliant, conformément à ladite délibération, qu'il plût à Sa Majesté défendre à toutes personnes d'élever des maisons sur le quai de la Voute, qui puissent nuire aux ouvrages exécutés par la province, & masquer la vue du Rhône. Vu ladite requête, & la délibération des Etats du premier Décembre 1778. Vu pareillement l'avis du sieur intendant de Languedoc; LE ROI ÉTANT EN SON CONSEIL, a approuvé & autorisé, approuve & autorise la délibération des Etats de Languedoc du premier Décembre 1778; fait en conséquence Sa Majesté très-expresses inhibitions & défenses, tant au sieur Lacour qu'à tous autres propriétaires des terreins situés entre le Rhône & le quai, que lesdits Etats ont fait construire le long dudit fleuve, au lieu de la Voute en Vivarais, d'élever sur lesdits terreins des maisons & bâtimens dont la construction puisse nuire aux ouvrages dudit quai, & intercepter la vue dudit fleuve; à la charge néanmoins par lesdits Etats d'indemniser les propriétaires desdits terreins, suivant l'estimation qui sera faite par le directeur des travaux publics de ladite province. Mande Sa Majesté audit sieur intendant & commissaire départi en Languedoc, de tenir la main à l'exécution du présent arrêt. FAIT au conseil d'état du Roi, Sa Majesté y étant, tenu à Versailles le trente-un Mars mil sept cent quatre-vingt.

LOUIS, PAR LA GRACE DE DIEU, ROI DE FRANCE ET DE NAVARRE: Au premier notre huissier ou sergent sur ce requis: Nous te commandons par ces présentes signées de notre main, de signifier à tous ceux qu'il appartiendra, à ce qu'ils n'en ignorent, l'arrêt ci-attaché sous le contre-scel de notre chancellerie, ce jourd'hui donné en notre conseil d'état, nous y étant, pour les causes y mentionnées; de ce faire te donnons pouvoir, commission & mandement spécial, & de faire en outre pour l'entiere exécution dudit arrêt, tous exploits, significations & autres actes de justice que besoin sera, sans pour ce demander d'autres permissions; CAR tel est notre plaisir. DONNÉ à Versailles le trente-unieme jour du mois de Mars, l'an de grace mil sept cent quatre-vingt, & de notre regne le sixieme. *Signé*, LOUIS: *Et plus bas*: Par le Roi, *Signé*, AMELOT.

MARIE-JOSEPH-EMMANUEL DE GUIGNARD DE ST.-PRIEST, *chevalier, seigneur de Clary, Rives, Charnecle, Alivet, Renage, Beaucroissant & autres lieux, conseiller du Roi en ses conseils, intendant de justice, police & finances en la province de Languedoc.*

VU le présent arrêt: NOUS OR-DONNONS qu'il sera exécuté selon sa forme & teneur, signifié, lu, publié & affiché partout où besoin sera. FAIT à Montpellier le seize Mai mil sept cent quatre-vingt. *Signé*, DE SAINT-PRIEST. *Et plus bas*: Par Monseigneur, SOEFVE, *signé*.

Chauffées du Lauzon.

LVI.

ARRÊT

DU CONSEIL D'ETAT DU ROI,

Qui autorife la convention paffée au fujet du curage du Lauzon, & l'entretien des chauffées de cette riviere, & fait défenfes d'endommager lefdites chauffées qui font fur les terres de l'obéiffance de Sa Majefté.

Du 6 Novembre 1714.

EXTRAIT *des Regiftres du Confeil d'Etat.*

VU au confeil d'état du Roi les articles de conventions arrêtés le 13 Septembre dernier, au fujet du curage du lit de la riviere du Lauzon, & des chauffées de ladite riviere, autorifés & approuvés par le fieur de Bafville, confeiller d'état ordinaire, & intendant de juftice, police & finances en la province de Languedoc, le 17 dudit mois, & par le Sr. vice-légat d'Avignon, le premier du préfent mois d'Octobre, dont la teneur enfuit. L'an 1714 & le premier jour du mois d'Octobre, monfeigneur illuftriffime & révérendiffime vice-légat d'Avignon étant pleinement informé du traité fait fous l'agrément de fa feigneurie illuftriffime, & de l'avis de MM. les confuls de Boulene, & des fieurs de Benoît & chevalier Mignard, entre M. le révérendiffime abbé Gionnini, dataire de la légation d'Avignon, d'une part ; & MM. Bardy, tréforier de France de la généralité de Montpellier, & de Joubert, fyndic général de la province de Languedoc, d'autre ; procédant lefdits fieurs de Bardy & de Joubert de l'avis de M. de Clapiers, ingénieur de ladite province, & fous l'agrément de M. de

Bafville, confeiller d'état & intendant en ladite province, rédigé ledit traité en écriture privée au pont de la Pierre, terroir de la Motte, le 13 Septembre préfente année, figné par lefdits MM. Gionnini, Bardy, Joubert, Confuls de Boulene, de Benoît, Mignard & Clapiers, dont fut fait double original, un defquels fut remis aux fieurs Bardy & Joubert, & l'autre fut porté à fa feigneurie illuftriffime par M. le dataire, & enfuite remis à M. l'archivifte & fecrétaire d'état pour être gardé & confervé dans les archives; & dont la teneur s'enfuit. Sur les plaintes réitérées qui furent faites à Mgr. le vice-légat d'Avignon par Mgr. de Bafville, intendant de la province de Languedoc, & MM. les fyndics généraux de la province, fur ce que le grand chemin de Lyon qui eft dans le terroir de Boulene, proche le pont appellé de la Pierre, étoit totalement impraticable dans l'hiver, par les inondations & débordement de la riviere du Lauzon. Que les troupes de Sa Majefté paffant par le Comtat, & allant de la ville de Saint-Paul-trois-Châteaux à la ville du pont Saint-Efprit, n'y pouvoient paffer; expofant lefdits fieurs fyndics qu'il y avoit une ouverture de vingt toifes ou environ dans une petite chauffée ou jet de terre par laquelle les eaux dudit Lauzon fortoient & fe répandoient dans ledit grand chemin, & le rendoient impraticable : Et voulant Mgr. le vice-légat faire tout ce que la juftice lui permettroit pour le fervice du Roi, & pour faire plaifir audit feigneur de Bafville, fans bleffer les droits du St. Siége, ni les intérêts de fes fujets, auroit ordonné à M. de Gafte, premier conful de la ville de Boulene, de fe porter en la ville de Montpellier, en compagnie de M. de Benoît, avocat de la ville d'Avignon, pour conférer avec ledit feigneur intendant, & chercher les expédiens les plus convenables pour conserver ledit chemin, & empêcher que le Lauzon ne le rendît impraticable : & en effet, lesdits sieurs de Gaste & de Benoit se seroient rendus auprès de M. de Basville, & ayant conféré de cette affaire avec M. de Joubert, syndic général de la province de Languedoc, en présence dudit seigneur de Basville, on auroit proposé que Mgr. le vice-légat permettroit que ledit Lauzon fût curé aux dépens de la province, depuis la fin de son canal jusqu'au pont de la Pierre, & depuis ledit pont de la Pierre en haut, aux dépens des communautés ou terroirs aboutissant audit Lauzon, en commençant pourtant ledit curage par la fin dudit canal en remontant, & que ladite ouverture de vingt toises ou environ seroit fermée par le jet de terre qui se tireroit dudit Lauzon, en maniere que le jet de terre qui fermera ladite ouverture soit aussi élevé que la petite chaussée ou jet de terre l'est à vingt toises ou environ du côté de Boulene ; sauf ensuite à chercher d'autres expédiens, si le curage ne produisoit pas tout l'effet qu'on se promettoit ; & mondit seigneur de Basville auroit écrit à mondit seigneur le vice-légat, en date du premier de ce mois, qu'il étoit content, & approuvoit l'expédient proposé. Sur quoi, de l'ordre de Mgr. le vice-légat, M. l'abbé Gionnini, dataire de la légation d'Avignon, se seroit porté en la ville de Boulene, & ensuite audit pont de la Pierre, accompagné de MM. de Gaste & Vialan premier & second consuls de ladite ville de Boulene, de plusieurs autres personnes des plus apparentes de ladite communauté, & de MM. de Benoit & chevalier Mignard ; & d'autre part, de l'ordre dudit seigneur intendant, M. Bardy, trésorier de France de la généralité de Montpellier, & ledit sieur de Joubert, syndic général de la province, se seroient

rendus en la ville du Pont-Saint-Esprit, & de là audit pont de la Pierre, accompagnés de M. de Clapiers, ingénieur du Roi, & de plusieurs autres personnes ; lesquels MM. l'abbé Gionnini, Bardy & Joubert, de l'avis desdits sieurs consuls de Boulene & de Benoit, comme aussi de l'avis du sieur Clapiers, & sous l'agrément desdits seigneurs vice-légat & intendant de Languedoc, auroient convenu que mondit seigneur le vice-légat permettroit que le Lauzon fût curé jusqu'à la sole & en pente nécessaire jusqu'au Rhône, & dans toute sa largeur, aux dépens de ladite province de Languedoc, en remontant depuis la fin de son canal jusqu'audit pont de la Pierre, en ôtant, coupant & démolissant toutes les haies vives, arbres, pieux, ouvrages, & autres empêchemens qui seront dans le lit dudit Lauzon, en mettant & jettant la terre qui s'en tirera sur l'un ou l'autre bord qui conviendra le mieux ; & que depuis ledit pont de la Pierre en haut, & aussi avant qu'il sera nécessaire, ledit Lauzon sera curé dans toute sa largeur, & sur le même niveau qu'il aura été curé sous ledit pont de la Pierre, aux dépens de la communauté de Boulene & autres communautés ou terroirs aboutissant audit Lauzon, chacune pour son contingent, & que le jet de terre sera également mis sur l'un & l'autre bord. Plus, que ladite ouverture qui est de vingt toises ou environ, à prendre dudit pont de la Pierre en montant, sera fermée & mise sur le même niveau que l'est ladite petite chaussée ou jet de terre au bout desdites vingt toises ou environ, avec même base & couronnement, en se servant de la terre qu'on tirera dudit curage, & non du gravier, & que ledit curage au-dessus du pont de la Pierre, & la cloture de ladite ouverture, ne sera faite qu'après que le curage au-deſſous du pont de la Pierre aura été fait en la maniere preſcrite ci-deſſus. Plus, que mondit ſeigneur le vice-légat, afin que ledit curage puiſſe être fait à propos & ſans aucun retardement, tant au-deſſus qu'au-deſſous dudit pont de la Pierre, ordonnera par voie de réglement que tous les arbres, pieux & autres ouvrages qui ſont dans le lit du Lauzon, & en empêchent le libre cours ou curage, ſeront ôtés & démolis, *ipſo facto*, ſans forme ni figure de procès, tous appels, recours, oppoſitions & autres choſes faiſant au contraire, nonobſtant, d'autant qu'il ſe traite du bien public, & de conſerver la bonne intelligence entre les états voiſins. Plus, que ſi l'on voyoit dans les ſuites que la curage dudit Lauzon, & la fermeture de ladite ouverture, ne produit pas l'avantage qu'on ſe propoſe, on cherchera & conviendra enſuite de concert & de bonne foi des expédiens les plus convenables, ſans porter aucun préjudice aux droits du Saint Siége & de ſes ſujets. Plus, que Mgr. le vice-légat aura la bonté de rendre une ordonnance, portant défenſes à toutes perſonnes de rompre ou endommager les chauſſées du Lauzon qui ſont dans l'étendue du Comtat, ſous des peines pécuniaires & corporelles à ſon arbitre; & au cas que leſdits coupables ne puiſſent pas être découverts, leſdites chauſſées ſeront réparées aux dépens des communautés dans le terroir deſquelles les ouvertures & dommages auront été faits. Fait double au pont de la Pierre le 13 Septembre 1714, ſignés, Gionnini dataire, Bardy tréſorier, Joubert ſyndic général, Gaſte conſul, Vialan conſul, de Benoit, de Clapiers ingénieur de la province, Mignard architecte du Roi : A approuvé, autoriſé & confirmé, approuve, autoriſe & confirme ledit traité de point en point ſelon ſa forme & teneur; & en conſéquence a permis &

permet que le Lauzon ſoit curé juſqu'à la ſole, & en pente néceſſaire juſqu'au Rhône, dans toute ſa largeur, aux dépens de la province de Languedoc, en montant depuis la fin du canal juſqu'au pont de la Pierre, & autrement comme eſt porté par ledit traité ; & ledit curage étant ainſi fait, a ordonné & ordonne qu'il ſoit continué au-deſſus du pont de la Pierre ſur le même niveau, aux dépens de la communauté de Boulene & autres communautés ou terroirs aboutiſſant audit Lauzon, chacun pour ſon contingent, dans la longueur qui ſera néceſſaire; & que ledit jet de terre qui ſera tiré dudit canal du Lauzon depuis le pont de la Pierre en montant, ſoit mis ſur l'un & l'autre bord, & employé à fermer ladite ouverture, ſuivant la forme exprimée dans ledit traité : Et afin que ledit curage puiſſe être fait à propos, & ſans aucun retardement, ſa ſeigneurie illuſtriſſime ordonne par voie de réglement, que tous les arbres, pieux & autres ouvrages qui ſe trouveront dans le lit du Lauzon, & en empêchent le libre cours ou curage, ſoient ôtés & démolis, *ipſo facto*, nonobſtant tous appels, recours & oppoſitions, d'autant qu'il ſe traite du bien public. Et en outre ſa ſeigneurie illuſtriſſime a ordonné & ordonne être fait inhibitions à toutes ſortes de perſonnes, même à ſon de trompe, cri public, & par affixion partout où beſoin ſera, d'endommager les chauſſées dudit Lauzon qui ſont dans l'étendue du Comtat, à peine de cinquante livres d'amende & autres peines corporelles, à l'arbitre de ſa ſeigneurie illuſtriſſime, laquelle a décerné pour raiſon de tout ce que deſſus toutes proviſions néceſſaires. *Signé*, A. Salviati, pro-légat. Et Sa Majeſté déſirant que ladite tranſaction ait une pleine & entiere exécution ; Oui le rapport du ſieur Deſinaretz, conſeiller ordinaire au conſeil royal, contrôleur général des finances; LE ROI EN SON CONSEIL, a approuvé & homologué, approuve & homologue ladite convention du 13 Septembre dernier; Ordonne qu'elle ſera exécutée ſelon ſa forme & teneur. Fait Sa Majeſté défenſes à toutes perſonnes de quelque qualité & condition qu'elles ſoient, d'endommager les chauſſées de la riviere du Lauzon qui ſont ſur les terres de ſon obéiſſance, à peine de cinquante livres d'amende & de punition corporelle : A l'effet de quoi ſera le préſent arrêt lu, publié & affiché partout où beſoin ſera, & exécuté nonobſtant toutes oppoſitions ou autres empêchemens quelconques. Enjoint Sa Majeſté au ſieur de Baſville, conſeiller d'état ordinaire, intendant de juſtice, police & finances en la province de Languedoc, d'y tenir la main. FAIT au conſeil d'état du Roi, Sa Majeſté y étant, tenu à Marly le ſixieme jour de Novembre mil ſept cent quatorze. Collationné. *Signé*, PHELYPEAUX.

LVII.

ORDONNANCE

DE M. LE VICE-LÉGAT D'AVIGNON,

Portant défenſes de laiſſer dépaître aucuns beſtiaux ſur les chauſſées du Lauzon, dans le terroir du Comtat, ſous peine d'amende & de punition corporelle.

Du 22 Décembre 1719.

L'AN mil ſept cent dix-neuf & le vingt-deux du mois de Décembre, Mgr. illuſtriſſime & réverendiſſime vice-légat d'Avignon, étant informé qu'on auroit fait faire des chauſſées le long de la riviere du Lauzon, terroir de Lamothe, dans le préſent pays du Comtat, pour la conſervation dudit terroir, empêcher les inondations; Et

que pour conſerver leſdites chauſſées, il auroit plu à Mgr. Salviati, lors vice-légat, de défendre, par une ordonnance du vingt-trois Août de l'année mil ſept cent quatorze, à toutes perſonnes, ſans nulles excepter, de faire dépaître aucun bétail ſur leſdites chauſſées, moins encore les endommager, ſous de rigoureuſes peines : Et deſirant mondit ſeigneur illuſtriſſime, que leſdites défenſes ſoient ponctuellement obſervées; & afin que perſonne n'en puiſſe prétendre cauſe d'ignorance, s'étant fait repréſenter la ſuſdite ordonnance faite par Mgr. Salviati, a ordonné & ordonne, en conformité d'icelle, être de nouveau fait inhibitions & défenſes à toutes ſortes de perſonnes, de quelque grade, qualité & condition qu'elles ſoient, ſans nulles excepter, tant de la ville de Boulene, que de tous les autres lieux voiſins que beſoin ſera, de faire dépaître aucun bétail ſur leſdites chauſſées; moins icelles endommager en aucune maniere, ſous quel prétexte que ce ſoit, ſur la peine de cinquante livres d'amende, encourable *ipſo faclo*, pour chacun contrevenant, ſans autre déclaration, applicable la moitié au fiſc de N. S. Pere, & l'autre moitié au dénonciateur, & outre ce d'être punis corporellement, à l'arbitre de mondit ſeigneur illuſtriſſime. Voulant que la publication & affixion des préſentes, faite par tous les lieux & carrefours de ladite ville de Boulene, & autres lieux voiſins que beſoin ſera, ſerve de perſonnelle intimation, toutes choſes au contraire nonobſtant, auxquelles mondit ſeigneur illuſtriſſime a dérogé & déroge; décernant pour l'exécution d'icelles, toutes proviſions, en la meilleure forme.

R. DE ILCIO, P. legatus,
ainſi ſigné à l'original.

Collationné ſur ſon original, étant
           aux

aux actes de l'archive du palais apostolique, par moi secrétaire d'état & archiviste pour N. S. Pere le Pape, & la réverende chambre apostolique en cette légation d'Avignon, soussigné. DE BEAUVILLARD, secrétaire d'état & archiviste.

L'AN mil sept cent vingt, & le vingt-quatrieme jour du mois d'Avril, à moi notaire & V. greffier de la cour ordinaire de cette ville de Boulene, soussigné, a rapporté Pierre Martin, sergent Papal & ordinaire de ladite ville, avoir en exécution de l'ordonnance ci-devant écrite, & à la requête de M. Clapiers, ingénieur de la province de Languedoc, inhibé & défendu par crie publique, faite par tous les lieux & carrefours de cette ville de Boulene & du lieu de la Palud accoutumés, à haute & intelligible voix, son de trompe précédent; moidit notaire & V. greffier prélisant à tous les carrefours dudit Boulene, à toutes personnes de quelle qualité & condition que soient, tout ainsi comme & sous la peine dont là ladite ordonnance, & avoir affiché copie de ladite ordonnance, une à la place du lieu de la Palud, une à la place publique de cette ville, & une troisieme à la porte du pont aussi dudit Boulene, & autrement fait comme est porté par icelle, & à son rapport me suis soussigné, BAUCUS V. greffier. P. MARTIN.

L'AN & jour susdits, à moidit notaire & V. greffier, a rapporté au-devant le château du lieu de Lamothe, où j'ai accédé, Pierre Martin sergent, avoir en exécution de ladite ordonnance, assigné tous les habitans dudit Lamothe à comparoir tout incontinent au-devant dudit château, par crie publique, faite à la porte de diverses granges, son de trompe pré-

Tome II.

cédent, pour être présens à la lecture de l'ordonnance ci-devant écrite, au rapport duquel j'ai fait lecture de ladite ordonnance à haute & intelligible voix, & ensuite ledit sergent affiché copie d'icelle à la porte dudit château;
En foi de quoi, BAUCUS V. greffier.
P. MARTIN.

LVIII.

ARRÊT

DU CONSEIL D'ETAT DU ROI,

Concernant le recreusement du lit de la riviere du Lauzon, & qui fait défenses de rien faire dans le lit de cette riviere qui puisse nuire au libre cours des eaux, & d'endommager les chaussées qui sont sur les terres de la domination de Sa Majesté.

Du 19 Février 1744.

EXTRAIT des Registres du Conseil d'Etat.

VU au conseil d'état du Roi, le procès-verbal dressé le 27 Mai 1742, par les sieurs Pitot, de l'académie royale des sciences, directeur des ouvrages de la province de Languedoc, & Causan, ingénieur député par le Sr. vice-légat d'Avignon, duquel procès-verbal la teneur ensuit. Projet des réparations à faire, pour empêcher les inondations de la riviere du Lauzon, proposé par les sieurs Pitot, de l'académie royale des sciences, ingénieur de la province de Languedoc, & Causan, ingénieur pour les intérêts du St. Siége, & de la communauté de Boulene. La riviere du Lauzon, qui prend sa source dans les montagnes voisines de Boulene, n'est à proprement parler qu'un torrent, qui, après avoir traversé le terroir de ladite ville, continue son cours entre ceux de la Motte & des Barrenques, terroir du Comtat , & va ſe dégorger enſuite dans la lône de Malatras , terroir du Saint-Eſprit , & de-là ſe rend au Rhône : Les ſables & le limon que cette riviere entraîne , avoient ſi fort comblé ſon lit avant 1713 , ſurtout depuis le pont de la Pierre juſqu'à ſon embouchure dans la lône de Malatras , que ſes eaux élevées ne coulant plus qu'avec peine , ſe répandoient à la moindre inondation dans toute la partie ſeptentrionale dudit terroir de Boulene , appellée la prairie , & en inondoient la meilleure partie : les propriétaires de ces fonds , pour ſe mettre à couvert de toute inondation , avoient fait une ouverture de vingt toiſes de longueur à la petite chauſſée ou jet de terre , qui contient les eaux du Lauzon , tout contre le pont de la Pierre , pour leur donner un plus grand écoulement dans les foſſés du grand-chemin de Lyon qui aboutit à ce pont , & par lequel les troupes de Sa Majeſté paſſent pour ſe rendre du Languedoc en Dauphiné : M. de Baſville pour lors intendant de la province de Languedoc , & les ſyndics de la même province , porterent leurs plaintes à M. le vice-légat , des dégradations que les eaux répandues par cette breche , faiſoient à ce grand chemin , qui ſe trouvant plus bas que les terres voiſines , étoit impraticable à la moindre crue d'eau : M. le vice-légat , pour conſerver la bonne intelligence entre les états voiſins , ordonna en 1714 aux ſieurs de Gaſte , premier conſul de Boulene , & de Benoît , avocat d'Avignon , de ſe rendre à Montpellier pour y conférer avec ledit ſieur intendant , & les ſyndics généraux , ſur les expédiens les plus convenables pour la conſervation de ce chemin , & du terroir de Boulene : Enſuite de ces conférences , & de la viſite faite en conſéquence ſur les lieux par les commiſſaires dénommés

audit procès-verbal , en préſence & de l'avis du ſieur de Clapiers , ingénieur de la province de Languedoc , & du chevalier Mignard , ingénieur du comtat , on convint par un traité fait au pont de la Pierre le 13 Septembre 1714 , duement autoriſé , que le lit du Lauzon ſeroit curé juſqu'à la ſole , & en pente néceſſaire juſqu'au Rhône , & dans toute ſa largeur , aux dépens de la province de Languedoc , en remontant depuis la fin de ſon canal juſqu'audit pont de la Pierre , en ôtant , coupant & démoliſſant toutes les haies vives , arbres , pieux , ouvrages , & autres empêchemens qui ſeront dans ſon lit , en mettant & jettant la terre qui s'en tirera , ſur l'un ou l'autre bord qui conviendra le mieux ; & que depuis ledit pont de la Pierre en haut , & auſſi avant qu'il ſera néceſſaire , ledit Lauzon ſera curé dans toute ſa largeur , & ſur le même niveau qu'aura été curé le deſſous dudit pont de la Pierre , aux dépens de la communauté de Boulene , ou terroirs aboutiſſans audit Lauzon , chacun pour leur contingent ; & que le jet de terre ſera également mis ſur l'un ou l'autre bord : Plus , que ladite ouverture de 20 toiſes , à prendre dudit pont de la Pierre , en montant , ſera fermée & miſe ſur le même niveau , que l'eſt ladite petite chauſſée ſupérieure , avec même bas & couronnement , en ſe ſervant de la terre du curage , & non du gravier : Plus , que ledit curage au-deſſus dudit pont de la Pierre , & la clôture de ladite ouverture , ne ſeront faits qu'après que le curage au-deſſous aura été fait : Plus , que ſi l'on voyoit dans les ſuites que le curage dudit Lauzon , & la fermeture de ladite ouverture , ne produiſit pas tout l'avantage qu'on ſe propoſe , on cherchera & conviendra de concert & de bonne foi des expédiens les plus convenables , ſans porter préjudice aux droits du St. Siége , & de fes fujets. Ce traité fut exécuté de part & d'autre en 1715 & 1716 , & il procura pour lors tout l'effet qu'on s'en étoit propofé ; ce n'a été qu'en dernier lieu qu'il y a eu des plaintes de la part de la province de Languedoc , contre les habitans de Boulene , fur leur infraction à ce traité ; ces habitans s'appercevant par les inondations de leurs prairies à la moindre crue d'eau , que le lit du Lauzon au-deffous du pont de la Pierre , étoit revenu au même état où il étoit en 1714, faute d'en avoir entretenu le curage , n'ont pas héfité de recourir à l'ancien remede , en ouvrant l'ancienne breche , pour garantir leurs fonds des inondations du Lauzon , en rendant à fes eaux cet ancien écoulement ; ce qui n'a pas manqué de rendre le grand chemin impraticable : les plaintes de la province de Languedoc , & celles de M. le duc de Richelieu , ont fuivi de près cette ouverture , que par voie de réglement , M. le vice-légat a fait fermer ; mais après les repréfentations qui ont été faites par la communauté de Boulene , fur le préjudice notable que cette clôture lui porteroit , & le danger évident où elle expofoit la meilleure partie de fon terroir , M. le vice-légat a chargé ledit fieur Caufan ingénieur , de fe tranfporter fur les lieux conteftés , avec les confuls dudit Boulene , pour y conférer avec les fieurs Joubert , fyndic général de la province de Languedoc , & Pitot , ingénieur de la même province , fur les moyens qu'il y aura à prendre pour la confervation dudit chemin & du terroir de Boulene ; en conféquence de cet ordre , ledit fieur Caufan s'eft tranfporté à Boulene , où , après avoir écouté les raifons de ladite communauté , & examiné fes pieces juftificatives , il s'eft rendu audit pont de la Pierre , accom-

pagné du fieur Dicart , premier conful , & de plufieurs autres perfonnes des plus notables , députés par le confeil de ladite communauté , où ils ont trouvé lefdits fieurs Joubert , Pitot , & autres perfonnes ; après avoir parcouru enfemble le lit du Lauzon depuis fon embouchure dans la lône de Malatras jufqu'au-deffus de Boulene , & ladite lône de Malatras depuis fon embouchure dans le Rhône jufqu'à fon origine , où l'on travaille aux ouvrages de ladite province ; noufdits Pitot & Caufan avons fait les remarques fuivantes. En premier lieu , que le cours du Lauzon , dans la lône de Malatras , terroir du Saint-Efprit , étoit détourné & arrêté par des plantations de faules , ou par des ouvrages que les riverains y ont fait depuis qu'il n'y vient plus d'eau par fa partie fupérieure ; & que cette lône eft fort comblée & atterrie au moyen des ouvrages que ladite province fait faire pour la fermer. 2º. Que le lit du Lauzon depuis fon embouchure dans cette lône jufqu'au pont de la Pierre , s'étoit fort élevé par le limon & le fable que fes eaux y ont dépofé , & qu'en plufieurs endroits ces atterriffemens ou dépôts en avoient fort retréci le lit. 3º. Que le même lit du Lauzon dans toute l'étendue du terroir de Boulene , nous a paru en bon état & bien curé : Que le jet de terre ou petite chauffée qui eft à fes bords , eft auffi en bon état , à quelques petites inégalités près , qui ne font pas de niveau ; à quoi il fera facile de remédier par le jet de terre du premier curage. 4º. Que la partie du lit qui eft vis-à-vis le terroir de la Baftie & celui de la Palud , fe trouve plus élevée que celle du côté de Boulene , par le feul défaut de curage. 5º. Que la breche fermée près le pont de la Pierre , & dans la partie méridionale qui y aboutit , n'eft pas en niveau de pente avec ce qui a été fait à sa partie supérieure, se trouvant plus basse en cet endroit que le reste de la même petite chaussée. 6°. Que le Lauzon qui traverse le terroir de Boulene, reçoit dans sa partie septentrionale les eaux de plusieurs fossés qui s'y rendent, des terroirs de Saint-Paul & de Pierrelatte, & que dans sa partie méridionale, il reçoit celles de quelques sources appellées les riaux, qui naissent dans le terroir de Boulene. 7°. Que le chemin par où passent les troupes qui vont de Languedoc en Dauphiné, depuis le pont de la Motte à celui de la Pierre est en fort mauvais état, se trouvant plus bas que les terres voisines dans un fonds gras, & très-endommagé par les eaux que le sieur Fonbon de Boulene y laisse répandre à quelques toises au-dessous, après s'en être servi pour l'arrosage ; & enfin, qu'au-dessus de la chapelle de St. Pierre, & au pont de la Ravrenche, sous lequel coule le Lauzon, il nous a paru qu'il y a une distance d'environ mille cinquante toises jusqu'à la riviere du Lez, dont le lit est beaucoup plus bas que celui du Lauzon, & dans lequel on pourroit dériver les eaux du Lauzon, qui passent sous ce pont de Ravrenche : Après avoir fait les susdites observations, vu & examiné le local, nousdits Pitot & Causan, avons jugé nécessaire, que pour mettre en sûreté le grand chemin des troupes, lorsqu'il aura été réparé, & pour empêcher le versement des eaux du Lauzon, ou des ruisseaux qui s'y rendent, dans le terroir de Boulene & quartier de la Prairie, il est à propos de faire un recreusement du lit du Lauzon jusqu'à la sole, conformément à ce qui fut convenu en 1714, depuis le pont de la Pierre jusqu'à son embouchure dans la lône de Malatras, suivant le devis qui en sera donné par le sieur Pitot. 2°. Que pour donner un cours plus libre aux eaux du Lauzon dans la lône de Malatras, ladite province fera détruire toutes les plantations & autres ouvrages qui le resserrent ou le détournent par divers recoudes ou contours ; & que pour lui donner une plus grande pente, son lit sera aligné, autant que faire se pourra, & mis dans la même largeur qu'il a dans son canal supérieur, le tout suivant le devis qu'en donnera ledit sieur Pitot ; & que pour prévenir de semblables inconvéniens à l'avenir, il sera fait défenses aux aboutissans, de faire dans le lit, ni sur les bords dudit ruisseau & lône, aucune plantation ou autre ouvrage qui puisse arrêter ou détourner le libre cours des eaux. 3°. Le même recreusement sera continué depuis le pont de la Pierre en haut, de la maniere qu'il est énoncé au susdit traité, surtout du côté des terroirs de la Bastie & la Palud ; & on observera de jetter la terre du curage, près le pont de la Pierre, sur la petite chaussée près ledit pont, pour élever cette partie, qui n'est pas en niveau de pente avec le reste. 4°. Il est encore nécessaire que les fossés riaux, & autres qui amenent des eaux dans le Lauzon, soient recreusés en même-tems partout où il sera nécessaire ; & de plus, quele recreusement du Lauzon, & sa dérivation dans le Lez, soit faite en même-tems que le recreusement au-dessous du pont de la Pierre. 5°. Pour prévenir toutes les coupures qui pourront être faites dans les suites à ladite petite chaussée au-dessus du pont de la Pierre, la communauté de Boulene doit se rendre responsable de toutes les ouvertures qui pourront y être faites par main d'homme, ou par sa négligence, ou autrement ; & qu'à cet effet, elle aura dans le tems des inondations, des gardes desdites chaussées dans son terroir, & M. le vice-légat sera prié d'ordonner.

une peine à ceux defdits habitans qui auront fait ladite ouverture & dégradation, & la communauté obligée de la réparer à l'inftant. 6°. Ladite communauté de Boulene s'obligera de faire à fes dépens un canal depuis le pont de Ravrenche jufqu'au Lez, pour y dériver les eaux du Lauzon, fuivant le devis qu'en donnera le fieur Caufan, dont la largeur fera proportionnée au volume d'eau que contient dans cet endroit le Lauzon, & à la pente qu'il y aura jufqu'à la riviere du Lez, en faifant à l'endroit de cette coupure, deux martellieres en maçonnerie, l'une au canal actuel du Lauzon, qui fera fermée en hiver, & dans le tems des orages en été, pour contenir dans le nouveau canal, les eaux qui fe rendront au Lez; & l'autre dans le canal projetté, pour retenir dans le canal actuel du Lauzon, les eaux vives pour les arrofages des fonds voifins, au moyen d'une vanne, dont la hauteur fera proportionnée, & que ladite communauté fera obligée de faire ôter, dès que le tems des arrofages aura fini, & lorfqu'en été on fera menacé d'un orage, afin de laiffer couler pour lors fans obftacle, ces eaux du côté du Lez; & en ouvrant la martelliere d'un de ces canaux, on fermera l'autre : & afin que cet ordre foit exactement obfervé, pour ne pas priver de l'arrofage les particuliers qui ont droit de ces eaux, la communauté de Boulene fera mettre des cadenats aux vannes de ces martellieres, dont elle confiera les clefs à quelque particulier voifin de ce pont de Ravrenche, pour en faire ufage dans les cas ci-deffus énoncés; & M. le vice-légat fera fupplié d'ordonner une peine contre ceux defdits habitans qui ouvriront lefdites vannes fans une charge expreffe de la communauté. 7°. Et attendu que le principal objet eft de rendre prati-

cable le chemin du pont de la Motte au pont de la Pierre, M. le vice-légat fera fupplié d'en ordonner la réparation le plutôt qu'il fera poffible, afin d'avoir un paffage libre & affuré pour les troupes de Sa Majefté, & de faire défenfes au fieur Fonbon, de Boulene, de jetter dans le grand chemin les eaux de fon arrofage, qui le dégradent en été, & le rendent impraticable. Nous eftimons qu'au moyen de ce recreufement & de cette dérivation des eaux du Lauzon dans le Lez, le grand chemin des troupes fera en fureté, de même que les fonds du terroir de Boulene, ces deux moyens procurant en même-tems un plus grand écoulement des eaux du Lauzon, & une grande diminution de leur volume. Quant au recreufement par nous propofé, depuis l'embouchure du Lauzon dans la lône de Malatras, jufqu'au pont de la Pierre, ledit fieur Caufan a expofé que nonobftant les exceptions propofées par les fieurs Joubert, fyndic général, & Pitot, ingénieur de ladite province, il lui paroiffoit jufte que la province de Languedoc en fît quant-à-préfent la dépenfe pour cette fois feulement, & fans aucune conféquence pour l'avenir, & cela par deux raifons : La premiere eft tirée du traité de 1714, ladite province s'y étant pour lors obligée, fans aucune reftriction, de faire ledit recreufement; ce fut fans doute pour des folides raifons qui furent déduites; ces mêmes raifons fubfiftant encore en entier, il paroît que la même obligation doit auffi fubfifter; d'autant mieux qu'ayant été convenu par un article exprès, que fi le recreufement & la clôture de la breche ne produifoient pas tout l'avantage qu'on s'en propofoit, on chercheroit & conviendroit de concert & de bonne-foi, des expédiens les plus convenables; il paroit naturel que la province a cru devoir contribuer à ces expédiens , ſans quoi les habitans de Boulene ou les autres riverains devant ſeuls ſupporter la dépenſe , ils ſe ſeroient réſervés le droit de chercher ſeuls ces nouveaux moyens , qu'ils doivent cependant , aux termes de ce traité , chercher de concert avec la province : La ſeconde eſt tirée de ce que les ouvrages faits au Rhône par la province , ont occaſionné l'élévation du lit du Lauzon , au point où il ſe trouve aujourd'hui , depuis le pont de la Pierre à la lône de Malatras. Avant la fermeture de cette lône , l'eau du Rhône y avoit un libre cours , puiſque toutes les voitures d'eau y paſſoient , & le Lauzon y jettant ſon limon & ſon ſable , le courant de la lône l'entraînoit dans le Rhône ; la province craignant que cette lône ne devînt plus conſidérable , & ne nuisît aux chauſſées & autres ouvrages qu'elle a fait faire , réſolut de la fermer , ce que le feu ſieur de Clapiers fit exécuter ; de ſorte qu'au moyen de cette fermeture & des clayonnages qui furent faits , cette lône eſt à ſec à ſa partie ſupérieure ; & s'il y a aujourd'hui de l'eau dans la partie inférieure aux crues du Rhône , ce n'eſt qu'une eau de retour , qui a une direction toute oppoſée à celle que les eaux de cette lône avoient avant cette clôture , & qui s'oppoſant directement au cours du Lauzon , en arrête dans ſon lit & les ſables & le limon , & a procuré l'élévation conſidérable de ce lit , au point où elle ſe trouve aujourd'hui ; cette élévation ayant ôté aux eaux ſupérieures une pente conſidérable , les a élevées & les a fait regorger à la moindre crue , dans les terres de la prairie , par les canaux qui y conduiſent dans le Lauzon celles de Saint-Paul & de Pierrelate ; & comme tous ces inconvéniens ſont originairement cauſés par la fermeture de la lône de Malatras , il pa

roît juſte audit ſieur Cauſan , que la province de Languedoc faſſe , quant à préſent , le recreuſement du Lauzon , depuis le pont de la Pierre juſqu'à la lône de Malatras ; lorſque les ouvrages reſpectifs auront été faits , ils devront être reſpectivement reçus & vérifiés , pour conſtater l'exécution du préſent projet , dans la ſuppoſition qu'il ſera approuvé , & par M. le vice-légat , & par la province de Languedoc : Il eſt encore néceſſaire , que la province de Languedoc faſſe donner les ordres convenables pour l'exécution du préſent projet dans le terroir du Saint-Eſprit , & M. le vice-légat aura la bonté d'ordonner au ſieur Fonbon , de ne pas jetter dans ledit grand chemin les eaux de ſon arroſage , & à tous les habitans de Boulene & du Comtat , de ne pas toucher aux vannes de martellieres propoſées , excepté ceux qui auront été prépoſés à ce ſujet par la communauté ; & en outre , M. le vice-légat voudra bien renouveller les permiſſions & les ordonnances que feu M. le cardinal Salviati pour lors vice-légat donna en 1714 , lors de la confirmation du ſuſdit traité , pour une prompte exécution du contenu au préſent projet , pour ce qui concerne la partie du Comtat. Fait double au pont Saint-Eſprit le 27 Mai 1742. Signé , Pitot & Cauſan. Copie certifiée par le ſieur Joubert , ſyndic général de la province de Languedoc , de l'ordonnance du Sr. vice-légat d'Avignon , du 22 Novembre de l'année 1742 , par laquelle il approuve & confirme , tant la délibération priſe le 30 Mai précédent par les habitans de ladite communauté de Boulene pour acquieſcer à l'avis deſdits ſieurs Pitot & Cauſan , que leurdit procès-verbal pour être exécuté dans tous ſes chefs ; ladite ordonnance contenant ce qui ſuit. L'an mil ſept cent quarante-deux & le vingt-deuxieme jour du mois de Novembre, M. S. illuſtriſſime & révérendiſſime vice-légat d'Avignon, s'étant fait repréſenter le rapport & devis fait le 27 Mai 1742, par le ſieur Cauſan, ingénieur député par ſa ſeigneurie illuſtriſſime, & le ſieur Pitot, ingénieur de la province de Languedoc, député par M. l'intendant de la même province, pour raiſon des réparations à faire, pour empêcher les inondations de la riviere du Lauzon, contenant un projet pour procéder auxdites réparations, lequel ayant été enſuite porté au conſeil de la ville de Boulene, convoqué & tenu le 30 du même mois de Mai, par lequel il auroit été délibéré d'exécuter ledit projet, ſous le bon plaiſir de ſa ſeigneurie illuſtriſſime ; apert de la délibération duement ſignée par le pro-ſecrétaire de la communauté ici exhibée & interfoliée, avec le rapport & projet en original, ſigné par leſdits ſieurs Pitot & Cauſan ; & pourvoyant aux inſtances qui lui ont été faites, tant de la part de ladite communauté de Boulene, que dudit ſieur Cauſan, M. D. ſeigneurie illuſtriſſime Vice-Légat, a conſirmé & approuvé ladite délibération ; mandant qu'elle ſorte ſon plein & entier effet, tout ainſi qu'il eſt porté par ledit rapport & projet ; approuvant pareillement par ces préſentes, ce qui a été exécuté par ledit ſieur Cauſan, decernant pour raiſon de ce toutes proviſions en la meilleure forme, ſigné N. Lercari Vice-Légat ; ainſi ſigné à l'original : Collationné, ſigné Pintat, ſecrétaire d'état. Vu auſſi la délibération des Etats de ladite province de Languedoc, du 4 Janvier 1743, qui approuve également le rapport deſdits ſieurs Pitot & Cauſan ; à condition que la province ne pourra être chargée dans la ſuite, ſous quelque prétexte que ce ſoit, du recreuſement du lit du Lauzon, depuis le pont de la Pierre

juſqu'à ſon embouchure, & que ledit recreuſement ſera fait de quatre en quatre ans par les habitans riverains, auquel effet Sa Majeſté ſera ſuppliée de faire inſérer cette diſpoſition dans l'arrêt qui interviendra, & ledit ſieur vice-légat ſera prié de rendre une ordonnance conforme pour les ſujets du Comtat. Vu pareillement l'arrêt du conſeil du 6 Novembre 1744, qui autoriſe les conventions du 13 Septembre de ladite année, rappellées dans le procès-verbal deſdits ſieurs Pitot & Cauſan ; & fait défenſes à toutes perſonnes, de quelque qualité & condition qu'elles ſoient, d'endommager les chauſſées de ladite riviere du Lauzon, qui ſont ſur les terres de l'obéiſſance de Sa Majeſté, à peine de cinquante livres d'amende & de punition corporelle. Le devis dreſſé par le ſieur Pitot, directeur des travaux publics de la ſénéchauſſée de Beaucaire & Nîmes, en date du 17 Mai 1743 ; l'adjudication faite des ouvrages y mentionnés, par les ſieurs commiſſaires des Etats de la province de Languedoc le 18 Septembre de ladite année, & l'avis du ſieur intendant & commiſſaire départi en ladite province : Oui le rapport du ſieur Orry conſeiller d'état ordinaire, & au conſeil royal, contrôleur général des finances ; LE ROI ETANT EN SON CONSEIL, a approuvé & homologué, approuve & homologue le rapport & procès-verbal deſdits ſieurs Pitot & Cauſan du 27 Mai 1742, & la délibération des Etats de ladite province de Languedoc du 4 Janvier 1743, enſemble l'adjudication faite par les ſieurs commiſſaires des Etats ſur le devis du ſieur Pitot, pour être le tout exécuté ſelon ſa forme & teneur, tant pour le recreuſement du lit de la riviere du Lauzon, depuis le pont de la pierre juſqu'à ſon embouchure dans la lône de Malatras ; que pour ce qui concerne la deſtruction des plantations & autres ouvrages, qui reſſerrent ou détournent le cours des eaux de ladite riviere dans la lône par divers contours, avec défenſes de faire dans le lit du Lauzon & de ladite lône, ni ſur leurs bords, aucune plantation ou autre ouvrage, qui puiſſe arrêter ou détourner le libre cours des eaux, ſans néanmoins que ladite province puiſſe être chargée dans la ſuite, pour quelque cauſe, & ſous quelque prétexte que ce ſoit, du recreuſement du lit du Lauzon, depuis le pont de la Pierre juſqu'à ladite lône. Veut Sa Majeſté que ledit recreuſement ſoit fait à l'avenir de quatre en quatre ans, par les poſſeſſeurs riverains qui ſont de ſon obéiſſance, chacun pour ce qui les concerne; Sa Majeſté faiſant en outre défenſes à toutes perſonnes, de quelque qualité & condition qu'elles ſoient, d'endommager les chauſſées de ladite riviere qui ſont ſur les terres de ſa domination, ſous peine de cinquante livres d'amende, & de punition corporelle; à l'effet de quoi ſera le préſent arrêt, lu, publié & affiché partout où beſoin ſera, & exécuté nonobſtant toutes oppoſitions & empêchemens quelconques. Enjoint Sa Majeſté au ſieur intendant en ladite province, d'y tenir la main. FAIT au conſeil d'état du Roi, Sa Majeſté y étant, tenu à Verſailles le dix-neuvieme jour de Février mil ſept cent quarante-quatre.

Signé, PHELYPEAUX.

JEAN LE NAIN, chevalier, baron d'Asfeld, conſeiller du Roi en ſes conſeils, maître des requêtes ordinaire de ſon hôtel, intendant de juſtice, police & finances en la province de Languedoc.

VU l'arrêt du conſeil d'état du Roi ci-deſſus en date du dix-neuf Février dernier: NOUS ORDONNONS que

ledit arrêt ſera exécuté ſelon ſa forme & teneur. FAIT à Montpellier le quatorzieme Mars mil ſept cent quarante-quatre. *Signé*, LE NAIN: *Et plus bas*, Par Monſeigneur, DHEUR.

LIX.

ORDONNANCE

Qui fait défenſes à toutes perſonnes de mettre, ſous aucun prétexte, dans le lit de la riviere du Lauzon, ni dans la Lône de Malatras, du chanvre, bois, ni aucun autre empêchement qui puiſſe arrêter le libre cours des eaux; comme auſſi, d'enlever des pierres & gazons arrachés de la chauſſée, le tout à peine de confiſcation des chanvres & bois qui ſeront trouvés dans le lit de ladite Lône & riviere, & de cinquante livres d'amende.

Du 26 Octobre 1744.

JEAN LENAIN, chevalier, baron d'Asfeld, conſeiller du Roi en ſes conſeils, maître des requêtes ordinaire de ſon hôtel, intendant de juſtice, police & finances en la province de Languedoc.

SUR la requête qui nous a été préſentée par le ſyndic général de cette province; CONTENANT, qu'en conſéquence du procès-verbal dreſſé le 27 Mai 1742, par le ſieur Pitot, directeur des ouvrages de la province, & le ſieur de Cauſan, ingénieur du Comtat, autoriſé par ordonnance de M. le vicelégat d'Avignon, du 22 Septembre ſuivant, & par arrêt du conſeil du 19 Février dernier, contenant les moyens de remédier aux inondations de la riviere du Lauzon, qui rendent le grand chemin impraticable pendant l'hiver, tant aux troupes du Roi, qu'aux courriers & aux voyageurs, la province auroit fait travailler

vailler au recreusement du lit de ladite riviere, depuis le pont de la Pierre jusqu'à la la lône de Malatras, & ensuite depuis ladite lône, dans laquelle ladite riviere fait son cours, jusqu'à son embouchure dans le Rhône : Que bien que par ledit arrêt du conseil, Il soit fait défenses à toutes personnes de faire dans le lit de ladite riviere, & de ladite lône, aucun ouvrage qui puisse arrêter ou détourner le libre cours des eaux ; néanmoins le suppliant auroit été informé, qu'à peine le recreusement du lit de ladite riviere a été achevé, que les métayers voisins l'ont rempli de fagots de chanvre, qu'ils y ont mis pour le faire rouir, & qu'ils ont chargé de pierres & de gazons, qu'ils ont tiré du pied de la chaussée que la province a fait faire le long de ladite lône, ce qui la dégrade considérablement : Que d'un autre côté, les mêmes métayers voisins ont mis des fagots & fascines à travers ladite riviere pour pouvoir la traverser vis-à-vis de leurs fonds, ce qui non-seulement arrête le cours de l'eau, mais encore contribue à faire combler le lit de ladite lône & riviere, par le limon & le sable qu'ils y arrêtent, & par les pierres & gazons qu'on laisse tomber à fonds lorsqu'on retire le chanvre ; A quoi étant nécessaire de pourvoir.

VU ladite requête & ledit procès-verbal du 27 Mai 1742, & l'arrêt du conseil du 19 Février dernier, FAISONS très-expresses inhibitions & défenses à toutes personnes de quelque qualité & condition qu'elles soient, de mettre, sous aucun prétexte, dans le lit de la riviere du Lauzon, ni dans la lône de Malatras, du chanvre, bois, ni aucun autre empêchement qui puisse

arrêter le libre cours des eaux ; comme aussi, d'enlever des pierres & gazons arrachés de la chaussée ; le tout à peine de confiscation des chanvres & bois qui seront trouvés dans le lit de ladite lône & riviere, & de cinquante livres d'amende ; Enjoignons à notre subdélégué, aux maire & consuls de la ville du Saint-Esprit, & aux entrepreneurs de l'entretien desdites chaussées, de tenir la main à l'exécution de notre présente ordonnance, de dresser des procès-verbaux des contraventions qui y seront faites, dans lesquels ils indiqueront les noms des contrevenans, & en conséquence de faire enlever, sans autre forme de procès, tous les chanvres, bois, & autres empêchemens qu'ils trouveront dans le lit de ladite lône & riviere, & d'envoyer lesdits procès-verbaux au syndic général de la province, pour être par nous statué à sa réquisition & diligence, ainsi qu'il appartiendra ; Enjoignons pareillement auxdits maire & consuls, & à ceux qui sont chargés de l'entretien des chaussées, de tenir la main à ce que conformément audit arrêt du conseil, & dans le délai de quatre années y exprimé, les propriétaires & riverains des fonds aboutissans à ladite lône & riviere, en entretiennent le lit dans la largeur de trois toises, & dans l'état où il se trouve actuellement par le recreusement qui vient d'en être fait ; faute de quoi il y sera pourvu à leurs dépens dans ledit délai, & ainsi consécutivement de quatre en quatre années, conformément audit arrêt. FAIT à Montpellier le vingt-six Octobre mil sept cent quarante - quatre. *Signé*, LE NAIN: *Et plus bas* ; Par Monseigneur, DHEUR.

LX.

ORDONNANCE

Qui ordonne l'exécution de celle du 26 Octobre 1744, tant à l'égard de la lône de Malatras, que de celle qui eſt appellée la lônette de Malatras ; & en conſéquence, que ceux qui ont fait des plantations & clayonnages dans ladite lônette de Malatras, feront tenus de les faire arracher & enlever, à peine de 50 livres d'amende.

Du 15 Juillet 1747.

JEAN LE NAIN, chevalier, baron d'Asfeld, conſeiller du Roi en ſes conſeils, maître des requêtes ordinaire de ſon hôtel, intendant de juſtice, police & finances en la province de Languedoc.

SUr ce qui nous a été repréſenté par le ſyndic général de la province ; Que pour éviter les inconvéniens que les fréquens débordemens de la riviere du Lauzon cauſoient au grand chemin qui va de la ville du Saint-Eſprit à la Palud, ladite province, en conſéquence d'un arrêt du conſeil du 19 Février 1744, fit recreuſer le lit de lad. riviere, enſemble celui d'une ancienne lône du Rhône appellée Malatras, dans laquelle ladite riviere ſe dégorge & a ſon cours juſqu'audit fleuve : Que quoique par ledit arrêt, & par notre ordonnance rendue en conformité le 26 Octobre 1744, il ſoit fait défenſes aux propriétaires aboutiſſans à ladite lône, & à tous autres, d'y faire aucune plantation, ni d'y mettre aucune ſorte d'empêchement qui puiſſe arrêter le cours des eaux, ſuivant ce qui eſt porté plus amplement par ladite ordonnance; néanmoins, certains particuliers ont éludé l'effet deſdites défenſes, en fai-

ſant des plantations & des clayonnages dans une branche de ladite lône appellée la lônette, prétendant qu'elle n'eſt point compriſe dans leſdites défenſes, parce qu'elle n'y eſt pas nommément exprimée ; mais, comme cette lônette fait partie de la lône de Malatras, qui ſe partage en deux en cet endroit, & que ces deux branches ſervent également à l'écoulement des eaux du Lauzon ; Requéroit qu'il nous plût renouveller les mêmes défenſes à l'égard de l'une & de l'autre : A quoi étant néceſſaire de pourvoir :

NOUS ORDONNONS que notre ordonnance du 26 Octobre 1744, ſera exécutée ſelon ſa forme & teneur, tant à l'égard de la lône de Malatras, que de celle qui eſt appellée la lônette de Malatras ; & en conſéquence, que ceux qui ont fait des plantations & clayonnages dans ladite lônette de Malatras", feront tenus de les faire arracher & enlever incontinent après la publication de la préſente ordonnance, à peine de cinquante livres d'amende, & autres peines portées en notre précédente ordonnance. Faiſons défenſes, ſous les mêmes peines, à toutes perſonnes, de faire aucune plantation, ni de mettre dans le lit de ladite lônette aucun empêchement qui puiſſe arrêter le cours des eaux. Enjoignons au ſieur Prat, notre ſubdélégué au Saint-Eſprit, aux maire & conſuls de ladite ville, & à l'entrepreneur chargé de l'entretien des chauſſées faites par la province le long du Lauzon & ſuſdite lône, pour contenir les eaux, de tenir la main à l'exécution de la préſente ordonnance & de celle du 26 Octobre 1744, qui ſeront publiées & affichées tant en la ville du Saint-Eſprit, qu'au bac & port de Malatras, & de dreſſer des procès-verbaux des contraventions, leſquels ſeront par eux remis aux ſyndics généraux, pour, ſur leurs réquifitions , être par Nous ftatué ainfi qu'il appartiendra. FAIT à Montpellier le quinzieme Juillet mil fept cent quarante-fept. *Signé* , LE NAIN : *Et plus bas*; Par Monfeigneur, DHEUR.

Canaux & autres Ouvrages faits pour accélérer le cours de l'Aude.

L X I.

ORDONNANCE

Portant défenfes aux confuls & habitans des communautés de Courfan, Salles , Fleury , & autres riveraines de la riviere d'Aude , de rien entreprendre fur les canaux de la Piége , & de Carbonne , & autres ouvrages que la province fait exécuter pour accélérer le cours des eaux de ladite riviere.

Du 20 Juin 1771.

A MONSEIGEEUR LE VICOMTE DE SAINT-PRIEST , intendant en Languedoc.

SUPPLIE humblement le fyndic général de la province de Languedoc; & vous repréfente , que depuis votre ordonnance qui lui permet de faire informer des entreprifes & voies de fait commifes fur les ouvrages du canal de la Piége , que les Etats font exécuter dans le terroir de Courfan ; les habitans de cette communauté , qui font foupçonnés avec raifon , d'être les auteurs de cette entreprife , ont délibéré le 3 du préfent mois de Juin , de faire fignifier un afte à la province , en la perfonne du fuppliant , à ce qu'il ait à faire fermer ledit canal , & celui de Carbonne ; avec déclaration que fi dans le délai de quinzaine il ne les a fait fermer , & qu'il ne notifie légalement à ladite communauté l'intention de la province à cet égard , ladite commu-

nauté les fera fermer à fes frais , fauf à les répéter contre la province : de laquelle réfolution les communautés de Salles , Fleury , & quelques autres des environs ayant eu connoiffance , elles en ont pris de femblables , qu'elles ont fait fignifier au fuppliant ; Et comme c'eft une témérité & une révolte qui n'a pas d'exemple , il eft du devoir du fuppliant d'en prévenir les effets , autant qu'il eft en lui.

Que d'un autre côté , le fieur Rouviere , procureur fondé de M. le duc de Fleury , a fait fignifier un afte au fuppliant le 28 du mois dernier , par lequel il le fomme , fur les prétextes énoncés audit afte , de faire procéder inceffamment à la vérification des atterriffemens y mentionnés , & des plaines de Fleury fe joignant , pour examiner & reconnoître jufques à quelle hauteur les eaux de la forte inondation de ladite riviere , arrivée le 10 du mois de Mai dernier , ont monté , & rapporter fi lefdites eaux y ont croupi & perdu les récoltes, ledit fieur Rouviere appellé pour y déduire fes raifons par écrit : Et comme le fuppliant confent à ladite vérification , il vous plaira , MONSEIGNEUR , faire fur le tout trèsexpreffes inhibitions & défenfes aux confuls & habitans de Courfan , de Salles , de Fleury , & autres communautés riveraines de la *riviere d'Aude* , de rien entreprendre en vertu des délibérations par elles prifes , & de toutes autres qu'elles pourroient prendre , fur lefdits canaux de la *Piége* & de *Carbonne* , & autres ouvrages que la province fait exécuter pour accélérer le cours de la riviere d'Aude ; & ce , fous les peines de droit , de l'amende telle qu'elle fera requife , & de tous dépens , dommages & intérêts , dont lefdits confuls & habitans demeureront folidairement refponfables en leur propre , & fans recours & garantie contre la communauté : Permettre au ſuppliant de faire informer pardevant votre ſubdélégué à Narbonne, de toutes jactances & entrepriſes quelconques, faites & à faire par leſdits habitans, relatives auxdits ouvrages ; Enjoindre aux cavaliers de la maréchauſſée de prêter main-forte au ſuppliant, & au ſyndic du dioceſe de Narbonne, qui doit le repréſenter ſur les lieux, pour s'oppoſer auxdites entrepriſes, & arrêter les ouvriers & autres, de quelque état qu'ils ſoient, qui pourroient s'y prêter ou y prendre part. Ordonner que l'ordonnance qui ſera rendue ſera exécutée proviſoirement, nonobſtant toutes oppoſitions & appellations quelconques, & qu'à la diligence du ſyndic du dioceſe de Narbonne, elle ſera ſignifiée aux conſuls deſdits lieux, dans leſquels elle ſera publiée & affichée, afin qu'aucun n'en prétende cauſe d'ignorance : Et cependant, vu l'acte ſignifié à la requête du ſieur Rouviere, ordonner que par experts qu'il vous plaira nommer, il ſera procédé à la vérification par lui requiſe, en préſence de votre ſubdélégué, & du ſieur de Laſſere, ſyndic du dioceſe, comme repréſentant le ſuppliant, ledit ſieur Rouviere préſent, ou duement appellé; & ferez juſtice. *Signé*, FIERARD.

MARIE - JOSEPH - EMMANUEL DE GUIGNARD DE SAINT-PRIEST, chevalier, ſeigneur d'A-livet, Renages, Beaucroiſſant & autres lieux, conſeiller du Roi en ſes conſeils, maître des requêtes ordinaire de ſon hôtel, intendant de juſtice, police & finances en la province de Languedoc.

VU la préſente requête ; les délibérations priſes par les communautés de Courſan, Salles & Fleury, les 3 & 18 du préſent mois, ſignifiées au ſyndic général de la province le 18 du même mois ; l'acte ſignifié pareillement au ſuppliant le 28 du mois de Mai dernier, à la requête du ſieur Rouviere, procureur fondé de M. le duc de Fleury, par lequel il le ſomme, ſur les prétendus motifs énoncés en icelui, de faire procéder inceſſamment à la vérification des atterriſſemens y mentionnés, & des plaines de Fleury ſe joignant, à l'effet d'examiner & reconnoître juſqu'à quelle hauteur les eaux de l'inondation arrivée le 10 du mois de Mai dernier ſe ſont portées, & rapporter ſi leſdites eaux y ont croupi, & perdu les récoltes, ledit ſieur Rouviere préſent, ou appellé pour y déduire ſes moyens par écrit.

Nous, tenant le conſentement du ſuppliant à ladite vérification, faiſons très-expreſſes inhibitions & défenſes aux conſuls & habitans de Courſan, Salles, Fleury, & autres communautés riveraines de la riviere d'Aude, de rien entreprendre, en vertu des délibérations par elles priſes, les trois, quatre & dix-huit du préſent mois, & de toutes autres qu'elles pourroient prendre, ſur les canaux de la Piége, de Carbonne, & autres ouvrages que la province fait exécuter pour accélérer le cours des eaux de la riviere d'Aude; & ce, ſous les peines de droit, de cinq cent livres d'amende, & de tous dépens, dommages & intérêts, dont les conſuls deſdites communautés demeureront ſolidairement reſponſables en leurs propres & privés noms, & ſans recours ni garantie contre les communautés. Permettons au ſuppliant de faire informer devant le ſieur Angles, notre ſubdélégué à Narbonne, de toutes jactances, menaces & entrepriſes quelconques, faites & à faire par leſdits habitans, relatives auxdits ouvrages; & ſera tenue la maréchauſſée, ſur la réquiſition qui lui en ſera faite,

N°. LXI.

de prêter main-forte au fuppliant & au fyndic du diocefe de Narbonne, qui doit le repréfenter fur les lieux, pour s'oppofer auxdites entreprifes, & arrêter les ouvriers & autres, de quelque état qu'ils foient, qui pourroient s'y prêter, ou y prendre part. Ordonnons que la préfente ordonnance fera exécutée provifoirement, nonobftant toutes oppofitions ou appellations quelconques; lue, publiée & affichée fur les lieux, afin que perfonne n'en prétende caufe d'ignorance, & icelle fignifiée aux confuls defdites communautés, à la diligence du fyndic du diocefe de Narbonne. Et cependant, vu l'acte fignifié à la requête du fieur Rouviere, au nom qu'il procede, ordonnons que par les experts qui feront nommés d'office par le fieur Angles notre fubdélégué, il fera procédé à la vérification par lui requife, en préfence de notredit fubdélégué, & du fyndic du diocefe, comme repréfentant le fuppliant, ledit Rouviere préfent ou duement appellé; & fur le rapport du tout, être ordonné ce qu'il appartiendra. FAIT à Montpellier le vingt Juin mil fept cent foixante-onze. Signé, DE SAINT-PRIEST: Et plus bas; Par Monfeigneur, SOEFVE, figné.

LXII.

ORDONNANCE

Qui, ayant égard aux requêtes des confuls de Narbonne, & à celles des propriétaires des terres de la plaine, & leurs adhérans, reçoit leur tierce oppofition, reçoit le fyndic général de la province à s'aider de ladite oppofition; ce faifant par provifion, ordonne que le fieur de Chef-de-Bien & fon fermier feront tenus de démafquer le Pas de Laftours, de démolir les ouvrages qu'ils ont faits, & réta-

blir le cours de la riviere d'Aude; ordonne que tous ceux qui ont fait des plantations dans la communauté de Cuxac fur le bord de ladite riviere, feront tenus de les arracher, & de mettre les atterriffemens à découvert; & fait défenfes, tant audit fieur de Chef-de-Bien, fes fermiers, aux habitans de Cuxac, qu'à tous autres riverains d'Aude, de mafquer à l'avenir le Pas de Laftours, ou autres faignées ou ouvertures de ladite riviere; comme auffi de faire aucuns ouvrages ni plantations fur fon bord, tendans à intercepter ou géner fon cours, & retrécir fon lit.

N°. LXII.

Du 14 Mai 1774.

JEAN-EMMANUEL DE GUIGNARD, chevalier, vicomte de Saint-Prieft, confeiller d'état ordinaire, intendant de juftice, police & finances en la province de Languedoc.

VU notre ordonnance du 3 Janvier dernier, rendue fur les requêtes du fyndic général de la province, du fieur de Chef-de-Bien, & autres parties à lui jointes, notamment du fyndic du chapitre métropolitain de Narbonne, portant que par deux experts nommés, l'un par M. de Chef-de-Bien, & autres parties adhérantes à fes conclufions, & l'autre, par le fyndic général de la province, ou qui feront pris & nommés d'office; & en outre, que par le fieur Dafté cadet, ingénieur du Roi, nommé pour tiers, & après que lefdits experts auroient prêté ferment devant le fieur Anglas notre fubdélégué, il fera, à la pourfuite de la partie la plus diligente, & qui fera l'avance des frais, fauf à répéter, s'il y a lieu, fait defcente fur les lieux contentieux, à l'effet de procéder, parties préfentes ou duement appellées, à la vérification defdits lieux & des ouvrages défenfifs qui ont été faits ; & rapporter , 1º. Si l'élargiffement du Pas de Laftours eft notamment compris au nombre des ouvrages déterminés par le procès - verbal des trois directeurs des travaux publics de la province , dreffé en l'année 1766 , qui fera à cet effet remis auxdits experts. 2º. Si le Pas eft inférieur à ceux de Saint - Paul & de Lafvaiffes , & à quelle diftance ils fe trouvent les uns des autres, 3º. Si les débordemens des eaux proviennent des dégradations faites aux chauffées du Pas de Saint-Paul & de Lafvaiffes. 4º. S'il eft abfolument indifpenfable de détruire les ouvrages défenfifs faits par ledit fieur de Chef - de - Bien audit Pas de Laftours pour la confervation de la grande route, & autres confidérations employées par le fyndic général , relativement à l'intérêt public. 5º. En ce cas, fixer & déterminer l'indemnité que le fieur de Chef-de-Bien feroit en droit de prétendre. 6º. Enfin , vérifier & rapporter tels autres faits qui pourroient leur être propofés par les parties, pour, ce fait, & ledit procès-verbal rapporté, être ordonné ce qu'il appartiendra ; enfemble les requêtes & pieces fur lefquelles ladite ordonnance eft intervenue. Vu auffi la requête à nous préfentée par les confuls de Narbonne, pour être reçus par forme de complainte, bien oppofans envers notre fufdite ordonnance; ce faifant, & en les recevant, qu'il nous plaife ordonner qu'à l'inftant du commandement qui fera fait à M, de Chef-de-Bien & à fon fermier de la métairie de la Barque, ils feront tenus de démolir les ouvrages qu'ils ont fait conftruire pour mafquer le Pas de Laftours, & de remettre les chofes au-même état où elles étoient avant ladite entreprife ; finon, qu'il leur fera permis de le faire détruire aux frais & dépens dudit fieur de

Chef - de - Bien & de fon fermier, & que l'ordonnance qui interviendra fera exécutée nonobftant oppofitions & appellations quelconques, & fans y préjudicier, comme s'agiffant d'un fait provifoire, avec dépens ; ladite requête répondue de notre ordonnance du 18 Février dernier de foit communiqué aux parties intéreffées, avec l'exploit de fignification d'icelle au fieur de Chef-de-Bien, à Bournhounel fon fermier, aux chapitres de Saint-Juft & Saint-Pafteur de Narbonne, au fieur de Cougombles du Rivage, à la dame d'Auger, veuve du fieur d'Auger, & à la Dlle. Tapié , du 2 Mars fuivant; lefdites requête & ordonnance duement communiquées au procureur du fyndic général : Autre requête des fieurs de Laftours, de Grane, Rome, Girard de Barre, Léonard chanoine, Ferrier Rozambaud médecin, Razimbaud avocat, les Dlles. Teulle & Rigaud, le fieur chevalier de Lafcabans, le fyndic des hôpitaux de Narbonne, le fieur Razembaud bourgeois, la dame Cailhavas, le fieur de la Porte, la dame Caldagés, les fieurs Bort, Rogiers, la Raye, Gabinaud & Riviere, tenanciers des terres à la plaine de Narbonne, en oppofition envers notre ordonnance dudit jour 3 Janvier dernier ; ce faifant, qu'il nous plaife la rétracter, attendu qu'ils fe pourvoient dans l'année de l'entreprife du fieur de Chef - de - Bien, & en conféquence, ordonner que la chauffée qui mafque le Pas de Laftours, fera démolie, & que les lieux feront remis au même état où ils étoient avant ladite entreprife, fans préjudice du droit des parties, & que l'ordonnance qui interviendra fera exécutée par provifion, nonobftant oppofitions & appellations quelconques, & fans préjudice d'icelles, avec dépens ; ladite requête répondue de notre ordonnance du 16 Février dernier, de foit communiqué aux parties intéreffées, avec l'exploit de fignification aux parties ci-devant dénommées, & encore au fieur Chevalier de Saint - Felix, du 18 Mars fuivant : Requête d'André Bournhonnel, fermier de la métairie de la Barque, appartenant au fieur de Chef-de-Bien, à ce que fans nous arrêter à celle des confuls de Narbonne ni à leur oppofition, & les en déboutant, tant par fins de non - valoir que par toutes autres voies & moyens de droit, il nous plaife ordonner l'exécution de notre ordonnance du 3 Janvier dernier ; fubfidiairement & en cas de difficulté, l'admettre à prouver, tant par actes que par témoins, que la chauffée en queftion fut commencée en 1770, & entièrement finie dans le mois de Novembre 1772, & que s'il y fut fait quelques œuvres audit mois de Décembre fuivant, ce ne fut que pour réparer les dégradations que les inondations furvenues dans les premiers jours dudit mois de Décembre avoient caufé à ladite chauffée, & que depuis cette époque il n'y a plus été fait aucunes nouvelles œuvres pour, la preuve faite & rapportée, être par lui pris telles conclufions qu'il avifera ; ladite requête communiquée au procureur des confuls de Narbonne le 16 dudit mois de Mars dernier : Autre requête du fieur de Chef-de-Bien, à ce que, fans avoir égard à l'oppofition defdits confuls, non-fuffifamment autorifés par la délibération du 4 Février dernier, & les en démettant, il nous plaife ordonner de plus fort l'exécution de notre ordonnance du 3 Janvier précédent ; fubfidiairement l'admettre, conformément à l'article 3 du titre 17 de l'ordonnance de 1667, à prouver, tant par actes que par témoins, que la chauffée dont il s'agit étoit quafi finie il y a deux ans & demi, & qu'elle étoit dans un état de perfection dans le mois de Novembre 1772, jufques - là que les inonda-

tions furvenues les premiers jours de Décembre audit an, la dégraderent confidérablement ; ladite requête communiquée au procureur des confuls de Narbonne le 17 du mois de Mars dernier : Autre requête du fyndic du chapitre métropolitain de Narbonne, à ce que fans avoir égard aux allégations des confuls & des tenanciers de la plaine de Narbonne, non plus qu'à tous leurs prétendus moyens d'oppofition, & les en déboutant par infuffifance, nullité & autres voies & moyens de droit, il nous plaife ordonner de plus fort l'exécution de notre ordonnance du 3 Janvier dernier pour la vérification des lieux contentieux, ou autrement, & par plus grande précaution, ordonner que les chofes refteront en l'état jufqu'après le rehauffement du grand chemin, & la conftruction des ponts, canaux & foffés utiles & indifpenfables pour l'écoulement des eaux avec dépens ; ladite requête communiquée au procureur des confuls de Narbonne le 26 dudit mois de Mars dernier : Autre requête du fyndic général de la province, à ce qu'il foit reçu, en tant que de befoin, adhérant aux demandes des oppofans envers notre ordonnance dudit jour 3 Janvier dernier ; ce faifant, qu'il nous plaife la rétracter, & lui accorder les conclufions de fa première requête, & la réintégrande des lieux dans le premier état, aux frais dudit fieur de Chef-de-Bien ; ladite requête communiquée aux procureurs des parties intéreffées le 29 dudit mois de Mars dernier : Autre requête dudit fieur de Chef-de-Bien, à ce que par les moyens & raifons y contenues, il nous plaife lui adjuger fes précédentes fins & conclufions, communiquée le quatre Avril fuivant aux procureurs des confuls de Narbonne & du fyndic général : Autre requête defdits confuls, en rejection du plan rapporté par le fieur de Chef-de-Bien, & non communiqué, comme piece inutile, indigne de foi, & par toutes autres voies & moyens de droit; ce faifant, qu'il nous plaife leur adjuger les fins de leur premiere requête, avec dépens; ladite requête communiquée aux procureurs des parties intéreffées le 8 dudit mois d'Avril : Autre requête dudit fieur de Chef-de-Bien, à ce qu'il nous plaife débouter les confuls de leur demande en réintégrande, ordonner de plus fort l'exécution de notre ordonnance du 3 Janvier dernier, annuller les plan & pieces juftificatives par lui rapportées, & ordonner de plus fort que les confuls rapporteront & produiront le verbal de vérification fait en 1762, à raifon du procès mu entr'eux, l'hôpital général & le fieur de Frauquieres, ainfi que le plan levé à ce fujet, ladite requête communiquée le 18 du mois d'Avril; enfemble les pieces jointes auxdites requêtes, notamment le rapport des directeurs des travaux publics du 5 Décembre 1766, qui, entr'autres ouvrages, ont déterminé la conftruction d'un épanchoir en maçonnerie au Pas de Laftours; La délibération des Etats du 18 dudit mois de Décembre, qui détermine l'exécution de ce projet; Les réponfes du Roi aux cahiers des doléances, préfentés depuis peu par les Etats, par lefquelles Sa Majefté auroit accordé des fecours à la province, pour lui faciliter l'exécution dudit projet, & les arrêts expédiés annuellement, qui déterminent les fecours & indemnités accordés à la province; & tout confidéré:

Nous DÉCLARONS n'y avoir lieu de prononcer, quant à préfent, fur la demande des confuls de Narbonne, en rejection du plan remis par le fieur de Chef-de-Bien; & ayant égard au furplus de leurs requêtes, & à celles des propriétaires des terres de la plaine de

Narbonne, leurs adhérans, avons reçu leur tierce oppofition envers notre ordonnance du 3 Janvier dernier; comme auffi avons reçu le fyndic général de la province à s'aider de ladite oppofition : & fans avoir égard aux fins de non-valoir & de non-recevoir du fieur de Chef-de-Bien & Brounhounet fon fermier, & du fyndic du chapitre métropolitain de Narbonne, non plus qu'à leur demande en preuve & en furfis, vu ce qui réfulte du procès-verbal des directeurs des travaux publics de la province, de la délibération des Etats de l'année 1766, des réponfes aux cahiers des Etats, & des arrêts du confeil fufmentionnés, comme auffi des aveux confignés dans les requêtes du fieur de Chef-de-Bien, fur lefquelles notre ordonnance dudit jour 3 Janvier dernier eft intervenue, rejettant les modifications poftérieures, Avons rétracté ladite ordonnance; & en conféquence, par provifion & fans préjudice du droit des parties, qui demeureront réfervés dans leur entier, Ordonnons que ledit fieur de Chef-de-Bien & Brounhounet fon fermier, feront tenus, dans quinzaine de la fignification de notre préfente ordonnance, de démafquer le Pas de Laftours, démolir les nouveaux ouvrages qu'ils y ont faits, & rétablir le cours des eaux de la riviere d'Aude, par ledit Pas de Laftours, en fon premier état; finon, faute de ce faire, & ledit délai paffé, fans qu'il puiffe être réputé comminatoire, Ordonnons que lefdits démafquement, démolitions & rétabliffemens feront faits à la diligence du fieur Peletan, infpecteur defdits ouvrages, aux frais & dépens dudit fieur de Chef-de-Bien & de fon fermier, fur les contrôles qui feront par lui tenus; au rembourfement defquels ledit fieur de Chef-de-Bien & fondit fermier, feront contraints par les voies de droit, fauf à eux & autres parties adhérantes, à fe

pourvoir

N°. LXII. pourvoir au principal, ainſi & contre qui ils aviſeront, les exceptions contraires également réſervées, dépens compenſés ; comme auſſi ordonnons que dans le même délai de quinzaine, tous ceux qui ont fait des plantations dans la communauté de Cuxac, ſur le bord oppoſé de la riviere d'Aude, ſeront tenus de les arracher, & de mettre les atterriſſemens à découvert, afin que ladite riviere puiſſe reprendre ſa premiere largeur ; ſinon, & faute de ce faire, & ledit délai paſſé, ordonnons qu'il y ſera procédé à la diligence dudit ſieur Peletan, en la forme ci-deſſus ordonnée ; accordant les mêmes contraintes contre les auteurs deſdites plantations, pour la répétition des frais. Faiſons en outre très-expreſſes inhibitions & défenſes audit ſieur de Chef-de-Bien, ſes fermiers, aux habitans de Cuxac, & à tous autres riverains d'Aude, de à l'avenir maſquer le Pas de Laſtours ou autres ſaignées ou ouvertures de ladite riviere ; comme auſſi de faire aucuns ouvrages ni plantations ſur ſon bord, tendantes à intercepter ou gêner ſon cours & retrécir ſon lit, à peine d'enquis, de cinq cent livres d'amende, & de tous dépens, dommages & intérêts. Ordonnons enfin, que notre préſente ordonnance ſera proviſoirement exécutée, nonobſtant oppoſitions & appellations quelconques, & ſans y préjudicier. FAIT à Montpellier le quatorzieme Mai mil ſept cent ſoixante-quatorze. Signé, DE SAINT-PRIEST : Et plus bas ; Par Monſeigneur, SOEFVE.

LXIII.

ORDONNANCE

DE M. L'INTENDANT,

Qui fait défenſes aux habitans des communautés de Cuxac & Salleles, & à

Tome II.

N°. LXIII. tous autres, de faire dépaître leurs beſtiaux ſur les chauſſées & talus relatifs à l'atterriſſement de l'étang de Capeſtan, à peine de 50 livres d'amende ; & condamne les ſieurs Ferrier, Latour & Deſpeiroux en 50 livres d'amende, & à faire réparer les dommages cauſés par leurs beſtiaux auxdites chauſſées & talus.

Du 30 Juillet 1781.

A MONSEIGNEUR LE VICOMTE DE SAINT-PRIEST, intendant en la province de Languedoc.

SUPPLIE humblement le ſyndic général de la province de Languedoc, & vous remontre : Que l'inſpecteur des travaux relatifs à l'atterriſſement de l'étang de Capeſtan, ayant reconnu, dans les tournées par lui faites ſur les chauſſées qui bordent la rigole qui doit conduire les eaux de la riviere d'Aude dans l'étang, que pluſieurs habitans des villages de Cuxac & de Salleles, & ſurtout les propriétaires ou fermiers des campagnes de la Broute & de la Bourgade haute, ne ceſſoient de faire dépaître leurs mules & leurs troupéaux ſur leſdites chauſſées & leurs talus, malgré qu'il leur ait été ſouvent dit par ledit inſpecteur de ne pas le faire, parce que cela nuit eſſentiellement à ces chauſſées & talus, dont les terres s'éboulent, en arrache les ſemis faits pour les conſerver, & cauſe un grand nombre de ravins & d'affaiſſemens qui deviendront plus conſidérables dès qu'on aura introduit les eaux de la riviere dans la rigole, il en dreſſa procès-verbal le 19 Juillet 1781, duquel il réſulte, que les auteurs de ces détériorations ſont, 1°. Le nommé Antoine Ferrier, Ramonet de la métairie de la Broute, qui a conſtamment fait dépaître ſes mules ſur environ cinq cent toiſes de longueur de chauſſée,

Aaaa

quoiqu'il eût été averti plusieurs fois de ne plus le faire, y ayant été trouvé le Dimanche 15 Juillet 1781 avec ses mules, qu'il y fit rester toute l'après-midi, & la nuit de ce même jour au Lundi.

2°. Les haras du sieur Latour, bourgeois de Cuxac, qu'on y a trouvé plusieurs fois, & notamment la nuit du 15 au 16 dudit mois.

3°. Les mules du sieur Despeiroux, propriétaire de la métairie de la Bourgade haute, qui y dépaissent habituellement, & y ont été vues le même jour 15 & 18 du même mois de Juillet ; & comme il importe de faire finir les auteurs de ces dégradations, & d'empêcher qu'il en soit commis d'autres à l'avenir, le suppliant a recours à votre justice.

A CES CAUSES, vu ledit procès-verbal dressé par le sieur Ducros, inspecteur des ouvrages de la province, il vous plaira, MONSEIGNEUR, faire défenses aux habitans des communautés de Cuxac & Salleles, & à tous autres, de faire dépaître leurs bestiaux gros & menus sur lesdites chaussées & talus relatifs à l'atterrissement de l'étang de Capestan, à peine de saisie desdits bestiaux, & de cent livres d'amende pour chaque contravention; & pour les voies de fait commises par lesdits Ferrier, Latour & Despeiroux, les condamner aussi en cent livres d'amende, chacun en particulier, & à faire réparer les dommages occasionnés par leurs bestiaux, & ce dans huitaine; sinon & faute de ce faire, permis au suppliant d'y mettre des ouvriers à leurs frais & dépens, avec défenses à eux de récidiver, sous plus grande peine, & que votre ordonnance sera imprimée, lue & publiée partout où besoin sera,

& exécutée selon sa forme & teneur, nonobstant toute opposition ; & ferez justice. DAUMAS, *signé.*

VU la présente requête, ensemble le procès-verbal dressé par le sieur Ducros, inspecteur des ouvrages de la province, duquel il résulte que les bestiaux gros & menus que les habitans des communautés de Cuxac & Salleles, & particulierement les fermiers des campagnes de la Broute & de la Bourgade haute, menent paître sur les chaussées & talus qui bordent la rigole qui doit conduire les eaux de la riviere d'Aude dans l'étang, portent un préjudice notable auxdites chaussées & talus, & causent de grands dommages:

Nous faisons défenses aux habitans des communautés de Cuxac & Salleles, & à tous autres, de faire dépaître leurs bestiaux gros & menus sur lesdites chaussées & talus relatifs à l'atterrissement de l'étang de Capestan, à peine de saisie desdits bestiaux, & de cinquante livres d'amende pour chaque contravention; & pour les voies de fait commises par les sieurs Ferrier, Latour & Despeiroux, les avons condamnés aussi en cinquante livres d'amende chacun, & à faire réparer les dommages occasionnés par leurs bestiaux, & ce, dans huitaine pour tout délai; sinon & faute de ce faire, avons permis au suppliant d'y mettre des ouvriers à leurs frais & dépens, avec défense à eux de récidiver sous de plus grandes peines : Et sera notre présente ordonnance lue & publiée partout où besoin sera, & exécutée selon sa forme & teneur, nonobstant toutes oppositions quelconques. FAIT le trente Juillet mil sept cent quatre-vingt-un. *Signé*, DE SAINT-PRIEST : *Et plus bas*; Par Monseigneur, SOEFVE.

Digues du Livron.

LXIV.
ORDONNANCE

A raison des dégradations causées sur les digues du Livron.

Du 27 Mai 1774.

A Monseigneur le Vicomte de Saint-Priest, intendant de Languedoc.

Supplie humblement le syndic général de la province de Languedoc, & vous repréfente : Qu'étant venu à fa connoiffance qu'un grand nombre de particuliers riverains de la riviere du Livron , dans les communautés de Vias & de Preigne, au diocefe d'Agde, avoient entrepris de faper & d'abaiffer les digues de cette riviere, pour les cultiver & femer plus commodément en blé , quoiqu'elles duffent être à l'abri de toute œuvre de cette efpece, le fonds de leur emplacement ayant été payé à ceux qui en étoient propriétaires avant que l'on eût fait faire les ouvrages portés par l'arrêt du confeil de 1765 pour le changement du lit de ladite riviere, à l'effet d'éviter fes inondations, & de procurer par ce moyen la conſervation du territoire defdites deux communautés ; & quoique par le devis de ces ouvrages , il eût été déterminé que l'emplacement du lit de ladite riviere occuperoit vingt-quatre toiſes de largeur ; favoir , douze de lit, huit de banquettes , & quatre pour la largeur des digues ; que par une fuite de cette infraction des regles , la récolte du blé de la communauté de Vias a été perdue l'année derniere , & qu'il étoit à craindre qu'il n'en arrivât de même celle-ci. Qu'une dénonce auffi importante a obligé le fuppliant de charger le fieur Bonnevialle, inspecteur

des travaux publics de la province , de fe transporter fur les lieux , & de vérifier en préſence des confuls de ladite communauté de Vias , les faits qui en faifoient l'objet. Que cet inſpecteur ayant parcouru en conféquence les bords de ladite riviere de Livron le 18 Mai 1774 avec le fieur Boſc , premier conful de Vias , & ayant vérifié le nouveau lit que la province lui a fait creuſer depuis la mer juſques vers l'extrémité du terroir de Vias , à l'endroit où ledit nouveau lit joint l'ancien , près d'un épanchoir appellé Lafaigne , il a reconnu que preſque tous les propriétaires riverains du nouveau lit avoient cultivé & enfemencé non-feulement les talus extérieurs , les digues qui ont été formées avec les terres provenues des recreufemens , mais encore l'entier couronnement ; que plufieurs avoient même déblayé les talus extérieurs , pour en répandre la terre dans leurs champs ; & que d'autres avoient poufſé la licence juſqu'à planter des mûriers fur les talus intérieurs , c'eſt-à-dire , du côté de la riviere.

Qu'il réſulte du procès-verbal de cette vérification en date du 21 dudit mois de Mai :

1°. Que depuis la mer juſqu'au champ appartenant au fieur Blaquiere , les banquettes qui avoient été laifſées entre les digues & le lit creuſé , ont été preſqu'entierement emportées , ainſi qu'une partie des digues , par les inondations ; ce qui provient de la mauvaiſe qualité du terrein qui eſt très-ſablonneux dans ces parties.

2°. Que les digues le long du champ du fieur Blaquiere , étoient en état ; mais qu'enfuite juſques au canal royal, le nouveau lit étant recreuſé dans des poffeffions de la communauté de Vias , les nommés Pech & Guillaume Vieu , fermiers , avoient cultivé & enfemencé , non-feulement tout le talus extérieur des digues, mais encore presque tout leur couronnement.

3°. Qu'au dessous du canal continuant encore sur une assez grande longueur des possessions de la communauté de Vias, André Castan, fermier d'une portion de ce terrein, avoit laissé sans culture le couronnement d'une partie des digues, mais qu'il l'avoit semée en entier vers l'extrémité de l'Argentiere.

4°. Que le sieur Vieu, fermier d'une autre portion, avoit labouré en entier ledit couronnement; qu'il devoit même l'avoir fait plusieurs années, ce couronnement dans cette partie étant plus bas qu'en dessous & en dessus.

5°. Que le sieur Guibaud, propriétaire, avoit cultivé en entier tout le couronnement.

6°. Qu'Etienne Teissier, fermier de la communauté de Vias, avoit non-seulement semé une bonne partie du couronnement, mais qu'il avoit encore déblayé le talus extérieur; ce qui avoit affoibli ladite digue.

7°. Que le fermier du sieur Thevenau d'Agde, Valat, & la veuve de Pierre Agufe, avoient cultivé l'entier couronnement des digues.

8°. Que le sieur Gouin avoit semé tout le couronnement, & même planté treize mûriers intérieurs vers la riviere.

9°. Que de suite jusques au pont, le sieur Rascas avoit laissé en état la chaussée de la gauche; mais que le couronnement de la partie de la droite avoit été semé; ce qui véritablement dans cette partie ne pouvoit porter aucun préjudice.

10°. Qu'après le pont, le nommé Labrune avoit laissé les digues en l'état. Que le fermier du sieur Rascas en avoit semé le couronnement. Que le sieur Bonniol avoit laissé environ six pieds du couronnement sans culture. Que la demoiselle Guy avoit semé l'entier

couronnement. Que Pierre Viguier avoit laissé sans culture au moins six pieds de largeur du couronnement. Que la veuve Pouzaire l'avoit tout semé. Que le sieur Barral avoit laissé environ six pieds sans culture à la digue de la gauche, & qu'il avoit semé presque l'entier couronnement de la digue de la droite. Que le sieur Alicotis, fermier du chapitre d'Agde, avoit semé l'entier couronnement.

11°. Que le nommé Marguier, maréchal, avoit non-seulement semé tout le couronnement; mais qu'il avoit encore planté sur le talus intérieur dix-sept mûriers à droite, & onze à gauche.

12°. Que le nommé Entraigues avoit semé l'entier couronnement des digues. Que le sieur Jaume avoit labouré aussi en entier, de même que le sieur Alicotis, fermier du sieur Jalade, & Jalabert, tailleur.

13°. Que le sieur Barral avoit laissé sans culture deux toises du couronnement de la digue de la gauche; qu'il paroissoit avoir déblayé du talus extérieur de la digue de la droite; ce qui l'avoit affoibli.

14°. Que le sieur Alicotis, fermier du chapitre d'Agde, avoit semé l'entier couronnement dans le champ du sieur Gay, avocat. Que le couronnement de la digue de la gauche n'avoit pas été cultivé; que celui de la droite l'avoit été, & que dans le champ du sieur Duvert, le talus extérieur avoit été un peu déblayé.

15°. Que dans les possessions qui suivent, appartenant au sieur Gay, une partie de la digue est en état; que l'autre portion avoit été emportée par les inondations. Que la digue dans le champ du sieur Daurel avoit été emportée de même, ainsi qu'une partie dans le champ du sieur Bonniol; que celle qui reste dans ledit champ est en état.

Qu'il réfulte auffi dudit procès-verbal, 1º. Que les déblais faits au talus extérieur des chauffées les affoibliffant, ne pouvoient que préjudicier beaucoup à leur folidité, & les mettre en danger d'être emportés par les inondations.

2º. Que les labours rendant la terre meuble, pour peu que l'eau parvînt au couronnement des digues ainfi cultivées, elles feroient emportées; que d'ailleurs ces labours ne peuvent manquer de diminuer infenfiblement la hauteur de ces digues, qui par-là feroient dans la fuite plus aifément furmontées par les eaux des inondations : ce qui en occafionneroit alors infailliblement la rupture.

3º. Que la plantation des arbres fur le talus intérieur, eft une voie de fait très-repréhenfible; & que pour prévenir les accidens qui pourroient réfulter de la continuation des fufdites manœuvres, il convient qu'il foit défendu à tous les particuliers riverains du nouveau lit du Livron, de faire aucun déblai auxdites chauffées, même au talus extérieur ou vers les champs, pour en tranfporter la terre ailleurs, qu'ils ne puiffent cultiver le couronnement defdites digues fur deux toifes largeur, à compter de l'arête intérieure ou vers la riviere dans toute la partie comprife vers la mer, jufqu'au deffous de l'embouchure du ruiffeau de la Martelliere dans Livron, & fur fix pieds de largeur dudit couronnement, dans toute la longueur fupérieure à ladite embouchure; enfin, qu'aucun particulier ne puiffe cultiver le talus intérieur, ni planter des arbres.

Requéroit, A CES CAUSES, le fuppliant, vu le fufdit procès verbal juftifiant les faits par lui expofés, & la néceffité de pourvoir à la confervation du lit, talus, digues & couronnement de la riviere de Livron, il vous plaife,

MONSEIGNEUR, ordonner que dans trois jours du commandement qui fera fait aux compris & nommés audit procès-verbal, ils feront tenus d'arracher les arbres qu'ils ont fait planter fur les talus de ladite riviere; comme auffi de faire rétablir, chacun en droit foi, avec des terres bien battues, toutes les parties du talus intérieur qu'ils ont dégradées par la plantation defdits arbres, ou que l'on dégradera en les arrachant; leur faire défenfes, & à tous autres riverains du nouveau lit du Livron, de faire aucun déblai auxdites chauffées, même au talus extérieur ou vers les champs, pour en tranfporter la terre ailleurs; Leur faire pareillement défenfes de cultiver le couronnement des digues fur deux toifes de largeur, à compter de l'arête intérieure, ou vers la riviere dans toute la partie comprife depuis la mer jufqu'au deffus de l'embouchure du ruiffeau de la Martelliere dans Livron, & fur fix pieds de largeur dudit couronnement dans toute la longueur fupérieure à ladite embouchure. Leur faire auffi défenfes de cultiver les talus intérieurs, ni d'y planter aucun arbre. Leur défendre pareillement d'enfemencer aucune des parties de terrein defdits talus, digues, couronnement, & d'y faire dépaître aucuns moutons & autres beftiaux, le tout à peine de trois cent livres d'amende pour chaque contravention, & de tous dépens, dommages & intérêts. Que faute par lefdits riverains compris audit procès-verbal, d'arracher les arbres plantés aux talus, & réparer les dégradations qu'ils ont faites, chacun à leur égard, auxdits talus, digues & couronnement, ou qu'ils y ont occafionnées par leurs entreprifes, dans le fufdit délai de trois jours, il fera permis au fuppliant de les faire faire à leurs frais & dépens; du montant de laquelle dépenfe, &

des frais d'exécutions ils ſeront tenus de lui faire le rembourſement par le jour du commandement ; à quoi faire contraints par les voies de droit. Que l'ordonnance qui interviendra ſur la préſente requête, ſera imprimée , lue , publiée, affichée & exécutée ſelon ſa forme & teneur, nonobſtant oppoſitions ou appellations quelconques , & ſans y préjudicier. Et ferez juſtice.

V U la préſente requête, le rapport du ſieur Bonnavialle, inſpecteur des travaux publics de la province, qui conſtate les entrepriſes faites par différens particuliers ſur les digues de la riviere du Livron , enſemble l'arrêt du conſeil de 1765.

Nous ordonnons que dans trois jours de commandement qui ſera fait aux particuliers dénommés dans ledit procès-verbal , ils ſeront tenus d'arracher les arbres qu'ils ont fait planter ſur les talus de la riviere du Livron, comme auſſi de faire rétablir , chacun en droit ſoi , avec des terres bien battues, toutes les parties du talus intérieur qu'ils ont dégradé par la plantation deſdits arbres , ou qui le ſeront par l'arrachement deſdits arbres. Leur faiſons défenſes , & à tous autres riverains du nouveau lit de Livron , de faire aucuns déblais auxdites chauſſées , même au talus extérieur, comme auſſi de cultiver le couronnement des digues ſur deux toiſes de largeur, à compter de l'arête intérieure, ou vers la riviere, dans toute la partie compriſe depuis la

mer juſqu'au deſſus de l'embouchure du ruiſſeau de la Martelliere dans Livron , & ſur ſix pieds de largeur dudit couronnement dans toute la longueur ſupérieure à ladite embouchure. Leur faiſons également défenſes de cultiver les talus intérieurs , & d'y planter aucun arbre ; comme auſſi d'enſemencer le terrein des talus, digues & couronnement, & d'y faire dépaître aucuns moutons & autres beſtiaux, à peine de 200 livres d'amende pour chaque contravention , & de tous dépens , dommages & intérêts ; & faute par les riverains dénommés dans le procès-verbal dudit ſieur Bonnavialle, d'arracher les arbres qu'ils ont fait planter ſur les talus, & de réparer les dégradations qu'ils y ont faites, enſemble aux digues & couronnement qui ont été occaſionnées par leurs entrepriſes dans le délai de trois jours. Permettons au ſuppliant d'y faire travailler à leurs frais & dépens, pour en être la dépenſe rembourſée par leſdits propriétaires ſur les états & contrôles qui en ſeront tenus, & qui ſeront arrêtés par ledit ſieur Bonnavialle ; à quoi faire contraints par les voies de droit ; Et ſera la préſente ordonnance imprimée, lue , publiée & affichée partout où beſoin ſera , & exécutée nonobſtant oppoſitions ou appellations quelconques, & ſans y préjudicier. Fait à Montpellier le vingt-ſept Mai mil ſept cent ſoixante - quatorze. *Signé* , DE SAINT-PRIEST : *Et plus bas* ; Par Monſeigneur , Soefve.

TITRE NEUVIEME.

Du Privilége des deniers deftinés aux Ouvrages publics.

OUTRE le privilége général, que ces deniers partagent avec tous ceux dont l'impofition & l'affignation ont un objet déterminé, de ne pouvoir être faifis entre les mains du tréforier des Etats, ou des autres receveurs particuliers, à la requête des créanciers de la province ou des municipalités fubordonnées, Privilége qui a fait la matiere du Titre premier du Livre II, les deniers deftinés aux ouvrages publics ont encore celui de ne pouvoir être faifis pour les dettes propres des entrepreneurs, à la requête de leurs créanciers, à moins que la créance ne dérive d'une fourniture de main-d'œuvre ou de matériaux, à raifon de l'ouvrage auquel les deniers font deftinés.

N°. I.

I.

ORDONNANCE

DE M. L'INTENDANT,

Qui juge que le prix de l'adjudication d'un ouvrage public, ne peut pas être faifi pour des dettes propres à l'adjudicataire.

Du 6 Octobre 1771.

A MONSEIGNEUR LE VICOMTE DE SAINT-PRIEST, intendant en Languedoc.

SUPPLIE humblement le fyndic du diocefe de Touloufe; DISANT, que le 3 Juillet dernier, MM. les commiffaires du diocefe adjugerent à Pierre Lachurie, maçon, la conftruction d'un pont fur le ruiffeau de Balerme, au prix de 776 livres; lequel entrepreneur ayant peu de crédit pour fe procurer les matériaux néceffaires, l'infpecteur de l'ouvrage s'eft engagé à les faire payer; & c'eft en cet état que Jean Planchut, charpentier, qui fe prétend créancier dudit entrepreneur, pour des objets étrangers au pont dont il s'agit, a fait bannir entre les mains du fuppliant, d'autorité du fénéchal de Touloufe, le prix du bail, adjugé audit Lachurie: quoiqu'il foit aifé de voir qu'une fomme de cette nature ne foit pas faififfable, puifqu'elle a fa deftination à la dépenfe des ouvrages, & ne peut être affectée aux dettes propres de l'entrepreneur, au préjudice des ouvriers qu'il emploie, & de ceux qui fourniffent les matériaux néceffaires pour l'exécution de ces mêmes ouvrages; fans compter que les diocefes, les villes & communautés, & la province même, feroient dans l'impuiffance en pareil cas, de faire exécuter les ouvrages publics dont ils auroient fait l'adjudication, puifque la voie de la folle-enchere même feroit impraticable dans le cas d'un banniment. A

N°. I.

CES CAUSES, vu la copie de celui dont il s'agit, & les lettres-patentes du 9 Septembre 1727, qui vous attribuent la connoissance de ce qui concerne les ouvrages des chemins, ponts & chaussées, il vous plaira, MONSEIGNEUR, sans vous arrêter audit banniment, autoriser le suppliant à payer le prix du bail dont il s'agit, suivant & conformément à ce qui est réglé par icelui, & de la même maniere qu'il auroit pu l'être avant ledit banniment, lequel demeurera comme non-avenu; avec défenses audit Planchut d'en faire aucun usage, & de rechercher le suppliant à raison de ce, sous peine de nullité des poursuites, & de tous dépens, dommages & intérêts; & serez justice. B. DURAND, *signé*.

VU la présente requête; le banniment fait sur le suppliant le 19 Septembre dernier, à la requête de Jean Planchut, charpentier, avec dé-

fenses de payer; notre ordonnance du 25 du même mois, de renvoi au syndic général de la province, & son avis. Vu aussi l'arrêt du conseil portant notre attribution & les lettres-patentes expédiées sur icelui le 9 Septembre 1727, duement enregistrées au parlement: Nous, sans nous arrêter audit banniment, avons autorisé le suppliant à payer le prix du bail dont il s'agit, suivant & conformément à ce qui est réglé par icelui, & de la même maniere qu'il auroit pu l'être avant ledit banniment, lequel demeurera comme non-avenu; avec défenses à Planchut d'en faire aucun usage & de rechercher le suppliant à raison de ce, à peine de nullité des poursuites, & de tous dépens, dommages & intérêts. FAIT à Montpellier le six Octobre mil sept cent soixante & onze. *Signé*, DE SAINT-PRIEST: *Et plus bas*; Par Monseigneur, SOEFVE, *signé*.

TITRE X.

TITRE DIXIEME.

De l'Exemption des droits d'amortissement & du centieme denier à raison des fonds acquis pour des Ouvrages publics.

I.

EXTRAIT

De la déclaration du Roi du 16 Juillet 1702, concernant le droit d'amortissement, enregistrée au parlement de Toulouse le 17 Août 1702.

AVONS pareillement déchargé & déchargeons les maires, échevins, & habitans des villes, des droits d'amortissement à eux demandés pour les acquisitions par eux faites des maisons ou places pour la décoration desdites villes & lieux publics.

II.

ARRÊT

DU CONSEIL D'ETAT DU ROI,

Qui décharge les villes de Languedoc du droit d'amortissement pour les bâtimens des casernes.

Du 18 Octobre 1721.

EXTRAIT *des Registres du Conseil d'Etat.*

VU par le Roi, étant en son conseil, l'article II du cahier présenté à Sa Majesté par les députés des Etats de la province de Languedoc de la présente année, contenant que les villes & lieux de ladite province se conformant aux intentions de Sa Majesté avoient délibéré de faire construire des casernes, pour y loger les troupes; que la ville du Saint-Esprit ayant achevé à

Tome II.

grands frais & avec le secours du diocese, les bâtimens nécessaires, & mis les casernes dans leur perfection, elle a été inquiétée par le préposé au recouvrement des droits d'amortissement; & après beaucoup de contestations, les consuls de ladite ville furent condamnés par ordonnance du sieur de Basville du 29 Octobre 1717 au payement de ce droit pour le fonds de l'emplacement des casernes; que le préposé ayant prétendu alors que le droit étoit dû, non-seulement pour le fonds, mais encore pour les bâtimens, le sieur de Basville le débouta de sa prétention par ordonnance du 10 Février 1718; mais que cette ordonnance a été cassée par arrêt du conseil du 4 Mai 1719, sur la requête de Jean Rousselot sous-fermier des droits d'amortissemens & sans défenses de la part des consuls du Saint-Esprit, ils ont été condamnés à payer les droits, non-seulement des fonds pour l'emplacement des casernes, mais encore des bâtimens, sur le fondement des déclarations des 5 Juillet 1689 & 16 Juillet 1702, & sur le préjugé de deux arrêts du conseil, rendus l'un contre les Jacobins du faubourg Saint Germain à Paris, & l'autre contre le chapitre Saint-Honoré de la même ville; Que l'intérêt de Sa Majesté & la justice de la demande obligent lesdits députés de réclamer contre l'arrêt du conseil du 2 Mai 1719; qu'il est également avantageux pour les peuples & pour les troupes qu'elles soient logées dans les casernes, & que par conséquent il

B h b b

est néceffaire d'exciter les villes à en faire conftruire ; que cette propofition n'a pas befoin de preuve ; qu'il n'eft pas plus mal-aifé de faire voir que le fermier du droit d'amortiffement n'eft pas fondé dans fa prétention ; que ce n'eft pas ici le cas des déclarations de Sa Majefté des 5 Juillet 1689 & 16 Juillet 1702, leur difpofition ne pouvant être entendue que pour les bâtimens qui produifent quelque revenu, raifon pour laquelle les Jacobins & le chapitre de Saint-Honoré ont été condamnés au payement du droit d'amortiffement pour les maifons qu'ils ont fait conftruire, dont les loyers font confidérables ; mais que les cafernes bien loin d'être de quelque revenu aux communautés, après une dépenfe qui les a accablées pour leur conftruction & pour les meubles, exigent encore un entretien confidérable chaque année ; que les villes de la province qui alloient faire de femblables établiffemens, les ont fufpendus, & que ce qui arrive à la ville du Saint-Efprit, arrête la conftruction des cafernes fi utiles au fervice de l'état, fi Sa Majefté n'a la bonté d'y pourvoir. A CES CAUSES, ils requéroient qu'il plût à Sa Majefté caffer & annuller l'arrêt du confeil du 2 Mai 1719, & décharger la ville du Saint-Efprit & toutes les autres villes & lieux de la province qui ont fait conftruire des cafernes, de tous droits d'amortiffement, tant pour les fonds fur lefquels elles font bâties que pour le prix des bâtimens ; Et afin que les communautés foient excitées à conftruire de femblables édifices, fi avantageux au bien de l'état, déclarer que celles qui en voudront faire conftruire à l'avenir ne feront pas fujettes au droit d'amortiffement. Vu auffi la réponfe faite audit article ; Oui le rapport ; SA MAJESTÉ ÉTANT EN SON CONSEIL, de l'avis de M. le duc d'Or-

léans Régent, conformément à la réponfe faite audit article, a accordé & accorde aux villes & communautés de la province de Languedoc la décharge du droit d'amortiffement des bâtimens des cafernes qu'elles feront conftruire à l'avenir, en forte que ce droit ne fera payé par lefdites villes & communautés, que pour les fonds où lefdites cafernes feront conftruites, & ce fans tirer à conféquence pour le paffé, ni que le fermier dudit droit d'amortiffement foit tenu de rapporter auxdites villes & communautés ce qu'il a pu recevoir defdits droits jufqu'à ce jour, conformément à l'arrêt du 2 Mai 1719. FAIT au confeil d'état du Roi, Sa Majefté y étant, tenu à Paris le dix-huitieme jour d'Octobre mil fept cent vingt-un. PHELYPEAUX, *figné*.

III.

ARRÊT

DU CONSEIL D'ETAT DU ROI,

Qui ordonne que le droit d'amortiffement ne fera payé par les villes & communautés du Languedoc, que pour les fonds fur lefquels les cafernes ont été ou feront conftruites.

Du 8 Octobre 1729.

EXTRAIT des Regiftres du Confeil d'Etat.

VU par le Roi étant en fon confeil, l'article quatrieme du cahier préfenté à Sa Majefté par les députés des Etats de Languedoc de la préfente année ; contenant entr'autres chofes, que le fermier des reftes des droits d'amortiffement & nouvel acquêt de la province de Languedoc, demandoit à la ville de Montpellier, & aux autres villes de cette province qui avoient fait conftruire des cafernes pour loger les troupes de Sa Majefté, le payement des droits d'amortissement & de nou-vel-acquêt qu'il prétendoit être dus pour les bâtimens de ces casernes, & que cette demande exposant ces villes à dif-férens procès & contestations avec le fermier, les Etats avoient cru devoir recourir à Sa Majesté pour en obtenir la décharge en faveur de ces villes : Sur quoi ils représentoient, que suivant les ordonnances & réglemens, & les ma-ximes les plus constantes sur la matiere dont il s'agit, les gens de main-morte ne pouvoient être assujettis aux droits d'amortissement & de nouvel acquêt qu'autant qu'ils conservoient la pro-priété des immeubles qu'ils acqué-roient ; qu'ils sont même exempts de ces droits lorsqu'ils font ces acquisitions du consentement ou de l'ordre de Sa Majesté, ou que la possession de ces immeubles ne leur procure aucun re-venu, suivant la déclaration du feu Roi de l'année 1689, & que par une autre déclaration de Sa Majesté de l'an-née 1702, ils en avoient même été déchargés pour l'acquisition des im-meubles destinés à l'usage public : Qu'après ces réglemens, les Etats avoient lieu de croire que la ville de Montpellier, & les autres villes qui ont fait construire des casernes par l'or-dre du feu Roi, n'ayant ni la propriété ni la possession de ces bâtimens desti-nés, ou pour mieux dire, abandonnés pour l'usage public, & pour le loge-ment des troupes de Sa Majesté ; & ces villes, loin de retirer quelque re-venu de ces batimens, se trouvant ex-posées à des dépenses considérables pour les entretenir, c'est mal-à-propos qu'elles étoient recherchées par le fer-mier pour les droits d'amortissement & de nouvel acquêt à raison desdits bâtimens. Les députés des Etats de Languedoc ajoutoient, que le fermier étoit même en cela d'autant moins fon-dé, que Sa Majesté avoit accordé la

décharge de ces droits à toutes les villes & communautés de la province de Languedoc, par un arrêt du conseil du 18 Octobre 1721. Qu'il étoit vrai que ce fermier prétendoit que la dé-charge prononcée par cet arrêt du droit d'amortissement des bâtimens des casernes, ne regardoit que les casernes qui avoient été construites depuis ledit arrêt, & non celles qui l'étoient au-paravant ; mais qu'il n'étoit pas proba-ble que Sa Majesté eût voulu par cette différence, surcharger les villes qui s'étoient le plus empressées à déférer aux ordres du feu Roi en faisant cons-truire des casernes, tandis que par le même arrêt, pour exciter les autres villes à suivre l'exemple des premieres, Sa Majesté leur accordoit cette dé-charge : Que d'ailleurs l'idée de ce fer-mier résistoit aux motifs & aux dispo-sitions de l'arrêt du 18 Octobre 1721, puisqu'en effet, quoiqu'il fût question alors des droits prétendus pour les bâ-timens des casernes que la ville du Saint-Esprit avoit déjà fait construire, Sa Majesté ne condamna pas cette ville à leur payement, comme Elle l'auroit fait, si Elle avoit entendu ad-mettre cette différence ; mais au con-traire, pour éviter que la décharge qu'Elle accordoit pour les bâtimens, tant construits qu'à construire, ne don-nât lieu à quelque communauté, de demander au fermier la restitution des droits qu'il avoit déja retirés de quel-qu'unes de ces communautés, Sa Ma-jesté déchargea le fermier de cette res-titution ; précaution qui auroit été sans cela bien inutile ; & que par une or-donnance du 8 Mars 1722 à laquelle le fermier déféra, le sieur de Bernage, pour lors intendant en Languedoc, bien instruit des motifs & du véritable sens de cet arrêt, déchargea en consé-quence la ville du Saint-Esprit de ces mêmes droits que le fermier avoit tenté de nouveau d'obtenir, fous prétexte de cette prétendue différence. Requéroient, A CES CAUSES, qu'il plût à Sa Majefté décharger la ville de Montpellier & les autres villes de la province de Languedoc, du droit d'amortiffement & de nouvel acquêt pour les bâtimens des cafernes conftruites avant ou depuis l'arrêt du 18 Octobre 1721. Vu auffi ledit arrêt du 18 Octobre 1721 & la réponfe de Sa Majefté audit article. Oui le rapport du fieur le Pelletier, confeiller d'état ordinaire & au confeil royal, contrôleur général des finances ; SA MAJESTÉ ÉTANT EN SON CONSEIL, conformément à la réponfe faite audit article, a ordonné & ordonne que l'arrêt de fon confeil du 18 Octobre 1721 fera exécuté à l'égard de toutes les villes & communautés de la province de Languedoc qui ont fait ou feront conftruire des cafernes, en forte que le droit d'amortiffement ne foit payé par lefdites villes & communautés que pour les fonds où ces cafernes ont été ou feront conftruites, & non pour les bâtimens defdites cafernes, fans néanmoins que le fermier dudit droit d'amortiffement foit tenu de rapporter aufdites villes & communautés ce qu'il peut en avoir reçu par le paffé. FAIT au confeil d'état du Roi, Sa Majefté y étant, tenu à Verfailles le huitieme jour du mois d'Octobre mil fept cent vingt-neuf. *Signé*, PHELYPEAUX.

I V.

E X T R A I T
De l'arrêt du confeil du 21 Janvier 1738.

ARTICLE XIV.

LEs bâtimens que les villes & communautés pourront faire faire pour des cafernes, des écuries pour la cava-

lerie, des magafins d'abondance, ou pour loger les gouverneurs, évêques, intendans, & curés, tant des villes que de la campagne, & tous autres édifices, pour le fervice de Sa Majefté, pour l'utilité publique, & pour la décoration des villes, ne feront fujets à aucuns droits d'amortiffement, pourvu que les villes & communautés n'en retirent aucun revenu ; mais feront fujets auxdits droits les fonds fur lefquels lefdits bâtimens feront conftruits, s'ils ne font pas amortis avec finance. Et dans le cas où lefdites villes & communautés acheteroient des maifons toutes bâties pour ces ufages, l'amortiffement n'en fera pareillement payé que fur le pied de la valeur du fonds : Voulant néanmoins Sa Majefté que fi lefdits bâtimens ceffoient de fervir à ces ufages, & produifoient par la fuite un revenu auxdites villes & communautés, elles foient tenues d'en payer aux fermiers, qui feront pour lors en place, l'amortiffement fur le pied du capital des loyers, à la déduction néanmoins du tiers pour le fonds amorti, en juftifiant qu'il l'a été avec finance.

V.

E X T R A I T
De l'arrêt du confeil du 13 Avril 1751.

ARTICLE VII.

EN conféquence de l'article XIV de l'arrêt du confeil du 21 Janvier 1738, Veut & entend Sa Majefté que les bâtimens que les villes & communautés pourront faire faire, pour des cafernes, des écuries pour la cavalerie, des magafins d'abondance, ou pour loger les gouverneurs, évêques, intendans, & curés, tant defdites villes que de la campagne, & tous autres édifices, pour le fervice de Sa Majefté, pour l'utilité publique, & pour la décoration des villes, ne soient sujets à aucun droit d'amortissement, pourvu que les villes & communautés n'en retirent aucun revenu ; mais seront sujets auxdits droits les fonds sur lesquels lesdits bâtimens seront construits, s'ils ne sont pas amortis avec finance : Et dans le cas où lesdites villes & communautés acheteroient des maisons toutes bâties pour ces usages, l'amortissement n'en sera pareillement payé que sur le pied de la valeur du fonds : Voulant néanmoins Sa Majesté que, si lesdits bâtimens cessoient de servir à ces usages, & produisoient par la suite un revenu auxdites villes & communautés, elles soient tenues d'en payer aux fermiers qui seront pour lors en place, l'amortissement sur le pied du capital des loyers, à la déduction seulement de la somme qui aura été payée pour le droit d'amortissement du sol, au lieu du tiers porté par ledit article, auquel Sa Majesté déroge à cet égard.

VI.
ARRÊT
DU CONSEIL D'ÉTAT DU ROI,

Qui ordonne l'exécution de la déclaration du 16 Juillet 1702 ; en conséquence, déclare n'y avoir lieu au droit d'amortissement, à raison d'un terrein acquis par la province du sieur Dasté, ingénieur en chef, situé à l'un des côtés du port de Cette, pour que les bâtimens qui fréquentent ledit port puissent y prendre & déposer leur lest.

Du 25 Septembre 1764.

EXTRAIT *des Registres du Conseil d'Etat.*

SUR la requête présentée au Roi en son conseil, par le syndic général de Languedoc, CONTENANT,

que la nécessité de procurer un terrein aux bâtimens qui fréquentent le port de Cette, pour y prendre & déposer leur lest, a déterminé les Etats de cette province de délibérer le 14 Février dernier, d'acquérir du sieur Dasté, ingénieur en chef, un local dont il est propriétaire, situé à l'un des côtés du port, auprès de la batterie appellée de Richelieu ; que cette acquisition, qui ne sauroit être plus utile & plus commode pour les bâtimens, procure non - seulement un avantage réel au commerce, mais encore à la province, en ce qu'elle remédie aux abus que commettent journellement les matelots, en jettant leur lest dans le port, pour n'être pas obligés d'aller le transporter plus loin ; que malgré cet avantage qu'on ne doit pas moins envisager du côté de l'intérêt que Sa Majesté peut en retirer, que de celui de la province, pour laquelle il n'est d'ailleurs d'aucun bénéfice, le préposé au recouvrement des droits domaniaux, a demandé un amortissement qui se porteroit avec les insinuations des quittances, & les quatre & six sols pour livre, à la somme de neuf cent cinquante-cinq livres dix-neuf sols neuf-deniers, suivant l'état qu'il en a remis ; mais comme l'acquisition dont il s'agit mérite toutes sortes de faveurs, il ne seroit pas juste que la province supportât un droit d'amortissement qui lui rendroit encore plus onéreuse l'acquisition qu'elle a déterminé de faire d'un mauvais terrein au prix de quatre mille livres, uniquement pour le bien de la chose publique, mais au contraire de l'assimiler aux acquisitions faites en 1755 par les villes de Rheims & de Rouen, qui ont obtenu l'exemption des droits d'amortissement & d'indemnité, à raison des terreins considérables qu'elles ont acquis pour ouvrir de nouvelles rues & construire des places publiques. Requéroit A CES CAUSES le suppliant, qu'il plût à Sa Majesté traiter favorablement sa province de Languedoc, & lui accorder l'exemption du droit d'amortissement & autres, à raison de l'acquisition du terrein du sieur Dasté, joignant le port de Cette. Vu ladite requête, & la délibération des Etats du quatorze Février dernier. Oui le rapport du sieur de Laverdy, conseiller ordinaire au conseil royal, contrôleur général des finances ; LE ROI EN SON CONSEIL, a ordonné & ordonne l'exécution de la déclaration du 16 Juillet 1702 ; en conséquence déclare Sa Majesté n'y avoir lieu au droit d'amortissement. FAIT au conseil d'état du Roi, tenu à Versailles le 25 Septembre 1764. Collationné, DEVOUGNY, *signé.*

VII.

ORDONNANCE
DE M. L'INTENDANT,

Qui décharge le diocese de Montpellier, du droit de centieme denier, à raison des fonds de terre pris pour l'emplacement ou agrandissement des chemins, & ordonne la restitution de ce qui peut avoir été exigé par les commis du contrôle.

Du 27 Février 1739.

A MONSEIGNEUR DE BERNAGE, DE SAINT-MAURICE, conseiller d'état, intendant en Languedoc.

SUPPLIE humblement le syndic du diocese de Montpellier ; Et vous remontre, que lorsque les chemins royaux se trouvent dans des bas fonds impraticables, & qu'à l'occasion de leur changement, le diocese est obligé de prendre les propriétés des particuliers qui avoisinent lesdits chemins, il arrive que le commis au contrôle des actes des notaires de cette ville, exige le centieme denier du prix des terres

prises pour les nouveaux chemins : Et comme ce droit n'est point dû, puisque le diocese n'acquiert aucune propriété, par conséquent point de translation, quoiqu'il soit obligé de les entretenir, & d'indemniser les particuliers du montant de leurs terres ; IL VOUS PLAIRA, MONSEIGNEUR, vu l'extrait du contrat de constitution de rente passé par le diocese, en faveur des Augustins de cette ville, le 21 Octobre dernier, pour la valeur & indemnité de quatre séterées de terre à eux prises dans leur enclos, pour le chemin neuf depuis le pont de la boucherie de Montpellier jusqu'au pont d'Aiguillon, chemin de Lunel, ordonner que le commis au contrôle restituera au suppliant, sept livres quatre sols qu'il a exigé pour le centieme denier desdites quatre séterées de terre ; ensemble, le montant des mêmes droits qu'il a perçus depuis le commencement du bail d'Hebert jusqu'à présent, sur l'état que le suppliant en baillera : à quoi faire contraint par corps ; avec défenses d'entreprendre à l'avenir de faire pareilles exactions, sous les peines de droit ; Et ferez justice. *Signé,* PERETTE.

NOUS ORDONNONS que la présente requête sera communiquée au directeur de la ferme du contrôle, pour y répondre dans trois jours, & être ensuite ordonné ce qu'il appartiendra. FAIT à Montpellier le vingt-neuf Novembre mil sept cent trente-sept. *Signé,* DE BERNAGE : *Et plus bas* ; Par Monseigneur, ANGRAVE.

RÉPONSE DU DIRECTEUR
de la ferme du droit de contrôle.

LE directeur soussigné, qui a pris communication de la présente requête, & de l'acte y attaché ; Dit, que tous les titres translatifs & rétrocessifs des biens immeubles, sont expressé-

ment affujettis au droit de centieme denier, par l'article XXIV de l'édit de
Décembre 1703, & par l'article VI
de la déclaration du 20 Mars 1708.
Qu'il n'y a aucuns réglemens qui ayent
fait aucune exception pour l'efpece
dont il s'agit ici ; que les exceptions
qui font de droit étroit ne fe fuppléent
point ; & qu'il ne peut y avoir lieu à la
reftitution demandée : A quoi conclud.
A Montpellier le 27 Août 1739.
Signé, DE PRAMONT.

VU la préfente requête ; notre ordonnance de foit communiqué,
& la réponfe du directeur étant enfuite;
le contrat de conftitution, confenti par
le diocefe de Montpellier, en faveur
des Auguftins, de la rente de 57 livres
18 fols au principal de 1158 liv. pour
la valeur & indemnité de quatre fête-
rées de terre, prifes de leur enclos
pour un chemin, en date du 21 Octobre 1737. Vu auffi l'article XXIV de
l'édit du mois de Décembre 1703, &
l'article VI de la déclaration du Roi,
du 20 Mars 1708. Et attendu que le
diocefe n'acquiert aucune propriété, en
prenant les terreins néceffaires pour la
conftruction des chemins, & que ceux
qui les cedent, demeurent toujours
chargés de la taille d'iceux, lorfqu'ils
font ruraux.

Nous avons déchargé le diocefe de
Montpellier, du droit de centieme denier, de tous les fonds de terre qui ont
été pris pour l'emplacement ou agrandiffement des chemins : En conféquence, ordonnons que Jacques Forceville,
fubrogé à Jean Hebert, ancien fermier
des domaines & droits y joints, fes
commis & prépofés, reftitueront au
fuppliant le montant dudit droit de
centieme denier qu'ils ont perçus, tant
pour raifon des quatre féterées prifes
aux Auguftins pour l'emplacement du
chemin dont il s'agit, fuivant l'acte du

21 Octobre 1737, que des autres fonds
qui peuvent avoir été auffi pris pour le
même fujet, pendant le cours de leur
bail ; à quoi faire contraints par les
voies de droit. FAIT à Montpellier le
vingt-fept Février mil fept cent quarante. *Signé*, DE BERNAGE : *Et plus
bas* ; Par Monfeigneur, ANGRAVE.

VIII.

ORDONNANCE

DE M. L'INTENDANT,

*Qui juge que le centieme denier n'eft
pas dû d'un fonds que la ville acquiert pour être employé à l'élargiffement d'une de fes rues.*

Du 16 Octobre 1751.

*JEAN - EMMANUEL DE GUI-
GNARD, chevalier, vicomte de
Saint - Prieft, confeiller du Roi en
fes confeils, maître des requêtes ordinaire de fon hôtel, intendant de
juftice, police & finances en la province de Languedoc.*

VU la requête à Nous préfentée par
les maire & confuls de la ville de
Montpellier, tendante à la reftitution
de la fomme de vingt-huit livres feize
fols, pour le montant d'un droit de
centieme denier exigé par le fieur
Galyé, contrôleur des domaines du
Roi, à l'occafion d'une indemnité accordée par ladite ville, d'une fomme
de deux mille quatre cent livres, fuivant une eftimation faite par experts,
à M. le préfident de Belleval, à caufe
de l'abandon par lui fait du fol d'une
maifon à lui appartenante, attendu
qu'au moyen dudit abandon, la ville,
qui a fait employer ledit fol pour l'é-
largiffement d'une rue fort étroite,
quoique fort paffante, n'en a acquis
aucune propriété ; l'ordonnance du 13
Juin 1750, de foit communiqué au
directeur des domaines & droits y

joints, pour y répondre dans trois jours, au bas de laquelle eſt le reçu copie du ſieur Veiſieu, commis dudit directeur ; celle de Me. Claude Petit, ſubrogé à Nicolas Labbé, fermier des domaines de Languedoc, contenant, que quoique le terrein acquis par la ville, n'ait ſervi que pour l'agrandiſſement de ladite rue, il n'eſt pas moins vrai que c'eſt pour elle & pour ſa ſatisfaction & commodité, qu'elle a acquis la propriété de ce ſol, & nullement pour le compte du Roi ; qu'en faiſant cette acquiſition, elle auroit pu diſpoſer de toute autre façon de ce même ſol ; que ſuivant les réglemens, & notamment l'édit de Décembre 1703, & la déclaration du 20 Mars 1708, le droit de centieme denier eſt dû de tous titres tranſlatifs & rétroceſſifs de propriété, d'où il ſuit, que par ces mêmes réglemens, le commis a été bien fondé à exiger le droit de centieme denier de l'acquiſition faite par ladite communauté, de M. le préſident de Belleval, & qu'il eſt même étonnant que leſdits maire & conſuls demandent la reſtitution de ce droit, puiſqu'ils ont payé ſans aucune conteſtation celui qu'ils devoient pour les acquiſitions par eux faites du terrein néceſſaire pour conſtruire la Poiſſonnerie : Autre requête deſdits maire & conſuls de Montpellier, en réplique à celle du fermier des domaines, par laquelle ils conviennent que le centieme denier eſt dû de tous les titres tranſlatifs de propriété ; mais que l'abandon à eux fait du ſol, par M. de Belleval, dès qu'il a été employé à l'agrandiſſement de ladite rue, ne leur a tranſmis aucune propriété ; d'autant plus, qu'aux termes des réglemens de la voirie, ils ne peuvent vendre ce fonds, ni élever aucun bâtiment ſur ce ſol ; & que d'un autre côté, M. de Belleval continue d'en payer la taille & les autres charges réelles ; que dans ces circonſtances, le fermier n'a pu faire la comparaiſon de ce cas à celui de l'acquiſition des maiſons pour la conſtruction de la nouvelle Halle, dont ils ont acquis la propriété, & dont ils doivent retirer un revenu par le loyer des étaux qu'ils affermeront. Vu auſſi l'ordonnance rendue par M. de Bernage le 27 Février 1739, qui décharge le dioceſe de Montpellier du droit de centieme denier des fonds des terres qui ont été pris pour l'emplacement ou agrandiſſement des chemins, & ordonne la reſtitution de ce qui peut avoir été exigé par les commis du contrôle ; Tout conſidéré, & attendu que la ville de Montpellier n'acquiert aucune propriété en prenant le ſol de la maiſon de M. de Belleval, pour l'agrandiſſement de l'une des rues de ladite ville, & que M. de Belleval, qui l'a cédé, demeure toujours chargé de la taille dudit fonds, ainſi qu'il réſulte du certificat du ſieur Seranne, collecteur de la taille, du 16 Octobre 1751, portant qu'il la paye annuellement, devant être par lui ſupportée comme tenancier de la maiſon contiguë.

Nous, ſans avoir égard à la requête du fermier des domaines, dont nous l'avons débouté, & faiſant droit ſur celle des maire & conſuls de Montpellier, les avons déchargés du droit de centieme denier du fonds de terre qui a été pris pour l'élargiſſement de l'une des rues de ladite ville ; en conſéquence, que le fermier des domaines, ſes commis ou prépoſés dans la généralité de Montpellier, reſtitueront auxdits maire & conſuls, où à l'huiſſier porteur de commiſſion, le montant dudit droit de centieme denier qu'ils ont perçu ; à quoi faire contraints par les voies de droit. Fait à Montpellier le ſeize Octobre mil ſept cent cinquante · un. *Signé*, DE SAINT - PRIEST ; *Et plus bas* ; Par Monſeigneur, SOEFVE.

TITRE XI.

TITRE ONZIEME.

De l'Exemption des Lods & Ventes, & de l'extinc-
tion des directes, à raison des acquisitions faites
pour des Ouvrages publics ; & de l'indemnité due
aux Seigneurs à cause de ladite extinction.

I.

EXTRAIT

Du traité des droits seigneuriaux de
M. de la Rocheflavin.

CHAPITRE XXXVIII.

Article I.

LEs lods & ventes ne font dus du
sol & fonds pris & acheté pour
faire chemin, ou rue publique ; par
arrêt donné en audience le dix-septieme
Juin ou Janvier mil cinq cent soixante,
pour le syndic de la ville de Toulouse,
contre le fermier des oublies du Roi,
ayant pris une maison pour élargir une
rue en ladite ville.

II.

EXTRAIT

Des notables & singulieres questions de
droit écrit jugées au parlement de
Toulouse, conférées avec les préjugés
des autres parlemens de France,
par M. Geraud de Maynard, con-
seiller au parlement de Toulouse.

LIVRE QUATRIEME.

Chapitre XLIII.

QUant à la nécessité publique,
les exemples aussi en peuvent
être tirés des cas du droit, où les particuliers, en faveur de la religion, *leg.*
si quis sepulchrum, in princ. ff. de
relig. & sumpt. funer. de la liberté,
Tome II.

leg. 1, *& ibi Bald. cod. de commun.*
serv. manumiss. édifices & bâtimens
des villes pour leur décoration, *leg. si*
ut proponis, cod. de œdif. privat.
Oldrad. consil. 161 ; bien de paix, &
autre utilité publique, font contraints
quelquefois de vendre & aliéner leur
fonds propre, *leg. item si verberatum,*
ff. de rei vindic. leg. Lucius, ff. de
evictionib. Innoc. & canonistæ in cap.
quæ in ecclesiarum, extr. de constitu-
tionib. Bald. in leg. quicumque, cod. de
servis fugit. Molin. lib. 2 , *commentar.*
in consuet. Paris. §. 53, *num.* 27 *cum*
sequent. auxquels cas, tant s'en faut
que les seigneurs puissent prétendre
droit de lods, qu'ils seront contraints,
de même & pour pareille raison que
les tenanciers, de vendre leurs droits
de directe, & en souffrir le rachat.

Sur ce motif, la cour de Toulouse,
par arrêt du 17 Juin 1560 contre le
fermier des droits de directe dans Toulouse, auroit ordonné que le fonds pris
d'une maison pour élargir une rue ne porteroit aucuns droits de lods & ventes au
seigneur direct pour le prix qui en avoit
été baillé en récompense au propriétaire
de la maison. Cet arrêt en simples termes est pris des mémoires de M. Joffé,

Nous ne pouvons cependant taire
que bien que Choppin, conformément
à cette doctrine, ait écrit, *lib.* 1 , *de*
morib. Parisior. tit. 3 , *num.* 14. *Rei-*
publicæque utilitatis favore cessare jura
dominica, & que dans son traité *de*

Cccc

dominio Franc. lib. 3 , *cap.* 4 , il l'ait confirmé en ces termes, *venditionis ex causâ publicâ contractæ nullum laudativum deberi* ; toutefois au même lieu il rapporte qu'en femblable différend du feigneur direct de quelques mottes de terres ou gazons joignant la boucherie du châtelet de Paris, que les échevins de ladite ville avoient achetées pour agrandir les boucheries & pour raifon duquel achat le feigneur leur demandoit droit de lods & ventes, ces échevins, pour les raifons ci-deffus & attendu la caufe & qualité de l'achat, difant n'en être dus aucuns, il rapporte que la caufe plaidée en la cour de Paris avoit été appointée au confeil en l'audience d'après-diner du pénultieme Mai 1572.

Mais depuis nous avons appris d'une perfonne d'honneur & de capacité qui le tenoit de M. Briffon, pour lors un des avocats de la caufe, qu'elle avoit été vuidée & jugée au profit des échevins contre le feigneur, & conformément au fufdit arrêt de la cour de Touloufe ; ce que nous n'aurions voulu omettre pour ôter tout fcrupule qu'on pourroit faire fur cet appointement en droit qui intervient quelquefois, non tant pour la difficulté de la caufe à juger, que pour la conféquence de la prononciation publique , & autres circonftances particulieres qui font renvoyer au confeil.

I I I.

Extrait du regiftre des délibérations des Etats généraux de Languedoc, affemblés par mandement du Roi en la ville de Montpellier , au mois d'Octobre 1684.

Du Mardi 14 Novembre fuivant, préfident Mgr. le cardinal de Bonfy.

MONSEIGNEUR l'archevêque de Touloufe & MM. les autres commiffaires nommés pour les affaires du canal de communication des deux mers ont rapporté qu'ils s'étoient affemblés chez fon éminence , où M. d'Aguesfeau intendant, s'étoit trouvé pour examiner la demande que les feigneurs particuliers faifoient pour leur dédommagement des droits feigneuriaux qu'ils avoient accoutumé de prendre de leurs emphytéotes fur les terres qui ont été prifes pour la confection dudit canal , & qu'ils avoient remarqué que par tous les traités qui ont été faits avec MM. les commiffaires préfidens pour le Roi en cette affemblée en conféquence des dons qu'elle a faits à Sa Majefté à l'occafion dudit canal , il étoit dit que Sa Majefté pourvoiroit à l'indemnité des propriétaires des terres pour les fonds, à celle des communautés pour la taille, à celle des eccléfiaftiques pour les dixmes, & à celle des feigneurs particuliers pour les droits feigneuriaux ; que dans les premieres années de l'entreprife de cet ouvrage les conditions de ces traités, pour raifon defdites indemnités , avoient été exécutées fuivant l'eftimation qui en avoit été faite par les experts nommés par MM. les commiffaires du Roi , de concert avec MM. les commiffaires de cette affemblée ; mais comme cet ouvrage étoit d'une grande étendue & d'une très-grande dépenfe , il étoit arrivé que les fonds que Sa Majefté avoit fait par Elle-même ou par les fufdits dons avoient manqué & qu'ils ne s'étoient pas trouvés fuffifans pour pourvoir à la dépenfe dudit ouvrage & en même tems à toutes les indemnités dont elle avoit bien voulu fe charger par tous les fufdits traités, ce qui avoit obligé Sa Majefté d'ordonner que ce qui pouvoit refter des fonds que la province avoit fait pour ledit canal & qui étoient deftinés par préférence auxdites indemnités fût employé pour l'achevement de cet ouvrage , & avoit porté en même tems l'assemblée des Etats à pourvoir par un esprit de charité à ce qui pouvoit être dû desdites indemnités aux particuliers pour les fonds des terres, aux communautés pour la taille, & aux ecclésiastiques pour la dixme ; & à l'égard des droits seigneuriaux dus aux seigneurs, ils avoient trouvé qu'il y en avoit de deux sortes auxquels les terres qui sont occupées par le canal étoient sujettes : savoir, le droit de champart, & le droit de cens ; que le droit de champart, autrement agrier, avoit été payé aux seigneurs, suivant l'estimation qui en avoit été faite, & que s'il restoit dû quelque chose de ce droit, ce n'étoit que par des omissions que les experts avoient fait, & qu'à l'égard des cens, ils n'avoient été payés que dans les premieres années & à quelques seigneurs particuliers seulement, la plupart des seigneurs ayant négligé ou n'ayant pas voulu demander le dédommagement de ce droit dans l'incertitude de l'événement de cet ouvrage, préférant leurs droits seigneuriaux établis par leurs reconnoissances au dédommagement qu'ils avoient pu recevoir pour raison de ce : mais qu'ayant vu cet ouvrage parachevé ils avoient demandé qu'il y fût pourvu par le même esprit qui avoit porté l'assemblée à entrer dans le dédommagement des particuliers pour leurs terres, des communautés pour la taille, & des ecclésiastiques pour la dixme ; & qu'à cet effet il avoit été délibéré qu'à la diligence des syndics généraux il seroit écrit à tous les seigneurs une lettre circulaire pour leur faire savoir de remettre un état des terres occupées par le canal dépendantes de leurs directes & en même tems un extrait de l'article de leurs reconnoissances pour justifier ce qui pouvoit être dû du cens qui avoit été reconnu par l'emphytéote à cause des terres seulement qui avoient été

prises pour ledit canal, afin que làdessus l'assemblée pût prendre sa délibération : que la plus grande partie des seigneurs ayant satisfait à ladite lettre circulaire, il avoit été délibéré l'année derniere qu'il en seroit écrit une autre pour faire savoir à ceux qui n'y avoient pas satisfait, que s'ils ne remettoient point leurs titres pour justifier de leur demande, dans le premier jour du mois d'Avril dernier, ils seroient déchus de tout ce qu'ils pourroient demander pour raison de ce, ce qui avoit été exécuté de la part des syndics généraux qui leur avoient montré les productions faites par les seigneurs, sur lesquelles ils étoient entrés dans la discussion de cette affaire, & avoient réduit par leur sentiment toutes les prétentions desdits seigneurs des terres à trois chefs principaux.

Le premier étoit les arrérages par eux prétendus depuis l'ouverture des terres prises pour le canal.

Le deuxieme, le droit de cens auquel lesdites terres étoient sujettes par leurs reconnoissances.

Et le troisieme, un dédommagement par eux prétendu pour tenir lieu des droits casuels auxquels les mêmes terres étoient sujettes.

Qu'à l'égard du premier on ne pouvoit déterminer leur dédommagement pour les arrérages qu'à compter du jour de l'ouverture des terres prises pour le canal, ou du jour des procédures qui ont été faites par les experts pour l'estimation desdites terres, ou en établissant un jour qui fût commun à tous, & que pour le pied du dédommagement desdits arrérages pour le tems qu'il seroit délibéré par l'assemblée, ils avoient jugé qu'il pouvoit être réglé pour le cens qui étoit dû en grains, sur la valeur des grains des dix dernieres années, en faisant une commune & prenant les précautions qui seroient jugées nécessaires pour empêcher que les feigneurs qui pouvoient avoir reçu de leurs emphytéotes le droit comme auparavant , ne fuffent pas payés deux fois d'une même chofe, & que les emphytéotes qui avoient payé fuffent eux-mêmes rembourfés.

Que pour le droit de cens ils n'avoient pas fait difficulté d'établir par leurs avis qu'il étoit dû aux feigneurs & qu'il leur devoit être payé par forme de rente jufques à ce que la province voulût & qu'elle fût en état de le racheter , & qu'en ce cas il ne pourroit l'être que fur le pied du denier trente lorfque le fief de la directe dont lefdites terres relevoient fe trouvoit entre les mains du feigneur haut-jufticier, parce qu'alors ledit droit étoit d'une plus grande valeur ; & fur le pied du denier vingt-cinq feulement, fi le feigneur dont lefdites terres relevoient n'avoit en fa perfonne fimplement que la directe ; & qu'en ce cas auffi, c'eft-à-dire, en cas dudit rachat, ce rembourfement feroit fait pour raifon des grains fur le pied que les eftimations font faites fur les lieux de la valeur d'iceux dans les aliénations des rentes fur le fonds ou dans le rachat d'icelles.

Et au furplus pour raifon dudit dédommagement prétendu à caufe que les terres relevant de leur fief ont été prifes pour faire ledit canal, & pour toute forte de droits cafuels, ils avoient été d'avis que , fans entrer dans une plus grande difcuffion des droits que les feigneurs croyoient être en droit de pouvoir prétendre fous prétexte que la province faifoit ce rembourfement, ils avoient cru que pour tous les droits cafuels auxquels ces mêmes terres étoient fujettes par leurs reconnoiffances, on pouvoit le régler fur le prix des terres occupées par le canal & fur la valeur d'un droit de lods payable de vingt en vingt années ou d'un demi-lods de dix en dix années ; lequel droit feroit payé

à chacun defdits feigneurs en lui baillant par forme de rente chacune année ce à quoi monteroit le vingtieme dudit droit, obfervant toutes fois que, comme ce droit eft différent partout & qu'il eft réglé par les reconnoiffances des feigneurs, ou par la coutume des lieux, que c'étoit auffi fur le même pied & par rapport à la qualité de la feigneurie & à la qualité de la terre qu'il feroit réglé , & que lorfque les terres nobles releveront aux us & coutumes de la prévôté & vicomté de Paris que ledit droit de lods ne fera réglé que fur le pied du quint denier feulement, & qu'en cas que la province voulût fe racheter dudit droit, que ce feroit fur des pieds différens par rapport à la qualité defdites terres & à la qualité des feigneuries ; favoir, pour les terres rurales, lorfque le feigneur n'aura en fa perfonne que la fimple directe, fur le pied du denier dix-huit, & lorfque le feigneur direct aura auffi en fa perfonne la haute juftice fur ce même fief, fur le pied du denier vingt-deux : Et à l'égard des terres nobles , fi elles font fujettes & relevent du feigneur aux us & coutumes de la prévôté & vicomté de Paris, fur le pied du denier vingt-quatre , & au droit écrit fur le pied du denier vingt, prenant auffi les précautions qui feront néceffaires pour la décharge des emphytéotes envers les feigneurs pour les terres qui ont été prifes pour le canal , afin qu'à l'avenir ils ne puiffent pas demander les mêmes droits qui leur feroient payés par la province : lequel avis fur tous les fufdits chefs de demandes faites par les feigneurs ils foumettoient au fentiment de l'affemblée. SUR QUOI l'affaire mife en délibération a été arrêté que les arrérages dudit droit de cens qui étoit dû par les terres qui ont été prifes pour la confection dudit canal , feront payés aux feigneurs qui ne les auront pas reçus, & aux emphytéotes qui les auront payés, à compter seulement du jour des procédures faites par les experts pour l'estimation desdites terres, en suivant la certification de la valeur des grains des dix dernieres années au plus haut pied qu'ils auront valu dans lesdites années, en faisant une commune qui réglera le pied du remboursement desdits arrérages.

Que ce même droit de cens sera payé à l'avenir, & chacune année, par forme de rente aux seigneurs particuliers, suivant l'évaluation ordinaire de la valeur des grains établie en chaque diocese pour les aliénations ou rachats des rentes assignées sur des fonds; & en cas que la province voulût se racheter de ladite rente, que ce seroit sur le pied du denier trente lorsque ledit cens sera dû au seigneur direct qui aura aussi la haute justice, & sur le pied du denier vingt-cinq, lorsque le seigneur n'aura simplement que la directe: Et à l'égard de ce qui seroit accordé auxdits seigneurs pour toute sorte de dédommagement quelconque pour les droits casuels qui leur étoient dus par lesdites terres, LES VOIX ayant été partagées sur deux avis, les uns étant d'avis de leur donner la valeur d'un demi-lods de quinze en quinze années, & en cas que la province voulût se libérer, de le payer, savoir, au seigneur qui n'auroit simplement que la directe, sur le pied du denier douze, & par exemple, si le quinzieme dudit demi-lods revenoit à 100 livres, il lui seroit baillé 1200 livres lors dudit rachat & à proportion; & lorsque le seigneur direct aura la haute justice, sur le pied du denier quinze: Et à l'égard des terres nobles si elles n'étoient sujettes aux us & coutumes de la prévôté & vicomté de Paris, sur le pied du denier treize, lequel droit de lods sera réglé suivant

les reconnoissances dudit seigneur ou sur la coutume des lieux, & pour les terres nobles sujettes aux us & coutumes de la prévôté & vicomté de Paris sur le pied du cinquieme denier seulement, attendu que ladite coutume ne porte pas le requint.

L'autre avis étoit de leur donner un vingtieme de la valeur d'un droit de lods qui est proprement un lods entier de vingt en vingt années ou un demi-lods de dix en dix années; & lors du rachat, qu'il seroit payé, savoir, au seigneur qui n'aura simplement que la directe sur le pied du denier dix-huit; par exemple, si le vingtieme revenoit à 100 liv. il lui seroit baillé 1800 liv. & sur cette même proportion, par rapport à la qualité des seigneurs, & à la qualité des terres énoncées dans l'autre avis.

Sur lesquels avis Mgr. le cardinal de Bonsy président, a vuidé le partage & a été d'avis que pour toute sorte de dédommagement quelconque pour les droits casuels qui étoient dus aux seigneurs par les mêmes terres, il leur sera payé la valeur d'un demi-lods de quinze en quinze années, & en cas que la province voulût se libérer, elle payeroit ledit demi-lods, savoir, au seigneur qui n'aura simplement que la directe, sur le pied du denier douze, & par exemple, si le quinzieme dudit demi-lods revient à 100 liv. il lui sera baillé 1200 liv. lors dudit rachat, & à proportion; & lorsque le seigneur direct aura la haute justice, sur le pied du denier quinze; & à l'égard des terres nobles, si elles sont sujettes aux us & coutumes de la prévôté & vicomté de Paris, sur le pied du denier seize; & à l'égard des terres nobles qui releveront au droit écrit sur le pied du denier treize, lequel lods sera réglé suivant les reconnoissances desdits seigneurs ou la coutume des lieux; & pour les terres nobles sujettes aux us & coutumes de la prévôté & vicomté de Paris, sur le pied du cinquieme denier seulement, attendu que ladite coutume ne porte pas le requint. Et afin que la présente délibération soit exécutée, en sorte que les arrérages ne soient payés qu'à ceux auxquels ils sont dus, soit aux seigneurs, soit aux emphytéotés, & qu'à l'avenir les seigneurs ne puissent pas demander les cens ou rentes dues pour les terres qui ont été prises pour le canal & desquelles la province les dédommage par le même esprit qui l'a portée à indemniser les propriétaires pour le fonds de terre, les communautés pour la taille, & les ecclésiastiques pour la dixme, qu'à la diligence des syndics généraux, chacun dans son département, il en sera donné connoissance aux seigneurs particuliers par une lettre qui leur sera écrite, & aux emphytéotes par une autre lettre qu'ils écriront aux curés & aux consuls de chaque lieu, lesquels seront tenus de leur certifier si les emphytéotes ont payé ledit droit de cens à leurs seigneurs depuis le jour & date des procédures faites pour l'estimation desdites terres, qui leur sera marqué par lesdits syndics généraux, pour être ensuite sur lesdites certifications la présente délibération exécutée pour raison desdits arrérages, en faveur des seigneurs, s'ils n'ont pas reçu ledit droit, ou des emphytéotes, s'ils l'ont payé ; & parce qu'il ne seroit pas juste que la province fît aucuns frais en exécution de la présente délibération, il sera écrit aussi aux seigneurs particuliers par les syndics généraux de remettre pardevant eux les originaux de leurs reconnoissances, ensemble la certification en bonne & due forme de la valeur des grains des dix dernieres années dans la ville capitale de chaque diocese, & celle aussi des consuls de ladite ville capitale & des officiers de

la justice, de l'estimation qui est faite dans les aliénations ou dans les rachats des rentes particulieres en grains établies sur les fonds des terres, pour sur le tout être dressé par les syndics généraux, avec lesdits seigneurs, un état de ce qui sera dû à un chacun, tant pour lesdits arrérages que pour le cens & rente à l'avenir, & pour le quinzieme dudit demi-lods, le cas du rachat advenant, ainsi qu'il est porté par la présente délibération, sur lequel état il sera pourvu au fonds qui leur sera fait pour le payement des arrérages & de ladite rente à l'avenir, suivant les liquidations qui en auront été faites dudit droit de demi-lods, à compter aussi du jour & date des procédures faites pour l'estimation des terres, à la charge toutes fois que par un préalable & auparavant que lesdits seigneurs ne puissent être payés tant desdits arrérages que de ladite rente à l'avenir, les syndics généraux auront eux-mêmes déchargé sur l'original desdites reconnoissances les articles des terres qui ont été prises pour ledit canal en tout ou en partie, afin qu'à l'avenir les emphytéotes ne soient tenus de payer que ledit droit de cens à proportion de la contenance des terres qui leur restent ; & que moyennant le payement de ladite rente qui sera fait tous les ans aux seigneurs particuliers & du sort principal d'icelle lorsque la province voudra & sera en état de se racheter, ils ne pourront plus rien prétendre, soit contre la province, soit contre leurs emphytéotes, pour quelque cause ou prétexte que ce soit. Et attendu que Sa Majesté a bien voulu se charger de toutes les indemnités dues à l'occasion des terres prises pour ledit canal par les traités faits avec MM. ses commissaires, MM. les députés en cour continueront leurs instances auprès de Sa Majesté pour obtenir de sa bonté & de sa justice le remboursement des sommes que la province a payées & qu'elle payera en exécution de la présente délibération; & cependant elle sera très-humblement suppliée de vouloir autoriser par arrêt de son conseil la présente délibération pour être exécutée selon sa forme & teneur avec défenses à tous juges de prendre aucune connoissance du contenu en icelle.

I V.

A R R Ê T

DU CONSEIL D'ETAT DU ROI,

Concernant l'indemnité due aux seigneurs à raison des terres relevant de leurs directes qui ont été occupées par le canal de communication des mers.

Du 25 Août 1685.

EXTRAIT *des Registres du Conseil d'Etat.*

SUR la requête présentée au Roi, étant en son conseil, par les gens des Trois-états de la province de Languedoc, CONTENANT qu'encore que par les traités qui ont été faits avec les sieurs commissaires présidens pour Sa Majesté auxdits Etats, sur les demandes à eux faites en son nom pour faire les fonds nécessaires pour la construction du canal de communication des deux mers, & particulierement par ceux des 2 Mars 1667 & 1669 & du 5 Février 1671, il ait été toujours convenu que Sa Majesté indemniseroit les propriétaires des terres qui seroient prises pour ledit canal, les communautés pour la taille, les ecclésiastiques pour les dixmes, & les seigneurs pour les droits seigneuriaux; ce qui auroit été exécuté de la part de Sa Majesté dans les premieres années, & jusques à ce que les fonds n'ayant pas été suffisans pour

Tome II.

achever les ouvrages dudit canal, Sa Majesté auroit renvoyé aux présens Etats pour y pourvoir comme bon leur sembleroit, ce qui les auroit obligés d'y entrer, en attendant qu'il plût à Sa Majesté d'en fournir les fonds, ainsi qu'elle y est obligée par lesdits traités; & d'autant que les seigneurs particuliers ont différé de demander leur indemnité pour leurs droits seigneuriaux jusques aux Etats derniers, & qu'il importe pour éviter les contestations, au cas que lesdits seigneurs ne voulussent pas acquiescer à la délibération qui a été prise à ce sujet, & à la liquidation de ce qui leur sera dû en conséquence, que Sa Majesté l'autorise pour être exécutée selon sa forme & teneur, avec défenses à leurs juges de prendre aucune connoissance du contenu en icelle; Vu ladite délibération du 14 Novembre 1684, contenant que les sieurs commissaires des Etats de ladite province s'étant assemblés chez le Sr. cardinal de Bonsy, où le sieur d'Aguesseau, conseiller d'état, intendant en ladite province, s'étoit trouvé pour examiner la demande des seigneurs particuliers pour leur dédommagement des droits seigneuriaux qu'ils avoient accoutumé de prendre de leurs emphytéores sur les terres qui ont été prises pour la confection dudit canal, ils avoient remarqué que par tous les traités qui avoient été faits avec les sieurs commissaires présidens pour Sa Majesté en l'assemblée desdits Etats, en conséquence des dons qu'elle a faits à Sa Majesté à l'occasion dudit canal, il étoit dit que Sa Majesté pourvoiroit à l'indemnité des propriétaires des terres pour le fonds, à celle des communautés pour la taille, à celle des ecclésiastiques pour les dixmes, & à celles des seigneurs particuliers pour les droits seigneuriaux; que dans les premieres années de l'entreprise de cet ouvrage, les conditions de ces traités pour raison desdites indemnités, avoient été exécutées, suivant l'estimation qui en avoit été faite par les experts nommés par les sieurs commissaires du Roi, de concert avec les sieurs commissaires des Etats; mais comme cet ouvrage étoit d'une grande étendue & d'une très-grande dépense, il étoit arrivé que les fonds que Sa Majesté avoit faits par elle-même ou par les susdits dons avoient manqué, & qu'ils ne s'étoient pas trouvés suffisans pour pourvoir à la dépense dudit ouvrage & en même-tems à toutes les indemnités dont elle avoit bien voulu se charger par tous les susdits traités, ce qui avoit obligé Sa Majesté d'ordonner que ce qui pouvoit rester des fonds que la province avoit faits pour ledit canal, & qui étoient destinés par préférence auxdites indemnités, fût employé pour l'achevement de cet ouvrage, & avoit porté en même-tems l'assemblée desdits Etats de pourvoir par un esprit de charité à ce qui pouvoit être dû desdites indemnités, aux particuliers pour les fonds de terre, aux communautés pour la taille, & aux ecclésiastiques pour la dixme; & à l'égard des droits seigneuriaux dus aux seigneurs ils avoient trouvé qu'il y en avoit de deux sortes auxquels les terres qui étoient occupées par le canal étoient sujettes, savoir, le droit de champart & le droit de cens: que le droit de champart, ou autrement agrier, avoit été payé aux seigneurs suivant l'estimation qui en avoit été faite, & que s'il restoit dû quelque chose de ce droit, ce n'étoit que par des omissions que les experts avoient fait; & qu'à l'égard du cens, il n'avoit été payé que dans les premieres années à quelques seigneurs particuliers seulement, la plupart des seigneurs ayant négligé ou n'ayant pas voulu demander le dédommagement de ce droit

dans l'incertitude de l'événement de cet ouvrage, préférant leurs droits seigneuriaux établis par leurs reconnoissances au dédommagement qu'ils auroient pu recevoir pour raison de ce: mais ayant vu cet ouvrage parachevé, ils avoient demandé qu'il y fût pourvu par le même esprit qui avoit porté lesdits Etats à entrer dans le dédommagement des particuliers pour leurs terres, des communautés pour la taille, & des ecclésiastiques pour la dixme, & qu'à cet effet il avoit été délibéré qu'à la diligence des syndics généraux, il seroit écrit à tous les seigneurs une lettre circulaire pour leur faire savoir de remettre un état des terres occupées par le canal dépendantes de leurs directes; & en même-tems un extrait de l'article de leurs reconnoissances pour justifier ce qui pouvoit être dû du cens qui avoit été reconnu par l'emphytéote, & à cause des terres seulement qui avoient été prises pour ledit canal, afin que là-dessus lesdits Etats pussent prendre leur délibération; que la plus grande partie des seigneurs ayant satisfait à ladite lettre circulaire, il avoit été délibéré l'année derniere qu'il en seroit écrit une autre pour faire savoir à ceux qui n'y avoient pas satisfait, que s'ils ne remettoient point leurs titres pour justifier de leurs demandes dans le premier jour du mois d'Avril de l'année 1684, ils seroient déchus de tout ce qu'ils pourroient demander pour raison de ce, ce qui avoit été exécuté de la part desdits syndics généraux qui avoient montré auxdits sieurs commissaires de Sa Majesté & à ceux desdits Etats les productions faites par les seigneurs, sur lesquelles ils étoient entrés dans la discussion de cette affaire, & avoient réduit par leur sentiment toutes les prétentions desdits seigneurs desdites terres à trois chefs principaux: le premier étoit les arrérages par eux

prétendus

prétendus depuis l'ouverture des terres prises pour le canal; le second, le droit de cens auquel lesdites terres étoient sujettes par leurs reconnoissances; & le troisieme, le dédommagement par eux prétendu pour tenir lieu des droits casuels auxquels les mêmes terres étoient sujettes. Qu'à l'égard du premier, on ne pouvoit déterminer leur dédommagement pour les arrérages qu'à compter du jour de l'ouverture des terres prises pour le canal, ou du jour des procédures qui ont été faites par les experts pour l'estimation desdites terres, ou en établissant un jour qui fût commun à tous, & que, pour le pied du dédommagement des arrérages, pour le tems qu'il seroit délibéré par lesdits Etats, lesdits sieurs commissaires de Sa Majesté avoient jugé qu'il pouvoit être réglé, pour le cens qui étoit dû en grains, sur la valeur des grains des dix dernieres années, en faisant une commune & prenant les précautions qui seroient jugées nécessaires pour empêcher que les seigneurs qui pourroient avoir reçu de leurs emphytéotes le droit comme auparavant, ne fussent pas payés deux fois d'une même chose, & que les emphytéotes qui avoient payé fussent eux-mêmes remboursés; que pour le droit de cens lesdits sieurs commissaires n'avoient pas fait difficulté d'établir par leurs avis qu'il étoit dû aux seigneurs, & qu'il leur devoit être payé par forme de rente, jusqu'à ce que la province voulût & fût en état de le racheter, & qu'en ce cas il ne pouvoit l'être que sur le pied du denier trente, lorsque le fief de la directe dont lesdites terres relevoient se trouvoit entre les mains du seigneur haut-justicier, parce qu'alors ledit droit étoit d'une plus grande valeur, & sur le pied du denier vingt-cinq seulement, si le seigneur dont lesdites terres relevoient n'avoit en sa

personne simplement que la directe; & qu'en ce cas aussi, c'est-à-dire, en cas de rachat, ce remboursement seroit fait, pour raison des grains, sur le pied que les estimations sont faites sur les lieux, de la valeur d'iceux, dans les aliénations des rentes sur le fonds ou dans le rachat d'icelles; & au surplus pour raison dudit dédommagement prétendu à cause que les terres relevant de leurs fiefs ont été prises pour faire ledit canal, & pour toutes sortes de droits que les seigneurs croiroient être en droit de pouvoir prétendre, sous prétexte que la province faisoit ce remboursement, ils avoient cru que pour tous les droits casuels auxquels ces mêmes terres étoient sujettes par leurs reconnoissances, on pouvoit les régler sur le prix des terres occupées par le canal, & sur la valeur d'un droit de lods payable de vingt en vingt années ou d'un demi-lods de dix en dix années, lequel droit de lods seroit payé à chacun des seigneurs, en lui baillant par forme de rente chacune année ce à quoi montéroit le vingtieme dudit droit, observant toutes fois que, comme ce droit est différent partout, & qu'il est réglé par les reconnoissances des seigneurs ou par les coutumes des lieux, que c'étoit aussi sur le même pied & par rapport à la qualité de la seigneurie & à la qualité de la terre qu'il seroit réglé; que lorsque les terres nobles releveront aux us & coutumes de la prévôté & vicomté de Paris, ledit droit de lods ne sera réglé que sur le pied du quint denier seulement; & qu'en cas que la province voulût se racheter dudit droit, que ce seroit sur des pieds différens par rapport à la qualité desdites terres & à la qualité des seigneuries, savoir, pour les terres rurales, lorsque le seigneur n'aura en sa personne que la simple directe, sur le pied du denier dix-huit, & lorsque le seigneur direct aura aussi en sa personne la haute justice sur ce même fief, sur le pied du denier vingt-deux ; & à l'égard des terres nobles, si elles sont sujettes & relevent du seigneur aux us & coutumes de la prévôté & vicomté de Paris, sur le pied du denier vingt-quatre ; & au droit écrit sur le pied du denier vingt, prenant aussi les précautions qui seront nécessaires pour la décharge des emphytéotes envers les seigneurs pour les terres qui ont été prises pour le canal, afin qu'à l'avenir ils ne puissent pas demander les mêmes droits qui leur seroient payés par la province. Sur quoi lesdits Etats auroient délibéré que les arrérages dudit droit de cens qui étoit dû par les terres qui ont été prises pour la confection dudit canal seront payés aux seigneurs qui ne les auront pas reçus, & aux emphytéotes qui les auront payés, à compter seulement du jour des procédures faites par les experts pour les estimations desdites terres, en suivant la certification de la valeur des grains des dix dernieres années, au plus haut pied qu'ils auront valu dans lesdites années, en faisant une commune qui réglera le pied du remboursement desdits arrérages ; que ce même droit de cens sera payé à l'avenir & chacune année par forme de rente aux seigneurs particuliers, suivant l'évaluation ordinaire de la valeur des grains établie en chacun diocese pour les aliénations ou rachat des rentes assignées sur les fonds ; & en cas que la province voulût se racheter de ladite rente, que ce seroit sur le pied du denier trente, lorsque ledit cens sera dû au seigneur direct qui aura aussi la haute justice, & sur le pied du denier vingt-cinq, lorsque le seigneur n'aura simplement que la directe, & à l'égard de ce qui seroit accordé auxdits seigneurs pour toutes sortes de dédommagemens quelcon-

ques pour les droits casuels qui leur étoient dus par lesdites terres, LES VOIX ayant été partagées sur deux avis, les uns étant d'avis de leur donner la valeur d'un demi-lods de quinze en quinze années, & en cas que la province voulût se libérer, de le payer ; savoir, au seigneur qui n'auroit simplement que la directe sur le pied du denier douze, & par exemple, si le quinzieme du demi-lods revenoit à 100 livres, il lui seroit baillé 1200 livres lors du rachat & à proportion & lorsque le seigneur direct aura la haute justice sur le pied du denier quinze : Et à l'égard des terres nobles, si elles n'étoient sujettes aux us & coutumes de la prévôté & vicomté de Paris, sur le pied du denier treize, lequel droit de lods sera réglé suivant les reconnoissances dudit seigneur, ou sur la coutume des lieux ; & pour les terres nobles sujettes aux us & coutumes de la prévôté & vicomté de Paris, sur le pied du cinquieme denier seulement, attendu que ladite coutume ne porte pas le requint. L'autre avis étoit de leur donner un vingtieme de la valeur du droit de lods qui est proprement un lods entier de vingt en vingt ans & un demi-lods de dix en dix ans ; & lors du rachat, qu'il sera payé, savoir, au seigneur qui qui n'aura simplement que la directe, sur le pied du denier dix-huit, par exemple, si le vingt revenoit à 100 livres, il leur sera payé 1800 livres & sur cette même proportion, par rapport à la qualité des seigneurs, & à la qualité des terres énoncées dans l'autre avis : Sur lesquels le sieur cardinal de Bonsy, vuidant le partage, a été d'avis que pour toutes sortes de dédommagemens quelconques pour les droits casuels qui étoient dus aux seigneurs par les mêmes terres, il leur sera payé la valeur d'un demi-lods de quinze en quinze années ; & en cas que la province voulût se libérer, elle payeroit ledit demi-lods, savoir, au seigneur qui n'aura simplement que la directe sur le pied du denier douze, & par-exemple, si le quinzieme dudit demi-lods revient à 100 livres, il lui sera baillé 1200 livres lors dudit rachat, & à proportion; & lorsque le seigneur direct aura la haute justice, sur le pied du denier quinze; & à l'égard des terres nobles, si elles sont sujettes aux us & coutumes de la prévôté & vicomté de Paris, sur le pied du denier seize; & à l'égard des terres nobles qui releveront au droit écrit, sur le pied du denier treize, lequel lods sera réglé sur les reconnoissances desdits seigneurs ou la coutume des lieux; & pour les terres nobles sujettes aux us & coutumes de la prévôté & vicomté de Paris, sur le pied du cinquieme denier seulement, attendu que ladite coutume ne porte point le requint. Et afin que la présente délibération soit exécutée, en sorte que les arrérages ne soient payés qu'à ceux auxquels ils sont dus, soit aux seigneurs, soit aux emphytéotes, & qu'à l'avenir lesdits seigneurs ne puissent pas demander les cens & rentes dues par les terres qui ont été prises pour le canal, & desquelles la province les dédommage par le même esprit qui l'a portée à indemniser les particuliers pour les fonds de terre, les communautés pour la taille & les ecclésiastiques pour la dixme; qu'à la diligence des syndics généraux, chacun dans son département, il en sera donné connoissance aux seigneurs particuliers par une lettre qui leur sera écrite, & aux emphytéotes par une autre lettre qu'ils écriront aux curés & aux consuls de chaque lieu, lesquels seront tenus de leur certifier si les emphytéotes ont payé ledit droit de cens à leurs seigneurs depuis le jour & date des procédures faites pour l'estimation desdites

terres, qui leur sera marqué par lesdits syndics généraux, pour être ensuite sur lesdites certifications ladite délibération exécutée pour raison desdits arrérages, en faveur des seigneurs, s'ils n'ont pas reçu ledit droit, ou des emphytéotes, s'ils l'ont payé; Et parce qu'il ne seroit pas juste que la province fît aucuns frais en exécution de ladite délibération, il sera écrit aussi aux seigneurs particuliers par les syndics généraux de remettre pardevant eux les originaux de leurs reconnoissances, ensemble la certification en bonne & due forme de la valeur des grains des dix dernieres années dans la ville capitale de chaque diocese, & celle aussi des consuls de ladite ville capitale & des officiers de la justice, de l'estimation qui est faite dans les aliénations ou dans les rachats des rentes particulieres en grains établies sur les fonds de terre, pour sur le tout être dressé par les syndics généraux, avec lesdits seigneurs, un état de ce qui sera dû à un chacun, tant pour lesdits arrérages, que pour le cens & rente à l'avenir, & pour le quinzieme dudit demi-lods, le cas du rachat avenant, ainsi qu'il est porté par ladite délibération, sur lequel état il sera pourvu au fonds qui leur sera fait pour le payement des arrérages & de ladite rente à l'avenir, suivant les liquidations qui en auront été faites dudit droit de demi-lods, à compter aussi du jour & date des procédures faites pour l'estimation des terres, à la charge toutefois que par un préalable & auparavant que lesdits seigneurs ne puissent être payés tant desdits arrérages que de ladite rente à l'avenir, les syndics généraux auront eux-mêmes déchargé sur l'original desdites reconnoissances les articles des terres qui ont été prises pour ledit canal en tout ou en partie, afin qu'à l'avenir les emphytéotes ne soient tenus que de payer ledit droit de cens à proportion de la contenance des terres qui leur restent ; & que moyennant le payement de ladite rente qui sera fait tous les ans aux seigneurs particuliers , & du sort principal d'icelle , lorsque la province voudra & sera en état de se racheter, ils ne pourront plus rien prétendre, soit contre la province, soit contre leurs emphytéotes, pour quelque cause & prétexte que ce soit. Requéroient lesdits gens des Trois-états de ladite province, qu'il plût à Sa Majesté, en attendant qu'elle puisse pourvoir au remboursement des sommes payées pour les susdites indemnités & celles qu'elle payera en conséquence de ladite délibération, ainsi qu'elle y est obligée par les susdits traités, d'autoriser ladite délibération & ordonner qu'elle sortira son plein & entier effet, avec défenses à tous juges, en cas de contestations, d'en prendre aucune connoissance, que Sa Majesté est très-humblement suppliée de se réserver. Vu ladite délibération dont la teneur est insérée ci-dessus, signée Mariotte, secrétaire de l'assemblée desdits Etats ; les traités faits par les commissaires de Sa Majesté & ceux desdits Etats le 2 Mars 1667, 1669 & le 5 Février 1671 ; Oui le rapport du sieur Lepelletier, conseiller ordinaire au conseil royal, contrôleur général des finances ; LE ROI ÉTANT EN SON CONSEIL, a autorisé & confirmé ladite délibération desdits Etats du 14 Novembre 1684 : Ordonné qu'elle sera exécutée selon sa forme & teneur. FAIT au conseil d'état du Roi, Sa Majesté y étant, tenu à Versailles le vingt-cinquiame jour d'Août 1685.

PHELYPEAUX, *signé.*

LOUIS, PAR LA GRACE DE DIEU, ROI DE FRANCE ET DE NAVARRE : Au premier notre huissier ou sergent

requis. Nous te commandons par ces présentes signées de notre main, que l'arrêt ci-attaché sous le contre-scel de notre chancellerie ce jourd'hui donné en notre conseil d'état, nous y étant, sur la requête des gens des Trois-états de notre province de Languedoc, portant confirmation d'une délibération desdits Etats du 14 Novembre 1684, tu signifies à tous ceux qu'il appartiendra, à ce qu'ils n'en prétendent cause d'ignorance. De ce faire & tous autres exploits & actes de justice que besoin sera pour l'entiere exécution dudit arrêt, te donnons pouvoir, commission & mandement spécial , sans demander autre permission : CAR tel est notre plaisir. DONNÉ à Versailles le vingt-cinquieme jour d'Août, l'an de grace mil six cent quatre-vingt-cinq, & de notre regne le quarante-troisieme. *Signé*, LOUIS. *Et plus bas :* Par le Roi, PHELYPEAUX.

V.

EXTRAIT du registre des délibérations des Etats généraux de Languedoc, assemblés par mandement du Roi en la ville de Montpellier, au mois de Novembre 1706.

Du Lundi 20 Décembre suivant, président Mgr. l'archevêque & primat de Narbonne.

LE sieur de Montferrier, syndic général, a dit, que les religieux de Quarante, le chapitre de Capestan & plusieurs autres particuliers supplioient l'assemblée de leur faire payer les arrérages des censives qui leur sont dues pour les terres de leur directe qui ont été occupées par le canal royal, & le demi-lods qui est payable de quinze en quinze années pour l'indemnité des droits casuels, ainsi qu'elle fut réglée par délibération des Etats du 9 Décembre 1684; que l'assemblée voulant mettre fin pour toujours à la demande de cette indemnité avoit délibéré le 18 Janvier dernier que les syndics généraux procéderoient dans le cours de l'année à la liquidation de ce qui est dû des arrérages desdits droits de censive, & de ce qui sera dû pour le rachat d'iceux, pour y être délibéré aux présens Etats, à quoi il n'a pas été satisfait, parce que les seigneurs n'avoient pas remis leurs titres : que pour suivre l'intention des Etats de l'année derniere, l'assemblée pourroit délibérer de rembourser aux seigneurs le capital des censives qui leur sont dues, sur le pied du denier trente, lorsqu'elles se trouvent unies avec la justice ; & du denier vingt-cinq, lorsqu'elles en sont séparées, suivant qu'il est porté par la délibération du 9 Décembre 1684; & de cette maniere les seigneurs étant remboursés de leurs fiefs sur la commune estimation qui en est faite lorsqu'ils sont vendus, ils n'auroient plus rien à prétendre contre la province : qu'à l'égard des seigneurs ecclésiastiques, comme ils ne peuvent retirer le prix de leurs fiefs sans l'employer en même-tems à un fonds qui porte un revenu au profit de leurs bénéfices, l'assemblée pourroit leur donner des contrats de constitution de rente sur la province dont ils retireroient le payement tous les ans jusqu'à ce qu'ils eussent trouvé un emploi légitime; mais qu'à l'égard du passé, il ne croit pas qu'on puisse éviter de payer aux seigneurs, tant ecclésiastiques que séculiers, les arrérages des droits de censive & demi-lods, si les quinze années sont échues : que pour ne pas différer ce payement plus long-tems, l'assemblée pourroit, si elle le jugeoit à propos, faire un fonds pour leur faire payer ce

qui leur compete à chacun pour cette indemnité.

Sur quoi, lecture faite des délibérations du 9 Décembre 1684 & du 18 Janvier dernier, les Etats ont délibéré qu'à la diligence des syndics généraux le remboursement des droits seigneuriaux qui sont dus pour les terres qui ont été prises pour le canal de communication des mers sera réglé sur le pied du denier vingt-cinq du produit annuel desdits droits s'ils sont jouis séparément de la justice ; & du denier trente s'ils y sont unis ; & qu'en attendant qu'ils soient remboursés du capital de ladite estimation, la rente leur en sera payée annuellement, à commencer du premier Janvier prochain sur les contrats qui seront expédiés à leur profit, après que ladite liquidation aura été portée aux prochains Etats, & qu'elle aura été approuvée ; au moyen de quoi ils pourront disposer des sommes qui leur sont dues comme de leurs autres dettes actives, à la réserve seulement des seigneurs ecclésiastiques qui seront tenus de donner un emploi légitime pour en être payés ; & jusqu'à ce qu'ils y ayent satisfait la rente leur en sera payée annuellement & à leurs successeurs auxdits bénéfices ; & attendu qu'au moyen dudit remboursement les seigneurs seront payés de la valeur de leurs fiefs, ils ne pourront prétendre à l'avenir aucun droit de demi-lods ; & à l'égard du passé, ils en seront payés, ensemble des arrérages dudit droit de censive par le trésorier de la bourse, sur les liquidations qui seront faites par les syndics généraux ; auquel effet il sera imposé dans le département des dettes & affaires de la province la somme de 6000 livres pour lui servir de fonds à ce remboursement.

VI.

ARRÊT

DU CONSEIL D'ETAT DU ROI,

Qui regle le remboursement des droits seigneuriaux pour les terres occupées par le canal royal, & pour les acquisitions faites par les gens de main-morte.

Du 11 Novembre 1709.

EXTRAIT *des Registres du Conseil d'Etat.*

SUR la requête présentée au Roi en son conseil par le syndic général de la province de Languedoc, CONTE-NANT que quoique les terres qui sont prises pour les ouvrages publics ne soient pas sujettes à payer aucuns droits, soit de lods ou d'indemnité, aux seigneurs de qui elles relevent, ainsi qu'il a été jugé par plusieurs arrêts du parlement de Toulouse ; néanmoins Sa Majesté a bien voulu s'assujettir par les traités qu'elle a faits avec les Etats de Languedoc, à indemniser les seigneurs pour les droits qui leur étoient dus pour les terres qui ont été prises pour le canal de communication des mers : mais les fonds qu'elle avoit faits pour cela n'ayant pas été suffisans, les Etats de ladite province ont bien voulu aussi par un esprit d'équité entrer dans l'obligation de ce remboursement, à la décharge de Sa Majesté ; & par leur délibération du 14 Novembre 1684, autorisée par arrêt du conseil du 25 Août 1685, ils auroient réglé que les seigneurs directs seroient payés annuellement de leurs droits de censive par forme de rente annuelle, de laquelle la province pourroit se racheter sur le pied du denier quinze : & à l'égard des terres nobles sujettes aux us & coutumes de Paris, sur le pied du denier

seize, & celles qui n'y sont pas sujettes, sur le pied du denier treize ; mais les Etats de ladite province ayant depuis reconnu que les seigneurs seroient entierement indemnisés de tous les droits seigneuriaux, tant ordinaires que casuels, en leur payant la valeur de leurs fiefs sur l'estimation ordinaire qu'ils sont vendus, ils auroient délibéré le 20 Décembre 1706 d'éteindre pour toujours la directe desdits biens, en payant aux seigneurs dont la directe est unie à la justice le capital de leurs censives, au denier trente, & aux seigneurs qui n'ont que la simple directe, sur le pied du denier vingt-cinq ; & qu'en attendant le payement dudit capital, la rente leur en seroit payée tous les ans sur le pied du denier vingt ; & qu'à l'égard des seigneurs ecclésiastiques, il leur seroit passé des contrats de ladite rente, jusqu'à ce qu'ils ayent donné un emploi légitime des capitaux qui leur seront dus ; au moyen de quoi la directe étant éteinte, tous les droits casuels seront aussi éteints & supprimés ; en exécution de laquelle délibération, il a été fait plusieurs liquidations des droits seigneuriaux au profit desdits seigneurs tant ecclésiastiques que laïques, dont aucun n'a réclamé. Et comme les seigneurs ne peuvent prétendre autre chose que le prix de leurs fiefs, sur le pied qu'ils auroient été vendus : A CES CAUSES, il requéroit qu'il plût à Sa Majesté autoriser ladite délibération & ordonner qu'elle sera observée selon sa forme & teneur, tant pour les terres qui ont été prises pour le canal de communication des mers, que pour les maisons & terres qui ont été ou qui seront prises à l'avenir pour la construction des églises, cimetieres, maisons presbytérales, places, fours, pressoirs, & généralement pour toutes les acquisitions qui seront faites par les gens de main-morte, soit pour droit d'indemnité, homme vivant, mourant & confiscant, ou pour quelque autre prétexte que ce soit, en payant néanmoins les arrérages du passé, ainsi qu'il est porté par lad. délibération des Etats. Vu ladite requête, la délibération des Etats de la province de Languedoc du 14 Novembre 1684; l'arrêt du conseil du 25 Août 1685, & la délibération desdits Etats du 20 Décembre 1706: Oui le rapport du sieur Desmaretz, conseiller ordinaire au conseil royal, contrôleur général des finances; LE ROI EN SON CONSEIL, a ordonné & ordonne que ladite délibération des Etats de Languedoc du 20 Décembre 1706 sera exécutée selon sa forme & teneur; & ce faisant, qu'en payant par les Etats de ladite province le capital des censives auxquelles les terres qui ont été prises pour le canal de communication des mers étoient sujettes, sur le pied du denier trente aux seigneurs dont la directe est unie à la justice, & du denier vingt-cinq pour les directes qui seront séparées de la justice, ladite directe sera éteinte & amortie, sans que pour raison desdites terres les seigneurs puissent prétendre à l'avenir aucune chose, soit pour le demi-lods, ni sous quelque autre prétexte que ce soit; & qu'en attendant le payement des sommes auxquelles lesdits droits de censive auront été liquidés, ils seront payés annuellement par ladite province des intérêts desdits capitaux sur le pied du denier vingt: Ordonne Sa Majesté que les seigneurs ecclésiastiques ne pourront exiger lesdits capitaux jusqu'à ce qu'ils ayent trouvé à les employer utilement pour l'église, & que les sommes dues aux seigneurs tant justiciers que directs pour les acquisitions qui ont été faites ou qui le seront à l'avenir par les communautés séculieres & régulieres, laïques & ecclésiastiques, seront réglées en conformité du présent arrêt, pour l'exécution duquel toutes lettres seront expédiées. FAIT au conseil d'état du Roi, tenu à Marly le onzieme jour de Novembre mil sept cent neuf. Collationné. RANCHIN, signé.

VII.

DÉCLARATION DU ROI,

Qui regle l'indemnité des seigneurs pour les terres du canal, & pour les acquisitions qui sont faites par les gens de main-morte.

Donnée à Versailles le 31 Décembre 1709.

LOUIS, PAR LA GRACE DE DIEU, ROI DE FRANCE ET DE NAVARRE: A tous ceux qui ces présentes lettres verront, SALUT. Par arrêt de notre conseil du 11 Novembre 1709, nous avons ordonné l'exécution de la délibération prise par nos très-chers & bien-amés les gens des Trois-états de notre province de Languedoc le 20 Décembre 1706, & en conséquence nous avons ordonné qu'en payant par les Etats de ladite province le capital des censives auxquelles les terres qui ont été prises pour le canal de communication des mers étoient sujettes, sur le pied du denier trente aux seigneurs dont la directe est unie à la justice & du denier vingt-cinq pour les directes qui seront séparées de la justice, ladite directe demeurera éteinte & amortie, sans que pour raison desdites terres les seigneurs puissent prétendre à l'avenir aucune chose, soit pour le demi-lods, ni sous quelque autre prétexte que ce soit, & qu'en attendant le payement des sommes auxquelles lesdits droits de censives auront été liquidés, ils seront payés annuellement par ladite province des intérêts desdits capitaux sur le pied du denier vingt ; comme auffi que les feigneurs eccléfiaftiques ne pourront exiger lefdits capitaux jufqu'à ce qu'ils ayent trouvé à les employer utilement pour l'églife, & que les fommes dues aux feigneurs tant jufticiers que directs pour les acquifitions qui auront été faites ou qui le feront à l'avenir par les communautés féculieres & régulieres, laïques & eccléfiaftiques, feront réglées en conformité dudit arrêt. Et voulant qu'il ait fon entiere exécution : A CES CAUSES, & autres à ce nous mouvans, de l'avis de notre confeil, & de notre certaine fcience, pleine puiffance & autorité royale, nous avons par ces préfentes fignées de notre main, dit, déclaré & ordonné, difons, déclarons & ordonnons, voulons & nous plaît que, conformément audit arrêt de notre confeil du 11 Novembre 1709, en payant par les Etats de notre province de Languedoc, le capital des cenfives auxquelles les terres qui ont été prifes pour le canal de communication des mers étoient fujettes, fur le pied du denier trente aux feigneurs dont la directe eft unie à la juftice, & du denier vingt-cinq pour les directes qui feront féparées de la juftice, ladite directe demeure éteinte & amortie, fans que pour raifon defdites terres les feigneurs puiffent prétendre à l'avenir aucune chofe, foit pour le demi-lods, ni fous quelque autre prétexte que ce foit ; & qu'en attendant le payement des fommes auxquelles lefdits droits de cenfives auront été liquidés, ils foient payés annuellement par ladite province des intérêts defdits capitaux fur le pied du denier vingt : Ordonnons que les feigneurs eccléfiaftiques ne pourront exiger lefdits capitaux, jufqu'à ce qu'ils ayent trouvé à les employer utilement pour l'églife, & que les fommes dues aux feigneurs tant jufticiers que directs pour les acquifitions qui auront été

faites ou qui le feront à l'avenir par les communautés féculieres & régulieres, laïques & eccléfiaftiques, foient réglées en conformité des préfentes. SI DONNONS EN MANDEMENT à nos amés & féaux confeillers les gens tenant notre cour de parlement à Touloufe que ces préfentes ils ayent à faire lire, publier, regiftrer, & le contenu en icelles garder & obferver felon leur forme & teneur, nonobftant tous édits, déclarations, arrêts & autres chofes à ce contraires, auxquelles nous avons dérogé & dérogeons par ces préfentes, aux copies defquelles collationnées par l'un de nos amés & féaux confeillers & fecrétaires, voulons que foi foit ajoutée comme à l'original : CAR tel eft notre plaifir ; en témoin de quoi nous avons fait mettre notre fcel à cefdites préfentes. DONNÉ à Verfailles le trente-unieme jour de Décembre l'an de grace mil fept cent neuf, & de notre regne le foixante-feptieme. *Signé*, LOUIS. *Et plus bas*; Par le Roi, PHELYPEAUX. Vu au confeil, DESMARETZ.

EXTRAIT des Regiftres du Parlement.

VU la déclaration du Roi donnée à Verfailles le 31 Décembre 1709, *fignée*, LOUIS ; *Et plus bas*, par le Roi, PHELYPEAUX, fcellée du grand fceau en cire jaune, par laquelle Sa Majefté ordonne que, fuivant l'arrêt du confeil du 11 Novembre dernier, en payant par les Etats de la province de Languedoc le capital des cenfives auxquelles les terres qui ont été prifes pour le canal de communication des mers étoient fujettes, fur le pied du denier trente aux feigneurs dont la directe eft unie à la juftice, & du denier vingt-cinq pour les directes qui font féparées de la juftice, ladite directe demeure & éteinte & amortie, & tout autrement, comme il eft porté par ladite

dite déclaration ; & Oui fur ce le procureur général du Roi qui en a requis
le regiftre ; LA COUR a ordonné &
ordonne que ladite déclaration du Roi
fera enregiftrée dans fes regiftres, pour
le contenu être gardé & obfervé fuivant fa forme & teneur ; que copies
d'icelle duement collationnées feront
envoyées dans les bailliages, fénéchauffées, & autres judicatures royales de
la province de Languedoc, pour être
procédé à femblable regiftre, à la diligence des fubftituts dudit procureur
général du Roi qui en certifieront la
cour dans le mois. Prononcé à Touloufe en parlement le vingt-fept Janvier mil fept cent dix. Collationné.
BESSON. Contrôlé. ROUJOUX. M. DE
MUA, rapporteur.

V I I I.
ÉDIT DU ROI,

Qui regle l'indemnité qui eft due aux
feigneurs pour les fonds qui font dus
par les gens de main morte.

Du mois de Février 1713.

LOUIS, PAR LA GRACE DE DIEU,
ROI DE FRANCE ET DE NAVARRE:
A tous préfens & à venir, SALUT.
Par notre déclaration du 31 du mois
de Décembre 1709, Nous avons ordonné, qu'en payant par les Etats de
Languedoc le capital des cenfives auxquelles étoient fujettes les terres qui ont
été occupées par le canal de communication des mers, au denier trente,
lorfque la directe eft unie à la juftice ;
& au denier vingt-cinq, lorfque la directe en eft féparée, la cenfive defdites terres, & l'indemnité qui eft due
aux feigneurs, demeureront éteintes
& fupprimées ; ce qui feroit pareillement obfervé pour les acquifitions qui
ont été faites, ou qui le feront à l'avenir par les communautés féculieres &

regulieres, laïques & eccléfiaftiques.
Et quoiqu'au moyen de cette déclaration, nous nous foyons fuffifamment
expliqués pour toutes les acquifitions
qui font faites par les gens de main-
morte pour l'ufage du public, & que
les feigneurs ne puiffent prétendre autre
chofe en cette occafion, que ce qu'ils
auroient retiré du prix de leurs directes
s'ils les avoient vendues, ils ont prétendu néanmoins que cette déclaration
ne devoit avoir lieu que pour les terres
qui ont été prifes pour le canal de communication des mers ; & les gens de
main-morte ont cru au contraire, pouvoir fe fervir de cette déclaration, pour
les acquifitions qu'ils ont faites pour
leurs ufages particuliers : ce qui étant
également contraire à l'équité, & à
notre intention, Nous avons cru nous
devoir expliquer encore fur cette
matiere, d'une maniere qui ne laiffe
aucun doute, afin d'éviter tous procès
& différends entre nos fujets. A CES
CAUSES, & autres confidérations à ce
nous mouvans, de l'avis de notre confeil, & de notre certaine fcience, pleine puiffance & autorité royale, Nous
avons par ce préfent édit perpétuel &
irrévocable, dit, ftatué & ordonné,
difons, ftatuons, & ordonnons, voulons & nous plaît, que notre déclaration du mois de Décembre 1709 foit
exécutée felon fa forme & teneur, tant
pour les terres qui ont été prifes pour
la conftruction du canal de communication des mers, que pour la conftruction
des forts, caſernes, murailles, foffés,
remparts, & autres édifices qui feront
faits pour notre fervice, pour la conftruction des églifes paroiffiales, cimetieres, maifons presbytérales, places
publiques, hôtels-de-ville, fours, preffoirs, moulins, collèges & féminaires,
& autres acquifitions qui feront faites pour l'ufage du public, ou pour
l'embelliffement des villes, pour lef-

quelles en payant aux feigneurs directs le fort principal des cenfives auxquelles les fonds occupés font fujets, à raifon du denier vingt-cinq, fi la directe eft féparée de la juftice, ou au denier trente, fi elle y eft jointe, la directe en demeurera éteinte à perpétuité, fans que les feigneurs jufticiers ou directs puiffent prétendre aucun autre droit à l'avenir fur lefdits fonds, fous quelque prétexte que ce foit, nonobftant tous arrêts, tranfactions, & ufages à ce contraires: Et à l'égard des acquifitions qui ont été, ou qui feront faites par les gens de main-morte pour leurs ufages particuliers, foit pour la conftruction des maifons religieufes, jardins, parcs, enclos, ou pour quelqu'autre ufage que ce foit qui leur foit particulier, Nous voulons & ordonnons qu'il en foit ufé comme auparavant notre déclaration du 31 Décembre 1709, dans laquelle Nous n'avons pas entendu les comprendre. Si DONNONS EN MANDEMENT à nos amés & féaux les gens tenant notre cour de parlement à Touloufe & des comptes, aydes & finances à Montpellier, que notre préfent édit ils aient à faire lire, publier & régiftrer, & le contenu en icelui fuivre, garder & obferver felon fa forme & teneur, nonobftant tous édits, déclarations, arrêts, réglemens, ufages & autres chofes à ce contraires, auxquels nous avons dérogé & dérogeons par le préfent édit; aux copies duquel collationnées par l'un de nos amés & féaux confeillers fecrétaires, Voulons que foi foit ajoutée comme à l'original; Car tel eft notre plaifir: Et afin que ce foit chofe ferme & ftable à toujours, Nous y avons fait mettre notre fcel. DONNÉ à Marly au mois de Février, l'an de grace 1713, & de notre regne le foixante-dixieme. *Signé*, LOUIS: *Et plus bas*; Par le Roi, PHELYPEAUX. Vifa PHELYPEAUX. Vu au confeil; *figné*, DEZMARETS.

IX.

ARRÊT

DU PARLEMENT DE TOULOUSE,

Qui juge en la caufe du grand prieur de Touloufe, & du fyndic de la même ville, que la déclaration du Roi du 30 Septembre 1709, & l'édit du mois de Février 1713, concernant l'extinction de la directe fur les fonds acquis pour l'utilité publique, doivent avoir effet rétroactif, nonobftant les accords & tranfactions contraires.

Du 16 Juin 1732.

LOUIS, PAR LA GRACE DE DIEU, ROI DE FRANCE ET DE NAVARRE: Au premier notre huiffier ou fergent fur ce requis. COMME en l'inftance en notre cour de parlement pendante, entre Me. Bailot, avocat, ancien capitoul, & fyndic de notre bonne ville de Touloufe; impétrant lettres en appel du jugement des requêtes du 20 Septembre 1731, & pour être reçu, en tant que de befoin, à défavouer tous les aveus, offres, acquiefcémens & confentemens préjudiciables qui pourroient avoir été faits ou donnés devant lefdites requêtes, avec dépens d'une part; & Me. Octave de Galéan, commandeur bailli de l'ordre de Malte, receveur pour fon ordre au grand prieuré de Touloufe, défendeur & fuppliant par requête de joint du 20 Mai dernier, à ce que fans avoir égard à l'appel & lettres dudit fyndic, & l'en déboutant avec amende & dépens, il foit ordonné que ledit jugement fortira fon plein & entier effet pour ce qui concerne l'adjudication du droit de lods échu le 9 Novembre 1708, enfemble les arrérages des censives, & autres droits seigneuriaux dus depuis vingt-neuf ans avant l'introduction de l'instance; comme aussi, pour le chef concernant la vérification ordonnée par le susdit jugement, & pour l'adjudication des dépens portés par le même jugement, avec dépens, d'une part; & ledit syndic de notre bonne ville de Toulouse, défendeur, d'autre : Et entre Mᵉ. René Dupré, chevalier, commandeur, grand prieur dudit Toulouse, notre conseiller en tous nos conseils d'état, & prieur successeur à Mᵉ. Octave de Galéan, ci-devant grand prieur de Toulouse, suppliant par requête de joint du 20 Mai dernier, à ce qu'il plaise à notre cour, qu'en demettant ledit syndic de la ville de Toulouse, de son appel & lettres, il soit ordonné que le jugement dont est l'appel sera exécuté en sa faveur, en ce qu'il condamne ledit syndic à consentir la nouvelle reconnoissance, & conformément à la transaction du 9 Novembre 1679, avec dépens, d'une part; & ledit syndic, défendeur & suppliant par requête de joint du 7 du courant, à ce qu'en disant droit à son appel, réformant ledit jugement des requêtes, il soit ordonné qu'en conformité de notre déclaration du mois de Septembre 1709, & à l'édit du mois de Février 1713, que la directe du fief dont s'agit du sieur grand prieur de Toulouse demeurera éteinte; ce faisant qu'il soit adjugé au suppliant les autres fins & conclusions prises devant lesdites requêtes, comme une suite de la demande en extinction dudit fief, avec dépens, d'une part; & ledit sieur grand prieur de Toulouse, défendeur, d'autre. NOTREDITE COUR, Vu le procès-plaidé du 21 Mai dernier; lesdites lettres & requêtes; Jugement des requêtes du 20 Septembre 1731; Productions respectives dudit sieur de Galéan & dudit syndic, sur lesquelles il a

été rendu; Transaction du 9 Novembre 1679; Notre déclaration du 30 Septembre 1709; Notre édit du mois de Février 1713; Instructions & autres actes remis dans les productions respectives desdites parties; ensemble les dire & conclusions de notre procureur général; PAR SON ARRET PRONONCÉ le 16 du mois de Juin 1732, disant droit aux parties, a mis & met l'appellation, & ce dont a été appellé au néant; & réformant, demeurant l'offre faite par ledit syndic de payer audit grand prieur de Toulouse, les lods échus le 8 Novembre 1708, & censives de vingt-neuf ans avant l'introduction de l'instance, conformément à la transaction de 1679, ensemble le sort principal de la censive de douze sols six deniers établie sur le fief en question, à raison du denier vingt-cinq; déclare ladite directe éteinte à perpétuité, sans qu'à raison de ce, le grand prieur puisse prétendre aucun droit sur ladite directe: Ordonne notredite cour, que par experts accordés ou pris d'office devant le rapporteur du procès, il sera procédé à la vérification & estimation de la valeur dudit fief, à l'effet de fixer les droits de lods échus le 8 Novembre 1708 : Aussi ordonne notredite cour, que par les mêmes experts il sera procédé à l'estimation de ladite censive de douze sols six deniers, pour fixer le sort principal à raison du denier vingt-cinq, lequel sort principal sera remboursé audit grand prieur, & lesdits droits de lods & susdite censive audit sieur de Galéan en ladite qualité qu'il procede; & demeurant la déclaration faite par ledit syndic dans son instruction signifiée le 12 Mai dernier, comme il ne veut point désavouer de ses offres, déclare n'y avoir lieu de prononcer sur la demande en désaveu par lui faite, condamne ledit grand prieur de Toulouse, & ledit de Galéan en ladite qualité que procede , au tiers des dépens de l'inftance envers ledit fyndic, chacun comme les concerne , la taxe réfervée , les autres deux tiers demeurant compenfés ; & fera l'amende reftituée. Nous , A CES CAUSES, à la requête dudit fyndic de notre bonne ville de Touloufe, te mandons & commandons mettre à due & entiere exécution le préfent arrêt , & en conféquence d'icelui, faire tous exploits requis & néceffaires ; comme auffi , contraindre par toutes voies dues & raifonnables ledit fieur René Dupré , commandeur & grand prieur de Touloufe , à payer & rembourfer incontinent & fans délai audit Me. Bailot , en ladite qualité que procede , la fomme de trois cent trente-deux livres feize fols deux deniers , tant pour le rapport intervenu au préfent arrêt, que les frais, expédition & fceau d'icelui. Mandons en outre à tous nos autres officiers - jufticiers & fujets, ce faifant obéir. DONNÉ à Touloufe , en notredit parlement, le vingt & unieme jour du mois de Juin, l'an de grace mil fept cent trente-deux, & de notre regne le dix-feptieme. Par la cour, COLOMIERS. Collationné J. SERRES. Contrôlé TILHOT. Contrôlé COURDURIER. Collationné ROBERT , *fignés. Monfieur* DE LAROQUE , *rapporteur.*

Pour prévenir tous les doutes qu'on pourroit élever fur les queftions annoncées par le titre de cet arrêt , nous joignons ici des extraits du journal du palais de Touloufe , & du commentaire fur le traité des droits feigneuriaux de M. Boutaric.

EXTRAIT *du journal du palais. de Touloufe tome* 5 , *arrêt* 164.

LE 16 Juin 1732, entre M. le grand prieur de Touloufe, René Dupré, confeiller du Roi en tous fes confeils

d'état & privé, & le fyndic de la ville de Touloufe, rapporteur M. de Laroque.

Jugé , conformément à la déclaration du Roi du 31 Décembre 1709, & l'édit du mois de Février 1713, que M. le grand prieur fera tenu d'éteindre & amortir la directe & la rente emphytéotique à lui appartenant, fur le local qui forme les arriere-boutiques du pont neuf du côté de la Daurade, à la charge par le fyndic de la ville, fuivant fon offre , de payer le prix dudit amortiffement & extinction, fur le pied du denier vingt-cinq, conformément auxdites déclarations & édit.

Les raifons de M. le grand prieur, pour refufer l'offre de la ville, étoient fondées fur une tranfaction paffée en 1679, entre le grand prieur & la ville, par laquelle, après un procès à ce fujet commencé, le fyndic avoit paffé la nouvelle reconnoiffance conforme à une précédente d'un nommé Virazel teinturier , dont la ville avoit acquis ce local.

Cette reconnoiffance portoit que tant que le fief demeureroit ès mains de la ville , elle feroit tenue de payer de vingt-neuf en vingt-neuf ans, à perpétuité, un droit de lods & ventes de la valeur dudit fief, telle qu'elle fe trouvera être lors de chaque fin de vingt-neuf ans.

Nota. Ce droit de lods de 29 en 29 ans fut mis à la place de l'indemnité, & cependant le premier lods fut payé lors de ladite tranfaction.

Sur cette tranfaction, le grand prieur difoit qu'il n'étoit pas au cas de l'édit de 1713, ni de la déclaration de 1709, (laquelle fut faite concernant les terres qui furent prifes pour le canal) & faifoit valoir la loi 7, *cod. de legibus* , liv. 1, tit. 14, & la loi 7, *cod. de natural. liberis* , liv. 5 , tit. 27. *Leges futuris certum eft dare formam negotiis , nifi nominatim de præterito tempore & adhùc pendentibus negotiis cautum fit.* Mais à cela venoient les termes de l'édit de 1713, qui porte, nonobftant tous arrêts, tranfactions & ufages à ce contraires.

Il étoit encore oppofé par le grand prieur que l'édit ne parle que des fonds dont les villes ont befoin pour l'ufage public ou pour des embelliffemens; ce qui ne s'appliquoit pas aux arriere-boutiques : Mais il a été répondu que la ville n'auroit pas pu faire les boutiques qui font l'ornement de la place du pont, fans y faire des arriere-boutiques. Les loix du code s'accommodent à la difpofition de l'édit de 1713; le titre *de operibus publicis,* liv. 8, tit. 12, eft de cette matiere; *idem* au digefte, liv. 50, tit. 8 & 10.

EXTRAIT du commentaire fur le traité des droits feigneuriaux de M. de Boutaric.

IL a été jugé le 16 Juin 1732, en faveur du fyndic de la ville de Touloufe, contre le grand prieur de la même ville, que cette déclaration & cet édit devoient avoir un effet rétroactif pour les acquifitions antérieures, quoique l'état de ces acquifitions fut déjà réglé par des tranfactions entre la ville & le grand prieur, parce que ces deux loix portent dérogation à toutes tranfactions & ufages contraires.

Il a été également jugé par l'arrêt du conseil rapporté fous le n°. fuivant que la déclaration de 1709 & l'édit de 1713, devoient avoir un effet rétroactif.

X.
ARRÊT
DU CONSEIL D'ÉTAT DU ROI,
Qui accorde le délai d'une année pour la remife des titres des feigneurs qui

ont des indemnités à prétendre, pour raifon des terres prifes pour l'emplacement du canal royal.

Du 20 Novembre 1734.

EXTRAIT des Regiftres du Confeil d'Etat.

VU par le Roi étant en fon confeil, l'article IV du cahier préfenté cette année à Sa Majefté, par les députés des Etats de la province de Languedoc; CONTENANT, entr'autres chofes, que lefdits Etats, après avoir fourni des fommes confidérables pour la conftruction du canal de communication des deux mers, fe porterent encore en l'année 1684 à rembourfer, à la décharge de Sa Majefté, le montant des indemnités qui pouvoient être dues à plufieurs feigneurs, tant à l'occafion des terres prifes pour l'emplacement dudit canal, que pour l'extinction des droits feigneuriaux; ce qui avoit été approuvé par arrêt du confeil du 15 Août 1685 : Que depuis ladite année 1685, lefdits Etats avoient fatisfait à cette obligation, en payant plufieurs fommes, fuivant les liquidations qui en avoient été faites, en conféquence d'un autre arrêt du confeil du 11 Novembre 1709, & de la déclaration du 31 Décembre de la même année : Et quoique depuis le long-tems qui s'eft écoulé, tous ceux qui avoient lieu de prétendre de pareilles indemnités euffent dû fe préfenter pour en demander la liquidation, il s'en préfentoit néanmoins encore de tems en tems; ce qui expofoit les Etats à une difcuffion très-embarraffante & très-difficile, par rapport aux éclairciffemens néceffaires pour ftatuer fur des demandes qui remontoient à des tems trop éloignés : A quoi le bon ordre & la juftice exigeoient que l'on mît des bornes; ce qui obligeoit lefdits Etats, de fupplier très-humblement Sa Majeſté d'y pourvoir, en ordonnant que tous les ſeigneurs eccléſiaſtiques, laïcs, ou autres qui auroient quelqu'indemnité à demander, pour raiſon de leurs droits ſeigneuriaux, ſur les terres priſes pour ledit canal, fuſſent tenus, dans le délai d'une année, de remettre leurs mémoires & pieces juſtificatives, à l'un des ſyndics généraux de la province de Languedoc, pour être enſuite procédé par l'aſſemblée des Etats de ladite province, à la liquidation de leurs demandes, paſſé lequel délai ils en ſeroient déchus. Vu auſſi les arrêts du conſeil, des 15 Août 1685, & 11 Novembre 1709, & la déclaration du 31 Décembre de ladite année 1709; l'avis du ſieur de Bernage de Saint-Maurice, intendant en Languedoc, & la réponſe de Sa Majeſté audit article IV du cahier des Etats de Languedoc : Oui le rapport du ſieur Orry, conſeiller d'état, & conſeiller ordinaire au conſeil royal, contrôleur général des financés ; SA MAJESTÉ ÉTANT EN SON CONSEIL, conformément à la réponſe qu'elle a faite à l'article IV dudit cahier, voulant favorablement traiter les Etats de la province de Languedoc, a ordonné & ordonne, que dans le délai d'une année, qui commencera au premier de Décembre de la préſente année 1734, tous les ſeigneurs eccléſiaſtiques, laïcs, & autres qui auront quelqu'indemnité à demander, pour raiſon de la cenſive, & des demi-lods à eux dus pour les terres qui furent priſes lors de la conſtruction du canal de communication des mers, ſeront tenus de remettre les mémoires & pieces juſtificatives de leurs demandes, à l'un des ſyndics généraux de la province de Languedoc, pour être enſuite procédé par l'aſſemblée des Etats de ladite province, à la liquidation & au payement des ſommes qui leur ſeront dues, pour l'extinction des cenſives, directes, demi-

lods, & généralement de tous droits annuels & caſuels, conformément à l'arrêt du conſeil du 11 Novembre 1709, & à la déclaration du 31 Décembre de la même année ; paſſé lequel tems, & ſans autre délai, tous leſdits droits ſeigneuriaux ſans exception, demeureront éteints ; ſans que ceux qui les prétendent puiſſent, ſous prétexte de minorité, ou tel autre que ce ſoit, en former aucune demande auxdits Etats, dans quelque tribunal que ce puiſſe être. FAIT au conſeil d'état du Roi, Sa Majeſté y étant, tenu à Fontainebleau le vingtieme jour de Novembre mil ſept cent trente-quatre.

Signé, PHELYPEAUX.

LOUIS-BASILE DE BERNAGE, *chevalier, ſeigneur de Saint-Maurice, Vaux, Chaſſy, & autres lieux, conſeiller d'état, grand'croix de l'ordre royal & militaire de St. Louis, intendant de juſtice, police & finances en la province de Languedoc.*

VU l'arrêt du conſeil d'état ci-deſſus en date du vingtieme Novembre dernier : Nous ORDONNONS que ledit arrêt ſera exécuté ſelon ſa forme & teneur. FAIT à Montpellier le dixieme Décembre mil ſept cent trente-quatre. *Signé*, DE BERNAGE : *Et plus bas ;* Par Monſeigneur, GRASSET.

Collationné.

X I.
A R R Ê T
DU CONSEIL D'ETAT DU ROI,

Qui ordonne contradictoirement avec le ſieur de Croye, l'exécution de l'arrêt du conſeil du 31 Décembre 1709, & de l'édit du mois de Février 1713 au ſujet de l'extinction de la cenſive à lui due par la com-

munauté de Saint-Hypolite, à raison des fonds qu'elle a acquis dans l'étendue de sa directe pour y construire l'hôtel-de-ville, la tour de l'horloge & autres ouvrages publics.

Du 6 Août 1738.

EXTRAIT des Registres du Conseil d'Etat.

VU par le Roi, en son conseil, les mémoires présentés par le sieur de Croye, seigneur en partie de la ville de Saint-Hypolite, par lesquels il demande en premier lieu, que ladite communauté soit tenue de lui passer nouvelle reconnoissance de certains biens qu'elle a acquis dans l'étendue de sa directe, qui sont l'hôtel-de-ville, la tour de l'horloge, le marché, public, la place où étoit anciennement le temple, la promenade appellée le petit-Pré, & la maison servant d'hôpital des malades; & en second lieu, que la communauté lui paye les arrérages des censives auxquelles ces mêmes biens étoient assujettis, ensemble les lods dus, de trente en trente années, pour son indemnité; pour l'appui desquelles demandes ledit sieur de Croye soutient que la déclaration de 1709 & l'édit de 1713, servant de réglement en Languedoc sur les indemnités dues aux seigneurs, pour raison des acquisitions faites par les communautés pour l'usage du public, ne peuvent lui être opposés, sa demande étant fondée sur des titres antérieurs à ces réglemens qui ne peuvent avoir d'effet rétroactif; que la question a été jugée dans un cas semblable par ordonnance de feu sieur de Bernage, intendant en Languedoc, du 14 Février 1724, & par autre rendue par le sieur de Saint-Maurice le 13 Avril 1725, portant condamnation contre la communauté de Quillan en faveur de la dame de Fons, à laquelle

appartient la seigneurie de ce lieu, d'un demi-lods de trente en trente années, conformément aux anciennes transactions passées entre les auteurs de cette dame & la communauté; Que la déclaration du Roi du 21 Novembre 1724 porte, articles II & V, que les gens de main-morte payeront à l'avenir à Sa Majesté le droit d'indemnité sur le pied fixé par les usages & coutumes des lieux, & que le capital dudit droit sera converti en une rente foncière au denier trente; & article IV, que le payement de l'indemnité né dispensera point la main-morte de payer les autres droits seigneuriaux, comme cens, & autres redevances annuelles, dont les héritages acquis peuvent être chargés, non plus que de fournir l'homme vivant & mourant; d'où le sieur de Croye infere que l'intention du Roi a été de faire une loi égale entre Sa Majesté & ses sujets; & il ajoute que c'est aujourd'hui cette loi qui doit servir de regle pour la question à décider, & non pas à celle établie par la déclaration de 1709, & l'édit de 1713. Les mémoires des consuls &, communauté de Saint-Hypolite, par lesquels ils soutiennent, que suivant la déclaration du Roi du 31 Décembre 1709, & l'édit du mois de Février 1713, ladite communauté n'est tenue envers ledit sieur de Croye, que de lui payer, pour l'extinction de sa directe sur les fonds dont il s'agit, le sort principal du montant des censives sur le pied du denier trente, si la justice est unie à la directe, ou du denier vingt-cinq, si la directe en est séparée; ce qu'elle offre de faire, & de lui payer en outre la rente de ce capital, à raison du denier vingt depuis 1709, ensemble les arrérages des censives qui pouvoient alors être dues; Que les dispositions de ladite déclaration & édit, comprennent non-seulement les acquisitions à faire à l'avenir par les communautés, mais auffi celles qui étoient faites alors ; que l'édit porte même, que les difpofitions y contenues auront lieu, nonobftant tous arrêts, tranfactions & ufages contraires ; d'où il faut conclure, que l'intention du Roi a été furement de donner à cette loi un effet rétroactif ; Qu'enfin ces difpofitions ne font point détruites par la déclaration de 1724 qui eft ici fans application, ne s'y agiffant que des terres relevant de Sa Majefté : Vu auffi le mémoire du fyndic général de la province de Languedoc, dans lequel, après avoir débattu les raifons des deux parties & rapporté les motifs de la déclaration de 1709 & l'édit de 1713, & les avoir appliqués au cas dont il s'agit, il demande de fon chef l'exécution de ces réglemens ; conformément aux conclufions de la communauté de Saint-Hypolite ; & les pièces jointes auxdits mémoires ; la déclaration du Roi du 31 Décembre 1709, l'édit du mois de Février 1713, & l'avis du fieur de Bernage de Saint-Maurice, intendant en Languedoc : Oui le rapport du fieur Orry, confeiller d'état & ordinaire au confeil royal, contrôleur général des finances ; LE ROI EN SON CONSEIL, a ordonné & ordonne que la déclaration du 31 Décembre 1709, & l'édit du mois de Février 1713, feront exécutés felon leur forme & teneur, & en conféquence qu'en payant par la communauté de Saint-Hypolite, & fuivant fes offres, au fieur de Croye pour l'extinction de fa directe fur les fonds dont il s'agit, le fort principal du montant des cenfives, fur le pied du denier trente, fi la juftice eft unie à la directe, ou du denier vingt-cinq, fi la directe en eft féparée ; comme auffi, la rente de ce capital depuis lefdites acquifitions, enfemble les arrérages des cenfives qui pouvoient être dues alors, fuivant la liqui-

dation qui en fera faite par le fieur intendant en Languedoc, ou celui qui fera par lui commis, ladite communauté de Saint-Hypolite demeurera déchargée des demandes dudit fieur de Croye, fans néanmoins qu'il puiffe être tenu d'aucune reftitution envers ladite communauté. FAIT au confeil d'état du Roi, tenu à Compiegne le cinq Août mil fept cent trente-huit. Collationné. *Signé*, GUYOT.

L OUIS, PAR LA GRACE DE DIEU, ROI DE FRANCE ET DE NAVARRE, Au premier notre huiffier ou fergent fur ce requis. Nous te mandons & commandons que l'arrêt dont l'extrait eft ci-attaché fous le contre fcel de notre chancellerie, ce jourd'hui rendu en notre confeil d'état, pour les caufes y contenues, tu fignifies à tous qu'il appartiendra, à ce qu'aucun n'en ignore, & fais en outre pour fon entière exécution, à la requête de la communauté de Saint-Hypolite y dénommée, tous commandemens, fommations & autres actes néceffaires, fans autre permiffion ; CAR tel eft notre plaifir. DONNÉ à Compiegne le cinq Août, l'an de grace mil fept cent trente-huit, & de notre regne le vingt-troifieme. Par le Roi en fon confeil. *Signé*, GUYOT.

X I I.
ORDONNANCE
DE NOSSEIGNEURS LES COMMISSAIRES
du Roi & des Etats.

Portant que conformément à la déclaration du 31 Décembre 1709, & à l'édit du mois de Février 1713, la directe appartenant à l'Oratoire du féminaire de Montpellier comme prieur de Grammont, fur certains fonds faifant partie de ceux qui ont été acquis pour la conftruction des caſernes

caſernes de ladite ville , demeurera
éteinte en payant par ladite ville le
capital de la cenſive à raiſon du denier vingt-cinq , attendu que la directe eſt ſéparée de la juſtice ; & moyennant l'extinction de ladite directe , ladite ville demeurera déchargée
de toute indemnité & du payement
de la rente de ſeize livres ſtipulée à
raiſon de ce , tant pour le paſſé que
pour l'avenir.

Du 8 Janvier 1754.

LES COMMISSAIRES NOMMÉS
par lettres - patentes de Sa Majeſté
du 30 Janvier 1734 , & autres données en conſéquence , pour régler tout
ce qui concerne les affaires des villes
& communautés de la province de
Languedoc.

V U la requête à nous préſentée par
le ſupérieur de l'Oratoire du ſé-
minaire de Montpellier , prieur de
Grammont, tendante à ce que les maire
& conſuls de ladite ville ſoient tenus de
lui procurer le payement des arrérages
de la rente de dix-ſept livres trois ſols
ſix deniers qui lui eſt due , à compter
depuis l'année 1744 qu'ils ont ceſſé
d'en faire l'impoſition , & à ce qu'il
leur ſoit en outre permis de l'impoſer
à l'avenir à ſon profit , ſi mieux ladite
communauté n'aime pourvoir au rembourſement du principal de lad. rente ,
ainſi qu'il ſera réglé par des Experts à
cet effet convenus : L'ordonnance par
nous rendue ſur ladite requête le 11
Décembre 1751 , portant, avant faire
droit, que ledit ſupérieur de l'Oratoire
rapportera les titres qui établiſſent ladite rente de dix-ſept livres trois ſols
ſix deniers , & qu'il les communiquera
avec ladite requête auxdits maire &
conſuls ; à l'effet d'y répondre , pour ,
le tout rapporté , être enſuite ordonné
ce qu'il appartiendra : L'exploit de ſi-

gnification de la ſuſdite ordonnance ,
faite auxdits maire & conſuls le 28
Février 1752 , & les pieces produites
par ledit ſupérieur & ſyndic , conſiſ-
tant en une requête préſentée au ſieur
de Lamoignon de Baſville , ci-devant
intendant de cette province , par ſieur
Jean Eſtival , prieur - commandant de
Monterbedon, ordre de Grammont, au
ſujet du droit d'indemnité & de l'uſage
qu'il demandoit à la communauté de
Montpellier pour certains fonds relevant de ſa directe , ſur leſquels les caſernes de ladite ville avoient été conſtruites ; dans laquelle requête ledit ſieur
Eſtival expoſe , que ledit droit d'indemnité , à cauſe de la main-morte , avoit
été réglé par experts à la rente annuelle
d'une livre trois ſols ſix deniers auquel
leſdits fonds étoient ſujets , & que la
procédure deſdits experts avoit été autoriſée par une ordonnance dudit ſieur
de Baſville du 18 Novembre 1698 ; ladite requête répondue le 16 Octobre
1702 , d'une premiere ordonnance de
ſoit communiqué aux conſuls pour y
répondre dans trois jours , & d'une
ſeconde ordonnance ſur la réponſe deſdits conſuls le 8 Novembre de ladite
année 1702 , portant que les conſuls
procureront audit prieur de Grammont
le payement de la ſomme de ſoixante-
huit livres quatorze ſols pour les arrérages de ladite redevance , & qu'elle
ſera annuellement compriſe dans le
rôle des impoſitions. Vu pareillement
l'extrait de délibération priſe par le
conſeil politique de ladite ville de
Montpellier le 26 Juin 1752, par laquelle il eſt déterminé de répondre à
la requête du ſupérieur & ſyndic de
l'Oratoire , & de porter devant nous
les mêmes conteſtations qui ſont propoſées par l'avis du ſieur Etienne 'Craſſous avocat, que les maire & conſuls
ont conſulté à ce ſujet ; La conſultation
dudit ſieur Craſſous , en date du 7 Mai

1752 : La requête préfentée en conféquence par lefdits maire & confuls de
Montpellier, contenant que s'il eft par
nous trouvé que les rente & ufage dont
il s'agit, font fuffifamment juftifiées, il
foit ordonné que la directe fera entierement éteinte en payant le principal
fur le pied du denier vingt - cinq, &
qu'à ces fins le fupérieur de l'Oratoire
fera tenu de donner un emploi légitime pour la fureté des deniers dans un
certain délai, paffé lequel ladite ville
ceffera de payer la rente, & le principal demeurera configné entre les mains
du tréforier Clavaire : La foumiffion
faite par le Pere Corbert, fupérieur &
fyndic de l'Oratoire, contenant que fi
la ville de Montpellier perfifte à vouloir éteindre la rente dont il s'agit, il y
donne fon confentement, offrant pour
la fureté de ladite ville, d'employer le
capital à des améliorations ou réparations qu'il y a à faire à certains biens
dépendans du bénéfice, qu'il indiquera
dans le tems : Le mémoire remis par
ledit fyndic, par lequel il infifte à demander que ladite ville de Montpellier
foit tenue de lui payer trois cent vingt
livres pour le fort principal de la rente
de feize livres repréfentant le droit d'indemnité de trente en trente ans, à caufe
de la main-morte, & en outre le capital de la cenfive d'une livre trois fols fix
deniers fur le pied du denier vingt, avec
les arrérages defdites rente & cenfive
qui lui font dues depuis l'année 1744 ;
lefdites demandes étant fondées fur ce
que l'ordonnance rendue par le feu fieur
de Bafville en 1698, ayant réglé l'indemnité de la directe, fuivant l'eftimation faite par experts, à une certaine
fomme payable annuellement & à perpétuité, & ladite fomme ou rente ayant
été impofée en conféquence pendant
plus de quarante ans, on ne doit plus
la regarder comme une cenfive ou redevance feigneuriale, mais comme les

intérêts d'un capital qui a été placé ou
laiffé fur ladite ville, en exécution de
ladite ordonnance qui a tenu lieu de
contrat, puifqu'il auroit été libre audit
prieuré ou maifon de l'Oratoire, de retirer le capital lorfque ladite ordonnance fut rendue, fi ladite ville n'eût confenti de payer tous les ans ladite rente
de 16 livres & ladite cenfive, & que
dès-lors ladite maifon de l'Oratoire fe
trouve dans un cas fort différent du fieur
de Croye à l'égard de la communauté
de Saint - Hypolite, où le prix de l'indemnité n'auroit pas été eftimé ni fixé
à une certaine fomme ; d'où il fuit,
qu'on ne peut lui oppofer ni la déclaration de 1709, ni l'édit de 1713, ni
l'arrêt du confeil du 6 Août 1738. Vu
auffi la déclaration du Roi du 31 Décembre 1709, par laquelle il eft ordonné qu'en payant par les Etats de
Languedoc le capital des cenfives auxquelles étoient fujettes les terres qui
étoient occupées par le canal de communication des mers, au denier trente
lorfque la directe eft unie à la juftice,
& au denier vingt-cinq lorfque la directe en eft féparée, la cenfive defdites
terres & l'indemnité qui eft due aux
feigneurs, demeureront éteintes & fupprimées ; ce qui fera pareillement obfervé pour les acquifitions qui ont été
faites ou qui le feront à l'avenir par les
communautés féculieres & régulieres,
laïques & eccléfiaftiques : L'édit du
mois de Février 1713, portant que les
difpofitions de la déclaration précédente
de l'année 1709 auront lieu, tant pour
la conftruction du canal royal, que pour
la conftruction des forts, cafernes, murailles, foffés, remparts, & autres édifices qui feront faits pour le fervice de
Sa Majefté, pour la conftruction des
églifes paroiffiales, cimetieres, maifons
presbytérales, places publiques, hôtels-
de-ville, fours, preffoirs, moulins, colléges & féminaires, & autres acquifi-

N°. XII.

...tions qui feront faites pour l'ufage public & pour l'embelliffement des villes; qu'en payant aux feigneurs directs le fort principal des cenfives auxquelles les fonds occupés font fujets, fur le pied porté par ladite déclaration, la directe en demeurera éteinte à perpétuité, fans que les feigneurs jufticiers ou directs puiffent prétendre aucuns autres droits à l'avenir fur lefdits fonds, fous quelque prétexte que ce foit, nonobftant tous arrêts, tranfactions & ufages contraires : L'arrêt du confeil d'état du Roi, rendu en contradictoires défenfes entre le fieur de Croye, la communauté de Saint - Hypolite au diocefe d'Alais, le fyndic d'Alais, & le fyndic général de la province de Languedoc, le 6 Août 1738, par lequel, fur la demande formée par le fieur de Croye, à ce que la communauté de Saint - Hypolite foit tenue de lui paffer nouvelle reconnoiffance de certains biens qu'elle avoit acquis dans fa directe, & de lui payer les arrérages des cenfives auxquelles ces mêmes biens étoient affujettis, enfemble les lods dus de trente en trente ans pour fon indemnité, nonobftant la déclaration du 31 Décembre 1709, & l'édit du mois de Février 1713, qui ne pouvoit pas avoir un effet rétroactif ; & fur la réponfe de ladite communauté, que les difpofitions de ladite déclaration & dudit édit, comprenoient non - feulement les acquifitions à faire à l'avenir par les communautés, mais auffi celles qui étoient faites alors, enfemble fur le mémoire remis par le fyndic général, pour demander l'exécution de ladite déclaration & dudit édit, conformément aux conclufions de ladite communauté, il fut ordonné que la déclaration du 31 Décembre 1709, & l'édit du mois de Février 1713, feront exécutés felon leur forme & teneur ; & en conféquence, ordonne qu'en payant par la communauté de Saint-Hypolite & fuivant fes offres, audit fieur de Croye pour l'extinction de fa directe fur les fonds acquis par ladite communauté pour y conftruire l'hôtel - de - ville, la tour de l'horloge & autres ouvrages publics, le fort principal du montant des cenfives fur le pied du denier trente fi la juftice eft unie à la directe, ou au denier vingt-cinq fi la directe en eft féparée ; comme auffi la rente de ce capital depuis lefdites acquifitions, enfemble les arrérages des cenfives qui pourroient être dues alors, fuivant la liquidation qui en fera faite par le fieur intendant en Languedoc, ladite communauté de Saint-Hypolite demeurera déchargée des demandes du fieur de Croye, fans néanmoins qu'il puiffe être tenu d'aucune reftitution envers ladite communauté. Vu enfin les Conclufions du fyndic général de la province :

Nous commissaires, ayant aucunement égard à la requête des maire & confuls de la ville de Montpellier, Ordonnons, conformément à la déclaration du 31 Décembre 1709, & à l'édit du mois de Février 1713, que la directe appartenant au prieuré de Grammont, fur certains fonds faifant partie de ceux qui ont été acquis pour la conftruction des cafernes, demeurera éteinte, en payant par ladite ville le capital de la cenfive de vingt-trois fols fix deniers, à raifon du denier vingt - cinq, attendu que la directe eft féparée de la juftice ; revenant ledit capital, fuivant la liquidation qui en a été faite, à la fomme de vingt-neuf livres un fol trois deniers ; auquel effet, ladite fomme fera impofée la préfente année au profit de la maifon de l'Oratoire de Montpellier, qui jouit dudit prieuré, & payée au findic de ladite maifon, à la charge par lui d'indiquer, fuivant fon offre, lors du payement qui lui en fera fait, un emploi affuré en faveur dud. prieuré de

No. XII.

Grammont; au défaut duquel emploi, ladite fomme demeurera confignée entre les mains du tréforier Clavaire de ladite ville , aux périls & rifques dudit prieuré & maifon de l'Oratoire ; & moyennant l'extinction de laquelle directe , ladite ville demeurera déchargée de toute indemnité , & du payement de la rente de feize livres , tant pour le paffé depuis l'année 1744 , où le payement en a ceffé , que pour l'avenir ; fans préjudice néanmoins audit fyndic de la maifon de l'Oratoire de juftifier, dans deux mois pour tout délai , de la novation qu'il prétend avoir été faite de ladite rente repréfentant ladite indemnité , en une fimple rente conftituée & rachetable, au moyen du capital de trois cent vingt livres ; & pour ce qui concerne les arrérages de ladite cenfive d'une livre trois fols fix deniers depuis l'année 1744 , Ordonnons qu'ils feront impofés la préfente année , & payés au fyndic de la maifon de l'Oratoire, fur fa fimple quittance. FAIT à Montpellier, au bureau de la commiffion , le huit Janvier mil fept cent cinquante-quatre. *Signés par colonnes ,*

DE SAINT-PRIEST.
SOLAS.
MARTIN.   ST. ROME, Maire de
              Mende.

Par Noffeigneurs.

DE BEAULIEU.

XIII.
ARRÊT
DU CONSEIL D'ETAT DU ROI,

Qui approuve le contrat de vente de l'enclos appellé de Trinquere , paffé par M. Bonnier de la Moffon aux religieux de la Merci , le 15 Septembre 1740 ; enfemble l'acte du même jour , paffé entre MM. les commiffaires des travaux publics de

No. XIII.

la province & lefdits religieux, au fujet de la démolition de leur couvent & églife fituée fur la place du Peyrou, & du payement de la fomme de 40,000 liv. qui doit leur être faite par la province, pour la conftruction d'une nouvelle églife & couvent ; & ordonne que les cenfives & l'indemnité qui peuvent être dues aux feigneurs directs dudit enclos, feront éteints & fupprimés, conformément à l'édit du mois de Février 1713.

Du 11 Août 1742.

EXTRAIT des Regiftres du Confeil d'Etat.

SUR la requête préfentée au Roi , étant en fon confeil , par le fyndic général de la province de Languedoc ; CONTENANT , que ladite province ayant pris plufieurs délibérations pour élargir la place du Peyrou de la ville de Montpellier, où a été placée en 1717, la ftatue équeftre du feu Roi Louis-le-Grand , & l'enfermer dans la ville par l'enceinte d'un grand foffé ; & étant néceffaire , pour perfectionner cet ouvrage, de démolir la maifon & couvent des religieux de la Merci, qui eft fitué fur un des côtés de ladite place, Sa Majefté, par un arrêt du 7 Juillet 1731, auroit ordonné , du confentement defdits religieux, que leurs maifon & couvent feroient démolis, à la charge toutefois par les Etats de ladite province , de leur en faire rebâtir un autre dans le lieu qui feroit convenu entre lefdits Etats & lefdits religieux. Qu'en exécution de cet arrêt , les Etats feroient convenus avec lefdits religieux, que leur maifon & couvent feroient placés dans un enclos appellé de Trinquere, appartenant au fieur Bonnier de la Moffon , tréforier des Etats de ladite province , dont le prix feroit payé par lefdits Etats ; lefquels fe font engagés en même-tems, de faire démolir à leurs frais & dépens le couvent actuel desdits religieux, d'en faire transporter les matériaux dans ledit enclos, & de payer auxdits religieux, la somme de quarante mille livres pour la construction de leur nouvelle maison & couvent, à la charge qu'ils ne pourront prétendre autre chose pour ladite construction, sous quelque prétexte que ce soit : Que ces conventions ayant été d'abord rédigées en articles, & signées par lesdits religieux, elles furent approuvées par une délibération des Etats du 19 Janvier 1740, en conséquence de laquelle, le prix dudit enclos auroit été réglé ; & ledit sieur de la Mosson étant obligé de consentir à la vente, attendu qu'il s'agit de la décoration de la ville de Montpellier & de la province, Sa Majesté, par un autre arrêt de son conseil du 18 Juillet dernier, auroit ordonné que ledit sieur de la Mosson seroit tenu de passer ledit contrat de vente dudit enclos, auxdits religieux de la Merci, & ce, pour le prix & conditions portées par ledit arrêt ; en exécution duquel, ledit sieur de la Mosson, par acte du 15 Septembre dernier, reçu par Bellonnet, notaire de ladite province, à Montpellier, a fait vente auxdits religieux, dudit enclos de Trinquere, pour y construire leur maison, couvent & église, & autres lieux à leur usage ; & par le même acte, les sieurs commissaires des travaux publics de ladite province, en vertu du pouvoir à eux donné par la susdite délibération du 19 Janvier dernier, se sont obligés de payer le prix de ladite vente audit sieur de la Mosson, à la décharge desdits religieux, & de les faire tenir quittes des censives & droits seigneuriaux auxquels ledit enclos peut être sujet envers les seigneurs dont il releve, ensemble des droits de lods qui pourroient être dus à

raison de ladite vente : Que par un autre acte du même jour 15 Septembre, reçu par le même notaire, lesdits sieurs commissaires & lesdits religieux ont rédigé en acte public les articles convenus, tant pour le dédommagement de la maison & couvent desdits religieux, que pour le prix de ladite démolition, transport des matériaux, & réparations à faire aux bâtimens étant dans ledit enclos vendu par ledit sieur de la Mosson, pour le mettre en état de loger lesdits religieux, jusqu'à ce que la nouvelle maison & couvent qui doivent être construits, soient dans leur perfection ; dans lequel acte il a été stipulé, entr'autres choses, que lesdits religieux seront tenus de faire construire leur nouvelle église & couvent dans l'espace de vingt-une années ; savoir, l'église dans sept ans, à compter du premier Janvier 1741, & le couvent dans les quatorze années suivantes, & que la somme de quarante mille livres, qui doit leur être payée pour ladite construction, leur sera comptée ; savoir, dix mille livres en commençant l'ouvrage, quinze mille livres lorsque la construction de l'église sera entierement achevée, & pareille somme de quinze mille livres, lorsque l'ouvrage sera entierement achevé & dans sa perfection. Que comme il est très-important, pour la sûreté du traité fait avec lesdits religieux, qu'il soit autorisé par Sa Majesté, il a été stipulé expressément dans ledit acte, que le suppliant pourroit se pourvoir devant Elle pour obtenir cette autorisation : Que d'ailleurs, il est à remarquer, par rapport à l'engagement que la province a contracté avec lesdits religieux, de les faire tenir quittes des censives & droits seigneuriaux auxquels l'enclos à eux vendu par le sieur de la Mosson, peut être sujet, ensemble des droits de Lods qui pourroient être dus à l'occasion de ladite vente : Que le fuppliant eft en droit d'appliquer à ladite acquifition, ce qui eft preferit par la déclaration du feu Roi, du 31 Décembre 1709, & par l'édit du mois de Février 1713, lequel édit, en confirmant ladite déclaration, ordonne que pour toutes les terres qui ont été ou qui feront prifes, tant pour la conftruction du canal de communication des mers, que pour la conftruction des forts, caſernes, murailles, foffés , remparts, & autres édifices qui feront faits pour le fervice de Sa Majefté, & pour la conftruction des églifes paroiffiales, maifons presbytérales , places publiques, hôtels-deville, fours, preffoirs, moulins, colléges & féminaires, & autres acquifitions qui feront faites pour l'ufage du public & pour l'embelliffement des villes, il fera payé aux feigneurs directs, le fort principal des cenfives, auxquelles les fonds acquits font fujets, à raifon du denier vingt-cinq, fi la directe eft féparée de la juftice, ou au denier trente, fi elle y eft jointe ; moyennant quoi, la directe demeurera éteinte à perpétuité, fans que les feigneurs jufticiers ou directs puiffent prétendre aucun autre droit à l'avenir, fur lefdits fonds, fous quelque prétexte que ce foit, nonobftant tous arrêts, tranfactions & ufages à ce contraires : Qu'il eft vrai que le même édit porte, par une claufe poftérieure, qu'à l'égard des acquifitions qui ont été ou qui feront faites par les gens de main-morte, pour leurs ufages particuliers, foit pour la conftruction des maifons religieufes, jardins, pavés, enclos, & pour quelqu'autre ufage que ce foit, qui leur foit particulier, il en fera ufé comme avant la déclaration du 31 Décembre 1709, dans laquelle Sa Majefté n'a pas entendu les comprendre ; mais que cette derniere claufe ne peut point être appliquée au cas préfent, attendu que les

religieux de la Merci de la ville de Montpellier, n'ont pas eu la liberté de conferver leur couvent & maifon à la place du Peyrou ; qu'ils ont été contraints de fe loger ailleurs, & que c'eft pour la décoration de la ville de Montpellier & de la province, que l'on leur a ôté leur maifon & couvent ; ce qui eft l'un des cas portés par l'édit de 1713, & a auffi fervi de motif à l'arrêt du confeil du 18 Juillet dernier, qui oblige ledit fieur de la Moffon de vendre l'enclos où le nouveau couvent doit être conftruit, & que par conféquent, la directe doit être éteinte & fupprimée fur le pied de l'évaluation énoncée dans cet édit. A CES CAUSES, Requéroit le fuppliant, qu'il plût à Sa Majefté autorifer le contrat de vente paffé par ledit fieur de la Moffon aux religieux de la Merci, dudit enclos appellé de Trinquere, le 15 Septembre dernier, enfemble l'acte paffé le même jour entre lefdits fieurs commiffaires des travaux publics de la province de Languedoc, & lefdits religieux, ordonner qu'ils feront exécutés felon leur forme & teneur ; & en conféquence, que la fomme de quarante mille livres pour la conftruction de la nouvelle maifon & couvent defdits religieux, leur fera payée, aux termes & conditions portés par ledit acte, au moyen de quoi ladite province fera valablement libérée : Ordonner en outre, que les feigneurs directs, & dont releve ledit enclos de Trinquere, feront tenus de recevoir le capital des cenfives auxquelles eft fujet ledit enclos & fes dépendances, & ce fur le pied du denier trente, fi la directe eft jouie avec la juftice, ou fur le pied du denier vingt-cinq, fi elle en eft féparée, & que les Etats de ladite province demeureront autorifés à faire ledit payement fur ce pied ; moyennant quoi, les cenfives dudit enclos & dépendances, & l'indemnité qui pourroit être due auxdits seigneurs, demeureront éteintes & supprimées, sans qu'à l'avenir lesdits seigneurs justiciers ou directs puissent prétendre aucun droit sur ledit enclos & dépendances, sous quelque prétexte que ce soit; le tout conformément à la déclaration du 31 Décembre 1709, & l'édit du mois de Février 1713. Vu ladite requête; la déclaration du 31 Décembre 1709; l'édit du mois de Février 1713; l'arrêt du conseil du 7 Juillet 1731, & celui du 18 Juillet 1740; ensemble le contrat de vente passé le 15 Septembre suivant par le sieur de la Mosson aux religieux de la Merci; & l'acte passé le même jour entre les sieurs commissaires des travaux publics de la province de Languedoc & lesdits religieux : Ouï le rapport; LE ROI ÉTANT EN SON CONSEIL, a approuvé & approuve ledit contrat de vente passé par le sieur de la Mosson aux religieux de la Merci, le 15 Septembre 1740; ensemble l'acte passé le même jour entre lesdits sieurs commissaires des travaux publics de la province de Languedoc & lesdits religieux, Ordonne qu'ils seront exécutés selon leur forme & teneur; & en conséquence, que la somme de quarante mille livres pour la construction de la nouvelle maison & couvent desdits religieux, leur sera payée aux termes & conditions y portées; Autorisant, en tant que de besoin, Sa Majesté, les payemens qui pourroient leur avoir déjà été faits à compte de ladite somme; au moyen de quoi ladite province en demeurera bien & valablement quitte & déchargée : Ordonne en outre, que les seigneurs directs, & dont releve ledit enclos de Trinquere, seront tenus de recevoir le capital des censives auxquelles est sujet ledit enclos & ses dépendances, & ce, sur le pied du denier trente, si la directe est unie à la justice, ou sur le pied du denier vingt-cinq, si elle en est séparée; Permettant Sa Majesté aux Etats de ladite province, de rembourser lesdits capitaux auxdits seigneurs; que faisant, lesdites censives, ensemble l'indemnité qui pourroit être due auxdits seigneurs, seront & demeureront éteints & supprimés, sans qu'à l'avenir lesdits seigneurs directs, justiciers ou autres, puissent prétendre aucun droit sur ledit enclos & dépendances; sous quelque prétexte que ce soit, le tout conformément à la déclaration du 31 Décembre 1709, & l'édit du mois de Février 1713. Et seront sur le présent arrêt, toutes lettres nécessaires expédiées. FAIT au conseil d'état du Roi, Sa Majesté y étant, tenu à Versailles le onzieme jour du mois d'Août mil sept cent quarante-deux.

Signé, PHELYPEAUX.

LOUIS, PAR LA GRACE DE DIEU, ROI DE FRANCE ET DE NAVARRE. Au premier notre huissier ou sergent sur ce requis. Nous te commandons par ces présentes, signées de notre main, de signifier à tous ceux qu'il appartiendra, à ce qu'ils n'en ignorent, l'arrêt ci-attaché sous le contre-scel de notre chancellerie, ce jourd'hui donné en notre conseil d'état; Nous y étant, pour les causes y contenues; de ce faire te donnons pouvoir, commission & mandement spécial, & de faire, pour son exécution, tous exploits & actes de justice que besoin sera, sans pour ce demander autre permission : CAR tel est notre plaisir. DONNÉ à Versailles, le onzieme jour d'Août, l'an de grace mil sept cent quarante-deux, & de notre regne le vingt-septieme. *Signé*, LOUIS : *Et plus bas*; Par le Roi,

Signé, PHELYPEAUX.

XIV.

EXTRAIT *du regiſtre des délibérations des Etats généraux de Languedoc, aſſemblés par mandement du Roi en la ville de Montpellier, au mois de Novembre* 1768.

Du Mercredi 28 Décembre, préſident Mgr. l'archevêque & primat de Narbonne.

MONSEIGNEUR l'archevêque de Toulouſe a dit, que le ſieur de Joubert, ſyndic général, a fait le rapport d'un mémoire préſenté par les religieux de la Merci de cette ville, ſur la garantie qu'ils demandent aux Etats en conſéquence de l'arrêt du conſeil du 5 Février 1768 obtenu par M. le marquis de Caſtries.

Que par cet arrêt il a été reçu oppoſant à celui du 11 Août 1742, en ce qu'on pourroit induire de l'extinction de la directe qu'il ordonne ſur l'enclos appellé de Trinquere, donné par les Etats à ces religieux en échange de leur ancien couvent, que les portions de cet enclos qu'ils n'ont point compris dans l'emplacement de leur maiſon & couvent, mais qui ont été baillées par eux à locaterie perpétuelle pour leur plus grande utilité & avantage ſeroient affranchies de ſa directe ; cet arrêt ayant ordonné en conſéquence, que les acquéreurs deſdites portions ſeront tenus de fournir à M. le marquis de Caſtries leurs déclarations de ce qu'ils poſſedent, enſemble les arrérages des cenſives échues depuis leur acquiſition, & de continuer à l'avenir.

Que les religieux de la Merci ſuppoſent dans leur mémoire que les Etats doivent les faire jouir de l'extinction de la directe, non-ſeulement ſur les fonds de l'enclos de Trinquere qui ſervent à leur uſage ; mais encore ſur les parties de ce même enclos qu'ils ont jugé à propos d'aliéner à des particuliers, ſous la réſerve d'une penſion fonciere, & des droits de lods.

Que M. le marquis de Caſtries qui a la ſeigneurie directe ſur ce fonds, conſent qu'elle ſoit amortie pour tout ce que les religieux en ont retenu pour leur uſage conformément à l'édit de l'année 1713 ; c'eſt-à-dire, ſur le pied du denier vingt-cinq du principal de la cenſive, lorſqu'elle eſt ſéparée de la juſtice, comme dans le cas préſent, ce qui ne revient qu'à une ſomme très-modique pour les fonds dont il s'agit, attendu la modicité de la redevance.

Mais que la difficulté conſiſte à ſavoir, ſi le contrat d'échange fait avec les religieux de la Merci, peut obliger les Etats à l'extinction de la directe, tant à raiſon des fonds qu'ils ont conſervés à leur uſage, que de ceux qu'ils ont jugé à propos d'aliéner ; & qu'il a paru à MM. les commiſſaires que l'édit du mois de Février 1713, qui a été le fondement de la promeſſe faite par les Etats d'éteindre la directe ſur l'enclos à eux cédé, n'a lieu que pour les fonds & bâtimens deſtinés à l'utilité publique, & que ſuivant le même édit, il n'a point d'effet à l'égard des acquiſitions qui ont été ou ſeroient faites par les gens de main-morte, pour quelque uſage que ce ſoit qui leur ſoit particulier.

Qu'on ne peut pas douter que les Etats n'aient eu intention de ſe conformer à cet édit en traitant avec les religieux de la Merci, puiſque l'arrêt du conſeil du 18 Juillet 1740 obtenu par les Etats, porte qu'il ſera paſſé vente auxdirs religieux de l'enclos appellé de Trinquere *pour y conſtruire leur maiſon, couvent, égliſe & autres lieux néceſſaires à leur uſage* ; & que le contrat, paſſé en conſéquence contient littéralement les mêmes mots, & expreſſions ; d'où il ſuit que l'obligation contractée

contractée par les Etats de faire tenir quitte lesdits religieux des censives & droits seigneuriaux, & des lods qui pourroient être prétendus à raison de ladite vente, ne peut se rapporter qu'à la destination de cet enclos *pour y construire leur maison, couvent, église, & autres lieux nécessaires à leur usage.*

Qu'en effet la demande du syndic général pour l'autorisation du contrat passé avec ces religieux & l'exécution de l'édit du mois de Février 1713, par rapport à l'extinction de la directe, n'eut d'autre motif que celui de l'utilité publique qui résultoit de la nécessité où les Etats avoient été de remplacer à ces religieux le sol de leur enclos qui avoit été pris pour l'agrandissement de la place du Peyrou; lequel motif d'utilité publique ne pourroit se rapporter aux portions de cet enclos qu'ils pourroient aliéner au lieu de les faire servir à leur usage.

Qu'il est au reste à remarquer que l'exemption des droits seigneuriaux, sur l'enclos de Trinquere à eux donné en échange pour y construire leur maison, &c. leur fut accordée sur ce qu'ils exposerent que l'enclos qu'ils devoient céder jouissoit du même avantage, tandis qu'il est certain néanmoins que cet ancien enclos a été par eux reconnu sous censive, & droit d'indemnité, à cause de la main-morte, partie en faveur du chapitre de la Trinité de cette ville, & partie en faveur de l'abbaye de Gigean.

Qu'enfin le retardement de payer à M. le marquis de Castries ce qui lui devoit revenir pour l'amortissement de sa directe est indifférent par rapport à la garantie demandée par les religieux, puisque ce n'est pas le défaut de payement de ce qui devoit lui revenir pour l'extinction de sa directe, qui l'a déterminé à demander, & qui lui a fait ob-

tenir de la conserver sur les parties aliénées; & qu'enfin, dans le cas même où l'extinction auroit été consommée avant que les religieux eussent fait aucune aliénation, M. le marquis de Castries n'auroit pas été moins fondé de réclamer en ce cas sa directe, puisque la cause de l'exemption cessant, elle devoit cesser aussi.

Qu'en effet l'extinction de la directe étant faite par la force de la loi & par la considération de l'utilité publique, dès que la loi & le motif qui l'a dictée, n'ont plus d'application par le fait même des religieux & pour leur utilité particuliere; les Etats ne peuvent être sujets à la garantie d'un fait qui leur est étranger, & que le même motif qui a déterminé le conseil à recevoir l'opposition de M. le marquis de Castries sur le point dont il s'agit, décide aussi qu'il ne peut y avoir lieu à la garantie.

Et que d'après ces considérations MM. les commissaires ont cru devoir proposer à l'assemblée de délibérer qu'il n'y avoit pas lieu d'avoir égard à la demande des religieux de la Merci en garantie à raison de l'arrêt du conseil du 5 Février 1768 obtenu par M. le marquis de Castries & de renvoyer à MM. les commissaires des travaux publics à faire procéder à la liquidation des sommes qui sont dues aux seigneurs directs pour l'extinction de leurs directes & censives sur le terrein donné en échange aux religieux de la Merci, & sur celui de leur ancien couvent, & enclos, qui est entré dans l'agrandissement de la place du Peyrou; pour être lesdites sommes remises aux seigneurs directs, ou aux religieux de la Merci, chacun comme il peut les concerner.

Ce qui a été délibéré conformément à l'avis de MM. les commissaires.

X V.
ARRÊT
DU CONSEIL D'ETAT DU ROI,

Au sujet de l'extinction de la directe sur les terres cédées aux religieux de la Merci de Montpellier , pour y rétablir leur maison , couvent , Eglise & autres lieux nécessaires à leurs usages, & sur celles par eux cédées pour l'agrandissement de la place du Peyrou.

Du 21 Juin 1769.

EXTRAIT *des Registres du Conseil d'Etat.*

SUR la requête présentée au Roi , étant en son conseil, par le syndic général de la province de Languedoc ; CONTENANT, que les Etats de ladite province ayant fait élever sur la place du Peyrou de la ville de Montpellier, la statue équestre de LOUIS le Grand, ils délibérèrent en même-tems de faire élargir & décorer cette place , ce qui ne pouvant s'exécuter sans prendre le sol de l'église , couvent & enclos des religieux de la Merci , ils s'accordèrent avec eux sur l'emplacement qui devoit leur être donné en échange, & sur le dédommagement qu'ils pouvoient prétendre d'ailleurs. Cet emplacement consistoit en un autre enclos appellé de Trinquere , qui appartenoit au feu sieur Bonnier de Lamosson , & dont par arrêt du conseil du 18 Juillet 1740, il fut ordonné que ledit sieur de Lamosson passeroit vente auxdits religieux pour y construire leur maison , couvent, église & autres lieux nécessaires à leur usage , ce qui fut exécuté par acte du 15 Septembre suivant , qui contient aussi que ledit enclos est baillé auxdits religieux pour y construire leur maison, couvent, église & autres lieux néces-

saires à leur usage ; s'obligeant les commissaires des Etats de faire tenir quitte lesdits religieux du prix dudit enclos, ensemble des censives & droits seigneuriaux qui pourroient être prétendus à raison de ladite vente. Après quoi le syndic général ayant représenté à Sa Majesté , que le déplacement desdits religieux se rapportant uniquement à la cause publique , les Etats devoient jouir à raison dudit enclos de Trinquere, de la faculté accordée aux gens de main-morte par l'édit du mois de Février 1713 , suivant lequel la directe de tous les fonds acquis pour l'usage du public, ou pour l'embellissement des villes, seroit éteinte & amortie , en payant par lesdits gens de main-morte aux seigneurs de qui lesdits fonds relevent , le sort principal des censives auxquels ils sont sujets, à raison du denier vingt-cinq, si la directe est séparée de la justice, ou du denier trente, si elle y est jointe. Sa Majesté ordonna en effet par arrêt de son conseil du 11 Août 1742, qui autorise les actes passés avec lesdits religieux, que les seigneurs directs dont releve ledit enclos de Trinquere , seroient tenus de recevoir le capital des censives auxquelles est sujet ledit enclos, sur le pied réglé par ledit édit ; moyennant quoi, lesdites censives, ensemble l'indemnité qui pourroit être due aux seigneurs, seroit & demeureroit éteinte & supprimée : Que cependant lesdits religieux ayant pris le parti bientôt après d'aliéner sous pension, & même sous la réserve des lods & ventes , quelques portions de l'enclos à eux cédées , sur lesquelles il a été élevé des bâtimens & formé des jardins , le sieur marquis de Castries qui a la directe sur ledit enclos, n'a pas cru être obligé de l'éteindre à raison de ces mêmes portions qui n'avoient servi , ni ne devoient servir à l'usage desdits religieux ; & qu'en effet , ayant

N°. XV. appellé au conseil de Sa Majesté, tant lesdits religieux, que le syndic général, sur l'opposition par lui formée pour ce chef envers l'arrêt dudit jour 11 Août 1742, lesdits religieux n'ont fourni aucune défense, non plus que le syndic général, qui ne pouvant être tenu de les faire jouir de l'extinction de la directe sur les parties qu'ils avoient aliénées pour leur plus grand avantage, n'avoit ni droit ni intérêt à contester sur la demande dudit sieur marquis de Castries, qui a obtenu en conséquence un arrêt le 5 Février 1768, qui le reçoit opposant envers celui du 11 Août 1742, en ce qu'on en pourroit induire que les portions de l'enclos de Trinquere que lesdits religieux n'ont point comprises dans l'emplacement de leur maison & couvent, mais qui ont été par eux aliénées, seroient affranchies de la directe que ledit sieur marquis de Castries a droit d'exercer sur icelles. En conséquence, ordonne Sa Majesté que les acquéreurs des portions dudit enclos de Trinquere à eux cédées par lesdits religieux, seront tenus, chacun en droit soi, de donner & fournir au sieur marquis de Castries leurs déclarations de ce qu'ils possedent dudit enclos, & de lui en payer les lods & arrérages des censives échus depuis leur acquisition ; Que nonobstant qu'il résulte des propres termes de cet arrêt, que c'est par le fait desdits religieux, que la directe dont il s'agit n'a pu être amortie sur l'entier enclos de Trinquere ; & conséquemment que Sa Majesté n'a pas entendu leur donner droit d'exercer de garantie contre les Etats, lesdits religieux n'ont pas laissé de la demander dans des mémoires qu'ils leur présenterent pendant leur derniere assemblée, & sur lesquels il fut délibéré le 28 Décembre 1768, qu'il n'y avoit pas lieu d'avoir égard à leur demande ; & comme il est évident que l'arrêt dudit

jour 5 Février 1767, dont lesdits religieux prennent prétexte, ne maintient le sieur marquis de Castries dans l'exercice de sa directe sur l'enclos de Trinquere, que pour les parties qu'ils en ont aliénées, il ne l'est pas moins aussi qu'ils auroient conservé l'amortissement de la directe sur ces mêmes parties, si au lieu de les aliéner, ils en avoient fait l'usage pour lequel l'entier corps leur avoit été donné. Requéroit, A CES CAUSES, le suppliant, qu'il plût à Sa Majesté, en approuvant & confirmant la délibération des Etats du 28 Décembre 1768, prenant droit de l'arrêt dudit jour 5 Février de ladite année, & l'interprétant en tant que de besoin, déclarer lesdits religieux de la Merci, irrecevables & mal fondés à exercer aucun recours ni garantie contre lesdits Etats, à raison de ce que par ledit arrêt ledit sieur marquis de Castries a été maintenu dans l'exercice de la directe sur les parties dudit enclos qui ont été aliénées par lesdits religieux, ou qui ne font point partie de leur maison, couvent, église, & autres lieux nécessaires à leur usage. Ce faisant, ordonner que ledit sieur marquis de Castries & les autres seigneurs directs de qui relevent tant les fonds servant à l'usage desdits religieux, que ceux par eux cédés pour former la place du Peyrou, seront tenus de représenter dans trois mois, pardevant le sieur intendant & commissaire départi en ladite province, qu'il plaira à Sa Majesté de commettre pour cet effet, les reconnoissances & autres titres justificatifs de la directe, & des censives auxquelles lesdits fonds sont sujets, pour être par lui procédé à la liquidation de l'indemnité qui se trouvera leur être due, sur le pied réglé par l'édit du mois de Février 1713, & dont le suppliant offre leur faire payer le montant, de même que les arrérages desdites censives depuis la cession

N°. XV.

Gggg 2

réciproque desdits fonds, faite par l'acte du susdit jour 15 Septembre 1740, à laquelle liquidation lesdits religieux feront appellés pour y déduire leurs moyens d'intérêt en ce qui concerne les parties de terrein par eux aliénées, & celles qui font partie de leur maison, couvent, église, & autres lieux nécessaires à leur usage; sinon, & faute par lesdits seigneurs directs de satisfaire à ladite représentation dans ledit délai, ordonner que ladite directe demeurera définitivement éteinte & amortie, sans qu'ils puissent rien prétendre à l'avenir au-delà de ladite indemnité & arrérages des cenfives jusqu'à l'échéance du délai de trois mois après la signification de l'arrêt qui interviendra; de laquelle indemnité & arrérages des cenfives, ils feront tenus audit cas de poursuivre la liquidation pardevant ledit sieur intendant & commissaire départi, lors & quand bon leur semblera. Vu ladite requête; les arrêts du conseil des 18 Juillet 1740, 11 Août 1742, & 5 Février 1768; le contrat de vente dudit enclos de Trinquere, du 15 Septembre 1740, & la délibération des Etats du 28 Décembre 1768; Oui le rapport; LE ROI ÉTANT EN SON CONSEIL, en approuvant & confirmant ladite délibération des Etats du 28 Décembre dernier, & en expliquant & interprétant, en tant que de besoin, ledit arrêt de son conseil du 5 Février précédent, a déclaré & déclare lesdits religieux de la Merci, non-recevables & mal fondés à exercer aucun recours de garantie contre lesdits Etats, sous prétexte que par ledit arrêt, ledit sieur marquis de Castries a été maintenu dans l'exercice de fa directe sur les parties dudit enclos aliénées par lesdits religieux, ou qui ne font point partie de leur maison, couvent, église, & autres lieux nécessaires à leur usage; ce faisant, Ordonne Sa Majesté, que ledit sieur marquis de Castries, & les autres seigneurs directs de qui relevent tant les fonds fervant à l'usage desdits religieux, que ceux par eux cédés pour former la place du Peyrou, feront tenus de représenter dans trois mois, à compter du jour de la publication du présent arrêt, pardevant le sieur intendant & commissaire départi en Languedoc, que Sa Majesté a commis & commet à cet effet, les reconnoissances & autres titres, & pieces justificatives de la directe & droits à eux appartenans sur lesdits fonds, pour être par ledit sieur intendant procédé à la liquidation de l'indemnité qui se trouvera leur être due, sur le pied réglé par ledit édit du mois de Février 1713, & laquelle leur sera payée par ledit syndic général de ladite province, de même que les arrérages échus desdites cenfives; depuis la cession réciproque faite desdits fonds par le susdit acte du 15 Septembre 1740: Et feront lesdits religieux appellés à ladite liquidation, pour y déduire leurs moyens d'intérêt en ce qui concerne les parties de terrein par eux aliénées, & celles qui font partie de leur maison, couvent, église, & autres lieux nécessaires à leur usage; sinon, & faute par aucun desdits seigneurs directs de satisfaire à ladite représentation dans ledit délai, Ordonne Sa Majesté que la directe demeurera éteinte & amortie, sans qu'ils puissent à l'avenir rien prétendre au-delà de ladite indemnité & arrérages de cenfives, jusqu'à l'échéance du délai de trois mois après la signification du présent arrêt; desquelles indemnité & cenfives, ils poursuivront audit cas la liquidation pardevant ledit sieur intendant, lorsque bon leur semblera. FAIT au conseil d'état du Roi, Sa Majesté y étant, tenu à Versailles le vingt-un Juin mil sept cent soixante-neuf.

Signé, PHELYPEAUX.

MARIE - JOSEPH - EMMANUEL DE GUIGNARD de Saint-Priest, chevalier, seigneur d'Alivet, Renage, Beaucroissant , & autres lieux, conseiller du Roi en ses conseils , maître des requêtes ordinaire de son hôtel, intendant de justice, police & finances en la province de Languedoc.

VU le présent arrêt : NOUS ORDONNONS qu'il sera exécuté selon sa forme & teneur, & signifié à la diligence du syndic général de la province, aux parties y dénommées, pour satisfaire à ses dispositions en ce qui nous concerne, dans le délai qui y est fixé, pour que nous puissions procéder à la liquidation prescrite par icelui. FAIT à Montpellier le sept Juillet mil sept cent soixante-neuf. *Signé* , DE SAINT-PRIEST : *Et plus bas :* Par Monseigneur, SOEFVE.

X V I.

EXTRAIT du registre des délibérations des Etats généraux de Languedoc, assemblés par mandement du Roi en la ville de Montpellier au mois de Novembre 1769.

Du Mardi 2 Janvier 1770, président Mgr. l'archevêque de Toulouse.

MONSEIGNEUR l'évêque d'Uzès a dit, que les Etats ayant, par leur délibération du 28 Décembre 1768, rejetté les demandes des religieux de la Merci, au sujet d'une garantie qu'ils prétendoient exercer contre la province, à raison d'un arrêt du conseil par lequel M. le marquis de Castries a été maintenu dans l'exercice de sa directe sur les parties de l'enclos de Trinquere cédé par la province à ces religieux en remplacement du sol qu'ils ont abandonné pour l'élargissement de la place

du Peyrou, l'assemblée chargea par la même délibération MM. les commissaires des travaux publics, de procéder à la liquidation provisoire des sommes dues par la province pour l'extinction de la directe & les arrérages des censives appartenant aux différens seigneurs de qui relevoient tant les fonds cédés auxdits religieux de la Merci pour y établir leur maison, couvent, église, & autres lieux à leur usage, que ceux qu'ils ont cédés eux-mêmes aux Etats en échange.

Qu'en exécution de cette délibération le sieur de Montferrier se fit remettre par le sieur Ricard notaire, un mémoire dressé sur les anciennes reconnoissances faites en faveur des seigneurs dont ledit sieur Ricard a été fermier, & desquelles il a fait l'application auxdits fonds, & sur le rapport qu'il en fit à MM. les commissaires le 29 Mai dernier, il fut procédé à la liquidation des sommes dues par la province, revenant ensemble à 319 livres 10 sols sur laquelle MM. les commissaires firent payer pour les susdits arrérages des censives dus audit Ricard, quatre-vingt trois livres six sols sept deniers.

Que depuis, Sa Majesté a confirmé la résolution des Etats, par arrêt du conseil du 21 Juin 1769, lequel déclare lesdits religieux non recevables à exercer aucun recours de garantie contre les Etats sous prétexte de l'arrêt obtenu par M. le marquis de Castries ; & porte en même-tems que ledit sieur de Castries & tous autres seigneurs directs de qui relevent, tant les fonds servant à l'usage desdits religieux, que ceux par eux cédés pour former la place du Peyrou, seront tenus de représenter pardevant M. l'intendant, les pieces justificatives de la directe & droits à eux appartenans sur lesdits fonds, pour être par lui procédé à la liquidation de l'indemnité qui se trouvera leur être due fur le pied réglé par l'édit du mois de Février 1713 ; laquelle leur fera payée par les Etats, de même que les arrérages defdits droits ; à laquelle liquidation lefdits religieux feront appellés pour y déduire leurs moyens d'intérêt, en ce qui concerne les parties du terrain par eux aliénées, & celles qui forment partie de leur maifon, couvent, églife, & autres lieux fervant à leur ufage, dont la directe doit être éteinte ; & faute par aucuns defdits feigneurs de fatisfaire à ladite repréfentation dans le délai de trois mois, Sa Majefté ordonne que ladite directe demeurera amortie, fans qu'ils puiffent à l'avenir prétendre au-delà de ladite indemnité, & arrérages de cenfives.

Que cet arrêt a été fignifié depuis le 5 Août dernier, tant à M. le marquis de Caftries, & aux autres feigneurs directs, qu'auxdits religieux de la Merci, à l'effet d'être procédé contradictoirement à la liquidation ordonnée par ledit arrêt.

Que lefdits religieux ont fait fignifier au fyndic général le 13 Décembre dernier un acte par lequel ils déclarent être oppofans à l'arrêt du confeil dont il vient d'être parlé, laquelle oppofition ils expofent être fondée fur une confultation de trois avocats du parlement de Touloufe ; & proteftent de nullité, de caffation, & de tous dépens, dommages & intérêts, au cas qu'il feroit paffé outre à l'exécution dudit arrêt.

Que cette oppofition ne peut pas fans doute en empêcher l'exécution, & que fi les religieux de la Merci font valoir la confultation qui eft énoncée dans leur acte, les Etats ont le même avantage, dans celle qu'ils ont eue de M. Doutremont, avocat à Paris.

De forte qu'il paroît que les Etats n'ont d'autre chofe à déterminer aujourd'hui à ce fujet, fi ce n'eft de charger les fyndics généraux de fuivre l'exé-

cution do l'arrêt du confeil du 21 Juin dernier, de faire débouter les religieux de la Merci de l'oppofition qu'ils y ont formée au cas qu'ils la relevent dans les formes, & de faire payer par le tréforier de la bourfe fur les mandemens de Mgr. l'archevêque de Narbonne, le montant de ce qui reftera dû par le réfultat des nouvelles liquidations qui feront faites en conféquence.

Ce qui a été délibéré conformément à la propofition de Mgr. l'évêque d'Uzès, les Etats ayant approuvé ce qui a été fait par MM. les commiffaires & les fyndics généraux pendant l'année fur la fuite de cette affaire.

X V I I.

ORDONNANCE

DE M. L'INTENDANT,

Portant liquidation de l'indemnité des droits de directe fur les terres cédées aux religieux de la Merci, pour y rétablir leur couvent & lieux néceffaires à leurs ufages, & fur celles par eux cédées pour l'agrandiffement de la place du Peyrou.

Du 8 Juillet 1770.

JEAN-EMMANUEL DE GUIGNARD, *chevalier, vicomte de Saint-Prieft, confeiller d'état, intendant de juftice, police & finances en la province de Languedoc.*

VU la requête à nous préfentée par le fyndic général de ladite province ; CONTENANT, que les Etats ayant par un acte du 15 Septembre 1740, fait céder aux religieux de la Merci de la ville de Montpellier, l'enclos dit, de Trinquere, pour y rétablir la maifon, couvent, églifes, & autres lieux néceffaires à leur ufage, qu'ils avoient alors fur la place du Peyrou, & dont le fol a été depuis uni à cette place, où eft élevée la ſtatue équeſtre de LOUIS le Grand, les Etats s'obligerent par ce même acte, de faire tenir quittes leſdits religieux, des cenſives & droits ſeigneuriaux auxquels ledit enclos pourroit être ſujet ; & ayant dans le même tems repréſenté à Sa Majeſté que le déplacement deſdits religieux ſe rapportant à la cauſe publique, les Etats devoient jouir de la faculté d'éteindre la directe ſur l'enclos à eux cédé ; Sa Majeſté ordonna en effet par arrêt de ſon conſeil du 11 Août 1742, que les ſeigneurs directs dont releve ledit enclos, ſeroient tenus de recevoir le capital des cenſives auxquelles il eſt ſujet, ſur le pied réglé par l'édit du mois de Février 1713 ; moyennant quoi, leſdites cenſives, enſemble l'indemnité qui pourroit être due auxdits ſeigneurs, demeureroient éteintes & ſupprimées ; mais que M. le marquis de Caſtries, l'un deſdits ſeigneurs, n'ayant pas cru que ladite extinction dût s'étendre à pluſieurs parties dudit enclos, que leſdits religieux ont aliéné ſous penſions, en ſe réſervant même les lods & ventes, & ſur leſquelles il a été élevé des maiſons & formé des jardins, il fut donné le 5 Février 1768 un arrêt du conſeil qui le reçut oppoſant envers celui du 11 Août 1742, & le maintint en la directe ſur leſdites parties aliénées ; ce qui ayant fait croire auxdits religieux que les Etats leur devoient une garantie à ce ſujet, ils leur en firent la demande par un mémoire auquel ils n'ont eu aucun égard, ſuivant leur délibération du 28 Décembre 1768, attendu que c'eſt par le fait deſdits religieux, que la directe dont il s'agit n'a pu être amortie ſur l'entier enclos ; laquelle délibération a été ſuivie d'un arrêt du conſeil du 21 Juin 1769 qui l'approuve & confirme, & qui en expliquant, en tant que de beſoin, celui du 5 Février 1768, déclare leſdits religieux de la Merci non-rece-

vables & mal fondés à exercer aucun recours de garantie contre leſdits Etats, ſous prétexte que par ledit arrêt, ledit ſieur marquis de Caſtries a été maintenu dans l'exercice de ſa directe ſur les parties dudit enclos aliénées par leſdits religieux, ou qui ne font point partie de leur maiſon, couvent, égliſe, & autres lieux néceſſaires à leur uſage ; ce faiſant, Sa Majeſté ordonne que ledit ſieur marquis de Caſtries, & les autres ſeigneurs directs de qui relevent les fonds cédés auxdits religieux, & ſervant à leur uſage, comme auſſi ceux qu'ils ont cédés pour les unir à la place du Peyrou, ſeront tenus de repréſenter dans trois mois pardevant Nous, les reconnoiſſances, titres & pieces juſtificatives de la directe & droit à eux appartenans, pour être par nous procédé à la liquidation de l'indemnité qui ſe trouvera leur être due, ſur le pied réglé par ledit édit du mois de Février 1713, laquelle leur ſera payée par les Etats, de même que les arrérages échus deſdites cenſives, depuis la ceſſion réciproque qui a été faite deſdits fonds par le ſuſdit acte du 15 Septembre 1740, à laquelle liquidation Sa Majeſté ordonne que leſdits religieux ſeront appellés pour y déduire leurs moyens d'intérêt en ce qui concerne les parties de terrein par eux aliénées, & celles qui font partie de leur maiſon, couvent, égliſes, & autres lieux néceſſaires à leur uſage ; ſinon & faute par aucun deſdits ſeigneurs directs de ſatisfaire à ladite repréſentation dans ledit délai, ordonne Sa Majeſté que la directe demeurera éteinte & amortie, ſans qu'ils puiſſent à l'avenir rien prétendre au-delà de ladite indemnité & arrérages de cenſives, juſques à l'échéance du délai de trois mois après la ſignification dudit arrêt, deſquelles indemnité & cenſives ils pourſuivront audit cas la liquidation pardevant Nous lorſque bon leur ſemblera :

Que le syndic général a fait signifier ledit arrêt le 5 Août dernier, tant audit sieur marquis de Castries, au sieur commandeur du grand & petit Saint-Jean de Montpellier, au chapitre collégial de la Trinité de ladite ville, & aux religieuses du couvent de la Visitation de Montpellier, qui prétendent avoir des seigneuries directes sur les uns ou les autres fonds, qu'aux religieux de la Merci. Que depuis ladite signification, M. le marquis de Castries a présenté une requête, à laquelle il a joint une transaction & deux reconnoissances, desquelles il résulte qu'il a la directe sur ledit enclos, sauf pour la contenance des deux quartons vingt-cinq dextres, qui relevent de l'abbaye de Gigean, unie audit couvent de la Visitation de Montpellier, & d'un dextre & demi qui releve dudit sieur commandeur. Que le chapitre de la Trinité a aussi joint à la requête qu'il a présentée, une reconnoissance de l'année 1671, consentie en sa faveur par lesdits religieux de la Merci, de plusieurs pieces de terre que ledit chapitre dit faire partie du sol & enclos cédé à la province par lesdits religieux ; que ledit sieur commandeur, ni lesdites religieuses de la Visitation, n'ont encore représenté aucun titre, & qu'ainsi il ne peut être question quant à présent, que de ce qui concerne M. le marquis de Castries & ledit chapitre de la Trinité. Sur quoi ledit syndic général observe, que le principal de l'indemnité dont il s'agit, est réglé & déterminé par l'édit du mois de Février 1713, sur le pied du denier trente de la censive, dans le cas où la justice est unie à la directe, & sur le pied du denier vingt-cinq, lorsqu'elle en est séparée, & que M. le marquis de Castries, ni les autres seigneurs ci-dessus nommés, n'ayant point de justice sur les fonds dont il s'agit, leur indemnité doit être réglée sur

ce dernier pied : qu'il est d'ailleurs à observer, que les Etats étant tenus, par une suite de l'engagement qu'ils ont pris envers lesdits religieux, de payer le sort principal des droits seigneuriaux auxquels l'enclos dont il s'agit est sujet, de la même maniere qu'ils y auroient été obligés si lesdits religieux avoient conservé l'entier enclos pour leur usage, en conformité de l'acte de cession qui leur en fut faite, il s'ensuit que la liquidation relative audit enclos, doit être faite sur l'entiere censive, encore que M. le marquis de Castries en conserve une partie à raison des fonds sur lesquels il a été maintenu dans la directe ; laquelle portion de censive étant une fois déterminée, soit de gré à gré, ou autrement, entre ledit sieur marquis de Castries & lesdits religieux, (à quoi lesdits Etats n'ont aucun intérêt) elle leur servira de proportion pour déterminer aussi entr'eux ce qui devra leur revenir sur le sort principal qui devra être payé par la province ; & comme suivant les titres rapportés, la censive due à M. le marquis de Castries est de deux livres onze sols quatre deniers, & celle due au chapitre de la Trinité de dix-sept sols, il s'ensuit que le principal desdites censives revient sur le pied du denier vingt-cinq ; savoir, pour l'enclos de Trinquere à soixante-quatre livres trois sols quatre deniers, & pour les fonds cédés aux Etats, à vingt-une livres cinq sols ; que pour ce qui est des arrérages desdites censives, que les Etats doivent également acquitter, ils reviennent pour vingt-neuf années qui se sont écoulées depuis l'acte dudit jour 15 Septembre 1740, à la somme de soixante-quatorze livres huit sols huit deniers pour l'enclos de Trinquere, & à vingt-quatre livres treize sols pour les autres fonds ; de toutes lesquelles sommes ledit syndic général étant en état de procurer le payement, il requiert qu'il qu'il nous plaise liquider le sort principal de la censive de deux livres onze sols quatre derniers due à M. le marquis de Castries, à cause dudit enclos, à la somme de soixante-quatre livres trois sols quatre deniers, & le sort principal de celle de dix-sept sols due audit chapitre de la Trinité, à vingt-une livres cinq sols, & d'ordonner à l'égard de la première desdites sommes, que ledit sieur marquis de Castries sera tenu de s'arranger avec les religieux de la Merci, sur la part & portion qui devra leur en revenir, eu égard aux parties dudit enclos sur lesquelles ledit sieur marquis de Castries a été maintenu dans l'exercice de la directe par l'arrêt du 5 Février 1768, offrant ledit syndic général de faire payer par le trésorier des Etats, sur le vu de l'acte ou jugement qui contiendra ledit arrangement, ladite somme de soixante-quatre livres trois sols quatre deniers à chacun pour la portion qui leur reviendra, laquelle même somme sera & demeurera jusqu'audit tems en dépôt entre les mains dudit trésorier; comme aussi demeurant l'offre dudit syndic général de faire payer au chapitre de la Trinité par ledit sieur trésorier, la somme de vingt-une livres cinq sols, moyennant l'emploi qu'il est tenu d'en faire, il nous plaise ordonner qu'il indiquera ledit emploi, & que jusqu'alors ladite somme demeurera pareillement en dépôt au pouvoir dudit trésorier; & en conséquence, que les Etats demeureront déchargés de toute autre indemnité, tant envers M. le marquis de Castries & ledit chapitre, qu'envers lesdits religieux; que pareillement les arrérages desdites censives, soient par nous liquidés pour le tems de vingt-neuf années; savoir, pour ledit sieur marquis de Castries, à la somme de soixante-quatorze livres huit sols huit deniers, & pour ledit chapitre, à celle

Tome II.

de vingt-quatre livres treize sols, lesquelles sommes leur seront payées, ou à leurs fermiers, si fait n'a été, sur les mandemens que ledit syndic général offre de leur en remettre; Requérant aussi qu'il soit donné défaut, tant contre ledit sieur commandeur du grand & petit Saint-Jean de Montpellier, & le couvent de la Visitation de ladite ville, que contre lesdits religieux de la Merci; & en conséquence, ordonner que l'arrêt dudit jour 21 Juin 1769, sera exécuté selon sa forme & teneur. Vu aussi l'ordonnance par Nous rendue au pied de ladite requête, le 2 Décembre 1769, portant qu'elle sera communiquée à M. le marquis de Castries, & aux religieux de la Merci; la signification qui leur en a été faite le sept du même mois; l'arrêt du conseil dudit jour 21 Juin 1769, dont les dispositions sont énoncées en ladite requête; l'ordonnance par nous rendue au pied dudit arrêt, le 7 Juillet suivant, portant qu'il sera exécuté selon sa forme & teneur, & signifié aux parties y dénommées, pour satisfaire à ses dispositions en ce qui nous concerne, à l'effet d'être par nous procédé à la liquidation prescrite par icelui; l'exploit de la signification dudit arrêt, faite le 15 Août suivant audit sieur marquis de Castries, audit sieur commandeur de la commanderie de Montpellier, audit chapitre collégial de la Trinité, aux religieuses dudit couvent de la Visitation & auxdits religieux du couvent de la Merci, avec sommation de satisfaire, chacun en droit-soi, à ce qui est porté par ledit arrêt; la copie d'un acte signifié audit syndic général le 13 Décembre 1769, à la requête du syndic desdits religieux de la Merci, contenant qu'il est opposant audit arrêt, & qu'il va se pourvoir à cet effet devers Sa Majesté; la requête à nous présentée par ledit sieur marquis de Castries;

Hhhh

la transaction & les reconnoissances mentionnées en ladite requête, & en celle dudit syndic général, servant à justifier que ledit enclos, pour les portions non-exceptées, lui doivent deux livres onze sols quatre deniers de censives, à cause de sa directe ; le mémoire à nous présenté au nom du syndic du chapitre de la Trinité de Montpellier, ci-devant de Maguelonne ; copie d'une reconnoissance consentie au profit dudit chapitre, le 7 Décembre 1761, par lesdits religieux de la Merci, de plusieurs terres faisant partie de l'enceinte & enclos par eux cédé pour l'agrandissement de la place du Peyrou, lesquelles terres sont reconnues sous la censive annuelle de dix-sept sols, & la délibération des Etats du 2 Janvier dernier, par laquelle le syndic général est chargé de suivre l'exécution de l'arrêt du conseil dudit jour 21 Juin 1769, & de faire débouter lesdits religieux de la Merci, de l'opposition qu'ils y ont formée, au cas qu'ils la relevent dans les formes ; comme aussi, de faire payer par le trésorier de la bourse, sur les mandemens de M. l'archevêque de Narbonne, le montant de ce qui restera dû par le résultat de la liquidation qui doit être par nous faite. Vu aussi l'édit du mois de Février 1713 ; & attendu que les seigneurs directs de qui relevent les fonds dont il s'agit, n'ont aucune portion de justice sur ces mêmes fonds, & qu'ainsi ils ne peuvent prétendre pour l'extinction de la directe, que le sort principal des censives, sur le pied du denier vingt-cinq, suivant ce qui est réglé par ledit édit, & qui n'est contredit ni par ledit sieur marquis de Castries, ni par ledit chapitre de la Trinité.

Nous, procédant à la liquidation dont nous sommes chargés par l'arrêt du conseil dudit jour 21 Juin 1769, sans préjudice néanmoins de l'opposition que le syndic des religieux

de la Merci y a formée par son acte du 13 Décembre dernier, & sauf à lui à se retirer devers Sa Majesté pour y être pourvu, Avons donné acte au syndic général de la province, pour lui servir, ainsi qu'il appartiendra, de ce qu'il n'a été rien produit ni remis devers nous, tant de la part du sieur commandeur du grand & petit Saint-Jean de Montpellier, & de celle du syndic du couvent de la Visitation Sainte Marie de ladite ville, auquel est unie l'abbaye de Gigean, que de la part du syndic du couvent des religieux de la Merci ; Déclarons, en ce qui concerne la directe de M. le marquis de Castries sur les fonds cédés auxdits religieux de la Merci, par l'acte du 15 Septembre 1740, énoncé audit arrêt, que la censive annuelle établie sur lesdits fonds, revient, suivant les titres par lui remis, à deux livres onze sols quatre deniers, & que le sort principal de ladite censive sur le pied du denier vingt-cinq, est de la somme de soixante-quatre livres trois sols quatre deniers ; Donnons acte audit syndic général, pour lui servir ainsi qu'il appartiendra, de l'offre contenue en sa requête, de faire payer ladite somme par le trésorier des Etats, tant audit sieur marquis de Castries, qu'aux religieux de la Merci, chacun pour la portion qui se trouvera leur revenir, en rapportant par eux l'acte ou jugement qui les aura réglés à ce sujet, ensemble de sa déclaration que ladite somme sera & demeurera jusqu'alors déposée entre les mains dudit trésorier ; Déclarons aussi en ce qui concerne la directe du chapitre de la Trinité, sur les fonds cédés à la province par lesdits religieux, pour l'agrandissement de la place du Peyrou, que les censives établies sur lesdits fonds, se portent ensemble, suivant la reconnoissance consentie audit chapitre par lesdits religieux, à dix-sept sols par an, & que le fort principal defdits dix-sept fols, fur le pied du denier vingt-cinq, eft de la fomme de vingt-une livre cinq fols ; Donnons pareillement acte audit fyndic général, pour lui fer-vir ainfi qu'il appartiendra, de l'offre contenue en fa requête, de faire payer audit chapitre par ledit fieur tréforier de la bourfe, ladite fomme de vingt-une livres cinq fols, moyennant l'em-ploi qu'il fera tenu d'en faire. Comme auffi, avons liquidé les arrérages def-dites cenfives pour le tems de vingt-neuf années ; favoir, ceux dus à M. le marquis de Caftries, à la fomme de foixante-quatorze livres huit fols huit deniers, & ceux dus audit chapitre de la Trinité, à vingt-quatre livres treize fols, lefquelles fommes feront payées, fi fait n'a été, fuivant & conformément à l'offre dudit fyndic général. FAIT à Montpellier le huit Juillet mil fept cent foixante dix. Signé, DE SAINT-PRIEST : Et plus bas ; Par Monfei-gneur, SOEFVE, figné.

X V I I I.

EXTRAIT du regiftre des délibérations des Etats généraux de Languedoc, affemblés par mandement du Roi en la ville de Montpellier, au mois de Décembre 1774.

Du Lundi 9 Janvier 1775, préfident Mgr. l'archevèque & primat de Narbonne.

MONSEIGNEUR l'évêque de Nî-mes a dit, que les religieux de la Merci de cette ville ont préfenté un mémoire aux Etats pour leur demander de faire les diligences néceffaires pour l'extinction des directes établies fur les terreins dépendans de l'enclos de Trin-quere, que les Etats leur cederent par acte du 15 Septembre 1740.

Que ce mémoire eft accompagné d'une confultation de Mes. Laviguerie,

Taverne & Defmoles, avocats au par-lement de Touloufe, en date du 30 Novembre 1769 ; par laquelle ils efti-ment que les prétentions defdits reli-gieux font fondées, d'après la claufe de cet acte, par laquelle les Etats fe font obligés de faire décharger lefdits religieux de la taille des biens vendus, & de les en faire tenir quittes, enfem-ble des cens, & droits feigneuriaux.

Que les Etats ont déjà délibéré le 28 Décembre 1768, de n'avoir pas égard à cette demande, & que cette délibé-ration fut fuivie d'un arrêt du confeil du 21 Juin 1769, qui déclare lefdits religieux non recevables à exercer au-cun recours de garantie contre les Etats, fous prétexte de celui qui avoit été ob-tenu par M. le marquis de Caftries le 5 Février 1768, pour le maintenir dans fa directe fur les parties dudit enclos qui avoient été aliénées par lefdits re-ligieux.

Qu'indépendamment de l'autorité de la chofe jugée par cet arrêt, les pré-tentions des religieux ne font pas fon-dées.

Qu'en effet les Etats ont fatisfait aux obligations qu'ils avoient contractées envers eux, lorfqu'ils ont pourfuivi l'arrêt du confeil du 11 Août 1742, en faifant procéder par une ordonnance de M. l'intendant du 8 Juillet 1770, à la liquidation des arrérages des cenfi-ves, & à celle de l'indemnité due à caufe de l'extinction de la directe, con-formément audit arrêt, & en faifant entre les mains du tréforier de la bourfe les fonds du montant de cette liquida-tion.

Que depuis l'ordonnance du 8 Juillet 1770, M. le marquis de Caftries a fait procéder, en vertu d'un arrêt du confeil du 7 Juin 1771, à la vérification de l'enclos de Trinquere, relativement aux portions de cet enclos qui doivent refter dans fa directe, & qu'il a fait fixer la portion qui revient à chacune des parties intéressées dans la somme à laquelle a été liquidée l'indemnité, de la censive établie sur la totalité de cet enclos, & qu'il poursuit actuellement au conseil l'autorisation de cette procédure ; mais que les Etats demeurant chargés de payer aux seigneurs, ou auxdits religieux, le montant de l'indemnité sur la totalité dudit enclos, ils se trouvent avoir rempli les engagemens qu'ils avoient pris avec lesdits religieux dans l'acte du 15 Septembre 1740.

Que l'opposition de M. le marquis de Castries envers l'arrêt du 11 Août 1742, n'a été reçue que par le seul fait des religieux, qui lui ont conservé sa directe sur une partie des terreins dudit enclos, en la faisant rentrer dans le commerce, au moyen de l'aliénation qu'ils en ont faite en faveur du sieur Royer & autres.

Que s'ils avoient conservé la propriété de l'entier terrein qui leur fut cédé par l'acte du 15 Septembre 1740, les seigneurs n'auroient pu se refuser à l'extinction de leur directe, conformément à ce que Sa Majesté avoit ordonné par l'arrêt du 11 Août 1742, & que les les Etats ne peuvent pas leur devoir une garantie pour raison de l'impossibilité qu'ils ont mise eux-mêmes à cette extinction sur une partie de ce terrein, par des aliénations qui, bien loin d'être énoncées ou prévues lors de l'acte du 15 Septembre 1740, sont même contraires à la clause par laquelle il fut convenu que l'enclos de Trinquere leur étoit cédé pour y construire leur église, leur couvent, & les bâtimens nécessaires à leur usage particulier.

Que la considération que les avocats de Toulouse font valoir dans leur consultation, qu'en aliénant une partie de cet enclos, lesdits religieux n'ont fait qu'exercer le droit de propriété, & user

de celui qu'ils avoient à l'égard de leur ancien enclos, auquel celui dont il s'agit a été subrogé, se rétorque contre eux-mêmes, puisqu'il est certain que lesdits religieux ne pouvoient jouir de leur ancien enclos avec l'immunité des tailles & des censives, qu'autant qu'ils en auroient conservé la propriété, & que ce double privilége auroit cessé dès l'instant qu'ils l'auroient aliéné, & qu'ils l'auroient fait rentrer dans le commerce.

Qu'il en est de même du moyen employé dans ladite consultation, que les Etats ont à se reprocher de n'avoir pas fait procéder à l'extinction des directes immédiatement après l'arrêt du conseil du 11 Août 1742, attendu que les aliénations faites postérieurement d'une partie dudit enclos, auroient produit le même effet.

Qu'au surplus lesdits religieux ayant formé opposition à l'arrêt du conseil du 21 Juin 1769, ils doivent suivre cette instance, les Etats n'ayant rien à délibérer sur leur demande jusques à ce qu'elle soit jugée.

Qu'ainsi, MM. les commissaires ont cru devoir proposer à l'assemblée d'arrêter, en se conformant à la délibération qu'elle a prise le 28 Décembre 1768, sur une pareille demande desdits religieux, de n'avoir aucun égard à leur nouveau mémoire, & de charger les syndics généraux de suivre l'exécution de leurs précédentes délibérations, & conséquemment de faire pourvoir au payement de l'indemnité liquidée par l'ordonnance de M. l'intendant du 8 Juillet 1770, conformément à ce qui sera porté par l'arrêt du conseil que M. le marquis de Castries poursuit sur l'autorisation de la procédure de ventilation qu'il a fait faire.

Ce qui a été délibéré suivant l'avis de MM. les commissaires.

XIX.

EXTRAIT du regiſtre des délibérations des Etats généraux de Languedoc, aſſemblés par mandement du Roi en la ville de Montpellier au mois de Novembre 1776.

Du Samedi 21 Décembre ſuivant, préſident Mgr. l'archevêque & primat de Narbonne, commandeur de l'ordre du St. Eſprit.

Monseigneur l'archevêque de Touloufe a dit, que le ſieur Rome, ſyndic général en ſurvivance, a rendu compte à MM. les commiſſaires d'une nouvelle conteſtation élevée par les religieux de la Merci de Montpellier, & qu'il leur a rappellé à cet effet, que les Etats ayant pris le ſol de l'égliſe, couvent, & enclos deſdits religieux pour faire élargir & décorer la place du Peyrou, ils firent céder à ces religieux par un acte du 15 Septembre 1740, l'enclos dit de Trinquere, pour y rétablir leur maiſon, couvent, égliſe, & autres lieux néceſſaires à leur uſage; qu'ils s'obligerent par ce même acte de faire tenir quittes leſdits religieux des cenſives & droits ſeigneuriaux auxquels ledit enclos pourroit être ſujet, & qu'ils obtinrent le 11 Août 1742, un arrêt du conſeil qui ordonne que les ſeigneurs directs deſquels releve ledit enclos, ſeroient tenus de recevoir le capital des cenſives auxquelles il eſt ſujet, ſur le pied réglé par l'édit du mois de Février 1713, moyennant quoi, leſdites cenſives, enſemble l'indemnité qui pourroit être due auxdits ſeigneurs, demeureroient éteintes & ſupprimées.

Que M. le marquis de Caſtries, l'un deſdits ſeigneurs, n'ayant pas cru que cette extinction dût s'étendre aux parties dudit enclos que les religieux ont aliéné ſous penſion, en ſe réſervant même les lods & ventes, & ſur leſquelles il a été élevé des maiſons & formé des jardins, il obtint le 5 Février 1768, un arrêt du conſeil qui le reçut oppoſant envers celui du 11 Août 1742, & le maintint en ſa directe ſur les parties aliénées.

Que les religieux de la Merci ſe flattant que les Etats leur devoient une garantie à ce ſujet, ils leur en firent la demande par un mémoire auquel les Etats n'eurent aucun égard, ſuivant leur délibération du 28 Décembre 1768, attendu que c'eſt par le fait deſdits religieux que la directe dont il s'agit n'a pu être amortie ſur l'entier enclos, & que cette délibération fut approuvée & confirmée par un arrêt du conſeil du 21 Juin 1769, par lequel Sa Majeſté, en expliquant, en tant que de beſoin, celui du 5 Février 1768, auroit déclaré leſdits religieux de la Merci non-recevables & malfondés à exercer, à raiſon de ce, aucun recours de garantie contre les Etats, & auroit ordonné que M. le marquis de Caſtries, & les autres ſeigneurs directs, de qui relevent, tant les fonds ſervant à l'uſage deſdits religieux, que ceux par eux cédés pour former la place du Peyrou, ſeroient tenus de repréſenter dans trois mois, devant M. l'intendant, les reconnoiſſances & autres titres & pieces juſtificatives de la directe & droits à eux appartenans ſur leſdits fonds pour être procédé à la liquidation de l'indemnité qui ſe trouveroit leur être due ſur le pied réglé par l'édit du mois de Février 1713, & que les religieux de la Merci ſeroient appellés à cette liquidation, pour y déduire leurs moyens d'intérêts, en ce qui concerne les parties de terrein par eux aliénées, & celles qui font partie de leur maiſon, couvent, égliſe & autres lieux néceſſaires à leur uſage.

Qu'en exécution de cet arrêt, M. le marquis de Caſtries & le chapitre de la

Trinité repréfenterent leurs titres; mais que M. le commandeur du grand & petit Saint-Jean de Montpellier, & les religieufes de la Vifitation de la même ville, auxquelles l'abbaye de Gigean eft unie, qui prétendent avoir des droits de directe fur l'enclos de Trinquere, ne fe préfenterent point, & que les religieux de la Merci, au lieu de fe préfenter, firent fignifier le 13 Décembre 1769, un acte d'oppofition, envers l'arrêt du confeil du 21 Juin précédent, avec déclaration qu'ils alloient fe pourvoir à cet effet devers Sa Majefté.

Qu'ayant été donné connoiffance de cet acte aux Etats, ils chargerent le fyndic général, par leur délibération du 2 Janvier 1770, de fuivre l'exécution de l'arrêt du confeil du 21 Juin 1769, & de faire débouter lefdits religieux de l'oppofition qu'ils y avoient formée, au cas qu'ils la relevaffent dans les formes; & que ces religieux n'ayant fait aucune diligence pour foutenir cette oppofition, M. l'intendant rendit une ordonnance le 8 Juillet 1770, par laquelle, fans préjudice de l'oppofition des religieux, & fauf à eux à fe retirer devers Sa Majefté pour y être pourvu, il eft donné acte de ce qu'il n'a été rien produit ni remis, tant de la part du fieur commandeur du grand & petit Saint-Jean de Montpellier, & de celle du fyndic du couvent de la Vifitation de la même ville, que de la part des religieux de la Merci; & l'indemnité des droits de directe dus à M. le marquis de Caftries, fur les fonds cédés aux religieux de la Merci, par l'acte du 15 Septembre 1740, & au chapitre de la Trinité fur les fonds cédés à la province par lefdits religieux, eft liquidée de même que les arrérages des droits feigneuriaux qui fe trouvoient leur être dus.

Qu'au moyen des diligences & de la procédure dont il vient d'être parlé, les

Etats ayant exactement rempli, pour ce qui les concernoit, toutes les difpofitions de l'arrêt du confeil du 21 Juin 1769, & par conféquent tout ce que les religieux de la Merci pouvoient exiger d'eux pour l'extinction des directes établies fur l'enclos de Trinquere, il ne reftoit à ces religieux qu'à pourfuivre l'oppofition par eux formée à cet arrêt; mais que bien perfuadés que cette oppofition ne feroit point accueillie, après avoir gardé le filence pendant près de cinq ans, ils préfenterent un nouveau mémoire aux Etats, pour leur demander de faire les diligences néceffaires pour l'extinction des directes établies fur l'enclos de Trinquere.

Que les Etats ayant délibéré le 9 Janvier 1775, en fe conformant à leur délibération du 28 Décembre 1768, approuvée & confirmée par l'arrêt du confeil ci-deffus cité, de n'avoir aucun égard à ce mémoire, & ayant chargé le fyndic général de fuivre leurs précédentes délibérations, les religieux de la Merci ont cru trouver le moyen de fufciter de nouvelles conteftations, & d'éluder l'exécution dudit arrêt du confeil du 21 Juin 1769.

Que ces religieux ayant été affignés le 21 Novembre de l'année derniere, devant le fénéchal de Montpellier, à la requête du fieur Bafcou, ancien fermier des droits feigneuriaux de la commanderie du grand & petit Saint Jean de ladite ville, en condamnation des droits de lods & cenfives qu'ils doivent à ladite commanderie, depuis le premier Mai 1762 jufqu'au dernier Avril 1767, que ledit Bafcou a été fermier, lefdits religieux, au lieu de fe retirer devant M. l'intendant, & d'y appeler ledit Bafcou pour faire procéder à la liquidation des droits feigneuriaux par lui prétendus, firent affigner le fyndic général, pour intervenir en l'inftance, & fe voir condamner à les relever &

garantir des condamnations qui pourroient être prononcées contre eux.

Que le syndic général n'ayant jamais dû acquiescer à des poursuites aussi induement faites, ne fournit aucune défense sur cette assignation ; & que le sénéchal a rendu le 19 Juillet dernier, un jugement par lequel, en condamnant les religieux de la Merci au payement des droits seigneuriaux qui leur étoient demandés, il déclare n'y avoir lieu de dire droit sur la demande en garantie formée par lesdits religieux contre le le syndic général, sauf à eux à se pourvoir à raison de ce, ainsi qu'ils aviseront.

Que quoique ce jugement indique aux religieux de la Merci les poursuites qu'ils auroient dû faire dès l'assignation qui leur fut donnée, ils s'obstinent cependant à prendre d'autres moyens, dans la vue de renouveler des prétentions qui ont été déjà condamnées ; qu'ils ont en conséquence relevé appel du jugement du sénéchal au parlement, où ils ont fait assigner le syndic général : que dès ce moment le syndic général n'a pu se dispenser de se pourvoir au conseil, pour faire débouter lesdits religieux de la Merci de l'opposition par eux formée à l'arrêt du 21 Juin 1769, faire ordonner de plus fort l'exécution de cet arrêt, & faire en conséquence renvoyer devant M. l'intendant cette nouvelle contestation ; & qu'il y a lieu d'espérer que l'arrêt qui interviendra, mettra fin aux prétentions & aux mauvaises difficultés des religieux de la Merci.

Que d'après ce détail, MM. les commissaires reconnoissant la nécessité d'arrêter les nouvelles poursuites des religieux de la Merci, & de terminer toutes contestations avec eux, ont été d'avis de proposer à l'assemblée d'approuver les poursuites faites par le syndic général, & de le charger de les

continuer, conformément aux précédentes délibérations des Etats, afin d'assurer la pleine & entiere exécution de l'arrêt du conseil du 21 Juin 1769.

Ce qui a été ainsi délibéré, conformément à l'avis de MM. les commissaires.

X X.

ARRÊT

Du Conseil d'Etat du Roi,

Qui déboute le syndic des religieux de la Merci, de l'opposition formée à l'arrêt du conseil du 21 Juin 1769 ; fait défenses, tant audit syndic qu'au nommé Bascou, fermier de la commanderie du grand & petit Saint-Jean de Montpellier, de se pourvoir ailleurs que devant M. l'intendant, pour la liquidation des droits seigneuriaux qui peuvent être dus à ladite commanderie.

Du 11 Juillet 1777.

EXTRAIT *des Registres du Conseil d'Etat.*

SUR la requête présentée au Roi, étant en son conseil, par le syndic général de la province de Languedoc ; CONTENANT, que les Etats de ladite province ayant pris le sol de l'église, couvent, enclos des religieux de la Merci, pour faire élargir & décorer la place du Peyrou de la ville de Montpellier, sur laquelle ils avoient fait élever la statue équestre de Louis le-grand, ils firent céder auxdits religieux, par un acte du 15 Septembre 1740, l'enclos dit de Trinquere, pour y rétablir leur maison, couvent, église & autres lieux nécessaires à leur usage ; & ils s'obligerent par ce même acte de faire tenir quittes lesdits religieux des censives & droits seigneuriaux auxquels ledit enclos pourroit être sujet : Qu'ayant dans le même - tems repréſenté à Sa Majeſté, que le déplacement deſdits religieux ſe rapportant à la cauſe publique, les Etats devoient jouir de la faculté d'éteindre la directe ſur l'enclos à eux cédé, Sa Majeſté ordonna par arrêt de ſon conſeil du 11 Août 1742, que les ſeigneurs directs deſquels releve ledit enclos, ſeroient tenus de recevoir le capital des cenſives auxquelles il eſt ſujet, ſur le pied réglé par l'édit du mois de Février 1713; moyennant quoi, leſdites cenſives, enſemble l'indemnité qui pourroit être due auxdits ſeigneurs, demeureroient éteintes & ſupprimées : Que le ſieur marquis de Caſtries, l'un deſdits ſeigneurs, n'ayant pas cru que ladite extinction dût s'étendre à pluſieurs parties dudit enclos que leſdits religieux ont aliénées ſous penſion, en ſe réſervant même les lods & ventes, & ſur leſquelles il a été élevé des maiſons & formé des jardins, il fut donné le 5 Février 1768 un arrêt du conſeil qui le reçut oppoſant envers celui du 11 Août 1742, & le maintient en la directe ſur les parties aliénées : Que leſdits religieux s'étant flattés que les Etats leur devoient une garantie à ce ſujet, ils leur en firent la demande par un mémoire auquel les Etats n'eurent aucun égard, ſuivant leur délibération du 28 Décembre 1768, attendu que c'eſt par le fait deſdits religieux que la directe dont il s'agit n'a pu être amortie ſur l'entier enclos : Que cette délibération fut approuvée & confirmée par un arrêt du conſeil du 21 Juin 1769, par lequel Sa Majeſté, en expliquant en tant que de beſoin celui du 5 Février 1768, auroit déclaré leſdits religieux de la Merci non - recevables & mal-fondés à exercer aucun recours de garantie contre les Etats, ſous prétexte que par ledit arrêt, ledit ſieur marquis de Caſtries avoit été maintenu dans l'exercice

de ſa directe ſur les parties dudit enclos aliénées par leſdits religieux, ou qui ne ſont point partie de leur maiſon, couvent, égliſe & autres lieux néceſſaires à leur uſage ; ce faiſant, Sa Majeſté auroit ordonné que ledit ſieur marquis de Caſtries & les autres ſeigneurs directs de qui relevent, tant le fonds ſervant à l'uſage deſdits religieux, que ceux par eux cédés pour former la place du Peyrou, ſeroient tenus de repréſenter dans trois mois pardevant le ſieur intendant & commiſſaire départi en Languedoc, que Sa Majeſté auroit commis à cet effet, les reconnoiſſances & autres titres, & pieces juſtificatives de la directe & droits à eux appartenant ſur leſdits fonds, pour être par ledit ſieur intendant procédé à la liquidation de l'indemnité qui ſe trouveroit leur être due, ſur le pied réglé par l'édit du mois de Février 1713, laquelle leur ſeroit payée par le ſuppliant, de même que les arrérages échus deſdites cenſives depuis la ceſſion réciproque faite deſdits fonds par l'acte du 15 Septembre 1740, à laquelle liquidation Sa Majeſté auroit ordonné que leſdits religieux ſeroient appellés pour y déduire leurs moyens d'intérêts en ce qui concerne les parties de terrein par eux aliénées, & celles qui ſont partie de leurs maiſons, couvent, égliſe & autres lieux néceſſaires à leur uſage ; ſinon & faute par aucuns deſdits ſeigneurs directs de ſatisfaire à ladite repréſentation dans ledit délai, Sa Majeſté auroit encore ordonné que la directe demeureroit éteinte & amortie, ſans qu'ils puiſſent à l'avenir rien prétendre au-delà de ladite indemnité & arrérages des cenſives, juſqu'à l'échéance du délai de trois mois après la ſignification de l'arrêt, deſquelles indemnités & cenſives ils pourſuivront audit cas la liquidation pardevant ledit ſieur intendant, lorſque bon leur ſemblera :

blera: Que le suppliant ayant fait signifier ledit arrêt le 5 Août de la même
année 1769, tant audit sieur marquis
de Castries, au sieur commandeur du
grand & petit Saint-Jean de Montpellier, au chapitre collégial de la Trinité
de ladite ville, & aux religieuses de la
la Visitation de Montpellier, qui prétendent avoir des seigneuries directes
sur lesdits fonds, qu'aux religieux de
la Merci, avec sommation de satisfaire, chacun en droit soi, à ce qui
est porté par ledit arrêt: ledit sieur
marquis de Castries & le chapitre de
la Trinité y satisfirent; mais que le
commandeur du grand & petit Saint-
Jean de Montpellier, les religieuses
de la Visitation de ladite ville, ni les
religieux de la Merci ne s'étant point
présentés, le suppliant donna une requête devant ledit sieur intendant, le
2 Décembre 1769, par laquelle, après
avoir pris des conclusions pour ce qui
concernoit ledit sieur marquis de Castries, le chapitre de la Trinité & les
religieux de la Merci, il requit qu'il
lui fût donné donné défaut contre ledit
sieur commandeur du grand & petit
Saint-Jean de Montpellier, les religieuses de la Visitation, & les religieux de la Merci: Que cette requête
ayant été signifiée auxdits religieux le
7 du même mois de Décembre, leur
syndic fit signifier au suppliant le 13
dudit mois, un acte contenant qu'il
étoit opposant à l'arrêt du 21 Juin
précédent, & qu'il alloit se pourvoir
à cet effet devers Sa Majesté; duquel
acte le suppliant ayant donné connoissance aux Etats, ils le chargerent par
leur délibération du 2 Janvier 1770,
de suivre l'exécution dudit arrêt du
conseil du 21 Juin 1769, & de faire
débouter lesdits religieux de la Merci
de l'opposition qu'ils y avoient formée,
au cas qu'ils la relevassent dans les formes: Que le syndic de ces religieux

n'ayant fait aucune diligence pour soutenir cette opposition, ledit sieur intendant rendit une ordonnance le 8
Juillet 1770, par laquelle, sans préjudice de l'opposition formée par ledit
syndic, & sauf à lui à se retirer devers
Sa Majesté pour y être pourvu, il est
donné acte au suppliant, pour lui servir ainsi qu'il appartiendra, de ce qu'il
n'a été rien produit ni remis, tant de
la part du sieur commandeur du grand
& petit Saint-Jean de Montpellier, &
de celle du syndic du couvent de la
Visitation de ladite ville, que de la
part du syndic des religieux de la Merci; & l'indemnité des droits de directe
dus au sieur marquis de Castries sur les
fonds cédés aux religieux de la Merci
par l'acte du 15 Septembre 1740, &
au chapitre de la Trinité sur les fonds
cédés par la province par lesdits religieux, est liquidée, sous l'offre faite
par le suppliant de faire payer le montant de ladite indemnité, tant audit
sieur marquis de Castries, qu'aux religieux de la Merci, chacun pour la
portion qui se trouvera leur revenir,
en rapportant par eux l'acte ou jugement qui les aura réglés à ce sujet:
Qu'au moyen des diligences & de la
procédure dont il vient d'être parlé, le
suppliant a exactement rempli, pour
ce qui le concernoit, toutes les dispositions de l'arrêt du conseil du 21 Juin
1769, & par conséquent tout ce que
les religieux de la Merci pouvoient
exiger de lui, pour l'extinction des directes établies sur l'enclos de Trinquere, & qu'il ne restoit à ces religieux
qu'à poursuivre l'opposition par eux
formée à cet arrêt; mais que lesdits
religieux bien persuadés que cette opposition ne seroit point accueillie, après
avoir gardé le silence pendant près de
cinq ans, présenterent un nouveau mémoire aux Etats, pour leur demander
de faire les diligences nécessaires pour,

l'extinction des directes établies sur ledit enclos de Trinquere : Que les Etats ayant délibéré le 9 Janvier 1775, en se conformant à leur délibération du 28 Décembre 1768, approuvée & confirmée par ledit arrêt du conseil du 21 Juin 1769, de n'avoir aucun égard à ce mémoire ; & ayant chargé le suppliant de suivre l'exécution de leurs précédentes délibérations, lesdits religieux de la Merci ont cru trouver le moyen de susciter de nouvelles contestations, & d'éluder l'exécution dudit arrêt du conseil du 21 Juin 1769 : Que ces religieux ayant été assignés le 21 Novembre de l'année derniere, devant le sénéchal de Montpellier, à la requête de Nicolas - Augustin Bascou, ancien fermier des droits seigneuriaux de la commanderie du grand & petit Saint-Jean de ladite ville, en condamnation des droits de lods & censives qu'ils doivent à la commanderie depuis le premier Mai 1762, jusques au dernier Avril 1767, que ledit Bascou a été fermier ; le syndic desdits religieux au lieu de se retirer devant ledit sieur intendant de la province, & d'y appeller ledit Bascou, pour faire procéder à la liquidation des droits seigneuriaux par lui prétendus, conformément aux dispositions de l'arrêt du conseil du 21 Juin 1769, auroit fait assigner le suppliant devant le sénéchal, par exploit du 28 du même mois de Novembre, pour assister en l'instance, en icelle déduire ses moyens d'intérêt, faire cesser la demande dudit Bascou, & l'en faire décharger ; & en tout événement, se voir condamner à le relever, & garantir de toutes les condamnations qui pourroient être prononcées contre lui en principal, dépens, dommages & intérêts, & aux dépens de la garantie : Que le suppliant n'ayant jamais dû acquiescer à des poursuites aussi induement faites, n'a fourni aucune défense

sur cette assignation, & le sénéchal a rendu un jugement le 19 Juillet dernier, qui condamne le syndic desdits religieux, au payement des droits seigneuriaux demandés par ledit Bascou, suivant la liquidation qui en sera faite, & moyennant ce, déclare n'y avoir lieu en l'état de dire droit sur la demande en garantie formée par ledit syndic contre le suppliant, sauf audit syndic des religieux à se pourvoir à raison de ce, ainsi qu'il avisera : Que quoique ce jugement indique audit syndic les poursuites qu'il auroit dû faire, dès l'assignation qui lui fut donnée à la requête dudit Bascou, il s'obstine cependant à prendre d'autres moyens : Qu'il a impétré des lettres en appel dudit jugement au parlement de Toulouse, & qu'il y a fait assigner le suppliant par exploit du 2 Août dernier : Que le suppliant ne peut point se dispenser d'avoir recours à l'autorité de Sa Majesté, pour mettre fin à des prétentions que le syndic des religieux de la Merci ne cesse de renouveller, quoiqu'elles aient été déjà condamnées, & de lui représenter très - humblement, que ce syndic ne peut point ignorer les dispositions de l'arrêt du conseil du 21 Juin 1769, puisqu'il lui fut signifié le 5 Août de la même année : Qu'il ne peut pas ignorer non-plus, qu'il a été procédé par le sieur intendant de la province, à la liquidation de l'indemnité des droits de directe dus aux seigneurs qui ont représenté leurs titres, puisqu'il a été appellé pour déduire ses moyens d'intérêt en ce qui concerne les parties de terrein par lui aliénées : Que si le sieur intendant n'a pas procédé alors ni depuis, à la liquidation de ce qui peut être dû audit sieur commandeur du grand & petit Saint - Jean de Montpellier, ce n'est que parce que ledit sieur commandeur n'a pas représenté ses titres ; &

que ce n'eſt enfin que par ledit ſieur intendant qu'il peut être procédé à cette liquidation , parce que l'oppoſition formée par ledit ſieur ſyndic à l'arrêt du conſeil du 21 Juin 1769, n'ayant pas été relevée en forme, rien ne peut ni ne doit empêcher l'exécution de cet arrêt. Requéroit, A CES CAUSES, le ſuppliant, qu'il plût à Sa Majeſté débouter le ſyndic des religieux de la Merci de la ville de Montpellier , de l'oppoſition par lui formée à l'arrêt du conſeil du 21 Juin 1769, par ſon acte du 13 Décembre de la même année ; ordonner que ledit arrêt ſera exécuté ſuivant ſa forme & teneur ; faire en conſéquence inhibitions & défenſes , tant au ſyndic deſdits religieux qu'audit Baſcou , fermier du ſieur commandeur du grand & petit Saint-Jean de Montpellier , de ſe pourvoir ailleurs que devant le ſieur intendant & commiſſaire départi en la province de Languedoc , pour la liquidation des arrérages des droits ſeigneuriaux qui peuvent être dus à ladite commanderie, à peine de nullité , caſſation de pourſuites , & de tous dépens, dommages & intérêts ; demeurant l'offre du ſuppliant de faire payer les ſommes qui ſeront dues par le réſultat de la liquidation , décharger le ſuppliant de l'aſſignation à lui donnée devant le parlement de Toulouſe le 2 Août dernier, à la requête dudit ſyndic des religieux de la Merci , & ordonner que l'arrêt qui interviendra ſera exécuté nonobſtant toutes oppoſitions & autres empêchemens quelconques, dont, ſi aucuns interviennent , Sa Majeſté voudra bien ſe réſerver la connoiſſance , & icelle interdire à toutes ſes cours & autres juges. Vu ladite requête ; l'arrêt du conſeil du 21 Juin 1769, avec l'exploit de ſignification du 5 Août de la même année aux parties intéreſſées ; la copie ſignifiée au ſuppliant le

13 Décembre de la même année 1769, & l'acte d'oppoſition du ſyndic des religieux de la Merci envers le ſuſdit arrêt ; l'ordonnance du ſieur intendant & commiſſaire départi en Languedoc , du 8 Juillet 1770, portant liquidation de l'indemnité due au ſieur marquis de Caſtries & au chapitre de la Trinité, avec les exploits de ſignification à toutes les parties intéreſſées ; la copie ſignifiée au ſuppliant du jugement rendu par le ſénéchal de Montpellier le 19 Juillet 1776, entre le ſyndic des religieux de la Merci , & ledit Baſcou ; & la copie auſſi ſignifiée au ſuppliant le 2 Août 1776, tant des lettres d'appel dudit jugement impétrées par ledit ſyndic des religieux de la Merci , que de l'aſſignation donnée en conſéquence à ſa requête au ſuppliant devant le parlement de Toulouſe. Oui le rapport, & tout conſidéré ; LE ROI ÉTANT EN SON CONSEIL , ſans avoir égard à l'oppoſition formée par le ſyndic des religieux de la Merci de la ville de Montpellier , à l'arrêt du conſeil du 21 Juin 1769 , de laquelle Sa Majeſté l'a débouté , a ordonné & ordonne que ledit arrêt ſera exécuté ſelon ſa forme & teneur. Fait en conſéquence Sa Majeſté très-expreſſes inhibitions & défenſes , tant au ſyndic deſdits religieux , qu'au nommé Baſcou , fermier de la commanderie du grand & petit St. Jean de Montpellier , de ſe pourvoir ailleurs que devant le ſieur intendant & commiſſaire départi en ladite province de Languedoc , pour la liquidation des arrérages des droits ſeigneuriaux qui peuvent être dus à ladite commanderie, à peine de nullité , caſſation de procédures , & de tous dépens, dommages & intérêts ; à la charge par le ſuppliant de payer , ſuivant ſes offres , les ſommes qui ſeront dues par le réſultat de la liquidation. Décharge Sa Majeſté , le ſuppliant de l'aſſignation à lui don-

née au parlement de Touloufe le 2 Août de l'année derniere, à la requête dudit fyndic des religieux de la Merci. Ordonne que le préfent arrêt fera exécuté nonobftant toutes oppofitions ou autres empêchemens quelconques, dont, fi aucuns interviennent, Sa Majefté s'eft réfervée la connoiffance, qu'elle interdit à toutes fes cours & autres juges. FAIT au confeil d'état du Roi, Sa Majefté y étant, tenu à Verfailles le onze Juillet mil fept cent foixante-dix-fept. *Signé*, AMELOT.

LOUIS, PAR LA GRACE DE DIEU, ROI DE FRANCE ET DE NAVARRE: A notre amé & féal confeiller en nos confeils, maître des requêtes ordinaire de notre hôtel, le fieur Guignard de Saint Prieft, intendant, & commiffaire départi pour l'exécution de nos ordres, en la généralité de Languedoc, SALUT. Nous vous mandons & ordonnons par ces préfentes fignées de notre main, de procéder à l'exécution de l'arrêt ci-attaché fous le contre-fcel de notre chancellerie, ce jourd'hui rendu en notre confeil d'état, Nous y étant, pour les caufes y contenues. Commandons au premier notre huiffier ou fergent fur ce requis, de fignifier ledit arrêt à tous qu'il appartiendra, à ce que perfonne n'en ignore, & de faire pour fon entiere exécution, & de ce que vous ordonnerez en conféquence, tous actes & exploits néceffaires, nonobftant toutes chofes à ce contraires; CAR tel eft notre plaifir. DONNÉ à Verfailles le onzieme jour de Juillet, l'an de grace mil fept cent foixante-dix-fept, & de notre regne le quatrieme. *Signé*, LOUIS: *Et plus bas*; Par le Roi. *Signé*, AMELOT.

MARIE-JOSEPH-EMMANUEL DE GUIGNARD DE SAINT-PRIEST, *chevalier, feigneur d'A-*

livet, *Renage, Beaucroiffant & autres lieux, confeiller du Roi en fes confeils, maître des requêtes ordinaire de fon hôtel, intendant de juftice, police & finances en la province de Languedoc.*

VU le préfent arrêt, enfemble la commiffion à Nous adreffée fur icelui: NOUS ORDONNONS que ledit arrêt fera exécuté felon fa forme & teneur. FAIT à Montpellier le dix-huit Août mil fept cent foixante-dix-fept. *Signé*, DE SAINT-PRIEST: *Et plus bas*; Par Monfeigneur, SOEFVE, *figné*.

XXI.
ARRÊT
DU CONSEIL D'ETAT DU ROI,

Qui ordonne l'exécution des arrêts du confeil des 21 Juin 1769, & 11 Juillet 1777; en conféquence, décharge le fyndic général des Etats de Languedoc, de l'affignation à lui donnée devant le fénéchal, à la requête du fyndic des religieux de la Merci; déclare lefdits Etats quittes & exempts de tout recours & garantie de la part des religieux, à raifon de la maintenue de la directe fur les portions de l'enclos de Trinquere qu'ils ont aliénées.

Du 4 Août 1781.

EXTRAIT *des Regiftres du Confeil d'Etat.*

SUR la requête préfentée au Roi étant en fon confeil, par le fyndic général de la province de Languedoc; CONTENANT, que les Etats de ladite province ayant été obligés de prendre le fol de l'églife, couvent & enclos des religieux de la Merci, pour l'élargiffement de la décoration de la place du Peyrou de la ville de Montpellier, sur laquelle est élevée la statue équestre de Louis-le-grand, firent céder auxdits religieux, par un acte du 15 Septembre 1740, l'enclos dit de Trinquere, pour y rétablir leur maison, couvent, église, & autres lieux nécessaires à leur usage, & s'obligerent par le même acte de faire tenir quittes lesdits religieux des censives & droits seigneuriaux qui pourroient être prétendus sur ledit enclos. Que dans le même-tems, le suppliant représenta à Sa Majesté, qu'attendu que le déplacement desdits religieux intéressoit la chose publique, les Etats devoient jouir de la faculté d'éteindre la directe sur l'enclos à eux cédé ; sur quoi Sa Majesté ordonna par arrêt de son conseil du 11 Août 1742, que les seigneurs directs desquels releve ledit enclos, seroient tenus de recevoir le capital des censives auxquelles il est sujet, suivant ce qui est réglé par l'édit du mois de Février 1713 ; & qu'au moyen de ce, lesdites censives, ensemble l'indemnité qui pourroit être due auxdits seigneurs, demeureroient éteintes & supprimées ; mais que lesdits religieux ayant depuis aliéné, sous des rentes annuelles & perpétuelles, plusieurs portions dudit enclos, sur lesquelles il a été bâti des maisons & formé des jardins, & le sieur marquis de Castries qui a la directe sur ledit enclos, ayant prétendu n'être pas obligé de l'éteindre sur ces portions de terrein qui n'avoient servi ni ne devoient servir à l'usage desdits religieux, il fut donné le 5 Février 1768, un arrêt du conseil, qui, en recevant l'opposition dudit sieur marquis de Castries envers celui du 11 Août 1742, le maintient en la directe sur lesdites parties aliénées ; qu'alors les religieux s'étant mal-à-propos persuadés que les Etats leur devoient une garantie à ce sujet, leur présenterent des mémoires auxquels

lesdits Etats, n'eurent point égard, suivant leur délibération du 28 Décembre 1768, attendu que c'est par le fait desdits religieux que la directe dont il s'agit n'a pu être amortie sur lesdites portions aliénées. Que cette délibération fut approuvée & confirmée par un arrêt du conseil du 21 Juin 1769, par lequel Sa Majesté, en interprétant en tant que de besoin celui du 5 Février 1768, déclara lesdits religieux non-recevables & mal fondés à exercer aucun recours de garantie contre les Etats, sous prétexte que par ledit arrêt ledit sieur marquis de Castries avoit été maintenu dans l'exercice de sa directe sur les parties dudit enclos aliénées par lesdits religieux, ou qui ne font point partie de leur maison, couvent, église, & autres lieux nécessaires à leur usage. Qu'enfin, lesdits religieux ayant formé opposition audit arrêt du conseil du 21 Juin 1769, en furent déboutés par celui du 11 Juillet 1777. Que nonobstant des décisions si solemnelles & si multipliées, qui ne doivent plus laisser aucun doute auxdits religieux sur le peu de fondement, & le vice de leurs prétentions à cet égard, ils viennent de se livrer à des démarches tendant à les renouveller. Que le sieur Roche, acquéreur d'une maison & jardin, dont le terrein a ci-devant fait partie dudit enclos de Trinquere, & qui avoit été aliéné par lesdits religieux au sieur Haguenot, sous une rente perpétuelle, ayant été actionné par les agens du sieur marquis de Castries, à l'effet de lui passer une nouvelle reconnoissance, & ayant fait assigner lesdits religieux devant le sénéchal de Montpellier pour le relever & garantir de ladite demande, ceux-ci ont de leur côté donné assignation au suppliant pardevant le même tribunal, aux fins de rendre ledit sieur marquis de Castries taisant. Qu'une démarche aussi irréguliere, soit dans la forme, soit au fond, ne peut que paroître très-déplacée; & que Sa Majesté voudra bien sans doute interposer son autorité pour la réprimer & en prévenir les suites. Requéroit, A CES CAUSES, le suppliant, qu'il plût à Sa Majesté le décharger de l'indue assignation à lui donnée devant le sénéchal de Montpellier le 5 Avril dernier, à la requête du syndic desdits religieux de la Merci. Ordonner en tant que de besoin, que les arrêts du conseil des 21 Juin 1769, & 11 Juillet 1777, seront exécutés selon leur forme & teneur; déclarer en conformité desdits arrêts, les Etats quittes & exempts de tout recours de garantie de la part desdits religieux, à raison de la maintenue de la directe sur les portions de l'enclos de Trinquere qu'ils ont aliénées, ou qui ne font point partie de leur maison, couvent, église, & autres lieux nécessaires à leur usage, & ordonner que l'arrêt qui interviendra sera exécuté nonobstant toutes oppositions & autres empêchemens quelconques, dont si aucuns interviennent, Sa Majesté voudra bien se réserver la connoissance, & icelle interdire à toutes ses cours & autres juges. Vu ladite requête, l'arrêt du conseil du 21 Juin 1769, celui du 11 Juillet 1777, l'assignation donnée au suppliant devant le sénéchal de Montpellier à la requête du syndic desdits religieux de la Merci: Oui le rapport & tout considéré; LE ROI ÉTANT EN SON CONSEIL, a ordonné & ordonne, que les arrêts de sondit conseil des 21 Juin 1769, & 11 Juillet 1777, seront exécutés selon leur forme & teneur; en conséquence, a Sa Majesté déchargé le syndic général des Etats de Languedoc, de l'assignation à lui donnée le 5 Avril dernier devant le

sénéchal de Montpellier, à la requête du syndic desdits religieux de la Merci, Déclare lesdits Etats quittes & exempts de tout recours en garantie de la part desdits religieux, à raison de la maintenue de la directe sur les portions de l'enclos de Trinquere qu'ils ont aliénées, ou qui ne font pas partie de leur maison, couvent, église, & autres lieux nécessaires à leur usage. Ordonne Sa Majesté, que le présent arrêt sera exécuté nonobstant toutes oppositions & autres empêchemens quelconques, dont si aucuns interviennent, Sa Majesté s'est réservé la connoissance, qu'elle interdit à toutes ses cours & juges. FAIT au conseil d'Etat du Roi, Sa Majesté y étant, tenu à Versailles le quatre Août mil sept cent quatre-vingt-un. *Signé*, AMELOT.

LOUIS, PAR LA GRACE DE DIEU, ROI DE FRANCE ET DE NAVARRE: Au premier notre huissier ou sergent sur ce requis. Nous te commandons par ces présentes signées de notre main, de signifier à tous ceux qu'il appartiendra, à ce qu'ils n'en ignorent, l'arrêt ci-attaché sous le contre-scel de notre chancellerie, ce jourd'hui donné en notre conseil d'état, nous y étant, pour les causes y mentionnées; de ce faire te donnons pouvoir, commission & mandement spécial; & de faire en outre pour l'entiere exécution dudit arrêt, tous exploits, significations & autres actes de justice que besoin sera, sans pour ce demander d'autre permission; CAR tel est notre plaisir. DONNÉ à Versailles le quatrieme jour d'Août, l'an de grace mil sept cent quatre-vingt-un, & de notre regne le huitieme. *Signé*, LOUIS: *Et plus bas*; Par le Roi. *Signé*, AMELOT.

TITRE DOUZIEME.

Des Indemnités dues aux Particuliers, à l'occasion des Ouvrages publics.

No. I.

I.

ARRÊT

Du Conseil d'Etat du Roi,

Qui juge que les demandes en indemnité formées à raison des terres occupées par le canal de communication des deux mers ne peuvent être portées que devant les commissaires de Sa Majesté & des Etats.

Du 28 Septembre 1686.

Extrait des Registres du Conseil d'Etat.

Sur ce qui a été représenté au Roi en son conseil par le XVIe. article du cahier des Etats de la province de Languedoc, qu'encore que la province de Languedoc ne soit pas tenue d'indemniser les particuliers & communautés des terres qui ont été occupées par le canal de communication des deux mers, puisqu'elle n'a pas entrepris cet ouvrage, & que, lorsqu'elle y a contribué, il a été convenu que Sa Majesté se chargeroit de pourvoir à cette indemnité; néanmoins la province a bien voulu, en attendant qu'il plût à Sa Majesté d'en faire le fonds, entrer en considération de ce que les particuliers & communautés perdoient en cette occasion, ayant fait estimer les fonds de terre qui ont été occupés, les dixmes, la taille, & les droits seigneuriaux dont ils étoient chargés, par les experts qui ont été nommés de la part

de Sa Majesté & de la province, au préjudice de quoi la communauté de Revel prétendant n'avoir pas été remboursée des arrérages des tailles dès terres occupées par la rigole depuis l'année 1678, jusques en 1680, auroit formé instance en la cour des aydes de Montpellier; mais d'autant que la province n'est pas tenue à cette indemnité, & qu'elle ne refuse pas d'accorder à la communauté de Revel la même grace qu'elle a accordée à toutes les autres communautés, au cas qu'il soit justifié qu'il n'a pas été fait fonds desdits arrérages des tailles, que toutes les demandes de pareille nature ont été réglées par les commissaires de Sa Majesté & des Etats, & qu'il seroit d'une dangereuse conséquence qu'on pût se pourvoir ailleurs; A ces Causes, ils auroient requis Sa Majesté décharger le syndic de Languedoc de l'assignation à lui donnée à la cour des aydes de Montpellier, à la requête du syndic des habitans contribuables de la communauté de Revel, sauf à lui de se retirer pardevant les commissaires de Sa Majesté & des Etats, pour y être pourvu, s'il y échoit, avec défenses de continuer ses poursuites à la cour des aydes de Montpellier, à peine de nullité & de tous dépens, dommages & intérêts; Oui le rapport du sieur le Pelletier, conseiller ordinaire au conseil royal, contrôleur général des finances; LE ROI ÉTANT EN SON CONSEIL, a ordonné & ordonne que le syndic des habitans de la commu-

No. I.

nauté de Revel se pourvoira devant les commissaires de Sa Majesté & des Etats de ladite province de Languedoc, sur le remboursement par eux prétendu des arrérages des tailles qu'ils ont payées des terres, occupées par ladite rigole ; Fait Sa Majesté défenses aux habitans de ladite communauté de continuer leurs poursuites en la cour des aydes à raison de ce, à peine de nullité, cassation des procédures & de tous dépens, dommages & intérêts. FAIT au conseil d'état du Roi, Sa Majesté y étant, tenu à Versailles le vingt-huitieme jour de Septembre mil six cent quatre-vingt-six. PHELYPEAUX, *signé.*

I I.

ARRÊT

DU CONSEIL D'ETAT DU ROI,

Qui casse un arrêt de la cour des aydes de Montpellier, & défend à ladite cour de connoître des indemnités accordées par les Etats de la province, à l'occasion du canal de communication des mers.

Du 23 Novembre 1700.

EXTRAIT *des Registres du Conseil d'Etat.*

SUr la requête présentée au Roi en son conseil, par le syndic général de la province de Languedoc, CONTENANT que Sa Majesté ayant demandé en différens tems aux Etats de ladite province des sommes considérables, pour lui aider à faire construire le canal de communication des deux mers, il auroit été accordé en l'année 1667 la somme de deux millions quatre cent mille livres, à condition toutefois que les propriétaires des fonds de terre qui avoient été ou seroient pris pour la construction dudit canal, les ecclésiastiques pour les dixmes, les sei-gneurs pour leurs droits seigneuriaux, & les communautés pour les tailles, seroient indemnisés & payés suivant l'estimation qui en seroit faite par les ordres des sieurs commissaires présidens pour le Roi aux Etats, de concert avec les sieurs commissaires de leur assemblée, & que ledit dédommagement seroit pris par préférence, chacune année, de ladite somme de deux millions quatre cent mille livres, ce qui avoit été accepté au nom de Sa Majesté, & exécuté jusqu'à ce que Sa Majesté a cessé d'en faire le fonds. Mais les Etats de ladite province considérant que les particuliers en souffroient un très-grand préjudice, délibérerent le 14 Janvier 1678 par un esprit de charité, & non par aucun autre motif, que, pour leur aider à supporter cette perte, il leur seroit payé l'intérêt desdites indemnités pour ladite année qui revenoit à 36,498 livres : En conséquence desdites délibérations, lesdits sieurs commissaires du Roi & ceux des Etats ont fait procéder par experts à l'estimation des fonds desdites terres qui ont été prises pour ledit canal, & à toutes les autres indemnités qui avoient été stipulées, & entre autres à l'estimation d'un moulin appellé Cassoulet, situé sur la riviere de Sor, dans le consulat de Revel, diocese de Lavaur, appartenant à Paul Rollande, que les experts commis à cet effet firent revenir à 56 livres pour chacune année, à cause qu'ils vérifierent que ledit moulin ne chomoit qu'une partie de l'année. Cette estimation fut faite en l'année 1679 & a été exécutée jusqu'à présent, ledit Rollande ayant reçu ladite somme tous les ans ; & prétendant à présent que son indemnité est plus grande, & que les experts ne lui ont pas fait justice, a présenté requête à la cour des aydes de Montpellier le 8 Juin dernier &

demandé

demandé une plus grande indemnité, laquelle requête ayant été signifiée au suppliant, ledit Rollande auroit continué ses pourfuites ; & bien que le suppliant ait infifté aux fins de non-procéder, ladite cour des aydes a ordonné, sans y avoir égard, qu'il sera procédé dans quinzaine par experts dont les parties conviendront'devant le sieur Basset, Juge de Revel, autrement seront pris d'office, à l'estimation de l'indemnité dudit moulin, pour la procédure faite & rapportée, être ordonné ce qu'il appartiendra. Mais d'autant qu'il ne seroit pas juste que toutes les estimations qui ont été faites desdites indemnités par les ordres desdits sieurs commiffaires du Roi & des Etats, puffent être contredites pardevant d'autres juges, & que si cela avoit lieu, la province se confommeroit en frais pour une affaire dans laquelle elle n'eft entrée que par commifération & par charité, & qui regarde purement Sa Majesté par l'acceptation faite en son nom par ses commiffaires préfidens en l'assemblée desdits Etats, tenus pour l'année 1667, Requéroit qu'il plût à Sa Majesté ordonner que les estimations qui ont été & seront faites par les ordres de ses commiffaires, & par ceux de l'assemblée desdits Etats des fonds qui ont été pris pour la construction du canal de communication des deux mers & des indemnités accordées aux eccléfiaftiques pour les dixmes, aux seigneurs pour leurs droits seigneuriaux, & aux communautés pour la taille, seront exécutées selon leur forme & teneur, faire défenses audit Paul Rollande de se pourvoir ailleurs que pardevant eux, & à la cour des aydes de connoître de tout ce qui peut regarder lesdites estimations faites & à faire sous quelque prétexte que ce soit, à peine de nullité des procédures qui pourront être faites au contraire. Vu

Tome II.

ladite requête dudit syndic ; La délibération desdits Etats assemblés à Carcaffonne au mois de Mars 1667 ; Autre délibération desdits Etats assemblés en la ville de Pezenas au mois de Janvier 1678 ; La requête donnée par ledit Rollande à ladite cour des aydes le 8 Juin dernier ; Exploit d'affignation donné en conféquence audit syndic en ladite cour du 2 Août auffi dernier : Oui le rapport du sieur Bauyn, confeiller de Sa Majesté en ses confeils, maître des requêtes ordinaire de son hôtel, commiffaire à ce député, & tout confidéré, LE ROI EN SON CONSEIL, ayant égard à ladite requête, sans s'arrêter à l'arrêt de la cour des aydes de Montpellier, du 2 Août dernier, Ordonne que ledit Rollande se pourvoira, si bon lui semble, devant les commiffaires de Sa Majesté & ceux de l'assemblée des Etats de Languedoc ; avec défenses à lui de se pourvoir ailleurs, & à ladite cour de connoître de semblables matieres, à peine de nullité des procédures. FAIT au confeil d'état du Roi, tenu à Verfailles le vingt-troifieme jour de Novembre mil sept cent. Collationné. Signé, DELAISTRE.

LOUIS, PAR LA GRACE DE DIEU, ROI DE FRANCE ET DE NAVARRE : Au premier notre huiffier ou fergent sur ce requis, Nous te mandons & commandons que l'arrêt dont l'extrait est ci-attaché sous le contre-fcel de notre chancellerie, ce jourd'hui donné en notre confeil d'état, sur la requête à nous préfentée en icelui par le syndic général de la province de Languedoc, tu fignifies à Paul Rollande & à tous autres qu'il appartiendra à ce qu'ils n'en ignorent, & fais en outre pour l'entiere exécution dudit arrêt, à la requête dudit syndic général de ladite province de Languedoc, tous commandemens, fommations, défenfes y contenues fur les peines y portées, & autres actes & exploits néceſſaires fans autre permiſſion : Voulons qu'aux copies dudit arrêt & des préſentes, collationnées par l'un de nos amés & féaux conſeillers & ſecrétaires foi ſoit ajoutée comme aux originaux : CAR tel eſt notre plaiſir. DONNÉ à Verſailles le vingt-troiſieme jour de Novembre, l'an de grace mil ſept cent, & de notre regne le cinquante-huitieme. Par le Roi en ſon conſeil. *Signé,* DELAISTRE. Et ſcellé.

III.

ARRÊT

DU CONSEIL D'ETAT DU ROI,

Qui déboute Paul Rollande de l'indemnité par lui prétendue pour un moulin dont les eaux ont été prifes pour le canal royal.

Du 20 Octobre 1703.

EXTRAIT *des Regiſtres du Conſeil d'Etat privé du Roi.*

VU au conſeil du Roi copie d'arrêt rendu en icelui le 7 Août 1702, ſur la requête de Paul Rollande, tendante à ce que pour les cauſes y contenues il plût à Sa Majeſté le recevoir appellant de la délibération & jugement des ſieurs commiſſaires des Etats de Languedoc du 22 Octobre 1701, faiſant droit ſur ſon appel, ordonner qu'il ſera procédé à une nouvelle vérification & eſtimation du moulin à lui appartenant, & du dommage à lui cauſé par la priſe que l'on a faite de l'eau pour la jetter dans le canal royal, pour ſur icelle être pourvu à ſon indemnité, tant en principal, intérêts que dépens, ſi mieux n'aime le ſyndic général de la province, lui payer la ſomme de 9071 livres 6 ſols à laquelle monte ladite indemnité la préſente an-

née 1702, toutes déductions faites, & condamner au ſurplus le ſyndic en tous les dépens par lui faits, tant en cauſe principale qu'en cauſe d'appel; SUR QUOI Sa Majeſté auroit ordonné que ladite requête ſeroit communiquée au ſieur Boyer, ſyndic général des Etats de Languedoc pour y fournir de réponſe dans huitaine; ſinon & à faute de ce faire, ſeroit fait droit : Exploit de ſignification du 18 dudit mois d'Août 1702 : Requête préſentée au conſeil par le ſyndic général de la province de Languedoc, employée pour réponſe à celle dudit Rollande; ce faiſant le débouter des concluſions par lui priſes, & en conſéquence ordonner que les délibérations des Etats de Languedoc dont il eſt appellant, ſortiront leur plein & entier effet, & lui faire défenſes de ne ſe plus pourvoir à l'avenir pour raiſon de ce, à peine de nullité & de 500 livres d'amende, & le condamner aux dépens : Autre requête préſentée au conſeil par ledit Rollande, employée pour réplique à celle ci-deſſus; ce faiſant, ſans s'y arrêter, lui adjuger les concluſions qu'il a priſes par ſa premiere requête avec dépens; au bas eſt l'ordonnance de la ſignification; Les pieces jointes par ledit Rollande à ſeſdites requêtes ſont copie du bail à ferme dudit moulin de Caſſoulet à lui appartenant du 26 Juillet 1664, moyennant 240 livres & dix chapons tous les ans; Eſtimation dudit moulin du 12 Septembre 1679, faite par les experts de la province à 56 livres pour le quart de la rente dudit moulin; Verbal & procédures de l'année 1680 & 1682 faites en exécution de l'arrêt de la cour des aydes du 3 Avril 1677; Rapport de l'expert du 7 Juillet 1682; Arrêt de la cour des aydes de Montpellier du 7 Mai 1686; Autre arrêt de ladite cour du 20 Août 1700; Délibération des Etats de Languedoc du 11 Janvier

No. III. 1700, qui rejette les demandes dudit Rollande; Requête présentée auxdits Etats de Languedoc par ledit Rollande le 29 Décembre 1700; Autre délibération desdits Etats du 5 Janvier 1701; Procès-verbal du premier Septembre audit an; Jugement dont est appel du 22 Octobre 1701, portant que si Rollande vouloit, on lui payeroit le capital de la rente qui revient à 1120 livres dont il étoit fait fonds dans le département des dettes. Les pieces jointes par ledit syndic général à sa requête sont un rapport d'experts du 12 Octobre 1679; Délibération des Etats du 12 Janvier 1680; Autre délibération du 19 Décembre audit an, & tout ce que par lesdites parties a été mis, écrit & produit pardevers le sieur Leblanc, conseiller du Roi en ses conseils, maître des requêtes ordinaire de son hôtel, commissaire à ce député, & tout considéré : LE ROI EN SON CONSEIL, faisant droit sur l'instance, a débouté ledit Rollande de ses demandes & l'a condamné aux dépens. FAIT au conseil d'Etat privé du Roi tenu à Fontainebleau le vingtieme jour d'Octobre 1703. Collationné. BRUNET, signé.

LOUIS, PAR LA GRACE DE DIEU, ROI DE FRANCE ET DE NAVARRE: Au premier notre huissier ou sergent sur ce requis. Nous te mandons & commandons que l'arrêt ci-attaché sous le contre-scel de notre chancellerie, ce jourd'hui donné en notre conseil entre les parties y dénommées, tu leur signifies, à ce qu'elles n'en prétendent cause d'ignorance & ayent à y déférer & obéir, & fais pour son entiere exécution, à la requête dudit syndic général de la province de Languedoc, tous actes de justice requis & nécessaires. De ce faire te donnons pouvoir, sans pour ce demander autre permission : CAR tel

est notre plaisir. DONNÉ à Fontainebleau le vingtieme jour d'Octobre, l'an de grace mil sept cent trois, & de notre regne le soixante-unieme. Par le Roi en son conseil. Signé, BRUNET.

N°. IV.

IV.

ARRÊT
DU CONSEIL D'ETAT DU ROI,

Qui décharge le syndic de la province de Languedoc de l'assignation à lui donnée en la cour des aydes de Montpellier à la requête du sieur de Roquefeuil pour l'indemnité des pêcheries qu'il a dans les étangs de Vic.

Du 23 Août 1704.

EXTRAIT des Registres du Conseil d'Etat.

SUR la requête présentée au Roi, en son conseil, par le syndic général de la province de Languedoc, CONTENANT que le suppliant a été assigné en la cour des comptes, aydes & finances de Montpellier le 5 Février dernier, à la requête du sieur François de Roquefeuil, seigneur de Vic, pour se voir condamner au payement des dommages & intérêts qu'il prétend souffrir dans ses pêcheries, à l'occasion du canal que Sa Majesté fait faire dans les étangs depuis le port de Cette jusqu'à Perols : mais d'autant que par divers arrêts du conseil & en dernier lieu par celui du 23 Novembre 1700 il a été défendu à la cour des comptes, aydes & finances de Montpellier, de connoître des indemnités prétendues par les particuliers, à l'occasion du canal royal de communication des mers, & qu'il s'agit d'une indemnité prétendue à l'occasion d'un canal que la province fait faire par ordre du Roi, dont la connoissance a été attribuée aux sieurs commissaires du Roi & des Etats, suivant l'arrêt du conseil du 16 Août 1701 ; que par arrêt du conseil du 7 Mai 1701 il a été ordonné que les propriétaires des pêcheries construites dans les étangs d'Aigues-mortes, Perols & Villeneuve, seront tenus de remettre incessamment leurs titres pardevant le sieur de Basville conseiller d'état ordinaire & intendant en la province de Languedoc, pour en dresser son procès verbal, & icelui envoyé, vu & rapporté au conseil avec son avis, être ordonné par Sa Majesté ce qu'il appartiendra ; & que les Etats de ladite province ont délibéré le 4 Février dernier qu'il sera procédé à la vérification des dommages prétendus par le sieur de Roquefeuil, après qu'il aura remis ses titres au sieur de Basville, en exécution dudit arrêt du conseil & qu'il aura été maintenu auxdites pêcheries. A CES CAUSES, Requéroit le suppliant qu'il plût à Sa Majesté le décharger de l'assignation qui lui a été donnée à la cour des comptes, aydes & finances de Montpellier le 5 Février dernier, à la requête dudit sieur de Roquefeuil, & ordonner qu'il remettra les titres de ses pêcheries au sieur de Basville, pour être ensuite procédé à l'estimation de ses dommages, conformément à la délibération des Etats. Vu ladite requête ; l'exploit d'assignation du 5 Février dernier ; l'arrêt du conseil d'état du 16 Août 1701 & celui du 7 Mai audit an : OUI le rapport du sieur Chamillart conseiller ordinaire au conseil d'état, contrôleur général des finances, LE ROI EN SON CONSEIL, ayant égard à ladite requête, a déchargé & décharge le suppliant de l'assignation à lui donnée à la requête dudit sieur de Roquefeuil, à la cour des comptes, aydes & finances de Montpellier, par ledit exploit du 5 Février dernier, & en conséquence Sa Majesté a ordonné & ordonne que, conformément à l'arrêt

du conseil du 7 Mai 1701, ledit sieur de Roquefeuil remettra au sieur de Basville conseiller d'état ordinaire, intendant en Languedoc, les titres de la propriété & jouissance des deux pêcheries qu'il prétend lui appartenir dans les étangs qui sont depuis le port de Cette jusqu'à Perols, pour en être la vérification faite par ledit sieur de Basville & procédé ensuite à l'estimation des dommages & intérêts prétendus par ledit sieur de Roquefeuil, aux termes de la délibération des Etats de Languedoc du 4 Février dernier. FAIT au conseil d'état du Roi, tenu à Versailles le vingt-troisieme jour d'Août mil sept cent quatre. Collationné.

Signé, RANCHIN.

LOUIS, PAR LA GRACE DE DIEU, ROI DE FRANCE ET DE NAVARRE: A notre amé & féal conseiller en notre conseil d'état, le sieur de Basville intendant & commissaire départi pour l'exécution de nos ordres dans la province de Languedoc, SALUT. Nous vous mandons de procéder & tenir la main à l'exécution de l'arrêt dont l'extrait est ci-attaché sous le contre-scel de notre chancellerie ce-jourd'hui donné en notre conseil d'état, sur la requête à Nous présentée en icelui par le syndic général de la province de Languedoc. Commandons au premier notre huissier ou sergent sur ce requis de signifier ledit arrêt aux y dénommés & à tous autres qu'il appartiendra à ce qu'ils n'en ignorent, & de faire en outre pour l'entiere exécution d'icelui à la requête dudit syndic général, tous commandemens, sommations & autres actes & exploits nécessaires sans autre permission : Car tel est notre plaisir. DONNÉ à Versailles le vingt-troisieme Août l'an de grace mil sept cent quatre & de notre regne le soixante-deuxieme. Par le Roi en son conseil.

Signé, RANCHIN.

V.

ARRÊT

DU CONSEIL D'ETAT DU ROI,

Qui décharge le syndic général de la province de Languedoc de l'assignation à lui donnée en la cour des aydes de Montpellier à la requête du sieur Gibert pour l'indemnité d'une terre occupée par le canal royal.

Du 6 Octobre 1704.

EXTRAIT des Registres du Conseil d'Etat privé du Roi.

SUR la requête présentée au Roi, en son conseil, par le syndic général de la province de Languedoc, CONTENANT que le suppliant a été assigné en la cour des aydes de Montpellier le 7 Février dernier à la requête du sieur Gibert & Dlles. Jeanne & Catherine Abaussines, petit-fils & succédant à Antoine Pastre du lieu de Portiragues, pour se voir condamner à leur payer la somme de 32 livres pour une piece de terre située au terroir dudit lieu qu'ils prétendent avoir été prise pour le canal royal de communication des deux mers & avoir été estimée à ladite somme par les experts de la province : mais d'autant que par divers arrêts du conseil, & en dernier lieu par celui du 23 Novembre de l'année 1700, il a été défendu à la cour des comptes, aydes & finances de Montpellier de connoître des indemnités prétendues par les particuliers à l'occasion du canal royal, & que les Etats de la province n'ont jamais refusé l'estimation des terres du canal à ceux à qui elles ont appartenu. A CES CAUSES, Requéroit le suppliant qu'il plût à Sa Majesté le décharger de l'assignation qui lui a été donnée à la cour des aydes de Montpellier le 7

Février dernier, à la requête dudit sieur Gibert & desdites Dlles. Jeanne & Catherine Abaussines, sauf à eux à s'adresser aux Etats prochains pour leur être pourvu. Vu ladite requête signée Pere pour Barbot avocat du suppliant ; l'exploit d'assignation dudit jour 7 Février dernier, & l'arrêt du conseil d'état du 23 Novembre 1700 : Oui le rapport du sieur Langeois conseiller de Sa Majesté en ses conseils, maître des requêtes ordinaires de son hôtel, commissaire à ce député, & tout considéré, LE ROI EN SON CONSEIL, ayant égard à ladite requête, a déchargé & décharge ledit syndic de la province de Languedoc de l'assignation à lui donnée à la cour des aydes de Montpellier le 7 Février dernier, à la requête dudit Gibert & desdites Jeanne & Catherine Abaussines, sauf à eux à se pourvoir devant les commissaires de Sa Majesté & ceux de l'assemblée des Etats de Languedoc ; leur fait défenses de se pourvoir ailleurs. FAIT au conseil d'état privé du Roi, tenu à Fontainebleau le sixieme jour d'Octobre 1704. Collationné. *Signé*, DESVIEUX.

LOUIS, PAR LA GRACE DE DIEU, ROI DE FRANCE ET DE NAVARRE: au premier huissier ou sergent sur ce requis. Nous te mandons & commandons que l'arrêt ci-attaché sous le contre-scel de notre chancellerie, ce-jour-d'hui rendu en notre conseil d'état privé, sur la requête présentée en icelui par le syndic général de la province de Languedoc, tu signifies icelui aux nommés Gibert & Jeanne & Catherine Abaussines y nommés, à ce qu'ils n'en ignorent & ayent à y obéir ; & leur fais de par nous les défenses y mentionnées, & pour l'entiere exécution dudit arrêt, à la requête dudit syndic, tous actes de justice requis & nécessaires. De ce faire te donnons pouvoir, sans pour ce..

demander autre permiffion ni paréatis: Car tel eft notre plaifir. DONNÉ à Fontainebleau le fix Octobre, l'an de grace mil fept cent quatre & de notre regne le foixante-deuxieme. Par le Roi en fon confeil. DESVIEUX, *figné.*

V I.

EXTRAIT *du regiftre des délibérations des Etats généraux de Languedoc, affemblés par mandement du Roi en la ville de Montpellier au mois de Novembre* 1748.

Du Samedi 21 Décembre fuivant, préfident Mgr. l'archevêque d'Alby.

L E fieur de Joubert fyndic général a dit, que les Etats approuverent par leur délibération du 22 Décembre 1732 la liquidation qui avoit été faite au profit de M. l'abbé de Ceilles de Recozel qui avoit alors l'abbaye de Soreze, à raifon des terres prifes pour la conftruction & emplacement du canal de communication des mers & ouvrages en dépendant; que l'indemnité à raifon de la dixme des terres fut réglée à 382 livres 10 fols de capital, & que celle de l'extinction de la directe fut auffi réglée fuivant la déclaration du Roi du 31 Décembre 1709 à 216 livres, lefquelles fommes revenant enfemble à celle de 598 liv. 10 f. ne peuvent être payées valablement que lorfqu'on donnera un emploi au profit de cette abbaye.

Qu'en attendant cet emploi la rente defdites fommes doit être payée fur le pied du denier vingt, & que M. l'abbé Dagay doit en jouir depuis qu'il a pris poffeffion de l'abbaye de Soreze, fauf à payer cette rente, pour les années de la jouiffance de feu M. l'abbé de Ceilles, à fes héritiers ou à telle autre perfonne qui juftifiera avoir droit de la retirer; que cette rente qui revient par

année à la fomme de 28 liv. 18 f. 6 d. fe trouve due depuis & compris l'année 1733 jufques au premier Janvier prochain, ce qui revient pour lefdites feize années à la fomme de 478 liv. 16 fols dont l'exécuteur teftamentaire de feu M. l'abbé de Ceilles & M. l'abbé Dagay demandent aujourd'hui le rembourfement.

Que comme cette demande eft une fuite néceffaire de la liquidation qui a été ci-devant faite & de la délibération des Etats qui l'approuve, l'affemblée jugera fans doute à propos d'en ordonner le payement, fauf à faire impofer à l'avenir le montant de ladite rente au profit de M. l'abbé de Soreze jufqu'à ce que le capital ait pu en être payé valablement.

SUR QUOI il a été délibéré que la fomme de 478 liv. 16 fols à laquelle reviennent les arrérages de la rente du capital de 598 liv. 10 fols pour feize années depuis & compris 1733 jufques & compris l'année 1748 fera payée par le fieur tréforier de la bourfe, à la fucceffion de feu M. l'abbé de Ceilles, & à M. l'abbé Dagay, chacun pour ce qui le concerne, & que la fomme de 28 liv. 18 f. 6 d. fera impofée dans l'état des dettes & affaires pour l'année 1749 & les fuivantes, jufqu'à ce que les Etats aient pu fe libérer valablement du capital de 598 liv. 10 f.

V I I.
A R R Ê T
DU CONSEIL D'ÉTAT DU ROI,

Par lequel Sa Majefté ayant égard aux conclufions du fyndic général de la province de Languedoc, déboute la dame de Montréal des fins de fa requête, tendante en condamnation contre la province, de la fomme de 24,402 liv. pour l'indemnité qu'elle demandoit à raison d'une pêcherie à elle appartenant dans l'étang de Mauguio & Carnon, qui a été détruite par le canal de navigation de Cette au Rhône par les étangs ; & en conséquence, décharge les Etats de Languedoc de toute demande de la part de ladite dame de Montréal pour raison de ladite pêcherie.

Du 4 Août 1762.

EXTRAIT des Regiftres du Confeil d'Etat.

SUR la requête préfentée au Roi, étant en fon confeil, par le fyndic général de la province de Languedoc ; CONTENANT, Qu'étant obligé de défendre à une requête, par laquelle la dame de Montréal a demandé à Sa Majefté, que les Etats foient condamnés à lui payer la fomme de vingt-quatre mille quatre cent deux livres, à laquelle elle fait revenir l'indemnité qu'elle fuppofe lui être due à raifon d'une pêcherie dans l'étang de Mauguio & Carnon, qui a été détruite en partie par le canal de navigation que les Etats font conftruire, fuivant ce qui eft porté par les inftructions de Sa Majefté, pour ajouter à la jonction & communication des deux mers, la communication de Cette au Rhône, par les étangs, il doit très-humblement repréfenter à Sa Majefté, que cette prétention, qui feroit d'une dangereufe conféquence pour les Etats, eft irrecevable & mal-fondée, par cette raifon, que la navigation dans les étangs falés comme dans la mer, eft de droit public ; d'où il fuit non-feulement, que tout ce qui s'oppofe au libre exercice de la navigation, doit être détruit ; mais auffi qu'il doit l'être fans indemnité, d'autant que toute conceffion de conftruire des ouvrages dans la mer, les étangs falés, & les

rivieres navigables, eft toujours fubordonnée à l'ufage de la navigation, & fuppofe qu'ils ne pourront y faire obftacle : Qu'il faut d'abord obferver la différence qu'il y a entre la propriété & l'ufage, quant à ce qui regarde la mer, les étangs falés, & les rivieres navigables : Que par le droit romain, la propriété de la mer & des rivieres navigables n'appartenoit à perfonne, mais l'ufage de la mer appartenoit à tous les hommes en général, & l'ufage des rivieres navigables appartenoit à tout le peuple qui compofoit l'état dans lequel la riviere avoit fon cours ; c'eft ce que l'on peut voir dans les §. 1, 2, 3, 4 & 5 Inftit. de rer. divifione : Que dans la plupart des états monarchiques, & principalement en France, on a établi pour maxime, que la propriété des rivieres navigables appartient au Roi, & fait partie du domaine, comme il eft porté expreffément par plufieurs ordonnances anciennes & modernes, & en particulier par l'artice XLI, du titre XXVII de la police & confervation des forêts, eaux & rivieres, de l'ordonnance de 1669 : Qu'il feroit inutile de parler ici de la propriété de la mer, parce que c'eft une chofe qui regarde les divers Etats entr'eux ; mais quant aux étangs falés qui font formés de l'eau de la mer, & qui communiquent avec la mer, il n'y a aucun doute que la propriété n'en appartienne au Roi dans l'étendue de fes Etats ; il fuffit pour cela que les étangs foient navigables ; & d'ailleurs, ces étangs faifant partie de la mer, la propriété n'en peut appartenir à des particuliers : C'eft pour cela que l'ordonnance de la marine, tit. I, de la compétence des juges, article V, dit, que la connoiffance de la pêche qui fe fait dans les étangs falés, appartient aux juges de l'amirauté : Qu'il ne s'agit donc que d'examiner ce qui regarde l'usage : Or, il y a plusieurs sortes d'usages , tant à l'égard de la mer , que des étangs salés & des rivieres navigables , dont il suffira d'en examiner ici deux qui sont les plus considérables ; le premier est la navigation , & le second la pêche : Que par le droit des gens, l'usage de la navigation est permis à tous les hommes , sur la mer & sur les rivieres navigables , de même que la faculté de respirer l'air ; c'est la comparaison qu'en fait le droit romain , §. 1. *Instit. de rer. divis.* Les loix de tous les états & de tous les peuples du monde , ont conservé cet usage , & n'y ont jamais dérogé : Qu'il peut y avoir des cas particuliers où la navigation soit défendue en certain tems sur certaines mers, sur certaines rivieres ; & que les Rois ont fait plusieurs loix pour mettre une certaine police dans la navigation ; mais que jamais il n'a été permis à des particuliers d'empêcher la navigation sur la mer & sur des rivieres navigables : Que la faculté de la pêche a reçu plus de restrictions. Il est vrai que par l'ordonnance de la marine , titre de la liberté de la pêche , article premier , le Roi déclare la pêche de la mer , libre & commune à tous ses sujets, ce qui se doit aussi entendre des étangs salés , comme il a été expliqué ci - dessus ; mais que cependant la même ordonnance autorise certaines concessions faites à l'égard de la pêche ; ce qui a lieu encore plus particulierement à l'égard des rivieres navigables , comme il résulte de plusieurs articles de l'ordonnance des eaux & forêts de 1669 ; mais que jamais les concessions, les titres , ni la possession, pour si longue qu'elle soit , ne peuvent autoriser personne à faire des ouvrages qui empêchent ou qui nuisent à la navigation ; & c'est précisément en cela que consiste le point que le suppliant

doit prouver : Qu'il est d'abord indubitable que ces empêchemens sont contraires au droit des gens, c'est-à-dire , à tout ce qui a été pratiqué & observé chez toutes les nations anciennes & modernes ; l'on a déjà dit que le droit romain compare la faculté de naviguer à la faculté de respirer l'air , & la met au même rang : Que le droit romain contient encore plusieurs autres dispositions contre tout ce qui pourroit empêcher la navigation, comme on le voit dans le titre du digeste , *de fluminibus , ne quid in flumine publico ripave ejus fiat quo pejus navigetur.* Il étoit défendu à toutes sortes de personnes , de faire aucun ouvrage qui pût nuire à la navigation , soit sur la mer, soit sur les rivieres navigables, *leg.* 1. *in princip. &* §. 1. *& seqq. eodem.* Toute cette loi & les autres du même titre , parlent des rivieres navigables , & le §. 17 , parle de la mer, ce qui doit comprendre les étangs salés, comme on l'a déjà dit. Il y a plusieurs autres titres qui traitent de cette matiere , & qui contiennent les mêmes prohibitions ; mais il est inutile d'en dire davantage, parce que c'est une chose qui ne peut recevoir aucun doute, suivant le droit romain. Qu'il reste à examiner quelles sont sur cela les dispositions du droit françois & des ordonnances : Or, quoique l'usage du royaume & ces ordonnances contiennent plusieurs choses qui sont contraires au droit romain quant à la pêche, elles ont pourtant confirmé ce qu'il avoit ordonné , & ce que toutes les nations ont observé à l'égard de la liberté de naviguer, & ont décidé qu'aucun titre , aucune concession , ni aucune possession, pour si ancienne qu'elle fût , ne pourroit donner droit à personne , ni d'empêcher , ni de nuire à la navigation. En premier lieu, pour ce qui regarde la mer, il y a plusieurs

sieurs articles précis dans l'ordonnance de la marine de l'année 1681, qui portent en général & indistinctement, que tout ce qui sera nuisible à la navigation sera démoli & détruit. L'article XI du titre des parcs & pêcheries, porte que les parcs & bouchots qui se trouveront construits à l'embouchure des rivieres navigables ou sur les greves de la mer, à deux cent brasses du passage ordinaire des vaisseaux & au-dessous, seront démolis aux frais des propriétaires ; & l'article XV du même titre porte que les pêcheurs dont les pieux & guideaux auront été ôtés comme nuisibles à la navigation, ou les pêcheries démolies, seront déchargés de toutes rentes & redevances qu'ils pourront devoir pour raison de ce, au domaine ou à quelques seigneurs particuliers, &c. On peut encore y ajouter les articles XII & XIII qui contiennent des dispositions semblables. Le titre des madragues & bourdigues de la même ordonnance porte la même chose ; car après avoir dit dans l'article premier, qu'il est défendu à toutes personnes de poser en mer des madragues, & d'y construire des bourdigues sans la permission du Roi ; & dans l'article II que les lettres que le Roi aura accordées pour cet effet, seront enregistrées au greffe de l'amirauté ; l'article IV ajoute, qu'il est fait défenses de placer aucune madrague ou bourdigue dans les ports ou autres lieux où ils peuvent nuire à la navigation ; d'où il suit évidemment, que le Roi n'entend en aucun cas accorder des lettres ou faire des concessions qui puissent nuire à la navigation. Les concessions ne peuvent donc être valables que quand elles laissent la navigation entierement libre, sans quoi il n'y a, ni lettres du Roi, ni possession, pour si ancienne qu'elle soit, qui puisse faire subsister des ouvrages de cette espece.

Qu'il seroit inutile d'opposer l'article IV du titre des parcs & pêcheries de la même ordonnance, qui porte que les parcs, dans la construction desquels il entrera bois ou pierres, seront démolis, à la réserve de ceux bâtis avant l'année 1544, dans la jouissance desquels les possesseurs seront maintenus, conformément aux articles LXXXIV & LXXXV de l'ordonnance du mois de Mai 1584, pourvu qu'ils soient construits en la maniere qui est prescrite par les articles suivans de cette même ordonnance de 1681 : Qu'en effet, il ne faut pas conclure de cet article, que les parcs puissent être maintenus, quoiqu'ils soient nuisibles à la navigation, pourvu qu'ils ayent été bâtis avant 1544, ni que le propriétaire puisse demander aucune indemnité en cas de démolition ; cet article veut dire seulement, qu'à l'avenir personne ne pourra bâtir de ces sortes de parcs, & que l'on démolira même tous ceux qui se trouveront avoir été bâtis depuis l'année 1544 ; & cela sans examiner s'ils nuisent à la navigation ; mais il est toujours constant que ceux qui y sont nuisibles doivent être détruits, suivant la disposition générale de tous les autres articles qui ont été cités ci-dessus ; car puisque le Roi défend, même à ceux qui auront obtenu des lettres ou des concessions de Sa Majesté, de construire des ouvrages qui soient nuisibles à la navigation, il s'ensuit à plus forte raison, que ces sortes d'ouvrages ne peuvent être conservés sous prétexte d'une concession de plusieurs siecles : Que l'article XI du titre des parcs & pêcheries que l'on a déjà cité, porte que les parcs & bouchots qui se trouveront construits à l'embouchure des rivieres navigables, ou sur les greves de la mer à 200 pas du passage ordinaire des vaisseaux, & au-dessous, seront démolis ; sur quoi l'auteur qui a fait la conférence de cette ordonnance, ajoute ces mots, quand bien même ils feroient bâtis avant l'année 1544 ; & cela, parce que les parcs & bouchots empêchent le paſſage ordinaire des navires. Cet auteur auroit pu faire la même obſervation ſur les articles XII, XIII & XIV du même titre que l'on a cité ci-deſſus, de même que ſur l'article IV du titre des madragues & bourdigues, tous leſquels articles portent en général & indiſtinctement, que tous les ouvrages nuiſibles à la navigation doivent être détruits & démolis : Que l'article XV du titre des parcs & pêcheries, prouve encore clairement que les propriétaires de ces ouvrages nuiſibles à la navigation, ne pourront en aucun cas demander une indemnité ; car il dit que les pêcheurs dont les pieux & guideaux auront été ôtés comme nuiſibles à la navigation, ou les pêcheries démolies, ſeront déchargés de toutes rentes & redevances qu'ils pourroient devoir pour raiſon de ce au domaine, ou à quelques ſeigneurs particuliers : c'eſt à cela que ſe réduit toute l'indemnité ; ſavoir, à la décharge des rentes ou redevances qui étoient dues au Roi ou aux ſeigneurs particuliers pour raiſon de ces parcs ou pêcheries : Que les ordonnances contiennent les mêmes diſpoſitions à l'égard des rivieres navigables, comme on peut le voir dans le recueil que Saint-Yon a fait des ordonnances des eaux & forêts, liv. I, tit. XIX ; il rapporte les propres termes de l'article premier de l'ordonnance de Charles VI de 1415, l'article premier de celle de François premier de l'année 1520, les articles I, II de celles de Charles IX de 1570, l'article premier de celle de Henri III du mois de Décembre 1577 ; l'article XVIII de celle du même Roi de l'année 1583, toutes leſquelles ordonnances défendent de faire aucuns édifices,

vannes, gords, pieux, moulins, pêcheries, & autres empêchemens nuiſibles & préjudiciables au cours des rivieres, bateaux & marchandiſes, empêchant ou retardant la navigation ; elles ſont auſſi rapportées tout au long dans le recueil des ordonnances, édits & réglemens des eaux & forêts, par Claude Rouſſeau, ſieur de Bazoche, procureur général du Roi au fait des eaux & forêts : Que l'ordonnance de 1669, titre de la police & conſervation des eaux & forêts & rivieres, article XLII, a renouvellé les mêmes diſpoſitions en ces termes : Nul, ſoit propriétaire ou engagiſte, ne pourra faire moulins, batardeaux, écluſes, gords, pertuis, murs, plants, & autres édifices ou empêchemens nuiſibles au cours de l'eau dans les fleuves & rivieres navigables & flottables, &c. Qu'il y a des ordonnances & des édits ou déclarations particulieres, faites pour certaines rivieres navigables, comme pour la riviere de Seine en 1674, & pour la riviere de Loire en 1703 ; laquelle derniere déclaration ſe trouve dans pluſieurs recueils, & entr'autres dans la conférence de l'ordonnance de 1669, ſur l'article XL du titre de la police & conſervation, &c. ; & que l'on y voit dans un très-grand détail toutes les précautions qui ont été priſes pour la démolition de tous les ouvrages indiſtinctement, qui pourroient empêcher ou nuire à la navigation de la riviere de Loire, ſans qu'il ſoit accordé nulle part aucune indemnité aux propriétaires de ces ouvrages, quelque titres qu'ils euſſent, & pour ſi ancienne que fût leur poſſeſſion : Que ce même auteur de la conférence des eaux & forêts, ſur l'article XLII du même titre, rapporte des arrêts du conſeil qui ont ordonné purement & ſimplement la démolition des bâtimens &

ouvrages qui empêchoient ou nuisoient à la navigation de certaines rivieres : Qu'il y a un arrêt du 8 Novembre 1689 , qui ordonne que des bâtimens & ouvrages de cette espece , qui avoient été faits dans la riviere d'Aines , seront démolis par les propriétaires , & qu'il rapporte sur l'article XLIII un arrêt du conseil du 14 Décembre 1706, rendu pour raison de certains ouvrages qui nuisoient à la navigation de la riviere de Meuse ; & sur l'article XLIV , un autre du 12 Novembre 1712 , rendu contre Mme. la duchesse d'Elbeuf, qui fut condamnée à démolir les ouvrages qui empêchoient la navigation de la riviere de Charente , ayant été rendu un grand nombre d'autres arrêts semblables : Que l'article XLIII du même titre de l'ordonnance de 1669, porte que ceux qui ont fait bâtir des moulins , écluses , vannes & autres édifices dans l'étendue des fleuves & rivieres navigables , sans en avoir obtenu la permission de Sa Majesté , ou de ses prédécesseurs , seront tenus de les démolir ; & l'article XLI , en déclarant que la propriété de tous les fleuves & rivieres navigables dans le royaume appartient au Roi , ajoute sauf le droit de pêche , moulins , bacs & autres usages que les particuliers peuvent y avoir par titre & possession valables auxquels ils seront maintenus ; ce qui signifie qu'il faut avoir des titres ou une possession valable pour conserver ces sortes d'ouvrages , sans quoi ils doivent être démolis ; & à cet égard on ne considere pas s'ils nuisent à la navigation ou non ; mais de-là il ne s'ensuit pas que s'ils nuisent à la navigation ils puissent être maintenus en vertu des titres ou de la possession : car pour faire valoir les titres & la possession , il faut une autre condition qui est absolument nécessaire ; savoir, que les ouvrages ne

nuisent pas à la navigation , comme il résulte de toutes les dispositions des ordonnances : Qu'ainsi pour construire de ces sortes d'ouvrages dans les rivieres navigables, quoiqu'ils ne nuisent pas à la navigation , il faut avoir des titres ou une possession valable ; mais que s'ils nuisent à la navigation, tous les titres & la possession la plus ancienne sont inutiles ; & dans ce cas, les propriétaires dont les pêcheries & autres ouvrages sont démolis , ne peuvent demander aucune indemnité ; en quoi les ordonnances faites pour les rivieres navigables sont conformés aux dispositions de l'ordonnance de la marine , dans l'un & dans l'autre cas : Qu'à un moyen si péremptoire contre la prétention de la dame de Montréal , le suppliant peut ajouter que la concession de la pêcherie faite à l'auteur de ladite dame, n'étant que de l'année 1564 , suivant l'acte qu'elle en rapporte , elle n'a point l'ancienneté requise par l'ordonnance de la marine en l'article déjà cité , dans laquelle Sa Majesté n'excepte de la démolition, que les parcs & pêcheries bâtis avant l'année 1544 : Qu'en vain la dame de Montréal oppose qu'elle n'a pas laissé d'être maintenue par arrêt du conseil du 14 Mai 1748, dans la jouissance de la pêcherie en question ; car, ou cet arrêt n'est qu'un nouveau titre qui n'ajoute rien à celui de 1564, & ne supplée point à son insuffisance , ou il est contraire à l'ordonnance de la marine, à laquelle il est indispensable de donner la préférence , ce même arrêt ne pouvant y déroger : Que ladite dame ajoute que son titre énonce qu'il y avoit anciennement des pêcheries dans le même espace inféodé à son auteur; mais qu'outre que cette énonciation est indécise , l'ordonnance ne réserve textuellement que les parcs bâtis avant l'année 1544; ce qui suppose la nécessité de prouver une poffeffion réelle & effective qui remonte à cette époque : Que ce n'eft pas moins inutilement que ladite dame a recours à une tranfaction de l'année 1709, par laquelle les Etats accordèrent au fieur de Roquefeuil une fomme de cinq mille livres à titre d'indemnité, pour la deftruction des pêcheries de l'étang de Vic ; car, outre que ledit fieur de Roquefeuil juftifioit de l'établiffement des pêcheries depuis & avant 1481, fuivant qu'il eft énoncé dans le même acte, les Etats ne crurent pas devoir rejetter la médiation du feu fieur de Bafville intendant, fur le différend qui s'éleva à ce fujet, & qu'il arbitra à cette fomme de cinq mille livres bien inférieure à ce qu'auroit pu prétendre ledit fieur de Roquefeuil, fi fa demande n'avoit fouffert de difficulté ; que d'ailleurs cet accord, qui eft étranger à la dame de Montréal, ne lui donne aucun droit, & ne fauroit priver les Etats de faire ufage contre elle & contre tous autres qui ont des prétentions femblables des moyens de droit : Qu'il en eft de même de la délibération des Etats du 12 Mars 1754, prife au fujet de la ceffion des parties déjà faites du canal, à une compagnie qui devoit fe charger de le perfectionner ; car, fi bien les Etats entendirent fe décharger fur cette compagnie de toutes les demandes & prétentions en indemnité, femblables à celle de la dame de Montréal, il ne s'enfuit pas qu'ils les reconnuffent légitimes, & moins encore qu'ils prétendiffent fe défifter de leurs moyens de droit dans le cas où la ceffion n'auroit pas lieu : Qu'il s'éleve enfin deux confidérations contre la demande de la dame de Montréal ; la première, prife de ce que depuis la conftruction du canal, la pêcherie dont il s'agit a pu être rétablie & rendue d'un bon rapport, fuivant le procès-verbal de

la vérification qui en a été faite par l'ingénieur en chef à Montpellier ; la feconde, qu'il s'eft ouvert depuis, plufieurs graux ou communications de l'étang à la mer, fingulierement dans la partie de l'étang où fe trouve la pêcherie en queftion, laquelle ne peut manquer d'en devenir plus abondante. Requéroit, A CES CAUSES, ledit fyndic général, qu'il plût à Sa Majefté déclarer ladite dame irrecevable & mal-fondée dans les fins de fa requête. Vu ladite requête, & celle de la dame de Montréal, avec les pieces y énoncées : Oui le rapport du fieur Bertin, confeiller ordinaire au confeil royal, contrôleur général des finances : Et tout confidéré ; LE ROI ÉTANT EN SON CONSEIL, ayant égard aux conclufions du fyndic général de la province de Languedoc, a débouté & déboute la dame de Montréal des fins de fa requête ; Décharge en conféquence Sa Majefté les Etats de Languedoc, de toute demande de la part de ladite dame, pour raifon de la pêcherie qu'elle poffédoit fur les étangs de Carnon. FAIT au confeil d'état du Roi, Sa Majefté y étant, tenu à Verfailles le quatrieme jour d'Août mil fept cent foixante - deux.

Signé, PHELYPEAUX.

VIII.

ORDONNANCE

DE M. L'INTENDANT,

Qui ordonne l'exécution de l'arrêté de MM. les commiffaires des Etats pour la direction des travaux publics, en ce qui concerne la partie du jardin du fieur Bazille, qui doit entrer dans le chemin d'avenue de la place du Peyrou du côté de la porte de St. Guilhen, fauf audit fieur Bazille à se retirer, si bon lui semble, devers les Etats, sur la prétendue insuffisance de son indemnité.

Du 8 Août 1774.

JEAN - EMMANUEL DE GUI-GNARD , chevalier , vicomte de Saint-Priest, conseiller d'état ordinaire , intendant de justice, police & finances en la province de Languedoc.

VU les requêtes respectives du sieur Paul Bazille , négociant de Montpellier , & du syndic général de la province ; tendantes, celle dudit sieur Bazille à ce qu'il soit procédé par experts respectivement convenus, à la vérification & estimation de son jardin se trouvant sur l'alignement du nouveau chemin que les Etats ont déterminé de faire construire depuis la porte Saint-Guilhen jusqu'à la place royale du Peyrou, relativement aux objets & considérations qu'il demande être mandés aux experts ; & cependant, qu'il soit fait défenses audit syndic général de rien entreprendre sur ledit jardin jusqu'à ladite vérification faite ; & celle dudit syndic, à ce que sans s'arrêter à la requête dudit sieur Bazille, & l'en déboutant, il nous plaise ordonner provisoirement l'exécution de l'arrêté fait par MM. les commissaires des Etats pour la direction des travaux publics, & de l'acte qu'il a fait signifier audit sieur Bazille , sauf à lui à faire devant les Etats telles représentations qu'il avisera.

Attendu que les ouvrages du chemin dont il s'agit, requièrent célérité, & que l'état du jardin est suffisamment constaté par le rapport du sieur Bedos, de manière à pouvoir reconnoître son état actuel dans tous les tems.

Nous, par provision, & sans préjudice des droits des parties, qui demeu-

reront réservés en leur entier, ordonnons l'exécution de l'arrêté fait par les commissaires des Etats ayant la direction des travaux publics en ce qui concerne le jardin dudit sieur Bazille ; & en conséquence, ordonnons qu'il sera tenu de retirer la somme à lui offerte, sous telles protestations & réservations qu'il estimera convenables à ses intérêts ; sinon, qu'elle demeurera consignée entre les mains du trésorier de la bourse, sans qu'en aucun cas il puisse prétendre des intérêts à concurrence de ladite somme ; & moyennant ce, lui faisons défenses de donner aucun trouble ni empêchement audit syndic général & aux entrepreneurs des ouvrages dudit chemin dans l'exécution du susdit arrêté, à peine de désobéissance. N'entendons empêcher qu'il ne se retire, si bon lui semble, devers les Etats sur la prétendue insuffisance de son indemnité, & même, s'il y a lieu ensuite, de prendre telles autres voies qu'il avisera. Et sera notre présente ordonnance exécutée nonobstant opposition ou appellation quelconques, & sans y préjudicier. FAIT à Montpellier le 8 Août 1774. *Signé*, DE SAINT-PRIEST ; *Et plus bas* : Par Monseigneur, SOEFVE.

I X.

EXTRAIT *du registre des délibérations des Etats généraux de Languedoc, assemblés par mandement du Roi en la ville de Montpellier au mois de Novembre 1777.*

Du Mardi 30 Décembre suivant , président Mgr. l'archevêque & primat de Narbonne, commandeur de l'ordre du Saint-Esprit.

MONSEIGNEUR l'évêque de Montpellier a dit , que le sieur de Montferrier a rendu compte à la commission d'une demande du sieur Perié, négociant, en dédommagement d'une portion de terrein qui lui a été prise pour l'emplacement de la branche du canal que la province fait conftruire à Cette fur la plage du côté de l'étang.

Que pour mettre la commiffion à même de former en pleine connoiffance de caufe fon avis fur cette demande, ledit fieur fyndic général lui a fait obferver, que plufieurs autres particuliers de la ville de Cette étant dans le même cas du fieur Perié, on fit procéder dans les formes ordinaires par le fieur Lacan, expert habile, à l'eftimation de tous les terreins pris pour l'emplacement du canal dont il s'agit, en préfence de l'infpecteur de la province & des parties intéreffées ou de leurs repréfentans, tel que fut, de la part du fieur Perié, le fieur Guy.

Que fuivant le procès-verbal dudit expert, en date du 10 Décembre 1776, le terrein pris au fieur Perié, fut trouvé de contenance d'environ une féterée, dont la valeur, eu égard à fa proximité de la ville, à fon allodialité, & à l'avantage que lui donnoit le voifinage du canal actuel, fut eftimée à mille quarante-deux livres.

Que le fieur Perié mécontent de cette évaluation, en réclama par divers motifs, dans un mémoire préfenté à MM. les commiffaires des travaux publics, lequel fut envoyé par le fieur de Montferrier au fieur Lacan, expert, pour, en fe tranfportant de nouveau fur les lieux, examiner de nouveau les faits y contenus, & le fondement des repréfentations dudit fieur Perié, en fa préfence ou de fes Agens, & procéder s'il y avoit lieu, à une nouvelle eftimation.

Que ledit fieur Lacan ayant rempli cette feconde commiffion en préfence du fieur Perié, & après avoir entendu toutes les repréfentations qu'il a voulu lui faire, a couché au bas de fon premier mémoire un dire, dans lequel, après avoir réfuté tous les moyens em-

ployés par ledit fieur Perié, il perfifte dans fon premier avis.

Qu'il obferve à cet effet, 1°. que le fieur Perié ayant prétendu qu'on n'avoit eftimé qu'à dix-fept fols la toife de fon terrein, s'eft trompé dans fon calcul, puifque la fomme de mille quarante-deux livres, répartie fur fix cent foixante-deux toifes, donne une livre onze fols fix deniers pour chacune.

2°. Que le motif fpécieux pris par le fieur Perié, de ce qu'un terrein fitué un peu au-deffus du fien, a été vendu à raifon de treize livres la toife quarrée, ne mérite aucune attention, fi on confidere qu'une vente ne peut fervir à fixer la vraie valeur de la chofe vendue, puifque le prix tient à une infinité de circonftances dans lefquelles l'acheteur ou le vendeur peuvent fe trouver; & que dans le fait, l'emplacement en queftion a été payé beaucoup trop; qu'il ne peut d'ailleurs être fait aucune autre comparaifon entre le terrein vendu & celui du fieur Perié, que celle de la fituation au bord du canal; car du refte, le premier qui joint des magafins déjà bâtis, préfente un fol uni & de niveau, auquel il n'y a rien à toucher pour en faire celui d'un magafin, tandis que la vigne du fieur Perié eft au contraire ifolée, montueufe, fort élevée au-deffus du quai, & ne peut devenir propre pour un magafin, qu'au moyen de beaucoup de déblais difpendieux; qu'un champ appartenant à la province, & qu'elle a cédé anciennement audit fieur Perié, en compenfation de quelques terres qui avoient été prifes dans fa vigne pour combler une flache d'eau, ne pouvoit fervir à un magafin, parce que la façade en étoit deftinée au radoub des barques & des pontons, & pour cette raifon n'étoit point revêtue d'un quai; que d'ailleurs, ce champ touchoit, ainfi que la vigne, à un marais bourbeux, toujours rempli d'eau croupissante qui infectoit tout ce quartier; & que le nouveau canal, en délivrant le sieur Perié du voisinage de ce marais, lui procure sur son bord une façade beaucoup plus longue que celle qu'il a perdu sur le bord de l'ancien, & augmente ainsi de beaucoup la valeur de ce qui lui reste, en lui donnant la facilité qu'il n'avoit pas, de mettre tout son terrein en magasin sur le bord de deux canaux ; qu'il importe peu ce que dit le sieur Perié, qu'il jouit ailleurs des issues les plus commodes, puisqu'il ne s'agit pas de savoir s'il a besoin de celles qu'on lui procure, mais seulement si elles augmentent ou non la valeur de son fonds ; qu'enfin, ledit sieur Perié ne doit pas se fâcher de ce que la seterée du même terrein qui a été payée trois cent livres à ses voisins, a été estimée pour lui à cent pistoles, surtout n'ayant pu produire aucun titre de plus de deux tiers, & n'ayant acheté le surplus qu'à raison de trois cent livres, suivant le contrat qu'il avoit exhibé.

Que le sieur Perié qui a eu connoissance de ces observations, a tâché d'y répondre par un mémoire dans lequel il insiste principalement, sur la différence qu'il avoit précédemment allégué du prix des ventes actuellement faites par les propriétaires des terreins voisins du sien, & par quelques autres considérations qui ont paru à MM. les commissaires dénuées de tout fondement; ce qui les a déterminés à être d'avis qu'il n'y avoit lieu d'avoir égard à la demande dudit sieur Perié, mais bien de s'en tenir à l'estimation faite par le sieur Lacan, expert.

Ce qui a été ainsi délibéré.

X.

EXTRAIT du registre des délibérations des Etats généraux de Languedoc,

assemblés par mandement du Roi en la ville de Montpellier au mois d'Octobre 1778.

Du 24 du mois de Novembre, président Mgr. l'archevêque & primat de Narbonne, commandeur de l'ordre du St. Esprit.

MONSEIGNEUR l'évêque de Commenge a dit, que les différentes observations qu'avoient fait MM. les commissaires dans le cours de leur travail les avoient portés à proposer aux Etats de déterminer par forme de réglement, & en renouvellant en tant que de besoin les dispositions de celui de 1766, 1°. que les terres qui devront être prises chaque année pour l'emplacement des chemins, seront estimées avant qu'on commence les travaux, pour le procès-verbal contenant ladite estimation & les sommes qui seront dues en conséquence aux particuliers propriétaires desdites terres, être rapporté à chaque assemblée lors prochaine des Etats, à l'effet d'obtenir leur consentement à l'imposition desdites sommes, de maniere que les propriétaires des terres puissent en retirer le payement sans un plus long retardement.

2°. Que les dioceses qui auront à solliciter le consentement des Etats à de nouveaux emprunts pour les travaux des chemins, lesquels emprunts ne pourront être délibérés que par l'assemblée de l'Assiette, seront tenus d'envoyer à cet effet aux syndics généraux un mémoire bien détaillé, signé par le syndic du diocese, contenant l'estimation totale du chemin dont il s'agira, ainsi que son étendue, l'époque du commencement des travaux, la quantité des parties faites & de celles restantes pour l'achever, les sommes employées jusqu'alors duement vérifiées, & le montant de la dépense à faire pour le mettre à sa perfection, sans employer à raison de ce le ministere d'aucun procureur ; ce qui fera également obfervé pour toute autre efpece de demande formée en conféquence d'une délibération de l'Affiette.

Enfin que conformément à ce qui a été déjà prefcrit par différentes délibérations des Etats, tous les mémoires & pieces concernant les demandes à faire à cette affemblée, feront remis aux fyndics généraux au plus tard avant la délibération du don gratuit ; paffé lequel délai, elles ne feront plus reçues & renvoyées à l'année d'après.

Ce qui a été délibéré conformément à la propofition de MM. les commiffaires ; & les fyndics généraux ont été chargés d'en donner connoiffance aux fyndics des diocefes, & aux directeurs des travaux publics, pour qu'ils aient à s'y conformer.

X I.

EXTRAIT du regiftre des délibérations des Etats-généraux de Languedoc, affemblés par mandement du Roi en la ville de Montpellier au mois d'Octobre 1778.

Du 5 dudit mois de Décembre, préfident Mgr. l'archevêque & primat de Narbonne, commandeur de l'ordre du Saint-Efprit.

MONSEIGNEUR l'évêque de Lodeve a dit, que M. le marquis d'Urre, héritier de M. le marquis d'Aubays fon grand pere maternel, préfenta un mémoire aux Etats dans leur derniere affemblée, pour demander à la province une indemnité proportionnée au dommage qu'il expofe avoir fouffert à fa maniguiere ou pêcherie appellée du Carnon par la conftruction du canal des étangs, & que l'objet de cette demande ; tant par rapport à la pêcherie en elle-même, que par rapport aux non-jouiffances, & à leur durée, eft fort confidérable.

Que les différens chefs de cette demande, dont le détail fera expofé dans la fuite de ce rapport, ayant rappellé aux Etats celle qui avoit été faite par M. le marquis d'Aubays pour le même fait en 1739 & celles qui en étoient la fuite, il fut délibéré le 30 Décembre 1777 d'en renvoyer l'examen à MM. les commiffaires des travaux publics pendant l'année, en chargeant les fyndics généraux de raffembler tout ce qui a rapport, tant à la demande de M. le marquis d'Urre, qu'à celles qui ont été formées dans le même tems, pour, fur leur rapport, être pris dans cette affemblée telle délibération qu'il appartiendra.

Que MM. les commiffaites des travaux publics s'étant occupés pendant l'année de l'exécution de cette délibération, le fieur de Joubert, fyndic général, a mis fous leurs yeux l'origine & l'époque de la conftruction dés étangs, les demandes en indemnité formées à l'occafion de la conftruction de ce cànal, & les délibérations qui ont été prifes fur ces demandes. Qu'il leur a été auffi rendu compte de celles dé M. le marquis d'Urre, des raifons qu'il emploie pour l'établir, & des obfervations qu'elles ont donné lieu de faire.

Qu'il a été vérifié qu'en 1700 le Roi ayant jugé néceffaire pour le bien du public & l'utilité du commerce, de faire creufer un canal navigable depuis l'étang de Thau, jufques à celui de Perols au-deffous de Montpellier, il fit demander aux Etats d'en faire la dépenfe.

Qu'il fut dreffé par M. de Niquet un devis defdits ouvrages de ce canal, & de la maniere de les exécuter ; & qu'après plufieurs publications l'adjudication en fut faite par M. de Bafville, commiffaire nommé par le Roi, & par les commiffaires des Etats.

Que les alignemens donnés aux ouvrages

vrages adjugés obligerent de faire paſſer le canal à travers pluſieurs pêcheries conſtruites dans les étangs, ce qui donna lieu à pluſieurs demandes en indemnités ſur leſquelles il fut rendu un arrêt du conſeil le 7 Mai 1701, portant que les propriétaires de ces pêcheries remettroient à M. de Baſville les titres ſervant à juſtifier leurs poſſeſſions, ſur leſquels titres il ſeroit par lui dreſſé un procès-verbal, lequel rapporté avec ſon avis au conſeil, il ſeroit par Sa Majeſté ſtatué ce qu'il appartiendroit.

Que par un autre arrêt donné ſur les repréſentations des Etats le 18 Octobre 1702, Sa Majeſté déclara qu'Elle n'accorderoit aucune permiſſion de faire des bourdigues dans les canaux, & fit en même tems défenſes à toutes perſonnes d'y en établir, à peine de tous dépens, dommages & intérêts.

Qu'en l'année 1706 le corps des marchands de Montpellier repréſenta aux Etats que les pêcheries conſtruites à l'entrée du grau de Baleſtras, par leſquels les marchands recevoient & envoyoient leurs marchandiſes, interrompoient non-ſeulement la navigation par les ſables qu'elles retenoient, mais encore commençoient à combler ce grau, ce qui nuiſoit infiniment au commerce; qu'il demanda aux Etats que l'arrêt du conſeil du 7 Mai 1701 fût exécuté; que les Etats par leur délibération priſe le 26 Janvier 1706, chargerent les ſyndics généraux de ſuivre l'exécution de cet arrêt, & de faire aſſigner devant M. de Baſville les propriétaires des pêcheries, à l'effet de repréſenter leurs titres.

Qu'il ne paroît pas que ces propriétaires ayent été aſſignés dans le tems devant M. de Baſville; mais qu'il réſulte des procès-verbaux des Etats que, lorſqu'il a été fait des demandes en indemnités, ils ont demandé par un préalable à tous ceux qui ont formé ces de-

Tome II.

mandes de remettre leurs titres pour juſtifier leur propriété & jouiſſance des pêcheries.

Que M. de Colbert, évêque de Montpellier, demanda aux Etats en 1708 une indemnité par rapport à la démolition de pluſieurs pêcheries, occaſionnée par les ouvrages du canal des étangs. Que cette demande étoit fondée ſur la qualité de ſeigneur ſuzerain des étangs de Vic & de Maguelonne, & ſur ce qu'en cette qualité il lui étoit dû un droit de lods & d'indemnité, ce qui donna lieu à une ordonnance de M. de Baſville, portant qu'il lui ſeroit payé une ſomme de 1000 livres; mais que les Etats délibérerent le 13 Décembre 1710 de ne point acquieſcer à cette ordonnance, ayant chargé les ſyndics généraux de dreſſer des mémoires ſur leſquels ils prendroient une conſultation, avec pouvoir d'en appeller au conſeil ou d'y acquieſcer, ſuivant l'avis des avocats qu'ils auroient conſultés; & que par une délibération du 26 Janvier 1711, priſe ſur les repréſentations de Mgr. l'évêque de Montpellier, les Etats lui firent payer par proviſion & ſauf à répéter, la ſomme de 1000 livres, à la charge que cette ſomme ſeroit placée ſur un fonds aſſuré au profit de l'évêché.

Que dans ce même tems M. de Roquefeuil demanda aux Etats une indemnité pour les pêcheries détruites dans l'étang de Vic, tant pour lui que pour ſes emphytéotes; qu'il ſe pourvut devant M. de Baſville, qui, ſur les titres par lui rapportés, lui accorda une ſomme de 12,000 livres. Que les Etats n'acquieſcerent pas à cette condamnation; mais qu'en 1709 ils paſſerent une tranſaction par laquelle, moyennant la ſomme de 5000 livres, le ſieur de Roquefeuil, tant pour lui que pour ſes emphytéotes, abandonna à la province toutes les pêcheries qu'ils pouvoient

M m m m

avoir dans l'étang de Vic, & renonça à toute indemnité, avec soumission, tant pour lui que pour ses emphytéotes, de ne point les rétablir sous quelque cause & prétexte que ce puisse être.

Qu'en 1712 quelques pêcheurs de Villeneuve, Jacques Tinel, Pierre Nigot, la veuve Martin, présenterent à l'assemblée des titres qui établissoient qu'avant l'année 1544 ils avoient la jouissance d'une pêcherie dans l'étang de Villeneuve, au travers de laquelle on avoit fait passer le canal des étangs, & qu'ayant demandé une indemnité, l'état de ces particuliers & la modicité de l'objet de leur demande, porterent les Etats à leur accorder, par une délibération du 12 Janvier de la même année une somme de 1641 livres.

Que Jean Pomaret, de Frontignan, réclama en 1714 une indemnité pour la perte de sa pêcherie sur l'étang de Frontignan qu'il fixa à 2000 livres, & que par délibération du 17 Janvier 1716, les Etats voulurent bien lui accorder une somme de 500 livres.

Que depuis l'année 1716 jusques en 1732, c'est-à-dire, pendant près de vingt années, il ne fut fait aux Etats aucune autre demande en indemnité à l'occasion de la construction du canal des étangs; mais qu'en 1732 le chapitre de l'église cathédrale Saint-Pierre de Montpellier, assigné par le fermier de sa pêcherie appellée de la rente & de l'escot, mit en cause les syndics généraux & conclut contre eux à sa garantie. Qu'ils demanderent devant M. l'intendant l'exécution de l'arrêt du conseil de 1701, & que le chapitre n'ayant pas satisfait à la remise des titres établissant la propriété & jouissance de cette pêcherie, il paroît avoir abandonné sa demande en indemnité.

Que Jean Grenier de Perols, forma en 1733, une pareille demande devant M. l'intendant, prétendant que le ca-

nal des étangs lui avoit entierement détruit sa pêcherie de las Vaques située dans l'étang de Carnon; qu'il ne rapporta point des titres de propriété & de jouissance, & que sa demande n'a pas été suivie.

Qu'enfin en 1739 M. le marquis d'Aubays, le sieur de Boirargues, M. l'évêque de Montpellier, les Jésuites, & M. le Commandeur de la même ville, présenterent aux Etats des mémoires par lesquels ils ont demandé des indemnités à raison des dommages qu'ils ont soufferts à leurs pêcheries par la construction du canal des étangs.

Que ces mémoires ayant été rapportés aux Etats le 29 Janvier 1739, on y rappella la demande formée par M. l'évêque de Montpellier en 1708, & qu'on y observa que les possesseurs des pêcheries, avant de demander une indemnité, devoient justifier de leur propriété & possession, par la remise de titres antérieurs à l'année 1544, suivant l'article IV du titre III, livre V de l'ordonnance de la marine de 1681; que cependant on renvoya l'examen des demandes en indemnité à MM. les commissaires des travaux publics pendant l'année, en leur donnant pouvoir de convenir à l'amiable avec M. l'évêque de Montpellier, M. le marquis d'Aubays & le sieur de Boirargues, de l'indemnité qui pourroit leur être légitimement due, après toutefois qu'ils auront satisfait à la remise de leurs titres remontant avant l'année 1544, & justifié du dommage par eux souffert; & que dans le cas où l'on ne pourroit convenir à l'amiable au sujet des indemnités, la même délibération du 29 Janvier 1739 donna pouvoir aux syndics généraux de défendre auxdites demandes.

Que MM. les commissaires ayant reconnu que l'objet des indemnités demandées alloit beaucoup au delà de ce que les Etats avoient pu imaginer, ils crurent, en se bornant à examiner ces différentes demandes, devoir charger le syndic général de rechercher dans les procès-verbaux des Etats, tout ce qui s'étoit passé à ce sujet depuis la construction du canal, à l'effet de connoître les principes qui ont été suivis par rapport aux indemnités ; & qu'ils crurent aussi devoir faire vérifier, sans préjudice des droits & exceptions des parties, en quoi pouvoient consister les indemnités prétendues.

Que le sieur Dasté procéda à cette vérification, en présence des procureurs fondés des parties intéressées ; & que quoiqu'il en résulte que les maniguieres ont été endommagées par les ouvrages du canal, cependant on n'en sauroit tirer un grand secours, attendu que la plupart des parties témoignerent n'être pas d'accord des faits qui on résultent.

Que MM. les commissaires s'attacherent donc principalement à examiner, sur le dépouillement qui a été fait des procès-verbaux des Etats, s'ils étoient obligés à payer les indemnités qui étoient demandées ; & que, suivant le mémoire du sieur de Joubert, syndic général, dont il fut fait lecture à la commission, les Etats avoient soutenu en 1709 contre M. de Roquefeuil, qu'il n'étoit dû aucune indemnité à raison des pêcheries.

Que MM. les commissaires ayant aussi pris connoissance du mémoire présenté par M. le marquis d'Aubays, & ayant entendu M. l'évêque de Montpellier qui se rendit à la commission, & qui y avoit déclaré qu'il n'entendoit pas demander un dédommagement de grace, MM. les commissaires crurent que s'il falloit prendre un parti définitif, on n'auroit pu éviter de donner pouvoir à MM. les syndics généraux de défendre partout où besoin seroit à toutes

ces demandes : Qu'on auroit pu insister aussi sur la remise des titres de ces parties devant les commissaires du conseil, à l'effet d'obtenir un jugement de maintenue ; mais que l'importance de cette affaire & les égards que méritent les parties, avoient déterminé à délibérer le 27 Janvier 1740, de charger les syndics généraux de consulter les plus habiles avocats de Paris, en conséquence des mémoires qui leur seroient remis, sur la question de savoir si, en supposant un dommage causé aux pêcheries par la construction du canal des étangs, la province peut en être tenue suivant les loix & les ordonnances, le Roi ayant ordonné pour l'intérêt public ces ouvrages, & la province étant chargée d'en faire les fonds.

Que n'ayant été remis aucun mémoire, il fut délibéré le 3 Février 1741, que les syndics généraux seroient chargés, sans préjudice de l'exécution de la délibération du 27 Janvier 1740, d'examiner, sur la question de fait, si, en rétablissant les pêcheries, les propriétaires seroient exposés à quelque dommage ou diminution de revenu provenant de la construction du canal des étangs, & quel pourroit être ce dommage, en faisant d'ailleurs savoir aux propriétaires que les Etats n'empêchoient point que les pêcheries fussent rétablies, pourvu toutefois qu'elles ne nuisissent pas à la navigation.

Que M. l'évêque de Montpellier ayant demandé le 6 Février qu'il fût procédé à une vérification contradictoire par des experts qui seroient nommés par les parties, les Etats qui étoient au moment de se séparer, délibérerent le 6 Février de renvoyer à MM. les commissaires des travaux publics la demande de M. l'évêque de Montpellier, leur donnant pouvoir de faire procéder, s'il y avoit lieu, à la vérification demandée.

Que cette vérification ne fut point faite, & que M. l'archevêque de Narbonne, dans l'assemblée des Etats de l'année suivante, ayant exposé que les demandes de M. l'évêque de Montpellier & des propriétaires des pêcheries souffroient de la difficulté, & que les Etats ne pouvoient qu'avoir de la peine d'entrer en procès avec eux, il proposa de supplier M. le chancelier de vouloir bien prononcer sur les demandes en indemnités, d'après les mémoires que les parties auroient l'honneur de lui présenter ; laquelle proposition fut acceptée par M. l'évêque de Montpellier, & suivie d'une délibération conforme.

Qu'après avoir ainsi donné connoissance à la commission des demandes en indemnité qui ont été faites aux Etats depuis la construction du canal des étangs, & des délibérations qui ont été prises en conséquence, il a été aussi rendu compte à MM. les commissaires des raisons & des titres que M. le marquis d'Urre a employés dans le mémoire par lui présenté l'année derniere pour appuyer sa demande.

Qu'il rapporte un arrêt du conseil obtenu par M. le marquis d'Aubays en 1750, par lequel le Roi le maintient dans la jouissance & exercice de la maniguiere ou pêcherie de Carnon, conformément aux titres visés dans cet arrêt, qui remontent au 20 Juin 1396 ; & que cet arrêt satisfait au préalable que les Etats ont toujours exigé de la part de ceux qui ont fait des demandes en indemnités à l'occasion de la construction du canal des étangs.

Que venant aux raisons & aux faits exposés à l'appui de sa demande, il rappelle qu'en 1726 les ouvrages du canal ayant passé dans la pêcherie de Carnon, il en résulta un préjudice si considérable que M. le marquis d'Aubays fut non-seulement obligé de l'affermer en 1732 au prix de 1000 livres,

quoiqu'elle le fût auparavant à raison de 1300 livres, outre 50 ou 60 pistoles de pot de vin, & une réserve de quelques quintaux de poisson salé, mais encore de stipuler dans le nouveau bail à ferme, que si pendant le tems qu'il devoit avoir lieu on continuoit le canal dans sa pêcherie, le bail seroit résilié.

Qu'en vertu de cette clause il fut en procès avec ses fermiers & obligé de le terminer en leur payant une somme de 1681 liv. 2 f. 4 d.

Que sur ces faits il demande que l'indemnité qu'il réclame soit fixée & réglée d'après les pertes qu'il a fait, & qui consistent.

1º. Au rabais qui fut fait en 1728 sur le prix du bail à ferme de sa pêcherie passé aux nommés Naturel & Theaulon.

2º. En la diminution de la rente de sa pêcherie depuis le 28 Juin 1732 jusqu'au 28 Juin 1738, à raison de 300 l. l'année, attendu qu'elle ne fut affermée ces années-là que 1000 livres, au lieu qu'elle l'étoit auparavant sur le pied de 1300 livres.

3º. En la rente de sa pêcherie sur le pied de 1300 livres l'année depuis le 28 Juin 1738 jusques au moment qu'elle sera rétablie.

4º. En ce que sa pêcherie portera de moins après qu'elle aura été reconstruite, de ce qu'elle donnoit avant la construction du canal des étangs.

5º. En ce qu'il en coûtera pour rétablir la pêcherie.

6º. La somme de 1681 liv. 2 f. 4 d. que M. le marquis d'Aubays fut obligé de payer à ses fermiers, suivant la quittance reçue Tempié notaire à Nîmes.

Que M. le marquis d'Urre soutient qu'il est juste de fixer sur ces différens objets sa demande en indemnité, parce que, pour rétablir sa pêcherie, on lui demande huit années de jouissance sans lui rien payer, & parce qu'il est attefté par les perfonnes de l'art que fa pêcherie ne vaudra jamais ce qu'elle valoit avant qu'elle fût détruite par les ouvrages du canal des étangs.

Que MM. les commiffaires des travaux publics en examinant pendant le cours de l'année, comme ils en étoient chargés, la demande de M. le marquis d'Urre & celles qui ont été faites auparavant à la province pour le même objet, fe font moins occupés des moyens particuliers employés par lui, que de la queftion générale que toutes ces demandes font naître; & que fans entrer dans la difcuffion de l'examen qu'ils ont fait du mémoire par lui remis aux Etats derniers, & de celui qu'il a remis au commencement de cette affemblée, dont il feroit trop long de faire le rapport, il fuffira de remarquer, comme l'affemblée peut en être aifément convaincue, que la queftion à décider entre M. le marquis d'Urre & les Etats, eft véritablement importante.

De forte qu'après ce qui réfulte des faits ci-deffus expofés, que les Etats n'ont jamais reconnu être obligés de payer aucune indemnité à raifon des pêcheries détruites ou endommagées par les ouvrages du canal des étangs, il a paru à MM. les commiffaires qu'au lieu d'expofer les parties aux frais d'un procès au confeil, les Etats pouvoient prendre le parti de s'en rapporter à la décifion de fameux avocats de Paris qui feront nommés; favoir, deux par M. le marquis d'Urre, & deux par les Etats, en leur donnant pouvoir de convenir d'un cinquieme, & que pour donner à leur décifion toute l'autorité néceffaire pour terminer définitivement la conteftation dont il s'agit, Sa Majefté feroit fuppliée de donner auxdits avocats, le pouvoir de la juger en dernier reffort; que la délibération qui interviendra fera communiquée à M. le marquis d'Urre, à l'effet de déclarer s'il

entend y acquiefcer, & que les autres parties intéreffées feront invitées à fe réunir à lui pour faire décider leurs prétentions par les mêmes juges d'attribution.

Ce qui a été délibéré, conformément à l'avis de MM. les commiffaires.

XII.

EXTRAIT du regiftre des délibérations des états généraux de Languedoc, affemblés par mandement du Roi en la ville de Montpellier au mois de Novembre 1780.

Du Jeudi 4 Janvier 1781, préfident Mgr. l'archevêque & primat de Narbonne, commandeur de l'Ordre du St. Efprit.

MONSEIGNEUR l'archevêque de Touloufe, a dit, que les Etats font inftruits de la demande formée par M. le marquis d'Urre, comme héritier de M. le marquis d'Aubais, fon grand pere maternel, pour obtenir une indemnité proportionnée au dommage caufé à fa pêcherie appellée du Carnon, par la conftruction du canal des étangs.

Il fut délibéré fur cette demande le 5 Décembre 1778, de s'en rapporter à la décifion de fameux avocats de Paris qui feroient nommés; favoir, deux par M. le marquis d'Urre & deux autres par les Etats, en leur donnant pouvoir de convenir d'un cinquieme; & que pour donner à leur décifion toute l'autorité néceffaire pour terminer définitivement cette conteftation, le Roi feroit fupplié d'attribuer à ces avocats le pouvoir de la juger en dernier reffort.

Les Etats favent que des obftacles très-forts arrêterent l'exécution de cette efpece de compromis. M. le marquis d'Urre a donc de nouveau recours à cette affemblée, & la fupplie de prononcer sur la question d'indemnité qu'il demande ; & qui porte sur deux objets ; savoir, 1°. Le dommage qu'il a souffert par la destruction de sa pêcherie. 2°. L'assujettissement perpétuel à une redevance ou fondation de cent soixante livres établie sur ladite pêcherie, & au payement de laquelle ses auteurs furent condamnés par arrêt du parlement de Toulouse ; ajoutant au surplus, qu'il se soumet entierement au jugement que les Etats croiront devoir porter sur sa demande, & qu'il n'en réclamera pas.

La Commission, après avoir entendu la lecture de ce mémoire, a pensé d'abord que les Etats, sensibles à la franchise & à la loyauté de M. le marquis d'Urre, pourroient sans doute se faire une espece de délicatesse d'accepter ses offres, & d'être, pour ainsi dire, juges dans leur propre cause ; mais considérant d'un autre côté que les Etats n'agissent dans toutes les affaires, & notamment dans celle-ci que comme tuteurs de la chose publique, & sans qu'on puisse jamais les croire guidés par aucun intérêt personnel, n'ayant au contraire d'autre but que de procurer le bien général & particulier, en conciliant, autant qu'il est possible, la défense des droits de la province, avec les égards dus à des citoyens qui y tiennent un rang distingué, elle a cru qu'ils se porteroient à répondre à l'honnêteté des procédés de M. le marquis d'Urre, en s'occupant de l'examen de ses demandes.

MM. les commissaires ont donc voulu se livrer eux-mêmes à cet examen, pour mettre l'assemblée en état de prononcer ; & afin de connoître les moyens respectivement employés par la province & par M. le marquis d'Urre, ils se sont fait représenter les consultations produites de part & d'autre.

Ils y ont reconnu, quant au premier

chef de sa demande en indemnité, que ses défenseurs établissent ses droits ; 1°. Sur la propriété privée qu'il soutient avoir de cette pêcherie, en vertu de titres qui remontent au delà de 1544, & 2°. sur les exemples d'indemnités accordées par les Etats à des particuliers dans des circonstances semblables.

A quoi les avocats de la province opposent l'autorité de l'ordonnance de la marine de 1681, & soutiennent que, d'après cette ordonnance, la propriété des étangs salés appartient au Roi, & que les droits de pêche possédés dans ces étangs ne sont que des droits d'usage, des facultés subordonnées au bien de la navigation ; d'où ils concluent, que toutes les pêcheries qui nuisent à la navigation, doivent être détruites sans que les possesseurs puissent obtenir aucune indemnité, quelques titres qu'ils aient, quelque ancienne que soit leur possession.

Mais, sans entrer dans une discussion plus étendue des moyens qui sont développés dans les consultations des avocats, & sans entendre consacrer ni rejetter tous les principes sur lesquels ceux de la province s'appuyent, la commission a cru trouver dans leurs écrits des raisons victorieuses contre le premier chef de la demande de M. le marquis d'Urre ; & si l'on ajoute à ces raisons les considérations résultant des réclamations que la province n'a pas cessé d'élever contre le payement qu'elle a fait anciennement de quelques indemnités pareilles : Si l'on réfléchit d'ailleurs que ces actes d'une administration bienfaisante ne peuvent jamais lui être opposés ; que la résistance que M. le marquis d'Urre, & M. le marquis d'Aubais avant lui, n'ont cessé d'éprouver de la part de la province dans leur demande, paroît en démontrer le vice, puisqu'on ne peut soupçonner une administration éclairée d'avoir

No. XII.

manifesté une opposition si constante sans de justes motifs : Si l'on considere enfin que cette opposition des Etats a été justifiée par l'arrêt du conseil du 4 Août 1762, rendu contre la dame de Montréal, qui a jugé la question contre les possesseurs des pêcheries ; il ne sera pas possible de penser qu'il soit dû quelque indemnité à M. le marquis d'Urre pour la destruction de la sienne.

Il n'en est pas de même du second chef de sa demande. MM. les commissaires, considérant, qu'aux termes de l'article XV du titre des parcs & pêcheries, de l'ordonnance de 1681, les possesseurs des pêcheries détruites pour le bien de la navigation, peuvent prétendre la décharge des rentes ou redevances établies sur ces fonds ; que M. le marquis d'Urre est grevé à raison de celle dont il s'agit, d'une rente ou fondation de cent soixante livres, qu'il doit acquitter annuellement & à perpétuité, & dont il a payé les arrérages depuis 1738, époque de la destruction de sa pêcherie jusqu'à aujourd'hui, en sorte qu'il demeure assujetti pour un bien qui n'existe plus, aux charges établies sur ce bien, ils ont pensé que la province pourroit se porter à amortir ou affranchir cette rente en sa faveur, & à terminer par-là toute contestation.

SUR QUOI, les Etats desirant répondre au procédé honnête de M. le marquis d'Urre, & à la confiance qu'il leur a témoignée, ont délibéré.

1°. Que sa demande en indemnité, à raison de la destruction de sa pêcherie de Carnon, est absolument non-recevable, & qu'ainsi l'assemblée ne peut y avoir égard.

2°. Qu'encore que l'extinction de la rente ou fondation annuelle & perpétuelle de cent soixante livres, dont il demeure grevé à raison de la susdite pêcherie, ne lui soit pas rigoureuse-

ment due, elle peut cependant lui être accordée, & Mgr. l'archevêque de Narbonne a été prié de vouloir bien traiter avec lui à raison de l'extinction de ladite rente, l'assemblée ne pouvant que s'en rapporter à sa prudence & à son zele pour ménager les intérêts de la province.

3°. Que le mémoire de M. le marquis d'Urre sera déposé aux archives de la province.

No. XII.

XIII.

EXTRAIT du registre des délibérations des Etats généraux de Languedoc, assemblés par mandement du Roi en la ville de Montpellier, au mois de Novembre 1779.

Du Samedi 11 Décembre suivant, président Mgr. l'archevêque & primat de Narbonne, commandeur de l'ordre du Saint-Esprit.

MONSEIGNEUR l'évêque de Montpellier a dit, que le sieur Arnaud Rousson, habitant de la ville de Cette, a présenté un placet aux Etats dans lequel il expose que l'entrepreneur dudit canal ayant répandu beaucoup de mauvaise terre & de sable provenant de son recreusement, sur un champ & une vigne que ledit Rousson possede sur la plage, croyant qu'il étoit obligé en son propre de l'indemniser des dommages que lui causoient ce dépôt, il s'étoit d'abord adressé à M. l'intendant pour le faire condamner au payement de cette indemnité.

Qu'il fut fait en conséquence une premiere estimation qui ne la porta qu'à 310 livres ; mais que cette somme n'étant pas proportionnée à la perte réelle qu'il avoit éprouvé, il eut de nouveau recours à M. l'intendant, qui ordonna une seconde vérification, laquelle a été faite le 5 Novembre dernier, par le ſieur Ducros, inſpecteur de la province, aidé des lumieres du ſieur Eſteve ménager, & par laquelle les dommages ont été évalués à 570 livres ; qu'il réſulte en outre de cette ſeconde opération, que l'indemnité ne doit point être à la charge de l'entrepreneur, mais bien à celle de la province ; en ſorte que M. l'intendant n'étant pas compétent pour prononcer contre elle, a ordonné que ledit Rouſſon auroit recours aux Etats pour obtenir de leur délibération le payement de ce qui peut lui être légitimement dû ; que c'eſt ce qu'il réclame par le placet qui a été mis ſous les yeux de la commiſſion, en demandant même une plus forte ſomme que celle de la derniere eſtimation.

Mais que MM. les commiſſaires, perſuadés que l'évaluation du ſieur Ducros a été faite avec connoiſſance de cauſe à 570 livres, & le ſieur Rouſſon bornant ſubſidiairement ſa demande à cette ſomme, ils ont cru devoir propoſer à l'aſſemblée d'en ordonner le payement, dès qu'il ne ſauroit être ſur le compte de l'entrepreneur, attendu qu'il a été dépoſer ces déblais à l'endroit qui lui avoit été indiqué.

Sur quoi il a été délibéré 1°. de faire un fonds de 2500 livres, pour la continuation des ouvrages du canal de la Peyrade, en obligeant l'entrepreneur à employer dans le cours de l'année prochaine, non-ſeulement ledit fonds, mais encore le réſidu de celui de 1779, à quoi le ſyndic général tiendra la main ; en employant, s'il le faut, contre lui toute la rigueur de la condition de ſon marché à laquelle il s'eſt ſoumis.

2°. De faire payer au ſieur Rouſſon la ſomme de 570 livres, pour l'indemnité des dommages que les travaux dudit canal lui ont cauſés. . . . . . .

XIV.

ORDONNANCE
DE M. L'INTENDANT,

Qui permet aux entrepreneurs de prendre les matériaux qui leur ſeront néceſſaires pour les chemins, aux endroits qui leur ſeront plus commodes, en payant les dommages au dire & jugement des experts de la province.

Du 10 Décembre 1700.

NICOLAS DE LAMOIGNON, chevalier, comte de Launay-Courſon, ſeigneur de Bris, Vaugrigneuſe, Chavagne, Lamothe-Chandenier, Beuxe & autres lieux, conſeiller d'état, intendant en Languedoc.

SUR la requête préſentée par le ſyndic général de la province de Languedoc, CONTENANT que, quoique les trois ſénéchauſſées qui compoſent ladite province ayent pris ſoin depuis long-tems de faire réparer les grands chemins pour la commodité du commerce & du public, & employé pour cela en divers tems des ſommes très-conſidérables, néanmoins toutes les dépenſes qui ont été faites deviennent inutiles par la négligence ou malice des particuliers propriétaires des terres voiſines deſdits grands chemins, dont les uns pour bonifier leurs terres en ôtent quantité de pierres mouvantes qu'ils jettent dans le grand chemin & le rendent impraticable ; d'autres négligent de relever les murailles & les haies de leurs terres, lorſqu'elles s'éboulent dans les foſſés & empêchent par ce moyen le cours des eaux pluviales, & qu'il n'y a preſque aucun deſdits propriétaires qui prennent ſoin de recurer les foſſés deſdites terres,

&

& au contraire plusieurs entreprennent de les combler pour y faire pourrir du fumier ou pour se faire un chemin pour aller à leurs terres, empêchant par ce moyen le cours des eaux dans lesdits fossés qui regorgent sur le chemin & le gâtent entierement ; & qu'il doit être permis aux entrepreneurs de prendre les matériaux aux endroits les plus proches où ils en trouveront, en payant les dommages au dire & jugement d'experts : A quoi étant nécessaire de remédier, Nous ORDONNONS que dans huit jours après la publication de notre présente ordonnance, tous les propriétaires des terres voisines du grand chemin de la poste seront tenus chacun en droit soi d'ôter toutes les pierres mouvantes qui se trouvent dans ledit chemin, & de relever les murailles ou haies de leursdites terres lorsqu'elles s'ébouleront dans les fossés ; comme aussi de recurer tous les ans lesdits fossés, leur faisant défenses de les combler sous prétexte de faire de petits chemins pour aller à leurs terres, sauf à eux de faire de petits ponts plats sur les fossés pour leur servir de chemin, laissant toujours la liberté du cours aux eaux pluviales, le tout à peine de 100 livres d'amende contre chacun des contrevenans, & de tous dépens, dommages & intérêts, & qu'il sera permis aux entrepreneurs des grands chemins de prendre les matériaux nécessaires pour lesdits chemins, aux endroits qui leur seront plus commodes, en payant les dommages au dire & jugement des experts de la province. Et afin qu'aucun desdits particuliers n'en puisse prétendre cause d'ignorance, Nous ordonnons que notre présente ordonnance sera lue, publiée par toutes les villes & lieux où besoin sera, un jour de Dimanche à la sortie de la messe de paroisse, & affichée à la porte de l'église paroissiale, moyennant

laquelle publication, elle sera tenue bien & duement signifiée à chacun desdits particuliers, Enjoignant aux consuls des villes & lieux de tenir la main à l'exécution d'icelle ; de laquelle ils demeureront responsables en leur propre & privé nom. FAIT à Montpellier le dix du mois de Décembre mil sept cent. *Signé*, DE LAMOIGNON. *Et plus bas*; Par Monseigneur, LE SELLIER.

Sur la premiere disposition de cette ordonnance & de la suivante, il faut voir les réglemens postérieurs dans les titres V & VIII ci-dessus.

X V.

AUTRE, SUR LE MÊME SUJET.

Du 7 Mars 1702.

A MONSEIGNEUR DE LAMOIGNON, chevalier, conseiller d'état ordinaire, intendant en Languedoc.

SUPPLIE humblement le syndic général de la province de Languedoc, DISANT que, quoique la province ait pris soin depuis long-tems de faire réparer les grands chemins pour la commodité du commerce & du public, & employé pour cela en divers tems des sommes considérables, néanmoins toutes les dépenses qui ont été faites deviennent inutiles par la négligence ou malice des particuliers propriétaires des terres voisines desdits grands chemins, dont les uns pour bonifier leurs terres en ôtent quantité de pierres mouvantes, qu'ils jettent dans le grand chemin & le rendent impraticable ; d'autres négligent de relever les murailles & les haies de leurs terres, lorsqu'elles s'éboulent dans les fossés, & empêchent par ce moyen le cours des eaux pluviales, & qu'il n'y a presque aucun desdits propriétaires qui prennent soin de recurer les fossés desdites terres ; &

au contraire plusieurs entreprennent de les combler pour y faire pourrir du fumier & se faire un chemin pour aller à leurs terres, empêchant par ce moyen le cours des eaux dans lesdits fossés, qui regorgent sur le chemin, le gâtent entierement, d'autres encore entreprennent d'aller enlever le gravier & sable que les entrepreneurs mettent sur leur ouvrage pour la conservation d'icelui. Pour à quoi remédier, le suppliant a recours à vous, pour lui être sur ce pourvu.

A CES CAUSES, Monseigneur, plaira de vos graces ordonner que dans huitaine après la publication de l'ordonnance qui sera par vous rendue sur la présente requête, tous les propriétaires des terres voisines du grand chemin seront tenus, chacun en droit soi, d'ôter toutes les pierres mouvantes qui se trouveront dans ledit chemin, & de relever les murailles ou haies de leurdites terres, lorsqu'elles s'ébouleront dans les fossés; comme aussi de recurer tous les ans lesdits fossés, avec défenses de les combler sous prétexte de faire de petits chemins pour aller à leurs terres, sauf à eux de faire de petits ponts plats sur lesdits fossés pour leur servir de chemin, laissant toujours la liberté au cours des eaux pluviales; leur faire pareilles défenses de faire dans lesdits fossés du fumier, & ordonner que sur le premier acte de sommation qui leur sera fait de la part des entrepreneurs de l'ôter, ils le feront; autrement permettre auxdits entrepreneurs de les faire ôter & en faire ce qu'ils voudront; faire encore défenses auxdits propriétaires & toutes autres personnes de prendre le gravier & sable que lesdits entrepreneurs mettent sur leur ouvrage, à peine de 100 livres d'amende contre chacun des contrevenans, & de tous dépens, dommages & intérêts; comme aussi permettre

auxdits entrepreneurs de prendre toute la pierre, gravier & autres matériaux qui leur seront nécessaires pour la réparation desdits chemins, en dédommageant les particuliers des terres desquels lesdits matériaux seront pris, à peine en leur refus de tous dépens, dommages & intérêts & du retardement du travail; & afin qu'aucun desdits particuliers ne puisse prétendre cause d'ignorance, ordonner que votredite ordonnance sera lue, publiée par toutes les villes & lieux où besoin sera, un jour de Dimanche, à la sortie de la messe de paroisse, & affichée à la porte de l'église paroissiale, moyennant laquelle publication elle sera tenue bien & duement signifiée à chacun desdits particuliers, avec injonction aux maires & consuls des villes & lieux de tenir la main à l'exécution d'icelle, à peine d'en répondre en leur propre & privé nom, & ferez justice.

VOIGNY, *signé.*

V U la requête : Nous ordonnons que dans huitaine après la publication de la présente ordonnance, tous les propriétaires des terres voisines du grand chemin seront tenus, chacun à leur égard, d'ôter toutes les pierres mouvantes qu'ils trouveront dans ledit chemin, & de relever les murailles ou haies de leurs terres lorsqu'elles s'ébouleront dans les fossés: comme aussi de recurer tous les ans lesdits fossés, faisant défenses de les combler sous prétexte de faire de petits chemins pour aller à leurs terres, sauf à eux de faire de petits ponts plats sur lesdits fossés pour leur servir de chemin, laissant toujours la liberté au cours des eaux pluviales. Faisons pareillement défenses de faire dans lesdits fossés du fumier, & ordonnons que sur le premier acte de sommation qui leur sera fait de la part des entrepreneurs de l'ôter, ils le feront; autrement & à faute de ce permettons auxdits entrepreneurs de le faire ôter & d'en faire ce qu'ils voudront. Défendons en outre auxdits propriétaires & à toutes personnes de prendre le gravier & fable que lesdits entrepreneurs mettent fur leur ouvrage, à peine de 100 livres d'amende contre chacun des contrevenans, & de tous dépens, dommages & intérêts. Permettons auxdits entrepreneurs de prendre toute la pierre, gravier & autres matériaux néceffaires pour la réparation desdits chemins, en dédommageant les particuliers des terres defquels lesdits matériaux feront pris, à peine de tous dépens, dommages & intérêts & du retardement; & afin qu'aucun desdits particuliers n'en puiffe prétendre caufe d'ignorance, ordonnons que la préfente ordonnance fera lue, publiée & affichée partout où il appartiendra, moyennant laquelle publication elle fera tenue bien & duement fignifiée auxdits particuliers. Enjoignons aux maires & confuls des villes & lieux de tenir la main à l'exécution de la préfente ordonnance, à peine d'en répondre en leur propre & privé nom. FAIT à Montpellier le 7 Mars 1702. DE LAMOIGNON, *figné*. *Et plus bas :* Par Monfeigneur, LE SELLIER.

XVI.

ORDONNANCE

DE M. L'INTENDANT,

Qui permet aux entrepreneurs des chemins de lever & prendre dans les poffeffions voifines, où il n'y a point de fruits pendans, les pierres & cailloux dont ils auront befoin pour les réparations defdits chemins.

Du 10 Août 1648.

HENRI D'AGUESSEAU, chevalier, confeiller d'état & intendant de juftice, police & finances en Languedoc.

SUR ce qui nous a été repréfenté par le fyndic général de la province que les entrepreneurs des réparations qu'il eft obligé de faire faire dans le grand chemin de la pofte, en exécution des ordres du Roi & des délibérations des Etats, ayant voulu ramaffer des cailloux dans la riviere de Garonne & dans les champs des particuliers, pour paver lefdits chemins, quelques-uns mal-intentionnés au bien public, y auroient fait oppofition, prétendant qu'il leur doit être payé une indemnité pour raifon defdits cailloux, quoique ce foit un avantage pour eux que leurs terres labourables foient purgées & nettoyées des pierres & des cailloux qui occupent inutilement une partie de la bonne terre & en rendent la culture plus difficile, NOUS AVONS fait défenfes aux propriétaires des champs qui font voifins des rivieres & autres où il n'y aura point de fruits pendans, de donner aucun empêchement aux entrepreneurs des réparations dudit chemin à lever & prendre les pierres & cailloux qu'ils trouveront dans lefdites terres & dans les rivieres, à peine de 100 livres d'amende & de répondre en leur propre & privé nom du retardement des ouvrages publics, & de tous dépens, dommages & intérêts : ORDONNONS que des contraventions, il fera enquis par le premier magiftrat ou gradué trouvé fur les lieux. Mandons au premier huiffier ou fergent requis de faire tous exploits néceffaires pour l'exécution. A Touloufe le dixieme jour d'Août mil fix cent quatre-vingt-quatre. *Signé*, D'AGUESSEAU : *Et plus bas ;* Par Monfieur, GUEZIGNON.

XVII.

ORDONNANCE

DE M. L'INTENDANT,

Qui permet aux entrepreneurs des ouvrages publics, de prendre de la pierre, en payant pour les carrieres ouvertes de vingt charretées une, & pour les carrieres non ouvertes de quarante charretées une.

Du 25 Mai 1716.

NICOLAS DE LAMOIGNON, *chevalier, comte de Launay-Courson, seigneur de Bris, Vaugrigneuse, marquis de Lamothe-Chandenier, Beuxe, & autres lieux, conseiller d'état ordinaire, intendant de justice, police & finances en la province de Languedoc.*

SUr la requête à Nous présentée par le syndic général de la province de Languedoc, prenant le fait & cause du sieur Barthés, entrepreneur des réparations de la riviere d'Aude; CONTENANT, que quoique les digues & jettées qu'on fait pour éviter les inondations de cette riviere, soient des ouvrages publics, & qu'il soit permis de prendre de la pierre dans toutes les carrieres ouvertes, à raison de vingt charretées une, & de celles qu'ils feront ouvrir & décombrer, de quarante charretées une; néanmoins le sieur Mengaud, propriétaire des carrieres & Montagne de Seleiran, refuse de laisser prendre des pierres audit entrepreneur pour ledit ouvrage, & menace d'en faire informer. A CES CAUSES, Requéroit le syndic général qu'il Nous plût ordonner, conformément à nos précédentes ordonnances, & notamment à celle du 22 Novembre 1701, que ledit Barthés, & tous au-

tres entrepreneurs des ouvrages publics, pourront prendre des pierres dans toutes les carrieres ouvertes & à ouvrir, dans les lieux où il s'en trouvera, en payant aux propriétaires; savoir, des carrieres ouvertes, à raison de vingt charretées une, & de celles qu'ils feront ouvrir ou décombrer, de quarante charretées une, avec défenses audit sieur Mengaud & à tous autres, de donner audit Barthés & autres entrepreneurs, aucun trouble ni empêchement, à peine de tous dépens, dommages & intérêts; & que des contraventions il en sera enquis pardevant le sieur de l'Escure, pour le fait présent, & pardevant nos autres subdélégués, le cas y échéant, avec défenses aux parties de se retirer ailleurs que pardevant Nous.

VU ladite requête, & notre ordonnance du 22 Novembre 1701: Nous permettons à Jean Barthés, & à tous autres entrepreneurs des ouvrages publics, de prendre toute la pierre qui leur sera nécessaire pour lesdits ouvrages, dans les carrieres qui se trouveront ouvertes, & d'en faire ouvrir où il s'en trouvera, à la charge par ledit Barthés & autres entrepreneurs, de payer aux propriétaires; savoir, dés carrieres ouvertes, à raison de vingt charretées une, & de celles qu'ils feront ouvrir ou décombrer, de quarante charretées une: Faisons défenses au sieur Mengaud & autres propriétaires desdites carrieres, de donner aucun trouble ni empêchement audit Barthés & autres entrepreneurs, sous telle peine qu'il appartiendra. Ordonnons qu'il sera enquis des contraventions à notre présente ordonnance pardevant le sieur de l'Escure, notre subdélégué au diocese de Narbonne, pour le fait présent, & pardevant nos autres subdélégués, lorsque le cas y écherra, pour les informations à nous rapportées, être ordonné ce qu'il appartiendra. FAIT à Montpellier le vingt-cinquieme Mai mil sept cent seize. *Signé*, DE LAMOIGNON: *Et plus bas* ; Par Monseigneur, SIRIÉ.

XVIII.

ORDONNANCE

DE M. L'INTENDANT,

Portant réglement pour la prise des matériaux nécessaires pour l'exécution des ouvrages publics, dans les possessions des particuliers.

Du premier Décembre 1778.

VU la requête du sieur Baugy, entrepreneur des travaux publics; ensemble l'avis du syndic général de la province. Et attendu que les entrepreneurs des travaux publics doivent jouir paisiblement des priviléges que les réglemens leur accordent, & qu'il est nécessaire en même tems d'empêcher qu'ils en abusent : NOUS, en conséquence, avons permis au suppliant de prendre les matériaux, terres & gravier qui lui seront nécessaires pour l'exécution des ouvrages dont il s'agit, dans les possessions qui se trouvent sur l'étendue desdits ouvrages ; à la charge néanmoins, avant de pouvoir rien entreprendre sur lesdites possessions, de convenir par écrit avec les propriétaires, de l'indemnité qu'ils pourront être fondés à prétendre ; & à défaut de pouvoir en convenir, Ordonnons que par l'inspecteur des travaux publics du département, assisté d'un ménager, il sera procédé, sur l'indication du suppliant, & en présence des parties intéressées, ou elles duement appellées, à la vérification des lieux où il déclarera vouloir prendre lesdits matériaux, terres & gravier, & à l'estimation des dommages de toute nature qui pourront en résulter pour les propriétaires, ainsi qu'à la fixation de l'indemnité qui leur sera due ; comme aussi, permettons au suppliant de prendre les pierres nécessaires auxdits ouvrages dans les carrieres ouvertes, même d'en ouvrir de nouvelles, à la charge, à l'égard des carrieres ouvertes, d'en payer le droit de carriere sur le pied dont il conviendra avec le propriétaire, ou en défaut d'en convenir, sur le pied ordinaire du lieu ; & à l'égard des carrieres non ouvertes, sur le pied de quarante charretées une, & de payer en outre au propriétaire tous autres dommages qui pourront lui être occasionnés, & dont l'estimation sera faite en la forme ci-dessus, avant de pouvoir rien entreprendre sur les possessions ; & moyennant ce, faisons défenses à tous particuliers de troubler le suppliant dans la prise des matériaux, terres & gravier, ni dans l'exploitation des carrieres ouvertes & non ouvertes, à péine de l'amende, & de tous dépens, dommages & intérêts, & de se pourvoir à raison de ce, ailleurs que devant nous, à péine de nullité, cassation, perte des frais, & de tous dépens, dommages & intérêts : Et pour que la présente ordonnance puisse servir à l'avenir de réglement à ce sujet, déclarons qu'elle sera commune à tous les entrepreneurs des ponts, chaussées & chemins publics, lesquels seront tenus de s'y conformer, & qu'elle sera imprimée & publiée partout où besoin sera, afin que les entrepreneurs & les propriétaires des fonds n'en prétendent cause d'ignorance.

FAIT à Montpellier le premier Décembre mil sept cent soixante-dix-huit. *Signé*, DE SAINT-PRIEST : *Et plus bas* ; Par Monseigneur, SOEFVE.

On cite encore une ordonnance an-térieure rendue le 4 Juillet 1744 en-tre le sieur Camp & l'entrepreneur de l'église de Castres , qui condamna ce-lui-ci à payer la valeur de toute la pierre tirée des carrieres du sieur Camp.

XIX.

ORDONNANCE
DE M. L'INTENDANT,

Qui condamne les nommés Castan & Mastre , entrepreneurs des répara-tions du chemin de Toulouse à Cu-gnaux , dans la partie du Gardiage, à restituer solidairement , au supé-rieur du séminaire de Saint-Charles de Toulouse , la somme de quarante livres par eux exigée de ce supérieur, pour ne pas prendre du gravier dans ses possessions , avec contrainte par toutes voies & par corps , & en ou-tre en cent livres d'amende , appli-cable aux pauvres de l'hôpital-géné-ral de Toulouse.

Et qui fait défenses à tous entrepre-neurs de travaux publics , d'exiger ou recevoir de semblables contribu-tions , sous les mêmes peines , mê-me d'être poursuivis extraordinaire-ment.

Du 14 Février 1782.

A MONSEIGNEUR LE VICOMTE DE SAINT-PRIEST , intendant de la province de Languedoc.

SUPPLIE humblement le syndic gé-néral de la province : Vous remon-tre qu'il est venu à sa connoissance que les nommés Arnaud Castan & Gabriel Mastre , habitans de la haute Ardenne, prétextant être chargés de l'entreprise de certains ouvrages publics , & que dans le bail d'adjudication on leur avoit indiqué une mine de gravier ouverte dans les possessions du séminaire Saint-

Charles de Toulouse , avoient exigé du syndic de ce séminaire une somme de quarante livres, qu'il avoit eu la facilité de leur payer , pour obtenir que la prise de gravier ne fût pas faite dans ses possessions ; & comme c'est de la part de ces particuliers une entreprise révoltante & une voie illi-cite , imaginée pour mettre à contri-bution tous les propriétaires desquels ils sont assurés d'en arracher de sem-blables , en les menaçant successive-ment de détériorer leurs possessions par une extraction des graviers ou de tous autres matériaux , & qu'il est de la plus grande conséquence d'arrêter le cours d'un pareil abus : C'est pour-quoi le syndic général a recours à vous.

A CES CAUSES , Vu le mémoire du sieur Bertin , supérieur du séminaire Saint-Charles , sur le fait dont il s'agit, avec la quittance du sieur Castan qui y est jointe de ladite somme de qua-rante livres ; ensemble la lettre du sieur Saget , directeur des travaux publics de la province , contenant envoi de ces pie-ces, IL VOUS PLAIRA, MONSEIGNEUR, condamner lesdits Castan & Mastre , solidairement , à restituer au supérieur du séminaire Saint-Charles de Tou-louse , la somme de quarante livres, induement exigée , à quoi faire qu'ils seront contraints par corps , les con-damner en outre , en cent livres d'a-mende , applicable au profit des pau-vres de l'hôpital-général de Toulouse , & faire défenses à tous entrepreneurs des travaux publics , d'exiger des con-tributions semblables , sous pareille peine , même d'être poursuivis extraor-dinairement ; ordonner en outre , que l'ordonnance qui interviendra sera im-primée , publiée & affichée partout où besoin sera, afin que personne n'en pré-tende cause d'ignorance, & ferez justice.

Signé, FIERARD.

Vu la présente requête, le mémoire y énoncé, ensemble la déclaration du sieur Castan, en date du 21 Novembre 1780, par laquelle il reconnoît avoir reçu la somme de quarante livres de l'agent du supérieur du séminaire Saint-Charles, pour les causes y mentionnées & les autres pieces jointes : Nous ordonnons qu'à la diligence du suppliant, il sera procédé devant le sieur de Ginisty, notre subdélégué à Toulouse, que nous avons commis, à cet effet, à l'aveu de la déclaration dudit Castan ; comme aussi, que tant ledit Castan, que Gabriel Mastre son associé à l'entreprise de la construction ou entretien du chemin de Cugnaux, seront tenus de comparoître devant ledit sieur de Ginisty, pour répondre aux éclaircissemens qu'il pourra leur demander, relativement à ladite déclaration : De tout quoi il dressera son procès-verbal, sur lequel il sera ensuite par nous ordonné ce qu'il appartiendra. Fait le treize Juillet mil sept cent quatre-vingt-un. Signé, DE SAINT-PRIEST : Et plus bas; Par Monseigneur, SOEFVE.

Depuis, Vu le procès-verbal dressé par le sieur de Ginisty, notre subdélégué à Toulouse, le 21 Août dernier, contenant les dires & réquisitions des parties, notamment l'aveu fait par les nommés Castan & Mastre, de la déclaration dudit Castan, en date du 21 Novembre 1780, portant qu'il a reçu de l'homme d'affaires du sieur abbé Bertin, une somme de quarante livres, pour les causes énoncées en ladite déclaration ; Vu aussi les nouvelles conclusions du suppliant, par lesquelles il persiste à demander l'adjudication de celles prises dans sa requête, & tout considéré :

Nous, tenant l'aveu fait de la déclaration dudit Castan, du 21 Novembre

1780, avons condamné lesdits Castan & Mastre, à restituer solidairement au supérieur du séminaire Saint-Charles de Toulouse, la somme de quarante livres dont il s'agit, à quoi faire ils seront contraints par toutes voies & par corps. Condamnons en outre lesdits Castan & Mastre, solidairement, en cent livres d'amende, applicable au profit des pauvres de l'hôpital-général de Toulouse. Faisons défenses à tous entrepreneurs de travaux publics, d'exiger ou recevoir de semblables contributions sous les mêmes peines, même d'être poursuivis extraordinairement. Permettons au suppliant de faire imprimer notre présente ordonnance, pour être publiée & affichée partout où besoin sera, afin que personne n'en prétende cause d'ignorance.

Fait à Montpellier le quatorze Février mil sept cent quatre-vingt-deux. Signé, DE SAINT-PRIEST : Et plus bas ; Par Monseigneur, SOEFVE.

X X.

Extrait du registre des délibérations des Etats généraux de Languedoc, assemblés par mandement du Roi en la ville de Montpellier au mois de Novembre 1776.

Du Samedi 4 Janvier 1777, président Mgr. l'archevêque & primat de Narbonne, commandeur de l'Ordre du Saint-Esprit.

Monseigneur l'évêque de Montpellier a dit, que pour la formation du chemin de la promenade basse du côté du nord, il a été acquis certaines portions de terrein appartenant à la dame Fabre, épouse de M. Solier, auditeur en la chambre des comptes de Montpellier, & dont le prix lui a été payé; mais que le clavaire collecteur de ladite ville, la poursuit pour le payement de la taille de ces mêmes portions, dont elle ne jouit plus aujourd'hui, & qu'elle supplie les Etats de pourvoir au payement de ce qui est dû pour les arrérages des tailles, & de la mettre à l'abri de toute pareille demande pour l'avenir.

Qu'il a paru juste à MM. les commissaires, que ladite dame ne soit point exposée aux poursuites du collecteur pour la portion des terreins dont elle ne jouit plus ; mais que, comme une partie de ce terrein est occupée par le sieur Fabre, marbrier, auquel la province l'a cédée en dédommagement, il est juste aussi qu'il paye la portion de la taille du terrein qu'il occupe, ayant ci-devant appartenu à la dame Solier.

Qu'il a été en conséquence procédé par le sieur Bedos, à l'arpentement du terrein occupé par le sieur Fabre, dont l'allivrement a été fixé, & qui doit être porté sur son nom dans le compoix ; mais qu'à l'égard de la portion du terrein qui est entré dans la formation de la rue ou chemin au-dessous de ladite promenade, & dont le sieur Bedos a fixé l'allivrement, qu'il met sur le compte de la province, il a paru à MM. les commissaires, que ce chemin servant à l'usage du public, devenoit dès-lors exempt de la taille, à compter du jour où ce terrein a été employé à cette destination, & que le montant des arrérages de cette portion doit être passé en reprise au collecteur ou clavaire.

Ce qui a été ainsi délibéré, conformément à l'avis de MM. les commissaires.

XXI.

ARRÊT

DE LA COUR DES COMPTES, AYDES & Finances de Montpellier.

Qui déclare immunes de tailles les fonds acquis par les Etats géné-

raux de la province de *Languedoc*, pour former les promenades basses de la place royale du *Peyrou* de cette ville, ou pour les chemins d'avenue de ladite place.

Du 18 Juillet 1777.

EXTRAIT des Registres de la Cour des Comptes, Aydes & Finances.

ENTRE le syndic général de la province de Languedoc, demandeur par requête du 2 Mai dernier, à ce qu'il plaise à la cour déclarer les contenances des fonds acquis par les Etats de la province, pour former les promenades basses de la place royale du Peyrou de cette ville, ou pour employer aux chemins d'avenue de ladite place, tels qu'ils sont désignés, confrontés & limités dans ladite requête, immunes de tailles & autres impositions, autant de tems qu'ils serviront à l'usage du public ; en conséquence, enjoindre aux consuls de Montpellier de les faire rayer du compoix, & d'en porter la contenance & leur allivrement, avec leurs confronts, au cahier des biens immunes de tailles, d'une part ; & les maire & consuls de Montpellier, & le procureur général du Roi, défendeurs, d'autre : Et entre ledit syndic général, demandeur par requête du 16 du présent mois, en autorisation du rapport de Vignat & Bedos, experts nommés d'office, en exécution de l'arrêt de la cour du 17 Mai dernier, & de l'entiere procédure faite devant M. le conseiller Vassal, commissaire député par ledit arrêt ; en conséquence, lui adjuger les fins de sa précédente ; ce faisant, déclarer les fonds acquis par lesdits Etats pour former les susdites promenades, ou pour les chemins d'avenue, tels qu'ils sont désignés, limités & confrontés dans ledit rapport, quittes & immunes de tailles, tant qu'ils serviront ferviront à l'ufage du public ; ordonner qu'ils feront rayés du compoix par le greffier confulaire, qui fera tenu de les porter au cahier des biens immunes de tailles, avec dépens, d'une part, & les maire & confuls de Montpellier, défendeurs, d'autre ; Palat pour ledit fyndic général de la province, Bouf-quet pour lefdits maire & confuls de Montpellier, le procureur général du Roi. LA COUR, ayant égard aux re-quêtes de la partie de Palat, demeu-rant le confentement donné par la ville de Montpellier, par la délibération du 19 Avril dernier, a autorifé & auto-rife le rapport defdits Vignat & Bedos, experts, & l'entiere procédure faite pardevant le fieur Vaffal, confeiller en la cour, commiffaire à ce député par fon arrêt du 17 Mai dernier ; en con-féquence, a déclaré & déclare quittes & immunes de tailles, les fonds acquis par les Etats de Languedoc, pour for-mer les promenades baffes de la place royale du Peyrou de cette ville, ou pour employer aux chemins d'avenue de la-dite place ; lefdits fonds confiftant ; fa-voir, ceux acquis de Jean Soulier, mé-nager, employés aux chemins d'ave-nue, en la contenance de trente-fept toifes quarrées, faifant, fuivant le com-poix & ledit rapport, une livre dix-fept fols onze deniers d'allivrement ; ceux acquis de Cofte en 1768, en la contenance de cinquante-un dextres & demi, faifant ure livre neuf deniers d'allivrement ; ceux acquis de la dame Fabre, époufe de M. Solier, confeiller auditeur en la cour, en contenance de cinquante-neuf dextres, faifant fuivant ledit compoix & rapport, une livre

trois fols fept deniers d'allivrement ; ceux acquis de Crefpin, & de Mag-delaine Rafin, époufe d'Etienne Mi-chel, en contenance d'une féterée, faifant une livre cinq fols d'allivrement; ceux acquis de Jacques Chalier, en deux articles, l'un de contenance de trois cartons dix-huit dextres ; & l'au-tre de quinze dextres, faifant enfemble une livre feize fols quatre deniers d'al-livrement ; ceux acquis de Reboul, cent quatre-vingt cinq toifes onze pou-ces, faifant une livre feize fols d'alli-vrement ; ceux acquis de David Ba-zille, en contenance de cent quarante-deux toifes, faifant quatorze fols deux deniers d'allivrement ; & ceux acquis de Paul Bazille, en contenance de foixante-quatre toifes quarrées, faifaut cinq fols deux deniers maille d'allivre-ment ; a ordonné & ordonne, que les fufdites contenances jouiront de ladite immunité, tant & fi long-tems qu'elles ferviront à l'ufage du public ; auquel effet, que par le greffier confulaire de la ville de Montpellier, elles feront rayées du compoix, & portées au ca-hier des biens immunes : Enjoint audit greffier confulaire, de charger les pof-feffeurs du reftant defdits fonds, de l'al-livrement qu'ils doivent fupporter, re-lativement audit rapport : Enjoint aux parties de Boufquet, d'exécuter ou faire exécuter, dans le mois pour tout délai, la délibération, dudit jour 19 Avril der-nier, en faifant additionner au com-poix les fonds y défignés, fans dépens. FAIT & prononcé judiciellement à Montpellier en ladite cour, le dix-huit Juillet mil fept cent foixante-dix-fept. Collationné. Signé, DEVÉS, greffier.

TITRE TREIZIEME.

De l'emploi des Terres occupées par les anciens Chemins abandonnés.

I.

EXTRAIT *du regiſtre des délibérations des Etats généraux de Languedoc, aſſemblés par mandement du Roi en la ville de Montpellier au mois de Décembre* 1736.

Du Samedi 19 Janvier 1737, préſident Mgr. l'archevêque & primat de Narbonne.

MONSEIGNEUR l'évêque d'Alais à dit, que le ſieur de Joubert, ſyndic général, a rendu compte à la commiſſion de la ſoumiſſion faite par la veuve Salages, de la ville de Cette, pour tenir en compte la portion qu'elle demande de l'ancien chemin de Cette ſur l'indemnité qu'elle peut prétendre à raiſon d'une terre qui lui a été priſe pour l'emplacement du nouveau chemin ; & qu'à cette occaſion il a eu connoiſſance de l'adjudication qui a été faite par les conſuls de Frontignan d'une partie de l'ancien chemin.

Que cette demande qui paroît également juſte & conforme aux contrats de la province, lui a fait faire attention qu'elle pouvoit donner lieu à un réglement général ſur cette matiere : Qu'en effet il eſt conſtant que la province étant chargée de la dépenſe des conſtructions des chemins, & payant aux particuliers la valeur des terres qui leur ſont priſes, en y comprenant même la valeur de la taille qui ſe trouve rejettée ſur le reſte de leur quotité, on ne peut pas douter que les anciens chemins qui ſont abandonnés pour en conſtruire de nouveaux, n'appartiennent à la province, & qu'elle ne ſoit en droit d'en diſpoſer.

Que cependant il eſt arrivé pluſieurs fois, faute de n'avoir pas fait aſſez d'attention à cet objet, qui n'a peut-être pas paru aſſez intéreſſant,que les particuliers voiſins de l'ancien chemin l'ont cultivé & en ont joui ſans aucun titre, ou que ceux dont les terres ont été priſes pour la conſtruction des nouveaux chemins, s'en ſont mis en poſſeſſion, quoiqu'ils euſſent été d'ailleurs indemniſés en entier de la valeur des terres qui leur avoient été priſes.

Mais que pour éviter à l'avenir un pareil abus, & procurer en même-tems à la province, autant qu'il ſera poſſible, une diminution des dépenſes qu'elle eſt obligée de faire pour la conſtruction des nouveaux chemins, MM. les commiſſaires ont cru qu'il convenoit de propoſer à l'aſſemblée de délibérer 1°. d'accepter la ſoumiſſion faite par la veuve Salages le 12 Avril 1736, pardevant le ſieur Merle, notaire à Cette, & en conſéquence que, ſans s'arrêter à l'adjudication faite par les conſuls de Frontignan d'une partie des terres de l'ancien chemin, laquelle demeurera ſans effet & comme non-avenue, le prix des terres que ladite veuve voudra acquérir dudit ancien chemin ſera réglé par le ſieur de Clapiers & diminuera d'autant l'indemnité qui pourra lui être due.

2°. Qu'à l'avenir les particuliers dont

les terres feront prifes pour l'emplacement des nouveaux chemins conviendront avec le fieur de Clapiers, tant fur le prix des terres de l'ancien chemin qu'ils voudront acquérir, que fur la compenfation defdites terres avec celles qui leur auront été prifes, pour lefdites conventions être autorifées par les fyndics généraux.

3°. Que les parties de l'ancien chemin qui n'auront pas été acquifes par lefdits particuliers feront adjugées au profit de la province par les fyndics généraux à ceux qui feront la condition meilleure, fur les affiches qui en feront mifes dans les communautés voifines.

Qu'en faifant ce réglement par rapport aux chemins qui font faits aux dépens de la province, on peut en même-tems délibérer qu'il fera obfervé par les fénéchauffées de Touloufe & de Carcaffonne qui font chargées de la conftruction de leurs chemins, & par les diocefes de la fénéchauffée de Nîmes qui fourniffent chacun en particulier auxdites dépenfes.

Que M. l'intendant a déjà fait le même réglement par rapport au chemin de Saint-Sulpice de la pointe qui eft fait aux dépens du Roi, au moyen d'une crue de cinq fols pour chaque minot de fel, comme il paroît par fon ordonnance du 23 Septembre 1728 ; & que pour affurer d'autant plus à l'avenir l'exécution du réglement propofé, il convient de charger les fyndics généraux de pourfuivre les arrêts du confeil & ordonnances néceffaires pour faire défenfes à tous particuliers & communautés, dont les terres confrontent avec les anciens chemins qui font abandonnés pour en conftruire de nouveaux, de s'en emparer & de les faire cultiver, fous peine de perte des fruits qui s'y recueilleront, & de payer au profit de la province le double de leur valeur.

Sur quoi il a été délibéré 1°. d'accepter la foumiffion faite par la veuve Salages le 12 Octobre 1736, devant le fieur Merle, notaire à Cette, & en conféquence, que, fans s'arrêter à l'adjudication faite par les confuls de Frontignan d'une partie des terres de l'ancien chemin de Cette, laquelle demeurera fans effet & comme non-avenué, le prix des terres, que ladite veuve voudra acquérir dudit ancien chemin fera réglé par le fieur de Clapiers, & diminuera d'autant l'indemnité qui pourra être due à ladite veuve.

2°. Qu'à l'avenir les particuliers dont les terres feront prifes pour l'emplacement des nouveaux chemins conviendront avec le fieur de Clapiers tant fur le prix des terres de l'ancien chemin qu'ils voudront acquérir, que fur la compenfation defdites terres avec celles qui leur auront été prifes, lefquelles conventions feront autorifées par les fyndics généraux.

3°. Que les parties de l'ancien chemin qui n'auront pas été acquifes par lefdits particuliers, feront adjugées au profit de la province par les fyndics généraux, à ceux qui feront la condition meilleure, fur les affiches qui feront pofées à cet effet dans les communautés voifines.

4°. Que les mêmes difpofitions feront obfervées par les fénéchauffées de Touloufe & de Carcaffonne, & généralement par tous les diocefes, par rapport aux chemins que lefdites fénéchauffées & lefdits diocefes feront conftruire, chacun pour ce qui le concerne.

5°. Que les particuliers qui fe font emparés defdits anciens chemins, lorfqu'il en a été conftruit de nouveaux, feront obligés de payer l'eftimation des terres qu'ils ont fait cultiver, eu égard au tems où ils s'en font mis en poffeffion, laquelle eftimation, fera faite par le fieur de Clapiers, par rapport aux chemins qui concernent la province, fur les indications qui lui feront données par les confuls des villes & communautés dans l'étendue defquelles les anciens chemins étoient fitués.

6º. Enfin les fyndics généraux feront chargés de pourfuivre les arrêts du confeil & ordonnances néceffaires pour autorifer le préfent réglement, & faire défenfes à tous particuliers des communautés dont les terres confrontent avec les anciens chemins qui ont été abandonnés pour en conftruire de nouveaux, de s'en emparer & de les faire cultiver, fous peine de perte des fruits qui s'y recueilleront, & de payer au profit de la province le double de leur valeur.

I I.

A R R Ê T

Du Conseil d'Etat du Roi,

Qui autorife la délibération des Etats généraux de la province de Langue-
doc, du 19 Janvier 1737, fervant
de réglement au fujet de l'emplace-
ment des anciens chemins.

Du 4 Décembre 1737.

Extrait des Regiftres du Confeil
d'Etat.

SUr la requête préfentée au Roi, étant en fon confeil, par le fyndic général de la province de Languedoc, Contenant entr'autres chofes que les Etats de ladite province faifant des dépenfes confidérables pour la conftruction des chemins ; & les fénéchauffées de Touloufe & de Carcaffonne, ainfi que les diocefes de la Sénéchauffée de Nîmes, faifant auffi de grandes dépenfes à cette occafion, chacun dans fon

étendue, foit à raifon des indemnités qu'ils accordent aux particuliers dont on prend les fonds, foit à raifon de la conftruct on même des chemins, lefdits Etats auroient cru, dans leur derniere affemblée, devoir procurer, autant qu'il feroit poffible, une diminution des dépenfes auxquelles la conftruction des nouveaux chemins donnoit lieu ; auquel effet ils auroient pris, le 19 Janvier de la préfente année, une délibération fervant de réglement, dont les difpofitions également juftes & avantageufes, font d'ailleurs conformes à une ordonnance du fieur de Bernage de Saint-Maurice intendant, du 23 Septembre 1728, par rapport aux terres de l'ancien chemin de Touloufe à la pointe Saint-Sulpice, à la place duquel chemin Sa Majefté en avoit fait faire un nouveau, dont ledit fieur de Bernage avoit fait l'adjudication, & dont le fonds eft affigné fur le produit d'une crue de cinq fols par minot de fel. Requéroit, A ces causes, le fuppliant, qu'il plût à Sa Majefté, en autorifant ladite délibération du 19 Janvier dernier, ordonner qu'elle fera exécutée felon fa forme & teneur. Vu ladite requête ; la délibération des Etats de la province de Languedoc du 19 Janvier 1737, par laquelle il a été arrêté, 1º. D'accepter la foumiffion faite par la veuve Salages le 12 Octobre 1736, devant Merle, notaire à Cette ; & en conféquence, que fans s'arrêter à l'adjudication faite par les confuls de Frontignan, d'une partie des terres de l'ancien chemin, dont il eft fait mention, laquelle demeurera fans effet, & comme non-avenue, le prix des terres que la veuve Salages voudra acquérir de cet ancien chemin, fera réglé par le fieur de Clapiers, & diminuera d'autant l'indemnité qui pourra être due à cette veuve. 2º. Qu'à l'avenir, les particuliers dont les terres font prifes pour l'emplacement des nouveaux chemins, conviendront avec ledit fieur de Clapiers, tant fur le prix des terres de l'ancien chemin qu'ils voudront acquérir, que fur la compenfation de ces terres avec celles qui leur auront été prifes ; lefquelles conventions feront autorifées par les fyndics généraux de la province. 3°. Que les parties de l'ancien chemin qui n'auront pas été acquifes par lefdits particuliers, feront adjugées au profit de la province par les fyndics généraux, à ceux qui feront la condition meilleure, fur les affiches qui en feront mifes dans les communautés voifines. 4°. Que les mêmes difpofitions feront obfervées par les fénéchauffées de Touloufe & de Carcaffonne, & généralement par tous les diocefes, par rapport aux chemins que ces fénéchauffées & diocefes feront conftruire, chacun pour ce qui le concerne. 5°. Que les particuliers qui fe font emparés des anciens chemins, lorfqu'il en a été conftruit de nouveaux, feront obligés de payer l'eftimation des terres qu'ils auront fait cultiver, eu égard au tems où ils s'en font mis en poffeffion, laquelle eftimation fera faite par le fieur de Clapiers, par rapport aux chemins qui concernent la province, fur les indications qui lui feront données par les confuls des villes & communautés, dans l'étendue defquelles les anciens chemins étoient fitués. 6°. Qu'enfin, les fyndics généraux feront chargés de pourfuivre les arrêts du confeil, & ordonnances néceffaires pour autorifer ce réglement, & pour qu'il foit fait défenfes à tous particuliers des communautés dont les terres confrontent avec les autres chemins qui ont été abandonnés pour en conftruire de nouveaux, de s'en emparer, & de les faire cultiver, fous peine de la perte des fruits qui s'y recueilleront, & de payer au profit de la province le double de leur

valeur. Vu auffi copie d'un arrêt du confeil du 16 Octobre 1734, par lequel Sa Majefté, conformément à la réponfe faite à l'article V du cahier préfenté par les députés de la province de Languedoc, auroit attribué au fieur intendant de ladite province la connoiffance de tous les différends & conteftations mues & à mouvoir au fujet de la conftruction & entretien des grands chemins, dans l'étendue de ladite province, pour être par lui jugées définitivement, fauf l'appel au confeil ; & l'ordonnance dudit fieur de Bernage de Saint-Maurice du 23 Septembre 1728. Oui le rapport du fieur Orry, confeiller d'état & ordinaire au confeil royal, contrôleur général des finances ; SA MAJESTÉ ÉTANT EN SON CONSEIL, ayant égard à ladite requête, a ordonné & ordonne que ladite délibération des Etats de Languedoc, du 19 Janvier 1737, fera exécutée felon fa forme & teneur ; & que les conteftations nées & à naître fur l'exécution de ladite délibération, feront définitivement jugées par le fieur de Bernage de Saint-Maurice, confeiller d'état, intendant en Languedoc, fauf l'appel au confeil, Sa Majefté lui attribuant à cet effet toute cour, jurifdiction & connoiffance, & icelle interdifant à toutes fes cours & autres juges. FAIT au confeil d'état du Roi, Sa Majefté y étant, tenu à Verfailles le quatrieme jour de Décembre mil fept cent trente-fept.

Signé, PHELYPEAUX.

LOUIS, PAR LA GRACE DE DIEU, ROI DE FRANCE ET DE NAVARRE: A notre amé & féal confeiller en notre confeil d'état le fieur de Bernage de Saint-Maurice, intendant & commiffaire départi pour l'exécution de nos ordres dans notre province de Languedoc, SALUT. Nous vous mandons

& ordonnons par ces préfentes, fignées de notre main, de procéder à l'exécution de l'arrêt ci-attaché fous le contre-fcel de notre chancellerie, ce-jourd'hui donné en notre confeil d'état, Nous y étant, pour les caufes y contenues. Commandons au premier notre huiffier ou fergent fur ce requis, de fignifier ledit arrêt à tous ceux qu'il appartiendra, à ce que perfonne n'en ignore; & de faire en outre pour fon entiere exécution, tous actes & exploits requis & néceffaires, fans autre permiffion : CAR tel eft notre plaifir. DONNÉ à Verfailles le quatrieme jour de Décembre, l'an de grace mil fept cent trente-fept, & de notre regne le vingt-troi-fieme. *Signé*, LOUIS. *Et plus bas* : Par le Roi, PHELYPEAUX.

LOUIS-BASILE DE BERNAGE,
chevalier, feigneur de Saint-Mau-
rice, Vaux, Chaffy & autres lieux,
confeiller d'état, grand-croix de
l'ordre royal & militaire de St.
Louis, intendant de juftice, police,
& finances en la province de Lan-
guedoc.

VU l'arrêt du confeil d'état ci-def-fus, & la commiffion expédiée fur icelui : NOUS ORDONNONS que ledit arrêt fera exécuté fuivant fa forme & teneur. FAIT à Montpellier le vingt-quatre Décembre mil fept cent trente-fept. *Signé*, DE BERNAGE : *Et plus bas* ; Par Monfeigneur, GRASSET.

III.

MÉMOIRE

Sur l'exécution de l'arrêt du confeil
du 4 Décembre 1737, concernant

L'OBJET des Etats, dans la délibéra-tion autorifée par cet arrêt, eft de procurer à la province, & aux dioce-fes en particulier, une diminution dans la dépenfe de la conftruction des nou-veaux chemins, par le produit de la vente des terres occupées par les an-ciens. Mais la culture de ces mêmes terres, & le payement de la taille à laquelle elles font fujettes dans chaque communauté, font encore des objets que l'on doit avoir également en vue, dans les opérations qui doivent être faites à la diligence des fyndics des dio-cefes, pour parvenir à l'exécution de la délibération des Etats.

Elle porte à l'article II, qu'à l'égard des terres qui feront prifes à l'avenir pour l'emplacement des nouveaux che-mins, les particuliers à qui elles ap-partiennent, qui voudront acquérir des terres de l'ancien chemin, convien-dront avec le fieur de Clapiers, infpec-teur des travaux publics de la provin-ce, du prix des unes & des autres par compenfation, & que les conven-tions qui feront fur ce faites, fe-ront approuvées & autorifées par les fyndics généraux de la province, pour avoir leur effet.

Cette difpofition ne paroît pas mé-riter aucune inftruction, & l'exécution en eft également fimple & facile, puif-qu'elle confifte à charger M. de Cla-piers de recevoir les propofitions & of-fres qui lui feront faites de gré à gré, & d'en donner connoiffance au fyndic général du département, à l'effet d'ê-tre autorifées; après quoi, dans le pro-cès-verbal d'eftimation des indemnités, la compenfation fera faite.

Cette même délibération porte à l'article III, que lorfque les parties de l'ancien chemin n'auront pas été acquifes en la maniere qui vient d'être expliquée, elles feront adjugées au profit de la province par les fyndics généraux à ceux qui feront la condition meilleure, fur les affiches qui en feront mifes dans les communautés voifines.

Pour exécuter cette difpofition, & fe mettre en état de faire les adjudications en tout tems, d'une maniere qui ne puiffe point occafionner de conteftation fur la contenance, il faudra obferver ce qui fuit.

1°. Il doit être dreffé un état des terres faifant partie de l'ancien chemin, qui font à adjuger dans l'étendue de chaque communauté, lequel état doit être figné par M. de Clapiers, & remis par lui aux fyndics généraux.

2°. Cet état doit être envoyé par eux aux fyndics des diocefes, à l'effet d'être fait des affiches pour la partie de l'ancien chemin qui eft dans le diocefe.

3°. En conféquence de ces affiches, les offres feront reçues devers le greffe du diocefe, pendant le tems qui fera marqué dans l'affiche, & qui peut être réglé à trois mois.

4°. Après ce délai, les fyndics des diocefes envoyeront aux fyndics généraux une copie, fignée par le greffier du diocefe, des offres qui auront été faites, & les fyndics généraux feront l'adjudication au profit de ceux dont les offres feront les plus avantageufes ; lefquelles adjudications feront envoyées aux fyndics des diocefes pour les remettre aux particuliers, le tout fans frais ni droits ; ce qui fera ainfi énoncé dans les affiches.

5°. Le prix des adjudications fera payé fur le champ, & remis à M. le tréforier de la bourfe, ou au fyndic du diocefe, pour être par lui remis à la caiffe de la province.

6°. Il doit être donné une copie def-

dites adjudications aux confuls des communautés dans l'étendue defquelles les terres font fituées, afin qu'ils faffent ajouter lefdits articles dans le compoix fous le nom des adjudicataires.

Comme, fuivant l'article IV de la délibération du 19 Janvier 1737, elle doit être exécutée par les fénéchauffées de Touloufe & de Carcaffonne, & généralement par tous les diocefes, à l'égard des chemins qu'ils feront conftruire, les mêmes regles y feront obfervées, en ajoutant que les adjudications doivent être faites par MM. les commiffaires ordinaires, ou par telle autre perfonne à qui ils en auront donné le pouvoir par une délibération expreffe.

Après avoir ainfi expliqué comment la délibération des Etats doit être exécutée pour l'avenir, il refte à ajouter comment elle le doit être pour le paffé.

Elle porte à cet égard, à l'article V, que les particuliers qui fe font emparés des anciens chemins, lorfqu'il en a été conftruit de nouveaux, feront obligés de payer l'eftimation des terres qu'ils auront fait cultiver, eu égard au tems où ils s'en font mis en poffeffion, laquelle eftimation fera faite par M. de Clapiers, par rapport aux chemins qui concernent la province, fur les indications qui lui feront données par les confuls des villes & communautés, dans l'étendue defquelles les anciens chemins étoient fitués.

Comme, fuivant cette difpofition, il doit être fait une recherche par les confuls dans chaque taillable, des terres des anciens chemins, qui ont été ufurpées, les fyndics des diocefes doivent envoyer aux confuls un exemplaire de l'arrêt du confeil, & du préfent mémoire, en les chargeant expreffément de faire travailler à cette recherche, au plus tard dans l'efpace de trois mois , & d'en donner un état, qui contiendra en détail le nom du possesseur, la contenance de ce qu'il possede , & les confronts les plus apparens.

Les syndics des dioceses envoyeront ensuite aux syndics généraux les états qui leur seront remis des chemins qui concernent la province, pour être procédé , conformément à la délibération des Etats , à l'estimation des terres qui se trouveront ainsi usurpées ; & les possesseurs seront poursuivis pour en faire le payement, sans préjudice de la restitution des fruits.

A l'égard des terres des anciens chemins , qui n'ayant pas été mis en culture, peuvent être adjugées, on observera ce qui suit.

1º. Les consuls , chacun dans l'étendue de leur taillable , seront chargés de dresser un état desdites terres, en faisant mention de leur contenance , & du lieu où elles sont situées.

2º. Il sera fait lecture desdits états dans une assemblée de la communauté, après quoi ils seront signés par les consuls & le greffier.

3º. Lesdits états seront envoyés par les consuls aux syndics des dioceses , avec un certificat au pied de la lecture qui en a été faite dans la susdite assemblée , & les syndics des dioceses en envoyeront la copie aux syndics généraux.

4º. Sur lesdits états , lesdits syndics des dioceses feront poser des affiches pour les parties qui sont à adjuger.

5º. Les offres seront reçues , & l'adjudication sera faite en la maniere qui a été énoncée ci-dessus.

I V.

EXTRAIT du registre des délibérations prises par les gens des Trois-états du pays de Languedoc , assemblés par mandement du Roi en la ville de Montpellier , au mois de Décembre 1738.

Du Vendredi 16 Janvier 1739, président Mgr. l'archevêque & primat de Narbonne. .

MONSEIGNEUR l'évêque d'Alais a dit , que les Etats prirent le 19 Janvier 1737 , une délibération servant de réglement , au sujet des terres des anciens chemins qui sont abandonnés lorsqu'on en construit de nouveaux ; & que l'objet de ce réglement fut , de procurer une diminution sur le prix de l'indemnité des terres qui sont occupées pour l'emplacement des nouveaux chemins , par le prix qu'on peut retirer des adjudications des chemins abandonnés. Que cette délibération a été autorisée par un arrêt du conseil du 4 Décembre de la même année ; & que comme il s'agit de la mettre à exécution , tant pour le passé que pour l'avenir , il a été nécessaire de dresser une instruction , dans laquelle on explique ce qui doit être fait par les syndics des dioceses , & les consuls des communautés , pour parvenir à faire lesdites adjudications. Qu'il a été lu en conséquence à la commission un mémoire , contenant un projet d'instruction à ce sujet ; & que ce mémoire ayant été approuvé , MM. les commissaires ont été d'avis de charger les syndics généraux d'en faire usage.

SUR QUOI IL A ÉTÉ DÉLIBÉRÉ , que les syndics généraux seront chargés de faire exécuter la délibération du 19 Janvier 1737 , servant de réglement au sujet des terres des anciens chemins ; auquel effet ils feront usage du mémoire , ou projet d'instruction qui a été approuvé par MM. les commissaires.

V.

V.

ARRÊT

DU CONSEIL D'ÉTAT DU ROI,

Qui subroge MM. de Saint-Priest, pere & fils, intendans, à MM. de Bernage & Le Nain, aussi intendans, pour connoître des contestations nées & à naître sur l'exécution de la délibération des Etats, concernant la maniere de disposer des terres qui ont servi à l'emplacement des anciens chemins.

Du 21 Septembre 1768.

EXTRAIT des Registres du Conseil d'Etat.

VU par le Roi, étant en son conseil, l'arrêt rendu en icelui le 4 Décembre 1737, par lequel Sa Majesté en autorisant la délibération prise par les Etats généraux de la Province de Languedoc, le 19 Janvier de ladite année, sur la maniere de disposer des terres ayant servi à l'emplacement des anciens chemins, auroit ordonné que les contestations nées & à naître sur l'exécution de ladite délibération, seroient définitivement jugées par le sieur de Bernage de Saint-Maurice, conseiller d'état, alors intendant de ladite province, sauf l'appel au conseil, Sa Majesté lui attribuant à cet effet toute cour, jurisdiction & connoissance, icelle interdisant à toutes ses cours & autres juges : Et Sa Majesté étant informée que cette attribution se trouvant faite nommément au sieur de Bernage, demeure sans effet par le défaut de subrogation des sieurs de Saint-Priest, actuellement intendans en ladite province, audit feu sieur de Bernage, quoique les motifs qui y ont

donné lieu subsistent & soient même devenus plus pressans par la multiplication des réparations que font faire les Etats & les Dioceses, tant sur les grandes routes que sur celles de traverse ; A quoi étant nécessaire de pourvoir : OUI le rapport du sieur de l'Averdy, conseiller ordinaire & au conseil royal, contrôleur général des finances ; LE ROI ÉTANT EN SON CONSEIL, a ordonné & ordonne, que l'arrêt rendu en son conseil le 4 Décembre 1737, sera exécuté selon sa forme & teneur ; à l'effet de quoi Sa Majesté a subrogé & subroge les sieurs de Saint-Priest, pere & fils, intendans en Languedoc, aux feu sieurs de Bernage & Le Nain, pour juger les mêmes contestations, sauf l'appel au conseil, Sa Majesté leur attribuant à cet effet, toute cour, jurisdiction & connoissance, & icelle interdisant à toutes ses cours & autres juges. FAIT au conseil d'état du Roi, Sa Majesté y étant, tenu à Versailles le vingt-un Septembre mil sept cent soixante-huit.

Signé, PHELYPEAUX.

MARIE - JOSEPH - EMMANUEL DE GUIGNARD DE SAINT-PRIEST, chevalier, seigneur d'Alivet, Renage, Beaucroissant & autres lieux, conseiller du Roi en ses conseils, maître des requêtes ordinaire de son hôtel, intendant de justice, police & finances en la province de Languedoc.

VU le présent arrêt ; ensemble la commission expédiée sur icelui : NOUS ORDONNONS qu'il sera exécuté selon sa forme & teneur. FAIT à Montpellier le 15 Novembre 1768. *Signé,* DE SAINT-PRIEST : *Et plus bas ;* Par Monseigneur, SOEFVE.

Fin du Tome second.

TABLE DES MATIERES

DE CE SECOND VOLUME.

LIVRE SECOND.

LIVRE III.

§. XXI.

§. XXII.

§. XXIII.

llvres, & ordonne que les Etats demeureront chargés, & feront tenus en leur nom de ce qui peut être & fera dû dans la fuite aux créanciers qui ont fait le prêt dudit emprunt. N°. VII.

TITRE II.

Des Remboursemens.

SECTION I.

Des remboursemens par loterie. pag. 193

SECTION II.

Des remboursemens faits par voie de réconstitution.   pag. 228

TITRE III.

Des ceffions & tranfports des rentes constituées fur la province.
     pag. 231

TITRE IV.

De la qualité des rentes constituées sur la province de Languedoc.

pag. 236

TITRE V.

Du taux des rentes conflituées fur la province, & des opérations
relatives à la réduction de 1766 & 1776. pag. 247

TITRE VI.

Recueil des pieces servant de mémoires pour la révolution de 1720, relativement aux dettes de la province. pag. 266

LIVRE IV.

Des Ouvrages publics de la province. pag. 292

TITRE I.

De la direction & administration des Ouvrages publics, intéressant le commerce & les communications dont la province fait la dépense en entier, ou par contribution avec les sénéchaussées, diocèses, villes & communautés. pag. 294

TITRE II.

De la direction & adminiftration des ouvrages publics, intéreffant le commerce & les communications dont la province fait la dépenfe en partie avec le Roi, ou avec les provinces voifines.

pag. 367

TITRE III.

De l'adjudication, direction & administration des ouvrages publics, intéressant la défense & la sureté de la province, & dont elle supporte la dépense en tout ou en partie. pag. 379

ver

ver la conftruction des redoutes & fignaux fervant à la défenfe de la côte ;
& faute par eux d'avoir fatisfait à leurs engagemens, ordonne qu'il fera procédé à l'adjudication des ouvrages qui reftent à faire, à la folle enchere dudit
Nogaret & de fes cautions, & permet au fyndic général de faire procéder à la
faifie de leurs biens & effets, & à l'emprifonnement de leurs perfonnes. N°. V.

TITRE IV.

De la jurifdiction à raifon des ouvrages publics faits en Langue-
doc, foit aux dépens du Roi, foit aux dépens de la province en
corps, des fénéchauffées, diocefes, villes & communautés, re-
lativement aux différentes efpeces de conteftations auxquelles ils
peuvent donner lieu.   pag. 392

TITRE V.

Réglemens généraux fur la conftruction, réparations & entretien des chemins, ponts & chauffées.   pag. 418

TITRE VI.

De la garantie des Ouvrages publics. pag. 460

TITRE VII.

Des Directeurs & Inspecteurs des Ouvrages publics de la province. pag. 461

T I T R E　V I I I.

De la confervation des chemins , ponts , canaux & chauffées , & des peines encourues par ceux qui les dégradent. pag. 467

§. I.

C H E M I N S.　ibidem.

qu'ils ont trouvé attelée à la charrette du nommé Paſcal voiturier, ſur le grand chemin de Nîmes ; & ordonne la vente de ladite mule, pour le prix être diſtribué entre le brigadier & le cavalier qui ont fait la ſaiſie. N°. VIII.

Autre, du 27-Septembre 1746, qui confirme la ſaiſie faite d'une voiture déclarée appartenir au nommé Courlac. IX.

Autre, du 18 Janvier 1759, qui condamne l'entrepreneur de l'entretien du grand chemin de la poſte, dans la partie de Lunel à Nîmes, en l'amende de 50 livres applicable aux pauvres de l'hôpital de Nîmes, pour le punir de ſa négligence à exécuter les conditions ſous leſquelles le bail de l'entretien lui a été paſſé, & d'avoir intercepté la voie publique, en la rendant dangereuſe pour les voyageurs ; & renouvelle les défenſes précédemment faites à tous voituriers, charretiers & autres, d'atteler à leurs voitures à deux roues au delà de trois mules ou chevaux, à peine de confiſcation de la voiture, de toutes les bêtes d'attelage, & de 100 livres d'amende, dont la moitié appartiendra à ceux qui auront arrêté les charrettes attelées au delà de trois mules. X.

Autre, du 25 Octobre 1762, qui confirme la ſaiſie faite d'une charrette & harnois, attelée de trois mules & d'un cheval de trait, appartenant à Jean Ratier, cabaretier du lieu de Quiſſac ; & en conſéquence, déclare ladite charrette & harnois ſujets à la confiſcation, auſſi bien que la marchandiſe dont elle étoit chargée, conformément aux ordonnances & réglemens, qui fixent le poids deſdites voitures à trente quintaux ; modere par grace ladite confiſcation à la quatrieme bête d'attelage déſignée au procès-verbal de ſaiſie ; fait défenſes audit Ratier, & à tous autres voituriers, d'excéder ledit poids, & d'atteler leurs voitures au delà de trois mules ; le condamne & ſon domeſtique en cent livres d'amende & aux dépens. XI.

Autre, du premier Mars 1778, qui condamne le ſieur Maſſé, ancien maire de Paulhan, en vingt-cinq livres d'amende, pour avoir embarraſſé le chemin de Pezenas à Lodeve. XII.

Autre, du premier Mars 1778, qui condamne le ſieur Thevenot, négociant d'Agde, en vingt-cinq livres d'amende, pour avoir embarraſſé le chemin d'Agde à Pezenas. XIII.

Autre, du 5 Mars 1778, qui condamne divers particuliers à réparer les dommages par eux cauſés ſur le chemin de la poſte. XIV.

Autre, du 30 Décembre 1778, qui condamne le nommé Bouſquet, patron de canal à Marſeillan, au payement de la ſomme de vingt-cinq livres, pour ſervir à réparer le dommage par lui cauſé au chemin d'Agde à Pezenas, devant le port de Beſſan. XV.

Autre, du 30 Décembre 1778, qui enjoint au ſieur Glorios d'enlever les décombres, pierres, bois & autres matériaux qu'il pourroit avoir dépoſé ſur le chemin de Caſtres à Saint-Amans, & le condamne au payement de la ſomme de vingt-cinq livres à titre de dommages & intérêts. XVI.

rement en l'amende de cent livres par eux encourue par contravention à l'ordonnance du 27 Juin dernier, avec défenses auxdits David & Guiraud de récidiver, sous plus grande peine ; permet au garde de saisir & mettre en fourriere les bestiaux qu'il trouvera sur les chaussées, pour en poursuivre la confiscation & la vente, indépendamment de l'amende.   N°. XLVII.

de-Bien & fon fermier feront tenus de démafquer le pas de Laftours, de démolir les ouvrages qu'ils ont faits, & rétablir le cours de la riviere d'Aude,
ordonne que tous ceux qui ont fait des plantations dans la communauté de
Cuxac fur le bord de ladite riviere, feront tenus de les arracher, & de mettre les atterriffemens à découvert ; & fait défenfes, tant audit fieur de Chef-
de-Bien, fes fermiers, aux habitans de Cuxac, qu'à tous autres riverains
d'Aude, de mafquer à l'avenir le pas de Laftours, ou autres faignées ou ouvertures de ladite riviere ; comme auffi de faire aucuns ouvrages ni plantations fur fon bord, tendant à intercepter ou gêner fon cours, & retrécir fon
lit. Nº. LXII.

Autre, du 30 Juillet 1781, qui fait défenfes aux habitans des communautés de
Cuxac & Salleles, & à tous autres de faire dépaître leurs beftiaux fur les
chauffées & talus relatifs à l'atterriffement de l'étang de Capeftan, à peine
de 50 livres d'amende ; & condamne les fieurs Ferrier, Latour & Defpei-
roux en 50 livres d'amende, & à faire réparer les dommages caufés par leurs
beftiaux auxdites chauffées & talus. LXIII.

Digues du Livron. pag. 555

Ordonnance de M. l'intendant, du 27 Mai 1774, à raifon des dégradations
caufées fur les digues du Livron. LXIV.

TITRE IX.

Du privilége des deniers deftinés aux Ouvrages publics. pag. 559

ORDONNANCE de M. l'intendant, du 6 Octobre 1771, qui juge que le
prix de l'adjudication d'un ouvrage public, ne peut pas être faifi pour des
dettes propres à l'adjudicataire. Nº. I.

TITRE X.

*De l'exemption des droits d'amortiffement & de centieme denier,
à raifon des fonds acquis pour des Ouvrages publics.* pag. 561

EXTRAIT de la déclaration du Roi, du 16 Juillet 1702. Nº. I.

Arrêt du confeil d'état du Roi, du 18 Octobre 1721, qui décharge les villes de Languedoc du droit d'amortiffement pour les bâtimens des cafernes. II.

Autre, du 8 Octobre 1729, qui ordonne que le droit d'amortiffement ne fera
payé par les villes & communautés de Languedoc, que pour les fonds fur
lefquels les cafernes ont été ou feront conftruites. III.

TITRE XI.

De l'exemption des lods & ventes & de l'extinction des directes, à raison des acquisitions faites pour des Ouvrages publics, & de l'indemnité due aux seigneurs, à raison de ladite extinction.
pag. 569

TITRE XII.

Des indemnités dues aux particuliers à l'occaſion des Ouvrages publics. pag. 623

TITRE XIII.

De la vente & adjudication des terres occupées par les anciens chemins.   pag. 658

Fin de la Table du Tome ſecond.

CARTON

CARTON

Annoncé à la tête de l'Errata du premier Volume pour la piece N°. XXIV , Livre préliminaire , Titre I, Section I.

PAG. 150. col. 1. lig. 28. subsister ou être bursale , *lisez* subsister ou être rejettée des rôles ; qu'il est également non-recevable dans l'un & dans l'autre chef de cette opposition ; dans le premier , parce que la province n'a aucun intérêt à renouveller des contestations qui ont été jugées solemnellement avec toutes les parties intéressées & avec elles-mêmes dans deux occasions décisives ; dans le second , parce que cet objet est encore plus étranger à cette province , & qu'il a été jugé avec les seules & véritables parties intéressées : Que 1°. tout est consommé à l'égard des trois quartiers du guez, Lestel & Barralier ; que tout a été jugé à différentes reprises avec toutes les parties qui pouvoient y prendre intérêt ; en 1690 , avec le domaine & la partie publique qui en soutenoit les droits ; en 1713 & 1738 , avec la province de Languedoc , & sur l'avis de son syndic général ; enfin en 1742 avec la communauté de Beaucaire & avec l'inspecteur général du domaine auquel seul ces terreins pouvoient être réunis s'ils n'étoient pas de tems immémorial taillables & dépendans de Tarascon : Qu'ainsi cet objet ne peut être remis en question sous quelque prétexte que ce soit , puisqu'il a été discuté & jugé successivement avec tous les intéressés & avec le syndic général de Languedoc lui-même , & que tous ces intéressés représentoient la province , lors même qu'elle n'étoit point en nom dans l'instance : Que le procureur du Roi de la commission

Tome II.

établie pour la recherche des biens domaniaux en Languedoc , & le sieur de Basville intendant de cette province , ont été entendus en 1690 ; que c'étoient les parties publiques qui agissoient pour elle , & qui revendiquoient alors , comme elle voudroit le faire aujourd'hui , ces terreins , sous prétexte qu'ils étoient isles ou crémens du Rhône qui fait partie du Languedoc : Que le premier , comme exerçant les fonctions du ministere public , soutenoit les intérêts du domaine ; que le second , en qualité de commissaire départi & protecteur du Languedoc , défendoit les droits de cette province ; que les conclusions de l'un & l'avis de l'autre donnés en connoissance de cause sur la communication ordonnée par le conseil de la requête des supplians , annoncent que tout a été examiné avec la plus scrupuleuse attention lors de l'arrêt de 1690 , & que les droits respectifs du domaine & de la province ont été pesés avant d'en porter un jugement : Qu'il n'étoit donc pas nécessaire que la province fût appellée ni entendue lors de cette discussion ; que ceux qui stipuloient en droit ou qui veilloient à ses intérêts étoient présens, & qu'on ne peut donc pas dire , comme le prétend son syndic général actuel , que l'arrêt de 1690 ait été rendu sans elle : Que les syndics généraux qui l'ont précédé ne pensoient pas ainsi en 1713 & 1736 , lorsque consultés & envoyés sur les lieux avec un ingénieur par les sieurs intendans , ils ont déposé qu'une langue de terre faisant partie du quartier du guez, celui de tous le plus voisin du Rhône, étoit de la Provence, & qu'ils ont posé pour bornes entre les deux provinces le fossé de séparation qui est entre ce quartier & l'islon de Mermat, petite isle nouvelle formée par le Rhône, d'où ils ont conclu que cette langue de terre devoit être rejettée du rôle des impositions de Beaucaire, & cette communauté condamnée aux dépens, ce qui a été ordonné; qu'on a fait déjà ce raisonnement à la communauté de Beaucaire qui n'y a jamais répondu; que si, de l'aveu de la province de Languedoc, la petite langue de terre qui borde le quartier du guez est du continent de Provence, si le fossé de séparation creusé entre ce quartier & l'islon de Mermat est la borne naturelle entre les deux provinces, le quartier du guez qui est plus reculé, &, à plus forte raison, ceux de Lestel & de Barralier qui sont encore plus enfoncés dans les terres & qui n'avoisinent aucunement le fleuve, doivent être de Provence : Que voilà deux aveux bien précis de la part de la province de Languedoc que ces quartiers lui sont étrangers & qu'ils sont au-delà des bornes qu'elle reconnoît pour ses limites; que ce double aveu est d'autant plus important qu'il a été fait dans un tems non suspect, en 1713, lorsque le souvenir de la contestation de 1690 agitée devant le même intendant qui y étoit encore, n'étoit point effacé, & que la province avoit une occasion facile de former opposition à l'arrêt en question, si elle eût été en droit de le faire; mais qu'elle savoit alors que cet arrêt avoit été rendu avec elle, c'est-à-dire, avec ceux chargés par état de la défendre; qu'on soutient donc vainement aujourd'hui que les contestations qui ont été agitées & jugées concernant les quartiers du Guez, Lestel &

Barralier lui ont été étrangeres; qu'on en a imposé en tenant ce langage; que l'arrêt de 1742 a simplement confirmé celui de 1690; qu'il a jugé, conformément à cet arrêt, que les trois quartiers en question faisoient partie du continent & de l'ancienne terre ferme de Provence, mais que la province de Languedoc ne peut tirer aucun avantage contre ce second arrêt, de ce qu'elle n'y a point été partie pour y former opposition, puisqu'elle avoit été entendue dans la même contestation & sur le même fait en 1690, 1713 & 1736; qu'au contraire c'étoit une des fins de non-recevoir que les supplians opposoient dans cette instance à la communauté de Beaucaire, tirée de son défaut d'intérêt; qu'ils soutenoient qu'elle n'étoit point recevable à mettre en question une chose jugée contradictoirement avec les parties publiques qui agissoient pour la province de Languedoc & en 1713 & en 1736 nommément avec elle : Que si d'un côté la communauté de Beaucaire a été déboutée de sa prétention contre une chose ainsi jugée, de l'autre la province de Languedoc est encore moins recevable à attaquer ce qui a été décidé contradictoirement avec elle depuis 70 ans : Que c'est ainsi que tombe le premier chef de l'opposition du syndic général do Languedoc : Qu'au reste, indépendamment de ces faits, le seul laps de tems fondé sur une double prescription trentenaire depuis l'arrêt de 1690 opéreroit contre lui une fin de non-recevoir insurmontable; que la prescription qui est appellée par les auteurs *Patrona generis humani*, devroit seule former un titre pour les supplians qui pourroient l'invoquer comme prescription trentenaire que l'arrêt de 1690 a couvert; une double prescription de cette nature est inattaquable; que la communauté de Tarascon ayant pour

Elle la prescription centenaire, ne peut être dépossédée d'un bien compris depuis quatre siecles & demi dans son cadastre ; & que s'il est vrai, comme le syndic de Languedoc l'avance dans sa requête, que les limites des provinces soient imprescriptibles, il s'ensuivroit infailliblement de ce principe qu'une portion de terrein enclavée de tems immémorial dans le territoire de Provence, ne peut jamais en être séparée ; que ces preuves acquéreroient de la force jointes à celles qui résultent du fait que les supplians viennent de rétablir, & qui constatent que les contestations concernant les quartiers contentieux ont été jugées trois fois contradictoirement avec cette même province que son syndic général prétend aujourd'hui n'y avoir jamais pris intérêt : Qu'enfin la province de Languedoc & son syndic ne peuvent jamais dans aucun tems être reçus à former opposition à l'arrêt du 22 Août 1690 rendu en matiere domaniale, soit qu'on l'envisage dans la forme, soit au fonds ; que cet arrêt rendu avec les légitimes contradicteurs, le procureur du Roi & le fermier du domaine, ne contient pas tant une cession des terreins contentieux aux supplians, qu'une déclaration qu'ils leur avoient toujours appartenu, & une renonciation à toutes les recherches que Sa Majesté auroit pu ordonner, ou à tous les droits qu'elle auroit pu faire valoir sous prétexte d'accroissement, d'alluvion, ou à quelque titre que ce fût ; que c'est une espece de contrat entre Sa Majesté d'une part & la communauté de Tarascon de l'autre, par lequel celle-ci pour faire cesser une recherche bursale & pour se libérer, &c.

FAUTES À CORRIGER DANS CE SECOND VOLUME.

L'*Arrêt du conseil du 6 Septembre 1767, concernant la fixation des droits de contrôle des actes passés entre les provinces, dioceses & communautés, & leurs créanciers, relativement à la réduction de l'intérêt de l'argent ordonnée par l'édit du mois de Juin 1766, a été, par erreur, imprimé en entier sous le titre des cessions & transports des rentes, &c., où il ne devoit qu'être énoncé par une simple note avec renvoi au titre du taux des rentes constituées, qui est le siége de la matiere.*

Page 80. *colonne* 1. *lignes* 37 & 42. 800,49 liv. *lisez* 80,049 liv.

Pag. 107. *col.* 1. *lig.* 41. le pont de la Daurade *lisez* le port de la Daurade.

Pag. 233. *col.* 1. *lig.* 15. réntes, vu *lis.* rentes : Vu

Pag. 292. *lig.* 24. ont depuis donné *lisez* ont donné depuis.

Pag. 293. *lig.* 19 & 21. Livre *lisez* Titre

Pag. 395. *col.* 2. *lig.* 28. & lettres-patentes *lisez* & les lettres-patentes

Pag. 453. à *la note, lig.* 7. que dans le cas *lisez* que, dans le cas

Pag. 460. *col.* 2. *titre VI. à la note, lig.* 4. elle déclare assujettir *lisez* elle assujettit.

Pag. 567. *col.* 2. *lig.* 13. que la ville *lisez* qu'une ville

F I N.

APPROBATION DU CENSEUR.

J'AI lu, par ordre de Monseigneur le Garde des Sceaux, un manuscrit ayant pour titre : *Loix Municipales & Économiques de Languedoc.*

Ce recueil, tout-à-fait intéressant par l'étendue de son objet & par l'ordre des matieres, m'a paru fait avec soin. L'Auteur y a inséré, sur chacun des objets qu'il traite, des dissertations qui annoncent un grand fonds de connoissances & de lumieres. Cet Ouvrage me paroît en conséquence devoir être de la plus grande utilité, non-seulement pour la Province de Languedoc & ses Dioceses, mais aussi pour les Villes & Lieux qui en dépendent : ces Villes & Lieux y trouveront une collection des Réglemens relatifs à leur administration journaliere, ainsi qu'à l'assiette, la répartition & la perception des impôts ; objets sur lesquels les Communautés ne peuvent être trop éclairées.

A Paris, ce 16 Juin 1779. *Signé*, CADET DE SAINEVILLE.

PRIVILÉGE DU ROI.

LOUIS, PAR LA GRACE DE DIEU, ROI DE FRANCE ET DE NAVARRE : A nos amés & féaux conseillers les gens tenant nos cours de parlement, maitres des requètes ordinaires de notre hôtel, grand conseil, prévôt de Paris, baillifs, sénéchaux, leurs lieutenans civils & autres nos justiciers qu'il appartiendra, SALUT. Notre bien-amé le sieur A *** nous a fait exposer qu'il desireroit faire imprimer & donner au public un ouvrage de sa composition intitulé, *Loix Municipales & Économiques de Languedoc*, s'il nous plaisoit lui accorder nos lettres de privilége à ce nécessaires. A CES CAUSES, voulant favorablement traiter l'exposant, nous lui avons permis & permettons de faire imprimer ledit ouvrage, autant de fois que bon lui semblera, & de le vendre par tout notre royaume. Voulons qu'il jouisse de l'effet du présent privilége pour lui & ses hoirs à perpétuité, pourvu qu'il ne le rétrocede à personne ; & cependant, s'il jugeoit à propos d'en faire une cession, l'acte qui la contiendra sera enregistré en la chambre syndicale de Paris, à peine de nullité tant du privilége que de la cession ; & alors, par le fait seul de la cession enregistrée, la durée du présent privilége sera réduite à celle de la vie de l'exposant, ou à celle de dix années à compter de ce jour, si l'exposant décede avant l'expiration desdites dix années. Le tout conformément aux articles IV & V de l'arrêt du conseil du 30 Août 1777 portant réglement sur la durée des priviléges en Librairie. Faisons défenses à tous Imprimeurs, Libraires & autres personnes de quelque qualité & condition qu'ils soient, d'en introduire d'impression dans aucun lieu de notre obéissance ; comme aussi d'imprimer, ou faire imprimer, vendre, faire vendre, débiter ni contrefaire lesdits ouvrages, sous quelque prétexte que ce puisse être, sans la permission expresse & par écrit dudit exposant, ou de celui qui le représentera, à peine de saisie & de confiscation des exemplaires contrefaits, de 6000 livres d'amende qui ne pourra être modérée, pour la premiere fois, de pareille amende & de déchéance d'état en cas de récidive, & de tous dépens, dommages & intérêts, conformément à l'arrêt du conseil du 30 Août 1777 concernant les contrefaçons. A la charge que ces présentes seront enregistrées tout au long sur le registre de la communauté des Imprimeurs & Libraires de Paris, dans trois mois de la date d'icelles ; que l'impression dudit ouvrage sera faite dans notre royaume & non ailleurs, en beau papier & beau caractere, conformément aux réglemens de la Librairie, à peine de déchéance du présent privilége ; qu'avant de l'exposer en vente, le manuscrit qui aura servi de copie à l'impression dudit ouvrage sera remis dans le même état où l'approbation y aura été donnée, ès mains de notre très-cher & féal chevalier garde des sceaux de France, le sieur Hue de Miromenil ; qu'il en sera ensuite remis deux exemplaires dans notre Bibliothéque publique, un dans celle de notre château du Louvre, un dans celle de notre très-cher & féal chevalier chancelier de France le sieur de Maupeou, & un dans celle dudit sieur Hue de Miromenil, le tout à peine de nullité des présentes, du contenu desquelles vous mandons & enjoignons de faire jouir ledit Exposant & ses hoirs, pleinément & paisiblement, sans souffrir qu'il lui soit fait aucun trouble ou empêchement. Voulons que la copie des présentes qui sera imprimée tout au long au commencement ou à la fin dudit ouvrage, soit tenue pour duement signifiée, & qu'aux copies collationnées par l'un de nos amés & féaux secrétaires, foi soit ajoutée comme à l'original. Commandons au premier notre Huissier ou sergent sur ce requis de faire pour l'exécution d'icelles tous actes & exploits requis & nécessaires, sans demander autre permission, & nonobstant clameur de haro, charte normande & lettres à ce contraires; CAR tel est notre plaisir. DONNÉ à Versailles le trente-unieme jour de Décembre, l'an de grace mil sept cent soixante & dix-neuf, & de notre regne le sixieme. Par le Roi en son conseil, signé, LE BEGUE.

Registré sur le registre XXI de la chambre royale & syndicale des Libraires & Imprimeurs de Paris, N°. 283, fol. 236, conformément aux dispositions énoncées dans le présent privilege, & à la charge de remettre à ladite chambre les huit exemplaires prescrits par l'article CVIII du réglement de 1723. Paris ce 10 Janvier 1780. A. M. LOTTIN l'ainé, syndic. Ainsi signé.